Manfred G. Schmidt · Reimut Zohlnhöfer (Hrsg.)

Regieren in der Bundesrepublik Deutschland

Manfred G. Schmidt
Reimut Zohlnhöfer (Hrsg.)

Regieren in der Bundesrepublik Deutschland

Innen- und Außenpolitik seit 1949

VS VERLAG FÜR SOZIALWISSENSCHAFTEN

Bibliografische Information Der Deutschen Nationalbibliothek
Die Deutsche Nationalbibliothek verzeichnet diese Publikation in der
Deutschen Nationalbibliografie; detaillierte bibliografische Daten sind im Internet über
<http://dnb.d-nb.de> abrufbar.

1. Auflage November 2006

Lektorat: Frank Schindler

Der VS Verlag für Sozialwissenschaften ist ein Unternehmen von Springer Science+Business Media.
www.vs-verlag.de

Umschlaggestaltung: KünkelLopka Medienentwicklung, Heidelberg
Druck und buchbinderische Verarbeitung: Krips b.v., Meppel
Gedruckt auf säurefreiem und chlorfrei gebleichtem Papier
Printed in the Netherlands

ISBN-10 3-531-14344-1
ISBN-13 978-3-531-14344-6

Inhalt

Vorwort

In diesem Buch wird die Politik in der Bundesrepublik Deutschland seit ihren Anfängen im Jahr 1949, zuweilen sogar schon seit der Besatzungszeit, untersucht. Dreierlei unterscheidet den Band von traditionelleren Bestandsaufnahmen des politischen Systems der Bundesrepublik: die systematische Analyse von Politikfeldern, die Berücksichtigung von Innen- und Außenpolitik und die Untersuchung der Zusammenhänge zwischen den Inhalten und Ergebnissen der Politik einerseits und den politischen Institutionen und Abläufen andererseits.

Die Beiträge dieses Bandes handeln von den wichtigsten Politikfeldern in der zweiten deutschen Republik. Eingeleitet werden die Abhandlungen von einer von den Bandherausgebern verfassten Analyse der Rahmenbedingungen politischer Willensbildung und Entscheidungsprozesse. Dieses Kapitel erläutert das Spielregelwerk und die Handlungskorridore, mit und in denen seit 1949 Politik in der Bundesrepublik Deutschland gemacht wird, und erörtert die eigentümliche institutionelle Konfiguration, die Regieren in Deutschland zu einem besonders aufwändigen, meist mit hohen Entscheidungskosten verknüpften Unterfangen macht.

Die nachfolgenden Politikfeldanalysen – allesamt von namhaften Experten verfasst – sind in vier Abteilungen gegliedert. Klassische Staatsaufgaben – von der Verfassungspolitik über Staatsfinanzen und Fragen der Inneren Sicherheit bis zur politischen Steuerung der Migration und Staatsangehörigkeit – werden zunächst analysiert. In der zweiten Abteilung werden sozialstaatliche Politikfelder porträtiert – dem Finanzvolumen nach diejenigen Felder, die rund zwei Drittel aller öffentlichen Ausgaben beanspruchen. Hier reicht der Bogen von der Politik der sozialen Sicherung über die Gesundheits-, die Beschäftigungs- und die Wohnungspolitik bis zur Bildungs- und Kulturpolitik und zur Gleichstellungspolitik. Von der staatlichen Regulierung von Wirtschaft, Infrastruktur und Umwelt berichten die Beiträge zur dritten Abteilung: die Wirtschaftspolitik, die politische Steuerung der Arbeitsbeziehungen, die Agrar- und Verkehrspolitik sowie die Medien- und die Umweltpolitik sind ihre Themen. In der vierten Abteilung erfolgt ein Perspektivwechsel: Er rückt die internationale Dimension der Politik in der Bundesrepublik Deutschland ins Zentrum – und zwar von der klassischen Außenpolitik über die Sicherheits- und Verteidigungspolitik bis zur Europapolitik und zur Frage der Europäisierung der deutschen Politik. Eine Bilanz des Tuns und Lassens der Bundesregierungen durch die Herausgeber rundet den Band ab.

Herausgeber und Autoren von *Regieren in der Bundesrepublik Deutschland* waren bemüht, einen integrierten Sammelband vorzulegen – an Stelle einer Sammlung von nur lose miteinander verknüpften Beiträgen. Zusammengehalten werden die Beiträge durch die Klammer von gemeinsamen Fragestellungen, die allesamt auf politikwissenschaftlich oder außerwissenschaftlich-politisch besonders wichtige Themen zielen:

- Inwieweit, unter welchen Bedingungen und in welchem Ausmaße wirken die politischen Parteien auf die Politikfelder ein, und welche Spuren hinterlässt die jeweilige parteipolitische Zusammensetzung der Regierungen? Diese Frage zielt auf den Kern der Parteiendifferenzlehre, der zufolge Unterschiede der parteipolitischen Zusammensetzung von Regierungen signifikante Unterschiede in der Politik (im Sinne von policy, also von Gestaltung oder verbindlicher Entscheidung, oder von policy output) machen.

- Inwieweit, unter welchen Bedingungen und in welchem Ausmaße wirken politisch-institutionelle Konstellationen als bremsende und als ermöglichende Bedingungen auf den Inhalt der Politik ein? Diese Frage zielt auf die Anwendbarkeit der institutionalistischen Theorien für die Politikfeldanalyse in der Bundesrepublik.
- Welchen Effekt hat die deutsche Einheit auf die verschiedenen Politikfelder? Diese Frage adressiert die Wirkungen, Nebenwirkungen und Langfristfolgen der deutschen Einheit, die in Form einer „big bang unification" vollzogen worden war.
- Und inwieweit, unter welchen Bedingungen und in welchem Ausmaß wirkt die internationale Dimension deutscher Politik, insbesondere die europäische Einigung, auf Form und Inhalt der nationalstaatlichen Politik zurück? Diese Fragestellung zielt auf die Politik im Rahmen der komplexen Architektur eines Mehrebenensystems, das im Falle der Bundesrepublik Deutschland nicht nur zwei Ebenen – die europäische und die nationalstaatliche – umfasst, sondern aufgrund der föderalistischen Gliederung und aufgrund der Struktur des delegierenden Staates obendrein die Selbstverwaltung bzw. die mittelbare Staatsverwaltung (wie im Falle der Sozialversicherungen) als weitere Ebenen enthält.

Die Idee zu dem vorliegenden Sammelband entstand vor rund zweieinhalb Jahrzehnten. Sie stammt aus der ersten Hälfte der 1980er Jahre. Ihren Niederschlag fand sie zunächst in dem von Klaus von Beyme und Manfred G. Schmidt editierten Werk *Policy and Politics in the Federal Republic of Germany* (1985) und fünf Jahre später in der von denselben Herausgebern editierten grundlegend überarbeiteten und erweiterten Fassung *Politik in der Bundesrepublik Deutschland* (1990). Mit dem hier vorgelegten Werk, das vollständig neu konzipiert wurde, erneut gegenüber dem Vorgänger umfangreicher geraten ist und die Brücke zwischen Innen- und Außenpolitikforschung schlägt, soll die Art der Berichterstattung der erwähnten Sammelbände weitergeführt und auf den neuesten Sach- und Forschungsstand gebracht werden. In zeitlicher Hinsicht endet die Berichterstattung dieses Bandes mit dem Ende der 15. Legislaturperiode im Herbst 2005, also mit dem Ende der rot-grünen Bundesregierung und dem Regierungswechsel zur zweiten Großen Koalition aus CDU, CSU und SPD.

Der Dank der Herausgeber gilt zunächst den Autoren für die insgesamt unkomplizierte und konstruktive Zusammenarbeit. Bei der Korrektur der Manuskripte war darüber hinaus Andreas Pesch, M.A. eine unschätzbare Hilfe, wofür wir ihm ebenfalls ganz herzlich danken.

Heidelberg, im Juli 2006

Manfred G. Schmidt und Reimut Zohlnhöfer

1. Rahmenbedingungen politischer Willensbildung in der Bundesrepublik Deutschland seit 1949

Manfred G. Schmidt und Reimut Zohlnhöfer

1 Einleitung

Politik wird nicht unter frei gewählten Bedingungen gemacht, sondern im Rahmen vorgefundener Spielregeln und in Handlungskorridoren, die Entscheidungen zwar nicht determinieren, sie aber beeinflussen. Dieses Kapitel soll die Spielregeln und Handlungskorridore, mit und in denen seit 1949 Politik in der Bundesrepublik Deutschland gemacht wird, erläutern. Dabei steht, wie in allen Beiträgen zu diesem Sammelband, die Politik auf Bundesebene im Zentrum. Für sie ist, wie der nächste Abschnitt verdeutlicht, eine politische Institutionenordnung charakteristisch, die den Bundesregierungen mehr Beschränkungen bei der Formulierung und Durchsetzung ihrer Politik auferlegt als die politischen Systeme der meisten anderen westlichen Demokratien. Der Zwang zur Bildung von Koalitionsregierungen, der Föderalismus, die Gesetzgebung des machtvollen Bundesrates, das einflussreiche Bundesverfassungsgericht und der „delegative Staat", in dem viele Aufgaben von unabhängigen Einrichtungen, beispielsweise einer weisungsunabhängigen Zentralbank, übernommen werden, engen den Handlungsspielraum der Bundesregierungen drastisch ein. Ferner erzwingen das Mit- und Gegeneinander von Parteienwettbewerb und Bundesstaat bei großen Politikänderungen Kompromisse in einem solchen Ausmaß, dass von einem „Staat der Großen Koalition" gesprochen werden kann (Schmidt 2002). Die so aneinander geketteten „Koalitionäre" streben meistens auseinander, zielen doch beide große Parteien auf eine hegemoniale Position im politischen Prozess und darauf, sich durch kampfbetonte Konfrontation vorteilhaft von der Konkurrenz abzuheben. Die gegensätzlichen Handlungslogiken des kompetitiven Parteienwettbewerbs, in dem das Mehrheitsprinzip dominiert, und des auf kooperative Problemlösung angewiesenen hoch verflochtenen Bundesstaates erzeugt, wie Gerhard Lehmbruch (2000) überzeugend dargelegt hat, ein folgenreiches instabiles Mit- und Gegeneinander von Konfliktregelungsmustern im politischen System der Bundesrepublik Deutschland. Diese konfrontieren den politischen Willensbildungs- und Entscheidungsprozess mit widersprüchlichen Anforderungen und stellen die Politikformulierungsfähigkeit vor hohe Hürden. Davon handelt der dritte Abschnitt des vorliegenden Beitrages. Im darauf folgenden Abschnitt werden die intermediären Verbände und Medien und ihre Rolle für die Politikformulierung diskutiert, ehe im fünften Abschnitt auf die deutsche Einheit eingegangen wird, die sowohl institutionell als auch in materieller Hinsicht in den meisten Politikfeldern große Auswirkungen hat. In den beiden abschließenden Abschnitten werden die außenpolitischen und europäischen Handlungsschranken der Staatstätigkeit in der Bundesrepublik erkundet.

2 Das Institutionensystem

Das Spielregelwerk der politischen Willensbildung und Entscheidungsfindung ist in der Bundesrepublik Deutschland oft korrigiert, aber kaum grundlegend geändert worden. Ungeachtet aller Verfassungsrevisionen blieben grundlegende Bestimmungen der Staatsverfassung konstant. Die Staatsverfassung Deutschlands, so wie sie im Grundgesetz festgeschrieben ist, schreibt einen Bundesstaat mit Ewigkeitsgarantie vor, ferner eine grundrechtsbasierte Demokratie, einen Rechtsstaat, die Republik, einen „offenen Staat" einschließlich der Europaoffenheit, und sie verpflichtet die Verfassungsorgane auch auf ein „soziales Staatsziel" (Zacher 2004).

Auch um das Wahlrecht, um ein weiteres Spielregelwerk von fundamentaler Bedeutung zu erwähnen, gab es zwar insbesondere bis zur zweiten Hälfte der 1960er Jahre eine Reformdebatte, aber auf die Einführung des Mehrheitswahlrechtes konnte sich auch die Große Koalition der Jahre von 1966 bis 1969 nicht einigen. Seither ist das Thema der Wahlrechtsreform von der Agenda fast vollständig verschwunden. Daher bestanden die Bundesregierungen in der Regel aus Koalitionen von zwei oder mehr Parteien. Sogar als die CDU/CSU 1957 als erste und einzige Partei auf Bundesebene eine absolute Mehrheit der Stimmen erreichte, mochte sie nicht auf die Deutsche Partei als Koalitionspartner verzichten. Die Existenz von Koalitionsregierungen wiederum macht es einer Partei in der Regel aber schwer oder gar unmöglich, ihre Reformvorstellungen vollständig umzusetzen, weil sie dazu die Zustimmung eines Vetospielers benötigt, die ihres Koalitionspartners, der häufig andere programmatische Vorstellungen pflegt und eine andere Wählerklientel zu bedienen hat.

Auch das Bundesverfassungsgericht, das auf der Grundlage des Bundesverfassungsgerichtsgesetzes vom 12.3.1951 seine Tätigkeit im September des gleichen Jahres aufnahm, gehört zu den zentralen Mitwirkenden in der Politik in Deutschland. Seine Kompetenzen „gehen über alle vergleichbaren Systeme der Verfassungsgerichtsbarkeit hinaus" (von Beyme 2004: 372), und es hat seinen Spielraum nicht selten durch selbstbewusste Auslegung von Befugnissen mitunter beträchtlich erweitert. Auf den politischen Prozess wirkt das Bundesverfassungsgericht auf zweierlei Arten ein, nämlich erstens, indem es Normen unmittelbar beanstandet oder sie verfassungskonform interpretiert. So erklärte das Gericht zwischen 1951 und dem 31.12.2005 417 Gesetze oder Normen des Bundes sowie 164 Gesetze oder Normen der Bundesländer für teilweise oder ganz nichtig oder mit dem Grundgesetz unvereinbar.[1] In der Folge konnten diese Normen nicht mehr angewendet und mussten ersetzt werden. Darüber hinaus ist zweitens zu beachten, dass bereits die Möglichkeit eines Verfahrens vor dem Bundesverfassungsgericht so etwas wie vorauseilenden Gehorsam des Gesetzgebers zu erzwingen scheint. Die Neigung, völlig neue Politiken auszuprobieren, dürfte zumindest beeinträchtigt werden, wenn hier die Gefahr als besonders groß eingeschätzt wird, vor dem Verfassungsgericht zu scheitern. Dies kann einer „eingebauten Handlungsbremse" gleichkommen, die zu Entscheidungsschwäche und Innovationsscheu führt (so Abromeit 1995: 60). Insofern kann das Verfassungsgericht als ein Hindernis für die Durchsetzbarkeit größerer Reformen wirken, wenngleich es zuweilen auch als „Reformerzwinger" fungiert und auf diese Weise eine mögliche Reformblockade verhindert.

1 Daten nach http://www.bundesverfassungsgericht.de/organisation/gb2005/A-VI.html (Zugriff 4.5.2006).

Abbildung 1.1: Anteile der Gebietskörperschaften am Gesamtsteueraufkommen, 1950-2004

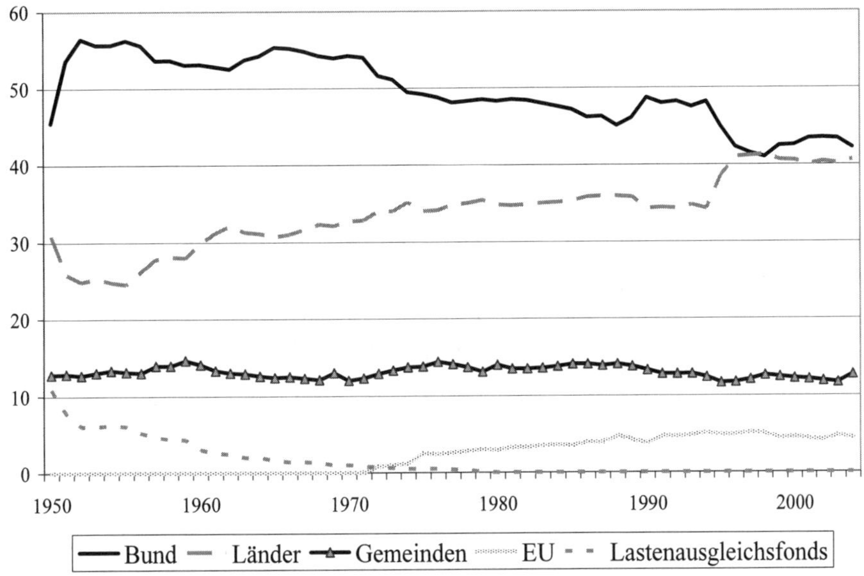

Anmerkungen: Rechnerische Aufteilung; Angaben bis 1990 alte Bundesländer inkl. Berlin (West), ab 1991 Deutschland; Länderanteil (ab 1974 nach Ergänzungszuweisungen) ohne Gemeindesteuern der Stadtstaaten.
Quelle: BMF, Referat I A 6.

Auch die Bedeutung unabhängiger Gremien und Selbstverwaltungseinrichtungen, an die die Erfüllung bestimmter Aufgaben delegiert ist, schränkt den Handlungsspielraum der Regierungen im Bund und in den Ländern ein. Beispiele sind neben der Tarifautonomie, welche die Lohnpolitik und die Regelung der Arbeitsbedingungen in die Hände der Arbeitnehmer- und Arbeitgebervertretungen legt, die Selbstverwaltung in der Sozialversicherung und bei der Bundesanstalt bzw. seit 2004 Bundesagentur für Arbeit sowie in den 1990er Jahren die Treuhandanstalt zur Privatisierung des volkseigenen Vermögens der vormaligen DDR (vgl. Katzenstein 1987 sowie Busch 2005). Im Bereich der Wirtschaftspolitik ist eine weitere von der Bundesregierung unabhängige Institution von großer Bedeutung, nämlich die Zentralbank. Aufgrund der Unabhängigkeit der Bundesbank und ihrer Vorgängerinstitutionen war die Geldpolitik, und damit ein zentraler Parameter staatlicher Wirtschaftspolitik, dem Zugriff der Bundesregierungen entzogen. Die rechtliche und politische Unabhängigkeit der Bundesbank war im internationalen Vergleich ausgesprochen hoch und als ihr zentrales Ziel war die „Sicherung der Währung" im Bundesbankgesetz verankert – ein Ziel, das die Bundesbank so erfolgreich verfolgte, dass Deutschland zwischen 1965 und 2000 das Land mit der niedrigsten Inflationsrate in der OECD war. Zwar sollte die Bundesbank „unter Wahrung ihrer Aufgabe die allgemeine Wirtschaftspolitik der Bundesregierung" unterstützen (§12 Bundesbankgesetz), doch konnte die Bundesregierung diese Unterstützung ihrer Politik nicht erzwingen (vgl. ausführlicher Wagschal 2001b). Dies führte wiederholt zu erheblichen Konflikten zwischen beiden Entscheidungsträgern, bei denen sich meist die Bundesbank durchsetzen konnte, die es so der Bundesregierung mitunter unmöglich machte, ihre eigenen Ziele zu erreichen.

Abbildung 1.2: Anteil der Zustimmungsgesetze

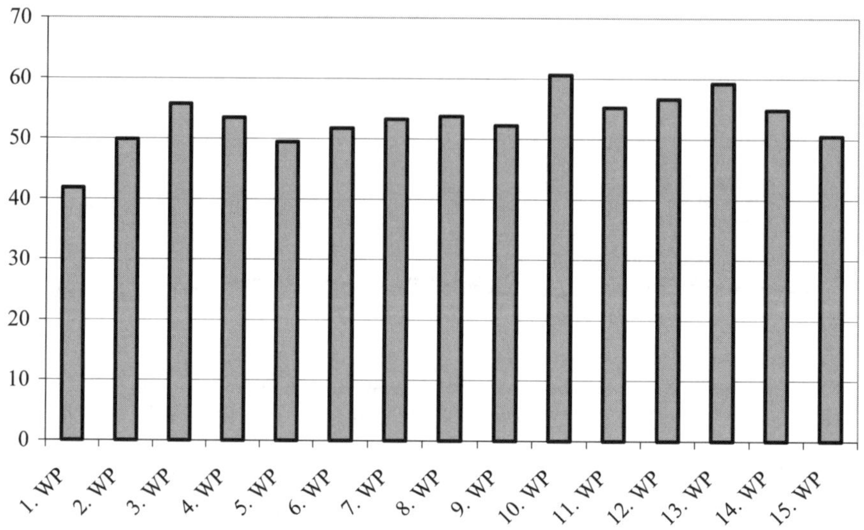

Quelle: Schindler 1999: 2430f.; eigene Ergänzungen.

Ihre Unabhängigkeit hat die Bundesbank seit dem 1.1.1999 allerdings eingebüßt, da sie nun vollständig in das Europäische System der Zentralbanken (ESZB) integriert ist. Die Möglichkeiten der Bundesregierung, die Geldpolitik zu beeinflussen, sind durch diesen Übergang aber keineswegs größer geworden: Die rechtliche Unabhängigkeit der Europäischen Zentralbank und des ESZB ist eher noch größer als die der Bundesbank, und die Geldpolitik muss sich nun an den Bedürfnissen des gesamten Euro-Raumes und nicht allein an denen der Bundesrepublik orientieren. Daher ist festzuhalten, dass die Bundesregierung auf eine eigenständige Geldpolitik auch in Zukunft wird verzichten müssen.

Besonders folgenreich für die Politikgestaltung in der Bundesrepublik ist schließlich der Föderalismus. Die Politikwissenschaft charakterisiert den deutschen Föderalismus mit dem Begriff der „Politikverflechtung" (Scharpf et al. 1976). Damit ist gemeint, dass die meisten öffentlichen Aufgaben nur in Zusammenarbeit zwischen Zentralstaat und Gliedstaaten (oder zwischen den Gliedstaaten) wahrgenommen werden können. Anders als die meisten übrigen Bundesstaaten ist der deutsche Föderalismus weniger durch die Verteilung der Aufgabenbereiche zwischen Bund und Gliedstaaten gekennzeichnet als durch „die funktionale Differenzierung nach Kompetenzarten" (v. Beyme 2004: 348). Während dem Bund – bei gesicherter Mitwirkung der Länder – bis auf wenige Ausnahmebereiche (Bildung, Medien, Polizei und seit der Föderalismusreform 2006 unter anderem die Besoldung und Versorgung der Landesbeamten) die Gesetzgebungskompetenz übertragen ist, obliegt den Ländern und Gemeinden weitgehend die Verwaltung.

Tabelle 1.1: Mehrheitsverhältnisse in Bundestag und Bundesrat (September 1949- Juni 2006)

	Monate	In Prozent aller Monate	In Prozent der jeweiligen Kanzlerschaft
Gleichförmige Mehrheiten für CDU/CSU-geführte Regierung[a]	156	22,9	39,0
Gegenläufige Mehrheiten für CDU/CSU-geführte Regierung[a]	244	35,8	61,0
Große Koalition (gleichförmige Mehrheit)	42	6,2	100
Gegenläufige Mehrheiten für SPD-geführte Regierung	229	33,6	95,4
Gleichförmige Mehrheiten für SPD-geführte Regierung	11	1,6	4,6
Summe	682	100	

[a]: ohne Große Koalition
Quelle: Wagschal (2001a: 873), eigene Aktualisierung.

Der Verflechtungscharakter des deutschen Föderalismus ist im Zeitverlauf vor allem bei der Gesetzgebung sowie der Ressourcenverteilung innerhalb des Bundesstaates noch ausgebaut worden – erst mit der Föderalismusreform in der 16. Wahlperiode könnte erstmals ein nennenswerter Schritt in Richtung einer Entflechtung wenigstens im Bereich der Gesetzgebung stattfinden. Entsprechend sind die Abschnitte VII (Gesetzgebung) und X (Finanzwesen) auch die beiden mit Abstand am häufigsten geänderten Teile des Grundgesetzes (Busch i.d.B.). Beim Finanzwesen zeigt sich, dass erstens der Anteil am Steueraufkommen, den die Gemeinschaftssteuern, die zwischen Bund, Ländern und Gemeinden aufgeteilt werden, ausmachen, durch die Finanzreform 1969 deutlich zunahm und dass zweitens die relative Finanzausstattung des Bundes seit den 1950er Jahren erheblich abgenommen hat (vgl. Abb. 1.1): Sein Anteil am Gesamtsteueraufkommen lag im Jahr 2004 noch bei 42,2 Prozent, während er bis 1970 noch deutlich über 50 Prozent betragen hatte. Umgekehrt konnten die Länder im gleichen Zeitraum ihren Anteil von gut 30 Prozent (und unter 25 Prozent Mitte der 1950er Jahre) auf über 40 Prozent ausbauen.

Ließe sich aus diesen Zahlen eine gewisse Dezentralisierungstendenz ableiten, ist im Bereich der Gesetzgebung ein entgegen gesetzter Trend festzustellen. Insbesondere durch die häufige Anpassung der Gesetzgebungskataloge zu konkurrierender sowie ausschließlicher Bundesgesetzgebung wurden die Gesetzgebungskompetenzen des Bundes im Laufe der Zeit immer stärker auf Kosten der Länder ausgeweitet. Die Länderregierungen erhielten im Gegenzug dafür stärkere Mitsprache- und Mitentscheidungsrechte über den Bundesrat. Entsprechend stieg der Anteil der Zustimmungsgesetze, der in der 1. Wahlperiode noch bei knapp 42 Prozent gelegen hatte, bereits in der 3. Wahlperiode über die 50-Prozent-Marke und pendelte anschließend zwischen mehr als 50 und knapp 60 Prozent (Abb. 1.2).

Abbildung 1.3: Anteil der Anrufungen des Vermittlungsausschusses an den vom Bundestag verabschiedeten Gesetzen

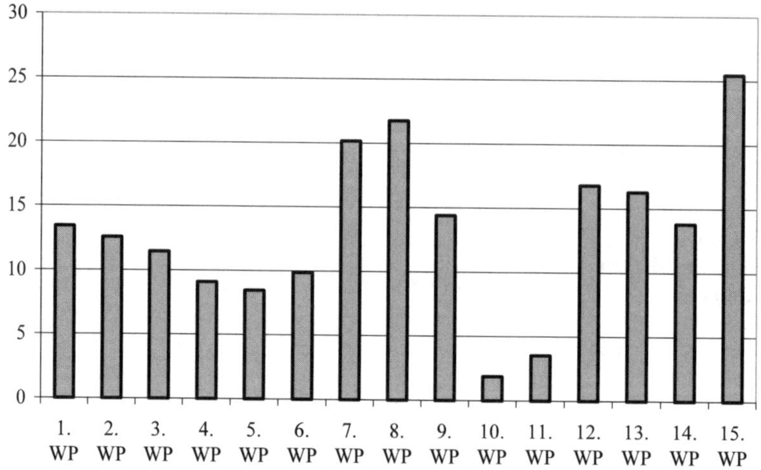

Quelle: eigene Berechnungen nach Feldkamp 2006 und Ziller 2006.

Die – im Vergleich zu den Erwartungen des Parlamentarischen Rates – weit höhere Zahl von Zustimmungsgesetzen bekam zusätzliche Brisanz dadurch, dass Regierungen in gerade einmal 30 Prozent der Zeit seit 1949 auf eine eigene Mehrheit im Bundesrat zurückgreifen konnten (Tab. 1.1). Zudem mussten die Bundesregierungen in einem Viertel der bisherigen Geschichte der Bundesrepublik sogar mit Bundesratsmehrheiten zurechtkommen, die ausschließlich von Oppositionsparteien gestellt wurden, in denen es der Bundesregierung also nicht mehr reichte, die Stimmen „gemischt" regierter Länder zu gewinnen, um sich eine Bundesratsmehrheit zu sichern (vgl. Wagschal 2001a: 872f.). Dies hatte erhebliche Auswirkungen auf den politischen Prozess, wie sich am Anteil der vom Bundestag verabschiedeten Gesetze, zu denen der Vermittlungsausschuss angerufen wurde, ablesen lässt (Abb. 1.3). Diese Anrufungsquote schnellte bei gegenläufigen Mehrheiten in Bundestag und Bundesrat, wie sie in der siebten bis neunten und wieder in der 13. und 15. Legislaturperiode herrschten, massiv in die Höhe: Durchschnittlich wurde in diesen Phasen zu rund jedem fünften Gesetz der Vermittlungsausschuss angerufen.

3 Parteienwettbewerb im Bundesstaat

Gegenläufige Mehrheiten in Bundestag und Bundesrat zeitigen unter sonst gleichen Bedingungen besonders gravierende Effekte, wenn die Positionen der beteiligten Akteure weit auseinander liegen. Misst man die programmatischen Positionen der Parteien auf der Links-Rechts-Skala mittels quantitativer Analysen von Wahlplattformen (Abb. 1.4),[2] zeigt sich,

[2] Die Werte können variieren zwischen +100 (extrem rechtes Programm) und -100 (extrem linkes Programm). Die Daten sind entnommen aus Budge et al. 2001. Andrea Volkens (WZB) ist dafür zu danken, dass sie uns die Daten für die Bundestagswahl 2002 zur Verfügung gestellt hat.

dass die großen Parteien gegen Ende der 1970er und zu Beginn der 1980er Jahre sowie wiederum Mitte der 1990er Jahre, also zu den Zeiten, als die Opposition über eine eigene Mehrheit im Bundesrat verfügte, relativ weit voneinander entfernt waren, während sich ihre Positionen beispielsweise in den 1960er Jahren stark annäherten, so dass die Große Koalition von 1966 bis 1969 geradezu folgerichtig war. Bei aller Vorsicht, mit der man den Daten, die mit solchen qualitativen Inhaltsanalysen gewonnen werden, begegnen sollte, zeigt sich hier doch, dass sich die Parteien bei gegenläufigen Mehrheiten keineswegs immer leicht getan haben werden, Kompromisse zwischen Bundestag und Bundesrat zu finden, die für beide Seiten programmatisch akzeptabel waren. Andererseits kann festgehalten werden, dass sich die Politikprofile der Volksparteien während des größeren Teils der Zeit so weit voneinander unterschieden, dass parteipolitische Differenzen bei der Staatstätigkeit prinzipiell erwartet werden können.

Neuere, auf Expertenbefragungen beruhende Messungen der unterschiedlichen Policy-Positionen der deutschen Parteien durch Michael Laver und andere unterstreichen diesen Befund. Besonders große Differenzen zwischen den Parteien ergeben sich beispielsweise bei der Wahl zwischen Steuererhöhungen oder Kürzungen öffentlich finanzierter Leistungen, bei Fragen libertärer oder konservativer Regelung von Streitfragen wie Abtreibung, bei der Inkaufnahme von oder Gegnerschaft zu Zielkonflikten zwischen Umweltschutzpolitik und Wirtschaftswachstumsförderung oder auch beim Grad der Liberalisierung von Migrationsregelungen, um nur die wichtigsten Beispiele zu erwähnen.[3]

Abbildung 1.4: Links-Rechts-Position der wichtigsten Parteien seit 1949

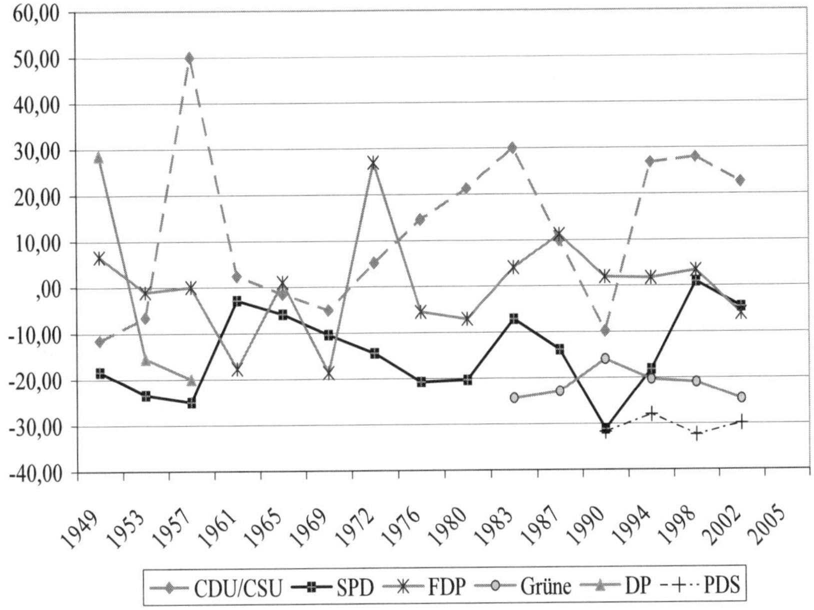

Quelle: Budge et al. 2001.

[3] Diese bislang unveröffentlichten Daten wurden uns dankenswerter Weise von Kenneth Benoit und Michael Laver zur Verfügung gestellt.

Das Problem der gegenläufigen Mehrheiten in Bundestag und Bundesrat wurde durch die Entwicklung des Parteiensystems allerdings noch verschärft. Gerhard Lehmbruch (2000: 41) nennt Kurt Schumachers Entscheidung, die SPD 1947 im Wirtschaftsrat der Bizone in die Opposition zu führen – und Konrad Adenauers Verzicht auf die Unterstützung der Sozialdemokraten – zu Recht „die entscheidende strategische Weichenstellung hin zur dualistischen ‚Polarisierung' des Parteiensystems". Im Gegensatz zur Weimarer Zeit (und beispielsweise auch zum benachbarten Österreich, wo bis 1966 eine Große Koalition regierte) strebten die Vorsitzenden beider großen Parteien schon in der unmittelbaren Nachkriegszeit nicht mehr starke Koalitionen der Mitte an, sondern versuchten, die Macht unter Ausschluss der jeweils anderen Partei auszuüben und die Regierung mit einer möglichst kleinen Koalition zu erlangen, in der sie hegemonial agieren konnten (Lehmbruch 2000: 37). Dabei spielten keineswegs nur programmatische Motive eine Rolle – mindestens ebenso wichtig dürften hier strategische und machtpolitische Interessen gewesen sein.

Dieses Muster setzte sich auf Bundesebene bereits nach der ersten Bundestagswahl 1949 mit der Bildung der „kleinen" Koalition bürgerlicher Parteien unter Adenauer durch und wurde durch die Konzentrationstendenzen im Parteiensystem, die 1961 neben den beiden Volksparteien nur noch die FDP übrig gelassen hatten, erheblich stabilisiert. Der Parteienwettbewerb auf Länderebene wurde durch die Polarisierung zwischen den beiden großen Parteien ebenfalls geprägt; allerdings dauerte die Durchsetzung dieses Musters dort länger. In den 1950er und 1960er Jahren gab es auf Landesebene noch eine Vielzahl von Regierungen, die nicht dem Bonner Koalitionsmuster entsprachen, die letzten Großen Koalitionen vor der Wiedervereinigung beispielsweise gingen erst 1970 in Niedersachsen und 1972 in Baden-Württemberg auseinander (vgl. den Überblick über die verschiedenen Länderkoalitionen bis 1990 bei Schüttemeyer 1990). Dies hatte für den Konfliktaustrag im Bundesrat erhebliche Auswirkungen, da sich Bundesregierungen in den 1950er und – soweit nötig – den 1960er Jahren noch Bundesratsmehrheiten durch Kompromisse mit gemischt regierten Ländern suchen konnten, die zumindest kein strategisches Interesse am Scheitern der Verhandlungen zwischen Bundestag und Bundesrat hatten. Seit den 1970er Jahren sind dagegen immer wieder parteipolitisch motivierte Blockaden im Bundesrat behauptet worden, die sich aber nur dann wirksam durchsetzen lassen, wenn die Bundestagsopposition allein die Mehrheit im Bundesrat kontrolliert.

Die neuerlich wachsende Koalitionsvielfalt auf Länderebene seit der Wiedervereinigung änderte an diesen Entwicklungen überraschend wenig. Zwar kann eine pivotale Position gemischt regierter Länder im Bundesrat den Handlungsspielraum der Bundesregierung vergrößern, wie insbesondere die erste Regierung Schröder bewies (Zohlnhöfer 2003b: 412). Da es SPD und Grünen jedoch 1996 und Union und FDP 2002 jeweils gelang, eigene Oppositionsmehrheiten im Bundesrat zu erlangen, war diese Flexibilitätsreserve des politischen Systems schon bald nicht mehr verfügbar.

Auch die neuerliche Fragmentierung des Parteiensystems seit den 1980er Jahren wirkte der beschriebenen Polarisierung nicht entgegen, verstärkte sie gelegentlich sogar. Seit die SPD die Grünen als Koalitionspartner akzeptiert hat, ist das deutsche Parteiensystem auf Bundesebene symmetrisch bipolar. Damit konkurrieren nun prinzipiell zwei Parteienblöcke gegeneinander. In den 1960er Jahren wurde ein Regierungswechsel nur möglich durch den Übertritt einer bisherigen Regierungspartei zur Opposition, die dann gemeinsam eine neue Koalition bildeten. Dies bot gelegentlich Anreize zur programmatischen Anpassung und partiellen Kooperation. Das bipolare Parteiensystem dagegen ermöglicht „vollständige"

Machtwechsel durch Wahlen, so dass die Opposition nur noch geringeres Interesse an einer Annäherung an die Positionen der Regierung und an einer möglichen Kooperation hat (vgl. hierzu Zohlnhöfer 2004). Ein „vollständiger Machtwechsel" erfordert allerdings einen Parteienblock, der die „Kanzlermehrheit" hat, also über die absolute Mehrheit der Bundestagssitze verfügt. Doch das ist nicht notwendig der Fall, wie die Bundestagswahl 2005 lehrt, in der weder Rot-Grün noch Schwarz-Gelb eine Mehrheit gewinnen konnten.

Die Polarisierung des Wettbewerbs um Wählerstimmen dürfte aber auch abseits des Bundesrates erheblichen Einfluss auf die Willensbildungsprozesse ausgeübt haben, zumal die Parteienkonkurrenz durch die häufigen Landtagswahlen noch intensiviert wird, die jeweils über die Zusammensetzung des Bundesrates mitbestimmen und gleichzeitig häufig als Stimmungstests für die Bundespolitik gewertet werden (Decker/v. Blumenthal 2002; Burkhart 2005). Unter den Bedingungen eines derart intensiven Parteienwettbewerbs werden Parteien versuchen, zunächst nur mäßige Veränderungen durchzusetzen, so dass zumindest in wahlpolitisch wichtigen Politikfeldern nur selten mit einer „Politik aus einem Guss" gerechnet werden darf (vgl. ausführlicher Zohlnhöfer 2003a: 54-57).

4 Intermediäre Instanzen: Verbände und Medien

Verbände spielen für die Staatstätigkeit in der Bundesrepublik eine wichtige Rolle, sind sie doch in vielfältiger Weise in die Politikformulierung und -implementation eingebunden. Das gilt insbesondere für die Sozialpartner, die beispielsweise in der Selbstverwaltung der Sozialversicherung eine maßgebliche Rolle spielen und die alleinige Verantwortung für die Tarifpolitik übertragen bekommen haben. Gleichwohl blieb die Inkorporierung der Sozialpartner in die Politikformulierung meist sektoral beschränkt, eine Makrokoordinierung beispielsweise der Wirtschaftspolitik mit Arbeitgeberverbänden und Gewerkschaften wurde nur phasenweise (in der „Konzertierten Aktion" von 1967-1976 sowie im „Bündnis für Arbeit" 1996 sowie während der ersten rot-grünen Bundesregierung) und mit begrenztem Erfolg versucht (Weßels 1999).

Weitet man den Blick über die Wirtschafts- und Sozialpolitik hinaus, ergibt sich ein sehr differenziertes Bild der Einflussmuster von Verbänden auf die Politikformulierung. Klaus von Beyme (1997: 219ff.) beispielsweise fand bei einer Analyse von 110 Schlüsselentscheidungen aus praktisch allen Politikfeldern zwischen 1949 und 1994 sechs verschiedene Strukturen von Interessenkonflikten:

1. In 9,1 Prozent der Fälle, häufig in der Steuerpolitik, standen sich Kapital und Arbeit im *symmetrischen Korporatismus* gegenüber.
2. In 16,4 Prozent der Fälle, meist im Bereich der Arbeitsmarkt- oder Investitionspolitik, dominierten entweder Kapital oder Arbeit im *asymmetrischen Korporatismus.*
3. In einem knappen Viertel der Fälle (23,6 Prozent) trat ein *korporativer Dualismus plus statuspolitischem Pluralismus* auf. Dieser Typ ist durch Interventionen von Kapital und Arbeit sowie zusätzlich von statuspolitischen Gruppen gekennzeichnet und kommt beispielsweise in der Sozial- oder Gesundheitspolitik vor.
4. Fast ebenso häufig (22,7 Prozent) war ein *Oligopol von Statusgruppen* zu beobachten, bei dem nur eine oder wenige Statusgruppen dominierten, wie etwa der Bauernverband in der Agrarpolitik.

5. In nur 12,7 Prozent erkennt von Beyme das Muster eines *erweiterten* – oder „echten“ – *Pluralismus*, bei dem viele Gruppen um Einfluss ringen. Er tritt am ehesten in der Rechtspolitik auf.
6. Etwas häufiger (15,5 Prozent) und vornehmlich in der Umwelt- und Rechtspolitik kommt ein *Pluralismus bei Dominanz der ideellen Fördererverbände* vor, bei dem viele Gruppen konkurrieren, ideelle Fördererverbände aber dominieren.

Die Bedeutung einer zweiten Instanz, die zwischen Bürgern und politischem System vermittelt, nämlich der Massenmedien, wird bei der Erkundung der Determinanten der Staatstätigkeit bislang weitgehend außer Betracht gelassen. Das hat zu einem erheblichen Teil mit der Schwierigkeit zu tun, Medieneinflüsse auf politische Entscheidungen methodisch sauber herauszufiltern. Angesichts der wichtigen Position, die die Massenmedien, und dabei insbesondere das Fernsehen, als Informationsquelle der Bürger über politische Vorgänge einnehmen, liegt es jedoch nahe, von solchen Wirkungen auszugehen. Insbesondere die Rolle des Fernsehens bei der Politikvermittlung hat in der Geschichte der Bundesrepublik massiv an Bedeutung gewonnen. Mussten die Bürger bei der Gründung der Bundesrepublik noch mit Zeitungen und Radio auskommen, stehen ihnen inzwischen mehr als 30 Fernsehsender zur Verfügung, die sie durchschnittlich über drei Stunden täglich konsumieren. Sie werden laut Umfragen von der großen Mehrheit der Bürger als Hauptinformationsquelle genutzt, und insbesondere das öffentlich-rechtliche Fernsehen wird für sehr glaubwürdig gehalten (vgl. Meyn 2004).

Es lassen sich grundsätzlich zwei Formen unterscheiden, wie Medien auf Politik Einfluss nehmen können. Zum einen können die Medien direkt wirken, beispielsweise dadurch, dass sie bestimmte Themen auf die politische Agenda setzen. Ebenso können bestimmte Lösungen eines bereits diskutierten Problems oder bestimmte Politiker oder Parteien medial favorisiert werden, und Medien können den Rahmen für die Deutung und Bedeutung von Sachverhalten liefern. Dass schließlich ein von den Medien geschaffenes oder doch verstärktes Meinungsklima im Zusammenspiel mit den Wiederwahlinteressen von Politikern Entscheidungen beeinflussen kann, ist zumindest plausibel.

Von diesen direkten Effekten lassen sich indirekte unterscheiden, die daraus resultieren, dass die politischen Akteure von einem wichtigen Einfluss der Medien auf die öffentliche Meinung ausgehen und sich deshalb der Logik der Medien unterwerfen, deren zentrales Selektionskriterium der Nachrichtenwert ist. Insbesondere das Hinzukommen von privaten Rundfunksendern seit den 1980er Jahren dürfte den Wettbewerb um Einschaltquoten zwischen den Fernsehanstalten verschärft haben, was in der politischen Berichterstattung häufig zu „Infotainment“, also der Vermischung von politischen Informationen mit Unterhaltungselementen, geführt haben dürfte. Dies führt, so etwa Meyers (2002: 100) These, „zu einer Vermehrung und Forcierung der Möglichkeiten zu symbolischer Scheinpolitik und theatralischer Politikinszenierung“. Gleichzeitig verkürzen die Medien den – ohnehin kurzen – Zeittakt der Demokratie noch weiter und tragen so das ihre zur Atmosphäre eines Dauerwahlkampfes bei. Die Orientierung am Nachrichtenwert prämiert weiterhin eine gewisse Sprunghaftigkeit in der Politikformulierung, da in erster Linie Neues die für Politiker lebensnotwendige Publizität verschafft. Schließlich erzeugt die Dominanz der Medien in der politischen Kommunikation einen Zwang zur Verkürzung und Vereinfachung, der den tatsächlichen Handlungsnotwendigkeiten nicht angemessen sei. Eine Maßnahme, die den „Dan-Rather-Test"[4] nicht besteht, also nicht von einem Journalisten in höchstens fünfzehn Sekunden erklärt werden kann, finde kaum mediale Beachtung, was für politische Akteure, die aus wahlpolitischen Gründen auf hohe Publizität angewiesen sind, kaum attraktiv ist. Daher wird beispielsweise von Meyer (2002) die Gefahr gesehen, dass die Lösung drängender Probleme zu Gunsten von Schau- und Symbolpolitik zurückgestellt wird.

5 Wiedervereinigung

Die Wiedervereinigung der Bundesrepublik Deutschland mit der Deutschen Demokratischen Republik am 3. Oktober 1990 war sicherlich der folgenreichste Einschnitt in der Geschichte der Bundesrepublik. Obwohl das westdeutsche politische System und das Recht der alten Bundesrepublik fast vollständig in die neuen Bundesländer transferiert wurden (Lehmbruch 1991) und das Regierungssystem auf den ersten Blick zwar erweitert, aber sonst unverändert erschien, wurde in den folgenden Jahren deutlich, dass die Vereinigung ganz erhebliche Veränderungen induziert hatte. Im föderalen System beispielsweise waren nicht nur fünf bzw. sechs Länder hinzugekommen, sondern die ökonomische, aber auch die sozio-kulturelle Heterogenität war sprunghaft gewachsen, und die Anzahl ärmerer Bundesländer war signifikant gestiegen – mit erheblichen Folgen beispielsweise für den horizontalen und vertikalen Finanzausgleich (vgl. ausführlich Wachendorfer-Schmidt 2003). Die politische Kultur in beiden Landesteilen unterscheidet sich mitunter ganz erheblich, so in der Einschätzung von Demokratie, deren Funktionieren im Osten viel kritisch-distanzierter als im Westen gesehen wird, und der Rolle des Wohlfahrtsstaates, von dem man in den neuen Bundesländern erheblich mehr als in den alten Ländern erwartet (Fuchs et al. 1997; Wiesenthal 2003: 54). Auch das ostdeutsche Parteiensystem, in dem mit CDU, SPD und PDS (bzw. „Die Linke. PDS", so die Umbenennung im Juli 2005) drei in etwa gleich große Parteien konkurrieren, während Grüne und Liberale es nur gelegentlich in die Landtage der neuen Länder schaffen, weicht signifikant vom westdeutschen Muster ab, in dem die beiden Blöcke Union/FDP und SPD/Grüne gegeneinander antreten und die PDS bzw. die Linkspartei bisher keine nennenswerte Rolle gespielt hat. Ob die Linkspartei an diesem Muster etwas zu ändern vermag, bleibt abzuwarten. Schließlich ließ sich auch das Verbändesystem der alten Bundesrepublik nicht unverändert in die neuen Länder übertragen. Vor allem die Arbeitgeberverbände, in abgeschwächtem Maße aber auch die Gewerkschaften, waren mit dem Problem der Verbandsflucht konfrontiert. Insofern scheiterte der Transfer des westdeutschen Modells der Industriellen Beziehungen, was zunächst Auswirkungen auf die Tarifpolitik der neuen Länder, aber auch über sie hinaus hatte (Weßels 1999: 105f.; Streeck/Hassel 2003: 109ff.; Hassel i.d.B.).

Doch auch die Staatstätigkeit selbst war über Jahre – und ist in vielen Feldern noch heute – mit der Bearbeitung der Folgen der deutschen Einheit beschäftigt. Der maroden DDR-Wirtschaft wurde mit dem Umstellungskurs bei der Wirtschafts- und Währungsunion vom 1. Juli 1990, den anschließenden Lohnerhöhungen in den neuen Ländern und der auf beides reagierenden Hochzinspolitik der Bundesbank ein gnadenstoßähnlicher Aufwertungsschock versetzt, mit der Folge einer zusammenbrechenden Industrieproduktion und explosionsartig zunehmender Arbeitslosigkeit. Da sich in Ostdeutschland keineswegs

[4] Der Begriff stammt von Paul Pierson (1994: 21). Dan Rather war für 24 Jahre der Hauptmoderator der Abendnachrichten beim amerikanischen Sender CBS.

schnell und flächendeckend „blühende Landschaften“ entwickelten, wie noch 1990 von Bundeskanzler Helmut Kohl erwartet, überstieg das erforderliche finanzielle Engagement in den neuen Ländern die Erwartungen bei Weitem und belief sich auf durchschnittlich rund vier Prozent des westdeutschen Bruttosozialprodukts jährlich (Renzsch 1998: 75; Ragnitz 2003). Ein großer Teil der Transferzahlungen wurde über steigende Sozialversicherungsbeiträge geleistet, die zu einer Verteuerung des Produktionsfaktors Arbeit und damit zu einer Verschärfung der Beschäftigungsprobleme beitrugen, die wiederum den sozialpolitischen Reformdruck erhöhten. In der Umweltpolitik, um ein weiteres innenpolitisches Beispiel zu nennen, waren die ökologischen Hinterlassenschaften des Staatssozialismus zu sanieren. Außen- und europapolitisch schließlich musste die neue Rolle, die ein wiedervereinigtes und souveränes Deutschland in den Internationalen Beziehungen spielen sollte, erst neu definiert werden.

6 Außenpolitische Einbindung und Souveränität

Die Bundesrepublik war insbesondere in den ersten Jahren nach ihrer Gründung noch keineswegs ein souveräner Staat, der allein über seine inneren und äußeren Belange hätte entscheiden können. Entscheidende verfassungs-, aber beispielsweise auch wirtschaftspolitische Entscheidungen fielen sogar noch vor Gründung der Bundesrepublik unter einem Besatzungsregime. Doch auch nach Inkrafttreten des Grundgesetzes behielten sich die westlichen Besatzungsmächte im Besatzungsstatut vom 10. Mai 1949 noch erhebliche Kompetenzen vor. Dies betraf unter anderem Fragen der Abrüstung und Demilitarisierung, die Ruhrindustrie, die wirtschaftliche Entflechtung, die Außenbeziehungen sowie den Außenhandel. Zudem sollten die Gesetze von Bund und Ländern alliierter Kontrolle unterliegen. Noch schwerer wog indes, dass sich die Besatzungsbehörden auch das Recht vorbehielten, „die Ausübung der vollen Gewalt ganz oder teilweise wieder zu übernehmen, wenn sie dies als wesentlich ansehen für die Sicherheit oder die Aufrechterhaltung der demokratischen Regierung in Deutschland oder als Folge der internationalen Verpflichtungen ihrer Regierungen,“ so der Text des Besatzungsstatus.

Die Kontrolle der Gesetzgebung wurde schon mit der ersten Revision des Besatzungsstatuts im März 1951 eingestellt, doch zu einem weitgehend souveränen Staat wurde die Bundesrepublik erst mit dem Inkrafttreten der Pariser Verträge 1955, mit denen das Besatzungsstatut erlosch und nur wenige alliierte Vorbehaltsrechte bestehen blieben, so in Bezug auf die Truppenstationierung, den Status Berlins und Deutschland als Ganzes. Auch die alliierten Notstandsrechte sollten bis zum Inkrafttreten einer eigenen deutschen Notstandsverfassung in Kraft bleiben, die erst 1968 verabschiedet wurde (vgl. auch Küsters 2005: 4). Die volle Souveränität erlangte die Bundesrepublik erst 1990 mit dem „Vertrag über die abschließende Regelung in Bezug auf Deutschland“, dem so genannten 2+4-Vertrag, der die außenpolitischen Fragen der Wiedervereinigung klärte.

In Folge der zunächst nur stark eingeschränkten Souveränität existierte eine deutsche Außenpolitik 1949 praktisch nicht, einen Außenminister gab es nicht, die Außenbeziehungen waren auf die Beziehungen zu den Alliierten beschränkt. Die Pariser Verträge, die die außenpolitische Handlungsfähigkeit herstellten, sahen dann nur noch gewisse Beschränkungen in der Verteidigungspolitik insofern vor, als die operativen Einheiten der Bundeswehr, die in den 1950er Jahren aufgebaut wurde, dem Oberbefehl der NATO unterstellt wurden. Damit war die Verteidigungspolitik von Beginn an dem alleinigen Zugriff der Bundesregierung entzogen und auf internationaler Ebene integriert. Dieser freiwillige Souveränitätsverzicht in der Verteidigungspolitik fand Parallelen in einer wachsenden Zahl anderer Politikfelder, die ebenfalls beginnend in den 1950er Jahren teilweise oder vollständig in die Entscheidungshoheit der Europäischen Gemeinschaft bzw. der Europäischen Union überführt wurden.

7 Europäisierung der Staatstätigkeit?

Die Europäisierung schritt seit der Gründung der Bundesrepublik in erheblichem Umfang voran. Besonders stark – das zeigen verschiedene Indikatoren – stieg die Bedeutung des europäischen Integrationsprozesses für die Staatstätigkeit in der Bundesrepublik Deutschland seit den 1980er Jahren, als mit der Einheitlichen Europäischen Akte das Binnenmarktprogramm beschlossen wurde.

Der prozentuale Anteil der Bundesgesetze, für die ein europäischer Impuls erfasst wurde, lag bereits in der 10. Wahlperiode (1983-1987) bei knapp 17 Prozent, stieg danach kontinuierlich an und erreichte in der 14. Legislaturperiode (1998-2002) mehr als ein Drittel (vgl. Abb. 1.5). Dabei gibt es, wie ebenfalls aus der Abbildung deutlich wird, erhebliche Unterschiede über die Politikfelder hinweg: Besonders hoch war die Europäisierung im Bereich der Umwelt- sowie der Agrar- und der Post- und Telekommunikationspolitik, wo meist über die Hälfte der Gesetze einen Impuls aus Brüssel bekamen. In der Wirtschafts- und Finanzpolitik war rund ein Viertel der Gesetze von Brüssler Vorgaben betroffen, wobei in der 14. Wahlperiode jeweils ein starker Anstieg auf über ein Drittel zu verzeichnen war. Da die Daten allerdings belegen, dass der Anteil europäischer Impulse innerhalb der einzelnen Politikfelder schwankt, kann dieses Niveau nicht ohne weiteres für die Zukunft extrapoliert werden. Schließlich gibt es einige Politikfelder, die immer noch vergleichsweise weniger europäisiert sind, wie die Innenpolitik oder der Bereich Arbeit und Sozialordnung. Doch auch hier sind massive Erhöhungen der europäisch inspirierten Gesetze zu verzeichnen, die sich in der 14. Wahlperiode auf 19,2 Prozent (Inneres) und 23,3 Prozent (Arbeit und Sozialordnung) aller verabschiedeten Gesetze beliefen.

Allerdings hat diese Messung des Ausmaßes der Europäisierung der deutschen Politik einige Nachteile (Töller 2004: 33): So werden erstens die Bereiche nicht erfasst, in denen der Gesetzgeber aufgrund europäischer Vorgaben überhaupt nicht mehr aktiv werden kann, so beispielsweise auch wenn Verordnungen nationale Gesetzgebung ausschließen. Zweitens lässt sich mittels dieser Daten nicht erkennen, welcher Gestaltungsspielraum dem Gesetzgeber bei der Umsetzung des Impulses blieb, wie weit reichend der Impuls also war. Drittens werden mit den Daten solche Reformen nicht erfasst, bei denen der Gesetzgeber in einer Art vorauseilendem Gehorsam den europäischen Impuls schon vor der Verabschiedung europäischer Rechtsakte umsetzt.

Abbildung 1.5: Prozentualer Anteil europäischer Impulse an der Gesetzgebung des Bundes, 1983-2002 (ausgewählte Politikfelder)

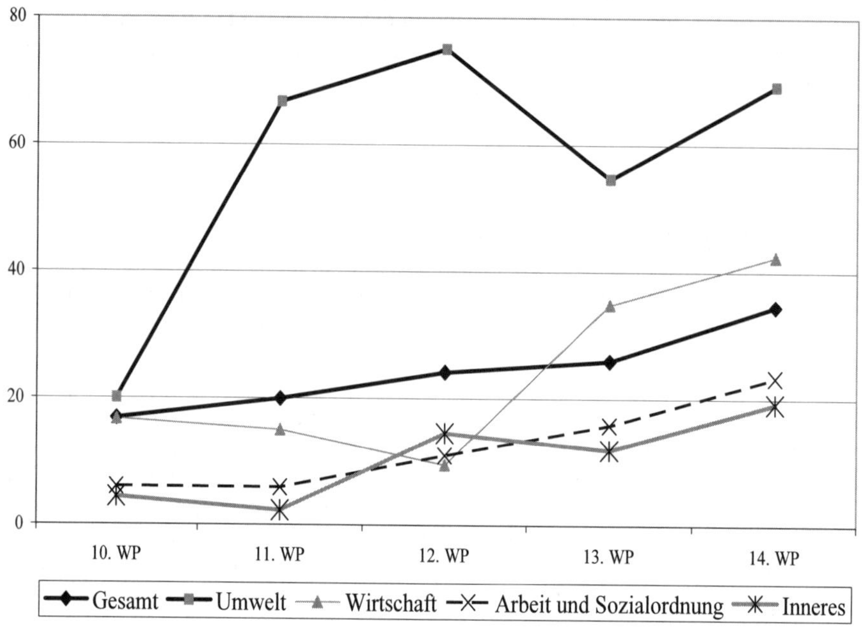

Quelle: Töller 2004: 33.

Ein umfassenderes Europäisierungsmaß für die Staatstätigkeit in der Bundesrepublik, das diese Probleme berücksichtigt, hat Manfred Schmidt (2005a) zusammengestellt (vgl. Abb. 1.6). Er unterscheidet – in Weiterführung von Lindberg und Scheingold (1970: 69) sowie Schmitter (1996) – vier Europäisierungsgrade, die er auf der Basis einschlägiger Untersuchungen für bestimmte Etappen des Integrationsprozesses den einzelnen Politikfeldern zuordnet.[5] Insgesamt ergibt sich bei diesem Index das bereits von den Gesetzgebungsimpulsen her bekannte Bild einer zwar über die Politikfelder variierenden, aber im Zeitverlauf stark zunehmenden Europäisierung der öffentlichen Aufgaben. Auch Schmidt zufolge war zu Beginn des 21. Jahrhunderts vor allem die Wirtschaftspolitik überdurchschnittlich europäisiert, während die Europäische Integration beispielsweise in den Bereichen Inneres und Justiz, Arbeitsmarkt sowie Soziales unterdurchschnittlich war. Für den vorliegenden Band wichtiger ist es jedoch festzuhalten, dass dem in den 1950er Jahren beginnenden Prozess der Europäischen Integration in einer zunehmenden Zahl von Politikfeldern eine steigende Bedeutung zukam, die Regierungen und Parlamente also in enger werdenden Handlungskorridoren zu agieren hatten. Dies bestätigt auch Tanja Börzels (i.d.B.) Europäisierungsmaß, das auf formale Entscheidungsverfahren abstellt und zwischen Breite (Anzahl der Teilbereiche eines Politikfeldes, die europäisiert sind) und Tiefe (Grad der Supranationali-

5 Dabei steht der Wert „0“ für „Alleinregelung durch den Nationalstaat“, „1“ für einen relativ niedrigen oder gemäßigt hohen Europäisierungsgrad, „2“ für einen relativ hohen Europäisierungsgrad und „3“ für vollständige Europäisierung (ausführlicher Schmidt 2005a).

sierung) der Europäisierung differenziert. Aus ihrem Indikator lassen sich ähnliche Schlüsse wie aus den hier vorgestellten ziehen.

Abbildung 1.6: Grad der Europäisierung ausgewählter öffentlicher Aufgaben in der Bundesrepublik Deutschland, 1950-2004

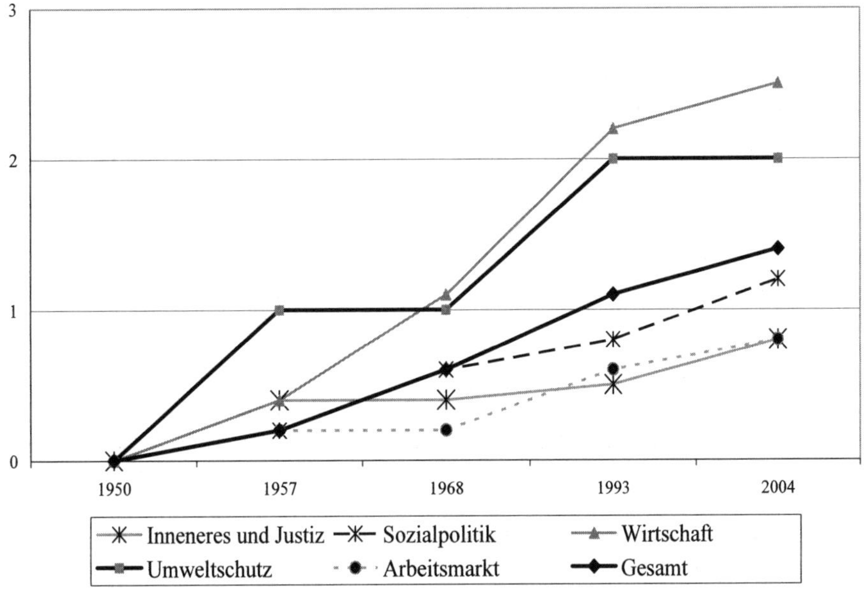

Quelle: Aggregiert auf der Basis von Schmidt 2005a: 137-142.

8 Die Eigenheiten des deutschen politischen Systems

Den „Geist der Gesetze“ in der Bundesrepublik Deutschland durchweht eine antitotalitäre Regelungsphilosophie, die in großem Umfang von dem Bestreben geprägt ist, aus Katastrophen der deutschen politischen Geschichte, insbesondere dem Zusammenbruch der Weimarer Republik und dem Aufstieg der NS-Diktatur zu lernen. Diese Regelungsphilosophie orientiert sich am westlichen Verfassungsstaat und an der westlichen Demokratie und verstand sich zugleich als das Gegenmodell zum Aufbau des Sozialismus in der Deutschen Demokratischen Republik. Zu den Korrelaten des antitotalitären Geistes der Gesetze in Deutschland gehört eine außerordentlich weitgehende Machtaufteilung anstelle von Machtkonzentration. Die Vorteile dieser Machtaufteilung sind die weitgehend zuverlässige Zähmung der Politik und die Einbindung des Hauptverlierers einer Bundestagswahl durch Mitbeteiligung im Bund und in den Ländern, ihr Nachteil liegt in den hohen Entscheidungskosten und der mitunter zögerlichen, langwierigen Problemwahrnehmung und Problemlösung.

Ein zweites Markenzeichen der politischen Institutionenordnung in der Bundesrepublik Deutschland ist eine eigentümliche Demokratieform: Ihr Kennzeichen ist eine Mischung aus Mehrheitsdemokratie nach britischem Muster und bundesstaatlicher Verhandlungs- oder Konkordanzdemokratie, also einer Demokratie, in der Konflikte mit Hilfe von

Entscheidungsmaximen des Aushandelns oder des gütlichen Einvernehmens nach Art der Kompromisstechniken der deutschen und schweizerischen Religionsfriedensschlüsse des 17. und 18. Jahrhunderts geregelt werden. Während der konkordanzdemokratische Charakter der Bundesrepublik sich stärker in der schon erwähnten Machtteilhabe auch des Verlierers von Bundestagswahlen über die Länder und den Bundesrat spiegelt, kommt der konkurrenzdemokratische Zug des deutschen politischen Systems vor allem im Parteienwettbewerb zum Tragen. Das schließt die Bildung einer Großen Koalition nicht grundsätzlich aus, doch der Regelfall war der Verzicht auf breite Regierungskoalitionen auf Bundesebene (vgl. dazu Czada 2003). Es lässt sich sogar ein Trend beobachten, wonach die elektorale Unterstützung, auf die sich Bundesregierungen berufen konnten, im Laufe der Zeit geschrumpft ist. Konnten die Regierungen unter Adenauer und Erhard sich durchschnittlich noch auf rund 56 Prozent der Wählerstimmen berufen, fiel dieser Wert für die Koalitionen, die zwischen 1994 und 2002 gebildet wurden, jeweils auf unter 50 Prozent.

Eine dritte Eigenheit der Politik hierzulande liegt in der einflussreichen Position der politischen Parteien. Auch wenn Deutschland weniger Parteienstaatlichkeit als beispielsweise Österreich aufweist, liegt die fundamentale Bedeutung der Parteien und des Parteienwettbewerbs für die Politik hierzulande auf der Hand. Hinzu kommt allerdings, und hier stößt man an die Grenze von der These des „Parteienstaats“, dass jede Regierung in der Bundesrepublik Deutschland mit ungewöhnlich vielen Mitregenten, ja vielen Vetospielern im Sinn von George Tsebelis zu tun hat. Das führt dazu, dass Politikmachen in Deutschland besonders kompliziert ist, häufig langwierig und störanfällig – und dass es viel Kooperation von Streitparteien verlangt, die bei ihrem Kampf um die Machtverteilung normalerweise das sie Trennende betonen.

Ein weiteres Kennzeichen der Politik in Deutschland ist – viertens – ein innen- und außenpolitisch halbsouveräner Staat mit Vorliebe für friedliche Handelsstaatspolitik, Absage an Machtstaatspolitik und Einbindung in die internationale Staatengemeinschaft, insbesondere auch Einbindung in die Europäische Union. Dieser Staat kommt mitunter allerdings nur im Schneckentempo voran. Für spektakuläre innen- oder außenpolitische Alleingänge eignet er sich in der Regel kaum. Zudem ist er anfällig für Reformblockaden. Dennoch war er aber stark genug für tief greifende Weichenstellungen, wovon die nachfolgenden Kapitel zeugen.

Dabei beschritt die Politik in Deutschland – fünftens – einen Mittelweg zwischen dem sozialdemokratischen nordeuropäischen Wohlfahrtskapitalismus und der marktorientierten US-amerikanischen Gesellschaft und Wirtschaft. Die Politik in der Bundesrepublik Deutschland legte dabei besonderen Wert auf eine politisch vielfältig regulierte Marktwirtschaft, auf ehrgeizig definierte soziale Sicherheit und ambitionierten sozialen Ausgleich.

Ein sechstes Markenzeichen der Demokratie der Bundesrepublik Deutschland ist die sehr starke Stellung der Verfassung und der Verfassungsgerichtsbarkeit. „Governing with Judges“ und mitunter „Governing by Judges“ (Stone Sweet 2000), also Regieren mit Richtern und mitunter Regieren durch Richter, sind Kennzeichen der Politik in Deutschland nach 1949 geworden – ein weiterer fundamentaler Unterschied zur allgegenwärtigen, allzuständigen Politik wie in der NS-Diktatur von 1933 bis 1945 oder im SED-Staat, der Diktatur in der Deutschen Demokratischen Republik von 1949 bis 1989/90.

Siebtens schließlich ist der Bundesrepublik eine besondere Neigung zum Dauerwahlkampf eigen. Diese rührt her von der großen Zahl von Landtagswahlen, die über die gesamte Legislaturperiode des Bundes verstreut sind und die wegen Politikverflechtung und Bundesrat von allergrößter Bedeutung für die Bundespolitik und den Kampf zwischen Regierung und Opposition sind. Der Wettbewerb um Wählerstimmen wird aber noch zusätzlich angeheizt: erstens von der Konkurrenz zweier oder, rechnet man die „Linkspartei" hinzu, gar dreier Sozialstaatsparteien und zweitens, weil die Medien die parteipolitische Auseinandersetzung mit Sendezeit prämieren – eine Versuchung, der die wenigsten Parteipolitiker zu widerstehen vermögen.

Was aus all den Eigenheiten des deutschen politischen Systems resultiert und ob hieraus wirklich eine „Erfolgsstory" entstanden ist, wie etliche Beobachter im In- und Ausland meinen (Dalton 1993: 4; von Beyme 2004: 432), wird in diesem Sammelband ebenso zu prüfen sein, wie der Effekt, den die besonderen politischen Institutionen in Deutschland auf die Staatstätigkeit ausüben.

9 Literatur

Abromeit, Heidrun, 1995: Volkssouveränität, Parlamentssouveränität, Verfassungssouveränität: Drei Realmodelle der Legitimation staatlichen Handelns, in: Politische Vierteljahresschrift 36: 49-66.

Beyme, Klaus von, 1997: Der Gesetzgeber. Der Bundestag als Entscheidungszentrum. Opladen.

Beyme, Klaus von, [10]2004: Das politische System der Bundesrepublik Deutschland. Eine Einführung. Wiesbaden.

Budge, Ian/Klingemann, Hans-Dieter/Volkens, Andrea/Bara, Judith/Tanenbaum, Eric, 2001: Mapping Policy Preferences. Estimates for Parties, Electors, and Governments 1945-1998. Oxford.

Burkhart, Simone, 2005: Parteipolitikverflechtung. Über den Einfluss der Bundespolitik auf Landtagswahlentscheidungen von 1976 bis 2000, in: Politische Vierteljahresschrift 46: 14-38.

Busch, Andreas, 2005: Shock-Absorbers under Stress: Parapublic Institutions and the Double Challenges of German Unification and European Integration, in: Simon Green/William E. Paterson (Hrsg.): Governance in Contemporary Germany. The Semisovereign State Revisited. Cambridge u.a., 94-114.

Czada, Roland, 2003: Der Begriff der Verhandlungsdemokratie und die vergleichende Policy-Forschung, in: Renate Mayntz/Wolfgang Streeck (Hrsg.): Die Reformierbarkeit der Demokratie. Innovationen und Blockaden. Frankfurt a.M./New York, 173-204.

Dalton, Russell J., [2]1993: Politics in Germany. New York.

Decker, Frank/Blumenthal, Julia von, 2002: Die bundespolitische Durchdringung der Landtagswahlen. Eine empirische Analyse von 1970 bis 2001, in: Zeitschrift für Parlamentsfragen 33: 144-165.

Feldkamp, Michael F., 2006: Deutscher Bundestag 1987 bis 2005: Parlaments- und Wahlstatistik, in: Zeitschrift für Parlamentsfragen 37: 3-28.

Fuchs, Dieter/Roller, Edeltraud/Weßels, Bernhard, 1997: Die Akzeptanz der Demokratie des vereinigten Deutschland. Oder: Wann ist ein Unterschied ein Unterschied?, in: APuZ B 51/97: 3-12.

Helms, Ludger, 1999: Entwicklungslinien der Verfassungsgerichtsbarkeit in der parlamentarischen Demokratie der Bundesrepublik Deutschland, in: Eckhard Jesse/Konrad Löw (Hrsg.): 50 Jahre Bundesrepublik. Berlin, 141-164.

Küsters, Hanns-Jürgen, 2005: Von der beschränkten zur vollen Souveränität Deutschlands, in: APuZ 17/2005: 3-9.

Lehmbruch, Gerhard, 1991: Die deutsche Vereinigung: Strukturen und Strategien, in: Politische Vierteljahresschrift 32: 585-604.

Lehmbruch, Gerhard, [3]2000: Parteienwettbewerb im Bundesstaat. Regelsysteme und Spannungslagen im Institutionengefüge der Bundesrepublik Deutschland. Opladen.

Lindberg, Leon N./Scheingold, Steward A., 1970: Europe's Would-Be Polity. Patterns of Change in the European Community. Englewood Cliffs, NJ.

Meyer, Thomas, 2002: Mediokratie. Die Kolonisierung der Politik durch die Medien. Frankfurt a.M.

Meyn, Hermann, 2004: Massenmedien in Deutschland. Konstanz.

Pierson, Paul, 1994: Dismantling the Welfare State? Reagan, Thatcher, and the Politics of Retrenchment. Cambridge.

Ragnitz, Joachim, 2003: Wie hoch sind die Transferleistungen für die neuen Länder? Halle (Pressemitteilung 21/2003, Institut für Wirtschaftsforschung Halle).

Renzsch, Wolfgang, 1991: Finanzverfassung und Finanzausgleich. Die Auseinandersetzung um ihre politische Gestaltung in der Bundesrepublik Deutschland zwischen Währungsreform und deutscher Vereinigung (1948-1990). Bonn.

Renzsch, Wolfgang, 1998: Die finanzielle Unterstützung der neuen Länder durch die alten Länder, in: Eckart Klein (Hrsg.): Die Rolle des Bundesrates und der Länder im Prozeß der deutschen Einheit. Berlin, 73-86.

Scharpf, Fritz W./Reissert, Bernd/Schnabel, Fritz, 1976: Politikverflechtung: Theorie und Empirie des kooperativen Föderalismus in der Bundesrepublik. Kronberg/Ts.

Scharpf, Fritz W., 1994: Optionen des Föderalismus in Deutschland und Europa. Frankfurt a.M./ New York.

Schindler, Peter, 1999: Datenhandbuch zur Geschichte des Deutschen Bundestages 1949 bis 1999. Baden-Baden.

Schmidt, Manfred G., ^{2}2002: Germany: The Grand Coalition State, in: Josep M. Colomer (Hrsg.): Political Institutions in Europe. London, 55-93.

Schmidt, Manfred G., 2003: Political Institutions in the Federal Republic of Germany. Oxford.

Schmidt, Manfred G., 2005a: Aufgabeneuropäisierung, in: Gunnar Folke Schuppert/Ingolf Pernice/Ulrich Haltern (Hrsg.): Europawissenschaft. Baden-Baden, 129-146.

Schmidt, Manfred G., ^{3}2005b: Sozialpolitik in Deutschland. Historische Entwicklung und internationaler Vergleich. Wiesbaden.

Schmidt, Manfred G., 2005c: Das politische System der Bundesrepublik Deutschland. München.

Schmitter, Philippe C., 1996: Imagining the Future of the Euro-Polity with the Help of New Concepts, in: Gary Marks et al.: Governance in the European Union. London, 121-150.

Schüttemeyer, Suzanne S., 1990: Regierungen und Regierungskoalitionen in Bund und Ländern 1946-1990, in: Zeitschrift für Parlamentsfragen 21: 470-472.

Streeck, Wolfgang/Hassel, Anke, 2003: The Crumbling Pillars of Social Partnership, in: West European Politics 26 (4): 101-124.

Stone Sweet, Alec, 2000: Governing with Judges: Constitutional Politics in Europe. Oxford.

Töller, Annette Elisabeth, 2004: Dimensionen der Europäisierung – Das Beispiel des Deutschen Bundestages, in: Zeitschrift für Parlamentsfragen 35: 25-50.

Wachendorfer-Schmidt, Ute, ^{2}2005: Politikverflechtung im vereinigten Deutschland. Wiesbaden.

Wagschal, Uwe, 2001a: Der Parteienstaat der Bundesrepublik Deutschland. Parteipolitische Zusammensetzung seiner Schlüsselinstitutionen, in: Zeitschrift für Parlamentsfragen 32: 861-886.

Wagschal, Uwe, 2001b: Parteien, Wahlen und die Unabhängigkeit der Bundesbank, in: Zeitschrift für Politikwissenschaft 11: 573-600.

Weßels, Bernhard, 1999: Die deutsche Variante des Korporatismus, in: Max Kaase/Günther Schmid (Hrsg.): Eine lernende Demokratie. Berlin, 87-113.

Wiesenthal, Helmut, 2003: German Unification and "Model Germany": An Adventure in Institutional Conservatism, in: West European Politics 26 (4): 37-57.

Zacher, Hans F., 2004: Das soziale Staatsziel, in: Josef Isensee/Paul Kirchhof (Hrsg.): Handbuch des Staatsrechts der Bundesrepublik Deutschland, Bd. 2. Der Verfassungsstaat. Heidelberg, 559-784.

Ziller, Gebhard, 2006: Bundestag und Bundesrat im Zahlenspiegel. Ein statistischer Überblick von 1949 bis 2005, in: Das Parlament vom 23.1.2006: 12.

Zohlnhöfer, Reimut, 2001: Die Wirtschaftspolitik der Ära Kohl. Eine Analyse der Schlüsselentscheidungen in den Politikfeldern Finanzen, Arbeit und Entstaatlichung, 1982-1998. Opladen.

Zohlnhöfer, Reimut, 2003a: Der Einfluss von Parteien und Institutionen auf die Staatstätigkeit, in: Herbert Obinger/Uwe Wagschal/Bernhard Kittel (Hrsg.): Politische Ökonomie. Demokratie und wirtschaftliche Leistungsfähigkeit. Opladen, 47-80.

Zohlnhöfer, Reimut, 2003b: Rot-grüne Regierungspolitik in Deutschland 1998-2002. Versuch einer Zwischenbilanz, in: Christoph Egle/Tobias Ostheim/Reimut Zohlnhöfer (Hrsg.): Das rot-grüne Projekt. Eine Bilanz der Regierung Schröder 1998-2002. Wiesbaden, 399-419.

Zohlnhöfer, Reimut, 2004: Republik im Übergang: Machtwechsel in der Bundesrepublik Deutschland seit 1949, in: Zeitschrift für Staats- und Europawissenschaften 2: 612-639.

1. Klassische Politikfelder

2. Verfassungspolitik: Stabilität und permanentes Austarieren

Andreas Busch

1 Verfassungspolitik als Entscheidung über Spielregeln

Verfassungspolitik unterscheidet sich von den anderen in diesem Band behandelten Politikfeldern dadurch, dass in ihr die Bedingungen für die Entscheidungen in letzteren festgelegt werden: Da Verfassungen die Regeln für das Treffen legitimer politischer Entscheidungen bestimmen, können durch Änderungen der Verfassung auch jene Regeln geändert werden. Dies ist zwar ein zentraler, doch nicht der einzige Unterschied: Während in anderen Politikbereichen eine rasche inhaltliche Anpassung an geänderte Rahmenbedingungen gemeinhin als ein Positivum betrachtet wird, beruht die Legitimität von Verfassungsregeln zu einem erheblichen Teil auf ihrer Stabilität und Verlässlichkeit; rasche und häufige Änderungen können daher hier kontraproduktiv wirken und die Anerkennung der Verfassung durch die Bevölkerung beschädigen.

Die Anerkennung der Verfassung durch die Bevölkerung ist aber zentral, kann sie doch ohne die generelle Bereitschaft zur Befolgung ihrer Regeln keine Wirkung entfalten (Grimm 1994b: 15f.). Verfassungen verkörpern daher einen Basiskonsens über das, was nicht immer wieder zur Disposition gestellt werden kann, und entlasten durch das Festlegen von Regeln das politische Alltagsgeschäft (Vorländer 2004: 12f.). Was in der Verfassung festgelegt ist, ist daher nicht mehr Gegenstand, sondern wird Voraussetzung politischer Entscheidungen.

Verfassungen demokratischer Rechtsstaaten westlicher Prägung erfüllen somit eine Reihe von Funktionen (Schulze-Fielitz 1999: 66–69). Sie dienen als rechtliche Grundordnung, die die Beziehungen zwischen Staat und Gesellschaft regelt und sind gleichzeitig in ihrem Bestand als ranghöchste Normen besonders gesichert; sie schützen den Einzelnen vor staatlicher (und auch gesellschaftlicher) Übermacht und Willkür, und geben durch Instrumente wie Staatszielbestimmungen und programmatische Aufträge eine auch inhaltliche Richtung für das Gemeinwesen vor; und sie beschaffen durch Regeleinhaltung Legitimation und tragen durch Konsensfindung zur Integration des Staatsvolkes bei.

Im Allgemeinen enthalten Verfassungen Bestimmungen über drei Klassen von Regelungen (vgl. etwa Elster 1992: 550f.):

- solche über die „Maschinerie“ des Regierungsgeschäfts – also über die Existenz von Institutionen, deren Kompetenzen und die Art und Weise ihres Ineinandergreifens;
- solche über die Zuschreibung von Rechten und Pflichten, entweder von Individuen oder Kollektiven, zumeist in Form von Grund- oder Bürgerrechten;
- und schließlich solche über die Bedingungen, unter denen die Verfassung selbst geändert werden kann.

Letzteres ist nötig, da Politik sich nicht völlig verrechtlichen lässt. Eine lückenlose Verfassung würde letztlich versuchen, Politik auf reine Verwaltung zu reduzieren (Grimm 1994b: 17). Politisches Handeln muss aber natürlich auch auf neue Herausforderungen, die zum Zeitpunkt der Verfassungsgebung noch nicht absehbar waren, oder auf Veränderungen im Grundkonsens der Gesellschaft reagieren können. Bereits ab dem Zeitpunkt der Verfassungsgebung entsteht daher eine Spannung zwischen dem statischen Verfassungstext und den sich stets neu ergebenden Bedingungen, in denen sich dieser bewähren soll. Diese Spannung ist eine zwischen Stabilität und Flexibilität, zwischen Beibehaltung des Grundkonsenses und seiner Fortentwicklung, zwischen Beharrung und Anpassung an neue Herausforderungen.

Verfassungen wirken demnach in der Zeit. Da Verfassungsfragen Entscheidungen über die Bedingungen künftiger Entscheidungen sind, sind sie in der Regel besonders kontrovers. Im Verfassungsgebungsprozess ist denn auch das Politische keineswegs suspendiert, vielmehr ist „constitution-making [...] a continuation of politics by other means“ (Banting und Simeon 1985: 17), und man kann daher Verfassungen als geronnene Machtverteilung verstehen. Änderungen an dieser Machtverteilung – Verfassungsänderungen – werden daher oft besonders konfliktträchtig sein.

Die Analyse der Politik, die solche Änderungen im Fall des bundesdeutschen Grundgesetzes ermöglichte oder verhinderte, steht im Mittelpunkt dieses Beitrags. Der Begriff der „Verfassungspolitik“[1] ist von Staatsrechtlern oft mit stark normativer Konnotation gebraucht worden, wie das etwa in der Definition als „bewußte Fortschreibung des Verfassungsinhaltes ohne förmliche Änderung ihres Wortlautes mit dem Ziel einer zeit- und problemnahen Geltungsfortbildung“ (Gusy 1983: 4) zum Ausdruck kommt. In diesem Beitrag soll der Begriff hingegen neutraler als Politik gegenüber dem Grundgesetz verstanden werden. Einem kurzen historischen Überblick über die Entwicklung des Grundgesetzes vom Provisorium zur Verfassung des vereinten Deutschland folgt im Hauptteil des Beitrags eine Darstellung der Diskussionen über und der tatsächlich durchgeführten Änderungen an der bundesdeutschen Verfassung, bevor anhand des diskutierten Materials eine theoretisch-analytische Auswertung vorgenommen wird, die insbesondere auf die Rolle von Parteien, von Institutionen und der europäischen Einigung abzielt. Ein einordnender Rückblick auf das Grundgesetz auch in vergleichender Hinsicht schließt den Beitrag ab.

2 Vom Provisorium zur Verfassung für das vereinte Deutschland

Das Grundgesetz als Verfassung der Bundesrepublik Deutschland kam unter besonderen Umständen zustande. Diese waren der bedingungslosen Kapitulation Deutschlands im Mai 1945, der folgenden Besatzungszeit und den Spannungen durch die entstehende Blockkonfrontation des Kalten Krieges geschuldet. Als Folge existierte in Deutschland keine deutsche oberste Staatsgewalt, und die Entscheidung über die Zukunft des Landes lag in den Händen der Besatzungsmächte. Doch der wachsende Dissens zwischen diesen über den Charakter eines zukünftigen deutschen Staates, wie er im Scheitern einer Reihe internationaler Konferenzen im Jahr 1947 immer offener zutage trat, machte eine einheitliche Lösung unmöglich.

1 Vgl. etwa Steinberg 1980; Gusy 1983; Grimm 1994a für staatsrechtliche sowie Pfetsch 1985; Benz 1995; Gläßner et al 2001 für politikwissenschaftliche Beiträge.

Die Westmächte nahmen daher eine Kursänderung vor und verfolgten nun das Konzept der Gründung eines westlichen Teilstaates.[2] Doch bevor dieser entstehen konnte, mussten zunächst die erheblichen Interessenunterschiede zwischen den westlichen Alliierten abgebaut werden: Während französische Sicherheitsinteressen einen losen Länderbund bevorzugten, gingen amerikanische Vorstellungen in Richtung eines westdeutschen Staates, der einen Beitrag zur Verteidigung gegen die Bedrohung aus dem Osten leisten können würde. Die amerikanische strategische Perspektive bestimmte auch die Einbeziehung Westdeutschlands in das „European Recovery Program“ (Marshall-Plan) und den Stopp britischer und französischer Demontagepolitik.

Mit der Währungsreform im Westen und der Blockade Berlins spitzte sich im Juni 1948 die Lage in Richtung auf die Teilung Deutschlands zu. Im Einvernehmen mit den Beschlüssen der Londoner Sechs-Mächte-Konferenz ermächtigten die Militärgouverneure der drei Westzonen am 1. Juli 1948 in den „Frankfurter Dokumenten“ die westdeutschen Ministerpräsidenten, eine „Verfassunggebende Versammlung“ einzuberufen, die eine „Regierungsform des föderalistischen Typs“ ausarbeiten sollte, die schließlich durch Referenden in den Bundesländern in Kraft zu setzen sei. Zudem wurden sie mit Überlegungen für eine Neugliederung der Länder beauftragt.

Die westdeutschen Ministerpräsidenten reagierten auf diese Offerte mit gemischten Gefühlen, wollten sie doch die Chance für mehr Selbstverantwortung nutzen, gleichzeitig aber die deutsche Einheit nicht verspielen. Ihre Reaktion in den „Koblenzer Beschlüssen“ betonte, dass „alles vermieden werden müsste, was dem zu schaffenden Gebilde den Charakter eines Staates verleihen würde“. Die Betonung des Provisoriums (von Carlo Schmid stammte das Wort vom „Zweckverband administrativer Qualität“) zog sich denn auch durch den gesamten folgenden Prozess und ist auch verantwortlich für den Namen des Endproduktes: Die Bezeichnung *Grundgesetz* sollte eben gerade darauf hinweisen, dass es sich nicht um die Verfassung eines Staates, sondern nur um eine Übergangsregelung handelte.

Seiner Vorbereitung diente (nachdem die Ministerpräsidenten sich Ende Juli mit den Militärgouverneuren auf Details des Vorgehens verständigt hatten) der Verfassungskonvent von Herrenchiemsee, in dem von den Ländern entsandte Experten binnen zweier Wochen im August 1948 Textvorschläge und -alternativen für die zu erarbeitende Verfassung erstellten. Am 1. September 1948 traten dann die 65 Mitglieder des „Parlamentarischen Rates“ in Bonn zu ihren Beratungen zusammen. Sie waren von den Landtagen der elf westdeutschen Länder gewählt worden;[3] zusätzlich nahmen fünf Berliner Mitglieder an den Beratungen ohne Stimmrecht teil.

Die parteipolitische Zusammensetzung machte klar, dass keine der Parteien ihre Vorstellungen zum Inhalt der künftigen Verfassung allein würde durchsetzen können:[4] CDU/CSU und SPD stellten je 27 Mitglieder; die FDP 5; Zentrum, Deutsche Partei und KPD je 2 Mitglieder – Entscheidungsmehrheiten würden hier Kompromisse erfordern, und

[2] Zur Vor- und Entstehungsgeschichte des Grundgesetzes siehe aus zeitgeschichtlicher Perspektive v.a. Eschenburg und Benz (1983), aus staatsrechtlicher Perspektive Mußgnung (1987). Instruktiv sind auch die bei Feldkamp (1999) gesammelten und nun leicht zugänglichen Dokumente. Zitate aus ihnen im folgenden Text sind dieser Ausgabe entnommen.

[3] Eine Liste der Mitglieder, aufgeschlüsselt nach Parteien und Bundesländern, findet sich bei Eschenburg und Benz (1983: 490).

[4] Zu den verfassungspolitischen Vorstellungen der Parteien siehe Pikart (1974).

das ist ein Charakteristikum bundesdeutscher Verfassungspolitik auch über den Gründungsakt hinaus geblieben.

Hauptstreitpunkte der über sechs Monate geführten Verhandlungen waren die Kompetenzverteilung zwischen Bund und Ländern – also das Ausmaß der Föderalisierung bzw. Zentralisierung – und die institutionelle Ausgestaltung dieses Verhältnisses. Bei letzterer konkurrierten das Modell eines Senats und das eines (von den Landesregierungen beschickten) Bundesrates. Dabei gingen die Präferenzen quer durch die Parteien: die SPD favorisierte das Senatsmodell und wurde dabei von den norddeutschen Christdemokraten unterstützt; doch während letztere (gemeinsam mit ihren süddeutschen Parteifreunden) ein allgemeines Zustimmungsrecht für die Länderkammer forderten – letztlich einen symmetrischen Bikameralismus –, wollten die Sozialdemokraten nur ein Einspruchsrecht gegen vom Bundestag beschlossene Gesetze zugestehen. Die süddeutschen Christdemokraten wiederum bevorzugten das Bundesratsmodell als Ländervertretung, da es den Landesregierungen mehr Einfluss versprach – eine nicht zuletzt aus den Erfahrungen mit der in Frankfurt angesiedelten Bizonenverwaltung gewonnene Haltung. Zudem entsprach die Beteiligung der Landesregierungen an der Bundesgesetzgebung der besonderen deutschen Verfassungstradition des „Exekutivföderalismus“ (Lehmbruch 2001: 74f.). Ein Kompromiss wurde schließlich in einem erweiterten Einspruchsrecht gefunden, das auf Verwaltungskompetenzen bezogene Gesetze einschloss. Kombiniert mit der Bundesratslösung fand es die erforderliche Mehrheit. Auch hinsichtlich der Kompetenzverteilung zwischen Bund und Ländern kam es zu einer ähnlichen Frontstellung: SPD und norddeutsche Christdemokraten traten für eine starke Stellung des Bundes ein, während die süddeutschen Christdemokraten den Ländern in Gesetzgebung und Verwaltung den Vorrang vor dem Bund gewähren wollten. Die Unterstützung der Alliierten für die föderalistischen Kräfte und die Tatsache, dass ohne die Zustimmung der süddeutschen Länder die Annahme des Grundgesetzes gefährdet gewesen wäre, führte zu der schließlich gefundenen relativ länderfreundlichen Regelung von legislativen und steuerlichen Kompetenzen.[5]

Nachdem schließlich auch letzte Einwirkungsversuche der Militärgouverneure auf den vom Parlamentarischen Rat vorgelegten Verfassungsentwurf (in Richtung einer weiteren Schwächung des Bundes) weitgehend abgewehrt und dieser genehmigt worden war, wurde die endgültige Fassung des Grundgesetzes am 8. Mai 1949 mit 53 zu 12 Stimmen angenommen.[6] Im Gegensatz zur ursprünglichen Absicht der Militärgouverneure wurde die endgültige Annahme des Grundgesetzes dann nicht durch Volksabstimmungen vorgenommen, sondern den Landtagen überantwortet – auch hier hatten sich die Ministerpräsidenten mit ihrer Präferenz für Symbole, die das Provisorische betonten, durchgesetzt. Alle Länderparlamente stimmten dem Entwurf zu – mit Ausnahme des Bayerischen Landtags, der allerdings gleichzeitig beschloss, das Grundgesetz auch als für Bayern verbindlich anzuerkennen, sofern ihm zwei Drittel der Länder zustimmten.[7] Die neue Verfassung trat am 23. Mai 1949 in Kraft – gemeinsam mit dem Besatzungsstatut, das jede Änderung am Grundgesetz von der Genehmigung der Besatzungsbehörden abhängig machte und ihnen auch das Recht vorbehielt, Einspruch gegen beschlossene Bundesgesetze einzulegen. Erst

[5] Eine detaillierte Darstellung der Entstehungsgeschichte der einzelnen Artikel des Grundgesetzes findet sich bei Doemming et al. (1951).

[6] Die Neinstimmen kamen von den Abgeordneten der Deutschen Partei, des Zentrums und der KPD sowie von 6 Vertretern der CSU.

[7] Eine Tabelle mit den Details findet sich bei Beyme (2004: 37).

mit der Aufhebung des Besatzungsstatuts am 5. Mai 1955 wurde die Bundesrepublik ein souveräner Staat.

Das Grundgesetz gewann auch ohne Volksabstimmung Legitimität in der westdeutschen Bevölkerung. Staatsrechtler sahen das „plebiszitäre Defizit" der Verabschiedung bald als durch das konkludente Handeln bei der ersten Bundestagswahl (Wahlbeteiligung, Wahlergebnis) geheilt an (Mußgnung 1987: 253ff.). Dolf Sternberger forderte mit dem Begriff des „Verfassungspatriotismus" viele Jahre später die Westdeutschen sogar auf, angesichts der andauernden Teilung der Nation ihren Patriotismus auf die Verfassung zu richten.[8] Doch da hatte sich das Grundgesetz längst etabliert und war durch eine Reihe von Bewährungsproben gegangen.

Die heftigsten waren die Debatten um die Wehrverfassung in den 1950er Jahren und um die Notstandsgesetze in den 1960er Jahren. Beide führten zu schweren politischen Auseinandersetzungen und Massenmobilisierungen, die jedoch letztlich die geplanten Grundgesetzänderungen nicht verhinderten. Die Auseinandersetzung um die Wehrverfassung in der ersten Hälfte der 1950er Jahre spaltete die junge Republik tief – der Kampf um Westintegration versus Versuch der Rettung der Einheit ist als „Schlüsselkonflikt" (Kielmansegg 2000: 320) bezeichnet worden.[9] Sozialdemokratie, Gewerkschaften, Kirchen und Jugendverbände wandten sich gegen die Wiederbewaffnung, und selbst das (noch junge) Bundesverfassungsgericht wurde in den Konflikt einbezogen. Doch in einer kurzen Periode, in der die Regierung Adenauer 1954 über eine Zwei-Drittel-Mehrheit in beiden Kammern verfügte, wurde die Änderung durchgesetzt, was (gemeinsam mit der Unterzeichnung der Pariser Verträge) auch die außerparlamentarischen Proteste beendete.[10] Zu einer ähnlichen Massenmobilisierung kam es nur noch während der Debatte um die Notstandsgesetzgebung Mitte der 1960er Jahre.[11] Auch hier formierte sich Widerstand von Seiten der Gewerkschaften und (zunächst) der Sozialdemokratie, doch nach dem Eintritt der letzteren in die Große Koalition wurde die „Notstandsverfassung" schließlich im Sommer 1968 – auf dem Höhepunkt der Studentenproteste – verabschiedet.

Die Einfügung von Wehr- und Notstandsregelungen kann als „nachholende Verfassungsgebung" und (den Entstehungsumständen geschuldete) Vervollständigung des Grundgesetzes interpretiert werden – so eine in der Staatsrechtslehre weit verbreitete Sichtweise (vgl. Busch 1999: 557f. mit weiteren Nachweisen). Das Grundgesetz war so vom Provisorium zur Vollverfassung gereift.

Nach der unverhofften Vereinigung Deutschlands 1990 wurde das (weitgehend unveränderte, s.u.) Grundgesetz sogar die Verfassung des vereinigten Deutschland. Dass auch zu diesem Zeitpunkt auf eine (1949 zur Betonung des Provisoriumscharakters unterlassene;

---

[8] Erstmals verwendete er den Begriff in einem Artikel in der Frankfurter Allgemeinen Zeitung zum 30. Jahrestag des Inkrafttretens des Grundgesetzes. Zur Präzisierung und weiteren Ausführung im Jahr 1982 siehe Sternberger (1990).

[9] Zu den Details der Auseinandersetzung sowie der Verfassungsänderung siehe Baring (1969: 261–293) sowie Hofmann (1987: 288ff.).

[10] Es handelte sich bei diesem 4. Änderungsgesetz übrigens um die einzige Kampfabstimmung über eine Verfassungsänderung in der Geschichte der Bundesrepublik, bei der eine der beiden großen Parteien nur knapp unter der Sperrminorität blieb. Von der Literatur wurde es in Teilen als verfassungswidrig bewertet. Mit dem 7. Änderungsgesetz vom März 1956 wurde die Wehrverfassung – nun mit Kooperation der SPD – auf eine solidere Grundlage gestellt.

[11] Die Notstandsgesetzgebung diente der Ablösung letzter alliierter Vorbehaltsrechte und war ab Ende der 1950er Jahre auf der Tagesordnung der Bundesregierung gewesen, aber wiederholt verschoben worden. Zu den Details dieser Auseinandersetzung siehe Oberreuter (1978); Ellwein (1973: 458–464).

vgl. Eschenburg und Benz 1983: 509) Volksabstimmung über die Verfassung verzichtet wurde, war eine politische Entscheidung der Regierung Kohl. Dies hat das Grundgesetz nicht beschädigt; aber eine eventuelle legitimative Selbstvergewisserung der staatlichen Ordnung wie der Vereinigung blieb somit ungenutzt.

3 Das Grundgesetz: Reformen und Reformversuche

Ab Anfang der 1970er Jahre war das Grundgesetz seltener Gegenstand öffentlicher politischer Mobilisierung. Doch dafür nahm nun die Beschäftigung mit dem Thema Verfassungsreform von Seiten des politischen Systems zu. Nicht weniger als dreimal wurden Versuche gestartet, die Verfassungsordnung daraufhin zu überprüfen, ob sie geänderten Anforderungen noch gerecht werde und sich auch im Lichte neuer Herausforderungen als zeitgemäß erweise. Der folgende Abschnitt stellt diese Änderungsversuche und ihre Ergebnisse dar, bevor die Hauptdiskussionsfelder bundesrepublikanischer Verfassungspolitik eingehender beleuchtet werden. Schließlich folgt eine Darstellung der Änderungen des Grundgesetzes in quantitativer Hinsicht.

Die zahlreichen während der Regierung der Großen Koalition vorgenommenen Änderungen am Grundgesetz – neben der Notstandsgesetzgebung waren auch die Finanzverfassung und die Gesetzgebungskompetenzen einer Reform unterzogen worden, was zu einem bis heute ungebrochenen Rekord an Änderungen in einer Legislaturperiode führte (s.u.) – hatten Ende der 1960er Jahre zu Unzufriedenheit und einer Debatte darüber geführt, ob eine „Totalrevision" des Grundgesetzes nicht angemessener sei als beständiges „Herumflicken" an der Verfassung. Im Oktober 1970 setzte der Bundestag deshalb einstimmig eine Enquête-Kommission Verfassungsreform ein, deren Aufgabe darin bestand, „zu prüfen, ob und inwieweit es erforderlich ist, das Grundgesetz den gegenwärtigen und voraussehbaren zukünftigen Erfordernissen – unter Wahrung seiner Grundprinzipien – anzupassen".[12]

Die Kommission bestand aus 7 Mitgliedern des Bundestages, 7 Vertretern der Länder und weiteren 7 Sachverständigen. Sie tagte in der 6. und 7. Legislaturperiode und legte im Dezember 1976 einen umfangreichen Bericht vor, in dem sie sich auf die Themengebiete „Parlament und Regierung" sowie „Bund und Länder" konzentrierte. Ihre Empfehlungen blieben dabei weit von umfassenden Reformen, gar einer Totalrevision entfernt. Einige weiter reichende Vorschläge waren zwar im Lauf der Kommissionsarbeit diskutiert worden – etwa die Einführung von *primaries* zur Begrenzung des Einflusses von Parteigremien auf die Kandidatenauswahl oder die Volkswahl des Bundespräsidenten –, doch wurde beides von der Kommission schließlich ebenso verworfen wie die Einrichtung eines „Bundeswirtschafts- und Sozialrates" (der sogar einstimmig verworfen wurde). Zu den Empfehlungen gehörte im Bereich des Parlaments vor allem ein Selbstauflösungsrecht des Bundestages, das auf Antrag eines Viertels der Mitglieder mit einer Mehrheit von zwei Dritteln wahrgenommen werden können sollte. Im Bereich der Verteilung von Gesetzgebungskompetenzen zwischen Bund und Ländern wurden eine Verschärfung der Bedürfnisklausel für eine bundeseinheitliche Regelung, die Stärkung der Legislativfunktion der Landtage sowie die Ab-

[12] Seite 2 des Berichts der Kommission. Er ist veröffentlicht als Bundestags-Drucksache 7/5924 und leicht zugänglich über die Website des Bundestages unter http://dip.bundestag.de/parfors/parfors.htm [15.3.2006]. Zur Arbeit der Kommission und ihren Empfehlungen siehe zusammenfassend Ipsen (1977), Grawert (1979) sowie Schindler (1999: Band III, S. 3006–3013).

schaffung detaillierter Rahmengesetzgebung zu Gunsten einer „Richtlinien"-Gesetzgebung (nach dem Vorbild der Europäischen Gemeinschaft) vorgeschlagen.

Trotz verbreiteter Würdigung der Arbeit der Kommission blieben ihre Vorschläge weitgehend folgenlos. Sie trafen in eine Zeit, die zu sehr mit wirtschaftlichen Problemen und Terrorismus beschäftigt war, als dass Detailänderungen und -verbesserungen der politischen Maschinerie großes Interesse gefunden hätten, zumal solche gerade in erheblicher Zahl verabschiedet worden waren (s.u.). Es fehlten wohl sowohl die großen Ideen wie auch ein konkreter Anlass, und so blieb der 292-seitige Abschlußbericht der Kommission vor allem interessanter Lesestoff für Politologen und Staatsrechtler.

Mit der Vereinigung der beiden deutschen Staaten im Oktober 1990 – genauer gesagt: dem Beitritt der DDR zum Geltungsbereich des Grundgesetzes nach Art. 23 a. F. – war ein konkreter Anlass zu einer Überprüfung des Verfassungsgebäudes dann 14 Jahre später gegeben. Der Einigungsvertrag hatte in Artikel 5 empfohlen, dass insbesondere das Verhältnis zwischen Bund und Ländern, die Neugliederung im Bereich Berlin/Brandenburg, die Aufnahme von Staatszielbestimmungen und die Frage einer eventuellen Volksabstimmung über die Verfassung Gegenstand einer Beratung über die Änderung oder Ergänzung des Grundgesetzes sein sollte.[13]

Damit war bereits in einem frühen Stadium die Entscheidung gegen eine Verfassungsneugebung[14] und für eine Überweisung des Themas an den verfassungsändernden Gesetzgeber gefallen. Der Beratungskatalog war durch die oben genannten Themen nicht erschöpft, so dass der schließlich eingesetzten „Gemeinsamen Verfassungskommission" (GVK) potentiell das gesamte verfassungspolitische Themenspektrum zur Diskussion offen stand. In zeitlicher Hinsicht waren hingegen zwei Jahre vorgegeben. Auch hinsichtlich der Zusammensetzung wich die GVK von der Enquête-Kommission der 1970er Jahre ab: mit je 32 Mitgliedern aus Bundestag und Bundesrat war sie mehr als dreimal so groß, und bestand ausschließlich aus Politikern. Sachverständige wurden angehört, waren aber nicht Mitglieder der GVK. Mit der ausschließlichen Konzentration der Mitgliedschaft auf Bundespolitiker und Mitglieder von Landesregierungen (d.h. Ausschluss der Landesparlamente) spiegelte die GVK die spezifisch deutsche Ausprägung eines „Exekutivföderalismus" (Lehmbruch 2001) wider, die sowohl Erbe als auch (zumindest teilweise) Problem des deutschen Regierungssystems ist. Es musste von Anfang an unwahrscheinlich erscheinen, dass eine so konstituierte Kommission hieran etwas ändern würde. In parteipolitischer Hinsicht herrschte in ihr annähernde Kräftegleichheit zwischen (bundespolitischer) Regierungskoalition und der Opposition (Batt 1996: 54).

Die beiden politischen Blöcke hatten unterschiedliche Präferenzen hinsichtlich der geplanten Kommissionsarbeit, vor allem hinsichtlich des Änderungsbedarfs an der Verfassung. Sowohl SPD als auch Bündnis 90/Die Grünen hatten detaillierte Agenden vorgelegt, die eine weit reichende Überprüfung des Grundgesetzes vorsahen,[15] während die christlich-liberale Regierungskoalition darauf verwies, das Grundgesetz habe sich bewährt, und folglich eine Totalrevision ablehnte. „Bewahrer" und „Reformer" standen einander also gegen-

[13] Vgl. den Bericht der Gemeinsamen Verfassungskommission (1993: 5). Er ist als Bundestags-Drucksache 12/6000 veröffentlicht und unter der weiter oben angegebenen Website des Bundestages leicht zugänglich. Zur Arbeit der GVK siehe insbesondere die umfassenden Analysen von Kammradt (1992); Goetz und Cullen (1994) sowie Batt (1996).

[14] Argumente für eine Verfassungsneugebung finden sich etwa in den Beiträgen von Grimm und Häberle in Guggenberger und Stein (1991) sowie bei Schneider (1991).

[15] Kurze Zusammenfassungen beider im Bundestag eingebrachten Anträge finden sich bei Batt (1996: 45ff.).

über. Die Institutionalisierung der GVK als „Ausschuß der politischen Elite" (Benz 1993: 883) führte denn auch eher zu einem Verhandlungsmodus des *bargaining* als dem eines auf *problem solving* fokussierten ergebnisoffenen Diskurses (Benz 1994). Hohe Anbindung an die Tagespolitik war ein Merkmal, und das Ignorieren gänzlich anderer Ansätze (wie etwa des Verfassungsentwurfes des „Runden Tischs" der DDR[16]) führte dazu, dass z.B. der Bündnis 90/Die Grünen-Vertreter Ullmann seine Mitarbeit in der Kommission vorzeitig beendete. Weiter befördert wurde dieser Stil durch die bereits im Einsetzungsbeschluss der GVK festgelegte Regel, Beschlüsse mit Zwei-Drittel-Mehrheit zu fassen (was der Abstimmungshürde für die letztendliche Verfassungsänderung in Bundestag und Bundesrat entsprach). *Package deals* und eine „Kette politisch-taktischer Kompromisse auf hohem Konsensniveau" (Schulze-Fielitz 1999: 87) waren die zwangsläufige Folge einer parteipolitischen Engführung, die selbst die Abberufung von Mitgliedern aus der Kommission als Druckmittel vorgesehen hatte.

Die Kommission legte zahlreiche Änderungsvorschläge vor,[17] die aber nicht in Kernbereiche des Grundgesetzes eingriffen. Ein zentrales und als dringend reformbedürftig anerkanntes Gebiet wie die föderale Finanzverfassung war von vorneherein aus den Verhandlungen ausgeschlossen worden, da zum einen die Zeit von zwei Jahren zu seiner Bewältigung als nicht ausreichend eingeschätzt wurde und zum anderen die Länderfinanzminister bereits eine Initiative ergriffen hatten (GVK-Bericht 1993: 114). Auch ansonsten erwiesen sich Befürchtungen, die Kommission sei „auf dem Weg in eine ganz andere Republik" (Hennis 1993) als verfehlt. Die Ergebnisse der Beratungen – von der Betonung der Gleichberechtigung und der Beschwörung der „natürlichen Lebensgrundlagen" über die Einfügung von Länderrechten bezüglich der Europäischen Union[18] bis zur Korrektur einiger Fristen und kleinen Änderungen in den Katalogen der konkurrierenden und der Rahmengesetzgebung – sind von Beobachtern je nach Standpunkt mit Genugtuung, Enttäuschung oder leisem Spott („Der kreißende Berg hatte ein Mäuslein geboren", so von Beyme (1996: 57)) quittiert worden. Anhaltende Streitigkeiten bei der Verabschiedung der Verfassungsänderungen in Bundestag und Bundesrat betonten dann noch einmal die Dominanz politisch-taktischer Motive während des ganzen Verfahrens und führten zu einer weiteren Reduzierung des schließlich verabschiedeten Reformpakets. Sein Bezug zum auslösenden Moment der deutschen Einigung war am Ende kaum noch sichtbar, mit Ausnahme der Regelungen zur Neugliederung der Länder Berlin und Brandenburg in Art. 118a GG.[19]

Zehn Jahre nach dem Abschluss der Arbeit der GVK wurde ein weiterer Versuch zur Reform des Grundgesetzes unternommen, diesmal allerdings thematisch beschränkt auf die Modernisierung der föderalen Ordnung. Die im Oktober 2003 eingesetzte „Bundesstaatskommission" sollte „Vorschläge zur Modernisierung der bundesstaatlichen Ordnung in der Bundesrepublik Deutschland mit dem Ziel, die Handlungs- und Entscheidungsfähigkeit von Bund und Ländern zu verbessern, die politischen Verantwortlichkeiten deutlicher zuzuordnen sowie die Zweckmäßigkeit und Effizienz der Aufgabenerfüllung zu steigern", erarbeiten, insbesondere in Bezug auf die Zuordnung von Gesetzgebungszuständigkeiten von

[16] Siehe zu diesem Thema Thaysen (1990) und Rogner (1993).

[17] Eine Übersicht findet sich neben dem GVK-Bericht, S. 15–18 auch in Schindler (1999: Band III, S. 3013–3019).

[18] Sie waren allerdings mehr der starken Verhandlungsposition der Länder gegenüber dem Bund nach Unterzeichnung, aber vor Ratifizierung des Vertrages von Maastricht geschuldet.

[19] Auch dieses Vorhaben scheiterte schließlich im Jahr 1996 in einer Volksabstimmung an der Ablehnung im Land Brandenburg. Eine Gegenüberstellung der von der GVK empfohlenen Änderungen mit den vom Gesetzgeber beschlossenen findet sich bei Will (1999: 118).

Bund und Ländern, die Zuständigkeiten und Mitwirkungsrechte der Länder in der Bundesgesetzgebung und die Finanzbeziehungen (insbesondere Gemeinschaftsaufgaben und Mischfinanzierungen) zwischen Bund und Ländern (vgl. die Einsetzungsbeschlüsse in BT-Drs. 15/1685 und BR-Drs. 750/03). Die Themen, mit denen sich die Kommission beschäftigen sollte, waren also gewissermaßen „alte Hüte“, doch war ihre Wichtigkeit gewachsen anlässlich der seit Beginn des Jahrzehnts gestiegenen Perzeption von Blockaden im föderalen System angesichts der Reformbemühungen der Regierung Schröder – Blockaden, die denjenigen in der Spätphase der Regierung Kohl ähnelten und somit auch eine Symmetrie bei der parteipolitischen Betroffenheit hergestellt hatten.

In ihrer Zusammensetzung kopierte die Bundesstaatskommission das von der GVK befolgte Rezept paritätischer Zusammensetzung: 16 vom Bundestag entsandten Mitgliedern standen ebenso viele des Bundesrates gegenüber. Neben diesen 32 Vollmitgliedern gab es dann noch eine fein differenzierte zusätzliche Gruppe von bei den Beratungen Anwesenden: 4 „Vertreter“ der Bundesregierung, 6 Abgeordnete von Landtagen als „beratende Mitglieder“, 3 Vertreter der Kommunalen Spitzenverbände als „ständige Gäste“ sowie 12 Sachverständige. Lediglich die Vollmitglieder hatten Stimmrecht, der Rest Rede- und Antragsrecht oder nur Rederecht.

In elf Sitzungen zwischen November 2003 und Dezember 2004 diskutierte die Kommission in Arbeitsgruppen, Klausurtagungen und öffentlichen Anhörungen ihre Themen. Noch vor Einsetzung der Kommission waren durch eine Koalition der ostdeutschen mit den kleinen westdeutschen Ländern die umstrittensten Themen (Länderneugliederung, Finanzausgleich und Länderkompetenzen im Bereich Steuern) ausgeklammert worden (Scharpf 2005), und so überraschte es nicht, dass in den ersten Sitzungen eine relativ ähnliche Perspektive auf die zu lösenden Probleme erkennbar war. Gegen Ende des Jahres 2004 kam es dann aber doch noch zu einer scharfen Polarisierung um das Thema Bildungspolitik.[20] In diesem Konflikt verstärkten sich unterschiedliche Bund-Länder-Interessen und parteipolitische Konkurrenz: während die (v.a. christdemokratischen) Länder in diesem Politikfeld praktisch alleinige Kompetenz beanspruchten, war die (hauptsächlich sozialdemokratische) Bundesperspektive nicht gewillt, dies zuzugestehen. Als die unionsgeführten Länder dann ein Junktim zwischen diesem Themenbereich und dem Gesamtpaket der vereinbarten Lösungen herstellten, war es unmöglich, einen gemeinsamen Reformvorschlag vorzulegen.[21]

Das gescheiterte Reformpaket (das u.a. einen Abbau der Zustimmungsrechte des Bundesrates vorsah und im Gegenzug den Ländern mehr eigene Gesetzgebungskompetenzen zugestand, während einige Bereiche aus der konkurrierenden Gesetzgebung in die ausschließliche Kompetenz des Bundes übergehen sollten) wurde wiederbelebt, nachdem es nach der Bundestagswahl 2005 zur Bildung der Großen Koalition zwischen CDU/CSU und SPD kam. Der Koalitionsvertrag vom 11. November 2005 beinhaltete die Vereinbarungen der Bundesstaatskommission im Anhang, und im März 2006 wurden diese Vorschläge (ergänzt um eine Einigung bei der Bildungspolitik, die weitgehend die ursprüngliche Position der Union festschrieb) in das Gesetzgebungsverfahren eingebracht. Nach einem im Endstadium hart geführten Verhandlungsprozess – bdi em es noch zu geringfügigen Ände-

[20] Das Urteil des Bundesverfassungsgerichts zur Juniorprofessur vom 27. Juli 2004 (2 BvF 2/02), mit einer neuen restriktiven Auslegung der Notwendigkeitsklausel bei der konkurrierenden Gesetzgebung (Art. 72, 2 GG) hatte die Position des Bundes geschwächt und so zur Entstehung dieses Konflikts beigetragen.

[21] Vgl. die Äußerungen der beiden Kommissions-Vorsitzenden Müntefering und Stoiber im Protokoll der Sitzung vom 17. Dezember 2004. Protokolle und Unterlagen der Kommission sind über die Website des Bundesrates (http://www.bundesrat.de) zugänglich.

rungen im Bereich der Bildungspolitik kam – gelang schließlich kurz vor der Sommerpause 2006 die Verabschiedung der bis dahin umfangreichsten einzelnen Verfassungsänderung.

3.1 Unterschiedliche Dynamiken verfassungspolitischer Prozesse

Wie aus dem vorangegangenen Abschnitt deutlich wurde, folgt die Verfassungspolitik nicht primär einer linearen Entwicklung; vielmehr sind bestimmte Konjunkturzyklen auszumachen, und einige Themen erweisen sich sogar als thematische Dauerbrenner. Zwei Themenbereiche sollen im Folgenden detaillierter dargestellt werden: das Bund-Länder-Verhältnis und die plebiszitären Elemente im Grundgesetz. Anhand dieser Beispiele soll auch die unterschiedliche Dynamik verfassungspolitischer Prozesse verdeutlicht werden.

3.1.1 Bund-Länder-Verhältnis

Die Austarierung des Verhältnisses zwischen Bund und Ländern ist das Dauerthema der bundesdeutschen Verfassungspolitik schlechthin. Es zieht sich mit großer Beständigkeit durch die sechs Jahrzehnte der Existenz des Staates, wenn auch die Schwerpunkte der Debatte über die Zeit variieren.

Zu Beginn der Existenz der Bundesrepublik standen Fragen der Neugliederung im Mittelpunkt. Hierfür gab es historische Vorläufer – schon bei der Schaffung der Weimarer Reichsverfassung im Jahr 1919 war ein Plan zur Auflösung des dominanten Preußen diskutiert worden, doch ohne konkrete Folgen geblieben. Artikel 18 RV sah jedoch die Möglichkeit territorialer Reformen vor. Die Besatzungsmächte hatten mit der Auflösung des Landes Preußen im Jahr 1945 zwar dieses Problem gelöst, die Schaffung der westdeutschen Länder war aber eher durch Zufälligkeiten der Zoneneinteilung und Interessen der Besatzungsmächte geprägt gewesen als durch Gesichtspunkte historischer Kontinuität oder funktionaler Sinnhaftigkeit. Enorme Unterschiede in Bezug auf Bevölkerung, Fläche und wirtschaftliche Leistungsfähigkeit prägten daher das Bild der westdeutschen Länder – und prägen es noch,[22] denn trotz aller Bemühungen hat es nur 1952 mit der Zusammenlegung der Besatzungsprodukte Württemberg-Baden, Baden und Württemberg-Hohenzollern zum Land Baden-Württemberg eine signifikante Änderung gegeben. Doch zu Beginn der Bundesrepublik wurde die Änderung dieses als fragwürdig und unbefriedigend angesehenen Zustandes mit hoher Priorität behandelt. Nachdem Herrenchiemseer Konvent und Parlamentarischer Rat sich zwar auf die Notwendigkeit, nicht jedoch auf eine konkrete Lösung bei der Neugliederung des Bundesgebietes hatten einigen können, wurde in Artikel 29 Abs. 1 des Grundgesetzes ein Verfassungsauftrag eingefügt, der besagte:

> „Das Bundesgebiet ist unter Berücksichtigung der landsmannschaftlichen Verbundenheit, der geschichtlichen und kulturellen Zusammenhänge, der wirtschaftlichen Zweckmäßigkeit und des sozialen Gefüges durch Bundesgesetz neu zu gliedern. Die Neugliederung soll Länder schaffen, die nach Größe und Leistungsfähigkeit die ihnen obliegenden Aufgaben wirksam erfüllen können."

---

[22] Ein paar Zahlen mögen zur Illustration genügen: das größte Land (Bayern) hat die 175fache Fläche des kleinsten (Bremen), und etwa ein Viertel aller Bundesbürger leben in nur einem Land (Nordrhein-Westfalen), die Hälfte in nur drei Ländern (Baden-Württemberg, Bayern und Nordrhein-Westfalen).

Ein 1952 vom Bundestag eingesetzter Sachverständigen-Ausschuss für die Neugliederung des Bundesgebietes („Luther-Ausschuss“) befand eine umfassende Neugliederung jedoch nicht für nötig. Die 1970 eingesetzte „Ernst-Kommission“ schlug in ihrem Bericht 1973 hingegen eine umfassende Änderung vor allem im Norden und Mittelwesten der Republik vor, die die Zahl der Bundesländer von zehn auf fünf oder sechs reduziert hätte.[23] Die für die Neugliederung vorgesehenen (und durch eine erste Änderung von Artikel 29 im Jahr 1969 noch ausgeweiteten) plebiszitären Mechanismen machten den auf wirtschaftliche Leistungsfähigkeit und bevölkerungs- wie flächenmäßige Angleichung abzielenden Vorschlägen jedoch einen Strich durch die Rechnung: Bei 1975 in Niedersachsen durchgeführten Volksabstimmungen ergaben sich Mehrheiten für die Wiederherstellung der alten Länder Oldenburg und Schaumburg-Lippe.[24] Auch ansonsten stellten sich den Änderungsvorschlägen substantielle Widerstände entgegen, die von Strukturänderungen im Bundesrat über den Wegfall von Ämtern und Positionen bis zum Widerstand der Bevölkerung (die sich an ihre Länder gewöhnt hatte) reichten. Als Folge wurde Artikel 29 im Jahr 1976 ein weiteres Mal geändert und der Verfassungsauftrag in eine Kann-Bestimmung abgemildert. Die Befugnis zur Neugliederung wurde jedoch bis heute nicht ausgeübt – auch wenn die Vereinigung nach 1990 im Angesicht der schwachen wirtschaftlichen Leistungsfähigkeit vor allem der kleinen ostdeutschen Länder Anlass zu neuen Diskussionen gab. Das bereits erwähnte Scheitern der geplanten Fusion von Berlin und Brandenburg im Jahr 1996 nahm allen diesbezüglichen Debatten den Wind für ein Jahrzehnt aus den Segeln. Im Jahr 2006 wurde die Frage der Zusammenlegung von Sachsen-Anhalt, Thüringen und Sachsen aber zumindest wieder zu einem politischen Diskussionsthema, und auch in Berlin und Brandenburg wird weiter an Plänen für eine intensivierte Zusammenarbeit und schließliche Fusion gearbeitet.

Im Gegensatz zur abebbenden Wichtigkeit des Themas Neugliederung kann man die beiden anderen Hauptthemen im Bund-Länder-Verhältnis, die Frage der legislativen Kompetenzverteilung und vor allem die Finanzverfassung, getrost als Dauerbrenner bezeichnen. Dennoch lassen sich auch hier Entwicklungstendenzen erkennen. Die Finanzverfassung war im ursprünglichen Grundgesetz nur provisorisch geregelt: In Artikel 107 war eine dreijährige Frist zur Einigung auf eine „endgültige Verteilung“ der Steuern auf Bund und Länder vorgesehen; doch wurde diese Frist zweimal verlängert – ein frühes Zeichen dafür, wie zeitraubend Verhandlungen in diesem Themenbereich sich gestalten sollten. Im Dezember 1955 wurde schließlich eine Verteilung der Einnahmequellen im Grundgesetz festgeschrieben.[25] Die ungleiche Wirtschaftskraft der Bundesländer, ihre unterschiedliche Belastung durch Flüchtlingsströme und Zonenrandlage sowie die positive Entwicklung der Steuereinnahmen des Bundes führten in der folgenden Zeit dazu, dass der Bund begann, die strukturschwachen Länder mit Finanzhilfen zu unterstützen. Dies beförderte die Entwicklung zu einem „unitarischen Bundesstaat“ (Hesse 1962) und geschah ohne Rechtsgrundlagen. De-

[23] Die Zahl von zehn Bundesländern ergibt sich aus der Tatsache, dass eine Neugliederung West-Berlin nicht einbeziehen konnte sowie aus dem Sonderstatus von West-Berlin. Details zur Neugliederungsdiskussion sowie zu den Vorschlägen der Ernst-Kommission finden sich etwa bei Laufer (1992: 216ff.). Instruktiv auch die Darstellung bei Vogel (1994).

[24] Bundestag und Bundesrat legten dennoch keinen Gesetzentwurf zur Neugliederung in diesen Gebieten vor; vielmehr argumentierten sie, dass ein solches Vorgehen dem in Art. 29 Abs. 1 GG vorgesehenen Ziel der Neugliederung widersprechen würde.

[25] Artikel 106 und 107 GG. Zur detaillierten Beschreibung der Inhalte und Prozesse der Finanzverfassungsreformen 1955 und 1969 siehe Renzsch (1992) sowie Hofmann (1987: Rn. 62–69).

ren Fehlen wurde während der 1960er Jahre bemängelt, doch erst die Große Koalition schaffte nach mehrjährigen Verhandlungen – neben der Einführung des großen Steuerverbundes – eine entsprechende Änderung der Finanzverfassung. Sie schrieb jedoch lediglich die bisherige Praxis institutionell fest – was zu einer Verfestigung der Politikverflechtung führte (Benz 1999a: 140). Die sich verschlechternde Wirtschaftslage der 1970er Jahre führte aber schon bald nach dieser Einigung zu neuen Konflikten: Der Verteilungskampf zwischen den Bundesländern verschärfte sich, und das System des horizontalen Finanzausgleichs kam unter Druck. Nach der Vereinigung im Jahr 1990 gelang es den Ländern zwar, eine gemeinsame Front in den Verhandlungen mit dem Bund zu bilden (und so zu verhindern, von diesem gegeneinander ausgespielt zu werden), doch gelang eine grundsätzliche Neuordnung nicht – die Gemeinsame Verfassungskommission setzte das Thema mit der Begründung von der Tagesordnung ab, der vorgesehene Zeitraum von zwei Jahren sei dafür nicht ausreichend (s.o.), und die von den Länderfinanzministern eingesetzte Arbeitsgruppe „Finanzreform 1995" führte zu einem Ergebnis, dass eher als Stabilisierung und Besitzstandswahrung denn als tatsächliche Reform der bestehenden Finanzverfassung bewertet werden muss (Benz 1995: 157).

Die von der Großen Koalition 2006 vrabschiedete Änderungen (vgl. BT-Drs. 16/813 und 16/814) umfassen im Bereich der Finanzverfassung hauptsächlich Maßnahmen zur Entflechtung zwischen den beiden Ebenen Bund und Länder. So werden Mischfinanzierungen durch den Abbau von Gemeinschaftsaufgaben (Hochschulbau, Bildungsplanung) verringert und die regionale Steuerautonomie erhöht. Damit gehen die Reformvorschläge in dieselbe Richtung wie im Bereich der legislativen Kompetenzen: Auch hier wird auf Entflechtung gesetzt, indem der Abbau von Zustimmungsrechten des Bundesrates und Mitwirkung der Länder auf der EU-Ebene gegen die alleinige Kompetenz der Länder zur Regelung von Bereichen wie (Landes-)Beamtenbesoldung und -versorgung, Bildungspolitik und Wohnraumförderung getauscht werden. Die Änderungen gehen damit weiter als, aber in dieselbe Richtung wie die im Gefolge der GVK vorgenommenen Kompetenzänderungen in Art. 72 und 74 GG. Diese – oft mit den Stichworten „Wettbewerbs"- oder „Trennföderalismus" in Verbindung gebrachte – Entwicklung bedeutet eine Umkehr der Verfassungsentwicklung bis zu Beginn der 1970er Jahre, in der eine Erhöhung der bundesstaatlichen Verflechtung (etwa durch die Einführung von Gemeinschaftsaufgaben und Erhöhung der Mischfinanzierung, kulminierend in den Verfassungsreformen der Jahre 1968 und 1969) im Mittelpunkt gestanden hatte und reagiert auf die in Schrifttum und Praxis weit verbreitete Kritik an den Folgen dieser Reformen (vgl. als frühe Analysen etwa Lehmbruch 1976 und Scharpf 1985). Den Dysfunktionalitäten dieser engen Verflechtung (die auch politisch spürbar wurden, vor allem in den Phasen gegenläufiger Bundestags- und Bundesratsmehrheiten in der Spätphase der Regierung Kohl und während der Regierung Schröder) soll nun entgegengewirkt werden, um damit die Handlungs- und Entscheidungsfähigkeit, Transparenz und Verantwortlichkeit im politischen System zu erhöhen (siehe dazu die Begründungen in BT-Drs. 16/318: 1 und 15ff.).

3.1.2 Plebiszitäre Elemente

Im Gegensatz zum Wechsel von Verflechtung und Entflechtung im Bereich des Bund-Länder-Verhältnisses verläuft die verfassungspolitische Entwicklung bei der Frage der plebiszitären Elemente im Grundgesetz ziemlich linear. Dass die Ausschaltung beinahe aller direktdemokratischen Elemente zu den aus den Erfahrungen der Weimarer Republik gezogenen Lehren gehöre, war lange Zeit gewissermaßen die Katechismus-Antwort in der Bundesrepublik (vgl. etwa Ehmke 1981 [1967], detailliert zu diesem Thema mit weiteren Nachweisen Jung 1994 und 1996). Ob diese Lehren aber gar so klar waren, lässt sich mit einigem Recht bezweifeln. Dagegen sprechen nicht nur die Tatsache, dass in den meisten vor 1949 verabschiedeten Länderverfassungen direktdemokratische Elemente wie Volksbegehren und -entscheide aufgenommen worden waren. Auch der im Frühjahr 1948 vom nordrhein-westfälischen Innenminister Menzel für den SPD-Parteivorstand angefertigte Entwurf eines Grundgesetzes sah Volksgesetzgebungsverfahren nach dem Muster der Weimarer Republik vor. Und schließlich zeigten spätere Forschungen, dass die Rolle der plebiszitären Elemente beim Niedergang der Weimarer Republik wohl lange deutlich überschätzt worden war (Mommsen 1998). Ohnehin hätte die Bevölkerung 1949 mit deutlicher Mehrheit einen direkten Einfluss auf die Gesetzgebung bejaht (vgl. die OMGUS-Surveys, zitiert bei von Beyme 2004: 38), und auch die alliierten Militärgouverneure waren ursprünglich klar für eine Volksabstimmung über das Grundgesetz eingetreten.[26]

Die in den 1960er Jahren einsetzende Debatte über das Grundgesetz (Arndt 1960; Lindemann 1966) griff das Thema Direktdemokratie nur am Rande auf: Lindemann forderte z.B. die Einführung einer Gesetzesinitiative durch Volksbegehren und die Möglichkeit, den Bundestag durch das Volk auflösen zu lassen. Nach den Erfahrungen der Proteste von 1968 war es vielleicht keine Überraschung, dass auch die Enquête-Kommission Verfassungsreform in ihren Empfehlungen Ende 1976 eher die Gefahren als die Chancen direktdemokratischer Elemente im politischen System betonte, auf die „wenig ermutigenden Erfahrungen" der Weimarer Zeit rekurrierte und von ihrer Einführung abriet:

> „Plebiszitäre Komponenten der Demokratie bieten, außerhalb noch überschaubarer Verhältnisse und ohne die tragende Kraft einer entsprechenden politischen Tradition praktiziert, nach aller Erfahrung Demagogen einen weiten Aktionsspielraum. Sie sind geeignet, die Entscheidung politischer Fragen zu entrationalisieren [...] und die Konfrontation politischer und gesellschaftlicher Kräfte zu verschärfen." (BT-Drs. 7/5924: 13)

In Hinblick auf das Beispiel der Schweiz wurde zudem die Gefahr von „Abstimmungsmüdigkeit" der Bürger sowie die Verzögerung oder Verhinderung dringlich gebotener politischer Maßnahmen und Innovationen hervorgehoben (ebd.).[27] Die Argumentation der Kommission gegen die Unruhe stiftende Rolle politischer „Rand- und Splittergruppen" (ebd.: 14) scheint die vor allem von Otmar Jung (1994: 335f.) vorgebrachte Argumentation zu stützen, die direktdemokratische Abstinenz des Grundgesetzes sei mehr Furcht vor kommunistischer Agitation im Kalten Krieg geschuldet als den „Weimarer Erfahrungen". Mit dem Ende der bipolaren Blockkonfrontation Ende der 1980er Jahre setzte denn auch in der Bundesrepublik ein Aufschwung der direkten Demokratie ein, zunächst in den Landes-

[26] Auch die CDU war wegen des Prinzips der Volkssouveränität für ein solches Verfahren eingetreten, aber am Widerstand der SPD (die den Provisoriumscharakter des Grundgesetzes betonen wollte) gescheitert (Eschenburg und Benz 1983: 509).

[27] „Als auszuschließende Gegenstände erschienen der Kommission vornehmlich: Grundgesetzänderungen, Haushaltsplan, Abgabengesetze, Besoldungsgesetze und Verteidigungsgesetze sowie völkerrechtliche Verträge und Gesetze über Entwicklungshilfe. Angesichts dieser Vielzahl der Gegenstände, die aus zwingenden oder gewichtigen Gründen Volksbegehren oder Volksentscheid nicht zugänglich sein können, besteht die Gefahr, daß jedenfalls politisch bedeutsame Bereiche für sie nicht übrig bleiben; dann aber kann man ebenso gut auf ihre Einführung verzichten" (BT-Drs. 7/5924: 13f.).

verfassungen. Sowohl im Westen als auch im Osten wurden direktdemokratische Elemente in das Standardrepertoire der Landesverfassungen aufgenommen, sofern sie nicht bereits enthalten waren (vgl. Jung 1995 mit zahlreichen Nachweisen). Unzufriedenheit mit der existierenden Politik nach Skandalen wie Barschel-, Flick- und Neue Heimat-Affäre, generelle Politikverdrossenheit, aber auch die Erfahrungen von Bürgerinitiativen und Neuen Sozialen Bewegungen hatten zu einem aktiveren Politikverständnis geführt, dass Ausdruck in einem verstärkten Verlangen nach direkter politischer Beteiligung fand.

In den Debatten der Gemeinsamen Verfassungskommission gehörte die Frage der Aufnahme plebiszitärer Elemente denn auch zu den am heftigsten diskutierten und umstrittenen Bereichen – und war der Bereich, zu dem die meisten Eingaben (266 000) gemacht wurden. Verglichen mit dem Bericht der Enquête-Kommission beinahe 20 Jahre zuvor veränderte sich auch die Stellungnahme der GVK deutlich. Es gab eine öffentliche Anhörung von Experten zum Thema, zwei Kommissionssitzungen und ein Berichterstattergespräch, und eine Reihe von Anträgen zur Einführung von Volksinitiative, Volksbegehren und Volksentscheid (siehe hierzu im Detail GVK (1993: 83–86), Fischer (1993) sowie Batt (1996: 138–142)). Diese Anträge waren teils von der SPD und teils von Bündnis ’90/Die Grünen gestellt. Ihre Befürworter argumentierten, dass es einen gestiegenen Willen in der Bevölkerung gebe, sich aktiv für das Gemeinwesen einzusetzen und dass diesem durch mehr Handlungsmöglichkeiten für Teilhabe an der Politikgestaltung entsprochen werden müsse. Dadurch könne auch der Entfremdung zwischen Politikern und Bürgern entgegengewirkt werden. Die Gegner der Anträge brachten eine modifizierte Version des „Weimarer Erfahrungen“-Arguments vor, die die zwischenzeitlichen Ergebnisse der zeitgeschichtlichen Forschung berücksichtigte: Zwar habe es damals wenig tatsächliche plebiszitäre Entscheidungen gegeben, doch habe der permanente Druck plebiszitärer Entscheidungsmöglichkeiten entscheidend zur Schwächung der ersten deutschen Republik beigetragen. Zudem seien Plebiszite „der modernen pluralistischen Gesellschaft und Demokratie nicht gemäß“ (GVK 1993: 85).[28]

Die Abstimmungen über die Anträge verliefen in der Kommission hauptsächlich entlang parteipolitischer Linien. Zwar ergaben sich knappe Mehrheiten für die Einführung sowohl von Volksinitiative und Volksbegehren als auch von Volksentscheid, doch da weniger als zwei Drittel der Mitglieder sie befürworteten, wurden sie nicht in die Empfehlungen der GVK gegenüber dem Bundestag aufgenommen. SPD und Bündnis ’90/Die Grünen brachten entsprechende Anträge zwar dennoch in das Gesetzgebungsverfahren ein, doch erreichten sie nicht die für eine Verfassungsänderung notwendige Mehrheit und wurden im Juni 1994 abgelehnt. Trotz dieses Ergebnisses muss man konstatieren, dass sich die Haltung gegenüber der Einführung direktdemokratischer Elemente in das politische System der Bundesrepublik geändert hat, wenn auch nicht bei allen politischen Kräften. Die einhellige Ablehnung quer durch die politischen Lager ist einer Befürwortung auf der politischen Linken sowie einer anhaltenden Skepsis auf der politischen Rechten gewichen, wobei die F.D.P. in ihrer Haltung schwankt. Meinungsumfragen ergeben eine starke Unterstützung für die Einführung direktdemokratischer Instrumente, doch ob die Bundesverfassung den Landesverfassungen bei ihrer Einführung mit einiger Verzögerung nachziehen wird, muss gegenwärtig Spekulation bleiben.

[28] Dieses Argument kündet zumindest nicht von großer Kenntnis der Politik in der Schweiz oder Kalifornien.

3.2 Änderungen am Grundgesetz

Das Grundgesetz ist in den mehr als 55 Jahren seit seiner Verabschiedung durch bisher 51 Gesetze geändert worden – das ist im Durchschnitt beinahe eines pro Jahr.[29] Ursprünglich aus 146 Artikeln bestehend, wurden der Verfassung bislang 40 Artikel hinzugefügt, während 3 aufgehoben wurden, was einen Nettozuwachs von 37 Verfassungsartikeln ergibt. Auch die Textlänge hat sich dadurch verändert: bis zum Sommer 1998 hatte das Grundgesetz seinen Umfang gegenüber dem Originaltext von 1949 beinahe verdoppelt (Busch 1999: 552f.).

Natürlich interessiert neben diesen statistischen Kennzahlen vor allem die Frage, in welcher Weise durch Verfassungspolitik der Inhalt des Grundgesetzes geändert wurde. Zählt man bis zum Juli 2006, so kommt man auf insgesamt 247 Änderungen im Text des Grundgesetzes (vgl. Tab. 2.1).[30] Im Schnitt ist also jeder Artikel mehr als eineinhalbmal geändert worden – 1,68mal, um genau zu sein (vgl. Tab. 2.2). Zudem heißt das, dass in den bisher 57 Jahren des Bestehens der Bundesrepublik pro Jahr durchschnittlich 4,3 Änderungen am Text des Grundgesetzes vorgenommen worden sind. Ein genauerer Blick auf die beiden Tabellen zeigt jedoch, dass es große Unterschiede in der Änderungsintensität der Verfassung gibt, sowohl in Bezug auf die zeitliche wie die inhaltliche Dimension.

Tabelle 2.1: Änderungen am Grundgesetz nach Legislaturperiode und Abschnitten

	1	2	3	4	5	6	7	8	9	10	11	12	13	14	15	16	Σ
Präambel											1						1
I		3			6							5	1				15
II		1			2		1			1	1	7		3		3	19
III		3			2	2	6					1	3				17
IV											1	2				1	4
IVa					1												1
V		2			1												3
VI		1			1												2
VII		2	1	2	11	6	1					23				24	70
VIII		2	2		2	1						7				3	17
VIIIa					2	1										5	8
IX		2	2		11	1						1		1		2	20
X	1	7			13							1	3	2		7	34
Xa					14							1					15
XI	2	4		1	3						3	4				4	21
Σ	3	27	5	3	69	11	8	0	0	1	6	52	7	6	0	49	247

Wie Tab. 2.1 zeigt, gibt es drei klare zeitliche Höhepunkte bei den Verfassungsänderungen. Sie fallen in die fünfte (1965-69), zwölfte (1990-94) und die sechzehnte (seit 2005) Wahlperiode, in denen es jeweils etwa 50 oder mehr Änderungen am Verfassungstext gab. Stark war auch die Änderungstätigkeit in der zweiten Wahlperiode (1953-57). Insgesamt verteilen sich die Textänderungen etwa zur Hälfte auf die Zeit vor (127) und nach (120) der deutschen Vereinigung. Auffallend ist auch, dass es Perioden langer Textstabilität gab: zwi-

[29] Die Analysen der Verfassungsänderungen in diesem Abschnitt beziehen sich auf den Stand nach Verabschiedung der in BT-Drs. 16/813,16/814 und 16/2010 niedergelegten Föderalismusreform (Juli 2006).

[30] Vgl. Busch (1999: 553f.) zur Begründung, warum dies ein besserer Indikator ist als die Zahl der Änderungsgesetze oder die Zahl der pro Änderungsgesetz geänderten Verfassungsartikel.

schen 1976 und 1990, also beinahe 15 Jahre lang, gab es nur eine Änderung im Text des Grundgesetzes.[31] Auch die 15. Wahlperiode blieb frei von Änderungen.

Hinsichtlich des Inhalts lassen sich ebenfalls klare Gebiete großer Änderungsintensität und beinahe völliger Stabilität unterscheiden (Tab. 2.2). Die bei weitem höchste Änderungshäufigkeit finden sich in den Abschnitten VII (Gesetzgebung des Bundes) und X (Finanzwesen). Hier ist der Verfassungstext 70- bzw. 34mal geändert worden, und das in nicht sehr umfangreichen Teilen des Grundgesetzes – die abschnittsweise berechnete Änderungsintensität weist hier mit 5,38 (Gesetzgebung) bzw. 3,09 (Finanzwesen) Änderungen pro Artikel klare Maxima aus. Die in den obenstehenden Abschnitten als besonders konfliktträchtig herausgearbeiteten Materien des Bund-Länder-Verhältnisses erweisen sich demnach auch hier als auffällig. Überdurchschnittlich stabil sind hingegen die Abschnitte V (Bundespräsident) und VI (Bundesregierung), und auch der Bereich der Grundrechte (Abschnitt I) ist mit nur der Hälfte der durchschnittlichen Änderungsintensität vergleichsweise stabil. Schließlich ist anzumerken, dass gegenüber dem Grundgesetz von 1949 drei Abschnitte hinzugekommen sind, nämlich die Bereiche IVa (Gemeinsamer Ausschuss), VIIIa (Gemeinschaftsaufgaben) und Xa (Verteidigungsfall).

Tabelle 2.2: Änderungsintensität der Abschnitte des Grundgesetzes

	Zahl der Artikel 1949	Änderungen	Änderungen pro Artikel
Präambel	1	1	1
I	19	15	0,79
II	18	19	1,06
III	12	17	1,42
IV	4	4	1
IVa	-	1	
V	8	3	0,38
VI	8	2	0,25
VII	13	70	5,38
VIII	9	17	1,89
VIIIa	-	8	
IX	13	20	1,54
X	11	34	3,09
Xa	-	15	
XI	31	21	0,68
Σ	147	247	1,68

4 Analyse der Verfassungspolitik

Der vorangehende Abschnitt hat deutlich gemacht, dass das Grundgesetz während des Bestehens der Bundesrepublik erheblichen Wandel durchgemacht hat. Wellen von Änderungen kontrastieren dabei mit Phasen von Stabilität, so dass insgesamt eine Mischung von

[31] Dabei handelte es sich um die 1983 erfolgte Ergänzung von Art. 21 GG, nach der Parteien nicht nur über die Herkunft (alte Fassung), sondern auch über die Verwendung ihrer Mittel Rechenschaft ablegen müssen.

Kontinuität und Wandel diagnostiziert werden muss. Ein weiteres (und in diesem Zusammenhang besonders interessantes) Merkmal ist das niedrige Ausmaß an Veränderungen, die das staatspolitische Großereignis der deutschen Einigung in der (nun gesamtdeutschen) Verfassung hinterlassen hat.

Wie ist die hohe Änderungsrate im Grundgesetz – 247 Textänderungen in 57 Jahren – zu erklären? Die Staatsrechtslehre hat dazu in der Essenz zwei Erklärungsansätze vorgelegt (vgl. zum folgenden Busch 1999: 556ff.): Die herrschende Meinung kann man als historisch-strukturellen Ansatz bezeichnen; sie führt die hohen (und schon bald nach Verabschiedung des Verfassungstextes einsetzenden) Änderungsraten auf die besondere Entstehungssituation des Grundgesetzes zurück. In dieser Perspektive sind die Veränderungen der 1950er und 1960er Jahre in erheblichen Teilen eine „nachholende Verfassungsgebung“[32], und sie kann dabei vor allem auf die Fragen der Wehr- und Notstandsverfassung sowie eine Reihe von im ursprünglichen Grundgesetz-Text vorhandenen Übergangsregeln verweisen. Neben solchen geschichtlichen Faktoren spielen aber auch strukturelle Charakteristika des Grundgesetzes eine Rolle, wie die Tendenz zu kasuistischen Detailregelungen, insbesondere in den Bereichen Finanzverfassung und den Katalogen der Kompetenzabgrenzung zwischen Bund und Ländern. Diese erzeugten regelmäßigen Änderungsdruck zur Anpassung an geänderte Verhältnisse (Bryde 1982: 121). Eine zweite Position innerhalb der Staatsrechtslehre sieht hingegen in den vielen Änderungen des Grundgesetzes einen politisch motivierten Prozess des „Verfassungsrevisionismus“ und der „Aushöhlung des demokratischen Gehalts des Grundgesetzes“ (Seifert 1977: 30, Abendroth 1974: 143). Diese Position war vor allem in den 1960er und 1970er Jahren populär und wurde von Mitgliedern der politischen Linken vertreten. Sie ist heute praktisch ohne Einfluss.

Beide Erklärungsansätze weisen Mängel auf: Der letztere ist offenkundig politisch motiviert und kann weder die Wechsel zwischen Stabilität und Wandel erklären noch Ausweitungen von Rechten wie etwa die Einführung von Art. 20 Abs. 4 GG. Und die auf die historische Sondersituation abstellende Position kann spätestens seit der deutschen Einigung die anhaltenden Änderungen in der Verfassung nicht mehr erklären. Aus politikwissenschaftlicher Sicht ist zur Erklärung dieser spezifischen Dynamik eine auf Institutionen abstellende Erklärung vorgebracht worden (Busch 1999: 560ff.). Demnach ist die Änderungshäufigkeit generell eine Funktion der Leichtigkeit oder Schwierigkeit, mit der eine Verfassung geändert werden kann – was leicht zu ändern ist, wird oft geändert, und das Grundgesetz muss im internationalen Vergleich als relativ leicht zu ändernde Verfassung eingestuft werden (ebd.: 564). Das Bewusstsein darüber ist (vor allem im deutschen) Schrifttum über das politische System zwar nicht sehr verbreitet, doch mag ein Beispiel dies verdeutlichen: Um die dänische Verfassung zu ändern, muss zunächst das Parlament zustimmen, worauf es aufgelöst wird und Neuwahlen ausgeschrieben werden. Die neu gewählte Volksvertretung muss die Änderung nochmals verabschieden, worauf es im Erfolgsfall binnen sechs Monaten zu einer Volksabstimmung kommt, bei der zusätzlich zur Mehrheit der abgegebenen Stimmen die Zustimmung von 40 Prozent der Stimmberechtigten erforderlich ist. Verglichen damit muss man die vom Grundgesetz zur Änderung geforderten Zwei-Drittel-Mehrheiten in Bundestag und Bundesrat tatsächlich als leicht zu erreichen einstufen!

Institutionelle Regelungen können also erheblich zum Verständnis von Stabilität und Flexibilität des Grundgesetzes beitragen. Doch welchen Einfluss haben die Institutionen

---

[32] So etwa Bryde (1982: 120), Hofmann (1987: 298). Vgl. auch Grimm (1989: 1307) und Kenntner (1997: 453).

des politischen Systems selbst? Legt man Verfassungspolitik eng aus als Einfluss auf den Verfassungstext selbst, so haben außer Bundestag und Bundesrat kaum andere Institutionen Einfluss geltend machen können. Indirekt mag dies der Fall gewesen sein, als das noch junge Bundesverfassungsgericht im Jahr 1952 vom Bundespräsidenten um ein Rechtsgutachten hinsichtlich der Verfassungsmäßigkeit des EVG-Vertrages gebeten worden war.[33] Damals war strittig, ob es dazu einer Änderung des Grundgesetzes bedürfe. Durch konkurrierende Klagen von Seiten der SPD wie der Koalitionsfraktionen vor verschiedenen Senaten unter Druck gesetzt, beschloss das Plenum des Gerichts, dass beide Senate an das Gutachten gebunden sein sollten, woraufhin der Bundespräsident sein Gesuch zurückzog. Die darauf folgende Unsicherheit über die Verfassungsmäßigkeit des Vertrags (gekoppelt mit der Tatsache, dass es der bisher einzige Fall war, bei dem eine der beiden Volksparteien knapp unter der Sperrminorität blieb), hat wahrscheinlich dazu beigetragen, dass die Regierung Adenauer nach ihrem Wahlsieg 1953 die errungene Zwei-Drittel-Mehrheit dazu nutzte, den Text des Grundgesetzes zu ändern. Doch in einem weiteren Sinne, als Weiterentwicklung der Verfassung durch Interpretation und Praxis, hat das Bundesverfassungsgericht erheblichen Einfluss genommen, durch faktische „Teilhabe an der Gesetzgebung“, Einschränkung von Handlungsalternativen, „vorauseilenden Gehorsam“ seitens des Gesetzgebers, oder detaillierte Vorschriften für verfassungskonforme Lösungen (vgl. Grimm 1977 sowie Landfried 1984, 1990).

Im Vergleich dazu – und begründet durch die (im Rahmen des politischen Systems) hohen Konsensschwellen der Zwei-Drittel-Mehrheit in beiden Häusern des Parlaments – muss der Einfluss einzelner Parteien auf die Verfassungspolitik als gering eingeschätzt werden. Das Quorum gibt de facto beiden Volksparteien zumeist eine Sperrminorität (s.o. zum Fall der CDU/CSU in der Frage plebiszitärer Elemente), so dass ohnehin nur zwischen diesen konsensfähige Änderungen eine Chance auf Verwirklichung haben. Parteipolitisch betriebene Verfassungspolitik im Sinne von *politics* wurde aber auch stets in symbolischer Hinsicht betrieben, durch das Einbringen von Änderungsanträgen, die ohne Aussicht auf Durchsetzung waren, sich aber in appellativer Absicht an die eigene Klientel wandten. Angesichts der faktischen Sperrminorität der großen Parteien wurde diese Strategie zumeist von den kleineren Parteien (und bisweilen auch von einzelnen Abgeordneten) verfolgt. Sie hatte ihre Hochzeit vor allem zu Beginn der Bundesrepublik, als etwa die Deutsche Partei wiederholt die Wiedereinführung der Todesstrafe oder die Bayernpartei die Herausnahme der Biersteuer aus der Kompetenz für die konkurrierende Gesetzgebung des Bundes beantragte. Ein Vorschlag der FDP zum verfassungsmäßigen Verbot der Enteignung von Grund, Boden, Naturschätzen und Produktionsmitteln zum Zwecke der Vergesellschaftung ging wohl in eine ähnliche Richtung. Mit der Konsolidierung des Parteiensystems Ende der 1950er Jahre nahm diese Art von Anträgen ab, doch nach dem Einzug der Grünen in den Bundestag kam es wieder zu zahlreichen Initiativen zu Verfassungsänderungen, die ohne Chance auf Verabschiedung waren, jedoch zweifellos das Herz der eigenen Anhängerschaft erwärmten: der Schutz der Umwelt, die Streichung notstandsrechtlicher Regelungen und der Verzicht auf Atomwaffen wurden in der 10. und 11. Wahlperiode vorgeschlagen. Nach der deutschen Einigung übernahm die PDS/LL mit ihrem Antrag, die

[33] Solche Gutachten waren damals nach § 97 BVerfGG a.F. möglich, wurden aber im Jahr 1956 durch eine Novelle des BVerfGG abgeschafft. Siehe zum konkreten Fall BVerfGE 2, 79 sowie die Schilderungen bei Baring (1969: 224–244).

Entscheidungsfreiheit von Frauen beim Schwangerschaftsabbruch im Grundgesetz festzuschreiben, diese Taktik.

Zusammenfassend lässt sich zum Einfluss von Parteien auf die Verfassungspolitik sagen, dass die hohen Konsenshürden den Parteienstreit um Verfassungsänderungen mildern und es bei den Schlussabstimmungen oft keine großen Kontroversen gibt. Der Weg dahin ist jedoch oft schwierig und langwierig (die Debatten um Wehr- und Notstandsverfassung dauerten jeweils mehrere Jahre; ähnliches gilt für die Föderalismusreform der 16. Wahlperiode). Ein sichtbares Zeichen dafür ist, dass Grundgesetzänderungen (gegenüber normalen Gesetzgebungsverfahren) überdurchschnittlich lange dauern, dass der Vermittlungsausschuss häufiger angerufen wird, und dass die Erfolgsquote geringer ist (Schaub 1984: 127). Für den Gesamtprozess kann also auch für den deutschen Fall die zu Beginn des Beitrags zitierte Erkenntnis von Banting und Simeon bestätigt werden, dass Verfassungsgebungs- und -änderungsprozesse eine Fortsetzung des normalen politischen Prozesses mit anderen Mitteln sind.

Der Einfluss der Europäischen Integration auf das Grundgesetz ist über lange Zeit gering geblieben – hauptsächlich deshalb, weil die bundesdeutsche Verfassung von Anbeginn „Schnittstellen“ für supranationale Integration hatte. Art. 24 GG war ein Novum im deutschen Verfassungsrecht und eine direkte Konsequenz aus den Erfahrungen der Weltkriege. Er erlaubte es dem Bund, „durch Gesetz Hoheitsrechte auf zwischenstaatliche Einrichtungen [zu] übertragen“ und „sich zur Wahrung des Friedens einem System kollektiver Sicherheit ein[zu]ordnen“. Die Eingliederung in die Europäische Gemeinschaft war deshalb zunächst kein Problem. Die Vertiefung der Europäischen Integration ab Ende der 1980er Jahre schuf dann aber Schwierigkeiten auf dem Umweg über den Föderalismus – da die Übertragung von Kompetenzen auch zu Lasten der Länder ging. Im Gegensatz zur innerstaatlichen Entwicklung hin zum unitarischen Föderalismus wurde dieser Kompetenzverlust aber nicht durch zunehmende Partizipation der Länder auf der europäischen Ebene kompensiert. Der daraus potentiell entstehende Konflikt wurde lange Zeit durch die Tatsache überlagert, dass die Förderung der Europäischen Integration zwischen den Parteien relativ unumstritten ist. Während der Regierungskonferenz, die zum Vertrag von Maastricht führte, waren die deutschen Länder daher eine der treibenden Kräfte hinter der Etablierung des Ausschusses der Regionen. Vor allem aber nutzten sie ihre starke Stellung im innerdeutschen Ratifizierungsprozess (bei dem die Zustimmung des Bundesrates notwendig war), um eine substantielle Stärkung ihrer Position durch die Einfügung des Art. 23 GG n.F. durchzusetzen. Dieser sehr ausführliche Artikel sicherte die Beteiligung der Länder bei der Entscheidungsfindung in europapolitischen Fragen und gestand den Ländern sogar die Vertretung deutscher Interessen auf europäischer Ebene auf den Gebieten zu, die in die ausschließliche Gesetzgebungsbefugnis der Länder fallen. Faktisch ist damit die Europapolitik zu einer neuen Gemeinschaftsaufgabe zwischen Bund und Ländern geworden (Benz 1999b: 73). Doch ähnlich wie den anderen, Ende der 1960er Jahre eingefügten Gemeinschaftsaufgaben war auch dieser kein gütiges Schicksal beschieden: die langwierigen Abstimmungsprozesse zwischen den Ländern erwiesen sich als wenig Brüssel-tauglich, und als Folge sieht die Föderalismusreform der 16. Wahlperiode eine Beschränkung der Länderkompetenzen in diesem Bereich vor (vgl. BT-Drs. 16/813: 3). Die Bundesländer verfolgen stattdessen eine Art Nebenaußenpolitik durch Ausbau ihrer direkten Vertretungen in Brüssel und ein frühzeitiges und direktes Eingreifen in den europäischen Diskussionsprozess.

5 Schluss

Der Rückblick auf mehr als 55 Jahre Verfassungspolitik in der Bundesrepublik bietet kein einheitliches Bild. Zahlreiche, in diesem Beitrag beschriebene Änderungen am Verfassungstext kontrastieren mit großer Stabilität hinsichtlich der Akzeptanz der Verfassung auf der Ebene der Bürger. Die zahlreichen Änderungen können durch historische, strukturelle und institutionelle Faktoren erklärt werden. Zudem zeigt der internationale Vergleich, dass die Änderungshäufigkeit des Grundgesetzes keineswegs extrem ist: sie liegt, verglichen mit anderen OECD-Staaten, im oberen Mittelfeld (Lutz 1994; Busch 1999). Zudem sind die Änderungen am Verfassungstext stark auf bestimmte Themengebiete konzentriert (und lassen Institutionen und Grundrechte weitgehend unverändert), und in zeitlicher Hinsicht kontrastieren Wellen der Veränderung mit langen Perioden der Stabilität des Verfassungstextes. Was die Akzeptanz des Verfassungswandels in der Bevölkerung betrifft, so haben sich frühe Befürchtungen über negative Auswirkungen häufiger Änderungen am Verfassungstext (Loewenstein 1961) nicht bewahrheitet. Der Konsens über die verfassungsmäßige Ordnung sowie die sie tragenden Institutionen, so kann man konstatieren, erscheint stabil; der Konsens im politischen Dissens gewahrt. Vereinzelt gibt es jedoch Konflikte, die die Grenzen dieses Konsenses aufzeigen – dies wurde Mitte der 1990er Jahre angesichts von Urteilen des Bundesverfassungsgerichts deutlich.[34] Politische Mobilisierungen mit parteipolitischer Unterstützung verdeutlichten die Wichtigkeit freiwilliger Akzeptanz in einem liberalen Verfassungssystem und trieben auch konservative Beobachter zu der Ermahnung, dass eine Missachtung der Urteile „unsere Verfassungsordnung, deren tragender Pfeiler die Verfassungsgerichtsbarkeit ist, in unabsehbare Risiken [stürzen] würde" (Stern 1995: 9; siehe, aus anderer Perspektive, zu diesem Fall Homann 1995).

Von solchen Ausnahmen abgesehen ist die Mobilisierungskraft verfassungspolitischer Streitfragen jedoch in der Geschichte der Bundesrepublik klar gesunken, was man wahrscheinlich in der Abwägung als Zeichen der Normalisierung deuten sollte. Bei den Konflikten um Wehr- und Notstandsverfassung in den 1950er und 1960er Jahren ging es jeweils auch um außenpolitische Schlüsselentscheidungen und die Aufarbeitung der deutschen Vergangenheit, allerdings auch um Eingriffe in den Verfassungskatalog der Grundrechte. Die einschränkenden Änderungen dort in den 1990er Jahren (die noch wenige Jahre zuvor von Experten für ausgeschlossen erachtet worden waren, vgl. Bryde 1982: 136f.) waren zwar politisch umstritten, führten aber – sowohl im Fall der Änderung des Asylrechts als auch bei der Einschränkung der Unverletzlichkeit der Wohnung – nicht zu vergleichbaren Massenmobilisierungen.

Zur Quieszenz der Bürger hat sicher beigetragen, dass sie im Verfassungsänderungsprozess keine direkte Rolle spielen. Ohnehin wurde, wie bei der Gemeinsamen Verfassungskommission der 1990er Jahre und der Bundesstaatskommission dieses Jahrzehnts gesehen, die Verfassungspolitik immer mehr eine Sache der politischen Eliten. Die zum Teil sehr technische Materie begünstigte diese Entwicklung, deren Folge wiederum komplexe Aushandlungsprozesse und teilweise sehr detaillierte Regelungen im Verfassungstext waren, die bar jeder Flexibilität waren und damit den Keim zukünftiger Änderungsnotwendigkeit schon gleich in sich trugen.[35]

[34] Siehe BVerfGE 93, 1 („Kruzifix") und BVerfGE 93, 266 („Soldaten sind Mörder").
[35] Etwa die Novellen der Artikel 13, 16a oder 23 GG.

Die große Konstante bundesdeutscher Verfassungspolitik ist ohne Zweifel die Austarierung der Macht- und Kompetenzverteilung im föderalen System. Wie ein roter Faden zieht sie sich seit der Debatte im Parlamentarischen Rat durch die Jahrzehnte bis zur Föderalismusreform der zweiten Großen Koalition. Dabei muss man konstatieren, dass der Wandel im Regierungssystem weniger durch die verfassungsmässigen Veränderungen als durch die Änderungen in der politischen Handhabung zustandegekommen ist. Roland Czada (1999) hat vom „reformlosen Wandel" gesprochen, der in der Verhandlungsdemokratie der Bundesrepublik stattfindet, von Prozessen der Informalisierung und des Inkrementalismus. In der Tat übten und üben im „semisouveränen Staat" (Katzenstein 1987) der Bundesrepublik zahlreiche Mitregenten institutioneller (Schmidt 2000: 351ff.), parteilicher (Schmidt 2002) und parastaatlicher (Busch 2005) Art Einfluss aus, von denen viele nicht im Verfassungstext erwähnt werden. Sie reichen von der Ministerpräsidenten-Konferenz über die Kultusminister-Konferenz und die ‚Konzertierte Aktion' bis zu Koalitionsrunden und Kanzlergesprächen. Dies rückt die Wichtigkeit der verfassungsmäßig normierten Institutionen in eine andere Perspektive. Natürlich sind sie wichtig, aber ebenso wichtig ist die politische Handhabung eines Institutionensystems. Vor diesem Hintergrund scheint dann auch die Prognose nicht allzu gewagt, dass die Föderalismusreform der 16. Wahlperiode nicht das Ende der Änderungen am Grundgesetz darstellen wird und dass die überkommenen Muster bundesdeutscher Verfassungspolitik wahrscheinlich auch in Zukunft weiterlaufen werden.

6 Literatur

Abendroth, Wolfgang, 1974: 1849 – 1919 – 1949: Drei Kapitel deutscher Verfassungsgeschichte, in: Vereinigung Demokratischer Juristen (Hrsg.): Das Grundgesetz. Verfassungsentwicklung und demokratische Bewegung in der BRD. Köln, 139-145.

Arndt, Adolf, 1960: Das nicht erfüllte Grundgesetz. Tübingen.

Banting, Keith G./Simeon, Richard, 1985: Introduction: The Politics of Constitutional Change, in: Keith G. Banting/Richard Simeon (Hrsg.): Redesigning the State. The Politics of Constitutional Change. Toronto/Buffalo, 1-29.

Baring, Arnulf, 1969: Außenpolitik in Adenauers Kanzlerdemokratie: Bonns Beitrag zur Europäischen Verteidigungsgemeinschaft. München u.a.

Batt, Helge-Lothar, 1996: Die Grundgesetzreform nach der deutschen Einheit. Akteure, politischer Prozeß und Ergebnisse. Opladen.

Benz, Arthur, 1993: Verfassungsreform als politischer Prozeß. Politikwissenschaftliche Anmerkungen zur aktuellen Revision des Grundgesetzes, in: Die Öffentliche Verwaltung 46: 881-889.

Benz, Arthur, 1994: A Forum of Constitutional Deliberation? A Critical Analysis of the Joint Constitutional Commission, in: Klaus H. Goetz/Peter J. Cullen (Hrsg.): Constitutional Policy in Unified Germany. London, 99-117.

Benz, Arthur, 1995: Verfassungspolitik im kooperativen Bundesstaat, in: Karlheinz Bentele/Bernd Reissert/Ronald Schettkat (Hrsg.): Die Reformfähigkeit von Industriegesellschaften. Frankfurt a.M./New York, 145-164.

Benz, Arthur, 1999a: Der deutsche Föderalismus, in: Thomas Ellwein/Everhard Holtmann (Hrsg.): 50 Jahre Bundesrepublik Deutschland: Rahmenbedingungen – Entwicklungen – Perspektiven (= Politische Vierteljahresschrift Sonderheft 30). Opladen, 135-153.

Benz, Arthur, 1999b: From Unitary to Asymmetric Federalism in Germany: Taking Stock after 50 Years, in: Publius 29: 55-78.

Beyme, Klaus von, [8]1996: Das politische System der Bundesrepublik Deutschland nach der Vereinigung. München/Zürich.

Beyme, Klaus von, [10]2004: Das politische System der Bundesrepublik Deutschland. Eine Einführung. Wiesbaden.

Bryde, Brun-Otto, 1982: Verfassungsentwicklung. Stabilität und Dynamik im Verfassungsrecht der Bundesrepublik Deutschland. Baden-Baden.

Busch, Andreas, 1999: Das oft geänderte Grundgesetz, in: Wolfgang Merkel/Andreas Busch (Hrsg.): Demokratie in Ost und West. Frankfurt a.M., 549-574.

Busch, Andreas, 2005: Shock-absorbers under stress: Parapublic institutions and the double challenges of German unification and European integration, in: Simon Green/William E. Paterson (Hrsg.): Governance in contemporary Germany: the semisovereign state revisited. Cambridge [u.a.], 94-114.

Czada, Roland, 1999: Reformloser Wandel. Stabilität und Anpassung im politischen Akteursystem der Bundesrepublik, in: Thomas Ellwein/Everhard Holtmann (Hrsg.): 50 Jahre Bundesrepublik Deutschland: Rahmenbedingungen – Entwicklungen – Perspektiven (= Politische Vierteljahresschrift Sonderheft 30). Opladen, 397-412.

Doemming, Klaus-Berto von/Füsslein, Rudolf Werner/Matz, Werner, 1951: Entstehungsgeschichte der Artikel des Grundgesetzes [= Jahrbuch des öffentlichen Rechts der Gegenwart Neue Folge/Band 1]. Tübingen.

Ehmke, Horst, 1981 [1967]: Grundgesetz und politisches Handeln, in: Horst Ehmke/Peter Häberle (Hrsg.): Beiträge zur Verfassungstheorie und Verfassungspolitik, Königstein/Ts.

Ellwein, Thomas, [3]1973: Das Regierungssystem der Bundesrepublik Deutschland. Opladen.

Elster, Jon, 1992: Constitutional bootstrapping in Philadelphia and Paris, in: Cardozo Law Review 14: 549-575.

Eschenburg, Theodor/Benz, Wolfgang, 1983: Der Weg zum Grundgesetz, in: Theodor Eschenburg (Hrsg.): Jahre der Besatzung 1945-1949 [=Geschichte der Bundesrepublik Deutschland, Band 1], Stuttgart/Wiesbaden, 459-514.

Feldkamp, Michael F. (Hrsg.), 1999: Die Entstehung des Grundgesetzes für die Bundesrepublik Deutschland 1949. Eine Dokumentation. Stuttgart.

Fischer, Wolfgang, 1993: Formen unmittelbarer Demokratie im Grundgesetz, in: Aus Politik und Zeitgeschichte B 52-53: 16-18.

Gemeinsame Verfassungskommission, 1993: Bericht der Gemeinsamen Verfassungskommission [= BT-Drucksache 12/6000 vom 5.11.1993]. Bonn.

Gläßner, Gert-Joachim/Reutter, Werner/Jeffery, Charlie (Hrsg.), 2001: Verfassungspolitik und Verfassungswandel in Deutschland und Großbritannien. Wiesbaden.

Goetz, Klaus H./Cullen, Peter J. (Hrsg.), 1994: Constitutional Policy in Unified Germany. London.

Grawert, Rolf, 1979: Zur Verfassungsreform, in: Der Staat 18: 229-258.

Grimm, Dieter, 1977: Verfassungsgerichtsbarkeit – Funktion und Funktionsgrenzen im demokratischen Staat, in: Wolfgang Hoffmann-Riem (Hrsg.): Sozialwissenschaften im Studium des Rechts. Band II: Verfassungs- und Verwaltungsrecht. München, 83-108.

Grimm, Dieter, 1989: Das Grundgesetz nach vierzig Jahren, in: Neue Juristische Wochenschrift 42: 1305-1312.

Grimm, Dieter, 1994a: Die Gegenwartsprobleme der Verfassungspolitik und der Beitrag der Politikwissenschaft, in: Dieter Grimm (Hrsg.): Die Zukunft der Verfassung. Frankfurt a.M., 336-371.

Grimm, Dieter, 1994b: Verfassung, in: Dieter Grimm (Hrsg.): Die Zukunft der Verfassung, Frankfurt a.M., 11-28.

Guggenberger, Bernd/Stein, Tine (Hrsg.), 1991: Die Verfassungsdiskussion im Jahr der deutschen Einheit. Analysen – Hintergründe – Materialien. München.

Gusy, Christoph, 1983: „Verfassungspolitik“ zwischen Verfassungsinterpretation und Rechtspolitik. Heidelberg.

Hennis, Wilhelm, 1993: Auf dem Weg in eine ganz andere Republik. Die geplante Verfassungsreform verschiebt die Statik des Grundgesetzes, in: Frankfurter Allgemeine Zeitung 35.

Hesse, Konrad, 1962: Der unitarische Bundesstaat. Karlsruhe.

Hofmann, Hasso, 1987: Die Entwicklung des Grundgesetzes nach 1949, in: Josef Isensee/Paul Kirchhof (Hrsg.): Handbuch des Staatsrechts der Bundesrepublik Deutschland. Band I: Grundlagen von Staat und Verfassung. Heidelberg, 259-319.

Homann, Ursula, 1995: Der Ärger mit dem Kreuz, in: Die Neue Gesellschaft/Frankfurter Hefte 10: 872-876.

Ipsen, Hans Peter, 1977: Zum Schlußbericht der Enquête-Kommission Verfassungsreform, in: Die Öffentliche Verwaltung 30: 537-544.

Jung, Otmar, 1994: Grundgesetz und Volksentscheid. Gründe und Reichweite der Entscheidungen des Parlamentarischen Rats gegen Formen direkter Demokratie. Opladen.

Jung, Otmar, 1995: Landesverfassungspolitik im Bundesstaat: ein listiger Umweg der Geschichte?, in: Zeitschrift für Parlamentsfragen 26: 41-57.

Jung, Otmar, ^{2}1996: Volksgesetzgebung: die „Weimarer Erfahrungen" aus dem Fall der Vermögensauseinandersetzungen zwischen Freistaaten und ehemaligen Fürsten. Hamburg.

Kammradt, Steffen, 1992: Die Verfassungsdiskussion: Motive, Ziele, Perspektiven. Frankfurt a.M.

Katzenstein, Peter J., 1987: Policy and Politics in West Germany. The Growth of a Semisovereign State. Philadelphia.

Kenntner, Markus, 1997: Grundgesetzwandel. Überlegungen zur Veränderung des Grundgesetzes und seines Bezugsrahmens, in: Die Öffentliche Verwaltung 50: 450-457.

Kielmansegg, Peter Graf, 2000: Nach der Katastrophe: eine Geschichte des geteilten Deutschland. Berlin.

Landfried, Christine, 1984: Bundesverfassungsgericht und Gesetzgeber: Wirkungen der Verfassungsrechtsprechung auf parlamentarische Willensbildung und soziale Realität. Baden-Baden.

Landfried, Christine, 1990: Rechtspolitik, in: Klaus von Beyme/Manfred G. Schmidt (Hrsg.): Politik in der Bundesrepublik Deutschland. Opladen, 76-98.

Laufer, Heinz, 1992: Das föderative System der Bundesrepublik Deutschland. Bonn.

Lehmbruch, Gerhard, 1976: Parteienwettbewerb im Bundesstaat. Stuttgart.

Lehmbruch, Gerhard, 2001: Der unitarische Bundesstaat in Deutschland: Pfadabhängigkeit und Wandel, in: Arthur Benz/Gerhard Lehmbruch (Hrsg.): Föderalismus: Analysen in entwicklungsgeschichtlicher und vergleichender Perspektive [= Politische Vierteljahresschrift Sonderheft 32/2001]. Opladen, 53-110.

Lindemann, Helmut, 1966: Das antiquierte Grundgesetz: Plädoyer für eine zeitgemäße Verfassung. Hamburg.

Loewenstein, Karl, 1961: Über Wesen, Technik und Grenzen der Verfassungsänderung. Vortrag, gehalten vor der Berliner Juristischen Gesellschaft am 30. Juni 1960. Berlin.

Lutz, Donald S., 1994: Toward a Theory of Constitutional Amendment, in: American Political Science Review 88: 355-370.

Mommsen, Hans, 1998: Lehren aus der Geschichte der Weimar Republik bei der Demokratiegründung des Parlamentarischen Rates 1948/49, in: Dieter Dowe (Hrsg.): Lernen aus der Vergangenheit!? Der Parlamentarische Rat und das Grundgesetz. Bonn, 11-29.

Mußgnung, Reinhard, 1987: Zustandekommen des Grundgesetzes und Entstehen der Bundesrepublik Deutschland, in: Josef Isensee/Paul Kirchhof (Hrsg.): Handbuch des Staatsrechts der Bundesrepublik Deutschland. Band I: Grundlagen von Staat und Verfassung. Heidelberg, 219-258.

Oberreuter, Heinrich, 1978: Notstand und Demokratie. Vom monarchischen Obrigkeits- zum demokratischen Rechtsstaat. München.

Pfetsch, Frank R., 1985: Verfassungspolitik der Nachkriegszeit. Theorie und Praxis des bundesdeutschen Konstitutionalismus. Darmstadt.

Pikart, Eberhard, 1974: Auf dem Weg zum Grundgesetz, in: Richard Löwenthal/Hans-Peter Schwarz (Hrsg.): Die zweite Republik. 25 Jahre Bundesrepublik Deutschland – eine Bilanz. Stuttgart, 149-176.

Renzsch, Wolfgang, 1992: Die Rolle der Bundesregierung bei der Gestaltung der Finanzverfassung bis 1969. Entscheidungsmuster für die Einbeziehung der ostdeutschen Bundesländer?, in: Hans-

Hermann Hartwich/Göttrik Wewer (Hrsg.): Regieren in der Bundesrepublik. Band 4. Opladen, 101-131.

Rogner, Klaus Michael, 1993: Der Verfassungsentwurf des Zentralen Runden Tisches der DDR. Berlin.

Scharpf, Fritz W., 1985: Die Politikverflechtungs-Falle: Europäische Integration und deutscher Föderalismus im Vergleich, in: Politische Vierteljahresschrift 26: 323-356.

Scharpf, Fritz W., 2005: No Exit from the Joint Decision Trap? Can German Federalism Reform Itself?, MPIfG Working Paper, Bd. 05/8. Köln.

Schaub, Stefan, 1984: Der verfassungsändernde Gesetzgeber 1949-1980. Parlament und Verfassung im Spiegel der Anträge, Beratungen und Gesetzesbeschlüsse zur Änderung des Grundgesetzes für die Bundesrepublik Deutschland. Berlin.

Schindler, Peter, 1999: Datenhandbuch zur Geschichte des Deutschen Bundestages 1949 bis 1999, 3 Bände. Baden-Baden.

Schmidt, Manfred G., ^{3}2000: Demokratietheorien: eine Einführung. Opladen.

Schmidt, Manfred G., ^{2}2002: Germany: The Grand Coalition State, in: Josep M. Colomer (Hrsg.): Political Institutions in Europe. London/New York, 57-93.

Schneider, Hans-Peter, 1991: Die Zukunft des Grundgesetzes. Vom Beruf unserer Zeit zur Verfassungsgebung, in: Bernhard Blanke/Hellmut Wollmann (Hrsg.): Die alte Bundesrepublik: Kontinuität und Wandel (Leviathan Sonderheft 12). Opladen, 160-176.

Schulze-Fielitz, Helmuth, 1999: Die deutsche Wiedervereinigung und das Grundgesetz – Zur Theorie und Praxis von Verfassungsentwicklungsprozessen, in: Joachim Jens Hesse/Gunnar Folke Schuppert/Katharina Harms (Hrsg.): Verfassungsrecht und Verfassungspolitik in Umbruchsituationen: Zur Rolle des Rechts in staatlichen Transformationsprozessen in Europa. Baden-Baden, 65-115.

Seifert, Jürgen, ^{3}1977: Grundgesetz und Restauration. Verfassungsrechtliche Analyse und dokumentarische Darstellung des Textes des Grundgesetzes vom 23. Mai 1949 mit sämtlichen Änderungen einschließlich des 34. Änderungsgesetzes. Darmstadt/Neuwied.

Steinberg, Rudolf, 1980: Verfassungspolitik und offene Verfassung, in: Juristenzeitung 35: 385-392.

Stern, Klaus, 1995: Die Fehler der Richter, in: Die politische Meinung 312: 5-10.

Sternberger, Dolf, 1990: Verfassungspatriotismus. Schriften Bd. 10. Frankfurt a.M.

Thaysen, Uwe, 1990: Der Runde Tisch. Oder: Wo blieb das Volk? Der Weg der DDR in die Demokratie. Opladen.

Vogel, Hans-Jochen, ^{2}1994: Die bundesstaatliche Ordnung des Grundgesetzes, in: Ernst Benda/Werner Maihofer/Hans-Jochen Vogel (Hrsg.): Handbuch des Verfassungsrechts der Bundesrepublik Deutschland. Berlin/New York, 1041-1102.

Vorländer, Hans, ^{2}2004: Die Verfassung: Idee und Geschichte. München.

Will, Rosemarie, 1999: Statement: Die deutsche Wiedervereinigung und das Grundgesetz – Die Verfassung als Maßstab für die ostdeutsche Systemtransformation, in: Joachim Jens Hesse/Gunnar Folke Schuppert/Katharina Harms (Hrsg.): Verfassungsrecht und Verfassungspolitik in Umbruchsituationen: Zur Rolle des Rechts in staatlichen Transformationsprozessen in Europa. Baden-Baden, 117-137.

3. Entwicklung, Determinanten und Vergleich der Staatsfinanzen

Uwe Wagschal

1 Einleitung

Politische Steuerung findet über die unterschiedlichsten Instrumente und Mechanismen statt. Hierzu zählen Rechtsetzung mittels Gesetz oder Verordnung, hierarchische Steuerung durch Macht, Beeinflussung mittels politischer Überzeugungsstrategien, aber auch der Einsatz von Geld. Das wichtigste Instrument, ohne das auch keine Bereitstellung öffentlicher Güter, also der Kern der Staatstätigkeit, stattfinden kann, sind die finanziellen Ressourcen des Staates. Bereits früh hat die Finanzsoziologie (Goldscheid 1917) sowie die Finanzwissenschaft (Schumpeter 1918) die Bedeutung der öffentlichen Finanzen zur Analyse der Grundstruktur des Staatsaufbaus sowie der zugrunde liegenden Politischen Ökonomie eines Staates erkannt. Mit Hilfe der Staatsfinanzen, sei es über Ausgaben, sei es über Steuern, wird Politik gemacht und damit gleichzeitig auch über die Lebensbedingungen von Bürgern entschieden.

Die Analyse der Staatsfinanzen wird im Folgenden aus vier Perspektiven vorgenommen:

1. Die Differenzierung der Staatsfinanzen in die drei Bereiche Staatseinnahmen einschließlich der Sozialversicherungsbeiträge (Abschnitt 2), Staatsausgaben (Abschnitt 3) und Staatsverschuldung (Abschnitt 4).
2. Aus einem deskriptiv-analytischen Blickwinkel ist die Entwicklung der Staatsfinanzen aus intertemporaler Perspektive Erkenntnis bringend.
3. Um die Position Deutschlands einzuordnen, ist überdies ein internationaler Vergleich innerhalb der OECD-Staatengruppe instruktiv.
4. Aus politikwissenschaftlicher Perspektive, insbesondere aus Sicht der Policy-Forschung, ist die ertragreichste Fragestellung die nach den prägenden Determinanten des Niveaus, der Struktur sowie der Veränderung der öffentlichen Finanzen.

Zur Beantwortung dieser Frage verwendet die Politikwissenschaft ein mittlerweile ausdifferenziertes Theorieangebot (Schmidt 2000), welches die Haupterklärungsfaktoren zwar auch in den sozioökonomischen Bedingungen sieht, die Erklärungsgüte jedoch durch weitere Faktoren wie Institutionen, Parteipolitik, Interessengruppen, Pfadabhängigkeiten sowie internationale Einflüsse deutlich verbessert.

Die einzelnen Bereiche der Staatsfinanzen sind in Deutschland hoch verflochten. Die daraus resultierende Mehrebenenproblematik ergibt für den öffentlichen Gesamthaushalt ein hoch interdependentes Beziehungsgeflecht und -system, welches schwierig zu steuern ist und wofür das Finanzausgleichssystem paradigmatisch steht (Abschnitt 5).

2 Staatseinnahmen

Neben den Steuereinnahmen und der Nettokreditaufnahme sind die „sonstigen Einnahmen" die dritte große Einnahmekategorie des Staates.[1] Zu den sonstigen Einnahmen des Bundes zählen Verwaltungseinnahmen (z.B. Gebühren und Entgelte, die in den letzten Jahren deutlich angestiegen sind), die Einnahmen aus wirtschaftlicher Tätigkeit und Vermögen (z.B. die Gewinnabführung der Bundesbank) und die Erlöse aus Vermögensveräußerung (z.B. Privatisierung und Versteigerung von Lizenzen). Das Steuer- und Abgabensystem in Deutschland ist im Wesentlichen durch das Verhältnis zwischen den öffentlichen Gebietskörperschaften (Bund, Länder und Gemeinden), den Sozialversicherungen sowie der Europäischen Union bestimmt. Dabei ist bei den Steuern zwischen der Gesetzgebungs- (Art. 105 GG), der Ertrags- und der Verwaltungskompetenz der einzelnen Ebenen zu unterscheiden. Die Steuerertragskompetenz (Art. 106) weist den Gebietskörperschaften die Steuern teils nach einem Trenn-, teils nach einem Verbundsystem zu. Ausschließlich dem Bund stehen beispielsweise die Mineralölsteuer, die Tabaksteuer und die Versicherungssteuer zu. Die Zölle (seit 1975) und Agrarabgaben (seit 1971) fließen voll, abzüglich eines Anteils für die Erhebungskosten, der EU zu. Die Kraftfahrzeugsteuer, die Biersteuer sowie die Wettsteuern stehen ausschließlich den Ländern zu. Den Gemeinden stehen vor allem die Grundsteuer und die Gewerbeertragssteuer zu. Vom Umfang her bedeutender sind die Verbundsteuern (gemeinschaftliche Steuern), vor allem die Lohn- und die veranlagte Einkommensteuer mit einem Aufkommen (2004) von rund 130 Mrd. € (= 29% des Gesamtaufkommens; Verteilungsschlüssel im Jahr 2005: Bund 42,5%, Länder 42,5%, Gemeinden 15%) sowie die Umsatzsteuer mit rund 140 Mrd. € (31% des Gesamtaufkommens; Verteilungsschlüssel im Jahr 2005: Bund ca. 53%, Länder ca. 45%, Gemeinden ca. 2%). Ferner ist die Körperschaftssteuer mit rund 13 Mrd. € (3% des gesamten Steueraufkommen), deren Ertrag jeweils hälftig auf Bund und Länder verteilt wird, als Verbundsteuer relevant. Das gesamte Steueraufkommen betrug 2004 rund 442 Mrd. €, wobei die Steuerquote bei rund 20% des Bruttoinlandsproduktes (BIP) lag. Die ertragreichsten Steuern sind die Lohn- und Einkommensteuern, die Umsatzsteuer und die Mineralölsteuer. Die Abgabenquote – also Steuern und Sozialbeiträge – lag 2004 bei 39,6% des BIP (in der Abgrenzung des Bundesfinanzministeriums). Die enger gefasste Abgrenzung der OECD schätzt die Abgabenquote für Deutschland rund vier Prozentpunkte niedriger (OECD 2005b).[2]

2.1 *Entwicklung der Staatseinnahmen*

Je nach Abgrenzung der Abgaben- und Steuerquote nach dem Konzept der Volkswirtschaftlichen Gesamtrechnung (VGR) oder der Finanzstatistik ergeben sich unterschiedliche Niveaus. Für die Betrachtung über die Zeit bleibt das Bild aber weitgehend identisch. Ausgehend von einer relativ hohen Besteuerung zu Beginn des Bestehens der Bundesrepublik

[1] Für den Bund machten im Jahr 2005 die Steuereinnahmen rund 75,3%, die Nettokreditaufnahme rund 8,5% und die sonstigen Einnahmen 16,2% der Gesamteinnahmen aus (Bundesministerium der Finanzen 2004: 63).

[2] Neben der OECD und dem Bundesfinanzministerium weisen auch das Statistische Bundesamt und die Bundesbank Daten zu der Abgabenquote aus. Für das Jahr 2001 berichtet die OECD eine Abgabenquote von 36,8%, das BMF und das Statistische Bundesamt von 40,8%, die Deutsche Bundesbank von 42,3%. Die größten Differenzen resultieren aus Steuersubventionen (z.B. Kindergeld) und nicht erfassten Sozialbeiträgen (Karl-Bräuer-Institut 2003: 3).

pendelte sich die Abgabenquote in den 1950er Jahren um die 30% des BIP ein. Die Steuerquote lag knapp unter 25% mit einem Tiefpunkt von 21,1% im Jahr 1950, trotz hoher nominaler Steuersätze (Muscheid 1986: 27). Einen starken Anstieg nahm die Abgabenquote unter der sozial-liberalen Regierung, als sie von rund 35% auf etwa 41% stieg. Bis zur Wiedervereinigung sank die Abgabenquote wieder auf etwa 38%, um schließlich ihren Spitzenwert 2002 mit 42,5% zu erreichen. Deutschland folgt im Großen und Ganzen dem OECD-Trend, wenn auch auf vergleichsweise niedrigem Niveau und mit gebremster Geschwindigkeit. Insbesondere die Steuerquoten weichen vom OECD-Trend ab, da sie sich durch weitgehende Konstanz mit einer geringen sinkenden Tendenz auszeichnen. Bemerkenswert ist dagegen der starke Anstieg bei den Sozialversicherungsabgaben.

Generell wird bezüglich der Steuerstruktur noch zwischen direkten und indirekten Steuern differenziert. Bei direkten Steuern (z.B. Einkommen- und Körperschaftsteuer) trägt der Steuerpflichtige die Belastung selbst und führt sie meist auf dem Veranlagungsweg direkt an das Finanzamt ab, während bei indirekten Steuern (z.B. Umsatz- und Verbrauchsteuer) der Steuerzahler und der Steuerträger, also derjenige, der die Steuer ökonomisch trägt, auseinander fallen, da die Steuern überwälzt werden können. 1950 war das Verhältnis relativ ausgeglichen (50,6% zu 49,4%), um anschließend bis 1989 ein Verhältnis von rund 60% zu 40% zu erreichen. Im Zuge der Diskussion um den Einfluss der Globalisierung auf die Steuerstruktur wurde zudem argumentiert, dass immobile Faktoren (also die Grundlage indirekter Steuern) stärker besteuert werden und die mobilen Faktoren weniger (Sinn 1997). Während sich dies im OECD-Vergleich nicht eindeutig belegen lässt, zeigt sich zumindest für Deutschland seit 1990 wieder ein Anstieg der indirekten Steuern, so dass sich das Verhältnis der direkten zu den indirekten Steuern im Jahr 2005 auf rund 48% zu 52% geändert hat. Trotz einer deutlichen Senkung der Unternehmen- und der Einkommensteuersätze lässt sich keine Erosion der Steuereinnahmen, also kein „race to the bottom" ausmachen. Dass die Einnahmen vor allem auf mobile Faktoren nicht zusammenbrachen, hängt mit der gleichzeitigen Verbreiterung der Steuerbemessungsgrundlagen im Zuge der Reformen zusammen, in dem Abschreibungsbedingungen verschlechtert sowie Steuersubventionen und Steuerschlupflöcher beseitigt wurden.

Für einen Vergleich über die Zeit kann man neben der Entwicklung der Abgabenlast und den nominalen Steuersätzen noch die Kernindikatoren „Durchschnittssteuerbelastung" (Steuerbetrag in Verhältnis zum Einkommen) und „Grenzsteuerbelastung" (Steuerbelastung für jeden zusätzlich verdienten € oberhalb des gegenwärtigen Einkommens) heranziehen. Für den Zeitraum 1958 bis 2005 wurden auf Basis des für jedes Jahr geltenden Formeltarifs in der Bundesrepublik Deutschland die Steuerbelastungen sowohl für Singles als auch für Verheiratete errechnet. In Abb. 3.1 ist die steuerliche Durchschnittsbelastung für Alleinstehende und Verheiratete sowie – jeweils preisbereinigt – für niedrige (20.000 €), mittlere (50.000 €) und hohe Einkommen (100.000 €) im Zeitverlauf dargestellt.[3]

[3] Zur Berechnung der Durchschnitts- und Grenzbelastung wurden auch zeitweilige Zuschläge zur Einkommensteuer wie die Ergänzungsabgabe (1968 bis 1974), der Stabilitätszuschlag (1973 bis 1974) und der Solidaritätszuschlag (ab 1991) berücksichtigt.

Abbildung 3.1: Durchschnittssteuerbelastung von Singles und Verheirateten mit jeweils preisbereinigten Einkommen von 20.000, 50.000 und 100.000 € (1958-2005)

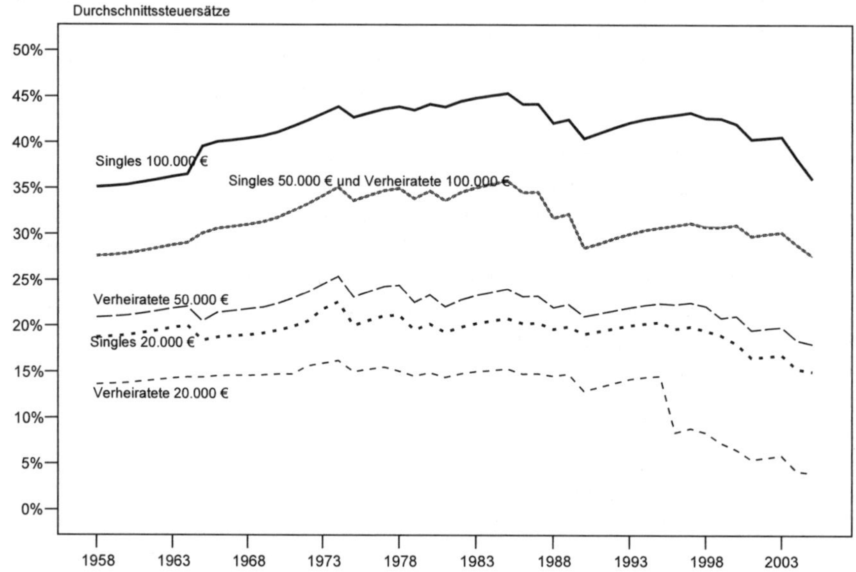

Anmerkung: Eigene Berechnungen auf Basis der jeweils gültigen Formeltarife mit Hilfe des Steuerrechnerprogrammes des Bundesministeriums für Finanzen. Quelle: http://egov.bundesfinanzministerium.de/Steuerrechner.

Auffällig ist zunächst die relative Konstanz in der Belastung, wobei für hohe und mittlere Einkommen die Belastung über die Zeit eher gestiegen ist. Erst mit dem Jahressteuergesetz 1996 sank diese rapide ab. Bemerkenswerterweise – und zunächst eher paradox – war dagegen die Grenzsteuerbelastung im selben Zeitraum angestiegen. Ursache hierfür waren massive Änderungen im Steuerrecht (insbesondere aufgrund des Jahressteuergesetzes von 1996), die durch die Zunahme der steuerpolitischen und familienpolitischen Aktivität des Bundesverfassungsgerichtes veranlasst wurden. Laut zweier Urteile des Bundesverfassungsgerichtes zum steuerfreien Existenzminimum (BVerfGE 82, BVerfGE 87) muss bei der Einkommensbesteuerung ein Betrag in Höhe des Existenzminimums der Familie steuerfrei bleiben; nur das darüber hinausgehende Einkommen darf besteuert werden. Diese Entlastung wurde wiederum mit einer hohen Steuerprogression auch schon für untere Einkommen „erkauft".

Die spürbarsten Steuersenkungen in Deutschland erfolgten aufgrund der dreistufigen Steuerreform in der Ära Kohl in den 1980er Jahren, durch die Berücksichtigung des Existenzminimums ab 1996 und die Einkommensteuerreform der rot-grünen Bundesregierung im Jahr 2000, die den Spitzensteuersatz sukzessive auf 42% im Jahr 2005 senkte. Generell wurden im Laufe der Zeit Verheiratete steuerlich besser gestellt als Alleinstehende, wobei wiederum die Bezieher niedriger Einkommen steuerlich stärker profitieren.

Besonders kritisch aus Perspektive der ökonomischen Arbeitsmarktforschung sind die hohen Grenzsteuersätze. Die steuerlichen Grenzsteuersätze spiegeln lediglich einen Teil des gesamten Anreizmechanismus wider, da außerdem die Grenzbelastung durch die Sozialabgaben sowie staatliche Transfers für Outsider auf dem Arbeitsmarkt addiert werden müssten. Studien der Bundesbank haben gezeigt, dass gerade für Bezieher geringer Einkommen der Grenzsteuersatz bei über 100% liegen kann (Deutsche Bundesbank 1996). Dies würde einen Arbeitnehmer bei Arbeitsaufnahme im Vergleich zu seiner vorherigen Situation netto sogar schlechter stellen. Unter diesem Aspekt (und angesichts der Probleme auf dem deutschen Arbeitsmarkt) haben sich die – außer für Bezieher hoher Einkommen – steigenden Grenzsteuersätze seit 1990 als massives Arbeitsangebotshindernis erwiesen. Mit der Steuerreform 2000-2005 wurde versucht, dem entgegenzuwirken.

2.2 Deutschland im internationalen Vergleich

Beim Vergleich sämtlicher Staatseinnahmen (OECD 2005a) im Verhältnis zum BIP liegt Deutschland im Mittelfeld der etablierten 23 untersuchten OECD-Länder[4] (Daten für 2004), wobei die Gesamteinnahmenquote (nach der Abgrenzung der OECD) mit rund 43,2% des BIP knapp unterhalb des OECD-Durchschnittes (44,7%) liegt. Die Hochsteuerländer sind – nach dieser Schlüsselgröße zur Messung des Umfanges des Steuerstaates – vor allem die skandinavischen Länder (Dänemark, Schweden, Norwegen und Finnland) sowie Frankreich, während Japan, die USA, Irland, die Schweiz sowie Australien die Länder mit den geringsten Steuern, Sozialabgaben, Gebühren und sonstigen Einnahmen sind.

Der zweite Kernindikator sind die Gesamtabgaben, die auch die Sozialbeiträge umfassen. Auch hier liegt Deutschland für die Gesamtabgabenquote mit 35,5% unterhalb des OECD-Durchschnitts (OECD 2005b). Die Veränderung der Gesamtabgabenquote zwischen 1955 und 2003 verdeutlicht, dass Deutschland sich in diesem Zeitraum keineswegs auf dem Marsch in einen übergroßen „Steuerstaat“ befand. Beim Vergleich sämtlicher Steuern und Abgaben im Verhältnis zum BIP liegt Deutschland nicht in der Spitzengruppe der 23 untersuchten OECD-Länder. Der Zuwachs der Gesamtabgabenlast liegt deutlich unterhalb des OECD-Durchschnittes[5] (zweitniedrigster Wert) – dies trotz des Abgabenanstiegs in Folge der deutschen Einheit. Deutschland befindet sich damit – wie bei vielen hoch aggregierten Output- und Outcome-Indikatoren – auf einem mittleren Pfad der Staatstätigkeit, der auch als „policy of the middle way“ charakterisiert wird (Schmidt 1987).

Klammert man die Sozialabgaben von der Berechnung aus und analysiert nur die reine Steuerquote, dann ist diese in Deutschland zwischen 1965 und 2003 von 23,1% auf 21,1% gesunken. Deutschland und die USA sind somit nach den OECD-Daten die einzigen Länder, in denen nach dieser Messlatte eine Senkung der Abgabenlast stattfand. Während Deutschland noch im Jahr 1965 eine überdurchschnittlich hohe Steuerquote aufwies, lag sie 2003 deutlich unterhalb des OECD-Durchschnittes.

Der Gesamtzuwachs der Abgabenlast ist somit im Wesentlichen auf die gestiegenen Sozialabgaben und damit auf die Erhöhung der Beitragssätze für Kranken-, Renten- und Arbeitslosenversicherung und auf die Einführung eines neuen Versicherungszweiges, der

[4] Von den 30 OECD-Mitgliedsstaaten wurden lediglich die Türkei, Tschechien, Slowakei, Mexiko, Polen, Südkorea und Ungarn nicht mit betrachtet.

[5] Dieser Platz gilt für einen Vergleich der Abgabenquoten zwischen 1955 und 2003 (n = 16), 1960-2003 (n = 18) sowie 1965-2003 (n = 23). Zurückzuführen ist der niedrige Zuwachs auch auf das hohe Ausgangsniveau Deutschlands und den „catch-up“ anderer Länder.

Pflegeversicherung (1995), zurückzuführen. Dies wird auch an der Entwicklung der Steuerstruktur deutlich, bei der die Sozialversicherungsabgaben die Einnahmen aus der Besteuerung von Einkommen und Gewinnen sowie aus Verbrauchssteuern überholten. Wie der internationale Vergleich zeigt, unterliegt die Entwicklung der Abgabenstruktur in Deutschland offensichtlich einer stärkeren Veränderung als im OECD-Länderdurchschnitt.

2.3 Zentrale Determinanten der Besteuerung

Was treibt die Steuerpolitik an? Auf Basis des internationalen und nationalen Vergleichs lassen sich verschiedene Faktoren identifizieren (Muscheid 1986; Wagschal 2005). Neben dem sozioökonomischen Problemdruck (z.B. die Seniorenquote und die Arbeitslosenquote) als Haupterklärungsgröße gibt es eine eindeutige Beziehung zur parteipolitischen Färbung von Regierungen (Peters 1991; Castles 1998; Wagschal 2005). Dabei führen beispielsweise Linksparteien an der Regierung zu einer höheren Abgabenquote, während diese unter konservativen Parteien niedriger ist. In Deutschland lässt sich dies im Längsschnittvergleich jedoch nur schlecht zeigen, weil auch die CDU/CSU als eine „Sozialstaatspartei“ für eine vergleichsweise hohe Staatstätigkeit eintritt.

Neben den Unterschieden bei den Besteuerungsniveaus zeigen sich auf vielfältige Weise auch Parteieneffekte bei der Besteuerungsstruktur. Evident ist der Einfluss auf den Umfang der Sozialversicherungsabgaben, dem hervorstechenden Merkmal der christdemokratischen „Besteuerungswelt“ (Wagschal 2005). Bemerkenswert ist auch die Privilegierung der Institution Familie durch die christdemokratischen Parteien in den jeweiligen Steuersystemen. Vergleicht man beispielsweise den Steuerkeil (OECD 1998) für Verheiratete und Singles mit einem identischen Einkommen (jeweils ohne Kinder, Daten für das Jahr 1997), dann existiert eine recht starke Beziehung zwischen diesem und dem langfristigen christdemokratischen Regierungsanteil (r = -0,57), d.h. je stärker Christdemokraten an der Regierung beteiligt waren, desto stärker wird der Familienstatus bei der Besteuerung bevorzugt. Und gerade die Bundesrepublik privilegiert mit ihrem Steuersystem die Familien mit Kindern im internationalen Vergleich mit am stärksten.

Auffallend ist überdies die hohe Abgabenquote zu Beginn der Bundesrepublik – ein so genannter Displacement-Effekt als Folge großer sozialer Veränderungen (Peacock/Wiseman 1967).[6] Ökonomische Schocks oder auch die Deutsche Einheit können als solche Veränderungen interpretiert werden, wenngleich die Niveaueffekte deutlich geringer waren als nach beiden Weltkriegen.

Es zeigt sich überdies, dass die institutionelle Struktur, vor allem die Zahl der Vetospieler (Tsebelis 2002) für das Niveau der Besteuerung relevant ist. Je höher die Zahl der Vetospieler, desto geringer sind tendenziell die Gesamtabgaben. In der Bundesrepublik kann vor allem der Bundesbank, dem Föderalismus, dem starken Bikameralismus sowie – mit Abstrichen – der Verfassungsgerichtsbarkeit ein bremsender Effekt zugeschrieben werden. Das Besteuerungsniveau kann ebenfalls mit weiteren politisch-institutionellen Faktoren erklärt werden, wie etwa dem Korporatismus oder der Fragmentierung des politischen Systems.

---

[6] So haben die Weltkriege die Steuerlast dramatisch erhöht, in Deutschland um rund 300% im Ersten Weltkrieg, in England sogar um 800%. Nach den Kriegen wurde zwar versucht, die Steuerbelastung wieder abzubauen, dennoch blieb sie auf einem höheren Niveau als vor den jeweiligen Kriegen.

Die Europäische Union übt nur im Bereich der indirekten Steuern sowie bei den Zöllen einen Einfluss aus (Genschel 2002). Zwar sind Bestrebungen im Gange, die Kompetenzen auch für direkte Steuern zu erweitern, was aber am Einstimmigkeitsprinzip und der Weigerung der Nationalstaaten, hier die Harmonisierung weiter voranzutreiben, scheitert. Im Zuge der negativen Integration kann jedoch vor allem dem Europäischen Gerichtshof verstärkte steuerpolitische Einflussnahme, sogar bei den direkten Steuern, attestiert werden.

Der internationale Steuerwettbewerb, der durch die Globalisierung verschärft wird, führt nicht zu einem „race to the bottom" (Bernauer 2000). Trotz sinkender Steuersätze bei den Einkommen- und Körperschaftsteuern ging das Steueraufkommen nicht zurück, weil die Steuerbemessungsgrundlagen gleichzeitig verbreitert wurden. Das Scheitern der Hypothese von der Steuerabwärtsspirale lässt sich aus einer politisch-ökonomischen Perspektive gut erklären: Es müssen auch die Präferenzen der Wähler für öffentliche Leistungen berücksichtigt werden, die oft eher auf „Mehr" als auf „Weniger" gestellt sind (Zohlnhöfer 2005).

Die Wirkung verschiedener Globalisierungsindikatoren auf die Besteuerung zeigt eher in die andere Richtung: Stärker in den Weltmarkt integrierte Länder haben eine höhere Besteuerung. So kann man keinen Rückgang der Besteuerung mobiler Faktoren beobachten, und auch der Anteil der indirekten Steuern hat nicht zugenommen.

Der Annahme eines starken Einflusses von Globalisierung und Steuerwettbewerb auf die nationalen Steuersysteme widerspricht die Politik-Erblast-These von Rose und Karran (1987) bzw. Rose und Davies (1994), die auf Basis der Analyse der britischen Steuerpolitik entwickelt wurde. Die Autoren argumentieren, dass Steuersysteme ein großes Beharrungsvermögen aufweisen und sich – da nur schwer umzugestalten – nur graduell verändern. Aus dieser so genannten Trägheitsthese lässt sich ableiten, dass Politiker nicht eine Veränderung der bestehenden Steuersysteme anstreben, sondern diese vielmehr entsprechend ihrer ideologischen Absichten einsetzen, um die politischen Kosten der Besteuerung möglichst gering zu halten. Gemessen an der Veränderungsdynamik der Steuersysteme ist das deutsche Abgabensystem im internationalen Vergleich unterdurchschnittlich und eher durch strukturelle Konstanz geprägt, wie beispielsweise durch die große Bedeutung der Sozialversicherungsabgaben sowie eine hohe Zahl von Besteuerungsquellen, die typisch für das christdemokratisch-kontinentaleuropäische Cluster der vier „Families of Taxation" sind, welches sich durch eine Betonung des Äquivalenzprinzips bei gleichzeitig hoher Besteuerung auszeichnet (Peters 1991; Wagschal 2005: 112).

Neben der Erklärung der Abgabenhöhe sowie der Steuerstruktur steht die Erklärung der Steuerreformtätigkeit im Zentrum der Policy-Forschung. Insbesondere wurde die Frage nach den institutionellen Einflüssen auf die Reformtätigkeit gestellt, mit besonderem Fokus auf Tsebelis' Vetospielertheorie (Hallerberg/Basinger 1999; Ganghof 1999; Wagschal 1999). Hinzu kamen Fallstudien einzelner Steuerreformprojekte, die einzelnen Akteuren unter Rückgriff auf spieltheoretische Überlegungen das Ziel einer strategischen Nichteinigung unterstellten (Zohlnhöfer 2001).

Analysiert man generell die Schub- und Bremskräfte der Steuerreformaktivitäten, kann man, Nuancen und Details beiseite lassend, auf Basis des internationalen und nationalen Vergleichs folgende Befunde festhalten (Wagschal 2005). Die Reformaktivität ist umso größer:

- je höher die Steuersätze in der Ausgangssituation waren,
- je größer der sozioökonomische Problemdruck,
- je kleiner ein Land (gemessen an der Zahl der Einwohner),
- je stärker die Europäische Union Kompetenzen besitzt (z.B. Mehrwertsteuer),
- nach großen System-, aber auch nach Machtwechseln (Honeymoon-Effekt) und
- je stärker das politische Leadership einzelner Akteure für die Reform ausgeprägt ist.

Im Gegensatz dazu wirken folgende Faktoren bzw. institutionelle Konfigurationen negativ auf die Reformtätigkeit, d.h. die Reformaktivität ist umso niedriger:

- je stärker in einem Land Pfadabhängigkeiten wirken,
- je stärker die Direkte Demokratie ausgebaut ist,
- je mehr gegenläufige Mehrheiten, d.h. Divided Government, in bikameralen Systemen vorhanden sind,
- je stärker nationale unabhängige Notenbanken agieren,
- je stärker der Föderalismus ausgebaut ist und
- je mehr kompetitive Vetospieler vorhanden sind.

Schließlich gibt es noch Faktoren ohne Einfluss bzw. mit unklarem Einfluss: Hierzu zählen die parteipolitische Färbung der Regierung, die Zahl der Regierungsparteien und der Korporatismus. Ein ambivalenter Befund konnte für eine unabhängige Verfassungsgerichtsbarkeit ausgemacht werden, während die kausalen Einflussmechanismen und die Wirkung des Präsidentialismus sowie von allgemeinen Verfassungsnormen zur Begrenzung der Staatstätigkeit auf die Steuerreformpolitik nicht eindeutig sind.

Doch wie sieht das Bild aus, wenn man die Be- und Entlastungen durch alle Steuergesetzesänderungen in Deutschland im Laufe der Zeit analysiert? Für diese Analyse wurden sämtliche zwischen 1964/65 und 2001 in Deutschland verabschiedeten 190 Steuerrechtsänderungen (Bundesministerium der Finanzen 2002) ausgewertet. Aus diesen Informationen, die die Be- und Entlastungen aller öffentlichen Gebietskörperschaften sowie des Bundes im Entstehungsjahr (= ersten 12 Monate der vollen Wirksamkeit der finanziellen Auswirkungen) erfassen, kann man die Steuerreformaktivität vergleichsweise exakt quantifizieren, indem man für beide Ebenen auf die entsprechenden Gesamtausgaben und auf das Bruttoinlandsprodukt standardisiert (alle Daten in € umgerechnet). Diese Fieberkurven der deutschen Steuerpolitik (Abb. 3.2) zeigen eine bemerkenswerte Responsivität gegenüber einschneidenden ökonomischen Ereignissen, wie etwa der Hochkonjunktur vor der ersten Ölkrise, der anschließenden expansiven Fiskalpolitik, Steuererhöhungen nach der deutschen Einheit und Rezessionen (vgl. die Korrelationen in Tab. 3.1).

Abbildung 3.2: Steuerpolitische Ent- und Belastungen des Bundeshaushaltes in Steuerreformen (1965-2001)

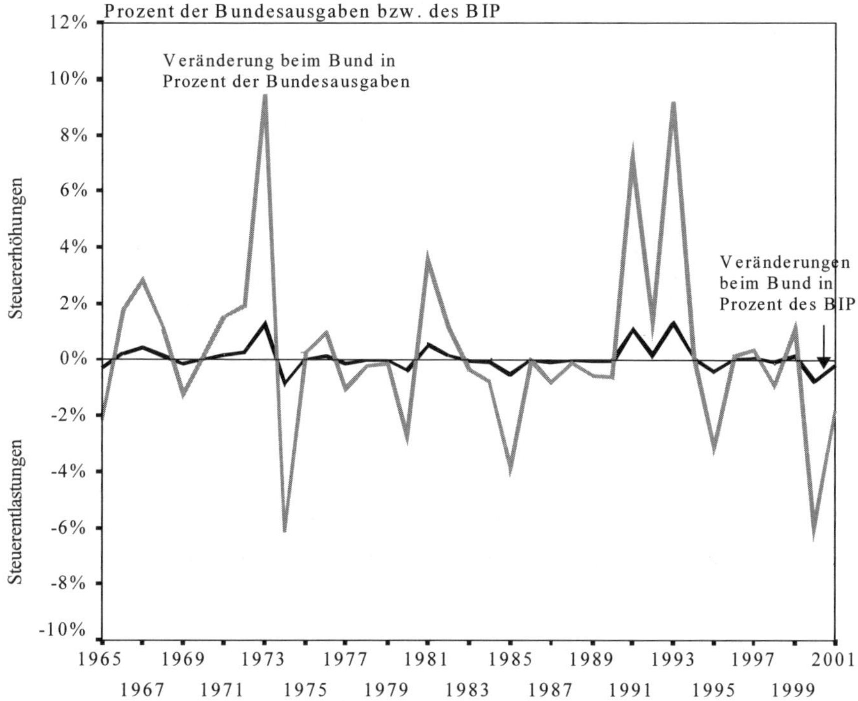

Anmerkung: Eigene Auswertungen auf Basis der Finanzberichte (Bundesministerium der Finanzen 2002).

Tabelle 3.1: Korrelationen der Steuerreformindikatoren auf Bundesebene und sozioökonomischer sowie politischer Variablen (1965-2001)

	Steueraufkommens-änderung beim Bund in Relation zu den Gesamt-ausgaben (t)	Steueraufkommens-änderung beim Bund in Relation zum BIP (t)	Nominale Steueränderungen beim Bund (in €) (t)
Wirtschaftswachstum (t-2 Jahre)	0,566**	0,563**	0,517**
Arbeitslosenquote (t-2 Jahre)	-0,390*	-0,378*	-0,353*
Misery-Index (t-2 Jahre)	-0,463**	-0,456**	-0,419**
Inflationsrate (t-2 Jahre)	0,151	0,147	0,192
Inflationsrate (t-1 Jahre)	0,314	0,308	0,326*
Parteipolitische Zusammensetzung Bundesregierung	0,083	0,073	0,094

*Anmerkungen: Die Daten zu den Steuerreformen stammen vom Bundesfinanzministerium, die ökonomischen vom Statistischen Bundesamt bzw. der OECD. Die Angaben zur parteipolitischen Färbung wurden selbst erhoben (siehe Text). Misery-Index (t) = Arbeitslosenquote (t) + Inflationsrate (t) - Wirtschaftswachstum (t). ** = signifikant auf dem 0,01-Niveau; * = signifikant auf dem 0,05-Niveau.*

Die Befunde aus Tab. 3.1 machen deutlich, dass ein hoher sozioökonomischer Problemdruck, wie schwaches Wirtschaftswachstum, hohe Arbeitslosigkeit und generelle Performanzschwäche, Steuerreformen in Deutschland antreibt. Noch stärkere Korrelationen erhielte man, wenn man anstelle der Bundesebene die Be- und Entlastungswirkungen auf alle öffentlichen Haushalte untersuchte. Lediglich der Faktor Inflation, dessen Kausalität als ambivalent diskutiert werden kann (Wagschal 2005: 231), zeigt nur eine signifikante Korrelation. Ohne Relevanz ist dagegen die parteipolitische Färbung der Bundesregierung, d.h. die Steuerreformaktivitäten in Deutschland hängen nicht in statistisch signifikanter Weise davon ab, welche Partei regiert.

Übt der Vetospieler Bundesrat, der immer wieder als zentrale Blockadeinstitution in Deutschland benannt wird, einen Einfluss aus? Dazu wurde für den Zeitraum von 1949-2001 ermittelt, wann gegenläufige Mehrheiten im Bundesrat bestanden. Wie schon die Vetospielertheorie von Tsebelis (2002) vermuten lässt, sind unter einem solchen „Divided Government" weniger Reformen möglich. Um diese Annahme zu überprüfen, wurden alle 190 Steuerreformen dahingehend untersucht, ob gegenläufige Mehrheiten bei den einzelnen Gesetzen vorlagen und ob dies bestimmte Auswirkungen hatte. Die Befunde hierfür sind durchwachsen: Bei gegenläufigen Mehrheiten fallen die durchschnittlichen Steuersenkungen nur halb so groß aus wie bei übereinstimmenden Mehrheitsverhältnissen. Allerdings sind die absoluten Veränderungen etwas größer, weshalb die Vetospielerhypothese für diese abhängige Variable im Längsschnittvergleich – im Gegensatz zum internationalen Vergleich – bis auf weiteres nicht sonderlich gestützt wird.

3 Staatsausgaben

Die Staatsausgaben umfassen alle Zahlungen der drei öffentlichen Gebietskörperschaften Bund, Länder und Gemeinden sowie der Sozialversicherungen. Der Datenausweis für die einzelnen Bereiche krankt jedoch an den Transaktionen zwischen Sozialversicherung und Gebietskörperschaften untereinander, so dass die Daten nicht addiert werden können. In den Staatsausgaben sind überdies die Sondervermögen des Bundes, die EU-Anteile sowie die Gemeinde- und Zweckverbände (z.B. kommunale Versorger) enthalten. Auch die Datenqualität ist nicht optimal: So weist das Statistische Bundesamt in seinen „Grundzahlen" für 2004 Staatsausgaben in Höhe von 990.103 Mio. € aus, während der Sachverständigenrat auf Basis der Daten des Statistischen Bundesamtes für 2004 1.038.040 Mio. € veröffentlicht. Auch hier liegt die Differenz in der Abgrenzungsproblematik zwischen Volkswirtschaftlicher Gesamtrechnung und Finanzstatistik.

3.1 Entwicklung der Staatsausgaben

Berechnet man die Staatsquote in Relation zum BIP (SVR-Daten), erhält man für 2004 eine Quote von 46,8%. In intertemporaler Perspektive ist dies zwar ein hoher Wert, jedoch nicht der Spitzenwert.[7] Anfang der 1950er Jahre lag die Staatsquote bei rund 37%, um dann ab den 1960er Jahren Fahrt aufzunehmen und zu Beginn der 1980er Jahre die 50%-Hürde zu

[7] Dieser wurde 1995 mit 54,6% erreicht, wobei Einmaleffekte die Quote besonders hoch getrieben haben. Vor der Einheit lag der Spitzenwert bei 48,9% im Jahr 1982.

überspringen (1970: 39%, 1980: 47,9%). Die Finanzierung der deutschen Einheit trieb diese Quote nochmals in die Höhe, während seit 2000 die Gesamtausgaben vergleichsweise stabil gehalten werden.

Für die Gebietskörperschaften blieben die Ausgaben ebenfalls weitgehend stabil. 1950 lag die Staatsausgabenquote für Bund, Länder und Gemeinden bei knapp über 33%. Sie verharrte auf diesem Niveau, mit kleinen Schwankungen über die 1960er Jahre. 1975 betrug der Wert bei 34,4% und lag selbst am Ende der sozial-liberalen Koalition bei einem ähnlichen Wert von knapp über 33%. Bemerkenswerterweise hat selbst die deutsche Einheit keinen Anstieg bei den Kernhaushalten bewirken können: 2004 lag der Wert wieder bei knapp über 30%. Ursache für den Anstieg der *gesamten* Staatsausgaben war der Einsatz der Staatsverschuldung, der Nebenhaushalte und der parafiskalischen Sozialversicherung zur Finanzierung der Einheitskosten.

Gibt es Strukturverschiebungen zwischen Bund, Ländern und Gemeinden? Auch hier sind die Anteile bemerkenswert konstant. 1970 war die Verteilung an den Ausgaben rund 40:35:25, um sich bis 1990 schleichend auf das Verhältnis 43:35,5:21,5 zu verschieben. Die deutsche Einheit hätte prima vista das Gewicht der Länder und Gemeinden erhöhen müssen, da sich ihre Zahl und ihre strukturelle Macht vergrößert haben. Dies lässt sich jedoch nur in begrenztem Umfang nachweisen, obwohl die Länder den Bund gemessen an den Ausgaben erstmals 1996 überflügelt hatten. 2004 lag das Ausgabenverhältnis wieder bei 41:39:20.

Betrachtet man die Ausgabenstruktur des Bundeshaushalts von 1952 bis heute, so waren in den 1950er Jahren die Verteidigungsausgaben sowie die Sozialausgaben die größten Posten, gefolgt von der allgemeinen Finanzwirtschaft. Wurden bis in die 1960er Jahre zumeist über 30% des Bundeshaushaltes für die Verteidigung ausgegeben, so liegt dieser Wert heute gerade noch bei rund 10%, d.h. die Frage „Butter oder Kanonen?“ wurde eindeutig zu Gunsten der Butter beantwortet. Dafür spricht auch der deutliche Anstieg der Ausgaben für soziale Sicherung. Lagen diese Anfang der 1950er Jahre bei rund 35% der Bundesausgaben und sanken dann bis Anfang der 1960er Jahre auf rund 30%, so liegt der Anteil für Soziales im Bundeshaushalt momentan bei knapp unter 50%. Profitiert haben dabei vor allem die Sozialversicherungen, deren Anteil an den Gesamtausgaben um mehr als 300% gestiegen ist. Gewonnen hat auch im langfristigen Budgetvergleich der Anteil für Bildung und Wissenschaft von unter einem Prozent auf mittlerweile knapp unter fünf Prozent des Bundesbudgets. Allerdings sind die Länder primär für diese Aufgabe zuständig und insgesamt zeigt sich, dass Deutschland im internationalen Vergleich mit am wenigsten in die Bildung investiert (Schmidt 2004; Busemeyer 2006: 197).

Die geänderte Wirtschaftsstruktur hin zu einer Dienstleistungsgesellschaft manifestiert sich auch im Bundesbudget, da etwa der Bereich Ernährung, Landwirtschaft und Forsten zu den großen Verlierern im Budgetwettbewerb zählt (minus 6,5 Prozentpunkte gegenüber den 1950er Jahren). Der Bereich Infrastruktur (Verkehr, Wohnungswesen und Raumordnung) hat in den 1960er und 1970er Jahren eine große Konjunktur gehabt, teilweise auch schon in den Anfangsjahren der Republik, bedingt durch den Wiederaufbau. Gemessen an den Höchstständen zu Beginn der 1970er Jahre beim Straßenbau (6% der Bundesausgaben) ist nach einem Zwischenhoch kurz nach der Wiedervereinigung dieser Anteil auf rund 2,5% des Bundesbudgets gesunken. Besonderen Zuwachs hat der Schuldendienst erfahren, der bedingt durch die niedrige Verschuldung zu Beginn der Republik von rund 1,5% des Budgets auf mittlerweile rund 16% angestiegen ist.

Die Ausgabenstruktur des Bundes kann neben dieser finanzwirtschaftlichen Betrachtung auch nach der Volkswirtschaftlichen Gesamtrechnung klassifiziert werden. Dabei sind die großen Kategorien die Personalausgaben, der laufende Sachaufwand, die Zinsausgaben, die Zuweisungen und Zuschüsse sowie die Ausgaben der Kapitalrechnung. Hierbei fällt auf, dass die Personalausgaben (in % der Gesamtausgaben) entgegen herkömmlicher Meinung im Laufe der Zeit tendenziell gesunken sind. Angestiegen sind wiederum die Zinsausgaben sowie die Zuweisungen und Zuschüsse an die nachgeordneten Verwaltungen von Ländern, Gemeinden sowie an andere Bereiche. Gewinner auch in dieser Perspektive sind vor allem die Sozialleistungen.

3.2 *Staatsausgaben im internationalen Vergleich*

Für die Staatsausgaben gilt im Wesentlichen ein ähnliches Bild wie für die Staatseinnahmen. Zur Zeit der Gründung der Bundesrepublik lagen die Ausgaben vergleichsweise hoch, um dann zunächst nur sehr moderat zu wachsen, was auch durch die sehr gute Wirtschaftslage bedingt war. In den 1970er und 1980er Jahren lag die Bundesrepublik stets unterhalb des OECD-Durchschnitts – eine Position, die selbst durch die deutsche Einheit nur etwas verschlechtert wurde.

Abbildung 3.3: Niveau (2005) und Veränderung der Staatsausgaben (1990-2005) in 23 OECD-Ländern

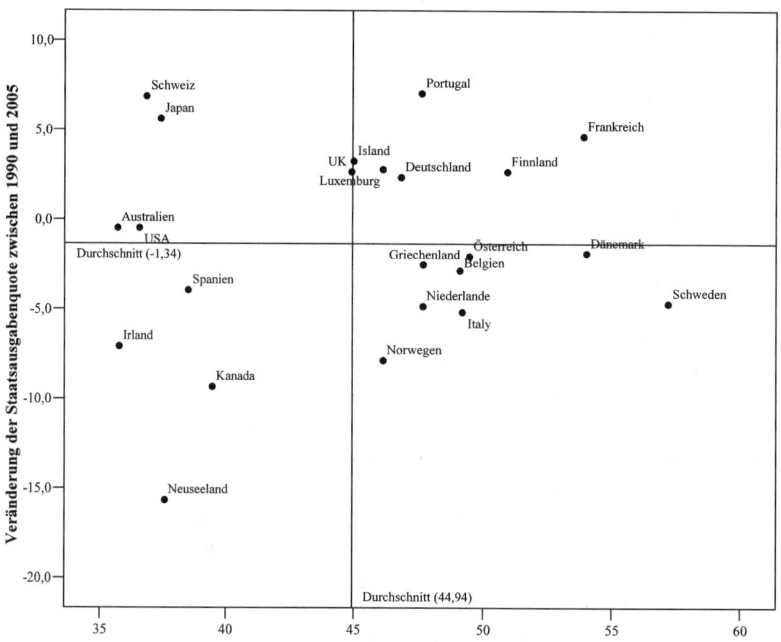

Anmerkung: Zugrundeliegende Daten sind die gesamten Staatsausgaben inklusive Sozialversicherung („General Government Total Outlays“). Quelle: OECD Economic Outlook (OECD 2005c) .

Gleichwohl ist der positionale Vergleich nur eingeschränkt aussagekräftig. Hatte Deutschland 1990 unter 23 OECD-Ländern den elfniedrigsten Wert aufzuweisen, verschlechterte man sich 2005 „nur“ um zwei weitere Plätze (Abb. 3.3). Jedoch wies man 1990 eine Staatsausgabenquote von rund zwei Prozentpunkten unterhalb des OECD-Durchschnitts auf, während sie inzwischen (2005) rund zwei Prozentpunkte oberhalb desselben liegt. Eine Reihe von OECD-Ländern reduzierte in vergleichsweise hohem Ausmaß ihre Staatstätigkeit, während Deutschland mittlerweile zu den Ländern mit einer relativ starken Wachstumsdynamik und einem hohen Niveau der Ausgaben zählt. Sicherlich sind die Vereinigungslasten gesondert zu berücksichtigen, allerdings gelang es im Gegensatz zu den meisten osteuropäischen Transitionsländern nicht, ein hohes Wirtschaftswachstum in den neuen Bundesländern zu entfalten, so dass der Ressourcen- und Transferbedarf auch zukünftig anhalten wird.

3.3 Zentrale Bestimmungsgrößen der Staatsausgaben

Im Gegensatz zur Analyse der Einnahmen und der Verschuldung, die erst später in den Mittelpunkt empirischer polit-ökonomischer Analysen gelangten, standen die Staatsausgaben, was Struktur und Niveau anbelangt, mehr im Zentrum des Erkenntnisinteresses der Wissenschaft. Dies lag darin begründet, dass in den Staatsausgaben zunächst die eigentliche Stellgröße für die Staatstätigkeit gesehen wurde und zudem die Vorstellung vorherrschte, dass die Staatseinnahmen den politischen Präferenzen und Entscheidungen im Hinblick auf die Staatsausgaben zu folgen hätten. Im so genannten Konnexitätsprinzip ist dieser Grundgedanke implizit verankert, nämlich dass über eine Aufgabendefinition der entsprechenden Gebietskörperschaft auch die relevanten Finanzmittel zur Verfügung gestellt werden müssten.

Langfristige „Entwicklungsgesetze“ der Staatsausgaben sind in der deutschen Finanzwissenschaft in den Gesetzen von Wagner (1863), Popitz (1926) und Brecht (1932) formuliert. Das Wagner'sche „Gesetz des wachsenden Staatsbedarfs“ geht davon aus, dass Regierungen wegen vermehrter Ausgaben für Kultur- und Sozialzwecke die Staatsausgaben sowohl absolut als auch relativ zur Wirtschaftsleistung ausdehnen. Das Popitz'sche Gesetz beschreibt eine „Anziehungskraft des größeren Etats“, d.h. eine Zentralisierung der öffentlichen Ausgaben. Das Brecht'sche Gesetz stellt eine enge Beziehung zwischen der Bevölkerungsdichte und den Staatsausgaben her. Insbesondere das BIP pro Kopf, als Näherungsgröße für den Wohlstand, kann als Determinante identifiziert werden. Aber auch demographische Variablen zeigen sich erklärungskräftig.

Neben den finanzwissenschaftlichen Ausgabengesetzen, die sozioökonomische Größen in den Mittelpunkt stellen, aber in der empirischen Überprüfung nur teilweise überzeugen konnten (am ehesten noch das Wagner'sche Gesetz, wenn man die Sättigungsproblematik außen vor lässt), haben polit-ökonomische Analysen schon frühzeitig die Wichtigkeit sozioökonomischer Variablen für die Variation der Staatsausgaben identifiziert (Wilensky 1975). Zu den sozioökonomischen Faktoren können auch die exogenen Störungen durch Schocks im Sinne von Peacock und Wisemann (1967) zählen. Soziale Umwälzungen, beispielsweise durch Krieg oder etwa den Vereinigungsschock, führen demnach zu einer Erhöhung der Staatsausgaben, die nach Abarbeitung des Schocks durch das politische System nicht wieder auf das Ausgangsniveau zurückgehen.

Historische Studien zur Entwicklung der Staatsausgaben und des Wohlfahrtsstaates haben jedoch neben den sozioökonomischen Variablen auch politisch-institutionelle Faktoren identifiziert (Kohl 1985; Flora 1986). Kohl identifizierte etwa Faktoren wie den Korporatismus oder auch die Partizipation als Wachstumsmotoren der Staatsausgaben. Dieser „Robin-Hood-Effekt" der Demokratie (Downs 1957) kann theoretisch aus dem Bedürfnis ärmerer Bevölkerungsschichten nach Umverteilung abgeleitet werden, die auf Grund ihrer zahlenmäßig stärkeren Partizipation und ihrer Wahlentscheidung für Parteien, die ihre Präferenzen vertreten, letztlich eine solche Politik erreichen. Dies bedeutet gleichzeitig, dass Wahlsysteme, die eine erhöhte Partizipation ermöglichen, insbesondere Verhältniswahlsysteme, mit einer höheren Staatsausgabenquote assoziiert sind. Auch dies haben verschiedene Studien nachgewiesen (z.B. Persson/Tabellini 1999). Überdies wird dem Föderalismus noch eine bremsende Wirkung auf die Staatsausgaben zugeschrieben (Obinger et al. 2005; Cusack/Fuchs 2003, zur generellen Diskussion: Kirchgässner 2002). Während dies in der historischen Perspektive noch zutreffen mag, ist die Föderalismusthese in jüngerer Zeit in die Kritik geraten, da sie theoretisch Ansätze für Rent-Seeking bietet und zudem die Kosten des Föderalismus höher sind als früher vermutet.

Bei der Untersuchung der Globalisierungsthese hat etwa Cameron (1978) schon früh gezeigt, dass eine hohe Einbindung in den Weltmarkt und die Offenheit der Ökonomie mit höheren Staatsausgaben einhergehen, quasi als Kompensation und Schutz der Bevölkerung für das erhöhte wirtschaftliche Risiko (Rodrik 1997).

Hinsichtlich der politisch-institutionellen Determinanten der Staatsausgaben haben zahlreiche empirische Studien heterogene Befunde hervorgebracht. Wenig umstritten ist dabei die Parteiendifferenzhypothese (Hibbs 1977; skeptischer: Castles 1982), die schon früh einen Effekt der Stärke der Linksparteien identifiziert hat. Innerhalb dieses Theoriestrangs wurde zudem gezeigt, dass Parteien nicht nur zwischen links und rechts zu differenzieren sind, sondern auch etwa christdemokratische Parteien eigene Präferenzen bezüglich des Wohlfahrtsstaates und der Ausgaben haben (van Kersbergen 2003). Die Parteiendifferenzlehre kann somit als gesättigter Erfahrungsschatz der Politikwissenschaft gelten (Schmidt 1996; Garrett 1998). Dies erklärt zum gewissen Teil auch die (unter Berücksichtigung der Bremsfaktoren) vergleichsweise hohen Ausgaben in Deutschland, da mit zwei Sozialstaatsparteien und nur einer bremsenden liberalen Partei die Weichen langfristig eher auf Ausbau der Staatsausgaben gestellt sind.

Parteien interagieren jedoch auch mit anderen Akteuren und Institutionen. Im Institutionengefüge der Bundesrepublik Deutschland, welches durch starke gegenmajoritäre Institutionen geprägt ist, haben verschiedene Institutionen einen bremsenden Effekt auf die Staatsausgaben gehabt, etwa die Bundesbank, der Bikameralismus sowie – wenngleich schwächer – der Föderalismus und das Bundesverfassungsgericht. Gehen starke Linksparteien überdies mit starken Gewerkschaften und majoritärer Demokratiestruktur einher, dann führt dies, wie etwa in Skandinavien, zu einem noch stärkeren Anstieg der Staatsausgaben. Länder mit schwachen Linksparteien und schwacher Gewerkschaftsbewegung – typischerweise Länder, die der liberalen Wohlfahrtsstaatenwelt angehören (z.B. USA, Japan und die Schweiz) – haben Staatsquoten, die deutlich niedriger liegen als die in der sozialdemokratisch geprägten Welt. Deutschland mit einer mittelstarken Sozialdemokratie sowie – gemessen am Organisationsgrad – mittelstarken Gewerkschaften nimmt daher eine mittlere Position bei den Staatsausgaben ein.

In der empirischen Literatur gibt es ein reichhaltiges Angebot an institutionellen Erklärungsfaktoren. Nordhaus (1975) beispielsweise deckte die Bedeutung des politischen Konjunkturzyklus auf: Regierungen gleich welcher politischen Couleur verschulden sich vor Wahlen stärker. Tufte (1978) hat hierfür empirische Evidenz gefunden, die jedoch in späteren Studien meistens nicht wieder bestätigt werden konnte. Niskanen (1971) unterstellte – als weiteren Einflussfaktor –, dass die Bürokratie ein inhärentes Interesse an einer Maximierung ihres Einflusses, d.h. vor allem an Budgetsteigerungen, hätte. Dieser auch als Parkinsonsches Gesetz bezeichnete Zusammenhang wurde mittels des Umfangs der öffentlichen Beschäftigung getestet. Auch hier stellten sich ambivalente Ergebnisse ein, so dass der Bürokratieeinfluss umstritten bleibt. Für Deutschland zeigt sich für die letzten Jahre – zumindest beim Bundespersonal – ein deutlicher Rückgang der Beschäftigung.

Neuere Forschungsansätze verweisen auf die Bedeutung von Budgetregeln (Buchanan 1980; Wagschal 2002). Auch hier sind die Befunde nicht eindeutig. So zeigen gerade Interaktionseffekte zwischen starken Verfassungsbarrieren (z.B. Ausgabenschranken) und starken konservativen Parteien einen dämpfenden Effekt.

Unter Rückgriff auf die Vetospielertheorie von Tsebelis (2002) wurde die Rolle eines starken Bikameralismus im internationalen Vergleich (Heller 2001) sowie für die Bundesrepublik Deutschland (Bawn 1999) unter die Lupe genommen. Falls beide Häuser eine hohe Parteidisziplin aufweisen, ist – bei gleichzeitig unterschiedlicher Färbung der Kammern („Divided Government“) – zu vermuten, dass die Staatsausgaben niedriger sind. Ein weiterer Aspekt der Analyse der Staatsausgaben beschäftigt sich mit den Prozessbedingungen der Erstellung des Haushalts (von Hagen/Harden 1994). Die Bedeutung des Budgetprozesses besteht darin, dass über Agenda-Setting oder Vetorechte der Einfluss von Logrolling und Sonderinteressengruppen reduziert werden kann. So hat von Hagen an verschiedenen Studien gezeigt, dass einem besonders starken und unabhängigen Finanzminister große Bedeutung zukommt. In der Bundesrepublik, so Seils (2005), ist diese Unabhängigkeit gegeben, dennoch sind die Erfahrungen mit der Macht des Finanzministers hierzulande ambivalent. Dekliniert man diese unterschiedlichen möglichen Determinanten für die Bundesrepublik durch, zeigt sich, dass es neben den sozioökonomischen Faktoren vor allen Dingen institutionelle Faktoren waren, die die Entwicklung der Ausgaben beeinflusst haben. Auf Bundesebene spielt die Parteiendifferenz eine geringere Rolle, während sie jedoch auf Bundesländerebene deutlich erklärungsmächtiger ist.

4 Staatsverschuldung

Regierungen verschulden sich, so zumindest ihre öffentliche Rhetorik, um Konjunkturschwankungen zu glätten und die Wirtschaft wieder flott zu machen. Die dahinterstehende keynesianische Logik des „deficit spending“ ging langfristig jedoch nicht auf. Der Vergleich der Schulden in den OECD-Ländern über die letzten 40 Jahre zeigt eines: Volkswirtschaften mit hoher Staatsverschuldung wachsen langsamer als solche mit geringer Staatsverschuldung. Eine sinnvolle Wachstumsstrategie wäre demnach keine Verschuldung oder nur eine geringe in Krisenzeiten. Dennoch wird die Option der Staatsverschuldung in Deutschland mehr denn je zur Finanzierung der Staatstätigkeit herangezogen. So deklarierte selbst die Bundesregierung ihren eigenen Haushalt 2006 als verfassungswidrig (Financial Times Deutschland vom 18.11.2005).

4.1 Entwicklung der Staatsverschuldung

Generell bezeichnet Staatsverschuldung die bestehenden oder jährlich neu entstehenden Verbindlichkeiten eines Staates. Die Staatsverschuldung ist ein Instrument der staatlichen Einnahmenerzielung. Zu ihrer Messung gibt es zahlreiche Indikatoren (Wagschal 1996: 27), die beiden zentralen Größen sind jedoch der Schuldenstand sowie das jährliche Haushaltsdefizit (Nettokreditaufnahme), das der Differenz zwischen den Staatsausgaben und den Staatseinnahmen (Steuereinnahmen und sonstige Einnahmen) entspricht. Zu Vergleichszwecken werden diese üblicherweise auf das Bruttoinlandsprodukt (BIP) bezogen.[8] Ein weiterer Vergleichsindikator ist der Schuldenstand je Einwohner: Für den öffentlichen Gesamthaushalt (Bund, Länder, Sondervermögen des Bundes sowie Gemeinden und Zweckverbände) bestand 2004 in Deutschland eine Pro-Kopf-Verschuldung von 16.909 € (davon für den Bund 9.733 €). In den Bundesländern variiert die Pro-Kopf-Verschuldung stark, wobei Bayern im Jahr 2004 mit 3.012 € die niedrigste Verschuldung und Bremen mit 17.013 € die höchste Schuldenlast aufwies. Die Gemeindeverschuldung (inklusive Zweckverbände) ist verglichen mit der Verschuldung von Bund und Ländern noch verhältnismäßig gering (pro Kopf rund 1.200 €). Dies gilt auch für den relativen Anteil an der Gesamtverschuldung (Abb. 3.4). Ursache hierfür ist vor allem die Genehmigungspflicht von Krediten in Haushalten bei übergeordneten Rechnungsprüfungsämtern und kommunalen Aufsichtsbehörden (Landratsämter und Regierungspräsidien) (Wagschal 1996).

Abbildung 3.4: Entwicklung der Staatsverschuldung in Prozent des BIP (1950-2004)

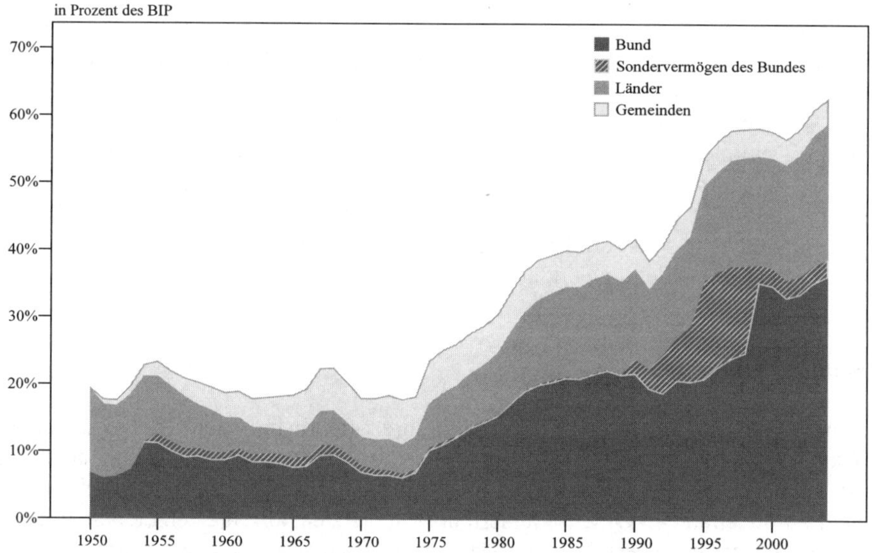

Quelle: Bundesministerium für Finanzen (2005).

[8] Die Daten der einzelnen Indikatoren variieren je nach Abgrenzung (z.B. Volkswirtschaftliche Gesamtrechnung, Haushaltsrechnung des Bundes, Abgrenzung nach dem Vertrag von Maastricht) vergleichsweise stark. Zudem spielt es eine Rolle, ob etwa Eigenbetriebe oder Krankenhäuser mit analysiert werden.

Die wirtschaftlichen Rahmenbedingungen nach dem Zweiten Weltkrieg waren alles andere als positiv. Neben den Kriegszerstörungen, Reparationen, der Demontage von Produktionsanlagen und dem Fehlen von Arbeitskräften gab es eine massive Staatsverschuldung. Ein Großteil der Binnenverschuldung wurde jedoch in der Währungsreform von 1948 entwertet (im Verhältnis von 10:1). Die internationalen Verpflichtungen wurden 1953 im Londoner Schuldenabkommen geregelt (Rombeck-Jaschinski 2004). Diese waren – verglichen mit den politisch umstrittenen Schuldenabkommen nach dem Ersten Weltkrieg (Vertrag von Versailles 1921, Dawes-Plan 1924 und Young-Plan 1929) – moderat: Bis Anfang der 1980er Jahre wurden umgerechnet insgesamt rund sieben Milliarden € gezahlt. Für die internationale Anerkennung und die Kredibilität Deutschlands war dieses Abkommen ein Meilenstein.

Deutschland war in den 1950er Jahren durch Handelsüberschüsse jedoch schnell in der Lage, Devisenreserven aufzubauen und damit die interne und externe Verschuldung zu reduzieren. Es gelang sogar Budgetüberschüsse anzuhäufen. Unter Finanzminister Fritz Schäffer baute der Bund hohe liquide Mittel auf, die unter dem Schlagwort „Juliusturm“ in die Geschichte eingingen und später mit in den Aufbau der Bundeswehr flossen. Insgesamt war die Höhe der Staatsverschuldung im Zeitraum von 1950 bis 1973 niedrig und blieb konstant (Abb. 3.4). Die Staatsschuldenquote betrug mit ca. 20% nur rund ein Drittel der heutigen Belastung. Selbst zu Beginn der Ölpreiskrise 1973 lag die Schuldenquote bei lediglich 17,8% des BIP. Unter der sozial-liberalen Koalition verdoppelte sich der Schuldenstand dann bis 1983 auf 39,1%. Dieser schnelle Anstieg der Verschuldung war einer der Hauptgründe der FDP, Ende 1982 den Koalitionswechsel von der SPD zur Union zu vollziehen. Die Sanierung der öffentlichen Finanzen rückte erst unter der Regierung Kohl wieder in den Vordergrund, weil einerseits die keynesianische Steuerungstheorie in die Krise geriet und gleichzeitig ein Paradigmenwechsel in der Finanzpolitik (Austeritätspolitik) stattfand. Auf der anderen Seite waren die verantwortlichen Politiker, allen voran der Bundesfinanzminister Gerhard Stoltenberg, in der ersten Phase der 16-jährigen Amtsdauer von Helmut Kohl gewillt, die Verschuldung zu reduzieren. Dies wurde mit einem Policy-Mix aus Einnahmeerhöhungen und Ausgabensenkungen angestrebt, mit dem Resultat einer vergleichsweise stabilen Verschuldungsquote. 1989 wurde sogar erstmals seit 1973 wieder die Verschuldung reduziert (Zohlnhöfer 2001).

Ein neuerlicher Paradigmenwechsel wurde durch die Deutsche Einheit erzwungen. Der wesentlichste Teil des jüngeren Anstiegs der Staatsverschuldung ist auf diese zurückzuführen (Schwinn 1997; Weltring 1997; Zohlnhöfer 2000; Abb. 3.4). In der ersten Dekade nach der Einheit wurde die Schuldenquote von etwa 40% des BIP auf rund 60% erhöht. Ein Kennzeichen der Finanzierung der Wiedervereinigung war die Auslagerung in Sonderrechnungen des Bundes, die 1995 immerhin mehr als 26% der gesamten Verschuldung betrugen. Im Erblastentilgungsfonds (ELF) wurde 1995 ein Großteil der finanziellen Verbindlichkeiten der ehemaligen DDR zusammengefasst (Kreditabwicklungsfonds, Verbindlichkeiten der Treuhandanstalt, Verbindlichkeiten der Wohnungsbauunternehmen der ehemaligen DDR sowie andere Altschulden), rund 180 Mrd. €. Seit 1999 ist dieser Fonds zusammen mit den Schulden der Bundeseisenbahn und des Steinkohlefonds vollständig in der Bundesschuld inkludiert. Das zweite große Finanzierungsinstrument war der Fonds „Deutsche Einheit“, der den neuen Bundesländern sowie den ostdeutschen Kommunen zugute kam. Auch dieser Fonds wurde 2005 vollständig vom Bund übernommen (rund 50 Mrd. €).

Die relative Verschlechterung der Verschuldungslage zeigen verschiedene Kennzahlen. Die Maastricht-Kriterien für das Haushaltsdefizit (3,0% des BIP) und den Schuldenstand (60% des BIP) werden 2006 zum fünften Mal in Folge verfehlt. Gemessen an der Vorschrift des Artikels 115 GG, nach der die Kredite die Investitionen nicht übersteigen dürfen, ist der Bundeshaushalt 2005 zum achten Mal seit 1990 verfassungswidrig und kann nur über die salvatorische Klausel der Abwehr einer Störung des gesamtwirtschaftlichen Gleichgewichts gerettet werden.

Wechselt man den Fokus und orientiert sich an der Zukunftsfähigkeit eines Landes, ist die Staatsverschuldung eine Lastenverschiebung in die Zukunft. Dieses Argument haben schon Theoretiker der deutschen Finanzklassik, so z.B. von Stein, betont. Die Lasten für die Zukunft, etwa in Folge der geänderten Demographie, stellen sich weit vielfältiger und komplexer dar als etwa im 19. Jahrhundert, als von Stein seine Thesen formulierte. Außerdem sind die impliziten Verpflichtungen der öffentlichen Hand für die Pensionslasten mittlerweile deutlich höher als die explizite Staatsschuld (Raffelhüschen 2001). So schätzt der Sachverständigenrat zur Begutachtung der gesamtwirtschaftlichen Entwicklung in seinem Gutachten von 2004 die gesamten Verpflichtungen aus Staatsschulden, Pensionslasten und eingegangenen Leistungsversprechen (implizite Staatsschuld) auf rund 330% des BIP (Sachverständigenrat 2003, S. 276).

Weiterhin verdeutlichen Kriterien, die das Bundesverfassungsgericht 1992 zur Beurteilung der Haushalte des Saarlands und Bremens formuliert hat, die Finanzmisere im Bund und in den Ländern. Die Kreditfinanzierungsquote (Nettokreditaufnahme in Prozent der Gesamtausgaben) und die Zins-Steuer-Quote (Zinszahlungen in Prozent der Steuereinnahmen) dienten als Maßstab zur Feststellung einer extremen Haushaltsnotlage in diesen Ländern. Obwohl keine exakten Grenzen definiert wurden, erlauben die damaligen Referenzwerte sowie die Ausführungen des Verfassungsgerichtes eine Bewertung des Bundeshaushalts.

Die aktuelle Kreditfinanzierungsquote des Bundes (2004) liegt mit 17,1% höher als die Werte des Saarlands (13,2%) und Bremens (14,5%) für das beurteilte Jahr 1990. Ferner geht das Bundesverfassungsgericht von einer Haushaltsnotlage aus, wenn die Kreditfinanzierungsquote doppelt so hoch ist wie im Bundesländerdurchschnitt. Dies gilt bezogen auf den Wert des Jahres 1990 (6,1%) und annähernd für den aktuellen Länderdurchschnitt (9,5%). Die Zins-Steuer-Quote des Bundes weist mit 19,5% einen weit über dem aktuellen Länderdurchschnitt liegenden Wert auf (11,5%) und erreicht damit knapp das gegenwärtige Niveau der Schuldenspitzenreiter Bremen und Berlin. Ein solch hoher Abstand vom Länderdurchschnitt wurde ebenfalls vom Bundesverfassungsgericht als Kennzeichen einer Haushaltsnotlage definiert. Ferner wurde im Urteil von 1992 indirekt ein Zielwert der Zins-Steuer-Quote von 15% festgelegt. Gemessen an diesen Indikatoren liegt demnach beim Bund eine extreme Haushaltsnotlage vor.

4.2 Staatsverschuldung im internationalen Vergleich

Die Staatsverschuldung ist im historischen Vergleich von einem Auf und Ab gekennzeichnet, wobei Kriege, Wirtschaftskrisen und Verschwendungssucht absolutistischer Herrscher die wesentlichen Antriebskräfte der Verschuldung waren. Nach dem Zweiten Weltkrieg war zunächst ein längerer Schuldenabbau in den wichtigsten Industrienationen zu beobachten, der durch das lang anhaltende Wirtschaftswachstum des „goldenen Zeitalters“ bis Anfang der 1970er Jahre begünstigt wurde. Die durchschnittliche Entwicklung seit 1970 ist von einem – in Friedenszeiten – bisher nicht gekannten Verschuldungsanstieg geprägt: Bis 1995, dem Jahr des absoluten Höchststandes (73,0%) in den 22 etablierten OECD-Ländern, hatten sich die Schuldenquoten mehr als verdoppelt, seitdem sinken sie wieder leicht. 2005 lagen sie im Durchschnitt bei rund 64% des BIP, wobei Deutschland mit einem Wert von 69,9% im oberen Mittelfeld des Rankings der 22 OECD-Länder liegt.[9]

Allerdings sind die Schuldenquoten nicht in allen Ländern gestiegen, in Großbritannien, Australien, Irland, Neuseeland und Norwegen sind sie seit 1970 sogar gesunken, jedoch aus unterschiedlichen Gründen, von unterschiedlichen Niveaus aus und mit unterschiedlichen Verläufen. Beispielsweise trugen länderspezifische Gründe wie Erdöleinnahmen oder Privatisierungserlöse in Großbritannien und Norwegen besonders zur Verbesserung der Haushaltslage bei. Gleichwohl hat – wenn auch verspätet – Deutschland seit den 1990er Jahren substanzielle Einnahmen durch Privatisierungen, aber auch durch Versteigerungen von Lizenzen (z.B. rund 50 Mrd. € durch die UMTS-Versteigerung) erzielt.

Als Strategien zur Haushaltssanierung sind in der OECD vor allem ausgabenseitige Maßnahmen zu beobachten, da die Steuerquote seit Anfang der 1990er Jahre – im Durchschnitt – nur noch gering angestiegen ist. Dort, wo konsolidiert wurde, erfolgte dies in mehreren Staatstätigkeitsbereichen, insbesondere aber wurde bei den Militärausgaben sowie den öffentlichen Diensten gespart. Hinzu kommen ein allgemeiner Subventionsabbau und die Privatisierung öffentlicher Aufgaben. Vereinzelt wurden auch Steuern erhöht, mitunter bewusst zur Sanierung (z.B. Belgien, Italien und der Solidaritätszuschlag in Deutschland). Eine günstige Entwicklung der Zinssätze nahm Druck von den Zinsausgaben.

4.3 Zentrale Bestimmungsgrößen der Staatsverschuldung

Neben den klassischen Verschuldungsursachen wie Kriegen und Systemwechseln, etwa der Deutschen Einheit, sind es vor allem sozioökonomische Faktoren, die die Staatsverschuldung beeinflussen. Ein starkes Wirtschaftswachstum bremst über verschiedene Einflussmechanismen (z.B. mehr Steuereinnahmen, weniger Arbeitslosigkeit) den Anstieg der Verschuldung. Hinzu kommt der Faktor Arbeitslosigkeit, der eine der wichtigsten Verschuldungsursachen ist. Ein eher moderater Einfluss ist der Inflation zuzuschreiben, die als so genannte Inflationssteuer die Last der Verschuldung vermindern kann. Schließlich wirkt sich eine positive Handelsbilanz verschuldungsbegrenzend aus. Angewendet auf Deutschland erklären diese Faktoren einen Großteil der Verschuldungsvariation im Zeitverlauf.

Im internationalen Vergleich erweisen sich zudem politisch-institutionelle Faktoren als bedeutsam. Verschuldungsbegrenzend wirken eine hohe politische Stabilität und ein geringes gesellschaftliches Konfliktniveau. Einen eher geringen verschuldungshemmenden Einfluss übt der Grad der Unabhängigkeit von Zentralbanken aus. Paradigmatisch war hier die Bundesbank, als sie noch nicht in das Europäische Zentralbanksystem integriert war. Sie war eine der einflussreichsten Notenbanken, die sich auch nicht scheute, in Konflikten mit der Bundesregierung auf eine geordnete Haushaltsführung zu drängen.

[9] Die OECD grenzt die Verschuldung anders ab als das Statistische Bundesamt, nämlich nach den Vorschriften der Europäischen Volkswirtschaftlichen Gesamtrechnung. Im internationalen Vergleich liegen deshalb die Verschuldungsdaten teilweise beträchtlich über den nationalen Ausweisen.

Der Föderalismus, der lange Zeit als besonders wirksame Hürde gegen die Verschuldung angesehen wurde, ist in Wirklichkeit nur eine weiche Barriere, denn mit Belgien und Kanada gibt es Gegenbeispiele. Generell ist bei solch einfachen, direkt-linearen Kausalitäten jedoch Vorsicht geboten. Die Komplexität der Interaktionen mit anderen Faktoren ist hoch, und die Zusammenhänge sind oft nichtlinear. In Deutschland mit seinem hoch verflochtenen Föderalismus werden in jüngerer Zeit vermehrt die hohen Kosten, insbesondere auch aus intertemporaler und dynamischer Perspektive – etwa in Form von Wachstumsverlusten und Entscheidungsblockaden – sichtbar (Wachendorfer-Schmidt 2003).

Eine mittelstarke Barriere gegen die Verschuldung sind qualitative Hürden, wie Verfassungs- und Gesetzesvorschriften, sowie prozedurale Hürden, wie etwa erhöhte Mehrheitserfordernisse für Schuldenaufnahmen und direktdemokratische Abstimmungen, die auf den unterschiedlichen staatlichen Ebenen existieren können. Die Erfahrungen in den USA und der Schweiz zeigen einen eindeutigen Effekt, und auch die Maastrichter Verschuldungshürden, die quasi Verfassungsrang besitzen, zeigen Wirkung auf die Verschuldung in der Eurozone. Dennoch sind die Verfassungshürden in Deutschland sowohl auf Bundes- als auch auf Länderebene eher moderat, was an der ineffizienten Ausgestaltung der „Goldenen Verschuldungsregel" (Kopplung der Kreditaufnahme an die Investitionen) liegt, die vergleichsweise einfach umgangen werden kann.

Zu den Verfassungsbarrieren zählen die finanzwirtschaftlichen Konvergenzkriterien des Vertrages von Maastricht (3,0% Defizitquote, 60% Schuldenquote), denen – 1991 verabschiedet – ein Effekt zugeschrieben werden kann. Seit Mitte der 1990er Jahre liegt die Defizitquote aller Euro-Länder meist unter dem 3%-Kriterium, und es ist auch eine Konvergenz dieser beiden Schuldenindikatoren im Euroraum zu beobachten. Seit 2000 sind dagegen wieder verstärkt Verstöße gegen diese Normen festzustellen, insbesondere auch bei großen EU-Ländern wie Frankreich, Deutschland, Italien sowie Portugal und Griechenland. Es fällt auf, dass gerade für die größeren EU-Länder ein struktureller Anreiz existiert, den Stabilitäts- und Wachstumspakt zu brechen, da es ihnen durch ihr Stimmengewicht gelingen kann, Sanktionen zu verhindern.

Ein weiterer Forschungsstrang befasst sich mit den institutionellen Arrangements, die mit einer höheren Staatsverschuldung einhergehen. In der Politischen Ökonomie dreht sich diese Diskussion um die Begriffe und Konzepte Glaubwürdigkeit, Zeitinkonsistenz, Allmendeproblem sowie den strategischen Einsatz des Verschuldungsinstruments (Persson/Svensson 1989). Kerngedanke ist, dass stabile Institutionen, starke Regierungen (Roubini/Sachs 1989, DeHaan/Sturm 1997), glaubwürdige Akteure, eine ausgeprägte Hierarchie im Budgetprozess (von Hagen/Harden 1994) sowie starke Finanzminister (von Hagen 1992) dämpfend auf die Verschuldung wirken, da diese Institutionen und Konfigurationen geringe Verschuldungsanreize bieten und dem Einfluss von Sonderinteressengruppen weniger stark ausgesetzt sind. Schwache Regierungen und solche, die mit hoher Wahrscheinlichkeit mit ihrer Abwahl rechnen müssen, werden eher höhere Defizite akkumulieren. Im internationalen Vergleich hat die empirische Überprüfung der „strong government-hypothesis" keine Bestätigung gefunden (Wagschal 1996). Evidenz gibt es allerdings für den hierarchischen Budgetierungsprozess sowie die Stellung bzw. Stärke des Finanzministers. Im internationalen Vergleich ist die Stellung des Finanzministers, bedingt durch Art. 112 GG, die Geschäftsordnung der Bundesregierung sowie durch die Bundeshaltsordnung, recht stark. Lediglich die angelsächsischen Finanzminister genießen höhere Autonomie (Seils 2005). In der Umsetzung stellt sich aber ein Leadership-Problem. Finanzminister wie Roger Douglas in Neuseeland oder auch Gordon Brown in Großbritannien wussten deutlich mehr mit ihren Kompetenzen anzufangen als etwa Theo Waigel oder Hans Eichel. Auf der anderen Seite gab es Finanzminister wie Fritz Schäffer (CSU), Alex Möller (SPD) und Karl Schiller (SPD), die glaubwürdig gegen zu hohe Verschuldung eintraten, wobei die beiden letzteren wegen internen Regierungskonflikten in der Finanzpolitik zurücktraten.

Machen Parteien einen Unterschied bei der Verschuldung? Gemeinhin wird angenommen, dass sich linke Regierungen stärker verschulden als rechte. Dies trifft jedoch für die Zeit von 1960 bis Mitte der 1990er Jahre für die OECD-Länder nicht zu[10]. Es waren bürgerliche Regierungen, die sich stärker verschuldeten. Die Erklärung für dieses überraschende Ergebnis liegt in den unterschiedlichen „Ideologiezielen" der bürgerlichen Parteien, die einerseits die Steuern senken wollen und andererseits den Haushalt ausgleichen möchten. In diesem Zielkonflikt entschieden sich bürgerlich-konservative Regierungen eher für einen Abbau der Steuerlasten als für die Reduktion des Haushaltsdefizits. Linksregierungen geben demgegenüber zwar mehr Geld aus, sorgen aber gleichzeitig für höhere Einnahmen, so dass die Verschuldung tendenziell geringer ausfällt. Die Erklärung für dieses Verhalten liefert die „parteipolitische Steueranpassungshypothese", bei der die Interessenlagen der jeweiligen Kernwählerschaft als treibende Kraft wirken. Die Wählerbasis linker Parteien wird zwar auch von höheren Steuern betroffen, aber relativ geringer als die höheren Einkommensschichten, die tendenziell bürgerliche Parteien wählen. Mit der höheren Steuerquote bei Links-Regierungen geht gleichzeitig ein höheres Ausgabenniveau (Umverteilungsziel) einher, so dass der Nettonutzen für die Begünstigten, also die Einkommensschwachen, eher positiv sein wird.

In Deutschland kann man auf Bundesländerebene ebenfalls einen eindeutigen Parteieneffekt feststellen: Je größer der Kabinettssitzanteil der SPD an der Regierung, desto höher ist die Staatsverschuldung (Abb. 3.5). Während Nationalstaaten durch ihre noch bestehende Steuerautonomie für weniger Druck auf der Einnahmenseite sorgen, ist die Notwendigkeit exzessiver Kreditaufnahmen für Links-Regierungen nicht gegeben, da sie weiterhin höhere Abgabenquoten generieren. Eine solche Autonomie besitzen sozialdemokratisch geführte Bundesländerregierungen nicht. Das Grundgesetz zieht hier enge Grenzen, lediglich die (vernachlässigbaren) örtlichen Verbrauchs- und Aufwandssteuern sowie Gebühren stehen zur Disposition der Länder (Art. 105 Abs. 2a GG). Für das Gros der Steuern sind die Länder zwar über die konkurrierende Gesetzgebung mit an den Entscheidungen beteiligt, doch gelten diese Regelungen für alle Bundesländer gleichermaßen. Die Länder sind deshalb nur in ihrer Gesamtheit an der Steuergesetzgebung beteiligt, weshalb es auch für einzelne Bundesländer unmöglich ist, eine autonome Steuerpolitik zu betreiben. Die Differenzen der Steuerpolitik, die sich im internationalen Vergleich zwischen Links- und Rechts-Regierungen zeigen, lassen sich deshalb im Bundesländervergleich nicht nachweisen. Wollen SPD-geführte Regierungen trotzdem eine interventionistischere Politik als CDU/CSU-geführte Regierungen durchführen, müssen sie die benötigten Finanzmittel per Kreditaufnahme beschaffen. Genau das zeigt sich in Abb. 3.4, wobei ein recht starker Zusammenhang zwischen den Variablen (r = +0,62) besteht.[11]

---

[10] Für Deutschland jedoch schon (s.u.).

[11] Spiegelbildlich ergibt sich eine negative Korrelation mit der Stärke der CDU/CSU (r = -0,61). Fasst man sowohl bürgerliche als auch linke Parteien (also SPD und Grüne) zusammen, ändert sich nichts an dem Befund. Für Subperioden bleibt der Befund ebenfalls stabil.

Abbildung 3.5: Staatsverschuldung und parteipolitische Zusammensetzung der Bundesländerregierungen

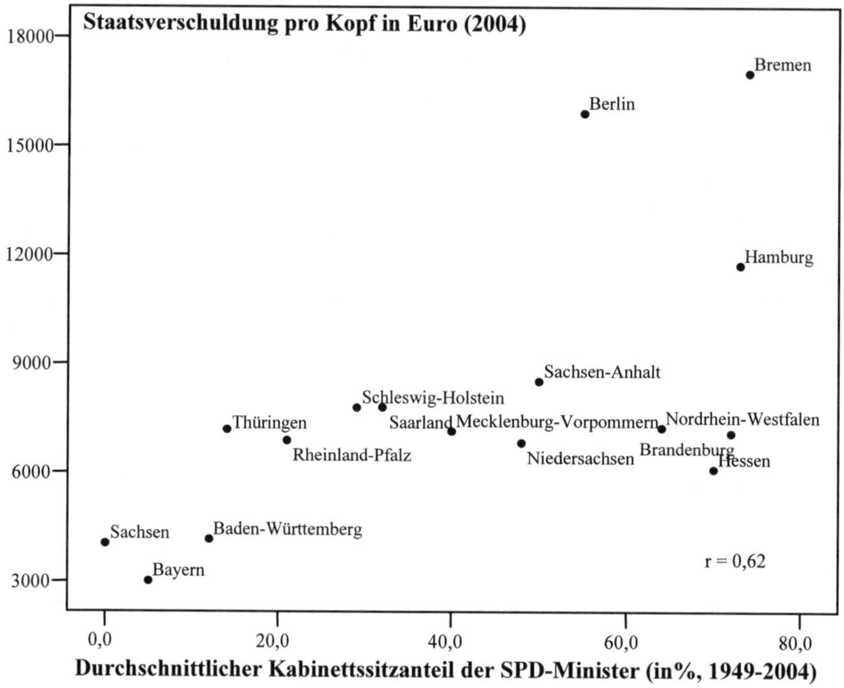

Quelle: Die Verschuldungsdaten stammen vom Statistischen Bundesamt. Die Daten zur Zusammensetzung der Länderregierungen wurden selbst erhoben.

Auffällig ist in Abb. 3.5, dass die Stadtstaaten eine besonders hohe Verschuldung aufweisen. Dies liegt an der fehlenden Inklusion der Gemeindeverschuldung sowie an der Bündelung und Häufung sozioökonomischer Probleme. Weitere Gründe, die diese Differenz im Schuldenniveau erklären können, sind die unterschiedlichen ökonomischen Ausgangs- und Startbedingungen (z.B. für die neuen Bundesländer). Inkludiert man etwa nur den Stadtstaatenstatus als Dummy-Variable in einer multivariaten Regression zusammen mit der Variable der Stärke der SPD, erhält man immerhin eine Erklärung von rund 82% der Variation.[12]

In der polit-ökonomischen Literatur werden noch verschiedene andere Determinanten genannt, die einen möglichen Verschuldungseffekt bewirken. Ein besonderes Augenmerk liegt dabei auf dem Einfluss von Wahlen. Insgesamt kann ein so genannter politischer Konjunkturzyklus (Nordhaus 1975), der sich ausschließlich am Wahlzeitpunkt orientiert, im OECD-Vergleich nicht festgestellt werden. Dennoch gibt es indirekte Evidenz, denn lang-

[12] Die Bedeutung des sozioökonomischen Problemdrucks zeigt sich auch an der überaus starken Korrelation der Sozialhilfeausgaben pro Kopf (2004) mit der Staatsverschuldung pro Kopf (r = +0,89), die wiederum besonders hoch in Stadtstaaten sind. Inkludiert man in die multivariate Regression neben der Sozialhilfe pro Kopf die durchschnittliche Arbeitslosenquote (1991-2004), werden alleine durch die beiden sozioökonomischen Variablen 92% der gesamten Variation der Staatsverschuldung pro Kopf erklärt.

fristig kann im internationalen Querschnitt eine Beziehung zwischen der Wahlhäufigkeit und höheren Defiziten nachgewiesen werden (Wagschal 1996: 196). Im Vergleich der Verschuldung der Bundesländer ist dagegen eine gewisse Orientierung am Wahlzeitpunkt festzustellen gewesen (Wagschal 1996: 230f.), d.h. für alle Parteien konnte eine höhere Verschuldung im Wahljahr festgestellt werden.

5 Finanzbeziehungen in Deutschland

Ein wesentliches Kennzeichen der öffentlichen Finanzen in Deutschland sind die komplexen Finanzbeziehungen zwischen Bund, Ländern und Gemeinden. Generell wird versucht, eine gemeinsame Koordinierung der öffentlichen Finanzen im Finanzplanungsrat zu erreichen. Insbesondere zur Überwachung der Einhaltung der Haushaltsdisziplin, vor allem bei der Erfüllung der Maastricht-Kriterien, kommt diesem Koordinierungsorgan eine gewisse Rolle zu. Dennoch fehlt bis heute ein gemeinsamer nationaler Stabilitätspakt, wie ihn etwa andere Länder kennen, um die Defizite und Verschuldungskriterien einzuhalten.

Besonderer Streitpunkt, gleichzeitig auch ein Lehrstück für die Politik im Bundesstaat, ist der Finanzausgleich (Renzsch 1991). Von der Verfassung beauftragt, die Gleichwertigkeit der Lebensbedingungen herzustellen, müssen die Länder gleichzeitig mit einer Finanzverfassung leben, die ihnen kaum eigenen Spielraum für diskretionäre Einnahmeentscheidungen gibt. Durch das Trenn- und Verbundsystem und die anschließende Umverteilung im Finanzausgleichssystem wird die Finanzkraft der Bundesländer schließlich nivelliert. Historisch ist kaum ein anderes Politikfeld im Bund-Länder-Verhältnis so häufigen Änderungs- und Reformversuchen unterworfen gewesen wie die föderalen Finanzbeziehungen (Renzsch 1991; Schmidt 2001). Das komplexe Finanzausgleichssystem ist auch durch die Deutsche Einheit in seiner Struktur erhalten geblieben (Bräuer 2005), obwohl Urteile des Bundesverfassungsgerichtes und Studien (Korioth 1997; Ottnad/Linnartz 1997) eine Änderung des Systems angemahnt haben.

Generell kann man das Finanzausgleichssystem in fünf Stufen einteilen. Die vier ersten Stufen werden nach einem doppelt dichotomen Klassifizierungsschema unterteilt. Die Differenzierung zwischen vertikalem und horizontalem Finanzausgleich bezieht sich einerseits auf die Bund-Länder-Finanzbeziehungen sowie andererseits auf die Finanzbeziehung der Länder untereinander. Die zweite Differenzierung unterscheidet zwischen einem primären (ertragszuweisenden) sowie einem sekundären (umverteilenden) Finanzausgleich.

Der primäre vertikale Finanzausgleich wird in Artikel 106 Grundgesetz geregelt. Er sieht die Verteilung der Steuern auf die öffentlichen Gebietskörperschaften nach einem Trenn- und Verbundsystem vor (siehe oben). Vom Aufkommen her sind die Gemeinschaftssteuern die bedeutendsten, wobei die Umsatzsteuer eine besondere Rolle in diesem Finanzausgleichssystem einnimmt. Sie ist gleichsam die Verfügungsmasse, um entsprechend Absatz 4 Artikel 106 GG die unterschiedlichen Aufgaben von Bund und Ländern auszugleichen.

Der primäre horizontale Finanzausgleich, der in Artikel 107 GG sowie im Finanzausgleichsgesetz (FAG) geregelt wird, weist den Ländern, abhängig von der Steuerart, die jeweiligen Erträge zu. Dabei werden die Einkommen- und Körperschaftssteuer im Prinzip nach dem örtlichen Aufkommen verteilt, wobei ein eigenes Zerlegungsgesetz die Zurechnung regelt. Kompliziert ist die Verteilung der Umsatzsteuer, die eigentlich nach der Einwohnerzahl verteilt wird. Allerdings gibt es hier einen Vorababzug für den Bund sowie Ergänzungsanteile für steuerschwache Länder (§ 2 FAG). Jedoch werden dabei nur höchstens 25% des Länderanteils der Umsatzsteuer für diese Ergänzungsanteile verwendet.

Die dritte Stufe ist der sekundäre horizontale Finanzausgleich, der in der öffentlichen Diskussion als der eigentliche Kern des Finanzausgleichssystems betrachtet wird. Beim bundesdeutschen Finanzausgleichssystem handelt es sich letztlich um einen Ausgleich der unterschiedlichen Finanzkraft der einzelnen Länder, d.h. man orientiert sich nicht an dem Finanzbedarf oder gar an den sozioökonomischen Problemlagen (die erst in Stufe 4 berücksichtigt werden). Dieser sekundäre horizontale Finanzausgleich nivelliert nun weitgehend die Unterschiede in der Finanzkraft. Zur Ermittlung der ausgleichspflichtigen und ausgleichsberechtigten Länder werden eine Finanzkraftmesszahl sowie eine Ausgleichsmesszahl berechnet. In die Finanzkraftmesszahl eines Landes gehen dabei seine wichtigsten Steuereinnahmen sowie ein Teil der Steuereinnahmen der Gemeinden ein. Die Ausgleichsmesszahl wiederum bemisst sich nach der Wohnbevölkerung jedes Bundeslandes, wobei die Einwohner der Stadtstaaten Berlin, Bremen und Hamburg mit 135% „veredelt“ werden. Dies wird historisch mit den Agglomerationskosten und den spezifischen Problemlagen in großen Städten begründet. Im neuen Finanzausgleichsgesetz, welches seit 2001 gültig ist, werden – etwas widersinnig – auch die Einwohner der dünn besiedelten Länder wie Mecklenburg-Vorpommern, Brandenburg sowie Sachsen-Anhalt höher gewichtet, d.h. veredelt. Anschließend wird durch einen Vergleich der Finanzkraft mit der Ausgleichsmesszahl das Umverteilungsvolumen berechnet. Grundsätzlich wurde dabei jedes Land auf dieser Stufe bis 2005 auf mindestens 95% der länderdurchschnittlichen Finanzkraft angehoben.

Im Prozess der Deutschen Einheit wurde diese sekundäre horizontale Ausgleichsstufe in den Jahren 1991-95 jeweils zwischen den west- und ostdeutschen Bundesländern getrennt geregelt. 1995 wurden die neuen Länder, die zuvor über den Fonds Deutsche Einheit Bundestransfers erhielten, in den Gesamtdeutschen Länderfinanzausgleich (LFA) einbezogen. Durch das Verfassungsgerichtsurteil von 1999 (BVerfGE vom 11.11.1999) zum LFA wurde die neue Regelung der Finanzbeziehungen zwischen Bund und Ländern notwendig, da das Bundesverfassungsgericht Maßstäbe vermisste, welche die unbestimmten Begriffe im Steuerverteilungs- und Ausgleichssystem des GG konkretisieren würden.

Mit dem Maßstäbegesetz, dem neuen Finanzausgleichsgesetz (jeweils aus dem Jahr 2001) sowie dem Solidarpakt II wurden die Grundstrukturen des Finanzausgleichssystems neu geregelt, wobei das alte System weitestgehend fortbesteht. Die Neuregelungen ab 2005 bringen eine gewisse Abschwächung der Nivellierung, da ein flacherer Ausgleichstarif festgeschrieben wurde und ein Teil der Steuermehreinnahmen künftig ausgleichsfrei bleibt, so dass die maximale Grenzbelastung von 80 auf 75% sinkt. Eine weitere Änderung ab 2005 ist der stärkere Einbezug der Gemeindefinanzen sowie die Abschaffung von Sonderlasten (z.B. Hafenlasten).

Im sekundären horizontalen Finanzausgleich sind für das Jahr 2004 insgesamt fünf Länder ausgleichspflichtig (NRW, Bayern, Baden-Württemberg, Hessen und Hamburg), während elf Bundesländer Zahlungen erhalten. Die Ausgleichssumme beträgt 6,7 Mrd. € und liegt damit etwa auf dem Niveau der Vorjahre.

Die vierte Stufe ist der sekundäre vertikale Finanzausgleich, mit dem der Bund besonders leistungsschwache Länder unterstützt. Insgesamt bestehen auf der vierten Ebene (ab 2005) drei Töpfe der so genannten Bundesergänzungszuweisungen: erstens die allgemeinen Bundesergänzungszuweisungen (bisher Fehlbetragsbundesergänzungszuweisungen), zweitens die Sonderbedarfs-Ergänzungszuweisungen, die wiederum in zwei Teiltöpfen getrennt werden, einerseits in Ergänzungszuweisungen zum Abbau teilungsbedingter Sonderlasten sowie andererseits in Sonderbedarfs-Bundesergänzungszuweisungen für die überdurchschnittlich hohen Kosten der politischen Führung in kleinen Bundesländern. Dies stellt gleichsam eine Prämie für den Fortbestand des Föderalismus dar. Für die ostdeutschen Bundesländer werden als Sonderbedarfs-Bundesergänzungszuweisungen insgesamt 105,3 Mrd. € im Zeitrahmen von 2005-2019 verausgabt, allerdings mit einem degressiven Verlauf.[13] 2020, also rund 30 Jahre nach der Wiederherstellung der Einheit, sollen dann die Sonderlasten abgebaut sein. Für die Sonderlasten „Kosten der politischen Führung" erhalten insgesamt zehn Bundesländer zwischen 26 Mio. € (Sachen) und 63 Mio. € (Saarland).

Das Bundesverfassungsgericht hat in seinem Urteil von 1999 festgehalten, dass die Ergänzungszuweisungen nicht den horizontalen LFA übersteigen sollen, was jedoch seit Jahren der Fall ist. Im alten System bis 2005 wurde so ein Ausgleichsniveau von mindestens 99,5% der durchschnittlichen Finanzkraft erreicht. Für die vereinigungsbedingten Lasten hat das Verfassungsgericht jedoch eine temporäre Ausnahme zugelassen, die letztlich zu einer Umkehrung in der Finanzkraft der Bundesländer führt. Dies zeigt sich auch im Ausgabenverhalten der Länder. Berechnet man die Ausgaben pro Kopf der Bundesländer für 2005, so liegen die westlichen Flächenländer (inklusive der Gemeindeausgaben) bei rund 4000 € pro Kopf, während die ostdeutschen Flächenländer (Ausnahme: Sachsen 4500 €) bei knapp 5000 € pro Kopf liegen und die Stadtstaaten sämtlich über 6000 € ausgeben.

Schließlich gibt es als fünfte und letzte Stufe noch einen Rettungsanker für Bundesländer, die in eine extreme Haushaltsnotlage gelangt sind. Diese zusätzliche Einstandspflicht des Bundes wurde in einem Bundesverfassungsgerichtsurteil vom 27.5.1992 (BVerfG 86: 148) definiert. Auf Basis dieses Urteils haben im Zeitraum zwischen 1994 und 2004 Bremen 8,5 Mrd. € und das Saarland 6,5 Mrd. € als Sanierungshilfe erhalten. Dennoch hat sich die Finanzsituation dieser beiden Länder nicht substanziell verbessert. Berlin hat im Jahre 2003 eine Klage beim Bundesverfassungsgericht deponiert, da es sich ebenfalls, so seine Auffassung, in einer extremen Haushaltsnotlage befinde.

Während in der Europäischen Union ein so genanntes „No-Bail-Out" existiert, d.h. es gibt keine Schuldenübernahme durch andere Gebietskörperschaften, besteht über die bündische Einstandspflicht sowie die Vorschrift der Gleichwertigkeit der Lebensverhältnisse ein inhärenter Verschuldungsanreiz für die öffentlichen Gebietskörperschaften in Deutschland. Dieses System besitzt überdies ein großes Beharrungsvermögen. In den Verhandlungen zur Neuordnung des Föderalismus in Deutschland (Bundesstaatskommission) wurden explizit die virulenten Streitfragen der öffentlichen Finanzen nicht thematisiert und auf 2019 vertagt. Gleiches gilt für die Länderneugliederung, die möglicherweise auch eine bessere finanzielle Allokation der Ressourcen ermöglichen würde. Selbst die Anfang 2006 durch die Große Koalition vereinbarte Föderalismusreform klammert wiederum diese vitalen Streitfragen der Finanzbeziehungen zwischen Bund und Ländern aus.

Ins Bild passt überdies, dass es bis heute keinen nationalen Stabilitätspakt gibt, in dem die Frage der gesamtwirtschaftlichen Haushaltssanierung verbindlich geregelt wird. Deutschland steht damit an letzter Stelle in der innerstaatlichen Umsetzung des europäischen Stabilitäts- und Wachstumspaktes. So müsste bisher der Bund anfallende Sanktionszahlung alleine tragen, obwohl es auch die Bundesländer sind, die massiv Vorgaben verlet-

[13] Hinzu kommen im Rahmen des Solidarpaktes II noch zusätzliche Leistungen in Höhe von rund 51 Mrd. € für die neuen Bundesländer für den Zeitraum 2005-2019.

zen. Im aktuellen deutschen Stabilitätsprogramm (Bundesministerium der Finanzen 2006: 13) wird zumindest eine Lösung für die Zukunft angedeutet. Demnach würde der Bund 65% solcher Sanktionszahlungen übernehmen und die Länder 35%. Der Länderanteil wiederum würde demnach zu einem kleineren Teil nach der Einwohnerzahl (35%) sowie zu 65% nach dem Verursachungsprinzip verteilt werden.

6 Fazit: Politikwissenschaftliche Analyse der öffentlichen Finanzen

Die Zusammenschau der Befunde für die Staatseinnahmen, die Staatsausgaben und die Staatsverschuldung ergeben im Großen und Ganzen ein kohärentes Bild. Eine Gemeinsamkeit über alle drei Bereiche hinweg besteht in der großen Erklärungskraft sozioökonomischer Variablen. Dieser Erklärungsfaktor bestimmt zudem die Ausgangspositionen zu bestimmten entscheidenden Weichenstellungen in der Geschichte der Bundesrepublik Deutschland. Die Kriegsfolgelasten zu Beginn der 1950er Jahre hatten einen vergleichsweise hohen Finanzbedarf zur Folge. Auch die Deutsche Einheit, die als exogener sozioökonomischer Schock zu interpretieren ist, wurde überwiegend durch „Geld" verarbeitet.

Dennoch zeigt sich auch die Relevanz politisch-institutioneller Stellgrößen. Allen voran kann man dabei eine eindeutige Differenz zwischen unterschiedlichen Parteienfamilien identifizieren. Linksparteien geben mehr aus und erheben höhere Steuern. Jedoch zeigt sich bei der Residualgröße aus diesen beiden Variablen, dem Haushaltsdefizit, dass sich über lange Zeit im internationalen Vergleich eine stärkere Verschuldung bei den bürgerlichen Parteien einstellte – im Unterschied zur Bundesrepublik. Dies kann mit Hilfe der parteipolitischen Steueranpassungshypothese erklärt werden, welche die Ursache hiefür bei den Interessen- und Präferenzlagen der jeweiligen Kernwählerschaft verortet. Mitte der 1990er Jahre, als durch Globalisierung und Maastricht-Kriterien der Handlungsspielraum für exzessive Verschuldung bei den nationalstaatlichen Regierungen weitgehend verschwand, war auch diese Differenz nicht mehr zu beobachten. Aufgrund der fehlenden Steuerautonomie der Bundesländer lässt sich jedoch im Bundesländervergleich eine höhere Verschuldung bei Linksparteien feststellen.

Institutionen zeigen sich auf verschiedenste Art als bedeutende Erklärungsfaktoren. Auch die Vetostruktur eines Landes macht einen Unterschied. Insbesondere zeigt sich, dass die Steuerreformtätigkeit durch die Zahl der Vetospieler, vor allem wenn sie kompetitiv zur Exekutive agieren, kleiner ist als in Ländern ohne Vetospielerstruktur oder nur mit konsensualen Vetospielern. Deutschland hat hier vergleichsweise ungünstige Voraussetzungen, da es hier wirkungskräftige Vetospieler gab und gibt. Dennoch lässt sich auch hier die in der Vergangenheit beobachtete Reformtätigkeit erklären, die mit den anderen Stellgrößen der Reformtätigkeit, etwa sozioökonomischem Problemdruck, zusammenhängt. Trotz einer gewissen Pfadabhängigkeit und Konstanz in der Struktur der Einnahmen und der Ausgaben des Staates lassen sich auch Veränderungen feststellen. Seit der Deutschen Einheit findet eine Verschiebung der Besteuerung hin zu eher immobilen Faktoren statt. Im Bereich der Staatsausgaben werden konsumtive Bereiche weitaus stärker ausgebaut als etwa investive Bereiche oder der Verteidigungsetat. Unterprivilegiert ist auch der Bildungsbereich. Diese Struktur der Staatsausgaben hat mit der zunehmenden Zahl der vom Wohlfahrtsstaat abhängigen Personen zu tun. Dieser Nachfrageeffekt zeigt sich an dem relativen Rückgang der in der gewerblichen Wirtschaft beschäftigten Arbeitnehmer, sowie an einem Indikator wie dem durchschnittlichen Medianalter der Wählerschaft. Dieses ist seit 1972 von 46,9 Jahre auf inzwischen rund 51 Jahre gestiegen. Dies bedeutet gleichzeitig, dass Interessen der Pensionäre (und der in spe) bessere Chancen haben sich im politischen Prozess durchzusetzen.

Galt früher der Befund der Politik „des mittleren Weges“ mit einer relativ soliden Haushaltsführung (Schmidt 1987) als vergleichsweise gut abgesichert, muss man inzwischen feststellen, dass sich die relative Position Deutschlands bei den zentralen finanzwirtschaftlichen Kennziffern verschlechtert hat. Insbesondere diese Dynamik lässt die Perspektiven für die zukünftige Entwicklung der öffentlichen Haushalte vor dem Hintergrund der Herausforderungen an die Zukunftsfähigkeit der Gesellschaft problematisch erscheinen. So sind etwa in den Bereichen der Demographie, der Sozialversicherungen und der öffentlichen Haushalte zahlreiche ungedeckte Schecks versteckt, die ihrer Einlösung harren und langfristig für weiteren Druck auf die Staatsfinanzen sorgen werden.

7 Literatur

Bawn, Kathleen, 1999: Money and Majorities in the Federal Republic of Germany: Evidence for a Veto Players Model of Government Spending, in: American Journal of Political Science 43: 707-736.

Bernauer, Thomas, 2000: Staaten im Weltmarkt: Zur Handlungsfähigkeit von Staaten trotz wirtschaftlicher Globalisierung. Opladen.

Bräuer, Christian, 2005: Finanzausgleich und Finanzbeziehungen im vereinten Deutschland. Wiesbaden.

Buchanan, James M., 1980: Procedural and Quantitative Constitutional Constraints on Fiscal Authority, in: W.S. Moore/Rudolph Penner (Hrsg.): The Constitution and the Budget. Washington D.C., 80-84.

Bundesministerium der Finanzen, 2002: Finanzbericht 2003. Berlin.

Bundesministerium der Finanzen, 2004: Finanzbericht 2005. Berlin.

Bundesministerium der Finanzen, 2006: Deutsches Stabilitätsprogramm. Aktualisierung Februar 2006. Berlin.

Busemeyer, Marius R., 2006: Die Bildungsfinanzierung der USA im internationalen und intranationalen Vergleich. Inauguraldissertation. Universität Heidelberg.

Cameron, David R., 1978: The Expansion of the Public Economy: A Comparative Analysis, in: American Political Science Review 72: 1243-1261.

Castles, Francis G., 1982: The Impact of Parties on Public Expenditure, in: Francis G. Castles (Hrsg.): The Impact of Parties. London/Beverly Hills, 21-96.

Castles, Francis G., 1998: Comparative Public Policy. Patterns of Post-War Transformation. Cheltenham.

Cusack, Thomas R./Fuchs, Susanne, 2003: Parteien, Institutionen und Staatsausgaben, in: Herbert Obinger/Uwe Wagschal/Bernhard Kittel (Hrsg.): Politische Ökonomie. Opladen.

DeHaan, Jakob/Sturm, Jan-Egbert, 1997: Political and Economic Determinants of OECD Budget Deficits and Government Expenditures: A Reinvestigation, in: European Journal of Political Economy 13: 739-750.

Deutsches Institut für Wirtschaftsforschung (DIW), 1995: Wochenbericht 35, (www.diw.de/deutsch/produkte/publikationen/wochenberichte/docs/95-35-1.html).

Downs, Anthony, 1957: An Economic Theory of Democracy. New York.

Flora, Peter (Hrsg.), 1986: Growth to Limits, 4 Bde. Berlin.

Ganghof, Steffen, 1999: Steuerwettbewerb und Vetospieler: Stimmt die These der blockierten Anpassung?, in: Politische Vierteljahresschrift 40: 458-472.

Ganghof, Steffen, 2004: Wer regiert in der Steuerpolitik? Einkommensteuerreform zwischen internationalem Wettbewerb und nationalen Konflikten. Frankfurt a.M./New York.

Garrett, Geoffrey, 1998: Partisan Politics in the Global Economy. Cambridge.

Genschel, Philipp, 2002: Steuerharmonisierung und Steuerwettbewerb in Europa: Die Steuerpolitik der Europäischen Union. Habilitationsschrift. Universität Konstanz.

Goldscheid, Rudolf, 1976 (zuerst 1917): Staatssozialismus und Staatskapitalismus – Ein finanzsoziologischer Beitrag zur Lösung des Staatsschulden-Problems, in: Rudolf Hickel (Hrsg.): Die Finanzkrise des Steuerstaats – Beiträge zur Politischen Ökonomie der Staatsfinanzen. Frankfurt a.M., 40-252.

Hagen, Jürgen von, 1992: Budgeting Procedures and Fiscal Performance in the European Communities. Brüssel.

Hagen, Jürgen von/Harden, Ian, 1994: National Budgetary Processes and Fiscal Performance. European Economy: Towards Greater Fiscal Discipline. Reports and Studies 3. Office for Official Publications of the European Communities. Luxembourg, 311-418.

Hallerberg, Mark/Basinger, Scott, 1999: Globalization and Tax Reform: An Updated Case for the Importance of Veto Players, in: Politische Vierteljahresschrift 40: 618-627.

Heller, William B, 2001: Political Denials: The Policy Effect of Intercameral Partisan Differences in Bicameral Parliamentary Systems, in: Journal of Law, Economics, and Organisation 17: 34-61.

Hibbs, Douglas A., 1977: Political Parties and Macroeconomic Policy, in: American Political Science Review 71: 1467-1487.

Karl-Bräuer-Institut, 2003: Verwirrung durch OECD-Zahlen zur Abgabenbelastung, Sonderinformation 41. Berlin.

Kersbergen, Kees van, 2003: Die Rolle der Christdemokratie in der Entwicklung des Wohlfahrtsstaats in den Niederlanden und in der Bundesrepublik Deutschland, in: J.L. Kleuters/M. Ragg (Hrsg.): Christdemokratische Positionen in den Niederlanden, der Bundesrepublik Deutschland und Europa. Nijmegen.

Kirchgässner, Gebhard, 2002: Föderalismus und Staatsquote, in: Uwe Wagschal/Hans Rentsch (Hrsg.): Der Preis des Föderalismus. Zürich, 71-91.

Kohl, Jürgen, 1985: Staatsausgaben in Westeuropa: Analysen zur langfristigen Entwicklung der öffentlichen Finanzen. Frankfurt a.M./New York.

Korioth, Stefan, 1997: Der Finanzausgleich zwischen Bund und Ländern. Tübingen.

Muscheid, Jutta, 1986: Die Steuerpolitik in der Bundesrepublik Deutschland. Berlin.

Niskanen, William A., 1971: Bureaucracy and Representative Government. Chicago/New York.

Nordhaus, William D., 1975: The Political Business Cycle, in: Review of Economic Studies 42: 169-190.

Obinger, Herbert/Leibfried, Stephan/Castles, Francis G. (Hrsg.), 2005: Federalism and the Welfare State. New World and European Experiences. Cambridge.

OECD, 2004: OECD Tax Policy Studies 9: Recent Tax Policy Trends and Reforms in OECD Countries. Paris.

OECD, 2005a: OECD in Figures 2005. Paris.

OECD, 2005b: Revenue Statistics 1965-2004. Paris.

OECD, 2005c: OECD-Econmic Outlook Database. Paris.

Ottnad, Adrian/Linnartz, Edith, 1997: Föderaler Wettbewerb statt Verteilungsstreit. Frankfurt a.M.

Peacock, Alan/Wiseman, Jack, ^{2}1967: The Growth of Public Expenditure in the United Kingdom. London.

Persson, Torsten/Svensson, Lars E., 1989: Why a Stubborn Conservative Would Run a Deficit: Policy with Time-Inconsistent Preferences, in: Quarterly Journal of Economics 104: 325-345.

Persson, Torsten/Tabellini, Guido, 1999: The Size and the Scope of Government: Comparative Politics with Rational Politicians, in: European Economic Review 43: 699-735.

Peters, Guy B., 1991: The Politics of Taxation. A Comparative Perspective. Cambridge/Oxford.

Raffelhüschen, Bernd, 2001: Generational Accounting – Quo Vadis? Diskussionsbeiträge 95/01 des Instituts für Finanzwissenschaft der Albert-Ludwigs-Universität Freiburg.

Renzsch, Wolfgang, 1991: Finanzverfassung und Finanzausgleich. Die Auseinandersetzungen um ihre politische Gestaltung in der Bundesrepublik Deutschland zwischen Währungsreform und deutscher Vereinigung (1948 bis 1990). Bonn.

Rodrik, Dani, 1997: Has Globalization Gone too Far? Washington.

Rombeck-Jaschinski, Ursula, 2004: Das Londoner Schuldenabkommen. München/Wien.

Rose, Richard/Davies, Phillip L., 1994: Inheritance in Public Policy: Change Without Choice in Britain. New Haven/London.

Rose, Richard/Karran, Terence, 1987: Taxation by Political Inertia. Financing the Growth of Government in Britain. London.

Roubini, Nouriel/Sachs, Jeffrey, 1989: Political and Economic Determinants of Budget Deficits in the Industrial Democracies, in: European Economic Review 33: 903-933.

Sachverständigenrat zur Begutachtung der gesamtwirtschaftlichen Entwicklung, 2003: Staatsfinanzen konsolidieren – Steuersysteme reformieren. Jahresgutachten 2003/04. Wiesbaden.

Schmidt, Manfred G., 1987: Germany: The Policy of the Middle Way, in: Journal of Public Policy 7: 139-177.

Schmidt, Manfred G., 1996: When Parties Matter. A Review of the Possibilities and Limits of Partisan Influence on Public Policy, in: European Journal of Political Research 30: 155-183.

Schmidt, Manfred G., 2000: Die sozialpolitischen Nachzüglerstaaten und die Theorien der vergleichenden Staatstätigkeitsforschung, in: Herbert Obinger/Uwe Wagschal (Hrsg.): Der gezügelte Wohlfahrtsstaat. Sozialpolitik in reichen Industrienationen. Frankfurt a.M./New York, 22-36.

Schmidt, Manfred G., 2004: Die öffentlichen und privaten Bildungsausgaben Deutschlands im internationalen Vergleich, in: Zeitschrift für Staats- und Europawissenschaften 2: 7-31.

Schmidt, Torsten, 2001: Finanzreformen in der Bundesrepublik Deutschland. Analyse der Veränderungen der Finanzverfassung von 1949 bis 1989. Berlin.

Schumpeter, Joseph A., 1976 (zuerst 1918): Die Krise des Steuerstaates, in: Rudolf Hickel (Hrsg.): Die Finanzkrise des Steuerstaates – Beiträge zur Politischen Ökonomie der Staatsfinanzen. Frankfurt a.M., 329-379.

Schwinn, Oliver, 1997: Die Finanzierung der deutschen Einheit. Eine Untersuchung aus politisch-institutionalistischer Perspektive. Opladen.

Seils, Eric, 2005: Haushaltspolitik: Akteure und Institutionen des parlamentarischen Systems der Bundesrepublik im internationalen Vergleich, in: Zeitschrift für Parlamentsfragen 36: 773-790.

Sinn, Hans-Werner, 1997: Deutschland im Steuerwettbewerb. CES Working Paper 132, Universität München.

Tsebelis, George, 2002: Veto Players. How Political Institutions Work. Princeton.

Tufte, Edward R., 1978: Political Control of the Economy. Princeton.

Wachendorfer-Schmidt, Ute, 2003: Politikverflechtung im vereinigten Deutschland. Wiesbaden.

Wagschal, Uwe, 1996: Staatsverschuldung. Ursachen im internationalen Vergleich. Opladen.

Wagschal, Uwe, 1999: Blockieren Vetospieler Steuerreformen?, in: Politische Vierteljahresschrift 40: 628-640.

Wagschal, Uwe, 2002: Verfassungsbarrieren als Grenzen der Staatstätigkeit, in: Schweizer Zeitschrift für Politische Wissenschaft 2: 51-87.

Wagschal, Uwe, 2005: Steuerpolitik und Steuerreformen im internationalen Vergleich. Eine Analyse der Ursachen und Blockaden. Münster/Hamburg.

Weltring, Sylvia, 1997: Staatsverschuldung als Finanzierungsinstrument des deutschen Vereinigungsprozesses. Frankfurt a.M.

Wilensky, Harold L., 1975: The Welfare State and Equality. Berkeley.

Zohlnhöfer, Reimut, 2000: Der lange Schatten der schönen Illusion: Finanzpolitik nach der deutschen Einheit, 1990-1998, in: Leviathan 28: 14-38.

Zohlnhöfer, Reimut, 2001: Die Wirtschaftspolitik der Ära Kohl. Eine Analyse der Schlüsselentscheidungen in den Politikfeldern Finanzen, Arbeit und Entstaatlichung, 1982-1998. Opladen.

Zohlnhöfer, Reimut, 2005: Globalisierung der Wirtschaft und nationalstaatliche Anpassungsreaktionen. Theoretische Überlegungen, in: Zeitschrift für Internationale Beziehungen 12: 41-75.

4. Innere Sicherheit und der Wandel von Staatlichkeit

Hans-Jürgen Lange

1 Theoretische Zugänge

Die von Politikwissenschaftlern in der Vergangenheit vorgelegten Arbeiten zum Themenfeld Innere Sicherheit folgten zumeist einem institutionenanalytischen, in der Regel institutionenkritischen Forschungsinteresse (zur Übersicht vgl. Kunz 2005). Bei aktuelleren Arbeiten lässt sich beobachten, dass verstärkt institutionentheoretische Überlegungen im weitesten Sinne, ebenso wie integrationstheoretische Ansätze im Zusammenhang mit der Europäisierung der Inneren Sicherheit, rezipiert werden. Auch beleuchten handlungstheoretische Sichtweisen die Entscheidungsprozesse innerhalb der Institutionen neu. Aus politikwissenschaftlicher Sicht bietet der Zugang über eine Politikfeldanalyse die Möglichkeit, diese und andere vorliegende Forschungsansätze aufzugreifen und zu einem breiteren Forschungsprogramm weiterzuentwickeln, ohne sich auf einen eng umrissenen theoretischen und methodischen Ansatz oder Fragenkatalog festzulegen.

Die Politikfeldanalyse Innere Sicherheit knüpft in diesem Sinne an die jüngere Diskussion innerhalb der Politikfeldanalyse an, die vor allem durch eine stärkere Rezeption handlungs- und systemtheoretischer Ansätze gekennzeichnet ist und den bis in die 1990er Jahre vorherrschenden, oftmals theorielosen empirischen Zugang überwinden will (vgl. Héritier 1993). Innere Sicherheit bildet in der politikwissenschaftlichen Perspektive ein handlungs- wie systemtheoretisch bestimmbares Politikfeld, welches durch ein Netzwerk miteinander interagierender und in regelmäßigen Austauschbeziehungen stehender (individueller und kollektiver) Akteure gekennzeichnet und dadurch von der Systemumwelt abgrenzbar ist.

Das Politikfeld Innere Sicherheit steht per Definition für den Teilbereich des politischen Systems, welcher die Handelnden (Akteure), die Strukturen bzw. Institutionen (Polity), die Entscheidungsprozesse (Politics) und die materiellen Inhalte bzw. Programme (Policy) enthält, die an der Herstellung der Politik der Inneren Sicherheit beteiligt sind und diese kennzeichnen (Lange 1999: 109). Innere Sicherheit lässt sich in diesem Sinne beschreiben als ein Politikfeld, an dem neben den Akteuren des politisch-administrativen Systems auch eine Reihe weiterer politischer und gesellschaftlicher Akteure beteiligt ist. Innere Sicherheit ist infolgedessen deskriptiv zu definieren als ein System von staatlichen Institutionen und Einrichtungen, welches durch Verfassung und Organe der demokratischen Willensbildung legitimiert ist, das öffentliche Gewaltmonopol im Rahmen kodifizierter Regeln exekutiv unter Anwendung auch von unmittelbarem Zwang auszuüben. Innere Sicherheit als Politikfeld weist darauf hin, dass an der zugrunde liegenden Politikproduktion neben den exekutiven Institutionen und Einrichtungen (vor allem Polizei und Staatsanwaltschaften) weitere Akteure beteiligt sind, zu nennen sind die Innenministerien, parlamentarische Institutionen (Ausschüsse), Parteien und Verbände (Polizeigewerkschaften, Verbände der privaten Sicherheitswirtschaft, Bürgerrechtsgruppen) sowie föderale Verhandlungsgremien (Innenministerkonferenz, Ausschüsse des Bundesrates).

Das Akteurshandeln ist dabei auf der Grundlage der drei genannten analytischen Ebenen Polity (Institutionen), Politics (Prozesse) und Policy (Programme) beschreibbar. Die Politikfeldanalyse Innere Sicherheit bietet von daher einen konzeptionell breiten Zugriff auf das Thema, welches nicht nur unter politikwissenschaftlichen Gesichtspunkten geeignet sein dürfte, einen theoretisch wie methodologisch begründeten Ansatz (oder auch: Ansätze) zu entwickeln, sondern diesen potenziell auch anschlussfähig werden zu lassen für die theoretischen und methodischen Herangehensweisen der übrigen an der Forschungsarbeit beteiligten Disziplinen:

Für die politikwissenschaftliche *Institutionenanalyse* lässt sich beispielsweise anknüpfen an staats-, verwaltungs- und polizeirechtliche Diskussionen (vgl. Lenk/Prätorius 1998; Lisken/Denninger 1996; Gusy 1994). Ebenso ist die Berücksichtigung der historischen Polizeiforschung notwendig, die sich ebenfalls sehr stark auf die institutionelle Ausdifferenzierung konzentriert (vgl. Lüdtke 1992; Reinke 1993). Der politikwissenschaftliche Beitrag liegt insbesondere in einer handlungstheoretisch aufzubereitenden Institutionenanalyse in Verbindung mit koalitions-, korporatismus- und föderalismustheoretischen Überlegungen (vgl. Sabatier 1993; Knelangen 2001). Der Beitrag einer Politikfeldanalyse liegt darin begründet, das institutionelle System der Inneren Sicherheit (Sicherheitsbehörden u.a.) rekonstruierbar werden zu lassen als ein Teilsystem bzw. Netzwerk, in welchem die institutionellen Akteure in festen Interaktionsbeziehungen mit anderen politischen Institutionen (z.B. Parlamente, Ministerien) sowie gesellschaftlichen Akteuren (z.B. organisierten Interessen) stehen.

Eine solche theoretisch ausgerichtete Institutionenanalyse ist untrennbar mit der politikwissenschaftlichen *Prozessanalyse* verbunden. Institutionelles Handeln lässt sich verstehen und erklären in Rückbezug auf Aushandlungsprozesse, wie sie sich in der Wechselwirkung vollziehen zwischen individuellen (Wahl-)Handlungen der involvierten Akteure und handlungsbegrenzenden Systembedingungen, denen sie unterliegen. Solche Prozessanalysen in einem weitergehenden Verständnis werden anschlussfähig für Arbeiten beispielsweise der Polizeisoziologie (vgl. Hitzler/Peters 1998; Behr 2000), weil hier inhaltliche Anknüpfungen bestehen für die Rekonstruktion von Problemlösungsrationalitäten (z.B. Handlungsmuster, Leitbilder) der an den Handlungssystemen beteiligten Akteursgruppen. Der Beitrag einer Politikfeldanalyse liegt darin, diese Fragestellungen auszuweiten auf die in dem gesamten Politikfeld agierenden Akteure, seien es nun die über die Polizei hinausreichenden Institutionen (z.B. Nachrichtendienste, Staatsanwaltschaften), oder privatwirtschaftliche Organisationen (z.B. private Sicherheitsdienste), ebenso wie die politischen Entscheidungsträger (z.B. ministerielle Leitung, Parlamentsausschüsse).

Die politikwissenschaftliche *Policy (Programm)-Analyse* bildet in diesem weitergehenden Verständnis von Politikfeldanalyse nicht die zentrale Untersuchungsperspektive, sondern eine neben der institutionellen und der prozessbezogenen. Die Policy-Analyse beinhaltet in diesem Verständnis die Analyse aller politischen Programme, die im Politikfeld ausgehandelt werden und der Politik der Inneren Sicherheit zugrunde liegen. Die Policy-Programme im Politikfeld Innere Sicherheit lassen sich in drei Typen unterscheiden: Programme im Bereich der Polizeipolitik, im Bereich der Kriminalpolitik und im übergreifenden Bereich der (inneren) Sicherheitspolitik. Als *Polizeipolitik* wären die Programme zu verstehen, die die grundsätzlichen Fragen der Aufbau- und Ablauforganisation zum Inhalt haben, die sich auf Einsatz und Verwendung von Personal und Ressourcen der polizeilichen Behörden richten sowie die Art und Weise der polizeilichen Kompetenzen zum Gegenstand haben. Vergegenständlicht sind diese Programme im Polizeirecht (Polizeigesetze, Polizeiorganisationsgesetze u.a.) sowie in den Erlassen der Innenministerien. Als *Kriminalpolitik* lassen sich solche Programme zusammenfassen, die Strategien der Straftatenverhütung und Straftatenermittlung zum Inhalt haben. Vergegenständlicht sind diese Programme vor allem in der Strafprozessordnung, im Strafrecht, ebenso wie in den Präventionsprogrammen beispielsweise gegen Drogenmissbrauch etc., des Weiteren Gesetzesprogramme, die sich gegen Organisierte Kriminalität, Geldwäsche u.a. richten ebenso wie sonstige gesetzliche Veränderungen, die das Ziel einer verbesserten Strafermittlung und -verfolgung zum Inhalt haben. Die übergreifende *innere Sicherheitspolitik* umfasst einerseits die Strukturen, Kompetenzen und Strategien zur Anwendung staatlicher und gesellschaftlicher Kontrolle insgesamt, bei der in der Regel staatliche Einrichtungen legitimiert sind, Zwangsmittel einzusetzen. Diese sind vergegenständlicht in den entsprechenden Behördengesetzen (z.B. der Polizei, der Nachrichtendienste u.a.). Sofern sie polizeiliche Behörden betreffen, sind sie weitestgehend deckungsgleich mit polizeipolitischen Programmen, im Gegensatz zu diesen sind sie aber breiter angelegt. So können sie auch zum Gegenstand haben, neue Formen der Aufgabenabgrenzungen zwischen Polizei und Nachrichtendiensten, ebenso zwischen den Einrichtungen der Länder, des Bundes und zunehmend der Europäischen Union zu bestimmen. Vergleichbar kann es um gesetzliche Novellierungen gehen, die das Verhältnis zwischen Staat und Privaten, also insbesondere zwischen staatlichen Sicherheitsbehörden und privaten Sicherheitsdiensten, neu festlegen. Zur inneren Sicherheitspolitik müssen aber andererseits ebenso solche Policy-Programme zählen, die die Rechte der Bürger vor Missbrauch von Eingriffsbefugnissen der Sicherheitsbehörden wie überhaupt Fragen des bürgerlichen Rechtsschutzes (z.B. Datenschutz) zum Gegenstand haben. In der öffentlichen Debatte wird oft nur der erste Aspekt behandelt, der andere entsprechend vernachlässigt.

Die politikwissenschaftliche Policy-Forschung kann in diesem Bereich insgesamt anknüpfen an Diskussionen, wie sie unter anderem in der Rechtswissenschaft, zum Teil auch in der Kriminologie sowie in der Polizeiforschung geführt werden (zur Übersicht: Feltes 2003). Die Policy-Analyse fragt danach, wie diese Programme zustande kommen und welche Akteure bzw. Akteurskoalitionen sich hier maßgeblich im politischen Entscheidungsprozess durchsetzen. Wie wirkungsmächtig ist beispielsweise das Eigeninteresse der Sicherheitsbehörden, um bestimmte politische Programmaspekte (z.B. „Großer Lauschangriff") durchzusetzen; wie sehr beeinflusst das Eigeninteresse der Sicherheitsbehörden die konkrete Ausgestaltung der zunehmenden kriminalpolizeilichen Kooperationen in der Europäischen Union? Setzen sich in solchen Aushandlungen von Policy-Programmen ausschließlich die Funktionseliten durch, die an der Entscheidungsfindung beteiligt sind, oder inwieweit besteht in der Phase des Agenda-Setting und auch der Problem-Definition ein Einfluss beispielsweise der Medien bzw. inwieweit können gesellschaftliche Akteure (Verbände, Bürgerrechtsgruppen) über Prozesse des Agenda-Setting die Programmformulierung beeinflussen? Ebenso wichtig (und noch wenig erforscht) ist die Frage, wie groß der Einfluss der Rechtsprechung, namentlich des Bundesverfassungsgerichtes, auf die Ausgestaltung politischer Programme in der Inneren Sicherheit ist.

Der politikwissenschaftliche Beitrag kann darin liegen, die unterschiedlichen Aspekte der Policy-Programme stärker rückzubinden mit entsprechenden Entscheidungsprozessen in den institutionellen Zusammenhängen des Politikfeldes insgesamt. Neben der Implementation eines politischen Programms, wie z.B. eines gegen die Organisierte Kriminalität, gewinnen gerade in der Inneren Sicherheit die Belange der Evaluation von Policy-Programmen an Bedeutung: Lassen sich also konkrete Wirkungen (Output, Outcome) eines Programms messen bzw. bewerten? Und wenn sich die Wirkungslosigkeit eines Programms herausstellt, wäre zu untersuchen, welche Gründe hierfür zu benennen sind.

Innere Sicherheit als Politikfeldanalyse bildet in diesem Sinne ein breit angelegtes Forschungsprogramm, nicht aber eine Einengung auf eine ganz bestimmte theoretische oder methodologische Perspektive bzw. Anwendungsweise. Politikfeldanalyse Innere Sicherheit ist darauf angelegt und auch darauf angewiesen, in Kooperation mit anderen Forschungsdisziplinen, die bereits wesentlich länger am Themenfeld arbeiten, eine tiefergehende theoretische und empirische Aufarbeitung des staatlichen wie gesellschaftlichen Sicherheitskomplexes zu erreichen.

2 Kontinuitäten und Veränderungen der Institutionen

2.1 Historische Entwicklung

Im internationalen Vergleich treten die unterschiedlichen Verständnisse von Staatlichkeit und Innerer Sicherheit deutlich hervor (vgl. Aden 1998; Glaeßner/Lorenz 2005). Zu verweisen ist nur auf das angelsächsische, insbesondere amerikanische Verständnis, wonach Innere Sicherheit eine gesellschaftliche Aufgabe, d.h. in der Regel eine von der Bürgerschaft zu organisierende Einrichtung darstellt. Dem Staat fallen allein überörtliche Aufgaben zu, die aufgrund ihrer Spezialisierung oder Aufgabenweite von kommunalen Gemeinschaften nicht zu leisten sind. In Deutschland dagegen ist Polizei auch in historischer Perspektive fast ausschließlich staatliche Angelegenheit (vgl. Lange 2000). Der Staat ist demnach eine prinzipiell neutrale, über den gemeinen Interessen der Gesellschaft stehende Institution. Ihm allein obliegt das öffentliche Gewaltmonopol, welches er vor allem in Form der staatlichen Polizei exekutiert.

Der moderne preußische Staat verstaatlichte im 19. Jahrhundert die kommunalen Polizeien weitgehend (Funk 2000). Polizei war allumfassend tätig (so auch als Baupolizei, Gewerbepolizei, Sittenpolizei u.a.). Im Übergang vom Kaiserreich zur Weimarer Republik änderten sich zwar Strukturen und Funktionen der Polizei, doch blieb die Dominanz des Staates auch im Selbstverständnis der polizeilichen Akteure bestehen (Leßmann-Faust 2000). Nach dem Zusammenbruch des Nationalsozialismus, der die Idee der staatlichen Allzuständigkeit pervertierte (Nitschke 2000), drängten die Alliierten darauf, die staatliche Dominanz in der Inneren Sicherheit zu Gunsten einer stärker kommunal organisierten Polizei zurückzunehmen (Reinke/Fürmetz 2000). Doch sobald die deutschen Akteure die Grundsätze der Polizeipolitik selbst bestimmen konnten, beseitigten sie die kommunalen Elemente aus dem Polizeisystem (vgl. Werkentin 1984). Mitte der 1970er Jahre wurden die letzten kommunalen Polizeien „verstaatlicht" (Boldt 1996). In den späten 1960er und 1970er Jahren führten die erheblichen gesellschaftlichen Umwälzungen („APO", Wertewandel) dazu, dass die Sicherheitsbehörden nicht nur neu organisiert und besser ausgerüstet wurden (vgl. Busch u.a. 1985), sondern es vollzog sich auch ein Einstellungswandel der Polizei, der wegführte von der autoritär auftretenden Staatspolizei hin zu einer sich stärker präventiv verstehenden Bürgerpolizei (Winter 1998). Doch zeigte sich auch in dieser Reformära, dass immer dann, wenn die öffentliche Sicherheit als gefährdet erscheint, so wie unter dem Eindruck der Terrorismusbedrohung, die Rückkehr zum Modell der Staatspolizei als alleiniger Garant der Inneren Sicherheit zu beobachten ist. Dies wurde deutlich in den so genannten Sicherheitsgesetzen der 1980er Jahre, die die Eingriffskompetenzen von Polizei, Staatsanwaltschaften und Nachrichtendiensten erheblich ausweiteten (vgl. Bull 1987). Im Zuge der deutschen Vereinigung wurden 1990/91 die westdeutschen Polizeistrukturen auf die neuen Bundesländer übertragen. Prägend waren dabei die „Patenschaften", die einzelne Westländer mit jeweils einem Ostland eingingen – z.B. Nordrhein-Westfalen mit Brandenburg oder Baden-Württemberg und Bayern mit Sachsen und dabei landesspezifische Besonderheiten abbildeten (Lange 1999). Mit der Europäisierung seit Anfang der 1990er Jahre galt vor allem die Organisierte Kriminalität als Anlass für weitere Gesetzesverschärfungen – bis hin zum grundgesetzlich verankerten „Großen Lauschangriff" im Jahre 1998.

Zu Beginn des 21. Jahrhundert löst der (international auftretende) Terrorismus nach den Anschlägen von New York und Washington (11. September 2001) erneut tiefgreifende Veränderungen in der Wahrnehmung von „Sicherheit" aus, deren Folgen noch nicht absehbar sind (vgl. Rinke/Woyke 2004; Weidenfeld 2004). Hatten in den letzten 10 bis 15 Jahren sowohl in der Sicherheitspolitik als auch in der Arbeit insbesondere der Polizeibehörden zunehmend bürger- und präventionsorientierte Sicherheitskonzepte sich durchgesetzt, wird jetzt zum Schutz vor Terrorismus unvermittelt wieder der „starke" und repressiv vorgehende Staat eingefordert. Zudem wird die bisherige, auch verfassungsrechtlich garantierte Trennung zwischen „innerer" und „äußerer" Sicherheit in Frage gestellt. Klassische internationale Konflikte (Kriege, Bürgerkriege) können angesichts der zunehmend verflochtenen Weltinteressen viel schneller „importiert" werden als dies bislang denkbar war (z.B. Irak, Naher Osten, Kurdistan). Die immer komplexere Technikabhängigkeit (Internet, elektronischer Zahlungs- und Börsenverkehr) legt zugleich die Verletzbarkeit der westlichen Gesellschaften und die begrenzten Möglichkeiten, diesen Risiken national zu entgegnen, offen. Verdrängte und ungelöste Migrationsprobleme stellen für das liberale Selbstverständnis schwer erträgliche Fragen: Können, müssen und dürfen verbindliche Grundwerte für moderne plurale Gesellschaften zugrunde gelegt werden, ist „Sicherheit" selbst ein Grundwert oder Herrschafts-, Repressions- und Kontrollanspruch des Staates? Kann es umfassende Sicherheit gegen alle Risiken (technische Katastrophen, Terroranschläge) geben und zu welchem Preis kann diese realisiert werden im Verhältnis zu den Grundwerten von Freiheit und Demokratie? Und wer ist legitimiert, über Einschränkungen von Selbstbestimmung einzelner zu entscheiden (die Mehrheit gegen die Minderheit?) und nach welchen Leitorientierungen exekutieren die Sicherheitsbehörden solche Einschränkungen (als repressive Staatspolizei oder kundenorientierte Bürgerpolizei)?

2.2 System der Inneren Sicherheit

Welche Akteure bestimmen das Politikfeld Innere Sicherheit? „Innere Sicherheit" ist aus politikfeldanalytischer Sicht als ein akteursbezogenes Netzwerk zu begreifen (Lange 1999; Lange/Schenck 2004). Dieses Netzwerk lässt sich im Sinne dreier konzentrischer Kreise beschreiben. Es soll begrifflich unterschieden werden zwischen einem Zentralbereich, dem politisch-institutionellen Umfeld und dem korrespondierenden politischen Umfeld.

Der *Zentralbereich* umfasst die staatlichen Sicherheitsbehörden. Zu nennen sind auf der Bundesebene die Bundespolizeien (Bundeskriminalamt, Bundesgrenzschutz [zum 1.

Juli 2005 umbenannt in „Bundespolizei“], der Inspekteur der Bereitschaftspolizeien der Länder beim BMI), die Nachrichtendienste des Bundes (Bundesamt für Verfassungsschutz, Militärischer Abschirmdienst, Bundesnachrichtendienst), die Sonderpolizeien des Bundes (Zollgrenzdienst und Zollfahndung, Bundesamt für Güterverkehr, Strom- und Schifffahrtspolizei), die Generalbundesanwaltschaft und als Sondereinrichtung die Hausinspektion des Deutschen Bundestages.

Während es sich im Zentralbereich um Exekutivbehörden handelt, zeichnen sich die Einrichtungen im *politisch-institutionellen Umfeld* dadurch aus, dass diese zu jenen in einem bestimmten, i. d. R. verfassungsrechtlich wie gesetzlich definierten Außenverhältnis stehen, welches normierte und regelhafte Entscheidungs-, Weisungs- und Kontrollrechte umfasst. An Institutionen sind zu nennen: das Bundesinnenministerium, der Bundestag und Bundesrat (insbesondere deren Innenausschüsse), die Bundestagsfraktionen (insbesondere deren Fach-Arbeitskreise), der Datenschutzbeauftragte des Bundes sowie herausgehobene Ausbildungseinrichtungen wie die Polizei-Führungsakademie, die auf einer Bund-Länder-Vereinbarung basiert und den gesamten höheren Dienst sowohl bei den Länderpolizeien als auch bei der Bundespolizei (vormals BGS) und beim Bundeskriminalamt (BKA) ausbildet und als Sozialisationsinstanz einen wichtigen Stellenwert einnimmt. Zu nennen ist auch die Innenministerkonferenz. Der Bund nimmt daran zumindest auf der Leitungsebene nur als „Gast“ teil, in der AG Kripo als Unterausschuss dominiert dagegen das BKA.

Die Akteure des *korrespondierenden politischen Umfelds* weisen diese normierte und regelhafte Fundierung der Interaktionsbeziehungen zum Bereich der staatlichen Sicherheitsbehörden nicht auf. Ihr Einfluss hängt von Durchsetzungsstrategien ab, die die Akteure mehr oder weniger frei wählen und beeinflussen können. So werden diese bei den Polizeigewerkschaften beispielsweise bestimmt vom Ergebnis der Personalratswahlen, generell von der Mitgliederrekrutierung, vom Vermögen, diese Potenziale in korporatistischen Verhandlungsgremien zur Geltung zu bringen. An Akteuren im korrespondierenden politischen Umfeld sind denn vor allem auch die Gewerkschaftsverbände zu nennen, also die Gewerkschaft der Polizei (GdP – Mitglied im DGB), die Deutsche Polizeigewerkschaft im Deutschen Beamtenbund (DPolG), der Bund Deutscher Kriminalbeamter (BDK) und der Bundesgrenzschutzverband. Bis 2001 bestand noch die medienwirksame, polizeiintern aber einflusslose Bundesarbeitsgemeinschaft Kritischer Polizisten. Sie löste sich nach internen Auseinandersetzungen faktisch auf. Weitere Akteure sind die Parteien und die Verbände der privaten Sicherheitswirtschaft. Zum korrespondierenden politischen Umfeld zählen auch die Medien, zumal die überregionalen, die als Teil der Öffentlichkeit über Entwicklungen im Politikfeld berichten und so indirekt auf die Politikproduktion einwirken können. Einzubeziehen sind auch die allerdings wenigen Forschungsinstitute, die in Vereinsform von Wissenschaftlern betrieben werden und anwendungsorientierte Problemstellungen der öffentlichen Sicherheit bearbeiten. Zu nennen sind beispielsweise das „Kriminologische Forschungsinstitut Niedersachsen e.V.“ (Hannover) und das „Europäische Zentrum für Kriminalprävention e.V.“ (Münster). Hinzu kommen einige Lehrstühle und Forschungseinrichtungen an den Hochschulen, die schwerpunktmäßig zur Inneren Sicherheit, zur Polizeiforschung und zur Kriminologie arbeiten.[1]

Die Frage, inwieweit auch Bürgerrechtsgruppen zum korrespondierenden politischen Umfeld zu rechnen sind, lässt sich nur schwer beantworten. Die faktische Situation kann so

[1] Eine Übersicht, erstellt vom Interdisziplinären Arbeitskreis Innere Sicherheit (AKIS), findet sich unter: http://www.netzwerk-innere-sicherheit.de.

umschrieben werden, dass einerseits die Sicherheitsbehörden kaum ein Interesse daran haben, sich mit den entsprechenden Gruppen auseinanderzusetzen, geschweige denn, sie in korporatistische Verhandlungsgremien einzubeziehen. Andererseits sind auch die Bürgerrechtsgruppen von ihrem Selbstverständnis her wenig dazu geneigt, sich auf entsprechende „systemimmanente" Diskurse mit den Sicherheitsbehörden einzulassen. Es überwiegt auf beiden Seiten eher eine Mischung aus Konfrontationen und gegenseitigen Unterstellungen von intellektuellem Hochmut hier und knechtischem Verhalten dort. Letztlich drückt sich in dieser fehlenden Einbeziehung von gesellschaftlichen Gruppen in das Politikfeld die alte deutsche Tradition eines strikten Gegenübers von Staat und Gesellschaft aus.

Auf Landesebene umfasst der Zentralbereich die eigentliche Landespolizei (die Schutz- und Kriminalpolizei in den Polizeibehörden auf der kommunalen Ebene), das Landeskriminalamt sowie die landesspezifischen gesonderten Polizeibehörden (Autobahn-, Wasserschutz- und Bereitschaftspolizeien). Es kommen hinzu das Landesamt für Verfassungsschutz, als Sonderpolizeibehörden die Steuerfahndungen sowie die Staatsanwaltschaften der Länder (Generalstaatsanwalt, Leitende Oberstaatsanwälte, Staatsanwälte).

Das politisch-institutionelle Umfeld besteht auf Landesebene aus dem Innenministerium, dem Landtag (insbesondere dem Innenausschuss), den Landtagsfraktionen (insbesondere deren Facharbeitskreisen), dem Datenschutzbeauftragten und den herausgehobenen Ausbildungseinrichtungen (Fachhochschulen, Polizeischulen). Anzusiedeln sind hier auch die Arbeitsgremien der Innenministerkonferenz, die von Beamten sowohl aus der Innenverwaltung wie aus den Sicherheitsbehörden der Länder besetzt werden.

Im korrespondierenden politischen Umfeld auf Landesebene üben vor allem die Gewerkschaftsverbände einen maßgeblichen Einfluss aus. Sie sind in ein festes korporatistisches Austauschverhältnis mit der Polizeiverwaltung eingebunden. An weiteren Akteuren sind zu nennen die Parteien, die Verbände der privaten Sicherheitswirtschaft, die Medien und etwaige Forschungsinstitute. Für die Bürgerrechtsgruppen gelten vergleichbare Bedingungen wie auf der Bundesebene.

3 Kontinuitäten und Veränderungen der Entscheidungsprozesse

Das bundesdeutsche Sicherheitssystem hat sich in den zurückliegenden Jahrzehnten zu einem komplexen Bund-Länder-Verbund entwickelt, innerhalb dessen zum einen die traditionell bedingten Unterschiede zwischen den Ländern eingeebnet, zum anderen die Polizeikompetenzen des Bundes, die diesem verfassungsrechtlich nur für Spezialbereiche zustehen (Grenzpolizei, kriminalpolizeiliche Zentralstellenfunktion, bestimmte „verkehrspolizeiliche" Zuständigkeiten für Straße, Wasser, Schiene, Luft), beständig ausgeweitet worden sind (vgl. Haselow u.a. 2000). Vordergründig löste die innerdeutsche Vereinigung viel deutlicher noch als die europäische Integration eine Reihe von Veränderungen aus, die vor allem die polizeiliche Stellung des Bundes stärkten. Tatsächlich aber beschleunigte die innerdeutsche Vereinigung lediglich den Prozess einer Neudefinition der Sicherheitsbehörden von Bund und Ländern. Als entscheidender Faktor erwies sich die Realisierung des europäischen Binnenmarktes – zumal für die Bundespolizeien.

Der Bundesgrenzschutz (BGS) und der Zoll veränderten sich allein dadurch, weil die grenz- und zollgrenzpolizeilichen Aufgaben an den europäischen Binnengrenzen vollständig entfielen (Lisken/Lange 2000). Das Bundeskriminalamt (BKA) schien zunächst weniger gravierend berührt zu sein. Doch musste das BKA sich sowohl auf die im Aufbau befindliche europäische Polizeibehörde Europol einstellen, als auch sich mit den konkurrierenden Ansprüchen der Länder bzw. der Landeskriminalämter auseinandersetzen, die an der europäischen Polizeiarbeit beteiligt sein wollten. Die in den 1970er und 1980er Jahren erreichte Stellung des BKA als die zentrale und wichtigste Kriminalbehörde in der Bundesrepublik wurde damit in der langfristigen Perspektive potenziell in Frage gestellt. Der Bund reagierte auf diese Entwicklungen, indem er einerseits die Bundespolizeien reorganisierte, wie insbesondere den BGS, andererseits tradierte Aufgabenabgrenzungen gegenüber den Ländern neu formulierte und hier bestehende Kompetenzen auf den BGS konzentrierte, wie die Bahnpolizei, oder neu als Bundesaufgabe definierte, wie die Luftsicherheitsaufgaben.

Die Reorganisation der Landespolizeien leitete sich nicht zwingend aus der europäischen Integrationsentwicklung ab. Die Europäisierung löste eher Überlegungen in den Ländern aus, wie die eigenen institutionellen Sicherheitssysteme gestrafft, effizienter und effektiver organisiert werden könnten, um den neuen Ansprüchen zu entsprechen. Doch solche Zielbekundungen stoßen schnell auf Grenzen. Die institutionellen Systeme der Inneren Sicherheit bestehen gerade auf Länderebene, dort wo der Großteil aller Sicherheitskräfte tätig ist, aus subtil ausbalancierten Arrangements der vielfältig involvierten Akteursgruppen.

„Reorganisation“ oder „Reform“ der Sicherheitsbehörden lässt sich dann leicht bewerkstelligen, wenn symbolische Politikvermittlung betrieben werden soll – etwa: Die und diese Dienststellen werden gestärkt, um die europaweite Organisierte Kriminalität besser bekämpfen zu können. Wenn „Reorganisation“ aber bedeuten soll, die Organisations-, Kommunikations- und Kooperationsbeziehungen weiter Bereiche der Sicherheitsbehörden anders gewichten oder überhaupt neu ausrichten zu wollen, berührt dies eben die vielen Gruppenidentitäten und Besitzstände, stößt auf in Jahrzehnten austarierte Handlungsmuster, insbesondere auf internalisierte Handlungsroutinen innerhalb der Netzwerkbeziehungen eines Politikfeldes. Ohne die Aussicht, die eigene Position verbessern zu können, wird kaum eine der beteiligten Akteursgruppen bereit sein, die bestehenden Arrangements aufzugeben (zur Reformfähigkeit vgl. auch Aden 2003).

Eine Analyse der Handlungsmuster, die in den Kreispolizeibehörden virulent sind, dort wo das Gros aller Polizisten arbeitet, verdeutlicht die Konfliktlinien, die innerhalb der Polizei verlaufen. So unterscheiden sich die Problemlösungsrationalitäten und die damit verbundenen handlungsleitenden Sets von Schemata, Frames und Habits[2] zwischen Schutzpolizisten (vorgangsbezogen) und Kriminalpolizisten (fallbezogen) gravierend voneinander. Sie drücken nicht nur unterschiedliche Gruppenidentitäten aus, sondern sind selbst das Ergebnis einer sich auch historisch vollziehenden Ausdifferenzierung unterschiedlicher Funktionssysteme innerhalb der Polizei, die sowohl auf der jeweiligen horizontalen wie vertikalen Achse (Behörden auf der kommunalen Ebene, Landesebene, Bundesebene) deutlich getrennte Ausbildungs-, Sozialisations- und Professionssysteme herausgebildet haben (siehe die Beiträge in Liebl/Ohlemacher 2000; Groß/Schmidt 2005). In der Konsequenz sind im Laufe der Zeit segmentierte Polizeibereiche entstanden, die je eigene Professionsregeln und Sozialisationsverläufe hervorgebracht haben. Und je stärker sich die darin manifestierten Leitbilder ausformten, desto ausgeprägter verfestigte sich damit ein sehr stark

[2] In der Handlungstheorie wird unterschieden zwischen Wahrnehmungsmustern des Handelnden (Schemata), der Rahmung bzw. Vereinfachung möglicher Ziele seines Handelns (Frames) und seinen Handlungsroutinen (Habits), mit denen er seine Handlungen bestreitet (Lange 1999: 46).

miteinander konkurrierendes berufsständisches Verbändesystem. Die drei Berufsverbände, die sich gegenüberstehen, beanspruchen entweder die alleinige gewerkschaftliche Vertretung aller Polizisten (so die Gewerkschaft der Polizei im DGB), oder die Repräsentation der speziellen Belange des Beamtentums (so die Deutsche Polizeigewerkschaft im Deutschen Beamtenbund), oder die Vertretung der sich als Spezialistenpolizei verstehenden Kriminalpolizei (so der Bund Deutscher Kriminalbeamter). Eine Reorganisation oder Reform, die weder die Segmentierung der Polizei noch die sie repräsentierenden Verbände berücksichtigt, ist zwangsläufig zum Scheitern verurteilt.

Für den politischen Prozess bedeutet dies, dass die Landesautonomie sehr ausgeprägt vorliegt in allen Fragen der Polizeiorganisation und der Personalpolitik. In diesen Bereichen ist auf Landesebene ein stark korporatistisch ausgeprägtes Interessenvermittlungssystem entstanden. Ein entscheidender Grund liegt darin, dass alle Materien, die für die Verbände entscheidend sind (Beamtenrecht, Personalbewirtschaftung, Besoldung etc.), sehr stark in der Zuständigkeit der Landespolitik liegen. Für die Länder folgt daraus, dass sie eigenständige Akzente hauptsächlich im Bereich der *Polizeipolitik* setzen können. Im Bereich der *Kriminalpolitik* können sie eigenständig vor allem im Bereich kriminalpräventiver Programme handeln; sie können Schwerpunktkommissariate bilden, die ihr Augenmerk intensiver auf bestimmte Deliktbereiche richten. In der übergreifenden *inneren Sicherheitspolitik* können sie vergleichbar ihr jeweiliges Landesamt für Verfassungsschutz auf die Beobachtung bestimmter Gruppierungen ausrichten; sie können Initiativen ergreifen, neue Formen der Zusammenarbeit zwischen staatlichen, kommunalen und privatwirtschaftlichen Sicherheitsproduzenten anzustoßen (Sicherheitspartnerschaften, Sicherheitswachten u.a.). In allen anderen Fragen der Kriminalpolitik und der Politik der Inneren Sicherheit sind sie auf die Zusammenarbeit mit anderen Ländern und dem Bund angewiesen.

Wenngleich die Polizeihoheit verfassungsrechtlich verankert bei den Ländern liegt, verfügt der Bund doch über wesentliche Einflusschancen, nicht zuletzt wegen der beständig an Kompetenzen wachsenden Behörden wie Bundeskriminalamt (BKA), Bundespolizei (vormals BGS), Bundesamt für Verfassungsschutz (BfV), Generalbundesanwaltschaft, das Rechtsinstrumentarium des Strafprozessrechtes (STPO) und des Strafrechts sowie, meistens ungerechtfertigt im Schatten stehend, die Zollbehörden (siehe die Beiträge in Lange 2000). Zwar sind alle damit in Verbindung stehenden Rechtsmaterien in der Regel zustimmungspflichtig über den Bundesrat, aber der Bund kann aus zwei Gründen hier seine Vorstellungen wirkungsvoll durchsetzen: zum einen führt die Finanzknappheit zumal bei den kleineren Bundesländern dazu, oftmals bereitwillig dem Bund und seinen Sicherheitsbehörden Aufgaben abzutreten, weil dies eigenes Geld spart, zum anderen trägt der Bund trotz der Beteiligungsrechte der Länder faktisch die Außenrepräsentanz in dem an Gewicht zunehmenden europäischen Sicherheitsverbund. Der Bund ist in der Inneren Sicherheit also weder eine Restgröße noch ein Getriebener angesichts der Polizeihoheit der Länder, vielmehr ist er innerhalb des Sicherheitsverbundes eine prägende Kraft für die Entwicklung des „Gewaltmonopolisten Staat".

4 Kontinuität und Veränderung der Inhalte

4.1 Wechsel der Koalitionen

Innere Sicherheit kann verstanden werden als der Teil des politischen Systems, der die Institutionen, Entscheidungsprozesse und Politikinhalte umfasst, die auf die „Produktion" innerstaatlicher „Sicherheit" gerichtet sind. Innere Sicherheit enthält in diesem Politikfeldverständnis keine a priori vorgegebene Festlegung darauf, ob die inhaltliche Ausrichtung dieser Sicherheitsproduktion beispielsweise durch liberale oder autoritäre, eher durch präventive oder repressive Merkmale geprägt ist. Innere Sicherheit ist in diesem Sinne immer ein offener Machtprozess, der durch die Art der Bündnisse und Koalitionen, die die wichtigsten Akteursgruppen in diesem Feld untereinander eingehen, ihren Zugängen zu den Machtressourcen (Regierung vs. Opposition), aber auch durch die Zielsetzungen, die sie ihrem politischen Handeln zugrunde legen, gekennzeichnet ist (Lange 1999).

Der nachfolgende Blick soll exemplarisch auf die Jahre der rot-grünen Bundesregierung (1998-2005) gerichtet werden, um danach zu fragen, welche Bedeutung ein Regierungswechsel hat – und zwar gerade in einem Bereich wie dem der Inneren Sicherheit, in dem die Gegensätze zwischen SPD und Grünen auf der einen und CDU und CSU auf der anderen Seite doch offenkundig sehr ausgeprägt waren. Zur FDP hin sind die Gegensätze zwar wesentlich geringer. Dennoch konnte von dem Antritt einer rot-grünen Regierungskoalition erwartet werden, dass sich die Verhältnisse und vor allem die Inhalte innerhalb des Politikfeldes bzw. des Systems der Inneren Sicherheit grundlegend verändern würden. Mit Rot-Grün war zudem die Erwartung verbunden, wenn nicht ein umfassendes gesellschaftliches Reformbündnis, so doch zumindest eine inhaltliche Neuausrichtung der bundesdeutschen Politik nach 16 Jahren christlich-liberaler Koalition vornehmen zu können. Wie sieht diese Bilanz in der Inneren Sicherheit aus?

Die Voraussetzungen von Rot-Grün waren bei Regierungsantritt nicht besonders Erfolg versprechend. Zum einen unterschieden sich die Staatsverständnisse von SPD und Grünen erheblich voneinander, zum anderen lagen bei beiden Parteien keine wirklichen Überlegungen vor, wie die Politik der Inneren Sicherheit sich von der Vorgängerregierung unterscheiden sollte. Stärker bei den Grünen als bei der SPD war der Anspruch formuliert, dass es einen grundsätzlichen Richtungswechsel geben sollte, ohne aber Vorstellungen darüber entwickelt zu haben, wie dies konkret aussehen sollte und über welche Möglichkeiten der Bund überhaupt verfügt.

Im sozialdemokratischen Denken spielt der Staat traditionell eine starke Stellung. Reformpolitik ist auf den Staat angewiesen. Er bildet das entscheidende Instrument, die Inhalte sozialdemokratischer Reformpolitik umzusetzen. Der Staat verfügt über die Machtmittel, gesellschaftliche Ressourcen umzuverteilen, und über die notwendigen Steuerungsmöglichkeiten, diese Prozesse politisch zu planen und zu realisieren. Mit der Krise des Staates, ausgelöst durch die Globalisierung, Internationalisierung und nicht zuletzt Europäisierung, verliert das sozialdemokratische Vertrauen in den Staat jedoch zunehmend an Substanz und Gewissheit. Im Zuge des Modernisierungsdiskurses, denen die gesamte westliche Sozialdemokratie unterliegt, bilden sich neue Entwürfe von Staatskonzeptionen heraus, die um eine neue Funktionsbestimmung des Staates ringen. Es geht um den viel beschworenen Mittelweg (ein neu bemessener „dritter" Weg) zwischen dem neoliberal gestimmten „schlanken" Staat und dem alten, sozialdemokratisch adäquaten, „wohlfahrtsstaatlichen" bzw. „aktiven" Staat. Das Ergebnis dieser Gradwanderung ist der „aktivierende" Staat. Dieser soll die Gesellschaft zum Selbsthandeln „aktivieren", also das private und gesellschaftliche Handeln stärken, den Staat damit entlasten, aber anders als der schlanke Staat weiterhin die Garantie oder die Gewährleistung dafür übernehmen, dass auch bei privatwirtschaftlichem Aufgabenvollzug rechts- und sozialstaatliche Zielsetzungen gewahrt bleiben. Dort, wo es notwendig erscheint, kann der aktivierende Staat den Aufgabenvollzug auch jederzeit in den staatlichen Vollzug zurückholen. Durch diesen Rückzug auf die Gewährleistung bündelt er zugleich seine Kräfte und ist, in der Modellhaftigkeit zumindest, besser geeignet, die politische Steuerung des Grundsätzlichen neu zu beleben. Innere und äußere Sicherheit werden in dieser Modellperspektive auffallend selbstverständlich als „Kernaufgaben" des Staates ausgewiesen. Die dazu gehörige Frage, warum dies so sei, was genau mit diesen Aufgabenbereichen gemeint ist und wo ungefähr die Grenzlinie zu den Gewährleistungsaufgaben verläuft, wird erst gar nicht gestellt.

Das sozialdemokratische Staatsverständnis ist in dem Sinne „modern", dass es in den Tenor einstimmt, der Staat müsse seine Aufgabenlast reduzieren, ausgliedern, betriebswirtschaftlich effizienter führen, privatisieren und eine aktivierte Bürgerschaft einbeziehen. Zugleich bleibt das Staatsverständnis unausgesprochen traditionell, weil es den (bildhaft gesehenen) Überbau – die staatliche Gewährleistung des Aufgabenverständnisses sowie zentrale Säulen der Staatstätigkeit (Außenpolitik, Verteidigung, Innere Sicherheit, Justiz, Währung) – zum Kernbereich des Staates erklärt. An der gesamten Breite der Staatstätigkeitsthemen gemessen erscheint der Kernbereich zudem so rudimentär, die Antiquiertheit des Staates so evident, dass es dafür einer gesellschaftlichen Diskussion nicht mehr bedarf. Infolgedessen zeigte sich die Programmatik der Sozialdemokratie zur Inneren Sicherheit als kaum existent, war ihr Wahlkampf eher davon bestimmt, dieses Thema nicht zum Thema werden zu lassen. Die vorangegangene Wahl in Hamburg (September 1997) mit dem schlechten Ergebnis für die SPD wurde mit der Nichtpräsenz bzw. einer zu liberalen Haltung im Themenfeld Innere Sicherheit in Verbindung gebracht. Ein im Juli 1998 von der Bundestagsfraktion unter Federführung von Otto Schily vorgelegtes Papier zur Inneren Sicherheit irritierte dann schon dadurch, dass sich Leitlinien vom „starken Staat" zeigten, der insbesondere durch Verschärfung des Straf-, Polizei- und Ausländerrechts hart durchgreifen wollte.

Das Staatsverständnis der Grünen war dagegen von einer tiefen antietatistischen Tradition geprägt. Ihr Entstehen entwickelte sich gegen den Staat: Friedenspolitik gegen staatliches Wettrüsten, Anti-AKW gegen staatliche Energiepolitik, Schutz der Umweltinteressen gegen staatliche Gleichgültigkeit in diesen Fragen. Die Grünen verstehen sich als Advokaten für schwach ausgebildete Interessen, die sich durch staatliches Handeln benachteiligt fühlen. Die Herausbildung einer eigenständigen grünen Staatskonzeption erscheint vor diesem Hintergrund als Widerspruch in sich. Gehör finden vielmehr Konzeptionen wie die der Zivilgesellschaft, die eine Gesellschaft unabhängig, wenn nicht neben oder gegen den Staat zum Inhalt hat. Davon ist auch die Haltung der Grünen zur Inneren Sicherheit geprägt gewesen, die es im eigentlichen Sinne bei ihnen bis 1998 nicht gegeben hatte. Es ist das Thema „Demokratie und Recht", welches den Rahmen steckt: die Fragen von Minderheitenrechten und Minderheitenschutz, von Zuwanderung und Migration, von Bürgerrechten insbesondere gegenüber dem Staat. Wenn die Sicherheitsbehörden thematisiert werden, dann unter dem Gesichtspunkt vorgefundener Übergriffe ihres Personals gegen Bürger, dann in der Regel mit einfachen Antworten: Abschaffung der Geheimdienste, mehr Kontrolle über die Polizei, Prävention anstelle von Repression, Aufklärung des Bürgers darüber, dass er keinen Grund hat, sich unsicher zu fühlen. Und wer hierbei nicht aufklärbar ist, ist ohnehin kein grüner Wähler.

Im Ergebnis setzte die rot-grüne Bundesregierung in ihren ersten drei Amtsjahren nur wenige neue Akzente in der Inneren Sicherheit. Dies gelang ihr in den Bereichen der Prävention und des Opferschutzes. In der Kriminalitätsbekämpfung beschritt sie eher traditionelle Wege, die sich von der christlich-liberalen Vorgängerregierung nicht unterschieden (vgl. Kant/Pütter 1998): Die elektronische Wohnraumüberwachung („Großer Lauschangriff"), verabschiedet noch unter der alten Bundesregierung unter Beteiligung der SPD zu Beginn des Jahres 1998, die Implementation der Schleierfahndung in die Polizeigesetze des Bundes und der Länder ebenso die der anlass- und verdachtsunabhängigen Kontrollen, die Aufweichung des Trennungsgebotes von Polizeien und Nachrichtendiensten – in keinem der Punkte war erkennbar geworden, dass seitens der rot-grünen Bundesregierung Initiativen unternommen wurden, um den Prozess der zunehmenden Kompetenzerweiterungen und des Abbaus freiheitsrechtlicher Standards zu überprüfen und gegebenenfalls zurückzunehmen. Im Sinne von Kontinuität wurde vielmehr nach 1998 die bisherige Logik fortgesetzt, ohne auch nur langfristige Zielsetzungen aufzuzeigen, wie Konturen einer anderen Politik der Inneren Sicherheit aussehen könnten, oder diese in den Zusammenhang veränderter Staats- und Demokratiekonzeptionen zu stellen.

4.2 Der 11. September als exogener Verstärker

Mit dem Terroranschlag des 11. September 2001 waren ohnehin alle Diskussionen über alternative rot-grüne Wege in der Inneren Sicherheit beendet. Der Anschlag wurde öffentlich als eine Zäsur, als Beginn einer neuen Ära thematisiert. Unbestreitbar bedeutete er eine neue Qualität terroristischer Gewalt. In der Art und Weise, wie der Staat, allen voran das sozialdemokratisch geleitete Bundesinnenministerium, darauf reagierte, ist aber im doppelten Sinne der Bedeutung nicht von einer Zäsur zu sprechen. Überraschend war allenfalls die Geschwindigkeit, mit der die Sicherheitspakete I und II vorgelegt und dann vor allem durch den Gesetzgebungsprozess gebracht wurden. Kurz vor Jahresende 2001 sind diese gesetzlich in Kraft getreten.

Das Sicherheitspaket I, welches unmittelbar nach dem Anschlag vorbereitet wurde, enthielt vier Zielsetzungen: (1) durch eine Änderung des Vereinsgesetzes sollte das sog. „Religionsprivileg" entfallen. Religiös motivierte Vereine waren bis dato vor einer zwangsweisen vereinsrechtlichen Auflösung durch den Bundes- bzw. Landesinnenminister geschützt. Der Vorwurf lautete, dass unter dem Deckmantel religiöser Gemeinschaften islamistische Fundamentalisten sich organisieren und agitieren. (2) Des Weiteren sollte es durch Einführung des neuen § 129b Strafgesetzbuch möglich werden, die Mitgliedschaft in einer terroristischen Vereinigung auch dann zu verfolgen und zu bestrafen, wenn diese in Deutschland nicht tätig ist und deren Mitglieder hier auch keine Straftaten begehen. Damit sollte insbesondere die internationale Verfolgung des Terrorismus erleichtert werden. (3) Ein weiterer Punkt bezog sich auf eine Reihe von Maßnahmen, die die Sicherheit des Flugverkehrs verbessern sollten: die Sicherung der Cockpit-Türen in Flugzeugen, Zuverlässigkeitsprüfungen des sicherheitsrelevanten Personals, verbesserte Kontrollen von Fluggästen und Gepäck. (4) Schließlich sollten die bisherigen Kontrollen zur Verhinderung von Geldwäsche verschärft werden.

In der gesellschaftspolitischen Diskussion des ersten Sicherheitspaketes richtete sich die Kritik gegen den zweiten Punkt („§ 129b"), während der erste Punkt kaum in Frage gestellt wurde (rechtliche Gleichstellung religiöser Vereine mit politischen u.a.), und der dritte Punkt („Sicherheit im Flugverkehr") nach dem Anschlag naheliegend war. Der vierte Punkt („Geldwäsche") blieb sehr unbestimmt und wurde erst im zweiten Sicherheitspaket konkretisiert. Die Kritik gegen den neuen § 129b wies vor allem darauf hin, dass eine solche Bestimmung in der Vergangenheit mit gutem Grund nicht in das Strafgesetzbuch aufgenommen wurde. Sie setzt voraus, dass sich eindeutig zwischen terroristischen und freiheitserkämpfenden Gruppen unterscheiden lässt. Eine Widerstandsgruppe gegen Saddam Hussein war aus Sicht des Irak eine terroristische Gruppe, aus Sicht des Westens waren es Freiheitskämpfer. Die Beispiele ließen sich fortsetzen: die PLO, der damalige ANC in Südafrika usw. Die neue Bestimmung führt dazu, so die Kritik, die Rechtsprinzipien unbestimmt werden zu lassen. Es wird eine Frage der politischen Opportunität, ob eine Gruppe als terroristisch angesehen wird oder aufgrund außenpolitischer Kalküle nicht.

Das Sicherheitspaket II war wesentlich umfangreicher angelegt. Die wichtigsten Veränderungen seien kurz aufgeführt:

- Stärkung der Kompetenzen des Bundesamtes für Verfassungsschutz (BfV): Das BfV soll künftig auch Auskünfte bei Kredit-, Finanz-, Luftfahrt- und Telekommunikationsunternehmen (Standortdaten, E-Mail-Verkehr usw.) einholen dürfen. Die Überprüfung von Mobiltelefonen wird erleichtert, der Informationsaustausch mit anderen Behörden (Ausländerbehörden etc.) intensiviert.
- Ausweitung der Kompetenzen des Militärischen Abschirmdienstes (MAD): Sinngemäß erhält das Amt die gleichen zusätzlichen Kompetenzen eingeräumt wie das BfV, ausgenommen die Auskunftsrechte gegenüber den genannten Unternehmen.
- Ausweitung der Kompetenzen des Bundesnachrichtendienstes (BND): Es gelten die gleichen Bestimmungen wie beim BfV.
- Erweiterung der Aufgaben des Bundesgrenzschutzes (BGS): Es werden bewaffnete Flugbegleiter eingesetzt sowie die Ausweiskontrollbefugnisse des BGS ausgeweitet. BGS-Beamte können künftig auch ohne Tatverdacht Personen anhalten, befragen (wie schon bisher) und die Ausweise kontrollieren.
- Erweiterung der Kompetenzen des Bundeskriminalamtes (BKA): Die Zentralstellenfunktion des BKA gegenüber den Landeskriminalämtern wird ausgebaut, das BKA erhält originäre Ermittlungszuständigkeiten bei Datennetzkriminalität.
- Änderungen des Pass- und Personalausweisgesetzes: Geplant ist, vorbehaltlich einer weiteren Zustimmung des Bundestages[3], biometrische Merkmale in die Personalaus-

[3] Zu dieser parlamentarischen Diskussion und Entscheidung seitens des Bundestages ist es nicht mehr gekommen. Der Rat der EU-Innen- und Justizminister beriet bereits im September 2001 auf einer Sondersitzung, wie diese biometrischen Merkmale europaeinheitlich in die Reisepässe aufgenommen werden könnten. Im Dezember 2004 einigte sich der Rat auf einen entsprechenden Beschluss. Da die entsprechende EU-Verordnung für alle Mitgliedsstaaten gilt, war eine Zustimmung des Bundestages nicht mehr erforderlich. Seit dem 1. November 2005 werden neue Reisepässe mit einem entsprechenden Speicherchip ausgerüstet, auf dem biometrische Merkmale (digitalisiertes Gesichtsbild und ab 2007 digitalisierte Fingerabdrücke) gespeichert werden können (vgl. Busch 2006: 29-32).

weise aufzunehmen, um eine computergestützte Identifizierung von Personen zu ermöglichen.

- Änderungen des Ausländer- und Asylverfahrensrechts: Die Bestimmungen für Einreise- und Aufenthaltsbestimmungen werden verschärft. Die Möglichkeiten, Ausländer des Landes zu verweisen, werden erleichtert. Fingerabdrücke von Asylbewerbern werden automatisch beim BKA abgeglichen. Der Zugriff der Sicherheitsbehörden auf Datenbestände des Ausländerzentralregisters wird erleichtert.
- Änderungen des Sozialgesetzbuches: Die Strafverfolgungsbehörden können zukünftig leichter auf Daten der Sozialbehörden zurückgreifen.
- Änderungen des Sicherheitsüberprüfungsgesetzes: Der Bereich solcher Einrichtungen, die als sicherheitsrelevant gelten, wird erheblich ausgeweitet (Krankenhäuser, Energieunternehmen usw.), das dort tätige Personal entsprechend überprüft.

Betrachtet man die Sicherheitspakete mit ihren rund 100 Gesetzen, die novelliert worden sind, genauer, fällt auf, dass viele der Zielsetzungen auch vor dem 11. September längst geplant waren: so die Abschaffung des Religionsprivilegs oder die Änderung des § 129b STGB. Viel gravierender als diese Änderungen sind aber die vielen Gesetzesnovellierungen, die die Kompetenzen der Sicherheitsbehörden ausweiten, hierbei ehedem „eiserne" Prinzipien des bundesdeutschen Sicherheitssystems noch weiter entkräften, als dies ohnehin schon seit Jahren geschieht: Zu nennen ist die Aufweichung des Trennungsgebotes zwischen Polizei und Nachrichtendiensten, wonach die Aufgaben und Tätigkeiten dieser Behörden strikt getrennt bleiben müssen, damit die Polizei nicht mit schwer zu kontrollierenden nachrichtendienstlichen Mitteln und die verdeckt arbeitenden Nachrichtendienste nicht mit exekutiven Kompetenzen arbeiten können. Der 11. September erwies sich als „policy window of opportunity", welches plötzlich, ohne die vorgebliche Diagnose eines systembedingten „Reformstaus", Änderungen durchsetzbar werden ließ, insbesondere auch koalitionsintern, die unter „normalen" Bedingungen niemals und schon gar nicht in diesem Tempo durchsetzbar gewesen wären.

In der gesellschaftspolitischen Kritik standen im Kern zwei Fragen im Vordergrund: Wie angemessen sind diese erheblichen Ausweitungen der sicherheitspolitischen Eingriffsrechte des Staates im Verhältnis zu den Freiheitsrechten seiner Bürger, und, eng damit verbunden, sind diese Maßnahmen tatsächlich geeignet, die Sicherheit vor terroristischen Anschlägen herzustellen?

Die Sicherheitspakete I und II müssen im Zusammenhang gesehen werden mit der Entwicklung der Sicherheitspolitik seit den 1980er Jahren. In immer neuen Schüben werden kurzfristig für aktuelle Bedrohungslagen (organisierte Kriminalität, Rechtsextremismus, Terrorismus, Jugendgewalt) umfangreiche gesetzliche Ermächtigungsgrundlagen geschaffen. Die jeweiligen Bedrohungslagen werden hierbei weder ausreichend hinsichtlich ihrer Ursachen analysiert, noch bleibt genügend Zeit, entsprechend angemessene kriminalpolitische, kriminalstrategische sowie flankierend gesellschaftspolitische Maßnahmen zu entwickeln. Sobald neue Probleme auftauchen, beginnt der Kreislauf erneut. Die zuvor begründeten gesetzlichen Ermächtigungsgrundlagen, in der Regel kaum vollständig entwickelt, werden dadurch aber nicht beendet, sondern bestehen weiter fort. In der Folge entsteht ein Wust an Rechtsnormen. Dies überfordert einerseits die Sicherheitsbehörden selbst, weil das dort tätige Personal angesichts der nicht mehr eindeutigen Zielvorgaben und vor dem Hintergrund knapper Ressourcen an Zeit, Geld und Personal keinen klar eingegrenzten

Handlungsrahmen mehr vorfindet. Andererseits führt es bei vielen Bürgern zu einem wachsenden Gefühl eines aufziehenden Überwachungsstaates, weil die Sicherheitsgesetzgebung und die Aufgabenstruktur der Sicherheitsbehörden nicht mehr transparent sind (vgl. Gössner 1995). Letztlich wird damit das Vertrauen in die Funktionsfähigkeit staatlicher Institutionen insgesamt untergraben. Denn wenn jede neue Problemlage so grundlegende Gesetzesänderungen erforderlich macht, wird damit seitens des Staates auch ausgedrückt, dass die zuvor geltenden Rechtsgrundlagen offensichtlich nicht geeignet waren, neue Gefahren abzuwehren.

Die aktuelle Terrorismusdebatte zeigt, dass insbesondere aus dem kurzfristigen Handlungszwang, dem die Politik sich ausgesetzt sieht, sehr schnell zu solchen Instrumenten gegriffen wird, zu denen Erfahrungswerte vorliegen. So sind viele der Instrumente, die jetzt gegen den internationalen und islamistischen Terrorismus eingesetzt werden, der RAF-Terroristenverfolgung aus den 1970er Jahren entlehnt. Diese Erfahrungen lassen sich aber nicht übertragen. Tätermotive, Täterprofile, Täterdenkweisen und Tatstrukturen unterscheiden sich grundlegend voneinander. Die auf Abschreckung angelegten Instrumente der 1970er Jahre (der Täter muss befürchten, Leben und Freiheit zu verlieren) versagen bei Tätern, die ihr Leben als Waffe einsetzen. Damit besteht die Gefahr fehlender Wirksamkeit der eingesetzten Maßnahmen. Es droht zudem die hilflose und undifferenzierte Ausweitung des Extremismusbegriffes und der potenziellen Verdachtsannahme gegen ganze Bevölkerungsgruppen insbesondere arabisch-islamischer Herkunft.

Der 11. September und die Folgen überlagerten die gesamte innere Sicherheitspolitik der rot-grünen Bundesregierung. Die Debatte war davon bestimmt, mit welchen Maßnahmen und Gesetzesveränderungen ein vergleichbarer Anschlag in der Bundesrepublik verhindert werden könnte. Insbesondere der sozialdemokratische Bundesinnenminister, Otto Schily, dominierte die politische Beratung mit seiner Position, dass vorrangig auf einen Ausbau und eine Zentralisierung der Sicherheitsbehörden des Bundes sowie auf härtere Gesetze zu setzen sei. Für alternative Konzeptionen blieb, sowohl innerhalb als auch außerhalb der Regierungskoalition, kaum eine Möglichkeit, Gehör zu finden.

5 Die permanente Große Koalition der Inneren Sicherheit

5.1 Die Parteien

Im Verlaufe der bundesdeutschen Entwicklung hat sich ein „Mehrebenen-Sicherheitsverbund" (Lange 1999: 422) herausgebildet, der zum einen zu einer immer stärkeren rechtlichen und organisatorischen Angleichung der Sicherheitseinrichtungen der Länder und des Bundes geführt hat, zum anderen eine faktische „Große Koalition der Inneren Sicherheit" (Kutscha 1998) aus SPD, CDU und CSU begründete, die den föderalen Sicherheitsverbund durchgängig ohne wirklich große Konflikte regiert.

Die Situation für die SPD ist nach dem Ende der rot-grünen Bundesregierung ambivalent – vor allem auch in der Inneren Sicherheit. Die Sozialdemokratie, die, was oft übersehen wird, zum ersten Mal in der Geschichte der Bundesrepublik den Bundesinnenminister stellte, hat, rein wahlstrategisch und kurzfristig bewertet, durchaus eine erfolgreiche Bilanz vorzulegen. Es ist ihr gelungen, die Innere Sicherheit den Unionsparteien, welche dieses Thema als ihr ureigenes betrachtet haben, zu entreißen. Für CDU und CSU ist dies ein empfindlicher Einbruch in ihre Themendomäne. Der Erfolg erscheint aber in der mittelfristigen Perspektive, auch unter wahlstrategischen Kalkülen, zweifelhaft. Denn in der Konkurrenz der Volksparteien wird der sozialdemokratische Kurswechsel hin zu einer repressiven Politik der Inneren Sicherheit nicht dazu führen, dass die Unionsparteien nun die liberale Gegenposition entdecken. Aufgrund ihrer Wählerstruktur können die Unionsparteien einen solchen Kurswechsel nicht vornehmen, ohne ihre Wähler an rechtspopulistische Parteien zu verlieren. Also bleibt den Unionsparteien nur, noch mehr „Härte" zu zeigen oder vehement den Einsatz der Bundeswehr im Inneren oder andere plakative Änderungen zu fordern. Ob die SPD einen solchen Wettlauf allein mit dem Argument gewinnen kann, sie sei ja jederzeit im Vergleich zu CDU/CSU immer noch ein Stückchen mehr „links", auch wenn beide Züge schon längst im rechten Lande fahren, bleibt mehr als unwahrscheinlich. Trotz der ausgeprägten Leidensfähigkeit ihrer Wähler wird ein Punkt kommen, an dem zumindest ein Teil davon eine solche Politik der SPD nicht mehr mitträgt. Der Zusammenschluss von PDS und WASG zu einer neuen Linkspartei kann dann schnell zum bleibenden Erfolg führen. In der Konsequenz hat es die Sozialdemokratie in ihren Regierungsjahren versäumt, einen tatsächlichen „Mittelweg" in der Inneren Sicherheit zwischen dem repressiven „starken" Staat und dem alles duldenden „wehrlosen" Staat zu entwickeln und unter Beweis zu stellen.

Die Grünen sind von den Auswirkungen des 11. September noch wesentlich stärker berührt als die SPD. Die Frage des Militäreinsatzes im Kosovo führte bereits zu einer Beinahe-Parteispaltung. Der 11. September und die Kriegsfrage verdeutlichten, dass die Grünen Abschied nehmen mussten entweder von ihrer pazifistischen Tradition oder aber von der Regierung und eines Teils, insbesondere des prominenten Teils ihrer Funktions- und Mandatsträger. Vor diesem Hintergrund lief die Zustimmung zu den Sicherheitspaketen beinahe geräuschlos ab. Dennoch bedeutete es auch hier, dass die Grünen ihre traditionelle Klientel in Fragen von Demokratie und Recht bzw. de facto in Fragen der Inneren Sicherheit verprellten: die Bürgerrechts-, Menschenrechts-, „AusländerInnen"- und Flüchtlingsgruppen. Die Parteiführung bemühte sich intensiv, die Verhinderung von noch mehr Einschränkungen als ihren Verdienst herauszustellen: Initiativermittlungen des BKA, Festlegung auf biometrische Merkmale in Personalausweisen, Abschiebung von des Extremismus verdächtigen Ausländern auf bloßen Verdacht hin, Einsatz der Bundeswehr im Inneren. Bei den Themen Bundeswehr und Initiativermittlung waren es aber eher verfassungsrechtliche Hindernisse oder Widerstände seitens der Bundesländer, die dies verhinderten. Die Frage der Biometrie ist lediglich aufgeschoben; allenfalls der Umstand, dass die Verdachtsabschiebung von Ausländern nicht verwirklicht worden ist, geht auf grünen Widerstand zurück. Anders als die SPD, die es strategisch und inhaltlich versäumt hat, sich in Fragen der Inneren Sicherheit neu und zukunftsweisend auszurichten, haben die Grünen in diesem Politikbereich ihre inhaltliche und strategische Basis verloren sowie die Verbindung zu ihrer Klientel eingebüßt. Da dies auch für andere Felder gilt, zu nennen ist nur die Friedenspolitik, wird ihre Wählerbasis spürbar und existenziell bedrohlich dünn. Längst stehen die Umrisse einer neuen Linkspartei bereit, um die Partei der kompromisslosen Friedenspolitik zu werden und die der prinzipiellen Ablehnung aller Einschränkungen von Freiheits- und Bürgerrechten (ohne an dieser Stelle von dem zugrunde liegenden Glaubwürdigkeitsproblem der PDS bzw. der Linkspartei zu sprechen).

Was sind die Perspektiven für künftige Bündnisse in Fragen der Inneren Sicherheit bzw. der Innen- und Rechtspolitik insgesamt? Theoretisch liegen sie sichtbar auf der Hand.

SPD und CDU/CSU ringen um die Oberhoheit über den starken Staat, unterscheiden sich dabei nicht wirklich voneinander und können im Bundestag, in den Landtagen und im Bundesrat jederzeit formelle und informelle Koalitionen und Bündnisse bilden. Die PDS/ Linkspartei übt sich in Fundamentalopposition (solange es angesichts der Regierungsbeteiligungen im Osten noch geht). Am rechten Rand versuchen immer neue Schills ihre Nische zu finden, bis Union und SPD ihnen die Protestthemen dadurch entziehen, dass sie diese rechtsstaatlich filtern und eine gemäßigt repressive Antwort formulieren. Es bleibt die liberale Position unbesetzt. Die FDP beansprucht diese, hat aber ihre linksliberale Tradition, von Rhetorik und wenigen Alt-Liberalen abgesehen, schon längst aufgegeben. Personell ist niemand vorhanden, der oder die dies umkehren könnte. Für die FDP, prinzipiell aber auch für die Grünen, hieße es also, die liberale Tradition aufzugreifen und hier tatsächlich andere Wege zu entwickeln, wie das Thema Sicherheit neu definiert werden kann, ohne damit in Widerspruch zu Freiheits- und Bürgerrechten zu geraten. Alle Entwicklungen, die durch den 11. September verdeckt worden sind, so die zunehmende Privatisierung der Inneren Sicherheit, die wegen Staatsüberforderung notwendige Einbindung der Bürgerschaft, ebenso wie Fragen, die durch den 11. September bewusster geworden sind, so die Europäisierung der Innen- und Rechtspolitik, die zunehmende Verzahnung von innerer und äußerer Sicherheit, alle diese Fragen erfordern ein grundlegendes Umdenken in der Sicherheitspolitik. Der starke Staat kann hier nur die Illusion der Wirksamkeit bieten, weil seine Konzepte längst die Voraussetzungen verloren haben. Eine Neuformulierung der Sicherheitspolitik setzt voraus, Sicherheit auch als eine gesellschaftliche Aufgabe zu verstehen, die nur durch Dialog und (Interessen-)Verhandlung zwischen Staat und (zivil)gesellschaftlichen Akteuren bewältigt werden kann (vgl. auch die Beiträge in Lange 2003).

5.2 Sicherheitspolitik als symbolische Politik

Unabhängig von koalitionstheoretischen Überlegungen lautet die zentrale Frage, ob der Staat die von ihm in Aussicht gestellte Sicherheit tatsächlich gewährleisten kann. In der Reaktion auf den 11. September hat die Bundesregierung innerhalb weniger Wochen die umfangreichen Sicherheitspakete mit rund 100 Gesetzesänderungen verabschiedet und umgesetzt. Die Kompetenzen der Sicherheitsbehörden wurden erheblich ausgeweitet, Datenschutzbestimmungen aufgeweicht, Strafgesetze verschärft und anderes mehr. Personalintensive Rasterfahndungen wurden durchgeführt, an deren Sinnhaftigkeit auch Polizeigewerkschaften Zweifel hegten.

Der Staat steht unter dem selbst erzeugten Druck, Handlungsfähigkeit in der Inneren Sicherheit zu demonstrieren. Seine Wirkungsmöglichkeiten sind allerdings aufgrund der komplizierten Zusammenhänge begrenzt. Die Ausweichmöglichkeiten, die sich bieten, liegen in der symbolischen Politik. Staat und Politik demonstrieren Härte, verschärfen Gesetze in einem Tempo, dass sie zunehmend parlamentarische Rechte verletzen, im Ergebnis oftmals ungereimt sind und vor Gericht keinen Bestand haben. Es werden Maßnahmen eingeleitet, die zum Teil die Sicherheitsbehörden selbst überfordern, weil weder das Personal noch die technischen Ressourcen vorhanden sind, die entsprechend proklamierten Ziele umzusetzen. Vor allem aber entsteht die Tendenz, immer kurzatmiger auf Ereignisse zu reagieren. So ist dann die Organisierte Kriminalität das alles entscheidende Thema, welches vielfältige Gesetze, bis hin zu Verfassungsänderungen, entstehen lässt. Das Thema ist plötzlich verdrängt vom Rechtsextremismus, welches alle Ressourcen auf sich zieht, alle Gesetzesinitiativen unter diesen Gesichtspunkt stellt. Dann wieder ist es das Thema Terrorismus, und alle Debatten über Rechtsextremismus verstummen, so als gäbe es das Problem nicht mehr. Die hartnäckig verdrängten Migrationsprobleme lassen plötzlich eruptiv deutlich werden, dass es ein wachsendes Gewaltpotenzial von sich perspektivlos fühlenden Jugendlichen mit Migrationshintergrund gibt. Zwischendurch flackern Ereignisse wie der Amoklauf von Erfurt auf, die für drei Wochen andere Zusammenhänge offen legen, bis dann ein neues Ereignis die Bühne betritt. Die jeweiligen sicherheitspolitischen Diskussionen selbst erhalten die Funktion gesellschaftlicher Identitätsstiftung. Sie erzeugen das „Wir" der („guten") Gesellschaft gegenüber dem anderen, dem abzulehnenden Teil.

5.3 Die Antiquiertheit von Bürgerrechten?

Sicherheitspolitik vollzieht sich so mehr und mehr unter den Bedingungen symbolischer Politik – und dennoch belässt sie es nicht beim medial inszenierten Ereignis. Es werden umfangreich zu jedem Thema neu die Gesetze verändert, Aufgabenziele der Sicherheitsbehörden anders ausgerichtet. Es geht nicht wirklich um Ergebnisse. Fehlende Effizienz und Effektivität sind die eine Folge, weil nicht eine Analyse der tatsächlichen Ursachen vorgenommen und halbwegs konsequent eine „Lösung" verfolgt wird. Eine Evaluierung unterbleibt ganz. Die vielfältigen Ruinen der Verwaltungsreformen in der Polizei zeugen davon (Lange/Schenck 2004). Die Polizei wird ständig auf neue Ziele ausgerichtet, ohne ihr die Zeit einzuräumen, die Reformen wirklich zum Erfolg zu führen. Die wachsende Intransparenz des Sicherheitssystems ist die andere Folge. Durch das Aufschichten immer neuer Eingriffsbefugnisse entsteht, je nach Couleur, die Erwartung wie auch die Befürchtung umfassender staatlicher Kontrolltätigkeit. Im gleichen Maße, wie die klare Rahmensetzung, die von den Gesetzen für die Tätigkeit der Sicherheitsbehörden ausgehen sollte, verloren geht, wächst aber auch die Wahrscheinlichkeit staatlicher Kompetenzüberschreitungen. Die Sensibilität hierfür ist ohne Zweifel nur noch das Anliegen einer Minderheit. Bei der Mehrheit stößt die Expansion der Sicherheitskompetenzen eher auf diffuse Zustimmung, wie Meinungsbefragungen immer wieder belegen. Der Einschnitt in Bürgerrechte wird als abstrakt empfunden, der Verlust von Datenschutz beispielsweise als nebensächlich bewertet, ist man doch im privaten Bereich ohnehin bereit, die eigenen Daten bei der Ausstellung von Rabatt-Einkaufskarten oder beim Internet-Shopping bekannt zu geben. Die Selbstorientierung des modernen („neoliberal" geprägten) Bürgers kann letztlich nicht zu einer anderen Einschätzung gelangen als der, Bürgerrechte als etwas potenziell Antiquiertes zu bewerten, zumal die sicherheitspolitischen Einschränkungen ja tatsächlich in seinem Alltagsleben nicht direkt zu spüren sind. In der Folge polarisiert sich die gesellschaftliche Diskussion zwischen einer Minderheit, die dem Staat zutiefst misstraut und hinter jeder sicherheitspolitischen Maßnahme schlimme Absichten vermutet, und einer Mehrheit, die zustimmt in dem Wettstreit der Politik um die besseren, die „härteren" sicherheitspolitischen Strategien.

Und hier entwickelt sich der Widerspruch: Je mehr die (politisch noch forcierte) gesellschaftliche Dynamik Verlierer produziert, was bei dem gesellschaftlich gewollten Wettbewerb die logische Konsequenz ist, desto stärker wachsen die Problemgruppen an, die nicht oder nicht mehr in die Gesellschaft integriert sind. Je bedrohlicher deren Existenz aber wahrgenommen wird, desto mehr steigen die subjektiven Unsicherheiten der situierten

Bürger, desto lauter wird der Ruf nach dem starken Staat, der sie schützen soll vor potenziellen Übergriffen der anderen. Wenn die etablierte Politik dieses Verlangen aber weder durch reale noch durch symbolische Handlungen mehr befriedigen kann, wird das Entstehen rechtspopulistischer Parteien, wie die europäischen Nachbarstaaten zeigen, zur zwangsläufigen Folge. Woran es mangelt, ist nicht die moralische Entrüstung, es fehlt der gegenwärtigen Kriminalpolitik vielmehr an der Bereitschaft, die sozialen und ökonomischen Ursachen vielfältiger gesellschaftlicher Verwerfungen anzuerkennen. „Gute", sprich: angemessene Kriminalpolitik ist in diesem Sinne immer noch oder wieder: sozial angelegte Gesellschaftspolitik (vgl. Hoffmann-Riem 2000; Robert 2005).

6 Europäisierung der Inneren Sicherheit

Die Europäisierung führt dazu, das Politikfeld der Inneren Sicherheit durch neue Akteure zu ergänzen. Zu verweisen ist auf die zahlreichen Institutionen und Gremien, die im Verlaufe der zurückliegenden Integrationsschritte im Rahmen der EU, aber auch im Rahmen von Nebenabkommen wie dem Schengener Abkommen hinzugekommen sind. Zu nennen sind die umfangreichen Koordinations- und Lenkungsausschüsse im Rahmen des Schengener Abkommens, ebenso wie die entsprechenden Gremien im Rahmen des dritten Pfeilers des EU-Vertrages. Zu nennen ist ebenfalls Europol als eine in Ansätzen vorhandene europäische Polizeieinrichtung, bei der sich im Verlaufe der nächsten Integrationsschritte zeigen wird, inwieweit hier eine supranationale Polizeiorganisation geschaffen oder ob es auf längere Sicht bei einer Koordinationsstelle bleiben wird.

Mit Hilfe des eingangs skizzierten Netzwerkmodells lässt sich gut illustrieren, dass bereits die Frage, wo die neu geschaffenen europäischen Institutionen und Gremien anzusiedeln sind – im Zentralbereich oder im politisch-institutionellen Umfeld – analytisch noch vollkommen offen ist. Werden diese Institutionen und Gremien für die bundesdeutschen Akteure im Politikfeld Innere Sicherheit lediglich einen korrespondierenden Einfluss ausüben oder werden sie zu einem integralen Bestandteil eines dann dreigeteilten föderativen Systems der Inneren Sicherheit, also auf den Ebenen Länder, Bund und EU? Der Kompetenz-Schwerpunkt innerhalb des jetzigen Systems liegt in einem fein ausbalancierten Gleichgewicht zwischen Ländern und Bund. Angesichts des fortschreitenden Integrationsprozesses wird von Seiten der Länder befürchtet, dass vor allem die Kompetenz der Rahmengesetzgebung kontinuierlich in neue Verhandlungsgremien übergeht, die vorrangig vom Bund und den übrigen EU-Mitgliedsstaaten und den entsprechenden EU-Gremien bestellt werden. Die Länder versuchen durch eine Reihe von Initiativen ihre „Polizeihoheit" zu wahren, indem sie vor allem darauf drängen, an den entsprechenden Verhandlungsgremien beteiligt zu werden.

Der Aufbau des europäischen Sicherheitssystems begann in den 1970er Jahren. Die Akteure, die in den als geschlossene nationale Systeme angelegten Sicherheitsbehörden agierten, begannen angesichts der internationalen Verflechtung des Terrorismus verstärkt damit, mit den Sicherheitsbehörden anderer europäischer Staaten zu kooperieren (vgl. Aden 1998). Der Terrorismus wurde vor dem Hintergrund des Ost-West-Konfliktes von den politischen und ökonomischen Funktionseliten als ein Angriff auf die fundamentalen Grundlagen des westlichen Gesellschaftssystems verstanden. Die europäische Kooperation begann erst zögerlich und vollzog sich vor allem inkrementalistisch. Die Kooperationsgremien erwiesen sich für die daran beteiligten Repräsentanten der nationalen Sicherheitsbehörden als entscheidende Sozialisationsinstanzen, die das Beharren auf national abgeschlossene Sicherheitssysteme aufweichten. Nachdem sich die Kooperationen in der ersten Phase (bis 1975) auf informelle Arbeitsgruppen beschränkt hatten, entstand Mitte der 1970er Jahre mit TREVI[4] eine stärker institutionalisierte Form. TREVI bündelte die bisherigen Lernerfahrungen und bildete in der zweiten Phase ein gefestigtes Kommunikationsnetzwerk heraus (1976–85). Als die Terrorismusbedrohung aus Sicht der Sicherheitsbehörden weitgehend als gebannt galt, stagnierte denn auch die TREVI-Gruppe (vgl. Wittkämper u.a. 1996).

Mitte der 1980er Jahre entwickelte sich die europäische Integration sprunghaft weiter. Die Impulse dafür gingen von den politischen Administrationen aus: einerseits von der Europäischen Kommission, die ein Weißbuch vorlegte, um das Binnenmarktprojekt wieder aufzugreifen und innerhalb eines festen Zeitraumes zu realisieren, andererseits von der französischen und der bundesdeutschen Regierung, die eine neue Zielperspektive für die europäische Einigung zu formulieren beabsichtigten. Bei allen drei Protagonisten stand das Kalkül im Vordergrund, sowohl die ökonomische Stellung der EG vor allem gegenüber den neuen asiatischen Konkurrenten zu stärken als auch eine größere außenpolitische Geltung gegenüber den Supermächten USA und UdSSR beanspruchen zu können.

Ein Binnenmarkt setzte voraus, Kontrollen und Sicherheitsmaßnahmen an den Binnengrenzen zu beseitigen. Dies bedeutete in letzter Konsequenz aber auch, die auf Exklusion angelegten nationalen Sicherheitssysteme aufzuheben. In diesem Moment wurde die Lernerfahrung, die in Kooperationsgremien wie TREVI angesammelt war, revitalisiert. Ein solcher Schritt, die allmähliche Auflösung nationaler Sicherheitskonzeptionen, wäre ohne die vorausgegangenen Kooperationsformen nicht durchsetzbar gewesen. Die führenden Sicherheitsrepräsentanten hatten längst perzipiert, dass die nationalen unweigerlich von europäischen Grenzziehungen ersetzt werden. Das Konstrukt der nationalen „inneren“ Sicherheit durfte dabei aber nicht aufgelöst, sondern sollte in einem europäischen Verbund reproduziert werden. Das Schengener Abkommen verdeutlichte dies – wenn auch mit anderen Vorzeichen. Als ebenfalls 1985 der französische Staats- und der deutsche Regierungschef vereinbarten, an den vorhandenen Kooperationsgremien vorbei die Integration zu beschleunigen und den Wegfall der Grenzkontrollen möglichst sofort umzusetzen, begannen die nationalen Sicherheitsbehörden damit, dies faktisch zu verhindern. In der Folge ließ sich Schengen I so nicht realisieren, die Gestaltungs- und Definitionsmacht verlagerte sich wieder zurück in die Experten- und Kooperationsgremien der Sicherheitsbehörden. Die politisch und ökonomisch motivierte Zielbestimmung, den Binnenmarkt zu verwirklichen, wurde von den Akteuren jetzt gewissermaßen als Legitimationsgrundlage genutzt, den europäischen Sicherheitsverbund entsprechend den eigenen Deutungsmustern auszubauen. TREVI erwies sich als Keimzelle. Alle anderen Gremien, die neuen Arbeitsgruppen von TREVI selbst, ebenso wie die Arbeitsstrukturen im Bereich von Visa, Asyl und Einwanderung, die Ausgleichsmaßnahmen für den Wegfall der Grenzkontrollen, ebenso die Arbeitsstrukturen von Schengen, gingen hieraus hervor. In dieser dritten Integrationsphase (1985-93) wandelte sich der europäische Sicherheitsverbund zu einem strukturierten Handlungs-

[4] TREVI steht für einen Kooperationsverbund in Sicherheitsfragen, wie er 1976 unter den EG-Mitgliedsstaaten (außerhalb der EG-Verträge) eingerichtet wurde. TREVI setzt sich aus den Anfangsbuchstaben der französischen Schreibweise zusammen (Terrorisme, Radicalisme, Extremisme, Violence internationale) und umschreibt das ursprüngliche Aufgabenspektrum.

system mit zunehmend eigenständigen Handlungskapazitäten, die die involvierten Akteure befähigten, eigenorientierte neue Aufgaben- und Zielbestimmungen zu entwickeln.

Der europäische Sicherheitsverbund erlangte dadurch aber auch eine wachsende Eingriffskompetenz. Diese kollidierte zunehmend mit nationalen Regelungen. Es wurde notwendig, die Verfahrensweisen europaweit anzugleichen. In dieser vierten Phase (seit 1993), die mit Inkrafttreten des Maastricht-Vertrages beginnt, entwickelte der europäische Sicherheitsverbund mehr und mehr eine „Eigenlogik", d.h. es entstanden neue Gremien (Direktionen des Ministerrates und der Kommission) und auch erste Institutionen (Europol), deren tragende Akteure nicht mehr länger nur zur Verhandlungsführung delegiert wurden (als Repräsentanten nationaler Behörden), sondern die hauptamtlich in diesen Einrichtungen tätig waren und sich infolgedessen auch als Repräsentanten ihrer europäischen Behörden verstanden. Die zuvor ausschließlichen Verhandlungen zwischen den Mitgliedsstaaten ergänzten sich jetzt zusehends um solche, in denen sich nationale und europäische Verhandlungsführer gegenübersitzen. Und je stärker die europäischen Instanzen die Kompetenz erlangten, verbindliche Rechtsangleichungen vorzunehmen (Konventionen), desto häufiger müssen nationale Regelungsverfahren dementsprechend verändert werden. Auch wurde das umfangreiche Kooperationssystem (TREVI u.a.), ausgenommen das Schengener Abkommen, zusammengefasst und in den so genannten K-4 Verbund, entsprechend des Art. K 4 des Unionsvertrages, überführt. Es bildete dort die institutionalisierte Grundlage des „Dritten Pfeilers" der EU, also den weiterhin zwischenstaatlich organisierten Bereich der polizeilichen und (wesentlich schwächer ausgeprägt) der justiziellen Zusammenarbeit. Der dritte Pfeiler blieb außerhalb des Gemeinschaftsrechts. Dieses Prinzip stellten auch die revidierten Unionsverträge von Amsterdam (1997) und Nizza (2001) nicht in Frage. Allerdings überführten sie Teile des dritten Pfeilers in das Gemeinschaftsrecht, insbesondere die Teilgebiete Visa, Asyl und Einwanderung. Der K-4 Verbund ist seit dem Vertrag von Amsterdam im „Ratsausschuss nach Artikel 36" des Unionsvertrages neu zusammengefasst worden. Die komplizierte Gremienstruktur, die stark an die deutsche Innenministerkonferenz (IMK) erinnert (vgl. Pütter 2000), ist geblieben.

Die Europäisierung der Inneren Sicherheit ist also vor allem dadurch gekennzeichnet,

- dass die institutionelle Ausdifferenzierung sich nahezu ausschließlich in Expertengremien der Sicherheitsbehörden selbst vollzieht;
- die Akteure deshalb die Europäisierung nicht als Beschränkung ihrer bislang national begrenzten Perspektiven wahrnehmen, sondern dadurch, dass ihnen eine weitgehend autonome Definitionsmacht zufällt, sie die eigenen Handlungsmuster (Schemata, Frames, Habits) fortschreiben und die Constraints ihres eigenen Handlungssystems systematisch auf die europäische Ebene erweitern können;
- daraus die integrationspolitische Folgewirkung resultiert, dass alternative Europakonzeptionen wie die eines „dualen Föderalismus" (getrennte Zuständigkeiten mit je eigenen Vollzugsbehörden) kaum durchsetzungsfähig, weil gegen die institutionspolitischen Interessen der involvierten Akteure gerichtet sind – zu erwarten ist eher eine Fortschreibung des „kooperativen Föderalismus" mit allseits verschränkten Beteiligungsformen, wie dies vor allem für die Inkongruenz der bundesdeutschen Gesetzgebungs- und Verwaltungszuständigkeiten typisch ist.

Die Zusammenarbeit in den Bereichen Polizei und Justiz ist noch sehr weit davon entfernt, eindeutige und transparente Zuständigkeiten und Verantwortlichkeiten auszuweisen. Vor diesem Hintergrund würde die Vertragsverfassung, welche zurzeit durch die Ablehnung einiger Mitgliedsstaaten im Rahmen des Ratifizierungsprozesses auf ungewisse Zeit blockiert ist, eine neue (fünfte) Phase einleiten. Sie würde alle Vertragstexte zusammenfassen, die beiden intergouvernementalen Säulen der Sicherheitsbereiche aufheben, die parlamentarischen Kontrollrechte ausdehnen und die Entscheidungsprozesse innerhalb der Union vereinfachen. Ohne die Vertragsfassung differenziert sich der Sicherheitsbereich dennoch immer weiter aus, obwohl er damit immer mehr in die Kernbereiche nationaler Souveränität hineinwächst (vgl. Gusy/Schewe 2004). So werden Agenturen und Gremien geschaffen, die den europäischen Grenzschutz koordinieren sollen; ebenfalls vollzieht sich im Bereich der Nachrichtendienste eine Formalisierung der Zusammenarbeit der nationalen Dienste. Europol soll ausgebaut werden. Eine europäische Staatsanwaltschaft muss zwingend geschaffen werden, was wiederum die Frage nach einem europäischen Strafrecht und einem Strafgericht aufwirft.

Die Europäische Integration bildet aufgrund ihres föderalen Charakters stetig ein politisches System heraus, welches von administrativ bestimmten Verhandlungssystemen geprägt ist (siehe die Beiträge in Kreile 1992 und Kohler-Koch 1992). Die Politikproduktion vollzieht sich hierbei vor allem in politikfeldbezogenen Netzwerken (vgl. Schumann 1993). Mit Integration auch der Innen- und Rechtspolitik im Zuge des Maastrichter Vertrages entsteht in allen Politikbereichen ein faktisches Drei-Ebenen-Föderalmodell, ohne dass es hierzu noch eines verfassungsgebenden Aktes bedürfte (vgl. Möllers/van Ooyen 2006). Die Europäisierung vollzieht sich dabei aber nicht als ein exogenes Ereignis, welches auf die Akteure niedergeht. Europäisierung bedeutet vielmehr, wie der Implementationsverlauf der europäischen „inneren“ Sicherheit zeigt, dass es die Eigenlogiken von Verhandlungssystemen und die handlungsleitenden Orientierungen der Akteursgruppen sind, die in ihnen um Einfluss, Definitionsmacht und Beteiligungsrechte ringen, die die Ausdifferenzierung, das „Wachstum“ und damit auch die Zunahme der Integrationsdichte in dem Mehrebenen-Sicherheitsverbund wesentlich vorantreiben.

Welche politische Ebene wird aufgrund der Europäisierung der „Inneren Sicherheit“ verlieren: der Bund, die Länder, die EU? Im Verlaufe der intensivierten Integrationsphasen seit 1985 ist ein Sicherheitsverbund entstanden, so bleibt festzuhalten, der innerhalb kürzester Zeit ein exorbitantes Wachstum entwickelt hat. Die Länder haben ihren Sicherheitsapparat effektiver gestaltet, der Bund den eigenen ausgebaut wie zuvor nicht denkbar: Praktisch verfügt er am bisherigen Ende dieses Prozesses über eine eigene Polizeihoheit, die Europäische Union hat ein wirkungsvolles Grenzregime etabliert und mit Europol den Weg zu einer exekutiv tätigen Polizeibehörde beschritten. Die Befugnisse sind auf allen politischen Ebenen ausgeweitet worden. Die gegenwärtige Stagnation der verfassungsrechtlich gedachten Europäischen Integration sollte genutzt werden, die demokratische Frage zu stellen: Über den Sinn, die Form und die Angemessenheit von supranationaler Staatlichkeit allgemein, von supranationalen Systemen der Inneren Sicherheit speziell, über die Formen und Verfahren einer demokratischen Gesellschaft insgesamt, deren Wirklichkeit nicht mehr der abgeschlossene Nationalstaat des 19. Jahrhunderts ist, sondern die eines hochgradig vernetzten europäischen Föderalstaates des 21. Jahrhunderts.

7 Perspektiven der staatlich „gewährleisteten" Inneren Sicherheit

Das bundesdeutsche System der Inneren Sicherheit unterliegt derzeit einem starken Wandlungsdruck. Vordergründig ist es der internationale Terrorismus, aus dem die vergangene rot-grüne ebenso wie die jetzige schwarz-rote Bundesregierung die Forderung ableitet, den föderalen Sicherheitsverbund verstärkt durch zentrale Kompetenzen und Aufgaben des Bundes abzuändern. Insbesondere sollen die Befugnisse des Bundeskriminalamtes, der Bundespolizei und des Bundesamtes für Verfassungsschutz zu Lasten der Länder gestärkt werden. Auch wurde mit dem „Terrorismus-Abwehrzentrum" eine neue Koordinations- und Auswertungseinheit des Bundes geschaffen, welche die Informationen der Polizeien und der Nachrichtendienste besser vernetzen und erschließen soll.

Neben dem Terrorismus sind es zwei andere Entwicklungen, die unmerklicher verlaufen, aber das bundesdeutsche Sicherheitssystem sehr tiefgreifend verändern. Zum einen ist dies der beschriebene Prozess der Europäisierung der Inneren Sicherheit. Hier differenziert sich das System zunehmend aus. Zum anderen wandelt sich die Polizei im Zuge der seit Jahren ablaufenden Staats- und Verwaltungsreformen ebenfalls tiefgreifend (vgl. Lange/Schenck 2004; zum Staatsbegriff van Ooyen 2006; Nitschke 2004). Die Polizei verliert hierbei ihr Monopol der Sicherheitsproduktion. Private Sicherheitsdienste finden zunehmend die Anerkennung auch der staatlichen Sicherheitsbehörden. Es stellt sich dabei die Frage, wo die neue Grenzlinie zwischen Staat und privaten bzw. kommerziellen Sicherheitsanbietern gezogen werden soll. Die Arbeit der Polizei wandelt sich aber auch durch den verstärkten Einsatz von Instrumenten des New Public Managements (vgl. Schmidt 2000; Christe-Zeyse 2004). Die Frage nach dem Verhältnis von Kosten und Leistungen sind längst zu einem Maßstab geworden für die Frage, welche (öffentlichen) Sicherheitsaufgaben der Staat noch ausüben will und kann. Mit dem Modell des „Gewährleistungsstaates" hält auch im Bereich der Inneren Sicherheit ein Staatsverständnis Einzug, welches zwar noch den Anspruch, Sicherheit zu gewährleisten, aufrecht erhält, den Vollzug (im Sinne von „Leistungstiefe") aber nicht mehr als umfassende Vollzugsaufgabe staatlicher Einrichtungen sieht. Der Staat übernimmt es hierbei, die Rahmenbedingungen der öffentlichen Sicherheit aufrechtzuerhalten, das staatliche Gewaltmonopol zu gewährleisten, Strafverfolgung und Rechtsprechung zu garantieren sowie den militärischen Schutz der Gesellschaft zu erhalten. Darüber hinaus „aktiviert" er seine Bürger (letztlich verpflichtend) zur individuell-sozialen Selbstsicherung und hält sie an, für den unmittelbaren Schutz ihres Eigentums (Alarmsysteme, Wohnungs-, Haus- und Autosicherung, gegebenenfalls durch Nutzung privater Sicherheitsdienste) und für den Schutz gegen die Risiken des Lebens jenseits staatlicher Systeme (private Kranken-, Alters- und Pflegeversicherung) selbst zu sorgen. Während sich der Staat also aus den Systemen sozialer Sicherung mangels finanzieller Masse zurückzieht, entwickelt er im Bereich polizeilich verstandener Sicherung ein umfassendes Sicherheitsversprechen – welches, wie ausgeführt, nicht zwangsläufig bedeutet, es in allen Belangen auch mit eigenem Personal umsetzen zu wollen oder zu können.

Ausdruck dieses Sicherheitsversprechens ist die Diskussion um den „erweiterten Sicherheitsbegriff" (vgl. Bundesakademie für Sicherheitspolitik 2001). Dieser zieht zunächst plausibel die Konsequenz daraus, dass eine Trennung zwischen innerer und äußerer Sicherheit, zwischen staatlich und privat erbrachter Sicherheitsleistung sowie zwischen den einzelnen Behördensystemen der Polizei, der Nachrichtendienste, des Katastrophenschutzes und des Militärs nicht mehr sinnvoll aufrechtzuerhalten scheint. Bei einer genaueren Betrachtung zeigt sich aber schnell, dass mit Aufhebung dieser traditionellen Trennlinien zugleich auch rechtsstaatliche, verfassungsrechtliche, bürgerrechtliche, parlamentarische und demokratische Schutzgüter insgesamt erodieren (Lange 2005).

Der Wandel des Systems der Inneren Sicherheit ist somit untrennbar verbunden mit dem Wandel von Staat und Demokratie insgesamt. Innere Sicherheit als Kernbereich staatlicher Macht ist aber in besonderem Maße sensibilisiert für die Auswirkungen, die von den zahlreichen Neuausrichtungen ausgehen. Letztlich geht es darum, das Verhältnis von Staat, Sicherheit, Freiheit und Demokratie in einer durch Europäisierung, Internationalisierung und Globalisierung bestimmten Welt neu zu gewichten – ohne die erreichten rechtsstaatlichen und demokratischen Standards des Nationalstaates aufzugeben.

8 Literatur

Aden, Hartmut, 1998: Polizeipolitik in Europa. Opladen.

Aden, Hartmut, 2003: Ist das deutsche Polizeisystem unreformierbar?, in: Vorgänge 1/2003: 114-122.

Behr, Rafael, 2000: Cop Culture – Der Alltag des Gewaltmonopols. Opladen.

Boldt, Hans, [2]1996: Geschichte der Polizei in Deutschland, in: Lisken, Hans/Denninger, Erhard (Hrsg.): Handbuch des Polizeirechts. München, 1-39.

Bull, Hans Peter (Hrsg.), 1987: Sicherheit durch Gesetze? Baden-Baden.

Bundesakademie für Sicherheitspolitik (Hrsg.), 2001: Sicherheitspolitik in neuen Dimensionen: Kompendium zum erweiterten Sicherheitsbegriff. Hamburg.

Busch, Heiner, 2006: Kontrollwahn ohne Sinn und Verstand. Jedermann wird erkennnungsdienstlich behandelt, in: Till Müller-Heidelberg u.a. (Hrsg.): Grundrechte-Report 2006. Zur Lage der Bürger- und Menschenrechte in Deutschland. Frankfurt a. M., 29-32.

Busch, Heiner/Funk, Albrecht/Kauß, Udo/Narr, Wolf-Dieter/Werkentin, Falco, [2]1988: Die Polizei in der Bundesrepublik. Frankfurt a.M.

Christe-Zeyse, Jochen, 2004: Controlling in der Polizei. Leitfaden für ein wirkungsorientiertes Management. Stuttgart.

Feltes, Thomas, 2003: Frischer Wind und Aufbruch zu neuen Ufern? Was gibt es Neues zum Thema Polizeiforschung und Polizeiwissenschaft? PDF-Paper, Universität Bochum.

Funk, Albrecht, 2000: Die Entstehung der Exekutivpolizei im Kaiserreich, in: Hans-Jürgen Lange (Hrsg.): Staat, Demokratie und Innere Sicherheit in Deutschland. Opladen, 11-27.

Glaeßner, Gert-Joachim/Lorenz, Astrid, (Hrsg.), 2005: Europäisierung der inneren Sicherheit. Eine vergleichende Untersuchung am Beispiel von organisierter Kriminalität und Terrorismus. Wiesbaden.

Gössner, Rolf (Hrsg.), 1995: Mythos Sicherheit. Baden-Baden.

Groß, Hermann/Schmidt, Peter (Hrsg.), 2005: Empirische Polizeiforschung VI: Innen- und Außensicht(en) der Polizei. Frankfurt a.M.

Gusy, Christoph, [2]1994: Polizeirecht. Tübingen.

Gusy, Christoph/Schewe, Christoph S., 2004: Polizeiliche und justizielle Zusammenarbeit, in: Werner Weidenfeld/Wolfgang Wessels (Hrsg.): Jahrbuch der Europäischen Integration 2003/2004. Baden-Baden, 173-180.

Haselow, Reinhard/Noethen, Stefan/Weinhauer, Klaus, 2000: Die Entwicklung der Länderpolizeien, in: Hans-Jürgen Lange (Hrsg.): Staat, Demokratie und Innere Sicherheit in Deutschland. Opladen, 131-150.

Héritier, Adrienne (Hrsg.), 1993: Policy-Analyse. Kritik und Neuorientierung (= PVS-Sonderheft 24). Opladen.

Hitzler, Ronald/Peters, Helge (Hrsg.), 1998: Inszenierung: Innere Sicherheit. Daten und Diskurse. Opladen.

Hoffmann-Riem, Wolfgang, 2000: Kriminalpolitik ist Gesellschaftspolitik. Frankfurt a.M.
Kant, Martina/Pütter, Norbert, 1998: Rot-grüne Politik ‚Innerer Sicherheit', in: Bürgerrechte & Polizei / CILIP 61 (3/98): 61-69.
Knelangen, Wilhelm, 2001: Das Politikfeld innere Sicherheit im Integrationsprozess. Die Entstehung einer europäischen Politik der inneren Sicherheit. Opladen.
Kohler-Koch, Beate (Hrsg.), 1992: Staat und Demokratie in Europa. Opladen.
Kreile, Michael (Hrsg.), 1992: Die Integration Europas (PVS-Sonderheft 23). Opladen.
Kunz, Thomas, 2005: Der Sicherheitsdiskurs. Die Innere Sicherheit und ihre Kritik. Bielefeld.
Kutscha, Martin, 1998: Große Koalition der Inneren Sicherheit?, in: Bürgerrechte & Polizei/ CILIP 59 (1/98): 57-69
Lange, Hans-Jürgen, 1999: Innere Sicherheit im Politischen System der Bundesrepublik Deutschland. Opladen.
Lange, Hans-Jürgen (Hrsg.), 2000: Staat, Demokratie und Innere Sicherheit in Deutschland. Opladen.
Lange, Hans-Jürgen (Hrsg.), 2003: Die Polizei der Gesellschaft. Zur Soziologie der Inneren Sicherheit. Opladen.
Lange, Hans-Jürgen, 2005: Eckpunkte einer veränderten Sicherheitsarchitektur für die Bundesrepublik, in: Polizei & Wissenschaft, Ausgabe 4/2005: 52-75.
Lange, Hans-Jürgen/Schenck, Jean-Claude, 2004: Polizei im kooperativen Staat. Wiesbaden.
Lenk, Klaus/Prätorius, Rainer (Hrsg.), 1998: Eingriffsstaat und öffentliche Sicherheit. Beiträge zur Rückbesinnung auf die hoheitliche Verwaltung. Baden-Baden.
Leßmann-Faust, Peter, 2000: Weimarer Republik: Polizei im demokratischen Rechtsstaat am Beispiel Preußens, in: Hans-Jürgen Lange (Hrsg.): Staat, Demokratie und Innere Sicherheit in Deutschland. Opladen, 29-50.
Liebl, Karlhans/Ohlemacher, Thomas (Hrsg.), 2000: Empirische Polizeiforschung. Interdisziplinäre Perspektiven in einem sich entwickelnden Forschungsfeld. Herbolzheim.
Lisken, Hans/Denninger, Erhard, (Hrsg.) ²1996: Handbuch des Polizeirechts. München.
Lisken, Hans/Lange, Hans-Jürgen, 2000: Die Polizeien des Bundes, in: Hans-Jürgen Lange (Hrsg.): Staat, Demokratie und Innere Sicherheit in Deutschland. Opladen.
Lüdtke, Alf (Hrsg.), 1992: ‚Sicherheit' und ‚Wohlfahrt'. Polizei, Gesellschaft und Herrschaft im 19. und 20. Jh. Frankfurt a. M.
Möllers, Martin H. W./van Ooyen, Robert Chr. (Hrsg.), 2006: Europäisierung und Internationalisierung der Polizei. Frankfurt a.M.
Nitschke, Peter, 2000: Polizei im NS-System, in: Hans-Jürgen Lange(Hrsg.): Staat, Demokratie und Innere Sicherheit in Deutschland. Opladen, 51-63.
Nitschke, Peter, 2004: Das Gewaltmonopol in der Defensive: Zur Veränderung von Staatlichkeit im Bereich der Inneren Sicherheit, in: Polizei & Wissenschaft 1/2004: 46-51.
Ooyen, Robert Chr. van, 2006: Der Staat – und kein Ende? Ein Literaturbericht, in: Jahrbuch des öffentlichen Rechts der Gegenwart Neue Folge, Band 54: 151-166.
Pütter, Norbert, 2000: Föderalismus und Innere Sicherheit. Die Innenministerkonferenz zwischen exekutivischer Politik und politisierter Exekutive, in: Hans-Jürgen Lange (Hrsg.): Staat, Demokratie und Innere Sicherheit in Deutschland. Opladen, 275-289.
Reinke, Herbert (Hrsg.), 1993: „... nur für die Sicherheit da ..."? Zur Geschichte der Polizei im 19. und 20. Jahrhundert. Frankfurt a.M.
Reinke, Herbert/Fürmetz, Gerhard, 2000: Polizei-Politik in Deutschland unter alliierter Besatzung, in: Hans-Jürgen Lange (Hrsg.): Staat, Demokratie und Innere Sicherheit in Deutschland. Opladen, 67-86.
Rinke, Bernhard/Woyke, Wichard (Hrsg.), 2004: Frieden und Sicherheit im 21. Jahrhundert. Opladen.
Robert, Philippe, 2005: Bürger, Kriminalität und Staat. Wiesbaden.
Sabatier, Paul A., 1993: Advocacy-Koalitionen, Policy-Wandel und Policy-Lernen: Eine Alternative zur Phasenheuristik, in: Adrienne Héritier (Hrsg.): Policy-Analyse. Kritik und Neuorientierung (= PVS-Sonderheft 24). Opladen, 116-148.

Schmidt, Dieter, 2000: Das Neue Steuerungsmodell der Polizei in NRW, in: Leo Kißler/Norbert Kersting/Hans-Jürgen Lange (Hrsg.): Politische Steuerung und Reform der Landesverwaltung. Baden-Baden, 95-110.

Schumann, Wolfgang, 1993: Die EG als neuer Anwendungsbereich für die Policy-Analyse: Möglichkeiten und Perspektiven der konzeptionellen Weiterentwicklung, in: Adrienne Héritier (Hrsg.): Policy-Analyse. Kritik und Neuorientierung (= PVS-Sonderheft 24). Opladen, 394-431.

Weidenfeld, Werner (Hrsg.) 2004: Herausforderung Terrorismus. Die Zukunft der Sicherheit. Wiesbaden.

Werkentin, Falco, 1984: Die Restauration der deutschen Polizei. Innere Rüstung von 1945 bis zur Notstandsgesetzgebung. Frankfurt a.M.

Winter, Martin, 1998: Politikum Polizei. Macht und Funktion der Polizei in der Bundesrepublik Deutschland. Münster.

Wittkämper, Gerhard W./Krevert, Peter/Kohl, Andreas, 1996: Europa und die innere Sicherheit, BKA-Forschungsreihe. Wiesbaden.

5. Zwischen Kontinuität und Wandel: Migrations- und Staatsangehörigkeitspolitik

Simon Green

1 Einführung: Die Besonderheiten der Migrationspolitik

Migrations- und Staatsangehörigkeitspolitik nehmen im Kontext der in diesem Band unternommenen systematischen Betrachtung von Politikfeldern in der Bundesrepublik Deutschland eine besondere Stellung ein. Diese Besonderheit ist auf eine Kombination von vier Faktoren zurückzuführen. Erstens – und ungewöhnlicherweise für ein innenpolitisches Feld – stellt dieser Bereich einen klassischen Ausdruck von staatlicher Souveränität dar, weil er den Zugang zum Staatsgebiet sowie die Zugehörigkeit zum Staatsvolk regelt. Zweitens ist Migrationspolitik einer der wenigen Bereiche, die sowohl innen- als auch außenpolitisch relevant sind. Die außenpolitische Relevanz von Migration hat seit dem Ende des Kalten Krieges für die meisten Zielländer der Welt erheblich zugenommen, und Deutschland ist in dieser Hinsicht keine Ausnahme. Drittens ist es aber, innenpolitisch gesehen, ein Politikfeld von ungewöhnlich hoher Symbolik: nur wenige andere Bereiche nehmen eine ähnlich identitätsstiftende Rolle ein. Deshalb eignet sich dieses Feld natürlich hervorragend zur wahltaktischen Polarisierung durch politische Parteien, bei der die verschiedenen Nuancen dieses komplexen Politikbereiches oft und zum Teil absichtlich verloren gehen. Der vierte und womöglich auch wichtigste Faktor ist, dass Migration und Staatsangehörigkeit das einzige innenpolitische Politikfeld ist, in dem die direkt Betroffenen, weil es sich üblicherweise um Menschen ohne deutsche Staatsangehörigkeit handelt, keine Möglichkeit haben, über die Wahlurne für eine Alternativpolitik zu stimmen.

Schon diese Konstellation an Besonderheiten ist Anlass genug, sich mit der Migrations- und Staatsangehörigkeitspolitik in Deutschland zu befassen. Aber im internationalen Vergleich kommen zwei landesspezifische Merkmale hinzu: Zum einen ist der Umgang mit Minderheiten, ob zugewandert oder einheimisch, aus geschichtlichen Gründen in Deutschland besonders wichtig, denn neben Wahlen sind Reportagen über die Situation von Ausländern und Asylbewerbern, insbesondere im Zusammenhang mit rechtsextremistischer Gewalt, Hauptbestandteile der politischen Berichterstattung über Deutschland in der internationalen Presse. Zum anderen ist Deutschland unter den OECD-Staaten eines der Hauptzielländer für Migration und, in absoluten Zahlen gesehen, bei weitem das wichtigste Aufnahmeland innerhalb der EU (vgl. Tab. 5.1). So wohnten Ende 2004 6,7 Millionen Ausländer in Deutschland, unter anderem etwa 1,8 Millionen türkische Staatsbürger und etwa 0,9 Millionen Menschen aus dem ehemaligen Jugoslawien.[1] Ferner sind von diesen 6,7 Millionen Ausländern etwa 21% in Deutschland geboren, aber aufgrund der staatsangehörigkeits-

[1] Laut Mikrozensus 2005 des Statistischen Bundesamtes ist allerdings die Anzahl der Menschen mit Migrationshintergrund in Deutschland mit über 15 Millionen (fast 20% der Gesamtbevölkerung) weitaus höher. Diese Zahl setzt sich aus Deutschen und Ausländern zusammen, die selber oder deren Eltern oder Großeltern nach Deutschland zugewandert sind.

rechtlichen Grundlagen in der Regel weiterhin Nicht-Deutsche geblieben. Außerdem ist zu beachten, dass die Anzahl von so genannten „Drittstaatsangehörigen“ in Deutschland, also jenen Menschen, die keine Staatsangehörigkeit eines EU-Staates besitzen, innerhalb der EU einzigartig hoch ist: Ende 2003 lebten etwa 45% aller Drittstaatsangehörigen in der EU in der Bundesrepublik. Da EU-Bürger inzwischen weitgehend von der Einwanderungs- und Aufenthaltskontrolle befreit sind, ist diese Gruppe von Personen diejenige, die von einzelstaatlicher Migrationspolitik am direktesten betroffen ist.

Tabelle 5.1: Migration und Ausländer in Deutschland, 1990-2004

	1990[b]	**1991**	**1992**	**1993**	**1994**
Ausländische Wohnbevölkerung (Millionen)	5,343	5,882	6,496	6,878	6,991
% der Gesamtbevölkerung	8,4	7,3	8,0	8,5	8,6
Wanderungssaldo von Ausländern (Tsd.)	+370	+428	+596	+279	+148
Neuzugänge Asylanträge (Tsd.)	193	256	438	323	127
Neuzugänge (Spät)Aussiedler (Tsd.)	397	222	231	219	223
Einbürgerungen (Tsd.)[a]	20	27	37	45	62
	1995	**1996**	**1997**	**1998**	**1999**
Ausländische Wohnbevölkerung (Millionen)	7,174	7,314	7,366	7,320	7,344
% der Gesamtbevölkerung	8,8	8,9	9,0	8,9	8,9
Wanderungssaldo von Ausländern (Tsd.)	+225	+149	-22	-33	+118
Neuzugänge Asylanträge (Tsd.)	128	116	104	99	95
Neuzugänge (Spät)Aussiedler (Tsd.)	218	178	134	103	105
Einbürgerungen (Tsd.)[a]	72	86	83	107	143
	2000	**2001**	**2002**	**2003**	**2004**
Ausländische Wohnbevölkerung (Millionen)	7,297	7,319	7,336	7,335	6,717[c]
% der Gesamtbevölkerung	8,9	8,9	8,9	8,9	8,1[c]
Wanderungssaldo von Ausländern (Tsd.)	+86	+188	+153	+103	+55
Neuzugänge Asylanträge (Tsd.)	79	88	71	51	36
Neuzugänge (Spät)Aussiedler (Tsd.)	96	98	91	73	59
Einbürgerungen (Tsd.)[a]	187	178	155	141	127

[a] ohne Spätaussiedler
[b] nur Westdeutschland; ab 1991 Gesamtdeutschland
[c] Datengrundlage ist aufgrund veränderter Erhebungsweise nicht mit vorhergehenden Jahren vergleichbar.
Quellen: http://www.destatis.de; http://www.bva.bund.de; http://www.bamf.de

Die hohe ausländische Bevölkerungszahl in Deutschland, die im Übrigen in 2004 mit durchschnittlich 16,1 Jahren eine sehr lange, tendenziell steigende Verweildauer aufweist, setzt sich aus drei Hauptgruppen zusammen.[2] Erstens wurden in der Bundesrepublik zwischen 1955 und 1973 etwa 14 Millionen Arbeitskräfte aus dem Mittelmeerraum auf Zeit „angeworben", von denen etwa 11 Millionen bis zum Anwerbestopp am 23. November 1973 in ihre Heimatländer zurückgekehrt waren (Bade 1994: 54). Die verbliebenen „Gastarbeiter" fingen daraufhin verstärkt an, ihren Lebensmittelpunkt in die Bundesrepublik zu verlegen und ihre Familienangehörigen aus den Heimatländern nachzuholen, die fortan die zweite Hauptgruppe der Zuwanderer darstellten. Ihren Ursprung hat diese Entwicklung in der Mitte der 1970er Jahre, und sie dauert heute noch an. Ab etwa 1978 wurde die Bundesrepublik dann zu einem der wichtigsten Aufnahmeländer der Welt für Asylbewerber, die somit die dritte große Gruppe an Zuwanderern bildeten.

Zu dieser zahlenstarken nichtdeutschen Bevölkerung kommen noch weitere Migrantengruppen. Bei weitem die wichtigste davon bilden die fast 4,4 Millionen deutsche Volkszugehörige und deren Familienangehörige, die zwischen 1949 und 2005 in die Bundesrepublik eingereist sind.[3] Der Einreiseanspruch dieser Gruppe stützt sich auf den politischen Wunsch der jungen Bundesrepublik, Volkszugehörigen, die aufgrund ihres Deutschtums in ihren Heimatländern Nachteile erlitten hatten, eine neue Heimat zu bieten. Bis 1990 kamen die meisten dieser so genannten Aussiedler (seit 1993, Spätaussiedler), die aufgrund ihres Status die deutsche Staatsangehörigkeit automatisch bekommen, aus Polen und Rumänien, seitdem sind die Herkunftsländer überwiegend die Nachfolgestaaten der Sowjetunion. Die wesentlichen Merkmale von Migration und Staatsangehörigkeit in Deutschland seit der Wiedervereinigung sind in Tab. 5.1 zusammengefasst.

Trotz dieser umfangreichen Migrationsgeschichte und trotz der langen Aufenthaltsdauer der meisten Ausländer ist Deutschland ein Problemfall im politischen Umgang mit Migration und Staatsangehörigkeit. Über Jahrzehnte hinweg wurde Migration in weiten Teilen der politischen Klasse, vor allem aber im konservativen Lager, als Gefahr für Arbeitsplätze, für die innere Sicherheit und für die Identität Deutschlands empfunden. Diese Auffassung fand sich in dem politischen Verständnis Deutschlands als „Nichteinwanderungsland" wieder, welches immerhin die ausländerpolitischen Positionen der Bundesregierung bis zum Ende der Ära Kohl 1998 prägte. In der Praxis führte diese Perspektive unter anderem dazu, dass ein umfassendes Zuwanderungsgesetz, dass sowohl Einreise als auch Aufenthalt regelt, erst 2004 politisch zustande kommen konnte, und somit erst seit Anfang 2005 in Kraft ist.

Außerdem zählt das Staatsangehörigkeitsrecht in Deutschland zu den restriktivsten der EU: Bis zum Jahre 2000 galt auf diesem Gebiet das Reichs- und Staatsangehörigkeitsgesetz (RuStAG) aus dem Jahre 1913, das keine Möglichkeit vorsah, die deutsche Staatsangehörigkeit aufgrund der Geburt im Inland (Prinzip des *ius soli*) zu erstehen. Dieses hat wiederum dazu geführt, dass Zuwanderer über Generationen hinweg rechtlich gesehen Ausländer blieben. Auch in der Einbürgerung von Ausländern (im Gegensatz zu Spätaussiedlern) verfährt Deutschland traditionell restriktiv, mit dem Verlangen nach langer Aufenthaltsdauer, der Aufgabe der bisherigen Staatsangehörigkeit sowie der Zahlung (zumindest bis 1991) von sehr hohen Einbürgerungsgebühren. Infolgedessen konnte Deutschland jährliche Ein-

[2] Es ist leider nicht möglich, den genauen quantitativen Umfang dieser drei Gruppen festzustellen, da der Migrationsgrund unter der ausländischen Bevölkerung Deutschlands nie statistisch erhoben wurde.

[3] Ferner fanden zwischen 1945 und 1949 etwa 12 Millionen deutsche Vertriebene und Kriegsflüchtlinge in der Bundesrepublik und in der DDR Aufnahme. Weitere Gruppen aus neuerer Zeit sind die fast 200.000 jüdischen Zuwanderer aus der ehemaligen Sowjetunion, die zwischen 1993 und 2004 eingereist sind, sowie eine kleinere Anzahl verbliebener Gastarbeiter aus Vietnam und Angola, die von der DDR angeworben worden waren.

bürgerungsquoten in den 1980er Jahren von nur etwa 0,3% der ausländischen Bevölkerung vorweisen. Erst seit Einführung des erleichterten Einbürgerungsverfahrens (s.u.) im Ausländergesetz 1991 stieg diese Quote langsam an, obwohl sie selbst dann weit hinter Ländern wie Frankreich und den Niederlanden lag (Waldrauch/Çinar 2003: 271).[4]

Die Vielzahl an Migrationshintergründen trägt zu den oft verwirrenden Begrifflichkeiten dieses Politikfeldes bei (vgl. Faist 1994). Während die Begriffe „Ausländer-" bzw. „Asylpolitik" als formal korrekte Bezeichnungen bis in die 1990er Jahre gängig waren, hat sich seit 1995 der Terminus „Zuwanderungspolitik" durchgesetzt, mit dem auf die Frage verwiesen werden soll, ob Migration erwünscht wird oder nicht (siehe Joppke 1999: 97-98). Gleichzeitig ist die „Integrationspolitik", besonders nach der Jahrtausendwende, stärker ins Blickfeld gerückt. Inzwischen ist auch wieder von „Migrationspolitik" als übergreifendem Begriff die Rede.

Vor allem aber ist das Ergebnis dieser Politik heute, dass sich Deutschland nur mühsam an die Realitäten seiner inzwischen langen Migrationsgeschichte anpasst. Über Jahrzehnte hinweg war Deutschland ein „unerklärtes Einwanderungsland" (Thränhardt 1988). Besonders schwerwiegend ist die Tatsache, dass, wie in vielen anderen europäischen Ländern auch, Menschen mit Migrationshintergrund weitgehend schlechter gestellt sind als Deutsche. So haben Ausländer in Deutschland niedrigere Einkommen und schlechtere Bildungsleistungen als Deutsche und vor allem ist die Ausländerarbeitslosigkeit viel höher (siehe Analyse in Beauftragte der Bundesregierung 2005; außerdem Green 2004: 118). Darüber hinaus weisen viele Spätaussiedler, obwohl sie schon bei ihrer Ankunft die deutsche Staatsangehörigkeit besitzen, ähnliche Integrationsprobleme auf. Der vielleicht gravierendste Unterschied zu anderen europäischen Ländern ist jedoch, dass trotz rechtlicher Erleichterungen der letzten Jahre ein großer Nachholbedarf bei Einbürgerungen besteht. Im Gegensatz zu Frankreich, den Niederlanden und Großbritannien sind die meisten Menschen mit Migrationshintergrund in Deutschland, trotz ihres meist sehr langen Aufenthaltes, weiterhin von der Möglichkeit der Teilnahme am politischen Prozess ausgeschlossen.[5]

Wie lässt sich diese Differenz zwischen politischen Vorstellungen und gesellschaftlicher Realität erklären? Warum hat Deutschland so lange eine restriktive Politik verfolgt, obwohl sich die Stimmen für einen vollständigen Paradigmenwechsel schon lange mehrten?

Auf diese und ähnliche Fragen hat die Wissenschaft aus einer Reihe von Standpunkten Antworten entwickelt (z.B. Joppke 1999, Thränhardt/Hunger 2003, Vogel/Wüst 2003). Insbesondere entwickelt Rogers Brubaker in seinem vielbeachteten Buch *Citizenship and Nationhood in France and Germany* (1992) die These, dass Deutschlands restriktive Vorstellungen in der heutigen Staatsangehörigkeitspolitik historisch begründet sind.

Abgesehen von einigen herausragenden Studien zu Einzelaspekten des Migrationsgeschehens (voran Wüst 2002; Hagedorn 2001) ist der Beitrag der Politikwissenschaft zu dieser Debatte bislang jedoch eher begrenzt gewesen. Dabei, und dass ist auch der Tenor dieses Kapitels, hat die Politikwissenschaft viel zu bieten, wenn es um Erklärungsansätze für den Inhalt und die Ergebnisse von Migrationspolitik geht. Um dieses zu verdeutlichen,

---

[4] Gleichzeitig spielen auch andere, nicht gesetzesbedingte Faktoren bei Deutschlands niedrigen Einbürgerungsquoten eine Rolle. Beispielsweise mussten türkische Staatsbürger, die sich in Deutschland einbürgern lassen wollten und dabei aus der türkischen Staatsangehörigkeit entlassen werden sollten, bis Mitte der 1990er Jahre erhebliche finanzielle Nachteile im türkischen Erbschaftsrecht hinnehmen (Thränhardt 2000: 143).

[5] Zu beachten ist jedoch, dass EU-Bürger, die immerhin fast ein Drittel aller Ausländer in Deutschland ausmachen, aufgrund des Maastrichter Vertrages von 1992 das Wahlrecht auf Kommunal- sowie auf Europäischer Ebene besitzen.

stützt sich diese Analyse vor allem auf das Model der „Semisouveränität" von Peter Katzenstein, das im Zusammenhang mit weiteren einschlägigen Modellen der Politik in Deutschland gesehen werden kann (bekannterweise Schmidt 1987, 1989, 2002; ebenfalls Holtmann/Voelzkow 2000). Der Kern von Katzensteins Argument lautet, dass die in Deutschland auf vielen Gebieten tendenziell geringen Politikveränderungen („incremental policy changes") auf die breite Verteilung von politischer Macht zwischen Bund, Ländern, Koalitionspartnern, so genannten parastaatlichen Institutionen („parapublic institutions"),[6] der Judikative, einer relativ dezentralisierten Verwaltung und wichtigen gesellschaftlichen Akteuren zurückzuführen ist, die zusammen in einem normativ ausgerichteten Konsensrahmen agieren (Katzenstein 1987; Green/Paterson 2005). Somit ist der wesentliche Beitrag von Katzensteins Analyse, Politikveränderungen mit der institutionellen Konfiguration in Deutschland in Einklang zu bringen. Wohlgemerkt sind solche relativ kleinen Veränderungen für Katzenstein kein Zeichen von Schwäche, sondern vielmehr ein Zeichen des Erfolgs, da der nötige gesellschaftliche und parteipolitische Konsens die entsprechenden Weiterentwicklungen der Politik auf eine breitere Legitimationsbasis stellt als sie beispielsweise in Mehrheits- oder „Westminster-Systemen" (Lijphart 1984) üblich sind.

Katzenstein untermauert seine Analyse mit sechs Fallstudien, zu denen auch die Migrationspolitik der 1960er und 1970er Jahre gehört, die sich in erster Linie mit der Gastarbeiterzuwanderung befasste. Dabei kommt er zu dem Schluss, dass die einschlägigen Merkmale des semisouveränen Modells, nämlich schwache und dezentralisierte staatliche Institutionen, starke gesellschaftliche Interessen, einflussreiche parastaatliche Institutionen und fehlender parteipolitischer Konflikt, mit sich daraus ergebenden begrenzten Politikveränderungen, alle in der Migrationspolitik zu erkennen sind (Katzenstein 1987: 363).

Aber da Katzensteins Schlussfolgerung in erster Linie auf politischen Entwicklungen bis etwa 1985 beruht, stellt sich nun die Frage, ob sich die von ihm festgestellten Strukturen und Ergebnisse auch auf die Jahre danach anwenden lassen, in denen Themen wie Asyl, Spätaussiedlerzuzug, Integration und Einbürgerung die politische Diskussion zunehmend bestimmten. Ziel dieses Kapitels ist es also, die Grundzüge von Katzensteins Modell insbesondere auf die Zeit nach der Wiedervereinigung zu übertragen, und dadurch die Frage von Kontinuität und Wandel auf diesem wichtigen Politikfeld, vor allem seit dem Regierungswechsel 1998, unter die Lupe zu nehmen. Im Zuge der Diskussion wird auch erkennbar werden, dass in dieser Frage von Kontinuität und Wandel zwischen Policy-Veränderungen und deren Wirkungen („outcome") differenziert werden muss, ein Unterschied, der durch Bezug auf Peter Halls dreidimensionaler Klassifizierung von Policy-Wandel verdeutlicht wird (Hall 1993).[7] Nach einem Überblick über die Konfiguration der Akteure in diesem Feld, gefolgt von einem ebenfalls kurzen Überblick über die Entwicklung dieser Thematik bis 1990, werden drei Fälle vorgestellt, die diesen Unterschied zwischen Veränderungen im Recht und Veränderungen in der Wirkung offenlegen: die Reform des Asylrechts 1992, die

---

[6] Unter „parapublic institutions" versteht Katzenstein öffentlich-rechtliche Institutionen, denen die Durchführung von politischen Zielen übertragen wird, wie zum Beispiel die Nürnberger Bundesagentur für Arbeit. Ihren Zweck beschreibt Katzenstein (1987: 58) wie folgt: „Parapublic institutions act like political shock-absorbers. They induce political stability both directly and indirectly. They tend to limit political controversies in the process of policy implementation. And they limit the scope of policy initiatives".

[7] Halls Klassifizierung erfasst den Umfang politischer Veränderungen in drei kumulativen Stufen. Wandel erster Ordnung, so Hall, umfasst eine Rekalibrierung der verwendeten Policy Instrumente, Wandel zweiter Ordnung zusätzlich eine Veränderung in der Wahl der Policy Instrumente und Wandel dritter Ordnung ferner eine Neufassung der politischen Prioritäten in dem betroffenen Feld (Hall 1993: 278-279).

Reform des Staatsangehörigkeitsrechts bis 1999 und die Formulierung des Zuwanderungsgesetzes bis 2004. In der Schlussfolgerung wird dann zusammenfassend auf die Effektivität der bisherigen Migrationspolitik eingegangen.

2 Akteure in der Migrationspolitik

Die Besonderheit der Migrationspolitik spiegelt sich unter anderem in der Konstellation von Akteuren in diesem Gebiet seit Anfang der 1980er Jahre wider, die zwar Ähnlichkeiten, aber auch einige wesentliche Unterschiede zu anderen innenpolitischen Bereichen aufzeigt. Unter den Ähnlichkeiten ist vor allem festzustellen, dass die klassischen Merkmale der Politik in Deutschland, wie unter anderem das Ressort- und Koalitionsprinzip, die starke Rolle der Gerichtsbarkeit und der politischen Parteien, sowie die enge Einbindung der Länder in die Formulierung und Umsetzung der Politik, eindeutig in der Migrationspolitik vorhanden sind.

So ist zum Beispiel die Person des Bundesinnenministers ein wichtiger Faktor für die Entwicklung dieses Politikfeldes gewesen. Dieses wurde besonders während der Regierung Kohl deutlich, als sowohl konservative (Friedrich Zimmermann [CSU] und Manfred Kanther [CDU]) als auch pragmatischere Politiker (Wolfgang Schäuble [CDU] und Rudolf Seiters [CDU]) dieses Amt bekleideten. Ferner hat die Koalitionspolitik Veränderungen in diesem Bereich eine eigene Dynamik verliehen. Während der CDU/CSU-FDP-Koalition bis 1998 war es eher die Rolle des kleineren Partners, die restriktiven Instinkte der Mehrheit in der Union zu zügeln, während es in der rot-grünen Koalition Bündnis 90/Die Grünen waren, die im Falle der doppelten Staatsangehörigkeit Anfang 1999 ursprünglich die Agenda bestimmten. Auch die Judikative spielt eine wesentliche Rolle: das Bundesverfassungsgericht hat im Laufe der Jahre eine Reihe von wichtigen Entscheidungen zu allen Themen dieses Politikfeldes getroffen. Nicht zuletzt sind die Länder eng in dieses Gebiet eingebunden, und alle relevanten Gesetzesinitiativen der letzten Jahrzehnte waren grundsätzlich zustimmungspflichtig. Wie dieses Kapitel zeigen wird, ist der Bundesrat in mehreren Fällen von herausragender Bedeutung, sowohl direkt als auch indirekt, für die Politikentwicklung auf diesem Gebiet gewesen.

Die Migrations- und Staatsangehörigkeitspolitik unterscheidet sich von anderen innenpolitischen Feldern auch in Bezug auf die Rolle von parastaatlichen Institutionen, gesellschaftlichen Akteuren und der EU. In seiner ursprünglichen Analyse weist Katzenstein darauf hin, dass die potentiell politisch heikle Frage der Arbeitsanwerbung in den 1960er und 1970er Jahren auf die Bundesanstalt für Arbeit (BA) übertragen wurde, die somit das politische Konfliktpotential dieser Frage entschärfen konnte. Die Rolle der BA auf diesem Gebiet veränderte sich aber grundlegend mit dem Ende der Gastarbeiteranwerbung. Ab 1980 bestimmten neue Themenschwerpunkte, zuerst Einreise und Aufenthalt, später Einbürgerung, Integration und innere Sicherheit, die Tagespolitik in diesem Gebiet. Diese inhaltliche Verlagerung führte außerdem dazu, dass in Migrationsfragen ab Anfang der 1980er Jahre das Bundesministerium des Innern anstelle des Bundesministeriums für Arbeit und Sozialordnung das federführende Ressort wurde. Diese Veränderung war von enormer Tragweite für die Migrationspolitik, da im Geschäftsbereich des Innenministeriums keine parastaatliche Institution bestand, welche die Durchführung dieser Politik übernehmen und daher auch entpolitisieren hätte können. Die Abwesenheit effektiver parastaatlicher Institutionen kam zweifellos der Politik gelegen: In den Bundestagswahlkämpfen 1980 und 1983 hatte die CDU/CSU die Themen Ausländer und Asyl erfolgreich aufgegriffen, und es war eine politische Priorität der neuen Regierung Kohl, sich neue Spielräume in der Migrationspolitik zu verschaffen, um zumindest ansatzweise ihre Wahlversprechen zur Eindämmung der Zuwanderung einzulösen. Das Bestehen einflussreicher parastaatlicher Einrichtungen hätte dieses Ziel nur behindert.

Ferner führte diese Themenverlagerung dazu, dass die bisherige relativ zentrale Rolle von gesellschaftlichen Gruppen entscheidend abgeschwächt wurde. Solange Migration als rein arbeitsmarkt- und sozialpolitisches Thema behandelt wurde, waren vor allem Gewerkschaften und Wohlfahrtsverbände in die Politik der Bundesregierung eingebunden, so zum Beispiel im „Koordinierungskreis Ausländische Arbeitnehmer“, der vom Bundesministerium für Arbeit und Sozialordnung in den 1970er Jahren eingerichtet wurde (siehe auch Puskeppeleit/Thränhardt 1990). Mit der Verlagerung der Federführung ins Bundesministerium des Innern waren diese Gruppen nicht länger Teil der relevanten Politiknetzwerke. Aber vielleicht noch wichtiger war die Tatsache, dass die Gewerkschaften, Kirchen und Wohlfahrtsverbände keine effektive Interessenvertretung von Migranten gegenüber der Politik unternehmen konnten: Schließlich sind die primäre Klientel dieser Organisationen nicht Menschen mit Migrationshintergrund.

Gleichzeitig konnten Migranten selber diese Lücke nicht füllen, erstens weil Ausländer in Deutschland keine homogene Gruppe bilden, aus der sich klare Interessen bündeln lassen, und zweitens, weil sie weder das Wahlrecht besaßen noch ihre eigene Partei gründen konnten.[8] Nur in konsultativen „Ausländerbeiräten“ können die Interessen von Ausländern selber in den politischen Prozess eingebracht werden, und dann hauptsächlich auf kommunaler Ebene. Entsprechend gering ist ihre Wirkung (Hoffmann 2002). Außerdem gibt es auf Bundesebene und in den meisten Ländern Ausländerbeauftragte, die innerhalb der Regierungen um die Interessen von Ausländern besorgt sind. Aber auch hier wird deutlich, dass die Effektivität solcher Ämter eher gering ist, auch wenn es einigen Beauftragten auf Landesebene gelungen ist, Fortschritte zu erzielen. So war bis 2005 das Amt auf Bundesebene, das schon seit 1978 existiert, klein und nur peripher angesiedelt: Bis 2002 im Arbeitsministerium und seit 2002 im Familienministerium, wo die Beauftragte, Marieluise Beck (Bündnis 90/Die Grünen), erstmals als Parlamentarische Staatssekretärin einen offiziellen Posten innerhalb der Bundesregierung erhielt.[9] Somit lässt sich feststellen, dass, im Gegensatz zu fast allen anderen innenpolitischen Bereichen, die Migrations- und Ausländerpolitik in Deutschland seit etwa 1985 von einer dürftigen Interessenvertretung der Betroffenen gekennzeichnet wurde.

Doch ist die Lücke, die durch die Veränderung der Akteurskonstellation seit 1980 entstanden ist, nicht ungefüllt geblieben. Während die starke Rolle der Parteien ein Merkmal des politischen Systems Deutschlands ist, ist ihre Funktion in der Migrationspolitik noch bedeutender. Seit dem Regierungswechsel 1982 haben sich vor allem die Bundestagsfraktionen immer stärker in Migrationsfragen profiliert, und sich zum Teil auch kräftig in den politischen Formulierungsprozess eingemischt. Besonders deutlich lässt sich feststellen,

---

[8] Bekanntlich verbietet das Parteiengesetz Parteien, die zur Mehrheit aus ausländischen Mitgliedern bestehen. Ausländer dürfen jedoch allen im Bundestag vertretenen Parteien beitreten, mit Ausnahme der CSU, die ihre Mitgliedschaft auf EU-Bürger beschränkt.

[9] Nach der Bundestagswahl 2005 wurde Becks Nachfolgerin, Maria Böhmer (CDU), Staatsministerin im Bundeskanzleramt, was einer weiteren Aufwertung ihres Amtes gleichkam.

dass die Regierungsfraktionen am ehesten dann proaktiv eingreifen, wenn sich die Vorstellungen des Innenministers von denen der Fraktionen stark unterscheiden. So wurden 1989 die innenpolitischen Fraktionssprecher der CDU, CSU und FDP mit der Formulierung von Eckwerten für die Neufassung des Ausländergesetzes beauftragt, nachdem der Entwurf des Innenministeriums unter Friedrich Zimmermann, der im Jahr zuvor ans Licht gekommen war, aufgrund seiner Restriktivität weitgehend diskreditiert worden war (Green 2004: 63-67). Auch Mitte der 1990er Jahre, als Bundesinnenminister Manfred Kanther sich beharrlich weigerte, einen Gesetzesentwurf zur Reform des Staatsangehörigkeitsrechtes vorzulegen, verlagerte sich das politische Gravitationszentrum in die Fraktion, wo einige jüngere Abgeordnete versuchten, die Debatte um die Einführung des Geburtsrechtes (*ius soli*) voranzutreiben (s.u.).

Das Interesse der Parteien an einer aktiven Rolle in diesem Politikfeld ist aber auch auf die zunehmende Politisierung des Feldes zurückzuführen. Wie in Frankreich und Großbritannien hat die politische Bedeutung von Migration und Staatsangehörigkeit seit 1980 in Deutschland stark zugenommen (Thränhardt 1993). Dabei kam der hohe symbolische Wert dieses Bereiches sowie die Tatsache, dass die betroffenen Ausländer kein politisches Mitspracherecht besaßen, den beiden Volksparteien sicherlich gelegen; in Zeiten abnehmender Parteibindungen eignete sich dieses Gebiet hervorragend dazu, die eigene Anhängerschaft zu mobilisieren.[10]

Auf Politikinhalte übertragen bedeutete dies für die Unionsparteien, dass Zuwanderung, insbesondere durch Asyl, möglichst eingeschränkt werden und der Zugang zur deutschen Staatsangehörigkeit nur aufgrund hoher vollbrachter Integrationsleistungen möglich sein sollte. Dieses Verlangen nach Integration als Voraussetzung für die Einbürgerung, die sich an einem freiwilligen Bekenntnis zu deutschen Werten orientieren sollte, schloss demnach nicht nur *ius soli* (wegen seines Automatismus) aus, sondern auch die allgemeine Hinnahme von doppelten Staatsangehörigkeiten (wegen vermeintlicher Loyalitätskonflikte). Die SPD hingegen betrachtete die Einbürgerung als Schritt zur Integration und war demnach bereit, doppelte Staatsangehörigkeiten in Kauf zu nehmen, wenn diese zu einer schnelleren rechtlichen Integration der langjährigen ausländischen Wohnbevölkerung führten. Bündnis 90/Die Grünen waren in Fragen der Staatsangehörigkeit mit der SPD auf etwa gleicher Höhe, befürworteten jedoch eine Flüchtlingspolitik, die viel stärker durch humanitäre Grundsätze geprägt sein sollte. Die FDP fand sich im Großen und Ganzen eher auf Seiten der CDU/CSU, jedoch auf abgeschwächtem Niveau (Murray 1994; Hagedorn 2001: 173-218; Green 2005).

Dabei ist anzunehmen, dass wahltaktische Überlegungen bei dieser Positionierung keine geringe Rolle spielten. Wie nämlich Andreas Wüst in seinen innovativen Studien gezeigt hat, neigen eingebürgerte Ausländer zu über 80 Prozent dazu, ihre Stimme bei Wahlen für die SPD oder Grüne abzugeben, was kaum als Anreiz für die CDU/CSU gelten dürfte, ein großzügigeres Staatsangehörigkeitsrecht zu befürworten. Andererseits stimmen zur Zeit etwa 75 Prozent aller Spätaussiedler für die Union (siehe Wüst 2002, 2004). Diese Tatsache mag mit erklären, warum die CDU/CSU, mit Hinweis auf Deutschlands historische Verantwortung gegenüber dieser Gruppe, auf deren (inzwischen eingeschränktem) Einreiserecht weiterhin besteht (vgl. *Der Spiegel* 03/2006: 50).

[10] Interessanterweise lässt sich ebenfalls feststellen, dass das Mobilisierungspotential von Migration seit 2000 – angesichts der aufkommenden verteilungspolitischen Konflikte über Arbeitsmarkt-, Renten- und Fiskalpolitik – stark zurückgegangen ist.

In den letzten Jahren hat sich außerdem die Europäische Union (EU) als immer wichtigerer Akteur auf diesem Gebiet entwickelt. Vorangetrieben wurde diese Entwicklung durch die politische Erkenntnis, dass insbesondere Asylpolitik nicht nur eine nationale, sondern eben auch eine europäische Herausforderung darstellt. Aus diesem Grund war Deutschland, als eines der Hauptzielländer für Migration in der EU, von Anfang an um eine gemeinsame europäische Migrationspolitik besorgt. Deshalb unterstützte die Bundesregierung, nicht zuletzt auch aus innenpolitischen Überlegungen (Henson/Malhan 1995), seit langem die Vergemeinschaftung insbesondere der Asylpolitik. Seit dem Maastrichter Vertrag von 1992 wurde die Zusammenarbeit im Bereich Asyl und Einwanderung unter der so genannten „dritten Säule" der EU organisiert. Das bedeutete zwar eine Formalisierung der bestehenden Kooperationsmechanismen, aber aufgrund der Tatsache, dass Entscheidungen einstimmig gefasst werden mussten, verlief die weitere Entwicklung, vor allem im inhaltlichen Bereich, eher schleppend. Im 1999 in Kraft getretenen Vertrag von Amsterdam wechselte die Migrationspolitik von der dritten (intergouvernementalen) in die erste (supranationale) Säule. Damit wurde nicht nur in Aussicht gestellt, dass Entscheidungen ab 2004 (nach einer fünfjährigen Übergangsfrist) aufgrund einer qualifizierten Mehrheit zustande kommen würden, sondern auch, dass die Europäische Kommission und der Europäische Gerichtshof Kompetenzen über dieses Gebiet erwerben würden. Gerade letztere Institution hat sich im Nachhinein als wichtiger Akteur entpuppt: Seine Entscheidungen haben unter anderem dazu geführt, dass türkische Staatsbürger in der EU, mit Blick auf das 1960 unterzeichnete Assoziationsabkommen zwischen der Türkei und der damaligen Europäischen Wirtschaftsgemeinschaft, zunehmend die gleichen Rechte wie EU-Staatsbürger genießen. Aber die ersten inhaltlich wichtigen Richtlinien zu Familiennachzug und Asyl wurden erst 2003 bzw. 2004 durch den Ministerrat verabschiedet. Deren längerfristige Auswirkungen sind im Jahre 2006 naturgemäß noch nicht abzuschätzen.

Bei einer Betrachtung der EU als Akteur in der nationalen Migrationspolitik fallen weniger die eher bescheidenen Fortschritte in der Harmonisierung von Einwanderungs- und Asylpolitik als die wachsende Skepsis der Bundesregierung gegenüber der weiteren Integration auf diesem Gebiet auf (Hellmann et al. 2005). Schon 1997, im Vorfeld des Amsterdamer Gipfels, der den gleichnamigen Vertrag beschloss, meldete das Bundesinnenministerium Bedenken an der Idee an, Entscheidungen zu Migration und Asyl auf EU-Ebene mit qualifizierten Mehrheiten zu treffen (Bulmer et al. 2000: 79). Diese Skepsis beruht auf der Tatsache, dass die Bundesregierung ihre vergleichsweise restriktiven Vorstellungen im Bereich Familiennachzug und Asyl nicht in der EU hat durchsetzen können.[11] Somit ist Deutschland mit der realen Möglichkeit konfrontiert, dass weitere Integrationsmaßnahmen auf diesem Gebiet nicht zwangsläufig zu einer Formalisierung der heimischen Standards führen, sondern gegebenenfalls sogar zu einer (innenpolitisch ungewollten) Liberalisierung. Alles in allem jedoch hält sich die Wichtigkeit der EU auf diesem Gebiet seit 1990 in Grenzen, obwohl sie ohne Frage in den kommenden Jahren aufgrund des Amsterdamer Vertrages zunehmen wird.

Wie sieht nun das Zusammenwirken dieser Vielzahl an Akteuren in der Praxis aus? Welche Interessen setzen sich in der Tagespolitik am ehesten durch? Der verbleibende Teil dieses Kapitels befasst sich mit dieser Frage, indem er eine Übersicht über eine Auswahl

---

[11] So gilt in Deutschland weiterhin das niedrigste Nachzugsalter für ausländische Kinder in der EU; ferner bedeutete unter anderem die relativ enge Auslegung des Flüchtlingsbegriffes, dass Deutschland eine der niedrigsten Anerkennungsquoten in der EU aufweist.

der wichtigsten Themen und Gesetze dieses Politikfelds gibt.[12] Dabei liegt der inhaltliche Schwerpunkt auf den Zeitraum nach der Wiedervereinigung. Zuerst wird aber die Ausgangslage für die Entwicklung dieses Politikfeldes kurz beschrieben.

3 Migrationspolitik bis 1990

Wie schon im ersten Teil dieses Kapitels angemerkt wurde, sind laut Katzenstein geringfügige Politikveränderungen die Norm in der Bundesrepublik. Dies trifft auch auf die Migrationspolitik zu (Katzenstein 1987). Diese Stabilität der Politik wird natürlich auch durch andere Autoren hervorgehoben, vor allem im Zusammenhang mit Pfadabhängigkeiten. Schon 1981 merkte Gordon Smith an:

> Once policies have been adopted, there is a strong pressure to maintain them, not only on the part of the government but also as an implied constraint on the opposition. In consequence, the political system is geared to making only gradual changes of course in any field of policy and putting stress on the virtue of continuity (Smith 1981: 174).

Wenn also Politik in der Bundesrepublik durch Kontinuität gekennzeichnet wird, ist die Frage, von welcher Grundlage aus etwaige Veränderungen überhaupt stattfinden, umso wichtiger. Im Falle der Migrationspolitik wurde diese Grundlage ursprünglich gegen Ende der 1970er Jahre und in vier Schritten geschaffen (vgl. Herbert 2001: 244-245, 247, 251-252). Erstens wurde 1976 eine Bund-Länder-Kommission mit dem ausdrücklichen Ziel eingesetzt, eine zukunftsorientierte Ausländerpolitik zu formulieren. Ausgangslage für die Kommission war, dass Deutschland „kein Einwanderungsland" sei. In ihrem Bericht hob die Kommission drei Hauptempfehlungen hervor (keine weitere Arbeitsmigration aus Nicht-EG-Ländern, Rückkehrförderung und Integration der verbleibenden ausländischen Bevölkerung), die in ihrer Widersprüchlichkeit die unterschiedlichen gesellschaftlichen Vorstellungen der politischen Akteure spiegeln (Katzenstein 1987: 219). Aber gerade weil diese drei Ziele der Ausländerpolitik den kleinsten gemeinsamen Nenner darstellten, sollten sie sich im Laufe der kommenden Jahre als ungeheuer veränderungsresistent erweisen.

Zweitens entwickelten im Dezember 1977 die SPD-geführte Bundesregierung und die Länder die so genannten „Einbürgerungsrichtlinien", die die ansonsten eher vage formulierten Einbürgerungsvoraussetzungen im RuStAG konkretisieren sollten. Auch hier wurden wesentliche Prinzipien der darauf folgenden Staatsangehörigkeitspolitik erstmals zusammengeführt, unter anderem die Vorstellung, dass eine gelungene Integration eine der Hauptvoraussetzungen für eine Einbürgerung sei, sowie das Verlangen, Mehrstaatigkeit zu vermeiden (Green 2005).

Drittens kam die sozial-liberale Bundesregierung im Laufe des Jahres 1981 durch den anhaltenden Familiennachzug von Ausländern nach Deutschland politisch immer stärker unter Druck. Dabei sollte sich das maximale Nachzugsalter für Kinder als besonders kontrovers entpuppen. In seinen Familiennachzugsrichtlinien vom 2. Dezember 1981 empfahl das Bundeskabinett den Ländern, das Kindernachzugsalter von 18 auf 16 Jahre zu senken, und fortan bewegte sich die politische Debatte in Nachzugsfragen in erster Linie um dieses Alter.

[12] Die Einzelheiten der Migrationsgeschichte in der Bundesrepublik werden an anderer Stelle ausgiebig dargestellt (beispielsweise Herbert 2001; Meier-Braun 2002).

Der vierte und letzte Schritt in der Festlegung von Pfadabhängigkeiten fand 1983 statt, als eine zweite Bund-Länder-Kommission, die von der neuen CDU/CSU-FDP-Bundesregierung eingesetzt worden war, ihren Bericht erstattete. Im Wesentlichen bestätigte sie dabei die drei Ziele der vorangegangenen Kommission von 1977, was nicht zuletzt auf die anhaltenden Meinungsverschiedenheiten zwischen den verschiedenen Akteuren, selbst unter den unionsgeführten Bundesministerien, zurückzuführen ist. Stattdessen befasste sich die Kommission mit eher technischen Fragen, wie die drei Ziele am besten umzusetzen seien. Unter anderem einigte sie sich darauf, dass die Ermessensspielräume des Ausländergesetzes 1965 bei der Vergabe von unbefristeten Aufenthaltserlaubnissen in Rechtsansprüche umgewandelt werden sollten, dass der Familiennachzug gesetzlich geregelt werden sollte und dass die Einbürgerung von Ausländern der zweiten und nachfolgenden Generation erleichtert werden sollte (Haberland 1983).

Bemerkenswert an diesen vier Schritten ist erstens, dass sie in einem nicht-koordinierten Rahmen stattfanden, und zweitens, dass keines der vier Dokumente Gesetzesrang erlangte. So gesehen ruhte fast die gesamte deutsche Ausländerpolitik der 1980er und 1990er Jahre auf einer Reihe politischer Abmachungen in erster Linie zwischen den beiden Volksparteien, die in der Abwesenheit eines Konsenses über eine neue Ausrichtung der Politik einfach beibehalten wurden.

Der überparteiliche Konsens, der diese vier Schritte untermauert hatte, fing ab 1980 an zu bröckeln. In diesem Jahr trafen sehr hohe Asylbewerberzahlen (über 107.000), anhaltender Familiennachzug und eine polarisierte Bundestagswahl zusammen, und in diesem Rahmen war es wohl unmöglich, die bis dahin eher entpolitisierte Gestaltung dieses Politikfeldes aufrechtzuerhalten. Der Regierungswechsel 1982 verstärkte diese Tendenz nur, nicht zuletzt durch die Besetzung des Innenressorts mit Friedrich Zimmermann, der eine offenkundig harte Linie gegenüber Ausländern und Einwanderung vertrat. Trotzdem schlugen sämtliche Versuche, das Ausländerrecht dauerhaft zu verschärfen, fehl: das Rückkehrförderungsgesetz von 1983 lief zum 31.12.1984 ersatzlos aus,[13] das Kindernachzugsalter wurde aufgrund starker Opposition seitens des Koalitionspartners FDP und den bis dahin noch einflussreichen Kirchen nicht, wie von der CDU/CSU gefordert, auf maximal sechs Jahre gesenkt, und vor allem die hochrestriktiven Vorstellungen des Bundesinnenministeriums zum Aufenthaltsrecht, die 1988 an die Öffentlichkeit gelangten, fanden keine parlamentarische Mehrheit und mussten fallen gelassen werden. Aber gleichfalls gelang es der SPD nicht, ihr Lieblingsprojekt des kommunalen Wahlrechts für Ausländer durchzusetzen: Entsprechende Gesetze in Hamburg und Schleswig-Holstein wurden 1990 vom Bundesverfassungsgericht gekippt. Außerdem blieb das Staatsangehörigkeitsrecht in seiner ursprünglichen Form bestehen.

Der vorläufige Endpunkt dieser Debatte über Ausländerpolitik in Deutschland, die seit 1980 andauerte, bildete die Verabschiedung des reformierten Ausländergesetzes im Mai 1990. Dieses konnte aber erst in Angriff genommen werden, nachdem Friedrich Zimmermann 1989 als Innenminister durch Wolfgang Schäuble ersetzt wurde: Nach seinem fehlgeschlagenen Versuch 1988, das Aufenthaltsrecht zu verschärfen, weigerte sich Zimmermann

[13] Ziel des Rückkehrförderungsgesetzes war es, finanzielle Anreize für die Heimkehr von Ausländern zu schaffen und somit das Wahlversprechen der Union von 1983, die ausländische Bevölkerung in Deutschland zu verringern, einzulösen. In der Tat schätzte die Bundesregierung, dass etwa 300.000 Ausländer von dieser Regelung Gebrauch machten. Dagegen argumentiert Herbert überzeugend, dass der Erfolg des Gesetzes stark relativiert werden müsse, da in den Jahren davor „viele ausländische Familien in Erwartung der Rückkehrprämien ihren bereits gefassten Entschluss zur Heimkehr aufgeschoben hatten" (Herbert 2001: 255).

einfach, einen neuen Entwurf vorzulegen (vgl. Schäuble 2001: 77). Erst unter Schäuble konnte ein neuer Anlauf gestartet werden, der dann auch mit hoher Geschwindigkeit, und kurz bevor die Bundesregierung ihre Mehrheit im Bundesrat verlor, regelrecht durch das Parlament gepaukt wurde.[14] Trotzdem kann dieses wichtige Gesetz keinesfalls als großer Sprung nach vorne angesehen werden. Vielmehr stellte es eine weitgehende Formalisierung bestehender Verwaltungspraxis dar. Überdies orientierte sich das Gesetz inhaltlich stark an den Empfehlungen der zweiten Bund-Länder-Kommission 1983. Nur in wenigen Bereichen gab es signifikante Neuerungen: So führte das Gesetz die (hochumstrittene) Voraussetzung des „ausreichenden Wohnraumes" für den Familiennachzug ein (§ 17 AuslG 1990). Aber es gab auch Liberalisierungen: Fortan erlaubte das Gesetz die „erleichterte Einbürgerung" von Ausländern mit über 15 Jahren Aufenthaltsdauer sowie von 16- bis 23-jährigen Ausländern.[15]

Alles in allem fällt das Ausländergesetz 1990 in die Kategorie einer eher beschränkten Politikveränderung: auch innerhalb Halls Klassifizierung stellt das Gesetz einen Wandel erster Ordnung dar, wenngleich die erleichterte Einbürgerung als Wandel zweiter Ordnung gelten dürfte. Letzten Endes erwies sich nur ein solches Gesetz als mehrheitsfähig, welches die unbequemen Kompromisse der 1970er Jahre nicht in Frage stellte und sich somit auf eher verwaltungstechnische Formalitäten beschränkte. Aufgrund der Dezentralisierung der politischen Macht, die wichtige Rollen für die Koalitionspartner, die Parteien, die Länder und das Bundesverfassungsgericht vorsieht, konnte sich Friedrich Zimmermann mit seinen restriktiven Vorstellungen einfach nicht durchsetzen. Auch der Föderalismus spielte eine wichtige Rolle: Der Zeitplan der niedersächsischen Landtagswahl bestimmte die parlamentarische Vorgehensweise in dieser Angelegenheit. Hingegen waren gesellschaftliche Gruppen, besonders die Kirchen und Gewerkschaften, nach Abklingen der Kindernachzugsdebatte um 1985 nicht mehr wesentlich an den Entscheidungsprozessen beteiligt.

Somit sind die Hauptzüge des semisouveränen Staates hier klar zu erkennen. Während sie aber in den 1980er Jahren dazu dienten, die Handlungsfreiheit des Innenministeriums einzuschränken, sollten die 1990er Jahre beweisen, dass Gesetzentwürfe, auch wenn sie von Teilen der Regierungskoalition unterstützt werden, nicht gegen den Willen des federführenden Ressorts durchgesetzt werden können.

4 Migrations- und Staatsangehörigkeitspolitik nach der Wiedervereinigung

4.1 Der Asylkompromiss 1992

Wie sich herausstellen sollte, standen auch nach der deutschen Wiedervereinigung 1990 die etablierten Leitfäden der Ausländerpolitik vorerst grundsätzlich nicht zur Disposition. Obwohl mit dem Ende der DDR einer der Hauptgründe für das Beibehalten des aus der Kaiserzeit stammenden RuStAGs wegfiel, gab es zuerst wenig Unterstützung innerhalb der

[14] Das Ausländergesetz wurde am 11.5.1990 vom Bundesrat verabschiedet. Am 13.5.1990 verlor die CDU die Landtagswahl in Niedersachsen, und die Bundesregierung damit ihre Mehrheit im Bundesrat.

[15] Die „erleichterte Einbürgerung" (§§ 85-86 AuslG 1990) stellte eine Regeleinbürgerung unter weiteren Bedingungen (z.B. Straffreiheit, Aufenthaltsdauer und deutscher Schulbesuch junger Ausländer, Aufgabe der bisherigen Staatsangehörigkeit) in Aussicht. Die Gebühren wurden auf 100 DM radikal gesenkt. Die Regeleinbürgerung wurde zum 1.7.1993 in einen Rechtsanspruch auf Einbürgerung umgewandelt.

Unionsparteien (im Gegensatz zu SPD und Bündnis 90/Die Grünen) für eine umfassende Modernisierung und Liberalisierung dieses Gesetzes.

Viel wichtiger waren die unmittelbaren Auswirkungen der Wiedervereinigung für die Asyl- und Aussiedlerpolitik (Green 2001). Auch in der Asylpolitik hatte eine Polarisierung zwischen den Parteien seit dem vorläufigen Höhepunkt der Antragszahlen 1980 stattgefunden. Nach einer kurzen Abschwächung stiegen die Asylbewerberzahlen erneut ab 1984, und überschritten 1988 wieder die politisch wichtige Grenze von 100.000 Anträgen. Daraufhin wurden in den Unionsparteien die Rufe nach einer Änderung des im Artikel 16 GG enthaltenen Grundrechts auf Asyl lauter, während dieses von der SPD und vor allem von Bündnis 90/Die Grünen strikt abgelehnt wurde.[16] Das Ende des Kalten Krieges und die darauf folgende Kombination aus Reisefreiheit und Umbruch in Osteuropa, vor allem im ehemaligen Jugoslawien, führte dazu, dass Menschen in großem Umfang nach Deutschland kamen: Zwischen 1990 und 1992 wurden fast 900.000 Asylanträge gestellt (zur Asylkrise, siehe Bade 1994: 91-146).

Angesichts wachsender Besorgnis innerhalb der Bevölkerung zum Thema Asyl sowie einer Zunahme rechtsextremer Gewalt sah sich die SPD immer stärker unter politischem Druck, einer Änderung des Asylgrundrechts zuzustimmen. Am 6.12.1992 wurde der so genannte „Asylkompromiss" zwischen der CDU/CSU, SPD und FDP beschlossen, der eine Ergänzung von Artikel 16 GG um die so genannte „sichere Herkunftsstaats-" sowie die „sichere Drittstaatsregelung" vorsah. Dessen Rechtmäßigkeit wurde 1996 durch das Bundesverfassungsgericht bestätigt. Im Gegenzug verlangte die SPD erstens, dass das Staatsangehörigkeitsrecht reformiert, und zweitens, dass die Zuwanderung von Aussiedlern begrenzt werden sollte. Diese hatte ebenfalls mit dem Zusammenbruch des Ostblocks stark zugenommen, und zwischen 1988 und 1992 hatten über 1,4 Millionen deutschstämmige Menschen hauptsächlich aus Polen, Rumänien und der Sowjetunion in Deutschland Aufnahme gefunden.

Der politische Asylkompromiss, der zum 1.7.1993 umgesetzt wurde, ist fraglos die bis dahin umfangreichste Neuorientierung in der Migrationspolitik, da er drei wesentliche Bereiche (Aussiedler, Asyl und Staatsangehörigkeit) umfasste. Trotzdem ist die Wirkung dieses Kompromisses tendenziell eher begrenzt gewesen. Zum einen sanken die Asylbewerberzahlen nach 1994 nur langsam (vgl. Tab. 5.1): Erst im Jahre 2000 wurde Deutschland zum ersten Mal als Hauptzielland für Asylbewerber in der EU überholt. Zum anderen beschränkte das 1992 verabschiedete Kriegsfolgenbereinigungsgesetz (KfBG) den automatischen (Spät-)Aussiedlerstatus zwar auf vor 1993 geborene deutschstämmige Menschen aus der ehemaligen Sowjetunion, was aber trotzdem das Recht auf Einwanderung dieser Gruppe effektiv über Jahrzehnte hinweg sicherte. Vor allem beschränkten sich die Veränderungen im Bereich des Staatsangehörigkeitsrechts im Wesentlichen auf die Umwandlung des befristeten Regelanspruches auf erleichterte Einbürgerung im Ausländergesetz in einen unbefristeten Rechtsanspruch. Weder wurde die versprochene umfassende Reform vorgenommen, noch die gesamte Struktur der Ausländerpolitik, die sich weiterhin am Status des „Nichteinwanderungslandes" orientierte, überholt.

Auch im Sinne Halls lässt sich beim Asylkompromiss kein Wandel dritter Ordnung feststellen: Die Veränderungen im Staatsangehörigkeitsrecht sind eindeutig erster Ordnung und die Asylrechtsänderungen, durch die Einführung neuer Instrumente um das lang etab-

[16] Stattdessen wurde eine Reihe von Asylverfahrensgesetzen verabschiedet, die nach und nach zu Leistungseinschränkungen für Asylbewerber führten (Münch 1992).

lierte Ziel der Antragszahlverringerung zu verwirklichen, zweiter Ordnung. Höchstens das KfBG lässt sich als Wandel dritter Ordnung einstufen. Vor allem wird deutlich, dass in diesem Kompromiss die Hauptmerkmale der Semisouveränität vorhanden sind. Insbesondere bedeutete der Verfassungsrang der Asylrechtsänderung, dass nur eine Große Koalition eine entsprechende Reform vornehmen konnte – was wiederum die Rolle der politischen Parteien als Hauptakteure bestätigt. Gleichzeitig unterstreicht der Asylkompromiss, wie sich Pfadabhängigkeit durch exogene Faktoren, so wie sie in der Asyl- und Aussiedlerpolitik durch den Umbruch in Osteuropa entstanden sind, verändern lassen können.

4.2 Die Reform des Staatsangehörigkeitsrechts, 1994-1999

Auch wenn die versprochene Reform des Staatsangehörigkeitsrechts 1993 nicht realisiert wurde, so war diese Frage keineswegs vom Tisch. Schon 1984 hatte die christlich-liberale Bundesregierung festgestellt, dass „kein Staat es auf Dauer hinnehmen kann, dass ein zahlenmäßig bedeutender Teil der Bevölkerung über Generationen hinweg außerhalb der staatlichen Gemeinschaft [...] ihm gegenübersteht" (BT-Drs. 10/2071: 12). Auch aus diesem Grund einigten sich CDU/CSU und FDP nach der knapp ausgegangenen Bundestagswahl 1994 in ihrem Koalitionsvertrag auf ein neues Modell der „Kinderstaatszugehörigkeit", das eine de facto (aber nicht de iure) Staatsangehörigkeit für Ausländer der zweiten Generation werden sollte. Dieses Modell entpuppte sich sehr bald als völlig unpraktikabel (Green 2004: 91), was dann aber wiederum die Koalition in Zugzwang brachte, da sich ebenso schnell zeigte, dass der konservative Flügel der CDU sowie die gesamte CSU keine wesentliche Alternative zu diesem Modell akzeptieren wollten. Daraufhin ging der soziale Flügel der CDU, der schon lange für eine offenere Ausländerpolitik plädiert hatte, in die Offensive. Im Jahre 1995 schlugen drei jüngere CDU-Bundestagsabgeordnete vor, das *ius soli* für die zweite Migrantengeneration einzuführen, mit einer Optionspflicht für die daraus entstehenden doppelten Staatsangehörigkeiten bis zum 21. Lebensjahr. Dieser Vorschlag fand breite Beachtung und Zustimmung, nicht zuletzt in der FDP, die dieses Modell selber übernahm. Für die CSU und die konservativen Teile der CDU, zu denen auch Bundesinnenminister Manfred Kanther zählte, und für die das Staatsangehörigkeitsbild von 1977 maßgeblich war, war dieser Vorschlag jedoch völlig inakzeptabel. Letzten Endes konnte sich diese Gruppe durchsetzen, weil unter anderem ein Machtwort des Bundeskanzlers in dieser Frage ausblieb.

Im Kontext dieses Beitrages ist aber wichtiger, dass diese Gruppe, welche zwar die Minderheit des Bundestages, aber die Mehrheit der Unionsparteien darstellte, *keine* Lösung einer ihr ungenehmen vorzog. Da nicht nur die Union geteilter Meinung in der Frage des Staatsangehörigkeitsgesetzes war, sondern die FDP sich dem Optionsmodell verpflichtet hatte, und eine Mehrheit der Bundesregierung im Bundesrat fehlte, wurde das Thema effektiv für den Rest der Legislaturperiode fallengelassen. Entsprechendes bestätigt auch Wolfgang Schäuble, inzwischen CDU/CSU Fraktionsvorsitzender im Bundestag, in seinen Memoiren:

> Alle Versuche, in der Koalition zu einer Einigung zu kommen, die von sämtlichen Abgeordneten der CDU/CSU und der FDP getragen werden konnte, damit im Bundestag bei unserer knappen Mehrheit und angesichts der Entschlossenheit der Opposition, uns bei der Lösung des Dilemmas nicht zu helfen, nichts anbrennen würde, scheiterten. Also ließen wir es bleiben (Schäuble 2001: 81).

Während dieser ganzen Zeit dümpelten die Einbürgerungszahlen vor sich hin (vgl. Tab. 5.1 oben). Obwohl sich die Anzahl der Einbürgerungen aufgrund des erleichterten Verfahrens zwischen 1990 und 1997 verdreifachte, blieb die jährliche Einbürgerungsquote weit unter zwei Prozent – einer der niedrigsten Werte in der EU. Im Laufe der 13. Wahlperiode wurden über 400.000 Kinder ausländischer Eltern in Deutschland geboren – die allesamt nach deutschem Recht Ausländer blieben.

Als dann die Bundestagswahl 1998 den kompletten Regierungswechsel brachte, waren die Erwartungen an die neue Koalition aus SPD und Bündnis 90/Die Grünen hoch, besonders in der Ausländerpolitik. In der Tat nahm sich die neue Regierung unter Gerhard Schröder die „Modernisierung“ des Staatsangehörigkeitrechtes als erstes Großprojekt vor (vgl. Green 2004: 95-103). Im Zuge der Reform sollten die notwendige Aufenthaltsdauer für eine Anspruchseinbürgerung fast halbiert, eine Form des *ius soli* eingeführt und auf Drängen von Bündnis 90/Die Grünen mehrfache Staatsangehörigkeiten uneingeschränkt hingenommen werden.[17] Letzteres sollte sich als besonders weit reichende Fehleinschätzung erweisen: In wiederholten Umfragen lehnte die große Mehrheit der Bevölkerung dieses Vorhaben ab. Für die CDU/CSU kam dieser Vorstoß, auch innerparteilich, nach ihren schweren Verlusten bei der Bundestagswahl als Mobilisierungsmaßnahme sehr gelegen (Schäuble 2001: 81-2). Daraufhin startete sie die politisch umstrittene Unterschriftenkampagne zur hessischen Landtagswahl am 7.2.1999.

Durch den unerwarteten Sieg der CDU und FDP bei dieser Wahl veränderte sich das Machtgefüge im Bundesrat, wo die Bundesregierung fortan mit einer Blockademinderheit der Unionsparteien bei Zustimmungsgesetzen konfrontiert war. Nur nach einigen signifikanten Änderungen in den Bereichen Mehrstaatigkeit und Geburtsrecht, die von der FDP verlangt wurden, um die Stimmen der sozial-liberalen Koalition in Rheinland-Pfalz im Bundesrat zu sichern, konnte das Gesetz verabschiedet werden.[18]

Wie schon in den vorherigen hier ausgeführten Fällen, lässt sich auch bei der Reform der Staatsangehörigkeit Deutschlands Semisouveränität klar erkennen. In den letzten Jahren der Regierung Kohl konnte Innenminister Kanther, mit Rückendeckung vor allem der CSU, vom Ressortprinzip vollen Gebrauch machen und jeden Versuch einer Reform außerhalb des im Koalitionsvertrag festgelegten (engen) Rahmens abwehren, obwohl eine überparteiliche Mehrheit im Bundestag für die Optionslösung bestand. Während die Kontroverse zum Ausländergesetz zehn Jahre davor gezeigt hatte, dass ein einzelnes Ressort es schwer hat, seine Vorstellungen in einem hoch politisierten Feld gegen den Willen der Fraktionen durchzusetzen, beweist die Diskussion der 13. Wahlperiode, dass ein Minister in Formulierungsfragen trotzdem Primus inter pares ist. Die eigentliche Reform Anfang 1999 zeigt nicht nur, welches Mobilisierungspotenzial die Staatsangehörigkeitsfrage haben kann, sondern auch, wie sehr die Strukturen des bundesdeutschen Föderalismus die Politik beeinflussen können: Nach der Wahl in Hessen verfügten die Unionsländer („gemischte“ Länder mit CDU-Regierungsbeteiligung also nicht eingerechnet) über weniger als ein Drittel der

---

[17] Gleichzeitig wurden neue Bedingungen für die Einbürgerung eingeführt: Insbesondere wurden Sprachkenntnisse zum ersten Mal gesetzlicher Bestandteil des Staatsangehörigkeitserwerbs. Ferner wurden die zu entrichtenden Gebühren um das Fünffache erhöht.

[18] Die Modifizierungen im Bereich *ius soli* bedeuteten, dass die daraus entstehenden Mehrstaatigkeiten einer Optionspflicht bis zum 23. Lebensjahr unterliegen. Ironischerweise wurde somit das Optionsmodell, das ursprünglich innerhalb der CDU entwickelt wurde, auf Drängen der FDP durch eine rot-grüne Regierung übernommen!

Stimmen im Bundesrat.[19] Trotzdem konnten vier Länder – aufgrund der Erfordernis einer absoluten Mehrheit im Bundesrat bei Zustimmungsgesetzen – ein wichtiges Gesetzesvorhaben der Bundesregierung zwar nicht verhindern, aber doch erheblich abschwächen.

Beim Staatsangehörigkeitsrecht lässt sich, im Gegensatz zum Asylkompromiss, schon eindeutig ein Wandel dritter Ordnung feststellen, da nicht nur die Instrumente, sondern auch die politischen Prioritäten durch das Gesetz verändert wurden. Nichtsdestotrotz fällt auch dieses Gesetz, was die Wirkung betrifft, erneut in die Kategorie einer geringen Veränderung. Trotz der Einführung des Geburtsrechts zum ersten Mal in der deutschen Geschichte ist diese Regelung so ausgelegt, dass sie nur etwa die Hälfte aller in Deutschland geborenen Kinder ausländischer Eltern betrifft. Außerdem besteht die durch dieses Gesetz verliehene deutsche Staatsangehörigkeit nur auf Zeit – sie geht automatisch verloren, wenn Betroffene bis zum 23. Geburtstag nicht aus der elterlichen Staatsangehörigkeit entlassen werden.[20] Auch die Einbürgerungszahlen nehmen nicht – wie erwartet – zu (siehe Tab. 5.1): Seit ihrem Höhepunkt im Jahr 2000, dem ersten Jahr der Reform, gehen sie sogar stetig zurück und lagen 2004 unter dem Niveau vor der Reform. Besonders gravierend ist dieser Trend angesichts der Tatsache, dass die durchschnittliche Aufenthaltsdauer, die 1980 erst bei neun Jahren lag (Katzenstein 1987: 230), im Jahr 2004 über 16 Jahre betrug: So wohnen immer mehr Menschen in Deutschland, welche die Aufenthaltsbedingungen für die Einbürgerung zwar erfüllen, aber trotzdem Ausländer bleiben. Auch wenn dies an anderen Faktoren liegen mag – wie etwa der Nichterfüllung der restlichen Kriterien – bleibt dadurch das 1984 gesteckte Ziel verstärkter Einbürgerung in der Ferne. Das Problem, dass die Eingliederung der ausländischen Bevölkerung in die deutsche Staatsangehörigkeit nur schleppend verläuft, bleibt also auch nach der Reform bestehen.

4.3 Das Zuwanderungsgesetz, 2000-2004

Kaum war die Reform des Staatsangehörigkeitsrechts abgeschlossen, kam schon das nächste Migrationsthema auf die Koalition zu: die erneute Förderung und Steuerung von Arbeitsmigration. Auf Druck der Wirtschaft hatte Bundeskanzler Schröder bei der Cebit-Messe in Hannover im Februar 2000 das so genannte „Green Card"-Programm angekündigt, welches ein begrenztes Arbeitsmigrationsprogramm für IT-Spezialisten darstellte. Obwohl die Bundesregierung ursprünglich die „Green Card" als gezielte Maßnahme gedacht hatte, führte die dadurch entfachte öffentliche Debatte alsbald dazu, dass ab Sommer 2000 die Formulierung des ersten umfassenden Zuwanderungsgesetzes in Deutschland auf der politischen Tagesordnung stand (Busch 2003: 217; vgl. auch Green 2004: 110-132).

Dieses sollte nun drei Hauptprobleme ansprechen: den trotz hoher Arbeitslosigkeit immer deutlicher werdenden Fachkräftemangel, vor allem in der Informationstechnologie, die ungünstige demographische Entwicklung Deutschlands (Münz/Ulrich 2000) und die wachsende Besorgnis über vermeintliche Integrationsdefizite der ausländischen Bevölkerung (die unter anderem in der PISA-Studie zum Vorschein gekommen waren).

---

[19] Nur die Länder Baden-Württemberg, Bayern, Hessen und Sachsen wurden im Frühjahr 1999 von der Union entweder alleine oder zusammen mit der FDP regiert. In Berlin und Bremen regierten außerdem Große Koalitionen.

[20] Indes steht die verfassungsrechtliche Klärung dieser Regelung noch aus. Aufgrund einer Übergangsregelung, die für Kinder ab dem Geburtsjahr 1990 galt, werden die ersten solcher Fälle aller Voraussicht nach ab 2013 auftreten.

In der Umsetzung dieser Ziele sollte der Innenminister der rot-grünen Regierung, Otto Schily, eine maßgebliche Rolle spielen. Er hatte die gewiss nicht einfache Aufgabe, die teilweise gegensätzlichen Interessen der Unionsparteien, deren Zustimmung aufgrund ihrer Stärke im Bundesrat notwendig war, sowie von Bündnis 90/Die Grünen als Koalitionspartner mit denjenigen der SPD zu vereinbaren. Schily sollte sich jedoch als gewiefter Taktiker erweisen, der nicht nur das Thema zu entpolitisieren wusste, indem er eine Kommission aus nicht-aktiven Politikern aller Parteien unter Leitung der CDU-Politikerin Rita Süssmuth berief, die sich fast ein Jahr lang mit dem Thema befasste. Außerdem nutzte er seine bekannten persönlichen Antipathien gegenüber den Mitgliedern von Bündnis 90/Die Grünen, um glaubhaft auf die Union zugehen zu können.

Der im Juli 2001 vorgestellte Bericht der Süssmuth-Kommission schlug einen wahren Paradigmenwechsel in der deutschen Migrationspolitik vor zu Gunsten einer aktiven Gestaltung von Migration und Integration. Die Kommission setzte sich für neue Arbeitsmigrationsmöglichkeiten, großzügigere Regelungen von Familiennachzug und Asylverfahren sowie für formale Integrationskurse nach niederländischem Modell ein. Jedoch machte der Referentenentwurf des Bundesinnenministeriums, der schon kurz danach im August 2001 vorlag, mit Blick auf die Union in wichtigen Fragen Abstriche gegenüber der Süssmuth-Kommission. Außerdem konnte der Gesetzesentwurf aufgrund der Terroranschläge in den USA am 11.9.2001 erst im Dezember 2001 in den Bundestag eingebracht werden.

Politisch gesehen war es aber dann schon zu spät für eine weitgehende Reform: Anfang Januar 2002 wurde Edmund Stoiber als Kanzlerkandidat der CDU/CSU für die Bundestagswahl im September 2002 nominiert. Trotz der Tatsache, dass die beiden Volksparteien in der Sache relativ wenig trennte (Hailbronner 2001), lehnte Stoiber das Zuwanderungsgesetz aus verschiedenen Gründen ab, zweifellos auch mit Blick auf die baldige Bundestagswahl. Deshalb rückte für die SPD die Notwendigkeit in den Vordergrund, das Gesetz möglichst noch vor der Landtagswahl in Sachsen-Anhalt im April 2002 durch den Bundesrat zu bringen: Erstens war ein Ausscheiden der SPD aus der Regierungsverantwortung in diesem Land wahrscheinlich, und zweitens wollte die Koalition das Gesetz nicht im Vermittlungsausschussverfahren abschließen. Dabei hoffte die Bundesregierung auf die Stimmen aus der Großen Koalition in Brandenburg, die schon zwei Jahre vorher dabei geholfen hatten, die Steuerreform der Bundesregierung zu verabschieden. Am 22.3.2002 stimmte der Bundesrat über das Zuwanderungsgesetz ab, und in einer einzigartigen politischen Farce wurde die Stimmabgabe von beiden politischen Seiten so konstruiert, dass der Bundesratspräsident Klaus Wowereit (SPD) eine Zustimmung Brandenburgs feststellte, ohne dass dessen Stimmen einheitlich abgegeben worden waren (siehe die Darstellung in *Der Spiegel* 14/2002: 26-33; außerdem Busch 2003: 319). Diese Vorgehensweise wurde im Dezember 2002 vom Bundesverfassungsgericht als unzulässig bewertet, und das Gesetz musste 2003 neu in das parlamentarische Verfahren eingebracht werden. Im Sommer 2003 kam es letzten Endes noch in den Vermittlungsausschuss, wo sich die Fronten schnell verhärteten. Dort blieb es fast ein Jahr, bis im Frühjahr 2004, kurz vor dem endgültigen Scheitern, Bundeskanzler Schröder die Initiative ergriff und mit der Union Spitzengespräche führte, die dann doch noch zu einer Einigung führten.

Auch wenn die Formulierung des Zuwanderungsgesetzes besonders stark durch wahlkampfbedingte Faktoren bestimmt wurde, lassen sich doch die wichtigsten Argumente des Beitrages durch diese Fallstudie bestätigen. Wieder einmal spielten Bundesrat, Parteien, Bundesverfassungsgericht, Koalition und die politische Position des Bundesinnenministers in der Formulierung eine zentrale Rolle. Wieder einmal spielten gesellschaftliche Gruppen keine wesentliche Rolle. Dagegen war die EU diesmal ungewöhnlich einflussreich: Einerseits führte die innenpolitische Diskussion in Deutschland dazu, dass ein Kindernachzugsalter, das genau dem damaligen Stand der Verhandlungen zwischen Regierung und Opposition entsprach, als Minimum in der entsprechenden EU-Richtlinie vorgegeben wurde; andererseits stimmte Schily 2004 im Ministerrat einer Asylverfahrensrichtlinie zu, welche die von Bündnis 90/Die Grünen geforderte und von der Union abgelehnte Aufnahme nichtstaatlicher Verfolgung als Asylgrund vorsah. Genau diese Richtlinie wurde dann wiederum innenpolitisch als Grund angegeben, warum die Union dieser Forderung am Ende doch zustimmen musste.

Obwohl das Zuwanderungsgesetz fraglos von enormer Wichtigkeit ist, vor allem weil es Zuwanderung steuern und gestalten und nicht nur abwehren will, stellen die Regelungen in einzelnen Teilbereichen nicht unbedingt einen signifikanten Fortschritt dar. Arbeitsmigration bleibt, trotz der Wünsche der Wirtschaft, nur im Einzelfall möglich. Die Erweiterung der Asylgründe, über die insbesondere Bündnis 90/Die Grünen und die CSU heftig gestritten hatten, betrifft nur eine relativ geringe Anzahl an Fällen. Das Kindernachzugsalter wurde, den jahrzehntelangen Diskussionen und Vorschlägen der CDU/CSU zur radikalen Absenkung zum Trotz, letzten Endes doch wieder mit 16 Jahren festgeschrieben. Vielleicht die wichtigste Veränderung, abgesehen von der Einführung von Integrationskursen, ist das Umkrempeln des Aufenthaltsrechts, das auf zwei Haupttitel reduziert und damit erheblich vereinfacht wurde.[21]

Trotzdem stellt auch das Zuwanderungsgesetz in seiner Zielsetzung einen Wandel dritter Ordnung dar. Ob das Gesetz jedoch in seiner Wirkung tatsächlich einen Paradigmenwechsel bewirkt oder ob die Veränderungen eher auf symbolischer Ebene bleiben (Minkenberg 2003), bleibt offen. Die Leitmotive der Ausländerpolitik der 1970er Jahre, die so lange die Parameter der möglichen Veränderungen bestimmten, werden zwar seit 1998 nicht mehr formal vertreten, aber weder sind sie offiziell abgeschafft[22], noch ist an ihrer Stelle ein neuer Rahmen entwickelt worden. Die Vorteile von Zuwanderung bleiben bei anhaltender Skepsis in der Bevölkerung und bei hoher Arbeitslosigkeit schwer vermittelbar. Fraglos werden in dieser Hinsicht zwei Faktoren besonders ausschlaggebend sein: erstens die Frage, ob es der im Zuwanderungsgesetz neu geschaffenen parastaatlichen Institution auf diesem Gebiet, dem Bundesamt für Migration und Flüchtlinge, gelingt, dieses Thema zu entpolitisieren; und zweitens die Frage, wie sich die Verwaltungspraxis entwickelt. Setzen die Behörden das Gesetz großzügig um, könnte es in der Tat zu einem faktischen Paradigmenwechsel kommen. Setzen sie es aber restriktiv um, wie sie es im Falle der „Green Card" schon taten (*Der Spiegel* 36/2002: 138-142), dann wird das Gesetz eher in entgegen gesetzter Richtung wirken.

5 Zusammenfassung und Schlussfolgerungen

Die Diskussion in diesem Kapitel hat gezeigt, dass Migrations- und Staatsangehörigkeitspolitik von Kontinuität und Wandel zugleich gekennzeichnet ist. Bis zur Verabschiedung

---

[21] Außerdem gab es unter anderem einige Neuerungen im Bereich innere Sicherheit, insbesondere die Möglichkeit einer Ausweisung aufgrund einer „tatsachengestützten Gefahrenprognose".

[22] Wohlgemerkt waren im Jahr 2006 die Einbürgerungsrichtlinien aus 1977 offiziell weiterhin in Kraft.

des neuen Ausländergesetzes 1990 lassen sich vor allem Kontinuitäten im Gesetzesrahmen feststellen. Dagegen fand nach der Wiedervereinigung eine Reihe von Wandlungen höherer Ordnung statt, die zusammen die vier Hauptbereiche des Migrationsgeschehens in Deutschland (Asyl, Aussiedler, Staatsangehörigkeit und Zuwanderung/Aufenthalt) betrafen und neu auslegten.

Gleichzeitig lässt sich nicht verkennen, dass die Auswirkungen einzelner Reformen auf die Politikergebnisse auf diesem Gebiet eher bescheiden gewesen sind. Mit Ausnahme der Asylbewerber- und Spätaussiedlerzahlen (die sich im Übrigen nur über mehrere Jahre verringerten) und des kurzlebigen Schubes an Einbürgerungszahlen im Jahre 2000, zeichnet sich dieses Gebiet durch erstaunliche Kontinuität in der Wirkung aus. Ein Zeichen hierfür mag die Tatsache sein, dass sich die öffentliche Diskussion über Migration und Staatsangehörigkeit seit etwa zwanzig Jahren kaum weiterentwickelt hat: Von Themen wie „indirekter und institutioneller Diskriminierung" ist in der Bundesrepublik, im Gegensatz zu vielen anderen europäischen Ländern, bislang kaum die Rede.

Wie lässt sich diese, auf den ersten Blick widersprüchliche Dynamik erklären? Auch hier ist das Model der politischen Semisouveränität hilfreich. Einerseits hebt es die Wichtigkeit von Pfadabhängigkeiten hervor, die es schwierig machen, Politikveränderungen dritter Ordnung nicht nur zu entwickeln, sondern auch noch umzusetzen. Ferner spielt in der Umsetzung die Tradition einer dezentralisierten Verwaltungspraxis, ein weiterer Bestandteil des Modells des semisouveränen Staates (Katzenstein 1987: 19-21), eine Hauptrolle. In der Vergangenheit, beispielsweise in der Umsetzung der „Green Card", aber auch im Aufenthalts- und Staatsangehörigkeitsrecht, hat sich die Verwaltungspraxis immer wieder als strukturell äußerst konservativ erwiesen.[23] Andererseits ist ein weiteres Kernelement der Semisouveränität, nämlich der überparteiliche Konsens auf diesem Gebiet und besonders in den symbolischen Fragen wie Zugehörigkeit und Inklusion, nicht vorhanden. Jedoch ist genau dieser breite Konsens aufgrund des dezentralisierten Machtgefüges sowie der föderalen Umsetzung von Gesetzen in Deutschland unerlässlich, wenn Ziele und Wirkung einer Politik in Einklang gebracht werden sollen.

In der Bestimmung der Inhalte verschiedener Veränderungen spielt zudem die (relativ ungewöhnliche) institutionelle Konfiguration dieses Gebietes, in der gesellschaftliche Gruppen wie Kirchen und Gewerkschaften bei der Politikformulierung eher peripher sind, eine herausragende Rolle. Über die Jahrzehnte hinweg hat es sich als fast unmöglich erwiesen, den Politikrahmen der späten 1970er Jahre ohne das Hinzukommen exogener Faktoren grundlegend zu verändern. Unter den politischen Institutionen fällt auf, dass dem Bundesrat eine wesentliche Rolle bei allen vier Reformen zufiel. Diese Rolle hatte teilweise inhaltliche Auswirkungen, wie bei der Staatsangehörigkeitsreform 1999. Der Bundesrat bestimmte aber auch in zwei Fällen, wann ein Gesetz zustande kommen kann: Sowohl das Ausländergesetz 1990 als auch das Zuwanderungsgesetz 2002 wurden mit direktem Blick auf anstehende Landtagswahlen in das Gesetzgebungsverfahren eingebracht. Vor allem scheint die Funktion des Bundesrates auf diesem Gebiet im Gegensatz zu anderen Politikfeldern (vgl. Lehmbruch 2000, Renzsch 1999, Jeffery 2005: 91-92) stark durch parteipolitische Interessen geprägt zu sein, wie zum Beispiel 1999 oder bei der Formulierung des Zuwanderungsgesetzes. Dies hängt nicht zuletzt mit der hohen Symbolik dieses Feldes zusammen (siehe

[23] In der Tat war ein Hauptziel des Ausländergesetzes 1990, klare Rechtsansprüche im Aufenthaltsrecht zu schaffen, weil deutlich geworden war, dass die Verwaltung ihre bisherigen Ermessensspielräume selten zu Gunsten des einzelnen Ausländers auslegte.

auch Bräuninger/König 1999).[24] Hinzu kommt die Tatsache, dass Oppositionsparteien mit relativ wenigen „eigenen" Bundesratsstimmen (etwa 25% im Falle des Zuwanderungsgesetzes) Gesetzesvorhaben der Bundesregierung verhindern können.

Auch koalitionspolitische Erwägungen spielen auf diesem Gebiet eine maßgebliche Rolle. Einerseits konnte die FDP restriktive Vorstöße von Innenminister Zimmermann in den 1980er Jahren verhindern, andererseits konnte die CDU/CSU in der Ablehnung des Optionsmodells 1995 auf den Koalitionsvertrag verweisen, der genau festlegte, was möglich sei. Letzten Endes musste sich die FDP dem Vertrag fügen, wollte sie nicht eine Regierungskrise heraufbeschwören, indem sie in dieser Frage mit der Opposition gestimmt hätte. Auch unter der Regierung aus SPD und Bündnis 90/Die Grünen spielte die Koalitionskonstellation eine wesentliche Rolle: Hätte es nicht die Allianz mit Bündnis 90/Die Grünen gegeben, hätte sich SPD-Innenminister Schily sicherlich schneller mit der CDU/CSU-Opposition über das Zuwanderungsgesetz einigen können.

Aber es sind im Wesentlichen die politischen Parteien, die dieses Gebiet bestimmt haben. Mit der Verlagerung der Ausländerpolitik vom Arbeits- ins Innenministerium ab 1980 wurde dieses Gebiet nicht länger von einer parastaatlichen Einrichtung, in diesem Falle der Bundesanstalt für Arbeit, entpolitisiert. Die Tatsache, dass die Betroffenen ihrer Politik sie nicht abwählen konnten, machte es nur noch einfacher für die Parteien, vollen Gebrauch von dieser neuen Handlungsfreiheit zu machen, um ihre eigenen Wählergruppen zu mobilisieren. Dabei bezogen sie sich oft auf symbolische Differenzen in ihren Standpunkten, beispielsweise in der Frage der Integration oder der Einbürgerung. In der Sache waren die Unterschiede meist gering.

In diesem Zusammenhang stellt die hohe Frequenz von Landtags-, Europa- und Bundestagswahlen nach der Wiedervereinigung einen weiteren wichtigen Faktor dar (vgl. Saalfeld 2005: 75). Dieser Faktor betrifft nicht nur die taktische Vorgehensweise der Bundesregierung (wie zum Beispiel beim ersten Durchgang des Zuwanderungsgesetzes 2002), sondern auch die politische Strategie der Parteien: Wäre 2002 kein Bundestagswahljahr gewesen, wäre ein Kompromiss zwischen Regierung und der Union über dieses Gesetz möglich gewesen. Angesichts knapper Ergebnisse auf Bundesebene in den Wahlen seit 1994 neigen die Volksparteien viel stärker zu einem Dauerwahlkampf, in dem Kompromisse und Zugeständnisse an den politischen Gegner in hochsymbolischen Bereichen wie der Migrationspolitik naturgemäß schwieriger sind.

Eindeutig lässt sich jedoch festhalten, dass die Politikentwicklung auf diesem Gebiet der Realität weiter hinterherhinkt. Schon 1955 begann die Gastarbeitereinwanderung, und Deutschland ist spätestens seit 1980 ein multiethnisches, kulturell pluralistisches Land. Trotzdem hat es weitere zwanzig Jahre gedauert, bis ein neues Staatsangehörigkeitsgesetz verabschiedet wurde, das sich zudem als unzureichend entpuppt hat. Noch einmal fünf Jahre später verband das Zuwanderungsgesetz erstmals die Erteilung von Arbeits- und Aufenthaltserlaubnis. Und erst 2006 wurde das erste vollständige Antidiskriminierungsgesetz verabschiedet. Für dieses Handlungsdefizit sind aber nicht nur die politischen Strukturen Deutschlands, sondern auch die politischen Parteien maßgeblich verantwortlich, die ihre aktive Rolle in der Formulierung von Ausländerpolitik gerne zu ihren eigenen Zwecken ausgenutzt haben.

[24] Diese hohe Symbolik trifft jedoch weniger auf die Asylpolitik zu, bei der die Länder, die die finanzielle Verantwortung für die Aufnahme von Asylbewerbern tragen, handfeste Interessen vorweisen können.

6 Literatur

Bade, Klaus, 1994: Ausländer, Aussiedler, Asyl. München.

Beauftragte der Bundesregierung für Migration, Flüchtlinge und Integration, 2005: 6. Bericht der Beauftragten der Bundesregierung für Migration, Flüchtlinge und Integration über die Lage der Ausländerinnen und Ausländer in Deutschland. Berlin.

Bräuninger, Thomas/König, Thomas, 1999: The Checks and Balances of Party Federalism: German Federal Government in a Divided Legislature, in: European Journal of Political Research 36: 207-234.

Brubaker, Rogers, 1992: Citizenship and Nationhood in France and Germany. Cambridge, MA.

Bulmer, Simon/Jeffery, Charlie/Paterson, William, 2000: Germany's European Diplomacy, Shaping the European Milieu. Manchester.

Busch, Andreas, 2003: Extensive Politik in den Klippen der Semisouveränität: die Innen- und Rechtspolitik der rot-grünen Koalition, in: Christoph Egle/Tobias Ostheim/Reimut Zohlnhöfer (Hrsg.): Das rot-grüne Projekt: Eine Bilanz der Regierung Schröder 1998-2002. Wiesbaden, 305-327.

Faist, Thomas, 1994: How to Define a Foreigner? The Symbolic Politics of Immigration in German Partisan Discourse, 1978-1992", in: Martin Baldwin-Edwards/Martin Schain (Hrsg.): The Politics of Immigration in Western Europe. Ilford, 50-71.

Green, Simon, 2001: Immigration, Asylum and Citizenship in Germany: the Impact of Unification and the Berlin Republic, in: West European Politics 24 (4): 82-104.

Green, Simon, 2004: The Politics of Exclusion: Institutions and Immigration Policy in Contemporary Germany. Manchester.

Green, Simon, 2005: Between Ideology and Pragmatism: The Politics of Dual Nationality in Germany, in: International Migration Review 39/5: 921-952.

Green, Simon/Paterson, William (Hrsg.), 2005: Governance in Contemporary Germany: The Semisovereign State Revisited. Cambridge.

Haberland, Jürgen, 1983: Die Vorschläge der Kommission Ausländerpolitik, in: Zeitschrift für Ausländerrecht 2/1983: 55-61.

Hagedorn, Heike, 2001: Wer darf Mitglied werden? Einbürgerung in Deutschland und Frankreich im Vergleich. Opladen.

Hailbronner, Kay, 2001: Reform des Zuwanderungsrechts. Konsens und Dissens in der Ausländerpolitik, in: Aus Politik und Zeitgeschichte B43: 7-19.

Hall, Peter, 1993: Policy Paradigms, Social Learning and the State: The Case of Economic Policymaking in Britain, in: Comparative Politics 25: 275-296.

Hellmann, Gunther/Baumann, Rainer/Bösche, Monika/Herbroth, Benjamin/Wagner, Wolfgang, 2005: De-Europeanization by Default? Germany's EU Policy in Defense and Asylum, in: Foreign Policy Analysis 1: 143-164.

Henson, Penny/Malhan, Nisha, 1995: Endeavours to Export a Migration Crisis: Policy Making and Europeanisation in the German Migration Dilemma, in: German Politics 4 (3): 128-144.

Herbert, Ulrich, 2001: Geschichte der Ausländerpolitik in Deutschland. München.

Hoffmann, Lutz, 2002: Ausländerbeiräte in der Krise, in: Zeitschrift für Ausländerrecht 2/2002: 63-70.

Holtmann, Everhard/Voelzkow, Helmut (Hrsg.), 2000: Zwischen Wettbewerbs- und Verhandlungsdemokratie: Analysen zum Regierungssystem der Bundesrepublik Deutschland. Wiesbaden.

Jeffery, Charlie, 2005: Federalism: The New Territorialism, in: Simon Green/William Paterson (Hrsg.): Governance in Contemporary Germany: The Semisovereign State Revisited. Cambridge, 78-93.

Joppke, Christian, 1999: Immigration and the Nation-State: The United States, Germany and Great Britain. Oxford.

Katzenstein, Peter, 1987: Policy and Politics in Germany: The Growth of a Semisovereign State. Philadelphia.

Lehmbruch, Gerhard, ^{3}2000: Parteienwettbewerb im Bundesstaat. Wiesbaden.

Lijphart, Arend, 1984: Democracies. New Haven.
Meier-Braun, Karl-Heinz, 2002: Deutschland, Einwanderungsland. Frankfurt a.M.
Minkenberg, Michael, 2003: The Politics of Citizenship in the New Republic, in: West European Politics 26 (4): 219-246.
Münch, Ursula, 1992: Asylpolitik in der Bundesrepublik Deutschland. Opladen.
Münz, Rainer/Ulrich, Ralf, 2000: Migration und zukünftige Bevölkerungsentwicklung in Deutschland, in: Klaus Bade/Rainer Münz (Hrsg.): Migrationsreport 2000. Frankfurt a.M.
Murray, Laura, 1994: Einwanderungsland Bundesrepublik Deutschland? Explaining the Evolving Positions of German Political Parties on Citizenship Policy, in: German Politics and Society 33: 23-56.
Puskeppeleit, Jürgen/Thränhardt, Dietrich, 1990: Vom betreuten Ausländer zum gleichberechtigten Bürger. Freiburg.
Renzsch, Wolfgang, 1999: Party competition in the German federal state, in: Regional and Federal Studies 9 (3): 180-192.
Saalfeld, Thomas, 2005: Political Parties, in: Simon Green/William Paterson (Hrsg.): Governance in Contemporary Germany: The Semisovereign State Revisited. Cambridge, 46-77.
Schäuble, Wolfgang, 2001: Mitten im Leben. München.
Schmidt, Manfred G., 1987: West Germany: the Policy of the Middle Way, in: Journal of Public Policy 7: 135-177.
Schmidt, Manfred G., 1989: Learning from Catastrophes: West Germany's Public Policy, in: Francis Castles (Hrsg.): The Comparative History of Public Policy, Cambridge, 56-99.
Schmidt, Manfred G., 2002, Germany: the Grand Coalition State, in: Josep Colomer (Hrsg.): Political Institutions in Europe. London, 57-93.
Smith, Gordon, 1981: Does West German democracy have an ‚efficient secret'?, in: West European Politics 4 (2): 167-176.
Thränhardt, Dietrich, 1988: Die Bundesrepublik Deutschland – ein unerklärtes Einwanderungsland, in: Aus Politik und Zeitgeschichte B24/1988: 3-13.
Thränhardt, Dietrich, 1993: Fremdenfeindlichkeit und Rassismus in der Konkurrenzdemokratie, in: Leviathan 21: 336-357.
Thränhardt, Dietrich, 2000: Integration und Staatsangehörigkeitsrecht, in: Klaus Bade/Rainer Münz (Hrsg.): Migrationsreport 2000. Frankfurt a.M., 141-162.
Thränhardt, Dietrich/Hunger, Uwe (Hrsg.), 2003: Migration im Spannungsfeld von Nationalstaat und Globalisierung (Leviathan-Sonderheft 22/2003). Opladen.
Vogel, Dita/Wüst, Andreas 2003: Paradigmenwechsel ohne Instrumentenwechsel? Kontinuität und Wandel im Politikfeld Migration, in: Martin Seeleib-Kaiser/Antonia Gohr (Hrsg.): Sozial- und Wirtschaftspolitik unter Rot-Grün. Wiesbaden, 265-286.
Waldrauch, Harald/Çinar, Dilek, 2003: Staatsbürgerschaftspolitik und Einbürgerungspraxis in Österreich, in: Heinz Fassmann/Irene Stacher (Hrsg.): Österreichischer Migrations- und Integrationsbericht. Klagenfurt, 261-283.
Wüst, Andreas, 2002: Wie wählen Neubürger? Opladen.
Wüst, Andreas, 2004: Naturalised Citizens as Voters: Behaviour and Impact, in: German Politics 13 (2): 341-359.

2. Sozialstaatliche Politikfelder

6. Wenn zwei Sozialstaatsparteien konkurrieren: Sozialpolitik in Deutschland

Manfred G. Schmidt

Für Sozialpolitik wird in Deutschland mehr Geld ausgegeben als für jedes andere Politikfeld. Allein im Jahre 2004 waren es 691 Milliarden Euro. Das entspricht rund zwei Dritteln aller öffentlichen Ausgaben und 31,2 Prozent des Bruttoinlandsproduktes. Noch höher ist die Sozialleistungsquote, der Anteil der Sozialausgaben am Bruttoinlandsprodukt, in den neuen Bundesländern: mit 46,6 Prozent übertrifft sie die der alten Bundesländer (29,0 Prozent) um Längen.[1] Mit seinen hohen Sozialausgaben ist Deutschland einer der sozialpolitisch weltweit führenden Staaten[2] – ein entwickelter „Wohlfahrtsstaat". „Wohlfahrtsstaat" ist die Übersetzung des englischen Begriffs *welfare state*, der als Gegenbegriff zur nationalsozialistischen „Volksgemeinschaft" entworfen wurde und heutzutage teils neutral beschreibend, teils positiv zustimmend verwendet wird. Im deutschen Sprachgebrauch hat „Wohlfahrtsstaat" aber neben der neutral beschreibenden eine kritisch distanzierende Bedeutung als ein Obrigkeitsstaat, der seinen Untertanen Sozialschutz von der Wiege bis zur Bahre gewährt und sie in Unmündigkeit hält. Gegen dieses Verständnis von Sozialpolitik zielt der Begriff „Sozialstaat", der in Deutschland bis heute die gängigere Münze geblieben ist (Kaufmann 2001).

1 Strukturen des Sozialstaats der Bundesrepublik Deutschland zu Beginn des 21. Jahrhunderts

Die Begriffswahl spiegelt nicht nur Bedeutungsunterschiede wider, sondern auch länderspezifische Profile der Sozialpolitik. So zeichnet sich die deutsche Sozialpolitik durch besondere Schwerpunkte aus – zusätzlich zu ihren Gemeinsamkeiten mit anderen Wohlfahrtsstaaten, wie den weit ausgebauten Alters-, Kranken- und Unfallversicherungssystemen:

1. Deutschlands Wohlfahrtsstaat ist zu einem beträchtlichen Teil ein „Sozialversicherungsstaat" (Riedmüller/Olk 1994)[3], der einen überwiegend in die Form der Sozialversicherung gekleideten Sozialschutz gegen Risiken bereitstellt, die aus dem Einkommensausfall insbesondere infolge von Alter, Arbeitslosigkeit, Invalidität, Krankheit, Pflegeabhängigkeit, Mutterschaft oder Tod des Ernährers erwachsen.
2. Den „Sozialversicherungsstaat" ergänzen zahlreiche, überwiegend steuerfinanzierte Sicherungssysteme, die anderen Prinzipien des Sozialschutzes als dem der Sozialver-

[1] BMAS 2006: 952.
[2] OECD 2004.
[3] Knapp 60 Prozent aller öffentlichen Sozialausgaben in Deutschland werden derzeit aus Sozialabgaben von sozialversicherten Arbeitnehmern und ihren Arbeitgebern finanziert (BMGS 2005a: 939, BMAS 2006: 957). Fast 40 Prozent der Ausgaben sind allerdings steuerfinanziert. Allein das zeigt, dass Deutschlands Sozialstaat mehr als nur Sozialversicherungsstaat ist. Vgl. Blüm/Zacher 1990, BMA/Bundesarchiv 2001, Schmidt 2005d.

sicherung folgen, insbesondere Fürsorge (wie in der Sozialhilfe, dem untersten Netz der sozialen Sicherung, das wie eine bedürftigkeitsgeprüfte Grundsicherung wirkt), Alimentation (in der Alterssicherung der Beamten), Entschädigung (wie im Lastenausgleich für Flüchtlinge und Vertriebene), Versorgung (z.B. Kriegsopferversorgung) und soziale Hilfen (etwa in der Jugendhilfe).

3. Überdies spielt die „Arbeitspolitik“, d.h. Regulierungen der Arbeitswelt, in Deutschlands Sozialpolitik eine größere Rolle als in den meisten anderen Wohlfahrtsstaaten. Das äußert sich in einem weit ausgebauten Arbeitsschutz und vor allem in einer – auch im internationalen Vergleich – weit ausgebauten Arbeitnehmermitbestimmung im Betrieb und in Aufsichtsräten von Unternehmen.
4. Im Unterschied zum Wohlfahrtsstaatsverständnis in Nordeuropa und in den ehemaligen sozialistischen Staaten zielt aber die Arbeitspolitik in Deutschland nicht auf Vollbeschäftigung. Das ist gleichsam die Kehrseite der freiheitlichen Ordnung der Arbeitsbeziehungen in Deutschland. Sie steht im Zeichen von Koalitionsfreiheit und Tarifautonomie. Das bedeutet, dass die Tarifvertragsparteien, also die Vertreter der Arbeitgeber- und der Arbeitnehmerseite, die Entgelte der Arbeitnehmer und die Arbeitsbedingungen in eigener Verantwortung, ohne Staat aushandeln – wodurch zugleich Weichen auch für Beschäftigung oder Arbeitslosigkeit gestellt werden.
5. Deutschlands Sozialpolitik umfasst ferner – in einem auch international herausragenden Ausmaß – sozialpolitische Funktionen der Wohlfahrtsverbände, die vom Staat finanziell unterstützt werden und darauf einen Rechtsanspruch haben.
6. Außerdem wird die Politik der sozialen Sicherung hierzulande von einem massiv umverteilenden „sozialen Bundesstaat“ flankiert. Zu ihm gehören ein aufwändiges System des Finanzausgleichs zwischen Bund und Ländern und zwischen wohlhabenden und weniger wohlhabenden Ländern sowie ein kaum weniger aufwändiger Finanzausgleich zwischen den Krankenkassen, der sogenannte Risikostrukturausgleich zugunsten von Kassen mit – mitgliederbedingt – ungünstigeren Risiken.
7. Im Unterschied zu den USA basiert die Sozialpolitik der Bundesrepublik Deutschland auf einem Verfassungsauftrag. Zwar enthält ihre Verfassung, das Grundgesetz, nicht dem Worte nach ein Sozialstaatsgebot, wohl aber dem Sinne nach. Und ausdrücklich ist im Grundgesetz vom „sozialen Rechtsstaat“ die Rede, vom „sozialen Bundesstaat“ und von der Verpflichtung auf Herstellung gleichwertiger Lebensbedingungen im Bundesgebiet. Das sind verfassungspolitische Weichenstellungen, die einen Kompromiss zwischen den Parteien und zwischen reicheren und ärmeren Ländern widerspiegeln.
8. Schlussendlich basiert die Sozialpolitik der Bundesrepublik Deutschland auf einem außergewöhnlich starken Fundament im Parteienwettbewerb. Hierzulande gibt es keine große sozialstaatskritische Partei, aber gleich zwei große Sozialstaatsparteien – die CDU/CSU und die SPD – und nicht nur eine, wie beispielsweise die Labour Party in Großbritannien oder Australien. Obendrein konkurrieren beide Sozialstaatsparteien insbesondere in Ostdeutschland mit einer dritten, kleineren Wohlfahrtsstaatspartei, der PDS bzw. Die Linke.PDS, so die Umbenennung im Juli 2005.

Die Sozialpolitik in der Bundesrepublik Deutschland wurde weit ausgebaut. Davon zeugen die Höhe der Sozialausgaben und die Größe der Sozialstaatsklientel, d.h. der Bürger, die Sozialleistungen beziehen oder Anspruch auf Sozialleistungen haben. Allein die Bürger, die ihren Lebensunterhalt ausschließlich oder überwiegend aus Sozialleistungen oder aus der Beschäftigung in der Sozialpolitik finanzieren, machen mittlerweile mehr als 40 Prozent der Wahlberechtigten aus.

Deutschlands Sozialpolitik wird nachgesagt, sie sei zu sehr auf die Lage von vollzeitbeschäftigten Arbeitnehmern zugeschnitten, sie sei vorrangig ein Arbeitnehmersozialstaat. Das ist nicht ganz falsch, aber einseitig. Denn in Wirklichkeit kommt Deutschlands Sozialpolitik mittlerweile einer Staatsbürgerversicherung bzw. einer Staatsbürgerversorgung recht nahe. Dafür ist vielerlei verantwortlich: die separate Sozialpolitik für die Beamten, die Mitversicherung von Familienangehörigen (wie in der Krankenversicherung), die Ausdifferenzierung der Altersicherung auch zugunsten von Witwen, Witwern und Waisen, ferner eine Vielzahl spezieller sozialpolitischer Programme (wie zum Beispiel Wohngeld) sowie die Sozialhilfe, die eine Grundsicherung für alle Bürger einschließlich der Asylbewerber bietet – Bedürftigkeit vorausgesetzt. Deshalb irrt, wer Deutschland als einen „konservativen Wohlfahrtsstaat" wertet, der sich einerseits durch die Konzentration auf die Sozialversicherung, berufsständische Differenzierung der Leistungssysteme und geringe Umverteilung vom liberalen Wohlfahrtsstaat unterscheide und andererseits von dem auf Staatsbürgerversorgung zielenden sozialdemokratischen Wohlfahrtsstaat abhebt. In Wirklichkeit ist die Sozialpolitik der Bundesrepublik Deutschland insbesondere seit den 1970er Jahren eine – mit wenigen liberalen Einsprengseln versehene – Mischung hauptsächlich aus dem „sozialdemokratischen" und dem „konservativen Wohlfahrtsstaatsregime" – um die viel beachtete Typologie von Esping-Andersen (1990, 1999) aufzugreifen, der allerdings die deutsche Sozialpolitik bis heute fehlerhaft einstuft.

Über die Stadien, die Deutschlands Sozialpolitik zu dem machten, was sie heute ist, unterrichtet das nächste, überwiegend narrativ beschreibende Kapitel. Von den wichtigsten Bestimmungsfaktoren der Sozialpolitik einschließlich der Wirkungen der politischen Parteien, der deutschen Einheit und der Europäischen Union, handelt das darauf folgende Kapitel. Die Bilanzierung von Leistungen und Schwächen des deutschen Sozialstaats beschließt den Beitrag. In seinem Zentrum stehen die Sicherungssysteme gegen Risiken des Alters, Invalidität, Unfall, Krankheit und Arbeitslosigkeit sowie sonstige Notlagen. Aus Platzgründen und zwecks Minimierung von Überschneidungen mit anderen Kapiteln des vorliegenden Buches, werden sozialpolitische Weichenstellungen im Bereich der Arbeitswelt und der Arbeitsbeziehungen nur in groben Zügen nachgezeichnet.[4]

2 Entwicklung der Sozialpolitik von 1949 bis 2005

Die nationalsozialistische Diktatur und der Zweite Weltkrieg hatten auch der Sozialpolitik Deutschlands gewaltige Hypotheken hinterlassen, wie allein die große Zahl der in Not Geratenen und besonders Schutzbedürftigen zeigt. Zu ihnen gehörten die 9,4 Millionen Menschen, die bis 1950 ins Bundesgebiet strömten, davon allein 7,9 Millionen Flüchtlinge und Vertriebene aus den früheren deutschen Ostgebieten. Hinzu kamen mehr als vier Millionen Kriegsopfer, die als Witwen, Waisen oder Invaliden aus dem Zweiten Weltkrieg hervorgegangen waren, sodann zahllose Evakuierte, überdies bei Kriegsende über zehn Millionen Zwangsarbeiter und Flüchtlinge fremder Nationalität sowie mehr als drei Millionen Kriegssachgeschädigte, d.h. deutsche Staatsbürger, deren Haus- oder Wohnbesitz oder Betriebs-

[4] Für ausführliche Darstellungen, Belege und Literatur siehe Schmidt 2005b.

vermögen kriegs- oder kriegsfolgenbedingt zerstört worden war. Ferner stand die Aufgabe der Wiedereingliederung der ehemaligen Soldaten an, die aus der Kriegsgefangenschaft entlassen wurden – zwischen 1947 und 1955 allein 1,6 Millionen. Nicht zu vergessen sind die Opfer der nationalsozialistischen Verfolgung. Soweit sie diese überlebt hatten, waren sie oftmals in ihrer beruflichen Existenz zurückgeworfen und gesundheitlich geschädigt. Obendrein hatten der hohe Zerstörungsgrad der Städte, Hunger und Obdachlosigkeit die Lebensführung für viele schwer erträglich gemacht (Hockerts 1980, 1986: 25f., BMA/Bundesarchiv 2001b). Das Deutschland dieser Zeit kam schier einer „Zusammenbruchsgesellschaft" gleich (Kleßmann 1991: 37 ff.).

Zu den gesellschaftlichen Hypotheken der NS-Diktatur und des Weltkrieges kam die Schwäche der Sozialpolitik hinzu: die sozialen Sicherungsnetze waren zu klein und nicht reißfest genug, um die Lasten schultern zu können. Beispielsweise galt noch Anfang der 1950er Jahre die Mehrzahl der rund vier Millionen Rentenbezieher als „buchstäblich verelendet" (Hockerts 1986: 28). In der Arbeiterschaft herrschte eine geradezu panische Angst vor der Not, die das Rentenalter zu bringen drohte. Die Probleme häuften sich in kinderreichen einkommensschwächeren Familien. Ein Familienausgleich existierte Anfang der 1950er Jahre nicht – die Siegermächte des Weltkrieges hatten die Geldleistungen für Familien mit Kindern als nationalsozialistisch belastetes Regelwerk eingestuft und abgeschafft.

Zu den schwierigen Aufgaben der Sozialpolitik in der Frühphase der Bundesrepublik Deutschland gehörte zudem ein brisanter Konflikt: der bürgerlich-liberalen Bundesregierung unter Kanzler Adenauer, die auf marktwirtschaftsfreundliche Politik zielte, stand eine Koalition aus Gewerkschaften und SPD gegenüber, der der Sinn nicht nach Marktwirtschaft stand, sondern nach Gemeinwirtschaft und demokratischem Sozialismus. Es war nicht ausgemacht, dass dieser Strukturkonflikt vermittelt und am Ende weitgehend still gestellt werden könnte.

Zu den großen Leistungen der Bundesrepublik Deutschland gehören die Vermittlung dieses Konfliktes, die Abtragung der Hypotheken von Krieg und NS-Diktatur und die Entschärfung der Zeitbomben, die in den Systemen der sozialen Sicherung tickten. Zu dieser Erfolgsgeschichte trugen der Wirtschaftsaufschwung nach 1949 und die Sozialpolitik Wesentliches bei – aus Gründen, die im dritten Abschnitt dieses Beitrages erläutert werden. Auf dem Weg zum Wiederaufbau und Ausbau durchlief die Sozialpolitik verschiedene Stadien. Die Hauptperioden sind 1949-1957, 1957-1966, 1966-1969, 1969-1982, 1982-90, 1990-98 und 1998 bis zum Ende der 15. Legislaturperiode (2005).[5]

2.1 1949-1957: Rekonstruktion und Vorrang für Kriegsfolgenbewältigung

Nach dem improvisierten, beschwerlichen und lückenhaften Wiederaufbau der Sozialpolitik zwischen Kriegsende und der Gründung zweier deutscher Staaten im Jahre 1949 (BMA/Bundesarchiv 2001b) standen die Jahre bis 1957 sozialpolitisch im Zeichen tatkräftiger Bewältigung der Kriegsfolgen und der Rückkehr zur Normalität. Gesetze zur Versorgung der Kriegsopfer und zur Kompensation der kriegs- und kriegsfolgenbedingten Schädigungen wie das Lastenausgleichsgesetz von 1952, Entschädigungen und Eingliederungsbeihilfen für die Spätheimkehrer und ein umfangreiches Programm zur staatlichen Förde-

[5] Zum Folgenden mit weiteren Nachweisen insbesondere Alber 1989, BMA/Bundesarchiv 2001b, Schmidt 2005a, 2005b, 2005d, Zacher 2001.

rung des Wohnungsbaus, um nur einige Beispiele zu nennen, schufen die Basis für die Entschärfung der sozialen Zeitbomben der Nachkriegsjahre (Hartwich 1970, Hockerts 1986). Die Gliederung der sozialen Sicherungssysteme wurde beim Wiederaufbau und Ausbau der Sozialpolitik im Wesentlichen beibehalten – einschließlich der Trennung der gesetzlichen Rentenversicherung nach Berufsständen wie Arbeitern und Angestellten. Auch blieb es bei der organisatorischen Vielfalt der Krankenkassen und einer separaten Arbeitslosenversicherung, die in Gestalt der Bundesanstalt für Arbeitsvermittlung und Arbeitslosenversicherung, der heutigen Bundesagentur für Arbeit, wiederaufgebaut wurde. Wieder in Kraft gesetzt wurde die Selbstverwaltung der Sozialversicherungen, die der NS-Staat beseitigt hatte. Die Arbeitsbeziehungen waren schon in den Jahren der Besatzung liberalisiert worden und erfuhren nach 1949 durch die Montan-Mitbestimmung von 1951 und das Betriebsverfassungsgesetz von 1952 eine weitere freiheitliche, insgesamt arbeitnehmerfreundlichere Fundierung.

Gegen Ende der zweiten Legislaturperiode des Deutschen Bundestages – 1957 – wurde eine besonders ehrgeizige, auch international viel beachtete Reform der Alterssicherung auf den Weg gebracht: Sie hob das karge Niveau der Altersrenten im Durchschnitt um rund 60 Prozent an, stellte die Finanzierung auf das Umlageverfahren um und führte die Dynamisierung der Rente durch jährliche Anpassung der Rentensteigerungen an die Bruttolohnentwicklung ein.

2.2 1957-1966 – Abmarsch zum „Sozialen Kapitalismus"

Die Rentenreform von 1957 läutete eine neue Etappe der Sozialpolitik ein. Dies war nicht nur eine Reform dritter Ordnung im Sinne von Peter Hall (1993). Jetzt gewann auch der Zug in Richtung „Sozialer Kapitalismus" (Hartwich 1970: 54 ff., van Kersbergen 1995) an Fahrt. Ab jetzt sollte die Sozialpolitik nicht nur unabweisbare Notlagen bewältigen, sondern auch Leistungen für nicht-existentielle Risiken gewähren. Nun stand die Sozialpolitik im Zeichen des erreichten Wohlstandes und profitierte von ihm wie auch vom Wettbewerb vor allem der beiden Sozialstaatsparteien CDU/CSU und SPD um Wählerstimmen bei neueren Zielgruppen der Sozialpolitik jenseits der Arbeitnehmer, der Altersrentner und der Kriegsopfer. Die Landwirte beispielsweise rückten mehr und mehr in den Stand der sozialpolitisch Umworbenen auf, ebenso einkommensschwächere Mieter, denen das neu eingeführte Wohngeld zuteil wurde, das zur Flankierung der Liberalisierung des Wohnungsmarktes vorgesehen war. Familien mit mindestens zwei Kindern profitierten von einer 1961 in Kraft tretenden Neuordnung, die den Anspruch auf Kindergeld für das zweite Kind einführte – nicht wie zuvor erst ab dem dritten Kind. Erwähnenswert ist sodann das Bundessozialhilfegesetz von 1961, das die Sozialhilfe bundesweit einheitlich regelt. Die Sozialhilfe sollte als unterstes Netz der sozialen Sicherung dienen und jedem, der in Not geraten war, eine menschenwürdige Lebensführung garantieren. Mit der Sozialhilfe schrieb der Gesetzgeber ein Grundsicherungsniveau fest, das wie ein Mindestlohn wirkte – beide auf einem auch im internationalen Vergleich hohen Niveau.

Der für die Sozialpolitik hauptzuständige Bundesgesetzgeber konnte Mitte der 1960er Jahre auf eine sozialpolitisch eindrucksvolle Bilanz seit 1949 zurückblicken. Der Bundesgesetzgeber – CDU/CSU-geführte Koalitionen, die in der Sozialpolitik oft auch die Unterstützung der oppositionellen SPD fanden – hatte den Grundsatz der Regierung Adenauer, wonach „die beste Sozialpolitik eine gesunde Wirtschaftspolitik ist, die möglichst vielen Arbeit und Brot gibt“[6], undogmatisch ausgelegt und die Förderung der Privatwirtschaft um eine ehrgeizige Politik der sozialen Sicherung ergänzt. Mitte der 1960er Jahre war der Sozialschutz in Deutschland weiter ausgebaut als je zuvor. Auch im internationalen Vergleich entpuppte sich Deutschland als ein sozialpolitisch besonders engagierter Staat, dessen Sozialleistungsquote beispielsweise nur noch von Österreich übertroffen wurde (ILO 1972).

2.3 1966-1969 – Große Koalition

Zwischen 1966 und 1969 wurden die Regierungsgeschäfte im Bund von der Großen Koalition, d.h. der CDU, CSU und SPD geführt. „Ökonomisierung und Anpassung“ (Zöllner 1981: 109) bescheinigten manche Kritiker dieser Koalition in der Sozialpolitik. Doch am Ende brachte diese Koalition mehr zustande. Zunächst zielte sie auf die Konsolidierung der Sozialfinanzen. Alsbald kamen gesellschaftspolitische Vorhaben hinzu, unter ihnen überraschende. Dass ausgerechnet die Große Koalition die sozialpolitischen Standesunterschiede zwischen Angestellten und Arbeitern weiter einebnen sollte – zum Leidwesen der Angestellten, die bis dahin vor allem von der nunmehr nicht mehr regierenden FDP protegiert worden waren, und zu Lasten der Angestelltenversicherung – war nicht erwartet worden. Ferner vollendete die schwarz-rote Koalition das Reformprojekt der Lohnfortzahlung für Arbeiter im Krankheitsfall. Zudem richtete sie eine Arbeitsförderungspolitik teilweise nach schwedischem Vorbild ein. Außerdem stellte sie mit dem Stabilitäts- und Wachstumsgesetz Instrumente für eine keynesianisch ausgerichtete Finanz- und Wirtschaftspolitik auf. Ergänzend kam die Reform der bundesstaatlichen Finanzverfassung hinzu, die einerseits Bund und Länder in engerer Politikverflechtung als zuvor verknüpfte, andererseits die primäre Finanzierung der Sozialpolitik aus Sozialbeiträgen beibehielt, zugleich aber die Strukturen des „sozialen Bundesstaates“ ausbaute, und zwar insbesondere durch Ausbau der gemeinsamen Bund-Länder-Finanzierung von Gemeinschaftsaufgaben und Einrichtungen der Daseinsvorsorge. Insoweit waren die Jahre von 1966 bis 1969 nicht nur eine Periode finanzieller Konsolidierung, sondern auch des Aufbruchs in Richtung sozialreformerischer Planungspolitik (Schönhoven 2004).

2.4 1969-1982 – von den „Inneren Reformen“ zur „Sozialpolitik der mageren Jahre“

Der Gedanke der sozialreformerischen Planungspolitik prägte auch die Sozialpolitik der 1969 gebildeten Koalition aus SPD und FDP. Und bis etwa Mitte der 1970er Jahre baute diese Koalition, die sich dem Programm der „Inneren Reformen“ verpflichtet sah, den Sozialstaat schneller und weiter aus als alle Vorgängerregierungen und alle Koalitionen, die nach ihr an die Macht gelangten. Die Öffnung der Sozialversicherung für Selbständige, Hausfrauen und Studenten erweiterte den Kreis der sozialversicherten Personen. Vielfältige Leistungsverbesserungen bei anderen Sozialprogrammen kamen hinzu. Beschlossen wurden sie allesamt in der Annahme, dass die Wirtschaft weiterhin kräftig wachse und die Kassen des Bundes, der Länder, der Gemeinden und der Sozialversicherungen fülle. Be-

[6] Bundeskanzler Adenauer in der Regierungserklärung am 20.9.1949 (Deutscher Bundestag – 1. Wahlperiode, 5. Sitzung, 20.9.1949: 26b).

sonders großzügig bediente die SPD-FDP-Koalition die Alterssicherungssysteme durch die Reform der Rentenversicherung von 1972, die auf einem regelrechten Sozialpolitikwettlauf zwischen Regierung und Opposition basierte (Hockerts 1992). Die Einführung einer flexiblen Altersgrenze zwecks vorzeitigen Eintritts in den Altersruhestand, die Rente nach Mindesteinkommen zwecks verbesserter Alterssicherung von einkommensschwächeren Gruppen, die vorgezogene Dynamisierung der Rente und die Quasiindexierung von nichtdynamisierten Sozialleistungen kamen hinzu. Mit der Reform des Betriebsverfassungsgesetzes sorgte die SPD-FDP-Regierung außerdem für eine gewerkschaftsfreundliche Modernisierung der Arbeitsbeziehungen, die 1976 durch die Einführung der Mitbestimmung in Aufsichtsräten in Großunternehmen ergänzt wurde.

Mit der Wirtschaftskrise von 1974 und 1975 und den nachfolgenden Jahren des reduzierten Wirtschaftswachstums endete allerdings die Hoffnung auf immerwährende Prosperität. Nun begann die „Sozialpolitik der mageren Jahre" (Windhoff-Héritier 1983) und der größeren Unsicherheit. Niedriges Wirtschaftswachstum, zunehmender Ausgabenbedarf infolge ehrgeiziger Sozialgesetze und wachsender Sozialstaatsklientengruppen – insbesondere Altersrentner, Kranke, Sozialhilfeempfänger und Arbeitslose – und hinter dem Bedarf zurückbleibende Einnahmen der Sozialversicherungen und der öffentlichen Haushalte verknappten die Staatsfinanzen. All dies erzeugte einen beträchtlichen Sanierungsbedarf im Sozialstaat. Doch der Sanierungsaufgabe stellte sich die Politik zunächst nur zögerlich und nahm eher Beitragssatzerhöhungen, Steuererhöhungen und höhere Verschuldung in Kauf.

2.5 1982-1989/90 – Finanzielle Konsolidierung und institutionelle Reform

Mit dem Regierungswechsel von der SPD-geführten Bundesregierung zur bürgerlich-liberalen Koalition aus CDU/CSU und FDP am 1. Oktober 1982 begann auch in der Sozialpolitik eine neue Phase. Er wolle eine Wende in der Arbeitsteilung zwischen Staat und Markt herbeiführen, so erläuterte Bundeskanzler Helmut Kohl in seiner ersten Regierungserklärung, die den Staat zurückdrängen und dafür den Markt und das Subsidiaritätsprinzip stärken sollte. Das bedeutete für die Sozialpolitik sowohl beherzte Konsolidierung der Sozialfinanzen als auch institutionelle Reformen. Den Auftakt gaben Maßnahmen zur finanziellen Konsolidierung der Sozialfinanzen. Diese erfolgte hauptsächlich durch Ausgabenkürzungen, aber auch durch Einnahmenerhöhungen. Alsbald folgten Reformen, die nach Anpassung der Sozialpolitik an das veränderte wirtschaftliche und gesellschaftliche Umfeld strebten – schwächere Wirtschaft, Standortkonkurrenz zwischen den Staaten, Alterung der Gesellschaft, Fragen der Gleichstellung von Mann und Frau sowie anhaltend hohe Arbeitslosigkeit stellten die Sozialpolitik vor wachsende Aufgaben. Überwiegend blieben die Reformen allerdings Reformen erster und zweiter Ordnung im Sinne von Peter Hall (1993), also Änderungen von Instrumenten und kleinere Justierungen alter Stellschrauben, aber kaum grundlegende Änderungen der sozialpolitischen „Philosophie". Und im Wesentlichen blieben die Änderungen in den Bahnen des „Sozialversicherungsstaates" – mit Ausnahme tastender Maßnahmen zur Deregulierung der Arbeitsmärkte.

Das schloss wichtige Weichenstellungen nicht aus. Der „Vorruhestand" gehört dazu, eine finanziell kostspielige Frühverrentung älterer Arbeitnehmer, ebenso das Erziehungsgeld und der Erziehungsurlaub, ferner die Reform der Hinterbliebenenversorgung, die Anerkennung und Aufstockung von Kindererziehungszeiten in der Rentenversicherung und das Gesundheits-Reformgesetz 1989. Gesonderte Erwähnung verdient die 1989 – mit den Stimmen der Opposition verabschiedete – Rentenreform 1992. Diese enthielt einerseits Elemente einer Reduktionsgesetzgebung, beispielsweise mit Einschnitten bei den Altersgrenzen, und begünstigte andererseits die gesetzliche Alterssicherung durch einen ausgeklügelten Finanzierungsverbund zwischen Rentenkassen, Beitragszahlern und Steuerhaushalt, der die Leistungsniveaus der Alterssicherung gegen Änderungen der wirtschaftlichen und politischen Großwetterlage weitgehend abschirmen sollte.

Abgesehen von der Rentenreform 1992 werteten die oppositionelle SPD und die Gewerkschaften den Großteil der Sozialpolitik der CDU/CSU/FDP-Koalition als „Sozialabbau" und „Umverteilung von unten nach oben". Konservative Beobachter hingegen irritierte der erneute Vormarsch der „Verteilungspolitiker" in der Regierung Kohl. Genauere Analysen weisen für die 1980er Jahre eine in quantitativer Hinsicht beachtliche Konsolidierungspolitik nach. Davon zeugt auch die Sozialleistungsquote: Sie lag 1990 mit 27,6 Prozent um 3,1 Prozentpunkte unter dem Stand von 1982 (BMGS 2005a: 934). Deutschland war früher und tatkräftiger als andere Länder in die finanzielle Konsolidierung der Sozialpolitik eingestiegen, doch war kein grundlegender Wechsel in der Art und der Finanzierung der Sozialpolitik vorgenommen worden. Auch kann von einem echten „Sozialstaatsabbau" keine Rede sein. Wohl aber gab es bereichsweise Leistungssenkungen – aber auch neue Sozialprogramme und den Ausbau älterer Maßnahmen, beispielsweise den verstärkten Einsatz der Arbeitsmarktpolitik. Das Ziel der Sozialbeitragssenkung erreichte die Regierung Kohl allerdings nicht. Auch die erhoffte Senkung der Arbeitslosenquote unter den 1982 geerbten Stand blieb – gemessen an der Quote in den alten Bundesländern, ganz zu schweigen von den neuen Ländern – bis auf die Jahre des Einheitsbooms von 1990 bis 1992 ein zu ehrgeiziges Ziel.

2.6 1990-1998 – Sozialpolitik im vereinigten Deutschland

Mit der Politik zur deutschen Einheit standen in der Sozialpolitik die Zeichen stärker auf Expansion als in der ersten Hälfte der Ära Kohl. Die Übertragung des westdeutschen Sozialrechts auf das Gebiet der ehemaligen DDR hießen die meisten der dortigen Sozialleistungsempfänger willkommen. Allerdings war diese Übertragung aufwändig und zudem aufgrund der vorrangigen Finanzierung durch erhöhte Sozialbeiträge und Verschuldung problematisch: finanzpolitisch aufgrund der zunehmenden Kosten des Schuldendienstes, beschäftigungspolitisch aufgrund der weiteren Verteuerung des Faktors Arbeit. Aber nicht nur im Zeichen der Einheit stand die Sozialpolitik der Jahre seit 1990. Hinzu kam der Aufbau der fünften Säule der sozialen Sicherung, der Aufbau der Pflegeversicherung, auf die sich Regierung und Opposition nach langem Ringen 1994 einigten und die 1995 in Kraft trat. Auch die Pflegeversicherung trug ihr Scherflein bei zur weiteren Erhöhung der Sozialabgaben von 36 % (1989) auf 42,1 % im letzten Jahr der Regierung Kohl (BMGS 2004: Tabelle 7.7).

Dass Deutschlands Sozialpolitik seit Mitte der 1970er Jahre an kritische Schwellen gelangt war, lag auf der Hand. Davon zeugten seit dieser Zeit ihre Finanzierungsprobleme, härter werdende Zielkonflikte zwischen Sozialschutz und makroökonomischer Politik, die mäßig hohe Erwerbsquote, die zunehmende Langzeitarbeitslosigkeit und die zunehmende Alterung der Gesellschaft. Und seither wurde der Kampf um das Sozialbudget auch in der

Bundesrepublik Deutschland mit Härte ausgefochten. Doch im Unterschied zu den Jahren des Ausbaus des Sozialstaats war nun, als auch in der Sozialpolitik Sanierungsreformen anstanden, nicht mehr mit einer Großen Koalition aus CDU/CSU und SPD zu rechnen, sondern mit heftigem Parteienstreit. Dabei blieb es über den Regierungswechsel 1998 zu Rot-Grün hinaus bis zum Ende der Regierung Schröder im Jahre 2005. Der Umschwung von der oft kooperativen Sozialpolitik hin zu einer konfliktiven Sozialpolitik prägte auch das Tun und Lassen von Regierung und Opposition während den rot-grünen Regierungen Schröder.

2.7 1998-2005 – Rot-grüne Sozialpolitik

Manchen Kritikern zufolge hatte sich Rot-Grün schon in der 14. Legislaturperiode (1998-2002) der „Wettbewerbsorientierung" verschrieben. Mehr noch: Rot-Grün habe eine „neoliberale Steuer- und Sozialstaatsreform" zwecks Sicherung des Wirtschaftsstandorts Deutschlands betrieben (Butterwege 2002). Doch von neoliberaler Umgründung der rot-grünen Sozialpolitik war zunächst nichts in Sicht. Im Gegenteil: Rot-Grün drängte die wenigen liberalen Komponenten der Sozialpolitik weiter zurück. Auch schaffte sie den Demographiefaktor ab, den die Regierung Kohl eingeführt hatte, um die Rentensicherung besser auf die Alterung der Gesellschaft einzustellen. Das war Einlösung von populistischen Wahlversprechen und Klientelbedienung. Die Regierung Schröder hinterließ aber auch an anderer Stelle der Sozialpolitik tiefe, überwiegend sozialdemokratisch-gewerkschaftliche Spuren. Herausragende Beispiele sind die gewerkschaftsfreundliche Reform des Betriebsverfassungsgesetzes von 2002 und die bis 2003 überaus restriktive Regelung der geringfügigen Beschäftigung. Damit erfüllte die Regierung Schröder ein Herzensanliegen der Gewerkschaften, die von der geringfügigen Beschäftigung Konkurrenz befürchteten. Ferner ergänzte die erste Schröder-Regierung ihre klientelfreundliche Politik durch Nichtentscheidungen. Die Beibehaltung des größten Teils des Arbeits- und Sozialrechtes, insbesondere die Nichtantastung von Arbeitnehmerschutzrechten und Gewerkschaftspositionen gehören hierzu, außerdem insbesondere in der 14. Legislaturperiode (1998-2002) – wie schon in der Kanzlerschaft von Willy Brandt – die Akzeptanz aggressiver gewerkschaftlicher Lohnpolitik.

Andererseits war die rot-grüne Sozialpolitik für Überraschungen gut. Sie beschritt mit zwei Grundentscheidungen neue Wege, die von der traditionellen SPD-Linie der Sozialpolitik weit wegführten. Die erste Grundentscheidung war der Einstieg in die freiwillige kapitalgedeckte private Altersvorsorge, die „Riester-Rente" gemäß Altersvermögensgesetz 2002, die Absenkungen im Leistungsniveau der Alterssicherung ausgleichen sollte. Gewiss: die „Riester-Rente" ist ein Zwitter aus freiwilliger privater Vorsorge und umfänglicher staatlicher Subventionierung. Und doch ist sie Teil eines tief greifenden Kurswechsels, der sich schon am Ende der Ara Kohl abgezeichnet hatte und nun von der rot-grünen Koalition forciert wurde: Er führt von der leistungsniveauorientierten zur einnahmenorientierten Alterssicherungspolitik. Diese richtete die Leistungen der Alterssicherung stärker als zuvor auf die Einnahmenlage aus – anstatt, wie bis dahin weiterhin üblich, die Einnahmenbasis an das überlieferte Leistungsniveau anzupassen.

Eine zweite Grundentscheidung folgte nach dem erneuten Wahlsieg von Rot-Grün im Jahre 2002. Der ausbleibende Wirtschaftsaufschwung, die Krise der Sozialfinanzen sowie

Kostensteigerungen infolge von Alterung, Arbeitslosigkeit und Gesundheitsdienstleistungen nötigten die Regierung Schröder zu weiteren Kursänderungen. Zu diesen gehörten Einsparungsmaßnahmen im Gesundheitswesen und weitere Einsparungen in der Alterssicherung – unter anderem durch Einführung eines Nachhaltigkeitsfaktors in die Rentenformel, der ähnlich wie der zuvor abgeschaffte Demographiefaktor wirkte, aber durch eine Niveausicherungsklausel eingedämmt wurde. Hinzu kamen vor allem die „Hartz-Reformen", die nach Peter Hartz, bis Juli 2005 Personalchef bei VW, benannten Arbeitsmarktreformen einschließlich der Zusammenlegung von Arbeitslosenhilfe und Sozialhilfe („Hartz-IV"). Überdies hatte die Regierung Schröder 2002 das Bundesministerium für Arbeit und Sozialordnung (BMA) aufgelöst – und damit ein „Verbandsherzogtum" der Gewerkschaften und einer Koalition aus christ- und sozialdemokratischen Sozialpolitikern zerschlagen. Die arbeitsrechtlichen und arbeitsmarktpolitischen Abteilungen dieses Ministeriums wurden einem seiner Hauptkontrahenten, dem Bundesministerium für Wirtschaft, zugeschlagen und formten mit ihm das neue Bundesministerium für Wirtschaft und Arbeit. Die übrigen fünf Abteilungen des BMA wurden mit der Gesundheitspolitik zum neuen Sozialministerium, dem Bundesministerium für Gesundheit und Soziale Sicherung, zusammengelegt.

Dass just diese Organisationsreform von der nachfolgenden Großen Koalition aus CDU, CSU und SPD rückgängig gemacht wurde, hat vielerlei Gründe. Am wenigsten waren es wohl steuerungspolitische Motive, denn für die Zusammenlegung von Wirtschaftsministerium und Arbeitsmarktabteilungen des Bundesministeriums für Arbeit und Sozialordnung sprach die Chance der besseren Verzahnung von Arbeitsmarkt- und Wirtschaftspolitik. Mit der Rücknahme der Organisationsreform waren aber machtpolitische Kalküle verbunden: Mit ihr wurde der neue Bundesarbeitsminister und Vizekanzler, Franz Müntefering (SPD), auch in politisch-administrativer Hinsicht aufgewertet. Mit der Reform sollte ferner die SPD-Linke besser eingebunden werden. Und schließlich war die Organisationsreform ein Signal der Kooperations- und Kompromissbereitschaft beider Koalitionspartner an die Adresse der Gewerkschaften und an die Sozialpolitikflügel in allen drei Regierungsparteien.

3 Determinanten der Sozialpolitik in der Bundesrepublik

Unter den Determinanten der Sozialpolitik in Deutschland spielen die in diesem Buch besonders interessierenden Größen – Parteienwettbewerb, Regierungszusammensetzung, politische Institutionen, deutsche Einheit und Europäische Union – eine erhebliche Rolle. Sie sind aber nicht die einzigen Wirkfaktoren. Die Sozialpolitik ist in ein vielschichtigeres Kräftefeld eingebunden. Dieses lässt sich insbesondere mit Hilfe der wichtigsten Theorien der vergleichenden Wohlfahrtsstaatsforschung hinreichend genau erfassen (Schmidt 2005b, Schmidt/Ostheim/Siegel/Zohlnhöfer 2007).

Eine dieser Theorien, die sozioökonomische Lehre, erklärt die Sozialgesetzgebung hauptsächlich mit wirtschaftlichen und gesellschaftlichen Bedarfslagen und Ressourcen. Auf Machtverteilungen zwischen Kollektivakteuren, wie Gewerkschaften und organisierten Arbeitgebern, führt hingegen die Machtressourcentheorie, die zweite Theorie im Bunde, das Staatshandeln zurück. Die parteipolitische Richtung der Regierung bildet das Zentrum der Erklärung von Sozialpolitik in der Parteiendifferenzlehre, der dritten Theorie. Der vierte

– politisch-institutionalistische – Ansatz bringt die Staatstätigkeit vor allem in Zusammenhang mit institutionellen Bedingungen des politischen Willensbildungs- und Entscheidungsprozesses. Außenpolitische und internationale Konstellationen sind die wichtigsten Determinanten der Internationalen These, der fünften Theorie. Und die sechste Lehre wertet das Politik-Erbe als Hauptdeterminante der Regierungspolitik. Natürlich sind auch Kombinationen der verschiedenen Schulen möglich.

3.1 Sozioökonomische Determinanten

„Die Geschichte der Sozialpolitik ist eine Geschichte ihrer Expansion". So urteilte Detlef Zöllner (1981: 126) über den Haupttrend der Sozialpolitik in Deutschland in den letzten hundert Jahren von 1880 bis 1980. Das war gewiss eine Zuspitzung. Denn die deutsche Sozialpolitik hatte nicht nur Phasen der Expansion durchlaufen, sondern auch Abschnitte der Stagnation, wie in den drei letzten Jahren der Weimarer Republik und größtenteils auch in der NS-Diktatur. Auch nach 1981 kamen in der Sozialpolitik Ruhepausen und Phasen des Um- oder Rückbaus zustande. Dennoch hat die Expansionsthese einiges für sich: Sie beschreibt einen potenziell expansiven Impuls, der in die Sozialpolitik eines Landes eingelagert ist, das sich auf dem Pfad der sozial-ökonomischen Modernisierung befindet. Auf diesem Pfad entsteht aus einem Staat, den zunächst Agrar- und Industriewirtschaft prägten, eine Wirtschafts- und Gesellschaftsordnung mit einem kleinen Agrarsektor, einem großen, allmählich abnehmenden Industriesektor und einem wachsenden Dienstleistungsbereich. So war das Muster auch in Deutschland. Im Zuge dieser Umwälzung wurden aus vielen Bauern, Selbständigen und mithelfenden Familienangehörigen abhängig Beschäftigte, Erwerbssuchende, Sozialeinkommensempfänger oder Nichterwerbspersonen. Der Wandel schloss eine wachsende Arbeitnehmerquote ein, einen zunehmenden Anteil der abhängig Beschäftigten an der Bevölkerung. Auch das stärkte die Nachfrage nach Sozialpolitik, wie insbesondere die modernisierungstheoretisch inspirierte Sozialstaatsforschung zeigt (Zöllner 1963). Zugleich überlastet der ökonomische Modernisierungsprozess alte soziale Sicherungsnetze: Lokale, kirchliche und familienzentrierte Sicherungsnetze alleine hielten dem Ansturm der Modernisierungsfolgen und -kosten nicht Stand. Demographische Umwälzungen kamen hinzu. Mit zunehmender Lebenserwartung der Bevölkerung, nicht zuletzt selbst ein Ergebnis von steigendem Lebensstandard und aufwändiger Sozialpolitik, wuchs der durchschnittliche sozialpolitische Pro-Kopf-Bedarf und entsprechend stark stieg die Nachfrage nach ausgabenintensiven Leistungen der Alters-, Kranken- und Pflegeversicherungssysteme.

Nachfrageseitig expansiv wirkten auch Katastrophen und schwere Krisen. Die sozialen Zeitbomben, die die NS-Diktatur und der Zweite Weltkrieg hinterlassen hatten, sind Beispiele. Zudem erhöhten Wirtschaftskrisen oder auch nur Jahre schwach wachsender Wirtschaft den Bedarf an sozialer Sicherung gegen Einkommensausfall infolge von Arbeitslosigkeit und anderer wirtschaftssensibler Risiken. Hohe Arbeitslosenquoten sorgen unter sonst gleichen Bedingungen für höhere Ausgaben der Arbeitslosenversicherung – und die Sozialhilfebedürftigkeit wächst tendenziell mit der Tiefe und der Dauer von Beschäftigungskrisen – solange man konstante Leistungsniveaus, Anspruchsberechtigung und Inanspruchnahme voraussetzt.

Ferner spielen angebotsseitige Determinanten der Gesellschaft und Wirtschaft in die Sozialpolitik hinein. Der Gesundheitsbereich ist ein Beispiel. Ausgabensteigernd wirken beispielsweise der rasante medizinische Fortschritt und die dadurch verbesserten Möglichkeiten der Diagnostik, Therapie und Rehabilitation, ferner die hohe Dichte und Spezialisierung des Leistungsangebotes, die hohe Ärztedichte und oligopolistische Angebotsstrukturen im medizinisch-technischen Bereich (Schmidt 1999).

3.2 Politische Mechanismen

Die bislang genannten Wirkkräfte können den Wiederauf- und Ausbau der Sozialpolitik allerdings nicht alleine erklären. Die Entfaltung ihrer Wirkkraft bedarf der Vermittlung durch politische Mechanismen, die den gesellschaftlich erzeugten Bedarf in sozialpolitische Entscheidungen übersetzen.

Unter diesen Mechanismen sind die in Deutschland tief verwurzelten Traditionen sozialpolitischen Handelns zentral. Zu diesen Traditionen gehört die Verantwortung des Herrn für Knecht und Magd – und allgemein die Verantwortlichkeit der wirtschaftlich und politisch Herrschenden auch für die ‚kleinen Leute'. Bekräftigt wurden diese Traditionen durch den seit den 80er Jahren des 19. Jahrhunderts erfolgenden Auf- und Ausbau der Sozialgesetzgebung im Deutschen Reich von 1871. In die gleiche Richtung wirkten der Auf- und Ausbau einer durch beträchtlichen Korpsgeist geprägten Sozialbürokratie und eines Sozial- und Arbeitsrechtes, das insbesondere in der Bundesrepublik Deutschland zu einem ehrgeizigen Regulierungssystem erweitert wurde.

Zur Sozialpolitik „von oben" kam die Sozialpolitik „von unten" hinzu, und zwar umso stärker, je länger sie auf günstige politische Rahmenbedingungen zählen konnte. Zu diesen begünstigenden Bedingungen zählt vor allen anderen die Demokratie. Die sozialpolitische Neigung der Demokratie basiert erstens darauf, dass in ihr alle erwachsenen Staatsbürger wahlberechtigt sind. Politisches Gewicht haben in der Demokratie somit auch die große Masse der „Habenichtse", die relativ Armen und alle anderen, die von einer ausgebauten Sozialpolitik eher Vor- als Nachteile erwarten. Zweitens können demokratische Wahlen in den modernen Wohlfahrtsstaaten in der Regel nur von Parteien gewonnen werden, welche die Mehrheit der Sozialpolitikklientel auf ihre Seite ziehen. Zu dieser Klientel zählen in Deutschland mittlerweile rund 50 Prozent der Wahlberechtigten – Schwedens Wohlfahrtsstaatsklientel ist sogar noch größer (Pierson 2001: 413). Zugute kommt der Sozialpolitik auch der kurze Zeittakt der Demokratie – regelmäßig stattfindende Wahlen setzen die Regierenden unter kurzfristig vorzeigbaren Erfolgszwang. Hierfür eignet sich die Sozialpolitik vorzüglich, denn sie ist gut sichtbar, hat eine flächendeckende Ausstrahlung und eignet sich für eine Gefolgschaftswerbung, die aufs ökonomische Interesse zielt. Verstärkt und verkürzt wird der Zeittakt in Deutschland durch die Dauerwahlkampfatmosphäre, die von der Bundestagswahl und von den Landtagswahlen, die jeweils bundespolitische Bedeutung haben, erzeugt wird.

3.2.1 Machtressourcen

Auch in Deutschland wirken die Machtressourcen insbesondere von Wirtschaftsverbänden als Triebfeder der Sozialpolitik. Im „Sozialversicherungsstaat" wirken die Machtressourcen der Verbände vor allem über ihre Inkorporierung in die Verwaltung der Sozialpolitik. Im Unterschied zu steuerfinanzierten Wohlfahrtsstaaten finanziert sich die deutsche Sozialpolitik zu Beginn des 21. Jahrhunderts zu rund 60 Prozent aus Sozialabgaben. Diese begründen die korporatistische Mitwirkung der Sozialpartner – Gewerkschaften und Arbeitgeberverbände – an der mittelbaren Staatsverwaltung der Sozialversicherungen und der für die Arbeitsmarktpolitik zuständigen Bundesagentur für Arbeit und schreiben insoweit die Delegierung öffentlicher Funktionen an die Verbände fort.

3.2.2 Politische Parteien

Nicht zu verstehen ist die Sozialpolitik in Deutschland ohne das Tun und Lassen der politischen Parteien. Dass die parteipolitische Zusammensetzung der Regierung die Sozialpolitik zutiefst prägen kann, zeigen der NS-Staat von 1933-1945 und die Diktatur in der Deutschen Demokratischen Republik (vgl. Sachse und Tennstedt 1992, Schmidt 2004a). Aber auch in der Demokratie färbt die parteipolitische Zusammensetzung der Regierung auf die Sozialpolitik ab. Die Bundesrepublik Deutschland ist hierfür ein besonders interessanter Fall: In ihr konkurrieren zwei große Sozialstaatsparteien – die CDU und CSU einerseits und die SPD andererseits. Verstärkt wird die deutsche Sozialstaatsparteienkonkurrenz dadurch, dass im Unterschied zu den angloamerikanischen Demokratien eine einflussreiche säkular-konservative, marktwirtschaftsfreundliche Partei fehlt. Die relativ kleine liberale Partei in Deutschland, die FDP, gleicht dies nicht aus. Dass CDU, CSU und SPD Sozialstaatsparteien sind, macht auch besser verständlich, warum alle drei Parteien am Auf- und Ausbau des deutschen Wohlfahrtsstaates tatkräftig mitwirkten und bei wichtigen Gesetzgebungen oft – wenngleich meist nach langem Tauziehen – an einem Strang zogen.

Die Gemeinsamkeit als Sozialstaatspartei sollte die Unterschiede der Sozialpolitik von CDU/CSU und SPD nicht verdecken. Die SPD richtet ihre sozialpolitische Programmatik und Praxis stärker als die Unionsparteien auf eine umfassend definierte wohlfahrtsstaatliche Politik aus; sie strebt zudem nach Egalisierung und wertet die Sozialpolitik, einschließlich einer arbeitnehmer- und gewerkschaftsfreundlichen Gestaltung der Arbeitswelt, als unverzichtbare Grundlage einer stabilen Demokratie, einer Sozial-Demokratie. Die Unionsparteien sind Sozialstaatsparteien, die unter anderem von der katholischen Soziallehre und der katholischen Arbeiterbewegung geprägt sind. Sie zogen hingegen den Wiederaufbau und Ausbau des arbeitnehmerorientierten „Sozialversicherungsstaates“ – mit Erweiterungen insbesondere für Beamte und für Familienangehörige – dem egalitären Wohlfahrtsstaat vor. Aus all dem entstand ein „Sozialer Kapitalismus“ (Hartwich 1970, van Kersbergen 1995). Im Unterschied zur SPD halten die Unionsparteien größere Distanz zu den Gewerkschaften und zu ehrgeiziger sozialpolitischer Gestaltung der Arbeitswelt. Das spiegelt die innere Heterogenität der Unionsparteien wider. Denn diese sind nicht nur Parteien der Sozialstaatsparteigänger, sondern auch Repräsentanten des Mittelstandes, der Selbständigen, der Manager, der Landwirte und der Mehrheit der gewerkschaftlich nicht organisierten Arbeiter, Angestellten und Beamten.

Zudem unterscheiden sich die Gerechtigkeitsvorstellungen der Parteien, die in die Sozialpolitik eingehen. So sieht die SPD ein hohes Maß an Ergebnisgerechtigkeit vor und verbindet dies mit Egalisierungszielen: „Gerechtigkeit erfordert mehr Gleichheit in der Verteilung von Einkommen, Eigentum und Macht“ heißt es im SPD-Grundsatzprogramm von 1989. Die Unionsparteien hingegen favorisieren vorrangig die Besitzstands- und die

Beitragsgerechtigkeit und die Liberalen die Chancengerechtigkeit. Zudem betonen die Unionsparteien in der Sozialpolitik das Subsidiaritätsprinzip viel stärker als andere Parteien und pflegen ein anderes Bild vom Staate als die SPD. Nicht der steuernde Staat oder das Kollektiv haben für die Union Vorrang, sondern die nichtkollektivistische Ausrichtung der Sozialpolitik, vor allem der Freiraum der Individuen und ihrer Primärgemeinschaften, aber auch die Pflicht der Einzelnen für das Ganze.

Allerdings zeigt der internationale Vergleich, dass sowohl die Unionsparteien als auch die SPD im Vergleich zu ihren jeweiligen Bruder- und Schwesterparteien besonders engagierte Befürworter eines weit ausgebauten Sozialstaates sind und hierfür eine hohe Abgabenlast in Kauf nehmen. Zudem zeigt der internationale Vergleich von Policy-Positionen der Parteien, dass die Abstände zwischen der SPD und der CDU im Hinblick auf die Sozialstaatsneigung und die Akzeptanz der Finanzierungskosten geringer sind als in den meisten anderen Demokratien, in denen die zwei jeweils wichtigsten Parteien in dieser Frage weiter auseinander liegen (Schmidt 2005a: 96 ff.).

3.2.3 Verfassung und Föderalismus

Geprägt wird die Sozialstaatstätigkeit auch von den politisch-institutionellen Rahmenbedingungen des Parteienwettbewerbs. Zu diesen zählen in der Bundesrepublik Deutschland sozialstaatsfreundliche verfassungspolitische Vorgaben. Diese verpflichten die Politik auf das „soziale Staatsziel" (Zacher 2004), auf ein Sozialstaatsgebot, das verfassungsrechtlich in den Begriffen „sozialer Bundesstaat", „sozialer Rechtsstaat" und „Gleichwertigkeit der Lebensverhältnisse" im Bundesgebiet konkretisiert ist (Zacher 2001).

Die Staatsstruktur hingegen, insbesondere der Bundesstaat, scheint ein Hemmschuh für die Sozialpolitik zu sein. So könnten die Theoretiker vermuten, die den Föderalismus als einen Mechanismus der Machtaufteilung und der Kontrolle interventionsfreudiger Exekutiven und Legislativen deuten. Der deutsche Föderalismus gehört aber zu jener Familie von Bundesstaaten, die durchlässig für wohlfahrtsstaatliche Politik sind. Zu den vielen Gründen dieser Durchlässigkeit gehört erneut das Mit- und Gegeneinander von zwei großen Sozialstaatsparteien. Ebenso wichtig ist die Finanzierung der deutschen Sozialpolitik vorrangig aus Sozialabgaben. Diese Finanzierungsweise erleichterte Abgabensteigerungen – im Unterschied zur Steuerfinanzierung der meisten übrigen Politikfelder. Denn die Erhöhungen der Sozialabgaben bedürfen größtenteils nur der Zustimmung des Bundestages, nicht der Zustimmung des Bundesrates, die politisch viel schwieriger zu bewerkstelligen ist. Somit waren der Aufwand für die Gewinnung der erforderlichen Mehrheiten für die Sozialstaatsfinanzierung geringer und die Entscheidungskosten niedriger als bei hauptsächlich steuerfinanzierten Staatsaufgaben wie der Bildungspolitik.[7]

---

[7] Der internationale Vergleich stützt diesen Befund (Obinger/Leibfried/Castles 2005): Nicht jeder Föderalismus bremst die Sozialpolitik, sondern nur ein besonderer Föderalismustyp. Nur in demokratischen Bundesstaaten mit dualer und demokratisch föderalistischer Struktur (anstelle des für Deutschland charakteristischen kooperativen politikverflochtenen Bundesstaates) und somit in Staaten, in denen die Bundesregierung zunächst wenig finanzielle Potenz und geringe Gestaltungskraft hatte, nur dort wurde die Sozialpolitik spät eingeführt. Früh eingeführt werden konnte die Sozialpolitik aber in Bundesstaaten, die in autoritäre Systeme eingelagert waren, die anstelle der dualen eine kooperative Struktur hatten, und wo die zentralstaatliche Regierung beträchtliche finanzielle Potenz und insgesamt beträchtliche politische Gestaltungskraft zum Zeitpunkt der Einführung der Sozialgesetzgebung hatte. Deutschland und Österreich sind hierfür Beispiele.

Der deutsche Bundesstaat stand dem Ausbau der Sozialpolitik kaum im Wege. Allerdings bremst der Bundesstaat im Verein mit den vielen sonstigen Vetospielern und Mitregenten den Sozialstaatsumbau und Sozialstaatsrückbau. Die zahlreichen Mitregenten und Veto-Spieler in der deutschen Politik erschweren die Abkehr vom Status quo, gerade auch bei Sanierungsreformen der Sozialpolitik, soweit diese der Zustimmung des Bundesrates bedürfen. Das liegt nicht nur daran, dass die Mehrheit im Bundesrat über längere Zeitabschnitte in den Händen von Regierungen der Bundestagsopposition lag, sondern auch am Kräfteverhältnis zwischen finanzschwächeren und finanzstarken Ländern: die finanzstarken Länder sind im Bundesrat in der Minderheit und die finanzschwächeren Länder, die aufgrund ihrer Schwäche eher dazu neigen, die Sozialpolitik beizubehalten oder auszubauen, sind in der Mehrheit.

3.2.4 Wirkungen der Europäischen Union auf die Sozialpolitik in Deutschland

Inwieweit spielt die Europäische Staatengemeinschaft – im Folgenden als EU (Europäische Union) abgekürzt – in der deutschen Sozialpolitik eine Rolle? Auf den ersten Blick scheint die EU nur minimalen Einfluss auf die Sozialpolitik der Mitgliedstaaten zu haben. Es gibt kein europäisches Sozialrecht, und folglich haben die EU-Bürger keine individuellen Leistungsansprüche auf europäische Sozialleistungen. Es gibt auch keine Sozialabgaben oder Steuern, die an den Haushalt der EU abgeführt und für ein europäisches Sozialbudget verwendet würden. Ferner existiert in der EU keine nennenswerte Sozialstaatsbürokratie.

Und dennoch ist das sozialpolitische Gewicht der EU beträchtlich. Die EU wirkt souveränitäts- und autonomiebeschränkend auf die Sozialpolitik ihrer Mitgliedstaaten – wenngleich nur bereichsweise.[8]

Drei Formen der Sozialpolitik sind dabei zu unterscheiden – das „Freizügigkeits-Sozialrecht", das „Wettbewerbs-Sozialrecht" und das „originäre Gemeinschafts-Sozialrecht" (Haverkate/Huster 1999: 81 ff., 285 ff., 369 ff.) – und drei Wirkungsketten: die „positive Sozialpolitik", die wettbewerbsorientierte „negative Sozialpolitik" und mittelbare Effekte (Leibfried 2005).

Mit „positiver Sozialpolitik" sind die Initiativen gemeint, mit denen die Europäische Gemeinschaft unmittelbar sozialpolitisch engagiert ist. Beispiele sind die vertragliche Verpflichtung zur gleichen Entlohnung für gleiche Arbeit von Männern und Frauen nach Art. 141 EGV und der Arbeitsschutz sowie die gesundheitspolitischen Regelungen nach Art. 137 EGV. Dieser Teil der EU-Sozialpolitik ist allerdings hochgradig fragmentiert und lückenhaft.

Hinzu kommt die – flächendeckendere – „negative Sozialpolitik" der EU. Sie erwächst aus dem Bestreben, die Marktintegration im europäischen Binnenmarkt rechtsverbindlich durchzusetzen. Sozialpolitische Regelungen der Freizügigkeit der Arbeitnehmer gehören zu diesem Komplex, seit Ende der 1980er Jahre auch die Dienstleistungsfreiheit sowie sonstige sozialpolitische Interventionen in Angelegenheiten, die in Verdacht geraten sind, den ungehinderten freien Verkehr von Kapital, Waren sowie von Arbeitskräften und sozialen Dienstleistungen im europäischen Binnenmarkt zu behindern.

Ferner wirkt die Europäische Union durch mittelbare Anpassungszwänge auf die nationalstaatliche Sozialpolitik ein. Dazu zählen Maßnahmen, die Sozialdumping abwehren

[8] Zum Folgenden vor allem Leibfried 2000, Leibfried 2005, Schulte 2003.

sollen, und Bestrebungen, die die Steuersysteme harmonisieren oder einen gemeinsamen europaweiten Markt für private Versicherungen einführen sollen. Auch entstehen Anpassungszwänge für die Sozialpolitik aus dem Standortwettbewerb der EU-Mitgliedstaaten. Zudem wirken die Konvergenzkriterien des Maastrichter Vertrages mittelbar auf die Sozialpolitik ein: Die finanzpolitische Disziplinierung, die von diesen Kriterien ausging, kann auch die Sozialfinanzen unter Anpassungsdruck setzen. Faktisch hat sie dies schon getan, beispielsweise bei Reformen des italienischen Alterssicherungssystems in den 1990er Jahren und im Falle des Stabilitäts- und Wachstumspaktes der Regierung Kohl im Jahre 1996.

Das Projekt der europäischen Staatengemeinschaft hat demnach auch die Sozialpolitik erfasst. Doch die Sozialpolitik ist kein voll vergemeinschaftetes, europäisiertes Politikfeld. Sie liegt weit unter dem Europäisierungsgrad beispielsweise der Wirtschafts-, der Agrar- und vor allem der Geldpolitik (Schmidt 2005c). In der Sozialpolitik war die EU bislang ein Nachzügler. Und was an europäischer Sozialpolitik auf den Weg gebracht wird, ist oft mit formidablen Verzögerungen und sonstigen Vollzugshemmnissen konfrontiert. Deutschland gehört dabei mitunter zu jener Ländergruppe, in der die Umsetzung von EU-Richtlinien zur Sozialpolitik an Eigenheiten der nationalstaatlichen Politik aufläuft, im Unterschied zu den diesbezüglich meist „gesetzestreueren" nordeuropäischen Mitgliedstaaten der EU.[9]

Auch diese Beobachtungen bestätigen, dass die EU eine Staatengemeinschaft ist, die hauptsächlich die Marktintegration und den „Wettbewerbsstaat" (Streeck 1997) fördert, aber nicht den Sozialstaat. Der politischen Regulierung nach zu urteilen, ist die EU ein „regulativer Staat" (Majone 1996), der hauptsächlich mittels Gebot und Verbot eingreift, und nicht oder nur am Rande mit Instrumenten zur gesamtwirtschaftlichen Stabilisierung und Einkommensverteilung. Und so blieb auch die Sozialpolitik der EU im Wesentlichen eine regulative Sozialpolitik.

3.2.5 Politik-Erbe

Auch die Lehre vom Politik-Erbe trägt zum Verstehen der deutschen Sozialpolitik Wesentliches bei. Auch hierzulande wird der Bestand der Sozialpolitik in großem Maße von ihrem Bestand in der Vorperiode und von Entscheidungen geprägt, die in der Vergangenheit getroffen wurden. Oft dominieren auch althergebrachte Problemlösungsroutinen die Problemlösungssuche in der Gegenwart, auch wenn sie nicht länger zeitgemäß sind. Solche Pfadabhängigkeit habe Deutschlands Sozialpolitik sogar besonders stark geprägt, behaupten manche. Dafür sprechen Beharrungstendenzen des „Sozialversicherungsstaats", beispielsweise die Organisierung der Pflegeversicherung unter dem Dach der gesetzlichen Krankenversicherung und die vorrangige Finanzierung der deutschen Sozialpolitik aus Sozialabgaben. Allerdings sind die Grenzen der Pfadabhängigkeit unübersehbar. Die Größe des Sozialversicherungsstaates und die des Sozialabgabenstaates sind nicht konstant, sondern veränderlich. Zudem werden rund 40 Prozent der Sozialausgaben aus Steuermitteln finanziert – und das öffnet dem Gesetzgeber Spielräume für Problemlösungen jenseits des Sozialversicherungsprinzips. Ferner ist die Sozialversicherung selbst ein weiter Mantel, der pfadtreue und pfadabweichende Problemlösungen umhüllen kann. Ein Beispiel: Was früher nur eine Sozialversicherung für Industriearbeiter war, wurde allmählich zu einer Sozialversicherung für alle Arbeiter und alle Angestellten und weitete sich insbesondere in der zweiten Hälfte

---

[9] Vgl. Falkner/Treib 2005: 15f., Treib 2004 und – mit Blick auf die Effekte der Sozialpartnerschaft – Leiber 2005.

des 20. Jahrhunderts zu einer auch Familienangehörige umfassenden Versicherung mit fließenden Übergängen zur Staatsbürgerversicherung.

4 Viele Determinanten, mehrere Theorien

Auf die Sozialpolitik wirken viele Kräfte ein. Entsprechend vielfältig sind die Theorien, die zur Beschreibung und Erklärung der Sozialpolitik dienen können. Ihr Scherflein steuern vor allem die sozialökonomische Theorie der Staatstätigkeitsforschung bei, ferner politisch-institutionalistische Theorien, die Parteiendifferenzlehre und in begrenztem Maße auch die Lehre von den Rückwirkungen inter- und supranationaler Politik auf die Nationalstaaten sowie die Machtressourcentheorie. Überdies ist das Politik-Erbe von größter Bedeutung – zumal selbst Regimewechsel mit einem hohen Maß an Kontinuität im Grundbestand einhergehen. Dass obendrein Ereignisse von historischer Bedeutung, wie die deutsche Einheit, auf die Sozialpolitik einwirken, liegt im Lichte der Ausführungen im 2. Teil dieses Beitrags auf der Hand.

Auf diesen Befund weisen auch statistische Auswertungen von Daten zur Entwicklung des Sozialbudgets in Deutschland von 1950 bis zur Gegenwart hin. Aufgrund der vergleichsweise überschaubaren Zahl der Beobachtungsjahre – 53 an der Zahl – kann freilich nur ein Teil der zuvor erwähnten Bestimmungsfaktoren in ein statistisches Erklärungsmodell der Sozialpolitik aufgenommen werden. Doch innerhalb dieser Grenzen fördert eine solche statistische Analyse ein berichtenswertes Ergebnis zutage. Die Sozialleistungsquote in Deutschland, also der Anteil der öffentlichen Sozialausgaben am Bruttoinlandsprodukt, hängt – so die Ergebnisse einer regressionsstatistischen Auswertung – vor allem mit vier Faktoren zusammen. Es sind dies erstens die Eigendynamik der Sozialpolitik, im Wesentlichen also ihr Politik-Erbe,[10] zweitens das preisbereinigte Wirtschaftswachstum, drittens die deutsche Einheit (die insgesamt die Sozialausgaben bis heute spürbar erhöht hat) und viertens ein Regierungsparteieneffekt, der aufdeckt, dass insbesondere SPD-Regierungen mit einer höheren Sozialleistungsquote einhergehen.

Diese Bestimmungsfaktoren erklären die Variation der Sozialleistungsquote in Deutschland recht gut[11] – und bis auf die deutsche Einheit spielen diese Faktoren auch in anderen Wohlfahrtsstaaten eine erhebliche Rolle (Schmidt 2001).

5 Wirkungen

Ihre originären Aufgaben erfüllt Deutschlands Sozialpolitik teils zufriedenstellend, teils gut (Alber 2001, Leibfried u.a. 1998, Schmidt 2005b). Sie schützt zuverlässig gegen materielle Verelendung. Sie schützt zudem in erheblichem Umfang gegen weit verbreitete Risiken, die

[10] Gemessen durch den Sozialbudgetanteil im Vorjahr.

[11] Zugrunde liegt die folgende Regressionsgleichung für die Sozialleistungsquote nach Sozialbudgetkriterien von 1950 bis 2002 (Quelle: BMGS 2004: 830 mit Ergänzungen durch den Verfasser): Y = 6,26 + 0,81 (X1) – 0,7 (X2) + 0,006 (X3) + 0,55 (X4). Y = Sozialleistungsquote, X 1 = Sozialleistungsquote im Vorjahr, X2 = preisbereinigtes Wirtschaftswachstum, X3 = SPD-Kabinettsitzanteil, X4 = Wiedervereinigungsjahre = 1, sonst = 0. R2 (bereinigt) = 0,99; N = 53; Durbin-Watson-Statistik d: 1,40. Alle Koeffizienten sind auf dem 0,01-Niveau signifikant. Die Daten sind dokumentiert in Schmidt 2005b: 157.

der Einzelne nicht alleine abdecken könnte. Ferner hat die Sozialpolitik die gesellschaftlich bedingte Ungleichheit erheblich verringert. Auch politische Zielsetzungen erreicht die deutsche Sozialpolitik in einem beträchtlichen Maß. Die Politik wurde durch den Sozialstaat insgesamt krisenfester, weil dieser gesellschaftliche und wirtschaftliche Erschütterungen auffängt und in ihren Wirkungen regelrecht zerstäubt. Hinzu kommt ein wirtschaftlicher Vorteil der Sozialpolitik insoweit, als sie an der Aufrechterhaltung stabiler Arbeitsbeziehungen mitwirkt und zur Modernisierung der Wirtschaft anspornen kann, weil ihre Kosten die Unternehmen eher zum arbeitssparenden technischen Fortschritt anreizen als zum kapitalsparenden.

Andererseits ist für die deutsche Sozialpolitik mittlerweile ein vierfacher Balanceverlust zu verzeichnen.

Das Ungleichgewicht zwischen der wirtschaftlichen Basis und dem sozialpolitischen Aufwand ist mittlerweile groß. Die Sozialleistungsquote in Deutschland ist nicht nur absolut hoch, sondern vor allem seit den 1990er Jahren relativ zur Wirtschaftskraft des Landes von überdimensionierter Größe.[12] Auch hinsichtlich der arbeitsrechtlichen Absicherung der Arbeitsplatzbesitzer schneidet Deutschland überdurchschnittlich gut ab – aber relativ zur Wirtschaftskraft ist auch die arbeitsrechtliche Sicherung sehr weit ausgebaut.

Zweitens kommt das Ungleichgewicht zwischen Sozialpolitik und Beschäftigung hinzu. Deutschlands Sozialpolitik ist weithin beschäftigungsunfreundlich, ja: beschäftigungsfeindlich – und zwar aufgrund der Höhe der Sozialabgaben und der Steuern einerseits und der Finanzierungsweise des Sozialstaates, die zu rund sechzig Prozent über Sozialabgaben erfolgt und damit die Arbeitskosten unmittelbar drastisch erhöht, andererseits (Scharpf/ Schmidt 2000).

Drittens kennzeichnet ein Finanzierungsungleichgewicht die Sozialpolitik in Deutschland. Es besteht eine beträchtliche Schieflage zwischen der aufwändigen Sozialstaatsfinanzierung und der meist nur mittelmäßigen Finanzierung anderer Staatsaufgaben, gleichviel ob es sich um das Bildungswesen handelt, die Forschung, die öffentliche Sicherheit oder die militärische Sicherheit. Die Finanzierungskonkurrenz zwischen Sozialpolitik und nichtsozialpolitischen Feldern hat sich zugunsten des Sozialstaates verschoben (Schmidt 2004b).

Schlussendlich laboriert Deutschland an einem Generationenungleichgewicht – zu Lasten von Kindern, Kindererziehung und jüngeren Bevölkerungsgruppen und zugunsten der sozialen Sicherung der Älteren.

Deutschlands Sozialpolitik ist zum Sanierungsfall geworden: Die für eine nachhaltige Sozialpolitik erforderliche Bewältigung von Zielkonflikten zwischen Sozialpolitik und anderen Politikfeldern sowie die Einheit von Wirtschafts- und Sozialpolitik sind in der Bundesrepublik Deutschland verloren gegangen. Dafür mitverantwortlich sind viele: alle Bundesregierungen, im Wesentlichen auch die wichtigsten Oppositionsparteien, ferner die Sozialpartner, die sich nicht selten hinter den Schutzschirmen der Sozialpolitik mit ihrer egoistischen Lohn- und Personalpolitik verschanzen konnten. Nicht zu vergessen ist die große Wählermehrheit, die gerne die Augen vor den Kosten des populären Sozialstaates verschließt. Zu den besonders großen Herausforderungen der zukünftigen Politik in Deutschland gehört es, einen Weg zu finden und politisch durchzustehen, der sich des Sanierungsfalles Sozialpolitik annimmt und sie zu sicheren Ufern zurückführt.

---

[12] Berechnet auf der Basis von OECD 2004a, OECD 2005: 24.

6 Literatur

Alber, Jens, 1989: Der Sozialstaat in der Bundesrepublik Deutschland 1950 bis 1983. Frankfurt a.M.

Alber, Jens, 2001: Hat sich der Wohlfahrtsstaat als soziale Ordnung bewährt?, in: Karl-Ulrich Mayer (Hrsg.): Die beste aller Welten? Marktliberalismus versus Wohlfahrtsstaat. Frankfurt a.M., 59-112.

Bleses, Peter/Seeleib-Kaiser, Martin, 2004: The Dual Transformation of the German Welfare State. Basingstoke.

Blüm, Norbert/Zacher, Hans F. (Hrsg.), 1990: 40 Jahre Sozialstaat Bundesrepublik Deutschland. Baden-Baden.

BMA/Bundesarchiv (Hrsg.), 2001a: Grundlagen der Sozialpolitik. Geschichte der Sozialpolitik in Deutschland seit 1945, Bd. 1. Baden-Baden.

BMA/Bundesarchiv (Hrsg.), 2001b: 1945-1949. Die Zeit der Besatzungszonen. Geschichte der Sozialpolitik in Deutschland seit 1945, Bd. 2. Bandverantwortlicher Udo Wengst. Baden-Baden.

BMAS (Bundesministerium für Arbeit und Soziales) (Hrsg.), 2006: Übersicht über das Sozialrecht. Ausgabe 2006. Nürnberg.

BMGS (Bundesministerium für Gesundheit und Soziale Sicherung) (Hrsg.), 2004: Statistisches Taschenbuch 2004. Arbeits- und Sozialstatistik. Bonn.

BMGS, 2005a: Übersicht über das Sozialrecht. Bonn.

BMGS, 2005b: Sozialbericht 2005. Berlin.

Butterwegge, Christoph, 2002: Eine kritische Bilanz der rot-grünen Sozialpolitik, in: Wolf-Kai Eicker u.a. (Hrsg.): Deutschland auf den Weg gebracht: Rot-Grüne Wirtschafts- und Sozialpolitik zwischen Anspruch und Wirklichkeit. Marburg, 313-342.

Esping-Andersen, Gøsta, 1990: The Three Worlds of Welfare Capitalism. Cambridge.

Esping-Andersen, Gøsta, 1999: Social Foundations of Post Industrial Economies. Oxford.

Falkner, Gerda/Treib, Oliver, 2005: Europäische Sozialpolitik in der nationalen Praxis, in: Zeitschrift für Sozialreform 51: 139-163.

Hall, Peter, 1993: Policy Paradigms, Social Learning, and the State. The Case of Economic Policymaking in Britain, in: Comparative Politics 25: 275-296.

Hartwich, Hans-Hermann, 1970: Sozialstaatspostulat und gesellschaftlicher Status quo. Opladen.

Hockerts, Hans Günter, 1980: Sozialpolitische Entscheidungen im Nachkriegsdeutschland. Stuttgart.

Hockerts, Hans Günter, 1986: Integration der Gesellschaft. Gründungskrise und Sozialpolitik in der frühen Bundesrepublik, in: Zeitschrift für Sozialreform 32: 25-40.

Hockerts, Hans Günter, 1992: Vom Nutzen und Nachteil parlamentarischer Parteienkonkurrenz. Die Rentenreform 1972 – ein Lehrstück, in: Karl-Dietrich Bracher u.a. (Hrsg.): Staat und Parteien. Berlin, 903-934.

Hockerts, Hans Günter (Hrsg.), 1998: Drei Wege deutscher Sozialstaatlichkeit: NS-Diktatur, Bundesrepublik und DDR im Vergleich. München.

International Labour Office (ILO), 1972: The Cost of Social Security. Seventh International Inquiry: 1964-1966. Genf.

Jochem, Sven, 2001: Reformpolitik im deutschen Sozialversicherungsstaat, in: Manfred G. Schmidt (Hrsg.): Wohlfahrtsstaatliche Politik. Institutionen, politischer Prozess und Leistungsprofil. Opladen, 193-226.

Kaufmann, Franz-Xaver, 2001: Der Begriff Sozialpolitik und seine wissenschaftliche Bedeutung, in: BMA/Bundesarchiv (Hrsg.): Grundlagen der Sozialpolitik. Geschichte der Sozialpolitik in Deutschland seit 1945. Bd. 1. Baden-Baden, 3-102.

Kaufmann, Franz-Xaver, 2003: Varianten des Wohlfahrtsstaats. Der deutsche Sozialstaat im internationalen Vergleich. Frankfurt a.M..

Kersbergen, Kees van, 1995: Social Capitalism: a Study of Christian Democracy and the Welfare State. London.

Kleßmann, Christoph, [5]1991: Die doppelte Staatsgründung. Deutsche Geschichte 1945-1955. Göttingen.

Kohl, Jürgen, 2000: Der Sozialstaat. Die deutsche Version des Wohlfahrtsstaates – Überlegungen zu seiner typologischen Verortung, in: Stephan Leibfried/Uwe Wagschal (Hrsg.): Der deutsche Sozialstaat: Bilanzen – Reformen – Perspektiven. Frankfurt a. M./New York, 115-152.

Leiber, Simone, 2005: Europäische Sozialpolitik und nationale Sozialpartnerschaft. Frankfurt a.M./New York.

Leibfried, Stephan/Müller, Rainer/Schmähl, Winfried/Schmidt, Manfred G., 1998: Thesen zur Sozialpolitik in Deutschland, in: Zeitschrift für Sozialreform 44: 525-569.

Leibfried, Stephan, 2000: Nationaler Wohlfahrtsstaat, Europäische Union und „Globalisierung“: Erste Annäherungen, in: Jutta Allmendinger/Wolfgang Ludwig-Mayerhofer (Hrsg.): Soziologie des Sozialstaats. Weinheim-München, 79-108.

Leibfried, Stephan, 2005: Social Policy. Left to Courts and Markets?, in: Helen Wallace/William Wallace/Mark Pollack (Hrsg.): Policy-Making in the European Union, 5. Auflage. Oxford, 244-78.

Leibfried, Stephan/Wagschal, Uwe (Hrsg.), 2000: Der deutsche Sozialstaat. Bilanzen – Reformen – Perspektiven. Frankfurt a. M..

Leisering, Lutz, 2003: Der deutsche Sozialstaat – Entfaltung und Krise eines Sozialmodells, in: Der Bürger im Staat 53: 172-180.

Majone, Giandomenico, 1996: Regulating Europe. Boulder, Col.

Manow, Philip, 2005: Germany: Co-operative Federalism and the Overgrazing of the Fiscal Commons, in: Herbert Obinger/Stephan Leibfried/Francis G. Castles (Hrsg.): Federalism and the Welfare State. Cambridge, 222-262.

Maydell, Baron Bernd von/Ruland, Franz (Hrsg.), [3]2003: Sozialrechtshandbuch (SRH). Baden-Baden.

Nullmeier, Frank/Rüb, Friedbert W., 1993: Die Transformation der Sozialpolitik. Vom Sozialstaat zum Sozialversicherungsstaat. Frankfurt a. M..

Obinger, Herbert/Leibfried, Stephan/Castles, Francis G. (Hrsg.), 2005: Federalism and the Welfare State. New World and European Experiences. Cambridge.

OECD (Organization for Economic Co-Operation and Development), 2004: Social Expenditure Data Base 2004. Paris (CD-ROM).

Pierson, Paul, 2001: Coping with permanent Austerity: Welfare Restructuring in Affluent Democracies, in: Paul Pierson (Hrsg.): The New Politics of the Welfare State. Oxford, 410-456.

Preller, Ludwig, 1978: Sozialpolitik in der Weimarer Republik. Kronberg-Düsseldorf.

Riedmüller, Barbara/Olk, Thomas (Hrsg.), 1994: Der Sozialversicherungsstaat. Opladen.

Ritter, Gerhard, [2]1990: Der Sozialstaat – Entstehung und Entwicklung im internationalen Vergleich. München.

Sachße, Christoph/Tennstedt, Florian, 1992: Der Wohlfahrtsstaat im Nationalsozialismus. Stuttgart u.a..

Scharpf, Fritz W./Schmidt, Vivien, 2000 (Hrsg.): Welfare and Work in the Open Economy, 2 Bde. Oxford.

Schmidt, Manfred G. (Hrsg.), 2001: Wohlfahrtsstaatliche Politik. Institutionen, politischer Prozess und Leistungsprofil. Opladen.

Schmidt, Manfred G., 2004a: Sozialpolitik der DDR. Wiesbaden.

Schmidt, Manfred G., 2004b: Die öffentlichen und privaten Bildungsausgaben Deutschlands im internationalen Vergleich, in: Zeitschrift für Staats- und Europawissenschaften 2: 7-31.

Schmidt, Manfred G., 2005a: Sozialpolitische Denk- und Handlungsfelder, in: Schmidt, Manfred G. (Hrsg.): Geschichte der Sozialpolitik in Deutschland seit 1945. Band 7: Bundesrepublik Deutschland 1982-1989. Finanzielle Konsolidierung und institutionelle Reform. Baden-Baden, 61-154.

Schmidt, Manfred G., [3]2005b: Sozialpolitik in Deutschland. Historische Entwicklung und internationaler Vergleich. Wiesbaden.

Schmidt, Manfred G., 2005c: Aufgabeneuropäisierung, in: Gunnar Folke Schuppert (Hrsg.): Europawissenschaft. Baden-Baden, 129-146.

Schmidt, Manfred G. (Bandherausgeber), 2005d: Bundesrepublik Deutschland 1982-1989. Finanzielle Konsolidierung und institutionelle Reform. Geschichte der Sozialpolitik in Deutschland seit 1945, Bd. 7, hg. v. BMGS/Bundesarchiv, Baden-Baden.

Schmidt, Manfred G./Ostheim, Tobias/Siegel, Nico/Zohlnhöfer, Reimut (Hrsg.), 2007: Wohlfahrtsstaatliche Politik im internationalen Vergleich. Eine Einführung. Wiesbaden.

Schönhoven, Klaus, 2004: Wendejahre. Die Sozialdemokratie in der Zeit der Großen Koalition 1966-1969. Bonn.

Schulte, Bernd, [3]2003: Supranationales Recht, in: Bernd Baron von Maydell/Franz Ruland (Hrsg.): Sozialrechtshandbuch (SRH). Baden-Baden, 1610-1676.

Siegel, Nico A., 2002: Baustelle Sozialpolitik. Konsolidierung und Rückbau im internationalen Vergleich. Frankfurt a.M..

Streeck, Wolfgang, 1997: Der europäische Sozialstaat der Nachkriegszeit ist endgültig passé. Über die zukünftigen Aufgaben von Gewerkschaften zwischen Nationalstaat und Europäischer Union, in: Frankfurter Rundschau vom 6.1.1997: 10.

Treib, Oliver, 2004: Die Bedeutung der nationalen Parteipolitik für die Umsetzung europäischer Sozialrichtlinien. Frankfurt.

Wehler, Hans-Ulrich, 2003: Deutsche Gesellschaftsgeschichte. Vierter Band: Vom Beginn des Ersten Weltkriegs bis zur Gründung der beiden deutschen Staaten 1914-1949. München.

Windhoff-Héritier, Adrienne, 1983: Sozialpolitik der mageren Jahre. Politik- und verwaltungswissenschaftliche Aspekte des Sparprozesses, in: Heinrich Mäding (Hrsg.): Sparpolitik. Opladen, 77-99.

Zacher, Hans F., 2004: Das soziale Staatsziel, in: Josef Isensee/Paul Kirchhof (Hrsg.): Handbuch des Staatsrechts der Bundesrepublik Deutschland. Bd. II. Verfassungsstaat. Heidelberg, 660-784.

Zacher, Hans F., 2001: Grundlagen der Sozialpolitik in der Bundesrepublik Deutschland, in: BMA/Bundesarchiv (Hrsg.): Grundlagen der Sozialpolitik. Geschichte der Sozialpolitik in Deutschland seit 1945. Bd. 1. Baden-Baden, 333-684.

Zöllner, Detlef, 1963: Öffentliche Sozialleistungen und wirtschaftliche Entwicklung. Ein zeitlicher und internationaler Vergleich. Berlin.

Zöllner, Detlef, 1981: Ein Jahrhundert Sozialversicherung in Deutschland. Berlin.

7. Gesundheitspolitik: Zielkonflikte und Politikwechsel trotz Blockaden

Nils C. Bandelow

1. Einleitung

Gesundheitspolitische Entscheidungen in der Bundesrepublik Deutschland erfordern die Zustimmung vieler Akteure. Die Verabschiedung von Gesundheitsreformen unterliegt den üblichen Konsenszwängen von Koalitionsregierungen und den Vetomöglichkeiten des Bundesrats. Auch Interessenverbände werden im Rahmen von Selbstverwaltung und Mesokorporatismus an der Formulierung und vor allem der Umsetzung gesundheitspolitischer Entscheidungen beteiligt (vgl. Döhler 2002; Czada 2005). Gesundheitspolitik ist somit ein Musterbeispiel für die Auswirkungen der bundesdeutschen Konsensdemokratie.

Bis Anfang der 1990er Jahre wurden die institutionellen Verhandlungszwänge vor allem zur Erklärung von politischen Blockaden und Steuerungsproblemen herangezogen (vgl. etwa Naschold 1967; Safran 1967; Katzenstein 1987: 168-208; Lehmbruch 1988; Rosewitz/Webber 1990; Murswieck 1990). Spätere Analysen verweisen auf ausgewählte staatliche Steuerungserfolge oder langfristige Veränderungen, um die These eines politisch nicht steuerbaren Systems zu relativieren (vgl. Döhler/Manow 1997). Die Frage nach der politischen Steuerbarkeit greift allerdings nur einen Teilaspekt der Gesundheitspolitik auf, da sie einen eindimensionalen Konflikt zwischen Staat und Interessengruppen annimmt. Die tatsächlichen gesundheitspolitischen Konflikte und Veränderungen verlaufen dagegen auf mehreren Dimensionen, die von vier allgemeinen politischen Zielen geprägt sind:

- Stabilisierung der Gesundheitsausgaben („Finanzierbarkeit"),
- hochwertige Gesundheitsversorgung („Qualität"),
- gleichwertige Versorgung der Bevölkerung unabhängig vom Einkommen („Solidarität") und
- Sicherung und Schaffung von Arbeitsplätzen und Gewinnmöglichkeiten für die Leistungsanbieter im Gesundheitsmarkt („Wachstum").

Diese vier Ziele lassen sich nicht gleichzeitig optimieren. So kann Finanzierbarkeit in Widerspruch vor allem zu Wachstum und Qualität geraten, da letztgenannte Ziele eine Ausweitung der Ressourcen erfordern. Wachstumsinteressen können mit dem Solidaritätsziel kollidieren, sofern die öffentlichen Finanzierungsmöglichkeiten begrenzt sind und Wachstum nur durch zusätzliche private Finanzierung möglich wird. Selbst Qualität und Wachstum sind nicht deckungsgleich, obwohl hier die Widersprüche am wenigsten offenkundig sind. Qualitätsinteressen können aber zu einer Mittelverwendung im Gesundheitswesen führen, die von den Interessen der nationalen Leistungsanbieter abweicht.

Der Outcome der Gesundheitspolitik spiegelt jeweils eine (meist implizite) Entscheidung für die jeweilige Gewichtung der einzelnen Ziele wider. Im Folgenden soll zunächst die Entwicklung der gesundheitspolitischen Prozesse und Politikergebnisse in der Bundesrepublik Deutschland vor dem Hintergrund dieses Zielquadrats analysiert werden, um Kontinuitäten und Veränderungen zu erfassen. Als mögliche Erklärung für die Politikergebnisse werden dabei sozio-ökonomische Veränderungen und die deutsche Einheit angenommen (Abschnitt 2). Anschließend wird die Tragweite weiterer politikwissenschaftlicher Perspektiven geprüft. Dabei werden konflikttheoretische Ansätze (Abschnitt 3), politisch-institutionalistische Erklärungen (Abschnitt 4) und die europäische Integration (Abschnitt 5) behandelt.

2. Langfristige Prägung von Politikergebnissen durch veränderte sozio-ökonomische Rahmenbedingungen

Auf Grundlage der jeweils dominierenden Ziele lassen sich in der bundesdeutschen Gesundheitspolitik Phasen der Restauration und des Ausbaus (1949-1975), des Rückbaus (1975-1997) und der Umgestaltung (seit 1998) unterscheiden. Jede dieser Phasen wurde von sozio-ökonomischen und teilweise externen politischen Rahmenbedingungen beeinflusst. Da die deutsche Einheit vor allem indirekte Auswirkungen auf die Gesundheitspolitik hatte, wird sie als Teil des Abschnitts 2.2 behandelt.

2.1 Restauration und Ausbau: Wachstum und Solidarität als zentrale Ziele bis 1975

Nach dem Zweiten Weltkrieg musste das teilweise zerstörte Gesundheitssystem wieder aufgebaut werden. Gleichzeitig sollte das Gesundheitswesen zur Stabilität demokratischer bürgerlicher Strukturen beitragen. Zur Bewältigung beider Aufgaben wurden bis 1955 das gegliederte Krankenkassensystem, das Kassenarztsystem und die Verhandlungsorgane der Selbstverwaltung restauriert (vgl. Murswieck 1990: 161-162). Die Bundesrepublik entschied sich somit für das alte Modell der Bismarck'schen Krankenversicherung, das vor allem auf den Prinzipien der Finanzierung über einkommensabhängige Pflichtbeiträge und der Leistungserbringung durch (überwiegend) private Träger unter staatlicher Aufsicht basiert. Hintergrund dieses Modells der in Deutschland ursprünglich bereits 1883 eingeführten Krankenversicherung ist ein spezielles Solidaritätsverständnis, das nicht auf die gesamte Gesellschaft, sondern auf gesellschaftliche Statusgruppen ausgerichtet ist (vgl. Esping-Andersen 1990). Finanzierbarkeit spielte in dieser Phase nur eine untergeordnete Rolle. Qualität und Wachstum flossen dagegen zumindest als Rechtfertigungsfiguren in die Entscheidung für eine Wiederherstellung des gegliederten Kassensystems ein (siehe auch unten Abschnitt 3).

Auch nach der Restauration zeichnete sich die bundesdeutsche Gesundheitspolitik durch Kontinuität aus. So scheiterten in den Jahren 1961 und 1964 erste Reformversuche zur Stärkung der Finanzierbarkeit. Anlass waren Steigerungen des durchschnittlichen Beitragssatzes in der GKV von 6% (1950) auf 9,5% (1962). Die in den Entwürfen des damaligen Arbeitsministers Theodor Blank formulierten Vorschläge beinhalteten die Einführung von Selbstbeteiligungen und die Ausweitung der staatlichen Eingriffsmöglichkeiten in die Vergütungsverhandlungen zwischen Krankenkassen und Kassenärztlichen Vereinigungen.

Das Scheitern der Reformentwürfe spiegelt die starke Gewichtung der Ziele Solidarität und Wachstum wider.

Die primäre Ausrichtung der Gesundheitspolitik am Solidaritätsziel gilt in noch stärkerem Maß für die Phase zwischen 1969 und 1975 (vgl. Murswieck 1990: 168). Zu Beginn der 1970er Jahre wurde zunächst der Versichertenkreis deutlich ausgeweitet (auf höher verdienende Angestellte 1970, Landwirte 1972 und Behinderte und Studenten 1975). Gleichzeitig wurden auch die kassenärztlichen Leistungen erweitert. Insgesamt stieg in dieser Phase die Gesundheitsausgabenquote am BIP an, während der Anteil der privat finanzierten Gesundheitsleistungen sank (Abb. 7.1).

Abbildung 7.1: Privater Anteil der Gesamtgesundheitsausgaben und Anteil der Gesamtgesundheitsausgaben am BIP

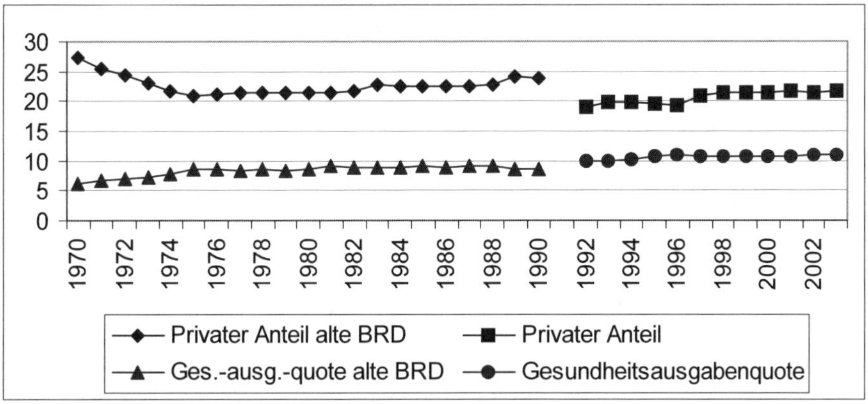

Quelle: OECD Health Data 2005

2.2 *Rückbau 1975 bis 1998: Stärkung der Finanzierbarkeit auf Kosten der Solidarität*

Ab 1973 änderten sich die ökonomischen Rahmenbedingungen der Gesundheitspolitik. Unmittelbarer Auslöser war die erste Öl- und Wirtschaftskrise 1973/74, die zu einer Stärkung des Ziels der Finanzierbarkeit führte. Abb. 7.1 verdeutlicht diesen Bruch: Seit der zweiten Hälfte der 1970er Jahre bleibt die Gesundheitsausgabenquote nahezu konstant. Der Strategiewechsel begann 1975, indem die Selbstverwaltung von Kassenärzten und Krankenkassen für die Jahre zwischen 1975 und 1977 freiwillige Ausgabengrenzen festsetzte. Zwei Jahre später folgte die gesetzliche Umsetzung der veränderten Strategie. Mit dem 1977 verabschiedeten Krankenversicherungs-Kostendämpfungsgesetz (KVKG) begann eine Serie von inzwischen fast vierzig Gesetzen, die primär auf das Ziel der Finanzierbarkeit zielten (vgl. als Überblick Steffen 2005).

In der ersten Phase der Kostendämpfungsgesetzgebung wurde die Finanzierbarkeit fast ausschließlich zu Lasten der Solidarität gestärkt, indem der Gesetzgeber das Instrument der Privatisierung von Gesundheitsausgaben nutzte. Das KVKG etwa führte Zuzahlungen für Arzneimittel, Zahnersatz, kieferorthopädische Behandlungen und Fahrtkosten ein. Diese Zuzahlungen wurden 1982 und 1983 erhöht und erweitert. Mit ähnlicher Wirkung wurden zudem Leistungen (für Zahnersatz, bei Entbindungen und für so genannte „Bagatell"-Arzneimittel) eingeschränkt.

Mitte der 1980er Jahre plante der damals zuständige Arbeitsminister Norbert Blüm eine grundlegende Strukturreform der Krankenversicherung, die Beschränkungen des Wachstums zugunsten der Finanzierbarkeit beinhalten sollte. Das letztlich verabschiedete und 1989 in Kraft getretene Gesundheitsreformgesetz (GRG) beschränkt sich allerdings weitgehend auf eine Fortsetzung der Privatisierung von Gesundheitsausgaben. Im Ergebnis führte das GRG zwar einerseits zu einer kurzfristigen Senkung der Gesundheitsausgabenquote am BIP, bewirkte aber gleichzeitig eine Steigerung des privaten Anteils der Gesundheitsausgaben (Abb. 7.1).

Die Reformphase nach dem GRG war wesentlich durch die veränderten Rahmenbedingungen nach der deutschen Einheit geprägt. Die staatliche Einheit beinhaltete die Fusion von zwei Gesundheitssystemen mit unterschiedlichen Strukturprinzipien (Bandelow 1998: 197-203). Die DDR verfügte über eine umfassende Einheitsversicherung (Stange 1994). Insgesamt war das Angebot der Gesundheitsleistungen in der DDR gemessen an der Arzt- und Krankenhausbettendichte, dem Beschäftigtenanteil im Gesundheitswesen und anderen Messzahlen niedriger als in der alten Bundesrepublik. Auf der anderen Seite lag die Gesundheitsausgabenquote bei nur 6,8% (1989) und damit fast 2,5% unter dem westdeutschen Vergleichswert (Deppe 1993: 21).

Obwohl sich SPD, DGB und Ortskrankenkassen dafür einsetzten, die deutsche Einheit auch für grundlegende Reformen der westdeutschen GKV zu nutzen, wurden letztlich die westdeutschen Strukturen weitgehend unverändert auf die DDR übertragen (Offe 1992). Die deutsche Vereinigung führte somit zu keinem kurzfristigen Wandel der Gesundheitspolitik. Mittelfristig gab es aber wesentliche Veränderungen. Diese betreffen den verstärkten Problemdruck durch die Kosten der Einheit und die indirekte Schwächung von Gewerkschaften und linken Parteipolitikern unter anderem durch Veränderungen des demokratischen Diskurses nach der Diskreditierung des Sozialismus in Osteuropa. Die Einheit schwächte somit die Verfechter des Solidaritätsziels und stärkte die Befürworter der Finanzierbarkeit.

Die deutsche Einheit war damit eine der Ursachen für den besonderen Reformdruck im Vorfeld der Anfang der 1990er Jahre als „zweite Stufe der Gesundheitsreform" angestrebten Fortführung des GRG. In dieser speziellen Situation konnte in einer großen Sachkoalition von Union und SPD ein Reformpaket durchgesetzt werden, dessen ordnungspolitische Bedeutung über der Eingriffstiefe der vorangegangenen (und aller bisher folgenden) Reformen liegt. Das 1993 in Kraft getretene Gesundheitsstrukturgesetz (GSG) stellt zwar keinen grundsätzlichen Paradigmenwechsel dar, es erweitert aber das Instrumentarium der Kostendämpfungsstrategie. Auf der einen Seite beinhaltet auch das GSG deutliche Erhöhungen der Zuzahlungen und Beschränkungen des Leistungskatalogs. Auf der anderen Seite führte es neue Maßnahmen zur Wachstumsbegrenzung ein. Unmittelbare Wirkungen hatte vor allem die gesetzliche Festlegung der (regionalen) Ausgabensteigerungen für die ambulante Versorgung, für Zahnbehandlungen, für Krankenhausausgaben und für Arzneimittelverschreibungen, die zwischen 1993 und 1995 gültig waren (für Krankenhausausgaben zwischen 1992 und 1996). Vor allem große Pharmaunternehmen litten zudem unter erzwungenen Preissenkungen für patentgeschützte Arzneimittel. Zudem enthielt das GSG verschiedene Elemente, die auf mehr Effizienz und Wettbewerb im Gesundheitswesen zielten. Dazu gehört vor allem die Organisationsreform der gesetzlichen Krankenkassen.

Diese beinhaltete einen kassenartenübergreifenden Risikostrukturausgleich (ab 1994), veränderte (an Aktiengesellschaften orientierte) Selbstverwaltungsstrukturen der Kassen (ab 1996) und Kassenwahlrechte für fast alle Versicherten (ab 1997). In der Folge beschleunigte sich die Abnahme der Krankenkassenzahl: Schon zwischen 1970 und 1994 war die Zahl der Kassen von 1815 auf 1146 gesunken. Weitere Zusammenschlüsse reduzierten die Kassenzahl inzwischen auf 267 (2005).

In den Jahren 1995 bis 1998 wurden einerseits wesentliche Maßnahmen des GSG umgesetzt. Gleichzeitig nahm der Gesetzgeber aber in einer Reihe von SGB-V-Änderungsgesetzen auch einige zentrale Reformvorhaben zurück. So hatte das GSG ursprünglich auch die Einführung einer Positivliste für erstattungspflichtige Arzneimittel vorgesehen. Diese Liste sollte von unabhängigen Experten in einem eigens geschaffenen Arzneimittelinstitut vorbereitet werden. Das Institut wurde gemeinsam mit dem Plan zur Einführung der Liste 1996 vorläufig abgeschafft. Auch die Budgetierungen wurden teilweise gelockert.

Die letzten Reformen der Regierung Kohl waren das Beitragsentlastungsgesetz und die beiden GKV-Neuordnungsgesetze, die 1997 beschlossen wurden. Alle drei Gesetzespakete enthielten vor allem Maßnahmen zur Privatisierung von Gesundheitsausgaben durch erhöhte und zusätzliche Selbstbeteiligungen und durch Einschränkungen der Kassenleistungen und stärkten somit die Finanzierbarkeit zu Lasten der Solidarität.

2.3 Umgestaltung seit 1998: Mehrfach wechselnde Ziele

Diese Einschränkung solidarischer Ausgleiche über das Krankenversicherungssystem wurde von der rot-grünen Bundesregierung teilweise mit dem GKV-Solidaritätsstärkungsgesetz (GKV-SolG) von 1999 wieder rückgängig gemacht. Das GKV-SolG senkte erstmals die Selbstbehalte der Versicherten. Gleichzeitig wurde die gesetzliche Budgetierung der Ausgaben in allen Bereichen (Vergütung ärztlicher Leistungen, zahnärztliche Versorgung, stationäre Versorgung und Arznei- und Hilfsmittel) wieder eingeführt.

Während das GKV-SolG als Sofortmaßnahme gedacht war, sollten mit der GKV-Gesundheitsreform 2000 die Strukturen grundlegend verändert werden (ausführlich Gerlinger 2002). Offiziell zielte die Reform darauf, „Fehlsteuerungen" zu beheben und Qualitätssicherungen einzuführen. Das Ziel der Beitragssatzstabilität wurde allerdings nicht aufgehoben, sondern als Grundsatz sogar noch verbindlicher gefasst (§141.2 SGB V). Dazu wurden verschiedene Instrumente eingeführt, die etwa auf eine engere Verzahnung der verschiedenen Sektoren des Gesundheitswesens zielten. Die sektorale Budgetierung wurde beibehalten, wobei die Bundesregierung ursprünglich sogar ein globales Budget anstrebte, das aber im Bundesrat am Widerstand der (unionsgeführten) B-Länder scheiterte. Die Qualitätssicherung wurde durch einzelne Maßnahmen gestärkt. Unter anderem der neu geschaffene Ausschuss Krankenhaus sollte dieses Ziel in der Selbstverwaltung umsetzen. Auch die Positivliste war erneut Element des Gesetzes. Sie stand nach der Vorbereitung eines Entwurfs durch unabhängige Experten 2003 kurz vor der Einführung. Ingesamt stärkten die ersten Reformen der rot-grünen Bundesregierung zunächst das Solidaritätsziel und anschließend auch das Qualitätsziel, wobei vor allem Wachstumsinteressen der einzelnen Anbieter weniger stark gewichtet wurden.

Nach dem Ministerinnenwechsel im Januar 2001 von Andrea Fischer (Bündnis 90/Die Grünen) zu Ulla Schmidt (SPD) erfolgte auch ein inhaltlicher Strategiewechsel. Zunächst gab die neue Ministerin den Wachstumsinteressen vor allem der Pharmaindustrie statt, indem Ende 2001 das Arzneimittelbudget durch Regelungen der Selbstverwaltung ersetzt wurde. Diese Maßnahme löste einen starken Anstieg der GKV-Ausgaben aus, der nur teilweise durch anschließende Sofortmaßnahmen begrenzt wurde.

Unmittelbar nach ihrer Wiederwahl im September 2002 schrieb die rot-grüne Koalition die Beitragssätze fest und kürzte Leistungen der GKV, um Zeit für die Formulierung einer grundlegenden Reform zu gewinnen. Nachdem die CDU/CSU/ FDP-regierten Länder im Mai 2002 eine eigene Mehrheit im Bundesrat gewonnen hatten, wurde die Union in die Formulierung der nächsten Gesundheitsreform eingebunden.

Das aus der zweiten großen gesundheitspolitischen Sachkoalition nach 1992 resultierende GKV-Modernisierungsgesetz (GMG), das im Januar 2004 in Kraft getreten ist, beinhaltet eine weitere Privatisierung von Gesundheitsleistungen durch erhöhte und zusätzliche Zuzahlungen der Versicherten und durch weitere Leistungskürzungen. Der Effekt der Verlagerung von Kosten auf die privaten Haushalte wurde zudem durch die Aufgabe der paritätischen Finanzierung verstärkt, da das Modernisierungsgesetz einen speziellen Arbeitnehmerbeitrag von 0,5 Prozent des Grundlohns vorsieht. Die Wachstumsinteressen der Leistungsanbieter wurden von dem Gesetz kaum berührt. Im Gegenteil, die Union setzte bei den Verhandlungen unter anderem erneut den Verzicht der Regierungsparteien auf das Inkrafttreten der Positivliste durch.

Das GMG stärkte weiterhin das Ziel der Qualität durch verschiedene Maßnahmen. So wurde ein Patientenbeauftragter des Bundestages eingesetzt. Außerdem integrierte die Reform die Patientenverbände (bisher ohne Stimmrecht) in den seit Januar 2004 zusammengefassten Gemeinsamen Bundesausschuss (dem wichtigsten Gremium der Selbstverwaltung). Beim Gemeinsamen Bundesausschuss wurde im Juni 2004 zudem ein Institut für Qualitätssicherung und Wirtschaftlichkeit im Gesundheitswesen (IQWiG) eingerichtet, das Qualität und Nutzen neuer medizinischer Methoden und Medikamente bewertet.

Der Überblick über die wichtigsten gesundheitspolitischen Ergebnisse und Auswirkungen der letzten 55 Jahre verdeutlicht somit, dass 1. eine stetig zunehmende Bedeutung des Ziels der Finanzierbarkeit zu beobachten ist, 2. seit 1975 die Bedeutung des Ziels der Solidarität abnimmt, 3. Wachstumsziele seit Anfang der 1990er Jahre eine geringere Bedeutung einnehmen, 4. Qualität nur eine geringe Rolle spielte, in den letzten Jahren aber an Bedeutung gewonnen hat, 5. nur wenige grundlegende Politikwechsel stattgefunden haben und 6. die deutsche Einheit vor allem indirekt zu einer Stärkung der Finanzierbarkeit auch zu Lasten von Wachstumszielen beigetragen hat.

Vor allem die stärkere Gewichtung der Finanzierbarkeit wird seit 1975 mit sozioökonomischen Veränderungen begründet. Danach hätten der demographische Wandel, technische und wirtschaftliche Entwicklungen zu einer „Kostenexplosion“ geführt oder würden zumindest in Zukunft starke Finanzierungsprobleme auslösen. Diese These ist allerdings bei Gesundheitsökonomen zumindest umstritten. So sind die Beitragssatzsteigerungen nicht nur durch demographische Veränderungen sondern auch durch einen sinkenden Anteil der Löhne am BIP (steigende Profite der Unternehmen und steigende Arbeitslosigkeit) zu erklären (vgl. Braun/Kühn/Reiners 1998; Busse/Howorth 1999: 331-332). Die deutsche Gesundheitspolitik folgte also keinen reinen sozio-ökonomischen Sachzwängen, sondern kann nur unter Berücksichtigung politischer Faktoren erklärt werden.

3. Konflikttheoretische Erklärungen

Verschiedene Studien betonen einen starken Einfluss der gesundheitspolitischen Interessenverbände (vgl. z. B. Wanek 1994; Stobrawa 2001). Im folgenden Abschnitt sollen die relativen Kräfteverhältnisse zwischen den zivilgesellschaftlichen Akteuren als mögliche Erklärung für die Verschiebung der Zielhierarchien der bundesdeutschen Gesundheitspolitik vorgestellt werden. Anschließend werden die Ziele der Parteien als mögliche Erklärung für die Politikergebnisse analysiert. Dabei werden die notwendigen Differenzierungen der Parteiendifferenzthese für eine Anwendung auf die Gesundheitspolitik herausgearbeitet.

3.1 Machtressourcenansatz erklärt Policy-Tendenzen

Die Interessengruppen des Gesundheitswesens setzen sich jeweils für unterschiedliche Gewichtungen der konkurrierenden Politikziele ein. So liegt etwa eine Betonung der Finanzierbarkeit vor allem im Interesse der Arbeitgeber. Insbesondere personalintensive und exportorientierte Branchen sind negativ von steigenden Arbeitgeberbeiträgen zur Krankenversicherung betroffen. Obwohl auch die von den Gewerkschaften vertretenen Arbeitnehmer die Hälfte des Beitrags zur Krankenversicherung tragen, treten die Gewerkschaften als zentrale Befürworter einer starken Gewichtung des Solidaritätsziels auf. Die Krankenkassen und ihre Verbände sind aufgrund der internen Selbstverwaltungsstruktur gleichermaßen von den Zielen der Arbeitgeber wie der Gewerkschaften geprägt und verfolgen zudem eigene Ziele im internen Wettbewerb. Sie gewichten daher üblicherweise die Ziele Finanzierbarkeit und Solidarität hoch. Die Anbieterverbände (Kassenärzte, Apotheker, Pharmaindustrie etc.) vertreten vor allem direkt und indirekt die Wachstumsinteressen ihres jeweiligen Sektors. Patientenverbände befürworten vor allem eine hohe Gewichtung des Ziels der Qualität. Diese Zuordnung ist zwar vereinfachend und wird nicht allen Stellungnahmen gerecht. Dennoch lassen sich auf der Basis der Zuordnung primärer Ziele zu den Interessengruppen die Entwicklungstrends der deutschen Gesundheitspolitik zu großen Teilen mit Machtverschiebungen erklären.

Unternehmen und Arbeitgeberverbände wirken sowohl direkt als auch indirekt auf gesundheitspolitische Entscheidungen ein. Die direkten Mitwirkungsrechte basieren auf der Vertretung der Arbeitgeber in den Verwaltungsräten (bis 1996 den Vertreterversammlungen) der meisten Krankenkassen (mit Ausnahme der Ersatzkassen). Die Verwaltungsräte wählen nicht nur den ehrenamtlichen Vorstand und den hauptamtlichen Geschäftsführer der Kassen, sondern sie üben auch das Satzungs- und Haushaltsrecht aus. Auf diesem Wege können die Arbeitgeber bei der Umsetzung von rechtlichen Bestimmungen mitwirken.

Noch wichtiger sind aber die Einflussmöglichkeiten der Arbeitgeber auf die Formulierung der gesetzlichen Bestimmungen. Als eine der stärksten Interessengruppen der Bundesrepublik können die Unternehmen direkt oder über Verbände und andere Organisationen die öffentliche Meinung und politische Entscheidungen beeinflussen. Trotz der Mitgliederverluste der Arbeitgeberverbände vor allem in Ostdeutschland ist der Einfluss der Arbeitgeber auf die Gesundheitspolitik kontinuierlich gestiegen. Insbesondere wird die Drohung einer Verlagerung von Arbeitsplätzen von der Politik stärker berücksichtigt.

Auf der anderen Seite haben die Gewerkschaften stetig an Einfluss verloren. Auch die Gewerkschaften nominieren Listen für die Verwaltungsräte der Kassen, die meist ohne

Urwahlen umgesetzt werden. Bei den letzten Wahlen 2005 fanden mit Ausnahme von vier großen Ersatzkassen nur „Friedenswahlen" ohne Wahlhandlung statt. Wie bei den Arbeitgebern ist aber auch bei den Gewerkschaften der indirekte Einfluss auf die Politikformulierung von größerer Bedeutung. Im Gegensatz zu den Arbeitgebern sind die Ressourcen der Gewerkschaften eng an den Organisationsgrad gebunden, der wiederum stetig abnimmt (vgl. Schnabel 2005: 7-8). Diesen Einflussverlust konnte bisher keine andere zivilgesellschaftliche Gruppe kompensieren. Allerdings sind auch auf dieser Seite des politischen Spektrums neue Organisationen entstanden. Neue linke Akteure wie Attac konnten aber bisher nicht die gesundheitspolitische Rolle der Gewerkschaften übernehmen. So verfügen die Globalisierungskritiker über einen Bundeshaushalt von nur wenig mehr als einer Million Euro, von denen nur ein Bruchteil für sozialpolitische Kampagnen eingesetzt wird.

Die Machtverschiebungen zwischen Arbeitgebern und Gewerkschaften entsprechen der Tendenz der Politikergebnisse zur stärkeren Gewichtung der Finanzierbarkeit im Verhältnis zur Solidarität. Auch die zentrale Bedeutung der Wachstumsziele einzelner Sektoren bis Anfang der 1990er Jahre kann mit den Machtressourcen organisierter Interessen begründet werden. Kassenärzte und Zahnärzte verfügen über eine effiziente Organisationsstruktur aus freien Verbänden und Kassen(zahn)ärztlichen Vereinigungen als Zwangskörperschaften. Sie haben einen hohen Organisationsgrad und aufgrund ihres konstant hohen gesellschaftlichen Ansehens auch politische Macht als Multiplikatoren (vgl. Bandelow 1998: 77-87). Dennoch haben sie in den letzten Jahren an Einfluss verloren. Vor allem wachsende Konflikte zwischen Hausärzten und Fachärzten sowie die zunehmende Fragmentierung der freien Ärzteverbände haben dazu beigetragen, dass seit Anfang der 1990er Jahre auch gesundheitspolitische Entscheidungen gegen die Wachstumsinteressen der Kassenärzte möglich sind.

Auch die Pharmaindustrie hat bis Anfang der 1990er Jahre Einfluss verloren und musste überproportional zu den Sparmaßnahmen des GSG 1993 beitragen. Anfang 1994 haben daraufhin die (inzwischen 39) großen Pharmakonzerne einen eigenen Verband gegründet. Die Hauptgeschäftsführerin dieses Verbandes Forschender Arzneimittelunternehmen Cornelia Yzer – ehemalige Staatssekretärin der damaligen Bundesminister Angela Merkel und Jürgen Rüttgers – gilt heute als faktischer individueller Vetospieler in der Gesundheitspolitik (vgl. Gehrmann 2002).

Gemessen am Anteil der Gesundheitsausgaben sind aber weder Kassenärzte noch Pharmaindustrie, sondern die Krankenhäuser die wichtigsten Leistungserbringer im deutschen Gesundheitswesen. Neben öffentlichen Trägern (Kommunen und Ländern) treten die Wohlfahrtsverbände und zunehmend auch private Träger als Akteure auf. Vor allem die öffentlichen Krankenhäuser versuchen, über die jeweiligen Landesregierungen Sparmaßnahmen zu ihren Lasten zu verhindern. Gemessen am Policy-Outcome waren sie dabei wechselnd erfolgreich: Zwischen 1970 und 2003 ist zwar der Anteil der Krankenhausausgaben an den Gesamtgesundheitsausgaben in Deutschland von 30,8 auf 35,8 gestiegen (wobei die Deutsche Einheit hier zu geringen Verzerrungen geführt hat, vgl. OECD 2005). Einzelne Kostendämpfungsgesetze (etwa das KVKG von 1977) hatten aber überproportionale Belastungen für die Krankenhäuser zur Folge. Diese wechselnde Entwicklung ist mit einem Machtressourcenansatz nur schwer zu erklären.

Eindeutig ist dagegen der Zusammenhang zwischen der schwachen Organisations- und Konfliktfähigkeit von Patienteninteressen und der geringen Berücksichtigung des Qualitätsziels. Inzwischen existieren ca. 100 Patientenverbände in Deutschland, die allerdings meist Mitgliederzahlen im drei- bis vierstelligen Bereich haben. Höhere Organisationsgrade weisen spezielle Selbsthilfeverbände wie der Deutsche Diabetiker Bund mit 40.000 Mitgliedern auf. Auch wenn Verbraucherzentralen und verbraucherorientierte Verbände als indirekte Verfechter des Qualitätsziels hinzu genommen werden, bleibt der Befund eines politisch wenig einflussreichen Verbändenetzes.

Insgesamt bietet der Machtressourcenansatz somit Erklärungen für grundlegende Trends bei den Politikergebnissen. Einzelne Schlüsselentscheidungen sind dagegen nur unter Berücksichtigung der Parteiendifferenzthese zu erklären.

3.2 Parteiendifferenzthese bietet Erklärungen nur für Schlüsselentscheidungen

Für die gesundheitspolitischen Ziele der Parteien sind sowohl die ideologischen Grundlagen als auch die jeweilige Nähe zu Interessengruppen von Bedeutung. So weisen die Unionsparteien traditionell enge Bindungen zu den Arbeitgebern und Betriebskrankenkassen auf, die Sozialdemokraten gelten als Partner von Gewerkschaften und Ortskrankenkassen, und die FDP steht den Zielen der Kassenärzte und der Ersatzkassen nahe. Allerdings hat sich die interne Entscheidungsfindung der Parteien zur Gesundheitspolitik geändert: In der Frühphase der Bundesrepublik wurden die gesundheitspolitischen Positionen der Parteien stark von einzelnen Interessengruppen bestimmt. Inzwischen haben aber die großen Parteien ihre gesundheitspolitische Basis pluralisiert und zugleich gesundheitspolitische Parteigremien entwickelt, die zu einem Rückgang der Bedeutung ursprünglicher Klientelbeziehungen geführt haben (vgl. Döhler/Manow 1997: 49-60). Trotz dieser Ausdifferenzierung des Politikfelds lassen sich grundlegende Ziele der Parteien unterscheiden: Für die Union ist sowohl aufgrund der angebotsorientierten wirtschaftspolitischen Überzeugungen als auch mit Blick auf das Klientel der Arbeitgeber die Finanzierbarkeit von besonderer Bedeutung. Wachstumsinteressen gewichten die Unionsparteien zudem höher als das Solidaritätsziel. Die SPD hat dagegen bis Mitte der 1970er Jahre als Repräsentantin der Arbeitnehmer sowie vor dem Hintergrund nachfrageorientierter wirtschaftspolitischer Überzeugungen das Solidaritätsziel in den Mittelpunkt gestellt. Im Zuge der Kostendämpfungspolitik wurde auch für die SPD die Finanzierbarkeit wichtiger. Die FDP tritt vor allem als Verfechter des Wachstums des ambulanten und pharmazeutischen Sektors auf. Bündnis 90/Die Grünen bemühten sich bisher um eine Stärkung des Qualitätsziels. Die Linkspartei wiederum richtet sich primär am Solidaritätsziel aus und gewichtet Finanzierbarkeit und Wachstum weniger hoch.

Ein Zusammenhang zwischen Parteienherrschaft und Policy-Outcomes, wie er für andere Felder nachgewiesen werden konnte (vgl. Hibbs 1977; Hicks/Swank 1992), ist in der deutschen Gesundheitspolitik trotz der Zielkonflikte nur schwer zu zeigen. Die Daten der Abb. 7.1 geben aber einen ersten Hinweis auf einen möglichen Einfluss der Parteienherrschaft auf die Gesundheitspolitik. Interpretiert man die Maßzahlen als Auswirkungen auf die Politik des jeweiligen Vorjahres, dann lassen sich die Jahre 1971 bis 1982 und 2000 bis 2003 als Ergebnis der Politik einer sozialdemokratisch geführten Bundesregierung interpretieren, während die Jahre 1983 bis 1999 als Ergebnis der Politik einer unionsgeführten Regierung zu werten sind. Abb. 7.1 verdeutlicht, dass sozialdemokratisch geführte Regierungen fast immer einen Anstieg der Gesundheitsausgabenquote (Anteil der Gesundheitsausgaben am BIP) zu „verantworten" hatten. Nur in jeweils drei Jahren des Messzeitraums ist die Gesundheitsausgabenquote nach sozialdemokratischen Regierungsjahren konstant geblieben oder zurückgegangen. Nach Regierungsjahren unionsgeführter Bundesregierungen halten sich dagegen Steigerungen und Senkungen der Gesundheitsausgabenquote (bzw. in einem Fall eine konstante Quote) die Waage. Dieser Befund spricht auf den ersten Blick dafür, dass unionsgeführte Bundesregierungen die Finanzierbarkeit besser erreicht haben als Sozialdemokraten. Allerdings relativiert sich dieses Ergebnis, wenn man berücksichtigt, dass etwa die Hälfte der einbezogenen Jahre sozialdemokratischer Regierungen vor 1975 und damit vor Beginn der Kostendämpfungspolitik lagen. Nimmt man allein die Phase seit 1975, dann spielt die Parteienherrschaft für die Finanzierbarkeit keine signifikante Rolle. Dieses Ergebnis überrascht wenig, da die großen Parteien einheitlich die Finanzierbarkeit seit Mitte der 1970er Jahre in das Zentrum ihrer Gesundheitspolitik stellen.

Einen stärkeren Einfluss der Parteienherrschaft kann man dagegen für die Solidarität vermuten. Tatsächlich überwiegen seit 1970 nach sozialdemokratischen Regierungsjahren die Anstiege des öffentlichen Anteils an den Gesundheitsausgaben, während nach unionsgeführten Regierungsjahren häufiger die privaten Ausgabenanteile gestiegen sind (vgl. Abb. 7.1). Auch diese Zahlen sind aber nur begrenzt aussagekräftig, da die Unterschiede nur gering sind. Zudem verschwindet auch für diese Kennzahl jeder Einfluss der Parteienherrschaft, wenn die Zeiten vor und nach Beginn der Kostendämpfungspolitik (1975) getrennt betrachtet werden.

Ein allgemeiner Zusammenhang zwischen Parteienherrschaft und Policy-Outcomes besteht somit nicht. Dennoch lässt sich bei einzelnen Entscheidungen eine Bedeutung der Parteienherrschaft für den Policy-Output nachweisen. Dies gilt vor allem für die wenigen bisherigen Schlüsselentscheidungen. So war nach dem Zweiten Weltkrieg die zukünftige Struktur des deutschen Gesundheitssystems umstritten. Sowohl die Alliierten als auch die deutschen Sozialdemokraten befürworteten eine Einheitsversicherung (vgl. Hockerts 1980: 21-85; Wasem et al. 2001: 493-495; Lindner 2003: 24). Das Ergebnis der Bundestagswahlen von 1949 war daher von zentraler Bedeutung für die deutsche Krankenversicherungspolitik: Die unionsgeführte Bundesregierung setzte das gegliederte Kassensystem und die (weitgehend) paritätische Selbstverwaltung in den Kassen durch. Diese Weichenstellung basierte nicht nur auf inhaltlichen Überzeugungen der Union, die sich gegen „sozialistische“ Modelle aus Skandinavien und Großbritannien abgrenzen wollte, sondern auch auf machtpolitischen Überlegungen: Durch die sozialpartnerschaftliche Kassenverwaltung sollte der Einfluss von Gewerkschaften und SPD auf die Gesundheitspolitik nachhaltig begrenzt werden (vgl. Leisering 2003: 173).

Weder die unionsgeführten Bundesregierungen 1949-1963 noch die Große Koalition 1966-1969 bewirkten anschließend wesentliche Richtungswechsel der Gesundheitspolitik (vgl. Murswieck 1990: 161-167). Ob der Regierungswechsel von 1969 zu einer Beschleunigung des Ausbaus öffentlich finanzierter Gesundheitsleistungen geführt hat, lässt sich zwar vermuten, aber nicht eindeutig nachweisen – zumal die Union über die Mehrheit der B-Länder im Bundesrat auch in den 1970er Jahren direkten Einfluss auf die Gesundheitspolitik nehmen konnte.

Der bis dahin wichtigste Politikwechsel 1975 erfolgte bei unveränderten parteipolitischen Mehrheitsverhältnissen auf Bundesebene. Da die 1975 eingeleitete Stärkung der Finanzierbarkeit den Präferenzen der Union entsprach, erfolgte nach dem Regierungswechsel 1982 kein grundlegender Politikwechsel. Auch während der Amtszeit der schwarzgelben Regierungskoalition gab es ohne Regierungswechsel eine Schlüsselentscheidung, nämlich das 1992 beschlossene Gesundheitsstrukturgesetz. Das Gesetz zielte erstmals auf eine strukturelle Stärkung der „Effizienz“ des Gesundheitswesens – womit faktisch Maßnahmen zu Lasten von Wachstumszielen der Leistungserbringer verbunden sind. Die Maßnahmen widersprachen damit den zentralen Zielen vor allem der damaligen Regierungspartei FDP. Durch den legendären Kompromiss zwischen den Regierungsparteien und der SPD in Lahnstein wurde zumindest vorübergehend der Einfluss von FDP, Kassenärzten und Pharmaindustrie überwunden. Die Folgemaßnahmen der Regierung (unter anderem die Rücknahme der Positivliste) orientierten sich dagegen wieder an der Kombination von Finanzierbarkeits- und Wachstumszielen.

Der Regierungswechsel 1998 stellt ein Novum in der Geschichte der deutschen Gesundheitspolitik dar, da er zu einem unmittelbaren Richtungswechsel führte. Unter dem Einfluss des SPD-Parteivorsitzenden und Finanzministers Oskar Lafontaine stand zunächst die Solidarität im Mittelpunkt der Gesundheitspolitik. Allerdings folgten danach mehrere weitere Richtungswechsel. Die grüne Gesundheitsministerin Andrea Fischer setzte bei der Gesundheitsreform 2000 eine Stärkung des Qualitätsziels durch. Im Vorfeld der Bundestagswahl 2002 zeigte sich die Regierung dann gewillt, die Wachstumsinteressen wichtiger Lobbygruppen verstärkt zu berücksichtigen. Mit dem GKV-Modernisierungsgesetz wurde schließlich wieder die Finanzierbarkeit zum zentralen Inhalt der Gesundheitspolitik, während vor allem das Solidaritätsziel wieder zurückgenommen wurde. Daher ist auch hier kein dauerhafter Zusammenhang zwischen Parteienherrschaft und Gesundheitspolitik zu belegen. Eine mögliche Erklärung für die geringe Tragweite der Parteiendifferenzthese liegt in den zahlreichen Vetopunkten der deutschen Verhandlungsdemokratie, die im Folgenden vorgestellt werden.

4. Inkrementelle Politikentwicklung durch institutionelle Verhandlungszwänge?

Neben sozio-ökonomischen Faktoren und dem Machtressourcenansatz verspricht vor allem eine neo-institutionalistische Perspektive, einen Beitrag zur Erklärung der bundesdeutschen Gesundheitspolitik zu leisten (vgl. Schmidt 1999). Die große Zahl von Akteuren, deren Zustimmung für Entscheidungen notwendig ist, und die ideologische Distanz zwischen diesen Vetospielern machten aus dieser Sicht politische Veränderungen unwahrscheinlich (vgl. Tsebelis 2002). Vor allem die kompetitiven Vetopunkte des bundesdeutschen Regierungssystems – hier insbesondere der Bundesrat – werden üblicherweise zur Erklärung für die scheinbar besondere Policy-Stabilität in diesem Feld angeführt. Umstrittener sind dagegen die Erwartungen zu den Auswirkungen kollektiver Vetopunkte (vgl. Birchfield/Crepaz 1998). Vor allem die auf Bundesebene üblichen Koalitionsregierungen (als Folge des Verhältniswahlrechts) und der in der Gesundheitspolitik bedeutsame Föderalismus bewirken eine große Zahl konsensualer Vetospieler.

4.1 Föderalismus und kompetitive Vetopunkte

Das Konzept der kompetitiven Vetopunkte verweist ursprünglich darauf, dass politische Systeme für Veränderungen des Status quo die Zustimmung von politischen Akteuren fordern können, die jeweils unabhängig voneinander entscheiden und nicht im Rahmen gemeinsamer („verbundener") Gremien zu einem Konsens gezwungen werden (vgl. Birchfield/Crepaz 1998). Dies trifft in der Bundesrepublik vor allem auf den Bundesrat zu. Demnach ist in der Gesundheitspolitik politischer Wandel vor allem dann unwahrscheinlich, wenn sich die Ziele von Bundesregierung und Bundesratsmehrheit unterscheiden.

Tatsächlich lassen sich ausgewählte politische Prozesse und Politikergebnisse auf die Wirkung kompetitiver Vetopunkte zurückführen. So war bereits die sozial-liberale Koalition mit einer Mehrheit unionsgeführter Länder im Bundesrat konfrontiert, wodurch grundlegende strukturelle Reformen erschwert wurden. Noch klarer wird die Bedeutung des Bundesrats bei zwei späteren Reformversuchen. Die dritte Stufe der Gesundheitsreform 1996/97 musste von der CDU/CSU/FDP-Koalition gegen eine Mehrheit SPD-geführter Länder im Bundesrat verwirklicht werden (vgl. Bandelow 1998: 211-231). Da keine Einigung zu Stande kam, blieben grundlegende Veränderungen in den zustimmungspflichtigen Bereichen aus. Ähnliches gilt mit umgekehrten Vorzeichen für die rot-grüne Gesundheitsreform 2000 (vgl. Hartmann 2003). Seit April 1999 verfügten die Regierungsparteien über keine eigene Mehrheit mehr im Bundesrat und waren auf die Zustimmung von Länderregierungen angewiesen, an denen Union oder FDP beteiligt waren. Auch hier mussten zustimmungspflichtige Reformelemente aus dem ursprünglichen Gesetzentwurf gestrichen werden. Auch das 2003 verabschiedete Gesundheitsmodernisierungsgesetz kann als Bestätigung der Vetospieler-Theorie (Tsebelis 2002) gewertet werden: Die durch den Bundesrat erzwungene Einbindung der Union in die Formulierung der Reform erzwang den Verzicht auf Reformelemente, die in einer Mehrheitsdemokratie durchsetzbar gewesen wären.

Dennoch ist eine formale Verwendung des Vetospieler-Ansatzes nur von begrenztem Nutzen für die Erklärung der bundesdeutschen Gesundheitspolitik. So wurden die Gesundheitsreformen der 1960er Jahre trotz übereinstimmender Mehrheitsverhältnisse von Bundestag und Bundesrat blockiert. Auch die geringe Strukturwirkung der Gesundheitsreformen zwischen 1982 und 1991 lässt sich nicht auf Konflikte mit dem Bundesrat zurückführen. Noch problematischer wird der Ansatz bei Berücksichtigung des GSG. Das 1992 verabschiedete Gesetz stellte nicht trotz, sondern gerade wegen der unterschiedlichen parteipolitischen Mehrheitsverhältnisse in Bundestag und Bundesrat den bisher größten Einschnitt der bundesdeutschen Gesundheitspolitik dar. Durch die erzwungene Einbindung der SPD gelang es, sozialdemokratische Reformforderungen mit Unionsforderungen zu verbinden (vgl. Bandelow 1998: 204-211). Insgesamt war somit die Bedeutung des Bundesrats als Vetospieler für die Gesundheitspolitik uneinheitlich: Unterschiedliche Mehrheitsverhältnisse konnten sowohl zur Durchsetzung als auch zur Verhinderung grundlegender Reformen führen.

4.2 Korporatismus und kollektive Vetopunkte

Kollektive Vetopunkte, die gemeinsam an der Formulierung politischer Entscheidungen mitwirken, spielen in der bundesdeutschen Gesundheitspolitik auf verschiedenen Ebenen eine Rolle. So hat das Verhältniswahlrecht bisher stets die Beteiligung mehrerer Parteien an der Bundesregierung erzwungen, wobei mit Ausnahme der frühen 1960er Jahre stets verschiedene Parteischulen vertreten waren. Koalitionsregierungen sind daher ein zentrales Element der deutschen Gesundheitspolitik. Sie lassen Blockaden erwarten, wenn die Koalitionspartner deutlich abweichende Ziele vertreten. Beispiele für Blockaden durch Koalitionspartner finden sich vor allem in der jüngsten Geschichte: So scheiterte die erste grüne Gesundheitsministerin, Andrea Fischer (1998-2001), unter anderem am konsequenten Widerstand der gesundheitspolitischen Experten aus der SPD-Bundestagsfraktion. Dabei waren allerdings nicht nur unterschiedliche politische Ziele, sondern auch die fehlende Hausmacht der Ministerin im gesundheitspolitischen Netzwerk entscheidend (Hartmann 2003).

In der Amtszeit der Kohl-Regierung bestanden wesentliche gesundheitspolitische Konflikte vor allem zwischen den Sozialausschüssen der Union einerseits und der FDP andererseits. Diese Konflikte werden unter anderem für die Kontinuität der Gesundheitspolitik vor der deutschen Vereinigung verantwortlich gemacht (vgl. etwa Bandelow 1998: 190-197). Auf der anderen Seite wirkten Koalitionsregierungen nicht immer als Steuerungshindernis: So ließen sich während der Frühphase der sozial-liberalen Koalition die Solidaritätsziele der SPD mit den Wachstumszielen der FDP verbinden, da weder Finanzierbarkeit noch Qualität berücksichtigt werden mussten.

Insgesamt zeigt sich für die Parteienarena, dass nicht allein die institutionelle Einbettung der Vetopunkte, sondern vor allem die Interaktionsorientierung (vgl. Scharpf 2000: 148-158) der Akteure für die Blockadewirkung verantwortlich ist. So zeigt das GSG, dass auch (formal) kompetitive Vetopunkte eine gemeinsame Politikformulierung erreichen können. Zudem müssen kompetitiv institutionalisierte Vetospieler nicht zwingend eine kompetitive Interaktionsorientierung aufweisen – und auch Koalitionspartner können (vor allem in großen Koalitionen) durchaus in Wettbewerb zueinander stehen. Größeren Einfluss als die rechtlichen Vorgaben haben daher situative Faktoren (etwa Wahltermine): Parteipolitische Vetospieler mit solidarischer Interaktionsorientierung waren bisher eher zu Einigungen in der Lage als Vetospieler mit kompetitiver Orientierung. Vor allem der Vergleich zwischen den Gesundheitskompromissen 1992 und 2003 zeigt, dass eine solidarische Interaktionsorientierung eher von (den 1992 dominierenden) Fachpolitikern erwartet werden kann als von (den 2003 dominierenden) Parteiführungen.

Stärker noch als Koalitionsregierungen werden Selbstverwaltung und Mesokorporatismus im Gesundheitswesen für Politikblockaden verantwortlich gemacht. Die Selbstverwaltung als Verhandlungsarena zwischen den Verbänden spielt eine steigende Rolle, seit 1955 die Bundesausschüsse der Ärzte und Krankenkassen eingerichtet wurden. Vor allem im Zuge der Kostendämpfungspolitik wurden die Kompetenzen und die Reichweite dieser Gremien von Kassenverbänden und Leistungsanbietern ausgeweitet (vgl. Döhler/Manow 1997: 119-145; Döhler 2002). Mit der Einrichtung des Gemeinsamen Bundesausschusses seit Januar 2004 wurden wesentliche Entscheidungen in die Verantwortung eines zentralen Selbstverwaltungsgremiums gelegt.

Im Vergleich zur Selbstverwaltung haben korporatistische Strukturen eher an Bedeutung verloren. Der Neokorporatismus im Gesundheitswesen wird üblicherweise mit der 1977 eingerichteten (und seit 2004 endgültig aufgelösten) Konzertierten Aktion im Gesundheitswesen in Verbindung gebracht. Weder die Konzertierte Aktion noch ihre Nachfolger (etwa der 1999 eingerichtete Runde Tisch) konnten tatsächlich die Bedeutung erlangen, die ihnen oft zugeschrieben wurde. Die Verhandlungsgremien litten vor allem an den über Vetorechte institutionalisierten Blockademöglichkeiten der Leistungsanbieter (vgl. Lehmbruch 1988; Genschel 1999: 71). Der Versuch, möglichst viele Interessen an der Aushandlung von Reformen zu beteiligen, führte jeweils entweder zu Lösungen auf Kosten der nicht beteiligten Interessen, insbesondere der Versicherten und Patienten, oder es waren lediglich Minimallösungen möglich. Ein Grund dafür liegt darin, dass Verbände stärker als

Parteien von der Zustimmung ihrer Mitglieder und nicht von der Zustimmung durch die Öffentlichkeit abhängig sind. Die Akteure der neokorporatistischen Verhandlungen folgten daher egoistischen Interaktionsorientierungen. Dies gilt vor allem für freie Verbände wie den Hartmannbund (vgl. Groser 1992). Körperschaftliche Organisationen der Selbstverwaltung berücksichtigten dagegen eher auch übergreifende Belange (vgl. Webber 1992). Durch die Beteiligung von freien Verbänden aus allen Sektoren wurde die Konzertierte Aktion nicht – wie ursprünglich intendiert – zu einer Arena für die Verwirklichung der Finanzierbarkeit, sondern sie trug zu dem langjährigen Schutz des Wachstums aller Gesundheitssektoren bei.

Auch kollektive verbandliche Vetospieler hatten somit keine einheitliche Auswirkung auf politische Prozesse und Politikergebnisse. Auf der einen Seite entlastete die Verlagerung der Ressourcenverteilung auf die Selbstverwaltung den Staat bei der Umsetzung von Entscheidungen zu Lasten der Wachstumsinteressen von Leistungserbringern. Auf der anderen Seite eröffneten korporatistische Strukturen den jeweils beteiligten Akteuren Blockademöglichkeiten gegenüber Steuerungsversuchen. Eine mögliche Erklärung für das Durchbrechen dieser Blockaden bietet die Europäische Integration.

5. Beschleunigter Zielwandel durch die Europäische Integration

Im Vergleich zu anderen Politikbereichen war die Gesundheitspolitik zunächst wenig direkt von der Europäischen Integration betroffen. So fordert der EG-Vertrag zwar ein hohes Gesundheitsniveau als Querschnittsaufgabe der Gemeinschaft und sieht eine Förderung der Koordination zwischen den Mitgliedstaaten vor, die Eigenständigkeit der nationalen Gesundheitssysteme wird aber explizit nicht in Frage gestellt (Art. 152(5)). Wichtig sind aber abgeleitete Kompetenzen der EU auf Basis anderer Bereiche europäischen Primärrechts (Arbeitsrecht, Wettbewerbsrecht und vor allem Binnenmarktsrecht). Weitere Auswirkungen der Europäischen Integration basieren auf der Veränderung gesundheitspolitischer Rahmenbedingungen durch Entscheidungen zum Binnenmarkt und zur Währungsintegration und auf Bemühungen um positiv gestaltende Gesundheitspolitik der EU.

Die direkteste Bedeutung für die Gesundheitspolitik hat die Europäische Union durch die Rechtsprechung des Europäischen Gerichtshofs (EuGH). Seit 1998 hat der EuGH Bedingungen entwickelt, die erfüllt sein müssen, damit Patienten Gesundheitsleistungen in anderen Mitgliedstaaten in Anspruch nehmen können und diese erstattet bekommen (Urteile Kohll/Decker C-158/96 und C-120/95 von 1998, Smits/Peerbooms C-157/99 von 2001 und Müller-Fauré/VanRiet C 385/99 von 2003). Als Reaktion auf die Anforderungen des Binnenmarktes wurde mit dem GMG für deutsche Versicherte die Möglichkeit geschaffen, seit dem 1. Januar 2004 Leistungen im europäischen Ausland nach dem Kostenerstattungsprinzip in Anspruch zu nehmen (§ 13 Abs.4-6 SGB V).

Veränderte Rahmenbedingungen für die Gesundheitspolitik erzeugt vor allem der Stabilitäts- und Wachstumspakt der Euro-Länder. Der Pakt bzw. bis zur Euro-Einführung die Kriterien des Maastrichter Vertrags verpflichten die Bundesrepublik zu einer Haushaltsdisziplin, welche die Krankenkassen einschließt (vgl. Urban 2003: 31-35; 52-62).

Unter anderem zur Erfüllung der Stabilitätsziele europäischer Wirtschaftspolitik hat der Europäische Rat von Lissabon (2000) die Offene Methode der Koordinierung (OMK) als weiche Steuerungsform eingeführt und seit 2003 im Europarecht festgeschrieben (Art.

137 EGV). Die OMK schreibt keine konkreten Maßnahmen zur Zielerreichung vor, es werden aber jeweils Empfehlungen formuliert. Im Wesentlichen geht es darum, das Nichterreichen vorgegebener Ziele sichtbar zu machen. Für das Gesundheitswesen wurden inzwischen allgemeine Ziele (Finanzierbarkeit, Universalität, Angemessenheit, hohes Niveau und Gerechtigkeit) benannt. Im April 2004 hat die Europäische Kommission spezielle gesundheitspolitische Empfehlungen, unter anderem für evidenzbasierte Medizin und Dezentralisierung, ausgesprochen. Konkrete gesundheitspolitische Richtlinien sollen 2007 vorgelegt werden (vgl. Urban 2003: 37-52).

Die Europäische Integration bewirkt damit sowohl direkt als auch indirekt eine weitere Stärkung des Ziels der Finanzierbarkeit. Auch Qualitätsziele werden explizit benannt. Dagegen ist die Auswirkung auf die Durchsetzbarkeit von Solidaritätszielen unklar. Bisher ist eher davon auszugehen, dass die Spielräume hier geringer werden. Die Wachstumsinteressen der Leistungsanbieter sind von der Europäischen Integration unterschiedlich betroffen. Auf der einen Seite bietet der Binnenmarkt deutschen Leistungsanbietern Expansionsmöglichkeiten. Auf der anderen Seite sind die spezifischen Wachstumsziele deutscher Leistungsanbieter der einzige Bereich des deutschen Zielquadrats, der in der Zielsetzung europäischer Gesundheitspolitik nicht benannt wird. Mit der Europäischen Union ist somit eine weitere Arena der Gesundheitspolitik entstanden, die dazu genutzt werden kann, die spezifischen Wachstumsinteressen von Leistungsanbietern und damit wesentliche Blockaden gegenüber staatlichen Steuerungsversuchen zur Stärkung der Finanzierbarkeit zu umgehen.

Obwohl die Bedeutung der Europäischen Integration bisher begrenzt war, können sich die genannten Effekte in Zukunft noch verstärken. Dabei handelt es sich weniger um strukturelle Zwänge der „Globalisierung“. Vielmehr wird die Stärkung der Ziele Finanzierbarkeit und Qualitätssicherung von supranationalen Akteuren wie EuGH und Europäischer Kommission zunehmend verfolgt. Diese Akteure greifen verstärkt auch in die deutsche Gesundheitspolitik ein, um eine sozialpolitische Flankierung ihrer währungs- und fiskalpolitischen Ziele zu sichern (vgl. Urban 2003).

6. Fazit: Zielwandel und Arenenwechsel

Insgesamt zeigt die Bilanz von 55 Jahren bundesdeutscher Gesundheitspolitik, dass verbreitete Annahmen zu den Auswirkungen verhandlungsdemokratischer Strukturen auf Politikergebnisse zu vereinfachend sind: Selbst die Beteiligung von Vetospielern mit unterschiedlichen Zielen muss nicht zwingend zu Politikblockaden führen. Dies zeigen etwa die Entscheidungen der sozial-liberalen Koalition und das Gesundheitsstrukturgesetz. Verhandlungsdemokratische Institutionen ermöglichen aber nur wesentliche Reformen, wenn zwei Bedingungen erfüllt sind:

Die erste Bedingung besteht darin, dass sich die Ziele der Beteiligten nicht widersprechen dürfen. Dies ist auch bei unterschiedlichen Zielen in dem mehrdimensionalen Zielquadrat möglich: So können etwa Wachstum und Finanzierbarkeit gleichzeitig verwirklicht werden (durch die Privatisierung von Gesundheitsausgaben). Auch Wachstum und Solidarität sind gleichzeitig zu verwirklichen (durch steigende Gesundheitsausgaben). Selbst Finanzierbarkeit und Solidarität müssen nicht im Gegensatz zueinander stehen, wenn etwa die „Effizienz“ zu Lasten der Wachstumsinteressen erhöht wird. Eine gleichzeitige Verwirklichung dieser drei zentralen Ziele ist aber nicht möglich. Verhandlungsdemokratische Strukturen führen daher zu Blockaden, wenn Vetospieler mit allen drei Zielen beteiligt sind. Dies war aber in der Geschichte der Bundesrepublik bisher nur selten der Fall. In der Regel kam es zu Einigungen, die jeweils zu Lasten der nicht beteiligten oder nicht mit Vetomacht ausgestatteten Interessen gingen.

Eine zweite Bedingung besteht in einer solidarischen Interaktionsorientierung von Verhandlungspartnern. Solidarische Akteure gewichten auch die Zielerreichung ihrer Partner positiv. Verhandlungen zwischen solidarischen Partnern können zwar keine strukturellen Zielkonflikte lösen, aber sie können zur Verwirklichung weiterer Ziele beitragen. Dies gilt vor allem für das Qualitätsziel, das in den letzten Jahren an Bedeutung gewonnen hat.

Beurteilt man nun die Entwicklung der institutionellen Rahmenbedingungen des Gesundheitswesens im Hinblick auf die Politikergebnisse, dann zeigt sich entgegen der verbreiteten Annahme eines blockierten Politikfeldes ein grundlegender Wandlungsprozess. Bis 1975 wurde die Gesundheitspolitik durch einen pluralistischen Lobbyismus geprägt. Dabei dominierten die Interessen von Leistungsanbietern und Gewerkschaften. Da das wirtschaftliche Wachstum und die faktische Vollbeschäftigung wenig Handlungsdruck für die Finanzierbarkeit erzeugten und Verfechter des Qualitätsziels nicht über ausreichende Organisations- und Konfliktfähigkeit verfügten, vollzog sich in dieser Phase ein weitgehend konsensualer Ausbau des Systems.

Seit 1975 wächst der Einfluss der Arbeitgeber auf die Gesundheitspolitik und damit der Handlungsdruck zur Stärkung der Finanzierbarkeit. Gleichzeitig differenzierten sich innerparteiliche und korporatistische sowie zwischen-verbandliche Verhandlungsstrukturen heraus. Diese Strukturen sicherten (entgegen ihrer offiziellen Intention) die Wachstumsziele. Grund dafür waren nicht allein die Zuerkennung von Vetorechten an Akteure mit unterschiedlichen Zielen, sondern auch die egoistischen Interaktionsorientierungen der mächtigen freien Interessenverbände.

Mit der deutschen Einheit wurde ein Policy-Window für grundlegende Veränderungen geschaffen, das zunächst nicht als solches genutzt wurde. Der verstärkte Problemdruck führte aber mittelfristig zur Schwächung korporatistischer Reformgremien (nicht aber der Selbstverwaltung!) zugunsten externer Berater und intra- sowie zwischen-parteilichen Verhandlungsarenen. Verhandlungen zwischen Union und SPD orientieren sich seit dem Präferenzwandel der SPD bei beiden Seiten am primären Ziel der Finanzierbarkeit. Die Verfolgung dieses Ziels kann zu Lasten der Wachstumsziele gehen, wenn – wie 1992 – die Fachpolitiker der Parteien unter Ausschluss der Leistungsanbieter zu Kompromissen kommen. Eine stärkere Rolle der Parteiführungen (wie 2003) macht dagegen Reformen zu Lasten des Solidaritätsziels wahrscheinlicher. Auch hier zeigte sich die Bedeutung der Interaktionsorientierungen für Politikprozesse und Politikergebnisse in Verhandlungsgremien: Die Mehrdimensionalität des gesundheitspolitischen Zielraums erlaubt durchaus Kompromisse zwischen Akteuren mit unterschiedlichen Zielen – sofern alle Akteure auch Erfolge ihrer jeweiligen Verhandlungspartner wollen.

Die wachsende Bedeutung von Finanzierbarkeit und Qualität wird auch durch die Europäische Integration gestärkt. Im Zuge der Lissabon-Strategie streben der Europäische Rat, die Europäische Kommission und der EuGH eine wettbewerbsgerechte Umgestaltung der europäischen Gesundheitssysteme an. Daher lässt sich auch für die zukünftige Gesundheitspolitik einer (formellen oder politikfeldspezifischen) großen Koalition eine Fortführung der Kostendämpfungspolitik (zu Lasten vor allem der Solidarität und des Wachstums öffentlicher Krankenhäuser und evtl. auch der kassenärztlichen Dienstleistungen) erwarten.

Grundlegende Strukturveränderungen des Gesundheitswesens sind dabei zwar unwahrscheinlich. Die Bilanz der letzten 55 Jahre zeigt aber trotz der überwiegenden strukturellen Kontinuität auch, dass sowohl langfristig als auch kurzfristig Strategiewechsel in der bundesdeutschen Gesundheitspolitik möglich sind.

7. Literatur

Bandelow, Nils C., 1998: Gesundheitspolitik. Der Staat in der Hand einzelner Interessengruppen? Opladen.

Birchfield, Vicki/Crepaz, Markus M. L., 1998: The Impact of Constitutional Structures and Collective and Competitive Veto Points on Income Inequality in Industrialized Democracies, in: European Journal of Political Research 34: 175-200.

Braun, Bernhard/Kühn, Hagen/Reiners, Hartmut, 1998: Das Märchen von der Kostenexplosion. Frankfurt a. M.

Busse, Reinhard/Howorth, Chris, 1999: Cost containment in Germany: Twenty Years Experience, in: Elias Mossialos/Julian Le Grand (Hrsg.): Health Care and Cost Containment in the European Union. Aldershot, 303-335.

Czada, Roland, 2005: Social Policy: Crisis and Transformation, in: Simon Green/William E. Paterson (Hrsg.): Governance in Contemporary Germany. The Semisovereign State Revisited. Cambridge/New York, 165-189.

Deppe, Hans-Ulrich, 1993: Gesundheitspolitik im Kontext der deutschen Vereinigung und europäischen Integration, in: Hans-Ulrich Deppe/Hannes Fridrich/Rainer Müller (Hrsg.): Gesundheitssystem im Umbruch: Von der DDR zur BRD. Frankfurt a. M./New York, 9-37.

Döhler, Marian, 2002: Gesundheitspolitik in der Verhandlungsdemokratie, in: Winand Gellner/Markus Schön (Hrsg.): Paradigmenwechsel in der Gesundheitspolitik. Baden-Baden, 25-39.

Döhler, Marian/Manow, Philip, 1997: Strukturbildung von Politikfeldern. Das Beispiel bundesdeutscher Gesundheitspolitik seit den 50er Jahren. Opladen.

Esping-Andersen, Gøsta, 1990: The Three Worlds of Welfare Capitalism. Cambridge.

Gehrmann, Wolfgang, 2002: Pharma: Handel mit Hautgout, in: Die Zeit Nr. 6 vom 30.1.2002.

Genschel, Philipp, 1999: Variationen des Wandels. Institutionelle Evolution in der Telekommunikation und im Gesundheitssystem, in: Politische Vierteljahresschrift 37: 56-79.

Gerlinger, Thomas, 2002: Rot-grüne Gesundheitspolitik – eine Zwischenbilanz. Wissenschaftszentrum Berlin für Sozialforschung, Discussion Paper P02-205.

Groser, Manfred, 1992: Gemeinwohl und Ärzteinteressen – die Politik des Hartmannbundes. Gütersloh.

Hartmann, Anja, 2003: Patientennah, leistungsstark, finanzbewusst? Die Gesundheitspolitik der rot-grünen Bundesregierung, in: Christoph Egle/Tobias Ostheim/Reimut Zohlnhöfer (Hrsg.): Das rot-grüne Projekt. Eine Bilanz der Regierung Schröder 1998-2002. Wiesbaden, 259-281.

Hicks, Alexander M./Swank, Duane H., 1992: Politics, Institutions and Welfare Spending in Industrialized Democracies, 1960-82, in: American Political Science Review 86: 658-674.

Hibbs, Douglas, 1977: Political Parties and Macroeconomic Policy, in: American Political Science Review 71: 1467-1487.

Hockerts, Hans Günter, 1980: Sozialpolitische Entscheidungen im Nachkriegsdeutschland. Alliierte und deutsche Sozialversicherungspolitik 1945 bis 1957. Stuttgart.

Kingdon, John W., 1995: Agendas, Alternatives and Public Policies. New York.

Lehmbruch, Gerhard, 1988: Der Neokorporatismus der Bundesrepublik im internationalen Vergleich und die 'Konzertierte Aktion im Gesundheitswesen', in: Gérard Gäfgen (Hrsg.): Neokorporatismus und Gesundheitswesen. Baden-Baden, 11-32.

Leisering, Lutz, 2003: Der deutsche Sozialstaat: Entfaltung und Krise eines Sozialmodells, in: Der Bürger im Staat 53: 172-180.

Lindner, Ulrike, 2003: Chronische Gesundheitsprobleme. Das deutsche Gesundheitssystem vom Kaiserreich bis in die Bundesrepublik, in: Aus Politik und Zeitgeschichte B 33-34: 21-28.

Mossialos, Elias/Le Grand, Julian, 1999: Cost Containment in the EU: an Overview, in: Elias Mossialos/Julian Le Grand (Hrsg.): Health Care and Cost Containment in the European Union. Aldershot, 1-154.

Murswieck, Axel, 1990: Politische Steuerung des Gesundheitswesens, in: Klaus von Beyme/ Manfred G. Schmidt (Hrsg.): Politik in der Bundesrepublik Deutschland. Opladen, 150-176.

Naschold, Frieder, 1967: Kassenärzte und Krankenversicherungsreform. Zu einer Theorie der Statuspolitik. Freiburg/Br.

Offe, Claus, 1992: Die politischen Kosten der Vereinheitlichung des Gesundheitswesens, in: Winfried Schmähl (Hrsg.): Sozialpolitik im Prozess der deutschen Vereinigung. Frankfurt a. M./New York, 59-90.

Rosewitz, Bernd/Webber, Douglas, 1990: Reformversuche und Reformblockaden im deutschen Gesundheitwesen. Frankfurt a. M./New York.

Safran, William, 1967: Veto-Group Politics. The Case of Health Insurance Reform in West Gemany. San Francisco.

Scharpf, Fritz W., 1991: Die Handlungsfähigkeit des Staates am Ende des zwanzigsten Jahrhunderts, in: Politische Vierteljahresschrift 32: 621-634.

Scharpf, Fritz W., 2000: Interaktionsformen. Akteurzentrierter Institutionalismus in der Politikforschung. Opladen.

Schmidt, Manfred G., 1999: Warum die Gesundheitsausgaben wachsen. Befunde des Vergleichs demokratisch verfasster Länder, in: Politische Vierteljahresschrift 40: 229-245.

Schnabel, Claus, 2005: Gewerkschaften und Arbeitgeberverbände. Organisationsgrade, Tarifbindung und Einflüsse auf Löhne und Beschäftigung. Diskussionspapier Nr. 34, Friedrich-Alexander-Universität Erlangen-Nürnberg, Lehrstuhl für VWL, insbes. Arbeitsmarkt- und Regionalpolitik.

Stange, Karl-Heinz, 1994: Verpasste Reform der ambulanten Versorgung? Die Transformation des Gesundheitswesens in den neuen Bundesländern, in: Bernhard Blanke (Hrsg.): Krankheit und Gemeinwohl. Opladen, 291-321.

Steffen, Johannes, 2005: Sozialpolitische Chronik. Stand Januar 2005. Bremen: Arbeiterkammer. (Download unter: http://www.arbeitnehmerkammer.de/sozialpolitik/dku/ 02_politik/chronik/ chronik_gkv_spv.pdf [Zugriff am 24. August 2005]).

Stobrawa, Franz F., 2001: Die ärztlichen Organisationen in Deutschland. Entstehung und Struktur. München.

Tsebelis, George, 2002. Veto-Players. How Political Institutions Work. Princeton, NJ.

Urban, Hans-Jürgen, 2003: Europäisierung der Gesundheitspolitik? Veröffentlichungsreihe der Arbeitsgruppe Public Health SP I 2003-303. Wissenschaftszentrum Berlin.

Wanek, Volker, 1994: Machtverteilung im Gesundheitswesen. Struktur und Auswirkungen. Frankfurt a. M.

Wasem, Jürgen/Igl, Gerhard/Vincenti, Aurelio/Behringer, Angelika/Schagen, Udo/Schleiermacher, Sabine 2001: Gesundheitswesen und Sicherung bei Krankheit und im Pflegefall, in: Bundesministerium für Arbeit und Sozialordnung und Bundesarchiv (Hrsg.): Geschichte der Sozialpolitik in Deutschland seit 1945. Band 2/1. Baden-Baden, 461-528.

Webber, Douglas, 1992: Die kassenärztlichen Vereinigungen zwischen Mitgliederinteressen und Gemeinwohl, in: Renate Mayntz (Hrsg.): Verbände zwischen Mitgliederinteressen und Gemeinwohl. Gütersloh, 211-272.

8. Der kurze Traum der Vollbeschäftigung: Was lehren 55 Jahre deutsche Arbeitsmarkt- und Beschäftigungspolitik?

Günther Schmid

1 Einleitung[1]

Viele waren in der Nachkriegszeit überzeugt, die Massenarbeitslosigkeit Anfang der dreißiger Jahre habe Hitler den Weg zur Macht gebahnt. Sollte sich die Geschichte nicht wiederholen, müsste – so die erste politische Reaktion – der Staat auf das Vollbeschäftigungsziel verpflichtet werden. Die Verankerung des „Rechts auf Arbeit" in den meisten Länderverfassungen spiegelt diese Auffassung wider.[2] Viele waren sich auch über die Parteigrenzen hinweg über die Notwendigkeit staatlicher Intervention zur Sicherstellung der Vollbeschäftigung einig.[3] Erstaunlich erscheint deshalb, dass im Grundgesetz dann weder vom Recht auf Arbeit noch von staatlicher Vollbeschäftigungspolitik die Rede ist. Die ordoliberale Wirtschaftsauffassung hatte sich rascher durchgesetzt, als die Elemente eines christlichen Sozialismus im Ahlener Programm von 1947 noch hätten vermuten lassen. Trotzdem ist die faktisch hohe Wertschätzung des Vollbeschäftigungsziels in Adenauers Regierungserklärung vom September 1949 erkennbar: „Die beste Sozialpolitik ist eine gesunde Wirtschaftspolitik, die möglichst vielen Arbeit und Brot gibt." (Adenauer 1949)

Dieses Ziel war dann auch schnell erreicht. Die von Lord Beveridge in seiner berühmten Schrift „Full Employment in a Free Society" (1945) gesetzte Messlatte von drei Prozent Arbeitslosenquote wurde schon 1959 unterschritten. Das Warnsignal einer leichten Rezession im Jahr 1967 reichte bereits aus, um unter der Großen Koalition (1966 bis 1969) mit dem Stabilitäts- und Wachstumsgesetz (1967) und dem Arbeitsförderungsgesetz (1969) sowohl eine keynesianische Beschäftigungspolitik als auch eine interventionsfreudige Arbeitsmarktpolitik zu institutionalisieren. Kurz danach schien sogar eine Vollbeschäftigung weit unter der von Beveridge gesetzten Orientierungsmarke möglich.[4] In der Tat wurden im Jahresdurchschnitt 1970 nur 149.000 Arbeitslose registriert, was einer Arbeitslosenquote von 0,7 Prozent entsprach.

---

[1] Ich danke Dorit Griga, Jutta Höhne und Heidi Oschmiansky für wertvolle Unterstützung bei der Abfassung des Manuskripts. Hilfreiche Kommentare erhielt ich von Irene Dingeldey, Miriam Hartlapp, Achim Kemmerling, Michael Neugart, Frank Oschmiansky und von den beiden Herausgebern, denen ich ebenfalls danke.

[2] Das Recht auf Arbeit wurde in der Hessischen (Art. 28), Bayerischen (Art. 166), Bremer (Art. 8 und 9), Rheinland-Pfälzischen (Art. 53), Saarländischen (Art. 45), Berliner (Art. 12), Nordrhein-Westfälischen (Art. 24) und Badischen Landesverfassung (Art. 37) sowie in den fünf Ländern der sowjetischen Zone verankert.

[3] Vgl. etwa die Forderung nach einer „gesteuerten Marktwirtschaft" des theoretischen Begründers der „Sozialen Marktwirtschaft" Alfred Müller-Armack (1990 [1946]: vor allem 96-97 und zur Notwendigkeit staatlicher Konjunkturpolitik 152-153).

[4] So ortete Arbeitsminister Walter Arendt diese Marke in Übereinstimmung mit der „Vollbeschäftigungsdefinition der Bundesregierung" noch 1974 „zwischen 0,7 und 1,2 v.H." (Der Bundesminister 1974: 9).

Das scheinbar erfolgreiche Zusammenspiel aktiver Arbeitsmarktpolitik und keynesianischer Beschäftigungspolitik währte jedoch nicht lange. Seit Mitte der 1970er Jahre wird das Vollbeschäftigungsziel verfehlt. Zunächst ausgelöst durch die Ölpreiskrisen 1974/75 und 1980/81, dann neben anderen Ursachen durch die Transformation der ostdeutschen Planwirtschaft nach der Wiedervereinigung von 1990 vorangetrieben, nahmen die Arbeitslosenzahlen eine Millionenstufe nach der anderen. Auf dem Höhepunkt im März 2005 registrierte die Bundesagentur für Arbeit 5.175.577 Arbeitslose.[5] Das Überschreiten der Fünfmillionenstufe löste eine nationale Schockwelle aus. Bundeskanzler Schröder musste einen „Jobgipfel" einberufen und die Opposition um eine gemeinsame Lösung der Situation, die als nationale Katastrophe empfunden wurde, bitten.

Was hat diese dramatische Entwicklung verursacht? Warum war die deutsche Politik nicht in der Lage, die seit Mitte der 1970er Jahre erkennbare Arbeitsmarkt- und Beschäftigungskrise zu bewältigen? Ist in diesem Politikfeld ein systematischer Webfehler in den Institutionen der politischen Willensbildung und Umsetzung zu erkennen? Oder haben sich die ökonomischen, sozialen und internationalen Rahmenbedingungen dermaßen verändert, dass die alten Institutionen nicht mehr passen? Wenn ja, warum sind dann keine grundlegenden Reformen erfolgt? Ist das deutsche Regierungssystem – zumindest was dieses zentrale Politikfeld angeht – nicht lernfähig?

Zur Beantwortung dieser Fragen werden zunächst die theoretischen Ansätze politischer Entscheidungsprozesse in Erinnerung gerufen (2). Vor diesem Hintergrund wird dann die 55-jährige Entwicklung der deutschen Arbeitsmarkt- und Beschäftigungspolitik in vier historischen Etappen skizziert und zu deuten versucht (3). Das abschließende Resümee bescheinigt dem deutschen Regierungssystem zwar hohe Lernfähigkeit innerhalb gegebener Rahmenbedingungen, aber auch erhebliches Beharrungsvermögen und schädliche Lenkungswirkungen einiger historisch gewachsener Basisinstitutionen (4).

2 Zur Lern- und Reformfähigkeit politischer Systeme

Zur Erklärung der Lern- und Reformfähigkeit politischer Systeme lassen sich grob drei Theorien unterscheiden: die ökonomische, die akteurzentrierte und die institutionelle Theorie der Politik.[6] Wie gleich zu erkennen sein wird, sind diese Ansätze nur zum Teil kompetitiv, zum großen Teil stehen sie in einem komplementären Verhältnis zueinander.

2.1 Die ökonomische Theorie der Politik

Die ökonomische Theorie der Politik überträgt Ansätze und Erkenntnisse der ökonomischen Demokratietheorie[7] auf politische Entscheidungsprozesse. Danach sind auch Politiker rationale Akteure, die ihren eigenen Nutzen über das Gemeinwohl stellen. Dieser Nutzen ist

---

[5] Das entsprach einer Arbeitslosenquote von 12,5 Prozent (Westdeutschland 10,3 Prozent, Ostdeutschland 20,6 Prozent). Der Grund für das Überschreiten der Fünf-Millionen-Schwelle ist aber auch ein statistischer, weil seit 2005 etwa 350.000 erwerbsfähige Sozialhilfeempfänger, die früher nicht als Arbeitslose registriert waren, in die Verantwortung der Arbeitsverwaltung und damit in deren Statistik überführt wurden.

[6] Zu einem Überblick über Theorien der Politik in ideengeschichtlicher Tradition vgl. von Beyme (2000).

[7] Vgl. hierzu den Klassiker Downs (1957), als exzellenten Überblick Schmidt (2000) und unter besonderer Berücksichtigung der Theorie rationalen Handelns Braun (1999).

letztlich der Machterhalt, im Rahmen demokratischer Systeme also die Durchsetzungsfähigkeit im Wettbewerb um Wahlstimmen. Funktioniert dieser Wettbewerb, dann fallen der individuelle Nutzen der Politiker und die als Wohlfahrt konzeptionalisierte Summe aller individuellen Nutzen der Wähler zusammen. Nach der auf Anthony Downs zurückgehenden Theorie des Medianwählers werden politische Entscheidungen deshalb eindeutig durch wahltaktische Kalküle bestimmt, wofür politische Parteien (vor allem in Zweiparteienregimes) durchaus auch gelegentlich ihre Ideologie opfern.

Die Veränderung der fundamentalen Rahmenbedingungen ist aus der Perspektive dieser Theorie äußerst voraussetzungsvoll. In der Regel ist, wenn überhaupt, eine solche Wende nur in einer Situation möglich, die im öffentlichen Bewusstsein (d.h. vom Medianwähler) als Krise wahrgenommen wird. Das erklärt auch die beliebte Krisenrhetorik der Parteien im Wahlkampf, aus der jedoch selten auf eine objektive und allgemein akzeptierte Krise geschlossen werden darf.

Daher sind kleine Reformschritte, d.h. eine Politik des „Inkrementalismus"[8] wahrscheinlich, die stark von außen – d.h. von zufälligen Ereignissen oder Gelegenheiten wie Impulsen aus anderen Ländern, unerwarteten finanziellen Optionen oder gut organisierbaren Interessengruppen – gesteuert wird.[9] Insofern können auch „inkrementale Entscheidungen" fundamentale Rahmenbedingungen „in the long run" unterhöhlen, umgekehrt aber auch latente „Fundamentals" verstärken. Es ist daher zu erwarten, dass trotz laufender Wende-Rhetorik die Wahrscheinlichkeit eines fundamentalen Kurswechsels in der Arbeitsmarkt- und Beschäftigungspolitik gering und die Pfadabhängigkeit hoch ist. Für kleine Reformschritte gilt ferner, dass sie durch Sachzwänge binnenwirtschaftlicher (etwa konjunkturell bedingte Defizite oder Überschüsse der Arbeitsverwaltung oder des Bundeshaushalts) und außenwirtschaftlicher Dynamik (etwa Währungsparitäten, Freihandel oder Handelsverträge) bestimmt werden. Außerdem ist wahrscheinlich, dass die schwer organisierbaren Arbeitslosen und die arbeitsmarktpolitischen Randgruppen auch in der Stückwerkpolitik mit ihren schrittweisen Veränderungen tendenziell die schlechteren Karten haben.

2.2 *Akteurzentrierte Theorien der Politik*

Die akteurzentrierten Theorien sehen Politik vor allem als einen Austauschprozess, in dem die Politiker den Wählern Handlungsprogramme zu deren Vorteil anbieten, um für die Umsetzung die Wählermehrheit und damit die Handlungsvollmacht („generalisierten Konsens") zu erlangen. Die prominenteste Version dieses Ansatzes ist die *Parteiendifferenztheorie.* Sie besagt im Kern, dass sich die Parteien nach ihren Richtungen unterscheiden. Am häufigsten werden sie nach ihren Affinitäten zur Arbeitgeber- oder Arbeitnehmerschaft und entsprechend zur Intervention in die Marktwirtschaft nach einem „Rechts-Links-Schema" eingeordnet.[10] Linke Parteien vertreten vorwiegend Arbeitnehmerinteressen und neigen zu wesentlich stärkerer Intervention als arbeitgeberorientierte rechte Parteien, so dass von ihnen beispielsweise ein weit stärkeres Engagement in aktiver Arbeitsmarktpolitik und eine generösere Haltung in Hinblick auf Lohnersatzleistungen zu erwarten ist. Darüber hinaus –

---

[8] Diese ist auch als „disjointed incrementalism" bekannt, vgl. Braybrooke/Lindblom (1963), und stützt sich vor allem auf Popper (1971).

[9] Vgl. hierzu vor allem Olson (1965).

[10] Vgl. hierzu Hibbs (1992) und Schmidt (1996).

und hier übernimmt die Parteiendifferenzthese Elemente aus der ökonomischen Demokratietheorie – werden politische Programme und Entscheidungen dem Wahlzyklus entsprechend optimiert. Die zeitliche Dynamik politischer Entscheidungen ist daher nicht unbedingt sachgemäß, sondern in erster Linie machtgemäß.[11] Die Orientierung der Parteien im Wahlkampf an den Medianwählern („Politik der Mitte") macht es trotz Wahlkampfrhetorik wenig wahrscheinlich, dass in der Politik fundamentale Veränderungen erfolgen. Ist aber der Medianwähler gespalten, kann es – je nach Situation – für eine Partei rational sein, im Wettbewerb um Wählerstimmen sich taktisch an der Oppositionspartei zu orientieren oder sich eben doch durch das Versprechen grundlegender Reformen zu profilieren.

Die *Vetospielertheorie* (Tsebelis 2002) kann als eine Weiterentwicklung der Parteientheorie betrachtet werden. Zum einen bezieht sie weitere Akteure in den politischen Entscheidungsprozess mit ein, zum anderen verwendet sie Theoreme des rationalen Wahlhandelns („rational choice"), insbesondere die Spieltheorie. Wichtige Entscheidungen setzen oft die Regel der Einstimmigkeit zwischen den entscheidenden Akteuren voraus oder doch wenigstens eine qualifizierte Mehrheit. Ein einziger Akteur kann darum wichtige Entscheidungen blockieren (darum Vetospieler). Vetospieler können – in einer weiteren Fassung gegenüber Tsebelis – z. B. das Bundesverfassungsgericht, der Bundesrat, die Gebietskörperschaften oder Spitzenverbände sein, wenn sie in der Lage sind, sich wirkungsvoll und am Ende entscheidend in den Aushandlungsprozess einzuschalten. So kann im Dreiecksverhältnis Staat, Gewerkschaften und Arbeitgeber ein Partner die Rolle des Vetospielers einnehmen, obwohl sich die beiden anderen Partner einig sind. Oder die Regierung kann grundlegende Reformen nicht angehen, weil sie möglicherweise die Zustimmung des Bundesrats braucht, der eventuell andere politische Mehrheiten als die Bundesregierung aufweist.

Die *Spieltheorie* setzt allerdings strategische und rational handelnde Akteure voraus. Diese Annahme ist bei kollektiven Akteuren wie Parteien, Gewerkschaften oder Arbeitgeberverbänden nicht immer selbstverständlich. Denkbar ist, dass diese in bestimmten Fragen gespalten sind und darum von starken Partnern „ausgespielt" oder „umspielt" werden können. Konsequenterweise muss deshalb diese Theorie innerhalb der möglichen kollektiven Vetospieler selber wieder nach möglichen Vetospielern suchen. Inwiefern Vetospieler politische Entscheidungen beeinflussen, hängt deshalb von der Kongruenz und der Kohäsion der Spieler ab. Je weniger kongruent die Interessen der Spieler sind, desto wahrscheinlicher sind Entscheidungsblockaden. Weist ein Spieler intern wenig Kohäsion auf, ist seine Entscheidungsfähigkeit behindert, oder der stärkste interne Vetospieler setzt sich durch, insbesondere dann, wenn er die Macht des ersten Spielzuges und der Themenbesetzung hat (Zohlnhöfer 2001b: 659).

Darüber hinaus ist die Interessenvermittlung kollektiver Akteure im politischen Entscheidungsprozess komplexer und differenzierter als die mit einfachen Annahmen arbeitende Spieltheorie voraussetzt. Strategien wie Terminzwang, Paketlösungen, kleine Entscheidungszirkel u.a. können die Macht gruppeninterner wie gruppenexterner Vetospieler eingrenzen. Außerdem werden Entscheidungen in einer Form bevorzugt werden, deren Auswirkungen schwer zu durchschauen sind, um von der Verantwortung negativer Betroffenheit abzulenken („blame avoidance"). Aus demselben Grund darf schließlich nicht übersehen werden, dass in Erwartung unüberwindbarer Vetospieler bestimmte Entscheidungen

[11] Zur Theorie „politischer Konjunkturzyklen" vgl. u.a. Nordhaus (1975), Schmidt (1983) und Ruß-Mohl (1993).

schon gar nicht mehr riskiert werden, um eine den Ruf schädigende Niederlage zu vermeiden. Darum werden im Einzelfall, hier der Arbeitsmarktpolitik, sorgfältig die tatsächlichen Interaktionen zwischen Interessenverbänden, Parteien und Regierung zu beachten sein.

Aus Organisationstheorien entlehnte Konzepte wie „Netzwerke“, „Kontingenz der Ereignisse“ und „Lernen“ haben jüngst die akteurzentrierten Theorien weiter befruchtet. So hebt die *Theorie der Advokatenkoalition* (Sabatier 1998) vor allem die Bedeutung von fundamentalen Glaubenssystemen, Situationsdeutungen und „politischen Unternehmern“ hervor, die zusammenspielen müssen, damit Politikveränderungen zustande kommen. Glaubenssysteme im Hinblick auf Werte verändern sich kaum und nur langfristig oder unter extremen Bedingungen wie etwa externen Schocks; gemeinsame Situationsdeutungen sind Voraussetzung für Kompromissbildungen in Koalitionsverhandlungen, wobei Lernen (oder Informationen) aus Politikwirkungen sowie politische Unternehmerpersönlichkeiten („policy brokers“) eine entscheidende Rolle spielen.

Die *Kontingenztheorie*[12] macht schließlich darauf aufmerksam, dass verschiedene (nicht simultan beeinflussbare) Faktoren zusammentreffen müssen, damit wichtige politische Veränderungen zum Zuge kommen. Die besten Ideen oder Programme nützen nichts, wenn die geeignete Konstellation nicht da ist. Damit sich ein *„Gelegenheitsfenster“* öffnet, müssen mindestens drei Bedingungen zusammentreffen: Erstens muss ein gehöriger Problemdruck vorhanden sein, etwa hohe und anhaltende Massenarbeitslosigkeit („problem window“); zweitens muss die gewählte Regierung eine überwältigende Mehrheit oder Unterstützung durch die öffentliche Meinung haben, beispielsweise durch einen erdrutschartigen Wahlsieg oder einen Skandal in der Oppositionspartei, und die für eine Reformpolitik entsprechend nötigen Finanzierungsmittel müssen zur Verfügung stehen („politics window“); und drittens schließlich müssen Ideen in einer zündenden Begrifflichkeit („framing“) vorhanden sein, um verschiedene Interessen oder Ansichten unter einen Hut zu bringen („policy window“).[13]

Aus Sicht der Parteiendifferenztheorie der Politik ist daher zu erwarten, dass *erstens* „linke Regierungen“ großzügigere Sozialleistungen bei Arbeitslosigkeit gewähren und stärker in den Arbeitsmarkt intervenieren als „rechte Regierungen“; *zweitens* sind aus dieser Perspektive auch „politische Konjunkturzyklen“ zu erwarten, d.h. der vermehrte Einsatz von solchen Instrumenten kurz vor den Wahlen, die geeignet erscheinen, (unentschlossene) Wähler zu Gunsten der Regierungspartei oder Regierungskoalition zu mobilisieren („politische Wahlgeschenke“ oder „symbolische Politik“); *drittens* wird die Orientierung der Parteien am Medianwähler die schon in der ökonomischen Theorie prognostizierte Tendenz zur „fundamentalen“ Beharrung verstärken; umgekehrt ist *viertens* zu erwarten, dass die jeweilige Opposition mit allen Mitteln die politische Mitte wiederzubesetzen versucht, indem sie ideologisch an die „Fundamentals“ erinnert und der herrschenden Regierung unterstellt, diese zu untergraben; aus der Perspektive der Vetospieler lässt sich *fünftens* die Erwartung formulieren, dass die komplexen politischen Entscheidungsstrukturen infolge des deutschen Föderalismus einerseits und der starken Rolle der Sozialpartner gerade in der Arbeitsmarkt- und Beschäftigungspolitik andererseits Reformblockaden erzeugen, welche die Anpassung der Institutionen an neue Rahmenbedingungen erschweren; die Theorie der

[12] Als ein Vertreter dieses Ansatzes kann John Kingdon (1984) betrachtet werden, obwohl er den Begriff „Kontingenz“ nicht verwendet hat, sondern das griffige Bild vom „Gelegenheitsfenster“.

[13] Compston und Madsen (2001) führen den Erfolg des dänischen Jobrotationsprogramms 1993/94 auf diese Konstellation zurück, wobei sie die Kontingenztheorie als *multiple stream*-Theorie kennzeichnen.

Advokatenkoalition lässt *sechstens* erwarten, dass einzelne Persönlichkeiten eine große Rolle spielen, deren fundamental unterschiedlichen Glaubenssysteme sich jedoch kaum verändern, so dass parteiübergreifende Koalitionen allenfalls unter starkem Krisendruck zustande kommen und Glaubensveränderungen auch eine Generationenfrage unter den Politikerpersönlichkeiten sein werden; die Kontingenztheorie bestärkt *siebtens* die Erwartung, dass die Reformpolitik stark durch „Gelegenheitsfenster" beeinflusst sein wird.

2.3 Die institutionelle Theorie der Politik

Die institutionelle Theorie[14] betrachtet politische Entscheidungen als Resultate von Anreiz- und Restriktionsstrukturen, die von Institutionen bestimmt werden. Institutionen sind formale oder informelle Spielregeln, welche die Interaktion zwischen den (arbeitsmarktpolitischen) Schlüsselakteuren in bestimmte Bahnen lenken. Sie wirken gleichsam als Filter, die bestimmte Entscheidungen zulassen und andere nicht, aber auch als Motivationsstrukturen, die Orientierungen und Ideen lenken. Organisationsprinzipien, etwa das Prinzip drittelparitätischer Selbstverwaltung, die Tarifautonomie oder föderative Strukturen zeigen aus dieser theoretischen Sicht große Beharrlichkeit und Widerstandskraft gegen Veränderungsversuche (*„Pfadabhängigkeit"*).

Akteurzentrierte und institutionelle Theorie sind von Renate Mayntz und Fritz Scharpf (1995) in dem einflussreichen Ansatz des *„akteurzentrierten Institutionalismus"* zusammengefügt worden. Danach werden die oben geschilderten politischen Austauschprozesse selbst wiederum durch institutionelle Entscheidungsstrukturen gefiltert. Dazu gehören vor allem das Wahlrecht, die föderative Struktur und das Regierungssystem. Aus der föderativen Struktur leitet Scharpf beispielsweise das Theorem der *Politikverflechtungsfalle* ab (Scharpf 1994). Danach sind zwischen Bund und Bundesländern vorwiegend negativ, aber kaum positiv koordinierte Aktionen – also etwa länder- und ressortübergreifende Regionalprogramme – zu erwarten. Aus analogen Gründen ist ein kooperatives beschäftigungspolitisches Zusammenspiel zwischen der völlig autonomen Bundesbank bzw. der EZB, der unabhängigen Tarifpolitik und der ressortbestimmten Fiskalpolitik unwahrscheinlich.

Für die Arbeitsmarktpolitik besonders relevant ist das Prinzip der institutionellen Kongruenz. Das Prinzip hat seinen Ursprung in der Theorie des fiskalischen Föderalismus und postuliert, dass Einnahmen- und Ausgabenverantwortung deckungsgleich sein müssen.[15] Fließen direkte oder indirekte Nutzen fiskalischer Aufwendungen dritten Akteuren oder Institutionen zu, die sich an der Finanzierung nicht oder kaum beteiligt haben, schwinden die Anreize zur Aktivierung der Politik. Die betreffenden Akteure werden daher versuchen, sich der finanziellen Beteiligung zu entziehen oder „auf ihre Kosten" zu kommen. Da die Kosten der Arbeitslosigkeit anders strukturiert sind als die Kosten der aktiven Arbeitsmarktpolitik, ist unter den wichtigsten Akteuren der Arbeitsmarktpolitik folgendes Entscheidungsverhalten zu erwarten: *Erstens* wird der Bund versuchen, die regulativen Bedingungen der Arbeitsmarktpolitik so zu gestalten, dass sie auf arbeitslose Zielgruppen konzentriert werden, für die er den überwiegenden Unterhalt tragen muss, nämlich die aus Steuermitteln finanzierte Arbeitslosenhilfe; *zweitens* wird der Bund versuchen, die indirek-

---

[14] Vgl. hierzu generell u.a. Göhler (1997), Hall (1986), auf Arbeitsmarkt- und Beschäftigungspolitik bezogen Schmid u.a. (1987).

[15] Vgl. hierzu vor allem Bruche/Reissert (1985), Mackscheidt (1991) sowie Schmid u.a. (1987).

ten Kosten der Arbeitslosigkeit (z. B. Mindereinnahmen der Sozialversicherungen und Steuern) auf die Gebietskörperschaften zu verschieben; *drittens* wird die Bundesregierung dazu tendieren, die Finanzierung von Sonderaufgaben der Arbeitsverwaltung zuzuschieben; *viertens* werden die Gebietskörperschaften ihrerseits, vor allem die für die Sozialhilfe verantwortlichen Gemeinden versuchen, die Folgekosten der Arbeitslosigkeit zurück auf die BA zu verschieben; *fünftens* hat die Arbeitsverwaltung den Anreiz, Arbeitsvermittlung und arbeitsfördernde Maßnahmen vor allem dem „harten Kern“ der Beitragszahler zukommen zu lassen. Kurz: Im verflochtenen Föderalismus besteht die Tendenz, dass Bund und Länder sich auf Kosten der Sozialversicherungen einigen, während die Träger von Sozialversicherungen, soweit es in ihrer Entscheidungsmacht steht, sich tendenziell auf die Sicherung von guten Risiken konzentrieren.

Darüber hinaus können nationale politische Entscheidungen durch internationale Institutionen beeinflusst werden, die ihrerseits Eigengesetzlichkeiten entwickeln. Dies kann im Extremfall zur Politik ohne politische Auseinandersetzungen (‚politics’) führen. Dieses Phänomen ist vor allem im Zusammenhang mit der Europäisierung beobachtet worden, in deren Verlauf die Freizügigkeit von Kapital, Waren, Dienstleistungen und Personen sowie die Normen der „Gleichbehandlung“ oder des „fairen Wettbewerbs“ in vielen Mitgliedstaaten erhebliche Rechtsanpassungen und Politikveränderungen ausgelöst haben. De Swaan (2003) spricht deshalb auch von „policy without politics“ und macht auf die damit verbundenen Legitimationsprobleme aufmerksam. Bindungen durch internationale Verträge, neuerdings auch durch „weiches Recht“ in Form von Leitlinien und verabredeten Zielsetzungen („Offene Methode der Koordinierung“) sind ihrerseits wieder Reaktion (und Ergebnis vorausgehender Verhandlungen) auf Veränderungen inter- und transnationaler Rahmenbedingungen. Es ist daher davon auszugehen, dass die deutsche Arbeitsmarkt- und Beschäftigungspolitik zunehmend durch „hartes“ wie „weiches“ internationales Recht und die entsprechenden Institutionen seiner Durchsetzung (z.B. Europäische Kommission, Europäischer Gerichtshof) beeinflusst werden wird.

Schon dieser knappe theoretische Überblick macht deutlich, wie voraussetzungsvoll die Reformbedingungen einer erfolgreichen Arbeitsmarkt- und Beschäftigungspolitik sind. Wie die tatsächliche Entwicklung in den letzten 55 Jahren verlief, welche Entscheidungsprozesse zu beobachten waren und was die Reformschritte tatsächlich bewirkten, kann im Rahmen dieses vom Umfang begrenzten Kapitels nicht im Einzelnen nachgezeichnet werden. Hier kann es nur darum gehen, grobe Entwicklungsmuster im Lichte des theoretischen Bezugrahmens aufzuzeigen.[16]

3 Von der Vollbeschäftigung in die Massenarbeitslosigkeit

Der Rückblick auf 55 Jahre Arbeitsmarkt- und Beschäftigungspolitik lässt sich nach den wichtigsten an der Regierung beteiligten Parteien und den Regierungschefs in vier Phasen aufteilen: erstens die Herausbildung der beschäftigungs- und arbeitsmarktpolitischen Insti-

[16] Detaillierter zur Geschichte der Arbeitslosenversicherung und Arbeitsmarktpolitik der Bundesrepublik Deutschland vgl. Schmid/Wiebe (1999, 2001), Schmid/Oschmiansky (2005) [die Perioden 1950-1957, 1958-1966, 1966-1974, 1974-1982, 1989-1994 sind im Druck], Schmuhl (2003); speziell zur Arbeitsmarktpolitik in der christlich-liberalen Ära Kohl vgl. Zohlnhöfer (2001a, b); zur zunehmenden Rolle der Kommunen und der Länder in der Arbeitsmarkt- und Beschäftigungspolitik vgl. Schmid u.a. (2004) sowie Schulze-Böing (2002). Dem begrenzten Umfang des Beitrags ist auch die Arbeitszeitpolitik zum Opfer gefallen

tutionen in der christdemokratischen *Ära Adenauer/Erhard* (1949-1966); zweitens die Herausforderungen dieser Institutionen durch die erste Rezession, die zur Großen Koalition führte, mit anschließender Stagflation und Ölpreiskrisen, und die sozial-liberale *Ära Brandt/Schmidt* einleitete (1966-1982); drittens die als politische Wende angekündigte christlich-liberale *Ära Kohl* einschließlich ihrer Herausforderung durch Wiedervereinigung, Europäische Union und Globalisierung (1982-1998); viertens die rot-grüne *Ära Schröder* (1998-2005), deren umstrittene „Agenda 2010" schließlich vorzeitige Neuwahlen auslöste.

3.1 Der glückliche Weg in die Vollbeschäftigung (1949-1966)

Zunächst sprachen alle Voraussetzungen gegen eine rasche Rückkehr zur Vollbeschäftigung. Die kriegsbedingten Ungleichgewichte auf dem Arbeitsmarkt schienen unüberwindlich: Zuwanderung von Flüchtlingen und Vertriebenen, regionale Ungleichverteilung von Arbeitskräften aufgrund von Wohnraummangel und Verwerfungen der Alters- und Qualifikationsstruktur, zerstörte Produktionsanlagen, Zusammenbruch des Transportsektors, Demontagen, Energie- und Rohstoffknappheit. Darüber hinaus waren weder die institutionellen Akteure (wie Gewerkschaften, Arbeitgeberverbände, Kammern, Arbeitsverwaltung) noch die Regeln, nach denen sie interagieren sollten, etabliert. Zur Verwaltung der Not und zur Kontrolle der Inflation wurde ein Bewirtschaftungssystem eingerichtet, dem auf dem Arbeitsmarkt ein System der Arbeitskräftelenkung entsprach. Die Wirtschaftsdynamik stagnierte.

Das änderte sich mit der Währungsreform 1948, dem 1949 verabschiedeten Grundgesetz und der ersten Regierung unter Adenauer (1949-1953). Die Unternehmen erhielten die Möglichkeit, die bis dahin unterbeschäftigten Arbeitskräfte freizusetzen, während gleichzeitig ausgleichend das soziale Sicherungssystem ausgebaut wurde. Trotz sinkender Arbeitslosenzahlen stiegen in den 1950er Jahren die Leistungen der Arbeitsverwaltung. Die Regierungen unter Adenauer und Erhard vertraten verbal zwar eine anti-interventionistische Politik, faktisch waren sie beschäftigungspolitisch jedoch alles andere als enthaltsam (Schmidt 1993: 34). Nach der anfänglichen Verfolgung weitergehender Ziele der Wirtschaftsdemokratie kooperierten auch die Gewerkschaften bis hin zur Mitarbeit an konkreten Gesetzesentwürfen, wie dem Kündigungsschutzgesetz oder dem Gesetz zur ganzjährigen Beschäftigung im Bau. Auch die Bundesbank hielt sich anfänglich trotz ihres liberalen Credos an die Grundsätze von Lord Keynes, so dass sich die makroökonomischen Indikatoren ganz im Sinne einer zwar nicht geplanten, aber de facto doch konzertierten Beschäftigungspolitik entwickelten. Dissonanzen im beschäftigungspolitischen Koordinationsspiel traten erst in den 1960er Jahren auf, als die Gewerkschaften zeitweise ihre starke Stellung auf Grund der Arbeitskräfteknappheit ausnutzten und die Bundesbank auf den Inflationsauftrieb mit restriktiver Politik reagierte (vgl. Abb. 8.1 und 8.2).

Der organisatorische Neuaufbau der „Bundesanstalt für Arbeitsvermittlung und Arbeitslosenversicherung" (BA) war stark pfadabhängig und spiegelte fast eins zu eins die Verhältnisse von 1927 wieder. Sowohl die aktive als auch die passive Arbeitsmarktpolitik wurden in parteiübergreifender Übereinstimmung zur Flankierung des Strukturwandels ausgebaut. Teilweise wurden die sich akkumulierenden Überschüsse der BA – entsprechend der fiskalischen Opportunitätstheorie – sogar für den sozialen Wohnungsbau und für regionale Strukturpolitik verwendet.[17] Der ökonomischen Theorie entsprechend reagierte die Politik rasch auf neue Bedarfslagen des Arbeitsmarkts, insbesondere in Form einer Politik der Anwerbung ausländischer Arbeitskräfte, ohne deren langfristige Implikationen etwa für die soziale und politische Integration oder deren die Arbeitsmarktstruktur konservierende Wirkungen zu bedenken.

Abbildung 8.1: Arbeitslosenquote und Inflation

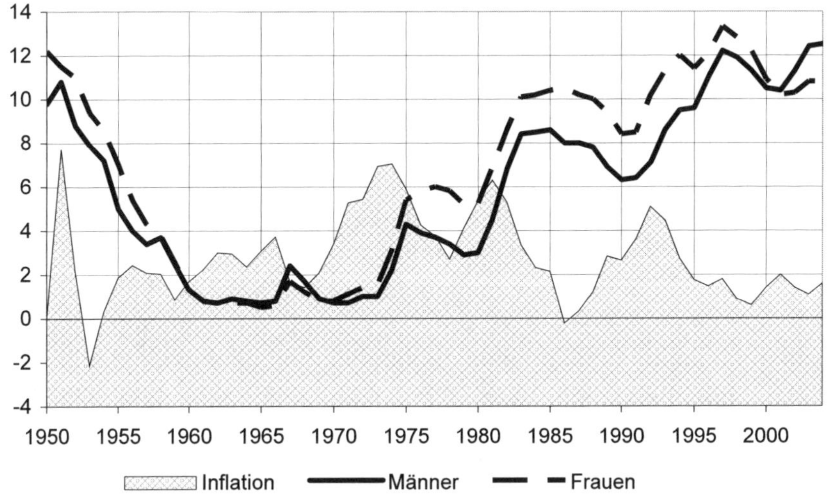

Bis 1990 früheres Bundesgebiet, ab 1991 Deutschland

Arbeitslosenquote: in Prozent aller abhängigen zivilen Erwerbspersonen, Jahresdurchschnitt.

Inflationsquote: für 1950-1990 Bundesministerium für Arbeit und Sozialordnung (1999): Preisindizes für die Lebenserhaltung, Tabelle 37; für 1991-2002 Bundesministerium für Gesundheit und Soziale Sicherung (2003): Preisindex für die Lebenserhaltung aller privaten Haushalte; für 2003-2004 Statistisches Bundesamt: Verbraucherpreisindex für Deutschland.

Quelle: Arbeitslosenquote: Bundesanstalt für Arbeit (Hg.): Arbeitsstatistik – Jahreszahlen, verschiedene Jahrgänge; Inflationsquote: Bundesministerium für Arbeit und Sozialordnung (1999): Statistische Übersichten zur Geschichte der Sozialpolitik seit 1945 – Band West. Tabelle 37, S. 57f.; Bundesministerium für Gesundheit und Soziale Sicherung (2003): Statistisches Taschenbuch 2003. Arbeits- und Sozialstatistik. Tabelle 6.1; Statistisches Bundesamt (2005): Verbraucherpreisindex für Deutschland. http://www.destatis.de [27.7.2005]; eigene Berechnungen.

So war der Weg in die Vollbeschäftigung in dieser Ära nicht das Resultat eines Masterplans, sondern des glücklichen Zusammenspiels vieler Faktoren und einer letztlich pragmatischen Politik des Durchwurstelns. Der Vollbeschäftigungskonsens war bei allen Schlüsselakteuren (Regierung, Parteien, Sozialpartner, Bundesbank) vorhanden, fokussierte allerdings auf den vollzeitbeschäftigten Mann als Familienernährer. Dieses patriarchalische

[17] Dennoch summierten sich die Rücklagen der BA bis 1966 auf die beachtliche Summe von 6,7 Mrd. DM, dem sog. „Sabel-Turm", benannt nach dem damaligen Präsidenten der BA.

familienzentrierte Leitbild drückte sich z.B. in familienbezogenen – aber versicherungsfremden – Zuschlägen zum Arbeitslosengeld aus.[18]

Abbildung 8.2: Indikatoren beschäftigungspolitischer Koordination: Diskontsatz, Finanzierungsquote, Veränderung der Lohnstückkosten

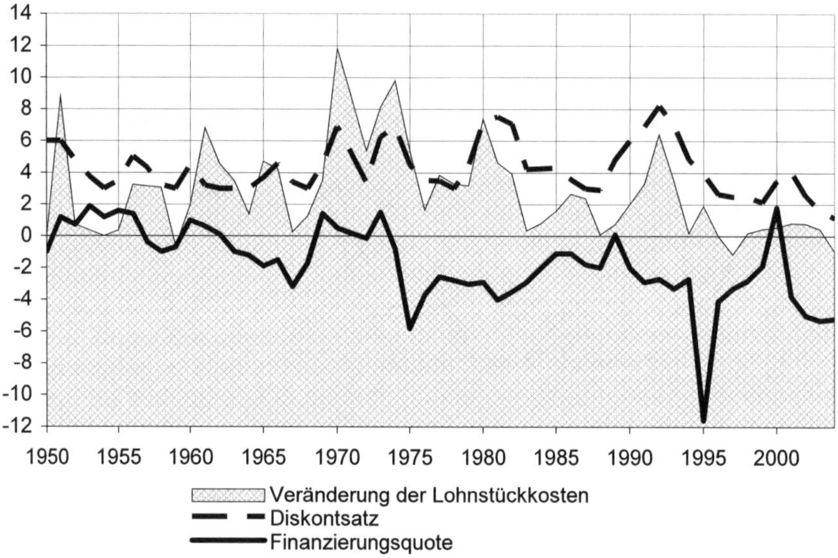

Bis 1990 früheres Bundesgebiet, ab 1991 Deutschland.

Finanzierungsquote: Finanzierungssaldo in Prozent BIP
1995: einmaliger Effekt durch die Übernahme der Schulden durch die Treuhandanstalt und eines Teils der Altschulden der ostdeutschen Wohnungswirtschaft in den öffentlichen Sektor; ohne deren Berücksichtigung ergibt sich eine Finanzierungsquote von -3,3 Prozent; *2000:* einmaliger Effekt durch den Verkauf der UMTS-Lizenzen in Höhe von 50,8 Mrd. Euro; ohne die Berücksichtigung ergibt sich eine Finanzierungsquote von -1,4 Prozent.

Quelle: Statistisches Bundesamt (2005): Fachserie 18, Reihe S. 26; Sachverständigenrat: Jahresgutachten (verschiedene Jahrgänge); Deutsche Bundesbank (2005): Monatsberichte. Zeitreihe su0115; Schmid/Wiebe (1999); eigene Berechnungen.

Die Arbeitsmarktpolitik beschränkte sich entsprechend auf die soziale Sicherung der Kerngruppen im Arbeitsmarkt und verfolgte keine weitergehenden Integrationsziele oder *Teilhabeziele* wie systematische Fortbildung für gering Qualifizierte. Die Gewerkschaften liefen mit ihren weitergehenden *Teilnahmezielen* der Wirtschaftsdemokratie auf. Diese Niederlage warf einen ungünstigen Schatten auf die Zukunft, da sie die Konzentration auf Teilhabeziele begünstigte, die in einer florierenden Wirtschaft leicht zu erreichen sind, nicht aber in einer Situation der Verteilungskämpfe. Damit wurde die strategische Fähigkeit eines wichtigen Partners im beschäftigungspolitischen Koordinationsspiel empfindlich geschwächt, nämlich in kritischen Situationen bei den Mitgliedern Frustrationstoleranz und Anpassungsbereitschaft zu erzeugen (Weßels 1999). Schließlich darf der Erfolg bei der

[18] Diese Zuschläge sind übrigens bis heute noch Bestandteil der Arbeitslosengeldleistungen.

Vollbeschäftigung nicht darüber hinwegtäuschen, dass sich im Hinblick auf andere wirtschaftspolitische Ziele Warnsignale ankündigten: steigende Inflation, steigende Staatsschulden und (Aus-)Bildungsdefizite. Die erste Beschäftigungskrise war schon vorprogrammiert.

3.2 Der ungeplante Weg in die Massenarbeitslosigkeit (1966-1982)

Das Auslaufen der günstigen Sonderbedingungen der Nachkriegszeit und die erste Rezession 1966/67 erschütterten den „kurzen Traum immerwährender Prosperität" (Lutz 1989) so stark, dass es einer Großen Koalition aus CDU/CSU und SPD (1966 bis 1969) bedurfte, um das Regierungsschiff wieder auf Kurs zu bringen (Lehmbruch 1999). Das Wirtschaftsministerium übernahm der Sozialdemokrat Karl Schiller, der mit dem Stabilitäts- und Wachstumsgesetz (StabG, 1967) ein keynesianisches Zwischenspiel in der Beschäftigungspolitik einleitete. Die danach folgende *sozial-liberale Ära Brandt/Schmidt* führte entsprechend der Parteiendifferenzthese diesen Paradigmenwechsel zunächst weiter: Zur koordinierten Beschäftigungspolitik gesellte sich mit dem Arbeitsförderungsgesetz (AFG) eine so genannte „aktive Arbeitsmarktpolitik", mit der die Arbeitsförderung feiner und vor allem vorausschauend gesteuert werden sollte. Die neue Regierung erhöhte auch deutlich die Leistungen passiver wie aktiver Arbeitsmarktpolitik. Auch die paternalistische Schlagseite des beschäftigungspolitischen Leitbildes der 1950er und 1960er Jahre wurde in Frage gestellt und die gleichberechtigte Teilhabe der Frauen in der Arbeitswelt eingefordert (Berghahn 1999). Der in den 1960er Jahren gebremste Anstieg der Frauenerwerbsquote kam wieder in Schwung (vgl. Abb. 8.3).

Bereits die ersten Jahre der Umsetzung konzertierter Arbeitsmarkt- und Beschäftigungspolitik deckten jedoch drei entscheidende institutionelle Brüche auf.[19] Erstens wurde eine konjunkturadäquate öffentliche Investitionsdynamik durch die föderative Struktur erschwert, wenn nicht gar unmöglich gemacht. Die Gemeinden als Hauptinvestoren waren weder zu einer ausreichenden Kreditschöpfung noch zu einer raschen Umsetzung von Investitionsplänen in der Lage. Zweitens minderte die sektorale Organisationsstruktur – wie die wilden Streiks Ende der 1960er Jahre und dann die überzogenen Lohnforderungen Anfang der 1970er Jahre zeigten[20] – die Verpflichtungsfähigkeit der Gewerkschaften zu einer nachhaltig moderaten Lohnpolitik. Drittens löste die Vorausschau z.B. des Qualifikationsbedarfs keine Handlungsprogramme aus, zumal die Prognosekapazität des zu diesem Zweck gegründeten Instituts für Arbeitsmarkt- und Berufsforschung bei der Bundesanstalt für Arbeit in rudimentären Ansätzen stecken blieb.[21]

---

[19] Zu Funktionsweise und Wirksamkeit des beschäftigungspolitischen Koordinationsspiels in der sozialdemokratischen Regierung der 1970er Jahre vgl. Scharpf (1987).

[20] Vgl. die Lohnstückkostenkurve in Abb. 8.2.

[21] Leider gilt das auch noch bis heute im Gegensatz zu den vorbildhaften Prognosesystemen in einigen anderen OECD-Ländern, vgl. Neugart/Schömann (2002).

Abbildung 8.3: Erwerbsquoten von Männern und Frauen

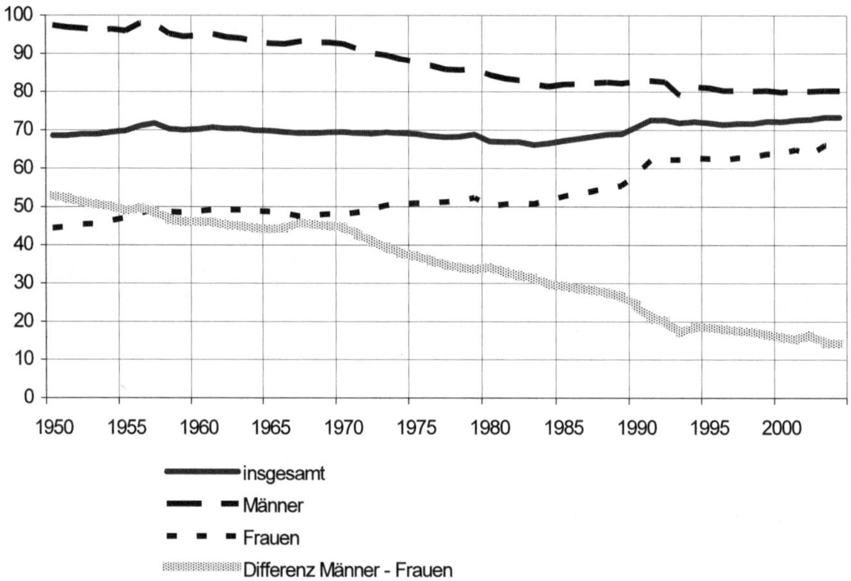

Bis 1990 früheres Bundesgebiet, ab 1991 Deutschland.

Erwerbsquote: Erwerbsquoten der 15-65jährigen.

Quelle: Schmid/Wiebe (1999); Statistisches Bundesamt (Hrsg.): Fachserie 1, Reihe 4.1.1., verschiedene Jahrgänge; Statistisches Jahrbuch, verschiedene Jahrgänge; Fachserie 1, Reihe 1; Bundesministerium für Arbeit und Sozialordnung (1999): Statistische Übersichten zur Sozialpolitik in Deutschland seit 1945. Band West; Bundesministerium für Arbeit und Sozialordnung: Hauptergebnisse der Arbeits- und Sozialstatistik, Heft 1957, 1967, 1976; Schmid/Oschmiansky (2005).

Der „Masterplan“ für eine Vollbeschäftigungspolitik ‚degenerierte' so schnell wieder zur pragmatischen Stückwerkpolitik. Diese wurde jedoch – im Sinne der Pfadabhängigkeit – durch die Filter der etablierten arbeitsmarktpolitischen Institutionen indirekt gelenkt. Dementsprechend führten die notwendigen Einsparmaßnahmen – wie vorausgesagt – zur Beschneidung der aktiven Arbeitsmarktpolitik, insbesondere ihres ursprünglich als präventiv gedachten Kernelements der Fortbildung und Umschulung. Obwohl das Berufsbildungsdefizit ein zentrales Problem blieb, wurde das während der Teilnahme an Bildungsmaßnahmen gezahlte Unterhaltsgeld 1976 gesenkt und eine Differenzierung zwischen notwendigen und zweckmäßigen Maßnahmen vorgenommen. In der Folge gingen die Ausgaben (vgl. Tab. 8.1) und die Zahl der Teilnehmer beruflicher Weiterbildungsmaßnahmen drastisch zurück. Das Ziel der Inklusion benachteiligter oder gering qualifizierter Arbeitnehmerinnen wurde verfehlt oder gar aufgegeben, ohne dass es zu einem Aufschrei der (die BA selbstverwaltenden) Sozialpartner gekommen wäre.

Je nach fiskalpolitischer Opportunität griff die Regierung zu arbeitsmarktpolitischen Sonderprogrammen, wobei das „Programm für Regionen mit besonderen Beschäftigungsproblemen“ 1979/80 in verschiedener Hinsicht besonders spektakulär und typisch für den nach wie vor interventionsfreudigen Zeitgeist war.[22] Zwar reagierte die sozial-liberale Koalition auf die zweite Ölpreiskrise wieder mit Leistungskürzungen (Haushaltsstrukturgesetz 1981), die Sozialdemokraten konnten aber nicht so weit gehen, wie es die Freidemokraten forderten.[23] Auch aus diesem Grund kam es zum Bruch der Koalition (1982) und zu Neuwahlen (1983).

3.3 Die angebotsorientierte Wende und die Auswirkungen der Wiedervereinigung (1982-1998)

Die Wende zur Angebotspolitik in der *christlich-liberalen Ära Kohl* entsprach eindeutig den Präferenzen der neuen Regierung. Die beschäftigungspolitische Koordination wurde aufgegeben und schon die erste Regierungserklärung machte deutlich, dass Vollbeschäftigung für Frauen (Betonung der Mutterrolle als Alternative zur Erwerbstätigkeit), Ausländer (Rückkehrförderung) und Ältere (Vorruhestandsangebote) sekundäre Ziele waren. Es blieb nur noch dem AFG vorbehalten, für ein hohes Beschäftigungsniveau zu sorgen. Damit wurde dieser Institution eine Aufgabe aufgebürdet, die sie – vor allem nach der Wiedervereinigung – schlechterdings überforderte. In Verbindung mit der Umtauschregelung der Ost- in Westmark von 1:1 bzw. 2:1[24] führte dies Anfang der 1990er Jahre zu einem „Vereinigungskeynesianismus wider Willen" (von Beyme 1994: 265), mit dem absurden Resultat, dass das Beschäftigungsäquivalent der aktiven Arbeitsmarktpolitik 1993 knapp zwei Millionen und 1998 immer noch 1,5 Millionen betrug.[25]

In der Arbeitsmarktpolitik übertönte jedoch die institutionelle Pfadabhängigkeit eindeutig die (durchschnittlichen) Präferenzen der Regierungsparteien. Die wichtigste Erklärung hierfür bietet die Vetospielertheorie, nach der die starke Stellung des arbeitnehmerfreundlichen Flügels der CDU (bis 1987 mit Arbeitsminister Blüm an der Spitze) einem von der FDP und der wirtschaftsnahen Fraktion der CDU/CSU geforderten weiteren Sozialabbau und der Einschränkung arbeitsmarktpolitischer Maßnahmen Paroli bot. Im Gegenteil: In keiner Regierungsperiode erreichte die aktive Arbeitsmarktpolitik höhere Entlastungseffekte als während der Ära Kohl – allerdings zum Schaden ihrer Effizienz, die, gemessen am Finanzaufwand, immer weiter sank. Statt Brücken in den ersten Arbeitsmarkt zu bauen, schuf die Blüm'sche Arbeitsmarktpolitik zunehmend „Brücken" als Einbahnstraßen in die Frühverrentung und Inaktivität oder „Brücken" in Form von Aufbewahrungsmaßnahmen mit Drehtüreffekten (Schmid 2002: 235-322).

Aber Parteipräferenzen und Vetospielertheorem reichen nicht aus zu erklären, warum der Bundesanstalt für Arbeit und der Arbeitslosen-Versichertengemeinschaft immer mehr Aufgaben aufgebürdet wurden, bis gewissermaßen der Esel unter der Last zusammensackte. Die Unfähigkeit zu grundlegenden Reformen ist in der föderalen und korporatistischen Politikverflechtung zu sehen, die verhinderte, dass die Finanzierung wenigstens eines Groß-

[22] Vgl. zur Beschreibung und Evaluation dieses Sonderprogramms Scharpf u.a. (1982), Schmid/Peters (1982).

[23] Zu den Forderungen der Freidemokraten vgl. insbesondere das zum Bruch führende neoliberale Memorandum von Otto Graf Lambsdorff vom 12. September 1982: Konzept für eine Politik der Überwindung der Wachstumsschwäche und zur Bekämpfung der Arbeitslosigkeit, in: Neue Bonner Depesche 9/82, S. 3ff.

[24] Im Zuge der Währungsunion wurden die Sparguthaben bis zum Höchstbetrag von 4000 M (bei Personen ab dem 60. Lebensjahr bis 6000 M) 1:1, darüber hinaus 2:1 in DM umgetauscht.

[25] Vgl. Tabelle 5.1a in Schmid (2002: 243); dabei sind die Entlastungseffekte durch Vorruhestandsregelungen schon herausgerechnet, obwohl diese zum Teil ebenfalls durch die Arbeitslosenversicherung mitfinanziert wurden.

teils der aktiven Arbeitsmarktpolitik allen Steuerzahlern aufgebürdet wurde. Auch die 1984/85 vordergründige sozialpolitische – aber arbeitsmarktpolitisch wenig sinnvolle – Wohltat der Verlängerung des Arbeitslosengeldbezugs ist letztlich auf einen faulen Kompromiss zwischen Finanzministerium und Arbeitsministerium zurückzuführen: Der Finanzminister erhielt eine willkommene Entlastung der steuerfinanzierten Arbeitslosenhilfe (die sonst nach 12 Monaten Arbeitslosigkeit fällig war), und der Arbeitsminister grünes Licht, das Niveau der Beitragssätze aufrechtzuerhalten und mit der aktiven Arbeitsmarktpolitik weiterzuwirtschaften.

Tabelle 8.1: Ausgaben für Arbeitsmarktpolitik in der Bundesrepublik Deutschland 1975 bis 2004 in Mrd. €

	1975	1977	1982	1989	1991	1997	2004
Saisonale Maßnahmen	0,6	0,7	1,1	0,5	0,8	0,2	0,2
Konjunkturelle Maßnahmen	1,1	0,3	1,1	0,2	5,4	0,5	0,7
Berufliche Bildung	1,5	0,8	1,9	3,3	6,6	7,7	6,2
Berufliche Rehabilitation	0,2	0,2	1,0	1,5	1,9	2,3	3,2
Beschäftigungsschaffende Maßnahmen	0,1	0,3	0,5	1,7	3,1	4,8	1,7
Förderung der Selbständigkeit						0,5	2,9
Sonstige arbeitsmarktpolit. Maßnahmen	0,4	0,4	0,4	1,2	2,1	1,9	4,1
Summe "Aktive Arbeitsmarktpolitik"	**3,8**	**2,7**	**6,1**	**8,5**	**19,8**	**18,4**	**19,0**
(in % BIP)	*0,7*	*0,4*	*0,7*	*0,7*	*1,3*	*1,0*	*0,9*
(in % aller Ausgaben)	*40,2*	*31,3*	*30,7*	*34,4*	*48,7*	*26,5*	*25,6*
Arbeitslosengeld	4,0	3,2	9,2	9,0	12,1	30,3	29,1
Arbeitslosenhilfe	0,5	0,8	2,6	4,2	3,7	14,3	18,8
Konkursausfallgeld	0,1	0,8	0,3	0,1	0,2	1,2	1,4
Vorruhestandsgeld/Altersübergangsgeld				0,3	1,5	1,0	1,2
Summe "Passive Arbeitsmarktpolitik"	**4,6**	**4,8**	**12,1**	**13,6**	**17,5**	**46,8**	**50,5**
(in % BIP)	*0,9*	*0,8*	*1,5*	*1,2*	*1,2*	*2,5*	*2,3*
Verwaltung der Bundesagentur für Arbeit	1,1	1,2	1,7	2,5	3,3	4,2	4,9
Arbeitsmarktpolitik insgesamt	**9,5**	**8,7**	**19,9**	**24,6**	**40,7**	**69,4**	**74,4**
(in % BIP)	*1,8*	*1,4*	*2,4*	*2,1*	*2,7*	*3,7*	*3,4*
Defizit/Überschuss der BA	-4,4	-1,0	-3,6	-1,0	-0,9	-4,9	-4,2

Quelle: Schmid/Wiebe (1999: 373); Bundesanstalt für Arbeit: Arbeitsstatistik, Jahreszahlen, verschiedene Jahrgänge; Amtliche Nachrichten der Bundesagentur für Arbeit, Heft 2/2005, S. 212ff.; Sachverständigenrat (2004): Jahresgutachten 2004/05, S. 654; IAB Kurzbericht Nr. 7/2004, S. 2; Berechnungen des IAB (Forschungsbereich 4); eigene Berechnungen.

Wie wenig arbeitnehmerfreundlich die Blüm'sche Politik letztlich war, zeigte sich mit den stark auf die Bundesanstalt für Arbeit zurückfallenden Kosten der Wiedervereinigung und der Instrumentalisierung der Arbeitslosenversicherung zur „sozialverträglichen Beschäftigungsanpassung", sprich Frühverrentung. Die enormen – und vor allem nachhaltend bis heute und in die Zukunft wirkenden – Kosten dieser Maßnahmen waren allen Verantwortlichen in der Politik klar, aber die kostentragenden Esel (die Arbeitslosen- und Rentenversicherung) standen nicht in der politischen Verantwortung.[26] Selbst der langjährige Staatssekretär im Arbeitsministerium, der Sozialdemokrat Werner Tegtmeier (2003), bekannte später, dass es der Regierung erst in der zweiten Hälfte der 1990er Jahre gelang, gegen den Widerstand der Sozialpartner (also Arbeitgeber und Gewerkschaften) dieser Ausbeutung der Arbeitslosen- und Rentenversicherung Einhalt zu gebieten.[27]

Die vorausgesagte Tendenz der Verschiebung von Anpassungskosten auf die Sozialversicherungsträger kam nach der Wiedervereinigung deutlich in der drastischen Erhöhung der Beitragssätze zur BA auf kurzfristig 6,8 Prozent, dann – bis 2005 bleibenden – 6,5 Prozent zum Ausdruck. Nicht nur beschäftigungspolitisch, sondern auch verteilungspolitisch ist diese Entscheidung kritisch zu beurteilen. Die steigenden Lohnnebenkosten verteuern die Arbeit und belasten so insbesondere die lohnintensiven Sektoren, also die personenbezogenen und handwerklichen Dienstleistungen. Es widerspricht zudem der Verteilungsgerechtigkeit, mit den Kosten, die aus der Schocktherapie resultierten, überwiegend die Arbeitseinkommen zu belasten. Andere Einkommensarten, insbesondere Vermögenseinkommen und spekulative Gewinne, hätten stärker zur Finanzierung herangezogen werden können. Auch die Chance einer breiteren Vermögensbeteiligung wurde versäumt. Eine Politik der investiven Anlage der entwerteten Geldvermögen in der DDR und eine Beteiligung am Produktivvermögen wären eine Alternative zur Politik der hektischen Privatisierung und raschen Lohnangleichung gewesen, die für die Beschäftigung verheerende Auswirkungen hatte (vgl. hierzu vor allem Sinn/Sinn 1992).

Die Entscheidungen auf der Ausgabenseite der Arbeitsmarktpolitik sind zum Teil zwar zwiespältig, insgesamt aber positiver zu beurteilen. Vereinfachende Sonderregelungen hatten den massenhaften Einsatz aktiver Arbeitsmarktpolitik erleichtert. Tatsächlich nahm zwischen November 1989 und November 1994 mehr als die Hälfte (57 Prozent) der erwerbsfähigen Ostdeutschen, zum Teil mehrfach, an arbeitsmarktpolitischen Maßnahmen teil (Brinkmann 1995). Der überwiegende Entlastungseffekt entfiel auf Kurzarbeit, ABM und Weiterbildung, was sich auch in der Ausgabendynamik für aktive Arbeitsmarktpolitik widerspiegelt (vgl. Tab. 8.1). Zwar stieg mit zunehmender Dauer der Beschäftigungskrise die Einsicht, dass Arbeitsmarktpolitik stärker mit Strukturpolitik zu verknüpfen sei, was zu dem in den 1990er Jahren viel diskutierten Lohnkostenzuschussprogramm Ost (§ 249 AFG) führte.[28] Aber selbst die Innovationsfreudigkeit in den Implementationsstrukturen (z.B. der Aufbau von Netzwerken, Verhandlungssystemen und Beschäftigungsgesellschaften)[29] und die zahllosen Änderungen des AFG konnten letztlich weder eine entscheidende Verbesse-

[26] „Die sozialversicherungsrelevanten Kosten von Frühverrentungen bisherigen Stils dürften der Öffentlichkeit und den handelnden Akteuren der Sozialpartner seinerzeit durchaus geläufig gewesen sein. Sie wurden unter den damals bestehenden Rahmenbedingungen [zweite Hälfte der 1990er Jahre, d.A.] modellartig für 100 Tsd. Personen (bei zweijähriger Bezugsdauer von Arbeitslosengeld ab dem 58. Lebensjahr und anschließendem Rentenbezug ab Alter 60) mit rd. 22 Mrd. DM beziffert: Kosten der BA 9,2 Mrd. DM, Kosten der Rentenversicherung (RV) 12,7 Mrd. DM“ (Tegtmeier 2003: 99).

[27] Freilich mit dem Effekt, dass die Einschränkungen von der nachfolgenden Regierung (mit dem bezeichnenden Wortungetüm „Entlassungsentschädigungs-Änderungsgesetz“ vom 24. März 1999) gleich wieder zurückgenommen wurden; dasselbe Schicksal erlebte der noch von Blüm durchgesetzte demografische Faktor in der Rente, der dann einige Jahre später wieder schamhaft als Nachhaltigkeitsfaktor eingeführt wurde.

[28] Zu dessen Evaluation vgl. Rabe (2000).

[29] Zu deren Evaluation vgl. vor allem Hild (1997) und Knuth (1996).

rung der Arbeitsmarktlage in Ostdeutschland, noch eine nachhaltige Steigerung der Effektivität und Effizienz der Arbeitsmarktpolitik herbeiführen.[30]

Dieses seit Mitte der 1990er Jahre erkennbare Scheitern auf der einen Seite und der schwindende Einfluss des Arbeitnehmerflügels der CDU auf der anderen Seite gaben schließlich den Ausschlag zu einer grundlegenderen Novelle des AFG im so genannten Arbeitsförderungsreformgesetz (1997), das die Arbeitsförderung in das Sozialgesetzbuch (SGB III) integrierte (Zohlnhöfer 2001a, b). Dieses Gesetz trug deutlich den Stempel des liberalen Partners und des wirtschaftsorientierten Flügels der CDU. Es verzichtete nun auch de lege auf die Zielgrößen „hoher Beschäftigungsstand" und „Vermeidung unterwertiger Beschäftigung" und formulierte als neues Leitbild die Selbstverantwortung der Arbeitsmarktbeteiligten, insbesondere der Arbeitnehmer/innen. Die Zumutbarkeit einer neuen Beschäftigung für Arbeitslose wurde durch die Beseitigung des Statusschutzes (Qualifikation) grundlegend verschärft, und der Versicherungsschutz wurde durch die Anrechenbarkeit von Abfindungen auf das Arbeitslosengeld weiter auf seinen Kernbestand reduziert. Der Sozialabbau spiegelt sich auch deutlich in der Verminderung der Lohnersatzleistungen im Krankheitsfall[31] und in der Verschärfung von Sozialplanregelungen wider. Im Gegenzug wurde die Befähigung zur Selbstverantwortung nur durch wenige und kaum wirksame neue Instrumente der Arbeitsförderung unterstützt, etwa durch auf maximal sechs Monate befristete Eingliederungsverträge oder mittels Einstellungszuschüssen für kleine neu gegründete Unternehmen.[32]

Der liberale Stempel der späten christlich-liberalen Ära ist auch in der weiteren Deregulierung des Arbeitsrechts erkennbar, einerseits in der weiteren Erleichterung befristeter Arbeitsverträge (Beschäftigungsförderungsgesetz 1990 und 1994), andererseits in der Änderung des – bisher im Tabubereich bleibenden – Kündigungsschutzrechts, die den Geltungsbereich des Kündigungsschutzes auf Betriebe mit über zehn Beschäftigten (statt wie bisher über fünf) eingrenzte.[33]

Wenig beachtet wurde bisher der immer stärker werdende Einfluss außenwirtschaftlicher und transnationaler Rahmenbedingungen auf die nationalen arbeitsmarkt- und beschäftigungspolitischen Entscheidungen. So brach das Vermittlungsmonopol der Bundesanstalt für Arbeit letztlich erst auf Druck des Europäischen Gerichtshofs, welcher der Klage eines privaten Arbeitsvermittlers Recht gab. Die Bundesanstalt für Arbeit wurde auch nicht erst mit den Hartz-Gesetzen zur Modernisierung ihrer Dienstleistungen gedrängt. Die Organisationsreform „Arbeitsamt 2000" wurde zwar einerseits vor allem von den Gewerkschaften in der Selbstverwaltung der BA seit 1994 vorangetrieben, andererseits wurde sie immer wieder von neuen Steuerungskonzepten aus anderen Ländern, nicht zuletzt auch von Anstößen der OECD und der Europäischen Kommission langsam in Fahrt gebracht.[34]

---

[30] Zur einschlägigen Literatur vgl. Heinelt/Weck (1998), Rabe/Schmid (1999), Schmid (2002), Rosenfeld et al. (2000), Hagen/Steiner (2000), Schmidt/Zimmermann u.a. (2001).

[31] Durch die Änderung des Entgeltfortzahlungsgesetzes zum 1.10.1996 wurde für Arbeitnehmer das zustehende Arbeitsentgelt im Krankheitsfall von 100 Prozent auf 80 Prozent herabgesetzt.

[32] Zur Bewertung des Arbeitsförderungsreformgesetzes vgl. Gottschall/Dingeldey (2000) und Rabe/Schmid (1999).

[33] Zu einem Überblick und zur Evaluierung dieser Deregulierungsmaßnahmen vgl. Keller/Seifert (1998).

[34] In diesem Zusammenhang sind vor allem die einflussreiche, stark angebotsorientierte OECD-Jobstudie (1994) sowie das (leider weniger einflussreiche) eher keynesianisch angehauchte Weißbuch des EU-Präsidenten Jacques Delors (European Commission 1993) zu erwähnen. Zur Bedeutung der Diffusion von neuen Management- und Steuerungskonzepten in die Organisation von öffentlichen Arbeitsverwaltungen vgl. u.a. Schütz (2001). Die inneren Reformen der BA verliefen allerdings so schleppend, dass mit dem „Vermittlungsskandal" zu Beginn des

Von besonders großer Tragweite waren die im Zuge der Europäischen Währungsunion formulierten Maastricht-Kriterien und der maßgeblich von der Bundesregierung gezimmerte Stabilitäts- und Wachstumspakt, der die Regierungen vor allem zu einem Abbau der Staatsschulden (Messlatte 60 Prozent des BIP) und zu einer Begrenzung des Budgetdefizits (Messlatte 3 Prozent des BIP) verpflichtete und die Bundesbank zu einer restriktiven Geldpolitik (Messlatte 2 Prozent Inflation) ermunterte. Vor allem in der Endphase der Ära Kohl, also 1996 bis 1998, konterkarierten zwei Akteure im Trio des beschäftigungspolitischen Koordinationsspiel die (noch) auf Vollbeschäftigung orientierte Arbeitsmarktpolitik in massiver Weise: Während die Gewerkschaften ihre Lohnforderungen im Zaum hielten (und 1996 sogar einen – von Kohl abgelehnten – Beschäftigungspakt anboten), hielt die Bundesbank – obwohl das Inflationsziel längst unterschritten wurde – an ihrem restriktiven geldpolitischen Kurs fest, und der Finanzminister befleißigte sich eines extremen Sparkurses, um gegenüber Brüssel als Musterschüler dazustehen (Bofinger 2004: 91-98). Resultat war ein massiver Rückgang öffentlicher Investitionen sowie eine starke Unterauslastung des Wachstumspotentials mit der Folge steigender Arbeitslosenzahlen und zurückgehender Beschäftigung.[35] Ganz im Sinne fiskalpolitischer Opportunitäten versuchte die Bundesregierung zwar noch, die Wahlen im Herbst 1998 durch ABM-Spritzen zu beeinflussen, aber der „Blüm-Bauch“ steigender ABM-Teilnehmer und entsprechend leicht fallender Arbeitslosenzahlen war ein so offensichtliches wahltaktisches Manöver, dass die Wähler nicht mehr darauf hereinfielen.

3.4 Der glücklose Weg zur „Reformagenda 2010“ (1998-2005)

Die rot-grüne Koalitionsregierung übernahm im Herbst 1998 ein schwieriges Erbe. Die Verschuldung des Bundes war auf weit über eine Billion D-Mark gestiegen, jede vierte Mark an Steuereinnahmen musste für die entsprechenden Zinslasten ausgegeben werden. In der *Beschäftigungspolitik* stand daher – als sachgesetzlich-ökonomische Restriktion – die fiskalische Konsolidierung an vorderster Stelle, de facto spätestens seit dem Wechsel von Hans Eichel zum Finanzminister, nachdem der „Keynesianer“ Oskar Lafontaine das Handtuch geworfen hatte. Darüber hinaus prägte auch die stark angebotsorientierte Europäische Beschäftigungsstrategie (Schmid/Kull 2004), vor allem nach dem Gipfel in Lissabon, das Leitbild der deutschen Arbeitsmarkt- und Beschäftigungspolitik. Insbesondere das berühmt-berüchtigte Blair-Schröder-Papier[36] machte deutlich, dass der Blick zunehmend nach außen gerichtet und auch gegenüber Inspirationen liberaler Beschäftigungsregimes offen war. Die Hoffnungen richteten sich vor allem auf eine große Steuer- und Abgabenreform sowie – ganz im Sinne der Parteipräferenzthese – auf eine Neubelebung der beschäfti-

---

Jahres 2002 das ‚Fass arbeitsmarktpolitischer Ineffizienz’ gewissermaßen zum Überlaufen kam; zur Effizienz der Arbeitsämter vgl. Mosley u.a. (2003).

[35] Das Desaster des beschäftigungspolitischen Koordinationsspiels lässt sich wieder deutlich in den Kurven der Abb. 8.1 und 8.2 ablesen.

[36] Vgl. „Der Weg nach vorne für Europas Sozialdemokraten. Ein Vorschlag von Gerhard Schröder und Tony Blair vom 8. Juni 1999“, Wortlaut zitiert in: Blätter für deutsche und internationale Politik, H. 7, 1999, S. 887-896. Kernpunkt dieses Memorandums war eine „neue angebotsorientierte Agenda für die Linke“ bzw. eine „angebotsorientierte Arbeitsmarktpolitik der Linken“, u.a. kulminierend in der Forderung: „Der Arbeitsmarkt braucht einen Sektor mit niedrigen Löhnen, um gering Qualifizierten Arbeitsplätze verfügbar zu machen.“

gungspolitischen Koordination durch ein „Bündnis für Arbeit und Ausbildung" (Regierungserklärung Schröder am 10. November 1998).

Dem „Bündnis für Arbeit, Ausbildung und Wettbewerbsfähigkeit", wie es schließlich hieß, war jedoch nur mäßiger Erfolg beschieden. Teilnehmer im Bündnis waren – im Gegensatz zur „Konzertierten Aktion" – wenige Spitzenverbände der Sozialpartner und fünf Bundesministerien.[37] Die Fäden liefen in einer Steuerungsgruppe beim Chef des Bundeskanzleramts zusammen, die von einer „Benchmarking-Gruppe" wissenschaftlich beraten wurde.[38] Außerdem erarbeiteten insgesamt neun paritätisch zusammengesetzte Arbeitsgruppen[39] Positionspapiere und Vorschläge, die zum Teil in Gesetzesform gegossen wurden.[40] Das Fehlen eines entscheidenden Akteurs in diesem beschäftigungspolitischen Koordinationsspiel, nämlich der Bundesbank, macht jedoch den veränderten Charakter dieses „Bündnisses" gegenüber der „Konzertierten Aktion" deutlich. Der theoretische Überbau einer an Keynes orientierten Makrosteuerung nationaler Volkswirtschaften fehlte. Ein solcher war teilweise auch obsolet geworden, weil die Geldpolitik an die Europäische Zentralbank übergegangen war und die Fiskalpolitik durch den Stabilitätspakt geknebelt wurde. Darüber hinaus erklärten die Gewerkschaften in den Spitzengesprächen[41] – nicht zuletzt auch in Erinnerung an die wilden Streiks Ende der 1960er Jahre – die Tarifpolitik zum Tabu, so dass „Tauschgeschäfte" im Dreieck Geld-, Fiskal- und Lohnpolitik von vorneherein ausgeschlossen waren.

In der *Arbeitsmarktpolitik* machte die rot-grüne Koalition – getreu der Parteiendifferenzthese – zunächst einige Reformen ihrer christlich-liberalen Vorgängerin rückgängig: Die geringfügige Beschäftigung wurde wieder sozialversicherungspflichtig, die Lohnfortzahlung bei Krankheit wieder auf 100 Prozent heraufgesetzt und die kleine – aber symbolisch wichtige – Veränderung im Kündigungsschutzgesetz wieder zurecht gerückt. Durch ein öffentlichkeitswirksames Sofortprogramm zur Bekämpfung der Jugendarbeitslosigkeit verschaffte sich die Regierung auf dem Arbeitsmarkt einen Befreiungsschlag: Für 100.000 jugendliche Arbeitslose sollten Ausbildungs- oder Arbeitsstellen geschaffen werden, deren jährliche Kosten von etwa einer Mrd. Euro dann auch bald – getreu der fiskalpolitischen Verdrängungsthese – der Bundesanstalt für Arbeit zugeschoben wurden. Damit war der arbeitsmarktpolitische Ehrgeiz des Arbeitsministers Riester weitgehend erschöpft; in seiner verbleibenden Amtszeit widmete er sich fast ausschließlich der Rentenreform.[42] ‚Pünktlich' im Sinne des politischen Konjunkturzyklus, d.h. etwa anderthalb Jahre vor den Wahlen, zog Kanzler Schröder wie auch schon viele seiner Vorgänger in der Geschichte der Arbeits-

[37] Zur formalen Struktur und Gesamteinschätzung vgl. Ramge (2003).

[38] Diese anfangs vierköpfige Gruppe (Fels, Heinze, Pfarr, Streeck, 2001 erweitert um G. Schmid) produzierte mehrere Gutachten zu Fragen des Niedriglohnsektors, der Arbeitszeit-, Arbeitsmarkt-, Weiterbildungs- und Geschlechterpolitik und initiierte insbesondere einen umfassenden Leistungsvergleich („Benchmarking"-Bericht) der Bundesrepublik im internationalen Vergleich (Eichhorst/Profit/Thode 2001), dessen Analysen und Empfehlungen dann aber von der Bundesregierung kaum zur Kenntnis genommen wurden.

[39] Ein Großteil dieser Arbeitsgruppen war allerdings kaum aktiv; am ‚produktivsten' waren wohl die AGs Aus- und Weiterbildung, Arbeitsmarktpolitik und Arbeitszeitpolitik.

[40] Beispielsweise das JobAQTIV-Gesetz mit Wirkung zum 1.1.2002, das den Handlungsspielraum der Arbeitsämter vor Ort erweiterte, Vermittlungsgutscheine einführte und die Arbeitsverwaltung zur verstärkten Kooperation mit Dritten aufforderte.

[41] Insgesamt acht solcher Spitzengespräche fanden statt; das Bündnis endete de facto am 3.3.2003.

[42] Diese bescherte ihm sogar – was seinem Vorgänger Blüm in 16 Jahren Reformaktivismus nicht gelungen war – einen bleibenden Namen in der Gesetzesgeschichte.

marktpolitik die „Faulheitskarte“ und zweifelte in der Bildzeitung den Arbeitswillen der Arbeitslosen an.[43]

Erst nach einem Skandal um gefälschte Vermittlungszahlen der BA trat die genuine Arbeitsmarktpolitik wieder in den Vordergrund. Dieser Vermittlungsskandal[44] eröffnete der Regierung ein „Gelegenheitsfenster“, wie es im Lehrbuch steht: Das zu reformierende Objekt – die bisher uneinnehmbare Festung der Bundesanstalt für Arbeit und mit ihr die „Selbstverwaltung“ durch die Sozialpartner – war blamiert und der öffentlichen wie medialen Empörung ausgesetzt. Die bis dahin ausgebliebenen Erfolge der Arbeitsmarktpolitik sowie die Rezession (2002) hatten den notwendigen Problemdruck verschärft, und symbolträchtiger Aktivismus angesichts bevorstehender Wahlen erschien opportun. Darüber hinaus ermöglichte die mit der Skandalisierung der BA verbundene Schwäche der Gewerkschaften der Regierung, dem direkten (Empfehlungen der OECD und EU) und indirekten (Verlust an makropolitischer nationaler Manövrierfähigkeit) internationalen Druck zu angebotsorientierten Arbeitsmarktreformen nachzugeben.[45]

Schon im Vorfeld der Wahlen und schließlich in der Regierungserklärung vom 29. Oktober 2002 versprach Schröder, die von der Hartz-Kommission vorgelegten Vorschläge „Eins zu Eins“ umzusetzen (Hartz u.a. 2002). Die Vorschläge der Kommission[46] waren in 13 Modulen zusammengefasst und betrafen vor allem verschiedene Ansätze zur Beschleunigung der Arbeitsvermittlung, PersonalserviceAgenturen (PSA) zur Verbesserung der Vermittlungschancen von Arbeitslosen durch Zeitarbeit (Arbeitnehmerverleih), sozialversicherungsfreie Minijobs für Dienstleistungen in privaten Haushalten, niedrigschwellige Existenzgründungen durch dreijährige Zuschüsse („Ich-AG“), Reorganisation der Bundesanstalt für Arbeit zu einem modernen Dienstleistungsunternehmen (Bundesagentur für Arbeit) und die folgenreiche Zusammenlegung von Arbeitslosenhilfe und Sozialhilfe zu einer Grundsicherung für Langzeitarbeitslose und erwerbsfähige Sozialhilfeempfänger, dem so genannten Arbeitslosengeld II.

Allerdings zeigten die langwierigen Verhandlungen bei allen vier Hartz-Gesetzen, insbesondere beim zustimmungspflichtigen Gesetz zur Grundsicherung für Arbeitslose (Hartz IV), dass die rot-grüne Koalition Vetopositionen sowohl innerhalb der eigenen Fraktionen (vor allem beim „linken“ Flügel der SPD und bei den Gewerkschaften) als auch im mehrheitlich von den Oppositionsparteien bestimmten Bundesrat nicht umspielen konnte. Sie war deshalb zu starken Abstrichen oder Änderungen gezwungen, so dass von den Hartz-Vorschlägen am Ende etwa ein Drittel originalgetreu, ein Drittel mit starken Abänderungen und ein Drittel gar nicht umgesetzt wurde (Jann/Schmid 2004).

4 Der Mensch denkt, die Institution lenkt

Der Traum der Vollbeschäftigung war ein kurzer. Er ist – ursprünglich für Familienväter geträumt – auch einer, der nicht mehr als Leitbild dienen kann. Heute stehen wir zwar vor einer regional und sozialökonomisch immer noch sehr differenzierten hohen Arbeitslosig-

[43] Zur detaillierten Beschreibung und Bewertung des sanktionspolitischen Konjunkturzyklus vgl. Oschmiansky/Schmid/Kull (2003).
[44] Der Bundesrechnungshof stellte fest, dass etwa ein Drittel der Vermittlungszahlen der BA gefälscht war und etwa ein Drittel nicht der gesetzlichen Definition entsprach.
[45] Vgl. hierzu u.a. auch Neugart (2005).
[46] Zur Zusammensetzung, zum Ablauf und zur Einschätzung dieser Kommission vgl. Schmid (2003).

keit.[47] Diese könnte aber bei weiter anhaltend schwacher Reformdynamik tatsächlich in Massenarbeitslosigkeit umschlagen, so wie sie von großen Teilen der Öffentlichkeit auch schon längst wahrgenommen wird. Der deutsche Arbeitsmarkt leidet an chronischer Wachstumsschwäche und entsprechend mangelnder Beschäftigungsdynamik. Darüber hinaus stellt der grundlegende Wandel der Beschäftigungsverhältnisse die deutsche Arbeitsmarkt- und Beschäftigungspolitik vor große Herausforderungen: Die unbefristete Vollzeitbeschäftigung verliert in Folge der Erosion interner Arbeitsmärkte an Bedeutung; prekäre Selbständigkeit und Scheinselbständigkeit nehmen zu; hybride Arbeitsverhältnisse in Zeitarbeitsfirmen, Beschäftigungsgesellschaften und Personalagenturen breiten sich aus; die Jugendarbeitslosigkeit steigt in Verbindung mit einer Krise des Ausbildungssystems an; die Schattenwirtschaft blüht; die Erwerbsbevölkerung schrumpft weiter, wenn die Geburtenrate so niedrig bleibt und eine geregelte Zuwanderung unterbleibt; schließlich wird die Vereinbarkeit von Familie und Beruf wegen der gewünschten steigenden Frauenerwerbstätigkeit und wegen der Notwendigkeit des lebenslangen Lernens immer voraussetzungsvoller. Für die künftige Effektivität der arbeitsmarkt- und beschäftigungspolitischen Institutionen ist deshalb die anfangs aufgeworfene Frage nach der Lern- und Reformfähigkeit des politischen Systems von zentraler Bedeutung. Was lehrt uns der Rückblick auf 55 Jahre Arbeitsmarkt- und Beschäftigungspolitik?

Die (west-)deutsche Arbeitsmarkt- und Beschäftigungspolitik war durchaus lern- und anpassungsfähig. Das Arbeitsförderungsgesetz selbst, schließlich dessen über 100 Veränderungen einschließlich 15 größerer Novellen sprechen Bände. Seit Mitte der 1990er Jahre ist die Organisation der Arbeitsverwaltung in Dauerreform, seit den Hartz-Gesetzen zum Teil durchaus in grundlegender Weise und ohne absehbares Ende. Vor allem die Grundsicherung für Arbeitslose – gesetzestechnisch als Hartz IV bekannt – bedeutet einen tiefen Einschnitt in die sozialstaatlichen Traditionen. Sie beendete sowohl die unbefristete (lohnbezogene) Statussicherung für bedürftige Langzeitarbeitslose, als auch – von 69 Optionskommunen abgesehen – die finanzielle und institutionelle Zuständigkeit der Kommunen für erwerbsfähige Sozialhilfeempfänger. Da diese Reform zunächst schnell klare Verlierer, bislang aber nur diffuse Gewinner hervorbrachte, trug sie maßgeblich zur Niederlage der SPD bei den Wahlen in Nordrhein-Westfalen bei, die Schröder zur Vertrauensfrage im Parlament veranlasste und schließlich zu Neuwahlen führte.

Ob die Regierung in der 16. Legislaturperiode den begonnenen grundlegenden Reformprozess zu einem guten Ende weiterführen kann, ist derzeit nicht absehbar. Der theoretische Bezugsrahmen weist darauf hin, dass die Voraussetzungen hoch sind, und auch der Rückblick stimmt nicht gerade optimistisch. Immer wieder wird deutlich, wie stark die Entwicklung letztlich von bestimmten, etablierten Institutionen gesteuert wird. Gegen das in großen Teilen veraltete Leitbild der Vollbeschäftigung[48], eine oft auf Kosten Dritter

[47] Die Arbeitslosenquoten der 181 Arbeitsagenturen schwankten im April 2005 z.B. zwischen 4,7 Prozent (Freising) und 26,4 Prozent (Sangerhausen), die Arbeitslosenquoten nach formaler Qualifikation lagen 2004 zwischen 4,0 Prozent der Arbeitslosen mit Hochschul- und Fachhochschulabschluss und 24,6 Prozent der Arbeitslosen ohne berufliche Qualifikation.

[48] Dazu, unter vielen Beiträgen, Berghahn (1999), Gottschall/Dingeldey (2000) und Schmid (2002). Es bleibt ein Rätsel und ein politikwissenschaftliches Forschungsdesiderat, warum das Leitbild der partnerschaftlichen Erwerbsfamilie in Deutschland noch kaum Fuß gefasst hat und warum die Frauenbewegung in Deutschland darauf bisher so wenig Einfluss (genommen) hat.

agierende ‚Sozialpartnerschaft'[49] und einen verflochtenen, Reformen blockierenden oder verzerrenden[50] Föderalismus kommen die verantwortlichen Akteure nicht an, selbst wenn sie guten Willens und voller zukunftstauglicher Ideen sind. Vor allem zeigte sich, wie der zeitweise Erfolg der deutschen Arbeitsmarktpolitik paradoxerweise zu ihrem Verhängnis wurde. Sie bot den arbeitsmarkt- und beschäftigungspolitischen Akteuren immer wieder Gelegenheiten, sich auf Kosten Dritter – insbesondere der Langzeitarbeitslosen und der zunehmenden Zahl von prekär Beschäftigten – aus der Affäre zu ziehen. Infolge der bislang noch starken regionalen und sozialen Differenzierung der ‚Massenarbeitslosigkeit' wurden die Regierungen zu grundlegenden Reformen letztlich auch gar nicht herausgefordert.

Für die deutsche Arbeitsmarkt- und Beschäftigungspolitik bestätigt sich am Ende weitgehend die klassische Einsicht von Karl Deutsch (1966: 111) „Macht ist die Fähigkeit, nicht lernen zu müssen". Selbst die jüngsten so genannten ‚Hartz-Reformen' brachen nur partiell mit deutschen sozialstaatlichen Traditionen. Der mit Hartz IV erfolgte scharfe Schnitt zwischen Lohnersatzleistungen und Grundsicherung könnte sogar die Bismarck'sche Pfadabhängigkeit, d.h. das Versicherungsprinzip, wieder stärken (Kemmerling/Bruttel 2005). Die weiter drohende Massenarbeitslosigkeit, der Handlungsdruck durch die Erweiterung der Europäischen Union und durch die fortschreitende Internationalisierung der Wirtschaft, die Anstöße durch transnationale Akteure wie die Europäische Kommission und den Europäischen Gerichtshof könnten jedoch Antriebskräfte für weitere grundlegende Reformschritte in der Arbeitsmarktpolitik sein. Dazu wird es jedoch nur kommen, wenn die Macht dreier Basisinstitutionen, die politischem Lernen bisher im Wege standen, eingedämmt oder in produktive Bahnen gelenkt werden kann: die Macht der zur Exklusion tendierenden Sozialpartnerschaft, des bis zur Handlungsunfähigkeit lähmenden Föderalismus und des unzeitgemäßen, letztlich noch am männlichen Ernährer orientierten Leitbilds der Vollbeschäftigung.

5 Literatur

Adenauer, Konrad, 1949: Regierungserklärung des Bundeskanzlers Konrad Adenauer vom 20. September 1949. (http://www.dhm.de/lemo/html/dokumente/JahreDesAufbausInOstUndWesterklaerungAdenauerRegierungserklaerung1949/index.html).

Berghahn, Sabine, 1999: 50 Jahre Gleichberechtigungsgebot. Erfolge und Enttäuschungen bei der Gleichstellung der Geschlechter, in: Max Kaase/Günther Schmid (Hrsg.): Eine lernende Demokratie. 50 Jahre Bundesrepublik Deutschland. Berlin, 315-355.

Beveridge, William H., 1945: Full Employment in a Free Society. New York.

Beyme, Klaus von, 1994: Verfehlte Vereinigung – verpasste Reformen? Zur Problematik der Evaluation der Vereinigungspolitik in Deutschland seit 1989, in: Journal für Sozialforschung 34: 249-269.

Beyme, Klaus von, ^{8}2000: Die politischen Theorien der Gegenwart. Eine Einführung. Wiesbaden.

[49] Vgl. hierzu insbesondere die oben ausgeführten Anmerkungen zur Instrumentalisierung der Arbeitslosenversicherung zur Frühverrentung oder zur Finanzierung des Aufbaus von Ostdeutschland aus Beiträgen der Bundesanstalt für Arbeit, bis hin zu einer von den (westlichen) Sozialpartnern forcierten übereilten Anpassung der Löhne zwischen Ost- und Westdeutschland; zur historischen Rolle der Sozialpartner in der Arbeitsmarktpolitik vgl. Trampusch (2000).

[50] Das gilt insbesondere für die „Arbeitsgemeinschaften" (ARGE) zur Implementation der Grundsicherung für Arbeitslose (Arbeitslosengeld II) anstelle einer von der Hartz-Kommission geforderten einheitlichen Anlaufstelle und Vermittlung für alle Arbeitslosen.

Bofinger, Peter, 2004: Wir sind besser, als wir glauben. Wohlstand für alle. München et al.

Braun, Dietmar, 1999: Theorien rationalen Handelns in der Politikwissenschaft. Eine kritische Einführung. Opladen.

Braybrooke, David/Lindblom, Charles E., 1963: A Strategy of Decision. New York.

Brinkmann, Christian, 1995: Arbeitsmarktpolitik in Ostdeutschland: eine Zwischenbilanz nach fünf Jahren Transformation, in: Europäische Kommission und Wissenschaftszentrum Berlin für Sozialforschung (Hrsg.): Beschäftigungsobservatorium Ostdeutschland Nr. 16/17, 4-9.

Bruche, Gert/Reissert, Bernd, 1985: Finanzierung der Arbeitsmarktpolitik. Frankfurt a. M.

Compston, Hugh/Madsen, Per Kongshoj, 2001: Conceptual Innovation and Public Policy: Unemployment and Paid Leave Schemes in Denmark, in: Journal of European Social Policy 11: 117-132.

De Swaan, Abram, 2003: Policy Without Politics: Social, Cultural and Linguistic Affairs in the European Union, in: Surendra Munshi/Biju P. Abraham (Hrsg.): Good Governance. Democratic Societies and Globalisation: Cross-Cultural Perspectives. New Delhi, 54-69.

Der Bundesminister für Arbeit und Sozialordnung, 1974: Perspektiven der Arbeitsmarktpolitik. Bundesministerium für Arbeit und Sozialordnung, Referat für Öffentlichkeitsarbeit. Bonn.

Deutsch, Karl, 1966: The Nerves of Government. Models of Political Communication and Control. New York/London.

Downs, Anthony, 1957: An Economic Theory of Democracy. New York.

Eichhorst, Werner/Profit, Stefan/Thode, Eric, 2001: Benchmarking Deutschland: Arbeitsmarkt und Beschäftigung. Bericht der Arbeitsgruppe Benchmarking und der Bertelsmann Stiftung. Berlin.

Etzioni, Amitai, 1968: The Active Society. A Theory of Societal and Political Processes. London/New York.

European Commission, 1993: Growth, Competitiveness, Employment. The Challenges and Ways Forward Into the 21st Century (White Paper). Supplement 6/93 of the Bulletin of the European Communities. Office for Official Publications of the European Communities. Luxembourg.

Göhler, Gerhard (Hrsg.), 1997: Institutionenwandel. Sonderheft 16 der Zeitschrift „Leviathan“. Opladen.

Gottschall, Karin/Dingeldey, Irene, 2000: Arbeitsmarktpolitik im konservativ-korporatistischen Wohlfahrtsstaat: Auf dem Weg zur reflexiven Deregulierung?, in: Stephan Leibfried/Uwe Wagschal (Hrsg.): Der deutsche Sozialstaat. Bilanzen – Reformen – Perspektiven. Frankfurt a. M., 306-339.

Hagen, Tobias/Steiner, Victor, 2000: Von der Finanzierung der Arbeitslosigkeit zur Förderung von Arbeit – Analysen und Empfehlungen zur Steigerung der Effizienz und Effektivität der Arbeitsmarktpolitik in Deutschland. Baden-Baden.

Hall, Peter, 1986: Governing the Economy. New York.

Hartz, Peter u.a., 2002: Moderne Dienstleistungen am Arbeitsmarkt. Vorschläge der Kommission zum Abbau der Arbeitslosigkeit und zur Umstrukturierung der Bundesanstalt für Arbeit. Bundesministerium für Arbeit und Sozialordnung, Broschüre Nr. A 306. Berlin.

Heinelt, Hubert/Weck, Michael, 1998: Arbeitsmarktpolitik. Vom Vereinigungskonsens zur Standortdebatte. Opladen.

Hibbs, Douglas A. Jr., 1992: Partisan Theory After Fifteen Years, in: European Journal of Political Economy 8: 361-373.

Hild, Paul, 1997: Netzwerke der lokalen Arbeitsmarktpolitik. Steuerungsprobleme in theoretischer und empirischer Sicht. Berlin.

Jann, Werner/Schmid, Günther (Hrsg.), 2004: Eins zu Eins? Eine Zwischenbilanz der Hartz-Reformen am Arbeitsmarkt. Berlin.

Kaase, Max/Schmid, Günther (Hrsg.), 1999: Eine lernende Demokratie. 50 Jahre Bundesrepublik Deutschland. WZB-Jahrbuch 1999. Berlin.

Keller, Berndt/Seifert, Hartmut (Hrsg.), 1998: Deregulierung am Arbeitsmarkt. Eine empirische Zwischenbilanz. Hamburg.

Kemmerling, Achim/Bruttel, Oliver, 2005: New Politics in German Labour Market Policy? The Implications of the Recent Hartz Reforms for the German Welfare State. WZB Discussion Paper SP I 2005-101. Berlin.

Kingdon, John W., 1984: Agenda, Alternatives and Public Policies. Boston.

Knuth, Matthias, 1996: Drehscheiben im Strukturwandel: Agenturen für Mobilitäts-, Arbeits- und Strukturförderung. Berlin.

Lehmbruch, Gerhard, 1999: Die Große Koalition und die Institutionalisierung der Verhandlungsdemokratie, in: Max Kaase/Günther Schmid (Hrsg.): Eine lernende Demokratie. 50 Jahre Bundesrepublik Deutschland. WZB-Jahrbuch 1999. Berlin, 41-61.

Lutz, Burkart, [2]1989: Der kurze Traum immerwährender Prosperität. Frankfurt a.M./New York.

Mackscheidt, Klaus, 1991: Finanzierung der Arbeitslosigkeit, in: APuZ 41 B 34-35: 26-35.

Mayntz, Renate/Scharpf, Fritz W., 1995: Der Ansatz des akteurzentrierten Institutionalismus, in: Renate Mayntz/Fritz W. Scharpf (Hrsg.): Gesellschaftliche Selbstregulierung und politische Steuerung. Frankfurt a.M./New York, 39-72.

Mosley, Hugh/Schütz, Holger/Schmid, Günther, unter Mitarbeit von *Kai-Uwe Müller,* 2003: Effizienz der Arbeitsämter. Leistungsvergleich und Reformpraxis. Berlin.

Müller-Armack, Alfred, 1946 (1990): Wirtschaftslenkung und Marktwirtschaft. München.

Neugart, Michael, 2005: Why German labour market reform has begun. Erscheint in: Economic Affairs, 2005.

Neugart, Michael/Schömann, Klaus (Hrsg.), 2002: Forecasting Labour Markets in OECD Countries. Cheltenham, UK/Northampton, MA.

Nordhaus, William D., 1975: The Political Business Cycle, in: Review of Economic Studies 42: 169-190.

OECD, 1994: The OECD Jobs Study. Facts. Analysis. Strategies. Paris.

Olson, Mancur, 1965: The Logic of Collective Action. Cambridge, MA.

Oschmiansky, Frank/Schmid, Günther/Kull, Silke, 2003: Faule Arbeitslose? Politische Konjunkturen und Strukturprobleme der Missbrauchsdebatte, in: Leviathan 31: 3-31.

Popper, Karl, [3]1971: Das Elend des Historizismus. Tübingen.

Rabe, Birgitta, 2000: Implementation von Arbeitsmarktpolitik durch Verhandlungen. Eine spieltheoretische Analyse. Berlin.

Rabe, Birgitta/Schmid, Günther, 1999: Eine Frage der Balance: Reform der Arbeitsmarktpolitik, in: Eberhard Wiedemann/Christian Brinkmann/Eugen Spitznagel/Ulrich Walwei (Hrsg.): Arbeitsmarktentwicklung in den neuen Bundesländern: Eine arbeitsmarkt- und beschäftigungspolitische Herausforderung. BeitrAB 223. Nürnberg: 373-403.

Ramge, Stefan, 2003: Management of Change durch Einbindung: Von der ‚Konzertierten Aktion' zum ‚Bündnis für Arbeit', in: Stefan Ramge/Günther Schmid (Hrsg.): Management of Change in der Politik? Reformstrategien am Beispiel der Arbeitsmarkt- und Beschäftigungspolitik. Münster et al., 55-67.

Rosenfeld, Martin/Schneider, Hilmer/Bergemann, Annette/Fuchs, Olaf/Kempe, Wolfram/Kolb, Jürgen, 2000: Die Effizienz der Arbeitsmarktpolitik in den neuen Bundesländern. Eine Bilanz der Vergangenheit und Ansätze für künftige Reformen. Institut für Wirtschaftsforschung Halle (IWH), Sonderheft 3. Halle.

Ruß-Mohl, Stephan, 1993: Konjunkturen und Zyklizität in der Politik: Themenkarrieren, Medienaufmerksamkeits-Zyklen und „lange Wellen", in: Adrienne Héritier (Hrsg.): Policy-Analyse. Opladen, 356-368.

Sabatier, Paul A., 1998: The Advocacy Coalition Framework: Revisions and Relevance for Europe, in: Journal of European Public Policy 5: 98-130.

Scharpf, Fritz W., 1987: Sozialdemokratische Krisenpolitik in Europa. Frankfurt a.M./New York.

Scharpf, Fritz W., 1994: Optionen des Föderalismus in Deutschland. Frankfurt a.M.

Scharpf, Fritz W./Garlichs, Dietrich/Maier, Friederike/Maier, Hans, 1982: Implementationsprobleme offensiver Arbeitsmarktpolitik. Frankfurt a.M./New York.

Schmid, Günther, 2002: Wege in eine neue Vollbeschäftigung. Übergangsarbeitsmärkte und aktivierende Arbeitsmarktpolitik. Frankfurt a. M./New York.

Schmid, Günther, 2003: Gestaltung des Wandels durch wissenschaftliche Beratung. Das ‚Bündnis für Arbeit' und die ‚Hartz-Kommission', in: Stefan Ramge/Günther Schmid (Hrsg.): Management of Change in der Politik? Reformstrategien am Beispiel der Arbeitsmarkt- und Beschäftigungspolitik. Münster et al., 68-94.

Schmid, Günther/Peters, Aribert P., 1982: The German Federal Employment Program for Regions with Special Employment Problems: An Evaluation, in: Regional Science and Urban Economics 12: 99-119.

Schmid, Günther/Reissert, Bernd/Bruche, Gerd, 1987: Arbeitslosenversicherung und aktive Arbeitsmarktpolitik. Finanzierungssysteme im internationalen Vergleich. Berlin.

Schmid, Günther/Wiebe, Nicola, 1999: Die Politik der Vollbeschäftigung im Wandel. Von der passiven zur interaktiven Arbeitsmarktpolitik, in: Max Kaase/Günther Schmid (Hrsg.): Eine lernende Demokratie. 50 Jahre Bundesrepublik Deutschland. WZB-Jahrbuch 1999. Berlin, 357-396.

Schmid, Günther/Wiebe, Nicola, 2001: Arbeitsmarktpolitik und Arbeitslosenversicherung (Westzonen), in: Udo Wengst (Hrsg.): Geschichte der Sozialpolitik seit 1945, Bd. 2/1: 1945-1949. Die Zeit der Besatzungszonen. Sozialpolitik zwischen Kriegsende und der Gründung zweier deutscher Staaten. Baden-Baden, 268-315.

Schmid, Günther/Kull, Silke, 2004: Die Europäische Beschäftigungsstrategie. Perspektiven der Offenen Methode der Koordinierung, in: Hartmut Kaelble/Günther Schmid (Hrsg.): Das europäische Sozialmodell. Auf dem Weg zum transnationalen Sozialstaat. WZB-Jahrbuch 2004. Berlin, 317-343.

Schmid, Günther/Oschmiansky, Frank, 2005: Arbeitsmarktpolitik und Arbeitslosenversicherung, in: Bundesministerium für Arbeit und Sozialordung (Hrsg.): Geschichte der Sozialpolitik seit 1945, Bd. 7/1: 1982-1989. Finanzielle Konsolidierung und institutionelle Reform. Baden-Baden, 237-287.

Schmid, Josef/Hörrmann, Ute/Maier, Dirk/Steffen, Christian, 2004: Wer macht was in der Arbeitsmarktpolitik? Münster et al.

Schmidt, Christoph M./Zimmermann, Klaus F./Fertig, Michael/Kluve, Jochen, 2001: Perspektiven der Arbeitsmarktpolitik. Internationaler Vergleich und Empfehlungen für Deutschland. Berlin et al.

Schmidt, Manfred G., 1983: Politische Konjunkturzyklen und Wahlen. Ein internationaler Vergleich, in: Max Kaase/Hans-Dieter Klingemann (Hrsg.): Wahlen und politisches System. Opladen, 174-187.

Schmidt, Manfred G., 1993: Arbeitslosigkeit und Vollbeschäftigung in der Bundesrepublik, in: Hans-Dieter Klingemann/Wolfgang Luthardt (Hrsg.): Wohlfahrtsstaat, Sozialstruktur und Verfassungsanalyse. Opladen, 25-45.

Schmidt, Manfred G., 1996: When Parties Matter: A Review of the Possibilities and Limits of Partisan Influence on Public Policy, in: European Journal of Political Research 30: 155-183.

Schmidt, Manfred G., ^{3}2000: Demokratietheorien. Eine Einführung. Opladen.

Schmuhl, Hans-Walter, 2003: Arbeitsmarktpolitik und Arbeitsverwaltung in Deutschland 1871-2002. Zwischen Fürsorge, Hoheit und Markt. BeitrAB 270. Nürnberg.

Schütz, Holger, 2001: Zielsteuerung in europäischen Arbeitsverwaltungen, in: Mitteilungen aus der Arbeitsmarkt- und Berufsforschung 34: 207-225.

Schulze-Böing, Matthias, 2002: Fördern durch Fordern – Fordern durch Fördern? Aktivierende Arbeitsmarktpolitik und die Rolle der Kommunen, in: Sozialer Fortschritt 8: 7-29.

Sinn, Gerlinde/Sinn, Hans-Werner, ^{2}1992: Kaltstart. Volkswirtschaftliche Aspekte der deutschen Vereinigung. Tübingen.

Soltwedel, Rüdiger, 1984: Mehr Markt auf dem Arbeitsmarkt. Ein Plädoyer für weniger Arbeitsmarktpolitik. München/Wien.

Tegtmeier, Werner, 2003: Erfolg und Misserfolg von Arbeitsmarktreformen im Rückblick: Was ist daraus zu lernen?, in: Stefan Ramge/Günther Schmid (Hrsg.): Management of Change in der

Politik? Reformstrategien am Beispiel der Arbeitsmarkt- und Beschäftigungspolitik. Münster et al., 96-106.

Trampusch, Christine, 2000: Arbeitsmarktpolitik, Gewerkschaften und Arbeitgeber. Ein Vergleich der Entstehung und Transformation der öffentlichen Arbeitsverwaltungen in Deutschland, Großbritannien und den Niederlanden zwischen 1909 und 1999. Dissertation. Universität Göttingen. (http://webdoc.sub.gwdg.de/diss/2000/trampusch/).

Tsebelis, George, 2002: Veto Players: How Political Institutions Work. New York.

Weßels, Bernhard, 1999: Die deutsche Variante des Korporatismus, in: Max Kaase/Günther Schmid (Hrsg.): Eine lernende Demokratie. 50 Jahre Bundesrepublik Deutschland. WZB-Jahrbuch 1999. Berlin, 87-113.

Zohlnhöfer, Reimut, 2001a: Die Wirtschaftspolitik der Ära Kohl. Eine Analyse der Schlüsselentscheidungen in den Politikfeldern Finanzen, Arbeit und Entstaatlichung, 1982-1998. Opladen.

Zohlnhöfer, Reimut, 2001b: Parteien, Vetospieler und der Wettbewerb um Wählerstimmen: Die Arbeitsmarkt- und Beschäftigungspolitik der Ära Kohl, in: Politische Vierteljahresschrift 42: 655-682.

9. Wohnungspolitik – von der Wohnraumzwangsbewirtschaftung zur Wohnungsmarktpolitik

Hubert Heinelt und Björn Egner

1 Einleitung

Wohnungspolitik umfasst „die institutionellen Rahmenbedingungen, Prozesse und Inhalte des sozialen [...] Handelns, das darauf gerichtet ist, Konflikte über die quantitative und qualitative Ausstattung der Bevölkerung mit Wohnraum, den Wohnungsneubau, die Wohnungsbestandspflege und die Rechtsstellung von Wohneigentümern und Mietern allgemeinverbindlich zu regeln" (Schmidt 2004: 808). Entsprechend erstreckt sich Wohnungspolitik auf „alle Maßnahmen staatlicher Träger und Organe der Wirtschafts- und Sozialpolitik, mit denen das Ziel verfolgt wird, die Wohnungsversorgung der Bevölkerung zu beeinflussen" (Lampert 2001: 320).

Institutionelle Rahmenbedingungen, Prozesse und Inhalte des sozialen Handelns der Wohnungspolitik variieren nicht nur zwischen einzelnen Ländern (vgl. Heidenheimer u.a. 1983: 88-121; Kaufmann 2003: 155ff., 241), sie sind auch im zeitlichen Verlauf in einzelnen Ländern Wandlungsprozessen unterworfen. Vor diesem Hintergrund stellt sich die Frage, ob Kontinuität und Veränderungen für ein gesamtes Politikfeld zu thematisieren sind – oder vielmehr nur für einzelne Politikinstrumente. Im Folgenden gehen wir von der Hypothese aus, dass Fragen nach Kontinuität und Veränderungen nur dann sinnvoll für ein ganzes Politikfeld zu stellen sind, wenn ein Politikfeld nur durch ein oder zumindest wenige Politikinstrumente bestimmt ist. Werden indes einem Politikfeld – wie dies für die Wohnungspolitik in Deutschland der Fall ist – mehrere, vom Inhalt und der Institutionalisierung durchaus verschiedene Instrumente zugerechnet, kann das Rekurrieren auf *ein* Politikfeld eine Abstraktion darstellen, bei der leicht übersehen wird, dass es sich bei Bezeichnungen von Politikfeldern meist um „der Alltagssprache entnommene[n] Nominalkategorien" handelt, die lediglich „mehr oder weniger genau die Gegenstandsbereiche von Policies" (Windhoff-Héritier 1987: 21f.) umreißen. Dies ist nicht nur im Hinblick auf die Institutionalisierung der einzelnen Instrumente bedeutsam, sondern vor allem auch hinsichtlich ihrer Inhalte. Sie – und nicht per se ein Politikfeld als solches – werden von politischen Akteuren unterstützt oder hinterfragt und sind damit der eigentliche Bezugspunkt politischer Auseinandersetzung und können entsprechend Veränderungen in Folge von Regierungswechseln aufweisen.

Gleichwohl können die Dominanz einzelner Politikinstrumente, die mit ihr zusammenhängenden Problemdeutungen sowie die von den Akteuren wahrgenommenen Handlungsperspektiven in einzelnen Phasen der historischen Entwicklung erklären, warum mit der Nominalkategorie einer Policy bestimmte institutionelle Zuständigkeiten verbunden werden. Wird der Blick auf Instrumente und darauf gerichtet, was politische Akteure mit ihnen bewirken wollen, kann auch deutlicher herausgearbeitet werden, welches Verständnis von politischer Steuerung bzw. von politischen Steuerungszielen, aber auch Steuerungsmöglichkeiten bei politischen Akteuren dominant ist. Damit kann auf ein bestimmtes Verständnis von Staatstätigkeit geschlossen und dessen Veränderung thematisiert werden (vgl. Braun/Giraud 2003).

Im Folgenden werden zunächst allgemeine institutionelle Rahmenbedingungen der Wohnungspolitik in Deutschland und die ihnen zugrunde liegenden dominanten Problemsichten und Handlungsorientierungen skizziert. Es folgen ein kurzer historischer Abriss wohnungspolitischer Interventionen seit 1945 und Reflexionen über wohnungspolitische Politikprozesse in dieser Zeit, die Besonderheiten der wohnungspolitischen Instrumente und der mit ihnen verbundenen Politikinhalte geschuldet sind. Dies leitet über zu einer stärker akteursbezogenen Betrachtung, bei der thematisiert wird, warum bestimmte Akteure in den letzten Jahren für eine Veränderung oder den Erhalt einzelner wohnungspolitischer Instrumente eingetreten sind und dabei „Koalitionen" gebildet haben. In diesem Abschnitt finden sich auch Ausführungen zu wohnungspolitischen Instrumenten und ihren Veränderungen (ohne allerdings den Anspruch einer detaillierten Beschreibung zu erheben). Ein Ausblick auf die zukünftige Entwicklung wohnungspolitischer Interventionen schließt den Beitrag ab.

2 Institutionelle Rahmenbedingungen

Die Wohnungspolitik in Deutschland hat sich historisch vor dem Hintergrund der gesellschaftlich vorherrschenden Vorstellung institutionalisiert, dass die *Wohnung nicht (vorrangig) als Wirtschaftsgut, sondern als Sozialgut* zu betrachten ist (Beyme 1999: 83). Maßgeblich sind dafür bis ins 19. Jahrhundert zurückreichende Erfahrungen mit sozialen Problemen gewesen, die sich aus Wohnungsmangel in Folge von Wanderungsbewegungen ergeben haben (vgl. Bartholomäi 2004): Bis in die Zwischenkriegszeit stand die „Wohnungsfrage" als Teilaspekt der „sozialen Frage" im Zentrum, bei der es um die Bewältigung der sich im Zuge der Industrialisierung und Verstädterung ergebenden Bevölkerungsbewegungen ging. In der Nachkriegszeit stellt sich zusätzlich die Herausforderung, politisch auf die durch Kriegsschäden, Flucht und Vertreibung bedingte Wohnungsnot einzugehen. Wohnungspolitik in Deutschland ist auf diese Weise spätestens seit der Nachkriegszeit zu einem Teil einer umfassenden Sozialpolitik geworden – und zwar als *„Sozialpolitik im Reproduktionsbereich"* (Kaufmann 2003: 49).

Mit dieser inhaltlichen Ausrichtung korrespondiert zum einen, dass bestimmte politische Instrumente in den Mittelpunkt von Wohnungspolitik rückten – nämlich die für den „entwickelten Wohlfahrtsstaat" dominanten rechtlichen und ökonomischen Interventionsformen (siehe Abb. 9.1).

Andere Interventionsformen blieben eher „unterbelichtet" – nämlich prozedurale, auf die „Strukturierung" von Akteursbeziehungen zum Zwecke einer dezentralen Problembearbeitung ausgerichtete Instrumente (Braun/Giraud 2003: 155f.) bzw. „ökologische", die auf das Handlungsumfeld und damit auf indirekte Wirkungen abzielen, und „pädagogische", die direkt mittels Überzeugung auf die Beeinflussung von Handlungen ausgerichtet sind (vgl. Kaufmann 2002: 125f.). Dies steht dafür, dass sich wohnungspolitische Interventionen in Deutschland jenseits der Städtebaupolitik institutionalisiert haben, wo prozedural strukturierenden bzw. ökologischen (und zumindest zum Teil auch pädagogischen) Interventionen eine größere Bedeutung zukommt.

Abbildung 9.1: Wohnungspolitische Instrumente

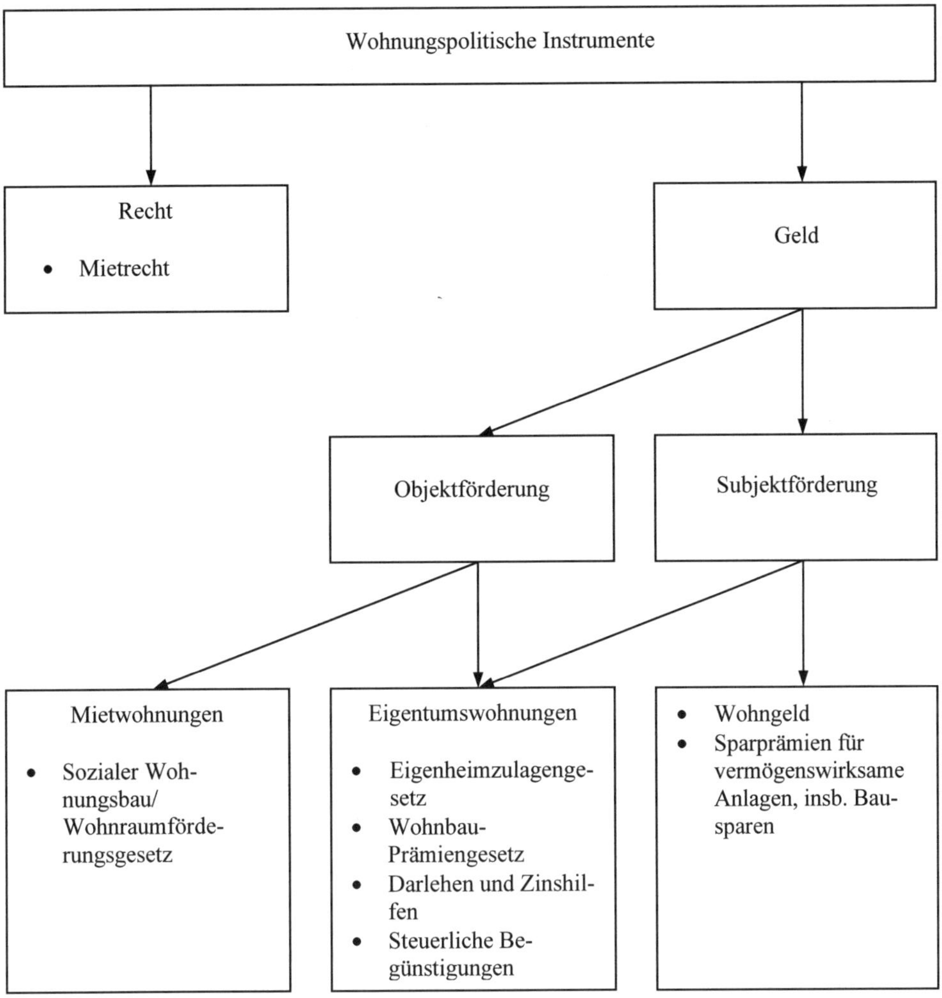

Diese sozialpolitische Ausrichtung wohnungspolitischer Interventionen in Deutschland hat nicht nur dazu geführt, dass rechtliche und ökonomische Interventionsformen vorherrschend geworden sind. Auch die Zuweisungen von Zuständigkeiten auf die verschiedenen staatlichen Ebenen hat sich aus einer sozialpolitischen Zielbestimmung ergeben, die auf eine allgemeinverbindliche Beeinflussung von Lebenslagen ausgerichtet gewesen ist. Ihretwegen war es nur folgerichtig, dass im Katalog der konkurrierenden Gesetzgebung des Bundes (Art. 74 GG) unter Nr. 18 „das Wohnungswesen, das Siedlungs- und Heimstättenwesen" ausdrücklich aufgeführt worden sind und das Mietrecht als Teil des bürgerlichen

Rechts unter Nr. 1 erfasst wurde. Dementsprechend kann der Bund nach Art. 72 Abs. 2 GG in diesen Bereichen das Gesetzgebungsrecht geltend machen, „weil

1. eine Angelegenheit durch die Gesetzgebung einzelner Länder nicht wirksam geregelt werden kann oder
2. die Regelung einer Angelegenheit durch ein Landesgesetz die Interessen anderer Länder oder der Gesamtheit beeinträchtigen könnte oder
3. die Wahrung der Rechts- und Wirtschaftseinheit, insbesondere die Wahrung der Einheitlichkeit der Lebensverhältnisse über das Gebiet eines Landes hinaus sie erfordert" (Art. 72 GG a.F.).

Da die Länderzuständigkeit erlischt, wenn der Bund eine Zuständigkeit an sich zieht, ist von der Bundesrepublik Deutschland von einem „verkappten Einheitsstaat" (Abromeit 1992) gesprochen worden. Gleichzeitig haben die Länder jedoch über den Bundesrat entscheidende Veto-Positionen. Sie ergeben sich daraus, dass die Zustimmung des Bundesrates für Gesetzesvorlagen erforderlich ist, wenn diese die finanziellen Belange und die Verwaltungshoheit der Länder nach Art. 30 GG betreffen. Da in Deutschland Staatsverwaltung in erster Linie Landesverwaltung ist (einschließlich der kommunalen Ebene als Auftrags- bzw. „untere Landesverwaltung"), sind Regelungen durch Rechtsverordnungen oder allgemeine Verwaltungsvorschriften entweder von den Ländern eigenständig zu treffen, wenn sie diese für ihren eigenen Zuständigkeitsbereich treffen (können), oder sie sind von der Zustimmung des Bundesrates abhängig, wenn sie bundesweite Geltung beanspruchen.

Für die Wohnungspolitik bedeutet dies, dass der Bund zwar im Rahmen der konkurrierenden Gesetzgebung durch regulative und finanzielle Maßnahmen ohne die Zustimmung der Länder tätig werden kann. Er braucht die Länder jedoch dort, wo sie sich finanziell beteiligen sollen oder die Landesverwaltungen die Maßnahmen umzusetzen haben (zur Zustimmungspflichtigkeit einzelner Instrumente siehe Egner 2004a). Die in der 14. Legislaturperiode eingeführten neuen Instrumente „Soziale Stadt" und „Stadtumbau Ost" sind typisch föderal verflochtene wohnungspolitische Interventionen, weil bei ihnen – als Bund-Länder-Programme – sowohl die Finanzierung und die Inhalte/Ziele als auch die Umsetzungsverfahren auf speziellen Vereinbarungen zwischen Bund und Ländern beruhen. Die jüngste Auseinandersetzung um die Eigenheimzulage steht für ein weiteres Merkmal des föderalen Institutionensystems Deutschlands: für „Paketlösungen". Entscheidungsblockaden, die sich aus der Verflechtung von Bund und Ländern ergeben, können dadurch behoben werden, dass verschiedene Entscheidungsgegenstände verknüpft und in einen Kompromiss überführt werden. So floss die Auseinandersetzung um die Eigenheimzulage, die aus dem gemeinsamen Einkommensteueraufkommen von Bund und Ländern finanziert wird, in den letzten Jahren in Debatten um Steuerentlastung und deren Finanzierung ein, bis sie in den unter Mitwirkung von Landespolitikern im Herbst 2005 geführten Verhandlungen über die Bildung einer Große Koalition zu einem entscheidenden Diskussionspunkt in den Auseinandersetzungen um die Konsolidierung der Staatsfinanzen wurde.

3 Besonderheiten von Politikprozessen in der Wohnungspolitik

3.1 Entwicklung der Wohnungspolitik seit 1945

Die Dominanz rechtlicher und ökonomischer Interventionsformen und der einzelnen ihnen zuzuordnenden Instrumente hat sich im Zeitverlauf und vor allem in den letzten Jahren verschoben – was im Folgenden näher dargestellt werden wird. Darin kommen Veränderungen im gesellschaftlichen Verständnis und in politischen Konflikt- und Konsensbildungsprozessen zum Ausdruck, wie das Gut Wohnung thematisiert worden ist – nämlich eher als *Wirtschaftsgut* oder als *Sozialgut* und ob wohnungspolitischen Interventionen noch ein Platz in der „Sozialpolitik im Reproduktionsbereich" zukommt.

Für die Entwicklung seit 1945 lassen sich – nicht zuletzt vor dem Hintergrund der sich verändernden Wohnungsversorgung – verschiedene Phasen unterscheiden (siehe Abb. 9.2). Sie reichen von der Dominanz zwangswirtschaftlicher Maßnahmen über die massive Wohnungsbauförderung und eine schrittweise Betonung marktorientierter Interventionen bis zu der eben skizzierten jüngsten Entwicklung. Jenseits dieser Entwicklungslinie von der Zwangswirtschaft zur Wohnungs*markt*politik liegen spezifische Entwicklungsphasen. Dazu zählt die Wohnungspolitik in der ersten Hälfte der 1990er Jahre, die von den Folgen der deutschen Vereinigung geprägt war, aber auch Phasen, in denen der Aspekt der Eigentumsförderung hervortrat.

Abbildung 2: Phasen in der Entwicklung der deutschen Wohnungspolitik seit 1945

1945-1949:	Sicherung einer Mindestversorgung durch zwangswirtschaftliche Maßnahmen
1950-1959:	Erhöhung des Wohnungsangebots durch Wohnungsbauförderung
1960-1970:	Hinwendung zur „Sozialen Marktwirtschaft" in der Wohnraumversorgung
1971-1975:	Ausbau des Mieterschutzes
1976-1979:	Stärkung der Eigentumsförderung und der Bestandsverbesserung
1980-1989:	Hinwendung zur Marktwirtschaft
1990-1997:	Wohnungspolitik im Schatten der Vereinigung
1998-heute:	Von der kollektiv orientierten zur individualisierenden und dezentralisierten Wohnungspolitik (und allgemeinen Wohnungs*markt*politik)

Quelle: nach Mayer 1998.

Gerade im Hinblick auf diesen Aspekt hat man sich zu vergegenwärtigen, dass Wohnungspolitik als Teil der „Sozialpolitik im Reproduktionsbereich" in Deutschland immer auch eine besondere Funktion hatte, die über die Versorgung mit Wohnraum hinausging: Sie bezog sich über das Medium Geld (ökonomische Interventionsformen) auch auf die Eigentumsförderung und bediente damit bestimmte ideologische Ziele und allgemeine Funktionszuschreibungen von Sozialpolitik – nämlich von der Familienförderung über die Eigentumsbildung im Alter bis zur Sicherung des gesellschaftlichen Zusammenhalts und der politischen Stabilität.

3.2 Wohnungspolitische Instrumente und Politikprozesse

Eine in der Politikwissenschaft verbreitete These lautet: „Policies determine politics“ (Lowi 1972: 299) – oder auf Deutsch: der Politikinhalt bestimmt den Politikprozess.[1] Diese These bezog sich auf Grundtypen von Politikinhalten – nämlich auf distributive (allgemein zugängliche Leistungen bereitstellende), redistributive (umverteilende) und regulative Politik. Da die Inhalte von Politik im Sinne dieser Grundtypen – so die Argumentation – jeweils spezifische Wirkungen zeitigen, werden „bei den Betroffenen bestimmte Reaktionen und Erwartungen [ausgelöst], die dann die politische Auseinandersetzung, den politischen Entscheidungsprozeß (aber auch den Durchführungsprozeß) prägen“ (Windhoff-Héritier 1987: 48).

Konkret bedeutet dies, dass bei einer redistributiven Politik, die auf Umverteilung abzielt und Kosten und Nutzen ungleich verteilt, von Politikprozessen auszugehen ist, die durch Konflikte gekennzeichnet sind. Dagegen kann bei einer distributiven Politik, die die Bereitstellung allgemein zugänglicher Leistungen beinhaltet und Kosten- und Nutzenverteilungen weitgehend unklar lässt, von einer Politikarena ausgegangen werden, in der sich konsenshafte oder zumindest konfliktfreiere Politikprozesse abspielen. Ähnliches kann von einer regulativen Politik angenommen werden, die allgemeingültige (rechtlich) verhaltensnormierende Regelungen ohne unmittelbaren Leistungscharakter beinhaltet. Diese mögen zwar Kosten- und Nutzenwirkungen haben, sie sind aber oft nur schwer zu kalkulieren und vorherzusehen.

Der „Frage, in welcher Weise und warum [...] Policies den politischen Prozeß prägen“ (Windhoff-Héritier 1983: 351), kann zwar auch für einzelne Politikfelder nachgegangen werden, dabei ergibt sich aber die Schwierigkeit, dass sich in ihnen je nach einzelnen Instrumenten bzw. Maßnahmen oder Programmen distributive, redistributive und regulative Politiken sowie konsensuale oder konfliktorientierte Politikarenen nach- oder nebeneinander finden lassen. Außerdem können sich – wie angesprochen worden ist – die Wirkungen oder zumindest die wahrgenommenen Wirkungen von Instrumenten im Zeitverlauf verändern. So konnten dem sozialen Wohnungsbau solange eher distributive Wirkungen zugeschrieben werden, wie eine allgemeine Wohnungsnot herrschte. In dem Maße aber, wie sich der Kreis der Begünstigten eingrenzte, sind redistributive Wirkungen zu Tage getreten, und damit veränderten sich die auf dieses Instrument bezogenen Politikprozesse – und zwar von weitgehend konsensuellen zu stärker konflikthaften. Ähnliches lässt sich für das Mietrecht feststellen. Bei diesem regulativen wohnungspolitischen Instrument waren zwar – im Unterschied zu den zuvor angesprochenen „Modellannahmen“ – von Anbeginn „Kosten- und Nutzenwirkungen“ klar und auch beabsichtigt, nämlich ein rechtlicher Schutz oder zumindest eine Verbesserung der rechtlichen Stellung des Mieters gegenüber dem Vermieter. Gleichwohl sind politische Auseinandersetzungen um das Mietrecht solange konsenshaft verlaufen, wie die mit ihm verbundene „Leistung“ (ähnlich einer distributiven Politik) als allgemein relevant (bzw. zugänglich) thematisierbar gewesen ist. Für die Eigenheimzulage lässt sich anmerken, dass der steuerlichen Förderung des Erwerbs von selbst genutztem Wohneigentum (durch die §§ 7b bzw. 10e Einkommenssteuergesetz, siehe Abschnitt 4) weitgehend distributive Wirkungen zugeschrieben werden konnte. Als dies indes aus sozialpolitischen Gründen kritisiert und die Förderung auf eine direkt ausgezahlte Zulage für

[1] Vgl. dazu Windhoff-Héritier 1987: 48; Schubert 1991: 60 ff.; Heinelt 1993; Benz 1997; Heinelt 2003.

bestimmte Haushalte umgestellt worden war, wurde seine Umverteilungswirkung offensichtlich und kontrovers sowie schließlich konflikthaft thematisierbar.

3.3 Allgemeine Merkmale wohnungspolitischer Politikprozesse

Wenn auch die Aussage, „der Politikinhalt bestimmt den Politikprozess", gut auf einzelne Instrumente und die über sie zu bewirkenden bzw. bewirkten Effekte zu beziehen ist, so ist es (wie bereits erwähnt) schwierig, klare, verallgemeinerbare Aussagen zur Wechselbeziehung zwischen dem Politikinhalt und den Politikprozessen in einem Politikfeld als Ganzes zu treffen (vgl. Héritier 1993 und Benz 1997: 303, dort besonders Fußnote 1). Wegen der Veränderbarkeit von Politikinhalten, aber auch der unterschiedlichen Politikinhalte einzelner Instrumente eines Politikfeldes (sowie deren jeweiliger Wahrnehmung), ist „mehr Aufmerksamkeit den Policy-Kontingenzen zu widmen" (Windhoff-Héritier 1983: 359, zur Konzeptualisierung siehe Benz 1997 und Heinelt 2003: 251f.). Politikfelder können indes insofern eine Rolle spielen, als sich in ihnen Institutionen sowohl im Sinne von „Organisationsfeldern" als auch von dominanten Vorstellungen und Vorgaben für Verhaltensweisen „einnisten", die sowohl die (situative) Ausprägung von Problemen als auch deren Wahrnehmung beeinflussen. Vor diesem Hintergrund scheinen allenfalls allgemeine Merkmale wohnungspolitischer Politikprozesse benennbar zu sein. Auf solche Merkmale soll im Folgenden eingegangen werden.

Wenn der „politische Prozeß als Problemverarbeitung" (Mayntz 1982: 74) analysiert wird, kommt der Art des zu bearbeitenden Problems für den Politikprozess eine zentrale Bedeutung zu. Im Hinblick darauf dürfte als Problemcharakteristikum bedeutsam sein, ob eine *differentielle oder allgemeine Betroffenheit von einem Problem* gegeben oder (argumentativ) herstellbar ist. Deutlich wird dies, wenn der Blick auf die historische Entwicklung von „Wohnungsnot" in Deutschland geworfen wird. So unterscheidet sich „Wohnungsnot" heute gravierend von ihrer Verbreitung in der Vergangenheit: In der unmittelbaren Nachkriegszeit war nahezu jede Person mit der Situation konfrontiert, ihren Bedarf an Wohnraum nicht selbst befriedigen zu können. Anders stellt sich die Situation heute dar. Dieses Risiko mag zwar alle bedrohen – zumal wenn räumliche Mobilität erzwungen wird und ein Umzug in eine Region erforderlich wird, in der „Wohnungsnot" in der Form manifest ist, dass ein individueller Bedarf an Wohnraum nur mit Schwierigkeiten zu befriedigen ist. Tatsächlich trifft dieses Risiko jedoch nicht alle, und es trifft vor allem nur einen Teil der Wohnungssuchenden in der Weise, dass Lebenschancen in Frage gestellt sind und eine soziale Marginalisierung erfolgt bzw. erfolgen kann. Daraus, dass „Wohnungsnot" inzwischen ein sozial selektives Risiko geworden ist und keine allgemeine Problembetroffenheit beinhaltet, kann erklärt werden, warum ein politischer Handlungsbedarf im Hinblick auf die Wohnungsversorgung in den letzten Jahren zunehmend de-thematisiert werden konnte bzw. nur noch für einzelne Regionen und/oder „Problemgruppen" anerkannt wird.

Dass in wohnungspolitischen Entscheidungsprozessen in dieser Weise auf das „Problem" reagiert werden kann, ist auch damit zu erklären, dass die Wirkungen von wohnungspolitischen Instrumenten auf der Ebene der „Begünstigten" auf Einzelne abzielt – und nicht auf ein Kollektiv. Es geht – zumindest bei den „klassischen" Instrumenten der Wohnungspolitik – darum, dass Einzelne die Möglichkeiten wahrnehmen, die ihnen das Mietrecht, das Wohngeld, der soziale Wohnungsbau oder die Eigenheimzulage bieten. Dies bedingt, dass bei der Thematisierung von Politikwirkungen in Politikprozessen (durch politische Entscheidungsträger) insofern eine individualisierende Perspektive eingenommen werden kann, als das Ob und Wie der Nutzung der Instrumente durch einzelne Personen herauszustellen ist.[2] Und in der Tat haben wohnungspolitische Instrumente insofern eine *individualisierende Wirkung*, als es auf die einzelnen und nicht eine Gruppe gleich Betroffener ankommt, sie zu nutzen – und zwar vom Mietrecht bis zur Beantragung finanzieller Leistungen. Ausnahmen sind hier allenfalls die gemeinsame Nutzung vom Möglichkeiten der Wohnungsbauförderung durch Genossenschaften oder die „Betroffenenbeteiligung“ im Rahmen der neu aufgelegten Programme „Soziale Stadt“ und „Stadtumbau Ost“. Vor diesem Hintergrund wird erklärlich, warum Mieterorganisationen eher mit ihren spezifischen Beratungsangeboten bei Problemen mit Vermietern wahrgenommen und kaum als soziale Bewegung angesehen werden, durch die kollektiv wohnungspolitische Interessen zu artikulieren und durchzusetzen sind (vgl. Egner 2004b: 159).

Es ist also nicht nur die (differentielle oder allgemeine) Problembetroffenheit, sondern auch eine individualisierende Wirkung der Politikinhalte, die Politikprozesse in der Wohnungspolitik in bestimmter Weise kennzeichnen.

Für Politikprozesse ist die Prognostizierbarkeit sowohl von Entwicklungen der gesellschaftlichen Umwelt als auch von Effekten politischer Interventionen eine entscheidende Frage, weil dies Auswirkungen auf die Bandbreite von Handlungsoptionen und damit auf die Wahlmöglichkeiten zwischen ihnen hat, über die politisch zu entscheiden ist. Oder anders ausgedrückt: Je schwieriger die Prognostizierbarkeit, desto größer die Bandbreite und Unklarheit der Handlungsoptionen und desto umstrittener folglich eine politische Entscheidung. Im Hinblick auf die demographisch bedingte Wohnungsnachfrage stellt sich die Prognoselage für wohnungspolitische Entscheidungen zwar klar dar, aber schon Aspekte der regionalen Mobilität und der Zuwanderung bringen Unklarheiten mit sich – vom Wandel der Präferenzen im Hinblick auf Wohnen und Wohnung ganz zu schweigen. Hinzu kommt, dass sich die Abschätzung von Effekten, die durch bestimmte Instrumente erreichbar sind, im Feld der Wohnungspolitik unterschiedlich darstellt. So sind beim Wohngeld Wirkungen von politischen Entscheidungen relativ leicht zu prognostizieren, weil es unmittelbar auf die Chancen von Personen einwirkt, sich am Wohnungsmarkt mit Wohnraum zu versorgen. Die Veränderung dieser Chancen (aber auch die Höhe erforderlicher Fördermittel) sind auch prognostizierend zu quantifizieren. Bei der Wohnungsbauförderung ist dies anders, weil sie nur über Wirkungsketten, die vor allem auf die Aktivitäten von Bauträgern verweisen, die von politischen Entscheidungen nicht unmittelbar zu beeinflussen sind, die Chancen von Wohnungssuchenden verbessert und den Wohnungsmarkt entlastet. Ähnliches gilt für die neu aufgelegten Programme „Stadtumbau Ost“ und „Soziale Stadt“.

Politische Auseinandersetzungen um wohnungspolitische Instrumente zeichnen sich ferner durch fließende Grenzen zu anderen Gegenstandsbereichen politischer Interventionen aus – etwa zur Sozialpolitik allgemein, aber auch zum Städtebau und zur Familienförderung sowie bei der Eigenheimzulage zur Vermögensbildung und zur Alterssicherung. Interdependenzen und fließende Grenzen zu diesen Gegenstandsbereichen implizieren indes nicht nur Prognose-, Planungs- und Entscheidungsunsicherheiten. Solche fließenden

[2] Grenzen dieser Thematisierungsmöglichkeit in Politikprozessen treten allerdings dann auf, wenn die betreffenden Instrumente „defizitär“ werden (etwa beim Wohngeld aufgrund einer ausbleibenden Anpassung der Leistungen an die Einkommens- und/oder Mietpreisentwicklung) und damit ein kollektives Problem der Zielgruppe deutlich zu machen ist.

Grenzen und Interdependenzen korrespondieren mit Akteurskonstellationen, die vielschichtig und fragil bis schlicht unübersichtlich sein können: Akteure können hinzutreten oder sich auch abtrennen, Verknüpfungen können neu entstehen und auch reißen oder gelöst werden, inhaltliche Schwerpunkte können sich verschieben, neu gesetzt oder aufgehoben werden. Die Auseinandersetzungen um die Eigenheimzulage stellen ein Paradebeispiel dafür dar.

Wenn Zusammenhänge zwischen Politikinhalten und Politikprozessen thematisiert werden, dann ist schließlich auf die bereits angesprochene Institutionalisierung von Zuständigkeiten zu verweisen. Damit treten zunächst bestimmte Kompetenzverteilungen zwischen Bund und Ländern hervor, die zu spezifischen Konflikt- und Konsensbildungsprozessen führen. Charakteristisch dafür ist, dass bei wohnungspolitischen Interventionen eine Konsensbildung und eine Mehrheitsentscheidung im Bundestag nicht ausreichen, um gesetzliche Veränderungen vorzunehmen. Es kommt vielmehr auf ein konsensorientiertes Entscheiden an, das die im Bundesrat vertretenen Interessen berücksichtigt, und es sind die mit diesen Strukturen verbundenen Veto-Positionen im Gesetzgebungsprozess, die zu konfliktbehafteten Politikprozessen und Politikblockaden führen können. Der institutionelle Zwang zum weitgehenden Konsens und drohende Politikblockaden mögen Entscheidungsprozesse verzögern, zumal dies von Interessengruppen genutzt werden kann, um ihre Interessen zur Geltung zu bringen – und sei es durch Nicht-Entscheidung im Hinblick auf die Sicherung des Status quo. Konsenszwang – oder zumindest Konsensorientierung – und drohender Status quo zwingen indes auch zu intensiven Auseinandersetzungen über Politikinhalte, die zwar quälend lange dauern können, die aber dann, wenn sie zu einem Ergebnis im Hinblick auf veränderte Problemsichten und neue geteilte Handlungsperspektiven geführt haben, überraschend schnell Reformgesetze oder sogar einen grundlegenden Politikwandel ermöglichen können.[3] Dies dürfte ein entscheidender Aspekt für die Erklärung sowohl der letztlich „geräuschlosen“ Veränderungen der Wohnungsbauförderungen als auch der konsenshaften Einigung über die neuen Bund-Länder-Programme „Soziale Stadt“ und „Stadtumbau Ost“ sein.

Charakteristisch für wohnungspolitische Konflikt- und Konsensbildungsprozesse ist allerdings nicht nur die beschriebene Konstellation zwischen Bund und Ländern, sondern auch eine komplexe, aus einem breiten Spektrum verschiedenster Verbände und Interessengruppen bestehende „Akteurslandschaft“. Diese gesellschaftlichen Akteure verfügen zum einen – zumindest zum Teil – über erhebliche Verhandlungsmacht, weil von ihrer Mitwirkungsbereitschaft (etwa im Hinblick auf Investitionsentscheidungen) die wohnungspolitisch intendierten Effekte abhängen. Zum anderen haben sie politischen Einfluss, weil sie personell über Funktions- und Mandatsträger mit Parteien und parlamentarischen Entscheidungsgremien verbunden sind – was besonders beim Deutschen Mieterbund markant ist (vgl. Egner 2004b: 160). Dadurch gelingt es ihnen, gemeinsam mit den staatlichen Akteuren (Bund und Ländern) Probleme handlungsrelevant und im Hinblick auf eine bestimmte Handlungsorientierung zu thematisieren, gesellschaftlich verbindliche Entscheidungen zu finden und diese Entscheidungen auch tatsächlich umzusetzen. Es ist entscheidend, sich

[3] Vgl. dazu Bandelow 2005, der – mit Rückgriff auf die klassischen Arbeiten von Lehmbruch (1967) und Lijphart (1968, 1999) zur „Proporz-“ bzw. Konsensdemokratie – auf die Möglichkeit grundlegender politischer Veränderungen in Deutschland (im Unterschied zu Großbritannien) verweist, die gerade im Zusammenhang mit den hier anzutreffenden „Veto-Spielern“ bzw. institutionalisierten Veto-Positionen stehen.

dieser Konstellationen zu vergewissern, um Konflikt und Konsensbildungsprozesse um wohnungspolitische Interventionen zu begreifen.

4 Einschätzungen der Instrumente, wohnungspolitische Ziele und Staatsverständnis

Empirische Untersuchungen zur Beziehung zwischen staatlichen und gesellschaftlichen Akteuren in der Wohnungspolitik haben gezeigt, dass die Problemperzeptionen und handlungsleitenden Orientierungen der gesellschaftlichen Akteure entscheidend dazu beitragen, ob sich die in den wohnungspolitischen Instrumenten manifestierenden Politikinhalte ändern oder nicht bzw. in welcher Weise sie sich ändern (vgl. Egner u.a. 2004). Die Fragmentierung der deutschen Wohnungspolitik korrespondiert damit, dass sich in diesem Politikfeld nicht eindeutig bestimmte Advokaten-Koalitionen (vgl. Sabatier 1993a; Sabatier 1993b) gegenüberstehen. Entscheidend sind vielmehr „Gesinnungsgemeinschaften", die sich durch gemeinsame Positionen zu einzelnen Instrumenten auszeichnen. Dabei ist außerdem markant, dass derzeit unterschieden werden kann zwischen

- *konfliktbehafteten Instrumenten,* bei denen sich im Wesentlichen zwei große „Koalitionen" mit gegensätzlichen Argumentationssträngen gegenüberstehen,
- *konsensual getragenen Instrumenten*, bei denen sich die meisten Akteure um einen Hauptargumentationsstrang scharen und allenfalls schwache inhaltliche Divergenzen auftreten, die aber einen allgemeinen Konsens über den normativen Sinn und die sachliche Angemessenheit des Instruments nicht in Frage stellen können, sowie
- von den Zieldefinition, der zugeschriebenen Wirksamkeit und normativen Wünschbarkeit *fragmentiert-überfrachteten Instrumenten.*

Unter die *konfliktbehafteten Instrumente* fällt das *Mietrecht*. Bei ihm lassen sich zwei gegensätzliche Hauptargumentationslinien identifizieren, die am deutlichsten von den beiden Spitzenverbänden, dem „Deutschen Mieterbund" und dem „Zentralverband Haus & Grund" artikuliert werden. Fast alle Streitpunkte, sowohl in der Bewertung des Instruments als auch in Bezug auf Änderungsvorschläge, verweisen auf die wohnungspolitische Auseinandersetzung um einen sozialpolitisch motivierten Mieterschutz und eine Einschränkung des freien Gebrauchs des Eigentums bzw. der Vertragsfreiheit – und damit auf einen allgemeinen Konflikt um Regulierung und Deregulierung. Oder anders ausgedrückt: Auf der normativen Ebene streiten die beiden Akteursgruppen vor allem um die Einordnung der Wohnung als Wirtschafts- oder als Sozialgut. Während die Akteursgruppe um den Deutschen Mieterbund die Wohnung als Sozialgut betrachtet und die Vertragsparteien von Natur aus als unterschiedlich ausgestattet begreift, weshalb sie die Bedeutung des „sozialen Mietrechts" und des „Mietrechts als Schutzrecht für die Mieter" hervorhebt, sieht die Akteursgruppe um den Zentralverband Haus & Grund das Mietrecht als Eingriff in den freien Gebrauch des Privateigentums und als eine Überregulierung privatrechtlicher Vertragsbeziehungen – und mithin als einen Eingriff in die Vertragsfreiheit. Dieser Dualismus lässt sich in einzelnen Teildiskursen zum Mietrechtsreformgesetz von 2001 nachvollziehen. In nahezu allen Details existieren zwei einander entgegengesetzte Auffassungen darüber, wie das Mietrecht am besten zu gestalten sei bzw. wie es durch die Reform hätte gestaltet werden müssen. Hierzu zählen die wichtigsten am Mietrecht vorgenommenen Änderungen, wie etwa die zur Höhe der Modernisierungsumlage, zu den asymmetrischen Kündigungsfristen, zur Senkung der Kappungsgrenze sowie zur Einführung des qualifizierten Mietspiegels als zentralem Kriterium bei Mieterhöhungen. Dieser durchgängig im Diskurs vorhandene Antagonismus hat Kompromisse und Verhandlungen erschwert und wird auch in Zukunft die Konflikte um das Mietrecht bestimmen, da die Argumentation auf beiden Seiten stark von normativ hochgradig wertgeladenen Überzeugungen bestimmt wird.

Die Konflikthaftigkeit der Auseinandersetzung um dieses Instrument lassen sich nicht zuletzt auch in den Zusammenhang mit den (im Abschnitt 3.2) dargestellten Erwägungen stellen: Mit mietrechtlichen Regelungen werden – obwohl sie regulativ und von der Struktur her nicht redistributiv (umverteilend) angelegt sind – eindeutig Wirkungen verbunden, die eine Partei (die Mieter) zu Lasten einer andern (der Vermieter) bevorzugt. Dabei war das Mietrecht nicht immer umstritten. Das Bestreben, dem Mieter rechtlichen Schutz vor dem mit ökonomischer Macht ausgestatteten Vermieter zu gewähren, führte bereits 1923 zur ersten gesetzlichen Normierung in diesem Bereich. Nach dem Zweiten Weltkrieg wurde aufgrund der Wohnungsnot die Vertragsfreiheit im Bereich der Wohnungsmiete faktisch ausgesetzt. Im Jahre 1953 schließlich erfolgte durch die Verabschiedung des Bundesmietengesetzes eine „Normalisierung“, welche 1960 durch die Abschaffung der letzten wohnungszwangswirtschaftlichen Regelungen nochmals beschleunigt wurde. Ab der Integration des Mietrechts in das Bürgerliche Gesetzbuch (BGB) im Jahr 1963 kann von einem „sozialen Wohnungsmietrecht“ gesprochen werden. Dem Reformauftrag des Deutschen Bundestages von 1974 kam die Bundesregierung erst mit fast dreißig Jahren (!) Verzögerung nach. Diese Verzögerung resultierte hauptsächlich aus innerhalb der jeweils regierenden Koalitionen auf Bundesebene bestehenden politischen Differenzen. Besonders in der 13. Legislaturperiode wurde diese Selbstblockade der Regierungskoalitionen deutlich, als die von CDU/CSU und FDP im Koalitionsvertrag geplante Novellierung an inhaltlichen Differenzen scheiterte. Während die FDP eine weitgehende Liberalisierung (bzw. Deregulierung) des Mietrechts forderte und damit innerhalb der Koalition auf Widerstand insbesondere der CSU stieß, drohte der SPD-dominierte Bundesrat jede Reform zu verhindern, die eine Schlechterstellung der Mieter zur Folge haben würde. Schließlich war es erst nach dem Regierungswechsel von 1998 möglich, das Mietrecht zu novellieren.

Wie aber ist es zur Durchsetzung der jüngsten Novelle gekommen? Die Mietrechtsreform wurde neben den Koalitionsfraktionen im Bundestag von SPD-geführten Bundesländern getragen und vom Deutschen Mieterbund sowie dem Deutschen Städtetag (als Vertreter der größeren Städte) nachdrücklich unterstützt. Die Gruppe der Akteure, die der Reform ablehnend gegenüber standen, gehörten neben dem Zentralverband Haus & Grund (als Organisation der Vermieter) CDU/CSU und FDP als Oppositionsparteien im Deutschen Bundestag sowie die für die Wohnungspolitik wichtigsten Wirtschaftsverbände (u.a. der Zentralverband des deutschen Baugewerbes, der Hauptverband der deutschen Bauindustrie, der Verband der deutschen Hypothekenbanken sowie der Bundesverband freier Immobilien- und Wohnungsunternehmen) an.

Auch der *soziale Wohnungsbau* kann – zumindest für die Zeit der 1980er und 1990er Jahre – unter den Typ eines konfliktbehafteten Instruments subsumiert werden. Es besteht allerdings zurzeit ein breiter Konsens darüber, dass ein Mindestmaß an sozialem Wohnungsbau aufrechterhalten werden muss, um Personen, denen der Zugang zum Wohnungs*markt* verwehrt ist, mit angemessenem Wohnraum zu versorgen. Dabei akzeptiert die übergroße Mehrheit wohnungspolitischer Akteure, dass neben dem privaten Wohnungsmarkt ein Sektor existiert, in dem mit öffentlichen Mitteln geförderter Wohnraum an Personen vergeben wird, die aufgrund sozialer Problemlagen (und Stigmatisierung) nicht „marktfähig" sind. Mithin wird von einem *segmentierten Wohnungsmarkt* ausgegangen. Diese wahrgenommene Trennung zwischen einem privaten und einem öffentlichen Sektor der Wohnungsversorgung korrespondiert mit entsprechenden Positionen der Akteure zum Verhältnis zwischen den beiden Bereichen. Dabei wird sowohl dem Versuch einer Marktregulierung durch den sozialen Wohnungsbau im Sinne einer Angebotsausweitung als auch dem sozialen Wohnungsbau als Mietkorrektiv eine klare Absage erteilt. Strittig ist allerdings, welche Zukunft der soziale Wohnungsbau in der Bundesrepublik hat. Bemerkenswert ist, dass unter der Mehrheit der wohnungspolitischen Akteure ein Konsens darüber besteht, dass der soziale Wohnungsbau in der Vergangenheit sinnvoll und notwendig war, aber seit den 1970er Jahren zunehmend seinen Sinn verloren und auch nicht intendierte Effekte gezeitigt habe (u.a. Fehlbelegungen und die Entwicklung „sozialer Brennpunkte"). Die politischen Auseinandersetzungen, die zu dieser Sichtweise geführt haben, können als abgeschlossen gelten. Lange Jahre war der soziale Wohnungsbau das zentrale Instrument der deutschen Wohnungspolitik. Bereits 1950 wurde das erste Wohnungsbaugesetz verabschiedet, um die durch die Kriegszerstörung und Vertreibung entstandene massive Wohnungsnot zu bekämpfen. Wenn auch das Instrument seitdem mehr oder weniger regelmäßig novelliert wurde, so hat erst die Reform von 2001, die das Wohnungsbaugesetz durch das Wohnraumförderungsgesetz (WoFG) ersetzte, einen Politikwechsel eingeleitet, der auf Konflikt- und Konsensbildungsprozessen beruht, die in den 1980er und 1990er Jahren die politische Debatte bestimmt haben.

Beispielhaft für ein *konsensual getragenes Instrument* steht das zuletzt im Jahr 2001 novellierte *Wohngeld*, das als Instrument zur Unterstützung von Haushalten, die sich am Wohnungsmarkt aufgrund ihrer Einkommenslage nicht von alleine mit angemessenem Wohnraum versorgen können, unumstritten ist. Die historischen Ursprünge des Wohngelds reichen bis in die Zeit des Nationalsozialismus zurück, als das Reich 1938 begann, so genannte „Mietbeihilfen" zu zahlen. Auch nach der Gründung der Bundesrepublik erfolgten Transferzahlungen an finanzschwache Haushalte, damit diese sich mit angemessenem Wohnraum versorgen konnten. Waren die Regelungen für diese Transferzahlungen lange Zeit auf drei Gesetze (Bundesmietengesetz, Gesetz zur Gewährung von Miet- und Lastenbeihilfen, Wohnungsbaugesetz) verteilt, wurden die Unterstützungsleistungen 1965 im Wohngeldgesetz zusammengeführt. Seitdem ist das Wohngeld mehrmals novelliert worden, wobei es 1976 in das Sozialgesetzbuch/SGB I und 1983 in das SGB X eingebunden und damit fester Bestandteil der deutschen Sozialgesetzgebung wurde. Der Einigungsvertrag zwischen Bundesrepublik und DDR sah vor, dass das Wohngeld auf die fünf neuen Länder ausgeweitet werden sollte, was zunächst auch erfolgte. Nachdem das westdeutsche Wohngeldgesetz aber den „Gegebenheiten im Beitrittsgebiet nicht gerecht wurde" (Georgakis 2004a: 74), galt zwischen 1991 und 1996 das „Sonderwohngeld Ost", das vereinfacht berechnet wurde, um die im Aufbau befindliche Verwaltung der noch jungen Bundesländer zu entlasten. Ab 1997 galten dann endgültig die westdeutschen Regelungen auch für die fünf neuen Länder. Die erste wirklich grundlegende Novelle des Wohngeldes seit 1990 fand allerdings erst unter der rot-grünen Bundesregierung statt. Dem Wohngeld wird gemeinhin bescheinigt, ein wohnungspolitisch sinnvolles, „treffsicheres" und „sozial gerechtes" Instrument zu sein. Streitpunkte existieren lediglich auf der Detailebene – vor allem im Hinblick auf Novellierungszyklen oder eine Indexierung –, ohne aber den Sinn und die Wirksamkeit des Instruments im Kern in Frage zu stellen. Allenfalls mittelfristig ist eine Kontroverse um das Instrument zu erwarten, nämlich dann, wenn die vorhergesagten demographischen und marktlichen Entwicklungen eintreten sollten und mit einem Überangebot von Wohnungen (d.h. einem „Mietermarkt“) die Sinnhaftigkeit des Wohngelds in Frage gestellt würde.

Ähnlich wie für das Wohngeld sind auch die neuen in den Jahren 1999 bzw. 2001 erstmals aufgelegten *Bund-Länder-Programme „Soziale Stadt“* und *„Stadtumbau Ost“* kaum umstritten. Kritisch wird allenfalls die zu geringe Mittelausstattung eingeschätzt. Insgesamt kann erwartet werden, dass die Programme mittelfristig gesichert sind und das ihnen zugrundliegende inhaltliche Konzept (Einbindung und Aktivierung der für dezentrale Problemlösungen relevanten Akteure, problembezogene Koordination von Maßnahmen, Förderung des vernetzten Denkens usw.) eine breite Akzeptanz genießt, da alle wesentlichen Akteure das mit den Programmen zu verbindende Prinzip des *aktivierenden Staates* (siehe unten) auch im fraglichen Regelungsbereich für sinnvoll erachten.

Die zuletzt im Jahr 2003 novellierte *Eigenheimzulage* stellt ein *fragmentiert-überfrachtetes Instrument* dar. Die unterschiedlichen, von den gesellschaftlichen, aber auch den staatlichen Akteuren geäußerten Einschätzungen dieses Instruments divergieren inhaltlich sehr stark. So wird die Funktion des Instruments nicht nur wohnungspolitisch gedeutet, sondern unter anderem auch auf Funktionen der Familienförderung, der Alterssicherung, der Konjunkturbelebung oder der Vermögensbildung verwiesen. Dabei ist festzustellen, dass höchst unterschiedliche, „policy-fremde“ Kernargumente für die Begründung der divergierenden Ziele vorgebracht werden, die nicht nur mit diesen Funktionen verbundene normative Orientierungen (z.B. der Familienförderung und der Vermögensbildung) aufweisen, sondern sich auch auf Kausalannahmen der anderen Regelungsbereiche beziehen, so beispielsweise die Debatte um den Zusammenhang zwischen der Eigenheimzulage und der „Zersiedlung“ der Bundesrepublik. Dieser Hintergrund lässt die generelle Charakterisierung der Eigenheimzulage als wohnungspolitisches Instrument fragwürdig erscheinen. Auch die Geschichte des Instruments illustriert die fragmentierten Funktionsdeutungen. Kennzeichnend für die Auseinandersetzungen um die Eigenheimzulage ist der Streit um die Systematik der Zulagengewährung. So wurde die Zulage zunächst nicht direkt ausgezahlt, sondern durch Abschreibung von Ausgaben für den Wohnungsbau bzw. -kauf seit 1949 (!) über §7b bzw. später über §10e des Einkommensteuergesetzes gewährt. Dabei war problematisch, dass – der Logik der Steuergesetzgebung folgend – die erzielte Steuerersparnis mit dem zu versteuernden Einkommen anstieg (zur Debatte vgl. Georgakis 2004b: 96). Auch die Einführung des „Baukindergeldes“ 1982 änderte wenig an dieser Situation. Erst mit der Abschaffung der „10e-Förderung“ und der gleichzeitigen Verabschiedung des Eigenheimzulagegesetzes 1996 wurde die Förderung des Wohneigentumserwerbs zu einer wirklichen „Zulage“. Die Novelle von 2003 ließ die Systematik der Eigenheimzulage unangetastet; sie modifizierte lediglich die zugrundeliegenden Einkommensgrenzen und die ausgezahlten Beträge und schaffte die so genannten „ökologischen Komponenten“ (besondere Zuschüsse für Niedrigenergiehäuser und heizenergiesparende Maßnahmen) ab. Prominente Vertreter dieser mit politikfeldexternen normativen Zielen und Kausalzusammenhängen operierenden Argumentationen sind dabei diejenigen Akteure, die in der Debatte um die Modifikation bzw. Streichung der Eigenheimzulage als „Verteidiger“ des Instruments aufgetreten sind. Aber auch auf Seiten der „Gegner“ der Eigenheimzulage sind „policy-fremde“ Argumentationen anzutreffen – nicht zuletzt der Hinweis auf die Situation der öffentlichen Haushalte. Die Forderung nach Streichung der Eigenheimzulage folgt also weitgehend unterschiedlichen Funktionszuweisungen und Kausalitätsannahmen. Der einzige umfassende normative Diskurs bezieht sich auf die Frage, ob die Eigenheimzulage ein redistributives Instrument darstellt und wie eine über die Eigenheimzulage vermittelte Umverteilung zu rechtfertigen ist. Sind sich die meisten wohnungspolitischen Akteure noch darüber einig, dass die Eigenheimzulage eine Umverteilung bewirkt, so sind sie bei der Bewertung dieser Feststellung gespalten. Während die überwiegende Mehrheit der Akteure diese Umverteilung zu Gunsten der Empfängerhaushalte der Eigenheimzulage aus familien- und/oder sozialpolitischen Gründen begrüßt, wird eine entsprechend motivierte Umverteilung von anderen Akteuren entweder aus sozialpolitischen Gründen (wegen der Begünstigung von Mittelschichtshaushalten) oder unter Hinweis darauf abgelehnt, dass die Mehrheit der Steuerzahler zu Gunsten einer Minderheit „enteignet“ würde. Vor dem Hintergrund der in der politischen Debatte mehr und mehr herausgestellten Sparzwänge wurde der Erhalt der Eigenheimzulage mit den vorgebrachten Argumenten immer unwahrscheinlicher.

Wenn sich auch im Politikfeld Wohnen keine klar konturierten politischen „Lager“ und parteipolitischen Gegensätze bestimmen lassen, sondern vielmehr Advokaten-Koalitionen *in unterschiedlicher Zusammensetzung* zu rekonstruieren sind, so kommen doch in den Positionen zu den einzelnen Instrumenten bestimmte Leitvorstellungen zum Vorschein, die sich in bestimmten Staatsverständnissen niederschlagen (siehe Abb. 9.3).

Bei den „klassischen“ wohnungspolitischen Instrumenten des Wohngeldes, des sozialen Wohnungsbaus und des Mietrechts stehen sich die Vertreter des Sozialstaats und die eines „schlanken Staates“ gegenüber. Am stärksten ist dies beim Mietrecht und am wenigsten beim Wohngeld ausgeprägt. Beim sozialen Wohnungsbau ist die Kontroverse insofern „entspannt“, als es auch den Sozialstaatsprotagonisten (vgl. Schmidt 2001: 16) nur noch um die Versorgung einer „Restklientel“ geht.

Bei den neuen Programmen „Soziale Stadt“ und „Stadtumbau Ost“ ergibt sich auch deshalb eine große Übereinstimmung zwischen den wohnungspolitischen Akteuren, weil die Konzeptionen dieser Programme anschlussfähig an unterschiedliche Leitvorstellungen sind und im neuen Ansatz des „aktivierenden Staates“ aufgehen (zu den Grundlagen dieses Ansatzes vgl. Lamping u.a. 2002: 27-36, Schuppert 2003: 412ff.). Gemeinsamer Bezugspunkt ist die Befähigung zu dezentralen, „selbstbestimmten“ Problemlösungen. Dabei interpretieren die Advokaten eines „schlanken Staates“ (zu den Grundlagen dieses Ansatzes vgl. Lamping u.a. 2002: 12-16) die neuen Programme allerdings auch als Abkehr von sozialstaatlichen Interventionen („Subventionen“). Bei den Sozialstaatsadvokaten steht hingegen der innovative, sozialintegrative (partizipative) Charakter dieser neuen Instrumente im Vordergrund.

Bei der Eigenheimzulage verkehren sich geradezu die Fronten: Die Sozialstaatsadvokaten propagieren eine Abschaffung dieses Instruments, um Fördermittel für andere Zwecke zu mobilisieren. Ein Teil der Akteure, die ansonsten eher für die Begrenzung staatlicher Ausgaben (und einen „schlanken Staat“) plädieren, betont im Falle dieses Instruments sozialpolitische Erwägungen – nämlich die Förderung von „Schwellenhaushalten“, die zur Selbsthilfe bei der Bildung von Wohneigentum befähigt werden sollen. Ein anderer Teil verweist auf eine mögliche Belebung der Baukonjunktur und damit verbundene Beschäftigungseffekte.

Abbildung 9.3: Leitvorstellungen in der wohnungspolitischen Debatte

Wohngeld	Sozialstaat	*versus*	schlanker Staat
Sozialer Wohnungsbau	Sozialstaat	*versus*	schlanker Staat
Mietrecht	Sozialstaat	*versus*	schlanker Staat
Programm „Soziale Stadt"	aktivierender Staat		
„Stadtumbau Ost" (West)	aktivierender Staat		
Eigenheimzulage	abschaffen & umschichten aus sozialstaatlichen Erwägungen	*versus*	(begrenzt) sichern, um *„Schwellenhaushalte"* zur *Selbsthilfe* zu befähigen (Eigentum zu bilden)

5 Ausblick auf die Zukunft der deutschen Wohnungspolitik

Bei aller Vorsicht, die bei Prognosen politischer Entscheidungen angebracht ist, lässt sich zur Zukunft der einzelnen wohnungspolitischen Instrumenten Folgendes sagen:

- Nachdem die *Eigenheimzulage* in der Vergangenheit zentraler Bezugspunkt von Bemühungen der rot-grünen Koalition war, den Bundeshaushalt zu konsolidieren, war es äußerst fraglich, ob die bisherige Haltung der Union und deren Blockademöglichkeit im Bundesrat dieses Instrument über die laufende Legislaturperiode hinaus „retten" können würde. Angesichts der allgemeinen Debatte über die Höhe von Sozialausgaben und der Suche nach Ausgabenkürzungen gerade in diesem Bereich wurde es auch innerhalb der Union immer schwieriger, an einer Förderung der Wohneigentumsbildung festzuhalten, die neben einer Orientierung auf eine letztlich diffuse Wählerklientel im Kern ideologisch motiviert ist. Den an der Eigenheimzulage interessierten Verbänden ist es immer schwerer gefallen, mit ihren unterschiedlichen, weitgehend nicht sozialpolitisch motivierten Argumentationen für die Beibehaltung der Eigenheimzulage weiter Unterstützung zu mobilisieren. Das Instrument hat sich als wohnungspolitisches Instrument offenkundig überlebt. Das zeigt am deutlichsten der Koalitionsvertrag zwischen CDU/CSU und SPD, der die Abschaffung der Eigenheimzulage zum Jahresbeginn 2006 festschreibt und die Integration der Eigentumsförderung „in die geförderte Altersversorgung" vorsieht (vgl. Koalitionsvertrag 2005: 71). Damit ist nicht nur das Ende der traditionellen Eigentumsförderung im Rahmen der Wohnungspolitik von der großen Koalition besiegelt, sondern das Instrument auch folgerichtig in ein anderes Politikfeld „verschoben" worden.
- Anders sieht es mit den Programmen „Soziale Stadt" und „Stadtumbau Ost" aus. Hier ist mit einer Stabilisierung und sogar mit einem Ausbau zu rechnen. Dies gilt für die laufende Legislaturperiode des deutschen Bundestages und darüber hinaus. Dafür sprechen nicht nur die Handlungsanforderungen sowohl in „sozialen Brennpunkten" als auch die der schrumpfenden Städte, die immer stärker auch in Teilen der alten Bundesländer manifest werden. Entscheidend ist die weitgehende lagerübergreifende Unterstützung dieser Programme – vor allem bei den Parteien, aber auch bei den Ver-

bänden. Die Notwendigkeit der Weiterführung beider Programme schlägt sich auch im Koalitionsvertrag nieder (siehe Koalitionsvertrag 2005: 51).

- Nach den „großen" Reformen des Wohngeldes, des sozialen Wohnungsbaus und des Mietrechts durch die rot-grüne Koalition sind bei diesen Instrumenten in naher Zukunft keine Gesetzesnovellen zu erwarten. Offen bleibt beim Wohngeld die Frage einer künftigen Anpassung an die Mieten- und Einkommensentwicklung. Sie dürfte indes in jedem Fall mit Anforderungen der Haushaltskonsolidierung konfrontiert sein – und zwar sowohl auf Seiten des Bundesetats als auch der der Länderhaushalte, aus denen die Wohngeldaufwendungen hälftig zu bestreiten sind. Der Koalitionsvertrag zwischen CDU/CSU und SPD (2005: 51) deutet allenfalls eine Vereinfachung der Durchführung an, ohne den Wesensgehalt des Instruments antasten zu wollen.
- Bei aller Kritik am sozialen Wohnungsbau ist auch eine Novelle des Wohnraumförderungsgesetzes in naher Zukunft unwahrscheinlich (eine generelle Infragestellung des Instruments findet sich im aktuellen Koalitionsvertrag nicht). Dazu ist die Kernüberzeugung, dass eine „Restklientel" weiterhin über dieses Instrument mit Wohnraum versorgt werden muss, zu weit bei den Parteien verbreitet. Ein weiteres Abschmelzen der Fördermittel ist indes zu erwarten.
- Beim Mietrecht bestanden zwar große Differenzen zwischen der bisherigen Regierungskoalition und den Oppositionsparteien CDU/CSU und FDP. Gleichwohl ist die Kritik an einzelnen Regelungen der Mietrechtsreform (wie etwa den asymmetrischen Kündigungsfristen oder der Senkung der Kappungsgrenze) weitgehend verstummt, und in Anbetracht der Schwierigkeiten der letzten CDU/CSU-FDP-Regierung, sich auf eine Mietrechtsnovelle zu einigen, ist es fraglich, ob die große Koalition eine neuerliche Gesetzesänderung tatsächlich erfolgreich angehen würde, zumal das Mietrecht im Koalitionsvertrag nicht erwähnt wird.

Insgesamt wird die Wohnungspolitik in Deutschland noch von sozialstaatlichen Leitvorstellungen dominiert. Doch sowohl die Stärkung der Vertragsfreiheit beim Mietrecht als auch die Konzentration des sozialen Wohnungsbaus auf „nicht marktfähige Personen" und die Betonung der Subjektförderung mittels des Wohngeldes deuten Veränderungen an. Zusammenfassend ergibt sich das Bild eines Politikfeldes, in dem verstärkt darauf gesetzt wird, Personen zum selbständigen Agieren am Wohnungsmarkt zu befähigen und nur noch „Restgruppen" jenseits des Marktes mit Wohnraum zu versorgen. Die neuen Programme „Soziale Stadt" und „Stadtumbau Ost" komplettieren dieses Bild mit einer für die deutsche Wohnungspolitik neuen Akzentsetzung: Statt vorrangig auf rechtliche und ökonomische Interventionen mittels Recht (Mietrecht) und Geld (Wohngeld und sozialer Wohnungsbau) zu setzen, kommen Interventionen zur Veränderung und Verbesserung von Lebenschancen im Wohnumfeld über die Städtebauförderung eine größere Bedeutung zu. Insofern schlägt sich auch in der Wohnungspolitik die in der aktuellen politischen Debatte immer stärker hervortretende Kontroverse zwischen Verteilungs- und Zugangsgerechtigkeit nieder (vgl. dazu Gohr/Seeleib-Kaiser 2003). Im Zentrum dieser Kontroverse steht die Frage (vgl. Nullmeier 2000), ob Lebenschancen durch Umverteilung und die Gewährung individueller Rechtsansprüche zu sichern sind oder aber durch die Gewährleistungen bestimmter allgemein verfügbarer Zugangsvoraussetzungen, denen für gesellschaftliche Teilhabe und die Realisierung individueller Lebensentwürfe eine entscheidende Rolle zukommt.

6 Literatur

Abromeit, Heidrun, 1992: Der verkappte Einheitsstaat. Opladen.

Bandelow, Nils C., 2005: Kollektive Lernprozesse durch Vetospieler? Konzepte britischer und deutscher Kernexekutiven zur europäischen Verfassungs- und Währungspolitik. Baden-Baden.

Bartholomäi, Reinhart C., 2004: Die Entwicklung des Politikfelds Wohnen, in: Björn Egner/Nikolaos Georgakis/Hubert Heinelt/Reinhart C. Bartholomäi: Wohnungspolitik in Deutschland. Positionen – Akteure – Instrumente. Darmstadt, 15-34.

Benz, Arthur, 1997: Policies als erklärende Variable in der politischen Theorie, in: Arthur Benz/Wolfgang Seibel (Hrsg.): Theorieentwicklung in der Politikwissenschaft – eine Zwischenbilanz. Baden-Baden, 303-322.

Beyme, Klaus von, 1999: Wohnen und Politik, in: Ingeborg Flagge (Hrsg.): Geschichte des Wohnens. Von 1945 bis heute. Aufbau – Neubau – Umbau, Bd. 5. Stuttgart, 81-152.

Braun, Dietmar/Giraud, Olivier, 2003: Steuerungsinstrumente, in: Klaus Schubert/Nils C. Bandelow (Hrsg.): Lehrbuch der Politikfeldanalyse. München, 147-174.

Egner, Björn, 2004a: Die Bundesländer. Ihre wohnungspolitischen Kompetenzen und ihre Positionen am Beispiel der Länder Bayern, Nordrhein-Westfalen und Brandenburg, in: Björn Egner/Nikolaos Georgakis/Hubert Heinelt/Reinhart C. Bartholomäi: Wohnungspolitik in Deutschland. Positionen – Akteure – Instrumente. Darmstadt, 149-157.

Egner, Björn, 2004b: Deutscher Mieterbund, in: Björn Egner/Nikolaos Georgakis/Hubert Heinelt/Reinhart C. Bartholomäi: Wohnungspolitik in Deutschland. Positionen – Akteure – Instrumente. Darmstadt, 157-161.

Egner, Björn/Georgakis, Nikolaos/Heinelt, Hubert, 2004: Handlungsleitende Orientierungen wohnungspolitischer Akteure, in: Björn Egner/Nikolaos Georgakis/Hubert Heinelt/Reinhart C. Bartholomäi: Wohnungspolitik in Deutschland. Positionen – Akteure – Instrumente. Darmstadt, 245-256.

Georgakis, Nikolaos, 2004a: Wohngeld, in: Björn Egner/Nikolaos Georgakis/Hubert Heinelt/Reinhart C. Bartholomäi: Wohnungspolitik in Deutschland. Positionen – Akteure – Instrumente. Darmstadt, 72-93.

Georgakis, Nikolaos, 2004b: Eigenheimzulage, in: Björn Egner/Nikolaos Georgakis/Hubert Heinelt/Reinhart C. Bartholomäi: Wohnungspolitik in Deutschland. Positionen – Akteure – Instrumente, Darmstadt, 93-106.

Gohr, Antonia/Seeleib-Kaiser, Martin (Hrsg.), 2003: Sozial- und Wirtschaftspolitik unter Rot-Grün. Wiesbaden.

Heidenheimer, Arnold/Heclo, Hugh/Adams, Carolyn, [2]1983: Comparative Public Policy. The Politics of Social Choice in America, Europe and Japan. New York.

Heinelt, Hubert, 1993: Policy und Politics. Überlegungen zum Verhältnis von Politikinhalten und Politikprozessen, in: Adrienne Héritier (Hrsg.): Policy Analyse. Kritik und Neuorientierung (PVS-Sonderheft 24). Opladen, 307-328.

Heinelt, Hubert, 2003: Politikfelder. Machen Besonderheiten von Policies einen Unterschied? in: Klaus Schubert/Nils C. Bandelow (Hrsg.): Lehrbuch der Politikfeldanalyse. München/Wien, 239-256.

Héritier, Adrienne, 1993: Policy-Analyse. Elemente der Kritik und Perspektiven der Neuorientierung, in: Adrienne Héritier (Hrsg.): Policy-Analyse. Kritik und Neuorientierung (PVS-Sonderheft 24). Opladen, 9-36.

Kaufmann, Franz-Xaver, 2002: Sozialpolitik und Sozialstaat. Soziologische Analysen. Opladen.

Kaufmann, Franz-Xaver, 2003: Varianten des Wohlfahrtsstaats. Der deutsche Sozialstaat im internationalen Vergleich. Frankfurt a.M.

Koalitionsvertrag, 2005: Gemeinsam für Deutschland – mit Mut und Menschlichkeit. Koalitionsvertrag zwischen CDU, CSU und SPD, 11.11.2005.

Lampert, Heinz, [6]2001: Lehrbuch der Sozialpolitik. Berlin.

Lamping, Wolfram/Schridde, Henning/Plaß, Stefan/Blanke, Bernhard, 2002: Der Aktivierende Staat. Positionen, Begriffe, Strategien. Studie für den Arbeitskreis Bürgergesellschaft und Aktivierender Staat der Friedrich-Ebert-Stiftung. Bonn

Lehmbruch, Gerhard, 1967: Proporzdemokratie. Politisches System und politische Kultur in der Schweiz und in Österreich. Tübingen.

Lijphart, Arend, 1968: The Politics of Accommodation. Pluralism and Democracy in the Netherlands. Berkeley.

Lijphart, Arend, 1999: Patterns of Democracy. Government Forms and Performance in Thirty-Six Countries. New Haven.

Lowi, Theodore, 1964: American Business, Public Policy, Case Studies and Political Theory, in: World Politics 16: 677-715.

Lowi, Theodore, 1972: Four Systems of Policy, Politics and Choice, in: Public Administration Review 33: 298-310.

Mayer, Annette, 1998: Theorie und Politik des Wohnungsmarktes. Berlin.

Mayntz, Renate, 1982: Problemverarbeitung durch das politisch-administrative System. Zum Stand der Forschung, in: Jens Joachim Hesse (Hrsg.): Politikwissenschaft und Verwaltungswissenschaft (PVS-Sonderheft 13). Opladen, 74-89.

Nullmeier, Frank, 2000: Politische Theorie des Sozialstaats. Frankfurt a.M.

Sabatier, Paul A., 1993a: Advocacy-Koalitionen, Policy-Wandel und Policy-Lernen. Eine Alternative zur Phasenheuristik, in: Adrienne Héritier (Hrsg.): Policy-Analyse. Kritik und Neuorientierung, (PVS-Sonderheft 24). Opladen, 116-148.

Sabatier, Paul A., 1993b: Policy Change over a Decade or More, in: Paul A. Sabatier/Hank C. Jenkins-Smith (Hrsg.): Policy Change and Learning. An Advocacy Coalition Approach. Boulder/San Francisco/Oxford, 13-39.

Schmidt, Manfred G., ²2004: Wörterbuch der Politik. Stuttgart.

Schmidt, Manfred G., 2001: Parteien und Staatstätigkeit (ZeS-Arbeitspapier 2/2001). Bremen.

Schubert, Klaus, 1991: Politikfeldanalyse. Eine Einführung. Opladen.

Schuppert, Gunnar Folke, 2003: Staatswissenschaft. Baden-Baden.

Windhoff-Héritier, Adrienne, 1983: „Policy“ und „Politics“. Wege und Irrwege einer politikwissenschaftlichen Policy-Theorie, in: Politische Vierteljahresschrift 24: 347-360.

Windhoff-Héritier, Adrienne, 1987: Policy-Analyse. Eine Einführung. Frankfurt a.M./New York.

10. Bildungspolitik: Föderale Vielfalt und gesamtstaatliche Vermittlung

Frieder Wolf

1 Einleitung

Bildung kann umfassend als nie abgeschlossener, zweckfreier Prozess der Persönlichkeitsentwicklung, der Ausbildung von Fähigkeiten und Fertigkeiten sowie der Enkulturation definiert werden. Bildungspolitik meint dann diejenigen Strukturen, Prozesse und Inhalte, welche die gesamtgesellschaftlich verbindliche Regelung dieses Prozesses betreffen. Der Teilaspekt der institutionalisierten Ausbildung der jüngeren Generation – Bemühungen um das ‚lebenslange Lernen' haben dies nicht grundlegend geändert – steht dabei im Vordergrund der politischen und wissenschaftlichen Debatte. Bezug genommen wird daher im vorliegenden Beitrag vornehmlich auf die politische Gestaltung der Einrichtungen der vorschulischen, der schulischen und der hochschulischen Bildung, wohl wissend, dass damit nur ein Ausschnitt des gesamten Bildungsgeschehens in den Blick genommen wird und dass auch andere Politikbereiche, beispielsweise Gesellschafts-, Familien-, Jugend- und Frauenpolitik, auf dieses einwirken.[1] Im Folgenden werden zunächst die Kompetenzverteilung im deutschen Bildungsföderalismus sowie die bildungspolitische Institutionenlandschaft vorgestellt und die sich daraus ergebenden Vorstrukturierungen der Willensbildungs- und Entscheidungsprozesse analysiert. Darauf folgt eine in sechs Phasen aufgeteilte Betrachtung der Entwicklung der Bildungspolitik in den sechzig Jahren von 1945 bis 2005. Bereits en passant werden dabei erste Antworten auf die Leitfragestellungen dieses Bandes gegeben, doch erst im vierten Abschnitt schließt sich die diesbezügliche Gesamtwürdigung an.[2]

2 Kompetenzverteilung und Institutionenlandschaft[3]

Das Grundgesetz weist dem Bund kaum alleinige Kompetenzen im Bildungsbereich zu. Gegenstand der konkurrierenden Gesetzgebung des Bundes sind lediglich der betriebliche Teil des dualen Systems der Berufsbildung, der unter das in Art. 74 Abs.1 Nr. 11 GG genannte Recht der Wirtschaft fällt, sowie „die Regelung der Ausbildungsbeihilfen und die Förderung der wissenschaftlichen Forschung" (Art. 74 Abs. 1 Nr. 13 GG), wobei der erste

[1] Auch Forschung mag, da sie immer auch die Forschenden bildet, grundsätzlich der Bildung zugerechnet werden. Im Rahmen dieses Texts kann sie jedoch nur am Rande und insofern berücksichtigt werden, wie sie im hochschulischen Bereich im Humboldt'schen Sinne eng mit der Lehre verknüpft ist. Eine letzte Verengung der Perspektive betrifft schließlich die Finanzierung der entsprechenden Aufgaben: Lediglich die öffentlich finanzierten Bildungsbereiche können hier angemessen gewürdigt werden.

[2] Eine ausführlichere Version des vorliegenden Beitrags erscheint als Kapitel 2 in Wolf i.E.

[3] Die Darstellung in deisem Abschnitt – wie im gesamten Beitrag – bezieht sich auf die Situation vor dem Inkrafttreten der im sommer 2006 beschlossenen Föderalismusreform.

dieser letzten beiden Punkte erst 1969 hinzugefügt wurde. 1969 erhielt der Bund außerdem durch Ergänzung von Art. 75 das Recht zur Rahmengesetzgebung über die allgemeinen Grundsätze des Hochschulwesens. Davon abgesehen haben gemäß Art. 70 Abs. 1 GG allein die Länder das Recht zur Gesetzgebung in der Bildungspolitik. Zu beachten haben sie dabei allerdings die in Art. 7 festgeschriebenen Grundsätze zur staatlichen Schulaufsicht, zum Religionsunterricht (inklusive Teilnahme und Erteilung) und zur Privatschulfreiheit, die Aufhebung von Vorschulen[4] sowie – zentral und international beispiellos, was den Verfassungsrang angeht – den Vorrang der Eltern bei Pflege und Erziehung der Kinder (nach Art. 6 Abs. 2). Bis zur Finanzreform 1969 oblagen den Ländern gemäß Art. 30 auch allein die Ausübung der staatlichen Befugnisse und die Erfüllung der staatlichen Aufgaben im Bildungsbereich. Damals wurden mit Art. 91a und b die Gemeinschaftsaufgaben dem Grundgesetz hinzugefügt. Laut Art. 91a wirkt der Bund auf verschiedenen Gebieten bei der Erfüllung von Aufgaben der Länder mit, „wenn diese Aufgaben für die Gesamtheit bedeutsam sind und die Mitwirkung des Bundes zur Verbesserung der Lebensverhältnisse[5] erforderlich ist“ (Art. 91a Abs.1 Satz 1 GG). Für den Bildungsbereich relevant ist dabei der Aus- und Neubau von Hochschulen und Hochschulkliniken.[6] Abs. 4 regelt die Kostenverteilung, indem er dem Bund die Hälfte der Ausgaben in jedem Land aufbürdet. Gemäß Art. 91b können Bund und Länder zudem bei der Bildungsplanung und Forschungsförderung zusammenwirken. Während die Formulierung des Art. 91a einen Verfassungsauftrag („wirkt mit“) beinhaltet, ist dieses letztere Zusammenwirken (und die Aufteilung seiner Finanzierung) ins Belieben von Bund und Ländern (bzw. derer Vereinbarungen) gestellt. Ein weiterer Unterschied zwischen den Gemeinschaftsaufgaben nach Art. 91a und b ist, dass Erstere ausschließlich Aufgaben der Länder betreffen, an denen der Bund mitwirkt, während Letztere bei der Forschungsförderung auch Kompetenzbereiche des Bundes beinhalten.

Die Bundesländer haben von ihren alleinigen Gesetzgebungskompetenzen im Schulbereich derart Gebrauch gemacht, dass ein vielgestaltiges Bildungswesen entstanden ist, dessen Strukturen z.B. in puncto Dauer der Grundschule, Anzahl und Organisation der weiterführenden Schularten, Übergangsmöglichkeiten zwischen diesen und pädagogischen Ausrichtungen in kaum zwei Bundesländern identisch sind und waren (Avenarius et al. 2003: 51ff.). Zugleich aber erkannten die bildungspolitischen Akteure in den Ländern schon früh einen beträchtlichen Koordinationsbedarf. Schon vor der Gründung der Bundesrepublik schlossen sich 1948 die Kultusminister der Bundesländer zur ‚Ständigen Konferenz der Kultusminister der Länder’ zusammen (welche 1949 den Zusatz ‚in der Bundesrepublik Deutschland’ erhielt, meist knapp als Kultusministerkonferenz bezeichnet und hier mit KMK abgekürzt wird).[7] Die Dichte der von der KMK geschlossenen Abkommen[8] zu so diversen Themen wie gegenseitige Anerkennung von Abschlüssen, Beginn und Dauer der Schulpflicht, einheitliche Notenbezeichnungen, Feriendauer und -termine und Richtlinien

[4] Gemeint sind damit die bereits in der Weimarer Republik verbotenen, auf den Besuch weiterführender Schulen vorbereitenden Einrichtungen.

[5] Interessanterweise ist hier nicht wie an anderen Stellen im GG von der Herstellung gleichwertiger Lebensverhältnisse, sondern von ihrer Verbesserung die Rede.

[6] Mit dieser grundgesetzlichen Regelung wurde die zuvor schon praktizierte (und in den Mitfinanzierungsabkommen von 1964 und 1968 nicht für alle Beteiligten dauerhaft befriedigend kodifizierte) Mitfinanzierung dieser Aufgabe durch den Bund verfassungsrechtlich verankert.

[7] Der KMK gehören alle Landesminister an, die für die Bereiche Bildung, Erziehung, Hochschulen, Forschung und Kultur zuständig sind. Jedes Land kann von mehreren Ministern bzw. Ministerien vertreten werden, hat aber nur eine Stimme.

[8] Thränhardt (1990: 182) zählte bereits 1990 über tausend in Landesrecht umgesetzte KMK-Vereinbarungen.

zur Behandlung bestimmter Themen in verschiedenen Fächern ist inzwischen so hoch, dass das Ergebnis in mancherlei Hinsicht trotz aller Vielfalt unitarischer als in vielen Zentralstaaten ist.[9] Die Stärke dieses unitarisierenden Strangs, der die Vielfalt der Länderarrangements zu einem dadurch überhaupt erst funktionierenden Ganzen zusammenbindet, ist umso überraschender, als die KMK mit Einstimmigkeit entscheidet und sich so tendenziell gemäß dem Geleitzugprinzip nach dem langsamsten Mitglied richten muss. Gleichwohl bremst das Einstimmigkeitserfordernis den Entscheidungsprozess und bringt häufig Nicht-Entscheidungen über umstrittene Themen mit sich (vgl. Stern 2000: 81).

Zugleich mit seinen ihm neu erwachsenen Zuständigkeiten richtete der Bund 1969 ein Bildungsministerium ein.[10] Die erste große Reform, die unter seiner Ägide entstand, war die Verabschiedung des Bundesausbildungsförderungsgesetzes (BAföG) 1971. Dieses löste die zuvor praktizierte, nicht auf Gesetz, sondern auf Vereinbarungen zwischen Bund und Ländern beruhende Förderung nach dem Honnefer Modell von 1957 ab. Seit 1971 tragen der Bund 65 und die Länder 35 Prozent der finanziellen Lasten der Ausbildungsförderung, zuvor waren diese hälftig aufgeteilt. Die Ausbildungsförderung stellt institutionell den bedeutendsten Berührungspunkt von Bildungs- und Sozialpolitik dar, was sich auch darin manifestiert, dass das BAföG besonderer Teil des Sozialgesetzbuchs (nämlich SGB 17) ist. Erst 1975 erfolgte die Einigung auf ein Hochschulrahmengesetz (HRG). Seine lange und konfliktreiche Entstehungsgeschichte (siehe Abschnitt 3.4) kann als Beispiel für die im kooperativen Föderalismus bei grundlegenden Auffassungsunterschieden möglichen Blockadetendenzen dienen.

In den Teilbereichen der Bildungspolitik, in denen neben den Ländern auch der Bund Kompetenzen hat, existieren mehrere Koordinationsgremien: Zur Umsetzung des Verfassungsauftrags zur Gemeinschaftsaufgabe Hochschulbau in Art. 91a GG wurde mit dem Hochschulbauförderungsgesetz 1969 der Planungsausschuss für den Hochschulbau (PfH) eingesetzt. Ihm gehören als Vorsitzender der Bundesbildungsminister, der Bundesfinanzminister und je ein Minister jedes Bundeslandes an. Von diesem Ausschuss wird ein auf vier Jahre angelegter Rahmenplan für den Aus- und Neubau von Hochschulen erstellt und jährlich um ein Jahr fortgeführt, welcher mit der mehrjährigen Finanzplanung von Bund und Ländern abzustimmen ist. Die für das jeweils nächste Jahr bereitzustellenden Mittel werden darin verbindlich festgeschrieben. 1970 schlossen Bund und Länder ein Verwaltungsabkommen über die Einrichtung einer gemeinsamen Kommission zur Bildungsplanung, die hinsichtlich der Wahrnehmung der entsprechenden Gemeinschaftsaufgabe nach Artikel 91b GG als Gesprächsforum dient und den Regierungschefs beider Ebenen Empfehlungen gibt. 1975 folgte die Einigung auf eine zusätzliche Rahmenvereinbarung zur Gemeinschaftsaufgabe Forschungsförderung, die dieser Kommission weitere Aufgaben in diesem Bereich übertrug. In der Folge erhielt die Kommission ihren endgültigen Namen: Bund-Länder-Kommission für Bildungsplanung und Forschungsförderung (BLK). Der BLK gehören acht Vertreter des Bundes und je ein Vertreter jedes Landes an. Der Bund

[9] Die Anforderungen an die föderalen Koordinationsgremien in Deutschland sind, wie der ehemalige KMK-Präsident Maier (1998: 23) bemerkt, ambivalent: „In Deutschland nämlich erwartet man vom Kulturföderalismus paradoxerweise nicht nur, wie anderswo, die Bewahrung föderaler Eigenheiten der Länder, sondern auch, und fast im selben Atemzug, die Stiftung kultureller Einheit und politischer Homogenität im Gesamtstaat."

[10] Genauer gesagt wurde das 1962 aus dem 1955 gegründeten Bundesministerium für Atomfragen hervorgegangene Bundesministerium für wissenschaftliche Forschung in Bundesministerium für Bildung und Wissenschaft umbenannt und erweitert. Seit 1998 heißt das – 1994 nach zwei Jahrzehnten der Trennung wieder vereinigte – Haus Bundesministerium für Bildung und Forschung.

führt seit 1990 im PfH und in der BLK sechzehn Stimmen und jedes Land eine Stimme, Entscheidungen sind theoretisch mit einer Mehrheit von 25 Stimmen, also bei Zustimmung des Bundes und einer einfachen Mehrheit der Länder, möglich.[11] Da ein Ergebnis einem nicht zustimmenden Land nicht aufgezwungen werden kann, werden in der Praxis aber einhellige Entscheidungen angestrebt. Immerhin kann die Regelung in bestimmten Fällen jedoch ein Druckmittel sein, einzelne Länder doch zur Zustimmung zu bewegen, da kein Land gerne auf Bundesmittel verzichtet und sich ohne Einstimmigkeitserfordernis die übrigen Länder theoretisch auch auf ein Aussparen von zu beharrlichen Abweichlern einigen könnten.

Bereits 1957 hatten sich Bund und Länder in einem Verwaltungsabkommen darauf verständigt, ein gemeinsames Beratungsgremium zu schaffen, das „Empfehlungen zur inhaltlichen und strukturellen Entwicklung der Hochschulen, der Wissenschaft und der Forschung" (Artikel 2 des Verwaltungsabkommens) erarbeitet. Diese auf den Namen Wissenschaftsrat getaufte Institution, zur damaligen Zeit europaweit einmalig, teilt sich in eine Wissenschaftliche Kommission, in der 24 Wissenschaftler und acht Persönlichkeiten des öffentlichen Lebens sitzen, und eine mit Vertretern der Bundes- und Landesregierungen bestückte 22köpfige Verwaltungskommission auf. Empfehlungen und Stellungnahmen fassen beide Kommissionen gemeinsam mit Zweidrittelmehrheit.[12] Der Wissenschaftsrat entsendet Vertreter mit beratender Stimme in die BLK und hat auch die Aufgabe, auf Anforderung dieser, der KMK, des Bundes oder eines einzelnen Landes gutachterlich Stellung zu nehmen. Außerdem überträgt das Hochschulbauförderungsgesetz dem Wissenschaftsrat die Aufgabe, beratend an der Arbeit des PfH mitzuwirken (und dem PfH die Pflicht, ihn anzuhören).[13]

Die Vielfalt der Koordinations- und Beratungsgremien im deutschen Bildungswesen kann man sowohl als Folge als auch als Ursache des darin bestehenden ständigen Abstimmungsbedarfs ansehen (vgl. Leschinsky 2003: 152).[14] Dabei „besteht ein enger Zusammenhang von Finanzierungsfragen und Steuerungsproblemen" (Bodenhöfer 1985: 21). Diese Diagnose trifft auch 20 Jahre später noch zu und wird exemplarisch deutlich am Schicksal des in Abschnitt 3.3 näher betrachteten Bildungsgesamtplans. Gleich alt und ebenso wenig veraltet ist Scharpfs Analyse der Politikverflechtung, die explizit auf den Bildungsbereich eingeht und der zufolge eine Pathologie des deutschen Exekutivföderalismus die strukturelle Bevorzugung von Regierungsinteressen gegenüber den Interessen der Parlamente[15] ist

[11] Ausnahmen bilden im Planungsausschuss die vordringlichen Vorhabenprogramme, die einstimmig verabschiedet werden müssen, und die Festsetzung von verbindlichen Obergrenzen für einzelne Vorhaben, denen das diese beantragende Land zustimmen muss.

[12] Da die sechs Bundesvertreter in der Verwaltungskommission sechzehn Stimmen führen, haben beide Teilkommissionen je 32 Stimmen.

[13] Kritiker sehen in der in diesem Gremiengeflecht praktizierten Forschungsförderung „ein strukturkonservatives, überverflochtenes, Innovationen blockierendes System [...], das die Handlungsfähigkeit der einzelnen Akteure schwächt und die ‚ins' gegenüber den ‚outs' privilegiert" und dezentrale Experimente erschwere (Thränhardt 1990: 183, sich stützend auf Bentele).

[14] Auch an die Koordination und Arbeitsteilung zwischen diesen Instanzen, deren Besetzung und Aufgaben sich teilweise überlappen, ist dabei zu denken.

[15] Die Umsetzung der Vereinbarungen der Koordinierungsgremien in (Landes- bzw. Bundes-)Recht erfolgt selbstverständlich in den Parlamenten, die Abgeordneten sind allerdings einem starken Druck zur Annahme der oft erst nach langen Verhandlungen erzielten Ergebnisse ausgesetzt, und ihre Einflussmöglichkeiten auf diese Verhandlungen sind begrenzt. In den 1950er Jahren kam es allerdings „durchaus noch zur Nichtverwirklichung von Beschlüssen" (Thränhardt 1990: 182), z.B. als der bayerische Landtag den einheitlichen Schuljahresbeginn zu Ostern ablehnte (und langfristig seine Präferenz für den Herbst in ganz Deutschland übernommen wurde).

(Scharpf 1985: 327ff. u. 334ff.). Profiteure dieser Konstellation seien vor allem „vertikale ‚Ressortkumpaneien' und die mit ihnen verbündeten Politiker und Interessenvertreter" sowie (im Zusammenwirken mit dem bundesstaatlichen Finanzausgleich) die „Politik-Generalisten [...] in den Empfängerländern" (ibid.: 349; siehe zur Politikverflechtung auch Scharpf et al. 1976). Des Weiteren erschweren die Aushandlungsprozesse auf der dritten Ebene des deutschen Föderalismus, wie die Koordinationsgremien auch oft genannt werden, die Zurechnung von Entscheidungen zu politischen Akteuren durch die Öffentlichkeit und geben den zuständigen Politikern die Gelegenheit zur ‚blame-avoidance': Schuld an mangelhafter Problembearbeitung hat im Zweifel niemand. Mäding (1994: 154ff.) identifiziert drei Konflikttypen: vertikal zwischen den Ebenen, parteipolitisch und sektoral zwischen ‚Bildungspartei' und ‚Finanzpartei'. Wie und mit welchen Folgen sich diese Konflikttypen miteinander verschränken und im bildungspolitischen Prozess auswirken, ist eine der Fragen, denen in Abschnitt 3 nachgegangen wird.

Die bildungspolitische Kompetenzverteilung hat sich unter dem Einfluss der Europäisierung im engeren Sinne, verstanden als vertragsbasierte Politik im Rahmen der Europäischen Union, kaum verändert. Mit dem Maastrichter Vertrag wurde ein zwei Artikel umfassendes Bildungskapitel in den EG-Vertrag eingefügt. Hinsichtlich der allgemeinen Bildung gibt Art. 149 (in der mit dem Amsterdamer Vertrag geänderten Nummerierung) der EG den Auftrag, „unter Ausschluss jeglicher Harmonisierung der Rechts- und Verwaltungsverfahren der Mitgliedstaaten" (Art. 149 Abs. 4 EGV) und „unter strikter Beachtung der Verantwortung der Mitgliedstaaten für die Lehrinhalte und die Gestaltung des Bildungssystems" (Art. 149 Abs. 1 EGV) zur „Entwicklung einer hochstehenden Bildung" (ibid.) erforderlichenfalls die Zusammenarbeit der Mitgliedstaaten im Bildungsbereich fördernd zu unterstützen und zu ergänzen. Ähnlich, aber etwas stärker formuliert ist Art. 150 zur beruflichen Bildung, wo die EG unter den gleichen Einschränkungen wie bei der allgemeinen Bildung die Kompetenz erhält, eine eigene Politik zu ‚führen' (Art. 150 Abs. 1 EGV). Während gemäß Art. 149 der Rat auf Vorschlag der Kommission nur Empfehlungen mit qualifizierter Mehrheit geben darf, erlaubt Art. 150 das Beschließen von Maßnahmen. In dieser unterschiedlichen Behandlung der allgemeinen und beruflichen Bildung spiegelt sich das für die Schaffung eines europäischen Wirtschaftsraumes bedeutsame Ziel der Sicherstellung der Arbeitnehmerfreizügigkeit wider (Leschinsky 2003: 157). Gemäß Art. 23 Abs. 4 des Grundgesetzes und dem Gesetz über die Zusammenarbeit von Bund und Ländern in Angelegenheiten der Europäischen Union (EUZBLG) wirken die Länder über den Bundesrat an der Willensbildung des Bundes in den innerstaatlich in ihren Kompetenzbereich fallenden Politikfeldern mit. Werden in der EU-Kommission und im Ministerrat Themen behandelt, die in die alleinige Kompetenz der Bundesländer fallen, soll die Bundesregierung laut §6 EUZBLG die Verhandlungsführung auf einen Landesminister übertragen. Die Position des Bundesrats zu bildungspolitischen Fragen wird in der KMK vorbereitet, wo der jeweils zur Vertretung im EU-Ministerrat benannte Minister als Berichterstatter für EU-Angelegenheiten fungiert. Unitarisierend wirkt dieses Arrangement insofern, als nur eine gemeinsame Position der Länder in den Prozess auf europäischer Ebene eingespeist werden kann. Wird Deutschland im Rat mit qualifizierter Mehrheit überstimmt, bleibt auch eine Blockadehaltung von Seiten aller oder einzelner Bundesländer folgenlos.

Die bisher bedeutendsten bildungspolitischen Programme der EU sind SOKRATES (bekannter ist wohl das Teilprogramm ERASMUS) und LEONARDO, die die allgemeine bzw. berufliche Ausbildung in Europa u.a. durch Austauschmaßnahmen fördern und für die im Zeitraum 2000-2006 1,85 bzw. 1,15 Mrd. € zur Verfügung stehen (BLK 2003: 13). Daneben erhält Deutschland aus dem Europäischen Sozialfonds für das der Diskriminierungsbekämpfung am Arbeitsplatz dienende Programm EQUAL im selben Zeitraum 0,51 Mrd. €, mit denen unter anderem auch Ausbildungsmaßnahmen finanziert werden (ibid.: 15). Die bildungspolitischen Kompetenzen der EU manifestieren sich bisher zwar in einigen interessanten zusätzlichen Opportunitäten für europäische Bildungsteilnehmer, aber praktisch nicht in Einschränkungen der Gestaltungsfreiheit der Bildungspolitik der Mitgliedstaaten bzw. derer subnationalen Einheiten. Diese sind, wenn überhaupt, stärker durch die Effekte anderer europäisierter Politikbereiche herausgefordert: Durch die Arbeitnehmerfreizügigkeit entstand die Notwendigkeit, berufsqualifizierende Abschlüsse gegenseitig anzuerkennen (was mittlerweile vollzogen ist) und kompatibel zu machen. Ferner wurde das hohe Berufseinstiegsalter deutscher Arbeitnehmer, insbesondere solcher mit Hochschulabschluss, zunehmend thematisiert, was sicherlich mit zu der Einführung des Abiturs nach 12 Schuljahren in vielen Bundesländern geführt hat. In das europarechtliche Diskriminierungsverbot wurden mit der ‚Gravier-Entscheidung' durch den Europäischen Gerichtshof (EuGH) auch „Studenten in den Anwendungsbereich der Arbeitnehmerfreizügigkeit einbezogen" (Fechner 2002: 342). Zudem ergibt sich aus Artikel 12 der Freizügigkeitsverordnung und dazu ergangenen EuGH-Urteilen, dass Kinder von Wanderarbeitnehmern Anspruch auf Gleichbehandlung bei der Ausbildungsförderung haben, d.h. dass z.B. die Kinder in Deutschland arbeitender EU-Bürger bei Erfüllung der allgemeinen Voraussetzungen Anspruch auf BAföG-Leistungen haben. Dies gilt unabhängig davon, ob sie selbst jemals ihren Aufenthalt oder ihren Studienort im leistenden Staat hatten oder haben. Das BAföG-Gesetz musste entsprechend angepasst werden. Fechner sieht als Auswirkung des Diskriminierungsverbots zwar keinen „faktischen Druck zur Harmonisierung", aber doch einen starken Impuls, „kompatible (nicht identische!) Bildungssysteme" zu schaffen (ibid.: 345ff.).

Zur Europäisierung im weiteren Sinne zu zählen ist der Bologna-Prozess. An diesem 1998 von den Bildungsministern Frankreichs, Deutschlands, Italiens und Großbritanniens mit ihrer Sorbonne-Erklärung angestoßenen Koordinierungsprozess beteiligen sich mittlerweile 45 europäische Staaten mit dem Ziel, einen gemeinsamen europäischen Hochschulraum zu schaffen. Zu den konkreteren Maßnahmen auf dem Weg dorthin gehören unter anderem die Entwicklung und Einführung eines Leitpunktesystems, das die Mobilität der Studierenden erleichtern soll, und die Vereinheitlichung der hochschulischen Ausbildungssysteme zu einem Zwei-Zyklen-Modell. Die von den deutschen Ländern angestrebte Umstellung auf das Bachelor-/Master-System bis 2009/10 (siehe hierzu Wex 2005) stellt sicherlich die spürbarste Auswirkung des Bologna-Prozesses auf die deutsche Bildungspolitik dar.[16] Hervorzuheben ist aber, dass dieser Prozess weder unter dem Dach der EU stattfindet noch rechtsverbindliche Verpflichtungen generiert. Die Unterzeichnerstaaten der Bologna-Erklärung bekunden lediglich ihre Absicht, auf die gemeinsamen Ziele hinzuarbeiten und treffen sich bisher in zweijährigem Abstand, um die Fortschritte zu begutachten und eventuell die Ziele zu erweitern und zu konkretisieren.

[16] Die Voraussetzungen hierfür hat der Bund mit der Novellierung des Hochschulrahmengesetzes 1998 geschaffen. Die Ausgestaltung der Studiengänge im Einzelnen fällt dagegen in die Kompetenz der Länder, die wiederum über die KMK zahlreiche gemeinsame Beschlüsse zu Strukturvorgaben, Qualitätssicherung, Akkreditierung u. ä. der neuen Studiengänge gefasst haben.

Es kann also der Schluss gezogen werden, dass die Auswirkungen der informellen Europäisierung im weiteren Sinne auf die Bildungspolitik Deutschlands und seiner Länder bzw. deren Handlungsspielräume im Hochschulbereich größer sind als diejenigen der formellen Europäischen Integration im engeren Sinne. Der von den Entscheidungsträgern in Bund und Ländern empfundene Handlungsbedarf erwuchs hier weniger aus dem Schatten der kompetenzbewehrten Hierarchie als aus der bottom-up-Wahrnehmung und -Konstruktion von Notwendigkeiten. Im Schulbereich gilt Ähnliches für den – ohne überstaatliche Koordination erfolgten – Ausbau des Fremdsprachenunterrichts in der Grundschule und europabezogener Lerninhalte in allen Stufen schulischer Bildung.

3 Bildung als politischer Prozess in sechs Phasen[17]

3.1 Weichenstellungen und Reformversuche vor der Staatsgründung: 1945-1949

Die Nachkriegssituation des deutschen Bildungswesens war von der dreifachen Herausforderung des moralischen Bankrotts, weitreichender physischer Zerstörung und der Notwendigkeit der Eingliederung von Millionen Flüchtlingen geprägt. In den ersten Jahren des (Wieder-)Aufbaus wurden in den Ländern bereits vor der Gründung der Bundesrepublik bildungspolitische Weichen gestellt und Reformdebatten ausgetragen. Vor allem in Hessen und den Stadtstaaten wurden reformpädagogische Ansätze aus der Weimarer Zeit wieder aufgegriffen.[18] Im Vordergrund stand dabei die Verlängerung der Grundschulzeit bzw. die Etablierung einer Stufe zwischen der Grundschule und den weiterführenden Schulen. Während Linksparteien, Gewerkschaften und amerikanische Militärregierung für egalitäre Reformen eintraten, setzten sich Kirchen, CDU/CSU, Universitäten und die organisierte Gymnasiallehrerschaft für eine Begrenzung höherer Bildung, ein gegliedertes Schulsystem, Konfessionsschulen und gegen Lernmittelfreiheit ein (vgl. Thränhardt 1990: 188f.). Entscheidend für die Richtung der in den einzelnen Ländern getroffenen Entscheidungen waren Anweiler (i.E. Band 3) zufolge die parteipolitischen Kräfteverhältnisse. Im Ergebnis diagnostizieren die meisten Beobachter für die Jahre vor und nach 1949 überwiegend restaurative Tendenzen. Friedeburg (1989: 281ff.) schreibt von einem „versäumte[n] Neubeginn" nach 1945, Schmidt (1980: 94ff.) von „Nicht-Reform", Kaufmann (2001: 974) von im hohen Entwicklungsstand des deutschen Bildungswesens in der Weimarer Republik

[17] Die Entwicklung der Bildungspolitik in der Bundesrepublik in Phasen einzuteilen, ist auf Grund von Ungleichzeitigkeiten der Debatten und Entscheidungen in der Schul- und Hochschulpolitik, bei Ersterer zwischen den Ländern und bei Letzterer zwischen diesen und dem Bund, eine Aufgabe, die kaum in allseits befriedigender Weise eindeutig gelöst werden kann, denn: „Den bildungspolitischen Entscheidungsprozess gibt es nicht. Die Prozesse unterscheiden sich in erster Linie nach der Ebene, der Struktur der Entscheidungsinstanz, dem Entscheidungsgegenstand (nach Bildungsteilsystem und Problemstellung), der Intention und dem Anspruchsniveau der Problemlösung" (Mäding 1979: 52). In der Literatur finden sich denn auch diverse unterschiedliche Vorgehensweisen. Die im Folgenden gewählte Abgrenzung geschieht schon allein deshalb ohne den Anspruch alleiniger Begründbarkeit, und unter mancherlei Aspekten mögen innerhalb der Phasen bedeutendere Umbrüche geschehen sein als zwischen ihnen. Ohne Zweifel von allergrößter Tragweite sind aber die Gründung der Bundesrepublik 1949 und die Herstellung der staatsrechtlichen Einheit der beiden deutschen Staaten 1990. Bildungsbereichsinterne Vorkommnisse bestimmen die anderen drei Trennlinien: Das Erscheinen von Pichts Warnung vor der ‚Bildungskatastrophe' 1964, die Verabschiedung des Bildungsgesamtplans 1973 und die Veröffentlichung der PISA-Ergebnisse 2001 versinnbildlichen Trendwenden in der gesamtstaatlichen bildungspolitischen Debatte.

[18] Im Rahmen des vorliegenden Beitrags kann die Bildungspolitik in der sowjetischen Besatzungszone und der DDR aus Platzgründen nicht behandelt werden (vgl. hierzu Anweiler 1988, Hearnden 1977 und Rodden 2002).

begründet liegender Restauration. Führ (1998: 11) zufolge gab es dagegen nach 1945 zahlreiche Neuansätze, zu denen er den flächendeckenden Ausbau der Realschulen und die Schaffung des zweiten Bildungsweges zählt, so dass man im Rückblick feststellen könne: „Der Wiederaufbau des Bildungswesens im Westen glich eher einem Neuaufbau als einer Restauration". Im hochschulischen Bereich seien besonders die 1946 bzw. 1948 gegründeten Universitäten in Mainz, Saarbrücken und Berlin (FU) reformerischen Ideen gegenüber offen gewesen (Führ 1997: 203). Nach und nach unentgeltlich wurde in den ersten Nachkriegsjahren die Gymnasial- und Hochschulausbildung (Kaufmann 2001: 974). Die Währungsreform 1948 brachte jedoch in dieser Hinsicht sowie bei der Verwirklichung der Lernmittelfreiheit und bei den Stipendiensätzen für Studierende einen vorübergehenden, aber empfindlichen Rückschritt mit sich (Anweiler i.E. Band 3). Vorreiter bei der endgültigen Abschaffung des Schulgeldes für alle Schularten waren – auf Betreiben der Militäradministration – die Länder der amerikanischen Besatzungszone (Thränhardt 1990: 190).[19]

Mit der Aufforderung, „zu prüfen, inwieweit wir gemeinsame Grundlagen für den Neuaufbau unseres Schul- und Bildungswesens schaffen oder wenigstens unsere Maßnahmen aufeinander abstimmen können" (zitiert aus Fränz/Schulz-Hardt 1998: 179), eröffnete der württemberg-badische Kultusminister Bäuerle im Februar 1948 eine Konferenz, zu der er die Kultusminister aller damals 17 deutschen Länder eingeladen hatte.[20] Auf der Tagesordnung standen bereits die meisten der Themen, die die KMK bis heute bearbeitet. Am zweiten derartigen Treffen im Juli desselben Jahres nahmen die Kultusminister der Länder der sowjetischen Zone auf Veranlassung derer Militärverwaltung nicht mehr teil. Ihre westdeutschen Kollegen dagegen gründeten damals formell die KMK (ibid.: 177). Obwohl die KMK vor dem 23. Mai 1949 nur wenige Beschlüsse und kaum grundlegende strukturelle Vereinbarungen traf (ibid.: 180ff.), sieht Anweiler (i.E. Band 3) darin für die Bildungspolitik „eine tiefere Zäsur als [in der] Gründung beider deutscher Staaten im Laufe des Jahres 1949". Die offiziellen Kontakte zwischen den west- und ostdeutschen Bildungspolitikern jedenfalls endeten mit der KMK-Gründung.

3.2 Gedämpfter Reformeifer und koordinierte Konsolidierung: 1949-1964

In den ersten Landtagswahlkämpfen der jungen Bundesrepublik waren die bereits vor 1949 begonnenen bildungspolitischen Auseinandersetzungen von großer Bedeutung. Das bürgerliche Lager wurde nicht zuletzt durch gemeinsame Positionen in Bildungsfragen zusammen gehalten, und nach seinen Wahlerfolgen in Hamburg, Schleswig-Holstein und Berlin wurden dort die Schulreformen der Nachkriegsjahre revidiert. In Baden-Württemberg und Bayern entstanden im Streit um die Bekenntnisschule 1952 bzw. 1954 Koalitionen gegen die Union, die allerdings nur von kurzer Dauer waren (vgl. Massing 2003b: 15f. und Thränhardt 1990: 189). Insgesamt packte die SPD in den 1950er Jahren Friedeburg (1989: 326) zufolge auch in den Ländern, in denen sie allein an der Macht war, die Schulreform nicht an: „Vorübergehend wollte die SPD mit ihrer Bildungspolitik nicht mehr identifiziert werden. Sie strich die Schulreform aus ihrem Programm."

[19] In den meisten Ländern erfolgte sie dagegen erst zum Schuljahr 1958/59 (Massing 2003b: 17), in Nordrhein-Westfalen sogar erst in den 1960er Jahren (Thränhardt 1990: 190).

[20] Vertreter von 16 Kultusministerien waren nach Stuttgart gekommen.

Dieser Entwicklung hinsichtlich der großen Konfliktlinien stand eine Auseinanderentwicklung der Schulorganisation im Kleinen gegenüber. In der öffentlichen Wahrnehmung wurde das ,Schulchaos' zunehmend gemäß dem häufig zitierten Diktum ,Vater versetzt, Kind sitzen geblieben' als Mobilitätshindernis angesehen. Vor dem Hintergrund der dadurch aufflammenden Debatte über das Bund-Länder-Verhältnis intensivierten die Länder ihre Selbstkoordinierungsbemühungen. Der im Februar 1954 gegebene Auftrag der Ministerpräsidentenkonferenz an die KMK, Vereinheitlichungsvorschläge für das Schulwesen zu erarbeiten, mündete ein Jahr später in das Düsseldorfer Abkommen (vgl. Anweiler i.E. Band 3). Für das allgemeinbildende Schulwesen mit Ausnahme der Volksschulen wurden darin „Schuljahresbeginn, Gesamtdauer der Ferien und Zeitraum für die Sommerferien, Bezeichnungen, Organisationsformen und Schultypen der Mittelschule und der Gymnasien (mit Regelung der Sprachenfolge), Anerkennung der Prüfungen und Bezeichnung der Notenstufen, darüber hinaus auch eine besondere Härtefallklausel für den Schulwechsel von Land zu Land bei Oberstufenschülern" einheitlich geregelt (Fränz/Schulz-Hardt 1998: 186).[21] Novelliert wurde das Düsseldorfer 1964 durch das Hamburger Abkommen, welches in weiten Teilen bis heute gilt. Neu aufgenommen wurden darin unter anderem Vereinbarungen zum Grund- und Hauptschulwesen, zu Aufbauformen der weiterführenden Schulen und zur Anerkennung von Lehramtsprüfungen.

Institutionelle Neuerungen in den 1950er Jahren waren der Wissenschaftsrat (siehe Abschnitt 2) und der ,Deutsche Ausschuss für das Erziehungs- und Bildungswesen'. Dieses von Bund und Ländern 1953 als Kompromiss im Streit um Kompetenzen eingerichtete Beratungsgremium aus Experten und Interessenvertretern, das 1965 schon wieder aufgelöst wurde, entfaltete lediglich mit seinem ,Rahmenplan zur Umgestaltung und Vereinheitlichung des allgemeinbildenden und öffentlichen Schulwesens' 1959 und seiner ,Empfehlung zum Aufbau der Hauptschule' 1964 nachhaltige Wirkung auf die politische Diskussion und Beschlussfassung in den Ländern (vgl. Leschinsky 2003: 167f. u. Massing 2003b: 18f.).[22] Größeren Anklang fand der Wissenschaftsrat, dessen Empfehlungen zum Hochschulausbau 1960 die Welle der Universitätsneugründungen anschoben (vgl. Führ 1997: 204). Eine weitere Innovation in der Hochschulpolitik stellte die Studienförderung nach dem Honnefer Modell von 1957 dar. Dieses bei der Auswahl der Berechtigten Bedürftigkeit und Eignung kombinierende Modell blieb in Finanzierung und Leistungsumfang bis zu seiner Ablösung durch das BAföG 1971 umstritten, ergänzte aber immerhin die (öffentlich bezuschussten) privaten Stipendienwerke um eine verlässliche vollstaatliche Säule und ermöglichte Tausenden ein zumindest sorgenfreieres Studium (vgl. Anweiler i.E. Band 3).

Die späten 1950er und frühen 1960er Jahre markieren außerdem den Beginn der „Bildungsexpansion von unten" (Lenhardt 1991: 395): Die Besuchsquoten von weiterführenden Schulen und Hochschulen stiegen bereits lange vor den einschlägigen wissenschaftlichen und politischen Planungsinitiativen stark an.[23]

---

[21] Wenn auch nicht alle Bestandteile des Abkommens in allen Bundesländern umgesetzt wurden, so genügte es immerhin zur Abwehr von Kompetenzverlagerungsvorschlägen. Die Idee, ein Bundeskultusministerium einzurichten, wies der Bundestagsausschuss für Kulturpolitik im November 1956 ab (Anweiler i.E. Band 3).

[22] Das ähnlich wie der Wissenschaftsrat aufgebaute Nachfolgegremium, der Deutsche Bildungsrat, überlebte ebenfalls nur ein Jahrzehnt.

[23] So wuchs der Anteil der 13-jährigen, die Realschulen oder Gymnasien besuchten, zwischen 1955 und 1965 um zehn Prozentpunkte.

3.3 Expansion, Planungseuphorie und nie gekanntes Engagement des Bundes im Bildungswesen: 1964-1973

1964 veröffentlichte Georg Picht in der Wochenzeitung *Christ und Welt* eine (später in Buchform publizierte) Artikelserie zu einem Themenkomplex, den er als „die deutsche Bildungskatastrophe" bezeichnete (Picht 1964). Kern seiner Argumentation war, dass in der Bundesrepublik die Bildungschancen extrem ungleich verteilt seien und dadurch Begabungsreserven in großem Ausmaß brach lägen, dass durch zu geringe Bildungsinvestitionen in Zukunft „der Bestand des Ganzen in Gefahr" (ibid.: 57) sei, dass weder Bund noch Länder bildungspolitisch ausreichend aktiv seien, und außerdem beide Ebenen nicht über ausreichende Planungskapazitäten verfügten.[24] Im Hinblick auf das Eintreten der geburtenstarken Jahrgänge in den Bildungsprozess prognostizierte er, dass alleine zur Aufrechterhaltung des 1964 gegebenen, im internationalen Vergleich aus seiner Sicht rückständigen Ausbaustands des Bildungswesens in den folgenden zehn Jahren zusätzlich laufende jährliche Ausgaben von vier Milliarden DM und einmalige Investitionen von 50 Milliarden DM ebenso nötig seien wie die Ausbildung von 300.000 Lehrern (eine Zahl, die sogar etwas größer war als die der 1965 an allen Universitäten und Pädagogischen Hochschulen eingeschriebenen Studierenden) (ibid.: 64). Picht war nicht der Erste, der sich mit dieser Thematik beschäftigte (so konnte er auf die Bedarfsfeststellung 1961-1970 der KMK von 1961 zurückgreifen), doch seine Zuspitzung katalysierte die bildungspolitische Debatte. Es folgte das bildungspolitisch aktivste Jahrzehnt der deutschen Geschichte: Das Schul- und Hochschulwesen expandierte in enormem Tempo, die Bildungsplanung erlebte ihre Blütezeit, die grundgesetzliche Kompetenzverteilung im Bildungsbereich wurde novelliert (siehe hierzu Abschnitt 2), und in der Folge engagierte sich der Bund in zuvor nie gekanntem Ausmaß in der Bildungspolitik. Geprägt war diese Phase des Weiteren von einer außergewöhnlich einflussreichen Rolle der Wissenschaft, einer Publikationsflut zu Bildungsthemen, zumindest rhetorisch nahezu ubiquitärem Reformimpetus und einer vorherrschenden Betrachtung des Bildungswesens als Funktionsganzem. Außerdem sorgte die Studentenbewegung für die Thematisierung der internen Hochschulorganisation.

Die Zahl der Schüler erhöhte sich zwischen 1965 und 1975 um gut ein Drittel von knapp 7,5 auf über 10 Millionen. Gleichzeitig verdoppelten sich die Anteile von Realschülern und Gymnasiasten an allen Schülern nahezu (Baumert et al. 2003: 76ff.). Dennoch sank die Zahl der Schüler je Lehrer in diesem Zeitraum leicht – die Länder stellten sehr viele Lehrer ein, was die Haushalte dank niedrigem Schuldenstand, starkem Wirtschaftswachstum und der Konjunktur der Bildungspolitik in den Wählerpräferenzen ermöglichten. Sogar beinahe verzweieinhalbfacht hat sich zwischen 1965 und 1975 die Zahl der Studierenden. Der 1960 begonnene Ausbau des Hochschulwesens wurde durch Erweiterung bestehender Einrichtungen und zahlreiche Neugründungen fortgesetzt[25], konnte allerdings nicht mit der Entwicklung der Studierendenzahlen Schritt halten, wodurch sich hier die

[24] Die öffentliche Rezeption von Pichts Thesen betonte zunächst hauptsächlich ökonomische Aspekte, die Erwägungen zur sozialen Gerechtigkeit rückten erst später in den Mittelpunkt. Sicherlich beigetragen hat zu diesem Umschwung auch Dahrendorfs Forderung nach einer aktiven Bildungspolitik, die Bildung als Bürgerrecht und Kernkomponente der Chancengleichheit behandelte (Dahrendorf 1965). Während Dahrendorf die meisten Forderungen Pichts teilte, wandte er sich vehement gegen den von den ökonomischen Folgen ihrer Nichtberücksichtigung her (und nicht auf der Basis von Bürgerrechten) argumentierenden Teil der Begründung dafür (ibid: 13ff.).

[25] Auch wurden ab 1968 die meisten höheren Fachschulen und Ingenieursschulen in Fachhochschulen umbenannt bzw. umgewandelt und nunmehr dem Hochschulsektor zugeordnet.

Betreuungsrelation verschlechterte. Das ‚katholische Arbeitermädchen vom Lande', ein soziologisches Konstrukt, in dem die bildungsbenachteiligten Sozialkategorien Deutschlands zusammenflossen, profitierte in seinen verschiedenen Eigenschaften (auch nach 1975) in unterschiedlichem Maße von der Expansion und der damit einhergehenden „Demokratisierung des Ausbildungssektors" (Schmidt 1980: 94): Zuvorderst hinsichtlich des Geschlechts, nach dem heute im deutschen Bildungswesen – mit Ausnahme des dualen Berufsbildungssystems – rein zahlenmäßig keine Diskriminierung mehr feststellbar ist, dann weitgehend als Katholikin und Landbewohnerin und zuletzt deutlich weniger als Arbeiterkind.[26] Etwas verzögert expandierte der vorschulische Bereich. 1965 besuchte mit etwa einem Drittel ein ebenso hoher Anteil der entsprechenden Altersgruppe Kindergärten und vergleichbare Einrichtungen wie zwanzig Jahre zuvor, wobei nach dem Ende der Nazi-Herrschaft der Anteil der Plätze in kirchlicher Obhut wieder auf rund achtzig Prozent angestiegen war. In den 1970er Jahren wuchsen die Nachfrage und auch das Angebot dann deutlich an, die Bedeutung des öffentlichen Sektors und der Stellenwert von Ganztagesangeboten blieben aber untergeordnet (Morgan 2002: 139). Der Versorgungsgrad war und ist dabei regional stark unterschiedlich.[27]

Die Verfassungsänderungen von 1969 waren das Produkt einer formalen Großen Koalition im Bundestag und einer informellen Großen Koalition zwischen der Bundesregierung und der Mehrheit der Länderregierungen. In allen Parteien – freilich in unterschiedlichem Ausmaß mit der FDP als aus der Opposition treibender und der Union als zurückhaltendster Kraft – standen die Zeichen auf Expansion des Bildungswesens und größerem Engagement des Bundes.[28] Der Anteil des Bundes an den gesamten öffentlichen Bildungsausgaben wuchs in der Folge auf ein gutes Zehntel an, und es wurden mit dem Berufsbildungsgesetz (BBiG), dem Hochschulbauförderungsgesetz und dem Bundesausbildungsförderungsgesetz drei weichenstellende Bundesgesetze erlassen (die beiden Ersteren noch unter der Großen Koalition; zu den beiden Letzteren siehe Abschnitt 2). Das BBiG regelt den Teil der beruflichen Bildung, der außerhalb der unter Länderkompetenz fallenden Berufsschulen stattfindet, insbesondere das Ausbildungsverhältnis und die Berufsbildungsordnung. Außerdem etablierte es das Bundesinstitut für Berufsbildung, dem zahlreiche Aufgaben in der einschlägigen Forschung, Dienstleistung und Beratung obliegen.[29]

Im Juli 1973 legte die BLK unter dem von planerischem Selbstvertrauen strotzenden Titel ‚Bildungsgesamtplan' einen langfristigen gemeinsamen Rahmenplan vor. Diesen zu erstellen und dadurch „eine abgestimmte Entwicklung des gesamten Bildungswesens vorzubereiten" war laut Artikel 2 des sie begründenden Verwaltungsabkommens ihre erste Aufgabe. Dass es drei Jahre dauerte, bis die BLK ihrer Hauptaufgabe nachkam, lag zum einen an der Diskrepanz zwischen dem hohen planerischen Anspruch und Planungsoptimismus und dem ab 1971 erodierenden überparteilichen Konsens in Bildungsfragen, zum

[26] Schichtzugehörigkeit ist noch immer sehr hoch mit der Nachfrage nach höherer Bildung korreliert und heute neben Migrationshintergrund der wichtigste Prädikator von Bildungserfolg (vgl. Klemm 2001).

[27] Der aufgrund eines BVerfG-Urteils zum Abtreibungsrecht seit 1996 bestehende Rechtsanspruch auf einen Kindergartenplatz hat inzwischen allerdings einen (nicht immer erreichten) theoretischen Versorgungssockel mit Halbtagesplätzen für alle Kinder von 3 bis 6 Jahren definiert.

[28] Die Bildung der großkoalitionären Bundesregierung 1966 an sich stellte Anweiler (i.E. Band 5) zufolge für die Bildungspolitik keine Zäsur dar, vielmehr entfaltete sich der Reformeifer erst gegen Ende ihres Bestehens.

[29] Zwar wird die Berufsbildungsreform von Kritikern als in verschiedenerlei Hinsicht gescheitert angesehen (z.B. Offe 1975: 51ff.), aber ohne Zweifel gingen mit der Inanspruchnahme der Möglichkeit zur konkurrierenden Gesetzgebung durch den Bund in diesem Bereich eine weitgehende Vereinheitlichung der zuvor bestehenden diversen landesrechtlichen Regelungen und ein konkretisierender Bedeutungszuwachs der Rolle des Bundes einher.

anderen an den fortgesetzten unterschwelligen Kompetenzrivalitäten von Bund und Ländern. Zudem war die Konfliktverarbeitungskapazität des Gremiums eher gering. Im Ergebnis sind im Bildungsgesamtplan einige allgemeinere Ziele wie die Verbesserung der Durchlässigkeit in der Sekundarstufe I und im Tertiärbereich, quantitative Expansion und verbesserte Ausstattung sowie einige konkrete Maßnahmen zur Erreichung struktureller Vereinheitlichungsziele festgeschrieben. Konflikthaftere Themen aber wurden entweder ausgespart, wie die inhaltliche Ausrichtung der alternativen Bildungsgänge in der Sekundarstufe II (was besonders kurios anmutet, da zugleich Zielquoten für die Beteiligung daran vereinbart wurden), oder die Nicht-Einigung wurde durch die Aufnahme von Minderheitsvoten wie denen der unionsgeführten Landesregierungen zu Gesamtschule, Orientierungsstufe und Lehrerbildung kaschiert (vgl. BLK 1973 u. Mäding 1979: 65ff.). Immerhin kann aber das Zustandekommen des Bildungsgesamtplanes an sich als einer der letzten Erfolge der dynamischsten Jahre im deutschen Bildungswesen angesehen werden, und entsprechend „wurde er euphorisch als Höhepunkt der Bildungsreform gefeiert“ (Massing 2003b: 22).

3.4 Stagnation oder ‚business as usual'? 1973-1990

Ab 1973 verlor die Dynamik der Bildungspolitik in Deutschland an Fahrt, wobei sich mehrere Entwicklungen überschnitten und gegenseitig beeinflussten: Die parteipolitischen Differenzen, besonders über curriculare Aspekte und die Gesamtschulfrage, nahmen deutlich zu, die Finanzierungsprobleme[30] verschärften sich mit der ersten Öl- und der darauf folgenden Wirtschaftskrise, und im Schulbereich war 1976 aus demographischen Gründen ein Höhepunkt der Schülerzahlen erreicht. Die Studierendenzahlen wuchsen indes weiter[31], was wegen abflachender Investitionen in das Hochschulwesen zu Überlastsymptomen führte. Der Anteil der gesamten öffentlichen Bildungsausgaben am Sozialprodukt erreichte 1975 mit 5,1 Prozent (gegenüber 2,85 Prozent 1960) seinen Spitzenwert (Schmidt 2004: 12f.). Die absoluten Ausgaben hatten sich – preiskorrigiert – im selben Zeitraum aufgrund des starken Wirtschaftswachstums mehr als verdoppelt.

Das letzte Vorhaben auf der mit den Grundgesetzänderungen von 1969 gesetzten Agenda, das Hochschulrahmengesetz, wurde 1975 nach zähen Verhandlungen zwischen der sozial-liberalen Bundesregierung und der Mehrheit unionsregierter Länder im Bundesrat eher lustlos verabschiedet. Das „längst allseitig ungeliebte Gesetz“ (Friedeburg 1989: 423)

---

[30] Bereits in den Finanzierungsprognosen des Bildungsgesamtplans ist davon die Rede, dass die veranschlagten Kosten „selbst bei gesamtwirtschaftlich optimalen Rahmenbedingungen eine Anhebung der Steuerlastquote und eine Ausdehnung der staatlichen Verschuldung erfordern“ (BLK 1973: 14). Die Finanzminister von Bund und Ländern mochten die eingeplanten Mittel nicht aufbringen und erhielten für diese Position Rückendeckung von der Ministerpräsidentenkonferenz. Als hellsichtig erwies sich diesbezüglich Pichts Einschätzung von 1964: „Die Zukunft der [...] Schule wird von den Finanzministern entschieden. Den Finanzministern sind aber die Hände gebunden, solange die Wähler nicht bereit sind, an anderer Stelle die Opfer zu bringen, ohne die ein Ausbau des Bildungswesens nicht möglich ist“ (Picht 1964: 42).

[31] Ebenfalls noch auf dem Expansionspfad befand sich das berufliche Bildungswesen: „Die Zahl der jährlich neu abgeschlossenen Ausbildungsverträge stieg in der Zeit von 1974 bis 1984 um mehr als fünfzig Prozent von 450.000 auf 705.000, die Zahl der Auszubildenden insgesamt von 1,3 auf 1,8 Millionen, relativ noch mehr als die der Studierenden von knapp 800.000 auf 1,3 Millionen [...]. Mit dieser drastischen Bildungsexpansion gelang es trotz des Andrangs, den Wiederanstieg der Ungelernten abzuwenden und die Jugendarbeitslosigkeit im internationalen Vergleich in Grenzen zu halten, allerdings vielfach mit Abstrichen an der Qualität der Berufsbildung“ (Friedeburg 1989: 433).

schuf Rahmenregelungen für die Möglichkeit zur Einrichtung von Gesamthochschulen, die interne Hochschulorganisation sowie die Zulassung zum Studium und gab den Ländern drei Jahre Zeit, ihre Gesetzgebung entsprechend anzupassen bzw. den vom Bund definierten Rahmen auszufüllen.

Mit dem Verlust des expansiven und reformerischen Schwungs stellte sich (nicht nur in Deutschland) in der zweiten Hälfte der 1970er Jahre eine wachsende Steuerungsskepsis ein. Auch der Bildungsgesamtplan kam dabei unter die Räder: 1977 begann die BLK zwar mit der Arbeit an seiner Fortschreibung, stellte diese aber mangels Fortschritten 1982 wieder ein. Bundesforschungsministerin Wilms erklärte 1983 in ihrer Eigenschaft als BLK-Vorsitzende gar: „Umfassende Gesamtplanungen sind nicht mehr vorgesehen" (BLK-Pressemeldung 3/1983, zitiert aus Mäding 1985: 209).[32]

Unter Verweis auf die beschwerlichen Einigungsprozesse in den Koordinationsgremien reduzierte die Regierung Kohl in den 1980er Jahren peu à peu die für Gemeinschaftsaufgaben bereitgestellten Mittel (Braun 2002: 355). Keinen drastischen bildungspolitischen Kurswechsel, sondern eher einen Klimawechsel sieht Anweiler in der ‚Wende' von 1982 (Anweiler i.E. Band 7). Die einzige hoch umstrittene und folgenreiche Maßnahme der neuen Bundesregierung war die Umstellung der BAföG-Leistungen auf Darlehen und die Kürzungen der Leistungen für Schüler.[33] Der Anteil der geförderten Studierenden fiel zudem durch restriktivere Berechtigungsgrenzen um gut die Hälfte auf unter 20 Prozent (Lenhardt 1991: 397). Mit der Bestallung von Jürgen Möllemann als Bildungsminister 1987 wurde die (Bundes-)Bildungspolitik zwar lautstärker, zu den prominentesten Themen der Politik in den 1980ern gehörte sie aber auch danach nicht.

Die Schulpolitik in den Ländern verharrte in diesem Jahrzehnt meist in den ideologischen Gräben der späten 1970er Jahre, einzig im Saarland und in Hessen kam es nach Regierungswechseln zu forciertem Aus- bzw. Rückbau von Gesamtschulen. Fortgesetzt hat sich die ‚Flucht aus der Hauptschule', was die GEW in der Hoffnung begrüßte, dies werde zur Einführung der Gesamtschule beitragen. Die unionsgeführten Regierungen von Baden-Württemberg und Bayern hingegen versuchten diesem Trend durch qualitative Verbesserungen entgegen zu wirken (Anweiler i.E. Band 7). An den Hochschulen führte der sog. ‚Öffnungsbeschluss' der Regierungschefs von Bund und Ländern von 1977, nach dem der Hochschulzugang für die stark besetzten Jahrgänge weitestmöglich offen gehalten werden sollte, in Kombination mit den durch Überlastprogramme nur geringfügig angehobenen Mitteln zu zunehmender Überfüllung: die Überlast wurde zur Dauerlast (Fränz/Schulz-Hardt 1998: 214). Lobbyisten des Ausbaus und der Reform des Bildungswesens sehen die Jahre zwischen 1973 und 1990 eher als eine Phase der Stagnation an. Macht man sich aber bewusst, dass die bildungspolitische Dynamik und Mobilisierung der Öffentlichkeit im Jahrzehnt zuvor ein historisches Ausnahmephänomen war, so kann man eher von ‚business as usual' sprechen.

---

[32] In den 1980er Jahren stagnierte auch die wissenschaftliche Diskussion: „Seit dem Scheitern der gesamtstaatlichen Bildungsplanung Ende 1981 gibt es bis zum Ende der 80er Jahre keine *großen Themen* politikwissenschaftlicher Bildungsforschung mehr. Die Literatur spiegelt die Stagnation der staatlichen Bildungspolitik [...] wider" (Reuter 2002: 177).

[33] Letztere waren Teil des knapp einen Monat nach dem konstruktiven Misstrauensvotum beschlossenen Haushaltsbegleitgesetzes vom 1.10.1982. Kritik aus FDP und CDA führte lediglich zu einer Härtefallregelung (vgl. Zohlnhöfer 2001: 70ff.).

3.5 Bewältigung der Wiedervereinigung: 1990-2001

Kein ‚business as usual' war dagegen die Bewältigung der Wiedervereinigung der beiden deutschen Staaten auch im Bildungsbereich. Die „Neugestaltung des Schulwesens" oblag nach Artikel 37 Abs. 4 des Einigungsvertrags den neuen Bundesländern, wobei der Bestand an Vereinbarungen der KMK als Basis derselben festgeschrieben wurde. Das DDR-Schulsystem war so diskreditiert, dass von den neuen Ländern ohne große Diskussion das westdeutsche Grundmodell übernommen wurde, jedoch nicht ohne Unterschiede und mit einer Innovation, die inzwischen auch in Westdeutschland Nachahmer gefunden hat: Während Mecklenburg-Vorpommern zunächst das klassische dreigliedrige Schulsystem einführte, setzte Brandenburg (unter der Patenschaft Nordrhein-Westfalens) anstelle der Hauptschule auf die integrierte Gesamtschule und die zehnjährige Schulpflicht, baute aber parallel auch Gymnasien und (wenige) Realschulen auf. In drei neuen Ländern wurden Haupt- und Realschule zu der neuen Schulart ‚Schule mit mehreren Bildungsgängen' (in Sachsen Mittelschule, in Thüringen Regelschule und in Sachsen-Anhalt Sekundarschule genannt) zusammengefasst[34] (vgl. Baumert et al. 2003: 70f.). Diese Schulform, mehr aus Einsicht in die Nachfrage bzw. Demographie als aus Ideologie geboren, wurde inzwischen auch in Rheinland-Pfalz und dem Saarland eingeführt.[35] Der „notwendigen Erneuerung von Wissenschaft und Forschung", die Artikel 38 Abs. 1 des Einigungsvertrags postuliert, sollte eine Begutachtung der betreffenden öffentlichen Einrichtungen durch den Wissenschaftsrat dienen. Dieser spielte bei der „Einpassung" (ebenfalls Art. 38 Abs. 1) der ostdeutschen in die bundesdeutsche Hochschullandschaft eine kaum zu überschätzende Rolle: Die Landesregierungen folgten seinen Empfehlungen weitgehend, und oft entschieden somit wenige Gutachter über die Zukunft ganzer Institute (vgl. Heidenheimer 1997: 286f.). An den Schulen wurde der großzügige Personalbestand nach je länderspezifischen Vorgehensweisen durch Nichtübernahme belasteter und Deputatsreduzierungen verbleibender Lehrkräfte deutlich reduziert. Im Hochschulbereich wurde ebenfalls an vielen Institutionen Personal abgebaut,[36] durch die Neugründung und Erweiterung von Hochschulen wurden aber auch neue Stellen geschaffen, die in der Mehrheit an Bewerber aus dem Westen vergeben wurden. Das duale System der Berufsbildung konnte trotz weitgehender Übernahme der westdeutschen Strukturen und starker Subventionierung in den neuen Ländern wegen der geringeren Leistungsfähigkeit der Wirtschaft bisher nicht mit vergleichbarem Erfolg etabliert werden. Auch zehn Jahre nach der Wiedervereinigung wurden noch über zwei Fünftel der ohnehin knapperen Ausbildungsplätze in diversen Programmen staatlich finanziert (vgl. Baethge 2003: 553ff.). Die vorschulischen Bildungs- und Betreuungsangebote hingegen wurden in Ostdeutschland zwar wegen des massiven Geburtenrückgangs ab 1989 in den 1990er Jahren reduziert, wiesen aber immer noch weitaus höhere Deckungsquoten als in den alten Ländern auf: So gab es einen Platz in einer entsprechenden Einrichtung im Westen für 2 Prozent der 0-2-jährigen und 78 Prozent der 3-6-jährigen, im Osten dagegen für 50

[34] Mecklenburg-Vorpommern hat inzwischen ergänzend sowohl die Schule mit mehreren Bildungsgängen als auch die Gesamtschule eingeführt und mit seinem nun fünfgliedrigen System die institutionelle Vielfalt des deutschen Schulsystems um eine weitere Kombinationsvariante bereichert.

[35] Im Saarland ersetzte sie als ‚Erweiterte Realschule' die Hauptschule, in Rheinland-Pfalz ergänzt sie als ‚Regionalschule' die Optionen der kommunalen Bildungspolitik. Genutzt wird diese Möglichkeit dort vor allem in ländlichen Gebieten.

[36] Besonders im sozialwissenschaftlichen und juristischen Bereich war der Anteil derjenigen Beschäftigten hoch, die wegen zu großer Nähe zur SED-Diktatur nicht weiterbeschäftigt wurden.

bzw. 100 Prozent bei im Durchschnitt längeren Öffnungszeiten (Morgan 2002: 115). Das unterschiedliche Nachfrageverhalten der Bürger und die unterschiedliche Responsivität der Politik in dieser Frage zeugen von einem der stärksten und anhaltendsten soziokulturellen Unterschiede zwischen den alten und den neuen Ländern.

Auch hinsichtlich der Bildungspolitik ist die Bewältigung der Wiedervereinigung rückblickend eine staunenswerte und in atemberaubendem Tempo durchgeführte Leistung der beteiligten legislativen und vor allem der exekutiven Organe. Der bundesstaatliche Finanzausgleich (inklusive des Fonds Deutsche Einheit) und ein von Bund und Ländern 1991 aufgelegtes, 1,76 Mrd. DM schweres Sonderprogramm zur Erneuerung von Hochschulen und Forschung (vgl. Führ 1997: 213) ermöglichten in den ostdeutschen Bundesländern in den 1990er Jahren im Verhältnis zum Sozialprodukt weit überdurchschnittliche Bildungsausgaben, die in eine mindestens gleichwertige, in Teilen des Hochschulbereichs[37] aus westlicher Sicht beneidenswerte Infrastruktur mündeten.

In der zweiten Hälfte der 1990er Jahre gewannen in der bildungspolitischen Debatte die Qualitätsentwicklung und die Frage der Effizienz des Einsatzes öffentlicher Mittel und im Zusammenhang damit Forderungen nach mehr Dezentralisierung (nicht im Sinne von verstärkter Länderautonomie, sondern mehr Eigenverantwortung einzelner Bildungseinrichtungen) an Prominenz (vgl. Baumert et al. 2003: 136ff.). Stern (2000: 105) konstatiert eine „rückläufige Inanspruchnahme bundesweit vereinheitlichender Koordinierungsleistungen", korrespondierend mit „einer verstärkten Nutzung landeseigener bildungspolitischer Gestaltungsspielräume". In Anbetracht der Krise der öffentlichen Haushalte setzte zudem die Finanzpolitik der Bildungspolitik engere Grenzen.

Die SPD versprach im Bundestagswahlkampf 1998 eine Verdopplung der Investitionen in Bildung, Wissenschaft und Forschung bis 2003. Tatsächlich wurden unter Rot-Grün alsbald die Bundesbildungs- und -forschungsausgaben schrittweise erhöht, die BAföG-Regeln großzügiger gestaltet und Vorbereitungen für eine HRG-Novelle begonnen, aber bis zum PISA-Schock im Jahr 2000 verblieb die Bildungspolitik eher im Mittelfeld der bundespolitischen Agenda.

3.6 Der PISA-Schock und seine Folgen: 2001-2005

Im Jahr 2000 wurde erstmals das ‚Programme for International Student Assessment' (PISA), das der „zyklischen Erfassung basaler Kompetenzen der nachwachsenden Generation" (Deutsches PISA-Konsortium 2003: 12) dient, in 32 Staaten (von denen 28 der OECD angehören) durchgeführt. Die deutschen 15-jährigen schnitten in den drei getesteten Kategorien Lesekompetenz, mathematische und naturwissenschaftliche Grundbildung im internationalen Vergleich unterdurchschnittlich ab. Insbesondere das Leistungsniveau von Schülern mit Migrationshintergrund ist in Deutschland schwach.[38] Außerdem weist eine nach

[37] Besonders bemerkenswert ist die Neugründung zahlreicher (bis 1992 bereits 23) Fachhochschulen, einem in der DDR nicht vorhandenen Hochschultyp (Führ 1997: 212).

[38] Bildungsarmut (definiert als das Fehlen eines Bildungsabschlusses), so lautet die Diagnose der Bildungssoziologie, trifft in Deutschland überproportional die Nachkommen ebenfalls bildungsarmer Eltern und Menschen mit Migrationshintergrund (vgl. Allmendinger 1999). Zu den sozialpolitischen Implikationen von Bildung und Bildungspolitik gilt es festzuhalten, dass die gesellschaftliche Bedeutung der Ergebnisse des Bildungssystems beträchtlich ist: Abgesehen von der umstrittenen Frage, ob es ein objektiv-leistungsbezogenes Bewertungssystem ist, nimmt es eine „Schlüsselfunktion bei der Verteilung von Lebenschancen" (Thränhardt 1990: 179) ein. Eine Be-

Bundesländern differenzierte Betrachtung auf bedeutende Leistungsunterschiede zwischen den Bundesländern[39] hin: Bayern und Baden-Württemberg liegen leicht über dem OECD-Durchschnitt, Bremen, Brandenburg und Sachsen-Anhalt schneiden dagegen deutlich schwächer ab (ibid.: 61).[40] Auch ein Parteiendifferenzeffekt deutet sich hier an: Unter den westdeutschen Ländern schnitten diejenigen mit langjährigen Unions-Regierungen klar besser ab als sozialdemokratisch geprägte. Die Bildungsausgaben – bemessen als Anteil am Bruttoinlandsprodukt – sind in Deutschland im internationalen Vergleich ebenso allenfalls Mittelmaß. 2001 lagen die öffentlichen Bildungsausgaben mit 4,3 Prozent des BIP deutlich unter dem OECD-Durchschnitt von 5,0 Prozent, die Summe der öffentlichen und privaten Aufwendungen für das Bildungswesen aufgrund der überdurchschnittlichen privaten Bildungsausgaben von 1,0 Prozent nahe am OECD-Mittelwert von 5,6 Prozent (OECD 2004: 229). Die Ursachen dafür liegen vor allem in der ungünstigen Konkurrenzposition steuerfinanzierter gegenüber beitragsbasierter Staatsaufgaben in Deutschland (bei begrenzter Abgabebereitschaft und Vorfahrt für andere Felder der Sozialpolitik im Wahlvolk), aber auch der demographischen Konstellation und einem Politikerbe, das die Rolle des Staates im Bildungswesen vergleichsweise eng einhegt (vgl. Schmidt 2002 und 2004).[41]

Auf die Veröffentlichung der PISA-Ergebnisse im Dezember 2001 folgte eine lebhafte Debatte in Wissenschaft, Politik und Öffentlichkeit. Während sich darin ein Konsens über die Notwendigkeit höherer Bildungsinvestitionen, vor allem in mehr vorschulische Bildungsangebote, Ganztagsbeschulung und integrationsfördernde Maßnahmen wie zusätzlichen Deutschunterricht, abzeichnete, verlief die Diskussion über Schulstrukturen größtenteils in altbekannten Bahnen. Da Länder mit Gesamtschulen im internationalen Vergleich überdurchschnittliche, innerhalb Deutschlands aber unterdurchschnittliche Ergebnisse aufwiesen, konnte jede Seite sich die ihr genehmen Argumente aussuchen. Die KMK beschloss als Reaktion auf den PISA-Schock, künftig regelmäßig Bildungsberichte vorzulegen (ein erstes Produkt dieses Beschlusses ist Avenarius et al. 2003) und nationale Bildungsstandards entwickeln zu lassen. Letztere hat sie mittlerweile nach und nach für die Abschlussklassenstufen in Primar- und Sekundarstufe verabschiedet, und zum Schuljahr 2005/2006 galten erstmals in ganz Deutschland einheitliche Regelstandards als erwarteter Leistungsmaßstab. Ob die bisher de facto nach Bundesländern und Schularten unterschiedlichen Leistungsanforderungen für gleichwertige Abschlüsse[42] dadurch konvergieren werden, wird allerdings erst die Anwendung der Standards in der Praxis zeigen.[43]

---

sonderheit ist diesbezüglich, dass die deutsche Arbeiterbewegung Bildung nie vorrangig thematisiert hat. Noch heute ist hierzulande Geißler (2002: 357) zufolge „der Widerstand der oberen Schichten gegen den sozialen Abstieg ihrer Kinder [...] stärker ausgeprägt als der Wille der unteren Schichten zum sozialen Aufstieg."

[39] Für Berlin und Hamburg wurden aufgrund unzureichender Beteiligungsraten keine Ergebnisse veröffentlicht (Deutsches PISA-Konsortium 2003: 32f.).

[40] Die im Juli 2005 wegen des heraufziehenden Wahlkampfes früher als geplant veröffentlichten Ergebnisse der zweiten PISA-E-Studie erbrachten keine grundlegend neuen Ergebnisse. Alle Länder konnten leichte Leistungsverbesserungen verzeichnen, welche in Sachsen-Anhalt am stärksten ausfielen.

[41] Die Bildungsausgaben der Bundesländer weisen eine beträchtliche Spannweite auf. Für eine Beschreibung dieser Variation und eine Analyse ihrer Bestimmungsfaktoren siehe Wolf i.E.

[42] vgl. hierzu Baumert et al. 2003: 96.

[43] Bundeskanzler Schröder, der nationale Bildungsstandards vehement eingefordert hatte, stellte zunächst zudem sogar die föderale Organisation des Schulwesens in Frage: „Eigentlich ist es Aufgabe der Kultusministerkonferenz, ein Schulwesen für alle Schüler zu garantieren, das uns aus der internationalen Zweitklassigkeit herausführt und das regionale Auseinanderdriften der Schulsysteme korrigiert. Aber ist die Kultusministerkonferenz für diese Aufgabe überhaupt noch geeignet? [...] Wir müssen die deutsche Schule retten und nicht die Kultusminister. [...]

In seiner Regierungserklärung 2002 bezeichnete Bundeskanzler Schröder Bildung als „eines der zentralen Themen moderner Gesellschaftspolitik“ und zählte Bildungschancen und Bildungsqualität „zu den wichtigsten Fragen des beginnenden 21. Jahrhunderts“ (Stenographischer Bericht 14/242 S. 24181A).[44] Auch in der nicht unmittelbar von PISA betroffenen Hochschulpolitik wollte die Regierung Schröder neue Akzente setzen. Konnte man in der ersten Legislaturperiode von Rot-Grün aber insgesamt noch eine weitgehende Umsetzung der selbst gesetzten bildungspolitischen Agenda (und damit einen Parteiendifferenzeffekt) diagnostizieren (vgl. Henkes/Kneip 2002: 301), so gilt dies weit weniger für die Initiativen des Bundes in der Folge des PISA-Schocks und in der zweiten Legislaturperiode: In der Debatte über Bildungsstandards blieben die Landeskultusminister (in der KMK) wie in der gesamten Schulpolitik die bestimmenden Akteure, das Ganztagsschulprogramm des Bundes endete als reiner Zuschusstopf[45], und das Bundesverfassungsgericht kassierte sowohl die hochschulrahmengesetzliche Regelung der Juniorprofessur als auch das Verbot von Studiengebühren. Zwischenzeitlich schien es, als würde zudem das von ihr initiierte Eliteuniförderprogramm namens Exzellenzinitiative von den Unions-Ministerpräsidenten mit Roland Koch an der Spitze ausgebremst werden und sich so zu der Serie von Bildungsministerin Bulmahns Misserfolgen gesellen. Doch auch aufgrund des massiven Protests aus den Hochschulen[46] gelang hier schließlich im Juni 2005 eine Einigung: Bis 2011 werden 1,9 Mrd. € (von denen der Bund drei Viertel finanziert) für 40 Graduiertenschulen, 30 ‚Exzellenzcluster' (in denen Universitäten, Wissenschaftsorganisationen und außeruniversitäre Einrichtungen kooperieren sollen) und ‚Zukunftskonzepte zu universitärer Spitzenforschung', die der Forschungsprofilschärfung von bis zu zehn Universitäten dienen sollen, an im Rahmen eines Wettbewerbs noch auszuwählenden Hochschulen bereit stehen.[47]

Als im Dezember 2004 die Föderalismuskommission ihre Arbeit beendete, ohne sich auf gemeinsame Vorschläge geeinigt zu haben, wurde von Teilnehmern und Beobachtern nahezu einhellig die Bildungspolitik als der Zankapfel identifiziert, an dem das Projekt einer umfassenden Föderalismusreform (vorerst) gescheitert war. (Zur Arbeit der Föderalismuskommission siehe auch Busch i.d.B., für eine Darstellung der bildungspolitischen Komponenten der dann 2006 doch noch beschlossenen Föderalismusreform siehe Henkes/Wolf i.E.) Während die unionsregierte Mehrheit der Bundesländer als Kompensation für die deutliche Reduktion der zustimmungspflichtigen Gesetzgebungsbereiche die alleinige Zuständigkeit für die Bildungspolitik forderte, war die rot-grüne Bundesregierung nicht zu einem völligen Verzicht auf ihre Kompetenzen in der Forschungsförderung und Bil-

Wir brauchen kein 16faches Glücksversprechen“ (Schröder 2002). Dieser Variation und eine Analyse ihrer Bestimmungsfaktoren siehe Wolf i.E.

[44] Bei Teilen der Tagespresse kam die Betonung noch stärker an: Sie unterstellten, Schröder habe Bildung als die zentrale „soziale Frage des 21. Jahrhunderts“ (Tagesspiegel und tageszeitung vom 14.06.2002) gewürdigt, was in der Folge als (unzutreffendes) Sekundärzitat relativ weite Verbreitung fand. Schröder selbst verwendete die Formulierung dann in seiner Rede auf dem SPD-Parteitag im November 2003 in Bochum.

[45] Allerdings kann vermutet werden, dass durch die goldenen Zügel ein gewisser Lenkungseffekt insofern eintrat, als mehr Kommunen Ganztagesbetreuungseinrichtungen einrichteten, als dies ohne die Initiative des Bundes der Fall gewesen wäre. Auf Dauer werden die Länder vermutlich Ressourcen für den Betrieb derselben einplanen müssen und daher stärker als bisher in ihren Entscheidungen festgelegt sein.

[46] So sprach HRK-Präsident Gaethgens laut der ZEIT Nr. 9 vom 24.02.2005 von einer Geiselnahme der Hochschulpolitik durch die Union und beklagte an anderer Stelle (Presseerklärung der HRK Nr. 13/05 vom 18.02.2005), sie sei zum Spielball wissenschaftsfremder Interessen geworden.

[47] Zudem verpflichten sich laut dem zugleich beschlossenen ‚Pakt für Forschung und Innovation' Bund und Länder, bis 2010 ihre Zuwendungen an die großen Forschungseinrichtungen jährlich um mindestens drei Prozent zu erhöhen.

dungsplanung bereit. Massings Urteil, wonach „die Phase der bildungspolitischen Stagnation und Resignation in Deutschland [...] endgültig vorbei zu sein [scheint]“ (Massing 2003a: 5), bedarf also der Differenzierung: In den letzten Jahren ist Bewegung in die deutsche Bildungspolitik gekommen (man bedenke nur die früher unvorstellbare Einführung nationaler Bildungsstandards oder die ohne großen Protest in den meisten unionsregierten Ländern vor der Einführung stehenden Studiengebühren), aber die Reformresistenz des deutschen Verbundföderalismus erlaubt selten eine direkte Umsetzung der Dynamik der bildungspolitischen Debatte in politische Entscheidungen. Hinzu kommt, dass der Ausschlag der öffentlichen Aufmerksamkeit für das Thema Bildung nach Bekanntwerden der PISA-Ergebnisse zwar beachtlich war, die dem Thema in Umfragen zugeschriebene Bedeutung aber recht schnell wieder deutlich abnahm. Noch ist das Bekenntnis zu höheren Bildungsausgaben in den Credos der politischen Akteure nahezu ubiquitär, doch die „Entwicklung der öffentlichen Haushalte und das – im internationalen Vergleich – geringe Gewicht der öffentlichen Bildungsausgaben gefährdet die Umsetzung intendierter Reformen des Bildungssystems“ (Avenarius et al. 2003: 18). Eine Vergrößerung des Handlungsspielraums verspricht allenfalls der demographisch bedingte Rückgang der Schülerzahlen.

4 Fazit

Die Bildungspolitik in Deutschland ist geprägt von föderaler Vielfalt. Diese Vielfalt aber ist keine unverbundene, sondern sie wird durch diverse Koordinationsinstitutionen und -mechanismen zusammengehalten. Die durchaus beträchtlichen weltanschaulichen und kulturellen Differenzen in bildungspolitischen Fragen wurden und werden im deutschen Bildungsföderalismus insgesamt durchaus erfolgreich vermittelt, allerdings um den Preis langsamer Entscheidungsfindung bis hin zu Blockaden in Einzelfragen und einer gewissen Nivellierungstendenz im Ergebnis. Die Kompetenzverteilung zwischen Bund und Ländern gewährt Letzteren Spielräume, die zu identitätsstiftenden Gestaltungen des jeweiligen Bildungswesens genutzt werden können. Darin manifestieren sich oft auch deutliche Parteiendifferenzeffekte (insbesondere in Schulstruktur- und Finanzierungsfragen), und auf Landesebene spielt die Bildungspolitik immer wieder eine wichtige Rolle im Wettstreit um Wählerstimmen. Der Bund hat seine Rolle als Ausbildungsförderer, Rahmengesetzgeber und Baufinanzierer mit wechselnden (und zuweilen auch parteipolitisch unterschiedlich akzentuierten) Ambitionen gespielt, sich bei allzu gewagten Ausflügen auf Länderterrain aber nach dem Quantensprung der Politikverflechtung von 1969 gegen den eifersüchtigen Widerstand der Länder keine neuen Domänen sichern können. Die Selbstkoordination der Länder einerseits und die Koordination der Länder mit dem Bund andererseits sichern jedoch ein gerüttelt Maß an Gemeinschaftsverträglichkeit und Spannungsabbau. Reduziert man Problemlösungsfähigkeit auf Reformtempo, so schneidet die deutsche Bildungspolitik als Ganze dagegen schwächer ab. Auch das Scheitern der Bildungsplanung, die nur mittelmäßige Finanzausstattung des Bildungswesens und die ebenso mäßigen PISA-Ergebnisse stützen ein wenig euphorisches Urteil. Die im Alltag der Koordinationsgremien geleistete permanente, kleinschrittige Konfliktvermittlung bei oft widersprüchlichen Anforderungen und nicht zuletzt die rasche Bewältigung der Wiedervereinigung rücken sie dagegen in ein milderes Licht.

5 Literatur

Allmendinger, Jutta, 1999: Bildungsarmut: Zur Verschränkung von Bildungs- und Sozialpolitik, in: Soziale Welt 50: 35-50.

Anweiler, Oskar, 1988: Schulpolitik und Schulsystem in der DDR, Opladen.

Anweiler, Oskar, im Erscheinen: Bildungspolitik, in: Bundesministerium für Gesundheit und Soziale Sicherung und Bundesarchiv (Hrsg.): Geschichte der Sozialpolitik in Deutschland seit 1945. Bände 3-7. Baden-Baden.

Avenarius, Hermann et al., 2003: Bildungsbericht für Deutschland: Erste Befunde. Opladen.

Baumert, Jürgen/Cortina, Kai S./Leschinsky, Achim, 2003: Grundlegende Entwicklungen und Strukturprobleme im allgemein bildenden Schulwesen, in: Kai S. Cortina et al. (Hrsg.): Das Bildungswesen in der Bundesrepublik Deutschland. Strukturen und Entwicklungen im Überblick. Ein Bericht des Max-Planck-Instituts für Bildungsforschung. Reinbek, 52-147.

Baethge, Martin, 2003: Das berufliche Bildungswesen in Deutschland am Beginn des 21. Jahrhunderts, in: Kai S. Cortina et al. (Hrsg.): Das Bildungswesen in der Bundesrepublik Deutschland. Strukturen und Entwicklungen im Überblick. Ein Bericht des Max-Planck-Instituts für Bildungsforschung. Reinbek, 525-580.

Bodenhöfer, Hans-Joachim, 1985: Probleme der Bildungsfinanzierung – Zum Stand der Diskussion, in: Gerhard Brinkmann (Hrsg.): Probleme der Bildungsfinanzierung. Berlin, 9-38.

Braun, Dietmar, 2002: Finanzpolitik und makroökonomische Steuerung in Bundesstaaten, in: Arthur Benz/Gerhard Lehmbruch (Hrsg.): Föderalismus. Analysen in entwicklungsgeschichtlicher und vergleichender Perspektive. PVS-Sonderheft 32, Opladen, 333-362.

Bund-Länder-Kommission für Bildungsplanung und Forschungsförderung, 1973: Bildungsgesamtplan. Stuttgart.

Bund-Länder-Kommission für Bildungsplanung und Forschungsförderung, 2003: BLK-Bildungsfinanzbericht 2001/2002. Bonn.

Dahrendorf, Ralf, 1965: Bildung ist Bürgerrecht. Plädoyer für eine aktive Bildungspolitik. Hamburg.

Deutsches PISA-Konsortium (Hrsg.), 2001: PISA 2000. Basiskompetenzen von Schülerinnen und Schülern im internationalen Vergleich. Opladen.

Deutsches PISA-Konsortium (Hrsg.), 2002: PISA 2000 – Die Länder der Bundesrepublik Deutschland im Vergleich. Opladen.

Deutsches PISA-Konsortium (Hrsg.), 2003: PISA 2000 – Ein differenzierter Blick auf die Länder der Bundesrepublik Deutschland. Opladen.

Fechner, Frank, 2002: Auswirkungen des europarechtlichen Diskriminierungsverbots auf die Bildung, in: Recht der Jugend und des Bildungswesens 50: 339-348.

Foders, Federico, 2001: Bildungspolitik für den Standort D. Heidelberg.

Fränz, Peter/Schulz-Hardt Joachim, 1998: Zur Geschichte der Kultusministerkonferenz 1948-1998, in: Sekretariat der Ständigen Konferenz der Kultusminister der Länder in der Bundesrepublik Deutschland (Hrsg.): Einheit in der Vielfalt. 50 Jahre Kultusministerkonferenz 1948-1998. Neuwied, 177-227.

Friedeburg, Ludwig von, 1989: Bildungsreform in Deutschland. Geschichte und gesellschaftlicher Widerspruch. Frankfurt a. M.

Führ, Christoph, 1997: Deutsches Bildungswesen seit 1945. Grundzüge und Probleme. Neuwied.

Führ, Christoph, 1998: Einleitung. Zur deutschen Bildungsgeschichte seit 1945, in: Christoph Führ/Carl-Ludwig Furck (Hrsg.): Handbuch der deutschen Bildungsgeschichte. Band VI: 1945 bis zur Gegenwart. München, 1-24.

Geißler, Rainer, 2002: Die Sozialstruktur Deutschlands. 3. Auflage, Bonn.

Hearnden, Arthur, 1977: Bildungspolitik in der BRD und DDR. Düsseldorf.

Heidenheimer, Arnold J., 1997: Disparate Ladders. Why School and University Policies Differ in Germany, Japan, and Switzerland. New Brunswick.

Henkes, Christian/Kneip, Sascha, 2003: Bildungspolitik, in: Christoph Egle/Tobias Ostheim/Reimut Zohlnhöfer (Hrsg.): Das rot-grüne Projekt. Wiesbaden, 283-303.

Henkes, Christian/Wolf, Frieder, i.E.: Die Bildungspolitik der rot-grünen Bundesregierung 2002-2005, in: Christoph Egle/Reimut Zohlnhöfer (Hrsg.): Bilanz der Regierung Schröder 2002-2005, Wiesbaden.

Kaufmann, Franz-Xaver, 2001: Der deutsche Sozialstaat im internationalen Vergleich, in: Bundesministerium für Gesundheit und Soziale Sicherung und Bundesarchiv (Hrsg.): Geschichte der Sozialpolitik in Deutschland seit 1945, Band 1. Baden-Baden, 799-990.

Klemm, Klaus, 2001: Bildungsexpansion, Erfolge und Misserfolge sowie Bildungsbeteiligung, in: Wolfgang Böttcher/Klaus Klemm/Thomas Rauschenbach (Hrsg.): Bildung und Soziales in Zahlen. Statistisches Handbuch zu Daten und Trends im Bildungsbereich. Weinheim-München, 331-342.

Lenhardt, Gero, 1991: Bildungspolitik und Schulentwicklung in der BRD, in: Bernhard Blanke/Hellmut Wollmann (Hrsg.): Die alte Bundesrepublik. Kontinuität und Wandel. Opladen, 389-408.

Leschinsky, Achim, 2003: Der institutionelle Rahmen des Bildungswesens, in: Kai S. Cortina et al. (Hrsg.): Das Bildungswesen in der Bundesrepublik Deutschland. Strukturen und Entwicklungen im Überblick. Ein Bericht des Max-Planck-Instituts für Bildungsforschung. Reinbek, 148-213.

Mäding, Heinrich, 1979: Bildungspolitik im föderativen Staat. Bonn.

Mäding, Heinrich, 1985: Die Finanzkrise und das Scheitern der Fortschreibung des Bildungsgesamtplanes, in: Gerhard Brinkmann (Hrsg.): Probleme der Bildungsfinanzierung. Berlin, 209-233.

Mäding, Heinrich, ^{2}1994: Föderalismus und Bildungsplanung in der Bundesrepublik Deutschland, in: Arthur B. Gunlicks/Rüdiger Voigt (Hrsg.): Föderalismus in der Bewährungsprobe: Die Bundesrepublik Deutschland in den 90er Jahren. Bochum, 147-170.

Maier, Hans, 1998: Die Kultusministerkonferenz im föderalen System, in: Sekretariat der Ständigen Konferenz der Kultusminister der Länder in der Bundesrepublik Deutschland (Hrsg.): Einheit in der Vielfalt. 50 Jahre Kultusministerkonferenz 1948-1998. Neuwied, 21-33.

Massing, Peter, 2003a: Einleitung: Bildungspolitik in der Bundesrepublik Deutschland, in: Peter Massing (Hrsg.): Bildungspolitik in der Bundesrepublik Deutschland. Eine Einführung. Schwalbach/Taunus, 5-8.

Massing, Peter, 2003b: Konjunkturen und Institutionen der Bildungspolitik, in: Peter Massing (Hrsg.) 2003: Bildungspolitik in der Bundesrepublik Deutschland. Eine Einführung. Schwalbach/Taunus, 9-53.

Morgan, Kimberley J., 2002: Forging the Frontiers between State, Church, and Family: Religious Cleavages and the Origins of Early Childhood Education and Care Policies in France, Sweden, and Germany, in: Politics and Society 30: 113-148.

OECD, 2004: Education at a Glance. OECD Indicators 2004. Paris.

Offe, Claus, 1975: Berufsbildungsreform. Eine Fallstudie über Reformpolitik. Frankfurt a. M.

Picht, Georg, 1964: Die deutsche Bildungskatastrophe. Analyse und Dokumentation. Olten.

Reuter, Lutz R., 2002: Politik- und rechtswissenschaftliche Bildungsforschung, in: Rudolf Tippelt (Hrsg.): Handbuch Bildungsforschung. Opladen, 169-181.

Rodden, John, 2002: Repainting the Little Red Schoolhouse. A History of Eastern German Education 1945-1995. Oxford.

Scharpf, Fritz W., 1985: Die Politikverflechtungs-Falle: Europäische Integration und deutscher Föderalismus im Vergleich, in: Politische Vierteljahresschrift 26: 323-356.

Scharpf, Fritz W./Reissert, Bernd/Schnabel, Fritz, 1976: Politikverflechtung: Theorie und Empirie des kooperativen Föderalismus in der Bundesrepublik. Kronberg im Taunus.

Schmidt, Manfred G., 1980: CDU und SPD an der Regierung. Ein Vergleich ihrer Politik in den Ländern. Frankfurt a. M.

Schmidt, Manfred G., 2002: Warum Mittelmaß? Deutschlands Bildungsausgaben im internationalen Vergleich, in: Politische Vierteljahresschrift 43: 3-19.

Schmidt, Manfred G., 2004: Die öffentlichen und privaten Bildungsausgaben in Deutschland im internationalen Vergleich, in: Zeitschrift für Staats- und Europawissenschaften 2: 7-31.

Schröder, Gerhard, 2002: Ein Gesetz für alle Schulen. Pisa und die Konsequenzen für das deutsche Schulsystem, in: Die Zeit Nr. 27.

Stern, Jutta, 2000: Programme versus Pragmatik. Parteien und ihre Programme als Einfluß- und Gestaltungsgröße auf bildungspolitische Entscheidungsprozesse. Frankfurt a. M.

Thränhardt, Dietrich, 1990: Bildungspolitik, in: Klaus von Beyme/Manfred G. Schmidt (Hrsg.): Politik in der Bundesrepublik. Opladen, 177-202.

Wex, Peter, 2005: Bachelor und Master. Die Grundlagen des neuen Studiensystems in Deutschland. Ein Handbuch. Berlin.

Wolf, Frieder, i.E.: Die Bildungsausgaben der Bundesländer im Vergleich. Welche Faktoren erklären ihre beträchtliche Variation? (2006 abgeschlossene Dissertation, erscheint in Bälde im LIT-Verlag).

Zohlnhöfer, Reimut, 2001: Die Wirtschaftspolitik der Ära Kohl. Eine Analyse der Schlüsselentscheidungen in den Politikfeldern Finanzen, Arbeit und Entstaatlichung 1992-1998. Opladen.

11. Kulturpolitik: Von der staatlichen Förderungspolitik zur „Kreativwirtschaft“

Klaus von Beyme

1 Einleitung

Die Politikwissenschaft hat zwar die „*policies*“, die Politikfelder, entdeckt, aber die Kulturpolitik spielte dabei keine Rolle. Dabei war es kein Geheimnis: „Kultur ist kein politikfreier Raum“ (Klein 2005: 65). Der „*cultural turn*“ in den Sozialwissenschaften ist inzwischen sogar in einen „*pictural turn*“ in der Politikwissenschaft umgeschlagen. Es wird diesem Autor bereits übel genommen, dass er skeptisch gegen den Versuch einer „Kunstpolitologie“ blieb (Müller 2004: 340f.). Meine Skepsis bezog sich auf den Versuch, die ganze Kunstgeschichte politologisch aufzuarbeiten. Eine Kulturpolitik im modernen Sinne, welche die Steuerungsversuche des Staates analysiert, habe ich jedoch stets für unerlässlich gehalten (vgl. von Beyme 1998: 9-35).

Bedauerlicher Weise wurde in Deutschland die Kulturpolitik von anderen Disziplinen betreut – meist unabhängig von der Frage, was die Autoren studiert hatten. Vieles was Kulturpolitik genannt wurde, war eher Kulturgeschichte, wie die Standardwerke von Glaser (1985) und Hermand (1986, 1988). Kulturpolitik im professionellen Sinne der Politikwissenschaft waren die meisten Veröffentlichungen, die Kulturpolitik im Titel trugen, nicht. Es wurde selten die systematische Frage gestellt, wie der Staat im Einzelnen in diesem sperrigen Bereich der Gesellschaft steuern kann. Auch die vergleichende statistische kulturpolitische Forschung – der professionellste Teil dieses Forschungsbereiches – hat die Frage nach der politischen Steuerung allenfalls als das Resultat aus den Daten extrapoliert. Es ist wohl ein einmaliger Fall eines Politikfeldes, dass der Staat erst einmal die Kulturforschung unterstützen musste, um Anleitung zu bekommen, wo überhaupt Handlungsbedarf vorliegt. Karla Fohrbeck und Andreas Wiesand haben im *Zentrum für Kulturforschung* (ab 1979 in Bonn) wichtige vergleichende Studien vorgelegt, wie den „Künstlerreport“ (1975), der zuerst als Bundestagsdrucksache 7/3071 vorgelegt wurde, Studien zur „Kunstförderung im internationalen Vergleich“ (1971), Wiesands „Kunst ohne Grenzen“ (1987) oder Fohrbecks „Renaissance der Mäzene“ (1989). Nordrhein-Westfalen hat in Essen mit einem „Kulturpolitischen Institut“ und den „Kulturpolitischen Mitteilungen“ als Zeitschrift weitere Aspekte der Forschung voran gebracht (Wagner 1993, Glaser u.a. 1996).

Darüber hinaus ist dieses Feld reich an programmatischen Schriften. Es wird eher postuliert, was sein soll, als analysiert, was ist. Das ist in doppelter Hinsicht kein Fehler:

- Einmal umfassen die Sozialwissenschaften – und Kulturpolitik gehört dazu – immer drei Dinge: Analyse, was ist, Prognose von möglichen Trends, und schließlich normative Äußerungen über das, was sein soll.
- Zum anderen kann ein Bereich, der sich mit den Bedingungen künstlerischer Kreativität befasst, nicht unberührt von seinem Gegenstand bleiben: *semper aliquid haeret*. In-

sofern ist es in Ordnung, dass in kulturpolitischen Schriften vielfach kontrovers und sogar polemisch diskutiert wird.

Aktive Kulturpolitiker haben ihre Konzeption vor der Amtsübernahme dokumentiert, wie Christina Weiss (1999), oder ihre Frustration im Nachhinein abgearbeitet, wie der Berliner Kultursenator der Jahre 1991 bis 1996, Ulrich Roloff-Momin (1997: 106ff.), der in einer Schließungswelle amtierte, und wegen der Abwicklung des Schiller-Theaters als „Schiller-Killer" verunglimpft wurde. Gelegentlich war der Wechsel von der Kulturforschung zur aktiven Kulturpolitik, wie bei Karla Fohrbeck, kein harmonischer, wie er später bei Christina Weiss gewesen ist. Leichter war der Übergang von Aktivisten und Publizisten in die Forschung auf einer Honorarprofessur, wie in den Fällen von Hermann Glaser oder Olaf Schwencke. Prekär blieb die Absicherung der Kulturforschung, wenn verdienstvolle Einzelkämpfer wie Michael Söndermann einen ganzen Forschungszweig wie die Kulturstatistik betreuen. Kulturpolitische Forschung hatte es schwer sich zu etablieren. Sie hatte mit einer Besonderheit ihres Politikfeldes zu kämpfen: es ging immer um Dreiebenenpolitik (Gemeinde, Land und Bund), und soweit die EU eine Rolle spielt, könnte es bald zur Vierebenenpolitik werden.

Kulturpolitik nach 1968 entwickelte sich in drei Phasen. Diese waren durch normative Postulate vorbereitet und haben die Forschung nach sich gezogen. Zum Teil waren Publizisten der Kulturpolitik auch Akteure, vor allem im kommunalen Bereich, wie Hermann Glaser oder Hilmar Hoffmann.

1. Die politische Instrumentalisierung der *Soziokultur* kennzeichnete die erste Phase. Späte Folgen der 68er Bewegung und der neuen sozialen Bewegungen standen Pate. Noch gelang es gelegentlich, diesen Impetus zentral zu kanalisieren. Hilmar Hoffmanns Frankfurter Museumsmeile in den 1980er Jahren war ein prominentes Beispiel dafür.
2. In den 1990er Jahren ist die *ökonomische Verwertbarkeit* zur Förderung von Standortvorteilen für die Wirtschaft in den Vordergrund getreten. Künstler sind nicht mehr das schlechte Gewissen der Gesellschaft, nicht mehr Spinner und Querdenker, sondern „Meister des Geschäftserfolgs" (Barry J. Gibbons). Die Zahl der Beschäftigten im Kultursektor ist von 1995 bis 2000 um 21% gestiegen, während sonst die Beschäftigtenzahl nur um 1,5% wuchs. 1999 wuchs die Zahl der Kulturschaffenden noch jährlich um 1,4%, während die allgemeine Beschäftigung abnahm. 2003 waren 815.000 Personen im Kultursektor beschäftigt. Außerhalb des Kultursektors, vor allem bei den Dienstleistungen und anderen öffentlichen Bereichen, können noch einmal 150.000 Personen hinzugezählt werden, was einem Beschäftigtenanteil von 2,7% entspricht – mehr als in der gehätschelten Automobilbranche und ungefähr so viele wie in der Landwirtschaft. Die mittelständische Struktur der Beschäftigung, welche beide großen Parteien propagieren, ist im Kultursektor mit 20% gewährleistet. Deutschland liegt mit diesen Zahlen vor Frankreich, einem Spitzenreiter der Kulturpolitik mit Kulturausgaben von 2% am BIP. Nur kleinere Länder mit Ausnahme von Großbritannien haben höhere Werte (Söndermann 2004b: 462, 472). Im britischen Fall kann wiederum die eher zivilgesellschaftliche Kulturtradition zur Erklärung herangezogen werden, da die hohe Zahl der Kulturschaffenden nicht aus den geringen staatlichen Kulturausgaben abgeleitet werden kann. Angesichts der enormen Arbeitslosigkeit in Deutschland sind

die Zahlen der Beschäftigungsstatistik ein gewichtiges Argument, um das Sinken der öffentlichen Ausgaben für die Kultur zu stoppen. Neoliberale Anhänger der Kulturwirtschaft, heute als „Kreativwirtschaft“ terminologisch „aufgehübscht“, würden diese Wachstumszahlen bei sinkender Beschäftigtenzahl im Lande jedoch vermutlich eher als Erfolg der Entstaatlichung von Kulturpolitik werten.

3. Im frühen 21. Jahrhundert wurden die Instrumentalisierungen der Soziokultur und die Ökonomisierung der Kultur schwächer. Es kam zu einer *neuen Offenheit der Bürger, die Kunst um ihrer selbst willen anzusehen und gesellschaftlich organisiert zu finanzieren.* Museumspädagogik – Kunst geht zum Konsumenten und „holt ihn da ab, wo er lebt“ – wird zur populistischen Devise. Auch politische Bildung kann nicht mehr nur in Volkshochschulen stattfinden. Kunst ist in dieser dritten Phase wieder selbstbewusster. Die Wirtschaft versucht zu „kuscheln“, während die Kunst „selbstbewusst bockig“ wird, das heißt, die Sponsoren nehmen mehr Rücksicht auf die gesellschaftlich artikulierten Kulturbedürfnisse. Tyler Cowen vertrat in dem Werk „In Praise of Commercial Culture” (1998) schon die These: 90% der Bruttowertschöpfung des Kulturbereichs werden heute in kommerziellen Unternehmen erwirtschaftet. Es gibt bereits „Artbanker“, die statt Aktien Kunst als Investition empfehlen. Solche Zahlen gelten bisher jedoch allenfalls für die USA. Nach Schätzung des Arbeitskreises „Kultursponsoring“ erreicht die private Kulturförderung in Deutschland nur 7-9% der öffentlichen Kulturausgaben (Kulturfinanzbericht 2004: 2).

2 Staatliche Ebenen der Kulturförderung im Vergleich

Die Vereinheitlichung der europäischen Kulturpolitik stößt an Grenzen durch die unterschiedlichen staatlichen und institutionellen Traditionen:

1. Die etatistische Tradition mit einem Kulturministerium herrscht in Frankreich und Österreich vor.
2. Parastaatliche Institutionen, die vom Staat initiiert wurden, aber gesellschaftlich fungieren und den inhaltlichen Staatseinfluss gering halten, sind eine zweite Tradition. Sie treten auf als Autonome Fonds wie in Skandinavien und den Niederlanden, oder als „Arts Council“ wie in Großbritannien (Anfang der 1990er Jahre staatlich geworden).
3. Föderalistische Institutionen wirken in Deutschland und Belgien, gelegentlich mit starken zentralen Vorgaben wie in Österreich. In Deutschland stammten in den 1980er Jahren nur 2% der Ausgaben von der Zentrale – in Italien 68%.
4. Zivilgesellschaftliche Kulturpolitik mit geringer staatlicher Förderung wie in den USA stellt einen weiteren Fall dar. In den USA tritt der Staat als Impresario nur in wenigen Bereichen auf, wie im *Smithsonian Institute* in Washington. In anderen Ländern dominiert er durch parastaatliche Einrichtungen die gesamte Kulturpolitik.

Alle vier Traditionen nordatlantischer Kulturpolitik sind nicht staatsfrei. Der Staat interveniert:

- *repressiv* gegen Pornographie,
- *regulativ* in der Steuerpolitik,

- *protektiv* in der Förderung von Museen (16% der deutschen Ausgaben) und der Denkmalpflege (4%),
- *distributiv* in der finanziellen Förderung von Theatern und Musik (36%), Kunsthochschulen (6%), sonstige Kulturförderung vom Film bis zur Soziokultur (12%) (Daten zu 2004 in: Söndermann 2004a: 5) und,
- *redistributiv* in der Künstlersozialpolitik.

In England und in den USA gilt die Maxime: der Künstlerberuf ist ein Job wie andere. Auf dem Kontinent leben noch Relikte des alten Geniekults fort. Nur 3-4% der bildenden Künstler lebten von ihrer Kunst, der Rest brauchte Nebenerwerbsberufe (Fohrbeck/Wiesand 1975). Eine neuere Studie kam für die bildenden Künstler auf ca. 12.000 € Jahreseinkommen in Deutschland. Sie lagen damit noch immer über dem Einkommen von Schauspielern. Nur die Sparte „Wort" wies günstigere Ergebnisse aus (Pues 2002: 297).

Künstlersozialpolitik sollte diese desolate Lage in den fetten 1970er Jahren verbessern. Das Steuerungsinstrument blieb umstritten: Die Niederlande und Norwegen lagen damals an der Spitze der Künstler-Sozialpolitik in den bildenden Künsten, waren aber nicht Spitzenreiter in der kulturellen Innovation. In diesem Bereich dominierten hingegen die USA, die seit den New Deal-Erfahrungen unter Roosevelt von staatlicher Kunstpolitik abgerückt sind und die Kunst der Gesellschaft überlassen haben. Bei starker direkter Künstlerförderung wird ein sozialer Mitnahmeeffekt befürchtet, wie Zahlen für die Künstler pro 100.000 Einwohner zeigten (Fohrbeck 1971: 10): Niederlande 49, Norwegen 40, Großbritannien 18, USA 17, Deutschland 16. Leider wurde eine solche Untersuchung nicht wiederholt. Künstlersozialpolitik als Krönung des Wohlfahrtsstaatsdenkens ist in seiner Bedeutung gesunken. Der Künstlerberuf hat seinen avantgardistischen Nimbus verloren, vielfach verbunden mit anderen Tätigkeiten im Patchwork postmoderner Biographien. Es zeigte sich jedoch bei den Zahlen der 1960er Jahre, dass Großbritannien und die USA mit geringer staatlicher Künstlerförderung trotzdem noch einen höheren Anteil an Künstlern hatten als das etatistisch gesonnene Deutschland. Die Erfahrungen anderer Länder mit „Subventionskunst" reizen nicht mehr zur Nachahmung. Holland „entsorgt seinen Bildermüll" lauteten die Schlagzeilen. Künstler wurden aufgefordert, ihre Bilder aus dem „Kunstbunker" wieder abzuholen. 1968 hatten linke Künstler Bilder verbrannt, um den Staat auf ihre miserable soziale Lage aufmerksam zu machen. 1996 wurde nicht abgeholten oder unverkäuflichen Werken die Vernichtung angedroht (Schümer 1996: 37). Sic transit gloria artis!

Die vierte „zivilgesellschaftliche Tradition" der Kulturpolitik ist global auf dem Vormarsch. Anfangs wurde dieser Trend als „Amerikanisierung" denunziert. Inzwischen wächst die Einsicht – wie in anderen Politikfeldern auch –, dass Amerika aufgrund seiner historischen Sonderentwicklung nur ein Vorreiter in der Betonung gesellschaftlicher Initiative gewesen ist. Für etatistische Traditionsländer war es schwer, vom Traum der üppigen staatlichen Dotierung Abschied zu nehmen.

Von 1995 bis 2001 nahmen die Ausgaben der Länder (einschließlich der Gemeinden) nominal um 13% zu. Die Bundesrepublik hat im Jahre 2001 bei den öffentlichen Ausgaben pro Einwohner ihren Zenith erreicht (Graphik: Kulturfinanzbericht 2003: 23). Die Länder waren 2003 mit 43%, die Gemeinden mit 44,6% und der Bund mit 12,4% an der Kulturfinanzierung beteiligt. Die Länder reduzierten 2001-2004 jedoch ihre Ausgaben für Kultur um 2%. Über die Entwicklung der Gemeinden liegen nach 2001 keine verlässlichen Daten mehr vor (Kulturfinanzbericht 2003: 2). Der geringe Anteil der Kulturausgaben führte dazu, dass die Einschnitte in den Gemeinden erst ab 2002 nominal fühlbar wurden (Kröger/Sievers 2003: 16). Die kulturelle Bildung gerät nach Prognosen der Kulturstatistiker wie Söndermann (2004a: 11) weiter unter Druck. Es wird befürchtet, dass in einigen Bereichen wie der kulturellen Bildung in den nächsten Jahren 15-20% der Mittel gekürzt werden und die Breitenwirkung der kulturellen Bildung empfindlich reduziert wird.

2.1 Die nationalstaatliche Ebene

Kulturpolitik ging einst quasi hoheitlich von einer prästabilisierten Harmonie von Bedürfnissen der Hochkultur aus. Erst mit dem Vormarsch der Soziokultur wurde nach dem Bedarf des kulturellen Durchschnittskonsumenten gefragt. Die Nationalstaaten fühlen sich in der Regel für übergreifende Projekte zuständig wie Denkmalpflege, Pflege des kulturellen Erbes, Museen, Archive. Bürger haben meist andere Prioritäten als die staatlichen Kulturfunktionäre, wie eine österreichisch-deutsche Studie zeigte: Die Befragten rechneten zur förderungswürdigen Kultur Goethe (79%), Mozart (76%), Picasso (63%), Volkslieder (56%), Fastnacht (21%), Rock (12%), Graffiti (9%), Fernsehen (9%), Tätowierung (2%) (Wolf-Csanady 1996: 223). Diese ältere Umfrage wies noch verhältnismäßig geringe Differenzen zwischen den Präferenzen der Kulturpolitiker und denen der befragten Bürger aus. Es wird vermutet, dass diese Kluft inzwischen gewachsen ist. Staatliche Kulturpolitik wird sich zunehmend an einige populäre Tendenzen – wie Volkslieder und Fastnacht – nicht halten und der Privatinitiative überlassen, was nicht gefährdet erscheint. Sie muss zwischen gefälligem Populismus und elitärer Abgehobenheit der Kulturauffassungen hindurch steuern. Momentaufnahmen von Bürgermeinungen über Kultur erwiesen sich auch als vergänglich. Es ließen sich Generationen von unterschiedlichen Kulturauffassungen in der Forschung aufzeigen (Göschel 1995: 6). Sie können jeweils eine Weile dominieren. Immer aber gibt es in der Bedarfsermittlung unter den Kulturrezipienten die „Ungleichzeitigkeit des Gleichzeitigen", die schon der Kunsthistoriker Wilhelm Pinder einst als Relativierung seiner Generationentheorie über künstlerische Produktion eingesetzt hatte. In jedem Fall ist die metaphysisch überhöhte „Symbolkultur" der älteren Generationen in der Postmoderne zu einer „Realkultur" geworden, die Unvereinbares und Triviales akzeptiert.

Der Stellenwert der Kulturpolitik im politischen System lässt sich an zwei Indikatoren ablesen, wenn man die vielen Sonntagsreden über die Bedeutung der Kultur nicht für bare Münze nimmt: an der Höhe der Kulturausgaben und der institutionellen Verankerung der Kulturpolitik auf Bundesebene.

2.1.1 Kulturausgaben in Deutschland

So heterogen wie die oben dokumentierten Meinungen der Bürger sind leider auch die statistischen Auflistungen von Kulturausgaben. Ländervergleiche werden erschwert, wenn in vielen Staaten Ausgaben, die in den Bereich des Tourismus, des Sports und der Medien reichen, die Kulturetats nominell aufblähen. Selbst Städtevergleiche werden durch unvergleichbare Zahlen behindert. Ein Autor, der am Institut für Politische Wissenschaft der Universität Heidelberg zwei nahe beieinander liegende Städte untersuchte, stieß auf das Problem, dass eine Tourismus-Stadt wie Heidelberg Kulturausgaben auch unter „Tourismus" verbucht. Beim Vergleich expliziter Kulturausgaben scheint daher Mannheim gewichtiger, als es ist. Daher ist es entscheidend, dass die Forscher in der internationalen Kulturstatistik neuerdings auf Vereinheitlichung der Statistik und der Messgrößen drängen. „Task Force 3“ zur Kulturfinanzierung musste erst einmal eine neue Abgrenzung der Kulturfelder erarbeiten (Söndermann in: Hofecker/Tschmuck 2003: 68).

Bund, Länder und Gemeinden gaben 2003 8,2 Mrd. € für Kultur aus. Das sind 1,6% der Gesamtausgaben der öffentlichen Haushalte. Die Kulturausgaben des Bundes lagen mit 828 Mio. € bei 0,4% der Bundesausgaben. Zu diesen Inlandsausgaben kamen 476 Mio. € – ohne Auslandsschulen (296 Mio. €) und ohne Rundfunk (die Deutsche Welle erhielt 282 Mio. €). Verzerrend wirken auch die einbezogenen Rundfunketats, weil zusätzlich ein Etat besteht, der gebührenfinanziert ist. Bei einer internationalen Vergleichsanalyse müssen aber die Rundfunkausgaben mit einbezogen werden.

Nach 2001 kam es zum Niedergang. In Deutschland sind die Kulturausgaben von 2002 bis 2004 um 3,4% gesunken. Der Anteil der Kulturausgaben des Bundes lag damit bei 0,38% des Bruttoinlandsprodukts oder 97 € pro Einwohner. Bei den Flächenländern betrugen die Ausgaben 0,15%, bei den Stadtstaaten 0,48% und bei den Gemeinden 0,18% vom BIP. Die Pro-Kopf-Ausgaben für Familien-, Sozial- und Jugendhilfe lagen bei 560 €, für Gesundheit und Sport bei 180 € – aber um den Preis einer Nettoneuverschuldung von 800 € pro Kopf im Jahr (Söndermann 2004: 1, 3).

Die auswärtige Kulturpolitik fällt in die Zuständigkeit des Bundes. Den 306 Mio. € des Bundes standen nur 9,1 Mio. der Länder gegenüber (Kulturfinanzbericht 2003: 78). Die 129 Einrichtungen des Goethe-Instituts im Ausland und ca. 180 Kulturgesellschaften im Ausland werden gefördert. Die Hälfte der Mittel fließt in den Bildungsbereich. Die Pathosformel „deutsche Kultur“ wird in der auswärtigen Kulturpolitik immer weniger benutzt. „Kultur aus Deutschland“ tritt als Werbeslogan an ihre Stelle (Hoffmann/Schneider 2002: 65). In der EU mehren sich die Stimmen, dass nationale Kulturhäuser überholt sind. Aber die Finanzkrise muss wohl noch wachsen, bis die Nationalstaaten wenigstens außerhalb Europas gemeinsame Sache in „Europa-Kulturhäusern“ machen.

2.1.2 Die institutionelle Verankerung der Kulturpolitik

Das Gewicht des Bundes in der Kulturpolitik ist seit der Wiedervereinigung gewachsen. Die Europäisierung und Globalisierung wird weiter in diese Richtung wirken. Nach 29 Jahren konnte im Jahre 2002 eine alte Idee von Willy Brandt und Günter Grass verwirklicht werden: die Bundeskulturstiftung. Staatsminister Nida-Rümelin versprach, dass die Stiftung „staatsfern und länderfreundlich“ agieren werde, obwohl sein ursprünglicher Plan einer Fusion mit der „Kulturstiftung der Länder“ nicht durchsetzbar war. Noch die letzte Kulturstaatsministerin Christina Weiss „biss“ nach eigenem Bekunden „auf Granit“ beim Bemühen um die Vereinigung der beiden Institutionen. Die Beratungen für die große Koalition von Union und SPD fassten im November 2005 diese Fusion endlich ins Auge. Dem Stiftungsrat gehören neben drei Künstlern von Rang auch zwei Ländervertreter an. Der Sitz der Institution in Halle soll bereits den Verdacht eines Zentralisierungsschubes zerstreuen. Gefördert werden Projekte – nicht Institutionen – im Bereich der auswärtigen Kultur, der Hauptstadtkultur, der Erinnerungskultur und sogar der Vertriebenenkultur, also Bereiche, die nicht in die Länderkompetenz fallen. Der Etat umfasste 38,3 Mio. €. 2004 wurden neue Projekte beschlossen wie der „Tanzplan Deutschland“ zur Förderung des Tanzes. Die „Leuchttürme der Gegenwartskunst“ waren bis dahin konventioneller und umfassten die

„Documenta“ XII, die sich in Planung für 2007 befindet, die „Berlin Biennale“, das „Ensemble Modern“, die „Donaueschinger Musiktage“, das „Theatertreffen Berlin“ und das „Festival Transmediale“. Befürchtet wurden in die Breite gehende Suchbewegungen und die Flucht ins Avantgardistisch-Experimentelle (Wefing 2004: 27), was kulturelle Neidreaktionen und politische Gegenbewegungen auslösen könnte. Für die Auswahl von 54 Projekten wurde ein Fördervolumen von €3,85 Mio. bereitgestellt – keine üppige Dotierung (Homepage der Stiftung 2004; Th. E. Schmidt in Hoffmann/Schneider 2002: 36). Eine Überfremdung der Kultur durch den Bund ist mit diesen Summen nicht zu erwarten. Aber der Bund hat neben der „Stiftung Preußischer Kulturbesitz“ (2002: 190 Mio. €) (einigen Ländern seit langem ein Dorn im Auge) und der „Berliner Kultur GmbH“ (aufgrund des Hauptstadtkulturvertrages gab der Bund rund 60 Mio. € aus) seine Interessen im Kulturbereich gebündelt.

Bundeskulturpolitik war lange kaum mehr als eine Abteilung des Innenministeriums mit sporadischer Resonanz im Bundestag. Wie dünn die Decke der Kulturpolitiker war, kann man daran ermessen, dass Sieghardt von Köckritz, 20 Jahre lang Abteilungsleiter mit Schwerpunkt „Kultur“ im Innenministerium, von den einst geförderten Kulturpolitikern eine Festschrift gewidmet bekam, die zu einer gut abgestimmten und wichtigen Bestandsaufnahme der Kulturpolitik auf den verschiedenen Ebenen wurde (Ermisch u.a. 1993). Bundeskulturpolitik schien sich auf einen aufgeklärten Beamten zu beschränken, der in einem Ministerium arbeitete, in dem die Kultur schönes Beiwerk war. Gleichwohl war für die Durchsetzung kultureller Anliegen die Einbettung in das Innenministerium nicht immer ein Fehler, weil dieses Ressort durchsetzungsstärker erschien als mancher „Kulturbeauftragte“, falls der Minister Interesse an der Kulturabteilung entwickelte.

In den Regierungserklärungen der deutschen Bundeskanzler spielte die Kulturpolitik eine marginale Rolle. Angela Merkel erregte im Zeitalter leerer Kassen Aufsehen mit der Äußerung, dass Kulturförderung für die neue Bundesregierung keine „Subvention“, sondern „eine Investition in ein lebenswertes Deutschland“ sei. Sie kündigte weitere Bundesaufgaben an, weil Deutschland schließlich „nicht nur die Summe der 16 Bundesländer“ darstelle (PlPr. 16/4, 30.11.2005: 83). Im Bundestag wurden nur selten Große Anfragen vorgelegt, wie 1982, auf welche die Bundesregierung 1984 antwortete, indem sie eine Zwischenbilanz vorlegte. Spätere Anfragen und Debatten richteten sich vor allem auf nationale Gedenkstätten und Fragen des Erhalts von Kulturgütern in Ostdeutschland (PlPr. 25.11. 1992: 10573; BT-Drs. 12/4197, 21.1.1993). Die Antworten, wenn sie substantiell sein sollten, kamen meist Jahre zu spät, wie der „Bericht der Bundesregierung über ihre Maßnahmen zur Förderung der Kulturarbeit gemäß § 96 BVFG in den Jahren 1986 bis 1990“ (von 1993), als ganz andere Probleme durch die Wiedervereinigung dringlich geworden waren (BT-Drs. 12/5490).

Die Regierung Schröder schuf 1998 einen „Kulturstaatsminister“, um die umständliche Position eines „Beauftragten der Bundesregierung für Kultur und Medien“ aufzuwerten. Drei Staatsminister wurden verschlissen: der mediengewandte Michael Naumann, der kühle Rationalist und Philosoph Julian Nida-Rümelin, der sich bald auf eine Professur für Politische Philosophie in München zurückzog und den Ruf des „Nie-da-Rümelin“ nicht loswurde, weil er nach seiner Ernennung einige Wochen Urlaub in Brasilien machte, und Christina Weiss, die 2002 bis 2005 das Amt mit beträchtlichem Fingerspitzengefühl ausübte. Im Wahlkampf 2005 blieb ihre Tätigkeit daher ganz von Kritik verschont (Minkmar 2005: 31). In wichtigen Fragen, wie im Beutekunst-Streit mit Russland, hat aber auch sie nichts bewirken können. Der einstige Vizepräsident des Verfassungsgerichts, Mahrenholz (2005: 35), hat daher die deutsche Kulturpolitik kritisiert, dass sie die Brücken, welche das russische Duma-Gesetz vom 15. April 1998 gebaut hat, nicht sinnvoll genutzt habe.

Mit Kulturpolitik lässt sich keine Karriere machen, hatte Christina Weiss einmal geäußert und der von Angela Merkel als Kulturstaatsminister vorgesehene Norbert Lammert zog es im Oktober 2005 vor, Bundestagspräsident zu werden. Das einst von den Feuilletons begrüßte Amt begann mitleidige Häme auszulösen: „Gedenkstättenbau als zentralstaatliche Daueraufgabe?“ lautete eine ironische Frage. Neoliberales Gedankengut scheint gegen einen Kulturminister zu sprechen, wo selbst ein Wirtschaftsminister die Wirtschaft allenfalls „ruinieren“, aber nicht „steuern“ kann. Der Hochmut der Kulturpolitiker, „den Tempelhütern unserer subventionierten Kultur“, gegenüber den gewöhnlichen Beamten und den Politikern als bloßen „Parteisoldaten“ wurde mitverantwortlich für die Misere der Kulturpolitik gemacht (Bahners 2005a: 17, 2005b: 39).

Dennoch bleibt in einigen Bereichen der Nationalstaat auch in der Ära der Liberalisierung für die Kultur zuständig und steuert. Der Staat reduziert zwar die „kulturelle Dotierungspolitik“. Aber er bleibt regulativer Staat. Das staatliche Rechtssystem schafft insbesondere Grenzen gegen Gewaltvideos (reale Morde), Bilder von verhungernden und missbrauchten Kindern ohne Anleitung zur Bekämpfung dieser Missbräuche sowie Zuschauerbeschimpfung.

Die Grenzen liegen in ganz Europa beim Persönlichkeitsschutz und beim Sujetschutz (der Holocaust etwa darf nicht mit Naziparolen dargestellt werden). Ferner werden Rezeptionsgrenzen gezogen: Polizeiterror darf man nicht als ästhetisches Schauspiel darstellen. Beim Irak-Krieg ist die Grenze aber manchmal überschritten worden. Die Rede vom „schönen Krieg“ geistert durch die Medien. Der „chirurgisch saubere Schlag“ hat ästhetische Qualitäten, die nur noch durch „Kollateralschäden“ und andere Verniedlichungen des Grauens beeinträchtigt werden.

2.2 Bundesländer

Regionen und Länder (in föderalistischen Systemen wie Österreich und Deutschland) spielen in Europa eine zunehmend wichtige Rolle. In föderalistischen Systemen sind die Erziehungs- und Kulturpolitik die letzten Residuen einer überwiegenden Kompetenz der Gliedstaaten. Die Große Koalition will ab 2005 diesen Länderschwerpunkt noch ausbauen. Die Länder in Deutschland verteidigen erbittert ihre Kulturhoheit. Ein Bundeskulturbeauftragter im Jahr 2000 in Deutschland sorgte für Aufregung, als er erklärte, dass der barocke Begriff „Kulturhoheit“ nicht im Grundgesetz auftauche (FAZ, 3.11.2000: 41). Es kam in den Medien zu „verfassungslosem Staunen“.

Ein „Kulturminister“ darf in Deutschland nicht sein, aber die Länder gaben Kompetenzen ab, und zwar in der Wiedervereinigung zugunsten der Bauwerke im Osten, bei der Kultur der Vertriebenen und in der Behandlung von Fragen der „Beutekunst“. Filmpolitik ist zudem immer ein Einfallstor des Zentralismus.

Die Gliedstaaten in föderalistischen Systemen und die Regionen in dezentralisierten Staaten handeln vielfach nicht konsequent. In Deutschland hat Nordrhein-Westfalen nichts zum „Gedenkstättenkonzept“ der Bundesregierung gesagt und Baden-Württemberg schwieg zur „Künstlersozialkasse“ (Wefing in: FAZ, 3.11.2000: 41). So kann der Kulturstaatsminister auf der fetten Weide der Kulturlandschaft wildern, ohne mehr als ein „bajuwarisches Grummeln“ auszulösen. Das wird besonders deutlich bei Großprojekten der Denkmalpflege und in der Filmförderung (Hense 2000). Der deutsche Ausweg aus dem Dilemma erscheint die föderalismusadäquate Realisierung von Vorhaben, wie § 247 BauGB in Verbindung mit dem Hauptstadtvertrag: Kooperation wurde das Zauberwort. Das geht aber nur, wo Politikverflechtung eine Tradition wie in Deutschland und Österreich besitzt. Beim amerikanischen und Schweizer Konkurrenzföderalismus hat die Kooperation wenig Ansatzpunkte und verliert sich in bilateralen Verhandlungen.

Die Länder betonen ihre Kulturhoheit. Aber sie haben die Zuständigkeit institutionell meist kalt angeschweißt: in Baden-Württemberg gab es 1992-96 eine „Ministerin für Frauen, Familie, Weiterbildung und Kunst“. Nordrhein-Westfalen leistete sich bis 2000 ein Landesministerium „Arbeit, Soziales, Stadtentwicklung, Kultur und Sport“. Clement löste das Ressort auf und schlug es zum Bauministerium, wo es in tödliche Umarmung von Bauinteressen und Technologie zu geraten drohte (FAZ, 16.6.2000: 41). Diese Beispiele zeigen, dass Kultur auch auf Länderebene oft als nachrangig behandelt wird.

In Deutschland demonstrieren die Daten, dass der Zentralstaat in den fetten Jahren nur eine marginale Rolle spielte: 40-43% der Ausgaben lagen noch in den 1990er Jahren bei den Ländern, 55% bei den Gemeinden, 4% bei privaten Sponsoren (Frey 1999: 214). Aber die Länder sind ebenfalls in die Finanzkrise geraten und versuchten, Kulturkompetenzen auf den Bund, auf para-staatliche Träger oder auf die Gemeinden abzuwälzen.

Eine der wichtigen Fragen von Politikwissenschaftlern an jedes Politikfeld ist die Frage: „*do parties matter?*“. Im internationalen Vergleich haben in den „fetten 1980er Jahren“ kleine Länder wie Dänemark und die Niederlande nach den Kulturausgaben (kaufkraftbereinigt in ECU) geführt. Frankreich war von den großen Ländern an der Spitze. Deutschland, Spanien und Italien folgten, gleich welche Partei an der Macht war. Weit hinten lagen Großbritannien und Irland. Die Gründe dafür waren eine eher zivilgesellschaftliche Auffassung von Kulturpflege, nicht aber die Partei an der Macht, die in beiden Fällen als „konservativ“ angesehen werden musste. Die Frage „do parties matter?“ ließ sich viel eindeutiger in einzelnen Bereichen der Kultur bejahen. Aber auch hier sind vor allem nationale Traditionen entscheidend. Deutschland gab proportional am meisten für Theater, Frankreich für Filmförderung, Italien für Musik und die Niederlande für bildende Kunst aus (von Beyme 1998: 22f.). Die 8,2 Mrd.€ für öffentliche Kulturfinanzierung im Jahr 2002 wies in Deutschland die Theater- und Musikförderung mit 36% aus. Es folgten Museen (16%), und Bibliotheken 15%. Der kleinste Betrag kam der Denkmalpflege zugute (4%), weniger als die Kulturverwaltung mit 6% fraß (Söndermann 2004a: 8).

Da sich die Frage „do parties matter?“ im internationalen Vergleich nicht eindeutig beantworten lässt, erscheint es methodisch stringenter, die Parteieinflüsse in einem föderalistischen Land wie Deutschland zu vergleichen, zumal das Gros der Kulturausgaben bei den Ländern (mit unterschiedlichen Kommunalisierungsgraden) liegt. Die unionsgeführten Länder haben traditionell die höchsten Ausgaben für bestimmte Kulturbereiche wie die Denkmalpflege ermöglicht (von Beyme 1987: 239). Bei den allgemeinen Ausgabenvergleichen im Kulturbereich ist die Frage so einfach nicht zu beantworten. Wie auch bei den Gemeinden sind eher die Größe und die Funktion im weiteren Umland entscheidend für die Höhe der Ausgaben. Das Land Berlin hatte mit besonderen Finanzproblemen zu kämpfen, obwohl es vom Hauptstadtvertrag profitierte – sehr zum Leidwesen des Bundesrechnungshofes, der 2004 indiskrete Fragen zum „Bundesinteresse" an den 103 Mio. € für den Hauptstadtkulturfonds stellte.

Der Kultursenator in den Jahren 1991-1996, Roloff-Momin (1997: 32), hat seine Enttäuschung über die SPD in harte Worte gefasst, die einem ganzen Buch seinen Namen gaben: „Dann waren da noch die Fraktionssitzungen der SPD: Deren Prioritäten waren klar: Soziales, Arbeit, Familie, Jugend, Bildung, Justiz ... Kultur zuletzt." Die Versuche des Senators, die SPD für Kultur zu erwärmen, bewirkten angeblich „fast das Gegenteil". Die Entwicklung der Kulturausgaben zeigte jedoch auch für SPD-geführte Länder ein etwas positiveres Bild.

1995-2001 gab es noch ein Wachstum für Kulturausgaben bei den Ländern. Am stärksten fiel das Wachstum in Nordrhein-Westfalen (27,2%) und in Sachsen (24,3%) aus. Unterdurchschnittlich entwickelten sich Berlin (-9,1%), und Schleswig-Holstein (-3,3%). Da die Länder sehr unterschiedliche Größen aufwiesen, waren allenfalls die Kulturausgaben pro Kopf der Einwohner aussagekräftig. Die Stadtstaaten, die eine Kulturfunktion für das Umland entwickelten, hatten 2004 mit 148 € pro Einwohner die höchsten Aufwendungen, unabhängig von der stärksten Regierungspartei. Das galt vor allem für die Hauptstadt Berlin, die jedoch für die Wahrnehmung der Hauptstadtfunktionen zunehmend beim Bund um zusätzliche Entschädigungen einkommt. Die Flächenstaaten lagen naturgemäß unter diesem Niveau (37 € pro Kopf) (Södermann 2004: 3). Entgegen den Behauptungen vom kulturellen Kahlschlag im Osten haben die neuen Bundesländer sich gut entwickelt. Beim Niedergang der Kulturausgaben seit 2001 lassen sich wiederum keine Gründe in der Parteienzusammensetzung der Regierung finden. Bayern und Baden-Württemberg, die unionsgeführten Highscorer auf diesem Gebiet, haben von 2002 auf 2003 ihre Kulturausgaben am stärksten reduziert. Das gleiche galt jedoch für Nordrhein-Westfalen (damals SPD-regiert) – nicht hingegen für ein anderes reiches Land wie Hessen (Södermann 2004a: 7).

Eigentlich müssten diese Zahlen zur Wirtschaftskraft der Länder in Beziehung gesetzt werden. Dabei würden Sachsen und Berlin am besten abschneiden – hingegen rangierte das drittreichste Land Hessen unter den Schlusslichtern. Die Zahlen zeigen, dass kaum eine Korrelation zwischen Parteizusammensetzung der Landesregierung und den Kulturausgaben besteht. Die Zahlen des letzten verfügbaren „Kulturberichts 2003" (S. 25f.) beziehen sich auf den Höhepunkt der Kulturausgaben in Deutschland im Jahre 2001. Damals lagen nach den Stadtstaaten Bayern und Baden-Württemberg bei den Kulturausgaben pro Einwohner noch an der Spitze. Sie wurden aber von den neuen Bundesländern Sachsen, Sachsen-Anhalt und Thüringen übertroffen. Schlusslichter waren damals drei SPD-regierte Länder: Schleswig-Holstein, Niedersachsen und Rheinland-Pfalz (in SPD-FDP-Koalition). Dazu gehörte jedoch auch das CDU-regierte Saarland.

Intervenierende Variablen zur Erklärung niedriger Kulturausgaben (Saarland, Bremen) sind eine generelle finanzielle Schwäche und bei Nicht-Stadtstaaten auch der geringe Urbanisierungsgrad (etwa im Falle Schleswig-Holsteins). Im Zuge der allgemeinen Geldknappheit nehmen jedoch die Senkungen der Kulturausgaben überall zu. Die alte Gleichung: christdemokratische Regierung = Traditionspflege und Kulturfreundlichkeit stimmt nicht mehr. Die Christdemokraten wurden seit den 1990er Jahren zunehmend vom Neoliberalismus erfasst, auch wenn ein Flügel noch immer das „christlich-soziale" betont und offener für Staatsintervention erscheint. Dies kommt aber in der Regel der Sozialpolitik und nicht der Kulturpolitik zugute.

2.3 Die Kulturpolitik der Gemeinden

Je dürftiger die Finanzen von Bund und Ländern werden, umso mehr wird die *Kommunalisierung der Kulturpolitik* forciert. Die Länder können den Gemeinden Mittel zweckgebunden zuweisen oder sie eigenständig über die Verwendung der Mittel entscheiden lassen. In Nordrhein-Westfalen als dem größten Flächenstaat war die Kommunalisierung auf dem Ausgabenzenit 2001 mit 78,5% der öffentlichen Kulturausgaben in Regie der Gemeinden am höchsten. Es folgten Hessen und Baden-Württemberg. Wer – wie es in der Literatur gelegentlich geschieht – den Kommunalisierungsgrad zum Indikator für eine gute Politik machte, könnte versuchen, die Kommunalisierungsbereitschaft wiederum einer Partei zuzuschreiben. Die drei genannten Länder zeigen freilich, dass im Spitzenfeld SPD- wie unionsgeführte Regierungen lagen. Ein hoher Urbanisierungsgrad scheint als intervenierende Variable zu fungieren. Wo viele Großstädte eine erfolgreiche Lobby bilden, kann auch eine zum Zentralismus neigende Dauerherrschaft der Sozialdemokraten (bis 2005) in Nordrhein-Westfalen einen Spitzenwert in der Dezentralisierung von Kulturpolitik erzielen. Wer die Daten negativ interpretieren möchte, könnte auch geltend machen, dass Nordrhein-Westfalen dank niedergehender Wirtschaft und vergleichsweise geringen Ausgaben für die Kultur, gemessen pro Einwohner, am stärksten die Lasten für die Kulturpolitik auf die Gemeinden abwälzte.

Die Ausgaben der Gemeinden staffelten sich auch nach der Gemeindegröße. Städte über 200.000 Einwohner hatten die höchsten Aufwendungen (102 € pro Einwohner). Die größten Posten des Kulturbudgets in diesen Großstädten machten Theater und Orchester aus (57% ab 500.000 Einwohner, sogar fast 65% bei Gemeinden zwischen 200.000 und 500.000 Einwohner). Bei kleineren Städten spielen die Bibliotheken eine herausragende Rolle (Kulturfinanzbericht 2003).

Bei den Städten über 500.000 Einwohner rangierte Frankfurt mit 207 € pro Einwohner an der Spitze. Noch immer profitierte die Stadt davon, dass „Mainhattan“ vom Image der bloßen Banker-Stadt loszukommen trachtete. Landeshauptstädte haben überdurchschnittliche Anstrengungen unternommen. Magdeburg lag mit 126,6 € pro Einwohner an der Spitze – Schwerin (44 €) aber am Ende der Rangliste. München – kulturell bis zur Wiedervereinigung oft als „heimliche Hauptstadt“ angesehen – lag nur im Mittelfeld. Am ehesten vergleichbar sind die mittleren Großstädte zwischen 200.000 und 500.000 Einwohnern. Leipzig (178 €), Mannheim (135 €) und Karlsruhe (120 €).

Die Kulturstatistiker fragten selten nach den Ursachen solcher Rangfolgen. Frühere Vermutungen, wie die Tradition von früheren territorialen Hauptstädten, treffen nur noch für Karlsruhe und Dresden zu. Universitätsstädte (Leipzig, Mannheim, Erfurt, Freiburg, Bonn) liegen günstiger als andere Städte vergleichbarer Größe. Aber es gibt auch eine Korrelation zur Lage als regionalem Zentrum mit wenig großstädtischer Konkurrenz, wie in den Fällen von Leipzig, Erfurt, Freiburg, Dresden, Bielefeld oder Münster. Umgekehrt sind Städte in Ballungsgebieten wie an der Ruhr (Gelsenkirchen, Oberhausen, Mönchengladbach) am Ende der Skalen zu finden, weil es bei ihnen zahlreiche regionale Kulturpendler gibt.

Die Kommunen, die noch immer das größte öffentliche Budget für Kulturausgaben aufweisen, sind meist die ersten Adressaten sozio-kultureller Bewegungen. Sie haben sich am stärksten umgestellt. Nach dem Ende der fetten Jahre der „Staatstheater-Gesinnung“ kam es zur Festivalisierung der Kulturpolitik. In Kassel war die „Documenta“ eine Erfolgsstory, die auch wirtschaftliche Schubkraft für eine marginalisierte Region entwickelte. Bei den kleineren Städten ist eine große Ko-finanzierung auffällig. Vor allem die Sparkassen haben eine wichtige Funktion als Sponsoren, überwiegend im Museums- und Musikförderungsbereich.

Bei den Ausgaben pro Kopf der Bevölkerung, aufgeschlüsselt nach Sparten, liegen im Ländervergleich Berlin und Sachsen bei den Bibliotheken und Museen an der Spitze (Kulturfinanzbericht 2003: 63, 69). Die größte Variationsbreite scheinen die öffentlichen Ausgaben in der Denkmalpflege zu produzieren. Im Denkmalschutzjahr 1975 betrugen die Ausgaben pro Einwohner noch weniger als einen Euro (umgerechnet), 2001 schon fast 5 Euro, 2003 nur noch 4,2 € pro Kopf der Bevölkerung. Der Niedergang korreliert nicht mit dem Sanierungsgrad der Denkmäler – im Gegenteil: auch in den alten Bundesländern wachsen die Schäden durch Umwelteinwirkungen und Verkehr. Die höchsten Ausgaben fanden sich in Sachsen (20,7 € pro Kopf) und Thüringen (11,3 €). Das sind die Länder mit der größten Denkmalsdichte in der ehemaligen DDR. Viele der Gebäude werden von öffentlichen Einrichtungen genutzt. Insofern sind die geringen Ausgaben für Denkmalschutz irreführend, weil Erhaltungsmaßnahmen auch über andere Etats laufen. Das gilt natürlich vor allem auch bei kirchlichen Einrichtungen. Bei den alten Bundesländern als Flächenstaaten sind die Aufwendungen traditionell am höchsten in Baden-Württemberg (4,0 € pro Einwohner) und Bayern (3,5 €) – früher war Bayern immer Spitzenreiter. Die norddeutschen Flächenstaaten hatten traditionell weniger Denkmale zu erhalten als die süddeutschen Länder. Aber in diesem Bereich spielte auch eine kulturelle Konstante eine Rolle: Süddeutschland (mit Ausnahme des Saarlandes) hatte eine höhere Neigung, die Liste der schützenswerten Gebäude und Denkmale zu verlängern, während die norddeutschen Denkmalpfleger weniger flächendeckend als exemplarisch vorgingen (von Beyme 1998: 115ff.).

2.4 Die EU

Die EU-Fördermaßnahmen werden zunehmend wichtiger, wie „Kultur 2000" für den Zeitraum 2000-2004, mit 167 Mio. € dotiert. Deutschland ist an 81 von 224 geförderten Kulturprojekten beteiligt und bei 16 sogar federführend. Die EU-Kommission (2002: 23, 20) dekretierte: „Ein Europa der Völker bauen. Die EU und die Kultur". Das Dokument enthielt interessante Akzente:

- Kulturpolitik wird der gleiche Stellenwert wie anderen Bereichen zuerkannt. Sozial- und regionalpolitisch werden Projekte koordiniert.
- Kultur wird als Beruf anerkannt. In der EU ist sie mit Mio. Euro zu fördern. Unterrichtssoftware soll entwickelt werden. Seit 1995 kam es zum Austausch von 400.000 Jugendlichen, vor allem durch das Erasmus-Programm. Seit 1996 wurden 800 Bücher in andere Sprachen übersetzt – von Enzensberger bis Pessoa.
- Kleine Sprachgruppen wie Katalanen, Bretonen und Walliser erhalten verstärkten Schutz der Urheberrechte.
- Selbst die Förderung „tingelnder" Tanztheater von Rejkiawik bis Prag wurde nicht vergessen.
- Die Erhaltung des archäologischen Erbes in einem armen Land wie Griechenland wurde mit 605 Mio. € bis 2006 unterstützt.

- Die Förderung des kulturellen Wirtschaftssektors durch Verbesserung der Freizügigkeit.
- Kulturvertrieb im Internet.
- Die Preisbindung für Bücher wird auf nationaler Ebene noch erlaubt, um Vielfalt zu erhalten.

Die EU kann und will die Kulturpolitik nicht vereinheitlichen. Selbst bei der Sozialpolitik geht es nur um die Prinzipien der Transfers, nie um ihr Ausmaß. Im Maastricht-Vertrag klingt die Kulturklausel 151 rein formal und wurde nicht inhaltlich ausformuliert. Es werden die Regionen und die Wünschbarkeit von Soziokultur betont.

Art. 151 (früher 128) der Maastricht-Akte nannte als Ziele in der Kulturpolitik:

- Förderung nationaler Kulturen, Respektierung regionaler Besonderheiten,
- Förderung kultureller Schöpfungen,
- Kooperation zwischen Mitgliedstaaten mit anderen Ländern via internationale Organisationen.

Als Ziele gelten: Schützen, Kenntnisse verbessern, kulturellen Austausch stärken. Dafür wurden drei Programme entwickelt:

1. *Kaleidoskop* 1996-99 sollte die Kunstproduktion fördern,
2. *Ariane* (1997-1999) war dazu ausersehen, die Bücherproduktion und Übersetzungen zu fördern. 1999 umfasste sie: 291 Projekte, mit 1,3 Mio. €, 31 Projekte mit 1,3 Mio. €, und 14 mit 637.000 € dotiert. Das sind eher bescheidene Fördersummen.
3. *Raphael* (1997-1999) war mit dem Ziel aufgelegt worden, nationale Förderprogramme zu unterstützen. 58 Projekte von 438 eingereichten erhielten 6,4 Mio.€. Diese bescheidenen Summen mussten sich die EU-Länder noch mit Osteuropa und den Nicht-EU-Ländern aus der EFTA (Norwegen, Island, Lichtenstein) teilen.
4. Seit 2000 gibt es ein weiteres Programm: *Kultur 2000 bis 2004*. Dabei geht es um die gemeinsamen europäischen kulturellen Werte, den interkulturellen Dialog, um die Verbesserung der Kenntnisse von Geschichte und Kultur. Ein wichtiger Aspekt war dabei die Förderung des Europäischen Kulturhauptstädte-Programm. Kleine Sprachen werden gefördert. Katalonisch war die erste Sprache, die in Europa als nicht-offizielle EU-Sprache bevorzugt behandelt worden ist. Evaluierung und Überwachung für das Programm „Kultur 2000 bis 2004“ sind garantiert. Als Richtlinien gelten:

   - Jugendliche sind bevorzugt zu fördern,
   - Multimedia und neue Ausdrucksformen sollen gestärkt werden,
   - neue Technologien sollen zur Anwendung im Kulturbetrieb kommen,
   - Koproduktion von kulturellen Erzeugnissen und Ausstellungen,
   - Mobilität der Künstler und Kulturschaffenden ist zu erhöhen,
   - die Fortbildung der professionellen Akteure des Kulturbereichs genießt Vorrang,
   - der Kulturtourismus wird unterstützt und
   - die Ausfuhr von Kulturgütern wird geregelt und liberalisiert (Amtsblatt der EU 10. 3. 2000).

Grundlage der Förderung ist die Maxime Hilfe zur Selbsthilfe im Geist des Subsidiaritätsprinzips: die Gemeinschaftsunterstützung darf 60% der spezifischen Maßnahme nicht überschreiten. Das setzt eine Grenze von 50.000 bis 150.000 € pro Projekt.

Die EU fördert Vielfalt und Regionalisierung, aber sie vereinheitlicht auch durch das Kulturrecht, etwa durch Rahmenrichtlinien wie in der Buchpreisbindung. Nach amerikanischem Vorbild soll diese fallen. Die Folgen sind bekannt: Großketten wie Hugendubel und Thalia triumphieren, Kleinhändler überleben nur noch in Wohngebieten und spezialisieren sich dort auf Kinder- Jugend- und Frauenliteratur. Sport und Esoterik schießen ins Kraut – die gehobene Literatur kommt zu kurz. Kein Wunder, dass in vielen Ländern, vor allem in den deutschsprachigen und in Frankreich, noch Widerstände zu überwinden sind. Man ist nicht einmal sicher, dass die Liberalisierung dem Konsumenten dient. Im deutschen Sprachraum sind die meisten Bücher billiger als im amerikanischen Marktsystem. Dieses ist so marktgerecht nun auch wieder nicht und enthält noch verdeckte Förderungen, etwa die Steuerfreiheit in vielen kulturellen Bereichen und bei den Sponsoren.

Europa strebt – wie in der Parteienfinanzierung – nach der besten aller Welten: Staatssubventionen, neben Begünstigung von privaten Zuwendungen. Der Versuch sozialstaatliche Subventionen mit dem Ausbau steuerbegünstigter Kulturförderung zu verbinden, ist im Leitbild nicht in sich konsequent. Das Resultat könnte sehr wohl die schlechteste aller Welten sein.

Alle Traktate zur EU betonen, dass zwei Bereiche die letzten sind, die vereinheitlicht werden können: die soziale Leistungspolitik und die Kulturpolitik. Dennoch gibt es Ansätze zu einer europäischen Kulturpolitik. Viele Maßnahmen sind prima vista nicht im Bereich der Kulturpolitik angesiedelt. Vereinheitlichung von Curricula und Qualifikationen sind aber ein Beitrag zur Kulturpolitik – nicht weniger als Sprachenpolitik in Grenzregionen.

Zunehmend werden Grenzen der Liberalisierung gefordert. Die andere Seite der Medaille suggeriert: Liberalisierung und Symbiose mit der Wirtschaft dürfen nicht zu weit getrieben werden. Die GATT-Verhandlungen über kommerzielle Liberalisierung waren Anlass für Präsident Chirac in Frankreich auf die „exception culturelle“ zu pochen – zur Erhaltung der Vielfalt der Kunst. Kultur sei kein kommerzielles Gut wie andere. In vielen Ländern von Frankreich und Kanada bis Australien, Neuseeland, Korea, Mexiko oder Argentinien wurden von allen Kultursparten neue Koalitionen gegen die kommerzielle Nivellierung gebildet. Dies liegt umso näher in multinationalen Staaten wie Kanada oder in Ländern, die wie Neuseeland aus schlechtem postkolonialen Gewissen ihre autochthone Bevölkerung, wie etwa die Maori, inzwischen privilegiert behandeln.

Chirac forderte am Anfang des Jahrtausends, dass bis 2005 ein internationales Abkommen zur Sicherung der kulturellen Vielfalt erarbeitet werden sollte, gleichsam als Gegengift gegen die Globalisierung. Sollte man die UNESCO damit beauftragen? Warum wurde das magische Datum 2005 anvisiert? Weil die WTO für das Jahr weitere Marktliberalisierungen beschlossen hat? Die USA kämpften seit langem gegen markt-verzerrende europäische Kulturförderungsprogramme und fordern völlige Liberalisierung des Kulturmarktes. Sie setzen ihren Einfluss in den Weltorganisationen ein, um den „alteuropäischen Sonderweg“ einer protektionistischen Politik auch in diesem Bereich abzuschaffen. Im Oktober 2005 kam es schließlich nach endlosen amerikanischen Amendments zur Abstimmung über die UNESCO-Konvention zur kulturellen Vielfalt. Die USA und Israel standen allein gegen den Rest der Welt, der in Artikel 20 die kulturelle Vielfalt nicht der Marktliberalisierung unterordnen wollte und Mindestquoten und Subventionen für die Erhaltung der

Vielfalt in einzelnen Staaten für akzeptabel hielt (Kulturnische 2005: 39). Der Fall wurde zum weiteren Beleg für die Divergenz der Konzeptionen von Menschenrechten in der Welt. Amerika berief sich auf die allgemeinen Menschenrechte – die meisten anderen Länder subsumierten auch den Schutz der kleinen ethnischen und sprachlichen Gemeinschaften unter den Menschenrechtsschutz, zu dem die Unterorganisationen der Vereinten Nationen sich verpflichtet fühlen. Wie immer bei internationalen Konflikten bietet sich ein Kompromiss an: Quoten und Zuschüsse für die alten Kulturträger, Marktfreiheit für alle neuen Medien (Hanimann 2003: 33).

3 Die „Vergesellschaftung“ der Kulturpolitik

Kulturpolitik ist eine der ältesten Policies – sie entstand längst vor heute anscheinend wichtigeren Bereichen wie Wirtschafts- und Sozialpolitik. Nur die Finanzpolitik ist ähnlich alt – und immer schon war sie ein Gegenspieler der Kulturpolitik. Im Absolutismus ruinierte mancher Fürst seine Finanzen, um seine kulturelle Weltgeltung zu erhöhen. Dies ist in der Demokratie nicht möglich. Die Vergesellschaftung findet von unten wie von oben statt – durch Oligarchen wie durch Bürgerinitiativen.

3.1 „Vergesellschaftung von unten“: Soziokultur

Es kam in Mitteleuropa zu einer Betonung der Soziokultur dort, wo neue soziale Bewegungen, wie die Grünen, politisch stark wurden. Manche ziehen den Terminus „zivilgesellschaftliche Verantwortungsübernahme“ vor – aber er ist zu stark normativ aufgeladen, um den sozialen Realitäten stand zu halten. Die Grünen in Deutschland entwickelten ein neues Paradoxon: Bürgerinitiativen sollen Denkmäler betreuen und den Rest verfallen lassen (Hoffmann-Axthelm), Bürger sollen über Schutzinteressen entscheiden. Im Verdrängungswettbewerb zwischen Museum und Kindergarten bleiben die Kulturprojekte meist auf der Strecke.

Andererseits haben die Grünen in Deutschland Stiftungsinitiativen gefördert wie Antje Vollmers Gesetzentwurf von 1998: die Staatsprüfung sollte eingeschränkt, die Gemeinnützigkeit dezentralisiert durch Finanzämter festgestellt werden. Die Begeisterung für den Volksentscheid auf unterer Ebene übersah jedoch, wie stark bei solcher Dezentralisierung die Korruptionsgefahr und die Cliquenwirtschaft werden können.

In der grünen Ideologie wird die Lebenswelt à la Habermas möglichst ohne die organisierte Wirtschaft gedacht, aber de facto ist sie nicht mehr ohne die Wirtschaft zu organisieren. Der „Kulturbürger“ wird schleichend doch zum „Kulturbourgeois“. Andererseits führte die städtische Soziokultur zur erfreulichen Inklusion immer weiterer Gruppen. Massenkultur und Fotografie dominierten die Documenta XI. Kunst der Geisteskranken oder der Kinder – alle Kulturprodukte wurden gleichwertig. Neu sind alle diese Forderungen nicht, sondern seit Prinzhorn, Klee, Dubuffet und Lindner in der klassischen Moderne immer wieder diskutiert worden (vgl. von Beyme 2005: 465ff.). Es soll keine „bürgerliche“ Handreichung mehr für Klassiker und „Highlights“ der Hochkultur geben. Museen werden somit inklusiver als Parlamente.

Aber auch wenn die Grünen regional schwach sind, konnten neue Soziokulturen entstehen. Die Betonung der Soziokultur ist wichtig, weil Deutschland das Sonderproblem der inneren Einheit hat. Noch schwankt die kulturelle Identität in der Selbstbeschreibung der Ostdeutschen zwischen „Zonenkinder“ und „Avantgarde eines neuen Lebensgefühls“ (Knoblich 2003: 28). In den neuen Soziokulturen wird die Grenze zwischen Kunst und Kunstgenießern fließend. Es bleibt aber ein kleiner Unterschied: nur der Künstler ist produktiv, der Konsument bleibt eher passiv-rezeptiv. Die Beliebigkeit der Kulturförderung droht zu wachsen. Es sind heute nicht mehr Traditionalisten wie einst Sedlmayr oder Gehlen, die gegen die Auswüchse einer Kultur der Moderne wettern. Kein geringerer als der Direktor des Pariser Picasso-Museums, Jean Clair (1998: 15), sah in der Documenta X in Kassel 1997 nur ein Desaster: „Die Inhaltsleere, die Vulgarität und Dümmlichkeit der meisten Ausstellungsobjekte waren weniger schockierend als der Begriffsapparat im Katalog, der ihre Anwesenheit rechtfertigen sollte“.

Die Kommunalisierung der Kultur ist verbunden mit dem Prozess einer beispiellosen Globalisierung von Kunsttrends und Kunstmoden. Immer kann man auf Tokio verweisen, wo etwas anderes „in“ ist, was man auch hier dringend fördern müsste. Werk und Künstler-Person werden zunehmend eingeebnet. Installationen erlauben keinen normalen Kunstbegriff mehr, jeder kann alles notfalls machen, seit Beuys jedermann zum Künstler erklärt hat. Die Devise unterstellt nicht, dass jedermann auch ein Meisterwerk erstellen könne. Aber es gibt keine Originale und keine Ewigkeitswerte mehr. Das wurde einst treffend in einem Cartoon karikiert: ein Museumsdirektor steht neben einem Experten. Dieser erklärt lorgnon-bewaffnet dem Direktor zu einem Schraubenhaufen, den ein Künstler gerade auf dem Museumsboden aufgehäuft hat: „Es tut mir leid, Herr Direktor, es handelt sich um eine Fälschung“. Bei vielen Arten von Action-Kunst kann es keine Fälschungen mehr geben. Für die Bildinhalte gilt: soziale Situationen sind nur noch „nachgestellt“, nicht mehr „dargestellt“.

Neue Formen der Einheit von Kunst und Leben, welche die klassische Avantgarde einst anstrebte und damit vielfach scheiterte, sind längst entstanden: Bricolage, Bastelei, ähnlich wie unsere Lebensläufe als „Lebenskunst“ figurieren, dominieren im Kunstbetrieb. Angesichts leerer Kassen der öffentlichen Hände ist eine Flucht in die staatliche Kulturförderung nicht mehr möglich. Es gibt keinen wirtschaftsfreien Raum mehr. Daher lautet die Devise „Unterwanderung“: „Die Künstler wechseln vom Elfenbeinturm in den Kontrollturm“ (zit. Grosz/Delhaes 1999). Das ist ein schönes Wortspiel, aber es gibt keine neue wirtschaftlich fundierte „Artekratie“, wie es sie einst bei den italienischen Futuristen als politisch inspiriertes Szenario gegeben hat.

3.2 „Vergesellschaftung von oben“: Sponsoren und Kultur als Wirtschaftsfaktor

Je nach staatlicher Entwicklung hat es immer unterschiedliche Anteile von staatlicher zu zivilgesellschaftlicher Wahrnehmung der Kulturpolitik gegeben. Künstler beklagten seit jeher das mangelnde Engagement des Staates: Gottfried Benn klagte einst: „Wann hätte der Staat je einen Dichter mit 1.000 Mark belebt?“ Gefördert wurden allenfalls „Charleys Tante“ und „Weißes Rössl“. Das ist ungerecht, denn solche populären Kulturerzeugnisse tragen sich heute selber. In dieser Klage liegen Reste eines preußischen Etatismus. Die Künstler im Zeitalter der Postmoderne haben sich gewandelt. Künstler, die lange mehrheitlich anarcho-sozialistisch dachten, entdeckten den Kapitalismus: Warhol deklamierte: „Being good in business is the most fascinating kind of art". Wirtschaft andererseits entdeckte plötzlich die „Spinner" und setzte sie für Sensitivitäts- und Fortbildungstraining ein.

Der Staat gerät mit seiner Kulturförderung zunehmend in ein Dilemma: Er soll Geld locker machen, aber auf die Inhalte der Kunst keinen Einfluss nehmen. Der Tausch des ökonomischen Mäzens für den politischen verbesserte diese Lage nicht. Historisch gesehen war schon Maecenas ein politischer Ehrgeizling, der mit seinem Geld etwas wollte. Kein Wunder, dass ökonomische Sponsoren als Nachfolger der Mäzene eine Gegenleistung anstreben. Kultur wird in die Werbung und Imagepflege eingespannt.

Das Bundesministerium der Finanzen hat in Deutschland bereits einen „Sponsoring-Erlass" herausgegeben. Förderungserwartungen des Sponsoring-Empfängers und die Leistungserwartung des Sponsors wurden definiert. Nicht regelbar erscheinen die politischen und außerrechtlichen Folgen des Sponsoring: der Staat zieht sich aus der Verantwortung zurück – im Sozialstaat wie im Kulturstaat. Der Charakter der durch Sponsoring geförderten Einrichtung verändert sich. Museen werden von städtischen Institutionen zu öffentlich-privaten Misch-Unternehmen zur Veranstaltung von Events (Lynen 2004: 2). Für Ausstellungen müssen Museen heute schon mit anderen Einrichtungen kooperieren. Ausstellungen in Europa sind heute transnational. Neu ist das Hervortreten von kleineren Provinzmuseen für weniger spektakuläre Ausstellungen, wie Françoise Gilot in Chemnitz und in französischen und Schweizer Einrichtungen. Das Verleihen von Kunst wird zum Geschäft. Der neo-liberale Überschwang bedroht jedoch das kulturelle Erbe von Nationalstaaten. Der Verkauf von Kunst muss geregelt werden. In den USA erregte ein Fall einen Presse-Sturm, als ein Provinzmuseum je einen Chagall und einen Kandinsky verkaufte, um „Concept Art" ohne konkrete Objekte erwerben zu können. Der überhitzte Markt für eine überbezahlte Avantgarde ist mit dem „holländischen Tulpenfieber" in früheren Jahrhunderten verglichen worden, die von Zeit zu Zeit den Blumenmarkt ruinierten (Danto 2000: 46, 39). In Deutschland gehört die Kultur noch nicht zum „Tafelsilber", das eventuell zum Stopfen von Haushaltslöchern dienen kann, wie Post oder Autobahnen. Aber schon der Versuch eines Bundeslandes wie Hessen, die Kulturschätze auch monetär zu erfassen, weckt Misstrauen (Wagner 2002: 33).

Selbst dort, wo die staatlichen Sponsoren noch überwiegen, entwickelte sich ein Demokratisierungsparadoxon in der Kulturpolitik:

- Staatliche Hilfe soll Kunst demokratisieren, begünstigt aber die Reichen und Schönen: 100 € Subvention pro Opernkarte sind keine Seltenheit, nur 5% der Museumsbesucher kommen aus der Unterschicht, 55% aus der Oberschicht. Deutsche Spielstätten haben 2003/04 nur zwischen 8,6% (Brandenburg) und 24% (Berlin und Hamburg) der Kosten eingespielt. In Thüringen liegt der Zuschuss pro Besucherkarte mit 124,36 € am höchsten (Kloepfer 2005: 45).
- Gesellschaftliche Selbsthilfe führt zu Oligarchien großer Wirtschaftssponsoren. Mit 350 Mio. € macht Sponsoring den größten Teil der privaten Kulturfinanzierung aus (Singer 2003: 24). Während in Deutschland die „Kreativwirtschaft" zum modischen Schlagwort wurde, regen sich in Amerika längst kritische Stimmen. Eine Dominanz privatisierter Kultur gilt als modisch nivelliert und fördert nicht notwendigerweise in gleicher Weise Diversität wie die öffentlichen Kultureinrichtungen (Mulcahy 2003: 101, 98). Bei der unkritischen Nachahmung Amerikas ist zudem immer – wie auch in

anderen Politikfeldern – unzureichende Kenntnis der Randbedingungen im Spiel. Der amerikanische Staat interveniert nur diskreter mit Steuerprivilegien im „not-for-profit-sector".

4 Fazit

Die deutsche Kulturpolitik zehrt bis heute von der Vielfalt als Folge der territorialen Zersplitterung bis 1871. Wo in den großen angelsächsischen Ländern ein Dutzend Opern und Schauspielhäuser gefördert werden, hat in Deutschland noch jede Duodez-Residenz ihr Theater. Das kleine Heidelberg (ca. 130.000 Einwohner) leistet sich noch ein Dreisparten-Theater. Langsam erst kommt die Kooperation mit anderen Ex-Residenzen in Gang: Mannheim-Heidelberg-Karlsruhe-Darmstadt. In der Kulturpolitik erscheint die Lage nicht so desolat wie in der Bildungs- und Erziehungspolitik, wo seit der Pisa-Studie und den OECD-Erhebungen eine Hiobsbotschaft nach der anderen über Deutschland hereinbrach. Nach vergleichenden Daten zur Kulturfinanzierung der Mitgliedstaaten liegt Deutschland noch immer in einer Spitzengruppe, aber der Vorsprung von Frankreich und Deutschland schmilzt dahin. Die EU liefert keine neuesten Daten. Nach älteren Aufstellungen lag die Bundesrepublik mit 22,7 ECU pro Einwohner nur hinter Frankreich, wenn wir die kleinen Staaten nicht rechnen, die naturgemäß ein rechnerisch größeres Grundvolumen aufbringen müssen (von Beyme 1998: 22). Deutschland ist der Flächenstaat mit der höchsten Museums-, Theater- und Berufsorchesterdichte pro Einwohner in der Welt. 90% der Ausgaben für Theater mit 22 Mio. Besuchern werden durch öffentliche Haushalte bestritten. 4570 Museen mit 96,2 Mio. Besuchern werden aus Staatsmitteln finanziert (Opielka 2003; Singer 2003: 22).

„Abwiegler" des Niedergangs sehen in der Abschmelzung der Kulturetats nur eine Art „Marktbereinigung". Als Hauptgefahr wird jedoch befürchtet, dass die Verringerung der Kulturausgaben sich ungesteuert und anomisch fortsetzt – genauso, wie das Wachstum in den fetten Jahren nicht immer sinnvoll gesteuert ablief.

5 Literatur

Amtsblatt der EU, 10. 3. 2000.

Bahners, Patrick, 2005a: Gescheitertes Experiment. Drei Kulturstaatsminister sind genug, in: FAZ, 25. 10. 2005: 17.

Bahners, Patrick, 2005b: Bloß keinen Dichter! Dienstbeschreibung: Was ein Kulturstaatsminister sein kann, in: FAZ, 9. 11. 2005: 39.

Bartella, Raimund, 2003: Finanzkrise lässt kommunale Kulturausgaben abschmelzen, in: Kulturpolitische Mitteilungen 103: 41-42.

von Beyme, Klaus, 1987: Der Wiederaufbau. Architektur und Städtebaupolitik in beiden deutschen Staaten. München.

von Beyme, Klaus, 1998: Kulturpolitik und nationale Identität. Wiesbaden.

von Beyme, Klaus, 2005: Das Zeitalter der Avantgarden. Kunst und Gesellschaft. 1905-1955. München.

Clair, Jean, 1998: Die Verantwortung des Künstlers. Avantgarde zwischen Terror und Vernunft. Köln.

Cowen, Tyler, 1998: In Praise of Commercial Culture. Cambridge/Mass.

Cultural Statistics in the EU, 2000: Final Report of the EU. Working Paper 3/2000/E/ Nr.1.
Danto, A. C., 2000: Das Fortleben der Kunst. München.
Ermisch, Günter u.a. (Hrsg.), 1993: Wanderungen durch die Kulturpolitik. Festschrift für Sieghardt von Köckritz. Berlin.
Eurostat Working Group on Cultural Statistics, 2002: Task Force on Cultural Employment. Luxemburg.
Fohrbeck, Karla u.a., 1971: Kunstförderung im internationalen Vergleich. Köln.
Fohrbeck, Karla/Wiesand, Andreas, 1975: Der Künstler-Report. München (zuerst als Bundestagsdrucksache 7/3071 v. 13. 1. 1975).
Fohrbeck, Karla/Wiesand, Andreas, 1989: Von der Industriegesellschaft zur Kulturgesellschaft. München.
Frey, Manuel, 1999: Macht und Moral des Schenkens. Staat und bürgerliche Mäzene. Berlin.
Fuchs, Max, 2003: Kulturpolitik in Zeiten der Globalisierung, in: Aus Politik und Zeitgeschichte B 12: 15-20.
Glaser, Hermann, 1985: Kulturgeschichte der Bundesrepublik Deutschland (3 Bde). München.
Glaser, Hermann u.a. (Hrsg.), 1996: Zukunft Kulturpolitik. Festschrift für Olaf Schwencke. Essen.
Göschel, Albrecht, ^{2}1995: Die Ungleichzeitigkeit in der Kultur. Wandel des Kulturbegriffs in vier Generationen. Essen.
Grosz, Andreas/Delhaes, Daniel (Hrsg.), 1999: Die Kultur-AG: neue Allianzen zwischen Wirtschaft und Kultur. München.
Hanimann, Joseph, 2003: Vielfältiger, in: FAZ, 6. 2. 2003: 33.
Hense, Ansgar, 2000: Bundeskulturpolitik als verfassungsrechtliches und verwaltungsrechtliches Problem. Deutsches Verwaltungsblatt 6: 376-384.
Hermand, Jost, 1986: Kultur im Wiederaufbau. Die Bundesrepublik Deutschland. 1945-1965. München.
Hermand, Jost, 1988: Die Kultur der Bundesrepublik Deutschland. 1965-1986. München.
von Heydebreck, Amélie, 2003: Künstler, rettet den Kapitalismus. Die Wirtschaft verkriecht sich im Schoß der Kultur: was ist, wenn die nicht mitmacht? in: Frankfurter Allgemeine Sonntagszeitung, 9.3.2003: 25.
Hofecker, Franz-Otto/Tschmuck, Peter (Hrsg.), 2003: Kulturpolitik, Kulturforschung und Kulturstatistik. Innsbruck.
Hoffmann, Hilmar, 1996: Kultur für Morgen. Frankfurt.
Hoffmann, Hilmar/Schneider, Wolfgang (Hrsg.), 2002: Kulturpolitik in der Berliner Republik. Köln.
Jahrbuch für Kulturpolitik 2004. Essen.
Klein, Armin, ^{2}2005: Kulturpolitik. Eine Einführung. Wiesbaden.
Kleinegges, Udo u.a., 1994: Im Blickpunkt: Kultur in Deutschland. Zahlen und Fakten. Stuttgart.
Kloepfer, Inge, 2005: Kultur – Deutschlands teures Hobby, in: FAZ, 11.12.2005: 45.
Knoblich, Tobias J., 2003: Soziokultur in Ostdeutschland, in: Aus Politik und Zeitgeschichte B 12: 28-34.
Kommission der EU, 2002: Ein Europa der Völker bauen. Brüssel.
Kröger, Franz/Sievers, Norbert, 2003: Stillstand ist Rückschritt. Abschied vom Kulturboom? in: Kulturpolitische Mitteilungen 103: 43-47.
Kulturbericht 2003. Wiesbaden, Statistische Ämter des Bundes und der Länder, 2004.
Kulturfinanzbericht 2003. Berlin, 8.6.2004.
Kulturfinanzierung in Europa. Europäische Kommission, Generaldirektion Bildung und Kultur. Luxemburg, Amt für amtliche Veröffentlichungen der Europäischen Gemeinschaften. 2002.
Kulturnische im Welthandel. Ein Gespräch zur Unesco-Konvention zur kulturellen Vielfalt, in: FAZ, 24.10.2005: 39.
Lynen, Peter M., 2004: Sponsoring der Kunst – rechtliche Lösungen im öffentlichen Bereich. Düsseldorf (hektographierte Thesen).
Mahrenholz, Ernst Gottfried, 2005: Deutsche, rührt euch. Ende für den Beutekunststreit, in: FAZ, 7.6.2005: 35.

Minkmar, Nils, 2005: Warum lacht Frau Weiss?, in: Frankfurter Allgemeine Sonntagszeitung, 11.11.2005: 31.

Müller, Martin G., 2004: Politologie und Ikonologie, in: Birgit Schwelling (Hrsg.): Politikwissenschaft als Kulturwissenschaft. Wiesbaden, 335-349.

Mulcahy, Kevin, 2003: American Cultural Patronage: the Limits of Privatization, in: Franz-Otto Hofecker/Peter Tschmuck (Hrsg.): Kulturpolitik, Kulturforschung und Kulturstatistik. Innsbruck, 89-104.

Opielka, Michael, 2003: Kunst und Kultur im Wohlfahrtsstaat, in: Aus Politik und Zeitgeschichte. B 12: 28-34.

Pohlmann, Markus, 1994: Kulturpolitik in Deutschland. München.

Presse- und Informationsamt der Bundesregierung, 1997: So fördert der Bund Kunst und Kultur. Bonn.

Pues, L. u.a. (Hrsg.), 2002: Art-Investor. Handbuch für Kunst und Investment. München.

Roloff-Momin, Ulrich, 1997: zuletzt: kultur. Berlin.

Schümer, Dirk, 1996: Bildermüll. Holland weiß nicht, wohin mit seiner Subventionskunst, in: FAZ, 4. 11.1996.

Schwelling, Birgit (Hrsg.), 2004: Politikwissenschaft als Kulturwissenschaft. Wiesbaden.

Singer, Otto, 2003: Die Förderung von Kunst und Kultur. Berlin, Wissenschaftliche Dienste des Deutschen Bundestages (Reg.Nr. WF X-060/03).

Söndermann, Michael, 2004: Kulturausgaben in Deutschland sinken 2004 weiter. KulturStatistik 24. Bonn.

Söndermann, Michael, 2004a: Wohin treibt die Öffentliche Kulturfinanzierung in Deutschland. Wien (mimeo).

Söndermann, Michael, 2004b: Beschäftigung im Kultursektor in Deutschland 2003/2004, in: Jahrbuch für Kulturpolitik: 459-475.

Wagner, Bernd, 1993: Zwanzig Jahre Neue Kulturpolitik. Eine Bibliographie. Hagen.

Wagner, Thomas, 2002: Das neue System. Wie man in Hessen mit der Kultur die Macht sichern will, in: FAZ, 28.11.2002: 33.

Wefing, Heinrich, 2004: Alles außer Nolde. Was fördert eigentlich die Bundeskulturstiftung?, in: Frankfurter Allgemeine Zeitung, 8.7.2004: 27.

Weiss, Christina, 1999: Stadt ist Bühne. Kulturpolitik heute. Frankfurt.

Wiesand, Andreas Johannes (für das Bundesinnenministerium), 1987: Kunst ohne Grenzen? Kulturelle Identität und Freizügigkeit in Europa. Köln.

Wolf-Csanady, Elisabeth, 1996: Wertewandel und Kulturpolitik in der BRD und Österreich. Frankfurt.

Zukunft Kulturpolitik, 2003, in: Kulturpolitische Mitteilungen 100.

12. Gleichstellungspolitik: neu, oktroyiert, ungeliebt?

Ilona Ostner

1 Einleitung

Gleichstellung ist ein relativ neues Politikfeld in Deutschland, wenn man darunter ein staatliches Handeln fasst, das aktiv Benachteiligungen beseitigen will, die Personen und Gruppen allein aufgrund askriptiver Merkmale wie z. B. Geschlecht, Alter, ethnischer Zugehörigkeit oder Behinderung erfahren, und das anstrebt, die Chancen Benachteiligter systematisch zu verbessern. Zwar existieren seit den 1980er Jahren Ansätze zur Gleichbehandlung und Gleichstellung. Sie trugen aber bis in die jüngste Zeit nicht zur Profilierung eines eigenständigen Politikfelds „Gleichstellung" bei. Dieses Politikfeld zeichnet sich erst in den letzten Jahren ab und zwar hauptsächlich als Ergebnis der „vertikalen" Europäischen Integration (Vertiefung durch Rechtsintegration) und der institutionellen Eigendynamik des Integrationsprozesses, dem sich Deutschland als Mitgliedsland der EU nolens volens unterwerfen muss. Wie sehr deutsche Politik auf Brüsseler Gleichstellungsvorgaben bloß reagiert und diese als Oktroi empfinden muss, zeigt die aktuelle Debatte um das offensichtlich ungeliebte Antidiskriminierungsgesetz. Andererseits eröffnet die expansive Logik der EU und ihrer Institutionen Gleichstellungsadvokatinnen und gleichstellungsfreundlichen nationalen Akteuren die Möglichkeit zum transnationalen Austausch bzw. zur transnationalen Politikformulierung, was einen weiteren Schub der Supranationalisierung und Europäisierung der Gleichstellungspolitik mit entsprechenden Folgen für die nationale Politik nach sich ziehen kann. Auch dafür steht das im Juni 2006 vom Bundestag verabschiedete deutsche Antidiskriminierungsgesetz („Allgemeines Gleichbehandlungsgesetz").

Die Gleichstellungspolitik der EU hat ihre Reichweite kontinuierlich ausgedehnt. Inzwischen schützt sie eine Vielzahl potentiell benachteiligter Gruppen vor unmittelbarer und mittelbarer Diskriminierung. Tatbestände möglicher Benachteiligung haben sich vervielfacht. Die bislang privilegierte Stellung der Geschlechter-Gleichstellungspolitik hat sich dadurch abgeschwächt. EU-Gleichstellungspolitik ist „geschlechtsneutraler" geworden, was, wie gezeigt werden soll, dem Prinzip des Gender Mainstreaming nicht widersprechen muss. Der Trend zur größeren Geschlechtsneutralität wird bereits in den Artikeln des Vertrags von Amsterdam zur Beschäftigungsförderung (Art. 125-130) und zur Sozialpolitik (hier: Art. 141) deutlich. Im Mittelpunkt steht nun die Förderung der gleichen Beschäftigungsfähigkeit von Männern und Frauen, auch von Eltern, in deren Interesse jede Form von Benachteiligung abgebaut werden soll. Indem sie jetzt Fragen der Vereinbarkeit von Familie und Beruf in den Blick nimmt, sexuelle Belästigung und inzwischen auch Benachteiligungen beim Zugang zu Massengeschäften (Güter, Dienstleistungen, privatrechtliche Versicherungen) als verbotene Angriffe auf die Würde der Person und die gleiche Handlungsfreiheit der Erwerbsbürger interpretiert, hat die Gleichbehandlungspolitik der EU ihren strikten Bezug auf Beschäftigungsfragen hinter sich gelassen. Dies wird in der Begründung des Rats der Europäischen Union für die angenommene Richtlinie 2004/113/EG zur „Verwirklichung des Grundsatzes der Gleichbehandlung von Männern und Frauen beim Zugang zu und bei der Versorgung mit Gütern und Dienstleistungen“ vom 13. Dezember 2004 deutlich. Dort heißt es unter anderem:

> (5) Gemäß Artikel 2 des Vertrags zur Gründung der Europäischen Gemeinschaft ist die Förderung der Gleichstellung von Männern und Frauen eine der Hauptaufgaben der Gemeinschaft. Außerdem muss die Gemeinschaft gemäß Artikel 3 Absatz 2 des Vertrags bei allen ihren Tätigkeiten darauf hinwirken, Ungleichheiten zu beseitigen und die Gleichstellung von Männern und Frauen zu fördern.
> (8) Die Gemeinschaft hat eine Reihe von Rechtsinstrumenten zur Verhütung und Bekämpfung geschlechtsbedingter Diskriminierungen am Arbeitsmarkt verabschiedet. [...].
> (9) Diskriminierungen aufgrund des Geschlechts, einschließlich Belästigungen und sexuellen Belästigungen, gibt es auch in Bereichen außerhalb des Arbeitsmarktes. Solche Diskriminierungen können dieselben negativen Auswirkungen haben und ein Hindernis für eine vollständige, erfolgreiche Eingliederung von Männern und Frauen in das wirtschaftliche und soziale Leben darstellen.

Das Politikfeld Gleichstellungspolitik im oben definierten Sinn und in der extensiven Interpretation der EU ist für Deutschland bislang kaum untersucht. Es fehlen konzeptionelle Vorbilder für seine Analyse (vgl. etwa McBride Stetson/Mazur 1995). Wenn überhaupt, dann interessieren sich ausländische Forscherinnen für den deutschen Fall (z.B. Ferree 1995; in vergleichender Perspektive: z.B. von Wahl 1999; Zippel 2006). Angelika von Wahl (1999: 16f.) spricht von einer wissenschaftlichen Marginalisierung des Politikfelds – auch in Ansätzen der feministischen Sozialpolitikforschung, sofern sie sich auf Fragen der sozialen Sicherung von Frauen und ihre Versorgung mit sozialen Diensten beschränken. Die Policy-Forschung ignoriert ebenfalls „Gleichstellung“ als eigenständiges Politikfeld. Eine Ausnahme haben traditionell Untersuchungen zur EU-Geschlechterpolitik (insb. Hoskyns 1996; vgl. auch Ostner/Lewis 1998) und neuerdings zur Europäisierung nationaler Gleichstellungspolitiken gebildet (z.B. Liebert 2003; darin zu Deutschland: Kodre/Müller; ferner Zippel 2004; 2006). Die wenigen deutschen Studien zur nationalen Gleichstellungspolitik kommen entweder über Programmatik und Konzeptdiskussion kaum hinaus, oder sie streifen Politikprozesse in einzelnen Feldern der Gleichstellungspolitik zu oberflächlich (z.B. Biester et al. 1994; Bothfeld/Gronbach/Riedmüller 2002; Behning/Sauer 2005). Die „Neuheit“ des Politikfelds Gleichstellung in Deutschland erklärt sicherlich einen Teil des unzureichenden Standes seiner Erforschung. Der vorliegende Beitrag greift deshalb für seine Darstellung der neueren Entwicklung des Politikfelds Gleichstellung ausführlich auf die vorbildlichen Arbeiten von Angelika von Wahl (1999) und Kathrin Zippel (2004; 2006) zurück.

Im Mittelpunkt des Beitrags stehen die Wechselwirkungen zwischen supranationaler und deutscher Gleichstellungspolitik. Deshalb bietet er einen knappen Überblick über die bekannten gemeinschaftsrechtlichen Standards der Gleichbehandlung und über Ansätze zu einer Gleichstellungspolitik in Deutschland. Der nächste Abschnitt erläutert zunächst die allgemeinen Aussagen der Einleitung zum Status der Gleichstellungspolitik in Deutschland. Sie werden dann in den nachfolgenden Abschnitten durch Beispiele plausibilisiert.

2 Gleichstellungspolitik in Deutschland – eine Folge der Europäischen Integration

Gleichstellung, wurde einleitend behauptet, ist ein relativ neues Politikfeld in Deutschland. Zwar kennt die Bundesrepublik seit längerem verschiedene Maßnahmen, die benachteiligte Gruppen durch Schutz und Förderung besser stellen und ihnen gleichwertige Lebensbedingungen garantieren wollen. Man denke an den Schutz behinderter, insbesondere schwerbehinderter, Menschen nach Sozialgesetzbuch (SGB) IX oder an die große Zahl von Frauenfördermaßnahmen, die seit den 1980er Jahren auf den Weg gebracht wurden.

Tatsächlich sind der Schutz behinderter Menschen und deren Förderung in Deutschland, vergleicht man die Maßnahmen mit denen für andere potentiell benachteiligte Gruppen, am durchschlagkräftigsten ausgestaltet, auch wenn sich dieser Schutz auf beschäftigte Behinderte konzentriert. Raasch (2004: 395) verweist auf Behindertenbeauftragte und eigenständige Vertretungen im Betrieb, „Arbeitsplatzquoten, die allerdings durch Ausgleichsabgaben abgelöst werden können", auf den besonderen Kündigungsschutz, ferner – jenseits des Betriebs – auf das Recht, sich ungehindert bewegen zu können („Barrierefreiheit"), das zur Gleichwertigkeit der Lebensbedingungen gezählt werden kann, schließlich auf die eigenständigen Klagerechte der Behindertenverbände. Es handelt sich fast durchgängig um Regelungen, die andere (potentiell) benachteiligte Gruppen (bisher) für sich nicht beanspruchen können. So sind die Merkmale „Alter", „ethnische Herkunft" oder gar „sexuelle Orientierung" bisher gar nicht oder nicht derart explizit vor Benachteiligung geschützt, während „Geschlecht" traditionell eine Mittelstellung im Schutz vor Diskriminierung eingenommen hat (Raasch 2004: 396).

Trotz dieser Ansätze zur Gleichbehandlung konnte bis in die jüngste Zeit von einem eigenständigen Politikfeld „Gleichstellung", in dem politische Akteure versuchen, ihre jeweiligen Positionen zur Gleichbehandlung und Gleichstellung von Personen und Gruppen gezielt einzubringen und durchzusetzen, und in dem Politikergebnisse immer wieder mit Blick auf Gleichbehandlungs- und -stellungsziele evaluiert werden, nicht die Rede sein. Die Spezifik eines eigenständigen Politikfelds „Gleichstellung" wird deutlicher, wenn man es wie von Wahl (1999: 363) von der ebenfalls gleichstellungsrelevanten Sozial-, Familien- oder Arbeitsmarktpolitik abgrenzt. Wer Gleichstellungspolitik betreibt oder analysiert, interessiert sich erst in zweiter Linie für Fragen der gerechten Verteilung von Arbeit oder Sozialleistungen. Im Vordergrund steht vielmehr die Frage nach Ausmaß und Qualität der Bürgerrechte (vgl. Marshall 1992): inwieweit die Gesellschaft, indem sie Individuen Status und Positionen zuweist oder eröffnet, diese als Bürger ohne jede Einschränkung ihrer zivilen, politischen und sozialen Rechte anerkennt. Gleichstellung als Bündel derart kohärenter „egalitärer Policies" (von Wahl 1999: 363) zeichnet sich erst in den letzten Jahren ab. Gleichstellungspolitik in Deutschland war demgegenüber bislang stark fragmentiert, indem sie den Schutz und die Förderung je nach Benachteiligungsmerkmal differenzierte und graduierte. Außerdem war sie schwach institutionalisiert und wenig wirksam (von Wahl 1999: 363; Klenner 2002; BMFSFJ 2005).

Politische Akteure, Parteien, Gewerkschaften, selbst Vertreterinnen der Neuen Frauenbewegung engagierten sich selten und wenn dann punktuell, nicht längerfristig für eigenständige Politiken der Gleichstellung. Schließlich waren die Kritik am Staat und in der Folge die Strategie der Autonomie konstitutiv für die Neue Frauenbewegung gewesen. Deshalb distanzierten sich vielen Feministinnen bis zu Beginn der 1980er Jahre vom „Staatsfeminismus", wie staatliche Gleichstellungsmaßnahmen genannt wurden, und von seinen Vertreterinnen, den „Femocrats“. Die Tarifpartner sahen durch die staatliche Gleichstellungspolitik die Tarifautonomie und das Normalarbeitsverhältnis, das Männer privilegierte, bedroht. Parteien, auch die SPD, und die Gewerkschaften unterstützten noch in den 1980er Jahren das Ernährermodell und damit eine Arbeitsteilung, die von der Gleichwertigkeit des Verschiedenen (Beruf und Hausarbeit) ausging (vgl. Bothfeld 2005; Ostner 2006). Um so überraschender erscheint die Einrichtung der Vielzahl von Gleichstellungsstellen, die Institutionalisierung der Gleichstellungsbeauftragten und die Durchsetzung von Frauenförderplänen auf Länderebene und in Kommunen, in Verwaltungen und Ministerien der Ländern und an Universitäten seit den 1980er Jahren sowie die Verabschiedung eines Gesetzes 1994 unter der für Frauenfragen zuständigen Bundesministerin Angela Merkel, das Beschäftigte (Frauen wie Männer) vor sexueller Belästigung schützen sollte. Jenseits der erwähnten verstreuten Ansätze einer „Gleichstellung auf der Mesoebene“ (von Wahl 1999) von Ländern und Kommunen sind im deutschen Fall die Gerichte wichtige Katalysatoren von Gleichbehandlung und Gleichstellungspolitik gewesen (Hohmann-Dennhardt 1988; Pfarr/Bertelsmann 1989: 444ff.; Zippel 2004: 60).

Für ihren Fortschritt hin zu einem eigenständigen Politikfeld war die Gleichstellungspolitik maßgeblich auf Einwirkung von außen, vor allem auf die der Europäischen Union, oder auf „äußere Umstände“, wie z.B. die deutsche Einheit und den andauernden Vereinigungsprozess angewiesen. Auch die Osterweiterung, die mit den 1993 in Kopenhagen vereinbarten Aufnahmekriterien den Beitrittskandidaten ausdrücklich auferlegte, ihre ethnischen Minderheiten zu schützen und zu fördern, stellt solch einen Außenfaktor dar. Wie sehr Gleichstellungspolitik in Deutschland „exogen“ vorangetrieben wurde und wird, zeigen die Verabschiedung des langwierig vorbereiteten Anti-Diskriminierungsgesetzes (offiziell: „Gleichbehandlungsgesetz“) und die Ergänzung des Gleichberechtigungsartikels des Grundgesetzes.

Ende Juni 2006 beschloss der Deutsche Bundestag das Allgemeine Gleichbehandlungsgesetz (AGG). Die Pressestelle des Bundesministeriums der Justiz verknüpfte die Meldung dieses Beschlusses sofort mit dem Hinweis, dass Deutschland mit diesem Gesetz seiner Verpflichtung, vier Richtlinien der Europäischen Gemeinschaft zum Schutz vor Diskriminierung in nationales Recht umzusetzen, nachkomme. Tatsächlich war die Frist für die Umsetzung von drei der vier umzusetzenden Richtlinien bereits abgelaufen, ein Vertragsverletzungsverfahren von der Kommission eingeleitet. Diese Verzögerung war allerdings kein Novum. So hatten zwischen der Verabschiedung der EWG-Gleichbehandlungsrichtlinie von 1976 und ihrer EU-rechtskonformen Umsetzung in Deutschland 18 Jahre gelegen. Ohne entsprechende EU-Richtlinien zur Gleichstellung der Geschlechter, so Raasch (2004: 410), wäre in Deutschland vermutlich gar nichts geschehen.

Dabei verbietet das Grundgesetz in Art. 3 Abs. 3 bereits seit 1949 die Bevorzugung oder Benachteiligung einer Person aufgrund ihres Geschlechts, ihrer Abstammung, Rasse, Sprache, Heimat und Herkunft, ihres Glaubens, ihrer religiösen oder politischen Anschauungen (seit 1994 auch aufgrund einer Behinderung). Das Prinzip der Gleichberechtigung von Männern und Frauen (Art. 3 Absatz 2 GG) wurde 1994 durch einen Zusatz ergänzt, der den Staat ausdrücklich beauftragte, die Gleichberechtigung von Frauen und Männern tatsächlich durchzusetzen und auf die Beseitigung bestehender Nachteile hinzuwirken. Dieser Zusatz verlieh der Gleichstellung der Geschlechter gegenüber anderen Gruppen ein besonderes Gewicht und verpflichtete den Staat zu ihrer Verwirklichung. Die neue Fassung von Art. 3 Abs. 2 GG hatte, was wenig bekannt ist, ihren Vorläufer im Artikel 3 des Verfassungsentwurfs der Arbeitsgruppe „Neue Verfassung der DDR“ des Runden Tisches vom April 1990. Dort hieß es in Absatz 2: „Der Staat ist verpflichtet, auf die Gleichstellung der Frau in Beruf und öffentlichem Leben, in Bildung und Ausbildung, in der Familie sowie im Bereich der sozialen Sicherung hinzuwirken“. Ohne den überraschenden Fall der Mauer und die ebenso überraschende Vereinigung der DDR mit der Bundesrepublik, die eine kurze Debatte über Verfassungsinhalte nach sich zog, wäre es sicherlich nicht zur Änderung des Art. 3 GG gekommen (von Wahl 1999: 167-8; Limbach/Eckertz-Höfer 1993).

Gleichstellungspolitik spielte anders als die Abtreibungsfrage, die 1996 zur Reform des § 218 StGB führte, im Prozess der Wiedervereinigung keine Rolle. Angesichts des drohenden Arbeitsplatzverlustes schien das Thema „sexuelle Belästigung“, vor der Beschäftigte, insbesondere Frauen, durch das geplante und 1994 verabschiedete Beschäftigtenschutzgesetz besser geschützt werden sollten, den zur öffentlichen Anhörung eingeladenen ostdeutschen Frauen mehr als nachrangig (vgl. Zippel 2006: 144). Wenn heute auch von westdeutschen Frauen erwartet wird, möglichst kontinuierlich erwerbstätig zu sein, selbst wenn sie kleine Kinder haben, und wenn die Bundesrepublik ihre Sozial- und Familienpolitik auf dieses Ziel hin ausrichtet (Ostner 2006), dann mag man darin ein Lernen des Westens vom Osten erkennen. Gelernt wird aber allenfalls angesichts neuer wirtschaftlicher und sozialer Herausforderungen. Eine Annäherung der Geschlechterverhältnisse wäre, wie damals in der DDR, dann Folge solcher Herausforderungen, nicht Ergebnis einer auf gleiche Bürgerrechte zielenden Gleichstellungspolitik.

Ohne die Ausstrahlung der EU, die „expansive Logik der Integration“, ohne Prozesse der Supranationalisierung und Europäisierung nationaler Politik (Holzinger et al. 2005), hätte sich jedenfalls in Deutschland Gleichstellung als eigenständiges Politikfeld nicht profilieren können. Dies rechtfertigt es, die deutsche Gleichstellungspolitik im Kontext der EU-europäischen vorzustellen und die Politik der Gleichbehandlung und Gleichstellung der Geschlechter in den Mittelpunkt der Betrachtung zu rücken. Denn die EU-Gleichstellungspolitik hatte ihren Ausgangspunkt im Verbot, beschäftigte Frauen anders als vergleichbar situierte Männer zu behandeln. Dieses Verbot war zunächst allein als Gebot der Lohngleichheit und Verbot des sozialen Dumpings im Art. 119 der Römischen Verträge zur Begründung der Europäischen Wirtschaftsgemeinschaft niedergelegt. Das Gebot der Lohngleichheit steht seitdem paradigmatisch für die institutionelle Eigendynamik des Prozesses der Europäischen Integration (Rittberger/Schimmelfennig 2005), insbesondere für deren Vertiefung (vertikale Integration durch Rechtsintegration), sichtbar in der Abgabe nationalstaatlicher Kompetenzen an die supranationale EU-Ebene. Es steht auch für die Ausdehnung der Integration (sektorale Integration), denn mit der Gleichstellungspolitik hat sich die supranationale Ebene einen neuen Politikbereich ebenso geschaffen wie angeeignet. Dies hat in der Folge zu immer umfassenderen und verbindlicheren Diskriminierungsverboten und Anforderungen an Geschlechtergleichheit geführt, die die meisten Mitgliedstaaten so weder erwartet noch gewollt hatten und die sie kaum mehr rückgängig machen können.

Wie oben bereits angemerkt haben das Recht und die Gerichte in Deutschland eine große Rolle bei der Profilierung eines eigenständigen Politikfelds „Gleichstellung“ gespielt. Pfarr/Bertelsmann (1989: 446-8) identifizierten bereits für die 1980er Jahre das Gewicht der Arbeitsgerichte und des Bundesarbeitsgerichts, das mit seinen Vorlagen an den Europäischen Gerichtshof (EuGH) und seinen nachfolgenden Entscheidungen Politik und Öffentlichkeit für Gleichstellungsfragen sensibilisierte. Überhaupt scheinen die nationalen Gerichte bei strittigen Fällen, in denen nationales und Gemeinschaftsrecht konfligiert haben, vorauseilend gehorsam die Vorabentscheidung des EuGH antizipiert, eine Interpretation dieser Fälle im EU-Sinne erfragt und diese entsprechend korrekt ausgelegt zu haben (vgl. Rittberger/Schimmelfennig 2005: 58, Fn. 20). Dadurch haben sich Direktwirkung und Vorrang des Gemeinschaftsrechts auch gegen den Willen der Mitgliedstaaten verstärkt. Diese Verstärkung hat zugleich transnationale Austauschprozesse und transnationale Policy-Netzwerke befördert, wie unten am Beispiel der Verrechtlichung des Tatbestands „sexuelle Belästigung“, einem nun wichtigen Teilbereich auch der deutschen Gleichstellungspolitik, gezeigt werden soll. In diesem Austausch werden neue supranationale Regelungsbedarfe entdeckt, was zur weiteren Vereinheitlichung von Regeln und zu neuer Rechtsprechung auf nationaler und supranationaler Ebene führen kann (Stone Sweet 2000: 165). Kurz gesagt: Gleichstellungspolitik in Deutschland lässt sich kaum mehr ohne kontinuierlichen Rekurs auf solche Wechselwirkungen und Dynamiken analysieren, die in der Forschung zur Europäischen Integration und Rechtsintegration „Prozesse der Konstitutionalisierung der Verträge“ genannt werden.

Rechtsetzung und Rechtsprechung sind nur ein Schritt – manchmal der erste, manchmal ein Zwischenschritt, manchmal der letzte – im Politikprozess der Gleichstellung. Bis hierhin sollte deutlicher geworden sein, weshalb es sich um wichtige Schritte handelt, die denen der Rechtsumsetzung und -durchsetzung nicht nachstehen. Gleichstellungsadvokat/inn/en haben EU-Recht und -Gesetz immer wieder genutzt, so Zippel (2004: 60), um in den Mitgliedsländern neue Politiken zu entwickeln, umzusetzen und um die öffentliche Problemwahrnehmung zu schärfen. Gesetze führen zu spillover, „creating other laws and suggesting avenues for effective implementation and enforcement“ (Zippel 2004: 60).

Bei der Rechtsetzung haben im europäischen Kontext (anders als in den USA) Ideen der gleichen Würde, des Schutzes dieser Würde und ganz allgemein Ideen des Sozialschutzes zunächst von Beschäftigten, später und aktueller von Bürgern ohne Ansehen ihrer Person, die Zugang zu Beschäftigung und anderen Marktgütern haben sollten, eine sehr viel größere und mit Blick auf Maßnahmen der Gleichstellungspolitik erfolgreichere Rolle gespielt als klassisch liberale emanzipatorische Ideen der gleichen Freiheit (Baer 1995; Zippel 2004: 61ff.; 2006: 9). Ein Ideenwechsel hin zur abstrakt-gleichen Freiheit beginnt sich im Bereich der Förderung der gleichen Beschäftigungsfähigkeit und der Vereinbarkeit von Beruf und Familie abzuzeichnen (Stratigaki 2004).

3 Die Gleichstellungspolitik der EU im Überblick

Die EU hat sich inzwischen zu einem Gleichstellungsregime sui generis mit hoher Eigendynamik und hoher Verbindlichkeit für die Mitgliedstaaten entwickelt (Walby 2004; von Wahl 2005). Sie nahm bekanntlich ihren Ausgangspunkt im Primärrecht der EU (damals EWG), im Gebot der Entgeltgleichheit bei gleichwertiger Arbeit. Sozialliberale Regierungen in den Ländern der EWG, europäische Emanzipationsbewegungen, Anwältinnen und Gerichte trugen in den 1970er Jahren zur Ausdehnung des Begriffs des Entgelts auf erwerbsbezogene gesetzliche und betriebliche Sozialleistungen verschiedenster Art bei. Anwendungsfälle für „Gleichbehandlung“ wurden ebenfalls immer weiter gefasst und in den letzten dreißig Jahren durch eine Vielzahl von Richtlinien, Beschlüssen und unverbindlichen Empfehlungen konkretisiert, wie Tab. 12.1 über die Gleichstellungspolitik der EU zeigt (Ostner/Lewis 1998; von Wahl 2005: 86f.; Rust 2005).

Tabelle 1: Gleichstellungspolitik der Europäischen Union

1. Recht zur Gleichbehandlung Erwerbstätiger

Richtlinien nach Artikel 141 EG Vertrag von Amsterdam 1997 (ex Art. 119 EWGV von 1957)

- Richtlinie 75/117/EWG zur Angleichung der Rechtsvorschriften der Mitgliedstaaten über die Anwendung des Grundsatzes des gleichen Entgeltes für Männer und Frauen
- Richtlinie 76/207/EWG (jetzt Richtlinie 2002/73/EG) – Verwirklichung des Grundsatzes der Gleichbehandlung von Männern und Frauen beim Zugang zur Beschäftigung, zur Berufsausbildung und zum beruflichen Aufstieg sowie in Bezug auf die Arbeitsbedingungen
- Richtlinie 79/7/EWG – Schrittweise Verwirklichung der Gleichbehandlung von Männern und Frauen im Bereich der gesetzlichen Systeme der sozialen Sicherheit
- Richtlinie 86/378/EWG (jetzt Richtlinie 96/97/EWG) – Gleichbehandlung von Männern und Frauen bei den betrieblichen Systemen sozialer Sicherheit, „Betriebsrentenrichtlinie"
- Richtlinie 86/613/EWG – Gleichbehandlung von Männern und Frauen, die eine selbständige Erwerbstätigkeit – auch in der Landwirtschaft – ausüben, sowie über den Mutterschutz
- Richtlinie 97/80/EG über die Beweislast bei Diskriminierung aufgrund des Geschlechts
- Richtlinie 98/52/EG zur Ausdehnung der Richtlinie 97/80/EG zur Beweislast bei geschlechtsbedingter Diskriminierung auf das Vereinigte Königreich Großbritannien und Nordirland
- Richtlinie 2002/73/EG zur Änderung der Richtlinie 76/207/EWG – Gleichbehandlung von Männern und Frauen beim Zugang zur Beschäftigung, zur Berufsausbildung und zum beruflichen Aufstieg sowie in Bezug auf die Arbeitsbedingungen (Definition „unmittelbare" und „mittelbare Diskriminierung"; Aufnahme der Tatbestände „Belästigung" und „sexuelle Belästigung" sowie Definition der Tatbestände)

Richtlinien im Rahmen der europäischen Harmonisierung des Gesundheitsschutzes nach Art. 118 EWGV und Einheitliche Europäische Akte (Binnenmarkt) von 1987

- Richtlinie 92/85/EWG – über die Durchführung von Maßnahmen zur Verbesserung des Gesundheitsschutzes von schwangeren Arbeitnehmerinnen, Wöchnerinnen und stillenden Arbeitnehmerinnen am Arbeitsplatz

Richtlinien des Sozialen Dialogs nach Art. 138 und 139 EG des Vertrags von Amsterdam 1997

- Richtlinie 96/34/EG des Rates zu der von (den Sozialpartnern) UNICE, CEEP und EGB geschlossenen Rahmenvereinbarung über Elternurlaub
- Richtlinie 97/75/EG – Ausdehnung der Richtlinie 96/34/EG auf das Vereinigte Königreich Großbritannien und Nordirland
- Richtlinie 97/81/EG des Rates zu der von UNICE, CEEP und EGB geschlossenen Rahmenvereinbarung über Teilzeitarbeit
- Richtlinie 98/81/EG – Ausdehnung der Richtlinie 97/81/EG auf das Vereinigte Königreich Großbritannien und Nordirland
- Richtlinie 1999/70/EG des Rates zu der von UNICE, CEEP und EGB geschlossenen Rahmenvereinbarung über befristete Arbeitsverhältnisse

Empfehlungen des Rats der Europäischen Union

- Empfehlung 84/635/EWG zur Förderung positiver Maßnahmen für Frauen
- Empfehlung 92/241/EG zur Kinderbetreuung
- Empfehlung 96/694/EG über die ausgewogene Mitwirkung von Frauen und Männern an Entscheidungsprozessen

Recht und Regelsetzung nach Art. 2, 3 und 128 des Vertrags von Amsterdam 1997

- Art. 3 Absatz 2 EG – Förderung der Gleichstellung von Männern und Frauen als transversales Ziel der Gemeinschaft (Prinzip des „Gender Mainstreaming")

- Beschluss 2000/164/EG zur Durchführung der Beschäftigungspolitik der Mitgliedsstaaten und Notwendigkeit umfassender Mainstreaming-Strategien und Reglungen zur besseren Vereinbarkeit von Beruf und Familie
- Beschluss 2003/578/EG – Beschäftigungsleitlinien, u.a. Leitlinie zur „Gleichstellung der Geschlechter" (insb. Verringerung des geschlechtsspezifischen Lohngefälles) unter Anwendung eines durchgängigen Mainstreaming-Ansatzes

2. Allgemeines Antidiskriminierungsrecht
Richtlinien nach Art. 13 des Vertrags von Amsterdam 1997
- Richtlinie 2000/43/EG – Anwendung des Gleichheitsgrundsatzes ohne Unterschied der Rasse oder der ethnischen Herkunft (in Beschäftigung und Beruf und beim Zugang zu und bei der Versorgung mit Gütern und Dienstleistungen)
- Richtlinie 2000/78/EG – zur Festlegung eines allgemeinen Rahmens für die Verwirklichung der Gleichbehandlung in Beschäftigung und Beruf (ohne Unterschied der Religion/Weltanschauung, der Behinderung, des Alters, der sexuellen Identität)
- Richtlinie 2004/113/ EG – Gleichbehandlung von Männern und Frauen beim Zugang zu und bei der Versorgung mit Gütern und Dienstleistungen

Quellen: Rust (2005); http://ec.europa.eu.int/comm/employment_social/ equ_opp/index_de.html; http://www.bmj.bund.de.

Mit der Ausdehnung und Vertiefung der Gleichstellungspolitik der EU vervielfältigten sich auch die beteiligten Akteure und Institutionen. Neben den Experten sind nun auch zivilgesellschaftliche Gruppierungen im Spiel. Zum Primär- und Sekundärrecht (Verordnungen, Richtlinien, Entscheidungen) ist „weiches Recht" getreten: Verfahren des Benchmarking, Berichtens, der Gelegenheiten zum wechselseitigen Lernens, das den Mitgliedstaaten mehr Freiheit in der konkreten Umsetzung verbindlicher Ziele gibt (von Wahl 2005: 61) und damit insgesamt „compliance", die Befolgung von Vorgaben, in normativ aufgeladenen Gegenstandsbereichen der Politik erhöhen soll.

Die Gleichstellungspolitik der EU hat inzwischen den strikten Bezug zur Erwerbsarbeit ebenso hinter sich gelassen (Rust 2005: 144) wie ihre Konzentration auf geschlechterspezifische Ungleichheiten (Raasch 2004). So knüpfen die neuen Antidiskriminierungsrichtlinien (2000-2004) nun am geschlechtsneutraleren Art. 13 EGV an, der wie folgt lautet:

> „Unbeschadet der sonstigen Bestimmungen dieses Vertrags kann der Rat im Rahmen der durch den Vertrag auf die Gemeinschaft übertragenen Zuständigkeiten auf Vorschlag der Kommission und nach Anhörung des Europäische Parlaments einstimmig geeignete Vorkehrungen treffen, um Diskriminierungen aus Gründen des Geschlechts, der Rasse, der ethnischen Herkunft, der Religion oder der Weltanschauung, einer Behinderung, des Alters oder der sexuellen Ausrichtung zu bekämpfen".

Die Bestimmungen des Vertrags von Amsterdam 1997 ermöglichten die umfassendere Anwendung der Prinzipien der Gleichstellung von Männern und Frauen auch auf Bereiche außerhalb der Erwerbsarbeit. Die Gleichstellung bezieht sich nach Art. 3 Absatz 2 auf alle Unionsbürgerinnen und -bürger. Sie gilt als „transversales" Gemeinschaftsziel. Gleichstellungsmaßnahmen dienen dem Ziel, den Status von *Markt*bürgern ohne Ansehen ihrer Person zu verbessern. Im Vordergrund der EU-Gleichstellungspolitik stehen inzwischen allgemein die Förderung der gleichen Fähigkeit der Bürger, Verträge abschließen zu können, und die möglichst vollständige Beseitigung der Hindernisse für diese Vertragsfähigkeit. Zu den Hindernissen zählen u. U. auch Pflichten gegenüber der Familie, die die Erwerbsfähigkeit einschränken.

Für das Jahr 2007 hat die Europäische Kommission nun das „Europäische Jahr der Chancengleichheit“ ausgerufen. Ziel dieser Initiative ist es, Diskriminierungen wirksam zu bekämpfen, die Vielfalt als positiven Wert zu vermitteln und Chancengleichheit für alle zu fördern. Im Mittelpunkt sollen vier Themen stehen: „Rechte“: die Sensibilisierung für das Recht auf Gleichbehandlung und Nichtdiskriminierung; „gesellschaftliche Präsenz“: Stärkung der Teilhabe bisher benachteiligter Gruppen an der Gesellschaft; „Anerkennung“: die Vielfalt würdigen und berücksichtigen; „Respekt und Toleranz“: den gesellschaftlichen Zusammenhalt fördern. Man kann die Initiative angesichts der schleppenden und lückenhaften Umsetzung der Antidiskriminierungsvorgaben in nationales Recht und nationale Politik als cheap talk („heiße Luft“) und bloßen Aktionismus abtun. Sie verdeutlicht jedoch den Willen der Kommission, der fortschreitenden Heterogenität bzw. der Heterogenisierung der Europäischen Gemeinschaft und ihrem sich weiter öffnenden Wirtschaftsraum Rechnung zu tragen. Dahinter steht der Gedanke, so Raasch (2004: 411-2), dass sich ein gemeinsamer Markt nur verwirklichen lässt, wenn alle Marktteilnehmer ohne Ansehen ihrer Person, Herkunft, ihrer Weltanschauung, ihres Geschlechts oder Familienstands gleich behandelt werden. Der Diskriminierungsschutz hat damit seine enge Bindung an Fragen der Freizügigkeit von männlichen und weiblichen EU-Bürgern verlassen und eine völlig eigene Dynamik entwickelt. Symptomatisch dafür ist, dass er zunehmend in neue Bereiche des deutschen Zivilrechts eindringt, seine Beschränkung auf das Sozial- und Arbeitsrecht also hinter sich lässt. Europäische und in der Folge deutsche Gleichstellungspolitik werden in dem Maße, wie sie Diskriminierung auch als Angriff auf zivile Rechte interpretieren, auch „US-amerikanischer“.

Man muss nun davon auszugehen, dass Antidiskriminierungsgebote zukünftig die Gleichstellung von Männern und Frauen weiter voranbringen werden, nicht mehr umgekehrt wie noch in den 1990er Jahren die Geschlechterfrage die Diskriminierungsverbote. Das Bundesministerium für Familie, Senioren, Frauen und Jugend vollzieht ebenfalls diesen Perspektivwechsel, wenn es auf seiner Website das „Europäische Jahr der Chancengleichheit“ mit dem Hinweis ankündigt, das Jahr biete „auch die Chance, aus einer europäischen Perspektive heraus die Gleichstellung der Geschlechter in Deutschland neu in den Blickpunkt zu rücken“ (Newsletter vom 15.06.2006).

4 Ansätze zur Politik der Gleichstellung der Geschlechter in (West)Deutschland

Die Bundesrepublik kam erst 1980 mit dem „EG-Anpassungsgesetz“ dem seit Gründung der EWG bestehenden Gebot der Gleichbehandlung von Männern und Frauen in Entgeltfragen nach. Die Anpassung fiel sehr sparsam aus, vor allem wenn man berücksichtigt, dass zu diesem Zeitpunkt die supranationale Ebene bzw. der Europäische Gerichtshof (EuGH) bereits dazu übergegangen war, „Entgelt“ und es betreffende Gegenstandsbereiche sehr weit zu interpretieren und auch mittelbare Diskriminierung zu sanktionieren. Offen blieben auch nach Verabschiedung des Anpassungsgesetzes Fragen der Definition der nun gleich zu entlohnenden „gleichwertigen“ Tätigkeit, problematisch für Frauen mittelbar benachteiligende Klauseln in Tarifverträgen, ferner Zeitschwellen im Sozialversicherungsrecht, die über den Ein- bzw. Ausschluss in die Systeme sozialer Sicherheit entschieden (vgl. Hohmann-Dennhardt 1988; Pfarr/Bertelsmann 1989; Ostner/Lewis 1998).

Tabelle 2: Ansätze zu einer Gleichstellungspolitik in der Bundesrepublik

***Rechtsquellen*:**
Art. 3 Absatz 2 GG von 1949 und 1994
Art. 611 und 612 BGB – Gleicher Lohn für gleiche Arbeit
Art. 119 EWGV und entsprechende Richtlinien; Art. 141, 2, 3 und 13 EGV
1. Anpassung des Rechts an das Gleichbehandlungsgebot des Art. 3 GG
CDU Bundesregierung
1951 Beseitigung der Zölibatsklausel für Beamtinnen durch das neue Beamtengesetz
1952 Aufnahme des Gleichberechtigungspostulats ins Betriebsverfassungsgesetz
1953 Außerkraftsetzung des dem Gleichberechtigungsgebot entgegenstehenden Rechts
1958 Gleichberechtigungsgesetz – Abschaffung der Bestimmungsgewalt des Ehemannes im personenrechtlichen Bereich; Ersetzung der väterlichen durch die gemeinsame elterliche Gewalt
2. Anpassung des Rechts an Art. 119 EWGV, entsprechende Richtlinien und Empfehlungen
SPD-FPD Koalition
1973 Endgültige Streichung der „Frauenlohngruppen" aus den Tarifverträgen
1980 Arbeitsrechtliches EG-Anpassungsgesetz („Gleichbehandlungsgesetz") – Anpassung des Bürgerlichen Gesetzbuches (Art. 611 und 612 BGB) an Art. 119 EWGV von 1957 und die Richtlinien 75/117/EWG und 76/207/EWG – Verbot unmittelbarer und mittelbarer Diskriminierung im weit gefassten Entgeltbereich
CDU/CSU-FDP Koalition
1986 Entwurf der GRÜNEN für ein Bundesgesetz „zur Aufhebung der Benachteiligung von Frauen in allen gesellschaftlichen Bereichen"
1994 Beschäftigtenschutzgesetz (Schutz vor Belästigung und sexueller Belästigung)
3. Anpassung des Rechts an Art. 2, 3 und 13 EGV
Große Koalition
2006 AGG Allgemeines Gleichbehandlungsgesetz (Antidiskriminierungsgesetz gemäß EU-Recht)
4. ***Frauenförderung, Förderung der Gleichstellung und Quoten nach Empfehlung 84/635/EWG*** *(Auswahl)*
1980 Beschluss der Freien Universität Berlin (Förderung von Frauenforschung und Einstellung von Frauen)
1982 Erste kommunale Gleichstellungsstelle in Köln
1986 Berliner Hochschulgesetz (hauptamtliche Frauenbeauftragte, nebenamtliche an Fachbereichen)
1987 Grundsätze zur beruflichen Förderung von Frauen im Hessischen Landesdienst
2001 Vereinbarung zwischen der Bundesregierung und Spitzenverbänden der deutschen Wirtschaft zur Förderung der Chancengleichheit
2001 Gesetz zur Durchsetzung der Gleichstellung von Frauen und Männern in der Bundesverwaltung und in den Gerichten des Bundes

Quellen: Pfarr/Bertelsmann (1989); von Wahl (1999); Zippel (2006); sowie http://www.bmj.bund.de

Die verschiedenen Bundesregierungen begründeten die zögerliche und dann nur notdürftige Umsetzung der Gleichbehandlungsvorgaben der EU meist mit Verweis auf das Gleichbehandlungsgebot des Artikel 3 und die Tarifautonomie nach Artikel 9 Grundgesetz. Das

Bundesverfassungsgericht hatte diese Haltung mit seiner „Solange-Rechtsprechung" unterstützt. Schließlich genoss die Gleichbehandlung der Geschlechter in Deutschland Verfassungsrang, aber wegen des fehlenden Grundrechtskatalogs bzw. mangels Verfassung nicht in der EU. Der EuGH sollte im Fall von Überschneidungen mit dem deutschen Verfassungsrecht nur *solange* zuständig sein, wie er eine der deutschen vergleichbare Anwendung von Grundrechten in seiner Rechtsprechung erkennen ließ (vgl. Raasch 2004: 412). Bis heute behindert der Streit darüber, welche Ebene für die Behandlung eines Gleichstellungsproblems, soweit dieses national und supranational überhaupt als Problem für „wahr genommen" und anerkannt worden ist, zuständig sein soll, Fortschritte in der (nicht nur) deutschen Gleichstellungspolitik.

Tatsächlich hatte Artikel 3 GG die Diskriminierung der (westdeutschen) Frauen trotz zweifacher Aufforderung zur Anpassung der widersprechenden Gesetze in den Jahren 1953 und 1958 (Tab. 12.2) weder im Ehe- und Familienrecht noch im Arbeits- und Sozialrecht verhindert. Je nachdem ob man eine optimistische oder die pessimistische Perspektive einnimmt, war die Anpassung des deutschen Rechts an das Gleichbehandlungsgebot in den 1980er Jahren endlich vollzogen oder sie ist, pessimistisch betrachtet, bis heute lückenhaft geblieben. Jedenfalls wurden Frauen, tarifvertraglich gestützt, bis in die 1980er Jahre anders als Männer entlohnt – trotz langer Tradition des Gebots der Lohngleichheit im Bürgerlichen Gesetzbuch und in den Länderverfassungen. Erst seit 1980 verbietet § 612 Absatz 3 BGB dem Arbeitgeber ausdrücklich, wegen des Geschlechts oder wegen der darauf beruhenden Schutzvorschriften eine niedrigere Vergütung für gleiche oder für gleichwertige Arbeit zu vereinbaren. Man kann diese Konkretisierung wie zuvor die EU-Gleichbehandlungs-Richtlinien der 1970er Jahre auch als Einsicht in die Tatsache interpretieren, dass selbst Gebote von Verfassungsrang nicht ausreichten, um in Mitgliedstaaten, wie Deutschland, das Verbot der Diskriminierung in Beschäftigung und Beruf durchzusetzen. Auch deshalb hat die EU 2002 in der nun neu gefassten Richtlinie von 1976 (76/207/EWG) die Tatbestände „unmittelbare" und „mittelbare Diskriminierung" eindeutig definiert und zugleich „Belästigung" und „sexuelle Belästigung" als Diskriminierung in den Geltungsbereich der Richtlinie aufgenommen (Richtlinie 2002/73/EG, Art. 2).

Der heute erreichte Stand der Gleichstellung kam in Deutschland fast ausschließlich durch äußeren Druck zustande. Man kann auf Bundesebene fast von einer „Stillhaltevereinbarung" zwischen den einflussreichen Akteuren, der Exekutive, den Parteien und Verbänden in Sachen „Gleichstellungspolitik" sprechen. Raasch (2004: 397) verwendet diesen Begriff, um zu erklären, weshalb es bestenfalls zu Einzelinitiativen der Privatwirtschaft, aber zu keiner kohärenten Gleichstellungspolitik, z.B. zu keinem Gleichstellungsgesetz für die Privatwirtschaft, gekommen ist – der „Vereinbarung zwischen der Bundesregierung und den Spitzenverbänden der deutschen Wirtschaft zur Förderung der Chancengleichheit von Frauen und Männern in der Privatwirtschaft" von 2001 zum Trotz. Privatwirtschaftliche Initiativen beinhalten meist Maßnahmen zur besseren Vereinbarkeit von Beruf und Familie und sollen vor allem die qualifizierten Mitarbeiterinnen an den Betrieb binden. Es waren, wie im Fall des Diskriminierungstatbestands „Belästigung", auch immer wieder die Verbände, Arbeitgeber und Gewerkschaften, die der EU-Ebene die Zuständigkeit absprachen. Die jüngsten Antidiskriminierungsrichtlinien der EU, auf die das Allgemeine Gleichbehandlungsgesetz der Bundesregierung jetzt reagiert, werden nun auch die Privatwirtschaft stärker verpflichten, Gleichbehandlungsgebote zu beachten, und damit sicher deutsche Gerichte und den EuGH beschäftigen (Raasch 2004).

Es waren die Länder, die vor allem unter sozial-liberalen oder rot-grünen Regierungen die Förderung von Frauen und deren Gleichstellung vorantrieben (Färber 1994; Rudolph 1994; von Wahl 1999). Alle Länder und Kommunen etablierten Gleichstellungsstellen, viele entwickelten auf der Basis von statistischen Erhebungen Gleichstellungspläne. Diese Initiativen professionalisierten die Frauenpolitik und eröffneten den (häufig parteinahen) Aktivistinnen Berufsmöglichkeiten und Zugang zu relevanten Netzwerken (Sauer 1994: 22f.). Frauen- und Gleichstellungsbeauftragte blieben dabei in administrative Rahmenvorgaben eingebunden, hatten und haben wenig Kompetenzen, geringe Mitsprache- und Entscheidungsrechte, wenig Geld und kaum Sanktionsmittel bei Verstößen gegen Gleichstellungsgebote (Sauer 1994: 23). Immerhin stieg die öffentliche Aufmerksamkeit für Gleichbehandlungsfragen und sei es nur, weil Frauenförderung und Frauenbeauftragte Verwaltungsprozesse aufhalten konnten.

Die (autonome) Frauenbewegung stand den Gleichstellungsstellen lange Zeit kritisch gegenüber. Die kritische Haltung änderte sich in dem Maße, wie „Staatsknete“ (öffentliche Finanzierung) autonome feministische Projekte fördern half (von Wahl 1999: 321). Feministinnen hatten zunächst ihre Ziele staatlich-institutionell vereinnahmt und kanalisiert gesehen. In ihren Augen repräsentierten Gleichstellungsstellen „verstaatlichte Politik“, die der „Befriedung und Marginalisierung radikaler feministischer Forderungen“ diente (von Wahl 1999: 9). Tatsächlich hatten die Parteien – SPD wie CDU/CSU – Frauenpolitik und Frauenförderung in erster Linie als Möglichkeit entdeckt, die Stimmen der Wählerinnen zu gewinnen.

So hatte die sozial-liberale Regierung der Ära Schmidt (1974-1982), beeinflusst vom frauenpolitischen Expertentum der 1972 gegründeten Arbeitsgemeinschaft sozialdemokratischer Frauen (AsF), den Neuen Sozialen Bewegungen und der Aktivität von Europäischer Kommission und EuGH bereits eine explizit geschlechterpolitische Familienpolitik entwickelt, die als Familien*mitglieder*politik mit den erwerbstätigen Müttern und ihren Kinder auch Aspekte der Angleichung der Lebenslagen und -chancen in den Mittelpunkt der Aufmerksamkeit rückte. Die sich abzeichnende Vervielfältigung weiblicher Lebenswege zwischen Familie und Beruf öffnete den Blick von Wissenschaft und Politik für Leistungsmängel und Leistungsgrenzen der Familien, für Sozialisationsbedarfe und für Rollenkonflikte von Frauen. Auch Rita Süssmuth, Familienministerin der Bundesregierung unter Kanzler Kohl von 1985-1988, sah, dass immer mehr Frauen berufstätig wurden und versuchten, „durch ihre Interessengruppen politische Lösungen herbeizuführen und durchzusetzen“ (Süssmuth 1981: 405). Die Frauenpolitik Süssmuths war zwiespältig. Auf der einen Seite ordnete sie Frauenbelange den Interessen der Gesellschaft an Familie und Kindern unter, war also Politik für Kinder. Andererseits betonte nun mit Rita Süssmuth eine CDU-Politikerin, dass sich unter bestimmten Bedingungen „tagesbetreute“ Kinder nicht schlechter entwickelten als familienbetreute. Die berufliche Integration der Frauen sollte jedoch nicht, wie in der DDR, auf Kosten der Wahlfreiheit gehen. Einseitige Festlegungen sollten vermieden werden, die gleichzeitige Vereinbarkeit von Beruf und Familie, das Nacheinander und der Wechsel gleichermaßen wählbar sein – und zwar von beiden Geschlechtern sowie von Frauen und Männern aller Einkommensschichten (vgl. Ostner 2006).

Ferree (1995) und von Wahl (1999: 357ff.) teilen die Skepsis des deutschen Feminismus gegenüber der deutschen Gleichstellungspolitik. Man könne sie, so Wahl (1999), mit dem Auslöser für die Bismarcksche Sozialgesetzgebung vergleichen, der Mobilisierung der Arbeiter, der mit der „präventiven Etablierung des Sozialstaats“ begegnet wurde. Feministische „agency" habe bisher vor allem auf der Mesoebene der Länder und Kommunen – und auf der supranationalen Ebene der EU – durch Koalitionen ihre Machtressourcen vergrößern können. Noch wirke Gleichstellungspolitik in Deutschland eher kompensatorisch und den Status quo erhaltend. Das oben erwähnte deutsche Beschäftigtenschutzgesetz von 1994, das sexuelle Belästigung (recht schwach) sanktionierte, wäre in diesem Sinne nichts anderes als ein weiterer Versuch, „Gleichstellung" auf „kleiner Flamme" zu halten und in ihrem Veränderungspotential zu entschärfen (von Wahl 1999: 357ff.).

5 Die Verschränkung supranationaler und nationaler Gleichstellungspolitik

Am Feld der Gleichstellungspolitik lässt sich hervorragend studieren, wie durch transnationale Koalitionsbildung der Widerstand nationaler Regierungen, bestimmte Maßnahmen als legitim anzuerkennen, umgangen und gebrochen werden kann (ausführlich Zippel 2004; 2006). Die EU als eine sich noch im Werden befindende supranationale Organisation bot dabei besondere Gelegenheitsstrukturen für die Ausdehnung und Verdichtung von Gleichstellungspolitik, weil sie auf externe Expertise angewiesen war und noch ist, die Policy-Netzwerke bereitstellen können. Daher förderte die EU Netzwerke von Gleichstellungsaktivistinnen, wie z.B. die European Women's Lobby (EWL), und stattete sie mit beträchtlichen Ressourcen aus (Hoskyns 1996). Von sozialen Bewegungen unterscheiden sich transnationale Netzwerke wie die EWL durch die Heterogenität ihrer durchaus strategisch mit Blick auf das gemeinsame Ziel gewählten Zusammensetzung – wichtig ist vor allem die Kooptation der relevanten Politiker – und durch den konzentrierten Austausch von Informationen und Diensten (Keck/Sikkink 1998: 2). Die transnationalen Netzwerke haben nicht nur ideale Bedingungen für wechselseitiges Lernen geboten; sie haben in den EU-Institutionen auch Partner gefunden, die ebenso in der Lage wie gewillt sind, ihre Kompetenzen extensiv zu nutzen (Rittberger/Schimmelfennig 2005: 38). Dies gelang im Fall der Gleichstellung auch deshalb, weil es sich um „regulative" Politik handelt, die typischerweise keine kostenträchtigen Leistungen beinhaltet, sondern „rechtliche, verhaltensnormierende Regeln" definieren will (Knill 2005: 182). Diese Regeln können im Mitgliedsland durchaus Kosten verursachen, die jedoch vorab schwer zu kalkulieren und später schwer zuzurechnen sind. Wenig Kosten verursachen regulative Politiken der Gleichstellung wie das Gender Mainstreaming und das Verbot sexueller Belästigung. Dies mag, wie kurz gezeigt werden soll, ihre relativ reibungslose Institutionalisierung in Deutschland erklären.

5.1 Gender Mainstreaming

Gender Mainstreaming (GM) entstand als Strategievorschlag in der internationalen Frauenbewegung in den 1980er Jahren. Der Vorschlag wurde von den EU-Institutionen 1994 aufgegriffen und im Amsterdamer Vertrag 1997 überraschend schnell kodifiziert (vgl. Tab. 12.3). Er sollte im folgenden als Querschnittsansatz alle supranationalen und nationalen Politikprojekte durchziehen. Die EU hatte eine Expertengruppe eingesetzt, die GM als Prozess der Veränderung von Politikroutinen definierte (Verloo 2005: 350ff). Bei allen gesellschaftlichen Vorhaben sollten vorab die unterschiedlichen Lebenssituationen und

Interessen von Frauen und Männern berücksichtigt und auf ihre möglichen gleichheitsrelevanten Folgen hin bewertet werden (Stiegler 2002).

Tabelle 3: Entwicklung von Gender Mainstreaming

1985	Vorstellung der Strategie auf der 3. Weltfrauenkonferenz der Vereinten Nationen in Nairobi
1994	„Lenkungsausschuss für die Gleichberechtigung von Frauen und Männern" des Europarats – Einsetzung einer Expertengruppe für Gender Mainstreaming (Konzepterarbeitung und Bericht)
1996	Mitteilung der Europäischen Kommission zur Einbindung der Chancengleichheit in sämtliche politische Konzepte und Maßnahmen" (Gender-Mainstreaming) KOM (96) 67 final
1997	Maßnahmen des Gender Mainstreaming in Art. 3 Absatz 2 EGV (Vertrag von Amsterdam)
1998	Empfehlung (98) 14 des Rats der Europäischen Gemeinschaften zum Gender Mainstreaming
1998	Fortschrittsbericht der Kommission – Kom (1998) 122
1999	Verankerung des Ansatzes in den Beschäftigungspolitischen Leitlinien der EU
1999	Beschluss des rot-grünen Bundeskabinetts, die Gleichstellung von Frauen und Männern als durchgängiges Leitprinzip der Bundes anzuerkennen und diese Aufgabe mittels Strategie des Gender Mainstreaming zu fördern
2000	Bundesregierungsprogramm „Moderner Staat" nimmt Gender Mainstreaming als einen der Leitgedanken auf
2000	Novellierung der Gemeinsamen Geschäftsordnung (GGO) der Bundesministerien – Aufnahme von Gender Mainstreaming in § 2 GGO
2001	Selbstverpflichtung aller Bundesministerien auf Gender Mainstreaming

Quellen: http://gender-mainstreaming.net und Verloo (2005)

Die Bundesregierung hat eine beträchtliche Aktivität im Bereich des GM entwickelt, bedenkt man die generelle Zurückhaltung der deutschen Politik gegenüber dem Feld der Gleichstellung (Tab. 12.3). So haben alle Bundesministerien 2001 Pilotprojekte zur Durchsetzung von GM u.a. mit dem Ziel gestartet, übertragbare Vorgehensweisen für ein „routinemäßiges gendersensibles Verfahren für alle Arbeitsvorgänge der Verwaltung zu gewinnen". Langfristiges Ziel der eigens eingesetzten interministeriellen Arbeitsgruppe ist es, Kriterienkataloge und Checklisten, letztlich ein Handbuch des GM, zu erarbeiten, die GM verbindlich umzusetzen hilft. Der iterative Prozess der Gewinnung von Expertise wird wissenschaftlich begleitet. Mit diesen Schritten erfüllt die Bundesregierung wiederum die Vorgaben der EU-Expertengruppe. Inwieweit es sich bei den Aktivitäten um „Schaufensterpolitik" (window dressing) handelt, bleibt abzuwarten. Vom Verwaltungsaufwand abgesehen erzeugt dieser Teil der Gleichstellungspolitik kaum Kosten bei ihren Anwendern.

5.2 Sexuelle Belästigung

Der Tatbestand der sexuellen Belästigung ist der Modellfall für den oben skizzierten Erfolg transnationaler Netzwerke und ein Beispiel für die Reaktivität der deutschen Gleichstellungspolitik (zum folgenden Zippel 2004; 2006). Zwar war „Sexismus" ein Leitthema der Neuen Frauenbewegung, mit dem sie sich von der Studentenbewegung absetzte. Sie diskutierte es aber nicht in Kategorien der geschlechtsspezifischen Diskriminierung. Damit fehlte ihr der Anknüpfungspunkt an die EU-Politik. Denn britische, irische und dänische Gerichte hatten die Gleichbehandlungsrichtlinie von 1976 bereits erfolgreich auf sexistisches Verhalten angewendet. So verwundert es nicht, dass eine Frau, die gerade aus den USA zurückgekehrt war, den Begriff „sexuelle Belästigung" in einen Offenen Brief einbrachte, mit dem Frauen der Grünen Partei auf einen Übergriff 1983 reagierten.

Tabelle 4: Daten zum Politikprozess „Sexuelle Belästigung"

1983	Offener Brief von betroffenen Frauen der Grünen Partei gegen Sexismus und sexuelle Belästigung
1984	Empfehlung des Ministerrats an die Mitgliedstaaten, „die Würde von Frauen am Arbeitsplatz zu achten"
1986	Resolution des Europäischen Parlaments gegen Gewalt gegen Frauen
1986	Vorschlag der GRÜNEN für ein Gleichstellungsgesetz – Berücksichtigung des Tatbestands der sexuellen Belästigung
1987	Vom Ministerrat in Auftrag gegebene Studie zum Thema „Würde der Frau am Arbeitsplatz" von Rubinstein erscheint
1989	Erste internationale Konferenz zum Thema „sexuelle Belästigung" der von Französinnen gegründeten Europäischen Vereinigung gegen Gewalt gegen Frauen am Arbeitsplatz
1989	Gründung der European Women's Lobby – Förderung der Lobby durch die EU
1990	Resolution des Ministerrats zur „Würde von Frauen und Männern am Arbeitsplatz" (OJ C 157)
1990	Von Ex-Bundesfamilienministerin und Leiterin des Instituts „Frau und Gesellschaft", Hannover, Rita Süssmuth (CDU) angestoßene Studie von Holzbecher et al. erscheint
1991	Empfehlung der Europäischen Kommission zum „Schutz der Würde von Frauen und Männern am Arbeitsplatz" (92/131/EG)
1992	SPD-Gesetzesvorschlag für ein Gesetz gegen sexuelle Belästigung (BT-Drs. 12/2096)
1994	Deutsches Beschäftigtenschutzgesetz (Schutz vor sexueller Belästigung) unter Bundesfrauenministerin Merkel
1996	Richtlinie im Rahmen des Sozialen Dialogs scheitert am Widerstand des Europäischen Arbeitgeberverbandes
2002	Richtlinie 2002/73/EG zur Änderung der Richtlinie 76/207/EWG – Verbot von Belästigung (Mobbing) und sexueller Belästigung
2006	Bundestag verabschiedet Allgemeines Gleichbehandlungsgesetz zur Umsetzung u.a. von Richtlinie 2002/73/EG

Quelle: Zippel (2004; 2006)

Weibliche Abgeordnete des Europäischen Parlaments und Frauenorganisationen forderten zu Beginn der 1980er Jahre ein Engagement der EU-Ebene zum Schutz der Frauen vor sexueller Belästigung, nachdem sie in ihren Heimatländern erfolglos geblieben waren. Die 1989 gegründete European Women's Lobby setzte sexuelle Belästigung auf ihre Agenda, die von der EU in Auftrag gegebene Studie von Rubinstein (1987) informierte die Europäischen Institutionen und das sich formierende transnationalen Gleichbehandlungs-Netzwerk über den Sachstand. In ihren folgenden Empfehlungen orientierte sich die Kommission zum einen an den USA bzw. der amerikanischen Frauenbewegung, die in der Tradition der Zivilrechtsbewegung der 1960er Jahre „sexuelle Belästigung" als Diskriminierungstatbestand definiert hatten. Andererseits beschritt sie einen spezifisch europäischen Weg, indem sie sexuelle Übergriffe als Angriff auf die Würde einer jeden Person und als Verstoß gegen Fairness-Regeln interpretierte. Damit war es möglich geworden, sexuelle Belästigung unter den Anwendungsbereich der Richtlinie 76/207/EWG und in der Folge als legitimen Gegenstand europäischer Regulierung zu fassen und diese Legitimität den Mitgliedsländern gegenüber mit der im alten Europa vertrauten Rechtsfigur des Schutzes vor Verletzung der Würde und als Gebot der Fairness zu begründen. Das deutsche Beschäftigtenschutzgesetz folgte allein dieser Logik. Dennoch kam aufgrund des Widerstands des Europäischen Verbandes der Arbeitgeber (UNICE) keine Rahmenrichtlinie zustande. Dass letztlich gegen den Widerstand der meisten Mitgliedsländer doch eine verbindliche Richtlinie (2002/73/EG) vom Ministerrat angenommen wurde, die nun weiterreichende Durchsetzungsmöglichkeiten und Sanktionen vorsieht, beschreibt Zippel als Ergebnis fortgesetzter Spielzüge, in der der Wechsel der Spieler/innen auf der EU-Ebene eine große Rolle spielte. So löste Anna Diamantopoulou, früher selbst einmal Opfer eines sexuellen Übergriffs, 1999 Patrick Flinn als Kommissar der zuständigen Generaldirektion (GD) „Sozial- und Beschäftigungspolitik" ab und berief die Vorsitzende der European Women's Lobby, Barbara Helfferich, in ihr Kabinett. Die Lobby hatte seit langem zusammen mit verschiedenen Frauengruppen die Erweiterung der Richtlinie 76/207/EWG gefordert. Die extensive Koalitionsbildung der Frauenlobby mit aufgeschlossenen Teilen von ETUC (European Trade Union Confederation) und den Regierungen der Mitgliedsländer, die bereits Gesetze gegen sexuelle Belästigung hatten, brachte den Durchbruch und die Revision der Richtlinie auf den Weg.

6 Zusammenfassung und Ausblick

Gleichstellungspolitik in Deutschland ist immer wieder von außen, insbesondere von der EU und von transnationalen Gleichstellungsadvokatinnen, die die Offenheit der supranationalen Organisation zu nutzen gewusst haben, angestoßen worden. In einer Art Pingpong-Spiel (Zippel), man könnte auch von „iterativen Schleifen" sprechen, hat sich, wie an der beeindruckenden Zahl immer umfassenderer Antidiskriminierungsrichtlinien sichtbar, ein supranationales EU-Gleichstellungsregime ausgebildet, auf das Deutschland seinerseits durch eine sich vertiefende Gleichstellungspolitik antworten musste. In der Dauer dieses Spiels liegt bisher die Erfolgsgeschichte der EU-Gleichstellungspolitik in Deutschland.

In dem Maße, wie die EU Tatbestände und potentiell Betroffene von Diskriminierung weiter fasste, sind diese geschlechts*un*spezifischer geworden. Damit nähert sich Gleichstellungspolitik der Politik der vollen Verwirklichung der Bürgerrechte an, wie sie Th. H. Marshall bestimmt hat. Frauen riskieren allerdings, nun in ihren besonderen Belangen weniger gesehen zu werden. Denn Elternschaft trifft Frauen auch weiterhin anders und mehr als Männer. Vertrat die EU noch in den 1990er Jahren den Standpunkt, die Benachteiligung von Frauen am Arbeitsmarkt ließe sich am besten durch die Gleichverteilung von bezahlter und unbezahlter Arbeit zwischen den Geschlechtern lösen, so propagiert sie inzwischen unter dem Stichwort „Vereinbarkeit" Maßnahmen, die Eltern von der Betreuung ihrer Kinder weitgehend entlasten sollen (Stratigaku 2004). Im Mittelpunkt stehen nun geschlechtsneutral die gleiche Beschäftigungsfähigkeit der Geschlechter und deren möglichst kontinuierliche Erwerbstätigkeit. Die rot-grüne und aktuell die CDU-SPD Regierung haben diesen Politikwechsel der EU überraschend schnell nachvollzogen, wie der jüngste Paradigmenwechsel in der Familienpolitik zeigt (Ostner 2006). Deutsche Gleichstellungspolitik ist dadurch etwas „schwedischer" geworden. Kann dies überraschen, wenn man bedenkt, dass

Schweden durch seinen EU-Kommissar in den letzten Jahren die Beschäftigungspolitik mitgeprägt hat?

7 Literatur

Baer, Susanne, 1995: Würde oder Gleichheit? Baden-Baden.

Baer, Susanne, 2002: Gender Mainstreaming als Operationalisierung des Rechts auf Gleichheit, in: Silke Bothfeld/Sigrid Gronbach/Barbara Riedmüller (Hrsg.): Gender Mainstreaming – eine Innovation in der Gleichstellungspolitik, Frankfurt a. M., 41-42.

Behning, Ute/Sauer, Birgit (Hrsg.), 2005: Was bewirkt Gender Mainstreaming? Evaluierung durch Policy-Analysen. Frankfurt a. M.

Biester, Elke/Holland-Cunz, Barbara/Maleck-Lewy, Eva/Ruf, Anja/Sauer, Birgit (Hrsg), 1994: Gleichstellungspolitik – Totem und Tabus. Eine feministische Revision. Frankfurt a. M.

Bothfeld, Silke/Gronbach, Sigrid/Riedmüller, Barbara (Hrsg.), 2002: Gender Mainstreaming – eine Innovation in der Gleichstellungspolitik. Frankfurt a. M.

Bothfeld, Silke, 2005: Vom Erziehungsurlaub zur Elternzeit. Politisches Lernen im Reformprozess. Frankfurt a. M.

BMFSFJ (Bundesministerium für Familie, Senioren, Frauen und Jugend), 2005: Datenreport zur Gleichstellung von Frauen und Männern in der Bundesrepublik Deutschland. PDF-Datei: http://www.bmfsfj.de/Politikbereiche/Gleichstellung.

Färber, Christine, 1994: Gleichstellungspolitik in der Hochschule. Zwischen gesetzlichen Regelungen, Institutionen und dem Anspruch auf Veränderung, in: Elke Biester/Barbara Holland-Cunz/ Eva Maleck-Lewy/Anja Ruf/Birgit Sauer (Hrsg.): Gleichstellungspolitik – Totem und Tabus. Eine feministische Revision. Frankfurt a. M., 114-121.

Ferree, Myra Marx, 1995: Making Equality: The Woman's Affairs Offices in the Federal Republic of Germany, in: Dorothy McBride Stetson/Amy Mazur (Hrsg.): Comparative State Feminism. Thousand Oaks, 95-113.

Hohmann-Dennhardt, Christine, 1988: Gleichberechtigung via Rechtsnorm? Zur Frage des Antidiskriminierungsgesetzes in der Bundesrepublik, in: Uta Gerhardt/Yvonne Schütze (Hrsg.): Frauensituation. Veränderungen in den letzten zwanzig Jahren. Frankfurt a. M., 166-188.

Holzbecher, Monika/Braszeit, Anne/Müller, Ursula/Plogstedt, Sibylle, 1990: Sexuelle Belästigung am Arbeitsplatz. Stuttgart.

Holzinger, Katharina/Knill, Christoph/Peters, Dirk/Rittberger, Berthold/Schimmelfennig, Frank/Wagner, Wolfgang, 2005: Die Europäische Union. Theorien und Analysekonzepte. Paderborn.

Hoskyns, Catherine, 1996: Integrating Gender. Women, Law and Politics in the European Union. London.

Keck, Margret/Sikkink, Kathryn, 1998: Activists beyond Borders: Advocacy Networks in International Politics. Ithaca.

Klenner, Christina, 2002: Geschlechtergleichheit in Deutschland? in: Aus Politik und Zeitgeschichte B 33-34: 17-28.

Knill, Christoph, 2005: Die Politiken der EU, in: Katharina Holzinger/Christoph Knill/Dirk Peters/Berthold Rittberger/Frank Schimmelfennig/Wolfgang Wagner: Die Europäische Union. Theorien und Analysekonzepte. Paderborn, 181-214.

Kodre, Petra/Müller, Henrike, 2003: Shifting Policy Frames: EU Equal Treatment Norms and Domestic Discourses in Germany, in: Ulrike Liebert (Hrsg.). Gendering Europeanisation. Frankfurt a.M./ New York, 83-116.

Kommission der Europäischen Gemeinschaften, 2000: Für eine Rahmenstrategie der Gemeinschaft zur Förderung der Gleichstellung von Frauen und Männern (2001-2005), KOM (2000), 2000/0143 (CNS).

Liebert, Ulrike (Hrsg.), 2003: Gendering Europeanisation. Frankfurt a.M./New York.

Limbach, Jutta/Eckertz-Höfer, Marion (Hrsg.), 1993: Frauenrechte im Grundgesetz des geeinten Deutschlands. Baden-Baden.

Marshall, Thomas H., 1992: Staatsbürgerrechte und soziale Klassen, in: Thomas H. Marshall: Bürgerrechte und soziale Klassen. Zur Soziologie des Wohlfahrtsstaates. (Herausgegeben, übersetzt und mit einem Vorwort versehen von Elmar Rieger). Frankfurt a. M., 33-94 (Englisch zuerst 1950).

McBride Stetson, Dorothy/Mazur, Amy (Hrsg.), 1995: Comparative State Feminism. Thousand Oaks.

Ostner, Ilona/Jane Lewis, 1998: Geschlechterpolitik zwischen europäischer und nationalstaatlicher Regelung, in: Stephan Leibfried/Paul Pierson (Hrsg.): Standort Europa. Sozialpolitik zwischen Nationalstaat und europäischer Integration. Frankfurt a.M., 196-239.

Ostner, Ilona, 2000: From Equal Pay to Equal Employability: Four Decades of European Gender Policies, in: Mariagrazia Rossilli (Hrsg.): Gender Policies in the European Union. Frankfurt a.M./New York, 25-42.

Ostner, Ilona, 2006: Paradigmenwechsel in der (westdeutschen) Familienpolitik, in: Peter A. Berger/ Kahlert, Heike (Hrsg.): Der demographische Wandel. Chancen für die Neuordnung der Geschlechterverhältnisse. Frankfurt a. M. (im Erscheinen).

Pfarr, Heide M./Bertelsmann, Klaus, 1989: Diskriminierung im Erwerbsleben. Baden-Baden.

Plogstedt, Sibylle/Bode, Kathleen, 1984: Übergriffe. Sexuelle Belästigung in Büros und Betrieben. Eine Dokumentation der Grünen Frauen im Bundestag. Reinbek.

Raasch, Sibylle, 2004: Vom Verbot der Geschlechtsdiskriminierung zum Schutz von Diversity. Umsetzung der neuen EU-Antidiskriminierungsrichtlinien in Deutschland, in: Kritische Justiz 37: 394-412.

Rittberger, Berthold/Schimmelfennig, Frank, 2005: Integrationstheorien: Entstehung und Entwicklung der EU, in: Katharina Holzinger/Christoph Knill/Dirk Peters/Berthold Rittberger/Frank Schimmelfennig/Wolfgang Wagner: Die Europäische Union. Theorien und Analysekonzepte. Paderborn, 19-80.

Rubinstein, Michael, 1987: The Dignity of Women at Work: A Report on the Problem of Sexual Harassment in the Member States of the European Communities. Luxembourg.

Rudolph, Clarissa, 1994: Die Institutionalisierung von Frauenpolitik im Parteienstaat, in: Elke Biester/Barbara Holland-Cunz/Eva Maleck-Lewy/Anja Ruf/Birgit Sauer (Hrsg): Gleichstellungspolitik – Totem und Tabus. Eine feministische Revision. Frankfurt a. M., 62-81.

Rust, Ursula, 2005: Gleichstellung von Mann und Frau, in: Christoph Linzbach/Uwe Lübking/ Stephanie Scholz/Bernd Schulte (Hrsg.): Die Zukunft der sozialen Dienste vor der Europäischen Herausforderung. Baden-Baden, 133-151.

Sauer, Birgit, 1994: Totem und Tabus. Zur Neubestimmung von Gleichstellungspolitik. Eine Einführung, in: Elke Biester/Barbara Holland-Cunz/Eva Maleck-Lewy/Anja Ruf/Birgit Sauer (Hrsg): Gleichstellungspolitik – Totem und Tabus. Eine feministische Revision. Frankfurt a. M., 7-35.

Stiegler, Barbara, 2002: Wie Gender in den Mainstream kommt, in: Silke Bothfeld/Sigrid Gronbach/ Barbara Riedmüller (Hrsg.): Gender Mainstreaming – eine Innovation in der Gleichstellungspolitik. Frankfurt a. M., 19-40.

Stone Sweet, Alec, 2000: Governing with Judges. Constitutional Politics in Europe. Oxford.

Stratigaki, Maria, 2004: The Cooptation of Gender Concepts in EU Policies: The Case of Reconciliation of Work and Family, in: Social Politics 11: 30-56.

Süssmuth, Rita, 1981: Neue Akzente im Dritten Familienbericht, in: Joachim Matthes (Hrsg.): Lebenswelt und soziale Probleme. Verhandlungen des 20. Deutschen Soziologentages zu Bremen. Frankfurt a. M., 405-407.

Verloo, Mieke, 2005: Displacement and Empowerment: Reflections on the Conzept and Practice of the Council of Europe Approach to Gender Mainstreaming and Gender Equality, in: Social Politics 12: 344-365.

Wahl, Angelika von, 1999: Gleichstellungsregime. Berufliche Gleichstellung von Frauen in den USA und in der Bundesrepublik Deutschland. Opladen.

Wahl, Angelika von, 2005: Liberal, Conservative, Social Democratic, or ... European? The European Union as Equal Employment Regime, in: Social Politics 12: 67-95.

Walby, Sylvia, 2004: The European Union and Gender Equality: Emergent Varieties of Gender Regime, in: Social Politics 11: 4-29.

Zippel, Kathrin, 2004: Transnational Advocacy Networks and Policy Cycles in the European Union: The Case of Sexual Harrassment, in: Social Politics 11: 57-85.

Zippel, Kathrin, 2006: The Politics of Sexual Harassment. A Comparative Study of the United States, the European Union, and Germany. Cambridge.

3. Staatliche Regulierung von Wirtschaft, Infrastruktur und Umwelt

13. Vom Wirtschaftswunder zum kranken Mann Europas? Wirtschaftspolitik seit 1945

Reimut Zohlnhöfer

1 Einleitung

Die wirtschaftliche Entwicklung der Bundesrepublik Deutschland ist im Laufe der letzten 60 Jahre unter den verschiedensten Schlagworten diskutiert worden. Dominierte in den 1950er und frühen 1960er Jahren angesichts exzeptionell hoher Wachstumsraten, insgesamt niedriger Inflation und abnehmender Arbeitslosigkeit, die schließlich in Voll-, ja in Überbeschäftigung mündete, die Rede vom „Wirtschaftswunder" im Zeichen der Sozialen Marktwirtschaft, stellte die Bundesregierung ab 1967 auf keynesianische „Globalsteuerung" um und pries vor dem Hintergrund einer vergleichsweise erfolgreichen Bewältigung der 1. Ölkrise im Wahlkampf 1976 das „Modell Deutschland". In den 1990er Jahren allerdings hatte dieses Modell seinen Glanz verloren: persistente Massenarbeitslosigkeit, notorische Haushaltsdefizite und scheinbar unreformierbare Sozialversicherungssysteme, die die wirtschaftliche Entwicklung behindern, bestimmten die Wahrnehmung, ja, das Wirtschaftsblatt „Economist" sprach am 5. Juni 1999 von Deutschland als dem „sick man of the Euro".

Dies ist politisch von größter Bedeutung, ist die politische Steuerung der Wirtschaft doch ein Kernbereich der politischen Auseinandersetzung. Er definiert geradezu die Differenz von linken und rechten, bürgerlichen und sozialdemokratischen Parteien, die jeweils den Anspruch erheben, die wirtschaftspolitischen Probleme lösen zu können. Diese Annahme ist allerdings heroisch, hängen wirtschaftliche Ergebnisse wie die Höhe von Inflationsrate oder Arbeitslosenquote doch von weit mehr ab als der Politik der Bundesregierung. Daher fokussiert der folgende Beitrag auch nicht auf die Erklärung gesamtwirtschaftlicher Performanz, sondern auf die Willensbildung und Entscheidungsfindung in der deutschen Wirtschaftspolitik.

Angesichts der Bedeutung, die die Wirtschaftspolitik für die politische Auseinandersetzung besitzt, liegt es nahe, auf die Effekte der parteipolitischen Zusammensetzung der Regierung zu fokussieren. Allerdings kann die Parteiendifferenzhypothese allein weder theoretisch noch empirisch die Entwicklung der Staatstätigkeit erklären. Ergänzend muss (zumindest) auf institutionalistische Ansätze, die Bedeutung des Wettbewerbs um Wählerstimmen sowie inter- und supranationale Einflüsse auf die Staatstätigkeit zurückgegriffen werden (Zohlnhöfer 2003a, 2005).

Der institutionelle Rahmen, innerhalb dessen in der Bundesrepublik Wirtschaftspolitik gemacht wird, ist vielschichtig. Als „koordinierte Marktwirtschaft" (Hall/Soskice 2001) sind insbesondere die Arbeits- und Kapitalmärkte hoch organisiert (Streeck 1999). Der angelsächsische Kapitalismus etwa kennt weder die weit verbreitete Zusammenarbeit zwischen Unternehmen, die bis in die jüngste Vergangenheit hinein häufig durch wechselseitige Beteiligungen stabilisiert wurde, noch die traditionelle Rolle der Banken als „geduldige Kapitalgeber". Der „delegierende Staat", der auf Politiksetzung durch Verbände vertraut, spielt in der Wirtschaftspolitik ebenfalls eine bedeutende Rolle. Die grundgesetzlich fixierte Tarifautonomie etwa verbannt den Staat in der Lohn- und Tarifpolitik in eine Außenseiterrolle. Die Geldpolitik war darüber hinaus der unabhängigen Bundesbank überantwortet (Sturm 1990), ehe 1999 die ebenso unabhängige Europäische Zentralbank an ihre Stelle trat. Hinzu kommt, dass die Bundesregierung nur über einen Teil des öffentlichen Gesamthaushalts verfügen kann, weil Länder und Gemeinden erhebliche Teile der öffentlichen Ausgaben (und den weit überwiegenden Teil der öffentlichen Investitionen) vornehmen. Ähnliches gilt für das Steuersystem mit dem Steuerverbund von Bund und Ländern. Schließlich schränkt der wachsende Einfluss der Europäischen Integration die Wahlmöglichkeiten weiter ein.

Die Wirtschaftspolitik der Bundesrepublik wird in den folgenden Abschnitten chronologisch analysiert, wobei sich die Periodisierung im Wesentlichen an den Regierungswechseln orientiert. Entsprechend geht es, nachdem zunächst auf die wirtschaftspolitischen Weichenstellungen vor der Gründung der Bundesrepublik eingegangen wird, im dritten Kapitel um die Wirtschaftspolitik der CDU/CSU-dominierten Regierungen bis 1966. Die Phase der Großen Koalition wird mit den ersten Jahren des sozial-liberalen Bündnisses gemeinsam analysiert, handelt es sich hier doch um die einzige Periode, in der ernsthaft versucht wurde, keynesianisch orientierte Stabilitätspolitik zu betreiben (Allen 1989: 263). Spätestens mit der Kanzlerschaft Helmut Schmidts trat dann die pragmatische Bekämpfung der Ölkrisen ins Zentrum, die in einem eigenen Abschnitt zu untersuchen ist. Auch die zweite christlich-liberale Regierungsperiode muss in verschiedene Phasen unterteilt werden, stellte doch die Wiedervereinigung die Bundesrepublik vor Probleme unbekannten Ausmaßes. Neben einer Analyse der Wirtschaftspolitik vor und nach der Wiedervereinigung soll dabei auch ein Blick auf die wirtschaftspolitischen Aspekte der Herstellung der Einheit selbst geworfen werden. Bevor abschließend einige Schlussfolgerungen gezogen werden, wird im letzten empirischen Abschnitt noch eine wirtschaftspolitische Bilanz der rot-grünen Koalition gezogen.

2 Grundsatzentscheidung zur Liberalisierung in der Bizone

Die wirtschaftliche Ausgangssituation in Deutschland nach dem 2. Weltkrieg war katastrophal: Millionen Menschen waren kriegsbedingt ums Leben gekommen und Sachkapital in großem Umfang vernichtet worden, wenngleich durch Flüchtlinge und Vertriebene ein großes, vergleichsweise gut ausgebildetes Arbeitskräftereservoir zur Verfügung stand und Deutschland trotz der Kriegszerstörungen in erheblichem Umfang über freie Kapazitätsreserven verfügte. Diese ließen sich aber zunächst kaum nutzen, weil das Transportwesen weitgehend still stand und die Einfuhr wichtiger Rohstoffe, etwa Eisenerz, durch die Alliierten beschränkt war. Zudem drohte die Demontage vieler Industrieanlagen. Die Gesamtproduktion in den einzelnen Besatzungszonen lag daher im Herbst 1945 bei einem Bruchteil des Wertes von 1936 (Abelshauser 2004: 67-74).

Die ersten Nachkriegsjahre waren durch ein umfassendes Lenkungssystem gekennzeichnet, das im Wesentlichen aus der Kriegswirtschaft übernommen worden war. Bewirtschaftung und Preisbindung dominierten. Daran änderte sich zunächst auch im Juli 1947 nichts, als es im Wirtschaftsrat zum Bruch zwischen SPD und Union kam und letztere, unterstützt von FDP und DP, die Verantwortung für die zukünftige Wirtschaftspolitik übernahm. Der neue Wirtschaftsdirektor der Bizone, Semler, ging davon aus, dass eine Bewirtschaftung noch lange Zeit erforderlich sein würde (zit. Ambrosius 1977: 119), und die SPD verstand sich als „konstruktive Opposition“, die grundsätzlich zur Mitarbeit bei der Politikgestaltung bereit war.

Eine tatsächliche Veränderung der bizonalen Wirtschaftspolitik in die Richtung einer liberal-marktwirtschaftlichen Ordnung folgte erst auf die Wahl des parteilosen und von der FDP durchgesetzten Ludwig Erhard zum Wirtschaftsdirektor am 2. März 1948. Die Schlüsselentscheidung der frühen Erhardschen Wirtschaftspolitik war das Leitsätzegesetz vom 18. Juni 1948. Es sah eine Ermächtigung des Wirtschaftsdirektors vor, „die Warengattungen, Güter und Leistungen im einzelnen zu bestimmen, die von den Preisvorschriften auf Zeit oder Dauer freigestellt werden sollen“. Auch die Bewirtschaftung konnte vom Wirtschaftsdirektor aufgehoben werden. Ausnahmen waren Hauptnahrungsmittel, industrielle Grundstoffe, Kleider, Schuhe, Wohnungen, Verkehrsmittel, Gas und Strom (Hentschel 1996: 71). Dennoch waren die Vollmachten des Wirtschaftsdirektors weit reichend. Nur zwei Tage später, am 20. Juni 1948, dem Tag der Währungsreform,[1] nutzte Erhard seine Befugnisse, um in vielen Bereichen, insbesondere der Konsumgüterindustrie, Bewirtschaftung und Preisbindung aufzuheben.

Massive Preissteigerungen bei zunächst weiter geltendem Lohnstopp sowie steigende Arbeitslosigkeit lösten trotz des schlagartig zunehmenden Warenangebots erhebliche Opposition gegen diese Politik aus, die sich bis zu einem Generalstreik im November 1948 steigerte. Dessen ungeachtet hielten Erhard und die ihn stützende bürgerliche Mehrheit im Wirtschaftsrat an der eingeschlagenen Liberalisierungspolitik fest. Dies fiel ihr leichter, als sich ab Anfang 1949 die wirtschaftliche Lage stabilisierte, sich die Versorgungslage verbesserte, die Preise nicht weiter stiegen oder sogar zu sinken begannen und auch die Arbeitslosigkeit abnahm.

Die frühe Absage an Bewirtschaftung und Preisbindung ist erklärungsbedürftig, wich sie doch vom in anderen europäischen Ländern verfolgten Politikmuster ab (Abelshauser 2004: 94). Wie kam es zur abweichenden deutschen Politik? Ein nicht zu unterschätzender Faktor waren sicherlich die besonderen Umstände eines unter Besatzungsregierung stehenden Landes, dessen politische Strukturen noch keineswegs konsolidiert waren. Das verweist auf die bedeutende Rolle der Besatzungsmächte, insbesondere der USA, für die Durchsetzung der Liberalisierungspolitik. Gegen ihren Willen wäre die Wirtschaftspolitik der späten 1940er Jahre sicherlich nicht durchzusetzen gewesen, und sie gaben mit der Währungsreform zentrale Parameter vor. Andererseits ist Eschenburg (1983: 440) Recht zu geben, dass die Amerikaner ohne deutsche Initiative und Aktivität den Liberalisierungskurs auch nicht hätten durchsetzen können.[2]

Dies verweist auf die Bedeutung innenpolitischer, und das heißt nicht zuletzt parteipolitischer Bestimmungsfaktoren für die durchgesetzte Politik. Allerdings ist auch dieses Argument mit Vorsicht zu genießen. Eine eigentliche wirtschaftspolitische Programmatik der CDU/CSU gab es im Frühjahr 1948 nämlich noch kaum. Ein CDU-Wirtschaftspolitiker jener Tage, Franz Etzel, meinte etwa: „Wir haben [...] ja gar keine Wirtschaftspolitik der

[1] Die wesentlichen Elemente der Währungsreform bestanden in Folgendem: Jeder Bürger konnte im Verhältnis 1:1 60 Reichsmark in D-Mark umtauschen; Spar- und Bankguthaben wurden auf einen Bruchteil ihres Reichsmarknennwertes umgestellt, Verbindlichkeiten auf 10%. Löhne und Gehälter, Renten und Mieten wurden 1:1 umgestellt (Abelshauser 2004: 125).

[2] Auch die Marshallplan-Hilfen könnten in diesem Zusammenhang genannt werden. Allerdings scheinen sie eher politisch als wirtschaftlich bedeutsam gewesen zu sein (vgl. Abelshauser 2004: 135f.).

CDU, sondern die Wirtschaftspolitik von Prof. Erhard gemacht, und von der CDU her haben wir sie sanktioniert" (Ambrosius 1977: 193). Die Bedeutung der Person Ludwig Erhards wird etwa daran deutlich, dass das Leitsätzegesetz fast vollständig von ihm und seinem (sozialdemokratischen) Mitarbeiter Leonhard Miksch ausgearbeitet wurde (Ambrosius 1977: 173).

Angesichts der unklaren Programmlage der Union, die sich im Februar 1947 mit dem Ahlener Programm sogar ein betont christlich-sozialistisches Programm gegeben hatte, sind die Faktoren herauszustellen, die zur parlamentarischen Akzeptanz der Liberalisierungspolitik beigetragen haben. In der Literatur wird hier auf vier Faktoren verwiesen (Ambrosius 1977; Eschenburg 1983): erstens das Unbehagen an der schlechten Wirtschaftslage und die unübersehbaren Mängel des Bewirtschaftungssystems, zweitens das Selbstverständnis der Union, in der wirtschaftspolitischen Auseinandersetzung Gegenspieler der sozialistischen Position zu sein in Verbindung mit dem Mangel an eigenen wirtschaftspolitischen Konzepten, drittens die persönliche Überzeugungskraft Erhards sowie viertens der Parteienwettbewerb. Nachdem die Union über die Frage der Wirtschaftspolitik die SPD aus der Regierung gedrängt hatte, war insbesondere Adenauer davon überzeugt, dass das Schicksal der Partei am Erfolg der Wirtschaftspolitik hänge: „Wenn wir in Frankfurt versagen und wenn es uns nicht gelingt, etwas Positives herauszuholen, dann werden wir bei der nächsten Wahl die Quittung dafür bekommen" (zit. Ambrosius 1977: 95). Dies galt umso mehr, als die Sozialdemokraten Erhards Wirtschaftspolitik scharf ablehnten (wenngleich ihre Ländervertreter dem Leitsätzegesetz im Länderrat zugestimmt hatten) und eine zum damaligen Zeitpunkt glaubwürdige Alternative anboten, indem sie für „eine systematische Planung und ebenso systematische Lenkung aller notwendigen Bedarfsgüter in Deutschland" eintraten (zit. Eschenburg 1983: 432). In dieser parteipolitischen Konfrontation und in Erwartung bevorstehender Wahlen zum ersten Bundestag stellten auch die Mitglieder des linken Unionsflügels ihre Bedenken gegen Erhards Politik zurück, was ihnen durch die Stabilisierung der wirtschaftlichen Lage ab 1949 allerdings leichter fiel (Ambrosius 1977: 184ff.).

3 Liberale Wirtschaftspolitik und wachsender Staat: 1949-1966

Nachdem die bürgerliche Koalition die erste Bundestagswahl 1949 knapp gewonnen hatte, erhielt Erhard die Möglichkeit, seine liberale Wirtschaftspolitik weiter zu verfolgen. Dies schlug sich erstens in der weitgehenden Absage an die von den sozialistischen Parteien geforderten Sozialisierungen, insbesondere der Grundstoffindustrien und der Banken, nieder. Vielmehr blieb die Eigentumsstruktur weitgehend unangetastet. Auch die gewerkschaftlichen Forderungen nach Wirtschaftsdemokratie wurden nur in mäßigem Umfang erfüllt. In der Montanindustrie wurde 1951 zwar die paritätische Mitbestimmung eingeführt, doch für die übrigen Sektoren brachte das Betriebsverfassungsgesetz von 1952 keine vergleichbaren Regelungen (Schmidt 1992: 129-132). Ab der dritten Legislaturperiode (1957-61) betrieb Erhard eine seinen wirtschaftspolitischen Überzeugungen wesentlich besser entsprechende Eigentumspolitik: die Privatisierung. Mit der „Volksaktie" sollte „Eigentum für alle" gerade für kleine und mittlere Einkommen ermöglicht werden. Ziel war neben einer haushaltspolitisch günstigen Kapitalerhöhung bei den betroffenen Staatsbetrieben und einer Belebung des Kapitalmarktes auch, in breiteren Schichten das Interesse am Gedeihen der Marktwirtschaft zu wecken (Schwarz 1983: 158f.). Um den Aktienbesitz zu popularisieren, wurde eine kleine Stückelung der Aktien vorgenommen, das Ersterwerbsrecht auf Bezieher niedriger Einkommen beschränkt, das Stimmrecht eingeschränkt, damit dem Staat der bestimmende Einfluss auf die Geschäftspolitik bewahrt blieb, sowie der Ausgabekurs künstlich niedrig gehalten, damit es mit hoher Wahrscheinlichkeit zu Kurssteigerungen kommen würde. Auf diese Weise wurde 1959 PREUSSAG privatisiert, 1961 folgte eine Teilprivatisierung von VW, der sich 1965 die Teilprivatisierung der VEBA anschloss.

Zweitens schlug sich die Fortsetzung einer Politik der „Sozialen Marktwirtschaft" darin nieder, dass weitere Sektoren liberalisiert wurden. Soweit Preise 1948 noch nicht freigegeben worden waren, wurde dies im Wesentlichen in den folgenden Jahren nachgeholt (Hennings 1982: 485). Besonders wichtig war außerdem die vergleichsweise frühe außenwirtschaftliche Öffnung, mit der Westdeutschland insbesondere in Europa eine Vorreiterrolle spielte. Allerdings war die Bundesrepublik in den 1950er Jahren keineswegs eine außen- oder binnenwirtschaftlich weitgehend deregulierte Ökonomie. Eine Zahlungsbilanzkrise beispielsweise erzwang 1951 kurzfristig die Wiedereinführung von Importrestriktionen und der Investitions- und Rohstofflenkung („Investitionshilfegesetz").

Auch auf den Wohnungs-, Kapital-, Devisen-, Rohstoff-, Verkehrs- und Versorgungsmärkten sowie in der Agrarpolitik blieben Dirigismus und Planung erhalten. Während einige dieser Märkte im Laufe der 1950er und 1960er Jahre liberalisiert wurden (etwa Wohnungs- und Devisenmärkte), nahmen die staatlichen Eingriffe etwa auf dem Agrarmarkt sogar noch zu. Das Gesetz gegen Wettbewerbsbeschränkungen, das 1957 verabschiedet wurde, blieb ebenso weit hinter den wettbewerbspolitischen Vorstellungen Erhards zurück: So sah es zwar beispielsweise ein generelles Kartellverbot vor, gleichzeitig wurden aber so viele Ausnahmen zugelassen, dass es „faktisch als nicht gegeben angesehen werden muß" (von Bethusy-Huc 1962: 166; vgl. Hilger 2005: 233ff.). In erheblichem Maße intervenierte die Bundesregierung in den 1950er Jahren auch zur Unterstützung des Wiederaufbaus und des Exports (Shonfield 1968; Muscheid 1986: 44ff.). Öffentliche Investitionen und Subventionen etwa spielten eine auch im internationalen Vergleich ausgesprochen wichtige Rolle. Hinzu kamen Steueranreize, die teilweise schon vom bizonalen Wirtschaftsrat eingeführt worden waren, aber von der Adenauer-Regierung übernommen und ausgebaut wurden: So wurden insbesondere die Grundindustrien Kohle und Stahl durch günstige Abschreibungsbedingungen gefördert und Investitionen in der Werftindustrie und im Wohnungsbau sowie Exporterlöse steuerlich begünstigt.

Die genannten Steueranreize waren besonders angesichts der hohen Steuersätze sehr wirkungsvoll. Die Alliierten hatten die Steuern drastisch erhöht (Einkommensteuerspitzensatz: 95%, Körperschaftsteuersatz: 60%) und die Regierung ging nur langsam daran, die Sätze zu senken (Muscheid 1986: 57ff.; 92ff.). Entsprechend lagen die Steuer- und Abgabenquote im internationalen Vergleich auf hohem Niveau (Schmidt 1990: 47f.). Das Gleiche galt für die Staatsquote, die zu den höchsten der OECD-Länder gehörte. In der ersten Hälfte der 1950er Jahre überstiegen die Einnahmen des Bundes aber sogar seine – als Anteil am Sozialprodukt abnehmenden – Ausgaben, so dass Staatsschulden zurückgezahlt und Rücklagen für den Aufbau der Bundeswehr, der so genannte „Julius-Turm", gebildet werden konnten. Ab der zweiten Hälfte der 1950er Jahre wurden diese Rücklagen durch Steuerentlastungen, den Aufbau der Bundeswehr, vor allem aber durch den Ausbau von Sozialleistungen wie etwa die Rentenreform 1957 „abgebaut". Die Zunahme der Staatstätigkeit führte trotz hoher, zeitweilig zweistelliger Wachstumsraten sogar zu einer weiteren Erhöhung der Staatsquote, die bis zum Ende der Regierung Erhard auf rund 37% gestiegen war. Wenngleich die Ausgabensteigerungen bei Ländern und Gemeinden noch über die des Bundes hinausgingen, stiegen auch die Ausgaben der Bundesregierung am Sozialprodukt zwischen 1950 und 1965 von 17,3 auf 20,9% (Kohl 1985: 220).

Mit einer makroökonomischen Steuerung im Sinne einer Konjunkturpolitik ging die Ausweitung der Staatsausgaben freilich nicht einher, wenn man von einem kleineren Arbeitsbeschaffungsprogramm absieht, das 1950 auf Druck der Alliierten aufgelegt wurde (Abelshauser 2004: 157). Zwar gab es auch unter Erhard bereits konjunkturpolitische Überlegungen (und zwischen 1955 und 1960 immerhin drei „Konjunkturprogramme“, die die Hochkonjunktur dämpfen sollten), doch blieben die durchgesetzten Maßnahmen häufig auf die Angebotsseite beschränkt, und sie waren vom Umfang her bescheiden (Berger 1997: 106ff.).

Auch von einer Politikfelder übergreifenden gesamtwirtschaftlichen Koordinierung wurde in der Ära Erhard weitgehend abgesehen. Am ehesten waren noch die Beziehung zur Bundesbank bzw. ihrer Vorgängerin, der Bank deutscher Länder (BdL), von Kooperation geprägt. Die erheblichen Konflikte mit Adenauer, der beispielsweise in einer berühmt gewordenen Rede 1956 anlässlich einer Erhöhung der Leitzinsen der Bank vorwarf, das „Fallbeil“ für die kleinen Leute zu sein (Wagschal 2001: 591), sollten nicht darüber hinwegtäuschen, dass in der ganz überwiegenden Zahl der Fälle der Wirtschaftsminister (wenn auch nicht zwangsläufig der Bundeskanzler) mit der Politik der Bank einverstanden war. Die Zinserhöhung beispielsweise, die Adenauer zu seiner „Fallbeil-Rede“ animiert hatte, war von Erhard und Finanzminister Schäffer offen unterstützt, ja gemeinsam mit der Zentralbank vorbereitet worden (Berger 1997: 217ff.). Auch die restriktive Geldpolitik in den Gründungsjahren der Bundesrepublik wurde von der BdL, Erhard und Schäffer gemeinsam getragen (Schwarz 1981: 80). Gleichwohl trug die Bundesbank durch Zinserhöhungen 1965 zum ersten Konjunktureinbruch der Nachkriegszeit bei – und damit indirekt zum Sturz Bundeskanzler Erhards (vgl. Zohlnhöfer 2004a: 614ff.).

Auf die Lohnpolitik dagegen versuchte Erhard zwar regelmäßig durch so genannte „Maßhalteappelle“ einzuwirken, doch zu einer institutionellen Einbindung der Sozialpartner im Austausch für moderate Lohnerhöhungen kam es nicht. Diese war bis in die frühen 1960er Jahre auch noch kaum notwendig, da die Lohnerhöhungen sich bis dahin insgesamt an den Produktivitätsfortschritten orientierten und somit die wirtschaftliche Entwicklung nicht belasteten (Borchardt 1985: 200).

Zusammenfassend lässt sich die Wirtschaftspolitik der unionsdominierten Bundesregierungen bis in die Mitte der 1960er Jahre durch eine Konzentration auf die Angebotsseite der Ökonomie charakterisieren, die auf ein exportbasiertes Wachstum zielte, wenngleich bestimmte Maßnahmen einer wirtschaftsliberalen Position deutlich widersprachen. Welche Erklärung lässt sich für dieses Muster finden?

Für die liberale Orientierung der Wirtschaftspolitik war in erster Linie die parteipolitische Zusammensetzung der Bundesregierung verantwortlich. Die Union hatte 1948/49 Erhards Programm übernommen und der Korea-Boom half dem Wirtschaftsminister, die Schwierigkeiten der ersten Jahre zu überstehen, als die Alliierten seine Wirtschaftspolitik scharf kritisierten und die Bundesrepublik in eine Zahlungsbilanzkrise geriet (Schwarz 1981). Mit Beginn des „Wirtschaftswunders“ wurde Erhards Position in der Union nicht mehr ernsthaft in Frage gestellt, und die Koalitionspartner, insbesondere die FDP, unterstützten seine liberale Wirtschaftspolitik voll. Was mit der parteipolitischen Färbung der

Regierung nicht unmittelbar zu erklären ist, sind eher die Abweichungen von einem liberalen Kurs, wie sie in der Montanmitbestimmung, der Aufrechterhaltung und Verstärkung des Dirigismus insbesondere in der Agrarpolitik, dem vergleichsweise zahnlosen Gesetz gegen Wettbewerbsbeschränkungen und den (relativ) hohen Staats- und Steuerquoten deutlich werden. Welche Gründe lassen sich hierfür anführen?

Obwohl die Alliierten zu Beginn der Ära Adenauer durchaus noch wirtschaftspolitisch relevante Kompetenzen, etwa in der Kartellpolitik, besaßen, blieb ihr Einfluss von kleineren Ausnahmen abgesehen begrenzt. Immerhin ein gewisser Einfluss kann für den Bereich der Montanmitbestimmung konstatiert werden, da diese bereits während der Besatzungszeit eingeführt worden war und die Gewerkschaften sich daher in einer günstigen Verhandlungsposition befanden. Doch innenpolitische Gründe, etwa die Gewinnung der „stillschweigenden Unterstützung" der Gewerkschaften für die Außen- und Wirtschaftspolitik der Regierung Adenauer, wogen schwerer (Abelshauser 2004: 355; Schmidt 1992: 131). Der Einfluss der Besatzungsmächte kann demnach die Abweichungen vom liberalen wirtschaftspolitischen Kurs nicht hinreichend begründen.

Ähnliches gilt für die institutionelle Struktur. Der Bundesrat etwa stellte kein zentrales Hindernis dar. Zwar konnte er beispielsweise beim Kartell- und beim Bundesbankgesetz bestimmte Vorstellungen durchsetzen, doch veränderten diese die Grundausrichtung der Gesetze nicht. Zudem verzichtete die Länderkammer trotz weiterreichender Wünsche zu beiden Gesetzen auf die Anrufung des Vermittlungsausschusses (von Bethusy-Huc 1962). Dagegen wurde die Finanzpolitik erheblich von Konflikten zwischen Bund und Ländern geprägt, die regelmäßig im Vermittlungsausschuss gelöst werden mussten. Allerdings ging es dabei primär um föderale Konflikte, nämlich um die finanzverfassungspolitische Frage, welchen Anteil an welcher Steuer Bund und Ländern zustehen sollte (Bauer 1998: 195). Dabei spielten parteipolitische Unterschiede der Landesregierungen selten eine Rolle (Lehmbruch 2000: 138), und die Bundesregierung konnte ihre präferierte *wirtschafts*politische Konzeption in aller Regel weitgehend durchsetzen (vgl. etwa Renzsch 1991: 92ff.).

Wichtiger als diese institutionellen waren daher parteipolitische Faktoren. Die Union ist nicht umsonst als „Prototyp einer Volkspartei" (Haungs 1992) beschrieben worden, sie „stellt nämlich eine komplizierte Koalition unterschiedlicher Interessen und Zielvorstellungen dar" (Schmid 1990: 262f.). Diese Interessenheterogenität schlug sich in zahlreichen Auseinandersetzungen zwischen dem Arbeitnehmer- und dem Wirtschaftsflügel, gelegentlich auch in Auseinandersetzungen zwischen unterschiedlichen Interessen innerhalb des Wirtschaftsflügels nieder, wie beim Gesetz gegen Wettbewerbsbeschränkungen, als neben dem Regierungsentwurf auch zwei alternative Gesetzentwürfe von Gruppen von Unionsabgeordneten verhandelt wurden (von Bethusy-Huc 1962: 50ff.). Insgesamt prägte der Wirtschaftsflügel die generelle Richtung der Wirtschaftspolitik maßgeblich, während die Sozialausschüsse eine Vetoposition besaßen. Zudem konnten Letztere gelegentlich eigene Schwerpunkte setzen, so beim Ausbau des Sozialstaates oder der Montanmitbestimmung, die sogar gegen die Stimmen der kleinen Koalitionspartner verabschiedet wurde (Schwarz 1981: 130).

In vielen Fällen vermied die Regierung aber solche Alternativentscheidungen des „entweder – oder" und suchte nach Kompromissen. Entsprechend wurden möglichst alle Gruppeninteressen berücksichtigt, was die Anwendung des Mehrheitsprinzips praktisch ausschloss. Proporz und Konkordanz waren die wichtigsten Muster der Entscheidungsfindung innerhalb der CDU (Schmid 1990: 263). Das geschlossene Abstimmungsverhalten der

Unionsfraktion im Bundestag musste einem Beobachter zufolge daher „durch unablässige Kompromisse zwischen dem Industrieflügel, den Gewerkschaftern, den Landwirten, dem gewerblichen Mittelstand und den Sprechern des öffentlichen Dienstes erkauft werden. Die strukturelle Unfähigkeit zur einseitigen Entscheidung zwang somit die CDU immer wieder auf eine gemäßigte Linie der Mitte" (Schwarz 1983: 156). Gerade bei Ausgabenentscheidungen wurde häufig die Option des „sowohl – als auch" gewählt, was zwar zum Widerspruch des Wirtschafts- und des Finanzministers und zu wachsenden Staatsausgaben führte, sich in Zeiten hoher Wachstumsraten aber unschwer durchsetzen ließ.

Der Parteienwettbewerb wirkte in die gleiche Richtung. Mit der Bemerkung, man wolle doch Wahlen gewinnen, überging Adenauer häufig die Bemühungen des Finanzministers nach Einschränkung der ausgabensteigernden Programme (Schwarz 1983: 157). Doch auch Erhard konnte als Bundeskanzler der Versuchung nicht widerstehen, durch Wahlgeschenke Stimmen bei der Bundestagswahl 1965 zu sammeln (Hildebrand 1984: 135). Zudem wurden einzelne Gruppen, deren politische Unterstützung für einen Wahlsieg als notwendig erachtet wurde, mit gesetzgeberischen Mitteln besonders bedacht, etwa die Bauern oder zumindest in der Phase der Konsolidierung der bürgerlichen Koalition die Gewerkschaften mit der Montanmitbestimmung, aber in erheblichem Maße – etwa beim Gesetz gegen Wettbewerbsbeschränkungen – auch die Industrie. Diese Politik stand einer stringenteren liberalen Wirtschaftspolitik im Wege und sorgte für das stete Anwachsen der Staatsquote.

4 Die kurze Blüte keynesianischer Stabilisierungspolitik: 1966-1973

Mit dem Eintritt der SPD und des ihr angehörenden neuen Wirtschaftsministers Karl Schiller in die Regierung änderte sich die konzeptionelle Ausrichtung der Wirtschaftspolitik erheblich. Insbesondere die von den Regierungen Adenauer und Erhard abgelehnte oder zumindest vernachlässigte Steuerung der Konjunktur mit den Mitteln der Finanzpolitik, wie sie der Keynesianismus empfahl („antizyklische Fiskalpolitik"), hielt mit Schiller und der SPD Einzug in die deutsche Wirtschaftspolitik. Das zentrale Gesetz in diesem Zusammenhang war das „Gesetz zur Förderung der Stabilität und des Wachstums der Wirtschaft" vom Juni 1967. Zwar hatte noch die Regierung Erhard den Entwurf eines Stabilitätsgesetzes in den Bundestag eingebracht, doch hatte sich dieser Entwurf überwiegend Fragen der Bekämpfung einer konjunkturellen Überhitzung gewidmet. Erst mit der Regierungsbeteiligung der SPD – und unter dem Eindruck der ersten Rezession der Nachkriegsgeschichte – wurde aus einem Stabilitäts- das Stabilitäts- und Wachstumsgesetz, das in seinem §1 das „magische Viereck" der wirtschaftspolitischen Ziele formulierte:

> Bund und Länder haben bei ihren wirtschafts- und finanzpolitischen Maßnahmen die Erfordernisse des gesamtwirtschaftlichen Gleichgewichts zu beachten. Die Maßnahmen sind so zu treffen, daß sie im Rahmen der marktwirtschaftlichen Ordnung gleichzeitig zur Stabilität des Preisniveaus, zu einem hohen Beschäftigungsstand und außenwirtschaftlichem Gleichgewicht bei stetigem und angemessenem Wirtschaftswachstum beitragen.

Um diese Ziele zu erreichen, wurde der konjunkturpolitische Instrumentenkasten der Bundesregierung erheblich erweitert (Osterwald 1982: 88; Muscheid 1986: 125ff.). Damit sollte sie in die Lage versetzt werden, durch antizyklischen Einsatz der Finanzpolitik Einfluss auf die gesamtwirtschaftliche Nachfrage zu nehmen, um so zum Ausgleich von Konjunkturschwankungen beizutragen. Daneben wurde Konjunkturpolitik als Koordinierungsaufgabe zwischen den verschiedenen Gebietskörperschaften sowie zwischen dem Staat und den Sozialpartnern erkannt. Entsprechend wurde ein Konjunkturrat eingerichtet, in dem „alle zur Erreichung der Ziele dieses Gesetzes erforderlichen konjunkturpolitischen Maßnahmen“ durch Vertreter der Gebietskörperschaften beraten werden sollten (§18 (1) StWG). In einer „Konzertierten Aktion“ sollte ein aufeinander abgestimmtes Verhalten der Gebietskörperschaften, Gewerkschaften und Unternehmensverbände hergestellt werden, zu denen schließlich noch die Bundesbank und weitere Akteure stießen.

Schon während der Beratungen des Stabilitätsgesetzes hatte die Bundesregierung die Möglichkeit, ihr Konzept der antizyklischen Finanzpolitik bei der Bekämpfung der Rezession einzusetzen. So wurde bereits im Februar 1967 ein erstes Investitionsprogramm mit einem Volumen von 2,5 Mrd. DM aufgelegt, dem im August ein zweites im Wert von 5,3 Mrd. DM folgte (Osterwald 1982: 93f.). Dass die Rezession sehr schnell überwunden wurde, dürfte allerdings in erster Linie auf die Lockerung der Geldpolitik durch die Bundesbank, an zweiter Stelle auf die gewerkschaftliche Lohnzurückhaltung zurückzuführen sein (Scharpf 1987: 154), während die Nachfrageeffekte, die von den Investitionsprogrammen des Bundes ausgingen, durch Verzögerungen bei der Implementation, vor allem aber durch die prozyklische Finanzpolitik der Länder und Gemeinden abgeschwächt wurden (SVR 1967: 90). In der Öffentlichkeit jedoch wurde das schnelle Überwinden der Rezession als Erfolg der Konjunkturpolitik und Folge des Regierungseintritts der SPD gewertet.

Der neue Instrumentenkasten wurde 1969 durch zwei Gesetze erweitert, nämlich durch die Finanzreform, mit der die bundesstaatliche Finanzverfassung an die Erfordernisse einer gesamtwirtschaftlich orientierten Finanz- und Wirtschaftspolitik angepasst werden sollte (Renzsch 1991), sowie durch das Arbeitsförderungsgesetz, das darauf abzielte, durch aktive Arbeitsmarktpolitik einen hohen Beschäftigungsstand zu sichern und die Beschäftigungsstruktur zu verbessern (Schmid/Wiebe 1999: 366f.). Damit schien die Regierung in der Lage, konjunkturelle Probleme in Zukunft wirksam zu bekämpfen, so dass Bundeskanzler Brandt 1971 sogar eine unbedingte Vollbeschäftigungsgarantie abgab (Scharpf 1987: 160).

Bewähren musste sich das konjunkturpolitische Instrumentarium in den ersten Jahren der sozial-liberalen Koalition, die 1969 die Große Koalition abgelöst hatte, allerdings kaum, die Wirtschaft wuchs immer noch beträchtlich und die Arbeitslosenquote lag bereits 1969 wieder unter 1%. Lediglich der Preisanstieg machte der Regierung zu schaffen. Hier zeigte sich ab 1970, dass es im Rahmen der „Konzertierten Aktion“ nicht dauerhaft gelang, eine moderate Lohnpolitik sicherzustellen (Weßels 1999: 93). Die Löhne und Gehälter stiegen zwischen 1969 und 1974 jährlich um durchschnittlich 12,5% (Borchardt 1985: 201). Gleichzeitig war die Bundesbank unter den Bedingungen eines Systems fester Wechselkurse und einer tendenziell unterbewerteten Währung nicht in der Lage, die Inflation wirksam zu bekämpfen, während die Regierung vor rechtzeitigen und starken Aufwertungen der D-Mark zurückschreckte (Hennings 1982: 488, 494; Scherf 1986: 16, 36).

Die Staatsausgaben stiegen in den ersten Jahren der sozial-liberalen Koalition trotz der Hochkonjunktur rasant. Zwar verhielten sich zunächst vor allem Länder und Gemeinden prozyklisch, während der Bund das neue steuerpolitische Instrumentarium antizyklisch einsetzte (Muscheid 1986: 158-163). Eine restriktive Ausgabenpolitik stieß dagegen auch auf Bundesebene schnell an Grenzen wahlpolitischer wie programmatischer Natur – die Regierung hatte sich ja ‚Inneren Reformen‘ verschrieben. Folglich stiegen die Ausgaben, vor allem in den Bereichen Soziales, Bildung und Verkehr (Schmidt 1978: 225). Im Durchschnitt der Jahre 1970 bis 1974 wuchs der Bundeshaushalt jährlich um 11-12% (Sarrazin 1983: 374f.). Auseinandersetzungen über aus Sicht der jeweiligen Finanzminister unverantwortliche Ausgabenwünsche der Kabinettskollegen führten bereits 1971 zum Rücktritt Alex Möllers und trugen ein Jahr später auch zur Demission Karl Schillers bei (Baring 1982: 650ff.; 667ff.; Jäger 1986: 47ff.). Zu einer nachhaltigen Erhöhung der Steuern zur Finanzierung dieser Ausgabensteigerungen kam es über deren konjunkturbedingtes Ansteigen hinaus nicht, während die Belastung mit Sozialabgaben massiv zunahm (Sarrazin 1983: 381). Dafür wurde die Steuerpolitik stärker als bisher zur Umverteilung und zur Vermögensbildung bei Beziehern kleiner Einkommen herangezogen. So wurden beispielsweise die Steuersätze der Erbschaftsteuer ebenso wie der Spitzensteuersatz der Einkommensteuer deutlich erhöht, während sich die Entlastungen bei den kleinen und mittleren Einkommen konzentrierten (Muscheid 1986: 141ff.).

Doch die ‚Inneren Reformen' blieben nicht auf mit finanziellen Mitteln operierende Politikfelder beschränkt, sondern bedienten sich auch der Regulierung. So wurde der Mieterschutz ausgeweitet, der Arbeitsschutz verbessert und die Arbeitswelt „humanisiert". Wichtig war auch das neue Betriebsverfassungsgesetz von 1972, das den Einfluss der Gewerkschaften stärkte, die Bildung von Betriebsräten erleichterte und deren Mitbestimmungsrechte ausweitete (Schmidt 1992: 133).

Wie ist der Rückgriff auf keynesianische Konjunkturpolitik, die erhebliche Ausweitung staatlicher Intervention in die Wirtschaft und die stärkere Fokussierung auf Umverteilung in der Steuer- und Ausgabenpolitik nach 1966 zu erklären? Von zentraler Bedeutung war sicherlich der Regierungseintritt der SPD, die sich spätestens mit dem Godesberger Programm von 1959 von ihren Sozialisierungsvorstellungen verabschiedet und den Keynesianismus für sich entdeckt hatte (Allen 1989: 274). Ihr Einfluss zeigte sich zum ersten Mal beim Stabilitätsgesetz, das in seiner ursprünglichen, noch von der Regierung Erhard eingebrachten Form auf die Inflationsbekämpfung fokussierte und erst nach dem Regierungswechsel auf eine insgesamt antizyklische Politik erweitert wurde. Auch der nachfolgende Ausbau der Staatstätigkeit, insbesondere der Sozialausgaben, lässt sich auf die sozialdemokratische Regierungsbeteiligung zurückführen.

Abgesehen von den Erhöhungen der Erbschaft- und Vermögensteuer sowie des Spitzensteuersatzes der Einkommensteuer, die weniger weit gingen als von der SPD auf ihrem Steuerparteitag 1971 gefordert (Muscheid 1986: 144), sowie vom Betriebsverfassungsgesetz, bei dem ebenfalls die FDP weitergehenden Forderungen im Wege stand (Baring 1982: 184f.), wurden die Sozialdemokraten von ihren bürgerlichen Koalitionspartnern auffallend wenig behindert. Dies mag im Falle der Union, die ein breites Spektrum wirtschaftspolitischer Interessen zu vertreten hat, weniger überraschen als bei den Liberalen, die sich ja bis 1966 als wirtschaftsliberale Partei profiliert hatten. Während ihrer Oppositionszeit hatte sich allerdings ein programmatischer Erneuerungskurs in der FDP durchgesetzt, der bereits 1967 zur Ausrufung eines „neuen Kurses" auch in der Wirtschafts- und Finanzpolitik führte, ehe 1971 die den sozialen Liberalismus betonende programmatische Erneuerung in den „Freiburger Thesen" ihren Schlusspunkt fand (Vorländer 1992: 279f.; 293f.).

Auch vom Bundesrat, in dem die sozial-liberale Koalition keine eigene Mehrheit besaß, gingen (noch) keine unüberwindbaren Beschränkungen für die Anwendung antizyklischer Konjunkturpolitik und den wirtschaftspolitischen Teil der Politik der ‚Inneren Reformen' aus (Bauer 1998: 196f.). Einzige Ausnahme ist auch hier die Steuerpolitik, bei der sich die verteilungspolitischen Vorstellungen der SPD in einigen Fällen nicht durchsetzen ließen (Muscheid 1986: 151; Bauer 1998: 201). Die insgesamt nur mäßige Bedeutung des Bundesrates lag zum einen an der grundsätzlichen inhaltlichen Übereinstimmung aller Parteien in Bezug auf aktive Konjunkturpolitik und den Ausbau des Wohlfahrtsstaates.[3] Zum anderen trug der Wettbewerb um Wählerstimmen dazu bei, dass sich die Opposition insbesondere den sozialpolitischen Leistungsverbesserungen nicht widersetzte, ja bei der Rentenreform im Wahljahr 1972 kam es geradezu zu einem Überbietungswettlauf zwischen Regierung und Opposition. Auf der anderen Seite standen wahlpolitische Überlegungen aber der Verwirklichung einer antizyklischen Finanzpolitik im Aufschwung 1970-73 entgegen, die die „konjunkturpolitische Manövriermasse" für die wirtschaftspolitische Antwort auf die 1. Ölkrise hätte sichern können (Sarrazin 1983: 376). In gleicher Weise dürfte die Wahlorientierung der Regierungen bis 1973 auch dazu beigetragen haben, die D-Mark zu spät und zu wenig aufzuwerten.[4]

Doch nicht nur vom Parteienwettbewerb wurde eine konsequentere antizyklische Konjunkturpolitik beeinträchtigt. Schwerer wogen noch die Koordinationsprobleme zwischen den wirtschaftspolitischen Entscheidungsträgern, die auch von der Konzertierten Aktion und dem Konjunkturrat nicht gelöst werden konnten. Dies betraf einerseits das meist prozyklische Ausgabenverhalten von Ländern und Gemeinden. Andererseits gelang die Einbindung der Lohnpolitik nicht, die Gewerkschaften konnten im Herbst 1969 wilde Streiks nicht verhindern und setzten, schon um die eigene Autorität gegenüber den Mitgliedern durchzusetzen, in den Folgejahren massive Lohnerhöhungen durch (Scharpf 1987). Der Bundesbank waren dagegen durch das Bretton-Woods-System noch weitgehend die Hände gebunden. Allerdings alarmierte das Ausgabeverhalten der Regierung, die Rücktritte der Minister Möller und Schiller, Brandts unbedingtes Vollbeschäftigungsversprechen und die expansive Lohnpolitik die Zentralbänker – mit Folgen für die Zeit ab 1973.

5 Erfolg oder Scheitern sozialdemokratischer Krisenpolitik?

1973 war ein Wendepunkt in der deutschen Wirtschaftspolitik erreicht. Zu Jahresbeginn war die Inflationsbekämpfung noch immer das vorrangige wirtschaftspolitische Ziel, das die Bundesregierung mit zwei Stabilitätsprogrammen zu erreichen versuchte. Dabei wurde sie von der Bundesbank durch eine restriktive Geldpolitik unterstützt. Im Gegensatz zu früheren Jahren war diese Politik nun aber hoch wirksam, weil das Bretton-Woods-System fester Wechselkurse im Frühjahr 1973 zusammengebrochen war und die Bundesbank daher den Wechselkurs der D-Mark nicht mehr verteidigen musste. Diese Veränderung war für die folgenden Jahre überaus folgenreich, waren damit doch die Möglichkeiten der Bundesbank, eine eigenständige Geldpolitik zu betreiben, immens gestiegen (Scharpf 1987: 161). Dies sollte sich nicht zuletzt bei der Bewältigung des zweiten wirtschaftspolitisch einschneidenden Ereignisses des Jahres 1973, der Verzwölffachung des Rohölpreises, zeigen.

---

[3] Eine gewisse Ausnahme stellt das Betriebsverfassungsgesetz dar, bei dem die unionsgeführten Bundesländer den Vermittlungsausschuss anriefen, der wiederum mit Regierungsmehrheit alle Forderungen ablehnte. Obwohl das Gesetz zustimmungsbedürftig war, nahm der Bundesrat daraufhin das Gesetz „zähneknirschend" an (Bauer 1998: 197).

[4] Die Aufwertungsfrage war sogar der zentrale wirtschaftspolitische Streitpunkt im Bundestagswahlkampf 1969. Die Aufwertung, für die sich die SPD gegen den Widerstand der Union eingesetzt hatte, wurde dann nach der Wahl auch tatsächlich durchgeführt, blieb aber nach Einschätzung kritischer Beobachter hinter dem Notwendigen zurück (Scherf 1986: 16).

Folgt man Scharpfs (1987) Analyse der Wirtschaftspolitik nach 1973, hätte es einen optimalen Policy-Mix zur Reaktion auf die Ölkrise gegeben. Dieser hätte einerseits aus einer moderaten Lohnpolitik bestanden, die die durch die Ölpreiserhöhung ohnehin stark gestiegenen Produktionskosten der Unternehmen und damit letztlich die Inflationsrate nicht noch weiter erhöht hätte. Diese Politik hätte es andererseits der Finanz- und der Geldpolitik erlaubt, durch zusätzliche Ausgaben und vergleichsweise niedrige Zinsen die gesamtwirtschaftliche Nachfrage anzukurbeln und so die Arbeitslosigkeit zu bekämpfen. Diesen anspruchsvollen Koordinationserfordernissen konnte die deutsche Wirtschaftspolitik jedoch nur selten genügen.

Insbesondere im Jahr 1974 kam es zu einer verhängnisvollen Kollision zwischen Lohn- und Geldpolitik (Scharpf 1987: 165ff.). Während nämlich die Gewerkschaften Lohnerhöhungen von über zehn Prozent durchsetzten, hielt die Bundesbank an ihrer restriktiven Geldpolitik fest, die sie erst 1975 wieder lockerte. Damit neutralisierte sie insbesondere 1974 die zunächst expansive Fiskalpolitik des Bundes, der sich allerdings bereits mit dem Haushaltsstrukturgesetz 1975 selbst wieder auf eine Konsolidierungspolitik zurückzog. Angesichts anhaltender Arbeitslosigkeit ging die Bundesregierung 1977 wieder zu einer expansiven Fiskalpolitik über. Erst ab diesem Zeitpunkt – und nur für kurze Zeit – gelang nun die nach Scharpf optimale Koordination der makroökonomischen Instrumente. Mit der zweiten Ölkrise, der Hochzinspolitik der amerikanischen Notenbank, der sich die Bundesbank anschloss, und dem Abrücken von einer expansiven Fiskalpolitik brach diese Kooperation der wirtschaftspolitischen Akteure jedoch spätestens 1980 wieder zusammen.

Die fiskalische Nachfrageausweitung der 1970er Jahre schlug sich in einer zunächst rasch wachsenden Staatsquote nieder, die in den ersten Jahren nach der Ölkrise stärker zunahm als zu irgendeinem anderen Zeitpunkt in der Geschichte der Bundesrepublik vor der Wiedervereinigung (Schmidt 1990: 52). Ab 1975 lag der Anteil der Staatsausgaben am Sozialprodukt nur noch wenig unter 50%, wo er bis zum Regierungswechsel 1982 in etwa verblieb – trotz der zweiten Ölkrise und eines wachsenden Sockels an Arbeitslosen. Der starke Anstieg der Staatsquote bis 1976 verweist darauf, dass die Nachfrageausweitung, mit der die Regierung auf die Ölkrise zu reagieren versuchte, überwiegend über Ausgabenprogramme realisiert wurde. Hennings (1982: 494) zählt zwischen 1973 und 1979 zwölf Konjunkturprogramme. Dagegen zielte die Steuerpolitik ab Mitte der 1970er Jahre in erster Linie auf eine Verbesserung der wirtschaftlichen Rahmenbedingungen (Muscheid 1986: 163ff.).

Ab 1980 trafen sich Ausgaben- und Einnahmenpolitik wieder beim Ziel der Konsolidierung der Staatsfinanzen. Die Kreditaufnahme der öffentlichen Hand, nicht zuletzt auch des Bundes, war bereits als Reaktion auf die 1. Ölkrise erheblich gestiegen. Nachdem sie 1976/77 vorübergehend zurückgeführt worden war, nahm sie ab 1978 im Rahmen der neuerlichen fiskalpolitischen Expansion und ab 1980/81 in Folge der 2. Ölkrise weiter zu, wobei wegen der hohen Zinsen ein wachsender Teil der Staatsausgaben in den Schuldendienst ging (Sarrazin 1983: 375ff.). Vor diesem Hintergrund fokussierte die sozial-liberale Koalition in ihren letzten Jahren stark auf die Zurückführung des Haushaltsdefizits. Dabei war die Ausgaben- stärker als die Einnahmenseite betroffen, wie sich insbesondere an den Sparpaketen von 1981 und 1982 zeigte, die auch Einschnitte im Sozialbereich, etwa beim Kindergeld und der Arbeitslosenversicherung, umfassten. Dass die Staatsquote dennoch nicht sank, hing im Wesentlichen mit der neuerlichen Rezession zusammen. Einnahmenerhöhungen gab es dagegen vornehmlich bei den indirekten Steuern und den Sozialabgaben. Dennoch stieg die Abgabenquote zwischen 1975 und 1982 nur moderat.

Da die Regierung die Löcher dort zu stopfen gedachte, wo sie auftraten, ging die Konsolidierungspolitik auch zu Lasten der aktiven Arbeitsmarktpolitik – mit der Folge, dass sie gerade zu dem Zeitpunkt beschnitten wurde, als die Arbeitslosigkeit stieg, während eine Entlastung des Arbeitsmarktes vor allem durch eine Verringerung des Arbeitsangebots erreicht wurde (Schmid/Wiebe 1999: 372ff.; Scharpf 1987: 279ff.). Die aktive Arbeitsmarktpolitik steht damit exemplarisch für einige Politikfelder, die unter den Bedingungen einer „Ökonomisierung der Reformpolitik" (Schmidt 1978: 215) Einschränkungen hinnehmen mussten. Ähnlich erging es etwa der Sozialpolitik (Alber 1986). Ein weiteres Beispiel ist das 1976 verabschiedete Mitbestimmungsgesetz, das zwar Arbeitnehmern in Unternehmen mit über 2.000 Beschäftigten Mitbestimmungsrechte einräumte, aber deutlich hinter den Erwartungen der Gewerkschaften zurückblieb (Schmidt 1992: 133f.).

Wie ist die Wirtschaftspolitik der sozial-liberalen Koalition ab 1974 zu erklären? Der Versuch, der Ölkrise mit keynesianischen Ausgabenprogrammen Herr zu werden, ist sicherlich der sozialdemokratischen Regierungsbeteiligung geschuldet. Dies wird auch daran deutlich, dass sich die christdemokratische Opposition wirtschaftspolitisch zunehmend umorientierte und insbesondere vor den hohen Haushaltsdefiziten warnte. Auch das Mitbestimmungsgesetz, gegen das die Arbeitgeber sogar (vergeblich) das Bundesverfassungsgericht anriefen, ist auf den Einfluss des großen Koalitionspartners zurückzuführen. Doch die SPD sah sich vor (noch) größere Probleme gestellt, ihren favorisierten Kurs durchzusetzen, als vor 1973.

Die Probleme begannen bereits in der Koalition. Schon in der SPD gab es unterschiedliche Auffassungen darüber, wie hoch die Staatsquote getrieben werden sollte. Das zeigte sich besonders deutlich am Anfang der 1980er Jahre, aber auch schon 1975 (Scharpf 1987: 179f.). Wichtiger war jedoch, dass die FDP ab Mitte der 1970er Jahre ihre marktwirtschaftliche Orientierung wieder stärker herausstrich (Vorländer 1992: 295). Dies führte nicht nur zur Verhinderung weitergehender Regelungen im Mitbestimmungsgesetz; noch wichtiger war vielmehr, dass die Liberalen nach der 2. Ölkrise nicht mehr bereit waren, defizitfinanzierte Investitionsprogramme mitzutragen, und stattdessen auf eine Konsolidierung des Haushalts sowie eine Steuerpolitik drangen, die Investitionsanreize setzen sollte. Diese Forderungen ließen sich wegen des Drohpotenzials der FDP zu einem guten Teil gegen die SPD durchsetzen. Die gegensätzlichen wirtschaftspolitischen Auffassungen der Koalitionspartner waren aber auch der zentrale Grund für das Ende der Regierung Schmidt.

Hinzu kam der Einfluss des unionsdominierten Bundesrates, der sich neuerlich vor allem in der Steuerpolitik bemerkbar machte, so beispielsweise bei der Blockierung einer Mehrwertsteuererhöhung 1982 (Muscheid 1986: 189f.). Schließlich dürften auch „die düsteren Warnungen der Opposition vor dem angeblich drohenden ‚Staatsbankrott' und der demnächst wieder erforderlichen ‚Währungsreform' ihre Wirkung" insbesondere in der Haushaltspolitik gezeigt haben (Scharpf 1987: 193), machten sie doch weitere Erhöhungen des Haushaltsdefizits politisch höchst gefährlich. Insofern dürfte sogar der Wettbewerb um Wählerstimmen eine expansivere Fiskalpolitik verhindert haben (Schmidt 1992: 153).

Für die Vollbeschäftigungsziele, die die SPD verfolgte, war allerdings der ausbleibende Erfolg der makroökonomischen Kooperation der wichtigsten wirtschaftspolitischen Entscheidungsträger noch schwerwiegender (vgl. Scharpf 1987). Die „Konzertierte Aktion" konnte weder die Bundesbank von ihrer restriktiven Geldpolitik abhalten noch die Gewerkschaften dazu bringen, sich den geldpolitischen Daten in ihrer Lohnpolitik anzupassen. Das lag einerseits an Schwächen im organisatorischen Aufbau der „Konzertierten Aktion" selbst, deren Teilnehmerkreis zu stark ausgeweitet wurde, andererseits aber auch an den Grenzen der Verpflichtungsfähigkeit der Teilnehmer, wie sie schon bei den wilden Streiks von 1969 deutlich geworden waren (Weßels 1999: 93f.). Daher hatte diese Form der Makrokonzertierung ihre Bedeutung schon längst verloren, als die Gewerkschaften 1976 in Reaktion auf die Klage der Arbeitgeber gegen das Mitbestimmungsgesetz ihre Mitarbeit endgültig einstellten. Hierarchisch konnte die Bundesregierung angesichts verfassungsrechtlich abgesicherter Tarifautonomie und – wenn auch nur einfachgesetzlich verbriefter – Unabhängigkeit der Bundesbank in beiden Fällen nicht eingreifen. Auf ähnliche Hindernisse stieß die sozial-liberale Koalition schließlich (wie schon 1967) auch bei der antizyklischen Fiskalpolitik. Der Bund alleine konnte aufgrund des relativ geringen Anteils seines Haushalts am öffentlichen Gesamthaushalt keine hinreichend große Nachfrageausweitung erreichen, eine Koordinierung der Finanzpolitiken von Bund und Ländern jedoch erwies sich als zeitaufwendig und – aufgrund unterschiedlicher Eigeninteressen der Gebietskörperschaften und der unterschiedlichen parteipolitischen Zusammensetzungen der Landesregierungen – schwierig.

6 Wirtschaftspolitik im Zeichen der „Wende"

Am 1. Oktober 1982 übernahmen neuerlich Union und FDP die Bundesregierung und damit die Verantwortung für die Wirtschaftspolitik. Angestrebt wurde eine wirtschaftspolitische „Wende", der Staat sollte „auf den Kern seiner Aufgaben zurückgeführt werden", wie es Helmut Kohl in seiner Regierungserklärung von 1983 ankündigte (PlPr. 10/4; 4.5.1983: 56). Was wurde dafür unternommen?

Konzeptionell wandte sich die Regierung ganz explizit von keynesianischen Rezepten ab; stattdessen sollten die wirtschaftlichen Rahmenbedingungen verbessert werden, um Anreize für Investitionen zu schaffen. Dieser angebotspolitischen Orientierung der Wirtschaftspolitik korrespondierte der Verzicht auf den Versuch einer Konzertierung von Fiskal-, Geld- und Lohnpolitik. Eine Abstimmung mit der Bundesbank mag angesichts inhaltlicher Übereinstimmung in Bezug auf die Notwendigkeit einer Haushaltskonsolidierung als nicht notwendig erachtet worden sein. Für eine solche Sichtweise spricht nicht zuletzt die schnelle Zinssenkungspolitik der Bundesbank in der Folge des Regierungswechsels und der von der Koalition eingeleiteten Sparanstrengungen (Zohlnhöfer 2001: 105). Aber auch korporatistische Arrangements wurden praktisch nicht genutzt (Weßels 1999: 96), und die Lohnpolitik blieb den Tarifparteien überlassen.

Auf dem Arbeitsmarkt wurde eine vorsichtige Liberalisierung begonnen, wobei eine Änderung des Kündigungsschutzgesetzes ausblieb. Aktive Arbeitsmarktpolitik und Frühverrentung wurden ausgebaut, mit denen ab Mitte der 1980er Jahre größere Entlastungseffekte auf dem Arbeitsmarkt erzielt wurden als unter der sozial-liberalen Regierung (Schmid 1998: 159). Dabei wurde bewusst auf eine mögliche stärkere Senkung der Beiträge zur Arbeitslosenversicherung verzichtet.

Entsprechend der Fokussierung auf die wirtschaftlichen Rahmenbedingungen standen in der Finanzpolitik zwei Ziele auf der Agenda: die Haushaltskonsolidierung und eine Steuerreform. Die Haushaltskonsolidierung genoss dabei Priorität, um der Bundesbank Spielraum für Zinssenkungen zu geben. Daher setzte die neue Regierung in ihrem ersten Jahr zwei Sparpakete durch. Neben einer Erhöhung der Mehrwertsteuer und der Beiträge zur Arbeitslosenversicherung sowie der (später vom Bundesverfassungsgericht aufgehobenen) Einführung einer unverzinslichen rückzahlbaren Abgabe für Besserverdienende lag der Schwerpunkt deutlich bei sozialpolitischen Ausgabenkürzungen. So lässt sich mit Recht argumentieren, die christlich-liberale Koalition habe „den Trend der restriktiveren Sozialpolitik ihrer Vorgängerin weiter[geführt] – allerdings in höherem Tempo“ (Schmidt 2005b: 99). Dabei war die Regierung allerdings bemüht, die soziale Balance ihrer Austeritätspolitik nicht zu verletzen. So sollte beispielsweise die Investitionshilfeabgabe nur von Beziehern höherer Einkommen bezahlt und die Kürzung des Kindergeldes nach Einkommen gestaffelt werden (was ebenfalls am Verfassungsgericht scheiterte). Ab 1985 ließ der Sparwille nach und die Koalition ging daran, einzelne Sozialleistungen wieder zu erhöhen (ausführlich Schmidt 2005a). Quantitativ gesehen war die Konsolidierung des Staatshaushaltes bis 1989 dennoch relativ erfolgreich: Die Nettokreditaufnahme fiel und die Staatsquote wurde von fast 50 auf 45,3% zurückgeführt.

In der Steuerpolitik setzte die christlich-liberale Koalition eine dreistufige Reform durch. Wesentlicher Bestandteil dieser Reform war die Einführung eines neuen Einkommensteuertarifs verbunden mit einer Senkung der jeweiligen Sätze sowie die Reduzierung des Körperschaftsteuersatzes. Allerdings war die Reform ausgesprochen vorsichtig, wie insbesondere an der Senkung des Spitzensteuersatzes um lediglich drei Prozentpunkte auf 53% deutlich wird. Da es die Regierung auch versäumte, die Sozialversicherungsbeiträge fühlbar zurückzuführen, sanken die Steuer- und die Abgabenquote zwischen 1982 und 1990 nur geringfügig (Zohlnhöfer 2001: 106).

Im Bereich der Wettbewerbspolitik ergibt sich ebenfalls ein ambivalentes Bild: So stellte die Telekommunikationsreform von 1989 einerseits eine deutliche Veränderung sowohl bezüglich der Organisation der Bundespost als auch der Governancestruktur des Sektors dar, die auf den erbitterten Widerstand der Opposition stieß; andererseits wurden die meisten Monopolbereiche der Bundespost verteidigt und eine Privatisierung nicht einmal erwogen (Grande 1989). Auch mit Deregulierungsmaßnahmen in anderen Bereichen hatte es die Koalition nicht eilig: Erst fünf Jahre nach Regierungsantritt wurde eine Kommission eingesetzt, die weitere drei Jahre Zeit erhielt, um die Möglichkeiten zum Abbau marktwidriger Regulierungen zu prüfen. Entsprechend blieb der Umfang der Deregulierungsmaßnahmen in den 1980er Jahren sehr bescheiden. Vieles von dem, was letztlich durchgesetzt wurde, war zudem eine Reaktion auf Vorgaben seitens der EG (Dyson 1992: 264).

Wie lässt sich das Muster eines insgesamt nur vorsichtigen Politikwechsels nach dem Machtwechsel 1982 erklären? Dass es überhaupt zu einem Politikwechsel kam und dieser auf die Verbesserung der Angebotsseite der Ökonomie zielte, kann auf die parteipolitische Färbung der Regierung zurückgeführt werden. Warum hinterließ der Regierungswechsel mit Ausnahme der Konsolidierungspolitik jedoch keine tieferen Spuren? Eine wechselseitige Blockierung der Koalitionspartner, wie am Ende der sozial-liberalen Koalition, blieb aus. Auch die Mehrheitsverhältnisse im Bundesrat hätten einen deutlicheren Politikwechsel zugelassen, besaß die Koalition dort doch eine eigene Mehrheit. Zwar reduzierten auch die unionsregierten Bundesländer im Bundesrat die Reichweite einzelner Reformen, wenn es um ihre finanziellen oder institutionellen Interessen ging; doch schwerwiegend waren diese Einschränkungen nicht.

Von größerer Bedeutung war jedenfalls das Fehlen eines wirtschaftspolitischen Konsenses innerhalb der CDU (Zohlnhöfer 2001). Dabei standen sich der Arbeitnehmerflügel auf der einen und der Wirtschaftsflügel sowie die FDP auf der anderen Seite gegenüber. Während Letztere für weit reichende marktorientierte Reformen eintraten, verteidigten die CDU-Sozialausschüsse den Status quo oder stimmten allenfalls moderaten Reformen zu. Die Gründe für diese vergleichsweise starke Stellung der Sozialausschüsse sind wie in den 1950er Jahren darin zu sehen, dass sie einen wesentlichen Teil der Wählerschaft der Unionsparteien repräsentieren und im innerparteilichen Willensbildungsprozess berücksichtigt wurden. Daher kam es nur in den Bereichen zu maßgeblichen Reformen, in denen alle Beteiligten Übereinstimmung erzielen konnten. Diese Gemeinsamkeiten waren aber begrenzt: „Es scheint, als ob über die Sanierung der Staatsfinanzen und eine allgemeine Beschwörung der Kräfte der Marktwirtschaft hinaus kein wirtschafts- und gesellschaftspolitisches Konzept im Regierungsbündnis konsensfähig gewesen wäre“ (Schmid 1991: 25).

Auch der Parteienwettbewerb war neuerlich von großer Bedeutung, insbesondere im Bereich der Konsolidierungspolitik. So belegen Umfragen, dass unmittelbar nach dem Regierungswechsel 1982 die Sparmaßnahmen „durchaus auf das Verständnis der Bürger“ trafen (Alber 1986: 50). Dies nutzte die Bundesregierung, um schnell deutliche Einschnitte vorzunehmen. Ab 1984 wandelte sich die Stimmung in der Bevölkerung, was eine neuerliche Ausweitung bestimmter Sozialleistungen seitens der Bundesregierung begünstigte. Auch weitergehende Reformen in der Beschäftigungs- und Entstaatlichungspolitik wurden wegen der ablehnenden Haltung der Wähler zurückgestellt, zumal die wirtschaftliche Entwicklung befriedigend verlief, so dass unpopuläre Maßnahmen entbehrlich erschienen.

7 Wirtschaftspolitische Weichenstellungen im Rahmen der Vereinigung

Die zentrale wirtschaftspolitische Entscheidung bei der Herstellung der deutschen Einheit war der am 1. Juli 1990 in Kraft getretene Staatsvertrag über die Währungs-, Wirtschafts- und Sozialunion. Mit ihm wurde die komplette Wirtschaftsordnung der Bundesrepublik vom Recht auf Eigentum über das Prinzip der Wettbewerbswirtschaft bis hin zur Tarifautonomie und der Unabhängigkeit der Zentralbank auf die DDR übertragen. Ebenso verpflichtete sich die DDR zur Schaffung eines dem bundesdeutschen vergleichbaren Sozialversicherungs- und Steuersystems und gab in vielen Bereichen der Wirtschaftspolitik ihre Souveränität bereits weitgehend ab.

Die Bundesregierung verstand die wirtschaftliche Vereinigung vornehmlich als ordnungspolitisches Problem (Lehmbruch 1991: 588) und setzte mit dem Institutionentransfer das Konzept durch, das in ihrer eigenen Programmatik fest verankert war. Mit Hilfe der Kräfte der Sozialen Marktwirtschaft, so die Erwartung, sei der Aufschwung in der DDR schneller zu erreichen als mit staatlichem Interventionismus. Für die weitere wirtschaftliche Entwicklung von besonderer Bedeutung war der Umtauschkurs von Mark der DDR in D-Mark. Hier wurde vereinbart, die laufenden Zahlungen im Verhältnis 1:1, Sparguthaben sowie die Schulden von DDR-Unternehmen grundsätzlich mit 1:2 umzutauschen. Die durchschnittliche Umtauschrelation lag daher bei 1 DM zu 1,8 DDR-Mark. Dieser Kurs war weder im Sinne der Bundesregierung noch der Bundesbank, er ließ sich aber gegen den Druck der DDR-Bevölkerung und der DDR-Regierung nicht verhindern (Seibel 2005).

Am Politikmuster bei der Herstellung der deutschen Einheit fällt besonders in der Frühphase der „beispiellose Primat der politischen Führung“ (von Beyme 2004: 23) durch den Bundeskanzler auf, der insbesondere durch das weder mit der Bundesbank noch mit dem Kabinett abgestimmte Angebot einer Währungsunion an die DDR die üblichen Politikroutinen verletzte. Wie ist die starke Zentralisierung des Willensbildungsprozesses just in dem Moment, in dem die Koalition ihre Bundesratsmehrheit verloren hatte, zu erklären?

Bei den Staatsverträgen handelte es sich formal um Verhandlungen zwischen zwei souveränen Staaten. Dies erleichterte es der Bundesregierung, andere innenpolitische Akteure weitgehend von der Entscheidungsfindung auszuschließen, da die Parlamente nur die Möglichkeit besaßen, die Verträge als Ganzes abzulehnen oder ihnen zuzustimmen. Der Bundesregierung bot sich so „ein wirksames Instrument zur Erhöhung des durch Parlament, Judikative und Parteien begrenzteren innenpolitischen Handlungsspielraumes“, der Vorteil des „präjudizierenden Schrittes“ (Hartwich 1991: 263, 266). Allerdings kam dadurch auch ein neuer Spieler zum Zuge, nämlich die DDR-Regierung, die zumindest beim Umtauschkurs ihren Willen gegen die Vorstellungen der Bundesregierung durchsetzen konnte.

Die entscheidende Variable zur Erklärung des Politikmusters bei der Herstellung der deutschen Einheit ist aber der Parteienwettbewerb (Lehmbruch 1991), der noch dadurch verstärkt wurde, dass die Verhandlungen über die Vereinigungsverträge in den Bundestagswahlkampf 1990 fielen. Bereits das Angebot des Bundeskanzlers an die DDR-Regierung, Verhandlungen über eine Währungsunion aufzunehmen, lässt sich vor allem als Versuch sehen, in einem Wahljahr aus der Defensive im politischen Diskurs herauszukommen. Auch die Position der SPD, die einerseits die Verträge teilweise heftig kritisierte, ihnen andererseits aber zustimmte, lässt sich nicht zuletzt aus dem Wettbewerb um Wählerstimmen erklären. Gerade angesichts des erheblichen Zeitdrucks, unter dem die Verhandlungen und die Ratifizierung des Vertrages standen, war es für die Opposition trotz ihrer formalen Vetoposition im Bundesrat fast unmöglich, ihre Position durchzusetzen. Die SPD besaß so nur die Möglichkeit, entweder dem Vertrag in der vorliegenden Fassung zuzustimmen oder ihn abzulehnen und damit als Verhinderer der deutschen Einheit vor die Wähler zu treten. Weil letztere Option nicht ernsthaft zur Diskussion stand, war die Zustimmung tatsächlich durch das Agenda-Setting der Bundesregierung präjudiziert.

8 Die Verarbeitung der Wiedervereinigung bis 1998

Die christlich-liberale Wirtschaftspolitik der 1990er Jahre zerfällt in zwei Subperioden. In den ersten Jahren nach der Wiedervereinigung dominierte in vielen Bereichen eine vergleichsweise breite Übereinstimmung in wirtschafts- und sozialpolitischen Fragen, eine Art „Vereinigungskonsens“ (Heinelt/Weck 1998). Es ging vor allem um die politische Verarbeitung der ökonomischen Transformation in den neuen Bundesländern, die sich entgegen den Erwartungen der Bundesregierung als ausgesprochen schwierig herausstellte. Dazu hatte die Wirtschaftspolitik das Ihre beigetragen, war der maroden DDR-Wirtschaft doch mit dem Umstellungskurs bei der Währungsunion, den anschließenden Lohnerhöhungen in den neuen Ländern und der auf beides reagierenden Hochzinspolitik der Bundesbank der Gnadenstoß versetzt worden, mit der Folge einer zusammenbrechenden Industrieproduktion und rapide zunehmender Arbeitslosigkeit. Selbst in dieser schwierigen Situation wurde aber keine Koordinierung der wichtigsten Akteure gesucht, wenn man von einigen Kanzlerrunden in den ersten Jahren nach der Vereinigung sowie dem kurzlebigen „Bündnis für Arbeit“ 1996 absieht, die wirkungslos blieben (Weßels 1999: 95f.). Die Lohnpolitik wurde den Tarifparteien überlassen und auch die Zinspolitik blieb unbeeinflusst – trotz einiger Konflikte der Bundesregierung mit der Bundesbank, deren wichtigster sich um die Schaffung einer Europäischen Währungsunion drehte, die 1999 zur Übertragung der geldpolitischen Verantwortung von der Bundesbank auf die Europäische Zentralbank führte.

Der Zusammenbruch der DDR-Wirtschaft ließ den Aufbau in Ostdeutschland weitgehend zu einer staatlichen Veranstaltung werden. Wirtschaftsförderung wurde dabei vornehmlich über Steuervergünstigungen betrieben. Hinzu kamen West-Ost-Nettotransfers mit einem jährlichen Volumen von 4% am westdeutschen BIP (Renzsch 1998: 74). Diese Transfers wurden zunächst vor allem über eine sprunghafte Erhöhung der Staatsverschuldung und über höhere Sozialversicherungsbeiträge finanziert (Czada 1995). Diese Politik stieß jedoch an ihre Grenzen, als die Ausdehnung der Staatsverschuldung von der Bundesbank mit einer kräftigen Erhöhung der Zinsen beantwortet wurde. Daraufhin kam es 1993 zu zwei Sparpaketen, die neben der Wiedereinführung des Solidaritätszuschlages auch Kürzungen im Sozialbereich vorsahen. Betroffen hiervon war auch die aktive Arbeitsmarktpolitik, die allerdings als Reaktion auf den steilen Anstieg der Arbeitslosigkeit in Ostdeutschland zunächst in nie da gewesenem Maße ausgebaut worden war (Schmid 1998).

Schließlich war die Wirtschaftspolitik nach der Wiedervereinigung mit dem Problem konfrontiert, dass sich im Grunde die gesamte Volkswirtschaft der untergegangenen DDR in Staatsbesitz befand. Die Aufgabe, die ehemaligen volkseigenen Betriebe zu privatisieren, wurde noch von der DDR-Übergangsregierung unter Modrow an die Treuhandanstalt (THA) delegiert (ausführlich Seibel 2005). Deren Handeln war „von einem einzigartigen Gemisch aus Handlungsautonomie im Einzelfall, einer ‚weichen’ Budgetgrenze und vielfältigen politischen Vernetzungen bestimmt“ (Czada 2000: 470). Das Privatisierungsziel wurde insgesamt überraschend erfolgreich verfolgt. Allerdings musste die Treuhand bei vielen Privatisierungen in erheblichem Umfang Altschulden und ökologische Altlasten übernehmen und Subventionen zusagen, um überhaupt Investoren zu finden. Daher hinterließ sie 1994 einen Verlust von 256 Mrd. DM (BT-Drs. 13/2280: 125). Zudem gingen mehr als zwei Millionen Arbeitsplätze verloren (Grosser 1998: 364).

Zumindest indirekte Impulse lösten die Wiedervereinigung und die maroden ostdeutschen Ausgangsbedingungen auch bemerkenswerte Reformen bei der Bahn und der Post aus. In beiden Fällen wurden die Staatsunternehmen durch Organisationsreformen von politischem Einfluss und den Hindernissen des Beamtenrechts befreit, und im Bahnbereich kam es zu einer gewissen Liberalisierung (Lehmkuhl/Herr 1994; Schmidt 1996). Eine materielle Privatisierung fand dagegen zunächst nur bei der Deutschen Telekom statt.

Ab 1996 verschärfte die Regierung Kohl ihren Reformkurs. Obwohl die aus der deutschen Einheit entstandenen Haushaltsprobleme noch längst nicht gelöst waren, die Maastricht-Kriterien sogar eine deutliche Rückführung der Kreditaufnahme verlangten, war die zweite Hälfte der Ära Kohl durch die Fokussierung auf die Steuerpolitik gekennzeichnet (Zohlnhöfer 2001; Ganghof 2004). 1996 wurde – in Reaktion auf ein Urteil des Bundesverfassungsgerichts (BVerfGE 82, 60) – der steuerliche Grundfreibetrag erheblich ausgeweitet. Zur Verbesserung der relativen Position Deutschlands im internationalen Steuerwettbewerb wurden die Unternehmenssteuersätze gesenkt, während durch den Abbau von Steuervergünstigungen die Aufkommensneutralität sichergestellt werden sollte. Dieses Muster lag auch der Steuerreform 1998/99 zugrunde, die deutliche Senkungen des Einkommensteuerspitzensatzes (von 53 auf 39%) sowie der Körperschaftsteuersätze (von 45 und 30% auf 35 und 25%) vorsah. Gleichzeitig sollte die Bemessungsgrundlage auch durch Kürzungen in sozial sensiblen Bereichen erweitert werden. Allerdings ließ sich diese Reform im Bundesrat nicht durchsetzen. Dennoch lag die Steuerquote im Jahr 1998 trotz der Finanzierung der deutschen Einheit niedriger als 1990.

In der Beschäftigungspolitik sollten ein gelockerter Kündigungsschutz und die weitere Erleichterung befristeter Arbeitsverträge der Flexibilisierung des Arbeitsmarktes dienen. Zudem wurden die Kriterien für die Zumutbarkeit einer neuen Beschäftigung verschärft sowie bestimmte Leistungen der passiven Arbeitsmarktpolitik eingeschränkt. Zur Senkung der Lohnnebenkosten, die zwischen 1990 und 1998 geradezu explodiert waren (Streeck/Trampusch 2005: 177), wurde in der Rentenversicherung ein Demografiefaktor eingeführt, in der Krankenversicherung die Selbstbeteiligung erhöht und die gesetzliche Lohnfortzahlung im Krankheitsfall gegen den erbitterten Widerstand der Gewerkschaften gekürzt. Diese letzte Maßnahme führte schließlich zum Scheitern der Konzertierungsbemühungen der Regierung mit Gewerkschaften und Arbeitgebern im Rahmen des von der IG Metall vorgeschlagenen „Bündnis für Arbeit“ (Zohlnhöfer 2001: 279).

Im Bereich der Entstaatlichungspolitik ist ab 1996 neben dem – weniger ordnungspolitisch als fiskalisch – bedingten Ausbau der Privatisierungen in erster Linie die Liberalisierung des Telekommunikationssektors zu nennen, die die Aufhebung der verbliebenen Monopole der Deutschen Telekom sowie die Übertragung der Regulierung des Sektors auf eine unabhängige Behörde vorsah (Werle 1999). Einem ähnlichen Regulierungsmuster folgte das Postgesetz, und auch der Elektrizitätsmarkt wurde liberalisiert.

Wie können diese Weichenstellungen erklärt werden? In den ersten Jahren nach der Wiedervereinigung lässt sich ein bescheidener Parteieneffekt allenfalls in der Finanz- und der Entstaatlichungspolitik nachweisen. So vermied die Bundesregierung – gegen die heftige Kritik der SPD – im Wesentlichen Steuererhöhungen zur Finanzierung der deutschen Einheit und griff eher auf Staatsverschuldung und Sozialabgaben zurück. Ebenso können die (zunächst allerdings nur formalen) Privatisierungen von Bahn und Post als Ausdruck von Parteiendifferenzen gewertet werden. Dass keine stärkeren Parteieneffekte auftraten, lässt sich mit der Konstellation im Bundesrat erklären. Die Regierung hatte dort 1991 ihre Mehrheit verloren, und 1996 erlangte die Opposition sogar eine eigene Stimmenmehrheit. Daher musste die Koalition Abstriche an ihren Gesetzesvorhaben hinnehmen oder gar auf bestimmte Gesetzesteile verzichten, für die keine Zustimmung im Bundesrat zu erreichen war. Wichtig erscheint allerdings, dass es Regierung und Opposition tatsächlich noch – wenn auch mühsam und unter Ausklammern bestimmter Bereiche – gelang, Kompromisse zu schließen. Dies lässt sich in vielen Fällen auf die gemeinsame Wahrnehmung eines starken Problemdrucks durch sämtliche Akteure zurückführen. So wurden beispielsweise die relativ weitgehenden Reformen von Post und Bahn einerseits durch die Liberalisierungen auf europäischer Ebene und andererseits durch die erhebliche Erhöhung des Problemdrucks, der auf beiden Unternehmen lastete, signifikant gefördert. Ähnlich dürften auch Kompromisse in der Finanz- und Arbeitsmarktpolitik durch die gemeinsame Wahrnehmung einer Krisensituation begünstigt worden sein: „the deepening economic crisis has prompted the big political parties to move closer together“ (Sally/Webber 1994: 40; vgl. Heinelt/Weck 1998).

Warum kam es jedoch ab Mitte der 1990er Jahre zu einer Verschärfung des Reformkurses? Von erheblicher Bedeutung war der Parteienwettbewerb. Dessen Effekte müssen vor dem Hintergrund gesehen werden, dass im Winter 1995/96 die Zahl der Arbeitslosen erstmals die 4-Millionen-Marke überstieg und damit ein Ausmaß erreichte, das die Wiederwahl der Koalition in der Sicht ihrer führenden Politiker in höchstem Maße gefährdete. Als Reaktion darauf kündigte der Bundeskanzler an, die Zahl der Arbeitslosen bis zum Jahr 2000 halbieren zu wollen. Sollte dieses Ziel erreicht werden, mussten angesichts des ausbleibenden Erfolgs der bisherigen vorsichtigen Maßnahmen weiterreichende Reformen in Angriff genommen werden.

Wieso wirkte aber die innerkoalitionäre Vetoposition des CDU-Arbeitnehmerflügels in den 1990er Jahren nicht mehr wie zuvor? Neben gewissen Positionsänderungen der Sozialausschüsse und ihrer Konzentration auf die Einführung der Pflegeversicherung und die Reform der Rentenversicherung dürfte vor allem ihr abnehmender Einfluss in der Gesamtpartei von entscheidender Bedeutung gewesen sein (Schroeder 1998). Die Sozialausschüsse versäumten es erstens, ihren Mitgliederverlust im Westen zu bekämpfen und sich im Osten zu etablieren; zweitens gelang es ihnen nicht, ihren Standpunkt in den wichtigsten Entscheidungsgremien der Partei wirksam zu vertreten. Spätestens Mitte der 1990er Jahre hatten sie ihre interne Vetoposition aufgegeben, wie vor allem an der Akzeptanz des mehrheitlich zustimmenden Votums der Fraktion zur Reduzierung der Lohnfortzahlung im Krankheitsfall deutlich wird. Sobald die Sozialausschüsse aber trotz ihrer strukturellen Minderheitenposition in der CDU ein Mehrheitsvotum der Fraktion als bindend betrachteten, ließen sich einschneidende Reformen in der Koalition durchsetzen.

Gerade weil die Koalition sich ab Mitte der 1990er Jahre auf vergleichsweise weitgehende Reformen verständigen konnte, wurden Kompromisse mit der Bundesratsmehrheit zunehmend schwieriger. Bei Einspruchsgesetzen setzte die Koalition gewöhnlich ihr ursprüngliches Konzept ohne Konzessionen durch. In anderen Fällen versuchte sie, die Zustimmungspflicht des Bundesrates zu umspielen, indem sie auf zustimmungsbedürftige Regelungen verzichtete. Bei Zustimmungsgesetzen, bei denen diese „Umspielung“ nicht gelang, kam es unter Umständen allerdings wirklich zum Scheitern der Reform. Das prominenteste Beispiel hierfür ist die Steuerreform 1998/99 (Zohlnhöfer 2001; Ganghof 2004).

Dennoch war das Scheitern von Zustimmungsgesetzen keineswegs determiniert. Das Telekommunikationsgesetz und das Postgesetz, aber auch der Beitritt zur Europäischen Währungsunion sind Beispiele für weit reichende Reformen, die trotz ihrer Zustimmungsbedürftigkeit verabschiedet werden konnten. Dieser abweichende Befund hat im Wesentlichen zwei Gründe. Erstens waren die Richtungsentscheidungen bereits auf EU-Ebene gefallen. Gerade deswegen standen das Telekommunikations- und das Postgesetz zweitens kaum im Zentrum der politischen Debatte. Entsprechend eigneten sie sich auch nicht gut zur parteipolitischen Profilierung. Der Beitritt zur Europäischen Währungsunion wurde sogar bewusst von allen Parteien aus dem Parteienwettbewerb herausgehalten. Dagegen lässt sich für die gescheiterte Steuerreform zeigen, dass sich alle beteiligten Parteien von einer Nichtentscheidung bessere Wahlchancen versprachen als von einer Einigung zu den Bedingungen des Gegenspielers, so dass ein Scheitern der Reform als logische Konsequenz des Verhaltens stimmenmaximierender Parteien erscheint (Zohlnhöfer 2001: 265).

Der Parteienwettbewerb erklärt darüber hinaus die Gestaltung der Finanzpolitik seit 1990. Da die christlich-liberale Koalition einerseits im Bundestagswahlkampf 1990 Steuererhöhungen ausgeschlossen hatte und Ausgabenkürzungen schwer durchsetzbar waren, es ihr aber andererseits nicht gelang, die SPD in die Formulierung der Finanzpolitik einzubinden, bestand die Logik der Finanzierung der deutschen Einheit weitgehend in dem Versuch, die Kosten zu kaschieren. Dies erfolgte vornehmlich über die wenig sichtbaren Wege der Ausdehnung der Staatsverschuldung, teilweise noch ‚versteckt' in Sondervermögen, und der Erhöhung der Sozialversicherungsbeiträge. Da jedoch die Staatsverschuldung wegen der Konvergenzkriterien des Maastrichter Vertrages heruntergefahren werden musste und die Höhe der Sozialversicherungsbeiträge als beschäftigungsfeindlich attackiert wurde, wendete sich die Regierung ab Mitte der 1990er Jahre verstärkt der Privatisierung sowie ad hoc Einsparungen im Haushaltsverfahren zu (Zohlnhöfer 2000).

9 „Nicht alles anders, aber vieles besser"? Eine Bilanz der Regierungen Schröder

Der Regierung Kohl folgte 1998 eine Koalition von SPD und Grünen unter Gerhard Schröder, die versprach, „nicht alles anders, aber vieles besser zu machen", so der Wahlslogan der SPD. Das zentrale wirtschaftspolitische Instrument der neuen Regierung war eine Makrokonzertierung zwischen Regierung und Sozialpartnern im Rahmen eines neuerlichen „Bündnis für Arbeit, Ausbildung und Wettbewerbsfähigkeit". Allerdings konnte eine Koordinierung der zentralen wirtschaftspolitischen Akteure in diesem Gremium gerade nicht erreicht werden. Was die Einbindung der Zentralbank betraf, war dies von vornherein ausgeschlossen, war die Geldpolitik doch seit 1999 an die Europäische Zentralbank übergegangen. Die EZB hatte ihre Geldpolitik an den Bedürfnissen der Eurozone und nicht allein an denen der Bundesrepublik zu orientieren, was wegen der vergleichsweise niedrigen Inflation in Deutschland dazu führte, dass die Realzinsen hier höher als in den meisten anderen Euro-Ländern waren (Busch 2005: 134). Doch auch Absprachen zwischen Regierung und Sozialpartnern blieben weitgehend aus. Insbesondere die Gewerkschaften konnten nicht zu Zugeständnissen im Bereich der Lohnpolitik bewegt werden. Diese wenig kompromissbereite Politik hatte die Koalition den Gewerkschaften allerdings dadurch erleichtert, dass Finanzminister Lafontaine hohe Lohnforderungen sogar empfohlen hatte und zu Beginn der Legislaturperiode ein Großteil der gewerkschaftsfreundlichen Gesetzgebung durchgesetzt wurde, ohne dafür Konzessionen zu verlangen (Streeck 2003). Doch auch von den Arbeitgebern wurden keine Gegenleistungen „im Tausch" für die unternehmerfreundliche Steuerreform verlangt. Entsprechend mager blieb die Bilanz des Bündnisses bereits lange vor seinem endgültigen Scheitern im März 2003 (Siegel 2003).

Wie setzte die sozialdemokratisch geführte Regierung ihre übrigen wirtschaftspolitischen Instrumente ein? Die Finanzpolitik der rot-grünen Bundesregierung zerfiel in zwei Phasen (vgl. Zohlnhöfer 2003b). Die kurze erste Phase unter Finanzminister Lafontaine ist durch den Versuch gekennzeichnet, eine konjunkturelle Belebung durch die Stärkung der Binnennachfrage zu erreichen (Harlen 2002: 67). Das zeigte sich an einem expansiven Bundeshaushalt für 1999 sowie an der Steuerreform, mit deren ersten beiden Stufen vor allem die Steuerbelastung niedriger Einkommen sank, während höhere Einkommen erst in der dritten Stufe leicht entlastet wurden. Unternehmen wurden zunächst sogar zusätzlich *be*lastet.

Dieser durchaus klassisch-sozialdemokratisch inspirierten Wende folgte im Frühjahr 1999 eine Rückwende. Lafontaines Nachfolger als Finanzminister, Hans Eichel, legte ein 15-Mrd.-Euro-Sparpaket vor, das auch nennenswerte Einschnitte bei Sozialleistungen vorsah. Die Konsolidierungspolitik sollte in den Folgejahren durch niedrige Ausgabensteigerungen fortgesetzt werden, doch zu weiteren Einschnitten bei Leistungsgesetzen kam es nicht. Dies rächte sich ab 2002 durch ein neuerliches Hochschnellen der Nettokreditaufnahme des Bundes. Erst nach der Bundestagswahl 2002 versuchte die Bundesregierung wieder, Kürzungen durchzusetzen. Auch Privatisierungen wurden in großem Umfang zur Haushaltskonsolidierung genutzt, allein im Haushalt für 2005 waren 15,4 Mrd. € an Erlösen eingeplant (BT-Drs. 15/3625: 4). Eine Konsolidierung des Bundeshaushaltes gelang jedoch auch mit diesen Mitteln nicht. Allerdings ist festzuhalten, dass die rot-grüne Bundesregierung auf der anderen Seite auch in der langen Stagnationsphase seit 2001 keine nennenswerten Investitionsprogramme aufgelegt hat, sondern im Gegenteil phasenweise eine „Politik der ruhigen Hand“ propagierte.

Auch in der Steuerpolitik wurde nach Lafontaines Rücktritt die konzeptionelle Ausrichtung der Finanzpolitik geändert. Insbesondere wurden zusätzliche weiterreichende Senkungen der Steuersätze beschlossen. Der Einkommensteuerspitzensatz sank gar auf 42%. Zudem wurden die Körperschaftsteuersätze auf einheitlich 25% reduziert. Auf der anderen Seite wurden vor allem Abschreibungsmöglichkeiten eingeschränkt, während auf Einschnitte bei Vergünstigungen für Arbeitnehmer verzichtet wurde. 2003 wurde zudem eine Reform der Gewerbesteuer verabschiedet.

Die rot-grüne Beschäftigungspolitik zerfällt in zwei Phasen, wobei jeweils das Ziel der Senkung der Lohnnebenkosten im Zentrum stand (Streeck/Trampusch 2005). In der ersten Phase versuchte die Koalition, die Beiträge zur Rentenversicherung über die Ökologische Steuerreform zu senken. Allerdings reichten die Einnahmen aus der Erhöhung der Energiesteuern nicht aus, die gesamten Sozialversicherungsbeiträge wie geplant unter 40% des Bruttolohns zu senken. Gleichzeitig führte die Rücknahme der Einschnitte bei der Lohnfortzahlung im Krankheitsfall sowie in der Renten- und Krankenversicherung zu weiter steigenden Lohnnebenkosten. Daher waren zusätzliche Reformen zur Reduzierung der Arbeitskosten notwendig. Ein Weg wurde in der Verbreiterung der Bemessungsgrundlage gesehen, wie er insbesondere mit der Reform der geringfügigen Beschäftigung und der Scheinselbständigkeit beschritten wurde. Daneben sollte die Senkung der Sozialbeiträge durch die Rentenreform, insbesondere die Einführung der Riester-Rente, und eine Gesundheitsreform bewerkstelligt werden. Während erstere nur langsam anlief und so zumindest kurzfristig keine positiven Effekte zeitigen konnte, blieb die Gesundheitsreform Stückwerk, da einige Teile erst gar nicht verabschiedet, andere später wieder zurückgenommen wurden. Bezüglich der Regulierung des Arbeitsmarktes ist in der ersten Phase rot-grüner Beschäftigungspolitik eine erhebliche Re-Regulierung zu verzeichnen (Rose 2003). Die Liberalisierung des Kündigungsschutzes, die die Kohl-Regierung 1996 eingeführt hatte, wurde aufgehoben, die Scheinselbständigkeit restriktiv reguliert und geringfügige Beschäftigung neu geregelt. Auch das Teilzeit- und Befristungsgesetz sowie die Novellierung des Betriebsverfassungsgesetzes sind in diesem Zusammenhang zu nennen.

Diese erste Phase wurde ab dem Frühjahr 2002 durch eine zweite abgelöst, die eingeleitet wurde durch die Einsetzung einer Expertenkommission unter Vorsitz des damaligen VW-Personalchefs Peter Hartz. Die vom Kommissionsbericht angestoßenen Maßnahmen stellten zu einem erheblichen Teil eine Rücknahme der bisher betriebenen Arbeitsmarktpolitik dar. Die vom Bundeskanzler im März 2003 angekündigte „Agenda 2010“ baute die Hartz-Vorschläge noch aus und erweiterte sie über den Bereich der Arbeitsmarktpolitik hinaus (Rose 2003; Kemmerling/Bruttel 2005). So wurde die geringfügige Beschäftigung über die neuen „Mini-Jobs“ wieder liberalisiert, die Regulierung der Scheinselbständigkeit abgeschafft, ja diese wurde mit „Ich AGs“ geradezu ermutigt; auch die Möglichkeit, befristete Arbeitsverträge abzuschließen und Zeitarbeit in Anspruch zu nehmen, wurde erweitert. Eine gewisse Liberalisierung des Kündigungsschutzes sowie eine Verschärfung der Zumutbarkeitsregelungen für Langzeitarbeitslose wurden ebenfalls vorgenommen. Zudem wurde nun stärker versucht, die Sozialversicherungsbeiträge über die Ausgabenseite zu reduzieren. Dies zeigt sich etwa an der Kürzung der Bezugsdauer des Arbeitslosengeldes und der hochgradig umstrittenen Zusammenlegung von Arbeitslosen- und Sozialhilfe zum Arbeitslosengeld II. Auch die Gesundheitsreform sowie die Rentenreform 2004, die u.a. die Einführung eines Nachhaltigkeitsfaktors brachte, verweisen auf den neuen Primat der sozialpolitischen Konsolidierung auf der Ausgabenseite.

Zusammenfassend erscheint die Wirtschaftspolitik der Regierung Schröder seltsam konzeptionslos und sprunghaft. Wie ist dies zu erklären? Anders als am Ende der sozialliberalen Koalition ist das widersprüchliche Profil nicht auf koalitionsinterne Auseinandersetzungen zurückzuführen, da die SPD die Hauptverantwortung für die Wirtschaftspolitik trug (Zohlnhöfer 2004b). Daher hätte sie weit reichende Veränderungen ohne größere Konzessionen an den kleinen Koalitionspartner durchsetzen können – wenn es denn einen innerparteilichen Konsens über die richtigen Maßnahmen gegeben hätte. Genau daran mangelte es jedoch, die SPD war „weder programmatisch noch politisch-konzeptionell auf die Regierungstätigkeit vorbereitet“ (Stöss/Niedermayer 2000: 5). Die widersprüchlichen wirtschaftspolitischen Konzepte, die innerhalb der Partei von den gewerkschaftsnahen „Traditionalisten“ auf der einen und den wirtschaftspolitischen „Modernisierern“ auf der anderen Seite vertreten wurden, blieben unverbunden nebeneinander stehen (Egle/Henkes 2003). In der praktischen Politik konnte sich zunächst der traditionalistische Flügel durchsetzen, wie sich an der Fokussierung auf die Stärkung der Binnennachfrage, der Re-Regulierung des Arbeitsmarktes sowie der Rücknahme der Sozialreformen der christlich-liberalen Koalition zeigt. In der Finanzpolitik kam es jedoch schon nach wenigen Monaten zu einer deutlichen Kurskorrektur. Ein vergleichbarer Kurswechsel in der Beschäftigungspolitik lässt sich dagegen erst viel später feststellen. Wie lässt sich dieses Muster erklären?

Angesichts der geringen programmatischen Kohärenz der SPD und der großen Bedeutung des Ressortprinzips in der Bundesrepublik spielte es offenbar eine große Rolle, welcher Parteiflügel den Minister stellte, dem eine Agenda-Setter-Rolle zufiel. Dies erklärt, warum Lafontaine zu Beginn der Regierungszeit die Möglichkeit besaß, seine Ziele in erheblichem Maße umzusetzen. Auf der anderen Seite genügte jedoch bereits sein Rücktritt, um einen Richtungswechsel in der Finanzpolitik zu ermöglichen. Dagegen blieb das Arbeitsministerium bis 2002 unter der Leitung des traditionalistischen SPD-Flügels, was zu einer Fortsetzung der klassisch-sozialdemokratischen Politik führte. Erst mit der Hartz-Kommission gelang es, die Traditionalisten im Arbeitsministerium zu „umspielen“, und schließlich erlaubte es die Zusammenlegung der arbeitsmarktpolitischen Abteilungen des Arbeitsministeriums mit dem Wirtschaftsministerium, auch in der Beschäftigungspolitik die Vorstellungen der Modernisierer in größerem Umfang durchzusetzen.

Doch gerade für den Politikwechsel in der Beschäftigungspolitik sollte auch die Rolle des Parteienwettbewerbs nicht unterschätzt werden (Blancke/Schmid 2003). Nach der Einlösung der Wahlversprechen bezüglich der Rücknahme einiger unpopulärer Maßnahmen aus der Kohl-Ära sowie der Neuregelung der geringfügigen Beschäftigung und der Scheinselbständigkeit hielt sich die rot-grüne Koalition mit weiteren Maßnahmen zurück: Der Reformdruck sank angesichts abnehmender Arbeitslosigkeit bis ins Jahr 2001 hinein und ließ Konflikte mit den Gewerkschaften unnötig erscheinen. Dieses Muster, Reformen aus Angst vor deren negativen elektoralen Folgen zurückzustellen, fand sich auch in anderen Bereichen, so etwa bei der Ökosteuerreform (Raschke 2001: 217ff.). Auch die Zurückhaltung bei weiteren Kürzungsmaßnahmen zur Konsolidierung des Haushaltes und der Sozialversicherungen nach 1999 ist hier zu nennen, erlitt die SPD doch nach der Ankündigung des Eichel'schen Sparpakets 1999 empfindliche Niederlagen bei einer Reihe von Landtagswahlen, die zumindest teilweise auf die in dem Sparpaket enthaltenen Sozialkürzungen zurückgeführt wurden (Zohlnhöfer 2004b). In der Beschäftigungspolitik allerdings führte der Parteienwettbewerb auch dazu, dass weiterreichende – und durchaus kontroverse – Reformen in Angriff genommen wurden. Ab dem Herbst 2001 stieg nämlich der Reformdruck in Form zunehmender Arbeitslosigkeit wieder. Dies gefährdete die Erreichung des vom Bundeskanzler selbst gesetzten Zielwertes bei der Arbeitslosigkeit und damit die Wiederwahl der Regierung erheblich, was zu neuem arbeitsmarktpolitischen Aktionismus führte, der sich insbesondere in der Einsetzung der Hartz-Kommission niederschlug. Die Kommission legte kurz vor der Bundestagswahl ihren Bericht vor, was den Wählern die arbeitsmarktpolitische Handlungsfähigkeit der Koalition vor Augen führen sollte.

Die „Agenda 2010“ kann ähnlich erklärt werden. Unmittelbar nach der Bundestagswahl 2002 stürzte die SPD in den Umfragen ab und erlitt erdrutschartige Niederlagen bei den Landtagswahlen im Februar 2003. Der Hauptgrund für dieses Wahldebakel bestand darin, dass die Wähler die SPD als inkompetent zur Lösung der Wirtschafts- und Beschäftigungsprobleme wahrnahmen (FGW 2003). Daher wurde es für die Koalition erneut notwendig, ihre Reformfähigkeit unter Beweis zu stellen, was der Bundeskanzler mit seiner Regierungserklärung vom März 2003 versuchte.

Dass weder die „Agenda 2010“ noch die Hartz-Gesetze in der Form verabschiedet wurden, in der sie zunächst konzipiert waren, lag auch am Bundesrat, in dem die rot-grüne Regierung im April 1999 ihre Mehrheit verlor und in dem die Opposition ab dem Frühjahr 2002 sogar eine eigene Mehrheit erreichte und in den folgenden Jahren weiter ausbaute. Nur solange im Bundesrat eine eigene rot-grüne Mehrheit existierte bzw. soweit Gesetze nicht zustimmungspflichtig waren, wurden die Reformen weitgehend in der vom Bundestag angenommenen Form verabschiedet. Auffallend ist allerdings, dass die Konzessionen, die der Bundesrat erzwang, nach dem Erreichen einer eigenen Mehrheit unionsregierter Länder im Frühjahr 2002 gewachsen sind. Zwar lassen sich in einer Reihe von Fällen schon vorher deutliche Spuren des Einflusses der bürgerlichen Oppositionsparteien auf die Reformpolitik feststellen, beispielsweise bei der Senkung des Spitzensteuersatzes. Doch ab 2002 war der Einfluss der Länderkammer auf die rot-grüne Reformpolitik ungleich größer, wie sich beim Subventionsabbau und der Gewerbesteuerreform, aber nicht zuletzt auch bei den Hartz-Reformen zeigte, die im Bundesrat teilweise deutlich verschärft wurden. Die Gesundheitsreform von 2003 wurde sogar von vornherein gemeinsam von Koalition und CDU/CSU ausgearbeitet. Dass die Bedeutung des Bundesrates vor 2002 begrenzt blieb, lässt sich vor allem darauf zurückführen, dass die Regierung sehr geschickt das Fehlen einer eigenen Oppositionsmehrheit im Bundesrat ausnutzte. Bei der Renten- und der Steuerreform kaufte sie die gemischten Länder durch gezielte Angebote im wahrsten Sinne des Wortes, ohne zusätzliche inhaltliche Konzessionen machen zu müssen (Harlen 2002: 71-76; Merkel 2003).

10 Fazit

Welche theoretischen Schlussfolgerungen lassen sich aus der Analyse von 60 Jahren deutscher Wirtschaftspolitik ziehen? Welche Faktoren haben die wirtschaftspolitische Willensbildung und Entscheidungsfindung maßgeblich beeinflusst?

Die Parteiendifferenzhypothese, die im Zentrum des Beitrages steht, findet durch die vorstehende Untersuchung durchaus Unterstützung, wenngleich keine uneingeschränkte. Vom Leitsätzegesetz bis zur Beschäftigungspolitik der ersten rot-grünen Regierung lassen sich eine Vielzahl von Maßnahmen nennen, die sich mit der parteipolitischen Zusammensetzung der Regierung erklären lassen. Doch ebenso zeigt sich, dass es stets Phasen und Bereiche gab, in denen die Orientierung an ideologisch-programmatischen Zielen überlagert wurde von den Bestrebungen, die nächste Wahl zu gewinnen. Das führte zu einem unerhörten Ausbau des Sozialstaates unter den Regierungen Adenauers ebenso wie zur Übernahme liberaler Ansätze in der rot-grünen Beschäftigungspolitik nach 2002. Hinzu kam, dass die Wirtschaftspolitik immer wieder durch innerparteiliche Konflikte geprägt wurde, so vor allem durch den Konflikt zwischen Arbeitnehmer- und Wirtschaftsflügel in den Unionsregierungen der 1950er und 1980er Jahre, aber auch durch die Auseinandersetzung zwischen linkem und rechtem Flügel der SPD, wie sie vor allem am Anfang der 1980er Jahre auftrat und als Rivalität zwischen „Modernisierern“ und „Traditionalisten“ auch die rot-grüne Wirtschaftspolitik prägte.

Häufig ließ sich die präferierte Politik zudem angesichts des komplizierten Institutionengefüges, das in der deutschen Wirtschaftspolitik herrscht, nicht durchsetzen. Insbesondere die SPD-geführten Regierungen liefen mit ihren Wirtschaftspolitiken, die anspruchsvolle Koordinierungsleistungen voraussetzten, auf die Handlungslogiken der unabhängig handelnden wirtschaftspolitischen Akteure Bundesbank und Sozialpartner auf. Doch auch im engeren Bereich des politischen Systems konnten die Regierungen nicht alle ihre Projekte durchsetzen, weil Einiges am Koalitionspartner, anderes am Bundesrat scheiterte oder dort erheblich modifiziert wurde.

Obwohl sich Beispiele für den Einfluss von Parteien, den Wettbewerb um Wählerstimmen und Institutionen aus allen hier untersuchten Phasen beibringen lassen, werden doch auch Veränderungen über die Zeit hinweg deutlich. Die Bedeutung des Bundesrates beispielsweise scheint in der Wirtschaftspolitik gewachsen zu sein. In der Ära Adenauer, aber sogar noch bis weit in die Periode der sozial-liberalen Koalition hinein diente er vornehmlich der Wahrung der finanziellen oder institutionellen Eigeninteressen der Bundesländer und beeinflusste auf diese Weise vornehmlich die Steuerpolitik. Spätestens seit Mitte der 1990er Jahre ist der Bundesrat dagegen das Forum, in dem weite Teile der Wirtschaftspolitik beeinflusst werden. Ein Grund hierfür mag darin liegen, dass divergierende Mehrheiten in Bundestag und Bundesrat in schneller Abfolge in unterschiedlichen parteipolitischen Konstellationen vorgekommen sind. Auch die Intensivierung des Parteienwettbewerbs durch die massenmediale Vermittlung könnte hier eine Rolle spielen.

Dagegen scheinen die Parteiendifferenzen in der Wirtschaftspolitik am Beginn des 21. Jahrhunderts weniger bedeutend zu sein als in den 1950er oder auch den 1980er Jahren. Die europäische Integration etwa hat in einigen Bereichen, vor allem bei der Geldpolitik, aber auch bei der Regulierung staatsnaher Sektoren, unhintergehbare Handlungsbeschränkungen geschaffen. Hinzu gekommen sind die (wahrgenommenen) Effekte der wirtschaftlichen Globalisierung, die etwa dazu beigetragen haben, dass sich die zweite Große Koalition in ihrem Koalitionsvertrag auf eine weitere Reform der Unternehmenssteuern einigen konnten, wenngleich noch keine Einigung über die Details erzielt werden konnte (zu den Optionen Zohlnhöfer 2006). Vor dem Hintergrund des internationalen Standortwettbewerbs und der wenig erfreulichen wirtschaftspolitischen Bilanz der Bundesrepublik in den vergangenen 15 Jahren, die Deutschland den schon erwähnten Titel des „kranken Mannes Europas" eingebracht hat, erscheinen vielen Akteuren weitere einschneidende Reformen in fast allen wirtschaftspolitischen Feldern als unvermeidlich. Ob diese von der Großen Koalition durchgesetzt werden und damit die richtige Medizin für den Patienten „deutsche Ökonomie" verabreicht wird, wird Gegenstand zukünftiger Analysen sein müssen.

11 Literatur

Abelshauser, Werner, 2004: Deutsche Wirtschaftsgeschichte seit 1945. Bonn.

Alber, Jens, 1986: Der Wohlfahrtsstaat in der Wirtschaftskrise – Eine Bilanz der Sozialpolitik in der Bundesrepublik seit den frühen siebziger Jahren, in: PVS 27: 28-60.

Allen, Christopher S., 1989: The Underdevelopment of Keynesianism in the Federal Republic of Germany, in: Peter A. Hall (Hrsg.): The Political Power of Economic Ideas: Keynesianism across Nations. Princeton, NJ, 263-289.

Ambrosius, Gerold, 1977: Die Durchsetzung der Sozialen Marktwirtschaft in Westdeutschland 1945-1949. Stuttgart.

Baring, Arnulf, 1982: Machtwechsel. Die Ära Brandt-Scheel. Stuttgart.

Bauer, Thomas, 1998: Der Vermittlungsausschuß. Politik zwischen Konkurrenz und Konsens. Bremen (unveröffentlichte Dissertation).

Berger, Helge, 1997: Konjunkturpolitik im Wirtschaftswunder. Handlungsspielräume und Verhaltensmuster von Bundesbank und Regierung in den 1950er Jahren. Tübingen.

Bethusy-Huc, Viola Gräfin von, 1962: Demokratie und Interessenpolitik. Wiesbaden.

Beyme, Klaus von, [10]2004: Das politische System der Bundesrepublik Deutschland. Eine Einführung. Wiesbaden.

Blancke, Susanne/Schmid, Josef, 2003: Bilanz der Bundesregierung Schröder in der Arbeitsmarktpolitik 1998-2002: Ansätze zu einer doppelten Wende, in: Christoph Egle/Tobias Ostheim/Reimut Zohlnhöfer (Hrsg.): Das rot-grüne Projekt. Eine Bilanz der Regierung Schröder 1998-2002. Wiesbaden, 215-238.

Borchardt, Knut, 1985: Die wirtschaftliche Entwicklung der Bundesrepublik nach dem „Wirtschaftswunder", in: Franz Schneider (Hrsg.): Der Weg der Bundesrepublik. Von 1945 bis zur Gegenwart. München, 193-216.

Busch, Andreas, 2005: Globalisation and National Varieties of Capitalism: The Contested Viability of the 'German Model', in: German Politics 14: 125-139.

Czada, Roland, 1995: Der Kampf um die Finanzierung der deutschen Einheit, in: Gerhard Lehmbruch (Hrsg.): Einigung und Zerfall. Opladen, 73-102.

Czada, Roland, 2000: Die Tragweite des Eigentums. Vereinigungspolitik, marktwirtschaftliche Transformation und offene Vermögensfragen, in: Roland Czada/Hellmut Wollmann (Hrsg.): Von der Bonner zur Berliner Republik. Wiesbaden, 467-488.

Dyson, Kenneth, 1992: Regulatory Culture and Regulatory Change: Some Conclusions, in: Kenneth Dyson (Hrsg.): The Politics of German Regulation. Aldershot u.a., 257-271.

Egle, Christoph/Henkes, Christian, 2003: Später Sieg der Modernisierer über die Traditionalisten? Die Programmdebatte in der SPD, in: Christoph Egle/Tobias Ostheim/Reimut Zohlnhöfer (Hrsg.): Das rot-grüne Projekt. Eine Bilanz der Regierung Schröder 1998-2002. Wiesbaden, 67-92.

Eschenburg, Theodor, 1983: Jahre der Besatzung 1945-1949. Stuttgart/Wiesbaden.

Forschungsgruppe Wahlen (FGW), 2003: Landtagswahlen in Hessen und Niedersachsen, in: <http://www.forschungsgruppewahlen.de/Ergebnisse/Letzte_Wahl/Analyse_Hessen_Niedersachsen_2003.pdf> (Zugriff am 29.10.2003).

Ganghof, Steffen, 2004: Wer regiert in der Steuerpolitik? Frankfurt a.M./New York.

Grande, Edgar, 1989: Vom Monopol zum Wettbewerb? Die neokonservative Reform der Telekommunikation in Großbritannien und der Bundesrepublik Deutschland. Wiesbaden.

Grosser, Dieter, 1998: Das Wagnis der Währungs-, Wirtschafts- und Sozialunion. Stuttgart.

Hall, Peter/Soskice, David, 2001: An Introduction to Varieties of Capitalism, in: Peter Hall/David Soskice (Hrsg.): Varieties of Capitalism. Oxford, 1-68.

Harlen, Christine Margerum, 2002: Schröder's Economic Reforms: The End of Reformstau?, in: German Politics 11 (1): 61-80.

Hartwich, Hans-Hermann, 1991: Die Bundesregierung im Prozeß der deutschen Vereinigung (1989/90), in: Hans-Hermann Hartwich/Göttrik Wewer (Hrsg.): Regieren in der Bundesrepublik III. Opladen, 237-273.

Haungs, Peter, [2]1992: Die CDU: Prototyp einer Volkspartei, in: Alf Mintzel/Heinrich Oberreuter (Hrsg.): Parteien in der Bundesrepublik Deutschland. Opladen, 172-216.

Heinelt, Hubert/Weck, Michael, 1998: Arbeitsmarktpolitik. Vom Vereinigungskonsens zur Standortdebatte. Opladen.

Hennings, Klaus Hinrich, 1982: West Germany, in: Andrea Boltho (Hrsg.): The European Economy. Growth and Crisis. Oxford, 472-501

Hentschel, Volker, 1996: Ludwig Erhard: ein Politikerleben. München/Landsberg.

Hildebrand, Klaus, 1984: Von Erhard zur Großen Koalition 1963-1969. Stuttgart/Wiesbaden.

Hilger, Susanne, 2005: Zur Genese des „German Model". Die Bedeutung des Ordoliberalismus für die Ausgestaltung der bundesdeutschen Wettbewerbsordnung nach dem Zweiten Weltkrieg, in: Paul Windolf (Hrsg.): Finanzmarktkapitalismus. Wiesbaden, 222-241.

Jäger, Wolfgang, 1986: Die Innenpolitik der sozial-liberalen Koalition 1969-1974, in: Karl-Dietrich Bracher/Wolfgang Jäger/Werner Link: Republik im Wandel 1969-1974. Die Ära Brandt. Stuttgart/Mannheim, 13-160.

Kemmerling, Achim/Bruttel, Oliver, 2005: New Politics in German Labour Market Policy? The Implications of the Recent Hartz Reforms for the German Welfare State. Berlin (WZB Discussion Paper SP I 2005-101).

Kohl, Jürgen, 1985: Staatsausgaben in Westeuropa. Frankfurt a.M./New York.

Lehmbruch, Gerhard, 1991: Die deutsche Vereinigung: Strukturen und Strategien, in: PVS 32: 585-604.

Lehmbruch, Gerhard, [3]2000: Parteienwettbewerb im Bundesstaat. Regelsysteme und Spannungslagen im Institutionengefüge der Bundesrepublik Deutschland. Opladen.

Lehmkuhl, Dirk/Herr, Christof, 1994: Reform im Spannungsfeld von Dezentralisierung und Entstaatlichung: Die Neuordnung des Eisenbahnwesens in Deutschland, in: PVS 35: 631-657.

Merkel, Wolfgang, 2003: Institutionen und Reformpolitik: Drei Fallstudien zur Vetospieler-Theorie, in: Christoph Egle/Tobias Ostheim/Reimut Zohlnhöfer (Hrsg.): Das rot-grüne Projekt. Eine Bilanz der Regierung Schröder 1998-2002. Wiesbaden, 163-190.

Muscheid, Jutta, 1986: Die Steuerpolitik in der Bundesrepublik Deutschland 1949-1982. Berlin.

Osterwald, Egbert, 1982: Die Entstehung des Stabilitätsgesetzes. Frankfurt a.M./New York.

Raschke, Joachim, 2001: Die Zukunft der Grünen. Frankfurt a.M./New York.

Renzsch, Wolfgang, 1991: Finanzverfassung und Finanzausgleich. Bonn.

Renzsch, Wolfgang, 1998: Die finanzielle Unterstützung der neuen Länder durch die alten Länder, in: Eckart Klein (Hrsg.): Die Rolle des Bundesrates und der Länder im Prozeß der deutschen Einheit. Berlin, 73-86.

Rose, Edgar, 2003: Arbeitsrechtspolitik zwischen Re-Regulierung und Deregulierung, in: Antonia Gohr/Martin Seeleib-Kaiser (Hrsg.): Sozial- und Wirtschaftspolitik unter Rot-Grün. Wiesbaden, 103-124.

Sachverständigenrat zur Begutachtung der gesamtwirtschaftlichen Entwicklung, 1967: Stabilität im Wachstum. Jahresgutachten 1967/68. Stuttgart/Mainz.

Sachverständigenrat zur Begutachtung der gesamtwirtschaftlichen Entwicklung, 1997: Wachstum, Beschäftigung, Währungsunion – Orientierungen für die Zukunft. Jahresgutachten 1997/98. Stuttgart.

Sally, Razeen/Webber, Douglas, 1994: The German Solidarity Pact. A Case Study in the Politics of the Unified Germany, in: German Politics 3: 18-46.

Sarrazin, Thilo, 1983: Die Finanzpolitik des Bundes 1970-1982. Eine kritische Würdigung, in: Finanzarchiv 41: 373-387.

Scharpf, Fritz W., 1987: Sozialdemokratische Krisenpolitik in Europa. Frankfurt a.M./New York.

Scherf, Harald, 1986: Enttäuschte Hoffnungen – vergebene Chancen. Die Wirtschaftspolitik der Sozial-Liberalen Koalition 1969-1982. Göttingen.

Schmid, Günther, 1998: Das Nadelöhr der Wirklichkeit verfehlt: Eine beschäftigungspolitische Bilanz der Ära Kohl, in: Göttrik Wewer (Hrsg.): Bilanz der Ära Kohl. Opladen, 145-181.

Schmid, Günther/Wiebe, Nicola, 1999: Die Politik der Vollbeschäftigung im Wandel. Von der passiven zur interaktiven Arbeitsmarktpolitik, in: Max Kaase/Günther Schmid (Hrsg.): Eine lernende Demokratie. Berlin, 357-396.

Schmid, Josef, 1990: Die CDU. Organisationsstrukturen, Politiken und Funktionsweisen einer Partei im Föderalismus. Opladen.

Schmid, Josef, 1991: Der Machtwechsel und die Strategie des konservativ-liberalen Bündnisses, in: Werner Süß (Hrsg.): Die Bundesrepublik in den 80er Jahren. Opladen, 19-34.

Schmidt, Manfred G., 1978: Die „Politik der Inneren Reformen" in der Bundesrepublik Deutschland 1969-1976, in: PVS 19: 201-253.

Schmidt, Manfred G., 1990: Staatsfinanzen, in: Klaus von Beyme/Manfred G. Schmidt (Hrsg.): Politik in der Bundesrepublik Deutschland. Opladen, 36-73.

Schmidt, Manfred G., 1992: Regieren in der Bundesrepublik Deutschland. Opladen.

Schmidt, Manfred G., 2005a: Sozialpolitische Denk- und Handlungsfelder, in: BMGS/Bundesarchiv (Hrsg.): Geschichte der Sozialpolitik in Deutschland seit 1945. Band 7: Bundesrepublik Deutschland 1982-1989. Finanzielle Konsolidierung und institutionelle Reform, Bandherausgeber: Manfred G. Schmidt. Baden-Baden, 61-154.

Schmidt, Manfred G., [3]2005b: Sozialpolitik in Deutschland. Historische Entwicklung und internationaler Vergleich. Wiesbaden.

Schmidt, Susanne K., 1996: Privatizing the Federal Postal and Telecommunications Services, in: Arthur Benz/Klaus H. Goetz (Hrsg.): A New German Public Sector? Reform, Adaptation and Stability. Aldershot u.a., 45-70.

Schroeder, Wolfgang, 1998: Das katholische Milieu auf dem Rückzug. Der Arbeitnehmerflügel der CDU nach der Ära Kohl, in: Tobias Dürr/Rüdiger Soldt (Hrsg.): Die CDU nach Kohl. Frankfurt a.M., 175-191.

Schwarz, Hans-Peter, 1981: Die Ära Adenauer. Gründerjahre der Republik 1949-1957. Stuttgart/ Wiesbaden.

Schwarz, Hans-Peter, 1983: Die Ära Adenauer. Epochenwechsel 1957-1963. Stuttgart/Wiesbaden.

Seibel, Wolfgang, 2005: Verwaltete Illusionen. Die Privatisierung der DDR-Wirtschaft durch die Treuhandanstalt und ihre Nachfolger 1990-2000. Frankfurt a.M./New York.

Shonfield, Andrew, 1968: Geplanter Kapitalismus. Wirtschaftspolitik in Westeuropa und USA. Köln/Berlin.

Siegel, Nico A., 2003: Die politische Ökonomie der Makrokonzertierung in Deutschland: Das Beispiel Bündnis für Arbeit, in: Sven Jochem/Nico A. Siegel (Hrsg.): Verhandlungsdemokratie, Konzertierung und Reformpolitik im Wohlfahrtsstaat. Opladen, 148-193.

Streeck, Wolfgang, 1999: Deutscher Kapitalismus: Gibt es ihn? Kann er überleben?, in: Wolfgang Streeck: Korporatismus in Deutschland. Frankfurt a.M., 13-40.

Streeck, Wolfgang, 2003: No Longer the Century of Corporatism. Das Ende des „Bündnisses für Arbeit". Köln (=MPIfG Working Paper 03/4).

Streeck, Wolfgang/Trampusch, Christine, 2005: Economic Reform and the Political Economy of the German Welfare State, in: German Politics 14: 174-195.

Sturm, Roland, 1990: Die Politik der Deutschen Bundesbank, in: Klaus von Beyme/Manfred G. Schmidt (Hrsg.): Politik in der Bundesrepublik Deutschland. Opladen, 255-282.

Stöss, Richard/Niedermayer, Oskar, 2000: Zwischen Anpassung und Profilierung. Die SPD an der Schwelle zum neuen Jahrhundert, in: APuZ B5: 3-11.

Vorländer, Hans, ^{2}1992: Die Freie Demokratische Partei, in: Alf Mintzel/Heinrich Oberreuter (Hrsg.): Parteien in der Bundesrepublik Deutschland. Opladen, 266-318.

Wagschal, Uwe, 2001: Parteien, Wahlen und die Unabhängigkeit der Bundesbank, in: Zeitschrift für Politikwissenschaft 11: 573-600.

Werle, Raymund, 1999: Liberalisation of Telecommunications in Germany, in: Kjell A. Eliassen/Marit Sjovaag (Hrsg.): European Telecommunications Liberalisation. London/New York, 110-127.

Weßels, Bernhard, 1999: Die deutsche Variante des Korporatismus, in: Max Kaase/Günther Schmid (Hrsg.): Eine lernende Demokratie. Berlin, 87-113.

Zohlnhöfer, Reimut, 2000: Der lange Schatten der schönen Illusion: Finanzpolitik nach der deutschen Einheit, 1990-1998, in: Leviathan 28: 14-38.

Zohlnhöfer, Reimut, 2001: Die Wirtschaftspolitik der Ära Kohl. Opladen.

Zohlnhöfer, Reimut, 2003a: Der Einfluss von Parteien und Institutionen auf die Wirtschafts- und Sozialpolitik, in: Herbert Obinger/Uwe Wagschal/Bernhard Kittel (Hrsg.): Politische Ökonomie. Demokratie und wirtschaftliche Leistungsfähigkeit. Opladen, 47-80.

Zohlnhöfer, Reimut, 2003b: Mehrfache Diskontinuitäten in der Finanzpolitik, in: Antonia Gohr/Martin Seeleib-Kaiser (Hrsg.): Sozial- und Wirtschaftspolitik unter Rot-Grün. Wiesbaden, 63-85.

Zohlnhöfer, Reimut, 2004a: Republik im Übergang: Machtwechsel in der Bundesrepublik Deutschland seit 1949, in: Zeitschrift für Staats- und Europawissenschaften 2: 612-639.

Zohlnhöfer, Reimut, 2004b: Die Wirtschaftspolitik der rot-grünen Koalition: Ende des Reformstaus?, in: Zeitschrift für Politikwissenschaft 14: 381-402.

Zohlnhöfer, Reimut, 2005: Globalisierung der Wirtschaft und nationalstaatliche Anpassungsreaktionen. Theoretische Überlegungen, in: Zeitschrift für Internationale Beziehungen 12: 41-75.

Zohlnhöfer, Reimut, 2006: Haushalts- und Steuerpolitik: Zwischen Konsolidierung und Reform? in: Roland Sturm/Heinrich Pehle (Hrsg.): Wege aus der Krise? Die Agenda der zweiten Großen Koalition. Opladen/Farmington Hills, 95-111.

14. Die politische Regulierung industrieller Beziehungen

Anke Hassel

1 Einleitung

Das Politikfeld ‚Industrielle Beziehungen' umfasst die Regulierung der Beziehungen zwischen Arbeitnehmern und Arbeitgebern bzw. deren Vertretern. Es hat sich erst in den 1950er Jahren als Politikfeld etabliert, nachdem die Gewerkschaften sowohl als politische als auch als wirtschaftliche Akteure stark an Einfluss gewonnen hatten (Streeck/Hassel 2003). Während viele Weichen bereits in der ersten Hälfte des 20. Jahrhunderts gestellt worden waren, wurden nach dem Zweiten Weltkrieg in allen demokratisch verfassten industrialisierten Ländern Gewerkschaften mit neuen Rechten ausgestattet und ihre Beziehungen zu den Arbeitgebern und deren Verbänden formalisiert (Armingeon 1994). Im politischen Kräfteverhältnis stärkten der Keynesianische Wohlfahrtsstaat und die Vollbeschäftigung während der 1950er und 1960er Jahre die Rolle der Tarifparteien. Im Einzelnen betreffen diese Regulierung die Beziehungen zwischen den Tarifparteien (Tarifpolitik), die Beziehungen zwischen Management und Arbeitnehmervertretungen innerhalb von Betrieben und Unternehmen (Mitbestimmung) sowie die Konstituierung der Akteure selbst (Koalitionsfreiheit).

Sowohl die Art der Regulierung der industriellen Beziehungen als auch die Rolle des Staates unterscheiden sich stark zwischen den Industrieländern. Deutschland weist dabei im Vergleich zu anderen Ländern der OECD eine vergleichsweise starke Regulierung und Verrechtlichung der industriellen Beziehungen auf. Insbesondere die Regulierung der Akteure selbst im Rahmen der Koalitionsfreiheit hat zu einer Monopolstellung der Verbände in den verschiedenen Industrien geführt, die es in dieser Ausprägung nur in wenigen OECD-Ländern (wie z.B. in Österreich und Skandinavien) gibt. Das Verhältnis zwischen innerbetrieblicher (Mitbestimmung) und verbandlicher (Tarifpolitik) Interessenvertretung ist vergleichsweise streng voneinander abgegrenzt (Thelen/Turner 1999). In allen anderen Ländern in der OECD sind Tarifpolitik und Mitbestimmung stärker miteinander verflochten und überlappend. Zudem ist die deutsche Mitbestimmung im internationalen Vergleich mit starken Beteiligungsrechten der Belegschaftsvertreter versehen.

Die industriellen Beziehungen waren innenpolitisch zwischen und innerhalb der Parteien insofern umstritten, als sich der Klassenkonflikt zumindest teilweise im Parteienwettbewerb zwischen bürgerlichen und sozialdemokratischen Parteien widerspiegelte. Eine Blaupause optimaler industrieller Beziehungen hat es nie gegeben. Gleichwohl – und vordergründig im Widerspruch dazu – gab es während der ersten vierzig Jahre der Bundesrepublik Deutschland einen stabilen Konsens über die Funktionalität der bestehenden Regulierungen, der im Wesentlichen durch das rapide Wirtschaftswachstum dieser Jahre gestützt wurde. Das Zusammentreffen der Dynamik des Parteienwettbewerbs auf der einen Seite mit den gemeinsamen Interessen an produktivitätsfördernden Institutionen auf der anderen Seite charakterisiert die Entwicklung der industriellen Beziehungen nach dem Zweiten Weltkrieg.

Im Folgenden werden im zweiten Abschnitt die Entwicklungsphasen der industriellen Beziehungen nachgezeichnet. Im dritten Abschnitt geht es zum einen um die wirtschaftliche Rolle der industriellen Beziehungen im „Rheinischen Kapitalismus“ und zum anderen um ihre politische Funktion im Parteien- und Regierungssystem. Die Stabilität der industriellen Beziehungen in den letzten 55 Jahren wird damit erklärt, dass das Politikfeld von einem Akteursnetzwerk aus Verbänden, Parteien und Rechtsprechung dominiert wurde, in dem ein starker Konsens über die wesentlichen Grundsätze des Politikfelds vorherrschte. Die von allen wesentlichen Akteuren geteilte grundlegende Überzeugung über die Regulierung des Arbeitsmarktes war stark ausgeprägt und wurde kaum von anderen Akteuren in Frage gestellt. Erst der tief greifende Wandel der Wirtschaft seit Beginn der 1990er Jahre im Zuge von Wiedervereinigung, Europäischer Integration und Internationalisierung hat diese Überzeugung ins Wanken gebracht und latent vorhandene Verteilungsprobleme wieder zutage gefördert. Diesem Wandel ist der vierte Abschnitt gewidmet.

2 Entwicklungslinien der industriellen Beziehungen

Die Regulierung der industriellen Beziehungen erreichte 1976 ihren Höhepunkt mit der Einführung des Mitbestimmungsgesetzes, das den Arbeitnehmern eine fast paritätische Teilhabe an den Aufsichtsräten von Großunternehmen gewährleistet. Die Zeit davor war gekennzeichnet durch Aufbau, Aufbruch und Konsolidierung; die danach durch Umbau, Erosion und neuen Herausforderungen.[1] Der Aufbau ging mit wichtigen politischen und gesetzlichen Maßnahmen einher und schuf eine rechtliche wie auch politische Grundlage für die Kooperation der Sozialpartner. Nach 1976 hat es keine groß angelegten Rück- oder Umbaumaßnahmen gegeben, sondern die etablierten Institutionen und Praktiken veränderten ihre Funktionen weitgehend innerhalb der bestehenden rechtlichen und politischen Rahmenbedingungen. Die rechtlichen Reformen waren eher geringfügig. Gleichwohl änderte sich das System der industriellen Beziehungen durch die veränderte wirtschaftliche Gesamtsituation. Während die politische Regulierung der industriellen Beziehungen im Wesentlichen stabil blieb, hat sich die Praxis der Auseinandersetzung zwischen Arbeitgebern und Gewerkschaften fundamental gewandelt. War sie früher von einer starken gesamtwirtschaftlichen und politischen Orientierung der Akteure dominiert, die zu einer komprimierten Lohnstruktur und einer graduellen Verbesserung der Arbeitsbedingungen führte, steht sie heute stark unter dem Druck, auch für betriebswirtschaftliche Probleme Lösungen anzubieten, selbst wenn sie zum Abbau von Arbeitnehmerrechten führen.

2.1 Aufbau (1949-1965)

Die Hoffnungen der Gewerkschaften nach dem Krieg waren groß und ihre politischen Ziele weit gesteckt. Sie strebten die Etablierung einer Wirtschaftsdemokratie mit einer staatlichen Rahmenplanung für die Geld- und Investitionspolitik, die Verstaatlichung der Grundstoffindustrien und die umfassende Beteiligung der Arbeitnehmer mit dem Ziel der Demokratisierung der Unternehmen an (Schönhoven 1987: 207). Gemessen an diesen hochgesteckten

[1] Eine ähnliche Periodisierung findet sich bei Wolfgang Schroeder (2000a: 27), der die Umbauphase 1978 einsetzen lässt.

Zielen waren die ordnungspolitischen Grundsätze, die sich unter der Adenauer-Regierung in der jungen Bundesrepublik entwickelten, für die Gewerkschaften enttäuschend. Die soziale Marktwirtschaft von Ludwig Erhard hatte mit der Wirtschaftsdemokratie von Fritz Naphtalie wenig zu tun. Daher kam es bereits Ende 1950 zum ersten großen Konflikt zwischen Regierung und Gewerkschaften, in dem sich letztere in der Frage der Reduzierung der Mitbestimmung in der Montanindustrie gegen die Regierung durchsetzen konnten. Die Forderung nach Verstaatlichung der Grundstoffindustrien und der Einführung der Mitbestimmung auch in anderen Sektoren blieb jedoch unerfüllt. Eine ähnliche Niederlage erlitten die Gewerkschaften mit dem Betriebsrätegesetz von 1952, das die Drittelparität in den Aufsichtsräten der großen Unternehmen außerhalb der Montanindustrie einführte und die Mitbestimmung des Betriebsrats auf soziale und personelle Fragen beschränkte.

Betrachtet man jedoch die Regulierungen der industriellen Beziehungen in den ersten fünf Jahren der Bundesrepublik Deutschland aus heutiger Sicht, dann stellt man fest, dass alle wesentlichen Strukturmerkmale in diesen ersten Jahren unter der Regierung Adenauer etabliert wurden – zum großen Teil auf der Grundlage von Gesetzen des Alliierten Kontrollrats, die wiederum Regelungen aus dem Beginn der Weimarer Republik aufgriffen (Armingeon 1988b). Zu Beginn der 1950er Jahre existierten bereits die paritätische Mitbestimmung in der Montanindustrie, die Drittelparität in anderen Sektoren, der verfassungsrechtliche Schutz der Gewerkschaften im Grundgesetz (Art. 9 III Koalitionsfreiheit), ein Betriebsrätegesetz und das Tarifvertragsgesetz. 1955 wurde durch ein Grundsatzurteil des Bundesarbeitsgerichts die Legitimität von Streiks definiert (Schönhoven 1987: 222). Auch die Verbände hatten im Wesentlichen bereits die Formen, die sie noch heute vorweisen: stark zentralisierte Industriegewerkschaften und branchenförmige Arbeitgeber- und Industrieverbände. In den späteren Jahren gab es Erweiterungen bei der Mitbestimmung und Fusionen zwischen Verbänden, aber keine tief greifenden Strukturveränderungen.

Die Gewerkschaften akzeptierten die Neuregulierung zunächst nur widerwillig. Dabei half, dass ab 1952 ein lang anhaltender wirtschaftlicher Boom einsetzte. Zwischen 1952 und 1966 wuchs die deutsche Wirtschaft um durchschnittlich 6,3% pro Jahr (Schönhoven 1987: 217). Die Arbeitnehmer konnten ihren Lebensstandard innerhalb von 15 Jahren verdoppeln. Aufgrund der steigenden Prosperität waren weitergehende gewerkschaftliche Forderungen politisch und gesellschaftlich von geringem Interesse. Die Gewerkschaften passten sich den bereits vorhandenen Institutionen von Mitbestimmung und Tarifautonomie sowie den wirtschaftlichen Realitäten an. Das Düsseldorfer Grundsatzprogramm von 1963 verzichtete daher darauf, eine neue Wirtschaftsordnung nach gewerkschaftlichen Wünschen zu skizzieren, sondern stellte die Gewerkschaften als den „entscheidenden Integrationsfaktor der Demokratie“ dar.[2]

2.2 Aufbruch und Konsolidierung (1966-1976)

Die defensive Anpassung der Gewerkschaften an die neuen Institutionen Mitbestimmung und Tarifautonomie änderte sich in der zweiten Hälfte der 1960er Jahre. Die Regierungskrise und der Regierungswechsel 1966 waren von der ersten Rezession nach dem Krieg geprägt. Obgleich der Abschwung aus heutiger Sicht vergleichsweise gering war, wurde der Anstieg der Arbeitslosigkeit als Bedrohung empfunden. Zugleich wurde mit der Großen

[2] http://www.gmh.dgb.de/main/pdf-files/gmh/1980/1980-01-Dokumentation.pdf

Koalition 1966 die SPD erstmals regierungsfähig. Sie hatte sich 1959 mit dem Godesberger Programm von den weitergehenden Forderungen einer stärkeren staatlichen Kontrolle der Wirtschaft distanziert und wurde damit für eine größere Bevölkerungsschicht wählbar. Ihre Regierungsbeteiligung ebnete den Gewerkschaften den Weg zur Mitarbeit in der Konzertierten Aktion, mit der sie eine tarifpolitische Verantwortung für die Konjunktur übernahmen. Obwohl die Gewerkschaften formelle und politisch beschlossene Lohnleitlinien ablehnten, ordneten sie sich in den ersten Jahren der Konzertierten Aktion bis 1969 in ihrer Tarifpolitik den Zielen der Globalsteuerung des sozialdemokratischen Wirtschaftsministers Karl Schiller unter. Diese Position wurde jedoch durch die wilden Streiks im September 1969 untergraben, bei der rund 140.000 Arbeitnehmer in Industrie, Bergbau und öffentlichem Dienst in spontanen Arbeitsniederlegungen Lohnerhöhungen forderten (Schönhoven 1987: 238). Die Gewerkschaften standen zunehmend unter Druck eine offensivere Lohnpolitik zu verfolgen.

Die erste Ölkrise 1973 verschärfte den Konflikt nochmals, da sie in den Industrieländern die Inflation anheizte und zugleich die Nachfrage schwächte. Die politisch unabhängige Bundesbank reagierte mit einer deutlichen Erhöhung der Zinsen. Die deutschen Gewerkschaften antworteten darauf unmittelbar ähnlich wie die Gewerkschaften in anderen europäischen Ländern. Die Tarifabschlüsse 1973 und 1974 waren zweistellig (11,9 und 11,4%). Auch im öffentlichen Dienst setzten die ÖTV und DAG im Februar 1974 nach einer Streikandrohung eine elfprozentige Lohnerhöhung durch. In den darauf folgenden Jahren lagen jedoch die Tarifabschlüsse der deutschen Gewerkschaften deutlich unter denen ihrer europäischen Nachbarn. Nach der scharfen geldpolitischen Reaktion der Bundesbank dauerte es zwei Jahre, bis die deutschen Gewerkschaften zum Instrument der Lohnzurückhaltung griffen. Im Ergebnis konnte Deutschland die Ölkrisen der siebziger Jahre aufgrund der Lohnzurückhaltung der Gewerkschaften im Hinblick auf Wachstum und Arbeitslosigkeit erfolgreicher meistern als die meisten Länder der OECD (Scharpf 1987). Allerdings baute sich das Problem einer stets steigenden Sockelarbeitslosigkeit sowie sinkender Erwerbsbeteiligung durch Frühverrentung und Beschäftigungsprogramme in dieser Zeit auf.

Die Konzertierte Aktion leistete nur einen geringen Beitrag zur Überwindung der kleinen Wirtschaftskrise 1966/67 und die Verhandlungen wurden sogar dysfunktional, als sich die Krise 1973 verschärfte. Die engen Beziehungen mit der Regierungspartei SPD bereitete den Gewerkschaften nach dem Regierungswechsel zur sozial-liberalen Koalition 1969 allerdings den Weg für die Ausweitung der Mitbestimmung und des gewerkschaftlichen Einflusses in Anlehnung an die ursprünglichen gewerkschaftlichen Vorstellungen von Wirtschaftsdemokratie in den 1950er Jahren. Die Novellierung des Betriebsverfassungsgesetzes 1972 ging auf Gesetzentwürfe beider großer Parteien von 1967/68 zurück. Sie enthielt insbesondere eine stärkere Verankerung der Gewerkschaften im Betrieb und größere Mitbestimmungsrechte für die Betriebsräte (Hassel 1999b: 140). Für die Gewerkschaften war diese Reform von besonderem Wert, weil sie ihnen bei der Mitgliederrekrutierung extrem behilflich war (Streeck 1981). Die Gewerkschaften konnten zum Beispiel die Wahl eines Betriebsrates selbständig betreiben und erhielten ein Zugangsrecht zu den Betrieben.

Der Gewerkschaftseinfluss wurde mit dem Mitbestimmungsgesetz von 1976 weiter ausgebaut, das den Arbeitnehmervertretern im Aufsichtsrat großer Unternehmen eine nahezu paritätische Rolle einräumte.[3] Das Mitbestimmungsgesetz wurde von der sozial-liberalen

3 Eine wirkliche Parität wird durch das Doppelstimmrecht des Aufsichtsratsvorsitzenden, eines Vertreters der Anteilseigner, verhindert.

Koalition mit breiter Unterstützung der CDU (391 zu 22 Stimmen) im Bundestag verabschiedet – trotz des vehementen Widerstands der Arbeitgeberverbände gegen das Gesetz.[4] Auch die zweite Ölkrise 1978/79 meisterte Deutschland durch Lohnzurückhaltung und Einschnitte in die öffentlichen Haushalte. Wie schon 1974/75 lagen die Tarifabschlüsse um mehrere Prozentpunkte unter den anderen Ländern der Europäischen Gemeinschaft (EG 6). Gleichwohl war das Verhältnis zwischen der sozial-liberalen Regierung und den Gewerkschaften zunehmend angespannt, da sich die Gewerkschaften von der Regierung durch die Einschnitte in die öffentlichen Haushalte über Gebühr strapaziert fühlten.

2.3 Wendepunkt und Stagnation (1980-1989)

In der Bundestagswahl 1980 gewannen die Freien Demokraten (FDP) über zwei Prozentpunkte hinzu und kamen auf über 10% der Stimmen. Der Stimmenanteil der Sozialdemokraten stagnierte; sie konnten aus der Unbeliebtheit des Spitzenkandidaten der Unionsparteien, Franz-Josef Strauß, keine Vorteile ziehen. Vielmehr regierten sie nun mit einer gestärkten und zunehmend unzufriedenen FDP. Auf der anderen Seite waren die Gewerkschaften sowohl in der Frage der Nachrüstung als auch in Anbetracht der öffentlichen Sparmaßnahmen gegen die Regierung mobilisiert. Das Verhältnis zwischen sozial-liberaler Regierung und Gewerkschaften hatte sich im Laufe der 1970er Jahre spürbar verschlechtert.

Außerhalb Deutschlands führten die Regierungswechsel in Großbritannien (1979) und in den USA (1981) zu einer Wende in der Wirtschaftspolitik. Die Federal Reserve Bank läutete eine strikt Inflation bekämpfende Geldpolitik ein. Die Gründung des Europäischen Währungssystems (EWS) erhöhte auch in Deutschland nochmals die geldpolitische Disziplin. Mit den Zinsen stieg von 1980 auf 1981 die Arbeitslosigkeit, die in der zweiten Hälfte der 1970er Jahre leicht rückläufig gewesen war, wieder deutlich an. Innerhalb von drei Jahren (1980-1983) wuchs die Arbeitslosigkeit von 3,2% auf 7,9%.

Der Regierungswechsel 1982 wurde durch eine wirtschaftspolitische Grundsatzbestimmung der FDP eingeleitet, die Wirtschaftsminister Otto Graf Lambsdorff Bundeskanzler Helmut Schmidt in Form eines Briefs übermittelte. In diesem wurden umfangreiche Kürzungen in der Sozial- und Arbeitsmarktpolitik und eine Entlastung der Unternehmen gefordert. Im Bereich der industriellen Beziehungen führte das Papier zwar die Anpassungsschwierigkeiten der deutschen Wirtschaft auch auf tarifvertragliche Verpflichtungen zurück (Lambsdorff 1982: 3)[5]; es nannte jedoch keine konkrete Reform in diesem Bereich außer dem Verzicht auf eine weitere „Verschärfung der Mitbestimmung“.

Nach dem Regierungswechsel 1982 standen dementsprechend auch keine grundsätzlichen Kurskorrekturen in den industriellen Beziehungen auf der Tagesordnung. Dennoch griff die christlich-liberale Bundesregierung von Helmut Kohl zu Lasten der Gewerkschaften in die industriellen Beziehungen ein und zwar 1986 durch die Änderung des §116 Arbeitsförderungsgesetz. Nach der Änderung des Paragraphen konnten mittelbar vom Streik betroffene Arbeitnehmer nicht mehr Sozialleistungen in Anspruch nehmen, sondern mussten Streikgelder von den Gewerkschaften beziehen. Dieses geschah als Reaktion auf den

---

[4] Der in einer erfolglosen Klage vor dem Bundesverfassungsgericht endete.

[5] Friedrich Naumann Stiftung; Archiv des Liberalismus, http://admin.fnst.org/uploads/644/Lambsdorff-papier-2.pdf

mehrwöchigen Streik der IG Metall 1984 zur Durchsetzung der Verkürzung der wöchentlichen Arbeitszeit. Die Maßnahme zielte ausdrücklich auf eine ‚Änderung', bzw. (in den Augen der Arbeitgeber) ‚Wiederherstellung' des Machtgleichgewichts zwischen Gewerkschaften und Arbeitgebern.[6] Der Effekt der gesetzlichen Änderung lag jedoch weniger in der tatsächlichen Beschneidung der Streikfähigkeit der Gewerkschaften als in der Symbolik der Geste der Regierung, ausdrücklich gegen gewerkschaftliche Interessen zu handeln.

Der Einstieg in die 35-Stunden-Woche, die Verkürzung der Lebensarbeitszeit, eine deutliche Expansion der Sozialpolitik sowie eine bislang nie erreichte Prosperität von Arbeitnehmereinkommen insbesondere in den großen Unternehmen der verarbeitenden Industrie waren die Kennzeichen des Höhepunkts gewerkschaftlicher Erfolge. Allerdings waren in den 1980er Jahren bereits die Vorboten einer Trendwende erkennbar. In Westeuropa wie in Deutschland erreichte der gewerkschaftliche Organisationsgrad 1978 seinen Höhepunkt und begann danach zu sinken (Visser 2002). Auch die Verbreitung von Betriebsratsmandaten und die Besetzung von Betriebsratsmandaten mit Gewerkschaftsmitgliedern hatte ihren Höchststand Mitte der 1980er Jahre (Hassel 1999b). Zudem hatten die Gewerkschaften sowohl finanzielle als auch politische Probleme mit dem Zusammenbruch der gewerkschaftseigenen Unternehmen Neue Heimat und co-op (Hassel 2003). Das sozialdemokratische Jahrhundert näherte sich seinem Ende.

2.4 Neue Herausforderungen und Erosion (seit 1990)

Seit 1990 überlagern sich gleich mehrere Entwicklungen, die das Politikfeld industrielle Beziehungen bis heute nachhaltig beeinflussen: Dazu gehören insbesondere die Wiedervereinigung und die nachholende Anpassung der deutschen Wirtschaft an Prozesse der Flexibilisierung, Deindustrialisierung, Internationalisierung und die Modernisierung des Arbeitsmarktes.

Politisch gestaltete die christlich-liberale Bundesregierung die Wiedervereinigung als einen Transfer des kompletten westdeutschen Institutionensystems in die neuen Länder (Artus/Sterkel 1998; Schroeder 2000b). Das galt auch für das System der industriellen Beziehungen. Alle relevanten Gesetze und Strukturen wurden auf Ostdeutschland übertragen: Tarifverträge wurden für ostdeutsche Betriebe ähnlich gestaltet wie für westdeutsche. Bestehende gravierende Lohnunterschiede zwischen Ost und West sollten mit Hilfe von Stufentarifverträgen beseitigt werden. Trotz massiver Unterschiede in der Produktivität und ungeachtet der Struktur der Absatzmärkte der Ostbetriebe, die durch die Transformation der osteuropäischen Länder in Mitleidenschaft gezogen wurden, war das Ziel der Tarifvertragsparteien, im Osten ähnliche Arbeitsbedingungen zu schaffen wie im Westen.

Dieses Ziel wurde von der Bundesregierung und allen im Parlament vertretenen Parteien geteilt. Im Gegenzug wurde die politische Transformation Ostdeutschlands durch Kanzlergespräche vorbereitet, an denen auch die Spitzenverbände der Sozialpartner teilnahmen, von denen sich die Bundesregierung Unterstützung für ihre Vereinigungsstrategie versprach. Es gab während der 1990er Jahre einen großen parteienübergreifenden wie auch

[6] Der mehrwöchige Streik der IG Metall zur Durchsetzung der wöchentlichen Arbeitszeitverkürzung basierte auf der Bestreikung von zentralen Zulieferbetrieben. Die Einstellung der Produktion in diesen Betrieben brachte die Produktion in anderen nicht-bestreikten Betrieben zum Erliegen. Deren Beschäftigten konnten nach der früheren Rechtslage Sozialleistungen erhalten und somit den Streik unterstützen.

klassenübergreifenden Konsens über den Erhalt der Regulierungen und Institutionen der industriellen Beziehungen.

Gleichzeitig änderten sich jedoch die wirtschaftlichen Bedingungen drastisch. Auf den Wiedervereinigungsboom 1991/92 folgte die schwerste Rezession der Nachkriegsgeschichte. 1993 schrumpfte das Sozialprodukt um 0,8%. Eine halbe Million Arbeitsplätze gingen im gleichen Jahr in der Industrie verloren. Dabei traf der Zusammenbruch der ostdeutschen Wirtschaft zusammen mit Wettbewerbsproblemen westdeutscher Unternehmen auf internationalen Märkten. Der Kostendruck auf deutsche Unternehmen durch neue Wettbewerber insbesondere aus Asien stieg.

Durch betriebliche Absprachen in der Tarifpolitik hat sich seit den späten 1990er Jahren zudem ein Muster von „Concession Bargaining" etabliert, das in angelsächsischen Ländern bereits seit Beginn der 1980er Jahre bestand. Investitionen in Produktionsstandorte werden von großen Konzernen von Konzessionen der Arbeitnehmer abhängig gemacht, mit dem Ziel, die Kapitalrendite zu steigern. Nicht nur Unternehmen, sondern auch Standorte und einzelne Unternehmenssparten standen somit im Wettbewerb um Beschäftigung (Rehder 2003).

Während die Bundesregierung auf die bedrückende Lage am Arbeitsmarkt mit traditionellen sozialpolitischen Instrumenten (Frühverrentung und Beschäftigungsprogramme) reagierte (Czada 1998; Streeck/Trampusch 2005), geriet das System der industriellen Beziehungen ab Mitte der 1990er Jahre zunehmend in die Kritik. Die großen Beschäftigungsprobleme des ostdeutschen Arbeitsmarktes wurden auch auf die schnelle Angleichung der ostdeutschen Löhne an Westniveau zurückgeführt. Immer mehr Unternehmen begannen, abweichende Regelungen vom Tarifvertrag auf der betrieblichen Ebene zu verhandeln. In den ostdeutschen Betrieben etablierten sich die gewerkschaftlichen Interessenvertretungen nur in abgeschwächter Form (Artus/Sterkel 1998). Die traditionelle Arbeitsteilung zwischen Tarifverhandlungen und betrieblicher Mitbestimmung wurde zunehmend verwischt.

Sowohl die christlich-liberale Bundesregierung (bis 1998) als auch die erste rot-grüne Bundesregierung (1998-2002) setzten zunächst auf eine Fortsetzung der Sozialpartnerschaft. Eine Wiederauflage der Konzertierten Aktion im Rahmen von Bündnissen für Arbeit scheiterte jedoch sowohl unter der Regierung Kohl (1995-96) als auch unter der Regierung Schröder (1998-2003) an der fehlenden Bereitschaft der Gewerkschaften, im Rahmen von Konzertierungsverhandlungen Kürzungen in den Sozialleistungen politisch zu unterstützen. Zugleich war das Interesse der Regierungen an einer umfassenden Reform der Sozialpolitik im Rahmen der Bündnisse für Arbeit gering. Allerdings gab es bereits Mitte der 1980er, aber verstärkt ab Mitte der 1990er Jahre aufgrund der zunehmend schwierigen wirtschaftlichen Situation gegen den Widerstand der Gewerkschaften erste sozialpolitische Reformen im Bereich des Arbeitsrechts (Flexibilisierung und Befristung) und der Sozialpolitik (Lohnfortzahlung), die in indirekter Weise die Funktionsweise der industriellen Beziehungen berührten.

Auf Druck der Gewerkschaften reformierte die rot-grüne Regierung im Jahr 2000 die betriebliche Mitbestimmung und erweiterte die Mitbestimmungsrechte der Betriebsräte bei betrieblichen Veränderungen. Durch die Regierungserklärung von Bundeskanzler Schröder am 14. März 2003 kam jedoch die Rücknahme gewerkschaftlicher Rechte in den industriellen Beziehungen als Reformfeld auf die politische Agenda (Schröder 2003). Der Bundeskanzler kündigte gesetzliche Reformen an, falls die Sozialpartner nicht zu weiteren Flexibilisierungen in der Tarifpolitik in der Lage seien. Der angedrohte gesetzliche Eingriff wurde jedoch bis zu den vorgezogenen Neuwahlen im September 2005 nicht umgesetzt. Die Oppositionsparteien CDU, CSU und FDP legten dagegen jeweils Reformvorschläge zur Schaffung größerer betrieblicher Spielräume in der Tarifpolitik vor (Hassel 2006).

Währenddessen begann bei den Sozialpartnern ein Erosionsprozess, der ihnen die Grundlage ihres Handelns zunehmend entzog. Die Gewerkschaften verloren zwischen 1990 und 2002 über 30% ihrer Mitgliedschaft, und ihr Organisationsgrad sank auf 25 Prozent (Schroeder/Weßels 2003: 650). Der Anteil der Arbeitnehmer, für die Tarifverträge galten, sank von 77% im Jahr 1984 auf 63% im Jahr 2000 (Schroeder/Silvia 2003: 261). Der Anteil der Betriebe, die Mitglied im Arbeitgeberverband waren, sank auf 46% im Westen und 26% im Osten.[7] Die Arbeitgeberverbände versuchten, diesen Fluchtbewegungen mit neuen Mitgliedschaftsformen ohne Tarifbindung zu begegnen. Die Verbände regulieren somit nur noch Teile des Arbeitsmarktes und nicht mehr alle Bereiche der Wirtschaft. Damit wurde der Arbeitsmarkt ganz ohne rechtliche Reform dereguliert und dezentralisiert.

3 Der klassen- und parteienübergreifende Konsens in den industriellen Beziehungen

Politikfelder sind Subsysteme der Politik mit eigenen Akteurskonstellationen, Verfahrensregeln, Glaubensgrundsätzen und eingespielten Interaktionsweisen. Dominante Koalitionen von Akteuren, die auf einer stabilen Verteilung der Machtressourcen basieren und die Definition der Probleme und Lösungen weitgehend teilen, führen zu Politikmonopolen (Baumgartner/Jones 1993: 6). Im Rahmen von Politikmonopolen tendieren Akteure zu einer Status-Quo-Orientierung, die nur durch das Auftauchen neuer Akteurskoalitionen durchbrochen werden kann, falls Folgeprobleme, Änderungen in der öffentlichen Meinung, externe Schocks oder gesellschaftliche und wirtschaftliche Transformationen zu grundsätzlich neuen Situationen führen (Sabatier/Jenkins-Smith 1999). Das Politikfeld ‚industrielle Beziehungen' in Deutschland zeichnet sich besonders durch die hohen Barrieren für den Zugang neuer Akteure aus. Sein ‚korporatistischer' Charakter, der auf einer Kartellfunktion der Verbände beruht, schließt nur wenige Akteure in die Regulierung des Politikfelds ein. Dazu gehören die etablierten Wirtschafts- und Arbeitgeberverbände, die Gewerkschaften, die Sozialpolitiker der Volksparteien sowie die Arbeitsgerichtsbarkeit. Die überschaubare Anzahl der Akteure und der Erfolg der deutschen Volkswirtschaft bis zu Beginn der 1990er Jahre ermöglichte eine stabile Monopolposition der herrschenden Akteurskonstellation, die sich nur gelegentlich durch geringfügige Machtverschiebungen veränderte.

3.1 Die Funktion des Politikfelds industrielle Beziehungen im deutschen Kapitalismus

Die grundlegende Regulierung der industriellen Beziehungen basiert auf politischen Auseinandersetzungen zwischen den Verbänden von Kapital und Arbeit während der Hochphase der Industrialisierung, die in späteren Jahren unter geänderten politischen Konstellationen an neue wirtschaftliche Bedingungen angepasst wurden (Armingeon 1988b: 166). So lassen sich erste Formen betrieblicher Interessenvertretungen schon vor dem Gesetz über den vaterländischen Hilfsdienst 1916 finden, das Gewerkschaften erstmals staatlich anerkannte

[7] WSI Tarifarchiv basierend auf Daten des IAB Betriebspanels für 2003.

und betriebliche Interessenvertretungen rechtlich verankerte (Armingeon 1988b: 154; Armingeon 1994). Ebenso gab es bereits Diskussionen über das Organisationsprinzip der Industriegewerkschaft auf dem Halberstädter Gewerkschaftskongress von 1892, auf dem den Berufsgewerkschaften freigestellt wurde, sich zu Industriegewerkschaften zusammenzuschließen (Hassel 1999: 104). Beide Charakteristika der deutschen industriellen Beziehungen – die Industriegewerkschaft und die Mitbestimmung – wurden der deutschen Politischen Ökonomie also schon früh in die Wiege gelegt.

Die weitere Entwicklung der politischen Regulierung der industriellen Beziehungen hing jedoch zentral von ihrer Funktionalität ab. Die Form der Regulierung von Löhnen, Arbeitsorganisation und Qualifikation der Arbeitnehmer ist für die Funktionsweise industrialisierter Volkswirtschaften von zentraler Bedeutung. Hochentwickelte Ökonomien spezialisieren ihre Produktionsweisen unter anderem entlang der ihnen zur Verfügung stehenden Institutionen zur Regulierung von Konflikten im Betrieb, zur Bereitstellung von Qualifikationen, zur Herausbildung von Lohnstrukturen und zum flexiblen Arbeitseinsatz von Arbeitnehmern im Betrieb (Hall/Soskice 2000). Das in bestimmten historischen Situationen gesetzte und in rechtliche Arrangements gegossene institutionelle und organisatorische Fundament der industriellen Beziehungen fungiert für Unternehmen als ein Instrumentenkasten, den sie zur Entwicklung ihrer Produktionsweisen nutzen können und müssen. Die spezifische Ausgestaltung dieses Fundaments legt ihnen bestimmte Formen von Produktionsweise nahe, und regelmäßig behaupten sich solche Unternehmen auf dem Markt, die ihre Produktionsformen auf die zugrunde liegenden Institutionen abstimmen können.

Für Deutschland haben die bestehenden institutionellen Grundlagen zur Herausbildung der von Wolfgang Streeck beschriebenen ‚diversifizierten Qualitätsproduktion' geführt (Streeck 1991). Die Voraussetzungen der deutschen Produktionsweise sind dabei nur in Kenntnis der gesellschaftlichen Einbettung von Produktion zu verstehen: Die funktionalen Erfordernisse einer diversifizierten Qualitätsproduktion können nur dadurch erfüllt werden, dass die Ökonomie, in der diese Produktion angesiedelt wird, zur gleichen Zeit eine Gesellschaft ist – das heißt von einer institutionellen Substruktur unterstützt wird, die über die minimalistischen Voraussetzungen der neoklassischen Ökonomie hinausgeht (Streeck 1991: 24; eigene Übersetzung).

Unternehmen, die in diesem institutionellen Kontext ihre Produktionsformen organisieren, nutzen dabei die komparativen Vorteile, die dieser spezifische Kontext ihnen bietet (Hall/Soskice 2000). Im Unterschied zu anglo-amerikanischen Marktwirtschaften stellen die deutschen Institutionen den Unternehmen ein hohes Maß an Koordinierungsfähigkeit in der Organisation des Produktionsprozesses bereit. Zum Beispiel ermöglichten Industriegewerkschaften und zentralisierte Arbeitgeberverbände die Regulierung von Löhnen für gesamte Branchen und hielten damit Lohnkonflikte aus den betrieblichen Abläufen heraus. Die relativ homogene Lohnstruktur verhinderte die Abwerbung von hoch qualifizierten Facharbeitern und stabilisierte damit die Renditen von Investitionen der Unternehmen in die Aus- und Weiterbildung ihrer Arbeitnehmer. Die betriebliche Mitbestimmung wiederum ermöglichte über die Partizipation der Arbeitnehmer einen flexiblen Arbeitseinsatz von Arbeitnehmern. Es ist weitgehend unbestritten, dass dieses Modell des kooperativen und produktivitätsorientierten Interessenausgleichs bis weit in die 1980er Jahre und darüber hinaus zur erfolgreichen Krisenbewältigung der deutschen Volkswirtschaft beigetragen hat (Abelshauser 2003; Soskice 2006).

In dem Maße, in dem sich Unternehmen an den Funktionsweisen der bestehenden Institutionen orientierten und mit ihrer Hilfe wirtschaftlich erfolgreich waren, entwickelten sie ein Interesse an dem Fortbestand dieser Institutionen.[8] Erfolgreiche Unternehmen mit einer starken Arbeitnehmervertretung hatten daher ein genuin wirtschaftliches Interesse an Regulierungen, die Arbeitnehmervertretungen auf ein kooperatives Verhalten verpflichteten und verhinderten, dass Lohnkonflikte in den Betrieb getragen wurden. Da Gewerkschaften prinzipiell ein Interesse an institutionellen und rechtlichen Regulierungen des Arbeitsmarktes hatten, die die Gestaltungsmöglichkeiten an Verbände delegieren, entstanden an dieser Stelle klassenübergreifende Interessenkoalitionen für den Bestand von spezifischen Regulierungen des Arbeitsmarktes.[9]

Insbesondere für Unternehmen und ihre Verbände waren diese klassenübergreifenden Interessenkoalitionen ein schwieriger Balanceakt zwischen ordnungspolitischen Grundsätzen und wirtschaftlichen Interessenlagen. Aus ordnungspolitischen Gründen lehnten die Unternehmen und ihre Verbände zum Beispiel Gesetze zur Mitbestimmung als einen Eingriff in das Direktionsrecht des Arbeitgebers grundsätzlich ab. In der Praxis hatte sich die betriebliche Mitbestimmung jedoch zu einem Instrument der Personalpolitik entwickelt, das Rationalisierungen und Änderungen der Betriebsstrukturen konfliktlos ermöglichen konnte. Eingriffe in dieses Instrument konnten zu Friktionen im Betrieb führen.

Ein anderes Beispiel ist die Reform des Tarifrechts. Trotz der allgemeinen Klage über den Reformstau auf dem Arbeitsmarkt äußerten sich die Arbeitgeberverbände der verarbeitenden Industrie sehr zurückhaltend über Reformen des Tarifrechts zugunsten einer Verlagerung von Tarifverhandlungen auf die betriebliche Ebene durch eine rechtliche Regulierung betrieblicher Bündnisse für Arbeit.[10] Ihnen war an einer betrieblichen Tarifpolitik nicht gelegen. Im Fall des Konflikts zur Lohnfortzahlung im Krankheitsfall im Jahr 1996 hatten die Arbeitgeberverbände die Initiative der Bundesregierung, die gesetzlichen Leistungen der Lohnfortzahlung zu reduzieren, zunächst unterstützt. Als die Gewerkschaften jedoch ankündigten, dies tariflich zu re-regulieren, konnten die Unternehmen ihre ordnungspolitische Überzeugung nicht umsetzen, sondern entschieden sich gegen einen Tarifkonflikt.

Allerdings waren die Interessen weder auf der Seite der Unternehmen noch auf der Seite der Arbeitnehmer homogen. Insbesondere auf Arbeitgeberseite gab es sowohl Unternehmen, die von den bestehenden Institutionen profitierten, als auch Unternehmen, die dadurch Nachteile erlitten. Große exportorientierte Unternehmen, die in Produktionsverbünde eingebunden waren und für die Konflikte zu hohen Kosten führten, neigten dazu, die Kooperation mit Gewerkschaften höher zu bewerten als kleine Unternehmen mit hohen Personalkosten, die den Gewerkschaften nicht so leicht nachgeben konnten (Hassel/Rehder 2001). Dieser Konflikt zwischen den Unternehmen spitzte sich in den 1990er Jahren weiter zu und führte zu einer neuen Führungsspitze in den Arbeitgeberverbänden, die sich stärker der mittelständischen Industrie verpflichtet sah (Trampusch 2005).

Auch unter den Arbeitnehmern waren die Interessen gespalten. Die bestehenden Regulierungen des Arbeitsmarktes schützten zwar die Beschäftigten, erschwerten aber zugleich

[8] Im Lichte der Diskussion über die Spielarten des Kapitalismus ist es wichtig zu betonen, dass die Institutionen nicht entstehen, weil die Einzelakteure mit ihnen komparative Vorteile erzielen können, sondern umgekehrt die bestehenden Institutionen den Unternehmen spezifische Produktionsweisen nahe legen, die wiederum die Präferenzen der Unternehmen prägen. Siehe zu der Diskussion Streeck/Thelen (2005).

[9] Klassenübergreifende Koalitionen gibt es auch in der Sozialpolitik, z.B. im Hinblick auf die Frühverrentung.

[10] Siehe dazu mit weiteren Belegen Hassel (2006).

den Eintritt schwächerer Gruppen in den Arbeitsmarkt (Hassel 2006). Der daraus resultierende Insider-Outsider-Konflikt spiegelte sich in der Mitgliederstruktur der Gewerkschaften wider. Die Mehrheit der deutschen Gewerkschaftsmitglieder waren auch zu Beginn des neuen Jahrtausends die geschützten Insider des Arbeitsmarktes, insbesondere männliche Arbeiter in der Industrie (Ebbinghaus 2003).

Solange jedoch die Verbände im Wesentlichen die Kerninteressen der großen Unternehmen der verarbeitenden Industrie und ihrer Arbeitnehmer im politischen Prozess artikulierten, definierten die bestehenden klassenübergreifenden Koalitionen den Gestaltungsspielraum bei der politischen Regulierung der industriellen Beziehungen. Es herrschte danach kein Reformstau in dem Politikfeld industrielle Beziehungen, sondern vielmehr reflektierte der Stand der Regulierung die Interessen und Präferenzen der Hauptakteure der Verbände und der beiden großen Parteien.

3.2 Politische Institutionen, Parteienwettbewerb und Arbeitsgerichtsbarkeit

Das deutsche Parteiensystem war der zweite Garant für die Stabilität des Politikfelds der industriellen Beziehungen. Über die Anknüpfung an die Regelungen zur Mitbestimmung und der Tarifpolitik der Weimarer Republik setzte bereits die Regierung Adenauer die wesentlichen Grundpfeiler für die Einbindung der Gewerkschaften in die Regulierung des Arbeitsmarktes. Im Unterschied zu anderen westeuropäischen Ländern – insbesondere Frankreich – wurden die Tarifparteien in Deutschland jedoch nicht in die Steuerung der Wirtschaft einbezogen.[11] Vielmehr wurden starke ordnungspolitische Regeln gegen eine politische Einflussnahme auf die Marktwirtschaft im Kartellrecht und der Geld- und Finanzpolitik verankert.

Während sowohl die Gewerkschaften als auch die SPD in den 1950er Jahren noch an einer weiterführenden wirtschaftspolitischen Regulierung festhielten, schwenkten sie zu Beginn der 1960er Jahre mit dem Godesberger Programm (1959) und dem Grundsatzprogramm des DGB (1963) stärker auf die wirtschaftspolitische Linie Adenauers und Erhards ein und trugen damit zum Entstehen des Politikmonopols bei.

Hieraus erwuchs ein starker politischer Konsens zwischen den beiden großen Volksparteien darüber, dass eine Delegation der Gestaltungsmacht an ein umfassendes Kartell der Interessenverbände auf dem Arbeitsmarkt eine legitime und effektive Form der Regulierung sei. Dieser politische Konsens kam den Interessen von Gewerkschaften und Arbeitgeberverbänden entgegen und wurde von der höchstrichterlichen Rechtsprechung gestützt. Bereits in den 1950er Jahren urteilten sowohl das Bundesverfassungsgericht als auch das Bundesarbeitsgericht für eine strikte Kartellfunktion der Gewerkschaften und sprachen kleineren Verbänden die Tariffähigkeit regelmäßig ab (Hassel 1999a).

In den folgenden drei Jahrzehnten blieben die industriellen Beziehungen im Wesentlichen aus dem Parteienkonflikt ausgeklammert. In Deutschland wurde der Parteienwettbewerb zwischen den beiden Volksparteien ausgetragen, die sich regelmäßig als politische Lager präsentierten und den kleinen Parteien die Rolle der Mehrheitsbeschaffer zuwiesen (Lehmbruch 2000). Da die FDP – mit Ausnahme der Zeit der Großen Koalition – immer in Regierungsbündnisse eingebunden war, konnte auch sie keine grundsätzlichen Kurswechsel in den industriellen Beziehungen auf die politische Agenda bringen.

[11] Siehe zu den Unterschieden Shonfield (1965).

Der Politikkonsens wurde über die Verschränkung zwischen Parteien und Verbänden noch weiter gestärkt. Beide große Volksparteien hatten einen Arbeitnehmerflügel – die Union über die CDA und CSA, die SPD über die Arbeitsgemeinschaft für Arbeitnehmerfragen (AfA). Darüber hinaus gab es enge Verflechtungen der Sozialdemokratie mit den Gewerkschaften über Doppelmitgliedschaften des Führungspersonals und der parteipolitischen Orientierung der DGB-Gewerkschaften auf die SPD, der sich in einer sehr hohen Quote von SPD-Mitgliedschaften bei den Gewerkschaftsvorständen widerspiegelte. Die CDU hatte hingegen traditionell engere Verbindungen zu den Arbeitgeberverbänden. Diese Verschränkungen erzeugten eine zusätzliche Status-Quo-Orientierung.

Das Bundesarbeitsministerium und der Bundestagsausschuss für Arbeit und Sozialordnung waren die institutionellen Säulen des Politikmonopols, die dafür sorgten, dass der politische Unterbau der industriellen Beziehungen intakt bleiben konnte. In den 53 Jahren von 1949 bis 2002 waren von den sieben Arbeitsministern fünf ehemalige Gewerkschaftsvorstände. In der Regierung Adenauer kamen sie aus den christlichen Gewerkschaften, später aus den DGB-Gewerkschaften.[12] Die anderen beiden entstammten dem Arbeitnehmerflügel der CDU, der CDA. In den 1970er Jahren war der ehemalige Vorsitzende der Bergarbeitergewerkschaft Walter Arendt Arbeitsminister (1969-76). Danach war der noch aktive Vorsitzende der Chemiegewerkschaft Hermann Rappe Vorsitzender des Bundestagsausschusses für Arbeit und Sozialordnung (1976-83). Zwischen 1976 und 1998 waren sowohl der Vorsitzende als auch der Stellvertreter des Ausschusses Gewerkschaftsmitglied (Trampusch 2004: Tabelle 14). 1998 wurde mit Walter Riester ein weiteres Vorstandsmitglied einer großen Gewerkschaft Arbeitsminister.

Erste Risse im Politikmonopol entstanden ab 2002. Nach der Bundestagswahl 2002 wurden Arbeitsministerium und Wirtschaftsministerium zusammengelegt, wodurch das etablierte Machtgleichgewicht zwischen Wirtschafts- und Arbeitspolitik gestört wurde. Der neue Minister für Wirtschaft und Arbeit, Wolfgang Clement, hatte zudem keinen gewerkschaftlichen Hintergrund und war ein Befürworter von Reformen in den industriellen Beziehungen. Im März 2003 wurde zudem das Politikfeld industrielle Beziehungen explizit in der Regierungserklärung des Bundeskanzlers als reformbedürftig angesehen, falls es nicht zu weiteren Reformen durch die Tarifparteien käme. In den Parteien nimmt die Bindung an die Tarifparteien aufgrund der Professionalisierung der Politiker langsam ab. Das Politikmonopol weist deutliche Erosionen auf.[13]

4 Neue Entwicklungen: Europäisierung – Internationalisierung

Industrielle Beziehungen finden derzeit fast ausschließlich auf der nationalen und regionalen Ebene statt. Mit Ausnahme der Europäischen Union gibt es weder einen politischen noch einen institutionellen Rahmen, in dem grenzüberschreitende Beziehungen zwischen Gewerkschaften und Arbeitgebern reguliert werden. Das bedeutet jedoch nicht, dass Europäisierung und Internationalisierung für die Gestaltung der industriellen Beziehungen unerheblich sind. Vielmehr sind sowohl die Funktionsweise als auch die politische Regulierung

[12] Siehe zu den biographischen Angaben der Minister: Trampusch 2004: Tabelle 15.

[13] Die Trennung der beiden Ministerien nach der Bundestagswahl 2005 und die Ernennung von Franz Müntefering zum Arbeitsminister belegen, dass es auch Bemühungen zur Wiederherstellung des Politikmonopols gibt.

der industriellen Beziehungen unmittelbar von Prozessen der Internationalisierung der Wirtschaft und dem Prozess der Europäischen Integration betroffen.

In der Nachkriegsphase bis Ende der 1970er Jahre waren industrielle Beziehungen in ein liberales Wirtschaftsmodell offener, aber regulierter Märkte mit hoher Kontrolle der Nationalstaaten über wirtschaftliche Prozesse eingepasst. Außenwirtschaftliche Handelsbeziehungen und binnenwirtschaftliche Tarifpolitik standen in einem engen Wechselverhältnis. Importierte Preissteigerungen konnten zum Beispiel Lohnverhandlungen massiv unter Druck setzen, wie im Fall der Ölkrisen, und überhöhte Tarifabschlüsse führten zu nachlassender Wettbewerbsfähigkeit, die über Wechselkursanpassungen ausgeglichen wurden. Der Mechanismus der Wechselkursanpassung war in diesem Prozess ein wichtiges Instrument nationalstaatlicher Wirtschaftspolitik.

Zugleich hatte die Integration der Tarifverbände in die nationale Politik auch zu einer Machtverschiebung zugunsten der Gewerkschaften geführt. Regierungen wurden für die Beschäftigungsentwicklung verantwortlich gemacht, während zunehmend höhere Lohnerwartungen der Beschäftigten durch Vollbeschäftigung genährt wurden. Inflationstreibende Lohnabschlüsse wurden nicht mit einer restriktiven Geldpolitik beantwortet, da die Regierungen die damit einher gehenden Beschäftigungsverluste fürchteten und die Geldpolitik insgesamt als untaugliches Instrument angesehen wurde. In Deutschland war dieses allgemeine Muster schwächer ausgeprägt, da die wirtschaftliche Entwicklung außerordentlich günstig verlief und die politisch unabhängige Bundesbank bereits relativ früh bereit war, eine restriktive Geldpolitik zu verfolgen.

Dieses Dilemma der Regierungen, einerseits aufgrund der Stagflation auf Lohnzurückhaltung drängen zu müssen, andererseits aber den hohen Lohnerwartungen der Gewerkschaften ausgesetzt zu sein, änderte sich durch die Liberalisierung und Internationalisierung der Kapitalmärkte ab den frühen 1970er Jahren. Die wachsenden internationalen Kapitalströme flossen zunehmend in Länder mit höherer fiskal- und geldpolitischer Stabilität und setzten Regierungen unter Druck, auf eine expansive Wirtschaftspolitik zu verzichten und stattdessen Handel und Wirtschaft zu liberalisieren sowie Inflationstendenzen mit restriktiver Geldpolitik zu begegnen. In Westeuropa war eine Folge der Kapitalmarktliberalisierung gemeinsam mit der Stagflationserfahrung der 1970er Jahre die schrittweise Einführung der Europäischen Wirtschafts- und Währungsunion (EWWU).

Diese berührte die industriellen Beziehungen insofern, als die offeneren Güter- und Arbeitsmärkte bei gleichzeitiger Harmonisierung und Europäisierung der Geld- und Fiskalpolitik die außenwirtschaftliche Abfederung der Auswirkungen binnenwirtschaftlicher Tarifpolitik verhinderten. Auch konnten Gewerkschaften von Regierungen für Lohnzurückhaltung zunehmend weniger belohnt werden, da die Verteilungsspielräume kleiner wurden (Streeck 1993). Damit stehen stärker als zuvor die industriellen Beziehungen in direkter Verantwortung für die Wettbewerbsfähigkeit von Unternehmen und Branchen. In Deutschland wurden insbesondere die hohen Sozialausgaben nach der Wiedervereinigung, die zumindest teilweise auch als Entgegenkommen an das kooperative Verhalten der Gewerkschaften genutzt wurden, durch die steigende Verschuldung und den Stabilitäts- und Wachstumspakt begrenzt.

Auf der europäischen Ebene ist zudem ein regulativer Druck auf nationale Regulierungen der industriellen Beziehungen entstanden, um Wettbewerbsverzerrungen zwischen nationalen Standorten zu verhindern bzw. auszugleichen. Regulierungen des Arbeitsschutzes und der Arbeitssicherheit wurden harmonisiert und damit zum Teil verstärkt, zum Teil jedoch auch dereguliert. Im Bereich der industriellen Beziehungen sind wettbewerbsverzerrende Effekte durch Regulierungen nicht eindeutig definiert. Dennoch stehen insbesondere die strengen Regulierungen der deutschen Unternehmensmitbestimmung in der Interpretation der Europäischen Kommission zunehmend unter Verdacht, für schlechtere Standortbedingungen verantwortlich zu sein. Die marktschaffende Dynamik der Europäischen Integration unterminiert strengere Regulierungen von Unternehmen und Arbeitsmärkten (Scharpf 1999).

Schließlich hat die höhere Mobilität von Kapital zu einer internationalen Angleichung von Renditeerwartungen geführt. Da die deutschen Unternehmen durch ihre geringe Marktkapitalisierung vor hohen Renditeerwartungen von Investoren geschützt waren, hatten sie in der Vergangenheit relativ niedrige Renditen zu verzeichnen. In dem Maße, wie die deutsche koordinierte Marktwirtschaft unter den Druck internationaler Investoren gerät, stehen die bestehenden Institutionen der industriellen Beziehungen unter dem Druck, den höheren Erwartungen zu entsprechen. Dabei zeigt sich, dass Mitbestimmung und hohe Renditeerwartungen durchaus miteinander kompatibel sein können (Beyer/Hassel 2003).

Internationalisierung und Liberalisierung der Kapitalmärkte, die Europäisierung der Geldpolitik sowie die Öffnung der Gütermärkte für internationale Konkurrenz verändern die Anforderungen, die an die Aushandlungsergebnisse zwischen Gewerkschaften und Arbeitgebern gestellt werden. Konnten während der ersten 30 Jahre der Bundesrepublik Arbeitgeberverbände und Gewerkschaften relativ autonom wachsende Verteilungsspielräume aufteilen, wurden nun die Ergebnisse von Tarifverhandlungen und Mitbestimmung entscheidend für den Wirtschaftsstandort Deutschland insgesamt. Die Funktionalität industrieller Beziehungen rückte damit wieder stärker in die Aufmerksamkeit der Politik.

Allerdings gab es weder im internationalen Raum noch in der politischen Diskussion eindeutige Erkenntnisse darüber, wie die Funktionaliät der industriellen Beziehungen verbessert werden könnte bzw. wie man die bestehenden Institutionen an neue Bedingungen anpassen könnte, ohne die weiterhin bestehenden komparativen Vorteile des deutschen Systems zu verlieren. Die Anpassung der nationalen Modelle der industriellen Beziehungen an die neuen Strukturen der Weltwirtschaft hat nicht ein Modell der ‚best practice' hervorgebracht, sondern eine Weiterentwicklung bereits bestehender Regulierungen in unterschiedliche Richtungen. Welche Form der Mitbestimmung und der Tarifpolitik den gesamtwirtschaftlichen Erfordernissen am besten gerecht wird, bleibt angesichts der unterschiedlichen Entwicklungen in verschiedenen Ländern stark umstritten.[14]

Die Unsicherheit, welche die richtige Antwort auf die Effekte der Internationalisierung ist, hat bislang eher die Orientierung am Status Quo in der politischen Regulierung industrieller Beziehungen begünstigt als zu radikalen Reformdebatten geführt. Kein umfassendes Deregulierungsprogramm der industriellen Beziehungen hat bis zur Jahrtausendwende den Weg auf die politische Tagesordnung gefunden. Diskutierte Rechtsänderungen zur Dezentralisierung der Tarifpolitik haben keine politische Unterstützung bekommen. Dennoch entziehen der institutionelle Wettbewerb zwischen verschiedenen Rechtsordnungen, der zunehmend schärfere Standortwettbewerb der Unternehmen und die zunehmende Dominanz des angloamerikanischen Unternehmensmodells den deutschen Institutionen der industriellen Beziehungen nach und nach die Grundlage. Außerhalb des Parteienwettbewerbs und der Koalition der großen Verbände entwickeln sich neue Akteure – Investoren, Firmen und Analysten –, die auch auf der regulativen Ebene auf weitere Veränderungen drängen.

[14] Siehe dazu Hall und Gingerich (2004).

5 Fazit und Ausblick

Das Politikfeld ‚industrielle Beziehungen' in der Bundesrepublik wurde in seinen wesentlichen Facetten in den 1950er Jahren geprägt. Seine weitere Entwicklung und Stabilität sind auf eine dominante Akteurskonstellation zurückzuführen, die wiederum auf der Vorstellung eines Kartells von Interessenorganisationen auf dem Arbeitsmarkt beruhen. Verfassungsrechtlich verankert und durch Richterrecht ausgestaltet haben die Gewerkschaften des Deutschen Gewerkschaftsbunds (DGB) auf der einen Seite und die Arbeitgeberverbände der Bundesvereinigung der Arbeitgeberverbände (BDA) auf der anderen Seite als politische Monopolisten die Gestaltungsmacht darüber gehabt, wie das Politikfeld auszufüllen sei. Aufgrund der wirtschaftlichen Erfolge in den ersten dreißig Jahren der Bundesrepublik und aufgrund der politischen Verankerung der Verbände im Parteiensystem wurde diese Gestaltungsmacht von keinem ernsthaften politischen Akteur infrage gestellt.

Die Veränderungen und Reformen blieben auf Nuancen begrenzt. Zwar spielte die Tarifpolitik und Fragen des Arbeitsmarktes in Wahlkämpfen immer wieder eine Rolle, die wesentlichen Bestandteile der industriellen Beziehungen blieben jedoch unangetastet. Die sozial-liberale Koalition in den 1970er Jahren baute Mitbestimmungsrechte auf der Betriebs- und Unternehmensebene zugunsten der Gewerkschaften aus; die christlich-liberale Koalition schränkte das Arbeitsrecht in einigen Bereichen ein. Die grundlegenden Strukturen wurden im Zuge der Wiedervereinigung nochmals bekräftigt. Die politische Debatte über die ‚industriellen Beziehungen' seit Ende der 1990er Jahre hat zwar grundsätzlicheren Charakter, aber hat zugleich noch zu keinen wesentlichen Reformimpulsen geführt.

Gleichwohl hat sich die Funktionsweise des Politikfeldes über die letzten 25 Jahre transformiert. Während der ersten dreißig Jahre der Bundesrepublik standen der Schutz der Arbeitnehmerinteressen und der Interessenausgleich mit den Unternehmen im Zentrum der industriellen Beziehungen. Durch die neuen wirtschaftlichen Bedingungen ab der zweiten Hälfte der 1970er Jahre hat sich der Schwerpunkt auf die Einpassung der Institutionen der industriellen Beziehungen in einen internationalen Wettbewerb um Investitionen verlagert. Zugleich haben die Verbände aufgrund ihrer abnehmenden Mitgliederstärke massiv an Legitimation und Gestaltungsmacht eingebüßt. Angesichts dieser veränderten Umwelt ist es nicht die politische Regulierung der industriellen Beziehungen, die für veränderte Regulierungsmuster verantwortlich ist. Viel wahrscheinlicher ist, dass in Zukunft die Politik die bestehenden Regulierungen an neue wirtschaftliche und gesellschaftliche Verhältnisse anpassen muss. Wie in anderen Ländern mit schwächer entwickelten Institutionen steigt der Druck auf den Gesetzgeber, Funktionen der Tarifparteien zu übernehmen. So erfolgt die Debatte über einen gesetzlichen Mindestlohn aufgrund der Schwäche der Verbände in der Tarifpolitik. Andererseits lässt sich das Monopol der Verbände immer schlechter verteidigen, je weniger Mitglieder diese Verbände vertreten.

6 Literatur

Abelshauser, Werner, 2003: Kulturkampf. Der deutsche Weg in die Neue Wirtschaft und die amerikanische Herausforderung. Berlin.

Armingeon, Klaus, 1988a: Die Entwicklung der westdeutschen Gewerkschaften 1950-1985. Frankfurt a.M./New York.

Armingeon, Klaus, 1988b: Politische Regulierung industrieller Beziehungen. Vom Kaiserreich zur Bundesrepublik Deutschland, in: Manfred G. Schmidt (Hrsg.): Staatstätigkeit. International und historisch vergleichende Analysen (= PVS Sonderheft 19). Opladen, 151-177.

Armingeon, Klaus, 1994: Staat und Arbeitsbeziehungen. Ein internationaler Vergleich. Opladen.

Artus, Ingrid/Sterkel, Gabriele, 1998: Brüchige Tarifrealität – Ergebnisse einer empirischen Studie zur Tarifgestaltungspraxis in Betrieben der ostdeutschen Metall-, Bau- und Chemieindustrie, in: WSI-Mitteilungen 51: 431-441.

Baumgartner, Frank R./Jones, Bryan D., 1993: Agendas and Instability in American Politics. Chicago.

Beyer, Jürgen/Hassel, Anke, 2003: Die Folgen von Konvergenz. Der Einfluss der Internationalisierung auf die Verteilung der Wertschöpfung in großen Unternehmen, in: Jürgen Beyer (Hrsg.): Vom Zukunfts- zum Auslaufmodell? Die deutsche Wirtschaftsordnung im Wandel. Wiesbaden, 155-184.

Czada, Roland, 1998: Vereinigungskrise und Standortdebatte. Der Beitrag der Wiedervereinigung zur Krise des westdeutschen Modells, in: Leviathan 26: 24-59.

Ebbinghaus, Bernhard, 2003: Die Mitgliederentwicklung deutscher Gewerkschaften im historischen und internationalen Vergleich, in: Wolfgang Schroeder/Bernhard Wessels (Hrsg.): Die Gewerkschaften in Politik und Gesellschaft der Bundesrepublik Deutschland. Ein Handbuch. Opladen, 174-203.

Hall, Peter A./Gingerich, Daniel W., 2004: Varieties of Capitalism and Institutional Complementarities in the Macroeconomy. An Empirical Analysis. Köln (MPIfG Discussion Paper 04/5).

Hall, Peter A./Soskice, David, 2001: An Introduction to Varieties of Capitalism, in: Peter A. Hall/David Soskice (Hrsg.): Varieties of Capitalism: The Institutional Foundations of Comparative Advantage. Oxford, 1-86.

Hassel, Anke, 1999a: The Erosion of the German System of Industrial Relations, in: British Journal of Industrial Relations 37: 484-505.

Hassel, Anke, 1999b: Gewerkschaften und sozialer Wandel. Mitgliederrekrutierung und Arbeitsbeziehungen in Deutschland und Großbritannien. Baden-Baden.

Hassel, Anke, 2003: Wer beherrschte die Gemeinwirtschaft? Unternehmenskontrolle in politischen Unternehmen, in: Wolfgang Streeck/Martin Hoepner (Hrsg.): Alle Macht dem Markt? Fallstudien zum Ende der Deutschland AG. Frankfurt a.M., 93-117.

Hassel, Anke, 2006: Labour Market Reform in CME and its Problems, in: Martin Rhodes/Bob Hancké/Mark Thatcher (Hrsg.): Institutional Change in Contemporary European Capitalism. Conflict, Contradiction and Complementarities. Oxford (i.E.).

Hassel, Anke/Rehder, Britta, 2001: Institutional Change in the German Wage Bargaining System – The Role of Big Companies. MPIfG Working Paper 01/9.

Lambsdorff, Otto Graf, 1982: Konzept für eine Politik zur Überwindung der Wachstumsschwäche und zur Bekämpfung der Arbeitslosigkeit, in: Neue Bonner Depesche 9. September 1982. <http://admin.fnst.org/uploads/644/Lambsdorffpapier-2.pdf>

Lehmbruch, Gerhard, [3]2000: Parteienwettbewerb im Bundesstaat: Regelsysteme und Spannungslagen im politischen System der Bundesrepublik Deutschland. Wiesbaden.

Rehder, Britta, 2003: Betriebliche Bündnisse für Arbeit in Deutschland. Mitbestimmung und Flächentarif im Wandel. Frankfurt a.M./New York.

Thelen, Kathleen/Turner, Lowell, 1999: Die deutsche Mitbestimmung im internationalen Vergleich, in: Wolfgang Streeck/Norbert Kluge (Hrsg.): Mitbestimmung in Deutschland. Tradition und Effizienz. Frankfurt a.M., 135-223.

Sabatier, Paul A./Jenkins-Smith, Hank C., 1999: The Advocacy Coalition Framework: An Assessment, in: Paul Sabatier (Hrsg.): Theories of the Policy Process. Bolder, CO, 117-166.

Scharpf, Fritz W., 1987: Sozialdemokratische Krisenpolitik in Europa. Frankfurt a.M.

Scharpf, Fritz W., 1999: Regieren in Europa. Effektiv und demokratisch? Frankfurt a.M.

Schönhoven, Klaus, 1987: Die deutschen Gewerkschaften. Frankfurt a.M.

Schröder, Gerhard, 2003: Mut zum Frieden und Mut zur Veränderung, in PlPr. 15/32, 14. März 2003, 2479-2493.

Schroeder, Wolfgang, 2000a: Industrielle Beziehungen in Ostdeutschland: Zwischen Eigensinn und Paternalismus. Wissenschaftszentrum Berlin, FS III 00-203.

Schroeder, Wolfgang, 2000b: Das Modell Deutschland auf dem Prüfstand: Zur Entwicklung der industriellen Beziehungen in Ostdeutschland (1990-2000). Wiesbaden.

Schroeder, Wolfgang/Weßels, Bernhard, 2003: Das deutsche Gewerkschaftsmodell im Transformationsprozess: Die neue deutsche Gewerkschaftslandschaft, in: Wolfgang Schroeder/Bernhard Weßels (Hrsg.): Die Gewerkschaften in Politik und Gesellschaft der Bundesrepublik Deutschland. Ein Handbuch. Wiesbaden, 11-37.

Schroeder, Wolfgang/Silvia, Stephen J., 2003: Gewerkschaften und Arbeitgeberverbände, in: Wolfgang Schroeder/Bernhard Weßels (Hrsg.): Die Gewerkschaften in Politik und Gesellschaft der Bundesrepublik Deutschland. Ein Handbuch. Wiesbaden, 244-270.

Shonfield, Andrew, 1965: Modern Capitalism. The Changing Balance of Public and Private Power. Oxford.

Soskice, David, 2006: Systemische Reform: Der Fall Deutschland, in: Volker Berghahn/ Sigurt Vitols (Hrsg.): Gibt es einen deutschen Kapitalismus? Tradition und globale Perspektiven der sozialen Marktwirtschaft. Frankfurt a.M. (i.E.).

Streeck, Wolfgang, 1981: Gewerkschaftliche Organisationsprobleme in der sozialstaatlichen Demokratie. Königstein/Ts.

Streeck, Wolfgang, 1991: On the Institutional Conditions of Diversified Quality Production, in: Egon Matzner/Wolfgang Streeck (Hrsg.): Beyond Keynesianism: The Socio-Economics of Production and Employment. London, 21-61.

Streeck, Wolfgang, 1993: The Rise and Decline of Neocorporatism, in: Lloyd Ulman/Barry Eichengreen/William T. Dickens (Hrsg.): Labor and an Integrated Europe. Washington D.C., 80–101.

Streeck, Wolfgang/Hassel, Anke, 2003: Trade Unions as Political Actors, in: John T. Addison/Claus Schnabel (Hrsg.): International Handbook of Trade Unions. London, 335-365.

Streeck, Wolfgang/Thelen, Kathleen, 2005: Introduction: Institutional Change in Advanced Political Economies, in: Wolfgang Streeck/Kathleen Thelen (Hrsg.): Beyond Continuity: Institutional Change in Advanced Political Economies. Oxford, 1-39.

Streeck, Wolfgang/Trampusch, Christine, 2005: Economic Reform and the Political Economy of the German Welfare State, in: German Politics 14: 174-195.

Trampusch, Christine, 2004: Von Verbänden zu Parteien. Der Elitenwechsel in der Sozialpolitik. Köln (MPIfG Discussion Paper 04/3).

Trampusch, Christine, 2005: Institutional Resettlement. The Case of Early Retirement in Germany, in: Wolfgang Streeck/Kathleen Thelen (Hrsg.): Beyond Continuity: Explorations in the Dynamics of Advanced Political Economies. Oxford, 203-228.

Visser, Jelle, 2002: Why Fewer Workers Join Unions in Europe: A Social Custom Explanation of Membership Trends, in: British Journal of Industrial Relations 40: 403-430.

15. Agrarpolitik im Umbruch: Von der Landwirtschaft zur Amtswirtschaft

Elmar Rieger

Emile Durkheim, einer der Gründerväter der Soziologie, formulierte die sozialwissenschaftliche Grundregel, dass zwischen normalen und pathologischen Zuständen eine systematische Beziehung besteht (1895/1980). Das Pathologische sei insofern ein „regulärer Wirkungsfaktor des sozialen Lebens", als die Widerstände und der Protest, den es auslöst, das bekräftigen, was in der Gesellschaft als das Richtige und das Normale gelten soll. Das Verbrechen zählte er deshalb zu den „notwendigen" und „nützlichen Erscheinungen", weil es die normativen Grundlagen des sozialen und politischen Lebens sichtbar macht. Diese Erkenntnis ist auch ein Schlüssel für das Verständnis der Agrarpolitik. So wie sich die soziale Eigenart und politische Verfassung einer Gesellschaft an dem erkennen lässt, was unter Strafe gestellt ist, so lässt sich auch die Eigenart einer Policy daran ablesen, welchen Pathologien sie Raum gibt. Und wenn es unvermeidlich ist, dass Policies Pathologien erzeugen, dann ist schließlich die Gestalt einer Policy nichts anderes mehr als die aufsummierten Reaktionen auf sie – mit der Folge, dass ihre eigentlichen Aufgaben vergessen werden.

Futter- und Lebensmittelskandale gehören inzwischen zum täglich Brot, das die Massenmedien einer verunsicherten Bevölkerung reichen, genauso wie die Nachrichten über Missstände in der Tierhaltung und bei Tiertransporten oder die Klagen über eine durch die Landwirtschaft selbst aus dem Gleichgewicht gebrachte Natur. Im großen Maßstab operierende und international organisierte Subventionsbetrüger, eine in der Schweine- und Kälbermast flächendeckend operierende Hormon- und Präparatemafia, Panscher und Trickser bei Wein und Olivenöl, Etikettenschwindler bei Bioprodukten, „Terminhändler" von Gammelfleisch, skrupellose Verkäufer enormer Mengen verunreinigter Futter- und Lebensmittel, regelmäßig und epidemisch auftretende Tierkrankheiten wie die Maul- und Klauenseuche, der so genannte Rinderwahnsinn oder die Hühnerpest – alle diese Erscheinungen gehen nicht auf das Konto einer bloß sporadisch auftretenden Pflichtvergessenheit oder einer doch überall zu findenden natürlichen Schlechtigkeit des Menschen, sondern verweisen auf land- und agrarwirtschaftliche Verhältnisse, die nichts anderes sind als die zum Teil gewollten, zum Teil ungewollten Wirkungen einer genauso umfassenden wie durchgreifenden Agrarpolitik. Der agrarpolitische Apparat, so wie er sich heute darstellt, mit seinen vielfältigen Wirkungen, die er auf die Produktionsmethoden und die Produktionsschwerpunkte, die Gestalt der Landschaft und den Zustand von Boden, Wasser und Luft, die Tier- und Pflanzengesundheit, die Absatzchancen der Betriebe und das Berufsschicksal der Landwirte, die Konsumchancen und Verbrauchergewohnheiten ausübt, hat die Erscheinung der Landwirtschaft fast bis zur Unkenntlichkeit verändert und wird sie weiter verändern. Der Landwirt kommt hauptsächlich als Risikoerzeuger in den Blick der Politik. Die vorsorgliche Regulierung der landwirtschaftlichen Produktionsverhältnisse nimmt einen immer größer werdenden Umfang an. Saubere Luft, klares Wasser und einigermaßen intakte Biosphären sind zu knappen und gefährdeten Gütern geworden, genauso wie die

Tier- und Pflanzengesundheit. Ihre Erhaltung bzw. Wiederherstellung ist nicht mehr die Aufgabe von ad hoc-Interventionen, sondern einer umfassenden Planung. Die Natur schlechthin ist organisationsbedürftig geworden. Das Verhalten der Landwirte ist nicht mehr ihre Privatsache, ihre Autonomie ist scharf begrenzt und die Betriebsführung unter eine umfassende Normenkontrolle gestellt. Der sehr weitgehend agrarpolitisch bestimmte Lebenskreis der Landwirte ist eine eigene, sehr besondere Welt rechtlich normierter und bürokratisch auferlegter Zwänge und Gelegenheiten. Die im grellen Licht massenmedialer Öffentlichkeit katastrophenartig sich abspielenden Gesundheitsskandale sind offenbar mit jenen Bedingungen der Lebensmittelproduktion auf das Engste verknüpft, die doch zuerst durch die Agrarpolitik selbst geschaffen wurden und dann wieder von ihr zu kontrollieren versucht werden. Diese Erscheinungen machen deutlich, welche Art von Agrar- und Landwirtschaft mit welcher Art von Qualitäten durch die Revolutionierung der Produktionstechniken und die Agrarpolitik auf der einen Seite ausgeschaltet und auf der anderen gezüchtet worden ist.

Es sind inzwischen ausschließlich Mittel der Gesetzgebung, über die die Probleme der Agrar- und Landwirtschaft in Angriff genommen werden. Die von der Agrarpolitik selbst angestoßenen Wandlungen der Landwirtschaft haben unaufhaltsam ihre institutionelle Last und soziale Verantwortung erhöht. Gleichzeitig vergrößerte sich die Macht der Agrarpolitik gegenüber einer Landwirtschaft, in der die nicht-rechtlichen Formen der Kontrolle ihrer Arbeitsweisen und Produktionstechniken weitgehend verschwunden sind. Eine durch die lokale Gemeinschaft getragene Regulierung der landwirtschaftlichen Produktionsverhältnisse, die sich der sozialen Missbilligung als wichtigstem Mittel ihrer Kontrolle bedient und insofern traditional oder konventional ist, ist in der Bundesrepublik genauso wie in den anderen Gesellschaften mit einer hoch entwickelten Wirtschaft völlig verschwunden. Es ist auch ausgeschlossen, dass es eine Rückkehr zu jenen informellen, autonomen und selbstregulierenden Garantiemechanismen agrarischer Ordnungen gibt, die in den vergangenen Jahrhunderten der Landwirtschaft und dem ländlichen Raum ihre besondere soziale Gestalt gaben und die auf eigene Weise für lautere Produkte und einen nachhaltigen Umgang mit ihren „Produktionsmitteln“ sorgten. Landwirtschaftliche Betriebe sind nicht mehr in die weiteren dörflichen Verhältnisse eingebunden, sondern wurden zu isolierten Produktionsstätten ausgebaut. Die traditionelle Vielseitigkeit landwirtschaftlicher Arbeits- und Produktionsverhältnisse, die auf eigene Weise eine Nachhaltigkeit garantierte, wurde zu einem kostspieligen Luxus. Hinter den technisch aufgerüsteten Erwerbsmaschinen der modernen Großbetriebe sind die sozialen und ökologischen Bedingungen der Landwirtschaft verschwunden – um im Gewand „alternativer“ Betriebe und ganz außerhalb des Gesichtskreises der Agrarpolitik wieder aufzutauchen. Die Landwirtschaft wurde unter dem doppelten Druck der technischen Entwicklungen und einer immer perfekter organisierten Marktordnungspolitik homogenisiert und ihre Produkte standardisiert. Die regionalen Eigenarten von Landschaft, rechtlicher und sozialer Ordnung, die von den Landleuten ein unterschiedliches, hochgradig spezifisches Wissen verlangten, sind einheitlichen produktspezifischen Betriebsformen gewichen. Entsprechend schematisch kann deshalb eine Agrarpolitik verfahren, die eben auch zu einer Massenverwaltung geworden ist. Die Bürokratisierung hat aber bei der staatlichen Seite der Agrarpolitik nicht halt gemacht. Über die Vertragslandwirtschaft wurden die Betriebe ein fester Teil eng gegliederter Verwertungsketten. Während noch die traditionellen Kontrollinstanzen Teil der ländlichen Lebensverhältnisse waren, deren Wirkungen durch den engen Zusammenhang von Landwirtschaft und einer eigenständigen sozialen Ordnung gemildert wurden, ist die inzwischen hochgradig formalisierte, die Privat- wie die Amtswirtschaft umfassende bürokratische Kontrolle von den agrarischen Wirtschafts- und Lebensverhältnissen vollständig getrennt und damit auch sehr viel weniger von der Landwirtschaft selbst abhängig.

Die scheinbar unvermittelt auftretenden Lebens- und Futtermittelskandale genauso wie die immer wieder aufs Neue heftige Empörung auslösenden Berichte über eine durchaus „normgerechte“ Massentierhaltung zeigen aber auch, dass die institutionelle Revolution, die in der Landwirtschaft stattgefunden hat und noch weiter stattfindet, in ihrer ganzen Bedeutung von der Agrarpolitik weder voll erfasst noch hinreichend verstanden worden ist. Das folgende Kapitel beschreibt die Agrarpolitik als eine Form der Sozialpolitik und macht auf die soziale Qualität der Agrarpolitik als eine Hauptursache von Policy-Pathologien aufmerksam. Endemische Policy-Pathologien sind die Hauptursache für einen institutionellen Wandel, der die Landwirtschaft immer enger mit der Agrarpolitik als einem Leistungs-, Interventions- und Lenkungssystem verwob. Das zweite Kapitel untersucht die wichtigsten Erscheinungsformen, Ursachen und Konsequenzen der agrarpolitischen Fehlentwicklungen, die aus ihrer sozialpolitischen Überformung rühren. Am Beispiel des so genannten Agrarprivilegs zeigt das dritte Kapitel, wie die Landwirtschaft noch aus einem anderen Grund der bürokratischen Herrschaft einer Amtswirtschaft überantwortet wurde. Die von der Agrarpolitik selbst ausgelöste ökologische Krise führte zusammen mit der wirtschaftlichen Abhängigkeit von staatlichen Leistungen zu einer umfassend behördlich gelenkten Landwirtschaft. Das vierte Kapitel beschreibt die Landwirtschaft der Bundesrepublik als Objekt einer Amtswirtschaft. Das fünfte und abschließende Kapitel zeigt die institutionellen Bedingungen und politischen Mechanismen, die den Strukturwandel der Agrarpolitik ermöglicht und vorangetrieben haben.

1 Agrarpolitik als Sozialpolitik

„Schutz und Erhaltung der Bauern“ seien der „eigentliche Zweck einer Agrargesetzgebung“ schrieb bereits Max Weber in seiner „universalen Sozial- und Wirtschaftsgeschichte“ (1923/1981: 100). Im Laufe der Jahrhunderte haben sich allerdings die leitenden Gesichtspunkte eines staatlichen Bauernschutzes immer wieder verschoben. Während der merkantilistische Staat das Land hauptsächlich als Quelle von Steuereinnahmen und Rekruten sah, rückte später die Nahrungsmittelversorgung einer schnell anwachsenden städtischen Bevölkerung in den Mittelpunkt des agrarpolitischen Interesses, ein Anliegen, das um so problematischer wurde, als eine in allen wichtigen Versorgungsbereichen sich abzeichnende Überproduktion durch die massive staatliche Unterstützung industriewirtschaftlicher Produktionstechniken, die ökologischen Konsequenzen einer intensiven Naturbewirtschaftung und schließlich die Gefährdung von Verbrauchern durch die sekundären und weiteren Wirkungen der bisherigen Agrarpolitik diese selbst auf den Prüfstand stellten. Der wichtigste Grund dieser Wendung der Agrarpolitik gegen sich selbst ist in dem Umstand zu suchen, dass sie der Sozialpolitik immer ähnlicher wurde und damit einen zunehmenden Kontrollverlust erfuhr. Dass seit dem Regierungsantritt einer Koalition aus CDU und SPD im November 2005 mit Horst Seehofer ein ausgewiesener Sozialexperte das Bundesministerium für Ernährung, Landwirtschaft und Verbraucherschutz übernahm, ist ein Umstand mit hoher Symbolkraft.

Im Unterschied zu den meisten anderen europäischen Ländern und erst recht im Unterschied zu England und den Vereinigten Staaten hat sich in Deutschland unter dem Einfluss der historischen Nationalökonomie und damit in scharfer Abwendung vom wirtschaftlichen und politischen Liberalismus eine „sozialpolitische Schule der Agrarpolitik" herausgebildet, die sich durch ein „schier unbegrenztes Vertrauen auf die Wirkungsmöglichkeiten des Staates" auszeichnete (Dietze 1962/1969: 31; Tracy 1989). Dass die deutsche Sozialdemokratie in der Weimarer Republik so ausgesprochen unmarxistische Maßnahmen wie das Reichssiedlungsgesetz und die Wiedereinführung der Bülowschen Zolltarife unterstützte und sich mit ihrem Agrarprogramm von 1927 auf eine defensive Bauernschutzpolitik einließ, ist auf die enge Verwandtschaft ihrer revisionistischen Positionen mit der Programmatik einer „agrarischen Sozialpolitik" zurückzuführen (Dietze 1962/1969: 31f.; Schuhmacher 1978). In der Bundesrepublik wurde diese von allen Parteien unterstützte bauernfreundliche Richtungsentscheidung mit dem Landwirtschaftsgesetz vom 5. September 1955 in die bis heute geltende Form gebracht. Die sozialpolitische Motivierung kommt im § 1 dieses Gesetzes deutlich zum Ausdruck:

> „Um der Landwirtschaft die Teilnahme an der fortschreitenden Entwicklung der deutschen Volkswirtschaft und um der Bevölkerung die bestmögliche Versorgung mit Ernährungsgütern zu sichern, ist die Landwirtschaft mit den Mitteln der allgemeinen Wirtschafts- und Agrarpolitik – insbesondere der Handels-, Steuer-, Kredit- und Preispolitik – in den Stand zu setzen, die für sie bestehenden naturbedingten und wirtschaftlichen Nachteile gegenüber anderen Wirtschaftsbereichen auszugleichen und ihre Produktivität zu steigern. Damit soll gleichzeitig die soziale Lage der in der Landwirtschaft tätigen Menschen an die vergleichbarer Berufsgruppen angeglichen werden."

Diese Orientierung führt freilich zu der Frage, warum ausgerechnet mit der Landwirtschaft ein einzelner Sektor zu einem besonderen Objekt der Wirtschafts- und Sozialpolitik gemacht wurde. Es ist ja ein allgemeines Merkmal der Modernisierung, dass seine Veränderungsprozesse die verschiedenen Sektoren der Gesellschaft unterschiedlich stark herausfordern, der interdependente Charakter der modernen Gesellschaften gleichzeitig aber dazu führt, dass Veränderungen in einem Sektor auch Spannungen und Krisen in anderen Sektoren zur Folge haben (Rüschemeyer 1979). Die kurz gefasste Antwort auf die Frage, warum es mit der Agrarpolitik immer noch eine sektorale Wirtschaftspolitik gibt, ist in den für die modernen Wohlfahrtsstaaten spezifischen materialen Gleichheitsforderungen zu finden.

Dass die Agrarfrage im Wesentlichen – und parteienübergreifend – als ein Problem sektoraler Einkommensdisparität präsentiert werden konnte, liegt deshalb weniger in der Landwirtschaft selbst begründet als in dem allgemeinen sozial-politischen Wandel hin zum Wohlfahrtsstaat mit seinen typischen Homogenitäts- und Gerechtigkeitsnormen. Dieser Wandel gab der Interessenpolitik nicht nur die Richtung und die Ziele vor, sondern verschaffte ihr auch die dafür notwendigen materiellen und ideellen Mittel. Zwischen der Landwirtschaft und dem Gewerbe bzw. der Industrie bestand schon immer ein Einkommensabstand, der freilich so lange kein politisches Datum war, wie es sich um getrennte Lebenskreise mit eigenen Ordnungsformen handelte. Erst die Integration in die nationale Gesellschaft führte zu Ansprüchen an die Lebenshaltung, die mit den tatsächlichen Erwerbsmöglichkeiten des Großteils der in der Landwirtschaft Beschäftigten nicht zu befriedigen waren. Je stärker die landwirtschaftliche Erwerbsbevölkerung schrumpfte und gleichzeitig über Marktbeziehungen in Wirtschaft und Gesellschaft integriert wurde, desto mehr rückte die Einkommensdisparität in den Mittelpunkt der Problemdiagnosen und desto mehr wurde die Agrarpolitik als Sozialpolitik betrieben.

Diese Entwicklung ist weder dem Zufall äußerer Kontexte geschuldet noch eine entwicklungsbedingte Notwendigkeit, sondern verweist auf gemeinsame Wurzeln der beiden Politikbereiche. So wie die liberalen Gewerbeordnungen den „freien" Arbeitnehmer geschaffen haben, so ist auch erst durch die Bauernbefreiung der selbständige bäuerliche Betrieb entstanden. Mit der Freisetzung der Landbevölkerung aus der Grund- und Gutsherrschaft genauso wie mit der Auflösung der Zünfte verschwanden aber auch die alten sozialen Schutz- und Versorgungsmechanismen (Koselleck 1975; Hockerts 1996). Beide neuen Gruppen, die Arbeitnehmer und die Bauern, wurden für ihre wirtschaftliche und soziale Lage selbst verantwortlich – und für beide Gruppen wurde Einkommenssicherheit zum Grundproblem.

Die Agrarpolitik ist der Sozialpolitik nicht nur strukturverwandt, sie empfängt von ihr auch die tragenden Motive. Garantiepreise für Marktordnungsprodukte und produktionsunabhängige Einkommensbeihilfen erfüllen im Agrarbereich die gleichen einkommens- und verteilungspolitischen Aufgaben wie Mindestlöhne und Lohnersatzleistungen in den anderen Gewerbezweigen. Folgt man den Berechnungen der OECD, dann summiert sich die öffentliche Unterstützung der Landwirtschaft in der Europäischen Union auf knapp 50 Prozent ihrer Bruttowertschöpfung (OECD 2004: 49). Seit dem Anfang der 1990er Jahre sind es allerdings nicht mehr die letztlich von den Verbrauchern getragenen höheren institutionellen Preise einer sozial orientierten Marktordnungspolitik, sondern die steuerfinanzierten direkten Einkommenshilfen, die die Hauptlast der öffentlichen Unterstützung der Landwirtschaft in den Mitgliedsländern der Union zu tragen haben.

Die sozialpolitisch motivierte Unterstützung der Landwirtschaft erschöpft sich nicht in den Garantiepreisen bzw. direkten Transferleistungen. Dazu kommen noch die Versuche, über die staatliche Regulierung eines Agrarkredits, Zinsverbilligung, die Errichtung von Verschuldungsgrenzen, gesetzliche Beschränkungen des Besitzwechsels, Investitionshilfen oder Steuerfreistellungen und Steuererleichterungen weitere soziale Schutzwirkungen zu entfalten. Außerdem wurden, um die Marktmacht von Arbeitnehmern und Landwirten zu stärken, die Arbeitergewerkschaften genauso wie die Agrargenossenschaft vom allgemeinen Kartellverbot ausgenommen. Zusammenfassend kann man sagen, dass beide, die Agrar- wie die Sozialpolitik, Märkte regulieren, um für bestimmte Gruppen von Marktteilnehmern Verhältnisse zu erreichen, die freie Märkte, sich selbst überlassen, nicht erreichen würden. Ihre Sicherheits- und Unterstützungsleistungen sind, weil gegen den Markt gerichtet, gleichzeitig defensiv und protektionistisch. Um ihre Zwecke zu erreichen, schränken sie die persönliche Wirtschaftsfreiheit ein oder schalten sie ganz aus, begrenzen die Konkurrenz und damit das Risiko einer Unterbietungskonkurrenz und übertragen schließlich Einkommen sowohl indirekt als auch direkt. Die Sozial- wie die Agrarpolitik ist damit von dem Bestreben gekennzeichnet, gegen das den Märkten inhärente „Unversorgtheitsrisiko" (Max Weber) im Namen sozialer Gerechtigkeit bestimmten, als schutzwürdig erachteten Marktteilnehmern ausreichend Kaufkraft zu sichern, mit dem Ergebnis, dass sowohl die Arbeitsgesellschaft als auch die Landwirtschaft zunehmend von sozialen Einrichtungen durchsetzt und von Grundsätzen geprägt wurden, die an die Stelle jener früheren Formen sozialer Kohäsion und Kooperation getreten sind, die durch die Marktbeziehungen aufgelöst wurden.

Agrar- und Sozialpolitik haben auch die gleichen typischen Wirkungen. Die Standardisierung der agrarpolitischen Einkommensbeihilfen und der sozialpolitischen Einkommensersatzleistungen haben den Ausgleich regionaler Unterschiede enorm gefördert. In beiden Bereichen wurden durch die staatlichen Eingriffe „Normalarbeitsverhältnisse“ bzw. Normalbetriebsverhältnisse etabliert, die lokalen Besonderheiten immer weniger Raum ließen. Und in beiden Bereichen sehen sich Regierungen und Parlamente vor die Aufgabe gestellt, die ständig steigenden Beträge für eine zweite Einkommensverteilung neben der marktproduzierten Verteilung aufzubringen. Tab. 15.1 zeigt, dass der Wechsel eines Sozialpolitikers an die Spitze des Landwirtschaftsministeriums noch aus einem anderen Grund durchaus Sinn macht. Aufgrund der Arbeitsteilung mit der Europäischen Union, wo die Gemeinsame Agrarpolitik die Kosten der Marktordnungs- und Beihilfenpolitik trägt, sind auf der Ebene der Mitgliedstaaten der mit Abstand größte Haushaltsposten die sozialen Sicherungseinrichtungen der Landwirtschaft. Die landwirtschaftliche Renten-, Kranken- und Unfallversicherung, die einmal als beitragsfinanzierte Einrichtungen angelegt wurden, sind inzwischen aufgrund der geringen Größe der landwirtschaftlichen Erwerbsbevölkerung ohne massive Finanzhilfen des Staates überhaupt nicht mehr lebensfähig (Hagedorn 1982).

Tabelle 1: Agrarhaushalt des Bundes

	2001	2002	2003	2004
Agrarhaushalt insgesamt	5.604	5.697	5.627	5.212
in % des Bundeshaushalts	2,3	2,3	2,2	2,0
Landwirtschaftliche Sozialpolitik	3.908	4.102	4.074	3.778
Gemeinschaftsaufgabe	877	872	765	729
Ministerium, Bundesämter, Forschungsanstalten	268	312	315	330
Gasölverbilligung	192	0	0	0
Nationale Marktordnungen	171	146	125	123
Bundesprogramm Ökolandbau	0	35	36	20
Nachwachsende Rohstoffe	36	36	44	31
Tiergerechte Haltungsverfahren	0	13	31	5
Sonstiges	152	214	237	227
Globale Minderausgabe	0	-20	-20	-30

Quelle: BMVEL.

Agrarpolitik und Sozialpolitik sind sich auch in der mehr oder weniger begrenzten Wirkung ihrer gesetzgeberischen Mittel durchaus ähnlich. Zum Beispiel kann der Gesetzgeber im Interesse einer geringeren Kindersterblichkeit zwar ein Beschäftigungsverbot für Hochschwangere anordnen, in der Hoffnung, dass sich damit die Kindersterblichkeit senken lässt. Aber direkt anordnen lässt sich dieses Ergebnis nicht, genauso wenig wie die Erhaltung eines selbständigen Bauernstandes durch eine Höfe- und Erbordnung, wie es die Nationalsozialisten in Form des Reichserbhofsgesetzes versuchten. In beiden Fällen können in der wirtschaftlichen Situation begründete Zwangslagen zu Ergebnissen führen, die dem von der Politik angestrebten Ergebnis genau entgegengesetzt sind (Weber 1972: 195).

Agrarpolitik und Sozialpolitik sind auch mit der gleichen Problematik institutionalisierter Politik konfrontiert. Das Haushaltsrecht, parlamentarische Gepflogenheiten und das Eigeninteresse der Agrarverwaltung sorgen auf eigene Weise dafür, dass die einmal aus Anlass eines besonderen Notstandes zugestandenen Finanzmittel schließlich regelmäßig dem Finanzminister abgewonnen werden. Der agrarpolitische Bedarf wird sehr schnell nur noch durch die Brille von Haushaltsvoranschlägen gesehen. Die Ursache-Wirkungs-Kette wird insofern umgedreht, als jetzt aus den zur Verfügung stehenden Finanzmitteln auf die Notlage geschlossen wird (Achinger 1958). Damit verbinden sich dann wiederum Selektionswirkungen für die Art und Weise, wie das politische System die Bedürfnisse der Landwirtschaft wahrnimmt und einschätzt. Die Tatsachen der Agrarpolitik erhalten ihre eigene Normativität. Wenn die Auswahl der interventionsbedürftigen Sachverhalte und das Verhältnis der Leistungen untereinander einmal gesetzlich festgelegt sind, dann werden diese rechtlichen Konstruktionen auch sehr schnell als das gesehen, was notwendig und gerecht ist, nicht zuletzt auch deshalb, weil sich Interessenverbände auf die Verteidigung und den Ausbau der Leistungen der Agrarpolitik einstellen und damit helfen, die Auslese der Arbeitsfelder der Agrarpolitik, der Organisationsformen ihrer Verwaltungseinrichtungen und der Ausgestaltung ihrer Leistungen zu verfestigen. Es verwundert deshalb nicht, wenn man sieht, wie die Aufgabenstellung und der Organisationsaufbau des Deutschen Bauernverbands (DBV) ziemlich genau die innere Struktur des Landwirtschaftsministeriums spiegelt. Die Weiterentwicklung der Agrarpolitik kam schon bald ganz in den Händen ihrer amtlichen Träger und den an sie angelagerten, hochgradig professionalisierten Verbänden zu liegen. Im Gefolge dieser Entwicklung wird es dann sehr schwierig, gegen die Struktur- und Systembildung neuen Anlässen eines agrarpolitischen Eingreifens Gehör und die notwendigen Finanz- und Organisationsmittel zu verschaffen. Es braucht schließlich massive Krisen, die dem bisherigen System und seinen Interessenten schlagartig die Legitimation entziehen und damit einen Umbau der Agrarpolitik ermöglichen. Die BSE-Krise, das „Tschernobyl der Agrarpolitik", war dann auch in Deutschland der Ausgangspunkt für jene „Agrarwende", die Renate Künast, ein Mitglied der Partei Bündnis 90/Die Grünen als Chefin eines grundlegend umgestalteten Bundesministerium für Verbraucherschutz, Ernährung und Landwirtschaft einzuleiten versuchte.

Die Agrarpolitik hat nicht nur die gleichen Ausgangspunkte wie die moderne Sozialpolitik, sondern ist genauso wie sie mit der besonderen Eigendynamik von Institution und Organisation konfrontiert. In beiden Bereichen, der Landwirtschaft wie der industriewirtschaftlichen Arbeitsgesellschaft, gelten bestimmte existentielle Grundverhältnisse, die mit der Marktvergesellschaftung aufs Engste verknüpft sind oder von ihr verursacht wurden, als Anlass bestimmter staatlicher Ausgleichsanstrengungen. Die Sozial- wie die Agrarpolitik lässt sich als einer der Versuche beschreiben, sozial bedrohten und in äußerst unsicheren Verhältnissen lebenden Minderheiten in der Gesellschaft bessere Existenzbedingungen zu verschaffen (Sheingate 2001). Dabei wird davon ausgegangen, dass sowohl die Ausgangs- wie die Zielpunkte in der Natur der Sache zu finden und entsprechend leicht zu bestimmen seien. Obwohl beide, die Sozial- und die Agrarpolitik, eine inzwischen mehr als hundertjährige Geschichte aufweisen, werden ihre Wirkungen immer noch im Schema dieser ersten Ursachen gesehen. Aber weder die Sozial- noch die Agrarpolitik lässt sich heute noch allein mit der Vorstellung einer unmittelbaren Gewährung eines Schutzes für die schwächeren Teile der Gesellschaft erfassen. Seit dem späten 19. Jahrhundert haben sich unter dem Einfluss sozial- bzw. agrarpolitischer Einrichtungen und Regelungen Wirtschafts- und Arbeitsverhältnisse, soziale Strukturen, Interessenorganisationen und Denkmuster herausgebildet, die selbst wieder zu erstrangigen Determinanten des sozialen und politischen Wandels aufstiegen. Die Tatsachen der Sozial- und Agrarpolitik wurden sehr schnell selbst zu einer eigenen Kategorie von Ursachen. Jeder sozial- oder agrarpolitische Eingriff ist eine weiterwirkende und ihre Ausgangslage verändernde Tatsache, so dass mit zunehmender Schnelligkeit und innerhalb eines immer umfänglicher werdenden Komplexes von Organisationen und Gesetzen sich wechselseitig steigernde Ergänzungen notwendig werden. Der scheinbar defensive Grundcharakter der Sozial- und Agrarpolitik ist deshalb, was seine Wirkungen auf die sozialen und politischen Verhältnisse angeht, eine ständige Quelle von Interventionen, so dass schließlich ihre eigenen Rückwirkungen sehr viel stärker die sozial- und agrarpolitische Realität bestimmen als die sozialen Verhältnisse, die an ihrem Anfang standen.

Im Mittelpunkt der (Bundes-)Agrarpolitik stehen deshalb nicht mehr das einer Übervölkerung geschuldete ländliche Beschäftigungsproblem und die innere Ordnung der Landwirtschaft (Landarbeitsverhältnisse, Erbrecht, Boden- und Pachtrecht, das Verkehrs- und Organisationsrecht der Agrarmärkte usw.) und deren besonderen Probleme (Grundeigentumsverteilung, Flurzersplitterung, Kapitalmangel und Kreditkrisen, Preisstützung usw.), sondern das Verhältnis der Landwirtschaft zur übrigen Wirtschaftsgesellschaft, also hauptsächlich den Verbrauchern und den vor- und nachgelagerten Industrien, und ihrem Beitrag zum Umwelt- und Tierschutz. Das Verschwinden einer ländlichen Wohlfahrtspflege und einer eigenständigen ländlichen Sozialpolitik, der besonderen Aufgaben eines ländlichen Bildungswesens oder des Arbeitsfeldes der „Landentwicklung“ und der „Bodenreform“ aus dem Pflichtenheft der staatlichen Agrarpolitik zeigt, dass die Stadt-Land-Differenz kein politisches Thema mehr ist. Im Unterschied zur Situation noch in den 1950er Jahren kann heute bei dem Blick auf die ländlichen Räume von „feudalistischen Hierarchien“, „Leben in isolierten Dörfern“, von „Enklaven relativer Armut“ und „sozialer Erosion“ nicht mehr die Rede sein (Kötter 1958). Was die persönliche Eigenart, das berufliche Schicksal und den allgemeinen Lebensstil der landwirtschaftlichen Familien betrifft, ist es zu einem allgemeinen sozio-ökonomischen und kulturellen Angleichungsprozess gekommen.

Man kann jedoch durchaus Zweifel daran haben, ob dieses Ergebnis allein auf das Konto der Agrarpolitik geht – oder nicht auch, zu einem großen Teil, einem Strukturwandel und Anpassungsprozessen gutzuschreiben ist, der *gegen* die Agrarpolitik erreicht wurde, und den bundesstaatlichen Instrumenten eines immer größere Dimensionen annehmenden Länderfinanzausgleichs. Es spricht auch einiges für die Vermutung, dass es hauptsächlich die Verzögerung des Strukturwandels und seine soziale Abfederung durch die Agrarpolitik war, die zu einer weitgehend friedlichen Auflösung ländlicher Sozialmilieus beitrugen, und weniger diese Agrarpolitik selbst. Zumindest drängt sich diese These auf, wenn man sieht, dass gerade die soziale Agrarpolitik ihre eigenen Ziele nie erreicht hat. Die Agrarpolitik erhält inzwischen ihre Impulse vornehmlich aus den unbeabsichtigten Wirkungen einer mit den Mitteln der Agrarpolitik selbst erreichten industriewirtschaftlich geprägten Landwirtschaft.

2 Policy-Pathologien

Die widersprüchliche und in wesentlichen Punkten unvollständige Überformung der Agrarpolitik durch die Sozialpolitik gab einer ganzen Reihe von Policy-Pathologien und Paradoxien Raum. Denn soziologisch gesehen ist die moderne Agrarpolitik nicht bloß ein Teil der Tätigkeit einer Regierung, die sich an bestimmten Ideen orientiert, sondern ein Komplex von Bestimmungsgründen des tatsächlichen Verhaltens der Landwirte. Ob und wie gesetzliche Normierungen tatsächlich greifen, hängt weitgehend davon ab, wie sich die Agrarpolitik als eine Gelegenheitsstruktur eigener Art den Landwirten präsentiert, wie sich die gesamte Anreizstruktur der Landwirte gestaltet, und mit welchem konkreten institutionellen Kontext die Agrarpolitik konfrontiert ist. Das erste und wichtigste Policy-Paradox ist deshalb die einerseits zunehmend wirkungslose, andererseits aber gerade deshalb in regelmäßigen Abständen in hektische Betriebsamkeit verfallene Agrarpolitik. Seine Ursache sind uneingestandene Zielkonflikte. Genauso wie die Sozialpolitik das Arbeitsmarktrisiko der Beschäftigten vermindert, so hat auch die soziale Agrarpolitik das Absatzrisiko der Landwirte aufgehoben, mit der Konsequenz, dass ohne die Notwendigkeit, sich durch autonomes Entscheiden am Markt bewähren zu müssen, auch die strukturbildenden und anpassungsfördernden Selektionswirkungen entfallen. Arbeitsmärkte werden rigide und ein agrarwirtschaftlicher Fortschritt, der dadurch erreicht wird, dass der Boden zum besten Wirt wandert, weitgehend ausgeschaltet. Eine zweite Quelle von Policy-Pathologien ist in dem Umstand zu finden, dass die Gesetzgebung immer wieder die „natürliche", gleichzeitig aber auch alles andere als einheitliche Anreizstruktur von Landwirten vernachlässigt. Wenn politische Instanzen das Verhalten der Marktteilnehmer zu lenken und umfassend zu kontrollieren versuchen, dann sind sie immer auch mit dem Problem konfrontiert, dass es Bemühungen geben wird, die Regulierung zu unterlaufen. Wie jede Wirtschaftspolitik, die sich nicht mit der Gestaltung einer Rahmenordnung begnügt, sondern ganz bestimmte soziale Ziele erreichen will, unterliegt deshalb auch die Agrarpolitik einer starken Tendenz zur Totalisierung. Eine dritte Quelle der (an den eigenen Ansprüchen gemessenen) massiven Fehlsteuerung und Ressourcenverschwendung sind die ungeplanten Folgen einer Agrarpolitik, die nicht berücksichtigt, mit welcher Art von sozialer Struktur sie es bei der Landwirtschaft zu tun hat.

Das ungeklärte, oft widersprüchliche Neben- und Gegeneinander verschiedener Ziele ist die gewichtigste Quelle von Policy-Paradoxien und Pathologien in der Agrarpolitik. Einkommensbildung, Einkommenssteigerung und Einkommenssicherung standen schon immer im Zentrum der modernen Agrarpolitik, der allerdings, zumindest vordergründig, stets auch die Aufgabe gestellt wurde, Klein- und Familienbetriebe zu schützen, also die überkommenen sozialen Strukturen der Landwirtschaft weitestgehend zu bewahren. Noch Ende der 1980er Jahre versuchte der DBV nach dem Vorbild des Kohlepfennigs zur Förderung des deutschen Kohlebergbaus ebenfalls eine Sonderabgabe für die Landwirtschaft zur Finanzierung einer Bestandsgarantie für bäuerliche Betriebe durchzusetzen (Thiesen 1997: 448). Wenn man demgegenüber ertragsstarke Betriebe will, dann muss man eine Ausdünnung der Landbevölkerung über Betriebsaufgabe und Abwanderung zulassen, weil nur so die gewünschte Wanderung des Bodens zum besten Wirt möglich wird. Das bedeutet aber auch, dass man zumindest kurz- und mittelfristig, nämlich bis zum Verschwinden der kleineren und mittleren Betriebe, eine Verschärfung der sozialen Gegensätze auf dem Lande zulassen muss, weil diese Verschärfung der Mechanismus ist, der die Abwanderung vorantreibt. Eine marktwirtschaftliche Auslese der leistungsfähigsten Betriebe als dynamische Grundlage der Agrarstruktur und die möglichst selbständige Steuerung über freie Märkte, was und wie viel Landwirte zu welchen Preisen erzeugen, ist allerdings genau das, was die Agrarpolitik noch nie angestrebt hat. Stattdessen hat der Spruch, „Bauer kann bleiben, wer Bauer sein will", die Erwartungen der Landwirtschaft an die Agrarpolitik und die agrarische Interessenpolitik gekennzeichnet (Gepräigs 1997: 13). Ein „sowohl-als-auch" antinomischer Ziele prägt bis heute die Agrarpolitik – mit dem kaum überraschenden Resultat durchweg unbefriedigender Politikergebnisse. Marktgleichgewichtspolitik und Einkommenspolitik, Produktivismus und umweltgerechte Nachhaltigkeit, dynamischer („Schumpeterscher") Strukturwandel und soziale Konservierung stehen unvermittelt neben- und gegeneinander.

Es war vor allem anderen der auf die Zeit der nationalsozialistischen Diktatur zurückgehende und dann im Rahmen der Gemeinsamen Agrarpolitik der Europäischen Union fortgeführte Versuch, über eine staatliche Preissetzungspolitik in amtswirtschaftlichen Marktordnungen für den Großteil der Agrarprodukte soziale Einkommensziele zu erreichen, der die Agrarpolitik zunehmend vor Probleme stellte, die von ihr selbst ausgelöst wurden. Neben der sozialkonservativ begründeten aktiven Preispolitik wurde gleichzeitig in der Form des „einzelbetrieblichen Förderprogramms" ein Strukturwandel hin zu „wettbewerbsfähigen", d. h. vergrößerten und intensivierten Höfen betrieben. Die Kombination aus absoluten Absatzgarantien und einer gemeinsamen Finanzierung der Kosten der Überschüsse im Rahmen der Gemeinsamen Agrarpolitik der Europäischen Union entfesselten die Produktion in einem Maße, „wie sie in der Welt kaum ihresgleichen hatte" (Priebe 1988: 69). Ein Ergebnis der bis 1993 vorherrschenden aktiven Preispolitik mit ihrer absoluten Abnahmegarantie war deshalb eine Überproduktion auf so gut wie allen Agrarmärkten, die nur mit Hilfe kostenextensiver Einlagerungen, Absatzverbilligung, „Denaturierung" von Wein in Essig und Exportsubventionen eingedämmt werden konnten. Die dafür notwendigen und ständig steigenden Ausgaben kamen den Landwirten nur indirekt zugute, hatten aber eigene, nur von der Agrarpolitik lebende Industrie- und Handelszweige gezüchtet. Die Summe der sich vervielfältigenden Staatshilfen lag folglich schon bald über dem Gesamteinkommen der Landwirte. Ein weiteres Ergebnis der Politik einkommenssichernder Garantiepreise war die „Belohnung" industriewirtschaftlicher, also hochproduktiver Methoden in der Landwirtschaft, mit dem weiteren Ergebnis einer forcierten Herausbildung von Betrieben, die sich auf die lukrativsten Marktordnungsprodukte spezialisierten. Seit 1984 versuchte dann die Agrarpolitik wiederum, die von ihr selbst angelegte Entwicklung durch betriebliche „Mitverantwortungsabgaben" und Quotenregelungen einzudämmen, was allerdings wieder auf die Konservierung genau jener Betriebs- und Produktionsstrukturen hinauslief, die erst durch die Agrarpolitik selbst entstanden sind.

Die Lösung des modernen Agrarproblems, ein strukturbedingter Einkommensrückstand, gleicht deshalb der Quadratur des Kreises. Die wirtschaftlich vernünftigste Lösung einer radikalen Strukturbereinigung ist unter den Bedingungen einer defensiven Wohlfahrtsstaatlichkeit, die insbesondere dem Deutschen Bauernverband eine kaum zu überschätzende Machtstellung eingeräumt hat, sozial und politisch nicht tragbar. Die politisch tragbaren Lösungen sind volkswirtschaftlich ineffizient und mit Folgeproblemen behaftet, die das Ausgangsproblem eher verschärfen als mindern. Der Schlüssel zum Verständnis der modernen Agrarpolitik ist daher nicht ihre wirtschaftliche oder soziale, sondern allein ihre politische Effizienz.

Eine bezeichnende Schwäche des Rechts – und damit auch des Gesetzgebers – gegenüber wirtschaftlichen Verhältnissen mit ihrer eigenen Anreizstruktur hatte bereits Max Weber auf den Punkt gebracht und damit eine zweite große Quelle von Policy-Pathologien identifiziert: „Die Neigung, ökonomische Chancen preiszugeben, nur um legal zu handeln, ist naturgemäß gering, wo nicht eine sehr lebendige Konvention die Umgehung des formalen Rechtes stark mißbilligt, und das wird, wenn die von einer gesetzlichen Neuerung benachteiligten Interessen sehr verbreitet sind, nicht leicht der Fall sein. Umgehungen des Gesetzes sind gerade auf ökonomischem Gebiet oft leicht verhehlbar“ (1972: 197). Tatsächlich sorgen die Verhältnisse, mit denen die Agrargesetzgebung konfrontiert ist, sehr oft für Ergebnisse, die dem über gesetzliche Regelungen angestrebten Zustand genau entgegengesetzt sind. Eine ganze Reihe von Gründen kann zu diesem unerwünschten Ergebnis führen.

Erstens ist den Verwaltungseinrichtungen der Agrarpolitik eine ausreichend genaue Kenntnis der Markt- und Interessenlage der einzelnen Landwirte nur ansatzweise zugänglich. Entsprechend schwierig sind die tatsächlichen Konsequenzen einer Gesetzgebung abzuschätzen, die Verhaltensänderungen der Landwirte erreichen will. Dazu kommt noch eine beachtliche Unübersichtlichkeit und Heterogenität der Landwirtschaft. „Die“ Landwirtschaft ist in Wirklichkeit ein vielförmiges Gebilde aus intensiv und extensiv wirtschaftenden Betrieben, aus Misch- bzw. Verbundbetrieben und monokulturellen Großbetrieben, aus Haupterwerbs- und Neben- und Zuerwerbslandwirten, aus Familien- und Lohnarbeitsbetrieben, aus einkommensstarken und einkommensschwachen Betrieben – alles Merkmale, die sich obendrein auch regional in sehr verschiedenen Mischungsverhältnissen präsentieren. Diese vielgestaltige Landschaft der Agrarstruktur bedeutet eine differenzierte Interessenstruktur, die es sehr unwahrscheinlich macht, dass ein und dieselbe Maßnahme der Agrarpolitik überall die gleiche Wirkung zeigen wird. Zweitens besitzt die bislang herrschende betriebliche Praxis ein oft beachtliches Eigengewicht, nicht zuletzt deshalb, weil zum Beispiel das neue Pflichtenheft einer „guten landwirtschaftlichen Praxis“ Fähigkeiten verlangen kann, die das Können der Betroffenen übersteigt. Drittens beinhaltet die umfassende Marktverschlungenheit der Betriebe die Existenz von Verhaltensdeterminanten, die außerhalb des Wirkungskreises der Agrarpolitik liegen. Zum Beispiel haben inzwischen die Marktordnungen der Gemeinsamen Agrarpolitik der Europäischen Union ihre einkommenssichernde Funktion zu Gunsten der direkten Einkommensleistungen weitgehend verloren und damit den Wettbewerb auf den Agrarmärkten zu einem sehr viel größeren einkommensrelevanten Faktor gemacht, mit der Folge, dass jetzt die Preispolitik der Lebensmitteldiscounter die Landwirte zu Formen der Tierhaltung und zu Anbaumethoden zwingt, von denen sie sich nur zum Preis der Betriebsaufgabe lösen können.

Diese Grenzen der Macht des Rechts über die landwirtschaftlichen Produktionsverhältnisse können allerdings, wie die verschiedenen Futter- und Lebensmittelskandale gezeigt haben, verheerende Folgen zeigen. Aus diesem Grund ist die „Erziehung zur Fügsamkeit“ in das geltende Recht eine entscheidende Größe für die Risikolandwirtschaft. Eine Agrarpolitik, die ein bestimmtes landwirtschaftliches Handeln erzwingen will, muss wissen, dass sie die zu zwingenden Landwirte nicht wie tote Objekte behandeln kann, sondern dass sie mit Akteuren konfrontiert ist, die auf eigene Art und Weise den ihnen auferlegten Zwängen begegnen werden. Diese ausweichenden Reaktionen kann sich jedoch die Agrarpolitik schlicht nicht mehr leisten. Sie darf deshalb von den Landwirten kein Verhalten erwarten, das ihren fundamentalen ökonomischen Interessen widerspricht. Auch aus diesem Grund bleibt der Agrarpolitik nichts anderes übrig, als durch ausreichend hohe finanzielle Leistungen für Tier-, Natur- und Landschaftsschutz sich gegen jedes mögliche landwirtschaftliche Fehlverhalten zu versichern und damit die gesellschaftlichen Erwartungen an die Landwirtschaft direkt und materiell zu honorieren. Freilich kann auch die Orientierung an dieser Leitlinie die Agrarpolitik nicht davor befreien, bei den Landwirten selbst Unterstützung einzuwerben. Die Agrarpolitik ist auch auf freiwillige Disziplin und Selbstkontrolle der Landwirte angewiesen. Gerade eine Agrarpolitik, die Strukturen ändern will, ist nur insoweit wirksam, wie sie private Initiative wecken und steuern kann.

Die Wirksamkeit der Agrarrechtspolitik wird noch dadurch vermindert, dass seit der Mitte der 1990er Jahre die Außengrenzen der Europäischen Union für Agrarprodukte und Lebensmittel durchlässiger gemacht wurden. Das von der Gemeinsamen Agrarpolitik der Europäischen Union organisierte geschlossene Präferenzgebiet wohlhabender Staaten gehört der Vergangenheit an, seit die institutionellen Preise der Marktordnungen auf das Niveau der Weltmärkte abgesenkt wurden. Das Ende regulierter Preise als dem wichtigsten Mittel der Einkommenspolitik hat allerdings die Autonomie der Landwirte im Konkurrenz- und Preiskampf erhöht. Die Preise für Agrarprodukte sind wieder „Kampf- und Kompromißprodukte, also Erzeugnisse von Machtkonstellationen“ (Weber 1972: 58). Deshalb ist es gerade diese neue Lage, die den agrarpolitischen Tier-, Natur- und Landschaftsschutz gefährdet, weil er die Produktion verteuert bzw. Regelverstöße gewinnbringend erscheinen lässt. Die einheimischen Erzeuger stehen in Konkurrenz mit Produzenten, die aufgrund niedrigerer Kontrollstandards, was Tier- und Naturschutz oder das Lebensmittelrecht und gesundheitspolizeiliche Vorgaben betrifft, zum Teil beträchtlich niedrigere Kosten zu tragen haben. Unter diesen Bedingungen wird auch und gerade innerhalb der Europäischen Union ein hoher sozialer, ökologischer und tierschutzrechtlicher Produktionsstandard zu einem Wettbewerbsnachteil. Seit der Mitte der 1990er Jahre sind die Lebensmitteleinfuhren aus (außereuropäischen) Drittstaaten um ein Drittel gestiegen. Nach den Vereinigten Staaten ist die Bundesrepublik das zweitgrößte Einfuhrland für Lebensmittel. Vom gesamten Lebensmittelwelthandel gehen acht Prozent in die Bundesrepublik (Bundesverband der Verbraucherzentralen 2006). Offenkundig hat die Risikolandwirtschaft, die von der Agrarpolitik erzeugt wurde, auch eine außenwirtschaftliche Dimension. Die damit verbundenen Herausforderungen sind mit den Mitteln der Agrarpolitik allein nicht zu bewältigen.

Die Eigenart der Sozialstruktur der Landwirtschaft kompliziert noch zusätzlich die Lage der Agrarpolitik, weil sie Verhaltensweisen erlaubt, die ihre Ziele durchkreuzen können und damit eine dritte Quelle von Policy-Pathologien darstellt. In der Bundesrepublik ist der Großteil der Landwirtschaft eine Familienlandwirtschaft, wo Familienarbeitskräfte die Hauptlast tragen. Im Jahr 2004 stammten 62 Prozent der Arbeitskräfte aus der eigenen Familie, der Anteil der Saisonarbeitskräfte lag bei 23 Prozent, und 15 Prozent waren festangestellte Lohnarbeitskräfte (Bundesregierung 2005: 1). Nicht zuletzt aufgrund des mit den Mitteln einer sozialen Agrarpolitik gedämpften Strukturwandels wurden die Neben- und Zuerwerbsbetriebe nicht verdrängt. Nach dem Zweiten Weltkrieg gab es in der Bundesrepublik noch rund 2 Mio. (1949) landwirtschaftliche Betriebe, von denen bis 1987 gut zwei Drittel verschwunden sind. Von den verbliebenen knapp 700 000 Betrieben waren etwas weniger als die Hälfte Vollerwerbsbetriebe (Priebe 1988: 59). Das Verhältnis von Voll- und Nebenerwerbsbetrieben hat sich trotz der weiter sinkenden Gesamtzahl kaum verändert. 2003 wurden von den rund 390 000 Betrieben nur 45 Prozent im Haupterwerb bewirtschaftet (Bundesregierung 2005: 13).

Das entscheidende Merkmal der Familienlandwirtschaft besteht darin, dass Betrieb und Haushalt nicht getrennt sind. Außerlandwirtschaftliche Einkommen subventionieren den Betrieb und „mithelfende Familienangehörige“ verschaffen dem saisonal ungleichmäßig geforderten Betrieb eine Flexibilitätsreserve. Außerdem gewährt die Bewirtschaftung von eigenem Grund und Boden durch den Betriebsinhaber diesem Typ von Landwirtschaft auch heute noch eine gewisse wirtschaftliche Unabhängigkeit gegenüber Konjunktur- und Strukturkrisen – und gegen die Unwägbarkeiten der Agrarpolitik. Soweit also die Familienarbeitsverfassung noch gilt und Eigentümerbetriebe vorherrschen, sehen sich Landwirte zumindest bis zu einem bestimmten Grad in der Lage, den Signalen der Agrarpolitik zu trotzen (Tschajanow 1923/1987; Rieger 1995).

Ihre endemischen Policy-Pathologien zeigen, dass sich die Agrarpolitik auf jeder Stufe ihrer Entwicklung unter dem Druck sozialstruktureller, wirtschaftlicher und technischer Entwicklungen verändert und auf jeder Stufe selbst Veränderungen bewirkt hat. Zwischen den beiden Einflussgruppen, den exogenen und den endogenen, können die Grenzen immer weniger scharf gezogen werden, weil sie sich allmählich gegenseitig stärkten und abschwächten. Es entstanden fortwährend völlig neue Sachlagen, die mit den gerade zur Verfügung stehenden Mitteln der Agrarpolitik bereits deshalb nicht zu bewältigen waren, weil sie ja selbst zu dieser Sachlage entscheidend beigetragen haben. Die Agrarpolitik muss sich deshalb nicht nur mit Ergebnissen auseinandersetzen, die sie selbst mit geschaffen hat, sondern muss auch immer wieder neue Instrumente finden, teils um unerwünschte Ergebnisse früherer Interventionen zu korrigieren, teils um unter den veränderten Bedingungen das eigentlich gewünschte Ergebnis doch noch zu erreichen. Von einem „Abbau des Dirigismus und Entwicklung einer Sozialen Agrarpolitik innerhalb der Sozialen Marktwirtschaft“, wie sie Hermann Priebe noch 1988 (S. 11) gefordert hatte, ist auch weiterhin nichts zu sehen – und es spricht auch nichts dafür, dass es dazu kommt. Ganz im Gegenteil. Denn dafür sorgt neben der sozialpolitischen Regulierung der Landwirtschaft noch eine zweite Entwicklungslinie, die ihre Ursache darin findet, dass sich der Agrarsektor zunehmend der Natur entfremdet hat, nur um dann, unter dem Druck der Konsequenzen industriewirtschaftlicher Produktionsmethoden, mit rechts- und verwaltungspolitischen Mitteln wieder naturverträglich gestaltet zu werden.

3 Naturschutz und Agrarprivileg

In Deutschland geht das Naturschutzrecht bis in das 19. Jahrhundert zurück, wo es sich zuerst in gesundheits- und gewerbepolizeilich motivierten Bemühungen um die Reinhaltung von Boden, Luft und Wasser angesichts der enorm angewachsenen Beanspruchung der Natur im Gefolge von technischem Fortschritt, Industrialisierung und Verstädterung manifestierte. Mit einer zunehmend industriewirtschaftlich organisierten Agrarproduktion und der Ausdehnung überregionaler Marktformen musste von Seiten des Staates ein besonderer Schutz für die Abnehmer von Agrarprodukten organisiert werden: „Wenn ein Gut über weite Entfernungen beschafft, gesammelt, verteilt, wenn es sortiert, vielleicht noch gelagert und bearbeitet werden muß, dann genügt nicht der ‚Kauf nach Einsicht‘, den noch der Bürger einer mittelalterlichen Stadt am offenen Getreidesack oder von der heranrollenden Fuhre durchführen konnte. Dann muß nach Probe oder gänzlich ohne Muster, nur auf der Grundlage einer Verständigung über die Art der Ware, gehandelt werden. Das setzt Vereinbarungen sehr genauer Art und einen Rechtsschutz oder Sittenkodex voraus, die beide weit über das hinausreichen, was der Nichtkaufmann in seinen täglichen Verrichtungen braucht“ (Abel 1967: 457). Ein erstes allgemeines Lebensmittelgesetz, dem verschiedene Spezialgesetze für Wein, Milch, Brot und Fleisch folgten, wurde bereits 1879 verabschiedet (Abel 1967: 458).

Die erste naturschutzrechtliche Verfassungsnorm in Deutschland betraf allein die „Denkmäler der Natur“, die einer staatlichen Obhut unterstellt werden und für die es „Schutz“ und „Pflege“ geben soll. Diese Norm findet sich im zweiten Hauptteil der Weimarer Verfassung, 4. Abschnitt: „Bildung und Schule“. Unter dem Oberbegriff Denkmalsschutz, verstanden als Schutz von Kulturgütern und Kulturwerten, werden dort Kunst-, Geschichts- und Naturdenkmäler angesprochen und zusammengefasst. Für die Landwirtschaft war jedoch ein anderer Verfassungsartikel von sehr viel größerer Bedeutung. Er stellt die Prioritäten bei der Bodennutzung klar und verweist damit auch auf das politische Gewicht der Agrarinteressen. Art. 155 der Weimarer Verfassung statuiert die Bearbeitung des Bodens als eine Pflicht des Grundbesitzers gegenüber der Gemeinschaft.

Damals wie heute sind es die durch den Föderalismus bedingten Kompetenzteilungen und damit auch die Kompetenzstreitigkeiten, der Ressortpatriotismus von Ministerien und Fachabteilungen, eine ausdifferenzierte Verbandslandschaft von Interessen- und Gegeninteressen mit ihren mehr oder weniger festen Verbindungen in die Parteien und Verwaltungen hinein, in dem sich der ökologische und soziale Konflikt der Landwirtschaft abspielt und in der er seine Foren und seine Machtmittel findet. Es ist deshalb kein Zufall, dass der erste gesetzgeberische Durchbruch zu einem umfassenden Naturschutz in Gestalt des Reichsnaturschutzgesetzes von 1935 im Dritten Reich gelang. Die staatsorganisatorischen und verbandlichen Gleichschaltungen des NS-Zentralismus vereinfachten die Gesetzgebungsverfahren ganz erheblich und verschafften mit der institutionellen Schwächung bzw. Ausschaltung der landwirtschaftlichen Gegeninteressen dem Naturschutz einen höheren Stellenwert. Mit diesem Gesetz sollte laut einem zeitgenössischen Kommentar zum Reichsnaturschutzgesetz der Naturschutz als „ordnende Macht im Kampf gegen Willkür, Anarchie und Chaos“ – also die Eigenschaften der kapitalistischen Marktwirtschaft, deren Logik die Land- und Agrarwirtschaft unterworfen wurde – als staatliche Aufgabe eine Verankerung finden (Stock 1999: 209). In der Präambel zum Naturschutzgesetz vom 26.6.1935 – das als Landesrecht bis in die 1970er Jahre hinein geltendes Recht blieb – wurden Aussagen über das problematische Verhältnis von Landwirtschaft und Natur getroffen, die später in der Bundesrepublik erst wieder im Zuge der „Agrarwende“ einen regierungsamtlichen Status erhielten:

> „Die heimatliche Landschaft ist gegenüber früheren Zeiten grundlegend verändert, ihr Pflanzenkleid durch intensive Land- und Forstwirtschaft, einseitige Flurbereinigung und Nadelholzkultur vielfach ein anderes geworden. Mit ihren natürlichen Lebensräumen schwand eine artenreiche, Wald und Feld belebende Tierwelt dahin. Diese Entwicklung war häufig wirtschaftliche Notwendigkeit; heute liegen die ideellen, aber auch wirtschaftlichen Schäden solcher Umgestaltung der deutschen Landschaft klar zutage.“

In der Bundesrepublik sorgten das Zusammenwirken von Bundesrat-Föderalismus und enger Verbindungen zwischen dem DBV und dem Bundeslandwirtschaftsministerium dafür, dass erst 1976 von der Kompetenznorm des Art. 75 Abs. 3, wonach der Bundesgesetzgeber Rahmenvorschriften über „den Naturschutz und die Landschaftspflege“ erlassen darf, Gebrauch gemacht wurde – und zwar in einer die Landwirtschaft schützenden Art und Weise. Die seit Anfang der 1970er Jahre in Deutschland Fuß fassende Umweltschutzbewegung machte sich ab 1973 zuerst in Form von einzelnen Ländernaturschutzgesetzen bemerkbar. Es ist auch kein Zufall, dass im Jahr 1985 auch wieder auf der Ebene der Länder, nämlich in Nordrhein-Westfalen, der Schutz der „natürlichen Lebensgrundlagen“ in den

Rang einer Staatsaufgabe erhoben wurde. Auf der Bundesebene kam es erst 1994 in Form des Art. 20a zur Einfügung einer naturschutzrechtlichen Staatszielbestimmung in das Grundgesetz.

Nach dem Bundesnaturschutzgesetz von 1976 kam noch der „ordnungsgemäßen Land- und Forstwirtschaft für die Erhaltung der Kultur- und Erholungslandschaft eine entscheidende Bedeutung" zu. Sie diene „in der Regel" den Zielen dieses Gesetzes und weiche damit nicht von den Zielen des Naturschutzes und der Landschaftspflege ab (§ 1 III). Mit dieser als „allgemeine Landwirtschaftsklausel" bezeichneten Formulierung wurde der Landwirtschaft eine unbedingte Konformität mit den Zielen des Bundesnaturschutzgesetzes unterstellt, mit der Folge, dass der Beweis des Gegenteils von den Behörden zu erbringen war (Gassner/Bendomir-Kahlo/Schmidt-Räntschet 1996: § 1 Rn. 109). § 8 VII des Bundesnaturschutzgesetzes von 1976 bestimmte als „besondere Landwirtschaftsklausel", dass die im Sinne dieses Gesetzes ordnungsgemäße land-, forst- und fischereiwirtschaftliche Bodennutzung *nicht* als Eingriff in Natur und Landschaft anzusehen sei. Der „Normalbetrieb" der Landwirtschaft bleibt deshalb von den Eingriffsregelungen des Naturschutzes ausgenommen. In politischer Hinsicht waren aufgrund des Widerstands des DBV die allgemeine und die besonderen Landwirtschaftsklauseln der Preis dafür, dass es überhaupt zu einem Bundesnaturschutzgesetz kommen konnte. Auf dem Hintergrund eines verallgemeinerten Naturschutzes wirkten die Landwirtschaftsklauseln als besondere Schutzeinrichtungen für die Landwirtschaft und wurden deshalb auch als „Agrarprivileg" bezeichnet (Burkhard 2000).

Das Dritte Gesetz zur Änderung des Bundesnaturschutzgesetzes vom 26.08.1998[1] beseitigte die Fiktion des § 1 III des Bundesnaturschutzgesetzes von 1976, dass die ordnungsgemäße Landwirtschaft den Zielen des Naturschutzes diene. Stattdessen wurde festgestellt, dass die land-, forst- und fischereiwirtschaftliche Bodennutzung nur unter der Bedingung *nicht* als Eingriff anzusehen ist, wenn dabei die Ziele und Grundsätze des Naturschutzes und der Landschaftspflege berücksichtigt werden (§ 8 VII Bundesnaturschutzgesetz 1976/1987 – jetzt § 18 II BNatSchG 2002). Der Landwirt wird also verpflichtet, die Vorgaben einer „guten fachlichen Praxis" einzuhalten, wenn seine Betriebswirtschaft von der Eingriffsregelung ausgenommen werden soll. Die Bedingungen einer agrarischen Bodennutzung wurden dadurch zu Lasten der Landwirte verschärft (Brinktrine 2003).

Erstmals wurde jedoch mit der Neufassung des Bundesnaturschutzgesetzes von 1998 als Ersatz für das Agrarprivileg auch eine Regelung getroffen, die im Bundesnaturschutzgesetz von 2002 im § 5 folgende Formulierung fand:

1. Bei Maßnahmen des Naturschutzes und der Landschaftspflege ist die besondere Bedeutung einer natur- und landschaftsverträglichen Land-, Forst- und Fischereiwirtschaft für die Erhaltung der Kultur- und Erholungslandschaft zu berücksichtigen.
2. Die Länder erlassen Vorschriften über den Ausgleich von Nutzungsbeschränkungen in der Land-, Forst- und Fischereiwirtschaft.

Die Ausgleichsvorschrift des Bundesnaturschutzgesetzes hat zwar ihre eigene Logik und Berechtigung, sie schließt aber auch an den Umbau der Gemeinsamen Agrarpolitik (GAP) an, der im Grunde über handelspolitische Zwänge auf den Weg gebracht wurde und in

[1] Das zweite Gesetz zur Änderung des Bundesnaturschutzgesetzes vom 30.04.1998 passte das Gesetz an Vorgaben des EG-Rechts an.

Form der direkten Einkommenshilfen auch zu einer Rationalisierung ihrer sozialen Aspekte führte. In dem Maße, wie die sozialen und ökologischen Begründungen agrarpolitischer Leistungen an Gewicht zugenommen haben, desto mehr sind die strategischen Vorteile preispolitischer Instrumente, nämlich ihre finanzpolitische Intransparenz und ihre breite Streuung unter den Konsumenten, in ihr Gegenteil umgeschlagen. Der Rechtfertigungsbedarf der Agrarpolitik stieg und damit auch der Rationalisierungsdruck auf ihre Leistungssysteme. Im Mittelpunkt der 2003 verabschiedeten GAP-Reform steht die Entkoppelung der Direktzahlungen von der Produktionsmenge als Versuch, WTO-Normen gerecht zu werden (Rieger 2005). Für die Interessenpolitik bedeuten die neuen Instrumente eine strategische Neugestaltung der Einkommens- und Verteilungspolitik, und für die Regierung neue Legitimierungspotentiale für ein zunehmend kritischer beobachtetes Politikfeld.

Trotz aller Kritik erhielt die Agrarumweltpolitik auch im DBV vor allem aus zwei Gründen einen höheren verbandspolitischen Stellenwert. Erstens versprachen Extensivierungsprogramme und Flächenbindungen in der Tierhaltung eine Drosselung der Produktion und damit steigende Markt- und Einkommenschancen, die umso wichtiger geworden waren, als seit den 1980er Jahren der einzelne Landwirt über Quotenregelungen und Erzeugerabgaben für die Überschüsse mit in die Verantwortung genommen wurde. Zweitens eröffnete sie der Transferpolitik ein neues Feld, das vor allem die Landesbauernverbände erfolgreich beackern konnten. Mit Umweltschutzerwägungen motivierte Beihilfen und Ausgleichszahlungen helfen, das erheblich gewachsene Legitimitätsdefizit einer austeilenden Agrarpolitik zu beheben. Die Initiierung und Umsetzung dieser zum Teil von der EU-Agrarpolitik kofinanzierten und zum Teil von Bund und Ländern in eigener Regie entwickelten Programme verlangen allerdings ein sehr viel größeres politisches Engagement als die restriktive Preis- und Marktordungspolitik, die, weitgehend autonom von Brüssel gesteuert, von den Bauernverbänden und den nationalen Regierungen immer weniger beeinflusst werden konnte.

Die Agrarumweltpolitik hat damit aus verschiedenen Gründen die Hauptlast der Legitimierung massiver Einkommensübertragungen zu tragen. Sie ist allerdings gleichzeitig auch das Einfallstor für eine noch weiter verstärkte und von staatlichen Instanzen angetriebene Bürokratisierung der Landwirtschaft, die damit zum bloßen Objekt von Politik zu werden droht. Dass in der Bundesrepublik Deutschland über eine an Symbolkraft kaum zu übertreffende Änderung des Grundgesetzes der Staat auf den Schutz der „natürlichen Lebensgrundlagen und [der] Tiere“ (Art. 20a GG) verpflichtet wird, soll ja, in den Worten der damaligen Verbraucher- und Landwirtschaftsministerin Renate Künast, signalisieren, dass der „Stab […] von den zivilgesellschaftlichen Organisationen an den Staat“ übergeben worden sei (Künast 2002). Diese verfassungsrechtliche Vorschrift und ein umfassender natur- und tierschutzrechtlicher Normenkomplex verweist auch auf die Tatsache, dass die Landwirtschaft kein gesellschaftlicher Zusammenschluss mehr ist, also ein soziales Gebilde, das in der Lage wäre, als selbständiger Träger Ordnungsaufgaben in und für die Natur zu übernehmen. Das jetzt geltende Boden- und Naturschutzrecht bringt zum Ausdruck, dass der Landwirtschaft, was den Tier-, Natur- und Landschaftsschutz betrifft, schlicht nicht mehr zu trauen ist. Die Umkehrung des über „Landwirtschaftsklauseln“ erreichten positiven Agrarprivilegs im Naturschutzrecht in eine negative Privilegierung der Landwirtschaft ist die Folge des von industriewirtschaftlichen Produktionsbedingungen erzwungenen Ausstiegs der Landwirtschaft aus der Natur. Die grüne Gentechnik ist ja nur der vorläufig letzte Schritt einer Entwicklung, durch die die Grundlagen der Nahrungsmittelproduktion in einer

Art und Weise verändert wurden, die keinerlei Bezug mehr zum traditionellen Begriff der Landwirtschaft hat. Das entscheidende Moment der modernen kapitalistischen Industriewirtschaft, die Befreiung der Produktion von organischen Schranken und von der Gebundenheit an die überkommene Tradition, gilt inzwischen weitgehend auch für die Landwirtschaft. Die Landwirtschaft wandelte sich von einem integralen Bestandteil von Naturkreisläufen zu einem erstrangigen Verursacher von Umwelt- und Tierschäden. Sie selbst ist inzwischen die Hauptursache dafür, dass die Leistungs- und Nutzungsfähigkeit des Naturhaushaltes rapide fortschreitend eingeschränkt wird, sich die Biodiversität verringert und die Erholungsqualität der Landschaft abnimmt (Rat von Sachverständigen für Umweltfragen 2002: 12). Was einmal die traditionsbewehrte Selbstverständlichkeit einer bereits aus eigenen Interessen nachhaltig betriebenen Landwirtschaft war, wird jetzt im Naturschutzrecht der Landwirtschaft von Amts wegen in Gestalt sanktionsbewehrter „Grundsätze einer guten fachlichen Praxis“ vorgegeben. § 5 Naturschutzgesetz schreibt u. a. vor: „Bei der landwirtschaftlichen Nutzung muss die Bewirtschaftung standortangepaßt erfolgen und die nachhaltige Bodenfruchtbarkeit und langfristige Nutzbarkeit der Flächen gewährleistet werden.“ Die gleiche, einigermaßen ironische Botschaft vermitteln zwei weitere Grundsätze: „Die Tierhaltung hat in einem ausgewogenen Verhältnis zum Pflanzenbau zu stehen und schädliche Umweltauswirkungen sind zu vermeiden.“ Und: „Die natürliche Ausstattung der Nutzfläche (Boden, Wasser, Flora, Fauna) darf nicht über das zur Erzielung eines nachhaltigen Ertrages erforderliche Maß hinaus beeinträchtigt werden.“ Nach dem zuletzt 2002 novellierten Naturschutzgesetz sind nunmehr Natur und Landschaft auch aufgrund ihres eigenen Wertes und als Lebensgrundlage für kommende Generationen geschützt. Dabei seien die Leistungsfähigkeit und die Funktionsfähigkeit des Naturhaushaltes sowie die Regenerationsfähigkeit der Naturgüter zu berücksichtigen (§ 1 Naturschutzgesetz). Die bemerkenswerte Formulierung „aufgrund ihres eigenen Wertes“, verweist über menschliche „materielle und ideelle“ Interessen hinaus und zeigt damit die physiozentrische Begründung eines Naturschutzes an, der die Landwirtschaft nur noch als Mittel für die Erreichung von über sie hinausweisenden Zielen kennt (Rat von Sachverständigen für Umweltfragen 2002: 16).

4 Amtswirtschaft

Die planwirtschaftlichen Züge der europäischen wie der bundesdeutschen Agrarpolitik haben inzwischen eine ökologische Dimension erhalten und sich damit eine neue Legitimitätsquelle erschlossen. Das die moderne Agrarpolitik prägende soziale Ziel höherer bzw. „paritätischer“ Einkommen erhielt dadurch eine ganze Reihe zusätzlicher Finanzquellen. Diese Entwicklung fügt sich in ein seit Mitte der 1980er Jahre zu beobachtendes Programm der Senkung institutioneller Preise in den Marktordnungen und die Kompensation der Einkommensausfälle über direkte Zahlungen an die Bauern. Die Abkehr von dem Versuch, über hohe Preise die Einkommen der Landwirte zu stützen, verschaffte auch den Agrarmärkten insofern eine neue Bedeutung, als die von der Preispolitik angestoßene Überproduktion – und ihre enorm kostenträchtige Einlagerung und Beseitigung in Form von subventionierten Exporten – über sinkende Preise vermindert werden soll. Die umfassende Bürokratisierung und verschärfte Überwachung der Natur-, Tier- und Pflanzenschutzbestimmungen scheint also bereits deshalb unvermeidlich zu sein, weil die Landwirte daran gehindert werden müssen, den Preis- und Kostendruck über eine Intensivierung der Produktion und niedrigere Qualitäts- und Schutzstandards aufzufangen. Die Kompensation der Einkommensausfälle über direkte Einkommensbeihilfen hatte allerdings auch zur Folge, dass die Kosten dieser einkommenspolitisch begründeten Dauerinterventionen auf einem hohen Niveau geblieben sind.

Seit Beginn des Jahres 2005 müssen Landwirte, um jene Direktzahlungen zu erhalten, die ursprünglich aus einkommenspolitischen Gründen als Ausgleich für die Senkung der Interventionspreise für Marktordnungsprodukte eingeführt wurden, bestimmte Vorschriften in den Bereichen Umwelt, Tiergesundheit, Tierschutz und Lebensmittel- und Futtermittelsicherheit einhalten. Diese Verknüpfung „entkoppelter", d.h. produkt- und produktionsmengenunabhängiger Einkommensübertragungen und der Einhaltung bestimmter Verpflichtungen wird als Cross Compliance bezeichnet. Verstöße gegen diese Verpflichtungen werden mit einer Kürzung der Direktzahlungen geahndet. Um ihre Einhaltung sicherzustellen, wurde ein umfassendes Kontrollsystem – einschließlich Satellitenüberwachung – eingeführt. Außerdem firmieren als „Maßnahmen zur Stärkung des ländlichen Raumes" Subventionen, die dann fließen, wenn stillgelegte Grünflächen in einem kulturfähigen Zustand erhalten bleiben. In ähnlicher Art und Weise werden schließlich auch Umweltmaßnahmen stärker gefördert, zum Beispiel in Form von Investitionen zur Strukturverbesserung, für den Grundwasserschutz oder für die Landschaftspflege.

Im Einzelnen umfassen die Cross-Compliance-Regelungen Vorschriften zur Erhaltung landwirtschaftlicher Flächen in „gutem landwirtschaftlichen und ökologischen Zustand", Regelungen zur Erhaltung landwirtschaftlicher Grünflächen und von 19 bereits bestehenden EU-Normen. Diese EU-Normen werden schrittweise an die Direktleistungen geknüpft. Seit Beginn des Jahres 2005 fallen Umweltregelungen zu Vogelschutz und Flora-Fauna-Habitat und für die Bereiche Grundwasserschutz, Klärschlamm, Nitrat und Tierkennzeichnung, seit dem 1.1.2006 Mindestanforderungen im Bereich Pflanzenschutz, Lebensmittel- und Futtermittelsicherheit und Tiergesundheit unter die Cross-Compliance-Verpflichtungen. Ab dem Beginn des Jahres 2007 werden Tierschutznormen Bestandteil von Cross Compliance.

Den politisch gestalteten und an genau umschriebene Bedingungen geknüpften Einkommenschancen kommt inzwischen eine mindestens genau so große Bedeutung für die soziale Lage der Landwirte zu wie den Produktionsmöglichkeiten und Absatzverhältnissen der einzelnen Betriebe. Es wird mittlerweile auch für selbstverständlich gehalten, dass der Ausgleich zwischen den Interessen der Landwirtschaft und denen der Gesellschaft allein über staatliche Eingriffe erfolgt. An die Stelle freiwilliger Gestaltungen und des Wirkens freier Marktkräfte ist ein behördlicher Zwang getreten. Genauso umfassende wie detaillierte Bewirtschaftungsvorschriften laufen darauf hinaus, Bodennutzung und Tierhaltung nur mit besonderen Auflagen zuzulassen und auf diesem Weg auch eine bestimmte Agrarstruktur und Bodenqualität zu erhalten bzw. erst zu erreichen. Damit sind nicht nur bei der Einkommenserzielung, sondern auch beim Strukturwandel der Landwirtschaft die Marktkräfte eingeschränkt oder ganz ausgeschaltet. Marktpreise sollen ja nicht nur einen Ausgleich zwischen Angebot und Nachfrage herbeiführen, sondern sie haben auch die Aufgabe, über das Aussondern der Grenzbetriebe und die Selektion der Anpassungsfähigsten einen Strukturwandel herbeizuführen und zu steuern. Durch die Zuteilung von Einkommen wird versucht, diese zweite Funktion der Preise, den Strukturwandel, so weit wie möglich im Interesse einer politisch gewollten, bestimmten ökologischen und sozialen Kriterien entsprechenden Agrarstruktur zu steuern. Gesetze und Verwaltungsvorschriften ersetzen den anonymen und selbständigen Strukturwandel einer Marktwirtschaft. Eine obrigkeitlich erzwungene Art und Weise des Wirtschaftens schränkt damit die Handlungsfreiheit der Landwirte in massiver Art und Weise ein. Diese Agrarpolitik kann gar nicht anders, als danach zu streben, die Voraussetzungen für ihre Wirksamkeit selbst zu schaffen. Damit liegt der Akzent erneut auf der Perfektionierung von Verwaltungstechnik. Und so wie beim Begriff der Marktwirtschaft der Markt nicht nur Schauplatz und Funktion, sondern auch Sinnbild der Ordnung des Güterverkehrs ist, so findet die Amtswirtschaft agrarischer Produktionsverhältnisse im Landwirtschaftsamt ihr repräsentatives Merkmal.

Im Unterschied zum ansonsten in der öffentlichen Verwaltung zu beobachtenden Trend einer „Induzierung freiwilliger privater Initiative und Aktivität als Beitrag zur Erfüllung öffentlicher Aufgaben“ bis hin zu einer „neoständischen Pluralisierung des Verwaltungsverfahrens“ (Di Fabio 1997) folgt die Agrarpolitik dem traditionellen Gestaltungsmodus imperativer Zweckverwirklichung. Von einem „Postulat größtmöglicher Aktivierung selbstregulativer Beiträge“ gesellschaftlicher Gruppen ist in der Agrarpolitik genauso wenig etwas zu sehen wie von einer „gestaltenden Mitwirkung“ in der Verwaltungsordnung, obwohl doch die grundgesetzliche Berufs- und Vereinigungsfreiheit eine Normungsautonomie einschließt (Schmidt-Preuß 1997: 171; Di Fabio 1997: 242). Ihre quasi-öffentliche Verfassung durch die Verkammerung und fast hundertprozentige Mitgliedschaft im Deutschen Bauernverband machen zwar prima facie die Landwirtschaft zu einem besonders geeigneten Kandidaten für eine instrumentelle Selbstregulierung, ohne dass allerdings dieses genossenschaftliche Potential der Landwirtschaft genutzt worden wäre. Dieser Befund ist einigermaßen überraschend. Aber offenbar machen die vielfältigen und oft verdeckten Wirkungen der Landwirtschaft für Dritte die „selbstregulative Mediatisierung staatlicher Herrschaftsausübung“ (Udo Di Fabio) zu einem zu hohen Risiko, obwohl es gerade für diese Gruppe einen engen sachlichen Zusammenhang zwischen ihrer Eigenverantwortung und dem öffentlichen Zweck der Sonderbelastung gibt.

Es sind hauptsächlich zwei Faktoren, die erklären können, warum die Landwirtschaft gegen den allgemeinen verwaltungspolitischen Trend zum Objekt einer Amtswirtschaft geworden ist. Erstens wandelte sich Landwirtschaft auch deshalb zu einer schwer steuerbaren Risikolandwirtschaft, weil sich hauptsächlich durch die Summierung ihrer Immissionen, Düngemittelausbringungen und sonstigen Natureingriffe aus einer sehr großen Zahl von Quellen Gefährdungslagen ergeben, und weniger durch das opportunistische Verhalten weniger Einzelner. Deshalb sind in diesem Bereich ein strikter Vollzug, und nicht freiwillige Selbstverpflichtungen oder vertragliche Gestaltungen von so großer Bedeutung. Dazu kommt noch, dass gerade in der Landwirtschaft Rentabilitätsinteressen einerseits und kostenträchtige Umwelt-, Natur- und Tierschutzinteressen andererseits hart aufeinander stoßen, mit dem Ergebnis einer suboptimalen Motivierung, letztere auch umzusetzen (Lübbe-Wolff 1993). Ein zweiter Faktor von entscheidender Bedeutung für die Ausbildung einer Amtswirtschaft ist die enorm gewachsene Heterogenität der Landwirtschaft und damit das Fehlen einer zentralen Voraussetzung der Selbstregulierung. „Die Landwirtschaft“ gibt es weder als eine soziale noch als eine wirtschaftliche Gruppe, weil der Grad der inzwischen erreichten Arbeitsteilung und Spezialisierung jede natürliche Interessengemeinsamkeit gesprengt hat. Bereits Max Weber wies auf die „unzähligen Konflikte der Interessen viehzüchtender, viehmästender, kornbauender, kornverfütternder, schnapsdestillierender etc. Landwirte“ hin, um zu zeigen, wie inhaltsleer gerade der Begriff „Interessen der Landwirtschaft“ sei (1904: 83).

Die amtswirtschaftliche Regulierung des Agrarsektors wird von hauptsächlich zwei Entwicklungen vorangetrieben, die beide ihren Ursprung in der inneren Transformation der Landwirtschaft haben. Während die eine Entwicklung auf eine Durchdringung der landwirtschaftlichen Produktionsverhältnisse mit Umwelt-, Natur- und Tierschutznormen hinausläuft, besteht die zweite in der Alimentierung der landwirtschaftlichen Einkommen durch eine breite Palette direkter und indirekter Einkommenshilfen. Das inzwischen erreichte Niveau staatlicher Einkommensübertragungen bedeutet, dass die Landwirte nicht mehr als Besitzklasse, sondern als Versorgungsklasse ihren Platz in der gesellschaftlichen Ordnung gefunden haben. Ihre Versorgung mit Einkommenschancen, ihr Berufsschicksal – ihre Möglichkeiten der eigenen Gestaltung des Betriebs – und damit auch ihre Lebensform wurden zu politischen Angelegenheiten und der Verantwortung von Behörden übergeben. Der gemeinsame Ausgangspunkt dieser Entwicklungen ist der Verlust einer Steuerungsfähigkeit, die ihre Grundlage in einer eigenständigen sozialen Ordnung gefunden hatte. Die landwirtschaftlichen Arbeits- und Produktionsverhältnisse sind schon seit langem keine selbständige, auf eigenen Normen mit eigenen Kontrollmechanismen stehende Lebensordnung mehr, die ihren Mitgliedern auch die wirtschaftliche Existenz sichert. Beide Entwicklungen, die umweltpolitische wie die sozialpolitische, haben ihre eigene Logik und folgten lange Zeit einem eigenen Bewegungsgesetz, werden inzwischen aber zunehmend insofern aufeinander bezogen und miteinander verknüpft, als die naturschutzrechtliche Normierung der Bodennutzung und Tierhaltung die einkommenspolitische Alimentierung der Betriebe legitimieren soll. Die Einkommensübertragungen sollen den Gegenwert für *erzwungene* Leistungen darstellen.

Eine hochintegrierte amtswirtschaftliche Superstruktur, die Landwirtschaft, staatliche Verwaltung, Bauernverbände und oligopolistische Industrien eng verflicht, ist nicht nur durch ihre zwingenden materiellen und ideellen Interessen an ihr eigenes Weiterfunktionieren gebunden, sie hat sich auch die agrarwirtschaftlichen Verhältnisse geschaffen, die sie zu ihrem reibungslosen Funktionieren braucht. Wenn lange genug ein bestimmtes äußeres Verhalten erzwungen wird, dann werden sich früher oder später auch die subjektiven Antriebe entsprechend ausrichten. Der die Zahl der Betriebe laufend verkleinernde „bereinigende" Strukturwandel ist gleichzeitig ein Auslese- und Gestaltungsprozess. Das Eigengewicht und die Vollzugsbedürfnisse dieser Superstruktur sorgen dafür, dass die Diskussion einer alternativen Agrarpolitik eine rein akademische Veranstaltung bleibt.

Drei weitere Faktoren tragen noch zur institutionellen Hyperträgheit der Agrarpolitik bei. Erstens ist die bundesdeutsche Agrarpolitik ein Teil der Gemeinsamen Agrarpolitik der Europäischen Union. Der Agrarministerrat ist trotz der gewachsenen Macht des Europäischen Parlaments nach wie vor die entscheidende Größe für die europäische und damit auch für die nationale Agrarpolitik. Aus Sicht des DBV bedeutete die Gemeinsame Agrarpolitik der Europäischen Union zwar Verzicht auf nationale Autonomie, brachte aber durch die Marktordnungs- und Preispolitik „ein Mehr an Sicherheit" (Thiesen 1997: 25). Zweitens, zum Teil aufgrund des Wirkens der Gemeinsamen Agrarpolitik, zum Teil aufgrund des Drucks moderner Technologien und der Marktverhältnisse, haben sich in den Mitgliedstaaten der Europäischen Union Verhältnisse herausgebildet, die der bundesdeutschen Superstruktur sehr ähnlich sind. Die Osterweiterung der Europäischen Union hat mit der Verpflichtung der mittel- und osteuropäischen Länder, den agrarpolitischen acquis communautaire in toto zu übernehmen, ebenfalls dazu geführt, trotz vermehrter Krisen und lauter gewordener Kritik die in den bisherigen Mitgliedstaaten bestehenden Strukturen noch weiter zu stabilisieren (Rieger 2004). Drittens zeichnen sich Superstrukturen dieser Art auch immer durch eine Ideologie aus, die verhindert, dass die Interessengebundenheit der sozialen Formation erkannt wird. Die Wahrnehmung von Tatsachen, die ihre Träger und Nutznießer in ihrem Bewusstsein verstören könnte, wird dadurch verhindert. Ideologiekritische Fragen nach dem „Recht“ oder der „Gerechtigkeit“ interessenpolitischer Forderungen, nach der „Notwendigkeit“, öffentliche Ressourcen für die Belange von Minderheiten einzusetzen, sind deshalb auch keine Fragen nach dem schmückenden Beiwerk der Mechanik kollektiven Handelns, sondern zielen im Gegenteil auf ihren Kern. Das gilt in besonderem Maße für die „passionierte Minderheit“ der Landwirte, die sich durch vergleichsweise intensive politische Präferenzen, die Wahl ausgesprochen „grober“ Druckmittel und direkter Protestformen am Rande der Legalität auszeichnet (Plank/Ziche 1979: 440; Hagedorn 1996: 392; Thiesen 1997).

5 Die Politik der Agrarpolitik

Die Agrarpolitik der Bundesrepublik war bis zum Ende des 20. Jahrhunderts von einem scheinbar unzerbrechlichen Teufelskreis bestimmt, der sich aus den drei Elementen einer verzögerten Anpassung der Agrarstrukturen an veränderte Wirtschafts- und Lebensbedingungen, einem hauptsächlich über Märkte, technischen Fortschritt und verändertes Konsumentenverhalten vermittelten erhöhten Anpassungsdruck und, als Reaktion darauf, eine agrarische Interessenpolitik der Strukturerhaltung zusammensetzte. Diese durch das „agrarpolitische Trägheitsgesetz“ (Niehaus 1969: 26) noch laufend verschärfte Konstellation beherrschte seit dem späten Kaiserreich die Agrarpolitik nicht nur Deutschlands, sondern auch die der meisten anderen Industrienationen (Sheingate 2001). Ohne dass die traditionellen Fragen der Agrarpolitik, hauptsächlich also das Problem einer ausreichenden Einkommenserzielung und die Herausforderung der sozialen Bewältigung eines beschleunigten Strukturwandels, einer politischen Lösung näher gebracht wurden, sind im vergangenen Vierteljahrhundert neue Fragen hinzugetreten und haben damit nicht nur die Konfliktstoffe vermehrt, sondern auch Veränderungen in ihren entscheidungssteuernden Institutionen erzwungen. Mit der regelmäßig der Agrarpolitik von außen diktierten Befassung mit dem Umwelt- und Tierschutz, der Verbrauchersicherheit, den Strukturproblemen ländlicher Räume und den neuen Biotechnologien hat sich nicht nur der Verantwortungskreis der Agrarpolitik erweitert, sondern auch ihr institutioneller Rahmen wurde zunehmend europäisiert und internationalisiert. Während über die Gemeinsame Agrarpolitik der Europäischen Union die Abschirmung der nationalen Agrarpolitik vom Wählerwillen zum institutionenpolitischen Konservatismus beigetragen hat, erzwang die 1995 vollzogene Eingliederung der Landwirtschaft in die WTO-Ordnung über die Verstärkung der Marktelemente in der politischen Steuerung der Landwirtschaft völlig neue Ansätze in der Bewältigung der alten und neuen Fragen der Agrarpolitik. Damit haben sich auch die Bedingungen der Politik der Agrarpolitik entscheidend verändert.

Mit der weitgehenden Entfunktionalisierung der Preispolitik für die Einkommenslage der Landwirte und dem Übergang zu einem Direktzahlungsregime droht die Agrarpolitik wieder zu einem gesellschaftlichen Systemkonflikt zu werden. Die neue Agrarfrage zeigt sich als ein Systemkonflikt zwischen Produzenten und Abnehmern, der mit dem Verbraucher-, Umwelt- und Tierschutz neue Dimensionen gewonnen hat. Die traditionell die Agrarpolitik bestimmenden Preis- und Einkommensprobleme landwirtschaftlicher Erzeuger wurden zum Teil – und zum ersten Mal – in Form eines Direktleistungssystems getrennt von der Marktordnungspolitik institutionalisiert, zum Teil der anonymen Wohlfahrt eines Marktes überlassen, der auf eigene Weise eine Strukturbereinigung herbeiführt, deren Verhinderung lange Zeit im Mittelpunkt der Agrarpolitik stand. Die Agrarfrage zeigt sich auch deshalb als ein oft radikale Formen annehmender Systemkonflikt, weil sie die Landwirtschaft insgesamt betrifft, die wirtschaftlichen Bereiche ebenso wie ihre sozialen und kulturellen. Der agrarromantische Widerspruch gegen die Industrialisierung und Rationalisierung der Landwirtschaft ist in der „Agrarwende" einer rot-grünen Bundesregierung wieder aufgelebt. Die Interessenten des Status quo wurden gewissermaßen mit ihren eigenen Waffen geschlagen, weil die Begründungen der politischen Sonderbehandlung der Agrarwirtschaft schon längst nicht mehr von den betrieblichen Realitäten gedeckt wurden. Die regierungspolitische Privilegierung des DBV und sein organisationspolitischer Erfolg haben lange Zeit dafür gesorgt, dass die systemsprengende Wirkung der immer wieder neu ansetzenden technischen Revolutionierung der Agrarwirtschaft nicht zur Kenntnis genommen wurde. Eine unterstützende Rolle spielte sicher auch, dass die breite Öffentlichkeit die gleichermaßen permanente wie massive Politisierung landwirtschaftlicher Einkommensprobleme müde wurde.

In der Skandal- und Versagensgeschichte der modernen Agrarpolitik wird dem DBV schon immer eine prominente Rolle zugeschrieben. Allerdings zu Unrecht. Die Agrarwende hat schlaglichtartig die Bedingungen der traditionellen Agrarpolitik offen gelegt und gezeigt, dass die Machtstellung des DBV sehr viel mehr die Funktion einer bestimmten institutionenpolitischen Konstellation war als das Resultat kluger Verbandspolitik. Der DBV war zwar sehr lange durchaus erfolgreich in seinen Bemühungen, trotz des säkularen Niedergangs der Landwirtschaft als Teil der Volkswirtschaft die öffentliche Unterstützung des Agrarsektors auszudehnen, aber er hat dabei von dem allgemeinen Kontext des Aufstiegs des Wohlfahrtsstaates als umfassendem Interventions- und Leistungssystems profitiert. Auch dass er als Einheitsorganisation einen sowohl ausgedehnten wie enorm beschleunigten agrarwirtschaftlichen Differenzierungs- und Konzentrationsprozess weitgehend unbeschadet überstanden hat, geht auf das Konto von Faktoren, auf die er keinen Einfluss hat. Was die einheitliche berufsständische Interessenvertretung unterstützte und letztlich auch möglich machte, war eine von bürokratischen Marktordnungen getragene Produkt- und eben keine Betriebs- oder gar Familienorientierung der Agrarpolitik. Die (Bundes-)Agrarpolitik war noch nie eine Politik für die gesamte Landwirtschaft und sie war auch nie eine Politik des ländlichen Raums.

Der Organisationserfolg des DBV verdient trotzdem einen näheren Blick (Rieger 2006). Der verfassungspolitische Rahmen, in dem sich in der Nachkriegszeit vor allem der DBV so nachhaltig und erfolgreich einrichten konnte, schien einen derartigen Erfolg auszuschließen. Das Grundgesetz etablierte eine soziale Mehrheitsdemokratie, in der die Masseninteressen der Arbeitnehmer und Konsumenten eine strukturelle Privilegierung erhalten sollten (Niclauß 1998). In einem derartigen System dürften Partikularinteressen keine besonderen Entfaltungsschancen haben – im Unterschied zu gewaltengeteilten Systemen mit starken gegenmajoritären Elementen, die Sonderinteressen sehr viel größere Blockade- und damit auch Durchsetzungschancen einräumen. Offensichtlich hat die Konfliktmacht des DBV als ein institutionell bedingtes Phänomen verschiedene und untereinander zumindest teilweise substituierbare Quellen. Seine nachlassende wahlpolitische Bedeutung konnte der

DBV über die Pflege seines Vertretungsmonopols, den Ausbau der personellen Verflechtung mit strategischen Teilen des Regierungs- und Verwaltungssystems und die Kontrolle des unmittelbaren wirtschaftlichen Umfelds der Agrarwirtschaft durch eigene Markt- und Marketingorganisationen kompensieren. Entscheidend waren allerdings bestimmte institutionenpolitische Weichenstellungen, die vom DBV für seine Zwecke genutzt werden konnten.

Das Verfassungsrecht genauso wie das Gesetzesrecht und Verwaltungsentscheidungen bis hin zu Geschäftsordnungen und Geschäftsverteilungsplänen sind nicht nur objektive Organisationsregeln, sondern immer auch Vorentscheidungen über öffentliche Interessen. Welche der ja fortwährend untereinander konkurrierenden Interessen mit welchem Gewicht als ein „öffentliches Interesse" eine Normierung erfahren sollen, entscheidet sich nicht erst im Gesetzgebungsprozess, sondern sehr viel früher, nämlich im Zusammenhang mit Ordnungs- und Organisationsentscheidungen, die regelmäßig vor einem ganz anderen gesellschaftlichen und politischen Hintergrund getroffen wurden. Die positive Privilegierung der bundesweit operierenden, monopolistischen und zentralistisch organisierten Interessenorganisationen durch das Recht der Verbandsanhörung ist im Grunde die unbeabsichtigte Konsequenz einer Regel, die zuerst in der Geschäftsordnung der Weimarer Reichsministerien als Abwehr- und Entlastungsmechanismus formuliert wurde. Wilhelm Hennis zitiert aus einem Brief von Arnold Brecht: „Der Zweck war nicht die Anerkennung der Fach- und Berufsverbände, sondern der, eine Barriere dagegen aufzurichten, daß beliebige Ortsgruppen sich an die Ministerien wendeten und sie mit ihren Wünschen und Vorschlägen zeitlich und sachlich in Anspruch nahmen" (Hennis 1961/1999: 95). Die trotz föderaler Elemente hochgradig zentralistische Struktur des Deutschen Bauernverbands und die bis zu der im Jahr 2000 eingeläuteten Agrarwende weitgehend erfolgreiche Ausschaltung alternativer Bauernverbände aus der Agrarpolitik ist ohne die auf die Weimarer Republik zurückgehende Bestimmung der Gemeinsamen Geschäftsordnung der Bundesministerien, den Verkehr der Ministerien auf die Spitzenverbände zu beschränken, kaum zu erklären. Die Hierarchisierung des deutschen Verbandswesen geht auf diese institutionelle Privilegierung zurück (Hennis 1961/1999: 95).

Der Grundtypus einer agrarischen Einheitsorganisation mit einem weitgehend passiven bäuerlichen Massenanhang, der meist kleinen Führungszirkeln mit hoher personeller Kontinuität einen großen Handlungsspielraum lässt, bildete sich bereits im Kaiserreich heraus. Während in anderen europäischen Ländern, hauptsächlich Skandinavien und Osteuropa, Land- bzw. Bauernparteien entstanden, wurde dies in Deutschland durch die konfessionelle Zersplitterung und die föderalistische Organisationsstruktur der Landwirtschaft verhindert (Gollwitzer 1977). Trotz einer bis 1933 vielfältig differenzierten Verbandsstruktur kann von einem ideologisch geschlossenen Agrarlager gesprochen werden, das sich insbesondere in der Ablehnung der parlamentarischen Demokratie einig war (Puhle 1972; Schuhmacher 1978). Gleichzeitig muss aber auch festgehalten werden, dass die breiten ländlichen Schichten politisch eher unbeweglich blieben und sich um die großen verfassungs- und staatspolitischen Fragen wenig kümmerten. Diese Kontinuitätslinie verlängerte sich in die Bonner und die Berliner Republik. Die nationalsozialistische Gleichschaltungspolitik bereinigte eine komplexe, die regionalen agrarstrukturellen Besonderheiten reflektierende Organisationsstruktur, die nach dem Zweiten Weltkrieg auch in der Bundesrepublik nicht wieder auflebte. Die jahrzehntelange Monopolstellung des DBV schließt deshalb mehr an die Einheitsorganisation des Reichsnährstandes an als an die zerklüftete Verbandslandschaft der Weimarer Republik. Die Organisations- und Mobilisierungsaufgabe der

Bauernverbände wurde nach dem Zweiten Weltkrieg auch dadurch erleichtert, dass sich nach dem Wegfall der Großlandwirtschaft Ostelbiens die Landwirtschaftsstrukturen Westdeutschlands wesentlich homogener gestalteten (Lepsius 1983/1993; 1974/1993: 146f.).

Bereits in der Weimarer Republik rückten die Agrarverbände an den Rand eines politischen Systems, in dem die Parteien von den typischen Wirtschaftsinteressen der Industriegesellschaft dirigiert wurden. Es fiel ihnen zunehmend schwerer, sich in der Konkurrenz mit anderen Berufsgruppen durchzusetzen. Das gilt selbst für die konservativen Parteien, die im Kaiserreich von den Agrarverbänden dominiert wurden (Frye 1964/1965; Parsons 1965). Nach dem Zweiten Weltkrieg kann von einem eigenen agrarischen Beitrag zu den wirtschafts- und sozialpolitischen Auseinandersetzungen keine Rede mehr sein. Ein interessenpolitischer Opportunismus spielte seither eine weitaus größere Rolle als irgendwelche gesellschaftspolitische Ambitionen. Für die Nachkriegszeit gilt, dass die sozialpolitische Begleitung eines stark beschleunigten säkularen Strukturwandels die agrarischen Kräfte noch weiter an die Ränder von Staat, Wirtschaft und Gesellschaft gerückt hat, ohne sie aber, wie es in der Weimarer Republik der Fall war, dadurch dem politischen System zu entfremden.

In der Konkurrenz gesellschaftlicher Interessen gelang es den Agrarverbänden nicht nur aufgrund ihres politischen Gewichts, sondern auch aufgrund der vielfältigen und engen Beziehungen zur Regierung, Verwaltung, Reichstag und Parteien schon sehr früh, die Gesetzgebungsmaschine des Interventions- und Wohlfahrtsstaates zu ihren Gunsten zu beeinflussen. Es war nicht zuletzt ihr Einfluss, der bereits in den letzten Jahren des Kaiserreichs dem Staat seinen Nimbus als „über den Interessen" stehend nahm, Zweifel an seiner Integrität und Gemeinwohlorientierung weckte und den Vorwürfen des Neofeudalismus und der Kolonisation des Staates immer neue Nahrung gab und damit die Verbände insgesamt suspekt machte. Es ist wahrscheinlich nicht übertrieben, wenn man sagt, dass der Staat des Kaiserreichs der Organisations- und politischen Macht der Agrarverbände schlicht nichts Gleichwertiges entgegenzusetzen hatte. Der 1893 gegründete Bund der Landwirte unterhielt 1903 in Berlin eine größere Organisation als das Reichsamt des Innern und bereits 1889 wurden „nicht weniger als 118 auf das Wirtschaftsprogramm des Bundes verpflichtete Kandidaten in den Reichstag gewählt" (Schulz 1961: 148).

Die bauernverbandlichen Forderungen der Landwirtschaft wurden mit der beschleunigten Verringerung von Betrieben und Erwerbstätigen seit dem Zweiten Weltkrieg zu gleichzeitig exklusiven und zunehmend isolierten Gruppeninteressen. Die Verbandspolitik konzentrierte sich hauptsächlich deshalb zunehmend auf die Exekutive, weil in einem Parlament des allgemeinen Wahlrechts und unter den Bedingungen der Mehrheitsdemokratie Agrarinteressen Minderheiteninteressen sind. Auf der anderen Seite haben die Gegeninteressen von Natur-, Tier- und zunehmend auch Ernährungsschutz zunächst in der öffentlichen Meinung und dann, durch den Aufstieg der Partei Die Grünen, auf der Bühne des Parlaments ihr Haupteinflussgebiet gefunden. Was also Rüdiger Altmann als allgemeines Merkmal des Einflusses der Verbände auf die Politik der Bundesrepublik in den 1950er Jahre festhielt, gilt ganz besonders für den Deutschen Bauernverband: „Viel wichtiger als die Beziehungen zu den Parteien, um deren Pflege die Politiker meist von sich aus besorgt sind, ist für die Verbände eine ständige Verbindung zur Ministerialbürokratie und der direkte, öffentliche Kontakt zur Regierung und zum Kanzler als Person" (1960: 48). Diese Verbindung zu halten und fruchtbar zu machen, ist allerdings alles andere als selbstverständlich. Ein Verband findet vor allem dann Gehör, wenn er glaubhaft machen kann, den

Berufsstand insgesamt zu repräsentieren. Einen interessenpolitisch geschlossenen Berufstand kennt die Landwirtschaft schon lange nicht mehr. Um dieses Manko zu kompensieren, hat der DBV die ideologische Komponente der Verbandspolitik verstärkt.

Je stärker sich durch den Druck technologischer und volkswirtschaftlicher Faktoren die Interessenlagen innerhalb der Landwirtschaft auseinanderdifferenzierten und damit die Gefahr von inneren Interessengegensätzen erhöhten, desto mehr hat der DBV die Landwirtschaft als Wert- und Normengemeinschaft darzustellen versucht. Der Hauptteil der Arbeit des DBV bestand schon bald darin, die Einigkeit des Berufsstandes, der durch die ökonomisch-technische Entwicklung auseinander gerissen wurde, durch betont ideologische Momente wieder herzustellen. Seine zunehmend heterogener werdenden Mitglieder sollten durch die Teilhabe an derselben Sinnkonstruktion einer minoritären Lage in der Industriegesellschaft integriert werden. Dieser Teil der Verbandspolitik steht in scharfem Kontrast zu Entwicklungen in anderen Teilen des politischen Systems der Bundesrepublik. Während die Einheitsverbandsbildung bei den Gewerkschaften dazu führte, dass die quasiständischen und schichtspezifischen Interessen und symbolischen Repräsentationen von einer allgemeinen Arbeitnehmerorientierung mit einer vergleichsweise ideologiearmen und pragmatischen Interessenvermittlung abgelöst wurden, pflegten die im DBV zusammengefassten Agrarverbände die Behauptung einer milieuspezifischen Sonderlage für einen ausgeprägt agitatorischen Politikstil zu nutzen (Lepsius 1979/1990: 146). Eine richtungweisende Bedingung der Wahl eines agitatorischen Politikstils ist das Gefühl gesellschaftlicher und politischer Marginalität, eine starke Statusunsicherheit und mangelndes Vertrauen in die normalen Mechanismen demokratisch-parlamentarischer Interessenvermittlung. Die Konfliktformen und die politischen Ziele des DBV sind jedoch keine unabhängige Variable, sondern weitgehend von den agrarpolitischen Verhältnissen produziert.

Mit der im Zuge der so genannten „Agrarwende" von 2001 vorgenommenen Neuordnung der Agrarpolitik hat der DBV, obwohl er die Mehrzahl der Landwirte vertritt, seine Vetoposition gegenüber der Agrarpolitik verloren. Seine Monopolstellung und sein Alleinvertretungsanspruch in der offiziellen Agrarpolitik wurden durchbrochen (Baringdorf 2002: 31). Gleichzeitig hat aber im Gefolge des neuen Direktzahlungsregimes die staatliche Einwirkung auf die individuelle Betriebs- und Lebenslage massiv zugenommen. Der gesteigerten Macht der Agrarpolitik hat die Landwirtschaft nicht mehr viel entgegenzusetzen. Um sich in der allgemeinen Verbändelandschaft besser zu positionieren und Verbündete zu gewinnen, präsentiert sich der DBV inzwischen als ein „Unternehmerverband". Die Anlehnung an die ideologischen und wirtschaftspolitischen Positionen der Industrie- und Arbeitgeberverbände ist auch Teil einer Statuspolitik, die den Landwirten eine größere gesellschaftliche Anerkennung sichern will. Angesichts der versorgungspolitischen Realitäten der Landwirtschaft ist diese Selbstdarstellung des DBV einigermaßen ironisch. Der Übergang des Agrarsektors zu einer Amtswirtschaft zeigt, dass das Schicksal der Landwirtschaft in ganz anderer Weise von der Politik bestimmt wird als das der „freien" Wirtschaft. Während außerhalb der Landwirtschaft die Konfliktmacht von Unternehmerverbänden ihre Grundlage in der Abwanderungsdrohung hat, steht genau diese Option landwirtschaftlichen Unternehmern nicht offen. Ihr Problem ist eine Immobilität, die umso größer geworden ist, wie die Kapitalintensität ihrer Betriebe zugenommen hat. Außerdem bedeutet ihre hohe Abhängigkeit von staatlichen Transfers und Bestimmungen eine politisch induzierte Unsicherheit, weil jeder agrarpolitische Kurswechsel unmittelbar auf den Betrieb durchschlägt. Betriebsaufgabe und Abwanderung sind im Vergleich zur Hinnahme eines bürokratischen

Regimes vergleichsweise kostspielige Alternativen. Auch deshalb sind die politischen Präferenzen der Landwirte verhältnismäßig intensiv: *Widerspruch*, nicht *Abwanderung* ist ihre dominante Verhaltenslogik.

Der Einflussverlust des DBV geht also weniger auf das Konto der Kontrolle der Agrarpolitik durch Parteien, die dem Verband eher feindlich gegenüberstehen, sondern hat seinen tieferen Grund in der veränderten Struktur der Agrarpolitik. Die herausragende Stellung genauso wie die strategische Ausrichtung des DBV waren ja sehr weitgehend durch das institutionelle System der Agrarpolitik geformt worden. Deshalb traf ihn die abrupt angesetzte „Agrarwende" der rot-grünen Regierung ins Mark: Sein politisches Kapital war plötzlich nur noch wenig wert. Die Konfliktmacht des DBV hat hauptsächlich deshalb abgenommen, weil diese Macht sehr weitgehend Funktion eines agrarpolitischen Leistungs- und Verwaltungssystems war, das zum Teil eine neue Ausrichtung erfuhr und zum Teil seine Legitimität in Frage gestellt sah. Das wechselseitige Ineinanderwirken von wohlfahrtsstaatlichen und gesellschaftspolitischen Voraussetzungen der Agrarpolitik einerseits und bäuerlichen Agrarsozialstrukturen andererseits stellte der Bauernverbandspolitik nicht nur einen vorstrukturierten Möglichkeitsraum bereit, sondern versah sie auch mit einem Legitimitätsvorschuss, der den DBV davon entlastete, eine gesamtgesellschaftliche Sanktion seiner Forderungen suchen zu müssen. Mit dem Wandel der Agrarpolitik hat sich auch der institutionenpolitische Kontext des DBV entscheidend verändert. Die Aufwertung der sozialen und ökologischen Aspekte bedeutet eine Anerkennung von Interessengruppen, die sehr lange von der Agrarpolitik ignoriert werden konnten. Die Renationalisierung eines Teils der Gemeinsamen Agrarpolitik, hauptsächlich die Entscheidung über die konkreten Modalitäten des neuen Beihilfensystems, hat außerdem zur Folge, dass die Kontrolle durch die Wähler wieder eine größere Bedeutung erfährt.

Eine verstärkte Kontrolle der Agrarpolitik durch Wähler bedeutet immer auch ein Überwiegen der Verbraucherinteressen, worauf bereits Max Weber (1917/1980: 268) aufmerksam machte. Hier liegt auch der tiefere Grund für den Widerstand der Bauernverbände gegen die Parlamentarisierung des politischen Systems des Kaiserreichs und ihrer zunehmenden Ablehnung der Weimarer Demokratie. Die verstärkte Beachtung der Wählerkontrolle lässt sich bereits daran ablesen, welchen hohen Stellenwert die wahrscheinliche Reaktion der Öffentlichkeit auf alternative Umsetzungsvorschläge der EU-Agrarreform in der öffentlichen Anhörung des Bundestagsausschusses für Verbraucherschutz, Ernährung und Landwirtschaft am 8. Dezember 2003 hatte. Zum ersten Mal in der Geschichte der Gemeinsamen Agrarpolitik hatten hier bei einer grundlegenden Weichenstellung nationale Entscheidungsträger die Wahl zwischen Umsetzungsalternativen mit sehr unterschiedlichen verteilungspolitischen Implikationen. Hier zeigte sich, dass der über die Wählerkontrolle vermittelte öffentliche Wettbewerb verschiedener Interessengruppen nicht nur einen übermäßigen Verbandseinfluss verhindert, sondern die Interessengruppen zwingt, ihr Ausgangsproblem klar zu formulieren, ihre Ziele zu spezifizieren und deren Rationalitätskriterien ausdrücklich zu benennen. Die so lange in der Geschichte der Agrarpolitik fehlende Gegenmacht war deshalb gleichbedeutend mit fehlender gesellschaftlicher Sanktionsmacht. Erst durch die neue Tatsache einer Wählerkontrolle wurde der Umstand entscheidend, dass die im Jahr 2001 knapp 4 Millionen Mitglieder der anerkannten Naturschutzverbände die der Bauernverbände um ein Mehrfaches übersteigen und auch weit über die Zahl der Mitglieder der politischen Parteien hinausgehen (Rat von Sachverständigen für Umweltfragen 2002: 20). Mit dem neuen Zuschnitt der Agrarpolitik hat die Politik der Agrarpolitik eine neue Umwelt bekommen, mit wahrscheinlich tief greifenden Folgen für das weitere Schicksal der Landwirtschaft.

6 Literatur

Abel, Wilhelm, ^{3}1967: Agrarpolitik. Göttingen.

Achinger, Hans, 1958: Sozialpolitik als Gesellschaftspolitik. Von der Arbeiterfrage zum Wohlfahrtsstaat. Hamburg.

Altmann, Rüdiger, 1960: Das Erbe Adenauers. Stuttgart.

Baden Württemberg (Ministerium des Landes Baden-Württemberg für Ernährung und ländlichen Raum), 2006: Informationsbroschüre für die Empfänger von Direktzahlungen über die anderweitigen Verpflichtungen (Cross Compliance).

Baringdorf, Friedrich Wilhelm Graefe zu, 2002: Für eine Demokratisierung der Agrar- und Ernährungspolitik, in: AgrarBündnis: Der kritische Agrarbericht 2002. Rheda-Wiedenbrück, 29-33.

Brinktrine, Ralf, 2003: Die Landwirtschaftsklauseln des Bundesnaturschutzgesetzes im Wandel der Zeiten, in: Jahrbuch des Agrarrechts V: 1-26.

Bundesregierung, 2005: Agrarpolitischer Bericht 2005. Berlin (BT-Drs. 15/4801).

Bundesverband der Verbraucherzentralen, 2006: Hintergrundpapier zur Pressekonferenz „Mängel bei importierten Lebensmitteln“ am 19. Januar 2006 (http://www.vzbv.de/mediapics/hintergrundpapier_pk_lebensmittelkontrolle_19_01_2006.pdf).

Burkhard, Werner, 2000: Die Landwirtschaftsklauseln im Naturschutzrecht. Entstehungsbedingungen, Kritik und Fortentwicklung. Tübingen.

Di Fabio, Udo, 1997: Verwaltung und Verwaltungsrecht zwischen gesellschaftlicher Selbstregulierung und staatlicher Steuerung, in: Veröffentlichungen der Vereinigung der Deutschen Staatsrechtslehrer 56: 235-282.

Dietze, Constantin von, 1962/1969: Wege und Aufgaben wissenschaftlicher Agrarpolitik, in: Eberhard Gerhardt/Paul Kuhlmann (Hrsg.): Agrarwirtschaft und Agrarpolitik. Köln/Berlin, 23-37.

Durkheim, Emile, 1895/1980: Regeln der soziologischen Methode. Darmstadt/Neuwied.

Frye, Charles E., 1964/1965: Parties and Pressure Groups in Weimar und Bonn, in: World Politics 17: 635-655.

Gassner, Erich/Bendomir-Kahlo, Gabriele/Schmidt-Räntschet, Annette, 1996: Bundesnaturschutzgesetz, Kommentar. München.

Gepräg s, Ernst, 1997: Präsident einer ganzen Generation, in: Deutscher Bauernverband (Hrsg.): Die Zukunft der Bauern in unserer Gesellschaft. Constantin Freiherr Heereman gewidmet. Münster, 9-16.

Gollwitzer, Heinz, 1977: Europäische Bauerndemokratie im 20. Jahrhundert, in: Heinz Gollwitzer (Hrsg.): Europäische Bauernparteien im 20. Jahrhundert. Stuttgart/New York, 1-82.

Hagedorn, Konrad, 1982: Agrarsozialpolitik in der Bundesrepublik Deutschland. Kritik und Alternativmodelle zur Alterssicherung in der Landwirtschaft. Berlin.

Hagedorn, Konrad, 1996: Das Institutionenproblem in der agrarökonomischen Politikforschung. Tübingen.

Hennis, Wilhelm, 1961/1999: Verfassungsordnung und Verbandseinfluß. Bemerkungen zu ihrem Zusammenhang im politischen System der Bundesrepublik, in: Wilhelm Hennis (Hrsg.): Regieren im modernen Staat. Politikwissenschaftliche Abhandlungen I. Tübingen, 89-105.

Hockerts, Hans Günther, 1996: Die historische Perspektive – Entwicklung und Gestalt des modernen Sozialstaats in Europa, in: Walter-Raymond-Stiftung (Hrsg.): Sozialstaat – Idee und Entwicklung, Reformzwänge und Reformziele. Köln, 27-48.

Hoffmann, Wolfgang, 2001: Die tausend Arme der Bauernverbände, in: DIE ZEIT 03/2001.

Koselleck, Reinhart, ^{2}1975: Preußen zwischen Reform und Revolution. Allgemeines Landrecht, Verwaltung und soziale Bewegung. Stuttgart.

Kötter, Herbert, 1958: Landbevölkerung im sozialen Wandel. Düsseldorf.

Künast, Renate, 2002: Tierschutz ins Grundgesetz. Rede vom 16. April 2002 (http://www.renate-kuenast.de/tierschutz/tierschutzinsgrundgesetz – zuletzt besucht 8. Dezember 2005).

Lepsius, M. Rainer, 1974/1993: Sozialstruktur und soziale Schichtung in der Bundesrepublik Deutschland (bis 1970), in: M. Rainer Lepsius: Demokratie in Deutschland: Soziologisch-historische Konstellationsanalysen – Ausgewählte Aufsätze. Göttingen, 145-174.

Lepsius, M. Rainer, 1983/1993: Die Bundesrepublik Deutschland in der Kontinuität und Diskontinuität historischer Entwicklungen: Einige methodische Vorüberlegungen, in: M. Rainer Lepsius: Demokratie in Deutschland: Soziologisch-historische Konstellationsanalysen – Ausgewählte Aufsätze. Göttingen, 135-144.

Louis, Hans Walter, 1994: Bundesnaturschutzgesetz, Kommentar. Braunschweig.

Lübbe-Wolff, Gertrude, 1993: Vollzugsprobleme der Umweltverwaltung, in: Natur und Recht 15: 217-229.

Niclauß, Karlheinz, 1998: Der Weg zum Grundgesetz. Demokratiegründung in Westdeutschland 1945-1949. Paderborn.

Niehaus, Heinrich, 1969: Aus 50 Jahren deutscher Agrarpolitik, in: Vorträge der 23. Hochschullehrertagung der Landwirtschaftlichen Fakultät der Universität Bonn am 7. und 8. Oktober 1969 in Münster. Hiltrup bei Münster, 23-48.

OECD, 2004: Agricultural Policies in the OECD Countries at a Glance. Paris.

Parsons, Talcott, 1964: Demokratie und Sozialstruktur in Deutschland vor der Zeit des Nationalsozialismus, in: Talcott Parsons: Beiträge zur soziologischen Theorie. Neuwied/Berlin, 256-281.

Planck, Ulrich/Ziche, Thomas, 1979: Land- und Agrarsoziologie. Stuttgart.

Priebe, Hermann, [3]1988: Die subventionierte Unvernunft. Landwirtschaft und Naturhaushalt. Berlin.

Puhle, Hans-Jürgen, 1972: Von der Agrarkrise zum Präfaschismus. Thesen zum Stellenwert der agrarischen Interessenverbände in der deutschen Politik am Ende des 19. Jahrhunderts. Wiesbaden.

Rat von Sachverständigen für Umweltfragen, 1999: Sondergutachten. Umwelt und Gesundheit. Risiken richtig einschätzen. Berlin (BT-Drs. 14/2300).

Rat von Sachverständigen für Umweltfragen, 2002: Sondergutachten. Für eine Stärkung und Neuausrichtung des Naturschutzes. Berlin (BT-Drs. 14/9852).

Rieger, Elmar, 1995: Der Wandel der Landwirtschaft in der Europäischen Union. Ein Beitrag zur Soziologie transnationaler Integrationsprozesse, in: Kölner Zeitschrift für Soziologie und Sozialpsychologie 47: 65-94.

Rieger, Elmar, 2004: Wohlfahrt für Bauern? Die Osterweiterung der Agrarpolitik, in: Osteuropa 54: 296-315.

Rieger, Elmar, [5]2005: The Common Agricultural Policy: Constrained Reforms", in: Helen Wallace/William Wallace/Mark Pollak (Hrsg.): Policy-Making in the European Union. Oxford, 161-190.

Rieger, Elmar, 2006: Bauernverbände. Agrarische Interessenpolitik, institutionelle Ordnung und politischer Wettbewerb, in: Ulrich Willem/Thomas von Winter (Hrsg.): Interessenverbände in Deutschland (i.E.).

Rüschemeyer, Dietrich, 1979: Partielle Modernisierung, in: Wolfgang Zapf (Hrsg.): Theorien des sozialen Wandels. Königstein/Ts.

Schmidt-Preuß, Matthias, 1997: Verwaltung und Verwaltungsrecht zwischen gesellschaftlicher Selbstregulierung und staatlicher Steuerung, in: Veröffentlichungen der Vereinigung der Deutschen Staatsrechtslehrer 56: 160-234.

Schuhmacher, Martin, 1978: Land und Politik. Eine Untersuchung über politische Parteien und agrarische Interessen 1914-1923. Düsseldorf.

Schulz, Gerhard, 1961: Über Entstehung und Formen von Interessengruppen in Deutschland seit Beginn der Industrialisierung, in: Politische Vierteljahresschrift 2: 139-154.

Sheingate, Adam D., 2001: The Rise of the Agricultural Welfare State. Institutions and Interest Group Power in the United States, France, and Japan. Princeton NJ.

Stock, Martin, 1999: „Natur und Landschaft" nach deutschem Naturschutzrecht, in: Tagungsdokumentation „Die *Natur* der Natur", Universität Bielefeld, 12. - 14. November 1998, IWT-Paper Nr. 23: 206-225.

Thiesen, Erich, 1997: Es begann im Grünen Kreml. Agrarpolitik zwischen Rendsburg und Brüssel. Neumünster.

Tracy, Michael, 1989: Government and Agriculture in Western Europe 1880-1988. Hemel Hempstedt.

Tschajanow, Alexander, 1923/1987: Die Lehre von der bäuerlichen Wirtschaft. Versuch einer Theorie der Familienwirtschaft im Landbau. Frankfurt a. M./New York.

Weber, Max, 1893/1924: Die ländliche Arbeitsverfassung, in: Max Weber: Gesammelte Aufsätze zur Sozial- und Wirtschaftsgeschichte. Tübingen, 444-469.

Weber, Max, 1904: Die „Objektivität" sozialwissenschaftlicher und sozialpolitischer Erkenntnis, in: Archiv für Sozialwissenschaft und Sozialpolitik 19: 22-87.

Weber, Max, 1917/1980: Wahlrecht und Demokratie in Deutschland, in: Max Weber: Gesammelte Politische Schriften. Tübingen, 245-291.

Weber, Max, 1923/1981: Wirtschaftsgeschichte. Abriß der universalen Sozial- und Wirtschaftsgeschichte. Berlin.

Weber, Max, 1972: Wirtschaft und Gesellschaft. Tübingen.

Wissenschaftlicher Beirat beim BML, 1996: Zur Neuorientierung der Landnutzung in Deutschland, Schriftenreihe des Bundesministeriums für Ernährung, Landwirtschaft und Forsten, Reihe A: Angewandte Wissenschaft, Heft 453.

16. ‚...und sie bewegt sich doch'. Der späte Bruch mit verkehrspolitischen Pfadabhängigkeiten durch europäische Integration und nationalen Reformdruck

Dirk Lehmkuhl

1 Einleitung[1]

Ob Benzinpreiswut, Desaster mit dem LKW-Mautsystem Toll Collect, verspätete Züge und höhere Preise bei der Bahn – Verkehr und Transport werden in einer breiteren Öffentlichkeit meist in Verbindung gebracht mit vermeintlichen Problemen. In den seltensten Fällen aber kommt es zu einer Analyse grundlegender verkehrspolitischer Veränderungen. Um nur ein Beispiel zu nennen, geht es etwa bei dem Ende 2005 diskutierten Umzug des Hauptsitzes der Deutschen Bahn AG von Berlin nach Hamburg nicht nur um eine prestigeträchtige Rangelei zwischen zwei deutschen Metropolen. Vielmehr verbirgt sich hinter diesem von Bahnchef Mehdorn forcierten Umzugsplan eine grundlegende strategische Absicht. Zum einen soll bereits im Vorfeld der geplanten Privatisierung der Deutschen Bahn AG eine Unabhängigkeit von politischer Einflussnahme auch durch geographische Distanz zum politischen Zentrum zum Ausdruck kommen. Zum anderen verbirgt sich hinter der gleichzeitig mit dem Umzug – letztendlich erfolglos – verhandelten Übernahme des Hafenbetreibers ‚Hamburger Hafen und Logistik AG' ein strategischer Wandel des Unternehmens Bahn hin zu einem modernen und weltweit operierenden Anbieter von Logistikleistungen.

Nun sind weder strukturelle Veränderungen des Verkehrs- und Transportwesens noch seine Grundprobleme wie Kapazitätsengpässe oder Umweltbeeinträchtigungen neuartige Phänomene (der aggressive Geruch von Pferdemist war der Feinstaub in Ballungsräumen des 19. Jahrhunderts). Der politische Umgang mit den strukturellen Veränderungen im Verkehr und Transport hat sich aber im Laufe der Zeit erheblich verändert. Im vorliegenden Beitrag werden diese Veränderungen seit dem Ende des Zweiten Weltkriegs nachgezeichnet und analysiert.

Das sich dabei ergebende Bild stellt einen langwierigen Wandel dar von einem hochgradig regulierten und durch deutliche staatliche Präsenz gekennzeichneten zu einem (nahezu) ‚normalen' Politikfeld. Im Zuge dieses Wandels wurde die lange Zeit vorherrschende Auffassung der ‚Besonderheiten des Verkehrs', die neben einer intensiven Regulierung auch zu einer aktiven staatlichen Bereitstellung von Infrastruktur- und Transportleistungen führte, schrittweise aufgegeben. An ihre Stelle ist ein Ansatz getreten, bei dem entsprechend der aktuell politisch dominanten Problemlösungsphilosophie die Mechanismen des Wettbewerbs Nachfrage und Angebot nach Verkehrsdienstleistungen bestimmen und staatliche Eingriffe eher marktkorrigierenden Charakter besitzen.

Die Suche nach den Ursachen der Veränderungen der Verkehrspolitik in Deutschland ergibt ein Bündel von Faktoren. Zu nennen ist zunächst der Prozess der Europäischen In-

---

[1] Daniel Schäppi möchte ich für die guten Dienste bei der Vorbereitung dieses Beitrags danken.

tegration, dessen Maxime der Herstellung der Dienstleistungsfreiheit im europäischen Binnenmarkt wesentlich dazu beigetragen hat, die um die Eisenbahn herum konstruierte Verkehrsmarktordnung aufzubrechen. Mit dem Beschluss der europäischen Verkehrsminister Ende der 1980er Jahre, Transportbeschränkungen für ausländische Straßengüterunternehmer in nationalen Märkten schrittweise aufzuheben, wurden die Grundlagen der deutschen Verkehrsmarktordnung weitgehend hinfällig. Diese Entscheidung sowie die europäischen Auflagen zur Reform der Eisenbahnen in Europa verschoben die Gewichte in der politischen Auseinandersetzung in Deutschland endgültig in Richtung einer Liberalisierung.

Bereits ab Mitte der 1980er Jahre hatte die Erkenntnis zunehmend Anhänger gefunden, dass die bestehende Verkehrsmarktordnung sowohl die politischen Zielsetzungen verfehlte als auch den Interessen von immer mehr Beteiligten zuwiderlief. Als schließlich in den Anfängen der deutschen Wiedervereinigung die desolate Lage der Deutschen Reichsbahn deutlich wurde, waren nahezu alle Widerstände, die zuvor über lange Jahre nicht nur zum Aufbau, sondern auch zum Erhalt der kontrollierten Verkehrsmarktordnung beigetragen hatten, von großen Konflikten weitgehend frei zu überwinden.

Das heißt jedoch nicht, dass es in der neuen, durch Deregulierung und Privatisierung ebenso wie durch das Bekenntnis zu einem integrierten System verschiedener Verkehrsträger gekennzeichneten Verkehrspolitik in Deutschland keine Konflikte mehr gibt. Vielmehr gilt es festzuhalten, dass sich die Gegenstände der Konflikte gewandelt haben. Heute geht es weniger um den Erhalt marktbeschränkender Regulierungen zugunsten einer bestimmten Interessengruppe. Vielmehr sind prominente Themen der politischen Auseinandersetzung die Art der Internalisierung der externen Kosten des Verkehrs oder die verkehrsträgergerechte Anrechnung der Infrastrukturkosten. Mit dieser Verschiebung der Themen ging auch eine öffentlich tendenziell stärker sichtbare Rolle parteipolitischer Auseinandersetzungen einher.

Mit der Absicht, die Hintergründe und Ausprägungen dieses Wandels darzustellen und zu erklären, folgt im Anschluss ein Abschnitt, der wesentliche Merkmale des Politikfelds Verkehr vorstellt. Anschließend erfolgt eine Präsentation der wesentlichen Etappen der Verkehrspolitik in der Bundesrepublik seit dem Ende des Zweiten Weltkriegs. Im vierten Abschnitt schließlich werden die verschiedenen Erklärungsfaktoren für Kontinuität und Wandel in der Verkehrspolitik in Deutschland dargelegt.

2 Kennzeichen des Politikfelds Verkehr

Die Geschichte der modernen Binnenverkehrsträger datiert zurück ins merkantilistische 17. und 18. Jahrhundert, die einen systematischen Ausbau von Binnenwasser- und Landverkehrsstraßen zunehmend im nationalstaatlichen Rahmen erlebten. Dem Aufkommen der Eisenbahnen in der ersten Hälfte des 19. Jahrhunderts wird nicht nur ein dramatischer Impuls für die industrielle Revolution zugeschrieben. Vielmehr kann auch ein Zusammenhang zwischen dieser Entwicklung und der zunehmenden Konzentration der Bevölkerung in immer größer werdenden Städten hergestellt werden. Die mit dem massiven Zuzug verbundenen Kapazitätsprobleme der bestehenden Verkehrsinfrastrukturen wiederum führten bereits ab der zweiten Hälfte des 19. Jahrhunderts zur Verbreitung von schienengebundenen Nahverkehrsmitteln wie Straßen- oder Untergrundbahnen als neuartige Mobilitätsformen. Die bestehenden Siedlungs- und Mobilitätsstrukturen erfuhren ab der zweiten Hälfte des 20. Jahrhunderts eine Veränderung, als durch eine zunehmende motorisierte Mobilisierung weiter Teile der Bevölkerung immer größere Distanzen zwischen Wohn- und Arbeitsort möglich wurden. Gleichzeitig haben Veränderungen in der Güterstruktur (von Massen- zu Stückgut) sowie in den Produktionsstrukturen (Stichwort Just-in-Time Produktion) ebenso wie immer weiter fortschreitende Arbeitsteilungen im regionalen, nationalen und internationalen Maßstab dazu beigetragen, dass einerseits die Bedeutung des Straßengüterverkehrs stetig zugenommen hat und andererseits trotz massiven Ausbaus insbesondere die Straßeninfrastruktur die individuelle und gewerbliche Mobilität immer weniger aufnehmen kann.

Dieser Parforce-Ritt durch die Entwicklung des Verkehrs soll dessen dreifache Bedeutung illustrieren. In wirtschaftlicher Hinsicht kommt dem Verkehr eine doppelte Bedeutung zu. Nicht erst seit den Ausführungen von Adam Smith zum Ursprung des Wohlstands von Nationen gilt eine gut ausgebaute Verkehrsinfrastruktur als notwendige Bedingung für eine prosperierende, auf Arbeitsteilung basierende Wirtschaft. Neben der Eigenschaft als grundlegende Vorleistung für wirtschaftliche und gesellschaftliche Austauschprozesse kommt insbesondere der Verkehrswirtschaft aber auch die Eigenschaft eines eigenständigen Industriesektors zu. Verkehrsdienstleitungen können dabei entweder den Transport von Waren oder Personen umfassen (im Falle der Deutschen Bahn AG oder der Lufthansa beides). Schließlich ist die individuelle Mobilität nicht nur zentrales Element im amerikanischen Traum der Möglichkeit des sozialen Aufstiegs. Auch im weniger romantischen Deutschland des 20. Jahrhunderts galt die (motorisierte) Mobilität als Inbegriff persönlicher Freiheit und Unabhängigkeit.[2] Auch im 21. Jahrhundert wird sich daran so schnell nichts ändern.

Es sind sowohl die wirtschaftspolitische Doppelbedeutung als auch die sozial- und gesellschaftspolitische Dimension, die das Politikfeld Verkehr als staatsnahen Sektor klassifizieren. Kennzeichnend ist dabei ein hoher Koordinierungsbedarf zum einen zwischen der Verkehrspolitik und anderen Politikfeldern wie Finanzen, Wirtschaft, Raumordnung oder Umweltschutz. Zum anderen besteht aber auch innerhalb des Politikfeldes Verkehr ein erheblicher Koordinierungsbedarf, der sich aus der ausgeprägten Substitutionskonkurrenz der verschiedenen Verkehrsträger ergibt. Hintergrund dieser Verkehrsträgerkonkurrenz ist deren historische Entwicklung. Mit dem Aufkommen neuer Verkehrstypen war der Aufbau neuer Infrastrukturen verbunden, ohne dass aber die alten Verkehrstypen und ihre Infrastrukturen verschwanden. So existieren denn auch heute in Deutschland die Verkehrsträger Schiene, Straße, Binnenschifffahrt und Luftverkehr nebeneinander, operieren auf unterschiedlichen Infrastrukturen und stehen zueinander teils in einem ergänzenden, teils in einem konkurrierenden Verhältnis.

Aufgabe der Verkehrspolitik ist es demnach, die unterschiedlichen Zielsetzungen der Verkehrspolitik, die sich aus ihrer intrasektoralen und intersektoralen Interdependenz ergeben, zu koordinieren. Dieses Koordinationserfordernis zieht sich denn auch durch die verkehrspolitischen Erklärungen seit den 1950er Jahren bis heute wie ein roter Faden. Zwei Zitate mögen dieses illustrieren:

> Nachdem in den vergangenen Jahren die wichtigsten gesetzlichen Grundlagen auf dem Gebiete des Verkehrswesens geschaffen worden sind, wird es nun mehr die vordringlichste verkehrspolitische Aufgabe der Bundesregierung sein, die Bereiche der einzelnen Verkehrsträger aufeinan-

[2] 1954 deklarierte der liberale Ökonom Wilhem Röpke in einem damals viel beachteten Aufsatz die im Automobil verkörperte ‚Verkehrsfreiheit' als ‚vornehmste Freiheit' (Klenke 1995: 38).

> der abzustimmen. Ziel wird sein müssen, Eisenbahn- und Straßenverkehr, Binnen- und Seeschiffahrt und künftigen Luftverkehr so zu ordnen, daß bestehende Werte erhalten bleiben und zugleich der höchste Nutzen mit geringstem Kostenaufwand erreicht wird. (Bundeskanzler Adenauer in seiner Regierungserklärung zum Auftakt der zweiten Legislaturperiode des deutschen Bundestages am 20.10.1953; zitiert nach Bundesminister für Verkehr 1965: 22).

> Moderne Verkehrspolitik umfasst alle Arten von Verkehrsträgern: Straßen, Schienenwege, Wasserwege und Luftverkehr. Nur eine moderne, leistungsstarke und effiziente Verkehrsinfrastruktur ist in der Lage, Mobilität heute und in Zukunft zu gewährleisten. Die Sicherung der Mobilität als Grundlage des wirtschaftlichen Erfolges Deutschlands ist deshalb das zentrale verkehrspolitische Ziel der Bundesregierung. ... Mobilität darf keinen Raubbau auf Kosten von Mensch und Natur verursachen. Wir haben uns deshalb zu einer integrierten Verkehrs-, Städtebau- und Raumordnungspolitik entschlossen. ... Unsere Verkehrspolitik folgt dem Gebot der Nachhaltigkeit. .... Das geschieht durch die Optimierung des Gesamtverkehrssystems. (Bundesministerium für Verkehr, Bau und Stadtentwicklung 2005; http://www.bmvbw.de/Verkehr-,1405.22720/ Verkehrspolitik. htm [30.12.2005])

Die Zitate aus den Jahren 1953 und 2005 mögen zum einen andeuten, dass dabei aus unterschiedlichen Aufgaben und Vorgaben sowohl intra- als auch intersektorale Zielkonflikte resultieren können. Zum anderen lassen sie aber auch erkennen, dass der Umgang mit beidem, dem Koordinierungsbedarf und dem Versuch der Auflösung von Zielkonflikten, sich deutlich verändert hat. Das folgende Kapitel zeichnet diesen Wandel der Verkehrspolitik nach.

3 Der Wandel der Verkehrspolitik in Deutschland[3]

3.1 Die Zwischenkriegszeit

Die Existenz ausgeprägter institutioneller Pfadabhängigkeiten macht es erforderlich, eine Darstellung der Veränderungen in der verkehrspolitischen Regulierung in Deutschland mit der Zeit zwischen dem Ersten und dem Zweiten Weltkrieg zu beginnen. In der Tat war die Zwischenkriegszeit von maßgeblicher Bedeutung für die Verkehrspolitik bis in die frühen 1990er Jahre. Dabei wurden in dieser Zeit die Weichen gestellt sowohl für die dominante Problemlösungsphilosophie und die zum Einsatz kommenden Instrumente in der Verkehrspolitik als auch für die Organisation der Verkehrsmärkte in Deutschland.

Als Ausgangspunkt dieser Entwicklung kann die Verstaatlichung der Eisenbahnen im Deutschen Reich dienen. Ab Mitte der 1870er Jahre gelangten die überwiegend privaten Bahnen zunehmend zunächst unter die Kontrolle der Länder und trugen bis zum Ersten Weltkrieg in erheblichem Maße zur Finanzierung von deren Haushalten bei. Die Bahnen

[3] Da es für die Darstellung von Kontinuität und Wandel der Verkehrspolitik in Deutschland sinnvoll erscheint, die Verkehrspolitik in der ‚alten' Bundesrepublik nachzuzeichnen, muss aus systematischen Gründen darauf verzichtet werden, auf die Verkehrspolitik der DDR einzugehen. In aller Kürze lassen sich wesentliche verkehrspolitische Schwerpunkte in der DDR zusammenfassen als eine bewusst geförderte Monopolstellung des Systems Schiene sowohl im Bereich Personen- als auch beim Güterverkehr. Dem entsprach eine Einschränkung des motorisierten Individualverkehrs und des Straßengüterverkehrs ebenso wie eine Vernachlässigung der Binnenschifffahrt. Auch auf die Verbindungen zwischen den beiden deutschen Verkehrspolitiken – z.B. des Autobahnbaus von und nach Berlin – kann nicht eingegangen werden.

waren abseits der Wasserstraßen nahezu konkurrenzlose Verkehrsmittel und konnten für den Transport von Massengütern Monopolpreise ansetzen. Dabei waren politisch gewollte Diskriminierungen wie Untertarife z.B. bei Agrarprodukten und für Bewohner peripherer Gebiete die Regel. Das Prinzip der Gemeinwirtschaftlichkeit der Bahn hat seine Wurzeln in dieser Zeit.

Zwar war auch die aus den Länderbahnen 1920 hervorgegangene Deutsche Reichsbahn und ab 1924 die Deutsche Reichsbahngesellschaft noch immer eine sichere Quelle für Reparationsleistungen (van Suntum 1986: 96). Allerdings veränderte sich durch das Aufkommen des Kraftfahrzeugverkehrs die Personen- und Güterbeförderung nachhaltig. Die faktische Monopolstellung und die damit einher gehende monopolistische Preisdifferenzierung gerieten unter massiven Druck. Insbesondere in den hochtarifierten Leistungsbereichen der Bahn machte sich der Konkurrenzdruck des Straßenverkehrs bemerkbar.

Obwohl eine Deregulierung und Privatisierung in Reaktion auf die veränderte Situation durchaus diskutiert wurde (vgl. Laaser 1987: 7), war die politische Reaktion eine grundsätzliche Entscheidung für eine umfangreiche Regulierung des Verkehrswesens um die verstaatlichte Bahn herum. So wurde zwischen 1919 und 1932 mit zahlreichen Regelungen eine Verkehrsmarktordnung geschaffen, die in weiten Teilen auch nach dem Ende des Zweiten Weltkriegs über Jahrzehnte in der Bundesrepublik Bestand haben sollte. Im Bereich des Straßengüterverkehrs wurden bestimmte Streckenlinien für Kraftfahrzeuge bestimmt, es wurden Lizenzpflichten ebenso eingeführt wie ein Reichskraftwagentarif, der an den Bahnpreisen orientierte Mindesttarife vorschrieb. Darüber hinaus wurden die Straßenverkehrsunternehmen im Reichskraftwagenbetriebsverband zwangskartellisiert. Auch die Binnenschifffahrt wurde zur gleichen Zeit einer ähnlichen Marktordnung unterworfen wie der Straßengüterverkehr. Wesentliches Merkmal war dabei ebenfalls die Zwangskartellisierung der Binnenschifffahrtsunternehmen in Schifferbetriebsverbänden, über die nach bestimmten Schlüsseln eine Verteilung des Frachtaufkommens zu festen Tarifen erfolgte. Zwar wurde im Bereich der Personenbeförderung eine Lizenzpflicht auch für den Gelegenheitsverkehr eingeführt. Da allerdings der gewerbliche Personennahverkehr vorwiegend in öffentlicher, vor allem kommunaler Hand lag, wurden die Nahverkehrsunternehmen weniger als Konkurrenz denn als Ergänzung zur Eisenbahn wahrgenommen und entsprechend nicht einer strengen Regulierung unterworfen. Ähnliches galt für den aufkommenden Luftverkehr (van Suntum 1986: 99-102).

3.2 Die Restauration der Verkehrsmarktordnung bis 1961

Die unmittelbare Entwicklung der Verkehrspolitik in der Bundesrepublik nach dem Zweiten Weltkrieg war zunächst von einer dynamischen Entwicklung im Straßengüterverkehr gekennzeichnet. In einem weitgehend deregulierten Kontext unterschiedlicher Besatzungsregime waren es insbesondere Neu-Unternehmer, die mit relativ billig zu erwerbenden ehemaligen Armeefahrzeugen versuchten, sich eine neue Existenz aufzubauen. Unter alliierter Verwaltung wurde auch der Bahnbetrieb wieder aufgenommen, und zwar zunächst getrennt, später dann zumindest mit amerikanischer und britischer Verwaltungseinheit (Laaser 1991).

Während im Bereich der Verkehrsinfrastruktur eine markante Veränderung daraus resultierte, dass mit der Teilung Deutschlands Ost-West-Verbindungen an Bedeutung verloren und der Schwerpunkt des Ausbaus (in zunehmendem Maße vor allem der Straßen-) Infrastruktur vor allem in Nord-Süd-Richtung erfolgte, kennzeichneten frapante Kontinuitäten die Verkehrspolitik der Bundesrepublik. Nach ihrer Gründung dauerte es denn auch nicht lange, bis die verkehrspolitischen Leitlinien wieder ähnliche Strukturen annahmen, die sie schon während der Zwischenkriegszeit kennzeichneten. Wiederum stand die staatliche Bahn im Zentrum der Verkehrsmarktordnung. Mit dem Allgemeinen Eisenbahngesetz und dem Bundesbahngesetz (beide 1951) wurden die Grundlagen geschaffen für eine Struktur, die gekennzeichnet war durch einen institutionalisierten Zielkonflikt, der über die Bahn hinaus weite Teile der Verkehrspolitik bestimmen sollte. Manifest wurde dieser Zielkonflikt im gesetzlich festgeschriebenen Auftrag der Bahn: einerseits sollte sie als Wirtschaftsunternehmen nach kaufmännischen Gesichtspunkten geführt werden; andererseits, und bis 1961 stand dieser Aspekt ausschließlich im Gesetzestext, wurde sie auf ,gemeinwirtschaftliche Aufgaben' verpflichtet.

Diese Diskussion, ob die Deutsche Bundesbahn nun ein Unternehmen oder eine Behörde sei, fand statt vor dem Hintergrund einer breiteren Debatte quer durch alle politischen Lager, wie Verkehrspolitik einzuordnen wäre in eine grundsätzlich marktwirtschaftlich ausgerichtete Wirtschaftsordnung. Nicht zuletzt gestützt auf verkehrswissenschaftliche Argumentationshilfen setzte sich schon sehr bald die Auffassung von den ,Besonderheiten des Verkehrs' durch. Hinter dieser Argumentation verbarg sich eine Gemengelage unterschiedlicher Faktoren ökonomischer (z.B. ruinöse Konkurrenz zwischen Verkehrsträgern, Rosinenpickerei im Falle wettbewerblicher Öffnung der Verkehrsmärkte), regionalpolitischer (z.B. mangelnde Raumerschließung in Zonenrandgebieten) aber auch sozial- und haushaltspolitischer Provenienz (z.B. redistributive Motive sowie Schutz des Staatsunternehmens Bahn vor Konkurrenz). Und vergessen werden dürfen sicherlich auch nicht solche organisierten Interessen, wie Verlader und Empfänger landwirtschaftlicher und mineralischer Primärgüter, die bereits in der Frühphase der Verkehrsmarktregulierung eine nicht unerhebliche Rolle bei der Verstaatlichung der privaten Bahnen gespielt hatten und die von der diskriminierenden Tariffestsetzung profitierten (vgl. Blankart 1983: 7f.).

Der bewusst gewählte Weg weg von den „chaotischen" Zuständen des Preiswettbewerbs und einer marktgesteuerten Kapazitätsauslese hin zu einer an die jahrzehntelangen Erfahrungen der Zwischenkriegszeit anknüpfenden Ordnung (Äußerung des Bundesverkehrsministers von 1961 referiert nach Laaser 1987: 37) beinhaltete denn auch, den Verkehrsbereich mit weitgehenden Ausnahmen vom Gesetz gegen Wettbewerbsbeschränkungen zu versehen. Stattdessen wurde insbesondere dort weitgehend in den Wettbewerb eingegriffen, wo alternative Verkehrsträger mit der Bahn konkurrierten. Im Straßengüter*fern*verkehr[4] kam es zu einer Genehmigungspflicht, zu einer an den ,Verkehrsbedürfnissen' ausgerichteten Kontingentierung sowie zu einer am ,Deutschen Eisenbahngütertarif' orientierten Bindung an staatlich festgesetzte Tarife (die Koordinierung der Tarife oblag dem Bundesverkehrsministerium). Ebenfalls kam es zur Gründung der Bundesanstalt für den Güterfernverkehr, die zuständig für die Kontrolle der Verkehrsmarktordnung war.

[4] Werkverkehr und Güter*nah*verkehr waren von der Kontingentierung und Tarifbindung weitgehend ausgenommen.

3.3 ‚Kleine' und ‚Große' Verkehrsreform: 1961-1970

Die 1960er Jahre waren geprägt von einer Reihe von kleineren und größeren Reformvorhaben mit sehr unterschiedlichen Stoßrichtungen und Erfolgen. So reagierte die Regierung Adenauer ab 1960 auf den zunehmenden Problemdruck, der aus Kapazitätsproblemen resultierte, mit einer deutlichen Erhöhung der Investitionen in die Verkehrsinfrastruktur vor allem im Bereich des Straßenbaus. Auch wurde mit einer Erhöhung der Mineralölsteuer der ‚Gemeinde-Pfennig' erhoben, um Überlastungen in städtischen Ballungsgebieten zu begegnen. Auch wenn die ursprüngliche Zweckbindung dieser Mittel für den Straßenbau sukzessive in Richtung einer Öffnung für den öffentlichen Personennahverkehr (ÖPNV) geändert wurde, war die Konfliktlinie Straße-ÖPNV-Finanzierung trotz stetiger Erhöhung des Anteils der Länder und Gemeinden an der Mineralölsteuer somit eröffnet.

In Reaktion auf die zunehmende Kritik an der bestehenden Verkehrsmarktordnung, die in einer Reihe von Gutachten in den frühen 1960er Jahren geäußert wurde[5], brachte die Bundesregierung 1961 die ‚kleine Verkehrsreform' auf den Weg. Ziel verschiedener Gesetzesänderungen bei Güterkraftverkehr, Bahn und Binnenschifffahrt war die vorsichtige Öffnung des Verkehrssektors für wettbewerbliche Elemente. Dazu wurden z.B. im Straßengüterverkehr Tarifkommissionen gebildet, in denen erstmals die Verlader vertreten waren (während übrigens in der Binnenschifffahrt die starke Stellung der Verlader bei der Tariffestsetzung beschnitten wurde). Neben den Festtarifen wurden erstmals Margentarife zugelassen. Bei der Deutschen Bahn kam es zu einer stärkeren Betonung des Prinzips der Eigenwirtschaftlichkeit. Da aber weder die Transporttarife grundlegend liberalisiert wurden noch die Absicht aufgegeben wurde, mit der Verkehrspolitik, und insbesondere mit der staatlichen Bahn, strukturpolitische Ziele zu verfolgen, verpufften diese kleinen Reformschritte in Richtung einer Lockerung staatlicher Marktbeschränkungen recht bald.

Im Gegenteil wurde unter dem sozialdemokratischen Verkehrsminister Leber in der ersten Großen Koalition eine Reform konzipiert, die wiederum eine Verstärkung der Eingriffstiefe zum Ziel hatte. Grundlage für die im Herbst 1967 präsentierte und auf fünf Jahre angelegte ‚große Verkehrsreform' war die Beobachtung, dass der Verkehrsanteil der Bahn trotz anhaltender Sanierungsbemühungen stetig weiter sank, während der ebenso stetig zunehmende Straßengüterverkehr in erheblichem Maße zu einer Belastung der Straßen beitrug. Darüber hinaus wurden für die Binnenschifffahrt als drittem großem Binnenverkehrsträger deutliche Überkapazitäten konstatiert. Die aus diesen Beobachtungen gezogene Schlussfolgerung war ebenso schlicht wie (so stellte sich schon bald heraus) weitgehend wirkungslos: die Kapazitäten des Straßengüterverkehrs und der Schifffahrt sollten beschnitten werden, um damit der Bahn neue Nachfrage zu bescheren (van Suntum 1986: 107).

[5] Gutachten der Prüfungskommission für die Deutsche Bundesbahn (1960), Gutachten des Sachverständigenrates für die Weiterentwicklung der deutschen Gütertarife sowie Gutachten des Wissenschaftlichen Beirats des Bundesverkehrsministeriums (beide 1961).

Tabelle 16.1: Güterverkehr – Anteile der Verkehrsträger an der Verkehrsleistung (tmk, in vH)

	1965	1970	1975	1980	1985	1990	1995	2000	2002
Binnenländischer Verkehr	*100*	*100*	*100*	*100*	*100*	*100*	*100*	*100*	*100*
Eisenbahn	33,5	33,1	25,8	25,4	25,0	20,6	16,0	15,1	14,2
Binnenschifffahrt	25,1	22,6	22,2	20,1	18,8	18,3	14,9	13,2	12,8
Straßenverkehr gesamt	36,3	36,4	45,1	49,0	52,0	56,7	65,2	68,7	70,0
- deutsche LKW	34,0	33,5	38,4	40,2	41,2	43,7	50,6	49,7	49,8
- ausländische LKW	2,3	3,0	6,8	8,7	10,9	13,0	14,6	19,0	20,2
Rohrfernleitungen	5,1	7,8	6,8	5,6	4,1	4,4	3,9	3,0	3,0

Quelle: Bundesministerium für Verkehr, Bau- und Wohnungswesen 2004: Verkehr in Zahlen 2003/2004, 238-239.

Allerdings konnte Verkehrsminister Leber seine Reformpläne nicht wie geplant umsetzen. So scheiterten beispielsweise die Vorhaben, die Zahl der Fernverkehrslizenzen zu beschränken und Transportverbote für eine Gruppe von Gütern auf der Straße zu erlassen, am Widerstand der christdemokratischen Bundestagsfraktion. Durchsetzen konnte sich der Verkehrsminister hingegen mit der Einführung einer Straßengüterverkehrssteuer, dem ‚Leber-Pfennig'. Diese Beförderungssteuer zwischen einem und fünf Pfennig je nach Tonnenkilometer und Nutzlast sollte der Bahn zusätzliche Frachtanteile bringen. Da aber die Geltungsdauer dieser Maßnahme auf zwei Jahre beschränkt war, konnte sie nur geringe Wirkung entfalten. Dieses Schicksal teilte sie mit der gesamten Reform.

3.4 Verschiebung des Augenmerks vom Güter- zum Personenverkehr in den 1970er bis Mitte der 1980er Jahre

In den frühen 1970er Jahren verschob sich das Augenmerk der verkehrspolitischen Diskussionen zunehmend vom Güter- hin zum Personenverkehr. Dreierlei Gründe lassen sich für diese Verschiebung anführen. Zunächst verschärfte sich zunehmend die Be- und Überlastung der Straßeninfrastruktur durch die rasant zunehmende motorisierte Individualmobilität. Hatte man diesem bereits seit Mitte der 1950er Jahre auftretenden Problem bislang mit einem stetigen Ausbau des Straßennetzes zu begegnen versucht, so zeigten sich insbesondere in städtischen Ballungszentren die Grenzen der Ausbaustrategie. Neuartige Konzepte wie preispolitische Maßnahmen (Stichwort: Road-pricing) kamen in die Diskussion, ohne allerdings realisiert zu werden. Hingegen fanden andere kommunale Instrumente (z.B. die Ausweisung von Park & Ride-Systemen oder Fußgängerzonen) zunehmend Verbreitung (van Suntum 1986: 109f.).

Ebenfalls auf kommunaler Ebene angesiedelt waren die Bemühungen, den Fahrgastschwund im öffentlichen Personennahverkehr aufzuhalten. Allerdings erwies sich die Finanzausstattung insbesondere der Kommunen in ihrer Doppelrolle als Eigner kommunaler Verkehrsbetriebe und als hoheitlicher Aufgabenträger zunehmend als prekär. Trotz zahlreicher Versuche, die Situation unter anderem durch eine Befreiung von der Kraftfahrzeugsteuer, eine Rückerstattung der Mineralölsteuer an die Betriebe oder eine höhere Beteiligung der Gemeinden am Mineralölsteueraufkommen zu verbessern, gelang es nicht, den negativen Trend zu stoppen. Allerdings führten die verschiedenen Interventionen zu einem komplexen System der Finanzierung der gesamten Branche, d.h. des Nahverkehrs auf Schiene und Straße: Gemäß Schätzungen resultieren nur knapp die Hälfte der Einnahmen aus Fahrgeldern, während ein größerer Teil aus verschiedenen öffentlichen Töpfen gespeist wird (Weiss 2003: 338). Die Institutionalisierung dieser komplexen Verantwortungs- und Finanzierungsmuster konnte auch mit der Bahnreform in den 1990er Jahre nur teilweise aufgehoben werden (vgl. Herr/Lehmkuhl 1997).

Schließlich wurde aber auch in zunehmendem Maße die große Präsenz des automobilisierten Verkehrs samt seiner Folgewirkungen wie Lärm, Abgase und vor allem auch Verkehrsunfälle thematisiert. Einerseits ließ die Zahl von über 19.000 Verkehrstoten im Jahr 1970 sowohl in der Bevölkerung als auch bei Politikern die Alarmglocken schrillen. Andererseits war es vor allem auf ein sich langsam entwickelndes Umweltbewusstsein zurückzuführen, dass die aus der erhöhten Verkehrsdichte resultierenden Einschränkungen der Lebensqualität zunehmend öffentlich problematisiert wurden.[6] Als 1973 die Ölkrise die Abhängigkeit sowohl der deutschen Industrie als auch der Gesellschaft vom Öl offenkundig machte, wurde die Verkehrspolitik neben umweltpolitischen auch von energiepolitischen Faktoren beeinflusst.

Allerdings wirkte dieses Bündel von Faktoren nur vorübergehend in dieselbe Richtung. Rein umweltpolitisch motiviert war die schrittweise Absenkung des Bleigehalts im Benzin, die als Vorstufe für die sich in den USA bereits abzeichnende Entwicklung der Katalysatorentechnologie gesehen wurde. Im Zusammenspiel verkehrsicherheits-, umwelt- und energiepolitischer Faktoren entwickelte sich eine Diskussion um Höchstgeschwindigkeiten auf den verschiedenen Straßentypen. Angesichts der Betroffenheit des Automobilsektors als Schlüsselbranche der deutschen Wirtschaft einerseits und der mit Tempolimiten verbundenen Eingriffe in den Mythos der automobilisierten individuellen Freiheit andererseits vermag das hohe Maß der Politisierung dieser Debatte nicht zu überraschen. Jedoch zeigte sich nach dem Abflauen der Energiekrise, dass zum damaligen Zeitpunkt weder aus verkehrsicherheits- noch aus umwelt- und schon gar nicht aus energiepolitischen Gründen die vorübergehend praktizierten Geschwindigkeitsbeschränkungen aufrechterhalten werden konnten. Insgesamt also wurden in den 1970er Jahren erste, wenn auch zaghafte Schritte in Richtung einer gegenüber den externen Kosten des Verkehrs stärker aufgeschlossenen Verkehrspolitik unternommen. Der massiven Verschiebung hin zu einem motorisierten Individualverkehr und weg von umweltfreundlicheren Mitteln des Personenverkehrs konnte aber nichts entgegengesetzt werden.

---

[6] Es mag daran erinnert werden, dass der Club of Rome 1972 seinen einflussreichen Bericht zu den Grenzen des Wachstums vorlegte.

3.5 Der Bruch mit institutionellen Pfadabhängigkeiten von Mitte der 1980er bis in die späten 1990er Jahre

Wenn die bisherigen Schilderungen über mehr als drei Jahrzehnte eine deutliche Kontinuität sowohl in der grundlegenden Philosophie der verkehrspolitischen Interventionen als auch bei den damit verbundenen Instrumenten aufdeckte, kam es in den folgenden zehn Jahren zu einem deutlichen Bruch mit den institutionellen Pfaden. Zu beobachten war nicht weniger als eine Abkehr von der Auffassung der Besonderheiten des Verkehrs und in der Folge eine weitgehende Öffnung der Verkehrsmärkte sowie eine Politik der Privatisierung, Dezentralisierung und Deregulierung.

Wesentliche Schritte der markanten Veränderungen in der Verkehrspolitik liefen zum Teil parallel hinsichtlich verschiedener Verkehrsträger ab. So geriet die Regulierung des Straßengüterverkehrs seit Mitte der 1980er Jahre von verschiedenen Seiten zunehmend unter Druck. Insbesondere der fortschreitende Prozess der Europäischen Integration machte sich direkt und indirekt bemerkbar. Eine direkte Wirkung ergab sich aus den gestiegenen grenzüberschreitenden Austauschprozessen. So fragten auch vermehrt ausländische Unternehmer nach Transportlizenzen in Deutschland und deutsche Unternehmer nach Transportlizenzen im Ausland nach. Auf diese Weise geriet nicht nur das System der bilateral ausgehandelten Transportlizenzen für den grenzüberschreitenden Verkehr unter Druck, vielmehr kam es auch zu einer stetigen Ausdehnung der Gesamtkontingente. Als dann im Zuge der deutschen Vereinigung eine massive Ausweitung der Lizenzvergabe erfolgte, war das System mit seinen Differenzierungen kaum noch zu halten. In Einklang mit europäischen Richtlinien wurde deshalb ab 1998 von einer quantitativen auf eine qualitative Kontrolle[7] des Marktzutritts umgestellt.

Das Jahr 1998 ist aus einem weiteren Grund wichtig, weil mit der Änderung der verkehrsrechtlichen Grundlagen des Straßengüterverkehrs (vom Güterkraftverkehrs- zum Transportrecht) auch die symbolträchtige Einführung der Kabotagefreiheit einherging. Kabotage ermöglicht ausländischen Unternehmen die Aufnahme von Transportdienstleistungen nicht nur vom Ausland nach Deutschland, sondern auch innerhalb Deutschlands. Was aus ökologischen Gesichtspunkten sinnvoll erscheint, weil es zu einer Reduzierung von Leerfahrten führt, war aus verkehrspolitischen Gründen heftig umstritten. Obwohl ihre faktische Bedeutung in den 1990er Jahren bei nicht mehr als eineinhalb Prozent des gesamten Güterverkehrs lag, wurde die Kabotage in der verkehrspolitischen Debatte zum Symbol für das Aufbrechen der abgeschotteten deutschen Verkehrsmärkte (vgl. Teutsch 2001: 142).

Der Umstand, dass in abgeschotteten Verkehrsmärkten die Transportpreise deutlich über den eigentlichen Marktpreisen liegen, wurde angesichts der fortschreitenden Realisierung des Europäischen Binnenmarkts auch im Verkehrsbereich nicht nur der Transportwirtschaft, sondern auch der verladenden Industrie nun immer deutlicher. Nicht zuletzt auf Druck der Industrieverbände, aber auch in Erwartung eines negativen Urteils über die deutschen Transporttarife durch den Europäischen Gerichtshof, entschied der Bundestag über eine Aufhebung des Tarifsystems ab 1994 (Lehmkuhl 1999: 88).[8]

---

[7] Kriterien dieser qualitativen Kontrolle sind die berufliche Qualifikation, Reputation und solide finanzielle Grundlagen.

[8] Dieser Beschluss wurde auch nicht revidiert, nachdem der Europäische Gerichtshof wider Erwarten doch keine Unvereinbarkeit des deutschen Tarifsystems mit den Binnenmarktgesetzen konstatierte.

Der seit Mitte der 1980er Jahre eingeleitete Umbau der Marktordnung des Straßengüterverkehrs, der von einem Umdenken in der verkehrswissenschaftlichen Diskussion ebenso wie von der allgemeinen Deregulierungsdiskussion gestützt wurde,[9] konnte die Vorstellungen zur Rolle der Bahn nicht unbeeinflusst lassen. Auch hier zeigten sich in immer größerem Maße die Defizite der bisherigen Politik: Weder konnte der kontinuierliche Rückgang des Anteils der Bahn sowohl am Personen- als auch am Güterverkehr verhindert werden (siehe Tab. 16.1), noch schien es länger möglich, die dramatisch angestiegenen Schulden der Bahn hinter dem Konstrukt eines nicht rechtsfähigen Sondervermögens des Bundes zu verbergen.

Die Arbeit einer von der Bundesregierung eingesetzten ‚Regierungskommission Bahn' verlief wiederum nicht nur parallel zu europäischen Reformvorhaben, die sich 1991 in der wichtigen EG-Richtlinie 91/440 niederschlugen und die weitgehende organisatorische Veränderungen bei den Bahnen der EU-Mitgliedstaaten vorsahen. Mindest ebenso wichtig wie die jahrzehntelangen erfolglosen Versuche zur Sanierung der Bahn und die europäischen Vorgaben war allerdings die deutsche Vereinigung. Die Arbeit der Regierungskommission Bahn geriet auch zu einer Bestandsaufnahme der Situation der Deutschen Reichsbahn, und das Ergebnis dieser Bestandsaufnahme sollte maßgeblich die Radikalität der Kommissionsvorschläge beeinflussen.

Angesichts der desolaten Finanzlage von Deutscher Reichsbahn und Deutscher Bundesbahn, der spezifischen Probleme der Deutschen Reichsbahn (z.B. veraltete Infrastruktur und veraltetes rollendes Material), der mit der Öffnung des europäischen Marktes zu erwartenden Verschärfung des Wettbewerbs im Verkehr sowie der mit der Öffnung nach Osteuropa zu erwartenden deutlichen Zunahme der Verkehrsströme kam die Regierungskommission zu dem Schluss, dass ohne deutliche Strukturreformen weder die aktuellen Probleme der Bahnen gelöst werden könnten noch diese für zukünftige Herausforderungen gewappnet wären (Lehmkuhl/Herr 1994: 635f.). Die Bundesregierung nahm die Kommissionsvorschläge auf und beschloss zum Januar 1994 eine grundlegende Reform der Bahn mit folgenden Merkmalen: Zusammenführung der Deutschen Reichsbahn und der Deutschen Bundesbahn zum Bundeseisenbahnvermögen mit einem hoheitlichen und einem unternehmerischen Bereich. Im hoheitlichen Bereich übernahm das Bundeseisenbahnvermögen die Aufgabenbereiche Personal-, Schulden- und Grundstücksverwaltung, während dem Eisenbahn-Bundesamt regulatorische Aufgaben als Planungs-, Genehmigungs- und Aufsichtsbehörde obliegen. Herausgelöst aus dem Bundessondervermögen wurde der unternehmerische Bereich, der seither als Deutsche Bahn Aktiengesellschaft operiert. Innerhalb der Deutschen Bahn AG wurden entsprechend der EG-Richtlinie 91/440 die Bereiche Fahrweg, Personen- und Güterverkehr organisatorisch und rechnerisch getrennt. Das Reformvorhaben sah eine in Schritten vorzunehmende Privatisierung der einzelnen Unternehmensbereiche vor. Vervollständigt wurde das Reformprojekt mit einer Änderung von Artikel 87 des Grundgesetzes sowie Beschlüssen zur Regionalisierung, Entschuldung und Personalüberleitung (ibid.).

[9] Da das Augenmerk im vorliegenden Beitrag im Wesentlichen auf die Binnenverkehrsträger gerichtet ist, soll an dieser Stelle nur der Vollständigkeit halber erwähnt werden, dass die Privatisierungspolitik der 1990er Jahre auch den Bereich der Luftfahrt erfasste. Wichtige Etappen in diesem Subsektor sind die Umwandlung der Bundesanstalt für Flugsicherung in die privatrechtlich organisierte Deutsche Flugsicherung zum 1. Januar 1993 sowie die bis 1997 schrittweise erfolgte Vollprivatisierung der Lufthansa.

3.6 Verkehrspolitik mit marktwirtschaftlichen Vorzeichen seit Ende der 1990er Jahre

Zwar hat sich der angestrebte Privatisierungsprozess bis Ende 2005 nicht annähernd realisieren lassen. Im Januar 2006 hat der Bundesverkehrsminister dem Verkehrsausschuss des Bundestages das vom Parlament angeforderte umfassende Gutachten zu Privatisierungsvarianten der Deutsche Bahn AG vorgelegt, die von der Beibehaltung des integrierten Konzerns über verschiedene Mischmodelle bis hin zur völligen Trennung von Infrastruktur und Verkehrsunternehmen reichen. Während allen Modellen grundsätzlich die Kapitalmarktfähigkeit attestiert wird, bescheinigen die Gutachter den verschiedenen Modellen unterschiedlich lange Vorbereitungen bis zu einem Börsengang (Bundesministerium für Verkehr, Bau und Entwicklung/Bundesministerium für Finanzen 2006).

Auch ohne die Verwirklichung einer materiellen Privatisierung kann festgehalten werden, dass sich bei der Deutschen Bahn AG ebenso wie auf den Verkehrsmärkten und auch in der deutschen Verkehrspolitik im Allgemeinen einiges getan hat. Im Bereich der Deutschen Bahn verbirgt sich hinter der neuen Portfoliostruktur der Geschäftsbereiche Personenverkehr, Transport und Logistik sowie Infrastruktur und Dienstleistungen eine deutlich auf internationalisierte Wettbewerbsbedingungen ausgerichtete Struktur. Greift man den Bereich Transport und Logistik heraus, so lässt sich dies gut nachzeichnen: Mit dem Erwerb und der Integration führender europäischer Logistikanbieter (Stinnes und Schenker) sowie der Umwandlung der ehemaligen DB Cargo in einen europaweit agierenden Anbieter von Schienengüterverkehrsleistungen stieg die Deutsche Bahn zu einem führenden Akteur auf europäischen Transport- und Logistikmärkten auf. Sie hat damit eine Entwicklung nachvollzogen, die viele Unternehmen im Güterverkehr ebenfalls vollzogen haben, nämlich den Wandel vom Transportunternehmen zu einem Anbieter komplexer Logistikleistungen. Dass gleichzeitig nicht alles Gold ist, was hinter den Konzernumstrukturierungen der Bahn steckt, versteht sich von selbst.

Für die Verkehrspolitik als besonders kritisch hat sich dabei das bisher noch ungelöste Problem der Trennung von Fahrweg und Betrieb herausgestellt. Zwar gibt es mittlerweile in recht erheblichem Maße Konkurrenten für die Deutsche Bahn auf dem deutschen Schienennetz. Genannt sei bloß die Connex-Gruppe, der deutsche Ableger des Ex-Vivendi- (heute Veolia-Environment-Gruppe)-Konzerns. Connex ist als führendes privates Nahverkehrsunternehmen in Deutschland an über 40 Verkehrsunternehmen beteiligt und betreibt mit ihrer Nordostseebahn mittlerweile fast ein Drittel des Regionalverkehrs in Schleswig-Holstein. Gleichwohl werden von möglichen Konkurrenten der Bahn immer wieder Vorwürfe hinsichtlich eines diskriminierenden Netzzugangs und einer monopolistischen Tarifgestaltung erhoben.

Festzuhalten ist aber, dass sowohl die mit der Bahnreform verbundene Regionalisierung, d.h. die Verantwortungsverlagerung für den Schienenpersonennahverkehr vom Bund auf die Länder, als auch die durch europäische Vorgaben erzwungene Öffnung der regionalen und kommunalen Märkte im Personennahverkehr zu erheblich mehr Wettbewerb in der Verkehrspolitik unterhalb der Ebene des Bundes geführt haben.[10] Gleichzeitig ist es aber auch auf Bundesebene zu weiteren Veränderungen der Schienenverkehrspolitik gekommen.

[10] Die Länder haben in unterschiedlicher Form die mit der Regionalisierung verbundene Dezentralisierungsabsicht entweder auf der Länderebene stoppen lassen oder aber an die Gemeinden weitergegeben (vgl. Herr/Lehmkuhl 1997).

Zu nennen ist hier insbesondere die Übertragung der Verantwortung für die Regelung des Zugangs zum deutschen Schienennetz und die Tarifgestaltung an die zum Januar 2005 geschaffene Bundesnetzagentur für Elektrizität, Gas, Telekommunikation, Post und Eisenbahnen (BNetzA). Die BNetzA ist als selbständige Bundesoberbehörde im Geschäftsbereich des Bundesministeriums für Wirtschaft und Technologie angesiedelt. Sie ist im Juli 2005 aus der Regulierungsbehörde für Telekommunikation und Post hervorgegangen. Ihre Aufgabe besteht darin, durch Liberalisierung und Deregulierung für die weitere Entwicklung auf dem Elektrizitäts-, Gas-, Telekommunikations-, Post- und ab dem 1. Januar 2006 auch auf dem Eisenbahninfrastrukturmarkt zu sorgen.

Wenn also bisher ein Wandel weg von einer dirigistischen hin zu einer Verkehrspolitik mit marktwirtschaftlichen Vorzeichen beschrieben wurde, so mögen zwei Beispiele genügen, um zu illustrieren, wie die Verkehrspolitik versucht, steuernd in das Marktgeschehen einzugreifen. Fangen wir mit dem Bereich der Steuerpolitik an. Dieser hat sich im Laufe von über 40 Jahren zu einem komplexen System von Steuern und Abgaben entwickelt, die entweder direkt oder indirekt verkehrspolitische Bedeutung haben. Zu nennen sind die (mittlerweile abgeschaffte) Hubraumsteuer, Kraftfahrzeugsteuer, Mineralölsteuer, Kerosinsteuer, LKW-Maut, Citymaut oder andere mobilitätsinduzierende finanzielle Anreize wie Pendlerpauschale oder bis 2005 Eigenheimzulage. In diesem Geflecht aus zum Teil gegenläufigen Besteuerungsformen verloren ursprüngliche Ziele der Besteuerung an Bedeutung, während das allgemeine Interesse zur Erhöhung staatlicher Einnahmen in den Vordergrund trat – genannt sei bloß die Mineralölsteuer, deren ursprüngliche Zweckbindung für den Straßenbau zwar nicht ganz abgeschafft, doch aber kontinuierlich zurückgeführt wurde.

Gleichwohl ist in den letzten Jahren ein Trend zu einer neuen Systematik in der Steuer- und Abgabenpolitik erkennbar. Stoßrichtung dieser neuen Philosophie ist die Abkehr von der Substanz- und die Hinwendung zu einer am tatsächlichen Verbrauch bzw. der Nutzung orientierten Besteuerung. Einher mit diesem neuen Ansatz geht auch das Bestreben, eine Internalisierung der vom Verkehr verursachten Kosten herbeizuführen. Als Beispiele für die Bemühungen zur Umsetzung des Verursacherprinzips sind sowohl die Staffelung der KFZ-Steuer nach Maßgabe des Schadstoffausstoßes als auch die Einführung einer streckenbezogenen Lkw-Maut für alle schweren Nutzfahrzeuge für in- und ausländische Nutzer zu nennen.[11] Und natürlich kommt man an dieser Stelle nicht an der Einführung der Ökosteuer vorbei, die mit der Zielsetzung einer Steigerung von Energiebewusstsein und -effizienz allerdings nicht aus der Verkehrspolitik heraus erwachsen ist und deren verkehrsinduziertes Aufkommen nicht für den Verkehrshaushalt bestimmt ist.

Das zweite Beispiel für Änderungen in der Verkehrspolitik in Deutschland betrifft die Infrastrukturpolitik. Wenn sich die Politikwissenschaft überhaupt mit der Verkehrspolitik befasste, so stand meist die Infrastrukturpolitik im Mittelpunkt (z.B. Garlichs 1977). Dies hat nicht nur mit der eingangs erläuterten Bedeutung der Infrastruktur für das gesamte Verkehrs- und Transportwesen zu tun. Vielmehr ließ die Notwendigkeit des Wiederaufbaus der zerstörten Verkehrsinfrastruktur nach dem Zweiten Weltkrieg die Verkehrspolitik zum Dorado für das vor allem von der Großen Koalition von 1966-69 entdeckte Thema der Planung werden (Lehmbruch 1992: 170f.). Die sich aus den vielschichtigen Verflechtungen

[11] Das vom Betreiberkonsortium Toll Collect installierte System ersetzt die 1995 eingeführte Euro-Vignette, die erstmals im europäischen Rahmen eine Abgabenpflicht für LKW mit europäisch einheitlichen Höchstsätzen erlaubte.

der Aufgaben- und Ausgabenkompetenz verschiedener Gebietskörperschaften ergebenden Probleme sind nicht nur ein roter Faden in der Verkehrspolitik. Sie gaben auch Anlass zur Entwicklung des Konzepts der Politikverflechtung als dem grundlegenden Problem der föderalen Ordnung in Deutschland (Scharpf et al. 1976).

Im Rahmen der aktuellen Argumentationslinie soll der Blick auf die Infrastrukturdimension in der Verkehrspolitik aber auf die Veränderungen hinsichtlich des Gesamtansatzes gerichtet werden. Dabei lässt sich nicht nur nachzeichnen, dass der erwähnte Ansatz zur Stärkung des Verursacherprinzips auch in der Infrastrukturpolitik festzustellen ist. In Einklang mit dem von der Europäischen Kommission herausgegebenen Weißbuch von 1998 „Faire Preise für die Infrastrukturbenutzung" ist auch die deutsche Verkehrspolitik bemüht, zur Verwirklichung einer Internalisierung der Infrastrukturkosten ein Gesamtkonzept zur Anlastung der Verkehrswegekosten zu entwickeln. Kernstücke dieses Konzeptes sind neben der oben erwähnten streckenbezogenen Straßenbenutzungsgebühr für in- und ausländische LKW vor allem die Schaffung einer verkehrsträgerübergreifenden „Verkehrsinfrastrukturfinanzierungsgesellschaft" (VIFG). Im Oktober 2003 auf der Basis einer gesetzlichen Vereinbarung als Gesellschaft privaten Rechts im Eigentum des Bundes gegründet, obliegen der VIFG weit reichende Aufgaben im Bereich der Finanzierung von Neubau, Ausbau, Erhaltung, Betrieb und Unterhaltung von Bundesfern- und Bundeswasserstraßen sowie der Schienenwege von im Bundesbesitz befindlichen Bahnen.

Die Schaffung einer die Verkehrsträger integrierenden Finanzierungsgesellschaft und die schrittweise Umstellung von einer Steuer- zu einer Nutzungsfinanzierung dokumentieren einen Wandel in der Infrastrukturpolitik in Deutschland. Die Grundlage für die Finanzierung von Infrastrukturprojekten des Bundes stellen weiterhin die seit 1973 in unregelmäßigen Abständen von der jeweiligen Bundesregierung aufgestellten Bundesverkehrswegeplanungen dar. Auch hierbei kam es mittlerweile insofern zu Veränderungen, als nicht länger nur von Nutzen-Kosten analytische, sondern auch umwelt- und naturschutzfachliche sowie raumordnerische Kriterien bei der Aufstellung Bedeutung haben (vgl. Gehrung et al. 2003). Ob allerdings mit diesem Wandel eine in der Substanz verbesserte Infrastrukturpolitik bewirkt werden kann, muss sich erst noch erweisen. Zum einen bleibt die Frage, ob der chronischen Unterfinanzierung der Verkehrswegeplanung durch die neue Finanzierungsstruktur abgeholfen werden kann. Insbesondere ob die Abkopplung der Infrastrukturpolitik von den Unbilden der Haushaltslage gelingt, wird sich erst noch herausstellen müssen. Zum anderen werden auch durch eine die Verkehrsträger integrierende Organisation weder die Konkurrenz von Großprojekten noch die Spannung durch Zielkonflikte (z.B. freier Wettbewerb der Verkehrsträger vs. gesteuerte Umschichtung zugunsten von Schiene und Binnenschifffahrt) aufgelöst (Willeke 2003).

4 Wandel erklären: Die Überwindung institutioneller Vetopositionen durch das Zusammenwirken europäischer und nationaler Faktoren

Die Darstellung der Verkehrspolitik in Deutschland zeichnet ein Bild mit langen Phasen der Kontinuität, deren Ursprünge bis in die Zwischenkriegszeit reichen. Ab Mitte der 1980er Jahre kam es aber zu einem deutlichen Bruch mit diesen verkehrspolitischen Pfadabhängigkeiten. Kennzeichen der seither veränderten Verkehrspolitik ist in erster Linie eine Problemlösungsphilosophie, die an die Stelle von Marktbeschränkungen und massiver staatlicher Leistungserbringung die Einführung wettbewerblicher Koordination auf Verkehrsmärkten einerseits und die Korrektur von Marktgeschehen andererseits vorsieht.

Die Frage ist nun, welche Faktoren den Übergang von einem Bereich mit weitgehenden wettbewerblichen Ausnahmen und intensiver Regulierungsdichte zu einer immer stärker an einem neo-liberalen Problemlösungsansatz orientierten Verkehrspolitik erklären können. Bei der Beantwortung dieser Frage wird auf die bekannten institutionellen Vermittlungsmechanismen in Deutschland, d.h. auf die aus der föderativen Struktur resultierenden Blockademöglichkeiten territorialer Einheiten, auf die Rolle politischer Parteien, auf die ausgeprägte Ressortautonomie mit der starken Position des Finanzministers und schließlich auf die Einbindung von Interessengruppen in die Willensbildung einzugehen sein (vgl. Lehmbruch et al. 1988). Wenngleich mit diesen institutionellen Faktoren die üblichen Verdächtigen zur Erklärung politischer Kontinuitäten und Veränderungen herangezogen werden, bliebe die Beantwortung der Frage nach den Brüchen mit den verkehrspolitischen Pfadabhängigkeiten in Deutschland unvollständig ohne die Berücksichtigung zweier weiterer Faktoren, nämlich des europäischen Vereinigungsprozesses und der historischen Ausnahmesituation der deutschen Vereinigung.

4.1 Europa als Katalysator

Mit gutem Grund kann man sagen, dass der Prozess der Europäischen Integration als Katalysator für den Übergang von der kontrollierten Wettbewerbsordnung und vom Leistungs- zum Regulierungsstaat in der deutschen Verkehrspolitik wirkte. Dabei war die europäische Verkehrspolitik selber über lange Jahre blockiert durch einen Konflikt zwischen Ländern wie Großbritannien und den Niederlanden, die weitgehende Liberalisierung europäischer Verkehrsmärkte forderten, und Ländern wie Frankreich, Italien und Deutschland, die zuvor eine Angleichung von technischen, sozialen und fiskalischen Regulierungen verlangten. Ein Bündel aus drei Faktoren führte dann aber ab Mitte der 1980er Jahre zu einer deutlichen Veränderung. Erstens wurden 1985 die Europäische Kommission und der Rat der europäischen Verkehrsminister auf Klage des Europäischen Parlaments im so genannten Untätigkeitsurteil des Europäischen Gerichtshof hinsichtlich ihres Unvermögens, die Maßgaben der Römischen Verträge zu realisieren und eine europäische Verkehrspolitik zu schaffen, gebrandmarkt. Zweitens wurde ebenfalls 1985 dem europäischen Integrationsprozess mit der Lancierung des Binnenmarktprojektes und seinen Freizügigkeitszielen neues Leben eingehaucht. Drittens wurde mit der Einheitlichen Europäischen Akte von 1986 der Übergang vom Prinzip der Einstimmigkeit hin zu qualifizierten Mehrheitsentscheiden im Europäischen Rat vollzogen, womit die Möglichkeit der Blockade europäischer Entscheidungen deutlich verringert wurde – zumal sowohl Parlament als auch Kommission nun mit einem erneuten Gang zum EuGH drohen konnten und dies auch taten (vgl. Lehmkuhl 1999: 35-49; Kerwer/Teutsch 2001).

So konnte denn auch der Bundesverkehrsminister die Öffnung der Straßengüterverkehrsmärkte in Deutschland allenfalls verzögern, nicht aber verhindern. Zwar konnten im Verbund mit anderen Ländern auch weitreichende Harmonisierungen in den Bereichen technischer, sozialer und fiskalischer Regulierungen erreicht werden. Mit der schrittweisen Öffnung der Verkehrsmärkte waren jedoch die Dämme gebrochen, die um die Regulierung der Verkehrspolitik in Deutschland gezogen waren.

Angesichts der Interdependenz der Verkehrsträger blieb auch die Eisenbahnpolitik in Deutschland von der Marktöffnung im Bereich Straße nicht unbeeinflusst. Da die Verkehrsmarktordnung in Deutschland im Wesentlichen um die verstaatlichten Eisenbahnen herum konstruiert worden war, erwiesen sich die europäisch induzierten Liberalisierungen und Deregulierungen im Bereich Straße auch als Katalysatoren für den Bruch mit verkehrspolitischen Pfaden in Deutschland.

Gerade im Bereich der Eisenbahnen lässt sich ein weiteres Beispiel für die wichtige Rolle des europäischen Integrationsprozesses aufzeigen. Eingebettet in die Zielvorgaben des europäischen Binnenmarktprozesses wurden die Eisenbahnen ebenso wie die anderen großen netzgebundenen Politikfelder wie Telekommunikation und Energie Teil der Bemühungen, einen freien Verkehr von Waren und Dienstleistungen herzustellen. Da sich dies in staatsnahen Sektoren als besonders heikel herausstellte und auf sehr großen Widerstand der Mitgliedstaaten traf, sind die Liberalisierungsschritte sehr viel kleiner. Im Bereich der Eisenbahnen kommt dies dadurch zum Ausdruck, dass europäische Vorgaben sehr viel weniger verbindlich institutionelle Lösungen vorschreiben. Gleichwohl hatte die EU-Direktive 91/440 (und haben ihre Folgedirektiven) insofern Wirkung gezeigt, als sie den Mitgliedstaaten einerseits Lösungen aufzeigen, wie mögliche Reform aussehen können, und andererseits signalisieren, dass auch eine über viele kleine Schritte praktizierte Politik der Marktöffnung eine Annäherung an das Ziel darstellt (Knill/Lehmkuhl 2000). Anders verhält es sich im Übrigen mit der Marktöffnung im Bereich des Personennahverkehrs. Zwar sind auch hier die europäischen Vorgaben angesichts der starken, vor allem kommunalen Involvierung bei der Leistungserbringung relativ schwach. Allerdings wirken hier zusätzlich andere, d.h. nicht verkehrspolitisch motivierte europäische Maßgaben, wie die europaweite Ausschreibungspflicht, so dass in diesem Segment die Kraft der supranationalen Rechtsordnung sehr viel stärker zu spüren ist.

4.2 Deutsche Vereinigung

Die Wirkung europäischer Vorgaben zeichnete sich in Deutschland just zu dem Zeitpunkt ab, als nahezu das gesamte politische Augenmerk auf die historische Ausnahmesituation der deutschen Vereinigung gerichtet war. Die erklärende Wirkung der deutschen Vereinigung ist sehr viel weniger als bei der europäischen Dimension an einzelnen Maßnahmen festzumachen. Anzuführen wäre sicherlich die massive Ausweitung der Kontingente im Straßengüterverkehr, die eine ohnehin schon stark ausgehöhlte Praxis der Marktbeschränkung noch hinfälliger werden ließ. Ebenso zu nennen ist die desolate finanzielle und technische Situation der Deutschen Reichsbahn, die zur Radikalisierung der Vorschläge der bereits zuvor eingesetzten Regierungskommission Bahn beitrug (Lehmkuhl/Herr 1994). Und schließlich bedarf auch die Infrastrukturdimension der Erwähnung. Nicht nur waren viele der Verkehrswege der drei Binnenverkehrsträger Straße, Schiene und Binnenschifffahrt in einem sehr schlechten Zustand. Vor allem mussten auch erst einmal neue Ost-West-Verbindungen geschaffen werden.

Insofern lässt sich die Wirkung der deutschen Vereinigung für den Wandel der Verkehrspolitik in Deutschland einerseits als eine Verschärfung bereits bestehender Dysfunktionalitäten der bestehenden Verkehrsmarktordnung beschreiben. Andererseits gibt es insbesondere im Bereich der Infrastruktur bleibende Veränderungen. Hier sind es vor allem die im Rahmen der ‚Verkehrsprojekte Deutsche Einheit' vereinfachten Planungsvorhaben, die heute immer wieder als beispielhaft für die gesamte Infrastrukturplanung im vereinten Deutschland angesehen werden. So hat sich beispielsweise die Regierung Merkel zum Ziel gesetzt, mit einem bundesweit gültigen Planungsbeschleunigungsgesetz die Planungszeiten in Deutschland um ein Drittel zu verkürzen.[12]

4.3 Das Überwinden von Vetopunkten

Das Zusammenspiel von europäischen Vorgaben und Zielen sowie der historischen Ausnahmesituation der deutschen Vereinigung hatte die Dysfunktionalitäten des Ordnungsrahmens in der deutschen Verkehrspolitik offen gelegt. So hatte der Bund trotz aller Bemühungen zur Stärkung der Rolle der Eisenbahn aufgrund der Abwertung des Systems Schiene stetig steigende Zahlungen an die Bahn zu leisten. Die Länder trugen ebenso wachsende Kosten aufgrund der unbefriedigenden Situation im öffentlichen Nahverkehr. Die deutsche Transportwirtschaft hatte aufgrund der strengen Regulierung in Deutschland zunehmend Wettbewerbsnachteile gegenüber der ausländischen Konkurrenz im zusammenwachsenden Europa. Und schließlich konnte sich auch die starke Gewerkschaft der Eisenbahner nicht länger der Einsicht verschließen, dass es trotz aller Regulierungen einen stetigen Personalabbau bei der Bahn gegeben hatte.

Wenngleich also eine breite Übereinstimmung hinsichtlich der Notwendigkeit von Veränderungen bestand, war die Richtung der Veränderung zum einen den bereits erwähnten europäischen Vorgaben geschuldet. Zum anderen kann ein veränderter wirtschaftspolitischer Zeitgeist angeführt werden. Nicht zuletzt aufgrund internationaler Erfahrungen wurde von verkehrswissenschaftlicher Seite, so auch vom Wissenschaftlichen Beirat des Verkehrsministeriums und den verschiedenen Regierungskommissionen, seit Mitte der 1980er Jahre die Begründung für die bestehende staatliche Regulierung und insbesondere die Lehre von den ‚Besonderheiten des Verkehrs' in Zweifel gezogen (vgl. Willeke 1997). Wie aber wurde dieser Druck in Richtung einer Veränderung des verkehrspolitischen Rahmens in den institutionellen Verhandlungsmechanismen in Deutschland umgesetzt? Diese Frage soll abschließend mit Blick auf die Dimensionen Bund-Länder sowie die Rolle von Parteien und Interessengruppen beantwortet werden.

Wenden wir uns zunächst der *föderativen* Struktur zu. Das wesentliche Konfliktpotential zwischen Bund, Ländern und kommunalen Gebietskörperschaften bestand in der mit der Bahnreform verbundenen Regionalisierung. Die Zusammenführung von Aufgaben- und Ausgabenverantwortung für den gesamten Personennahverkehr auf regionaler und kommunaler Ebene versprach zwar effizientere Nahverkehrskonzepte. Gleichzeitig rührte diese Verlagerung von Kompetenzen und auch Kosten aber an einen bis in die 1970er Jahre reichenden Konflikt zwischen den Gebietskörperschaften. Hier war es vor allem der Bund bzw. die bundeseigene Deutsche Bundesbahn, denen die Länder und Gemeinden immer wieder als ‚kalte Regionalisierung' bezeichnete Versuche eines Teilrückzugs aus der Nahverkehrsverantwortung vorwarfen. Erst angesichts zunehmender Verluste im Nahverkehr gaben die Länder Ende der 1980er Jahre ihre ablehnende Haltung auf und signalisierten die Bereitschaft zur Regionalisierung – sofern der Bund die dafür notwendigen Mittel zu überweisen bereit war.

---

[12] Vgl. Pressemitteilung Nr. 495/2005 des Bundesministeriums für Verkehr vom 16.12.2005.

Angesichts des Umstands, dass die sich abzeichnende Bahnreform auch der Zustimmung der Länderkammer bedurfte, war die Situation für die Länder aus strategischer Sicht recht günstig. Wie nicht anders zu erwarten war, gab es in der Folge erhebliche Auseinandersetzungen, in denen der Bund weit reichende, ihn länger verpflichtende finanzielle Zugeständnisse machen musste, ehe der Bundesrat seine Zustimmung gerade noch fristgerecht gab, damit die Bahnreform wie geplant zum Januar 1994 in Kraft treten konnte. Zwar kam es im Ergebnis zu einer Institutionalisierung des Bestellerprinzips, d.h. der Kostenverantwortung für Schienenverkehrsleistungen der Bahn bei Ländern und kommunalen Gebietskörperschaften. Gleichzeitig aber wurde z.B. das nach wie vor bestehende Gemeinverkehrsfinanzierungsgesetz beschlossen, nach dem der Bund noch heute über sieben Milliarden Euro an die Gemeinden überweisen muss (Lehmkuhl/Herr 1994: 642-646). Insofern gelang es nur zum Teil, die Verflechtungsstrukturen zwischen den Gebietskörperschaften zu kappen.

Auffällig bei der Bahnreform war die geringe Bedeutung der *parteipolitischen Konfliktlinie*. Kann dies damit begründet werden, dass „Verkehrspolitik in Wahlkämpfen und sonstigen politischen Auseinandersetzungen keine oder eine nur sehr untergeordnete Rolle" spielt, wie es in einem Bericht aus der „Werkstatt eines Verkehrspolitikers" heißt (Bürgel 1983: 11)? Zwar lässt sich eine Tendenz zu einer stärker politisierten Diskussion vor allem um Maßnahmen zur Lenkung von Verkehrsströmen erkennen. Insofern kann man wohl behaupten, dass mit Verkehrspolitik keine Wahlen gewonnen, wohl aber Wählerstimmen verloren gehen können. Dies gilt insbesondere dann, wenn die individuelle (Auto-)Mobilität der Bundesbürgerinnen und -bürger tangiert wird. Die negative Wirkung der von führenden Vertretern der Grünen kurz vor der Bundestagswahl von 1998 erhobenen Forderung, den Benzinpreis auf fünf Mark zu erhöhen, ist der Partei noch gut in Erinnerung.[13] In dieselbe Richtung geht auch die Beobachtung, dass jegliche Diskussion um die Einführung einer PKW-Maut immer wieder sehr schnell unterdrückt wird. Kaum eine Partei mag sich an diesem heißen Eisen die Finger verbrennen.

In der Tat war es lange so, dass andere, quer durch die Parteien verlaufende Konfliktlinien dominanter waren. So wird zum Beispiel eindrucksvoll geschildert, wie es in den ersten Legislaturperioden eher der Finanzminister denn die Opposition war, der gegen den Verkehrsminister argumentierte und so die „Grenzlinie zwischen Koalition und Opposition fast bis zur Unkenntlichkeit" verwischte (Klenke 1995: 27). Dieser Eindruck wiederholte sich übrigens während der Bahnreform, als vom Finanzminister vorgebrachte haushaltspolitische Vorbehalte hinsichtlich der finanziellen Verpflichtungen des Bundes verkehrspolitische Fragen ebenso überlagerten wie in den Verhandlungen zwischen Regierung und Opposition und auch zwischen Regierung und den Ländern. Im konkreten Fall der Bahnreform kann jedoch die vor allem im Vergleich zu den Reformen bei der Post relativ geringe Rolle parteipolitischer Konfliktlinien vor allem damit begründet werden, dass mit der Zustimmung der Gewerkschaft der Eisenbahner Deutschlands zur Bahnreform die advokatorische Rolle der sozialdemokratischen Bundestagsfraktion hinfällig wurde (vgl. Grande 1989; Lehmkuhl/Herr 1994: 650).

Wir kommen damit zur dritten Dimension des institutionellen Gefüges der deutschen Politik, zur Rolle der Beziehungen zwischen *Staat und Gesellschaft*. In den einzelnen Sub-Sektoren der Verkehrspolitik hatten sich über die Jahre zum Teil sehr enge Verbindungen zwischen der Administration und den sektoralen Interessenvertretungen ergeben. Die star-

[13] Vgl. Albert Schmidt, Fritz Kuhn und Michaele Hustedt: Salto Mortale. Die Grünen nehmen Abschied von der Verkehrswende und wollen „nachhaltige Mobilität", in: Frankfurter Rundschau, 27. April 2004.

ke, unterhalb der Ressortebene zu findende administrative Segmentierung entsprach der den Verkehrssektor charakterisierenden Aufteilung in verschiedene Verkehrsträger. Die als administrative Reproduktion der Substitutionskonkurrenz der Verkehrsträger bezeichnete Konstellation (Lehmbruch 1992) war über Jahre gewachsen und stellte ein großes Hindernis für eine koordinierte Verkehrspolitik dar (s.a. Garlichs/Müller 1977). Dieses gewachsene Beziehungsgeflecht wurde nun im Zuge des europäischen Integrationsprozesses und dem daraus resultierenden nationalen Reformdruck von zwei Seiten in die Zange genommen. Auf der einen Seite veränderte sich für die Interessenorganisationen die Mitgliedschaftslogik in dem Maße, in dem durch die Öffnung nationaler Märkte in Europa der Prozess wirtschaftlicher Internationalisierung von Produktion und Vertrieb immer neue Produktionskonzepte hervorbrachte und auch neuartige Anforderungen an die Verkehrsbranche stellte. In der Folge kam es zu einer Ausdifferenzierung der Branche entlang der Dimensionen geographische Reichweite und Umfang der angebotenen Leistung. Auf der anderen Seite veränderte sich aber auch die Einflusslogik insofern, als mit der Neuordnung des rechtlichen Rahmens bestehende Einflusskanäle zum Teil abgeschafft wurden, gleichzeitig sich aber neue Einflusschancen boten.

Die Verbände reagierten in unterschiedlicher Weise auf diese Herausforderungen. Nachdem über Jahrzehnte ein stetiger Stellenabbau mit dem ebenso stetigen Verlust von Marktanteilen der Bahn einherging, setzte bei der mit einem hohen Organisationsgrad ausgestatteten Gewerkschaft der Eisenbahner Deutschlands ein Lernprozess ein. Sie erkannte einerseits die Notwendigkeit von Reformen und andererseits die Chancen für eine starke gewerkschaftliche Vertretung in einem gemeinwirtschaftlichen Auflagen unterworfenen und marktwirtschaftlich ausgerichteten Unternehmen. Gleichzeitig ließ sie sich aber ihre Zustimmung zur Bahnreform mit weit reichenden Besitzstandszusagen durch den Bund bezahlen. Heute agiert die Gewerkschaft als TRANSNET (Transport, Service, Netze) mit der programmatischen Aussage: „Das Land hat sich verändert, der Alltag auf der Schiene und im Verkehrssektor hat sich verändert, unsere Organisation hat sich verändert" (http://www.transnet.org/TRANSNET/wir [Zugriff am 30.12.2005]).

Deutlich konflikthafter reagierten die Verbände im Straßengüterverkehr auf die Neuordnung des regulativen Rahmens. Dies ist wenig verwunderlich, denn ihre Existenzberechtigung gründete ja zu einem nicht geringen Teil auf der Sicherung der Marktabschottung. Angesichts ihrer starken Stellung in den Regelungsstrukturen des Sektors (z.B. dominierten Vertreter des Verkehrsgewerbes die Tarifkommission, die Branche finanzierte teilweise die überwachende Bundesanstalt für Güterfernverkehr und hatte auch Anteil an der Implementation der Marktkontrolle) ist der Widerstand gegen die Liberalisierung der Verkehrsmärkte nicht überraschend. Allerdings waren Reformen in diesem Bereich anders als im Bereich der Bahn nicht mit der Überwindung institutionalisierter Vetopositionen verbunden, was die Position der Verbände im Straßengüterbereich im Vergleich zur Bahngewerkschaft entscheidend schwächte (Teutsch 2001). Nach verschiedenen Verbandsfusionen ist heute der Bundesverband Güterkraftverkehr Logistik und Entsorgung der Spitzenverband der deutschen Verkehrsbranche. Die Veränderung der Beziehungen zum Verkehrsministerium kann insofern als eine Läuterung neo-korporatistischer Interaktionsmuster bezeichnet werden, als die klientelistischen Züge des Zusammenwirkens weitgehend abgeschafft wurden (Lehmkuhl 1999).

5 Schluss

Die Erkenntnis des damaligen Verkehrsministers Münterfering, dass „Verkehrspolitik ein sensibler Politikbereich ist, der hektische Veränderungen nicht verträgt", mag die kürzeste Zusammenfassung des aktuellen Beitrags sein (Franz Müntefering, Süddeutsche Zeitung, 14. April 1999). Entsprechend dieser Äußerung wurde ein Bild der Verkehrspolitik in Deutschland gezeichnet, in dem es erst gegen Ende der 1980er Jahre zu einem deutlichen Bruch mit verkehrspolitischen Pfaden kam, deren Ursprünge bis in die Zwischenkriegszeit zurückreichten. Unter dem Druck europäischer Vorgaben, der Notwendigkeit zu einem gesamtdeutschen Verkehrskonzept, haushaltpolitischen Zwängen sowie deutlich veränderten Strukturen von Gütern, Produktions- und Transportbedürfnissen sowie einer allgemein rasant angestiegenen Mobilität kam es zu einer Neuordnung des regulativen Rahmens. Dessen Kennzeichen sind die Stärkung marktkonformer Koordinationsmechanismen aller Verkehrsträger sowie auf Korrekturen des Marktgeschehens gerichtete staatliche Eingriffe.

Wenn also mit der Politik der Deregulierung, Dezentralisierung und Privatisierung auch eine Re-Regulierung einherging, so dokumentiert dies eine Normalisierung der Verkehrspolitik in Deutschland in dem Sinne, dass der auch in vielen anderen Bereichen zu beobachtende Übergang vom Leistungs- zum Regulierungsstaat (Majone 1989, Grande 1993) nicht unbedingt mit einem Weniger an staatlicher Präsenz gleichzusetzen ist. Wohl aber ist eine Änderung der staatlichen Intervention von der Marktkontrolle zu einer Regulierung von Marktprozessen zu konstatieren.

Insofern charakterisiert die aktuelle Verkehrspolitik in Deutschland, dass die als grundlegend empfundene Notwendigkeit zur intra- und intersektoralen Koordination nun verstärkt unter Marktbedingungen und mit marktkonformen Mitteln erfolgen soll. Dabei gibt es zweifellos eine Reihe von Anzeichen, die auf eine Lösung von verkehrspolitischen Grundproblemen hindeuten: Zu nennen sind die grundlegende Verständigung zwischen Bund und Ländern im Bereich des öffentlichen Personennahverkehrs, der im Ansatz realisierte schrittweise Übergang zu einer nutzungs- statt einer steuerfinanzierten Infrastrukturfinanzierung und die Integration in eine verkehrsträgerübergreifende Organisation.

Allerdings muss auch festgehalten werden, dass aus einer Vielzahl von Einzelinstrumenten noch nicht zwangsläufig ein verkehrspolitisches Gesamtkonzept wird. Ob die verkehrspolitischen Verantwortlichen allerdings bereit sind, die Herausforderung zukünftiger Mobilitätserfordernisse und -bedürfnisse anzunehmen, steht auf einem anderen Blatt. Wem aber das Vertrauen in den Markt nicht ausreicht, der dürfte kaum Trost finden im dem Umstand, dass wir es seit Herbst 2005 mit dem fünften Verkehrsminister seit 1998 zu tun haben. Schließlich aber können weder Markt noch Staat die kognitiven Dissonanzen der Bürgerinnen und Bürger auflösen, die sich einerseits aus dem Anspruch auf ungestörte und günstige Mobilität und andererseits aus dem Wunsch z.B. nach einer sauberen Umwelt ohne Verkehrslärm ergeben.

6 Literatur

Blankart, Charles, 1983: Waves of Regulation and Deregulation in the German Railroad and Trucking Industry 1830-1980, in: Diskussionsbeiträge des Instituts für Volkswirtschaftlehre der Hochschule der Bundeswehr München Nr. 1.

Bundesministerium für Verkehr, 1965: Die Verkehrspolitik in der Bundesrepublik 1949-1965. Bad Godesberg.

Bundesministerium für Verkehr, Bau und Entwicklung/Bundesministerium für Finanzen, 2006: Privatisierungsvarianten der Deutschen Bahn AG „mit und ohne Netz". (http://www.bmvbs.de/ Anlage/original_948433/Gutachten-Privatisierungs-varianten-der-Deutschen-Bahn-AG-mit-und-ohne-Netz.pdf [31.1.2006])

Bundesministerium für Verkehr, Bau- und Wohnungswesen (Hrsg.), [32]2004: Verkehr in Zahlen. Berlin.

Bürgel, Heinrich, 1983: Grundlagen deutscher Verkehrspolitik. Aus der Werkstatt des Verkehrspolitikers. Darmstadt.

Garlichs, Dietrich, 1970: Grenzen staatlicher Infrastrukturplanung. Bund/Länderkooperation in der Fernstraßenplanung. Königstein/Ts.

Garlichs, Dietrich/Müller, Edda, 1977: Eine neue Organisation für das Bundesverkehrsministerium, in: Die Verwaltung 3: 343-362.

Gehrung, Peter/Gutknecht, Joachim J./Schüller, Ulrich/Weber, Reinhard, 2003: Generalverkehrsplanung für Deutschland. Der neue Bundesverkehrswegeplan 2003 (BVWP 2003), in: Internationales Verkehrswesen 55: 516-524.

Grande, Edgar, 1989: Vom Monopol zum Wettbewerb? Die neokonservative Reform der Telekommunikation in Großbritannien und der Bundesrepublik Deutschland. Wiesbaden.

Grande, Edgar, 1993: Entlastung des Staates durch Liberalisierung und Privatisierung? Zum Funktionswandel des Staates im Telekommunikationsbereich, in: Rüdiger Voigt (Hrsg.): Abschied vom Staat – Rückkehr zum Staat. Baden-Baden, 371-392.

Herr, Christof/Lehmkuhl, Dirk, 1997: Was zu erwarten war und ist. Aktuelle und zukünftige Probleme des öffentlichen Nahverkehrs, in: Die Verwaltung 30: 398-419.

Kerwer, Dieter/Teutsch, Michael, 2001: Transport Policy in the European Union, in: Adrienne Héritier et al. (Hrsg.): Differential Europe. Boulder, CO, 23-56.

Klenke, Dietmar, 1995: „Freier Stau für freie Bürger". Die Geschichte der bundesdeutschen Verkehrspolitik 1949-1994. Darmstadt.

Knill, Christoph/Lehmkuhl, Dirk, 2000. An Alternative Route of European Integration: The Community's Railway Policies, in: West European Politics 23 (1): 65-88.

Laaser, Claus-Friedrich, 1987: Die ordnungspolitische Sonderstellung des Verkehrswesens bei der Liberalisierung des westdeutschen Wirtschaft. Kiel (Kieler Arbeitspapiere 292).

Laaser, Claus-Friedrich, 1991: Wettbewerb im Verkehrswesen. Chancen für eine Deregulierung in der Bundesrepublik. Tübingen.

Lehmbruch, Gerhard, 1992: Bedingungen und Grenzen politischer Steuerung im Verkehrssektor, in: Verband Deutscher Elektroingenieure (VDE) (Hrsg.): Politik und Technik in der Verantwortung. Frankfurt a. M., 168-193.

Lehmbruch, Gerhard/Singer, Otto/Grande, Edgar/Döhler, Marian, 1988: Institutionelle Bedingungen ordnungspolitischen Strategiewechsels im internationalen Vergleich, in: Manfred G. Schmidt (Hrsg.): Staatstätigkeit. International und historisch vergleichende Studien.Opladen, 251-283.

Lehmkuhl, Dirk, 1999: The Importance of Small Differences. The Impact of European Integration On Road Haulage Associations in Germany and the Netherlands. The Hague.

Lehmkuhl, Dirk/Herr, Christof, 1994: Reform im Spannungsfeld von Dezentralisierung und Entstaatlichung: Die Neuordnung des Eisenbahnwesens in Deutschland, in: Politische Vierteljahresschrift 35: 631-657.

Majone, Giandomenico, 1989: Regulating Europe: Problems and Prospects, in: Jahrbuch zur Staats- und Verwaltungswissenschaft 3: 159-177.

Scharpf, Fritz W./Reissert, Bernd/Schnabel, Fritz, 1976: Politikverflechtung. Theorie und Empirie des kooperativen Föderalismus in der Bundesrepublik. Kronberg.

Suntum, Ulrich van, 1986: Verkehrspolitik. München.

Teutsch, Michael, 2001: Regulatory Reforms in the German Transport Sector: How to Overcome Multiple Veto Points, in: Adrienne Héritier et al. (Hrsg.): Differential Europe. Boulder, CO, 133-172.

Weiß, Hans-Jörg, 2003: Die Doppelrolle der Kommunen im ÖPNV, in: Internationales Verkehrswesen 55: 338-342.

Willeke, Rainer, 1997: Verkehrswirtschaft als Begleiter der Verkehrsentwicklung und Verkehrspolitik, in: Zeitschrift für Verkehrswissenschaft 68: 52-72.

Willeke, Rainer, 2003: Bundesverkehrswegeplan 2003. Eine kritische Bestandsaufnahme, in: Internationales Verkehrswesen 55: 525-528.

17. Medienpolitik zwischen Politikverzicht, parteipolitischer Interessenwahrung und transnationalen Einflüssen

Otfried Jarren und Patrick Donges

1 Medienpolitik als schwach institutionalisiertes und stark fragmentiertes Politikfeld

Unter den Begriff der Medienpolitik können jene Kommunikations- und Entscheidungsprozesse gefasst werden, die sich auf die kollektiv verbindliche Regelung der Rahmenbedingungen medial vermittelter und öffentlicher Kommunikation beziehen (vgl. Jarren/Donges 1997: 239; Vowe 2003: 215). Medienpolitik ist insbesondere von politischer Kommunikation abzugrenzen: Nicht das kommunikative Handeln der Akteure soll in demokratischen Systemen mittels Medienpolitik gesteuert werden, sondern der „Strukturrahmen für künftiges öffentlich-kommunikatives Verhalten" wird abgesteckt, ohne das Kommunikationshandeln im Einzelfalle zu determinieren (Rühl 1973: 12). Institutionell ist Medienpolitik in der Bundesrepublik Deutschland – wie in anderen westeuropäischen Staaten auch – ein nur schwach institutionalisiertes und stark fragmentiertes Politikfeld mit vielfältigen horizontal wie auch vertikal verteilten Regelungskompetenzen (vgl. hierzu Saxer 1981; Jarren/Donges 1997; Jarren 1998). Dies hat vier zentrale Ursachen:

1. Zum einen klingt der Begriff „Medienpolitik" zwar nach einem eindeutig abgrenzbaren Regelungsgegenstand, dies täuscht aber darüber hinweg, dass zwischen politischem Handeln bezogen auf Presse, Rundfunk und Onlinemedien differenziert werden muss. Sowohl institutionell als auch inhaltlich hat die Politik innerhalb dieser drei Mediensektoren wenig gemeinsam, so dass von einer Politik bezogen auf alle Medien – im Sinne eines integrativen Konzepts – keine Rede sein kann. In allen Regelungsbereichen ist zudem eine gewisse Pfadabhängigkeit festzustellen, vor allem im Pressebereich (vgl. Abschnitt 3.1). Eine öffentliche Rolle spielte Medienpolitik vor allem als Rundfunkpolitik, so etwa zu Beginn der 1960er Jahre beim Streit um das staatliche „Adenauer-Fernsehen" oder ab Ende der 1970er Jahre bei der „Rotfunkdebatte" und der Forderung nach Privatfunk durch CDU/CSU. In der Rundfunkpolitik wiederum hebt sich politisches Handeln bezogen auf den öffentlichen und den privaten Rundfunksektor (seit Mitte der 1980er Jahre) deutlich voneinander ab (vgl. Abschnitt 3.2). Der Bereich der Online-Medien hat sich hingegen als Feld politischen Handelns noch wenig etabliert. Ähnlich wie im Pressesektor wird stark auf Formen der Selbstkontrolle gesetzt, allenfalls werden jüngst in speziellen Bereichen, so beim Jugendschutz, Formen der Ko-Regulierung diskutiert und partiell implementiert.
2. Der zweite Grund für die Fragmentierung insbesondere der Rundfunkpolitik sind die unterschiedlichen Kompetenzzuweisungen. Die Länder regeln heute den Rundfunk jeweils durch Gesetze für öffentliche Rundfunkanstalten, durch Rundfunkgesetze für den privaten Rundfunk sowie untereinander durch Staatsverträge. Teilweise liegen

Regelungskompetenzen auch beim Bund, so für die auch zur Rundfunkveranstaltung unerlässlichen Telekommunikationsdienstleistungen, das Zivil- und Strafrecht (Persönlichkeits- und Jugendschutz), das Urheberrecht sowie wettbewerbsrechtliche Kompetenzen (vgl. Schuler-Harms 2000: 144). Im Onlinebereich ist es zu einem Regelungswettbewerb zwischen dem Bund und den Ländern gekommen. Die Kompetenzabgrenzung und -verflechtung zwischen Bund und Ländern ist vor allem vor dem Hintergrund problematisch, dass sich im Rahmen der technischen Konvergenz von Rundfunk und Telekommunikation die beiden Sektoren immer schwerer voneinander abgrenzen lassen, z.B. im Bereich der Mediendienste (vgl. Abschnitt 5). Die (an sich bereits komplizierte) Frage, ob einzelne Kommunikationsdienstleistungen dem Bereich Rundfunk oder dem Bereich Telekommunikation zufallen, ist in Deutschland damit immer auch eine Frage der politischen Zuständigkeit (vgl. Hoffmann-Riem/Schulz/Held 2000). Schließlich hat sich ein Standortwettbewerb zwischen den Ländern entwickelt, in denen die Regulierungsbehörden vorrangig eine Förderfunktion hatten und haben. In dieser Fragmentierung sieht die ihre Interessen verfolgende Medien- und Kommunikationsbranche – trotz der ihnen bislang gewährten Privilegien und ökonomischen Vorteile – ökonomische Nachteile für den „Standort Deutschland", weshalb von der Branche und den Verbänden eine bundesweit einheitliche Regulierungsstruktur, die auf einen weitgehenden Verzicht föderaler Zuständigkeiten hinauslaufen würde, gefordert wird. Vor allem der Bertelsmann Konzern und die mit ihm verbundene Bertelsmann Stiftung ist diesbezüglich mit Beraterkreisen und Policy Papers wiederholt hervorgetreten (vgl. Hamm/Hart 2001).

3. Der dritte Grund für die Fragmentierung ist, dass Medien- bzw. Rundfunkpolitik sowohl in den Ländern als auch beim Bund keine ministerielle Zuständigkeit aufweist. So sind die Kompetenzen für medienbezogene Aktivitäten (beispielsweise wirtschaftliche Fördermaßnahmen der Presse oder Filmförderung) auf der Ebene des Bundes – und zum Teil auch auf der Länderebene – in unterschiedlichen Ministerien angesiedelt. Zwar wurde durch die Regierung Schröder im Bundeskanzleramt der Bereich „Medien und Kultur" institutionalisiert und mit einem „Beauftragten der Bundesregierung für Angelegenheiten der Kultur und der Medien" im Rang eines Staatsministers versehen, aber es gingen von dort vorrangig kulturpolitische Initiativen aus. Anders als in vergleichbaren Ländern gibt es in Deutschland weder auf der Bundes- noch auf der Länderebene ein Ministerium, das für Fragen der Kommunikation oder der Medien zuständig wäre. Der schwache Grad an Institutionalisierung und die starke Fragmentierung des Politikfeldes auf Seiten der staatlichen Akteure wirkten sich auf die politischen und gesellschaftlichen Akteure aus.
4. Als vierter – und in zeitlicher Hinsicht jüngster – Grund für die Fragmentierung des Bereichs Medienpolitik ist die beginnende und kontinuierlich zunehmende Überwölbung nationalstaatlicher Zuständigkeiten durch andere Politikebenen (EU, Europarat) und vor allem derzeit durch Aktivitäten der EU-Kommission anzusehen (vgl. Abschnitt 4, Dörr 2005). Neuen Einfluss gewinnt zudem die Welthandelsorganisation (WTO) auf den Rundfunksektor: Im Rahmen der GATS-Verhandlungen (GATS: „General Agreement on Trade in Services") verlangen eine Reihe von Staaten, darunter die USA, die Öffnung für Dienstleistungen auch im audiovisuellen Bereich, die dem GATS-Verständnis nach nicht mehr der Kultur, sondern der Wirtschaft zuzuordnen seien. Diese Position wird zwar nur partiell von der EU-Kommission geteilt, und sie

konnte bislang im Rahmen der Verhandlungen einige kulturpolitisch begründete Regelungen durchsetzen, aber insgesamt verfolgt auch die EU bezogen auf audiovisuelle Medien eine wirtschaftsorientierte Politik. Zwar konnten die europäischen Länder bisher den Status quo in der Rundfunkpolitik wahren, aber der „Liberalisierungsdruck wächst mit GATS" (Pawels/Loisen 2004: 497) sowohl auf die EU insgesamt wie auch auf die Politik der Nationalstaaten. Dies umso mehr, wenn Prozesse der technischen Konvergenz die Formen der bisherigen öffentlichen Kommunikation durch den Rundfunk verändern, denn Dienstleistungen, die online vertrieben werden können, sollen unter das GATS-Regime gestellt werden. Die nationale Medienpolitik im Bereich der elektronischen Medien gerät damit unter eine Art Doppeldruck durch EU-Kommission und WTO-Beschlüsse.

Anstelle des Begriffs „Politikfeld", mit dem stärker statische und klar abgrenzbare Regelungsgegenstände assoziiert werden, sollte Medienpolitik daher eher als ein offenes und dynamisches Handlungssystem gesehen werden, dass sich um den Gegenstand medial vermittelter und öffentlicher Kommunikation herum bildet (vgl. Jarren/Donges 1997: 239; Donges 2002b: 39) und an dem zahlreiche staatliche, politische, ökonomische wie auch gesellschaftliche Akteure in unterschiedlichen Verhandlungsnetzwerken wie auch situativ (so beispielsweise in Fällen von Programmkritik an Formaten wie „Big Brother") mitwirken. Auffällig ist, dass die Medienrezipienten nicht organisiert sind und daher als Akteur in entsprechenden medienpolitischen Prozessen sehr selten und nur phasenweise Einfluss nehmen können. Vor allem die ausgeprägte Regulierungs- und Verantwortungskultur im Bereich des öffentlichen Rundfunks, der die Beteiligung der „gesellschaftlich relevanten Gruppen" vorsieht, hat nicht zur Bildung zivilgesellschaftlicher oder medienkritischer Organisationen geführt. Bislang nehmen stellvertretend für die Gesellschaft machtvolle intermediäre Organisationen mediengestaltende Aufgaben (beim öffentlichen Rundfunk) wie medienkritische Funktionen in allgemeiner Form wahr (Kirchen, Gewerkschaften, Arbeitgeberverbände und vor allem die Parteien). Medienpolitik findet also in kleinen Zirkeln ohne größere öffentliche Aufmerksamkeit statt. Es zeigt sich, dass die Medien in eigener Angelegenheit hochselektiv berichten und damit die Möglichkeiten von Medienkritik als eine wesentliche Voraussetzung für die Entstehung öffentlicher Debatten beeinflussen (vgl. dazu die Entwicklung der Akteursstruktur unter medienkritischen Aspekten bei Jarren/Zielmann 2005).

2 Akteure der Medienpolitik

Normativ gesehen kommt in der Medienpolitik vor allem staatlichen Akteuren die Aufgabe zu, durch strukturelle Maßnahmen bezogen auf die öffentliche Kommunikation für ein vielfältiges, plurales und responsives Mediensystem Sorge zu tragen, ohne aber wiederum durch staatliche Aktivitäten in dem durch die Medien wesentlich repräsentierten öffentlichen Raum – vor allem aber in der politischen Öffentlichkeit – inhaltlich einzugreifen. Da staatliche Organe zumindest auf der Leitungsebene von parteipolitischen Interessen geprägt sind, ist eine besondere Zurückhaltung sowohl bei der medienbezogenen Strukturpolitik wie auch bei der Inhaltskritik an Medien(angeboten) angezeigt. Dieser Anspruch an die staatliche Medienpolitik soll in der deutschen Kommunikations- und Medienverfassung vor allem durch die föderale Zuständigkeitsstruktur, die wesentlich von den Alliierten geprägt wurde, erreicht werden: Die vertikale und horizontale Kompetenzverteilung soll sowohl dem Zentralstaat wie einzelnen Akteuren Einflussgrenzen setzen. Die föderalistische Struktur hat zur Folge, dass Entscheidungen in zahlreichen Verhandlungsnetzwerken vor allem zwischen den Bundesländern, aber auch zwischen Bund und Ländern, bearbeitet werden. Aufgrund der sich seit den frühen 1960er Jahren verschärfenden Konflikte zwischen den Ländern und partiell auch zwischen den Ländern und dem Bund wuchs – vor allem im Bereich des Rundfunks – dem Bundesverfassungsgericht eine zentrale Funktion insbesondere bei der Konfliktschlichtung und der Durchsetzung von Ordnungsmodellen zu. Im Kontext des Prozesses der zunehmenden Bereitstellung von Medienangeboten unter marktlichen Bedingungen und verbunden mit einem entsprechenden Leitbildwandel (Kulturgut vs. Wirtschaftsgut) hat seit den frühen 1990er Jahren sowohl der Einfluss ökonomischer Akteure (Medienunternehmen, Werbung, Programmindustrie und zunehmend auch die Telekommunikationsbranche) und zentralstaatlicher Entscheidungsinstanzen (Wettbewerbsbehörden), auch im europäischen Rahmen, kontinuierlich zu Lasten der Länder und ihrer Gestaltungsmöglichkeiten zugenommen.

Innerhalb der Länder sind medienpolitische Fragen in der Regel den Staatskanzleien zugeordnet, und dort konzentrieren sich die Aktivitäten weitgehend auf den Rundfunk. Damit wirken hauptsächlich statushohe Akteure der Exekutive wie die Ministerpräsidenten oder die Leiter der Staatskanzleien an medienpolitischen Entscheidungen mit. Damit verbunden ist ein hohes Maß an partei- und machtpolitischer Orientierung in diesen Gremien, was aufgrund des Postulats der Staatsferne des Rundfunks verfassungsrechtlich und -politisch äußerst problematisch ist.

Die Länder verfügen über eine „Rundfunkpolitische Kommission“, deren Geschäftsstelle traditionell in Rheinland-Pfalz angesiedelt ist. Der notwendige Abstimmungsprozess der Länder untereinander bringt es zudem mit sich, dass relevante medienpolitische Entscheidungen eher in informellen, geheimen Verhandlungen statt in parlamentarisch-öffentlichen Debatten getroffen werden. Diese Arkanpolitik wirkt sich vorrangig auf den öffentlichen Rundfunk aus (Personal, Programm), der im Leitungsbereich (Intendanz, Direktoren, Chefredakteure und leitende Redakteure) weitgehend in den Händen der großen Parteien ist („Proporz“). Es gibt also formale, aber auch informale („Kamingespräche“ der Ministerpräsidenten) Entscheidungsformen zwischen den Ländern, und es wurden zahlreiche Institutionen wie die Kommission zur Ermittlung des Finanzbedarfs der Rundfunkanstalten (KEF) oder die Kommission zur Ermittlung der Konzentration im Medienbereich (KEK) etabliert.

Die Kommission zur Ermittlung des Finanzbedarfs der Rundfunkanstalten besteht aus 16 unabhängigen Sachverständigen, wobei jedes Bundesland ein Mitglied benennt, die dann von den Ministerpräsidenten für eine Dauer von fünf Jahren berufen werden. Das Verfahren der Gebührenfestsetzung und die Aufgaben der KEF wurden nach dem 8. Rundfunkurteil des Bundesverfassungsgerichtes von 1994 neu geregelt und im 3. Rundfunkänderungsstaatsvertrag implementiert: Danach melden die öffentlich-rechtlichen Rundfunkanbieter der KEF zunächst ihren Finanzbedarf an, die dann, unter Beachtung der Programmautonomie der Rundfunkanstalten, deren Anmeldungen fachlich überprüft und den Finanzbedarf feststellt. Der Gebührenvorschlag der KEF ist Grundlage für die Entscheidung der Landesregierungen und -parlamente. Weichen diese vom Vorschlag der KEF ab, müssen die Abweichungen gegenüber den Rundfunkanstalten und der KEF begründet werden (vgl.

KEF 2003). Das Verfahren war wiederholt Gegenstand heftiger landes- und parteipolitischer Kontroversen.

Ein weiterer aufgabenspezifischer Akteur im Bereich des Privatrundfunks ist die 1997 gegründete Kommission zur Ermittlung der Konzentration im Medienbereich. Die KEK ist neben der Prüfung der Einhaltung der für die privaten Veranstalter geltenden Bestimmungen zur Sicherung der Meinungsvielfalt hinaus verpflichtet, Transparenz über die Entwicklung im Bereich des bundesweit verbreiteten privaten Fernsehens zu schaffen. Hierzu gehört die Erarbeitung eines alle drei Jahre erscheinenden Berichts über die Entwicklung der Konzentration und über Maßnahmen zur Sicherung der Meinungsvielfalt im privaten Rundfunk sowie eine jährlich aktualisierte Programmliste, in der alle Programme, ihre Veranstalter und deren Beteiligte aufzunehmen sind. Die Mitglieder der KEK werden von den Ministerpräsidenten der Länder für die Dauer von fünf Jahren einvernehmlich berufen. Beurteilungen der KEK sind für die jeweilige Landesmedienanstalt bindend, eine Abweichung von ihren Feststellungen ist nur möglich, wenn eine Mehrheit von drei Vierteln der Mitglieder der Konferenz der Direktoren der Landesmedienanstalten einen entsprechenden Beschluss fasst (vgl. KEK 2004). Vor allem aufgrund der (Standort-)Konkurrenz der Bundesländer untereinander und aufgrund der Nichtzuständigkeit der Länder für ökonomische Rundfunkentwicklungen (Konzentration) wurde bereits bis zur Bildung der KEK ein erheblicher Konzentrationsprozess – jenseits aller politischen Desinteressen an der Bearbeitung dieses Problems – ermöglicht und beschleunigt.

Als Regulierungsbehörden für den privaten Rundfunk existieren in Deutschland 15 Landesmedienanstalten. Landesmedienanstalten haben in der Regel neben den leitenden Direktoren auch Gremien, in denen Mitglieder der Landtage sowie Vertreter gesellschaftlich relevanter Gruppen Einsitz nehmen (Versammlungsmodell) oder die aus wenigen „unabhängigen Persönlichkeiten“ bestehen (Ratsmodell). Die Zusammenarbeit der Landesmedienanstalten erfolgt innerhalb der Arbeitsgemeinschaft der Landesmedienanstalten in der Bundesrepublik Deutschland (ALM). Organe der ALM sind die Direktorenkonferenz (DLM), bestehend aus den gesetzlichen Vertretern oder Geschäftsführern der Mitgliedsanstalten, die Gremienvorsitzendenkonferenz, bestehend aus den Vorsitzenden der jeweiligen Beschlussgremien der Mitgliedsanstalten, sowie die Gesamtkonferenz aus Direktorenkonferenz und der Gremienvorsitzendenkonferenz. Die Steuerungs- und Vollzugsdefizite der Landesmedienanstalten sind erheblich. Zum Teil ist dies auf politische Entscheidungen durch unzureichende Vorgaben in Staatsverträgen (wie beispielsweise in der Konzentrationskontrolle) und zum Teil auf die direkte politische Abhängigkeit dieser Behörden von der Landespolitik und auf Willfährigkeit zurückzuführen. Die Mehrzahl der Direktoren dieser Behörden stammt aus den Staatskanzleien. Trotz der offenkundigen Struktur- und Organisationsmängel dieser Behörden wurden auch in den ostdeutschen Bundesländern die gleichen Einrichtungen begründet (vgl. Jarren/Schulz 1999). Im Ergebnis ist festzustellen, dass die proklamierten Regulierungsziele (Organisation eines außenplural verfassten Rundfunks) durch die Verfasstheit der Gremien nicht erreicht wurden.

Insgesamt betrachtet haben sich unterschiedliche Verhandlungssysteme und somit Arenen in der Presse- und in der Rundfunkpolitik herausgebildet. Die Ausbildung dieser Strukturen hängt eng zusammen mit den Interessen vor allem parteipolitischer Akteure. Während der privatwirtschaftlich verfasste Pressebereich an Bedeutung verloren hat und wenig Beachtung fand (vgl. Abschnitt 3.1), haben sich im Rundfunkbereich stabile Arenen und Verhandlungssysteme ausgebildet. Als wesentlicher gestaltender Akteur, zumal zur

Absicherung des öffentlichen Rundfunks, kann das Bundesverfassungsgericht angesehen werden. Ansonsten haben sich in der Medienpolitik die üblichen Formen des deutschen Modells eines „kooperativen Föderalismus" herausgebildet. Im Bereich der „Neuen Medien" hat der Bund versucht, im Rahmen der konkurrierenden Gesetzgebung Kompetenzen an sich zu ziehen (Onlinebereich). Im Grundsatz ist aber bislang eine eher zurückhaltende Politik des Bundes im Rundfunksektor auszumachen, allerdings spielte bei der Etablierung des Privatfunks die parteipolitische Ausrichtung auf Bundes- und Landesebene eine zentrale Rolle. Insgesamt ist aufgrund der zunehmenden Kommerzialisierung im gesamten Mediensektor eine Zunahme an ökonomischen Akteuren (wie neue Verbände, Lobbyeinrichtungen und „Medientage") auszumachen, während vormals traditionell starke Akteure (beispielsweise die Kirchen, auch in ihrer Rolle als Herausgeber von Medienfachdiensten) an Bedeutung eingebüßt haben.

3 Problemfelder und Arenen

3.1 Pressepolitik

Seit Gründung der Bundesrepublik Deutschland ist ein erheblicher Konzentrationsprozess im Bereich der für die politische Information und Meinungsbildung (so auch auf der Landes- und Kommunalebene) relevanten Tagespresse festzustellen. Aufgrund der Pressefreiheit – historisch und verfassungspolitisch auf das engste verknüpft mit der Gewerbefreiheit und dem Eigentumsschutz – hielt sich der für die Regulierung zuständige Bund jedoch sehr zurück.

Pressepolitische Maßnahmen des Bundes erfolgten in einem nennenswerten Umfang vor allem in der ersten sozial-liberalen Koalition unter Willy Brandt ab 1969. Ein Teil ihrer Reformvorschläge wurde in den folgenden Jahren umgesetzt, so die Novellierung des Kartellgesetzes und die Einführung einer pressespezifischen Fusionskontrolle 1973 sowie in erweiterter Form 1976, das Pressestatistikgesetz 1975, die Erstellung der „Berichte der Bundesregierung über die Lage von Presse und Rundfunk in der Bundesrepublik Deutschland" (erstmalig 1974), die Ankündigung (1969) eines – dann nicht realisierten – Presserechtsrahmengesetzes auch zur Regelung der redaktionellen Mitbestimmung und Ausgestaltung der Inneren Pressefreiheit durch den Bund (Entwurf 1974) und Finanzhilfen für Presseunternehmen. Auch wurden in der gesellschaftlichen Reformphase („mehr Demokratie wagen") wiederholt Fragen der Inneren Pressefreiheit und der redaktionellen Mitbestimmung thematisiert, aber es kam zu keinen Regelungen – auch nicht auf Ebene der Länder (Landespressegesetze) (vgl. Holtz-Bacha 1998).

In der Ära Schmidt wurden die eingeleiteten Reformmaßnahmen für den Pressebereich, nicht zuletzt auch aufgrund erheblicher publizistischer Interventionen der Verleger, weitgehend zurückgenommen, und die Bundesregierung überließ den Tarifvertragsparteien die Bearbeitung offener Fragen. Zu entsprechenden Regelungen kam es nicht. So wurde das Presserechtsrahmengesetz während der Kanzlerschaft von Helmut Schmidt nicht realisiert. In der Regierungserklärung von 1976 wurden die Verbände zu einer Regelung aufgefordert; dazu kam es nicht. Pressepolitische Maßnahmen wie die von der „Günther-Kommission" vorgeschlagene Einführung von Marktanteilsbegrenzungen unterblieben. Allerdings wurden wirtschaftliche Hilfen wie auch Gewährung von Steuervorteilen auf Druckerzeugnisse

(Mehrwertsteuerregelung) als Subventionen realisiert. Die neu etablierte Pressefusionskontrolle griff allerdings nicht: Der Konzentrationsprozess im Bereich der Tageszeitungen hatte bereits 1979 zur Folge, dass es „kaum noch Objekte für die Pressekonzentration“ gab (Schütz 1979: 600).

Trotz der hohen Konzentration im Pressebereich konnten die Verleger ihren Anspruch auf Beteiligung am privaten Rundfunk kurz nach Antritt der Regierung Kohl durchsetzen. Bis 1984 hatten sie vergeblich eine Marktbeteiligung angestrebt, so zunächst durch Übernahme des ZDF (vgl. Jarren 1994). Durch die Beteiligung der Verlage am Rundfunk setzte nun auch ein Prozess der diagonalen und multimedialen Konzentration ein.

Besonders erfolgreich agierten die westdeutschen Verlage nach der Vereinigung: Die Treuhand verkaufte die vormals von DDR-Organisationen herausgegebenen Zeitungen überwiegend an die großen deutschen Verlagshäuser, so dass die Monopol- bzw. Oligopolverhältnisse, wenn auch unter „anderen Vorzeichen“, erhalten wurden (vgl. Schneider 1992). Mit einer Mischung von Hinweisen auf ihre politische wie kulturelle Bedeutung sowie ihre latente Bedrohung durch die elektronischen Medien ist es den Verlegern gelungen, pressepolitische Maßnahmen abzuwenden und ihre ökonomischen Ziele durchzusetzen. Der Politikverzicht durch den Bund geht sehr weit: Das Pressestatistikgesetz wurde aufgehoben und auch auf Vorlage von „Medienberichten“ verzichtete die Bundesregierung alsbald.

Zuständig für die Pressekonzentrationskontrolle ist das Bundeskartellamt. Für Fusionen von Rundfunk- und Presseunternehmen gelten im Gesetz gegen Wettbewerbsbeschränkungen deutlich niedrigere Schwellenwerte als für andere Unternehmen: Geprüft werden Zusammenschlüsse ab einem weltweitem Umsatz von über € 25 Mio. und solche, bei denen mindestens eines der beteiligten Unternehmen einen inländischen Umsatz von € 1,25 Mio. aufweist. Der zuständige Bundeswirtschaftsminister kann allerdings einen untersagten Zusammenschluss genehmigen, wenn dieser im Interesse der Allgemeinheit liegt. 2004 plante der zuständige Bundesminister Clement, die Schwelle auf € 50 Millionen zu erhöhen, und kam damit Wünschen der Verleger entgegen (vgl. Röper 2004a: 279).

Bis in die jüngste Zeit hinein fanden keine nennenswerten pressepolitischen Aktivitäten in Deutschland mehr statt. Insgesamt haben auch die Länder keine relevanten pressepolitischen Maßnahmen seit Mitte der 1970er Jahre eingeleitet (vgl. Vowe 2000). Vor allem die Verlage konnten als zentrale ökonomische Akteure ihre Interessen regelmäßig durchsetzen und sich dabei auch Subventionen in indirekten Formen verschaffen. Dies zeigte sich beispielhaft bei der Pressekrise vor wenigen Jahren, als einige Verlage wegen des Wegfalls von Anzeigen in ökonomische Schwierigkeiten gerieten und teilweise von der öffentlichen Hand gestützt wurden (z.B. Frankfurter Rundschau). Durch Privilegien bei der Vergabe von Privatfunklizenzen gelang den Verlegern zudem die Durchsetzung von publizistisch-ökonomischen Interessen auch auf der regionalen und lokalen Ebene mit der Gefahr der Entstehung von Monopolen oder dominanten Marktverhältnissen. Die Regional- und Lokalverleger fanden in den Landesregierungen Förderer, nicht zuletzt wohl zur Verbesserung der Möglichkeiten in der politischen Berichterstattung.

3.2 Rundfunkpolitik

Die Entwicklung der Rundfunkpolitik lässt sich in vier Phasen einteilen: Die Phase einer Institutionalisierung des Rundfunks in öffentlicher Trägerschaft, die Phase der Korrektur der öffentlich institutionalisierten Organisationsform, die Etablierung des privaten Rundfunks sowie die Ökonomisierung im Zuge der Herausbildung der Mediengesellschaft unter Einbezug neuer Medien (Online) (vgl. Jarren/Donges 2000: 80; Donges 2002b: 116 ff.).

Die Phase der Institutionalisierung lässt sich von 1945 bis 1961 terminieren. Nach dem Zweiten Weltkrieg wurde der Rundfunk in den westlichen Zonen Deutschlands durch die Alliierten bzw. unter deren Mitwirkung in Form von Anstalten des öffentlichen Rechts und dezentral institutionalisiert. Vorbild für diese Anstalten war die British Broadcasting Corporation (BBC), deren grundlegender Aufbau den Zielen eines staatsfern, föderal und gruppenpluralistisch organisierten Rundfunks angepasst wurde. 1950 schlossen sich die einzelnen Landesrundfunkanstalten zur Arbeitsgemeinschaft der öffentlich-rechtlichen Rundfunkanstalten der Bundesrepublik Deutschland (ARD) zusammen, der später weitere Landesrundfunkanstalten beitraten. Ende der 1950er Jahre kam es zu dem Versuch der Bundesregierung unter Adenauer, eine regierungsnahe Rundfunkanstalt des Bundes unter dem Namen „Deutschland-Fernsehen“ zu schaffen. Dieses Vorhaben wurde 1961 vom Bundesverfassungsgericht für verfassungswidrig erklärt – die erste Entscheidung in einer Reihe von Urteilen, mit denen das Gericht die Grundzüge der Rundfunkpolitik festlegte.

Die Phase der Korrektur dauerte von 1961 bis in die frühen 1980er Jahre hinein. Nach erfolgter Institutionalisierung hatte der öffentliche Rundfunk auf nationaler Ebene eine Monopolstellung inne. Das Leitbild einer privatwirtschaftlichen Presse und eines öffentlichen Rundfunks („publizistische Gewaltenteilung“) dominierte, wenngleich die Verleger und Gruppen innerhalb der CDU/CSU wiederholt für die Einführung privaten Rundfunks eintraten. In dieser Zwischenphase wurden fortlaufend Korrekturen am bestehenden öffentlich-rechtlichen Rundfunkmodell vorgenommen, beispielsweise durch die Einführung neuer bundesweit verbreiteter Sender wie dem ZDF oder der Einrichtung neuer Gremien zur Kontrolle des öffentlichen Rundfunks (Organisationsreformen). Ein Teil dieser Veränderungen basierte auf höchstrichterlichen Entscheidungen.

In der Phase der Dualisierung ab den 1980er Jahren waren es zunächst vor allem die Verlage und Teile der Programmindustrie, die darauf drängten, die nationalen öffentlichen Rundfunkmonopole zu beenden und neben diesen private Anbieter zuzulassen. Mit dem Wechsel der Bundesregierung 1982 wurden, vor allem mit Hilfe der Post (Verkabelungspolitik, Bereitstellung neuer terrestrischer Frequenzen), die infrastrukturellen Voraussetzungen für den Privatfunk geschaffen und zunächst von CDU-regierten Bundesländern umgesetzt. Der von der SPD/FDP-Koalition getragene „Verkabelungsstopp“ wurde aufgegeben und vier Kabelpilotprojekte (Entscheidung der Ministerpräsidentenkonferenz 1978; Start der Projekte 1984) unter Verantwortung der Bundesländer durchgeführt – auch unter Beteiligung von SPD-geführten Bundesländern. Im Rahmen dieser Pilotprojekte wurden private Veranstalter lizenziert, die zum Teil später auch bundesweit operierten. Durch diese Formen der experimentellen Politik, die auf gesetzlichen Regelungen oder Vereinbarungen auf Zeit basierten, konnten neue Regelungsmodelle entwickelt werden. Es zeigt sich, dass diese Möglichkeit für grundlegende Politikwechsel genutzt wurde.

Das Bundesverfassungsgericht traf in dieser rundfunkpolitisch heftig umstrittenen Phase eine Reihe von zentralen Entscheidungen. 1986 entwickelte und begründete das

Gericht im Urteil zum niedersächsischen Landesrundfunkgesetz die „duale Rundfunkordnung“, die zur Grundlage der Rundfunkpolitik der Länder im 1987 geschlossenen Rundfunkstaatsvertrag wurde. So legte es fest, dass an die privaten Rundfunkveranstalter geringere Vielfaltsansprüche gestellt werden können, so lange der öffentliche Rundfunk kompensatorisch wirke. Dem öffentlichen Rundfunk wurde eine Bestands- und Entwicklungsgarantie zuerkannt, die die Landesgesetzgeber, so bei Gebühren- oder Technikentscheiden, zu beachten hätten.

Standen zunächst deutlich partei- und machtpolitische Überlegungen im Mittelpunkt für diesen von der CDU/CSU herbeigeführten Politikwechsel („Rotfunkdebatte“, behaupteter Einfluss des Fernsehens auf die Wahlen), so etablierte sich mehr und mehr ein stark nach kommerziellen Interessen ausgerichtetes Privatfunksystem. Der Politikwechsel muss allerdings auch im Kontext der von konservativen Regierungen in Europa in jener Zeit betriebenen Deregulierungs- und Privatisierungspolitik gesehen werden. Dennoch sind vorrangig innenpolitische Gründe und der auf Bundesebene vollzogene Machtwechsel für diese Politikänderung als relevant anzusehen.

In der seit den 1990er Jahren beginnenden Phase einer zunehmenden Ökonomisierung und technischer Veränderungen – partiell unter europäischen und transnationalen Bedingungen – wird Rundfunk und damit auch die nationale Rundfunkpolitik wesentlich unter wirtschaftlichen Gesichtspunkten betrachtet, während publizistische Aspekte eine untergeordnete Rolle spielen. Es geht ökonomischen wie auch politischen Akteuren vor allem darum, gute Ausgangsbedingungen für den nationalen und internationalen Wettbewerb zu erhalten (Standortpolitik). Die Zuständigkeit der Länder für den Rundfunk führt dazu, dass der Wettbewerb auch zwischen diesen stattfindet, was einen Subventions- und Deregulierungswettbewerb fördert. So prägte in den 1990er Jahren die Allianz zwischen dem SPD-regierten Nordrhein-Westfalen, der in Gütersloh ansässigen Bertelsmann-Gruppe und ihrer in Köln beheimateten Fernsehgruppe RTL auf der einen sowie zwischen Bayern und der in München ansässigen Kirch-Gruppe sehr stark die Rundfunkpolitik. Die neu gegründeten Regulierungsbehörden werden eng parteipolitisch geführt und dienen zunächst der Förderung der jeweiligen Rundfunkunternehmen. Rundfunkpolitik wird zur ökonomisch motivierten Standortpolitik. Versuche des Bundes, Einfluss zu gewinnen, weisen die Länder erfolgreich ab. Ende der 1990er Jahre verstärkt sich die öffentliche Kritik an den Landesmedienanstalten als „Papiertiger“ bzw. als Verhinderer der sich ständig verschärfenden Konzentration im Bereich des privaten Rundfunks.

Die Entwicklung der Rundfunkpolitik in Deutschland ist damit von zwei Seiten zu sehen: Bezogen auf den öffentlichen Rundfunk ist sie gekennzeichnet von anhaltenden machtpolitischen Auseinandersetzungen der beiden großen politischen Parteien um ihren jeweiligen Einfluss. Faktisch haben CDU/CSU und SPD ihren Einflussbereich auf den öffentlichen Rundfunk ständig vergrößern und vielfach monopolisieren können. Die Zusammensetzung von Gremien führt sogar dazu, dass hochrangige Staatsvertreter Einfluss auf Haushalts-, Programm- und Personalentscheidungen nehmen. Der Fernsehrat des ZDF, in dem unter anderem Parteivorsitzende (Bütikofer), Generalsekretäre der Parteien (Söder, Niebel) oder Bundesminister (Wieczorek-Zeul, Zypries, Jung, Stand August 2006) Einsitz nehmen, ist hier das prägnanteste Beispiel. Die Besetzung von Leitungsfunktionen erfolgt ausschließlich nach parteipolitischen Kriterien und weniger nach Eignung und Kompetenz („Parteienproporz“). Aufgrund der gemeinsamen Macht- und Einflussinteressen wehren die großen politischen Parteien Debatten über diesen Zustand ab, auch indem sie vielfältige

Kooperationen mit anderen Organisationen in den Aufsichtsgremien eingehen und deren Vertreter einbeziehen („Freundeskreise"). Zudem obliegen die öffentlichen Anstalten der in den jeweiligen Staatskanzleien angesiedelten Rechtsaufsicht, so dass eine große Nähe zur Parteipolitik in den Stäben der jeweiligen Staatskanzleien herbeigeführt werden kann. Damit hat sich im öffentlichen Rundfunk ein Stück weit jene Parteipolitisierung vollzogen, die das Bundesverfassungsgericht mit seiner Entscheidung gegen das so genannte „Adenauer-Fernsehen" 1961 verhindern wollte. Zwar ist ein Regierungsrundfunk, wie von Adenauer angestrebt, nicht möglich, doch ist der Einfluss von hohen Parteifunktionären und Mitgliedern der Exekutive heute systemwidrig hoch (vgl. u. a. Schulz 2002). Die großen Parteien der Bundesrepublik Deutschland verfolgen in ihrer Politik gegenüber dem öffentlichen Rundfunk, einmal abgesehen von Phasen öffentlicher (Schau-)Kämpfe, eher Kooperationsstrategien. Mit der deutschen Vereinigung wurde das Modell in den neuen ostdeutschen Bundesländern sofort strukturgleich etabliert: von Beginn an wurden Gremien mit politischen Akteuren aus den aus Westdeutschland bekannten Organisationen nach dem traditionellen Proporzschema besetzt.

Mit der Etablierung privater Rundfunkveranstalter vollzieht sich innerhalb des gesamten Mediensystems eine gewichtige Veränderung, auch weil die enge Anbindung des Rundfunks an gesellschaftliche Gruppen faktisch aufgegeben wird und neue Formen der ökonomischen Kooperation möglich werden. Eine Folge davon sind zunehmende Formen der horizontalen wie der diagonalen Konzentration in Form von „Multi-Media-Unternehmen". Außenpluralität soll durch eine Vielzahl von Anbietern und Angeboten erreicht werden, ohne dass es allerdings für dieses Ziel operationalisierbare Vorgaben und für die Zielkontrolle gesellschaftliche Gremien mit entsprechenden Kompetenzen gibt. Damit wurde auf eine Rückbindung des Rundfunks an gesellschaftliche Gruppen, die Bestandteil des öffentlichen Rundfunks wurde, verzichtet. Die neu gebildeten Landesmedienanstalten als Lizenzbehörden haben zwar Vertreter gesellschaftlicher Gruppen in ihren Gremien, doch haben sie in wirtschaftsrelevanten Entscheidungen – und um die geht es hier im Wesentlichen – keinen Einfluss. Zudem können sie Programmentscheidungen nur nachvollziehen, aber nicht wirksam beeinflussen (vgl. Jarren/Schulz 1999). Vom einzelnen Marktakteur kann überdies unter dynamischen Wettbewerbsverhältnissen eine derartige Zielverfolgung auch gar nicht erwartet werden.

Heute zeigt sich der gesamte Mediensektor kommerzialisiert. Es entstanden zahlreiche Unternehmen, an denen sich Akteure aus Wirtschaftsbranchen außerhalb der Presse beteiligten, die vormals nicht im publizistischen Bereich tätig waren. Neue Unternehmen traten neben die öffentlichen Rundfunkanstalten und neue Unternehmungen wie Unternehmer (Beteiligungsgesellschaften) prägen zunehmend das Mediengeschäft. Der Verkauf des „deutschen" Senders SAT 1 an ausländische Investoren und die Reaktionen darauf zeigen die Veränderungen an. Das traditionelle Verlegerkapitel (Tageszeitungsverlage), für die frühe Bundesrepublik und auch beim Beginn der Privatrundfunkära kulturell wie politisch noch bedeutsam, verliert erkennbar an Bedeutung – bei den elektronischen Medien, im Multimedia-Bereich und vor allem im sich neu etablierenden Telekommunikationssektor. Banken, Versicherungen, Telekommunikationsunternehmen, Energiekonzerne oder Abschreibungsgesellschaften investieren in Medien, und die Beteiligungen und Verflechtungen sind zudem international. Damit gewinnen politische Instanzen auf der Bundesebene (Monopolkommission, Kartellamt) wie auf der EU-Ebene an Relevanz.

Im Unterschied zu traditionellen Verlagen verfolgen die neuen Akteure vorrangig ökonomische Ziele und lassen sich nicht auf herkömmliche publizistische Traditionen verpflichten. Dies wirkt sich in der politischen Kommunikation aus (Rückgang an politischen Informationen insgesamt, Boulevardisierung) und zwingt alle politischen Akteure zu neuen Formen der politischen Kommunikation (Politische PR, gekaufte Kommunikation: paid media). Und mittels neu begründeter Verbände und Lobbyeinrichtungen wirken sie anhaltend auf die vorhandenen staatlichen Regulierungsinstanzen und den bestehenden rechtlichen Ordnungsrahmen ein, indem sie für ein Marktmodell auch im elektronischen Medienbereich eintreten. Die Erfahrungen allein aus den letzten Jahren zeigen, dass es im Rundfunkbereich vor allem ökonomisch ausgelöste Probleme sind, die politisch und mittels Recht zu bearbeiten wären (Konzentration, Erwerb von und Handel mit Übertragungsrechten, Internationalisierung durch Unternehmensverbünde, Zugangsfragen zu Märkten und technischen Systemen uvm.) (vgl. Stock 1997). So kommt es in vormaligen Randbereichen der Medienwirtschaft, die bislang kaum von der Medienpolitik beachtet wurden, wie etwa der Kabelindustrie, zu erheblichen und sehr problematischen Konzentrationsprozessen (vgl. Woldt 2002; 2004).

Zur Lösung der zunehmend größer gewordenen Probleme im Bereich Gewaltdarstellungen und Jugendschutz in den elektronischen Medien, für die staatliche Akteure aufgrund der Medienfreiheit ohnehin geringe Steuerungsmöglichkeiten besitzen, wurden mit einheitlichen Regelungen in den Staatsverträgen sowie im 2003 in Kraft getretenen Jugendschutzrecht erstmals Formen der Ko-Regulierung eingeführt. Es wird sich zeigen, ob sich diese Formen sowohl im Bereich des privaten Fernsehens („Freiwillige Selbstkontrolle Fernsehen“) und vor allem im Bereich der Onlineangebote („Freiwillige Selbstkontrolle Multimedia-Diensteanbieter“) bewähren (vgl. dazu Puppis et al. 2004).

Es fehlt – seit der eingeleiteten Deregulierungspolitik unter Kanzler Kohl – sowohl den Ländern wie auch dem Bund an politischen Zielvorstellungen, am politischen Willen und auch an Organisationen, die Probleme in der Phase der Ökonomisierung des Rundfunks zu bearbeiten. Im Ergebnis fehlen den für die Rundfunkregulierung zuständigen Bundesländern und ihren Landesmedienanstalten wirtschaftsrechtliche Kompetenzen, um mit dem Rundfunk als ökonomischem Gut angemessen umgehen und eine entsprechende Rundfunkordnung entwickeln zu können. Die föderale Struktur erweist sich bei der Problembearbeitung überdies als schwerfällig, zumal wenn die Länder untereinander in Konkurrenz um die Ansiedlung von Medienunternehmen treten. Zugleich haben die Konflikte zwischen Ländern und Bund um Regelungskompetenzen zugenommen und zu wenig überzeugenden Regulierungsansätzen geführt.

4 Europäisierung der Rundfunkpolitik

Die Europäische Union hat sich – sieht man einmal von dem stärker kulturelle Ziele verfolgenden Europarat ab – in den vergangenen Jahren zu einem wichtigen Regulierungsakteur vor allem im Fernsehsektor entwickelt, obwohl es in den europäischen Verträgen keine ausdrückliche Rundfunkkompetenz für die Gemeinschaft gibt (vgl. Dörr 2000: 67). Zum ersten Mal legte der Europäische Gerichtshof 1975 im sog. Saachi-Urteil fest, dass die Ausstrahlung von Fernsehsendungen als Dienstleistung im Sinne des EG-Vertrages anzusehen sei. Auch das Europäische Parlament unternahm einige rundfunkpolitische Anläufe wie etwa den Hahn-Bericht von 1982, in dem die Schaffung einer europäischen Fernsehanstalt und die Errichtung einer europäischen Rundfunkrahmenordnung gefordert wurden. Von grundlegender Bedeutung für die Rolle der EU im Rundfunkbereich ist aber vor allem die EG-Fernsehrichtlinie von 1989. In dieser Richtlinie begründet die EU ihre Zuständigkeit für den Fernsehbereich erstens mit dessen Eigenschaft als Dienstleistung im Sinne des EG-Vertrages („Die Fernsehtätigkeit stellt unter normalen Umständen eine Dienstleistung im Sinne des Vertrages dar“). Damit gilt auch für das Fernsehen, dass anknüpfend an Artikel 49 des EG-Vertrages die Beschränkungen des freien Dienstleistungsverkehrs innerhalb der Gemeinschaft verboten sind. Zweitens wird eine Zuständigkeit der Union mit den in der Konvention zum Schutz der Menschenrechte und Grundfreiheiten festgelegten Freiheiten der Meinungsäußerung begründet. Diese Freiheit impliziere eine Verpflichtung der EU, dafür Sorge zu tragen, dass sie auch bezogen auf die Ausstrahlung und Verbreitung von Fernsehprogrammen sichergestellt sei. Allerdings fehlt der EU ein übergreifender normativer Rahmen, solange die Grundrechtscharta als Teil der EU-Verfassung nicht in Kraft ist, wo die Pflicht der EU zur Wahrung der Medienfreiheit und zur Sicherung der Pluralität festgelegt wird. Bis jetzt kann die EU ihre Zuständigkeit somit faktisch nur auf ökonomischer Grundlage, vor allem mit der so genannten Dienstleistungsfreiheit, begründen.

Der Europäischen Union wird in der Literatur häufig eine Inkohärenz ökonomischer und kultureller Ordnungsziele vorgeworfen (vgl. u. a. Venturelli 1998: 188ff.; Levy 1999: 40; Kleinsteuber/Thomaß 1999: 1055 ff.). Die von einzelnen Akteuren innerhalb der EU verfolgten Ziele – Schaffung eines liberalisierten Binnenmarktes, Förderung der europäischen Kultur, Förderung der Kulturen innerhalb Europas – widersprechen sich in Teilbereichen. „The lack of any agreement between (and frequently within) the European institutions on the key purposes of intervention has been a major problem“ (Levy 1999: 58). Die Fernsehpolitik war und ist von einem grundsätzlichen Konflikt zweier Positionen geprägt, die mit Levy (1999) einerseits als dirigistisch und andererseits als deregulierend bezeichnet werden können. Die deregulierende Position werde dabei unter anderem von der Generaldirektion Binnenmarkt und in Teilen von der Generaldirektion Wettbewerb vertreten, während die Generaldirektion Bildung und Kultur eine eher dirigistische Politik verfolge (vgl. Levy 1999: 41). Auch die Kommission selbst ist sich darüber bewusst, dass neue Anforderungen an die Rundfunkregulierung, etwa durch die Digitalisierung, eine „genauere Festlegung von Grundsätzen und Zielen der Gemeinschaftspolitik“ erfordern (Europäische Kommission 1999: 10), mithin also erst gefunden werden müssen. „Die genauere Architektur eines europäischen dualen Systems zeigt sich […] noch nicht einmal in Ansätzen“ (Eifert/Hoffmann-Riem 1999: 112).

Da die EU ihre Kompetenzen für den Rundfunkbereich vorrangig aus einem angenommenen Dienstleistungscharakter des Rundfunks heraus ableitete, geriet sie mit einigen Mitgliedsstaaten in Konflikt über die Funktion vor allem des öffentlichen Rundfunks. Ein durchgehender Konfliktpunkt ist die Frage, ob die Finanzierung des öffentlichen Rundfunks über Empfangsgebühren als staatliche oder aus staatlichen Mitteln gewährte Beihilfe nach Artikel 87 EGV zu bewerten ist. Während des Gipfeltreffens in Amsterdam 1997 verständigten sich die Staats- und Regierungschefs der Mitgliedsländer darauf, dass die Finanzierung des öffentlichen Rundfunks mittels Gebühren nicht mit dem Gemeinschaftsrecht kollidiere.

Mit ihrem Entscheid, die Finanzierung des öffentlichen Rundfunks – den die EU-Kommission als staatliche bzw. als öffentliche Unternehmen ansieht – zu überprüfen und nach der Berechtigung von „Gebühren" zu fragen, haben Teile der EU-Kommission einen politischen Prozess initiiert, den sie gar nicht zu Ende führen können. So leitete die EU-Kommission erst jüngst ein Verfahren auch gegen den öffentlichen Rundfunk in der Bundesrepublik Deutschland unter Hinweis auf die „Transparenzrichtlinie" (Offenlegung von Finanzmitteln bei öffentlichen Unternehmen) ein. Die EU kann jedoch diese medien- bzw. rundfunkpolitische Frage, die sie selbst aufgeworfen hat, überhaupt nicht entscheiden, denn der Kommission fehlt die Kompetenz – und diese wird ihr auch von den Mitgliedsstaaten verwehrt –, Rahmenbedingungen wie einen „öffentlich-rechtlichen Auftrag" genauer zu definieren. So kann die Kommission für die Mitgliedsländer und ihre öffentlichen Rundfunkveranstalter immer nur Rechtsunsicherheit schaffen, aber kein eigenständiges Modell durchsetzen (vgl. unter anderem Harrison/Woods 2001: 409). Denn eine Mehrheit der Mitgliedsländer wehrt sich bislang erfolgreich dagegen, auf ihre nationalen Regelungskompetenzen im Rundfunkbereich zu verzichten. Für die Regulierung des Rundfunks auf nationaler Ebene setzt die EU gleichwohl wichtige Parameter fest, indem sie auf eine Vereinheitlichung der nationalen Steuerungen unter dem Leitbild eines liberalisierten Binnenmarktes drängt. Diese Aktivitäten wirken auf die bundesdeutsche Rundfunkpolitik erkennbar zurück: So wird diskutiert, ob die öffentlichen Rundfunkanstalten eine getrennte Buchhaltung bezüglich ihrer unterschiedlichen Aktivitäten zu führen haben. Und von den privaten Rundfunkunternehmen und ihren Verbänden werden die EU-Aktivitäten genutzt, um Präzisierungen beispielsweise bezüglich des Grundversorgungsauftrages der öffentlichen Rundfunkanstalten durchzusetzen.

Schließlich sind für die Regulierung im Bereich der Rundfunkkonzentration kartellrechtliche Entscheidungen der Europäischen Kommission von Bedeutung, so etwa die 1994 ausgesprochene Nichtgenehmigung der Gründung des Unternehmens MSG Media Services durch die Deutsche Telekom, Bertelsmann und die Kirch-Gruppe sowie die Aufstockung der Anteile von CLT-Ufa und Kirch am Pay-TV-Veranstalter Premiere 1998 (vgl. als Überblick Altes 2000). Weiter zu nennen wäre die Verabschiedung des „Grünbuchs" zur Konvergenz, mit dem die EU-Kommission 1997 eine intensive Auseinandersetzung mit dem Phänomen der Konvergenz stimulierte (vgl. Abschnitt 5). Hier zeigt sich, dass die EU zumindest in ausgewählten rundfunkökonomischen Bereichen in den nationalstaatlichen Kompetenzbereich – erfolgreich – eingegriffen hat. Am Beispiel der beiden Kartellentscheidungen durchaus „zum Wohle" des Marktes, denn die deutschen Entscheidungsträger hätten – im Sinne der Erhöhung der internationalen Wettbewerbsfähigkeit der eigenen Medienindustrie und auch aus partei- und machtpolitischen Kalkülen heraus – hier erwartbar anders agiert.

Die Rolle der Europäischen Union in der Medienpolitik kann somit dadurch charakterisiert werden, dass sie zunehmend eine relevante Arena bildet: beispielsweise für die kommerziellen Rundfunkanbieter, die sich auf nationaler Ebene mit ihrer Forderung nach einer geringeren Finanzierung des öffentlichen Rundfunks nicht durchsetzen konnten und ihre Interessen über den „Umweg Brüssel" durchzusetzen versuchen. Andere Akteure, wie etwa die öffentlichen Rundfunkveranstalter, versuchen dieser Arena fernzubleiben, weil sie die Zuständigkeit der EU – und damit die Legitimität der von ihr konstituierten medienpolitischen Arena – in Frage stellen. Die Europäische Union setzt damit vor allem im Fernsehsektor politische Prozesse in Gang, die dann zur Bildung solcher Arenen führen. Die Relevanz europäischer Rundfunkpolitik liegt derzeit im Prozess der Thematisierung und noch nicht in der eigentlichen Entscheidung (vgl. Donges 2002a; 2002b: 194 ff.). Auch Entscheidungen der WTO wirken auf die EU und damit auf die Nationalstaaten ein, wenngleich auch hier erst indirekte Effekte, so in Form von Verhandlungen und Diskussionen, auszumachen sind.

5 Konvergenz als zukünftiges medienpolitisches Regelungsfeld

Im Rahmen rundfunkpolitischer Diskussionen spielt der Begriff der Konvergenz eine zunehmend wichtigere Rolle. 1997 widmete die Europäische Kommission dem Phänomen ein „Grünbuch zur Konvergenz der Branchen Telekommunikation, Medien und Informationstechnologien und ihren ordnungspolitischen Auswirkungen“ und initiierte damit eine breit angelegte Diskussion um die Zukunft des Rundfunks und seiner Regulierung. Mit diesem „Grünbuch“ ist auch das Ziel der EU verbunden, über diesen Weg indirekt Einfluss auf die national regulierten öffentlichen Rundfunkveranstalter zu erhalten. Im EU-Grünbuch wird festgehalten, dass der Begriff der Konvergenz „nicht genau definierbar“ ist, im Allgemeinen aber beschrieben werden könne als „die Fähigkeit verschiedener Netzplattformen, ähnliche Arten von Diensten zu übermitteln“ (Konvergenz der Netze), oder „die Verschmelzung von Endgeräten wie Telefon, Fernseher und PC“ (Konvergenz der Endgeräte) (Europäische Kommission 1997). Damit wird Konvergenz im Wesentlichen in der technischen Dimension begriffen, die seither sowohl den politischen als auch den wissenschaftlichen Diskurs um das Phänomen dominiert. In dieser Dimension geht es im Wesentlichen um die Frage, wie sich die Medien durch die seit den 1980er Jahren fortschreitende Digitalisierung verändern, die es zum einen erlaubt, größere Datenmengen in kürzerer Zeit zu versenden, und die zum anderen die Trennung medialer Inhalte wie Text, Sprache, Bild oder Bewegtbild aufhebt und diese vermischt. Mit der technischen Konvergenz der Netze entfalle, so eine weit verbreitete These, die Grenze zwischen Fernmelde- und Rundfunksektor – sowie letztendlich die zwischen Individual- und Massenkommunikation –, da in konvergenten Netzen beides zugleich möglich sei (vgl. u.a. Meier 2000; Hoffmann-Riem/Schulz/Held 2000). Dieses vorrangig technische Argument übersieht jedoch, dass nicht jede technische Neuerung im Medienbereich von den Rezipienten und der Gesellschaft auch akzeptiert wird. Gerade der Bereich des Pay-TV zeigt, dass technisch durchaus interessante Möglichkeiten sich ökonomisch nicht rechnen, wenn sie aus Sicht des Rezipienten keinen Zusatznutzen darstellen (vgl. etwa Woldt 2004).

Die Frage nach der Einteilung neuer Angebote und Dienste stellt sich im Rahmen der Konvergenzdebatte bezüglich der so genannten regulativen Konvergenz, d.h. Vereinheitlichung der traditionell unterschiedlichen Regulierungsmodelle des Rundfunk- und Telekommunikationssektors. Die Europäische Kommission formulierte in ihrem „Grünbuch“ von 1997 drei „Optionen für den Übergang“, die die nachfolgende Diskussion um die Regulierungsoptionen wesentlich strukturierten. Die Mehrzahl der Mitgliedsstaaten der Europäischen Union sprach sich im Rahmen der Konsultation zum „Grünbuch“ für den Aufbau auf bestehenden Regulierungsstrukturen, d.h. Option 1 aus. Eine Kernaussage der Konsultation lautete, dass weiterhin eine Reihe öffentlicher Interessen gewahrt werden muss, während gleichzeitig Investitionen, insbesondere in neue Dienste, zu fördern sind. Auch sprachen sich die Votanten dafür aus, Medien und Inhalte getrennt und unter Berücksichtigung möglicher Wettbewerbsprobleme durch Verbindungen derselben zu regulieren. Dabei soll auch eine ausgewogene Lösung zur optimalen Integration des öffentlich-rechtlichen Rundfunks in das neue Umfeld gefunden werden, die Anstalten mit öffentlichem Sendeauftrag dazu ermutigen sollte, neue Technologien und Wege zum Erreichen ihres Publikums zu nutzen (vgl. Europäische Kommission 1999).

Die Einführung eines neuen Regulierungsmodells für alle Arten von Diensten (Option 3) wird vor allem von Medienunternehmen (oder von unternehmensnahen Stiftungen wie der Bertelsmann Stiftung) eingefordert, die in den so genannten Multimedia-Märkten tätig sind. Ihr Kernargument lautet: Wenn Anbieter audiovisuelle Inhalte über unterschiedliche technische Netze verteilen können, entfällt die „traditionelle" Aufteilung in Marktsektoren wie Rundfunk und Telekommunikation und damit letztlich auch zwischen Individual- und Massenkommunikation. Die bisherige Struktur einer unterschiedlichen Regulierung von Rundfunk und Telekommunikation führe dann zu einer Ungleichbehandlung der verschiedenen Anbieter je nach gewähltem Übertragungsweg, was sich sachlich nicht mehr rechtfertigen lasse: „Die Konvergenz digitaler Medien erfordert eine aufeinander abgestimmte Regulierung aller Medien- und Kommunikationsbereiche" (Bertelsmann Stiftung 2001: 65), eine „Technologiekonvergenz muss sich in der Technologieneutralität der Regulierung spiegeln" (ebd.: 66). Auf Seiten der Bundesländer stießen diese Vorschläge bislang, wohl nicht zuletzt auch aufgrund der Wahrung von Einflusssphären vor allem auf den öffentlichen Rundfunk und aufgrund der Besorgnis eines erwartbaren Kompetenzverlustes im Medien- und Kulturbereich, auf wenig Widerhall oder gar Zustimmung.

Dabei bedeutet Konvergenz weder notwendigerweise einen Regulierungsverzicht noch einen Wechsel von einer spezifischen Medienregulierung hin zu einer rein wettbewerbsrechtlichen Marktregulierung: „Eine solche – im politischen Raum vielfach geforderte – Entwicklung bedarf der politischen Entscheidung und ist nicht etwa die eindeutig vorgezeichnete (oder gar logische) Folge der gegenwärtigen Umbruchsituation" (Hoffmann-Riem/Schulz/Held 2000: 26-27). Es ergeben sich aber neue Anforderungen an die Ansatzpunkte politischer Steuerung und Regulierung. So kann aus der Konvergenz auch folgen, dass die Rundfunkpolitik sich auf andere Aktivitätsfelder erstrecken muss, etwa in vor- und nachgelagerten Bereichen der Rundfunkveranstaltung (vgl. Hoffmann-Riem/Schulz/Held 2000: 26). Damit entsteht unter anderem das Problem, wie die unterschiedlichen Märkte voneinander abzugrenzen sind und wie Anbieter- und Marktpositionen definiert werden können – ein Problem, das sich vor allem im Rahmen der Konzentrationskontrolle stellt.

6 Fazit: Kontinuitäten und Veränderungen in der nationalstaatlichen Medienpolitik

Die Medienpolitik in der Bundesrepublik Deutschland weist bei aller Fragmentierung des Politikfeldes einige charakteristische Kontinuitäten und Veränderungen auf. Beständig ist der Regulierungsverzicht im Pressesektor und neuerdings sogar die Bemühung, vorhandene Regelungen zur Beschränkung der Pressekonzentration aufzugeben. Dass dies möglich ist, liegt an der derzeit peripheren Lage der Pressepolitik in der politischen und gesellschaftlichen Wahrnehmung. Der Rundfunk ist bislang eine Domäne der Länder geblieben, und es wird von diesen anhaltend und erfolgreich versucht, den öffentlichen Rundfunk mittels Personalpolitik in den Gremien und dadurch mittelbar die Programmproduktion zu beeinflussen. Vor allem die Entscheidung über die Finanzierung des öffentlichen Rundfunks sowie die Bestimmung oder Beeinflussung der personellen Besetzung der Leitungsebene des öffentlichen Rundfunks – wie aber auch bei den Regulierungsbehörden für den privaten Rundfunk (Landesmedienanstalten) – durch politische Akteure bildet ein Einfallstor für parteipolitisch motivierte Personalentscheidungen. Während in der Pressepolitik mit zeitlich befristeten Kommissionen gearbeitet wurde, sind für die Regulierung des Rundfunks zwischen den Ländern Verhandlungssysteme institutionalisiert und eigenständige Akteure implementiert worden. Mit letzteren Akteuren bilden sich Strukturen partiell außerhalb des engeren staatlichen Bereichs aus, deren Bedeutung für die zukünftige Gestaltung und Regulierung nicht unterschätzt werden sollte (Governance-Konzepte). So haben die Regulierungsbehörden im Bereich beispielsweise des Jugendschutzes neue Aufgaben erhalten und übernehmen diese in Form von Modellen der Ko-Regulierung. Formen der prozeduralen Regulierung gewinnen zugleich an Bedeutung. Allerdings ist der gesamte medienpolitische Bereich nur schwach durch zivilgesellschaftliche Akteure gestützt. Sie wären aber eine zentrale Voraussetzung, wenn verstärkt Formen der Selbstverantwortung oder Modelle der Ko-Regulierung implementiert werden sollen.

Verändert haben sich im Zuge der Ökonomisierung der Medien insgesamt das Leitbild und damit auch die Arenen sowie die Akteursstruktur. Vor allem der Rundfunk- und der Onlinebereich werden immer weniger unter publizistischen, sondern zunehmend unter ökonomischen Aspekten betrachtet und folglich auch reguliert. Neue elektronische Formen ermöglichen zunehmend individualisierte Nutzungsformen (Individualkommunikation). Nicht zuletzt auch durch den zunehmenden Einfluss internationaler Akteure auf die elektronischen Vermittlungsformen dürfte sich der Prozess des Leitbildwandels in der Medienpolitik insgesamt beschleunigen: Medien gelten als Wirtschaftsgut. Die eigenständigen und egoistischen Machtziele der nationalen politischen Akteure führen unter den Konkurrenzbedingungen (zwischen den Ländern, zwischen Ländern und Bund wie auch auf der internationalen Ebene) dazu, dass aus demokratietheoretischer Perspektive als notwendig und begründet anzusehende konzentrationsrechtliche Maßnahmen unterbleiben.

Der europäische Integrationsprozess wie auch die Neudefinition von Rundfunkprogrammen durch internationale Akteure (WTO) könnten die medien- und vor allem die rundfunkpolitische Arena wesentlich verändern und die Formen des kooperativen Föderalismus in der Bundesrepublik in diesem Politikfeld umgestalten. Die EU bildet gegenwärtig eher eine Arena, in der politische Prozesse angestoßen und ausgetragen werden, ohne dass es bislang zu relevanten Entscheidungen mit Rückwirkungen auf die nationale Ebene gekommen ist. Durch die Internationalisierung des ökonomisch wie technisch konvergierenden Telekommunikations- und Kommunikationssektors ist aber erwartbar, dass neue ordnungspolitische Konzepte und auch neue Kompetenzabgrenzungen verhandelt werden müssen.

7 Literatur

Altes, Bärbel, 2000: Paradigmenwechsel in der europäischen Fusionskontrolle? Steigende Medienkonzentration in Deutschland und Europa: Gefahr für den Pluralismus, in: Media Perspektiven 11: 482-490.

Bertelsmann Stiftung, 2001: Kommunikationsordnung 2010. Ein Zukunftspapier der Bertelsmann Stiftung. Gütersloh.

Donges, Patrick, 2002a: Gibt es eine europäische Rundfunkpolitik?, in: Lutz M. Hagen (Hrsg.): Europäische Union und mediale Öffentlichkeit. Theoretische Perspektiven und Befunde zur Rolle der Medien im europäischen Einigungsprozess. Köln, 64-76.

Donges, Patrick, 2002b: Rundfunkpolitik zwischen Sollen, Wollen und Können. Eine theoretische und komparative Analyse der politischen Steuerung des Rundfunks. Wiesbaden.

Dörr, Dieter, 2000: Europäische Medienordnung und -politik, in: Hans-Bredow-Institut (Hrsg.): Internationales Handbuch für Hörfunk und Fernsehen 2000/2001. Baden-Baden, 65-88.

Dörr, Dieter, 2004: Die europäische Medienordnung, in: Hans-Bredow-Institut (Hrsg.): Internationales Handbuch Medien 2004/2005. Baden-Baden, 40-77.

Dörr, Dieter, 2005: Öffentlich-rechtlicher Rundfunk und die Vorgaben des Europarechts, in: Media Perspektiven 7: 333-342.

EG-Fernsehrichtlinie, 1989: Richtlinie 89/552/EWG des Rates vom 3. Oktober 1989 zur Koordinierung bestimmter Rechts- und Verwaltungsvorschriften der Mitgliedstaaten über die Ausübung der Fernsehtätigkeit, Amtsblatt Nr. L 298 vom 17/10/1989, 23-30, abrufbar unter: http://europa.eu.int/eur-lex/de/lif/dat/1989 /de_389L0552.html.

Eifert, Martin/Hoffmann-Riem, Wolfgang, 1999: Die Entstehung und Ausgestaltung des dualen Rundfunksystems, in: Dieter Schwarzkopf (Hrsg.): Rundfunkpolitik in Deutschland. Wettbewerb und Öffentlichkeit. Band 2. München, 50-116.

Ellwein, Thomas, 1974: Kommunikationspolitik ohne Konzept, in: Ralf Zoll (Hrsg.): Manipulation der Meinungsbildung. Zum Problem hergestellter Öffentlichkeit. Opladen, 135-163.

Europäische Kommission, 1997: Grünbuch zur Konvergenz der Branchen Telekommunikation, Medien und Informationstechnologie und ihren ordnungspolitischen Auswirkungen. Ein Schritt in Richtung Informationsgesellschaft (KOM-(97) 623). Brüssel.

Europäische Kommission, 1999: Mitteilung an das Europäische Parlament, den Rat, den Wirtschafts- und Sozialausschuß und den Ausschuß der Regionen. Die Konvergenz der Branchen Telekommunikation, Medien und Informationstechnologie und ihre ordnungspolitischen Auswirkungen. Ergebnisse der öffentlichen Konsultation zum Grünbuch KOM(1999)108 final. Brüssel.

Hamm, Ingrid/Hart, Thomas (Hrsg.), 2001: Kommunikationsordnung 2010. Märkte und Regulierung im interaktiven Zeitalter. Gütersloh.

Harrison, Jackie/Woods, Lorna M, 2001: Defining European Public Service Broadcasting, in: European Journal of Communication 16: 477-504.

Held, Thorsten/Schulz, Wolfgang, 1999: Überblick über die Gesetzgebung für elektronische Medien von 1994 bis 1998: Aufbau auf bestehenden Regelungsstrukturen, in: Rundfunk und Fernsehen 47: 78-117.

Hoffmann-Riem, Wolfgang/Schulz, Wolfgang/Held, Thorsten, 2000: Konvergenz und Regulierung. Optionen für rechtliche Regelungen und Aufsichtsstrukturen im Bereich Information, Kommunikation und Medien. Baden-Baden.

Holtz-Bacha, Christina, 1998: Redaktionsstatuten. Eine Bilanz nach 30 Jahren, in: Wolfgang Duchkowitsch u. a. (Hrsg.): Journalismus als Kultur. Opladen, 73-81.

Jarren, Otfried, 1994: Medien- und Kommunikationspolitik in Deutschland. Eine Einführung anhand ausgewählter Problembereiche, in: Otfried Jarren (Hrsg.): Medien und Journalismus. Band 1. Opladen, 108-146.

Jarren, Otfried, 1998: Medienpolitische Kommunikation, in: Otfried Jarren/Ulrich Sarcinelli/Ulrich Saxer (Hrsg.): Politische Kommunikation in der demokratischen Gesellschaft. Ein Handbuch mit Lexikonteil. Opladen/Wiesbaden, 616-629.

Jarren, Otfried/Donges, Patrick, 1997: Ende der Massenkommunikation – Ende der Medienpolitik?, in: Hermann Fünfgeld/Claudia Mast (Hrsg.): Massenkommunikation. Ergebnisse und Perspektiven. Opladen, 231-252.

Jarren, Otfried/Donges, Patrick, 2000: Medienregulierung durch die Gesellschaft? Eine steuerungstheoretische und komparative Studie mit Schwerpunkt Schweiz. Wiesbaden.

Jarren, Otfried/Schulz, Wolfgang, 1999: Rundfunkaufsicht zwischen Gemeinwohlsicherung und Wirtschaftsförderung, in: Dieter Schwarzkopf (Hrsg.): Rundfunkpolitik in Deutschland. Wettbewerb und Öffentlichkeit. Band 2. München, 117-148.

Jarren, Otfried/Zielmann, Sarah, 2005: Ausblick: Institutionalisierungsmöglichkeiten der Medienkritik, in: Ralph Weiss (Hrsg.): Zur Kritik der Medienkritik. Berlin, 549-568.

Kleinsteuber, Hans J./Thomaß, Barbara, 1999: Der deutsche Rundfunk auf internationaler Ebene, in: Dieter Schwarzkopf (Hrsg.): Rundfunkpolitik in Deutschland. Wettbewerb und Öffentlichkeit. Band 2. München, 1008-1071.

Kommission zur Ermittlung der Konzentration im Medienbereich (KEK), 2004: Siebter Jahresbericht. Berichtszeitraum 1. Juli 2003 bis 30. Juni 2004. Potsdam.

Kommission zur Ermittlung des Finanzbedarfs der Rundfunkanstalten (KEF), 2003: 14. KEF-Bericht. Mainz.

Levy, David A., 1999: Europe's Digital Revolution. Broadcasting regulation, the EU and the nation state. London/New York.

Meier, Werner A., 2000: Was macht die Publizistik- und Kommunikationswissenschaft mit der Konvergenz?, in: Michael Latzer u.a. (Hrsg.): Die Zukunft der Kommunikation. Phänomene und Trends in der Informationsgesellschaft. Innsbruck/Wien, 29-42.

Meier, Werner A./Trappel, Josef, 2002: Media Governance. Wirkungsvolle Instrumente zur gesellschaftlichen Debatte von Medienkonzentration und Medienmacht?, in: Medienwissenschaft Schweiz 1: 66-73.

Pawels, Caroline/Loisen, Jan, 2004: Von GATT zu GATS und darüber hinaus, in: Media Perspektiven 10: 489-499.

Puppis, Manuel/Künzler, Matthias/Schade, Edzard/Dörr, Bianka/Ledergerber, Andreas/Vogel, Martina, 2004: Selbstregulierung und Selbstorganisation. Zürich: Manuskript (Schlussbericht zuhanden des Bundesamtes für Kommunikation, BAKOM).

Röper, Horst, 2004a: Bewegung im Zeitungsmarkt 2004. Daten zur Konzentration der Tagespresse in der Bundesrepublik Deutschland im I. Quartal 2004, in: Media Perspektiven 6: 268-283.

Röper, Horst, 2004b: Formationen deutscher Medienmultis 2003. Entwicklung und Strategien der größten deutschen Medienunternehmen, in: Media Perspektiven 2: 54-80.

Rühl, Manfred, 1973: Politik und öffentliche Kommunikation. Auf dem Wege zu einer Theorie der Kommunikationspolitik. Franz Ronneberger zum 60. Geburtstag, in: Publizistik 18: 5-25.

Saxer, Ulrich, 1981: Medienpolitik zwischen Selbständigkeit und Überfremdung, in: Media Perspektiven 8: 589-605.

Schneider, Beate, 1992: Die ostdeutsche Tagespresse – eine (traurige) Bilanz, in: Media Perspektiven 7: 428-441.

Schuler-Harms, Margarete, 2000: Die Rundfunkordnung der Bundesrepublik Deutschland, in: Hans-Bredow-Institut (Hrsg.): Internationales Handbuch für Hörfunk und Fernsehen 2000/2001. Baden-Baden, 139-159.

Schulz, Wolfgang (Hrsg.), 2002: Staatsferne der Aufsichtsgremien öffentlich-rechtlicher Rundfunkanstalten. Materialien zur Diskussion um eine Reform. Hamburg.

Schütz, Walter J., 1979: Kaum noch Objekte für die Pressekonzentration?, in: Media Perspektiven 9: 600-612.

Stock, Martin, 1997: Medienpolitik auf neuen Wegen – weg vom Grundgesetz? Das duale Rundfunksystem nach der staatsvertraglichen Neuregelung (1996), in: Rundfunk und Fernsehen 45: 141-172.

Venturelli, Shalini, 1998: Liberalizing the European Media. Politics, Regulation, and the Public Sphere. Oxford.

Vowe, Gerhard, 2000: Medienpolitik. Eine systematische Einführung. II: Pressepolitik in Deutschland. Ein systematischer Überblick. Ilmenau (Manuskript).

Vowe, Gerhard, 2003: Medienpolitik – Regulierung der medialen öffentlichen Kommunikation, in: Günter Bentele/Hans-Bernd Brosius/Otfried Jarren (Hrsg.): Öffentliche Kommunikation. Handbuch Kommunikations- und Medienwissenschaft. Wiesbaden, 210-227.

Wiek, Ulrich, 1996: Politische Kommunikation und Public Relations in der Rundfunkpolitik. Berlin.

Woldt, Runar, 2002: Konturen des digitalen Kabelmarktes. Sind Vielfalt und offener Zugang gewährleistet?, in: Media Perspektiven 1: 34-49.

Woldt, Runar, 2004: Notwendige Konsolidierung oder gefährliche Monopolbildung? Kabelindustrie plant eine (Re-)Konzentration mit problematischen Konsequenzen, in: Media Perspektiven 6: 261-267.

18. Umweltpolitik – auf dem Wege zur Querschnittspolitik

Martin Jänicke

1 Einleitung

Umweltschutz ist die Summe aller organisierten Handlungen zur Ermittlung und Lösung von Umweltproblemen. Umweltpolitik ist derjenige Teil dieser Handlungen, an denen staatliche Akteure – ausschließlich oder teilweise, national oder international – beteiligt sind. Dieses neue Politikfeld hat sich in den wirtschaftlich entwickelten Ländern als Reaktion auf die massiven Probleme eines hohen, umweltintensiven Industriewachstums zu Beginn der 1970er Jahre herausgebildet. Inzwischen hat sich Umweltpolitik weltweit verbreitet. Heute bestehen in über 100 Ländern Umweltministerien. Die Mehrheit der Länder hat den Umweltschutz in der Verfassung verankert. Zugleich vollzieht sich Umweltpolitik auch auf lokaler, regionaler und europäischer Ebene sowie im globalen Kontext. Auch hier ist eine Vielzahl von Institutionen entstanden, deren Tätigkeitsfeld der Umweltschutz ist.

Abbildung 18.1: Dimensionen umweltpolitischer Steuerung

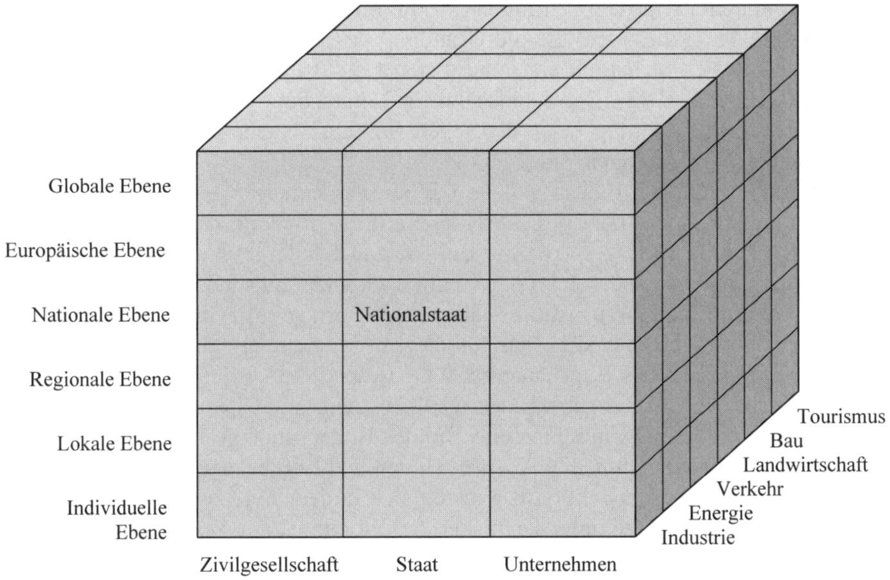

Abb. 18.1 (nach Jänicke/Joergens 2004) stellt drei Dimensionen der Umweltpolitik dar: (1) die Dimension der politischen Handlungsebenen (global-lokal), (2) die Dimension der Akteure (staatliche und nichtstaatliche Akteure) und (3) die Dimension der umweltintensiven Sektoren (Industrie-Tourismus). Alle Akteurstypen sind prinzipiell auf allen Handlungsebenen vorfindbar. Die Komplexität umweltpolitischer Mehrebenen- und Mehrsektorensteuerung wird zusätzlich deutlich, wenn über die Darstellung hinaus auch die Unterschiedlichkeit der möglichen Beziehungen zwischen den Teilen des Würfels in Rechnung gestellt wird: der a) einseitigen Einwirkung von staatlichen Akteuren auf Private (hierarchische Steuerung), von Privaten auf den Staat (z.B. als „Capture" durch Zielgruppen) oder von zivilgesellschaftlichen Akteuren auf Unternehmen (z.B. als Boykott) steht b) die Kooperation als Beziehungsoption privater wie staatlicher Akteure gegenüber.

2 Allgemeine Entwicklung der deutschen Umweltpolitik

Deutschland ist ein Industrieland, dessen umweltintensivste Sektoren (wie Energie, Straßenverkehr, Chemie, Bau) in der Nachkriegszeit ein besonders hohes Wachstum aufwiesen. Die mit dieser Entwicklung verbundenen Umweltprobleme hatten sich dementsprechend ähnlich zugespitzt wie in anderen hochentwickelten Industrieländern. Die Einführung des neuen Politikfeldes „Umweltpolitik" durch die Regierung Brandt/Scheel erfolgte dennoch eher überraschend.

Die *Institutionalisierung* des neuen Politikfeldes begann mit der Einführung der Bundeskompetenz für wichtige Bereiche des Umweltschutzes (ohne den Natur- und Gewässerschutz), der Gründung des Umweltbundesamtes (1974) und paralleler Einrichtungen wie des Sachverständigenrats für Umweltfragen (1971). Im Gegensatz zu anderen Industrieländern – und selbst der DDR – erfolgte die Gründung des Bundesministeriums für Umwelt, Naturschutz und Reaktorsicherheit erst relativ spät (1986) im Zeichen des Reaktorunfalls von Tschernobyl (Pehle 1998). Das Bundesamt für Naturschutz wurde erst 1993 eingerichtet. 2001 führte die Einführung einer deutschen Strategie Nachhaltiger Entwicklung zur Gründung weiterer Einrichtungen (s.u.).

Wie in einigen anderen Industrieländern gehen *gesetzliche Regelungen* zur Luftreinhaltung und zum Gewässerschutz in Deutschland auf das 19. Jahrhundert zurück. Der Naturschutz wurde bereits 1935 gesetzlich verankert, und Ländergesetze zur Luftreinhaltung bestanden bereits in den 1960er Jahren. Wichtige Gesetze entstanden aber erst mit dem Start der neuen Politik und ihrer institutionellen Verankerung auf Bundesebene nach 1969: das Abfallbeseitigungsgesetz (1972), das für die Luftreinhaltung zentrale Bundes-Immissionsschutzgesetz (1974), das Bundesnaturschutzgesetz (1976), das (neugefasste) Wasserhaushalts- und das Abwasserabgabengesetz (1976) sowie das Chemikaliengesetz (1980). Das mit großer Verzögerung beschlossene Bundes-Bodenschutzgesetz (1998) bildet das letzte wichtige auf die Umweltmedien Wasser, Boden und Luft bezogene Gesetz.

Die Entwicklung der Umweltpolitik vollzog sich in der Folge zunehmend in der Fortschreibung und Ausdifferenzierung der bisherigen Gesetzgebung und in der Übernahme von EU-Recht. Mit dem Kreislaufwirtschafts- und Abfallgesetz (1994) wurden Grundsätze der Vermeidung und Verwertung in das Zentrum der Abfallpolitik gerückt. Die lange Zeit vertagte Modernisierung des Bundesnaturschutzgesetzes (2002) verankerte unter anderem die Verbandsklage für Umweltverbände und den systematischen Ausbau von zusammenhängenden Naturschutzflächen zur Sicherung wertvoller Biotope im Sinne des EU-Programms „Natura 2000". Einen Bruch mit der bisherigen Politik stellte die gesetzliche Regelung von 2002 zum Ausstieg aus der Atomenergie dar.

Wie in anderen Industrieländern unterlagen auch die *Steuerungsformen* der deutschen Umweltpolitik seit 1970 einem starken Wandel. War die Umweltpolitik zunächst ausschließliche Tätigkeit des Staates, so hat sich das Spektrum der beteiligten Akteure immer weiter ausdifferenziert: Neben der Vielzahl der Handlungsebenen (global, europäisch, national, regional, kommunal) geht es heute um die breite Beteiligung wichtiger organisierter Interessen (sog. Stakeholder). Das gilt zum einen für die stärkere Eigenverantwortung von Unternehmen, ohne die beispielsweise ein innovationsorientierter Umweltschutz undenkbar ist. Zum anderen geht es bei der Ausweitung des Akteursspektrums um die Verbreiterung der gesellschaftlichen Basis, auf die eine anspruchsvolle, in Interessenlagen eingreifende Umweltpolitik angewiesen ist. Umweltpolitische Steuerung (environmental governance) vollzieht sich daher verstärkt in Kooperationsbeziehungen, oft in einem breiten Netzwerk staatlicher und nichtstaatlicher Akteure (Jänicke/Joergens 2004).

Auch das *Instrumentarium* der Umweltpolitik ist immer vielfältiger geworden. Standen zunächst hoheitliche Rechtssetzungen mit verbindlichen Standards, Genehmigungsverfahren sowie Ge- und Verboten („command and control") im Vordergrund, so zeigte sich, dass die rasch wachsende Dichte dieses Regelungstyps den Staat und auch die Folgebereitschaft der von Regelungen betroffenen Politikadressaten zu überfordern drohte. Regulative Instrumente, die größere Anpassungsspielräume zulassen und mehr Eigenverantwortlichkeit der Verursacher mobilisieren, erhielten daher eine zunehmende Bedeutung. Das gilt etwa für den Emissionshandel im Klimaschutz, der verbindliche Obergrenzen für den Schadstoffausstoß voraussetzt, aber flexible Anpassung ermöglicht. Das mittlerweile häufig nachgeahmte deutsche Instrument der Einspeisevergütung für Strom aus erneuerbaren Energien ist ein anderes Beispiel. Die anhaltende Bedeutung verbindlicher staatlicher Regelungen wird auch an der Tatsache erkennbar, dass sich neue Instrumente dieses Typs – allerdings solche mit hoher Flexibilität – international ausbreiten. Ein besonders eindrucksvolles Beispiel ist der japanische Top-Runner-Ansatz, bei dem für 20 energieverbrauchende Geräte das jeweils sparsamste – der Top Runner – zeitversetzt zum verbindlichen Maßstab erhoben wird. Hier zeigt sich zugleich, dass die Bedeutung nationalstaatlichen Pionierverhaltens in der globalen Entwicklung von Umweltpolitik keineswegs nachgelassen hat. Moderne Umweltpolitik steuert in aller Regel über einen Instrumenten-Mix bzw. über strategische, überprüfbare Zielvorgaben (etwa im Klimaschutz), die mit flexiblem Instrumenteneinsatz verfolgt werden. Das „harte" Instrumentarium behält dabei seine Bedeutung – nicht zuletzt als Garant dafür, dass „weichere" Instrumente tatsächlich Wirkungen erzielen.

3 Umweltpolitik im Wechsel der Regierungen

Kontinuität und Diskontinuität der umweltpolitischen Entwicklung sind naturgemäß stark von Regierungswechseln bestimmt. Dabei zeigt sich in der Bundesrepublik eine markante Pfadabhängigkeit dieser – zumeist parteiübergreifend – getragenen Entwicklung. Umweltpolitische Innovationen waren aber fast durchgängig mit Regierungswechseln verbunden. Von Anfang an war die umweltpolitische Entwicklung auch in einen internationalen Kontext eingebunden. Internationale Vorgaben wie etwa die der UN-Konferenz in Stockholm

(1972) und ein von Pionierländern wie den USA, Schweden oder auch Japan ausgehender Prozess des lesson-drawing (Rose 1993) und der Politikdiffusion (Kern 2000, Tews/Jänicke 2005) spielten dabei eine wesentliche Rolle.

3.1 Die Regierung Brandt-Scheel

In den meisten Industrieländern ist Umweltpolitik zu Beginn der 1970er Jahre in einem politischen Reformschub etabliert worden (auch das Wort kam in dieser Zeit erst auf). In der Bundesrepublik war dieser Schub mit einem Machtwechsel verbunden und vermutlich auch deshalb so ausgeprägt.

Der umweltpolitische Start begann mit der Regierungserklärung von Bundeskanzler Brandt (1969). Der Aufbau der neuen Politik wurde danach umgehend mit einem Sofortprogramm (1970) in Angriff genommen, dem schon ein Jahr später ein anspruchsvolles Umweltprogramm mit einem detaillierten Gesetzgebungsfahrplan und konkreten Zielvorgaben folgte (Müller 1995, Bauer 2004, Hünemörder 2004). Die Politikinnovation erfolgte eindeutig von oben („top-down") als Regierungsakt („inside initiative") ohne vorgängige politische Mobilisierung; sie hatte auch im Wahlkampf kaum eine Rolle gespielt. Dass Umweltpolitik als eine Form der wirtschaftlichen Modernisierung – nach amerikanischem Vorbild – verstanden und bis zur Ölkrise (1973) auch bereitwillig akzeptiert wurde, erleichterte den umweltpolitischen Innovationsprozess. Ebenso kam letzterem der Umstand zugute, dass der für Umweltfragen zuständige Innenminister Genscher zugleich Vizekanzler und Vorsitzender des kleinen Koalitionspartners war.

Die Gegenbewegung begann mit der Ölkrise, die 1974/75 zu einer rezessiven Wirtschaftsentwicklung führte und auch den Wechsel von Brandt zu Schmidt (1974) mit beeinflusste. Jetzt erst bildeten die Bürgerinitiativen eine politische Kraft als Opposition. Paradoxerweise wurden nun die ehrgeizigen Ziele eingefordert, die zuvor die Regierung Brandt/Genscher verkündet hatte (Jänicke et al. 2003, vgl. auch Schreurs 2002).

3.2 Die Regierung Kohl

Nach einer umweltpolitischen Stagnationsphase insbesondere am Ende der Regierung Schmidt startete die christlich-liberale Bundesregierung unter Helmut Kohl wider Erwarten unmittelbar nach ihrem Wahlerfolg 1983 mit einer massiven Luftreinhaltepolitik. Mit der Großfeuerungsanlagenverordnung (1983) wurden unter Innenminister Zimmermann (CSU) radikale Emissionsminderungen bei Kraftwerken und Fahrzeugen eingeleitet, die zwar in Japan bereits sehr viel früher verwirklicht worden waren, Deutschland in Europa aber zum Vorreiter der Luftreinhaltepolitik machten.

Zwei Faktoren haben diesen umweltpolitischen Innovationsschub begünstigt: Zum einen führte der Wahlerfolg der Partei „Die Grünen" auf der Bundesebene rasch zu einer Verankerung des Umweltschutzes im Parteiensystem der Bundesrepublik. Bemerkenswert ist hieran, dass der Einfluss der grünen Partei in diesem Fall nicht auf einer Regierungsbeteiligung beruhte. Zum anderen hatte das Waldsterben in der Bevölkerung insgesamt zu einer Begünstigung des Themas der Luftreinhaltung geführt. Der Regierungswechsel bot vor diesem Hintergrund die Chance eines Neuanfangs, der zugleich ein hohes Maß an Handlungsfähigkeit demonstrierte.

In der Amtszeit von Umweltminister Klaus Töpfer (1987-94) wurde die deutsche Vorreiterrolle in der Umweltpolitik weiter ausgebaut. Dies gilt für das 1994 beschlossene Kreislaufwirtschafts- und Abfallgesetz. Auch die – seit 1987 durch eine Enquête-Kommission des Deutschen Bundestages vorbereitete – Klimaschutzpolitik der Regierung Kohl setzte internationale Maßstäbe. Ebenso können Folgemaßnahmen wie die Einspeisevergütung für Strom aus Alternativenergien (1990) international als weitgehend angesehen werden.

Spätestens mit der Regierungsneubildung nach der Bundestagswahl von 1994 war allerdings eine deutliche Rückwärtsentwicklung der deutschen Umweltpolitik zu verzeichnen. Sie wurde unter anderem an der Einschränkung der Bürgerbeteiligung bei Genehmigungsverfahren erkennbar. Die Bundesrepublik gehörte auch zu den letzten Industrieländern, die eine formelle Strategie nachhaltiger Entwicklung im Sinne der in Rio de Janeiro (1992) beschlossenen Agenda 21 vorlegten. Und diese war auch nur der „Entwurf" eines umweltpolitischen Schwerpunktprogramms, der vom Kabinett nicht verabschiedet worden war. Auch die zunehmende Opposition gegen eine CO_2-Energiesteuer, für die es zeitweise immerhin einen parteiübergreifenden Konsens gegeben hatte, kennzeichnete diese eher rückläufige Konjunktur der deutschen Umweltpolitik. Hinzu traten zunehmende Widerstände bei der Umsetzung von EG-Richtlinien (etwa der Flora-Fauna-Habitat-Richtlinie von 1992). Immer häufiger drohten der Bundesregierung Sanktionsmaßnahmen der EU als Folge der Nichtumsetzung von Umweltschutzregelungen.

Diese Rückschritte waren weniger dem Ministerwechsel von Töpfer zu Merkel als der Tatsache zuzuschreiben, dass sich die gesellschaftlichen und politischen Prioritäten nach der deutschen Einigung und der mit ihr verbundenen ökonomischen Probleme zu Lasten des Umweltschutzes verschoben. Die Veränderung gegenüber den 1980er Jahren war offensichtlich. Immerhin war die Regierung Kohl Ende 1982 im Zeichen einer öffentlichen Alarmierung im Zeichen des Waldsterbens angetreten. Wenige Jahre später schuf die Gleichzeitigkeit von Atomdiskussion (Tschernobyl) und Klimadebatte gute Voraussetzungen für eine ambitionierte Umweltpolitik. Diese günstigen Rahmenbedingungen bestanden nach der deutschen Einigung und der gleichzeitigen Wirtschaftsflaute Anfang der 1990er Jahre nicht fort, ungeachtet der Tatsache, dass die politische Umwälzung in der DDR ganz wesentlich auch von Umweltgruppen mit getragen worden war.

Eine weitere Ursache des Wandels nach 1994 kann als wahrscheinlich gelten: Gerade die „Ära Töpfer" führte im Bereich der sichtbaren, am stärksten politisierten Umweltprobleme zu einer Reihe von Verbesserungen – und damit auch zu einem gewissen Entwarnungseffekt. Nicht zuletzt in den neuen Bundesländern mit ihren gravierenden Umweltproblemen führten massive Anstrengungen zu deutlichen Umweltentlastungen. Die gleichzeitig massiv ansteigende Arbeitslosigkeit führte aber gerade dort zu einer raschen Verschiebung der Prioritäten.

3.3 Die rot-grüne Koalition

Die im Herbst 1998 ins Amt gekommene rot-grüne Bundesregierung versuchte unter den genannten eher restriktiven Rahmenbedingungen, umweltpolitisch neue Zeichen zu setzen.

Der Einstieg in eine ökologische Steuerreform wurde ebenso wie das Gesetz zum Vorrang Erneuerbarer Energien (EEG) bereits 1998 beschlossen, beide als Teil eines anspruchsvollen Klimaschutzprogramms. Auch der schrittweise Ausstieg aus der Kernenergie wurde unmittelbar nach dem Regierungswechsel eingeleitet, nach intensiven „Konsensgesprächen" mit der Stromwirtschaft aber erst 2002 gesetzlich festgelegt. Die Einführung einer formellen Nachhaltigkeitsstrategie (2000) war eher eine international vorgegebene Maßnahme. Zu ihren konkreten Zielvorgaben gehört auch das bereits unter der Umweltministerin Merkel vorgeschlagene anspruchsvolle Ziel, den täglichen Flächenverbrauch der Bundesrepublik von 131 ha (1998) auf 30 ha (2020) zu begrenzen (UBA 2005: 213). Die unter früheren Regierungen immer wieder zurück gestellte Novellierung des Naturschutzgesetzes (2002) stellte eines der wichtigen Vorhaben der rot-grünen Bundesregierung dar. Den Umweltverbänden wurde die Möglichkeit einer Verbandsklage (auf Bundesebene) eingeräumt, „mindestens 10 Prozent der Landesfläche" (§ 3) wurden als Biotopverbund im Sinne des europäischen ökologischen Netzes NATURA 2000 vorgesehen.

Die überraschende Wiederwahl der rot-grünen Koalition im Herbst 2002 wird – neben der Ablehnung des Irakkriegs – auch der situativen Konstellation im Zeichen der Flutkatastrophe im Sommer desselben Jahres zugeschrieben. Die zweite rot-grüne Regierung stand aber in so hohem Maße unter dem Druck einer mehrjährigen wirtschaftlichen Stagnation, dass umweltpolitische Akzente bis zur Neuwahl 2005 kaum noch gesetzt werden konnten. Der umstrittene Allokationsplan für den EU-rechtlich fixierten Emissionshandel für Kohlendioxid (2004) war zwischen den Koalitionsparteien ebenso umstritten wie die ambitionierte neue Chemikalienpolitik der EU (REACH).

Insgesamt hat die rot-grüne Regierung vor allem in der Energiepolitik deutliche umweltpolitische Akzente setzen können. Die parteiübergreifend getragene Klimapolitik der Regierung Kohl ergab einen Kontinuitätsrahmen, der für weitergehende Ziele optimal genutzt werden konnte. Vor allem beim Neue-Energien-Gesetz (2000, 2004), wurde, gestützt auf eine breite Allianz von Umwelt- und Wirtschaftsverbänden, der eher begrenzte Handlungsrahmen der Koalition voll ausgeschöpft. Die in § 1 vorgesehene Erhöhung des Anteils erneuerbarer Energien an der Stromerzeugung auf 12,5 Prozent bis 2010 ist mit über 10 Prozent im Jahre 2005 überraschend schnell vorangekommen. Ursache war ein Boom bei den alternativen Energien (Wind, Photovoltaik, Biomasse, Geothermie). Dieser hatte auch einen internationalen Demonstrationseffekt, den die internationale Konferenz „renewables2004" in Bonn gezielt verstärkte: 18 europäische Länder, aber auch Indien und Brasilien haben das deutsche Instrument der obligatorischen Einspeisevergütung für Strom aus erneuerbaren Energien übernommen. Zusammen mit der Förderung der Kraft-Wärme-Kopplung und der Öko-Steuer sind dies Maßnahmen, die das deutsche Kyoto-Ziel (Verringerung der wichtigsten sechs Treibhausgase gegenüber 1990 um 21 Prozent bis 2008/12) realisierbar erscheinen lassen. Bis 2003 wurden 18,5 Prozent erreicht (Bundesregierung 2005).

Die rot-grüne Bundesregierung war jedoch auch an einer zweiten Front der Umweltpolitik im internationalen Vergleich erfolgreich: Die ökologische Modernisierung der Industrie ist erheblich fortgeschritten und die dazu notwendige Integration von Umweltbelangen in die umweltrelevanten Politiken (Energie, Verkehr, Industrie, Landwirtschaft, Bauwirtschaft) ist seit 1998 ebenfalls deutlich vorangekommen (vgl. Kap. 5). Das Konzept einer „ökologischen Modernisierung" (Jänicke 1984, SRU 2002) wurde als innovations- und beschäftigungsorientierte Strategie in der Koalitionsvereinbarung 1998 verankert. Modernisierungseffekte sind an Indikatoren wie der steigenden Materialproduktivität erkennbar; ebenso an der Tatsache, dass die verstärkten Umweltverbesserungen der 1990er Jahre mit absolut rückläufigen Aufwendungen sowohl des Staates als auch der Industrie erzielt wurden (Statistisches Bundesamt 2005, 318f.). Gleichzeitig (2003) erreichte die deutsche Umweltindustrie unter Rot-Grün die führende Position auf dem Weltmarkt (UMWELT 11/2005).

Auf der anderen Seite scheiterten mehrere rot-grüne Umweltvorhaben an Widerständen oder wurden abgeschwächt. Das angekündigte Umweltgesetzbuch scheiterte am Widerstand der Bundesländer und besonders der Wirtschaft. Bei der EU-Altauto-Richtlinie wurde sogar eine direkte Intervention des VW-Konzerns über den Bundeskanzler restriktiv wirksam. Die überfällige Novellierung des Gesetzes zum Schutz gegen Fluglärm von 1971 scheiterte im ersten Anlauf. Bei der ökologischen Steuerreform und beim Emissionshandel konnte die Kohle-basierte Stromwirtschaft deutliche Vorteile durchsetzen.

3.4 Die Große Koalition nach 2005

Der Start der großen Koalition unter der Bundeskanzlerin Merkel ist ein interessantes Beispiel für die Beibehaltung wichtiger Reformschritte auch im Zeichen eines (teilweisen) Machtwechsels. Wichtige zuvor heftig umstrittene Maßnahmen wurden, zumindest laut Koalitionsvereinbarung, beibehalten. Sowohl der 2002 beschlossene Ausstieg aus der Atomenergie als auch die 1999 eingeführte Öko-Steuer blieben unangetastet. Immerhin hatte die oppositionelle CDU/CSU noch im September 2000 ein „Ökosteuer-Abschaffungsgesetz" im Bundestag eingebracht (BT-Drucksache 14/4097). Auch die im Bundesrat abgelehnte Abschaffung der Eigenheimzulage und eine deutliche Verringerung der Kilometerpauschale wurden nun akzeptiert. Die Klimapolitik der rot-grünen Regierung, die vor der Wahl von den beiden führenden Wirtschaftsverbänden BDI und DIHK massiv als Wettbewerbshemmnis kritisiert worden war (vgl. BDI 2005), wurde bis in die Zielvorgaben für die Reduktion der Klimagase nach 2012 beibehalten.

Die vorgesehenen Einschränkungen im Sinne von „Deregulierung", „Entbürokratisierung" und „Beschleunigung" (im Verkehrswegebau) standen immerhin unter der Maßgabe, dass Umweltziele effizienter verfolgt, aber nicht eingeschränkt werden sollen (UMWELT 12/2005). Die schon unter der Regierung Kohl betriebene Deregulierungspolitik wird auch von der EU-Kommission verfolgt, ist also kein Spezifikum der Regierung Merkel.

4 Umweltpolitische Handlungskapazität und ihre Nutzung

Die Vorreiterrolle Deutschlands bei technik-basierten Problemlösungen in der Luftreinhaltung, Abfallpolitik oder im Klimaschutz korrespondiert mit einer gut entwickelten Handlungskapazität auf diesem Gebiet. Die Bundesrepublik ist ein entwickeltes Industrieland mit einem beachtlichen Innovationspotential. Dies gilt nicht nur für das hohe Niveau von Forschung und Entwicklung, sondern auch für Einrichtungen wie die Deutsche Bundesstiftung Umwelt (DBU) oder die Kreditanstalt für Wiederaufbau (KfW). Deutschland verfügt auch auf allen politischen Ebenen über ausgebaute staatliche Umweltinstitutionen, für die 2002 9,5 Mrd. € (0,4% des BIP) ausgegeben wurden (Eurostat 2005). Es besteht eine starke Umweltbewegung – 8,6% der Bürger – doppelt so viele wie 1998 – bezeichneten sich 2004 als Mitglieder von Umweltverbänden (BMU 2004). Damit kommt der Organisationsgrad dem der Gewerkschaften nahe.

Den Umweltverbänden sind umweltengagierte Unternehmensorganisationen wie B.A.U.M., Future oder der World Business Council for Sustainable Development hinzuzurechnen. Diese Organisationen sind inzwischen anerkannte Partner der Regierung geworden. Deutschland hatte im Jahre 2002 mit 3,8% der Beschäftigten unter den OECD-Ländern auch die am stärksten entwickelte Umweltindustrie mit einer Führungsposition auf dem Weltmarkt (UMWELT 6/2004). Die Umweltfrage hat im Innovationswettbewerb der Bundesrepublik eine wachsende Bedeutung erhalten (SRU 2002). Ebenso besteht eine führende Position bei der Zertifizierung von Unternehmen für das europäische Öko-Audit. Die Umweltbildung an Schulen und Hochschulen ist erheblich ausgebaut worden. Auch die Umweltberichterstattung der Medien ist vergleichsweise umfangreich.

Ungeachtet teilweise gegenläufiger Tendenzen besteht also strukturell eine politisch-soziale Basis für anspruchsvolle Umweltpolitik. Inwieweit diese deutsche Chancenstruktur jedoch tatsächlich genutzt wird, ist nicht nur eine Frage von „will and skill" (vgl. Schmidt 1988), sondern auch von situativen Handlungschancen. Eine dieser situativen Bedingungen ist im Lichte des internationalen Vergleichs von Umweltpolitik (Andersen/Liefferink 1997, Jänicke/Weidner 1997, Schreurs 2002) das Zusammengehen von organisierten Umweltinteressen und innovationsbewussten Teilen der Industrie. Dieses faktische Bündnis für ökologische Modernisierung konnte in den 1970er Jahren in Japan, in den USA, Schweden, aber auch in Deutschland beobachtet werden, in den 1990er Jahren war es für die Umweltpolitik der Niederlande und Dänemarks kennzeichnend (Jänicke 2005). In keinem dieser Länder war es von Dauer. Wirtschaftliche Stagnation, verbunden mit Entwarnungs- und Überdrusseffekten erfolgreicher Umweltschutzmaßnahmen, führten immer wieder zur Auflösung des ökologisch-ökonomischen Konsenses und zu einer eher konfrontativen Interessenwahrnehmung. Da sich solche Rückschläge für die Umweltpolitik im Rahmen strukturell entwickelter Handlungskapazitäten vollziehen, ist ein Comeback nicht selten. Das hat sich im letzten Jahrzehnt nicht nur in Japan oder Schweden, sondern auch in Deutschland gezeigt, hier – nach der Innovationsphase der Regierung Brandt – sogar zweimal, nach 1982/83 und 1998.

5 Vertikale Integration: Umweltpolitik im Mehrebenensystem der EU

Die EG bzw. die Europäische Union spielt spätestens seit der Verankerung des Umweltschutzes im EG-Vertrag (1986) eine wesentliche Rolle in der Politik des Bundes. Mit dem Vertrag von Amsterdam wurde „ein hohes Maß an Umweltschutz" (Art. 2 EGV) als eines der grundlegenden Ziele der EU festgelegt. Erfordernisse des Umweltschutzes und der nachhaltigen Entwicklung müssen bei der Festlegung und Durchführung von Gemeinschaftspolitiken berücksichtigt werden (Art. 6 EGV). Unter bestimmten Umständen kann der einzelne Mitgliedsstaat auch strengere Schutzbestimmungen als die EU einführen oder beibehalten. Der Entwurf für eine Verfassung der Europäischen Union (2004) hat diese Klauseln und die starke Betonung eines hohen Schutzniveaus übernommen. Insgesamt hat sich die Intensität des EU-Einflusses auf nationales Recht in Bereichen wie etwa dem Naturschutz (NATURA 2000) oder dem Klimaschutz (Emissionshandel) erheblich gesteigert. Der starken Zunahme von EU-Richtlinien und Verordnungen im Umweltschutz entspricht allerdings gerade dort ein wachsendes Vollzugsdefizit. Viele Regulierungen werden verspätet bzw. nur unter dem Druck von angedrohten oder durchgeführten Vertragsverletzungsverfahren umgesetzt. Deutschland ist beim Vollzug von europäischem Umweltrecht ein außerordentlich säumiges EU-Mitglied (Knill 2003: 172ff.).

Insgesamt ist die Rolle der deutschen Umweltpolitik im EU-Kontext durchaus ambivalent. Oft spielt sie eine Pionierrolle, in gleichem Maße wird sie aber auch von umweltpolitischen Neuerungen bestimmt, die innerhalb der EU entstanden. So haben in den 1980er Jahren die erwähnten Luftreinhaltemaßnahmen bei Fahrzeugen und Kohlekraftwerken ebenso wie die Abfall- und Klimapolitik unter Umweltminister Töpfer wesentlichen Einfluss auf die Umweltpolitik der EU gehabt. Umgekehrt sind wichtige umweltpolitische Verbesserungen in Deutschland von der EU ausgegangen. Dies gilt für so wichtige Neuerungen wie das Öko-Audit für Unternehmen, die strategische Umweltverträglichkeitsprüfung (UVP), die Ausweitung von Beteiligungsrechten (Aarhus-Konvention), das Biotopverbundnetz (Natura 2000) oder die geplante Chemikalienkontrolle (REACH). Teils haben solche Neuerungen auf europäischer Ebene sogar anhaltenden Widerstand in der Bundesrepublik ausgelöst, wie etwa im Falle der Übernahme der UVP-Richtlinie. Beim Biotopverbundnetz droht der Bundesrepublik noch Anfang 2006 ein kostspieliges Sanktionsverfahren.

Einer der Gründe für diese Widerstände sind die Probleme der Umsetzung im föderalen System. Der Koordinationsaufwand von der europäischen bis zu der vor allem für den Verwaltungsvollzug wichtigen kommunalen Ebene ist vergleichsweise hoch, wobei Kompetenzverflechtungen zwischen diesen Ebenen eine besondere Rolle spielen. Insbesondere im Bereich des Naturschutzes (Beispiel Natura 2000) und des Gewässerschutzes (Beispiel Wasserrahmenrichtlinie) ergaben sich durch die fehlende Bundeskompetenz zusätzliche Vollzugsprobleme. Der Sachverständigenrat für Umweltfragen hat dies 2004 nachdrücklich kritisiert: „Die Verwirklichung wichtiger umweltpolitischer Projekte der Gemeinschaft wird in Deutschland in hohem Maße durch die ineffektiven föderalen Strukturen gefährdet" (SRU 2004: 75). Inwieweit die für 2006 angekündigte Föderalismusreform hier Verbesserungen bringt, muss abgewartet werden.

6 Horizontale Integration: Umweltschutz in anderen Politikfeldern

Seit dem UN-Gipfel in Rio de Janeiro und seiner „Agenda 21" verfolgt die Umweltpolitik vieler Länder einen Steuerungsansatz, der neben langfristigen Zielvorgaben und ihrer Überprüfung vor allem die Integration von Umweltbelangen in die ökologisch problematischen Sektorpolitiken anstrebt. Deutschland war in dieser Hinsicht in den frühen 1970er Jahren ein Vorreiter und schuf eine ganze Reihe von institutionellen Innovationen („Kabinettsausschuss für Umwelt und Gesundheit", „Umweltschutz als Querschnittsaufgabe", Umweltverträglichkeitsprüfung von Maßnahmen des Bundes usw.). Faktisch wurde dieser Ansatz zwar in der Folgezeit wieder aufgegeben, doch spätestens 1998 wieder aufgegriffen. In der Energiepolitik wurde 1998 – noch vor der Bundestagswahl – die „sichere, preisgünstige und umweltverträgliche" Strom- und Gasversorgung im zentralen Energiewirtschaftsgesetz verankert (EnWG, § 1). Vor allem der Klimaschutz und die Förderung erneuerbarer Energien erlangten nun eine hohe Bedeutung. In der Verkehrspolitik wurde – ergänzend zur Öko-Steuer – die auch umweltpolitisch begründete LKW-Maut eingeführt. In der Agrarpolitik kam es zu einer verstärkten Förderung des ökologischen Landbaus und des Naturschutzes im ländlichen Raum (s. Tab. 18.1). Dieser Integrationsansatz geht z.T. auf die EU zurück (Art. VI. EGV, „Cardiff-Prozess"). Er ist zugleich Teil der Nachhaltigkeitsstrategie, die auf der UN-Konferenz in Rio de Janeiro (1992) zur globalen Leitlinie erhoben wurde. Wie in anderen Ländern hat sie auch in Deutschland eigene Institutionen hervorgebracht, die den Querschnittscharakter der Umweltpolitik unterstreichen. Genannt seien der Staatssekretärsausschuss für nachhaltige Entwicklung, der Rat für Nachhaltige Entwicklung und der Beirat des Bundestages für nachhaltige Entwicklung.

Für die Entwicklung der deutschen Umweltpolitik und ihrer Handlungskapazitäten lässt sich am Thema Umweltpolitikintegration besonders deutlich zeigen, wie vielfältig die Triebfaktoren dieser Entwicklung sind (vgl. Tab. 18.1):

Tabelle 18.1: Umweltpolitik-Integration in Deutschland 1998-2005

Politikfeld	**Umweltaktivitäten**	**Triebfaktoren**
Energiepolitik	Klimaprogramm (Emissionshandel etc.) Starke Förderung erneuerbarer Energien Atomausstiegsplanung	Trendverstärkung, Kyoto-Protokoll, EU-Einfluss Trendverstärkung Originär Rot-Grün
Verkehrspolitik	Vertiefte Umweltbewertung im Bundesverkehrswegeplan (2003) LKW-Maut (2005) Förderung sparsamer Motoren Förderung von Biotreibstoffen Verstärkte Bahn-Investitionen Lärmschutz, Euro-Normen	Originär Rot-Grün, EU Rot-Grün, EU Trend (seit 1997) Rot-Grün, EU Rot-Grün, EU EU
Agrarpolitik	Gezielte Erweiterung des Öko-Landbaus Bindung von Direktzahlungen an Umwelt-Anforderungen 9,3% Landesfläche als Biotopverbund (2005), geplant mindestens 10%. Förderung erneuerbarer Energien	Rot-Grün, Ministerwechsel EU, WTO (indirekt) Biodiversitätskonvention, EU: NATURA 2000 Rot-Grün, EU-Klimaprogramm
Baupolitik	Klimaschutz zentraler Aspekt Flächenverbrauchsziel (30 ha) Programm „Ökologisches Bauen"	Trendfortsetzung, Rot-Grün Trendverstärkung Rot-Grün
Finanzpolitik	Ökologische Steuerreform Ökologischer Subventionsabbau (Eigenheimförderung, Pendlerpauschale)	Rot-Grün, EU Rot-Grün, EU, OECD etc.
Entwicklungspolitik	1,5 Mrd. € für erneuerbarer Energien (über mehrere Jahre) Federführung im Rio-Prozess	Rot-Grün UNDP
Forschungspolitik	160 Mio. € p.a. für nachhaltige Entwicklung	Trendverstärkung
Gesundheitspolitik	Programm „Umwelt und Gesundheit"	Rot-Grün

Quelle: Jänicke, 2005

Zunächst zeigt sich die Bedeutung pfadabhängiger Kontinuität: die Institutionalisierung von Interessen, Kompetenzen und Erfahrungen hat ihre eigene Dynamik. Diskontinuität im Sinne von Politikinnovation ergaben vor allem bestimmte Regierungswechsel, hier vor allem die rot-grüne Koalition nach 1998.

Neben diesen nationalen Entwicklungsfaktoren ergibt sich vor allem seit Rio (1992) ein komplexes Einflussgefüge im internationalen Mehrebenensystem. Dies wirkt international über Vereinbarungen wie die Agenda 21, das Kyoto-Protokoll oder die Biodiversitätskonvention. Der oft vorantreibende Einfluss der EU in der deutschen Umweltpolitik ist unübersehbar.

Daneben hat die umweltpolitische wie die ökonomische Globalisierung aber ein hochkomplexes Einflussgefüge des „policy learning“ geschaffen (vgl. Abb. 18.1). Letzteres kommt in Prozessen der horizontalen Umweltpolitikdiffusion von Land zu Land („lesson-drawing“) ebenso zur Geltung wie im regulativen wie technologischen Innovationswettbewerb. Zu dem komplexen Einflussgefüge gehört aber auch die Vielfalt der ökologischen Druckfaktoren im Mehrebenensystem (Beispiel Brent Spar, Umweltqualitätskriterien für Zulieferer, umweltbezogene Beschaffungspolitik auf unterschiedlichen Verwaltungsebenen etc.). Es ist oft die Unübersichtlichkeit und Unkalkulierbarkeit solcher Druckfaktoren, die vorsorgliche Umweltmanagementstrategien für proaktive Unternehmen interessant machen. 2004 hatten sich 90.500 Unternehmen nach den Umweltmanagementregeln von ISO 14.001 zertifizieren lassen – 37 % mehr als im Vorjahr (Environment Daily, 27.10.2005).

Die Einbeziehung von Umweltbelangen in die Politik anderer Ministerien spielte aber schon in der Startphase der deutschen Umweltpolitik eine Rolle. Einen Kabinettsausschuss für Umweltfragen hatte 1972 schon die Regierung Brandt eingeführt. Und bereits 1975 waren Prinzipien für die Umweltfolgenabschätzung bei Maßnahmen des Bundes formuliert worden. Dass das Thema der Umweltpolitik-Integration danach stark an Bedeutung verlor und schließlich neu aufgegriffen wurde, zeigt zugleich den hohen Schwierigkeitsgrad seiner Umsetzung.

7 Umweltbilanz 2005

In Teilbereichen hat die deutsche Umweltpolitik im historischen und im internationalen Vergleich durchaus beachtenswerte Wirkungen erzielt (vgl. UBA 2005, OECD 2005, EEA 2005). Abb. 18.2 zeigt dies für die Schadstoffemissionen des Straßenverkehrs. Hier wird zugleich die Langwierigkeit von Steuerungseffekten deutlich: Zunächst, nach 1970, sind leichte Verbesserungen nur bei dem gefährlichsten Schadstoff zu erkennen. Das ständige Nachsteuern in den 1980er und 1990er Jahren wird sichtbar. Umweltpolitische Erfolge haben sich bisher vor allem dort ergeben, wo marktfähige technische Problemlösungen möglich und die Probleme gut wahrnehmbar waren bzw. eine breite (z. B. gesundheitliche) Betroffenheit ausgelöst haben. Die Luftreinhaltung und der Gewässerschutz sind hier die wichtigsten Erfolgsfelder. Im Laufe von 10 Jahren haben sich in den Bereichen Luftreinhaltung, Gewässerschutz, Abfall und Naturschutz auch die Umweltverhältnisse zwischen Ost und West weitgehend angeglichen. Für die militärischen und industriellen Altlasten (z.B. im Raum Bitterfeld) ist die Situation zwar weniger günstig. Dennoch haben sich die Leistungsfähigkeit und Modernisierungswirkung der deutschen Umweltpolitik exemplarisch in den neuen Bundesländern erwiesen.

Abbildung 18.2: Entwicklung der Abgasemissionen aus PKW und LKW in Deutschland* im Vergleich zum Emissionsstand 1960

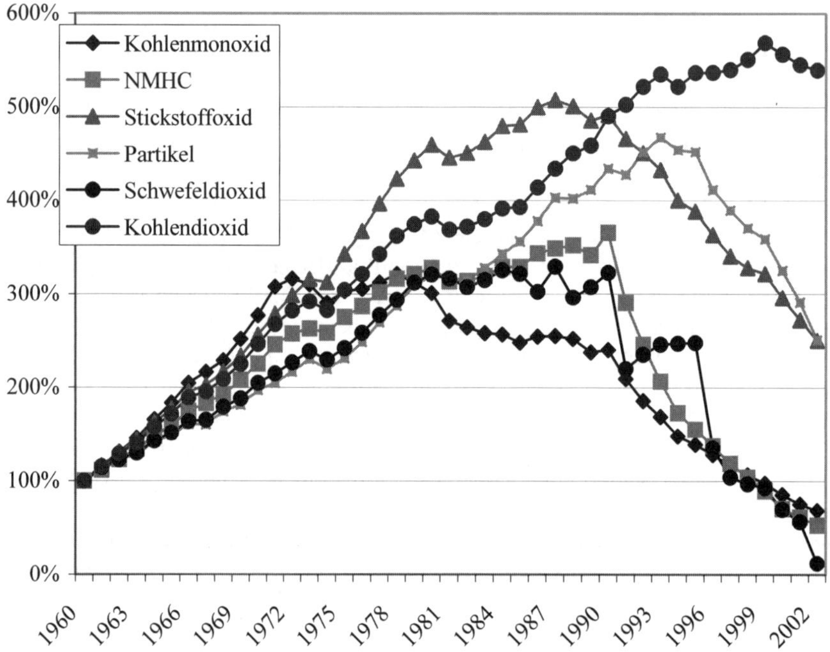

NMHC = flüchtige Kohlenwasserstoffe ohne Methan
* Ost und West, auch für die Zeit vor 1990
Quelle: Rat von Sachverständigen für Umweltfragen 2005/Datenquelle: UBA

Umweltprobleme, die sich wie der Flächenverbrauch, Artenverluste oder Boden- und Grundwasserbelastungen als eine „schleichende Verschlechterung" ergeben, sind dagegen bisher kaum gelöst worden und bilden die Negativseite der deutschen Umweltbilanz (Jänicke et al. 2003, Böhret 1990). Von weit über 300.000 Altlastenverdachtsflächen ist – aus Kostengründen – nur ein Bruchteil saniert worden. Die negativen Umwelteffekte tausender chemischer Substanzen sind noch immer nicht systematisch erfasst. Der Flächenverbrauch einer immer dichteren Verkehrsinfrastruktur und die Schrumpfung unzerschnittener Räume („Verinselung") ist höher als in anderen EU-Staaten und im Zuge der Osterweiterung auch weiterhin wachsend. Weiterhin ungelöst bleiben die Probleme der Grundwasserbelastung (z. B. durch den anhaltend hohen Pestizideinsatz), der gefährlichen Abfälle (insbesondere die nuklearen Rückstände) oder der um sich greifenden Allergien.

Insgesamt gehört Deutschland mit seiner Umweltbilanz zu den erfolgreicheren Industrieländern, teilt aber auch das weltweite Versagen in wichtigen Problembereichen dieses Politikfeldes. Dies gilt vor allem dort, wo der für Deutschland typische Erfolgspfad innovationsorientierter Umweltpolitik („ökologische Modernisierung") nicht anwendbar ist, wo also nicht technische Lösungen (vom Filter bis zum effizienteren Kraftwerk), sondern strukturelle Änderungen (ob bei Verkehrsträgern, Siedlungsformen oder Lebensstilen) gefragt sind.

8 Kontinuität und Wandel: Faktoren der deutschen Umweltpolitikentwicklung

Die Bundesrepublik ist – ungeachtet vieler Defizite – eines der führenden Länder in der Umweltpolitik. Es hat seit dem überraschenden und anspruchsvollen Start des neuen Politikfeldes im Jahre 1969 im Laufe der Entwicklung erhebliche politische, zivilgesellschaftliche und ökonomische Handlungskapazitäten aufgebaut. Die Entwicklung der Umweltpolitik wies Konstanten, Innovationsschübe (1969, 1982/83, 1987, 1998) und Stagnationsphasen (nach 1974 und 1994) auf. Die Einflussfaktoren der Umweltpolitikentwicklung waren vielfältig und lassen sich wie folgt zusammenfassen:

1. Zunächst zeigt sich die Bedeutung pfadabhängiger Kontinuität: die Institutionalisierung von Interessen, Kompetenzen und Erfahrungen hatte ihre eigene Dynamik. Diskontinuitäten ergaben sich vor allem durch Regierungswechsel.
2. Neben diesen nationalen Entwicklungsfaktoren ergibt sich für Deutschland ein zunehmend komplexes Einflussgefüge im internationalen Mehrebenensystem. Dies wirkt zunächst über Vereinbarungen und die Politik der EU. Daneben hat die umweltpolitische wie die ökonomische Globalisierung aber ein hochkomplexes Einflussgefüge des policy learning geschaffen. Es kommt in Prozessen der horizontalen Umweltpolitikdiffusion von Land zu Land ebenso zur Geltung wie im regulativen wie technologischen Innovationswettbewerb.
3. Dem Wandel und der wachsenden Komplexität der Akteurskonstellationen versucht die Umweltpolitik mit immer neuen Steuerungsmustern und Instrumentarien gerecht zu werden. Zahl und Bedeutung ungelöster Umweltprobleme machen diese Suche verständlich.
4. Mit einer (allen Parteikonfrontationen zum Trotz) überwiegend parteiübergreifend getragenen Umweltpolitik hat Deutschland den internationalen Lernprozess in Teilbereichen maßgeblich mitbestimmt und ist in anderen Bereichen von ihm geprägt worden.

9 Literatur

Andersen, Mikael Skou/Liefferink, Duncan, 1997: European Environmental Policy: The Pioneers. Manchester/New York.

Bauer, Knut, 2004: Vorreiter und Stolpersteine auf dem Weg zur deutschen Umweltpolitik, in: GAIA 13 (3): 207-211.

BDI (Bundesverband der Deutschen Industrie e.V.), 2005: Mit Klimapolitik mehr Wertschöpfung in Deutschland erzeugen. Strategiepapier.

BMU (Bundesministerium für Umwelt, Naturschutz und Reaktorsicherheit), 2004: Umweltbewusstsein in Deutschland 2004. Berlin.

Böhret, Carl, 1990: Folgen. Entwurf für eine aktive Politik gegen schleichende Katastrophen. Opladen.

Bundesregierung, 2005: Wegweiser Nachhaltigkeit 2005. Bilanz und Perspektiven. Berlin.

EEA (European Environment Agency), 2005: The European Environment – State and Outlook 2005. Kopenhagen.

EUROSTAT, 2005: Umweltschutzausgaben des öffentlichen Sektors und spezialisierter Produzenten in Europa 1995-2002, in: Umwelt und Energie 10: 1-10.

Hünemörder, Kai F., 2004: Die Frühgeschichte der globalen Umweltkrise und die Formierung der deutschen Umweltpolitik. Stuttgart.

Jänicke, Martin, 1984: Umweltpolitische Prävention als ökologische Modernisierung und Strukturpolitik, Wissenschaftszentrum Berlin (WZB IIUG discussion papers). Berlin.

Jänicke, Martin, 2005: Trend-Setters in Environmental Policy: the Character and Role of Pioneer Countries, in: European Environment 15: 129-142.

Jänicke, Martin/Weidner, Helmut (unter Mitarbeit v. Helge Joergens), 1997: National Environmental Policies: A Comparative Study of Capacity-Building. Berlin u.a.

Jänicke, Martin/Joergens, Helge, 2004: Neue Steuerungskonzepte in der Umweltpolitik, in: Zeitschrift für Umweltpolitik und Umweltrecht 27: 297-348.

Jänicke, Martin/Kunig, Philip/Stitzel, Michael, 2003: Umweltpolitik. Politik, Recht und Management des Umweltschutzes in Staat und Unternehmen. Bonn.

Kern, Kristine, 2000: Die Diffusion von Politikinnovationen. Umweltpolitische Innovationen im Mehrebenensystem der USA. Opladen.

Knill, Christoph, 2003: Europäische Umweltpolitik. Steuerungsprobleme und Regulierungsmuster im Mehrebenensystem. Opladen.

Müller, Edda, ^{2}1995: Innenwelt der Umweltpolitik. Opladen.

OECD, 2005: OECD Environmental Data. Compendium 2004. Paris.

Pehle, Heinrich, 1998: Das Bundesministerium für Umwelt, Naturschutz und Reaktorsicherheit: Ausgegrenzt statt integriert? Das institutionelle Fundament der deutschen Umweltpolitik. Wiesbaden.

Rose, Richard, 1993: Lesson-Drawing in Public Policy. A Guide to Learning across Time and Space. Chatham, N.J.

SRU (Rat von Sachverständigen für Umweltfragen), 2002: Jahresgutachten. Stuttgart.

Tews, Kerstin/Jänicke, Martin (Hrsg.), 2005: Die Diffusion umweltpolitischer Innovationen im internationalen System. Wiesbaden.

Schmidt, Manfred G., 1988: Einführung, in: Manfred G. Schmidt (Hrsg.): Staatstätigkeit. International und historisch vergleichende Analysen (= PVS-Sonderheft 19). Opladen, 1-35.

Schreurs, Miranda A., 2002: Environmental Politics in Japan, Germany, and the United States. Cambridge.

Statistisches Bundesamt, 2005: Statistisches Jahrbuch 2005 für die Bundesrepublik Deutschland. Wiesbaden.

UBA (Umweltbundesamt), 2005: Daten zur Umwelt. Der Zustand der Umwelt in Deutschland, Ausgabe 2005. Berlin.

4. Die internationale Dimension deutscher Politik

19. Die prekäre Kontinuität: Deutsche Außenpolitik zwischen Pfadabhängigkeit und Anpassungsdruck

Hanns W. Maull

1 Einleitung

Kaum jemand personifizierte das Gewicht der Kontinuität in der deutschen Außenpolitik besser als ihr erster „grüner" Außenminister, Joseph (Joschka) Fischer: Fischer, dessen politischer Werdegang von der Frankfurter Sponti-Szene in den 1970er Jahren an die Spitze der „Grünen" auf der Herausforderung der „alten", muffigen Bundesrepublik und ihrer überkommenen Politik-Traditionen beruhte, wurde schon bei seinem Amtsantritt 1998 oft und gerne als „politischer Enkel" Konrad Adenauers, als Erbe und Wahrer der außenpolitischen Kontinuitätslinien der Bundesrepublik seit 1949 bezeichnet. Und in der Tat machte der Außenminister Fischer dieser Einschätzung, wie noch zu zeigen sein wird, durchaus Ehre: Die von ihm als Vizekanzler und Ressortchef (mit) geführte und verantwortete Außenpolitik entsprach in ihren wesentlichen Orientierungen in der Tat dem Kurs, den der erste und einflussreichste außenpolitische Akteur dieser Bundesrepublik, Konrad Adenauer, als Kanzler und erster Außenminister festgelegt hatte.[1]

Kontinuität in den wichtigsten inhaltlichen Ausrichtungen und Orientierungen ebenso wie im *modus operandi* der deutschen Außenpolitik charakterisiert demnach das Politikfeld der Außenpolitik. Selbst ihre wichtigste inhaltliche Innovation, die „Ostpolitik" der Regierung Brandt/Scheel, entsprang im Rückblick folgerichtig den bis dahin entwickelten Orientierungen der bundesdeutschen Außenpolitik, stellte insgesamt eher ihre Komplettierung und Abrundung als einen Aufbruch zu neuen Ufern dar. Doch diese Kontinuität bildet zugleich ein Paradoxon nicht zu unterschätzenden Ausmaßes – denn immerhin umgreift sie eine Phase fundamentaler weltpolitischer Umbrüche, in der sich Europa, die internationale Politik insgesamt und auch Deutschland selbst grundlegend veränderten: Die Phase der Überwindung des Ost-West-Antagonismus von 1987 bis 1990 mit ihren bis heute nachhallenden Wirkungen. Der Spannungsbogen zwischen den Beharrungstendenzen der Außenpolitik einerseits und ihren veränderten Rahmenbedingungen andererseits, so eine zentrale These der folgenden Darstellung, führt seit circa 1995 allerdings zunehmend zu Problemen einer permanenten strukturellen Überdehnung. Dies dürfte in den kommenden Jahren zu deutlicheren Veränderungen der Außenpolitik führen, als sie bislang zu beobachten waren: Auch in der Außenpolitik erscheint die Anpassung an komplexe neue Problemlagen inzwischen überfällig.

Die Kontinuität der deutschen Außenpolitik besteht inhaltlich – wie in vielen Politikbereichen – in einer Fortschreibung der Außenpolitik der Bundesrepublik. Die Tatsache, dass es zu Zeiten des Ost-West-Gegensatzes zwei deutsche Außenpolitiken der zwei Staa-

[1] Bezeichnenderweise versprach im Herbst 2005 der frisch designierte Nachfolger von Joschka Fischer, Frank-Walter Steinmeier, in einer seiner ersten öffentlichen Äußerungen „im positiven Sinne Kontinuität". Vgl. Der SPIEGEL, Nr. 42 (17. Okt. 2005, 26)

ten auf deutschem Boden gegeben hatte, die zueinander geradezu in einem spiegelbildlichen Verhältnis standen, blieb für die Zeit nach 1989/90 folgenlos: Wie in so vielen anderen Bereichen der Politik hinterließ die DDR auch in der Außenpolitik keine nennenswerten Spuren.

2 Deutsche Außenpolitik zwischen (gewollter) Kontinuität und (erzwungenem) Wandel

Der Bogen der außenpolitischen Kontinuität, der sich von Konrad Adenauer bis Gerhard Schröder und Joschka Fischer, von 1949 bis 2005 spannen lässt, bezieht sich zunächst auf die außenpolitischen Grundorientierungen. Kontinuität charakterisiert darüber hinaus jedoch auch den *modus operandi*, also die präferierten Instrumente und Vorgehensweisen, mit denen die deutsche Außenpolitik ihre Ziele verfolgte, wie auch – über weite Strecken – den spezifischen Stil und die außenpolitische Rhetorik. Wandel lässt sich demgegenüber nur in begrenztem Umfang feststellen, er beschränkt sich im Wesentlichen auf Politikanpassungen im Bereich der Sicherheitspolitik und Veränderungen im außenpolitischen Stil und in der Rhetorik und ist insgesamt als Wandel im Detail innerhalb des Kontextes der Kontinuität zu verstehen.

2.1 Kontinuität der außenpolitischen Leitlinien

Die Ausgangslage der deutschen Außenpolitik war nach der Katastrophe des Nationalsozialismus und der Niederlage im Krieg denkbar schwierig: Deutschland war militärisch entmachtet, wirtschaftlich und gesellschaftlich schwer zerrüttet, politisch besetzt und zerteilt und moralisch zutiefst traumatisiert. Unter diesen Umständen musste die Politik zunächst die wirtschaftlichen und gesellschaftlichen Lebensgrundlagen Deutschlands sichern, um sodann die Voraussetzungen für außenpolitische Handlungsfähigkeit und außenpolitischen Einfluss überhaupt erst wieder zu gewinnen. Da Deutschland faktisch durch den einsetzenden Ost-West-Gegensatz geteilt war, stellte sich diese Aufgabe für beide deutschen Staaten in jeweils verschiedenen, aber doch spiegelbildlich aufeinander bezogenen Zusammenhängen.

Die Bundesrepublik wie die DDR entstanden aus Besatzungszonen; beide waren demnach von Anfang an, wenngleich in unterschiedlichen Formen und mit unterschiedlicher Qualität, „penetrierte" Systeme und eingebettet in außenpolitische Zusammenhänge: Der Ost-West-Antagonismus erschuf gewissermaßen dieses neue, zweigeteilte Deutschland (Hanrieder 1995: 2). Die Außenpolitiken der beiden deutschen Staaten verfolgten deshalb spätestens seit Ende der 1950er Jahre innerhalb ihrer jeweiligen Systemkontexte bemerkenswert ähnliche Orientierungen – ein Hinweis vor allem auf geopolitische Handlungsbeschränkungen, denen sich beide ausgesetzt sahen, aber auch Ausdruck der Sozialisierung der beiden außenpolitischen Eliten im Kontext der jeweiligen Blockzusammenhänge.[2] Im

[2] Diese Argumentation verkennt keineswegs die grundlegenden Unterschiede in der Legitimität und der Leistungsfähigkeit der beiden politischen Ordnungen und damit auch die gewichtigen Machtasymmetrien zwischen den beiden deutschen Staaten. Diese Unterschiede erklären natürlich auch die Dominanz der außenpolitischen Traditi-

Folgenden wird jedoch die Außenpolitik der Bundesrepublik im Mittelpunkt stehen, weil sie die Kontinuität der deutschen Außenpolitik nach 1990 prägte.

Zu den zentralen inhaltlichen Leitlinien der deutschen Außenpolitik nach 1955, dem Zeitpunkt der Wiederherstellung außenpolitischer Handlungsfähigkeit, gehörten

- die Ablehnung der Politik des Nationalsozialismus und das Bekenntnis zur außenpolitischen Bewältigung der deutschen Vergangenheit. Für die Bundesrepublik Deutschland bedeutete dies die Anerkennung der Rechtsnachfolge des Deutschen Reichs einschließlich der daraus entstehenden Wiedergutmachungsverpflichtungen, insbesondere im Verhältnis zu Israel (Weingart 2002; Gardner-Feldman 2002), und eine wertorientierte Außenpolitik (Besson 1970: 57ff.);[3]
- eine konsequente Westorientierung: Innenpolitisch ging es dabei um die Verankerung der parlamentarischen Demokratie, außenpolitisch um die Absage an jegliche deutsche Sonderwege und die Einbettung der Bundesrepublik in die Gemeinschaft der westlichen Demokratien und ihre internationalen Institutionen, insbesondere die Europäische Gemeinschaft und die NATO. Im Kern der Westorientierung standen dabei die bilateralen Beziehungen zu den USA und zu Frankreich (Haftendorn 2001: 56ff.);[4]
- eine profunde Skepsis gegenüber militärischer Macht und militärischen Machtmitteln der Außenpolitik als prägendes Element der politischen Kultur. Diese Einstellung, die die Erfahrungen der beiden Weltkriege reflektierte, war gewichtig vor allem in der Bevölkerung. In der Bundesrepublik artikulierten sich diese Vorbehalte in Protestbewegungen gegen die Wiederbewaffnung der Bundesrepublik Mitte der 1950er Jahre und danach gegen den NATO-Doppelbeschluss von 1979 und seine Umsetzung (Longhurst 2004; Banchoff 1997). In der DDR konnte sich diese Skepsis im Kontext des repressiven, gelenkten Systems politisch nur schwer artikulieren, sie zeigte sich jedoch in der Bürgerbewegung und in kirchlichen Gruppen, aber auch – nach der deutschen Vereinigung – als spezifisches Element der ostdeutschen politischen Kultur. Bei den politischen Eliten setzten sich dagegen die Realitäten der Blockzugehörigkeit und die sicherheitspolitische Psycho-Logik des Ost-West-Antagonismus durch und führten zu Wiederbewaffnung und Aufrüstung, allerdings innerhalb der jeweiligen integrierten Militärstrukturen der Blöcke, die nationale Optionen militärischer Machtprojektion ausschlossen, und unter klaren Auflagen bzw. Selbstbeschränkungen, etwa dem Verzicht auf Massenvernichtungswaffen;
- eine Politik des bewussten Souveränitätsverzichtes und der Integration in größere politische Zusammenhänge: In der Außenpolitik der Bundesrepublik war die Einbettung Deutschlands in die Gemeinschaften und Institutionen der westlichen Demokratien nicht nur den geopolitischen Realitäten geschuldet, sondern sie war auch – insbesondere vom wichtigsten außenpolitischen Entscheidungsträger, Konrad Adenauer – gewollt und angestrebt. In der DDR hatte sie – wie etwa der Aufstand des 17. Juni

on der Bundesrepublik im Kontinuitätsbogen der deutschen Außenpolitik. Zur Außenpolitik der DDR, die in diesem Beitrag nicht weiter behandelt wird, vgl. Jacobsen/Leptin/Schulz (1989) und Siebs (1999).

[3] Die DDR zog aus der Ablehnung des Nationalsozialismus umgekehrt die Konsequenz, die Rechtsnachfolge des Deutschen Reichs und damit auch jede Verantwortung für die Gräueltaten des Nationalsozialismus zu verweigern. Auch sie richtete ihre Innen- wie Außenpolitik an den Wertvorstellungen ihrer Blocksphäre aus.

[4] Für die DDR bedeutete dies entsprechend die Organisation der Innenpolitik nach sowjetischem Vorbild und die außenpolitische Eingliederung in das Institutionengefüge des sowjetischen Herrschaftsbereichs in Europa, den Warschauer Pakt (WP) und den Rat für gegenseitige Wirtschaftshilfe (RGW)

1953 zeigte – deutlich stärker Zwangscharakter. Dennoch charakterisierte dies die Außenpolitiken der beiden deutschen Staaten, die sich in ihren jeweiligen Bündniskontexten als „Musterschüler" und wichtigste europäische Verbündete der jeweiligen Führungsmächte USA und Sowjetunion erwiesen;

- die Umorientierung gesamtgesellschaftlicher Zielsetzungen auf wirtschaftlichen Wiederaufbau und auf die Konsolidierung der jeweiligen politischen Herrschaftsordnung. Die Bundesrepublik startete dabei mit wesentlich günstigeren Ausgangsbedingungen, fand rasch umfassende Unterstützung (etwa durch die Finanzhilfen des Marshall-Planes) und günstige Rahmenbedingungen für eine exportorientierte Wiederaufbau- und Wachstumsstrategie (Europäische Wirtschaftsgemeinschaft, offene Märkte in den USA) – und sie verfügte über die leistungsfähigere wirtschaftliche und politische Ordnung. Wirtschaftswachstum und gesellschaftlicher Wohlstand traten so an die Stelle territorialer Expansion und traditioneller Macht- und Statusbestrebungen als gesamtgesellschaftliche Zielvorgaben Westdeutschlands, die auch in die Außenpolitik hineinwirkten – etwa in der Unterstützung der Pläne für eine Europäische Wirtschaftsgemeinschaft oder das GATT;
- das Festhalten an einer friedlichen Wiedervereinigung Deutschlands, zunächst in den Grenzen von 1937. Dies galt nur für die Bundesrepublik; die DDR löste sich unter dem Einfluss der sowjetischen Politik Ende der 1950er Jahre von der Forderung nach nationaler Einheit und suchte stattdessen die innere und äußere Konsolidierung der DDR als zweitem deutschem Staat;[5]
- schließlich das Bestreben, in Gesamteuropa Sicherheit und Stabilität zu befördern. Vor dem Hintergrund der Verfestigung des Ost-West-Gegensatzes und mit Blick auf das Entstehen der Zerstörungspotenziale, die im Verlaufe des Kalten Krieges zu beiden Seiten der deutsch-deutschen Grenze von NATO und Warschauer Pakt disloziert wurden, setzte sich die deutsche Außenpolitik zunehmend für Entspannung und Zusammenarbeit über Blockgrenzen hinweg ein (Bender 1995; Schmidt 2001; Sarotte 2001).

Diese sieben inhaltlichen Leitlinien prägten die bundesdeutsche Außenpolitik (und, im spiegelbildlichen Sinne, auch die der DDR) von 1955 bis 1989, und sie behielten auch nach 1990 (mit Ausnahme der Leitlinie der nunmehr vollzogenen Vereinigung) ihre grundlegende Bedeutung. Durch die Vereinigung 1989/90 konnte die bundesdeutsche Außenpolitik ihre ohnehin bemerkenswerte Erfolgsgeschichte krönen: Alle Ziele, die sich die Bundesrepublik 1949 gesetzt hatte, waren damit erreicht. In welchem Ausmaß es der deutschen Außenpolitik dabei gelungen war, unter ihren Nachbarn und Partnern (einschließlich der Sowjetunion) Vertrauen zu finden und damit die Voraussetzungen für tragfähige Kompromisse und Interessensausgleich zu schaffen, zeigte die internationale Dimension der Vereinigung, der so genannte „Zwei plus Vier-Prozess", der den Vereinigungsprozess außenpolitisch in komplexen Vertragsverhandlungen begleitete und ihn durch Vertragswerke einbettete (vgl. die Analyse und Dokumente in Kaiser 1991).

---

[5] Auch diese Politik stellte freilich eine Reaktion der DDR-Führung und der Sowjetunion auf die Entwicklung in Westdeutschland und im gesamteuropäischen Kontext dar. Der ursprünglich verfolgte alternative Alleinvertretungsanspruch der DDR war vor dem Hintergrund der legitimatorischen und machtpolitischen Asymmetrien zwischen Ost und West unrealistisch geworden, und selbst die Konsolidierung der DDR als zweiter deutscher Staat war, wie die Fluchtbewegung aus der DDR vor dem Bau der Mauer 1961 und dann der abrupte Zusammenbruch des kommunistischen Systems 1989 zeigte, unter den bestehenden Bedingungen keineswegs eine leichte politische Aufgabe.

2.2 *Kontinuität des außenpolitischen modus operandi*

Diese bemerkenswerten Erfolge waren nicht zuletzt den spezifischen Vorgehensweisen und Instrumenten geschuldet, die die deutsche Außenpolitik im Verlauf der vier Dekaden von 1949 bis 1989 entwickelte. Hierzu zählen

- eine systematische Politik der Vertrauensbildung: Um aus einer schwachen Ausgangsposition heraus Einfluss erreichen zu können, musste die bundesdeutsche Außenpolitik neue Instrumente und neue Ansätze entwickeln. Zuverlässigkeit, Berechenbarkeit und das Werben um Zusammenarbeit auf der Basis gemeinsamer Interessen (beispielhaft besonders in der Wirtschaftskooperation) bildeten die Grundlage hierfür;
- die Präferenz für multilaterale Lösungsansätze (Rühl 1998). Die Bundesrepublik konnte ihr relatives Gewicht in Verhandlungen durch Koalitionsbildung vergrößern und die Probleme ausgeprägter Abhängigkeiten (insbesondere von den USA) mildern. Zugleich erhöhten multilaterale Politikprozesse die Chancen für Kompromiss- und Paketlösungen;
- eine außenpolitische „Kultur der Zurückhaltung" (Berger 1998), die den Anschein deutscher Führungsansprüche und nationaler Interessenspolitik zu vermeiden trachtet und es vorzieht, in engem Schulterschluss mit den Partnern und – wo immer möglich – in institutionellen Kontexten zu handeln;
- die Suche nach Kompromissen, nach fairem Interessenausgleich und generell nach „politischen" Lösungen. Dabei war die bundesdeutsche Außenpolitik auch immer wieder bereit, materielle und finanzielle Leistungen einzusetzen („Scheckbuchdiplomatie"), um Kompromisse zu erleichtern (Das Gupta 2004). Zu dieser spezifischen Vorgehensweise gehörte es, potenzielle Gegensätze durch vermittelnde Politiken des „Sowohl-als-auch" (enge Zusammenarbeit mit den USA *und* Frankreich, Engagement für die europäische Integration *und* die NATO, Abschreckung *und* Entspannung, Vertiefung *und* Erweiterung der EG/EU) zu überbrücken;
- konsequentes Engagement für Institutionalisierung und Verrechtlichung der internationalen Beziehungen auf allen Ebenen. Damit versuchte die deutsche Außenpolitik, die Nachhaltigkeit multilateraler Politikprozesse und Souveränitätsübertragungen zu sichern. Dieser Politikbegriff der internationalen Beziehungen lässt sich als „postmodern" im Gegensatz zum „modernen", souveränitätsbasierten Begriff der internationalen Politik auffassen (Cooper 1996).

2.3 *Das außenpolitische Rollenkonzept Deutschlands: Die „Zivilmacht"*

Die oben skizzierten inhaltlichen und prozeduralen Elemente der Kontinuität der deutschen Außenpolitik lassen sich insgesamt als spezifisches außenpolitisches Rollenkonzept begreifen, für das der Begriff der „Zivilmacht" geprägt wurde (grundlegend zu außenpolitischen Rollenkonzepten Walker 1987; zum Konzept der Zivilmacht vgl. Maull 1990/91 und Kirste/Maull 1996). Er basiert auf den Untersuchungen des Soziologen Norbert Elias zu historischen Zivilisierungsprozessen in den europäischen Gesellschaften des Mittelalters und der beginnenden Moderne (Elias 1976). Elias stellte fest, dass gewaltsame Formen der Konfliktaustragung im Verlauf der Entstehung moderner Gesellschaften durch die Herausbildung des staatlichen Gewaltmonopols, durch Institutionalisierung alternativer Formen der Konfliktaustragung und durch die Verinnerlichung des Gewaltverbotes zunehmend eingehegt und zurückgedrängt wurden. Dies erlaubte die Entfaltung der Potenziale gesellschaftlicher Arbeitsteilung, die auf Berechenbarkeit und Gewaltfreiheit sozialer Beziehungen angewiesen sind.

Diese Überlegungen lassen sich auch normativ fassen. Demnach wäre die systematische, nachhaltige Einhegung gewaltförmiger Konfliktaustragung wesentlich für eine „gute" politische Ordnung. Insbesondere Dieter Senghaas hat das Zivilisierungskonzept von Elias in diesem Sinne normativ gewendet (Senghaas 1994: 17ff.). Das von ihm entwickelte „zivilisatorische Hexagon" beschreibt programmatisch die Elemente eines „mehrfachen Komplexprogramms" zur Befriedung von Gesellschaften im Sinne eines „positiven Friedens" (J. Galtung). Die sechs interdependenten Zieldimensionen des „mehrstufigen Komplexprogramms" Zivilisierung umfassen dabei die Entprivatisierung von Gewalt, die Kontrolle des Gewaltmonopols und die Herausbildung von Rechtsstaatlichkeit, die Schaffung von Interdependenzen und Affektkontrolle, Formen demokratischer Beteiligung, soziale Gerechtigkeit und eine konstruktive politische Konfliktkultur (Senghaas 1994: 20ff.).

Das Rollenkonzept der Zivilmacht beschreibt demnach eine außenpolitische Grundorientierung, die auf die Zivilisierung der Politik insgesamt und der internationalen Beziehungen im Besonderen abzielt. Zivilmächte sind somit Staaten, die sich dem Ziel einer Zivilisierung der Politik verpflichtet fühlen und dementsprechend handeln. Der Begriff „Macht" beschreibt in diesem Zusammenhang a) den *Akteur*, nämlich die Bundesrepublik Deutschland, mit b) einem *Gestaltungsanspruch*, also der Bereitschaft, die eigenen Ziele notfalls auch gegen Widerstand durchzusetzen und c) bestimmte Formen der Durchsetzung, also *spezifische Strategien und Instrumente* der Außenpolitik (Maull 1990/91).

2.4 Elemente des Wandels: „Normalisierung" der Sicherheitspolitik, „assertive Germany", „Renationalisierung" und neue außenpolitische Rhetorik

Außenpolitische Rollenkonzepte werden über Prozesse der Sozialisierung vermittelt und sind verankert in außenpolitischen Kulturen von Gesellschaften; sie verändern sich dementsprechend gewöhnlich nur langsam und partiell. Die Verankerung eines solchen Rollenkonzeptes über Sozialisierungs- und Lernprozesse in den Eliten und dann – über die Herausbildung einer entsprechenden politischen Kultur – in der Gesellschaft dauerte länger. In der Bundesrepublik waren diese Prozesse erst Mitte der 1960er Jahre im Wesentlichen abgeschlossen (Schweigler 1985; Berger 1998).

Mit den tief greifenden Veränderungen nach 1989 stellte sich allerdings die Frage, inwieweit das bis dahin entwickelte bundesdeutsche Rollenkonzept der Zivilmacht den veränderten Gegebenheiten noch angemessen war. Denn nicht nur hatte sich Deutschland selbst durch die Vereinigung verändert, sondern auch Europa und die Welt hatten sich grundlegend gewandelt: Die europäische Teilung war überwunden, und der Zusammenbruch der Sowjetunion und das Ende des Ost-West-Antagonismus als der bis dahin dominanten weltpolitischen Konfliktformation lösten fundamentale, weit reichende Veränderungen der internationalen Beziehungen aus. Unter diesen Voraussetzungen musste ein Festhalten am bundesdeutschen Rollenkonzept geradezu paradox erscheinen, und dementsprechend erwarteten und erhofften oder befürchteten viele Beobachter grundlegende Veränderungen in der deutschen Außenpolitik.

Tatsächlich allerdings vollzog die deutsche Außenpolitik bis heute (2005) keine grundsätzlichen Veränderungen, sondern lediglich Modifikationen und Anpassungen, die das Rollenkonzept der Zivilmacht in seinen wesentlichen Zügen nicht in Frage stellten. Diese Modifikationen betrafen vor allem die militärische Sicherheitspolitik („Normalisierung“) und bestimmte Aspekte der „neuen“ deutschen Außenpolitik („Re-Nationalisierung“). Daneben gab es gewisse Veränderungen in der außenpolitischen Rhetorik und dem außenpolitischen Stil.

2.4.1 Veränderungen in der Sicherheitspolitik

Die häufig, wenngleich eher irreführend unter dem Schlagwort der „Normalisierung“ diskutierte Veränderung der militärischen Sicherheitspolitik seit 1995 hebt auf Einsätze der Bundeswehr jenseits der NATO-Vertragsgebiete ab. Die bundesdeutsche Sicherheits- und Militärpolitik vor 1990 zeichnete sich grundsätzlich durch ausgeprägte Selbstbindungen und Selbstbeschränkungen aus, in denen sich die oben skizzierte, skeptische Grundeinstellung gegenüber den Möglichkeiten und den intrinsischen Gefahren beim Einsatz militärischer Machtmittel äußerte. Hierzu zählten u. a. der Verzicht auf Massenvernichtungswaffen, die konsequente Unterstellung der Bundeswehr unter den Oberbefehl der NATO, das Selbstverständnis vom Auftrag der Bundeswehr als Kriegsverhütung durch Abschreckung, und schließlich die – allerdings erst 1982 formulierte und verankerte – Ablehnung von Einsätzen der Bundeswehr in Missionen außerhalb der NATO-Bündnisverpflichtungen durch Beschluss des Bundessicherheitsrates, eines Kabinettsausschusses.[6]

Mit den grundlegend veränderten Rahmenbedingungen der internationalen Politik nach 1990 und den neuen Erwartungen und Anforderungen an Deutschland seitens seiner Partner geriet die deutsche Sicherheitspolitik zunehmend unter Druck, ihre alte Position der Abstinenz bei kollektiven Einsätzen der Friedenserhaltung und Friedenserzwingung jenseits des Bündnis-Kontextes zu modifizieren (Duffield 1994). Dies wurde bereits 1990/91 im Kontext der Annexion von Kuwait durch den Irak und den Golfkrieg 1991 sichtbar: Die Verweigerung einer militärischen Beteiligung der Bundeswehr kam Deutschland nicht nur finanziell, sondern auch politisch teuer zu stehen (Philippi 1998: 68ff.). Im Zusammenhang mit dem Auseinanderbrechen Jugoslawiens und den post-jugoslawischen, ethno-nationalistisch begründeten Eroberungskriegen Serbiens in Kroatien, Bosnien und dann im Kosovo verschärfte sich die Problematik der deutschen Haltung weiter und führte schließlich zur Revision der alten Politik der Enthaltsamkeit. Beginnend 1992 in Kambodscha, beteiligte sich die Bundeswehr an einer Reihe von friedenserhaltenden bzw. friedenserzwingenden Einsätzen unter der Flagge der Vereinten Nationen bzw. der NATO (Philippi 1998; Clement 2004). Diese Ausweitung der Einsätze der Bundeswehr war innenpolitisch umstritten; nachdem die Parteien keine einvernehmliche Klärung herbeizuführen vermochten, wurde das Bundesverfassungsgericht angerufen, um die Rechtslage autoritativ zu klären. Mit seiner Entscheidung vom 12. Juli 1994 legitimierte das Gericht grundsätzlich ein breites

[6] Das Bundeskabinett hatte zuvor zweimal ohne größere öffentliche Reaktionen eine Beteiligung der Bundeswehr an kollektiven Einsätzen außerhalb des Bündnisses beschlossen; diese Missionen – die Beteiligung an friedenserhaltenden Maßnahmen im Zypern-Konflikt 1965 und an der Öffnung der Seeblockade gegen Israel im Golf von Akaba 1967 – kamen allerdings nicht zustande (Rühl 1995: 89).

Spektrum von Einsätzen der Bundeswehr zur kollektiven Friedenssicherung und Friedenserzwingung, machte diese allerdings von der Zustimmung des Bundestags abhängig (Philippi 1998: 48ff.).

Mit diesem Urteil des Verfassungsgerichts wurde ein jahrelanger politischer Lernprozess abgeschlossen, der zu einer wichtigen Revision der Sicherheitspolitik Deutschlands führte. Bereits 1995 – und nicht, wie in aller Regel behauptet, erst 1999 im Kosovo – autorisierte die CDU/CSU/FDP-Bundesregierung Kampfeinsätze der Bundeswehr zur Friedenserzwingung in Bosnien-Herzegowina (Maull 1995/6: 110f.); 1999 beteiligte sich die Bundeswehr dann auf Beschluss der rot-grünen Regierungskoalition und mit Zustimmung des Bundestages in größerem Umfang an der Friedenserzwingung der NATO im Kosovo, die – entgegen früherer Bundeswehrmissionen – nicht durch ein Mandat des UN-Sicherheitsrates autorisiert war. Alle Einsätze der Bundeswehr waren inhaltlich eindeutig kompatibel mit den oben skizzierten Leitlinien der deutschen Außenpolitik: Die Bundeswehr beteiligte sich dabei an Operationen zusammen mit ihren wichtigsten Verbündeten im Kontext der NATO; es ging dabei in erster Linie darum, gesellschaftliche Krisen, Hungersnöte, Kriegshandlungen und Massenmorde einzudämmen und internationale Stabilität zu erhalten, erst zweitrangig um spezifische nationale Interessen (wie etwa die, weitere Flüchtlingsströme nach Deutschland zu unterbinden). Die deutsche Außen- und Sicherheitspolitik blieb insofern „zivilmachtskonform“ (Maull 2000; Jeffery/Paterson 2001; Hampton 2000; Longhurst 2004). Allerdings musste in diesem Zusammenhang die Skepsis gegenüber Militäreinsätzen überwunden und die Einsicht erlangt werden, dass in bestimmten Situationen der Einsatz von militärischen Mitteln zur Konfliktvermeidung oder Konfliktbefriedung unverzichtbar sein kann. Dass damit die alte Skepsis keineswegs völlig aufgegeben wurde, zeigte das Beharren der deutschen Politik im ehemaligen Jugoslawien auf der Notwendigkeit, institutionalisierte, multilaterale politische Lösungen zu finden, wie dies in der Kosovo-Krise durch den „Fischer-Plan“ und die Initiative für den „Stabilitätspakt für Südosteuropa“ exemplarisch sichtbar wurde (Grund 2003).

2.4.2 „Assertive Germany“

Diejenigen Beobachter, die nach der Vereinigung erwartet hatten, dass das vereinte, souveräne Deutschland nunmehr vor allem nationale Interessen verfolgen und die Fesseln seiner institutionellen Einbindungen und Beschränkungen aufgeben werde, sahen sich 1991 durch das Drängen der deutschen Außenpolitik auf die Anerkennung der jugoslawischen Teilrepubliken Slowenien und Kroatien (nicht aber Bosnien!) bestätigt. Diese Episode wurde und wird immer wieder fälschlich als Beispiel eines neuen deutschen Unilateralismus („assertive Germany“) gewertet – eine Einschätzung, die einer genaueren Überprüfung aber keineswegs standhält: Die deutsche Außenpolitik bemühte sich 1991 vielmehr um eine *gemeinsame* Anerkennung der beiden Teilrepubliken durch die Europäische Gemeinschaft und setzte sich damit schließlich auch durch. Dabei drohte die deutsche Diplomatie zwar auch mit einem außenpolitischen Alleingang, und sie vollzog dann die Anerkennung – entgegen der gemeinsam gefassten Beschlüsse – einige Tage vor den anderen Mitgliedsstaaten (Gow 1997: 166ff.). Dennoch war dies gerade kein Beispiel für Unilateralismus, sondern eher für einen energisch vorgebrachten und durchgesetzten Führungsanspruch Deutschlands in der gemeinsamen EG-Außenpolitik. Die Ziele und Beweggründe dieser Politik entsprangen den Überzeugungen der Zivilmacht Deutschland: Im Mittelpunkt stand der Versuch, die Kriegshandlungen im ehemaligen Jugoslawien einzudämmen, die serbische Aggression zu stoppen und eine humanitäre Katastrophe durch die Internationalisierung der Konflikte abzuwenden. Die Schwäche dieser Politik war nicht Unilateralismus, sondern die mangelnde Bereitschaft der deutschen Politik, die Konsequenzen aus einer erfolgreichen Internationalisierung der Konflikte im ehemaligen Jugoslawien mitzutragen. Denn nach Lage der Dinge konnten die neuen Staaten vor der Aggression Serbiens nur durch ein militärisches Eingreifen der Staatengemeinschaft oder alternativ durch Rüstungslieferungen an die neuen Staaten geschützt werden, damit diese wenigstens versuchen konnten, sich zu wehren. Beides lehnte die deutsche Politik jedoch für sich selbst ab und überließ es damit anderen, die Konsequenzen der erfolgreichen Internationalisierung der Konflikte durch diplomatische Anerkennung zu schultern (Maull 1995/6: 104f.).

2.4.3 Deutschland in der Irak-Krise 2002/03

Als Kontinuitätsbruch in der deutschen Außenpolitik wurde schließlich auch das Verhalten Deutschlands in der Irak-Krise 2002/03 bewertet. In der Tat gab Deutschland in dieser Krise seine traditionelle Politik der Äquidistanz zwischen Paris und Washington auf, es riskierte den offenen Bruch mit dem amerikanischen Verbündeten und versuchte (nicht ohne Erfolg), Washingtons Forderungen nach einer Autorisierung des Krieges gegen Irak durch den UN-Sicherheitsrat mittels einer diplomatischen Koalition mit Paris und Moskau zu blockieren (Szabo 2004; Harnisch 2004a; Dalgaard-Nielsen 2004; Hacke 2003). Zudem lehnte es die Bundesregierung ab, sich an kollektiven Zwangsmaßnahmen gegen den Irak zu beteiligen, selbst für den Fall, dass diese vom UN-Sicherheitsrat beschlossen worden wären – dies wäre ein klarer Verstoß gegen die in der UN-Charta umrissenen Pflichten Deutschlands als Mitglied der Weltorganisation gewesen und stellte zweifellos einen diplomatischen Alleingang, eine unilateralistische Entgleisung dar. Der „Auftritt" Deutschlands (Schöllgen 2004) in der Krise stellte allerdings bei genauerem Hinsehen keine „Renationalisierung" der deutschen Außenpolitik dar. Er entsprang weniger einem neuen strategischen Kalkül oder gar einer neuen Ausrichtung der deutschen Außenpolitik, sondern den Gegebenheiten des Wahlkampfs in Deutschland und – vor allem – den Forderungen einer fundamental veränderten amerikanischen Außenpolitik an die Adresse ihres Verbündeten, die aus der Perspektive der Zivilmacht inhaltlich schlicht unzumutbar waren (Rudolf 2005). Die deutsche Außenpolitik sah sich in dieser Krise mit der Notwendigkeit konfrontiert, sich entweder für ihre Überzeugungen und traditionellen Ziele oder für den amerikanischen Verbündeten zu entscheiden. Man kann kritisieren, dass die deutsche Außenpolitik in dieser Krisensituation nicht genug unternahm, um diese fatale Entscheidungssituation im Vorfeld abzuwenden, und dass sie ihre Verweigerung wenig geschmeidig formulierte (Schwarz 2005: 26ff., 71ff.) – inhaltlich rechtfertigt es dieses Verhalten Deutschlands in der Irak-Krise aber nicht, von einem Kontinuitätsbruch zu sprechen.

2.4.4 Neuer Stil, neue außenpolitische Rhetorik

Auch die Tendenz der deutschen Außenpolitik und ihrer Repräsentanten, von ihrer alten außenpolitischen Rhetorik abzurücken und weniger leisetreterisch, selbstbewusster und konsequenter für deutsche Interessen einzutreten (Hellmann 2004), steht bei genauerem Hinsehen keineswegs für eine nachhaltige, bleibende und substantielle Neuorientierung dieser Politik. Vielmehr reflektierte dies zum einen den wachsenden historischen Abstand der deutschen Außenpolitik zum Nationalsozialismus. Aber die Historisierung dieser Epoche erwies sich in der Praxis rasch als schwierig: Die rot-grüne Koalition, die seit 1998 diese neue Rhetorik kultivierte, wurde mit den Entschädigungsforderungen ehemaliger Zwangsarbeiter im NS-Regime früh von der deutschen Vergangenheit eingeholt und musste diese politisch aufarbeiten. Aber auch im deutsch-polnischen und im deutsch-tschechischen Verhältnis zeigte sich, dass rhetorische Distanzierungsversuche nichts an den Schatten änderten, die Deutschlands nationalsozialistische Vergangenheit nach wie vor über die deutsche Außenpolitik wirft (Krzeminski 2004).

Zum anderen entsprang die neue Rhetorik den wachsenden wirtschaftlichen Problemen Deutschlands nach der Vereinigung, die die fiskalischen Spielräume der deutschen Diplomatie einschränkten. Kritik am Ausgabengebaren der Europäischen Union und generell an „Brüssel“ sowie Forderungen nach strikter Begrenzung der deutschen Beiträge zum Haushalt der EU wurden seit Mitte der 1990er Jahre von allen Bundesregierungen artikuliert, und alle versuchten, die deutschen Beiträge zur EU zu limitieren (Lippert 2004: 240). In der Praxis änderte dies an der deutschen Außenpolitik allerdings weniger, als man der Rhetorik zufolge erwarten konnte: In Entscheidungssituationen – wie etwa bei der Verabschiedung des Finanzrahmens der EU für die Jahre 2000 bis 2006 auf dem Gipfeltreffen in Köln oder bei der Fortschreibung der Gemeinsamen Agrarpolitik 2002 – verhielt sich die deutsche Europapolitik nach wie vor finanziell kompromissbereit (Harnisch/Schieder 2003; Lippert 2004).

In der Summe ergibt sich also das Bild einer außerordentlich hohen inhaltlichen Kontinuität der deutschen Außenpolitik. Dies reflektiert zum einen zweifellos die Tatsache, dass diese Politik in doppelter Hinsicht bemerkenswert erfolgreich war – im Sinne ihrer Ergebnisse für das außenpolitische Gemeinwohl Deutschlands, aber auch hinsichtlich ihrer parteiübergreifenden Verankerung und Verinnerlichung in den Überzeugungen und Einstellungen der außenpolitischen Eliten. In dieser Kontinuität manifestieren sich aber auch enorme Beharrungstendenzen und eine ausgeprägte Pfadabhängigkeit der deutschen Außenpolitik. In der Folge zeigen sich deshalb seit Mitte der 1990er Jahre gelungene Anpassungsleistungen, aber auch Erosions- und Aushöhlungstendenzen innerhalb des außenpolitischen Rollenkonzeptes. Hinzu kam der Verlust an Einfluss der deutschen Diplomatie durch die wachsenden wirtschaftlichen Probleme.

3 Innenpolitischer Wandel und außenpolitische Kontinuität: Die Regierungswechsel 1966, 1969, 1982 und 1998

Während die Neuorientierung der Ostpolitik seit 1969 eindeutig im Kontext der innenpolitischen Machtverschiebungen von den konservativen zu reformorientierten politischen Kräften stand, lassen sich weder für den Wechsel 1982 zur CDU/CSU-FDP-Koalition unter Führung von Bundeskanzler Helmut Kohl und Außenminister Hans-Dietrich Genscher noch für die Machtübernahme der rot-grünen Bundesregierungen von Gerhard Schröder und Joschka Fischer bedeutsame außenpolitische Veränderungen konstatieren.

3.1 Die Neuorientierung der Ostpolitik, 1969 bis 1973

Die substantiellste Modifikation der deutschen Außenpolitik in den 50 Jahren von 1955 bis 2005 war zweifellos die Neuorientierung der Ostpolitik unter der sozial-liberalen Koalition von 1969 bis 1972 (Bender 1995; Löwenthal 1974; Zündorf 1979; Schmid 1979). Die neue Ostpolitik brachte die deutsche Außenpolitik nicht nur in Gleichklang mit der entspannungsorientierten Politik der Westmächte, sondern sie schuf auch neue Handlungsspielräume für Bonn, insbesondere mit Blick auf die gesamteuropäische Sicherheit und Stabilität und die Verbesserung der Bindungen und Verbindungen zwischen der Bundesrepublik und Westberlin und zwischen den beiden deutschen Staaten und ihren Menschen.

Die neue Ostpolitik war innenpolitisch umstritten und trug dazu bei, den Machtwechsel von der konservativ-liberalen über eine Große Koalition zur sozial-liberalen Koalition zu ermöglichen (Winkler 2000: 307ff.). Freilich drehte sich die politische Auseinandersetzung weniger um das „ob“ als um das „wie“ der Entspannungspolitik, also nicht um Grundsätzliches,[7] sondern vor allem um unterschiedliche Bewertungen der Frage, wie der Imperativ einer Entspannungspolitik auf der Grundlage der Anerkennung der bestehenden Situation mit dem Wunsch und dem Verfassungsauftrag, die deutsche Teilung zu überwinden, in Übereinstimmung gebracht werden konnte. In dieser Frage verliefen die Fronten jedoch nicht nur zwischen den Parteien, sondern auch in ihnen.

Nachdem die Bildung der sozial-liberalen Koalition den Weg für die neue Ostpolitik frei gemacht hatte, wurde diese dann in ihren Ergebnissen – d.h. zunächst den Verträgen mit Moskau, Warschau und Prag, dann, nach den Wahlen 1972, auch dem deutsch-deutschen Grundlagen-Vertrag – von der CDU/CSU-Opposition in Bundestag und Bundesrat durch Stimmenthaltung bzw. Zustimmung einzelner Abgeordneter aus den Reihen der Opposition mitgetragen. Dabei half der Regierung auch das Vier-Mächte-Abkommen zu Berlin, mit dem die westlichen Verbündeten der neuen Ostpolitik gewissermaßen ihr Imprimatur verliehen (Haftendorn 2001: 173-218).

Die neue Ostpolitik war zugleich ein wichtiges Ergebnis wie auch ein vorantreibendes, dynamisierendes Element der gesellschaftlichen und politischen Veränderungen, die sich in der Bundesrepublik im Verlauf der 1960er Jahre vollzogen. Im Ergebnis brachte sie eine Erweiterung ihrer außenpolitischen Handlungsspielräume und neue außenwirtschaftliche Chancen im Osthandel, aber auch eine Vertiefung der Westbindung der deutschen Außenpolitik. Die Fortschritte für die Menschen im geteilten Europa hielten sich zunächst freilich in eher engen Grenzen.

3.2 Außenpolitische Dimensionen des Machtwechsels 1982

Auch im Zusammenhang mit dem Machtwechsel 1982 spielte die Außenpolitik eine Rolle. Gegenstand der innenpolitischen Auseinandersetzungen um die Außenpolitik war diesmal freilich eher das Ringen um außenpolitische Kontinuität: Während die CDU/CSU-Opposition und die FDP mit ihrem alten und neuen Außenminister Hans-Dietrich Genscher als Mahner und Wahrer der Westbindung und der Mitwirkung der Bundesrepublik im west-

[7] Gewichtige inhaltliche Unterschiede gab es allerdings in der Frage nach dem zukünftigen Verlauf der Ostgrenze eines vereinten Deutschland; dabei reichte die Bereitschaft zur Anerkennung der Oder-Neiße-Grenze aber bis tief in die Reihen der CDU.

lichen Verteidigungssystem auftraten, gab es unter dem Eindruck der wachsenden Abkühlung der Ost-West-Beziehungen und einer machtvollen Friedensbewegung innerhalb der SPD eine starke Strömung, die die Entspannungspolitik auch gegen die sich verschärfenden Ost-West-Gegensätze zwischen den beiden Supermächten und den Blöcken fortgeführt wissen wollte. Bundeskanzler Helmut Schmidt konnte sich gegen diese Tendenzen in seiner Partei nicht mehr durchsetzen und verlor damit einen Teil der innenpolitischen Unterstützung für seine Außenpolitik (Winkler 2000: 373ff.).

Den weltpolitischen Hintergrund dieser Auseinandersetzung lieferte der Zerfall der Entspannungspolitik zwischen den Blöcken. Der Scheitelpunkt dieser Entwicklung kam im Dezember 1979 mit dem NATO-Doppelbeschluss und der sowjetischen Invasion in Afghanistan. Der Doppelbeschluss war eine ursprünglich von Helmut Schmidt angeregte westliche Reaktion auf die Aufrüstungsprogramme der Sowjetunion bei weit reichenden Mittelstrecken-Raketen. Mit dem Beschluss kündigte die NATO westliche Rüstungsmaßnahmen („Nachrüstung") an, offerierte aber dem Warschauer Pakt zugleich auch Rüstungskontroll- und Abrüstungsgespräche (Haftendorn 2001: 264ff.).

Als die Sowjetunion keinerlei Neigung zeigte, ihre konventionellen und eurostrategischen Rüstungsanstrengungen (insbesondere die nuklear bestückten SS 20-Raketen) zu mäßigen oder gar rückgängig zu machen, entbrannte in der Bundesrepublik eine heftige innenpolitische Auseinandersetzung um die Frage nach der angemessenen sicherheitspolitischen Reaktion. In dieser Auseinandersetzung geriet Bundeskanzler Helmut Schmidt in einen zunehmend schwierigeren Spagat zwischen dem linken Flügel der SPD und der FDP, deren Außenminister sich für die Umsetzung des NATO-Doppelbeschlusses aussprach. Schmidt versuchte dagegen in Verkennung der in dieser Lage geringen außenpolitischen Handlungsspielräume der Bundesrepublik, die europäische Entspannungspolitik auch gegen die Opposition der westlichen Verbündeten und die Verhärtung der Beziehungen zwischen den Blöcken fortzuführen (Winkler 2000: 391ff.).

In dieser Situation entschloss sich die FDP – primär allerdings aus wirtschafts- und gesellschaftspolitischen Gründen – zum Koalitionswechsel und setzte somit gegen die SPD-Linke und einen lavierenden Bundeskanzler den außenpolitischen Kontinuitätskurs durch. Es war dabei bemerkenswert, dass Genscher dann als Außenminister und Vizekanzler der neuen CDU/CSU/FDP-Koalitionsregierung unter Bundeskanzler Helmut Kohl diese Kontinuitätslinie schon bald nach der anderen Seite zu verteidigen hatte: Er setzte sich nach der Stationierung der NATO-Mittelstreckenraketen nachdrücklich für eine Neubelebung der Rüstungskontroll- und Entspannungspolitik ein und geriet dabei rasch in Gegensatz zu jenen Kräften in der CDU/CSU, die den Schulterschluss mit der amerikanischen Außenpolitik suchten.

3.3 Rot-grüne Erneuerung der deutschen Außenpolitik?

Auch der Machtwechsel 1998 stand außenpolitisch insgesamt eindeutig unter dem Stern der Kontinuität – mehr noch sogar, als dies in der Literatur gemeinhin gesehen wird. Denn der wichtigste neue Akzent der deutschen Außenpolitik nach dem Wechsel 1998, die substantielle Beteiligung deutscher Kampfflugzeuge an der NATO-Intervention im Kosovo-Konflikt 1998/99, ratifizierte nur noch jene Veränderungen in der deutschen Sicherheitspolitik, die im Kern bereits 1995, im Zusammenhang mit der NATO-Intervention in Bosnien-

Herzegowina, vollzogen worden waren: Es gab bereits seit 1995 eine neue, parteiübergreifende Mehrheit, die die Notwendigkeit von Kampfeinsätzen der Bundeswehr im Rahmen humanitärer Interventionen unter bestimmten Bedingungen akzeptierte (Philippi 1996: 82-142, Maull 1995/6). Der Verdienst der neuen Bundesregierung im Zusammenhang mit der Kosovo-Krise lag daher weniger im Vollzug einer unvermeidlichen außenpolitischen Kurskorrektur, sondern vor allem darin, die Unterstützung der Linken für eine deutsche Beteiligung am Kosovo-Einsatz sogar ohne Mandat des UN-Sicherheitsrats zu gewinnen und die diplomatischen Bemühungen um eine politische Lösung des militärischen Konfliktes anzuschieben.

Auch in anderen Bereichen der Außenpolitik sahen die Koalitionsvereinbarungen zwischen SPD und Bündnis 90/Die Grünen zwar etliche neue Akzente, aber keine grundlegenden Politikinnovationen vor (Maull 2002). Diese neuen Akzente betrafen die Nuklearstrategie des Bündnisses, die Entwicklungspolitik, die Menschenrechtspolitik, die deutsche UN-Politik und – vor allem – die Außenwirtschaftspolitik, in der der neue Finanzminister Oskar Lafontaine die westlichen Partner zu einer stärker interventionistischen Währungspolitik drängen wollte. In der Praxis stießen entsprechende Vorstöße – wie Gerhard Schröders Bemühungen, die deutschen Beiträge für den EU-Haushalt einzufrieren, Außenminister Fischers Initiative, wonach die NATO sich formell gegen den Ersteinsatz von Kernwaffen aussprechen sollte, oder Oskar Lafontaines Versuche, durch extensive Zusammenarbeit zwischen Amerika, Japan und der EU eine Verstetigung der Wechselkurse und damit eine grundlegende Reform der internationalen Währungsordnung zu erreichen – rasch auf außen- und innenpolitische Widerstände und wurden aufgegeben. Andere Neuansätze – wie in der Entwicklungspolitik oder der Menschenrechtspolitik – blieben in der Praxis ohne wesentliche Folgen und verliefen im Sande (Maull et al. 2003).

Im Ergebnis setzte sich die außenpolitische Kontinuität – sieht man einmal von den Kampfeinsätzen der Bundeswehr im Kosovo und dann, im Rahmen des Kampfes gegen den internationalen Terrorismus nach dem 11. September 2001, auch in Afghanistan ab – auch unter Rot-Grün bis zu den Bündniskrisen 2002/03 auf der ganzen Linie durch (Schwarz 1999, Janning 2002, Link 2004, Risse 2004). Die Unterschiede etwa zur letzten CDU/CSU/FDP-Koalition unter Bundeskanzler Helmut Kohl und Außenminister Klaus Kinkel beschränkten sich auf die inhaltlichen Details der Kontinuitätsgestaltung, etwa die spezifischen Initiativen zur Umsetzung der Leitlinie der Vertiefung der europäischen Integration unter Helmut Kohl (Währungsunion) und Gerhard Schröder (Verfassungsgebungsprozess).

4 Das außenpolitische Entscheidungssystem

Die Außenpolitik ist (wie die Sicherheitspolitik) aus nahe liegenden Gründen in aller Regel die Domäne der Exekutive, oft auch die Domäne des Regierungschefs. Allerdings bedeutet dies nicht, dass die anderen Gewalten völlig vernachlässigbar wären: In bestimmten Situationen – etwa bei der Ratifizierung von Vertragswerken oder der autoritativen Interpretation des Grundgesetzes in seinen die Außenbeziehungen betreffenden Passagen – wurden auch Bundestag, Bundesrat und Bundesverfassungsgericht zu wichtigen Akteuren der Außenpolitik. Hinzu kamen und kommen die Einflüsse der Medien als „vierte Gewalt“ und der öffentlichen Meinung sowie externer Akteure, die freilich eher die außenpolitischen Handlungsspielräume der deutschen Außenpolitik bestimmten als spezifische Entscheidungen.

4.1 Der Bundeskanzler und das Bundeskanzleramt

In den Anfangsjahren der Bundesrepublik dominierte Konrad Adenauer die Außenpolitik in außerordentlicher Weise (Schwarz 1981: 105ff.). Erst 1955 bestimmte Adenauer, der bis dahin das Außenministerium selbst geleitet hatte, seinen Gefolgsmann Heinrich v. Brentano zum ersten eigenständigen Außenminister. Die starke Abhängigkeit der jungen Bundesrepublik von den Besatzungsmächten bedeutete, dass die Außenpolitik der Bundesrepublik bis 1955 sich nur innerhalb der von den Hohen Kommissaren vorgegebenen Handlungsspielräume vollziehen konnte, die wiederum wesentlich durch die Gegebenheiten des Ost-West-Gegensatzes bestimmt wurden (Bierling 1999: 69ff.). Allerdings deckten sich die Intentionen der Westmächte mit denjenigen Adenauers, der es zudem geschickt verstand, die durch die Schlüsselposition Westdeutschlands an der Front des Kalten Krieges rasch wachsende Bedeutung Deutschlands für seine Zwecke zu nutzen.

Aber auch seither konnte der Bundeskanzler die Außenpolitik immer wieder in wesentlichen Dimensionen (Europapolitik, Verhältnis zu den USA, multilaterale Institutionen wie die UN und die G-7/8, Beziehungen zu Russland und zu China) bestimmen und prägen (Fröhlich 2001). Grundlage der besonderen außenpolitischen Bedeutung des Bundeskanzlers ist zum einem seine herausgehobene Position als Ansprechpartner anderer Regierungen, die in den letzten Jahrzehnten vor allem durch die Tendenz zu Gipfeltreffen der Staats- und Regierungschefs befördert wurde; zum anderen reflektiert dies die generell starke politische Position des Kanzlers, insbesondere seine Richtlinienkompetenz, und den Rückhalt bei der größeren der beiden Regierungsparteien. (Wenn dieser nicht oder nur eingeschränkt gegeben war, wie etwa bei Ludwig Erhard oder in den letzten Monaten der Regierungszeit von Helmut Schmidt, hatte dies Auswirkungen auch auf die Position des Bundeskanzlers in der Außenpolitik) (Paterson 1994). Bürokratische Grundlage dieser herausgehobenen Position des Bundeskanzlers war der Apparat des Kanzleramtes mit den außenpolitischen „Spiegelreferaten"; insbesondere unter Helmut Kohl erreichten die Leiter der außenpolitischen Abteilungen im Kanzleramt (wie Horst Teltschik und Joachim Bitterlich) ein erhebliches Maß an Einfluss auf die Politik.

4.2 Der Außenminister und das Auswärtige Amt

Stand der Außenminister also zu Beginn völlig im Schatten des ersten Bundeskanzlers, konnte sich Gerhard Schröder in den letzten Jahren der Ära Adenauer aus diesem Schatten lösen und die Außenpolitik im Sinne des Ressortprinzips weitgehend eigenständig gestalten. Begünstigt wurde dies durch die abbröckelnde Unterstützung für Adenauer in der CDU/CSU, wobei nicht zuletzt Gegensätze zwischen der von Adenauer und seinen Anhängern betriebenen Orientierung auf Frankreich und den „Atlantikern" in der Fraktion eine Rolle spielten, zu denen Schröder zählte (Winkler 2000: 213ff.). In der Großen Koalition waren es das annähernd ausgewogene Gewicht der Koalitionsparteien sowie die ausgeprägten Unterschiede in der Ost- und in der Deutschlandpolitik, die Willy Brandt als Außenminister aufwerteten; das Ergebnis war eine ausgeprägt „dualistische" Außenpolitik (Paterson 1994: 134). In der sozial-liberalen Koalition spielte Außenminister Walter Scheel nur eine marginale Rolle, sein Nachfolger Hans-Dietrich Genscher gewann dagegen zunehmend an Gewicht und Einfluss und setzte schließlich – nicht zuletzt auch aus außenpolitischen Erwägungen – den Seitenwechsel der FDP zur Koalition mit der CDU/CSU durch (s.o.). Nach der Übernahme des Auswärtigen Amtes durch Klaus Kinkel (FDP) verlor das Außenministerium wieder zunehmend an Einfluss, und dieser Einflussverlust zu Gunsten des Kanzlers ließ sich als Trend auch über die beiden rot-grünen Regierungskoalitionen von 1998 bis 2005 feststellen (Kornelius 2003).

Grundlage für den Einfluss der Außenminister waren zum einen das Ressortprinzip sowie die umfassende außenpolitische Koordinationsfunktion des Auswärtigen Amtes in der Europapolitik und in der Außenpolitik allgemein, zum anderen der politische Rückhalt des Außenministers in der kleineren Regierungspartei und seine Stellung als Vizekanzler. Hinzu kam, dass Außenminister in der Regel hohe positive Popularitätswerte aufwiesen. In welchem Maße die Außenminister es verstanden, diese strukturellen Voraussetzungen im Sinne eigenständiger außenpolitischer Gestaltung zu nutzen, war nicht zuletzt eine Frage ihrer Persönlichkeit und der politischen Beziehung zwischen dem Bundeskanzler und seinem Außenminister.

4.3 Andere Ministerien und das Kabinett

Neben dem Auswärtigen Amt wird die Außen- und Sicherheitspolitik von zwei weiteren Ministerien, dem Bundesministerium für Verteidigung (BMVg) und dem Bundesministerium für wirtschaftliche Zusammenarbeit (BMZ) und ihren nachgeordneten Behörden ausgeführt und zum Teil auch gestaltet. Daneben weisen auch das Bundesministerium für Wirtschaft (BMWi) über seine Kompetenzen in der (in den letzten Jahren stark beschnittenen) Europa- und in der Außenwirtschaftspolitik und das Bundesministerium der Finanzen (BMF) über seine allgemeine Haushaltskompetenz spezifische Zuständigkeiten auf (Fröhlich 2001: 44ff.).[8] Über eigenständigen Einfluss auf bestimmte Bereiche der Außen- und Sicherheitspolitik verfügten die jeweiligen Ministerien systematisch vor allem in der Europa- und Außenwirtschaftspolitik (BMWi) unter den Ministern Erhard und Lambsdorff (Außenhandelspolitik), eher selten jedoch in der Sicherheitspolitik und der Entwicklungspolitik. Zu den Ausnahmen zählten vor allem Entwicklungsminister Erhard Eppler, der das BMZ aus seinem Schattendasein als außenwirtschafts- und deutschlandpolitisches Vollzugsorgan zur Förderung des deutschen Exports und zur Durchsetzung des bundesdeutschen Alleinvertretungsanspruchs heraus und zu einer eigenständigen entwicklungspolitischen Agenda hinführte (Nuscheler 1996: 378ff.), sowie Verteidigungsminister Volker Rühe, der die Ausweitung der Auslandseinsätze der Bundeswehr und die Osterweiterung der NATO nach 1990 politisch wesentlich voranzutreiben half (Wolf 1996).

Das Kabinettsprinzip, wonach die Bundesregierung Beschlüsse kollektiv fasst, spielte auch in der Außenpolitik bis heute nur eine untergeordnete Rolle: Die wichtigsten politischen Entscheidungen fielen auch hier in der Regel in anderen politischen Kontexten. Auch der Bundessicherheitsrat, der als einziger Kabinettsausschuss über eine eigene Geschäftsordnung und begrenzte Entscheidungskompetenzen sowie einen eigenen Mitarbeiterstab im Kanzleramt verfügt (Fröhlich 2001: 37f.) und sich als außen- und sicherheitspolitische Koordinationsinstanz anbieten würde, hatte faktisch nur in den 1970er und 1980er Jahren eine gewisse politische Bedeutung, die er seit der Vereinigung aber wieder einbüßte.

[8] Im Kontext der Europäischen Union gibt es inzwischen ohnehin kein Ministerium mehr, das nicht auch „außenpolitisch“ aktiv wäre.

4.4 *Andere Verfassungsorgane (Bundespräsident, Bundestag, Bundesrat, Bundesverfassungsgericht)*

Andere Verfassungsorgane beeinflussten die deutsche Außenpolitik substantiell bislang nur in Ausnahmesituationen. Der Bundespräsident repräsentiert die deutsche Außenpolitik im Ausland, aber er hat keinen Einfluss auf ihre Gestaltung. Bundestag und Bundesrat wirkten an der Außenpolitik vor allem bei der Ratifizierung von internationalen Vertragswerken und daneben über die Arbeit in den Ausschüssen mit. Da die Außenpolitik in der Regel von einem breiten parteipolitischen Konsens getragen wurde, waren Ratifizierungen im Bundestag und im Bundesrat zumeist unumstritten. Ausnahmen bildeten, wie dargestellt, die Wiederbewaffnung der Bundesrepublik im Rahmen der NATO, die deutsch-französischen Verträge von 1963 und die Ostverträge.

Das Bundesverfassungsgericht (BVerfG) wurde wiederholt auch im Zusammenhang mit außen- und insbesondere mit sicherheitspolitischen Fragen angerufen. Besonders bedeutsam waren dabei die Urteile des Gerichts zu den Deutschlandverträgen, zur Wehrverfassung und den Einsätzen der Bundeswehr in Kontexten jenseits der NATO-Bündnisverpflichtungen sowie seine Entscheidungen zu der Neufassung der Römischen Verträge durch die EU-Regierungskonferenz von Maastricht (Harnisch 2004b: 140ff.). Die Entscheidungen des BVerfG legitimierten zwar die Deutschlandpolitik der sozial-liberalen Koalition, legten ihr aber zugleich durch seine detaillierte, autoritative Interpretation des Einigungsgebots des Grundgesetzes auch durchaus substantielle Beschränkungen auf. Im Zusammenhang mit den umstrittenen Auslandseinsätzen der Bundeswehr auf dem Balkan und in Somalia unterstützte das Gericht zwar die permissive Interpretation des Grundgesetzes durch die Bundesregierung (bzw. ihre Mehrheitsfraktion, die CDU/CSU), weitete zugleich aber auch die Mitwirkungs- und Kontrollmöglichkeiten des Bundestags dadurch aus, dass es Auslandseinsätze außerhalb des Bündnisses grundsätzlich von der Zustimmung des Bundestags abhängig machte (Philippi 1996: 48ff.). In der Europapolitik schließlich definierte das Gericht die politischen Bedingungen und Grenzen weiterer Souveränitätsübertragungen an die Europäische Union und behielt sich selbst ein materielles Prüfungsrecht darüber vor, ob europäische Beschlüsse mit dem Grundgesetz vereinbar seien (Harnisch 2004b: 144ff.).

4.5 *Parteien und öffentliche Meinung*

Auch in der Außenpolitik spielen die politischen Parteien eine grundlegend bedeutsame Rolle, die hier allerdings durch den Informationsvorsprung der Experten sowie in den letzten Jahren auch dadurch eingeschränkt wurde, dass die Zahl und das Kaliber der außenpolitisch engagierten Parlamentarier zurückging. Einfluss auf die Außenpolitik gewannen Parteiorgane vor allem dann, wenn grundlegende außenpolitische Entscheidungen nicht nur zwischen, sondern auch innerhalb der Parteien umstritten waren – wie etwa bei der Wiederbewaffnung, bei den Auseinandersetzungen zwischen „Gaullisten“ und „Atlantikern“ in den 1960er Jahren, bei der neuen Ostpolitik seit Mitte der 1960er Jahre, in der Nachrüstungsdebatte innerhalb der SPD und bei den Auslandseinsätzen der Bundeswehr nach 1990. Die außenpolitische Wirkung der zwischen- und innerparteilichen Auseinandersetzungen um derartige Grundsatzentscheidungen bestand vor allem darin, die Handlungsspielräume der Außenpolitik zu begrenzen; Krisen ergaben sich stets dann, wenn die Außenpolitik der

Regierung aus eigener Neigung oder aufgrund der internationalen Gegebenheiten an die Ränder dieser Handlungskorridore geriet – wie etwa im Zusammenhang mit den Pariser Verträgen von 1963, die durch eine Präambel des Bundestags in ihrer Substanz relativiert wurden, mit der Nachrüstungsdebatte von 1979 bis 1982, oder den Auslandseinsätzen der Bundeswehr nach 1999, die auf dem linken Flügel der SPD und der Grünen mit erheblichen Vorbehalten gesehen wurden. Dies veranlasste Bundeskanzler Schröder 2001 dazu, die Parlamentsentscheidung über den Einsatz der Bundeswehr im Kampf gegen den internationalen Terrorismus mit der Vertrauensfrage zu verbinden. Auch bei der deutschen Weigerung, für den Krieg der USA im Irak 2003 oder danach Truppen in den Irak zu entsenden, spielte diese innerparteiliche Konstellation der SPD eine Rolle (Harnisch 2004a: 178).

Die Medien und die öffentliche Meinung spielten in der deutschen Außenpolitik bislang eher eine begrenzte Rolle (vgl. zum Einstellungswandel zur Außenpolitik Rattinger et al. 1995). Gewiss definieren die außenpolitische Kultur eines Landes und die öffentliche Meinung in einem sehr allgemeinen Sinne die Handlungsparameter der Außenpolitik, doch sind diese Parameter „weich", also politisch innerhalb recht weiter Grenzen form- und veränderbar. Faktisch bewegte sich die deutsche Außenpolitik deshalb immer wieder vor der öffentlichen Meinung her, um diese schließlich auf ihre Seite zu bringen. Dies galt für die frühen Jahre der bundesdeutschen Außenpolitik, aber auch für die ostpolitische Wende in den 1970er Jahren und die Auslandseinsätze der Bundeswehr in den 1990er Jahren: In all diesen Fällen vollzog die öffentliche Meinung Lernprozesse nach, die zunächst innerhalb der außenpolitischen Eliten stattgefunden hatten.

5 Die Europäisierung der deutschen Außen- und Sicherheitspolitik

Das Ende des bis dahin für die deutsche Außenpolitik strukturell bestimmenden Ost-West-Gegensatzes und die neuen Herausforderungen, die sich seit Anfang der 1990er Jahre im Umfeld Westeuropas herausschälten, stellten die deutsche Außenpolitik vor ein neues Dilemma: Auf der einen Seite konnte sie nicht mehr ohne weiteres auf die Leistungsfähigkeit gefestigter, im Kontext des Ost-West-Gegensatzes optimierter multilateraler Institutionen setzen, um ihre Ziele zu verfolgen; auf der anderen Seite war die deutsche Außenpolitik aber für eine genuin nationale Strategie weder materiell noch mental gut vorbereitet und vor allem alleine nicht hinreichend gestaltungsfähig: Die Probleme auf dem Balkan, in Mittelosteuropa und im Nahen Osten waren selbst für die großen europäischen Nationalstaaten zu groß, als dass sie national erfolgreich hätten bearbeitet werden können. Es lag daher nahe, nach Möglichkeiten zu suchen, eine europäische Außen- und Sicherheitspolitik zu entwickeln und zu effektuieren

5.1 Europäisierung der Außenpolitik: Von der EPZ zur GASP

Die Bundesrepublik hatte sich schon früh für eine europäische Außenpolitik stark gemacht; nach der Vereinigung und dem Ende des Ost-West-Konfliktes bemühte sie sich nicht nur im Rahmen der von ihr betriebenen Aufwertung der Europäischen Gemeinschaften zu einer Politischen Union, sondern auch konkret im Kontext der Auflösungskrise und -kriege in Jugoslawien um eine gemeinsame europäische Politik. Symbol dieser Bemühungen war die

Forderung der deutschen Außenpolitik nach einem gemeinsamen europäischen Sitz im UN-Sicherheitsrat (Andreae 2002). Allerdings stand das Projekt einer gemeinsamen europäischen Außen- und Sicherheitspolitik in einem Spannungsverhältnis zur transatlantischen Dimension der NATO, die traditionell nicht nur die sicherheitspolitische, sondern auch die außenpolitische Zusammenarbeit des Westens koordinierte. Dieses Spannungsverhältnis führte immer wieder zu bündnisinternen Auseinandersetzungen, die allerdings die schrittweise Entwicklung einer genuin europäischen Außen- und Sicherheitspolitik nicht verhindern konnten.

Die Ursprünge der Gemeinsamen Außen- und Sicherheitspolitik der Europäischen Union (GASP) liegen in den Anfängen der europäischen Integration nach dem Zweiten Weltkrieg, doch scheiterten Bemühungen um eine gemeinsame oder doch koordinierte Außen- und Verteidigungspolitik zunächst. Erst 1970 gelang der Einstieg in die Europäische Politische Zusammenarbeit (EPZ), als die damals noch sechs Mitgliedsstaaten der EG eine lockere, strikt intergouvernementale Koordination der Außenpolitiken in bestimmten Problembereichen (insbesondere dem Nahostkonflikt und dem KSZE-Prozess) einleiteten (Nuttall 1992). Diese wurde zunächst in der Einheitlichen Europäischen Akte 1987 auf eine vertragsrechtliche Grundlage gestellt und dann im Vertragswerk von Maastricht 1991 zur GASP als „Zweitem Pfeiler" der Europäischen Union aufgewertet (Nuttall 2000). Seither wurde die GASP mehrfach fortentwickelt; dies betraf insbesondere die Einbeziehung der Sicherheitspolitik (und damit auch die schrittweise Integration der WEU in die EU) in ihre Aufgabenstellungen, die Formulierung programmatischer Grundlagen, die Aufwertung durch die Bestellung eines Hohen Vertreters (in Personalunion mit der Aufgabe des Generalsekretärs des Ministerrates), die Entwicklung eines Instrumentariums (gemeinsamer Standpunkt, gemeinsame Aktion, gemeinsame Strategie) und schließlich Bemühungen um eine Vernetzung von Erster und Zweiter Säule im Bereich der Außenbeziehungen (Hochleitner 2000; Nuttall 2000).

Inhaltlich befasste sich die GASP seit Beginn der 1990er Jahre vor allem mit den Konflikten auf dem Balkan und im Nahen und Mittleren Osten, doch entwickelte sie auch darüber hinaus ein breit gefächertes Spektrum von Strategien und Aktivitäten, etwa gegenüber Russland, China, Indien, Lateinamerika und Afrika (Hill/Smith 2000). Die größten Außenwirkungen erzielte die EU allerdings vermutlich über ihre Politik der Ost- und Süderweiterung, die insbesondere in Mittelosteuropa die wirtschaftliche und politische Transformation vorantrieb und zugleich stabilisierte. Deutschland spielte bei der Erweiterung der EU (wie auch bei der ersten Runde der NATO-Osterweiterung) eine wichtige Rolle als Initiator und Unterstützer (Tewes 2002); dabei verstand es die deutsche Außenpolitik, ihre eigenen mit gemeinsamen Interessen und Zielsetzungen der EU zu amalgamieren und so ihre Realisierung erfolgreich voranzutreiben. Die Osterweiterung der EU stellt daher das wohl gewichtigste Beispiel für eine erfolgreiche Europäisierung der deutschen Außenpolitik dar (Lippert 2004: 266ff.).

5.2 Europäisierung der Sicherheits- und Verteidigungspolitik? Von der EVG zur ESVP

Zu den gescheiterten Projekten der Frühphase der europäischen Integration gehörte die Europäische Verteidigungsgemeinschaft, die die Errichtung einer gemeinsamen europäischen Armee vorsah und so die Wiederbewaffnung der Bundesrepublik politisch einbetten sollte. Nachdem das EVG-Projekt 1954 in der französischen Nationalversammlung gescheitert war, wurde als alternativer politischer Rahmen die NATO gewählt; die um Westdeutschland erweiterte Westeuropäische Union (WEU) blieb daneben lange Zeit weitgehend bedeutungslos.

Die Auflösungskriege im ehemaligen Jugoslawien, in denen die europäischen Vermittlungs-, Befriedungs- und Interventionsbemühungen von 1991 bis 1994 eklatant gescheitert waren, demonstrierten dann jedoch eindrucksvoll die Defizite der GASP, nicht zuletzt im sicherheitspolitischen und militärischen Bereich. So wurden die Balkankonflikte zum wichtigsten Katalysator einer eigenständigen Gemeinsamen Europäischen Sicherheits- und Verteidigungspolitik (ESVP). Die ersten Schritte in diese Richtung wurden bereits im Vertragswerk von Maastricht unternommen; es folgten der Aufbau des sicherheitspolitischen Analyse- und Aufklärungsinstrumentariums der WEU und die Aufstellung europäischer multilateraler Verbände (Eurokorps, Euromarfor) (Hochleitner 2000; Gnesotto 2004). Die wichtigste Weichenstellung war in diesem Zusammenhang allerdings die Annäherung der britischen und der französischen Haltungen zu einer engeren militärischen Zusammenarbeit im europäischen Rahmen. Diese Annäherung begann 1995 im Kontext der Bosnien-Intervention der NATO und wurde dann 1998 in den bilateralen Vereinbarungen von St. Malo formalisiert; sie bildeten die politische Grundlage für die Entwicklung der ESVP (Howorth 2000). Die deutsche Außenpolitik griff diese Initiative auf und führte sie enger an die EU heran; so entstand 1999 – vor dem Hintergrund der Kosovo-Krise – die ESVP mit ihren zentralen Institutionen, dem Ständigen Politischen und Sicherheitspolitischen Ausschuss, dem EU-Militärausschuss und dem EU-Militärstab einschließlich eines Lagezentrums.

Seit dem Jahr 2000 wurde der Aufbau der Institutionen ergänzt durch den Aufbau gemeinsamer militärischer und ziviler Fähigkeiten. Die EU-Mitgliedstaaten verpflichteten sich dabei, der ESVP Truppenkontingente sowie die erforderliche Infrastruktur für militärische Interventionen zur Verfügung zu stellen, die innerhalb von 60 Tagen disloziert und in einem Gesamtumfang von bis zu 60.000 Soldaten über größere Entfernungen hinweg für Zeiträume bis zu einem Jahr einsetzbar sein sollten. Ähnlich wurden auch Ziele für Polizeikräfte und zivile Fähigkeiten entwickelt. Wiewohl die militärischen Zielsetzungen bis 2004 im Einzelnen nicht erreicht waren, wurde die ESVP doch offiziell für einsatzbereit erklärt und ESVP-Kontingente dann auch – vor allem auf dem Balkan, aber auch in Afrika und anderswo – in zum Teil erheblichem Umfang eingesetzt (Giegerich/Wallace 2004).

5.3 Europäisierung der deutschen Außenpolitik: Formen und Tendenzen

Die deutsche Außenpolitik war von Anfang an faktisch „europäisiert" und zugleich transatlantisch geprägt, worauf vor allem Wolfram Hanrieder (mit seinem Begriff des „penetrierten Systems") (Hanrieder 1989) und Peter Katzenstein (mit der Kennzeichnung der Bundesrepublik als „semi-souveränem Staat") (Katzenstein 1987; vgl. jetzt auch Green/Paterson 2005) früh hingewiesen haben. Allerdings verschoben sich dabei die Gewichte grundsätzlich von situativ bedingten außenpolitischen Sachzwängen (die der Außenpolitik der Bundesrepublik zunächst nur geringe eigene Gestaltungsmöglichkeiten gaben) hin zu selbst auferlegten Bindungen; seit der Vereinigung dominierten dann eindeutig die zunehmend begrenzten nationalstaatlichen Gestaltungschancen der Außenpolitik als *movens* der Fortentwicklung der GASP. Dabei versuchte die deutsche Außenpolitik einerseits, europäische Politik in ihrem Sinne zu gestalten und sie für die eigenen Zwecke zu instrumentalisieren,[9] andererseits musste sie dabei die Zielsetzungen anderer Mitgliedsstaaten berücksichtigen sowie gemeinsame europäische Politiken nach den Vorgaben aus Brüssel umsetzen. Die „Europäisierung“ der deutschen Außenpolitik beinhaltete damit Politik-Anpassung in einem dreifachen Sinne: a) Anpassung gemeinsamer europäischer außen- und sicherheitspolitischer Institutionen und Politiken an die eigenen Vorstellungen, b) Anpassung der Institutionen und Politiken der deutschen Außenpolitik bei der Umsetzung gemeinsamer Beschlüsse, und schließlich c) wechselseitige Anpassung der Zielsetzungen, Strategien und Taktiken im Kontext gemeinsamer europäischer Politiken im Sinne von Kompromissen.

Generell lässt sich feststellen, dass die deutsche Außenpolitik erhebliche Erfolge im Sinne der Anpassung der europäischen Außenpolitik an ihre eigenen Vorstellungen und Zielsetzungen zu verzeichnen hatte: Der Bundesrepublik gelang es, ihr außenpolitisches Milieu im eigenen Sinne zu formen (Bulmer/Paterson 2000). Dies betraf zum einen das institutionelle Gefüge der Außenbeziehungen (beispielhaft hier die Heranführung der GASP an die Erste Säule und die Entwicklung der Institutionen der ESVP), zum anderen aber auch bestimmte Politiken (wie etwa die Nahostpolitik oder die Asienstrategie der EU). Allerdings ließ diese Form des Einflusses seit etwa Mitte der 1990er Jahre deutlich nach. Verantwortlich dafür waren erstens die wachsenden Probleme der öffentlichen Haushalte und generell des Modells Deutschland, das Deutschlands Fähigkeiten beeinträchtigte, durch Modellexport und gutes Beispiel Einfluss auszuüben, zweitens die zunehmende Komplexität und damit die abnehmende „Formbarkeit“ der europäischen Dimension und drittens schließlich politische Fehler der deutschen Außenpolitik, die sich seit Mitte der 1990er Jahre nicht mehr mit dem erforderlichen Geschick und der notwendigen Energie um die europäischen Partner bemühte.

Die Bereitschaft Berlins, sich an Vorgaben aus Brüssel und an die Vorstellungen, Strategien und Taktiken anderer Staaten anzupassen, war dort, wo dies nicht ohnehin den Zielsetzungen der deutschen Außenpolitik entsprach, dagegen eher begrenzt. Feststellbar waren Anpassungsleistungen im Kontext der ESVP, die – zusammen mit parallelen Entwicklungen innerhalb der NATO – der Neuorientierung der deutschen Sicherheitspolitik wichtige Impulse verliehen. Allerdings galt auch hier, dass die deutsche Politik letztlich nicht bereit oder in der Lage war, ihre im europäischen Kontext gemachten materiellen Zusagen bezüglich der Reform der Bundeswehr einzuhalten. Insofern erwies sich auch die deutsche Außenpolitik gegenüber europäischen Bemühungen um genuine Vergemeinschaftung bzw. effektive Koordination der nationalen Außenpolitiken dort als recht resistent, wo sie diese Entwicklungen nicht selbst gewollt und angestrebt hat. Nur auf wenigen Politikfeldern gelang es – zumeist unter dem Druck der Ereignisse – nationale Außenpolitikansätze innerhalb der EU effektiv zu überwölben bzw. zu koordinieren. Zu diesen Politikfeldern zählen (nach einem langjährigen, mühsamen Aushandlungs- und wechselseitigen Anpassungsprozess innerhalb der EU) seit 1994 die europäische Balkanpolitik und, seit 2003, auch die Nichtverbreitungspolitik, insbesondere gegenüber Iran (Harnisch 2005).

[9] Exemplarisch hierfür war die deutsche Anerkennungspolitik im zerfallenden Jugoslawien 1991 (s.o.).

6 Resümee

Im Rückblick weist die deutsche Außenpolitik von 1949/1955 bis 2005 insgesamt eine vor dem Hintergrund der dramatischen Umbrüche in der Weltpolitik seit 1989 höchst bemerkenswerte Kontinuität in Grundlinien der Zielsetzungen und der eingeschlagenen Strategien auf: Die festgestellten Veränderungen stellen lediglich Modifikationen im Detail dar. Diese Kontinuität lässt sich nur teilweise im Sinne der Pfadabhängigkeit erklären: Gewiss blieben das institutionelle Gefüge der deutschen Außenpolitik selbst wie der Kontext seiner Einbettung in die Gemeinschaft der westlichen Demokratien im Großen und Ganzen seit 1955 unverändert, doch haben sich die europäischen und transatlantischen Institutionen seit 1989 wesentlich stärker verändert als die Außenpolitik der Bundesrepublik selbst. Zudem hat diese – im Positiven wie im Negativen – selbst nicht unerheblich dazu beigetragen, diese Veränderungen (im Sinne der Vertiefung und Erweiterung der Europäischen Integration wie auch der ambivalenten Transformation der NATO) voranzutreiben. Überzeugender lässt sich der Befund der Kontinuität mit einem gut verankerten und in sich stimmigen außenpolitischen Rollenkonzept erklären, das die seit 1955 gewachsene, gesellschaftlich verinnerlichte neue außenpolitische Identität Deutschlands angemessen zum Ausdruck brachte. Dieses Rollenkonzept konnte sich nicht zuletzt deshalb so nachdrücklich ausprägen, weil es einerseits dem neuen normativen Selbstverständnis der Bundesrepublik Deutschland entsprach, sich andererseits aber auch als höchst erfolgreich erwies.

Allerdings beruhte der außenpolitische Erfolg der Bundesrepublik auf einer Reihe von Voraussetzungen. Zu ihnen zählten im Inneren die wirtschaftliche Leistungsfähigkeit, die große innenpolitische Akzeptanz, auf die sich diese Außenpolitik spätestens seit den 1960er Jahren stützen konnte, sowie das Geschick der deutschen Diplomatie. Im außenpolitischen Kontext gehörten zu den günstigen externen Rahmenbedingungen leistungsfähige internationale Institutionen (NATO, Europäische Gemeinschaften) und ein weltwirtschaftliches Umfeld, das es der Bundesrepublik erlaubte, Wohlstand und wirtschaftliche Leistungsfähigkeit rasch zu entfalten.

Diese die bundesdeutsche Außenpolitik beflügelnden inneren und äußeren Rahmenbedingungen waren jedoch in nicht unerheblichem Maße dem Ost-West-Gegensatz geschuldet. Mit dem Ende dieser Konfrontation und dann dem Zerfall des Sowjetblocks selbst veränderten sie sich nachhaltig: Das Festhalten an den bis dahin bewährten Leitlinien und Strategien geriet seither zusehends in Gegensatz zu den neuen Realitäten – in Deutschland, in Europa und in der Welt. Diese Spannung ließ sich durch die seit 1991 vorgenommenen Modifikationen an der deutschen Außenpolitik zwar verringern, aber nicht völlig bewältigen. So begann die deutsche Außenpolitik seit etwa Mitte der 1990er Jahre durch wachsende wirtschaftliche Probleme und diplomatische Kurzatmigkeit an Überdehnungs- und Auszehrungserscheinungen zu laborieren; zugleich war sie nicht mehr hinreichend darum bemüht, ihre Grundausrichtung und ihre Strategien und Instrumente zu überprüfen, angemessen zu integrieren und neu zu justieren. Die deutsche Außenpolitik zerfranste, löste sich auf in Einzelaktionen – wie das Bemühen um einen permanenten deutschen Sitz im UN-Sicherheitsrat – und Minikoalitionen (wie der Belebung der deutsch-französischen Zusammenarbeit seit Herbst 2002). In der Doppelkrise der westlichen Institutionen um die Politik gegenüber Irak in den Jahren 2002/03 trat die unbewältigte Spannung zwischen den Anforderungen eines neuen Umfeldes und den Erwartungen der Partner einerseits und dem außenpolitischen Leistungsvermögen der deutschen Außenpolitik andererseits dann offen zutage.

Die Krise der „alten“, bundesdeutschen Außenpolitik bedeutete freilich noch keineswegs auch schon ihr Ende. Denn paradoxerweise erscheint das außenpolitische Rollenkonzept der Zivilmacht auch unter den neuen innen- und weltpolitischen Gegebenheiten bislang jedenfalls ohne überzeugende Alternative. Deutschland verfügt auch unter den heutigen Rahmenbedingungen – wenngleich aus anderen Gründen – über keine wirklich tragfähigen nationalstaatlichen Außenpolitikoptionen und bleibt daher auf eine erfolgreiche Zivilisierung der internationalen Beziehungen durch einen leistungsfähigen Multilateralismus angewiesen. Im Mittelpunkt der deutschen Außenpolitik steht daher auch weiterhin die Europäische Integration, wenngleich in anderer Weise als bisher: Stellte die EU in der Vergangenheit zusammen mit der NATO die wichtigste Grundlage der Einbettung der deutschen Politik in den Kreis der westlichen Demokratien dar, so geht es in Zukunft vor allem um die Effektuierung der deutschen Außenpolitik durch regionale und globale Gestaltungschancen der EU als weltpolitischer Akteur.

Allerdings ist diese Handlungsfähigkeit der EU im internationalen Kontext bislang noch recht weitgehend eher Programm als politische Realität. Damit steht die deutsche Außenpolitik in einem Dilemma zwischen Aktivismus und Attentismus: Frustration über die ungenügende Handlungsfähigkeit der EU begünstigt nationalstaatlichen Aktivismus (wie den Kampf um den Sitz im Sicherheitsrat), Einsicht in die Notwendigkeit europäischer Lösungen kann jedoch auch zum Attentismus führen (wie etwa auf dem Balkan): In der Hoffnung, „Brüssel“ werde es schon richten, kann sich die deutsche Diplomatie bequem zurückhalten.

Erforderlich wäre offensichtlich für die Zukunft etwas anderes: eine konstruktive deutsche Führungsrolle bei den Bestrebungen, die Europäische Union als weltpolitischen Akteur zu aktivieren und zu effektuieren. Dazu bedürfte es der Belebung traditioneller Koalitionen (etwa mit den kleineren EU-Staaten) und der Entwicklung neuer effektiver Formen der außenpolitischen Zusammenarbeit (etwa mit Polen), ganz generell: einer energischen, systematisch konzipierten und langfristig ausgerichteten Bemühung um Effektuierung der EU als internationaler Akteur. Beispiele hierfür gab es durchaus in den letzten Jahren – etwa die viel geschmähten, doch auch oft missverstandenen Bemühungen der deutschen Diplomatie um eine frühzeitige Eindämmung der Zerfallskriege im ehemaligen Jugoslawien 1991 oder die erfolgreiche Effektuierung der G-8 für eine politische Lösung des Kosovo-Krieges 1999.

7 Literatur

Andreae, Lisette, 2002: Reform in der Warteschleife. Ein deutscher Sitz im UN-Sicherheitsrat? München.

Banchoff, Thomas, 1997: The Past in the Present: Historical Memory and German National Security Policy, in: German Politics 6 (1): 60-76.

Bender, Peter, 1995: Die „Neue Ostpolitik" und ihre Folgen. München.

Berger, Thomas U., 1998: Cultures of Antimilitarism. National Security in Germany and Japan. Baltimore/London.

Besson, Waldemar, 1970: Die Außenpolitik der Bundesrepublik Deutschland. Erfahrungen und Maßstäbe. München.

Bierling, Stefan, 1999: Die Außenpolitik der Bundesrepublik Deutschland. Normen, Akteure, Entscheidungen. München.

Bulmer, Simon/Jeffery, Charlie/Paterson, William E., 2000: Germany's European Diplomacy. Shaping the Regional Milieu. Manchester.

Clement, Hermann, 2004: Die deutsche Bundeswehr als Instrument deutscher Außenpolitik, in: Aus Politik und Zeitgeschichte B 11: 40-46.

Cooper, Robert, 1996: Europe: The Post-Modern State and World Order. London.

Dalgaard-Nielsen, Anja, 2003: Gulf War: The German Resistance, in: Survival 45 (1): 99-116.

Das Gupta, Amit, 2004: Lob der Schwäche – heroische Rhetorik zum Untergang der deutschen Scheckbuchdiplomatie, in: Duitsland Institut Amsterdam, Forschungsberichte 1 (1): 40-48.

Duffield, John S., 1994: German Security Policy after Unification: Sources of Continuity and Restraint, in: Contemporary Security Policy, 15 (3): 170-198.

Elias, Norbert, 1976: Über den Prozess der Zivilisation. Frankfurt/M. (2 Bände).

Fröhlich, Stefan, 2001: „Auf den Kanzler kommt es an": Helmut Kohl und die deutsche Außenpolitik. Persönliches Regiment und Regierungshandeln vom Amtsantritt bis zur Wiedervereinigung. Paderborn u.a.

Gardner-Feldman, Lily, 2002: Germany's Policy Towards Israel and the Israeli-Palestinian Conflict: Continuity and Change, in: German Foreign Policy in Dialogue 3 (7): 24-29.

Giegerich, Bastian/Wallace, William, 2004: Not Such a Soft Power: The External Deployment of European Forces, in: Survival 46 (2): 163-181.

Gnesotto, Nicole (Hrsg.), 2004: EU Security and Defence Policy – the First Five Years (1999 – 2004). Paris.

Gow, James, 1997: Triumph of the Lack of Will. International Diplomacy and the Yugoslav War. London.

Green, Simon/Paterson, William E. (Hrsg.), 2005: Governance in Contemporary Germany. The Semisovereign State Revisited. Cambridge.

Grund, Constantin, 2003: Mannschaftsdienlich gespielt. Rot-grüne Südosteuropapolitik, in: Sebastian Harnisch/Hanns W. Maull/Constantin Grund (Hrsg.): Deutschland im Abseits? Rot-grüne Außenpolitik 1998-2003. Baden-Baden, 107-120.

Hacke, Christian, 2003: Deutschland, Europa und der Irakkonflikt, in: Aus Politik und Zeitgeschichte B 24-25: 8-16.

Haftendorn, Helga, 2001: Deutsche Außenpolitik zwischen Selbstbeschränkung und Selbstbehauptung 1945-2000. Stuttgart.

Hampton, Mary N., 2000: The Past, Present and the Perhaps: Is Germany a "Normal" Power? in: Security Studies 10 (2): 179-202.

Hanrieder, Wolfram F., 1989: Germany, America, Europe. Forty Years of German Foreign Policy. New Haven.

Hanrieder, Wolfram F., ^{2}1995: Deutschland, Amerika, Europa. Die Außenpolitik der Bundesrepublik Deutschland, 1949 bis 1994. Paderborn.

Harnisch, Sebastian, 2004a: Deutsche Sicherheitspolitik auf dem Prüfstand: Die Nonproliferationspolitik gegenüber dem Irak, in: Sebastian Harnisch/Christos Katsioulis/Marco Overhaus (Hrsg.): Gelockerte Bindungen, eigene Wege? Deutsche Sicherheitspolitik unter der rot-grünen Koalition. Baden-Baden, 173-200.

Harnisch, Sebastian, 2004b: Internationale Politik und Verfassung. Die Domestizierung des europa- und sicherheitspolitischen Prozesses der BRD in den 1990er Jahren. Trier (Habilitationsschrift).

Harnisch, Sebastian, 2005: Die Chancen der „Koalition der Verhandlungswilligen" im Iran. Nichtverbreitungsbrief 03/2005, 15.03.2005.

Harnisch, Sebastian/Schieder, Siegfried, 2003: Europa bauen – Deutschland bewahren: Rot-grüne Europapolitik, in: Sebastian Harnisch/Hanns W. Maull/Constantin Grund (Hrsg.): Deutschland im Abseits? Rot-grüne Außenpolitik von 1998 bis 2003. Baden-Baden, 65-78.

Hellmann, Gunther, 1996: „Goodbye Bismarck?" The Foreign Policy of Contemporary Germany, in: Mershon International Studies Review 40 (Suppl. 1): 1-39.

Hellmann, Gunther, 2004: Wider die machtpolitische Resozialisierung der deutschen Außenpolitik. Ein Plädoyer für offensiven Idealismus, in: WeltTrends 42: 79-88.

Hill, Christopher J./Smith, Karen E. (Hrsg.), 2000: European Foreign Policy: Key Documents. London.

Hochleitner, Erich P., 2000: Die Europäische Union am Weg zur Sicherheits- und Verteidigungsunion, in: Erich Hochleitner (Hrsg.): Das Europäische Sicherheitssystem zu Beginn des 21. Jahrhunderts. Wien, 153-231.

Howorth, Jolyon, 2000: Britain, France and the European Defence Initiative, in: Survival 42 (2): 33-55.

Jacobsen, Hans Adolf/Leptin, Gert/Schulz, Eberhard (Hrsg.), 1989: Drei Jahrzehnte Außenpolitik der DDR. Bestimmungsfaktoren, Instrumente, Aktionsfelder. München/Wien.

Janning, Josef, 2002: Lange Wege, kurzer Sinn? Eine außenpolitische Bilanz von Rot-Grün, in: Internationale Politik 57 (9): 9-18.

Jeffery, Charlie/Paterson, William E., 2001: Germany's Power in Europe, in: Helen Wallace (Hrsg.): Interlocking Dimensions of European Integration. Houndsmill/New York: 179-214.

Kaiser, Karl, 1991: Deutschlands Vereinigung: Die internationalen Aspekte. Bergisch-Gladbach.

Katzenstein, Peter J., 1987: Policy and Politics in West Germany: The Growth of a Semisovereign State. Philadelphia.

Kirste, Knut/Maull, Hanns W., 1996: Zivilmacht und Rollentheorie, in: Zeitschrift für Internationale Beziehungen 3: 283-312.

Kornelius, Stefan, 2003: Der Gourmet als Kellner. Joschka Fischers langer Weg, in: Internationale Politik 58 (9): 31-37.

Krzeminski, Adam, 2004: Zwischen Renationalisierung und Europäisierung. Ein polnischer Blick auf Deutschland, in: Internationale Politik und Gesellschaft 1: 11-26.

Link, Werner, 2004: Grundlinien der außenpolitischen Orientierung Deutschlands, in: Aus Politik und Zeitgeschichte B 11: 3-9.

Lippert, Barbara, 2004: European Politics of the Red-Green Government: Deepening and Widening Continued, in: Werner Reutter (Hrsg.): Germany on the Road to "Normalcy": Policies and Politics of the Red-Green Federal Government, 1998 – 2002. London, 235-251.

Longhurst, Kerry, 2004: Germany and the Use of Force. The Evolution of German Security Policy 1990-2003. Manchester.

Löwenthal, Richard, 1974: Vom Kalten Krieg zur Ostpolitik, in: ders./Hans-Peter Schwarz (Hrsg.): Die Zweite Republik, 25 Jahre Bundesrepublik Deutschland. Stuttgart, 604-693.

Maull, Hanns W., 1990/91: Germany and Japan: The New Civilian Powers, in: Foreign Affairs 69 (5): 91-106.

Maull, Hanns W., 1995/96: Germany in the Yugoslav Crisis, in: Survival 37 (4): 99-130.

Maull, Hanns W., 2000: Germany and the Use of Force: Still a 'Civilian Power'? in: Survival 42 (2): 56-80.

Maull, Hanns W., 2002: Die Außenpolitik der rot-grünen Koalition: Kontinuität und Wandel, in: Wolfgang Wagner et al. (Hrsg.): Die Internationale Politik 1999/2000. München, 161-172.

Maull, Hanns W./Harnisch, Sebastian/Grund, Constantin (Hrsg.), 2003: Deutschland im Abseits? Rot-grüne Außenpolitik 1998-2003. Baden-Baden.

Nuscheler, Franz, [4]1996: Lern- und Arbeitsbuch Entwicklungspolitik. Bonn.

Nuttall, Simon J., 1992: European Political Co-operation. Oxford.

Nuttall, Simon J., 2000: European Foreign Policy. Oxford.

Paterson, William E., 1994: The Chancellor and Foreign Policy, in: Stephen Padgett (Hrsg.): The Development of the German Chancellorship. Adenauer to Kohl. London, 127-156.

Philippi, Nina, 1996: Bundeswehr-Auslandseinsätze als außen- und sicherheitspolitisches Problem des geeinten Deutschland. Frankfurt a.M.

Rattinger, Hans/Behnke, Joachim/Holst, Christian, 1995: Außenpolitik und öffentliche Meinung in der Bundesrepublik: Ein Datenhandbuch zu Umfragen seit 1954. Frankfurt a.M.

Risse, Thomas, 2004: Kontinuität durch Wandel: Eine „neue" deutsche Außenpolitik? in: Aus Politik und Zeitgeschichte B 11: 24-31.

Rudolf, Peter, 2005: The Myth of the "German Way": German Foreign Policy and Transatlantic Relations, in: Survival 47 (1): 133-152.

Rühl, Lothar, 1998: Sicherheitspolitik: Nationale Strukturen und multilaterale Verflechtung, in: Wolf-Dieter Eberwein/Karl Kaiser (Hrsg.): Deutschlands neue Außenpolitik, Band 4: Institutionen und Ressourcen. München, 87-99.

Sarotte, Mary Elise, 2001: Dealing with the Devil: East Germany, détente, and Ostpolitik, 1969-1973. Chapel Hill/London.

Schmid, Günther, 1979: Entscheidung in Bonn. Die Entstehung der Ost- und Deutschlandpolitik 1969/1970. Köln.

Schmidt, Wolfgang, 2001: Kalter Krieg, Koexistenz und kleine Schritte. Willy Brandt und die Deutschlandpolitik 1948-1963. Wiesbaden.

Schöllgen, Gregor, 2003: Der Auftritt. Deutschlands Rückkehr auf die Weltbühne. Berlin.

Schwarz, Hans-Peter, 1981: Die Ära Adenauer 1949-1957. Stuttgart.

Schwarz, Hans-Peter, 1999: Die Zentralmacht auf Kontinuitätskurs, in: Internationale Politik 54 (11): 1-10.

Schwarz, Hans-Peter, 2005: Republik ohne Kompass. Anmerkungen zur deutschen Außenpolitik. Berlin.

Schweigler, Gebhard, 1985: Grundlagen der außenpolitischen Orientierung der Bundesrepublik Deutschland. Rahmenbedingungen, Motive, Einstellungen. Baden-Baden.

Senghaas, Dieter, 1994: Wohin driftet die Welt? Frankfurt/M.

Siebs, Benno-Eide, 1999: Die Außenpolitik der DDR 1976-1989. Strategien und Grenzen. Paderborn.

Szabo, Stephen F., 2004: Parting Ways. The Crisis in German-American Relations. Washington, D.C.

Tewes, Henning, 2002: Germany, Civilian Power and the New Europe. Enlarging NATO and the European Union. New York.

Walker, Stephen G. (Hrsg.), 1997: Role Theory and Foreign Policy Analysis. Durham.

Weingardt, Markus A., 2002: Deutsche Israel- und Nahostpolitik: die Geschichte einer Gratwanderung seit 1949. Frankfurt a.M.

Winkler, Heinrich August, 2000: Der lange Weg nach Westen. Zweiter Band: Deutsche Geschichte vom Dritten Reich bis zur Wiedervereinigung. München.

Wolf, Reinhard, 1996: The Doubtful Mover: Germany and NATO Expansion, in: David J. Haglund (Hrsg.): Will NATO Go East? The Debate Over Enlarging the Atlantic Alliance. Toronto, 197-236.

Zündorf, Benno, 1979: Die Ostverträge. Die Verträge von Moskau, Warschau, Prag, das Berlin-Abkommen und die Verträge mit der DDR. München.

20. Zwischen Multilateralismus und militärischer Zurückhaltung: die Sicherheits- und Verteidigungspolitik Deutschlands

Wolfgang Wagner und Peter Schlotter

1 Die Sicherheits- und Verteidigungspolitik der Bundesrepublik im Ost-West-Konflikt

Seit 1990 haben sich die Rahmenbedingungen der Sicherheits- und Verteidigungspolitik in allen Staaten Westeuropas und Nordamerikas umfassend und nachhaltig verändert.[1] Innerhalb weniger Jahre sind die Abwehr und Abschreckung eines massiven militärischen Angriffs durch ein feindliches Militärbündnis durch die Herausforderung abgelöst worden, in regionalen Konflikten im Rahmen des Krisenmanagements effektiv zu reagieren. Seit den Terroranschlägen vom 11. September 2001 hat außerdem die Bekämpfung des transnationalen Terrorismus auch für die Sicherheits- und Verteidigungspolitik höchste Priorität erhalten. Von diesen fundamental gewandelten Rahmenbedingungen waren alle Staaten der westlichen Sicherheitsgemeinschaft in ähnlicher Weise betroffen. Viele der Veränderungen in der Sicherheits- und Verteidigungspolitik Deutschlands seit dem Ende des Ost-West-Konflikts haben sich daher in Parallelität zu den Partnerstaaten vollzogen, zumal vor allem NATO und Europäische Union als Foren zur Absprache und Koordination ausgiebig genutzt wurden.

Trotz gemeinsamer Herausforderungen und einer Konzertierung der Anpassungsprozesse innerhalb von NATO und EU weist allerdings gerade die deutsche Sicherheits- und Verteidigungspolitik seit dem Ende des Ost-West-Konflikts eine Reihe von Besonderheiten auf. Die Außenpolitikforschung hat diese Besonderheiten vor allem auf eine politische Kultur zurückgeführt, die sich nach dem Ende des Zweiten Weltkrieges herausgebildet hat und weit über das Ende des Ost-West-Konflikts nachwirkt.[2] Angesichts der doppelten Katastrophe von nationalsozialistischer Diktatur und Weltkrieg hat sich demzufolge in der „Bonner Republik" parteiübergreifend eine Haltung verbreitet, die diplomatische Instrumente als überlegen ansieht und dem Einsatz des Militärs enge Grenzen zieht (Berger 1996: 334).[3] Für die Reformbemühungen seit den 1990er Jahren folgenreich war auch, dass die Wehrpflicht als Bruch mit militaristischen Traditionen legitimiert und zu einem festen Bestandteil der Bonner Nachkriegskultur geworden war (Longhurst 2004: 43f.).

---

[1] Wir danken Anna Geis für wertvolle Hinweise und Anmerkungen.

[2] Vgl. hierzu Berger 1996 und 1998; Duffield 1998; Banchoff 1999; Baumann 2001; Longhurst 2004.

[3] Weil die Institution des Militärs und ihr Einsatz keineswegs pauschal abgelehnt werden, beschreibt der von John Berger in die Diskussion eingeführte Begriff des „Antimilitarismus" (Berger 1996; 1998) die politische Kultur der Bundesrepublik nur unzureichend. Treffender kann von einer „Kultur der militärischen Zurückhaltung" oder auch der „Zivilmacht" (Maull 1990; 1992 und in diesem Band) gesprochen werden.

Neben ihrer Wertschätzung nicht-militärischer Konfliktbearbeitung zeichnete sich die politische Kultur der Außen- und Sicherheitspolitik der Bonner Republik vor allem durch einen ausgeprägten Multilateralismus aus. Zur engen Abstimmung mit den westlichen Siegermächten USA, Frankreich und Großbritannien hatte es seit 1949 schon auf Grund der Besatzung keine Alternative gegeben. Hinzu trat für die Regierung Adenauer die Erfordernis, angesichts der wechselseitigen Frontstellung zwischen der sich etablierenden bürgerlichen Demokratie in Westdeutschland und der sozialistischen DDR eine enge institutionelle Anbindung an den Westen zu suchen.

Nach Ausbruch des Korea-Krieges versuchten die Vereinigten Staaten Westeuropa auch militärisch zu stabilisieren und wollten hierfür – an der Frontlinie des Kalten Krieges – das westdeutsche Militärpotential einsetzen. Um die Befürchtungen in Westeuropa vor einer neuerlichen deutschen Militärmacht zu zerstreuen, beschlossen die Regierungen Frankreichs, der Benelux-Staaten, Italiens und der Bundesrepublik das integrationspolitisch hoch ambitionierte Projekt einer Europäischen Verteidigungsgemeinschaft (EVG) mit einer gemeinsamen Armee bis auf die mittlere militärische Ebene. Nach dessen Scheitern in der französischen Nationalversammlung im August 1954 wurde als „Ersatz" die 1949 gegründete Nordatlantische Allianz gewählt, um die deutsche Wiederbewaffnung multilateral einzubinden, eine Lösung, die für die USA insofern attraktiver war, als die NATO stärker unter amerikanischer Kontrolle stand. Diese Interessenkonstellation kam der Bonner Regierung gelegen, passte sie doch in ihre langfristige Strategie, innere und äußere Souveränität mittels Integration in supranationale und internationale Organisationen wiederzugewinnen (vgl. als Überblick Knapp 2004: 146ff.). Dass der Preis hierfür ausgerechnet mit der Wiederaufstellung einer deutschen Armee bezahlt werden sollte, stieß auf scharfen Widerstand von Seiten der SPD, der Gewerkschaften, antimilitaristischer Bewegungen und protestantischer Gruppen (vgl. Rupp 2000: 119ff.). Angesichts der nationalsozialistischen Vergangenheit sahen sie die Gefahr eines Wiederauflebens des preußisch-deutschen Militarismus und befürchteten, mit dem Beitritt zu einem gegen die Sowjetunion gerichteten Militärbündnis würden die Chancen auf eine Wiedervereinigung für lange Zeit, vielleicht sogar für immer verspielt. Der Regierungskoalition gelang es jedoch über drei Legitimationsmechanismen die Wiederbewaffnung innenpolitisch durchzusetzen: Zum einen wurde mit dem – wenn auch militärintern immer umstrittenen – Leitbild des wehrpflichtigen „Staatsbürgers in Uniform" und der „Inneren Führung" sowie dem Recht auf Wehr- und Kriegsdienstverweigerung ein Bruch mit den militaristischen Traditionen der deutschen Vergangenheit eingeleitet, zum anderen wurde die konservative Mehrheit in Politik und Gesellschaft mit der Behauptung, die Deutsche Wehrmacht sei als „Befehlsempfängerin" nicht in die Verbrechen der nationalsozialistischen Diktatur verstrickt gewesen, ebenfalls in die Politik der Westintegration eingebunden (kritisch Bald 2005). Zum dritten war verfassungsrechtlich eine Politik der militärischen Zurückhaltung verankert, indem der Auftrag der Bundeswehr auf die Verteidigung der Bundesrepublik beschränkt und Angriffskriege verboten wurden. Das „Wirtschaftswunder" in den 1950er Jahren und die kulturelle „Verwestlichung" der Bundesrepublik taten ein Übriges, dass sich seit dem „Godesberger Programm" der SPD von 1959 die westdeutsche Gesellschaft bis weit in die Sozialdemokratie hinein mit der Westintegration, einschließlich ihrer militärischen Dimension, abfand, ja versöhnte.

Unter diesen innen- wie außenpolitischen Bedingungen hat sich seitdem – trotz der Existenz von Streitkräften – eine in Politik und Öffentlichkeit tief verankerte Wertschätzung für Multilateralismus und Europäische Integration entwickelt, die als „reflexartige Unterstützung internationaler Institutionen“ bezeichnet wurde (Anderson/Goodman 1993: 24). Sie gibt militärischer Zurückhaltung, Diplomatie, Entspannung und Kooperation Vorrang vor überkommener Machtpolitik.

Schon in den frühen Jahren der Bonner Republik wurde aber deutlich, dass Multilateralismus und militärische Zurückhaltung keineswegs immer widerspruchsfrei zu realisieren waren. Die Einbindung in internationale Organisationen war nämlich regelmäßig nur um den Preis zu haben, dass die Umsetzung militärischer Anforderungen, die sich aus der Integration ergaben, gegen militärkritische gesellschaftliche und politische Kräfte in der Bundesrepublik durchgesetzt werden musste. Seit Ende der 1950er Jahren hatte sich ein Restpotential von militär- und rüstungskritischer Opposition erhalten, das immer wieder aktiv wurde und neuen Zulauf erhielt, wenn sicherheitspolitische Weichenstellungen anstanden. Ein Bezugspunkt für dieses Potential war die Kriegsdienstverweigerung. Gegen die Einschränkungsversuche der Politik, um die Rekrutierung für die Bundeswehr zu sichern (vgl. für die 1960er und 1970er Jahre Schlotter/Schmidt 1976), kämpften militärkritische Gruppen, vor allem aus dem Protestantismus und der Linken außerhalb der SPD. In den späten 1970er und dann in den 1980er Jahren verbanden sich diese Gruppierungen mit der aufkommenden Anti-Atomkraft- und Umweltbewegung; die neu gegründete Partei *Die Grünen* verstand sich als antimilitaristische und ökologische Partei. Als das Wettrüsten bei den nuklearen Mittelstreckenraketen zwischen den USA und der Sowjetunion zur sog. „Nachrüstung“, d.h. zur Stationierung neuer Raketen auf westdeutschem Boden, führte, bildete sich dagegen ein breites Bündnis aus systemkritischen Gruppierungen in der „Friedensbewegung“. Wie schon in den Fällen vorher zeigte sich jedoch auch hier wieder ein durchgängiges Muster: Trotz aller gesellschaftlichen Opposition erwiesen sich die Regierungsparteien als die Gewinner der Auseinandersetzung, der Versuch der Bundestagsopposition, Wahlen mit sicherheits- und verteidigungspolitischen Themen für sich zu entscheiden, schlug auch diesmal fehl.

Gerade die gesellschaftlichen Debatten, die die sicherheitspolitischen Weichenstellungen in der Bundesrepublik stets begleiteten, sind ein Zeichen für das Leitbild einer „Zivilmacht“. Zwar gab es dazu für die Bundesrepublik unter den Bedingungen der Nachkriegszeit keine Alternative, und es wurde im Ost-West-Konflikt nicht wirklich auf die Probe gestellt, weil das nukleare und konventionelle Abschreckungssystem einen Krieg nur als die totale Zerstörung der Welt bzw. Europas vorstellbar machte, die politischen Spielräume der Bundesrepublik als noch nicht voll souveräner Staat begrenzt waren und die Entspannung in den 1970er und 1980er Jahren ihr genügend Gelegenheit bot, eine Politik der Verständigung und Kooperation zu verfolgen. Dies war Folge der verbreiteten Einschätzung, dass Westdeutschland – unter den Bedingungen der NATO-Strategie der „flexible response“ und ohne autonome Verfügung über eigene Nuklearwaffen – auf den Schutz der USA angewiesen war, sich dessen aber nicht absolut sicher sein konnte und auch im Falle eines konventionellen Krieges die totale Zerstörung hätte in Kauf nehmen müssen. Es kam daher darauf an, im Rahmen der Strategie „Verteidigung + Entspannung = Sicherheit“ über die Kooperation mit den sozialistischen Staaten die Wahrscheinlichkeit eines Krieges zu verringern (vgl. Schlotter 1990: 100-105).

2 Kontinuität und Wandel seit dem Ende des Ost-West-Konflikts

Mit dem Ende des Ost-West-Konflikts vergrößerte sich der Handlungsspielraum der Bundesrepublik auch in der Sicherheits- und Verteidigungspolitik, vor allem weil sie die volle Souveränität erlangte und weil die amerikanischen Sicherheitsgarantien an Bedeutung verloren (vgl. Baumann et al. 1999). Selbst bei engen Verbündeten löste die deutsche Vereinigung Befürchtungen vor einem mächtigeren Deutschland aus, deren Zerstreuung für die Bundesregierung zur höchsten Priorität wurde. Für sie von besonderer Bedeutung war dabei, eine Renationalisierung der Sicherheits- und Verteidigungspolitiken durch eine Stärkung internationaler Institutionen zu verhindern (vgl. Sauder 1995: 172f.; Baumann 2001; Haftendorn 2001: 388f.). In den 2+4-Verhandlungen beharrte die Bundesrepublik im Verein mit ihren westlichen Verbündeten daher auch gegen sowjetische Bedenken auf der NATO-Mitgliedschaft des vereinigten Deutschlands. Als weitere Absicherung setzte sie sich für eine Vertiefung der Europäischen Integration ein, die nun auch eine sicherheits- und verteidigungspolitische Dimension erhalten sollte, sowie für eine Stärkung der KSZE/OSZE und der Vereinten Nationen.

Mit dem Ende des Ost-West-Konflikts kamen neue Bedrohungen auf, denen die westlichen Staaten mit einem erweiterten Handlungsspielraum begegnen konnten, weil mit dem Zerfall der Sowjetunion die bisherige Gegenmacht weggefallen war. Damit verschärfte sich für Deutschland jedoch das Problem, multilaterale Einbindung und militärische Zurückhaltung kompatibel zu halten.

2.1 Auslandseinsätze als neue Aufgabe für die Bundeswehr

In keinem anderen Bereich der Sicherheits- und Verteidigungspolitik hat es seit der deutschen Vereinigung derart weit reichende Veränderungen gegeben wie beim Einsatz der Bundeswehr.[4] Mit dem Ende der Blockkonfrontation hatte auch im Sicherheitsrat der Vereinten Nationen (VN) eine Periode der Zusammenarbeit begonnen, die sich in einer wachsenden Zahl von Mandaten sowohl zur Friedenssicherung als auch zu militärischen Zwangsmaßnahmen niederschlug. Gleichzeitig mehrten sich in der NATO die Stimmen derer, die in der Durchsetzung von VN-Resolutionen ein neues Aufgabenfeld sahen, das dem Bündnis nach dem Zusammenbruch ihres Antagonisten die Daseinsberechtigung sichern würde.

Die Bundesregierung sah sich noch während der 2+4-Verhandlungen mit der veränderten internationalen Lage konfrontiert, als eine von den USA geführte Koalition die militärische Befreiung Kuwaits vorbereitete und die Bundesrepublik um die Entsendung von Bundeswehreinheiten an den Persischen Golf ersuchte.[5] Mit Verweis auf das Grundgesetz und die Belastungen durch die völkerrechtlich noch nicht endgültig abgeschlossene Vereinigung sowie mit einer „Scheckbuchdiplomatie" – die Bundesrepublik steuerte 17 Mrd.

---

[4] Gute Überblicksdarstellungen finden sich bei Philippi 1997 und Baumann/Hellmann 2001. Für die Entwicklung seit 1998 vgl. Wagener 2004.

[5] Anfragen zu „out of area"-Einsätzen hatte die Bundesrepublik schon vorher vereinzelt erhalten, aber stets mit der Begründung abgewiesen, das Grundgesetz erlaube keinen Einsatz der Bundeswehr außerhalb des Geltungsbereichs der NATO. Die USA baten die Bundesrepublik 1966 um militärische Unterstützung in Vietnam und 1987 um die Beteiligung der Bundeswehr bei der Sicherung von Öltransporten im Persischen Golf (vgl. Baumann 2001).

DM zur Finanzierung des Golfkrieges bei – konnte sie sich noch einmal diesen Anforderungen entziehen. Es war der Regierung Kohl aber auch klar, dass eine Beibehaltung dieser Politik der Zurückhaltung mit hohen politischen Kosten verbunden sein würde, die die Mitsprachemöglichkeiten im NATO-Bündnis verringert und den Anspruch, multilaterale Organisationen wie die Vereinten Nationen stärken zu wollen, desavouiert hätten.

Seit 1990/91 arbeitete sie auf eine Erweiterung der Einsatzmöglichkeiten für die Bundeswehr hin, was von großen Teilen der Sozialdemokratie und von der gesamten Partei Bündnis 90/Die Grünen vehement abgelehnt wurde. Die Bundesregierung begann, für eine neue Interpretation des Grundgesetzes zu werben, mit der Militäreinsätze auf der Grundlage eines VN-Mandates zulässig wären. Gleichzeitig verfolgte sie eine „Salamitaktik", mit der sie für Bundeswehreinsätze (zunächst rein humanitären Charakters, dann mit zunehmender militärischer Komponente) Präzedenzfälle schuf, um damit die Öffentlichkeit schrittweise an die Ausweitung des Aktionsradius und die zunehmende Gefährlichkeit des Einsatzes zu gewöhnen (Philippi 1997: 204). Meilensteine dieses Vorgehens waren die VN-Missionen in Kambodscha (1992), an denen sich die Bundesrepublik mit 140 Sanitätern beteiligte, und in Somalia (1993/94), wo Deutschland nun bereits 1.700 Soldaten stellte, die Kampfhandlungen jedoch fern blieben.

Die Bundesregierung erreichte ihr Ziel, als das Bundesverfassungsgericht 1994 die Grundgesetzkonformität von Auslandseinsätzen der Bundeswehr bestätigte, falls sie im Rahmen eines Systems kollektiver Sicherheit stattfänden.[6] Die Richter folgten der Bundesregierung auch darin, dass NATO und WEU – obwohl eigentlich Verteidigungsbündnisse – wie Systeme kollektiver Sicherheit zu bewerten seien, wenn sie Aufgaben der Friedenswahrung wahrnehmen. Gleichzeitig waren auch in der Öffentlichkeit die Vorbehalte gegen Auslandseinsätze der Bundeswehr kontinuierlich zurückgegangen (vgl. Wagner 2006b: 180f.). Dabei erfolgte dieser Einstellungswandel vor allem auf Seiten der bisher militärkritischen Linken in der Sozialdemokratie und bei Bündnis 90/Die Grünen. CDU/CSU und FDP sowie die konservativen Teile der Öffentlichkeit, die schon während des Ost-West-Konfliktes weniger Bedenken gegen Rüstung und Militär gehabt hatten, hatten mit der neuen Aufgabenbestimmung für die Bundeswehr weniger Probleme.

Die bisherige Politik der militärischen Zurückhaltung kam vom Ausland unter den Druck des Vorwurfs der „Drückebergerei", in Deutschland selbst geriet sie aber auch in moralische Rechtfertigungsschwierigkeiten. Angesichts der nationalsozialistischen Vergangenheit war auf die Dauer schwer vertretbar – auch vor dem Leitbild einer Zivilmacht, die Menschenrechte und Demokratie weltweit fördern will –, dass deutsche Soldaten sich aus Konflikten heraushalten sollten, in die Organisationen kollektiver Sicherheit eingriffen, um Völkermord zu verhindern oder massive Menschenrechtsverletzungen zu beenden. Die Erkenntnis, dass Auschwitz nicht durch gewaltfreien Widerstand, sondern durch den militärischen Sieg der Alliierten befreit worden war, ließ die Forderung: „Nie wieder Krieg!", die bis dahin das Motto aller militärkritischen Bewegungen gewesen war, aber auch die Politik der militärischen Zurückhaltung geprägt hatte, zu Gunsten von „Nie wieder Völkermord!" in den Hintergrund treten.[7]

---

[6] Entscheidung des Bundesverfassungsgerichtes vom 12. Juli 1994, BVerfGE 90: 286-294.

[7] Den Anfang hatten der aus der DDR ausgewiesene Liedermacher Wolf Biermann und der Schriftsteller Hans Magnus Enzensberger gemacht, die sich gegen das Heraushalten aus dem Golf-Krieg 1991 ausgesprochen hatten; siehe Wolf Biermann: Kriegshetze – Friedenshetze. Damit wir uns richtig missverstehn: Ich bin für diesen Krieg

Zunächst akzeptierten große Teile der SPD und der Grünen die Entsendung der Bundeswehr unter der Maßgabe eines VN-Mandats für einen Blauhelm-Einsatz. Die nächste Etappe war die Intervention von Streitkräften der NATO unter Führung der USA in Bosnien-Herzegowina, an deren Ende das Friedensabkommen von Dayton im November 1995 stand. Die Bundeswehr war über Unterstützungsmaßnahmen darin involviert, ohne direkt in die Luftangriffe und Kämpfe am Boden einbezogen zu sein. Sie beteiligte sich aber sogleich an der VN-mandatierten Stabilisation Force (SFOR) in Bosnien-Herzegowina, deren Kern NATO-Truppen bildeten. Die damaligen Oppositionsparteien gerieten darüber in eine Zerreißprobe, an deren Ende sich diejenigen durchsetzten, die den Einsatz deutscher Soldaten als „ultima ratio" unter der Bedingung eines Auftrags der Vereinten Nationen befürworteten.

Der Abschied von der militärischen Zurückhaltung wurde endgültig vollzogen, als ausgerechnet eine rot-grüne Regierung die Entscheidung für einen Kampfeinsatz der Bundeswehr ohne das bisher für unerlässlich gehaltene Mandat des VN-Sicherheitsrats traf und die Bundeswehr sich mit vierzehn Tornados an den Luftangriffen der NATO gegen Ziele in Serbien beteiligte. Die innerparteiliche Opposition in der Regierungskoalition und die Vorbehalte in der Öffentlichkeit schienen dabei nur überwindbar zu sein, indem der Kosovo-Einsatz von seinen Befürwortern stark moralisiert wurde: Die Menschenrechtsverletzungen an und Vertreibungen von Kosovo-Albanern wurden mit den Bildern von „Konzentrationslagern" und der Wortwahl „Deportation" in einen Kontext gestellt, der „anti-faschistische" Reflexe bei den Kriegsgegnern wecken sollte.

Dass die „Enttabuisierung des Militärischen", wie es Bundeskanzler Schröder formuliert hatte,[8] weiterhin umstritten blieb, wurde jedoch wieder 2001 deutlich, als die Bundesregierung zur Entsendung von etwa 500 Soldaten nach Mazedonien auf die Stimmen der Oppositionsparteien im Bundestag angewiesen war. Und selbst unter dem Eindruck des 11. September kam eine eigene Mehrheit für die Beteiligung an Kampfeinsätzen im Rahmen von „Enduring Freedom" in Afghanistan nur durch die Verknüpfung mit der Vertrauensfrage zustande. Der Einsatz der Bundeswehr zur Stabilisierung der Lage in Afghanistan im Rahmen eines „robusten" VN-Mandats, wenn auch ohne einen Kampfauftrag, wurde dann jedoch mit großer Mehrheit aus allen Parteien, auch bei SPD und Grünen, beschlossen.

Unter der rot-grünen Koalition erreichte die Entwicklung ihren vorläufigen Abschluss. Auf dem Balkan, in Afghanistan, am Horn von Afrika und in einer Reihe kleinerer Einsätze waren im Jahr 2002 nahezu 10.000 Bundeswehrsoldaten gleichzeitig im Einsatz. Deutschland war zum zweitgrößten Truppensteller für VN-mandatierte multilaterale Militäreinsätze geworden. Mit der Übernahme von Führungsverantwortung in Mazedonien und in Kabul kam das Streben nach Gleichbehandlung der Bundeswehr in internationalen Einsätzen auch symbolisch zu einem Abschluss.

Die neue Praxis der Auslandseinsätze wurde in den 2003 verabschiedeten „Verteidigungspolitischen Richtlinien" als Einsatzdoktrin der Bundeswehr festgeschrieben. Weil das Grundgesetz den Einsatz von Streitkräften nach wie vor nur zur Verteidigung vorsieht, hat sich die Ausweitung des Aktionsradius der Bundeswehr über eine Ausweitung des Verteidigungsbegriffes vollzogen (ausführlich Geis 2005), vom damaligen Verteidigungsminister

am Golf, in: Die Zeit vom 1. Februar 1991, und Hans Magnus Enzensberger: Hitlers Wiedergänger, in: Der Spiegel Nr. 6 vom 4. Februar 1991.

[8] Interview mit Die Zeit vom 18. Oktober 2001, zitiert nach Geis 2005: 2.

Struck auf die griffige Formel gebracht, Deutschland werde am Hindukusch verteidigt. Demzufolge ließen sich künftige Einsätze „wegen des umfassenden Ansatzes zeitgemäßer Sicherheits- und Verteidigungspolitik weder hinsichtlich ihrer Intensität noch geografisch eingrenzen“ (Bundesministerium der Verteidigung 2003: 13). Die neuen „Richtlinien“ werden von allen Parteien bis auf wenige Abweichler mitgetragen. Allerdings betonen CDU/CSU als eine noch verbleibende Aufgabe der Bundeswehr stärker als SPD und Grüne die Landesverteidigung und den Heimatschutz, was sowohl den Einsatz der Armee im Innern der Bundesrepublik als auch die Sicherung der „Aufwuchsfähigkeit“ der verkleinerten Bundeswehr im Falle einer erneuten massiven militärischen Bedrohung einschließt (vgl. etwa CDU/CSU 2005: 38).

Die entschiedene Opposition der rot-grünen Bundesregierung gegen den Irakkrieg 2003 – im Bundestagswahlkampf 2002 hatte Bundeskanzler Schröder eine Beteiligung Deutschlands an einer Militäraktion gegen den Irak kategorisch, das heißt unabhängig von einem eventuellen Mandat des VN-Sicherheitsrates, ausgeschlossen (vgl. ausführlich Hedstück/Hellmann 2003) – markiert insofern einen Schlusspunkt der Entwicklung in der internationalen Neupositionierung der Bundeswehr, als zu vermuten ist, dass es auf absehbare Zeit keine weitere Ausdehnung militärischer Einsätze, vor allem in Form der Beteiligung an einem umfassend angelegten Krieg unter Einschluss von Bodentruppen, geben dürfte.

Tabelle 20.1: Meilensteine in der Entsendepraxis der Bundeswehr

Beginn des Einsatzes	**Einsatzort**	**Beitrag der Bundeswehr**	**Neuerung gegenüber bisherigen Einsätzen**
1992	Kambodscha	140 Sanitäter	Einsatz out of area
1992	Somalia	1.700 Soldaten	Beteiligung mit bewaffneten Soldaten
1995	Bosnien	fast 4.000 Soldaten	Einsatz mit Kampftruppen in ehemals von der Wehrmacht besetztem Gebiet
1999	Serbien	vierzehn Tornados	Kampfeinsatz der Luftwaffe ohne Mandat des VN-Sicherheitsrates
2001	Mazedonien	500 Soldaten	Übernahme militärischer Führung
2001	Horn von Afrika	bis zu 3.800 Soldaten	Terrorbekämpfung
2001	Afghanistan	bis zu 100 Soldaten des Kommandos Spezialkräfte (KSK)	Kampfeinsatz von Bodentruppen

In seinem Streitkräfte-Urteil von 1994 hatte das Bundesverfassungsgericht nicht nur die Beteiligung der Bundeswehr an „out of area-Einsätzen“ für verfassungsgemäß erklärt, sondern den Gesetzgeber darüber hinaus aufgefordert, die Mitwirkung des Bundestags an der

Entsendung deutscher Soldaten gesetzlich zu regeln. Ein entsprechendes „Parlamentsbeteiligungsgesetz" wurde allerdings erst am 3. Dezember 2004 verabschiedet.[9] Am selben Tag hatte der Bundestag zum 43. Mal seine Zustimmung zu einem Auslandseinsatz deutscher Streitkräfte erklärt. Grundlage der verschiedenen Zustimmungsbeschlüsse waren die Mindestanforderungen gewesen, die das Bundesverfassungsgericht in seinem Urteil von 1994 aufgeführt hatte. Dort hatte es zunächst dargelegt, dass die Bundeswehr „nicht als Machtpotenzial allein der Exekutive zu überlassen, sondern als ‚Parlamentsheer' in die demokratisch rechstaatliche Verfassungsordnung einzufügen" sei. Daher schrieb es „die – grundsätzlich vorherige – konstitutive Zustimmung des Bundestages" für jeden einzelnen Einsatz vor.[10] Mit seinem Streitkräfte-Urteil hat das Bundesverfassungsgericht die Tendenz zu einer Entparlamentarisierung der Sicherheits- und Verteidigungspolitik umgekehrt (vgl. Biermann 2004).

Die Bemühungen um ein Parlamentsbeteiligungsgesetz hatten im Oktober 2003 einen erneuten Anstoß erhalten, als die NATO-Verteidigungsminister auf einem informellen Treffen den Einsatz der „NATO Response Force" simulierten, die multinational zusammengesetzt und innerhalb weniger Tage für anspruchsvolle Kriseninterventionen einsetzbar sein sollte. Dabei wurde deutlich, dass der Parlamentsvorbehalt der Bundesrepublik mit der angestrebten schnellen Entsendung in Konflikt geraten könnte. Noch in den USA hatte Verteidigungsminister Struck daher vorgeschlagen, nicht den ganzen Bundestag, sondern nur einen speziell dafür eingerichteten Ausschuss über Truppenentsendungen entscheiden zu lassen.

In der Debatte darüber spielte die Problematik eine wichtige Rolle, wie der Parlamentsvorbehalt gewahrt werden kann, ohne die Fähigkeit zu gefährden, unter Umständen schnell entscheiden zu müssen. Das Parlamentsbeteiligungsgesetz sieht für „Einsätze bei Gefahr im Verzug" nun die Möglichkeit einer nachträglichen Zustimmung vor. Außerdem gibt es für „Einsätze von geringer Intensität und Tragweite" ein vereinfachtes Verfahren, bei dem die Zustimmung dann als erteilt gilt, wenn nicht innerhalb von sieben Tagen nach der Verteilung der Drucksache von einer Fraktion oder fünf Prozent der Mitglieder des Bundestages eine Befassung des Bundestages verlangt wird. Der Bundestag kann die Zustimmung zu einem Einsatz bewaffneter Streitkräfte widerrufen (für eine Diskussion der verschiedenen Entwürfe vgl. Meyer 2004).[11]

Natürlich ist es unter den Bedingungen einer parlamentarischen Demokratie für eine Regierungsfraktion sehr schwer, der Regierung die Gefolgschaft zu versagen, vor allem wenn diese sich auf einen Beschluss der NATO oder der Europäischen Union stützen kann. Das haben die Bundestagsdebatten zu den Einsätzen im Kosovo, in Mazedonien und in Afghanistan deutlich gemacht. Das Parlamentsbeteiligungsgesetz ist daher weniger von Bedeutung für die Entscheidung über einen Einsatz als für die Notwendigkeit für Regierung und Parlament, eine öffentliche Debatte *vor* dem Beschluss führen zu müssen.

[9] Gesetz über die parlamentarische Beteiligung bei der Entscheidung über den Einsatz bewaffneter Streitkräfte im Ausland, in: Bundesgesetzblatt 2005, Teil I, Nr. 17 vom 23. März 2005.

[10] Siehe Anm. 6.

[11] Das Gesetz wurde gegen die Stimmen der damaligen Opposition verabschiedet. Von Abgeordneten der CDU/CSU wurde vor allem kritisiert, das Verfahren sei für Einsätze integrierter Verbände nicht geeignet. Beispielsweise verlange die geringe Vorwarnzeit der NATO Response Force eine vorherige Festlegung im Sinne eines „Vorratsbeschlusses". Anderenfalls gerate der Parlamentsvorbehalt mit dem Ziel, die militärische Zusammenarbeit in NATO und EU zu vertiefen, in Konflikt.

Seit 1990 hat Deutschland beim Einsatz von Militär zur Regelung politischer Konflikte einen weiten Weg zurückgelegt. Im Spannungsfeld zwischen Multilateralismus und militärischer Zurückhaltung haben sich diejenigen Kräfte innenpolitisch durchgesetzt, die der Einbindung in internationale Organisationen den Vorrang einräumten. Damit hat sich eine Entwicklung fortgesetzt, die auch bis 1990 zu beobachten war: Es ist die Regierung, die Entscheidungen fällt und durchsetzt, sie steht allerdings unter stärkerem Druck ihrer Partner in der NATO und EU, als dies bei den Oppositionsparteien der Fall ist.

Die Auslandseinsätze der Bundeswehr erfolgten im Rahmen einer multilateralen Organisation und – abgesehen von „Enduring Freedom" in Afghanistan – kann keinem die Zielsetzung abgesprochen werden, zum Schutz der Menschenrechte, zur Konfliktdeeskalation und zum Staatsaufbau in „failed states" beizutragen. Mit Ausnahme des Kosovokrieges gab es stets ein Mandat der Vereinten Nationen.

Die transatlantischen Interessenkonflikte über den Irakkrieg zeigen aber auch, dass unter anderem mit der Teilnahme an Auslandseinsätzen die Spielräume für eine selbstbestimmte Politik Deutschlands größer geworden sind (Forsberg 2005). Die Bundesrepublik konnte sich einer Beteiligung verweigern und gleichzeitig anderswo, auch in gefährlichen Missionen, wie bei ISAF in Afghanistan, Verantwortung übernehmen, wenn diese Einsätze innenpolitisch akzeptiert waren.

2.2 Die Transformation der Streitkräfte zwischen finanziellen Restriktionen und neuen Einsatzformen

Auch wenn die DDR – wie in anderen außenpolitischen Bereichen – in der deutschen Sicherheits- und Verteidigungspolitik keinerlei Spuren hinterließ, so hatte doch die deutsche Vereinigung für die innere Struktur der Streitkräfte zunächst erhebliche Folgen. Zwar wurde die ehemalige DDR-Volksarmee ohne größere Komplikationen „abgewickelt", nur niedere Dienstränge wurden in die Bundeswehr übernommen.[12] Allerdings drückten die finanzpolitischen Folgen der Vereinigung der deutschen Sicherheits- und Verteidigungspolitik zunehmend ihren Stempel auf. Auch wenn die Verteidigungshaushalte nach dem Ende des Ost-West-Konflikts in allen NATO-Staaten sanken, fielen die Kürzungen in der Bundesrepublik besonders dramatisch aus (siehe die Abb. 20.1 und 20.2; für Zahlen zwischen 1950 und 1985 vgl. Schlotter 1990: 111).

Abb. 20.1 verdeutlicht, dass die inflationsbereinigten Verteidigungsausgaben seit 1990 signifikant gesunken sind. Besonders deutlich wird diese Entwicklung, wenn man die Verteidigungsausgaben in Beziehung zum Bruttoinlandsprodukt setzt (Abb. 20.2): Betrugen die deutschen Verteidigungsausgaben zu Beginn der 1980er Jahre noch zwischen drei und vier Prozent des Bruttoinlandsprodukts, ging dieser Anteil bereits 1989 auf 2,4% zurück und liegt in den letzten Jahren fast durchgehend bei 1,5%. Besonders dramatisch haben sich die sinkenden Verteidigungsausgaben auf die Investitionen ausgewirkt (Abb. 20.3). Deren Anteil an den Verteidigungsausgaben lag während des Kalten Krieges noch bei 30-35%, schrumpfte bis 1994 aber auf einen historischen Tiefstand von 21% und ist seitdem unter der Marke von 25% geblieben.

[12] Insgesamt übernahm die Bundeswehr 2.720 jüngere Offiziere der NVA (Bald 2005: 136).

Abbildung 20.1: Deutsche Verteidigungsausgaben 1981-2000 (in Preisen von 2000)[13]

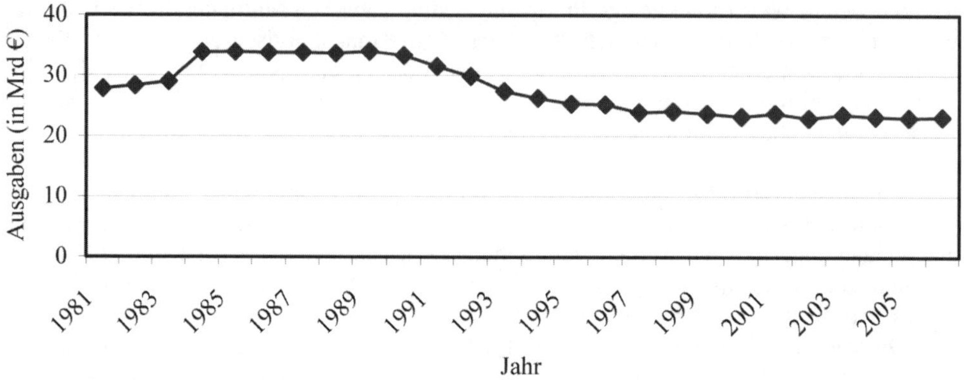

Die finanziellen Restriktionen wirkten sich insofern besonders gravierend aus, als das Ende des Ost-West-Konflikts und die starke Zunahme von Auslandsmissionen eine Transformation der Streitkräfte notwendig werden ließen – eine Herausforderung, der alle Staaten des westlichen Bündnisses begegnen mussten. In keinem Land war jedoch der zurückzulegende Weg von der Ausrichtung auf Landesverteidigung zur Einsatzfähigkeit „out of area" so lang wie in Deutschland.

Abbildung 20.2: Anteil der Verteidigungsausgaben am Bruttoinlandsprodukt 1980-2003

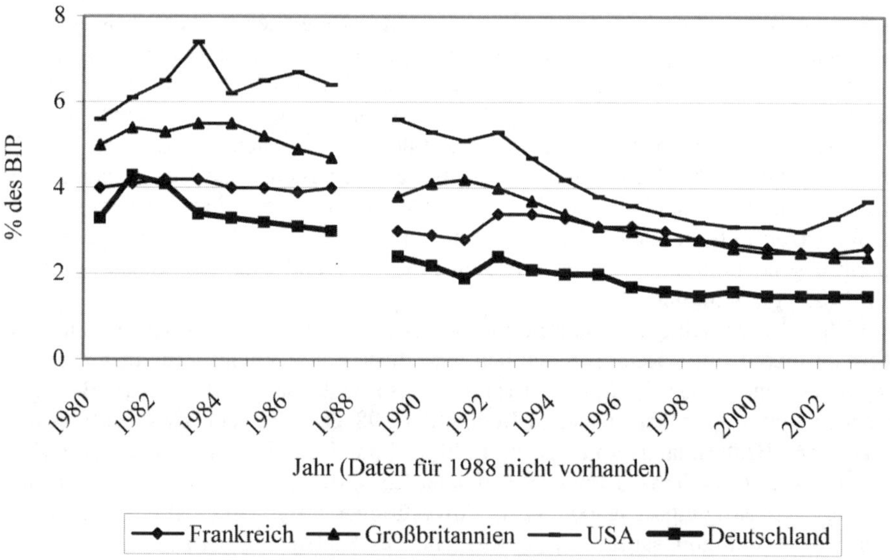

---

[13] Die Daten für die Abb. 20.1 bis 20.3 wurden von Wolfgang Wagner im Kontext des von der Deutschen Forschungsgemeinschaft geförderten Projektes „Deutsche Europapolitik" unter der Leitung von Gunther Hellmann erhoben (vgl. auch Wagner 2006a und b).

Wie keine andere Armee in Westeuropa war die Bundeswehr auf die Vorneverteidigung im Rahmen der NATO gegen einen Angriff des Warschauer Paktes ausgerichtet (Haftendorn 2001: 391). Um die innenpolitischen Bedenken und die Vorbehalte bei den früheren Kriegsgegnern gegen die Wiederbewaffnung zu zerstreuen, hatte die Bundesregierung im Einklang mit den Verbündeten auf eine nationale Führungsfähigkeit verzichtet, als „Bündnisarmee“ (Haftendorn 1986: 149-56) war die Bundeswehr vollständig in die NATO integriert. Im Gegensatz zu Frankreich oder Großbritannien war ein Einsatz ohne Unterstützung durch NATO-Strukturen daher nicht möglich. Durch die Wehrpflicht wurde während des Ost-West-Konflikts eine Personalstärke von über 450.000 Mann sichergestellt. Damit verbunden war eine Standortpolitik, die die Streitkräfte auf Hunderte von Standorten im Land verteilte (Sarotte 2001: 24).

Der Umbau von der Verteidigungs- zur Einsatzarmee im Ausland begann unmittelbar nach der Vereinigung. Eine Verkleinerung auf 370.000 Mann war durch den 2+4-Vertrag und den Vertrag über Konventionelle Streitkräfte in Europa ohnehin vorgegeben. Tatsächlich nahm der Personalumfang auch darüber hinaus kontinuierlich ab und erreichte 2004 den Stand von 252.000.

Im Mittelpunkt der Transformation stand jedoch der Aufbau von sog. Krisenreaktionskräften, wie ihn die NATO mit der Verabschiedung ihres „Neuen Strategischen Konzepts“ bereits Ende 1991 beschlossen hatte. Damit war auch die Forderung nach multinationalen Verbänden verknüpft worden. Die Bundesregierung maß diesem Ziel höchste Priorität zu, weil sie in der Integration von Streitkräften ein zentrales Mittel sah, eine Renationalisierung der Sicherheitspolitiken in der Allianz zu verhindern. Schon 1987 hatten die Regierungen Deutschlands und Frankreichs mit der deutsch-französischen Brigade eine entsprechende Einheit begründet, deren politisch-symbolischer Wert ihren militärischen weit überstieg. Nach der Vereinigung erklärten Kohl und Mitterrand die Erweiterung der Brigade zu einem Korps, dem sich die Benelux-Staaten und Spanien bald anschlossen.

Abbildung 20.3: Anteil der Investitionen am deutschen Verteidigungshaushalt

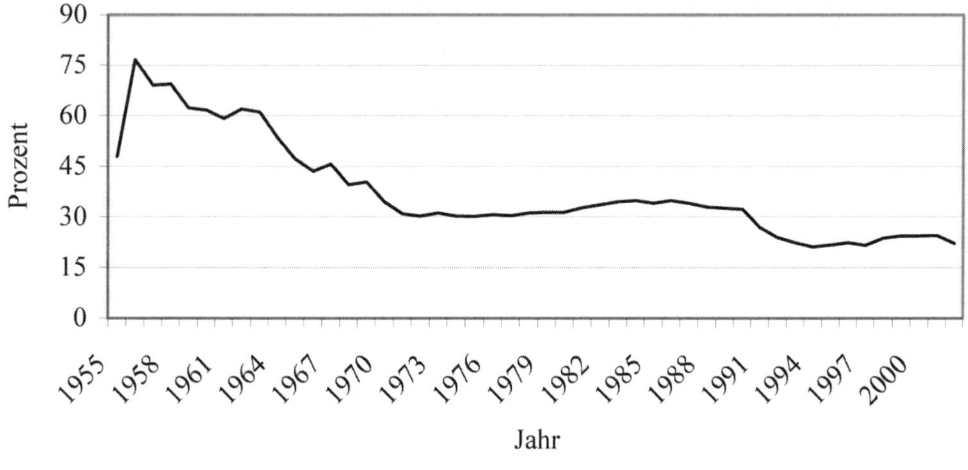

Für die Bundesrepublik war der Aufbau von Krisenreaktionskräften eng mit dem Bemühen verknüpft, die Aufstellung multinationaler Verbände mit einem ansehnlichen Beitrag zu unterstützen. Dementsprechend sagte die Bundesregierung im Herbst 2000 zu, 18.000 Soldaten/innen für die 60.000 Personen starke Europäische Eingreiftruppe zu stellen. In den folgenden Jahren sind außerdem Zusagen für die „NATO Response Force" und die „battle groups" der EU hinzugekommen.

Gleichzeitig machte die wachsende Zahl von Auslandseinsätzen die strukturelle Überlastung der Bundeswehr deutlich. Weil den Soldaten eine Begrenzung von Auslandsentsendungen auf sechs Monate und eine zweijährige „Heimatverwendung" zwischen zwei Einsätzen zugesagt wurde, muss die Bundeswehr stets über fünfmal soviel Krisenreaktionskräfte verfügen als tatsächlich im Einsatz sind. Bei zwei mittelgroßen Missionen mit insgesamt etwa 10.000 Soldaten stieß die Bundeswehr jedoch an ihre Grenzen und konnte die angestrebte Rotation vor allem für spezialisiertes Personal nicht gewährleisten (Meiers 2005: 16).

Diese Strukturprobleme hatten die Unzulänglichkeit der bisherigen Reformbemühungen schließlich deutlich werden lassen. Um dem offensichtlichen Handlungsbedarf zu begegnen, hatte die rot-grüne Bundesregierung kurz nach Amtsantritt eine Kommission „Gemeinsame Sicherheit und Zukunft der Bundeswehr" unter dem Vorsitz des ehemaligen Bundespräsidenten Richard von Weizsäcker mit dem Auftrag berufen, Empfehlungen für eine Streitkräftereform zu erarbeiten. Während der Endphase ihrer Arbeiten überwogen auf der Hardthöhe allerdings bereits die Befürchtungen vor zu weit reichenden Kommissionsvorschlägen, insbesondere was eine weitere Verkleinerung und eine Kritik an der Wehrpflicht anging. Verteidigungsminister Scharping beauftragte daher Generalinspekteur Kirchbach mit einem zusätzlichen Bericht und stellte darüber hinaus eigene Reformüberlegungen vor. Die „Weizsäcker-Kommission" gab der Bundeswehr in ihrer derzeitigen Form keine Zukunft, plädierte für deren radikale Verkleinerung, konnte sich allerdings nicht auf ein einhelliges Votum in der Frage der Beibehaltung der Wehrpflicht einigen.[14] Die Empfehlungen blieben während der Amtszeit Scharpings ohne einschneidende Konsequenzen. Gleichzeitig erhöhten zusätzliche Sparnotwendigkeiten und hinter den Erwartungen zurückbleibende Privatisierungserlöse aus dem Verkauf von aufgelösten Liegenschaften den Reformdruck weiter.

Erst Scharpings Nachfolger Struck vollzog endgültig den Bruch mit der alten, auf Landesverteidigung ausgerichteten Bundeswehr. Nach den bereits erwähnten „Verteidigungspolitischen Richtlinien" vom Mai 2003 sollen für Auslandseinsätze künftig 35.000 Eingreif- und 70.000 Stabilisierungskräfte zur Verfügung stehen. Damit endete die bis dahin versuchte Quadratur des Zirkels, bei sinkendem Budget und Festhalten an der Landesverteidigung den Aufbau von Krisenreaktionskräften als wichtigster Aufgabe zu bewerkstelligen. Um dafür dringend benötigte Ressourcen zu erhalten, hat sich das Verteidigungsministerium auch zur unpopulären Schließung von Standorten sowie zur Kürzung bei Rüstungsbeschaffungen entschlossen, die für den Einsatz „out of area" nicht von Bedeutung sind.

Trotz dieses konzeptionellen Kurswechsels stellte auch Struck die Beibehaltung der Wehrpflicht nicht in Frage. Wie seine Vorgänger Rühe und Scharping – und auch sein

[14] „Gemeinsame Sicherheit und Zukunft der Bundeswehr." Bericht der Kommission an die Bundesregierung vom 23. Mai 2000.

Nachfolger Jung – war Struck vielmehr ein überzeugter Vertreter der Wehrpflicht; sie werden darin auch von den Spitzen der Bundeswehr selbst unterstützt. Zu Gunsten der Wehrpflicht wird die Verankerung der Armee in der Gesellschaft ebenso angeführt wie die Sicherung der „Aufwuchsfähigkeit" für den Fall einer wiederkehrenden militärischen Bedrohung. Tatsächlich dürfte darüber hinaus entscheidend sein, dass die Rekrutierung ausreichenden und zugleich auch qualifizierten Personals ohne Wehrpflichtige schwieriger werden dürfte.

Allerdings ist die Wehrpflicht seit dem Ende des Ost-West-Konflikts unter zunehmenden Druck von außen geraten. In der Mehrzahl der NATO-Staaten ist sie im Lauf der 1990er Jahre abgeschafft oder ausgesetzt worden. NATO-Generalsekretär Robertson hat darüber hinaus in ungewöhnlicher Deutlichkeit die Wehrpflicht als Hindernis bei der Erreichung der angestrebten Streitkräftetransformation kritisiert.[15] Tatsächlich bindet die Ausbildung der Wehrpflichtigen erhebliche Ressourcen, die angesichts sinkender Verteidigungsausgaben umso mehr für die Transformation der Bundeswehr fehlen. Durch die gesunkene Truppenstärke kann außerdem die Wehrgerechtigkeit kaum noch gewährleistet werden. Die Abschaffung oder Aussetzung der Wehrpflicht jedoch ist aus dem Kreis der im Bundestag vertretenen Parteien bislang nur von der FDP, den Grünen und der PDS gefordert worden. Allerdings nehmen auch innerhalb der SPD entsprechende Forderungen zu. Die Debatte über die zukünftige Struktur der Bundeswehr ist daher noch lange nicht an ihrem Ende angelangt.

2.3 Verschiebungen im Verhältnis NATO/Europäische Union

Auch nach dem Ende des Ost-West-Konflikts ist das Engagement für eine Stärkung internationaler Sicherheitsinstitutionen ein Kennzeichen deutscher Sicherheitspolitik geblieben. Allerdings hat es eine auffällige Gewichtsverlagerung zur Europäischen Union hin gegeben. An dieser Aufwertung der EU zu einem sicherheits- und verteidigungspolitischen Akteur hat die Bundesrepublik großen Anteil. Bis weit in die 1990er Jahre hinein war die Bundesrepublik allerdings stets bestrebt gewesen, jegliche Konkurrenz zwischen der NATO als der für Deutschland traditionell wichtigsten Sicherheitsorganisation und der EU bereits im Ansatz zu verhindern. Dies entsprach der – aus der Zeit des Ost-West-Konflikts stammenden – sicherheitspolitischen Maxime, unter keinen Umständen eine Entscheidung zwischen den USA und Frankreich als wichtigsten Verbündeten treffen zu müssen.

Die NATO hatte bereits vor der Irak-Krise an Bedeutung eingebüßt. Zwar hatte sie angesichts der Terroranschläge vom 11. September 2001 zum ersten Mal in ihrer Geschichte den Bündnisfall ausgerufen. Dazu war es jedoch nicht auf Antrag der westlichen Führungsmacht, sondern auf Initiative von Generalsekretär Robertson gekommen, der eine Marginalisierung der NATO verhindern wollte (Haftendorn 2003: 218). Die USA selbst erachteten die Allianz als wenig geeignet für den „Krieg gegen den Terrorismus" und setzten stattdessen auf ihre eigenen militärischen Fähigkeiten in „Koalitionen der Willigen". Die Bundesregierung hatte die Ausrufung des Bündnisfalls unterstützt und wäre zu diesem Zeitpunkt sogar bereit gewesen, der NATO eine Rolle im Antiterrorkampf zuzuweisen (Varwick 2004: 101). Die Enttäuschung über den Unilateralismus Washingtons hat sicher-

[15] Vgl. Frankfurter Allgemeine Zeitung vom 14.6.2002.

lich dazu beigetragen, dass die Bundesregierung im Wahlkampf 2002 keinerlei Anstrengungen mehr unternahm, den Bedeutungsverlust der NATO aufzuhalten.

Demgegenüber hat sich der sicherheits- und verteidigungspolitische Bedeutungszuwachs der EU mit großer Kontinuität vollzogen. Schon in den 1970er Jahren hatten die Außenminister der damaligen Europäischen Gemeinschaft begonnen, sich in außenpolitischen Fragen zu konsultieren, sicherheits- und verteidigungspolitische Fragen aber nicht zuletzt deshalb ausgeklammert, um den Vorrang der NATO nicht zu gefährden. Auch nach dem Ende des Ost-West-Konflikts setzte sich die Bundesregierung für eine Fortsetzung der transatlantischen Sicherheitskooperation in der NATO ein. Da jedoch der Verbleib amerikanischer Streitkräfte in Europa angesichts der weggefallenen Blockkonfrontation unsicher geworden war, bemühte sich die Bundesregierung darüber hinaus um eine sicherheitspolitische Aufwertung der EU, unter anderem auch mit der Zielsetzung, einer eventuellen Renationalisierung der Sicherheitspolitiken entgegen zu wirken.

Gemeinsam mit der französischen Regierung warb die Bundesregierung für die Vertiefung der Europäischen Gemeinschaften zu einer Europäischen Union, die auch eine gemeinsame Sicherheits- und Verteidigungspolitik umfassen sollte (vgl. Wagner 2002: 80-86). Die Verträge von Maastricht (1992) und Amsterdam (1997) stellten Schritte in dieser Richtung dar. Die 1992 begründete „Gemeinsame Außen- und Sicherheitspolitik“ umfasst „sämtliche Fragen, welche die Sicherheit der Europäischen Union betreffen, wozu auf längere Sicht auch die Festlegung einer gemeinsamen Verteidigungspolitik gehört, die zu gegebener Zeit zu einer gemeinsamen Verteidigung führen könnte“ (Art. J.4 (1) EUV-M). Die Westeuropäische Union (WEU) wird zu einem „integralen Bestandteil der Entwicklung der Europäischen Union“ (Artikel J.4 (2) EUV-M) und erhält die Zuständigkeit für humanitäre Aufgaben und Rettungseinsätze, friedenserhaltende Aufgaben sowie Kampfeinsätze zur Krisenbewältigung einschließlich friedensschaffender Maßnahmen (sog. „Petersberg-Missionen“). Parallel dazu schuf die NATO mit dem Konzept der „Combined Joint Task Forces“ die Voraussetzungen dafür, dass die Europäer NATO-Kapazitäten für Auslandseinsätze in Fällen nutzen können, in denen die USA an einem Eingreifen nicht interessiert sind. Während der gesamten 1990er Jahre blieb dieses Szenario jedoch rein hypothetisch, weil alle für Europa bedeutenden Interventionen unter amerikanischer Beteiligung stattfanden.

Eine Veränderung trat erst im Vorfeld der Kosovo-Krise 1998/99 ein, die den Europäern ihre verteidigungspolitische Abhängigkeit von den USA erneut vor Augen führte. Großbritannien, das bis dahin besonders auf den Primat der NATO geachtet hatte, gab unter Blair seinen traditionellen Widerstand gegen eine verteidigungspolitische Rolle der EU auf und machte damit den Weg zu einer Europäischen Sicherheits- und Verteidigungspolitik (ESVP) frei (für einen Überblick vgl. Gnesotto 2004). Im ersten Halbjahr 1999 nutzte die Bundesregierung ihre doppelte Präsidentschaft in WEU und EU erfolgreich dafür, die Europäische Sicherheits- und Verteidigungspolitik (ESVP) konsensfähig zu machen und zu verabschieden (Miskimmon/Paterson 2003: 335). Sechs Monate später wurde das Ziel in Richtung auf das „headline goal“ konkretisiert, „spätestens im Jahr 2003 [...] in der Lage [zu] sein, innerhalb von 60 Tagen Streitkräfte im Umfang von 50.000 bis 60.000 Personen, die imstande sind, den Petersberg-Aufgaben in ihrer ganzen Bandbreite gerecht zu werden, zu verlegen und dafür zu sorgen, dass diese Kräfte für mindestens ein Jahr im Einsatz gehalten werden können."[16] Um dies zu erreichen, haben die Mitgliedstaaten in „capabilities commitment conferences" angegeben, welche Beiträge sie zum „headline goal" leisten können, die verbleibenden Defizite (insbesondere in den Bereichen des Langstreckentransportes, der Aufklärung, der Führung und der Kommunikation) identifiziert und begonnen, die Anstrengungen zu ihrer Behebung zu koordinieren. Um europäische Einsätze führen zu können, hat die EU im Jahr 2000 das Politische Komitee zum Politischen und Sicherheitspolitischen Komitee (PSK) auf Botschafterebene in Brüssel aufgewertet und einen Militärausschuss sowie einen Militärstab eingerichtet. In den Jahren 2003/04 übernahm die EU sukzessive die Auslandseinsätze in Mazedonien und Bosnien; hinzu kam ein Militäreinsatz im Norden der Demokratischen Republik Kongo. Obwohl die EU auf Ressourcen der NATO angewiesen bleibt, hat ihre sicherheits- und verteidigungspolitische Bedeutung enorm zugenommen.

Ihr Engagement für eine Vertiefung der sicherheits- und verteidigungspolitischen Zusammenarbeit in der EU setzte die Bundesregierung im Verfassungskonvent fort, der 2002/03 mit der Ausarbeitung eines europäischen Verfassungsvertrages beauftragt war. In einem gemeinsam mit seinem Amtskollegen de Villepin verfassten Papier schlug Bundesaußenminister Fischer vor, Verfahren der verstärkten Zusammenarbeit auch im Bereich der Sicherheits- und Verteidigungspolitik zuzulassen. Den an intensiverer Kooperation interessierten Staaten sollte es so möglich werden, zum einen gemeinsame Rüstungsprojekte voranzutreiben, zum anderen eine militärische Beistandsverpflichtung einzugehen, ohne dass sich daran auch die postneutralen und integrationsskeptischeren Staaten beteiligen müssten. Der Vierergipfel, zu dem sich Belgien, Frankreich, Deutschland und Luxemburg Ende April 2003 in Brüssel trafen, unterstrich die Entschlossenheit dieser Staaten, eine vertiefte Zusammenarbeit unter Umständen auch außerhalb der EU voranzutreiben. Davon zeugte der umstrittene Vorschlag, die Grundlage eines europäischen Hauptquartiers zu schaffen, damit die Planung und Durchführung von Militäreinsätzen auch ohne Rückgriff auf NATO-Ressourcen möglich würden. Nach heftigen Protesten, vor allem aus den USA und Großbritannien, wurde dieser Vorstoß jedoch in Richtung einer europäischen Planungszelle im NATO-Hauptquartier abgeschwächt (Overhaus 2004: 51).

3 Kontinuität und Wandel: Zur Rolle innenpolitischer Faktoren

Die Beteiligung der Bundeswehr an Militäreinsätzen „out of area" und die Gewichtsverlagerung der deutschen Interessen auf die Förderung einer sicherheits- und verteidigungspolitischen Rolle der Europäischen Union sind die beiden markantesten Veränderungen, die sich in der deutschen Sicherheits- und Verteidigungspolitik seit dem Ende des Ost-West-Konflikts beobachten lassen. Beide Entwicklungen gehen zu großen Teilen auf den Wandel im internationalen Umfeld zurück, dieser wurde aber von der Bundesregierung aktiv mitgestaltet.[17]

Im Vergleich zu den großen sicherheitspolitischen Weichenstellungen während der Zeit des Ost-West-Konflikts hat sich unter dem Aspekt der Dominanz der Exekutive in der

---

[16] Schlussfolgerungen des Vorsitzes, Europäischer Rat (Helsinki), 10. und 11. Dezember 1999, Punkt 28.

[17] Zum Wechselspiel zwischen deutscher Außenpolitik und internationalem Regieren vgl. auch Hellmann et al. 2005.

Sicherheits- und Verteidigungspolitik keine Veränderung ergeben. Die Bundestagsopposition und gesellschaftliche Kräfte können den Kurs in diesem Politikfeld nicht nachhaltig beeinflussen, mit regierungskritischen Positionen in außenpolitischen Fragen können Wahlen nicht gewonnen werden. Dies bedeutet aber nicht, dass eine bis heute mehrheitlich gegenüber Militäreinsätzen überaus skeptische Öffentlichkeit ohne Wirkung bliebe.[18] Vielmehr wird die Politik der Bundesrepublik, generell gewaltarme Mittel beim Einwirken auf externe Konflikte zu bevorzugen, davon stark beeinflusst.

Außerdem lässt sich in der Sicherheits- und Verteidigungspolitik eine strukturelle Kontinuität insofern beobachten, als Regierungswechsel keinen Bruch mit der vorgängigen Politik bedeuten, sondern ihre Weiterführung. Ein Vergleich der Situation in den ersten Jahrzehnten der Bundesrepublik (Debatte über die Westbindung, die Schaffung der Bundeswehr und die NATO-Mitgliedschaft) mit derjenigen seit der Vereinigung verweist auf ein weiteres Charakteristikum: In allen Fällen wurden sicherheitspolitische Entwicklungen durch christdemokratische Regierungen angestoßen und durchgesetzt, die dann von sozialdemokratischen in ihren Grundzügen fortgesetzt wurden. Durch die Zwänge des Regierens in einem multilateralen Kontext wird die frühere Opposition gegen die bislang abgelehnte Politik (auch auf gesellschaftlicher Ebene) in einen neuen Konsens integriert, der gegen die christdemokratischen Parteien nicht mehr verteidigt werden muss. So verfügte gegenüber der Regierung Kohl/Kinkel die rot-grüne Koalition über den Vorteil, nicht mit einer Opposition konfrontiert zu sein, die sich der Bewahrung der militärischen Zurückhaltung der Bonner Republik verpflichtet fühlte, was noch zu einem großen Teil zu den normativen Zielvorstellungen der eigenen Partei- und Wählerbasis gehörte. Die Regierungsverantwortung hatte zur Folge, dass die bisherigen Gegner von militärischen Auslandseinsätzen in einen breiten politischen und gesellschaftlichen Konsens eingebunden wurden.

Trotz aller grundsätzlichen Kontinuität haben neue Regierungen dennoch stets eigene Akzente gesetzt. Die SPD hatte schon in den 1960er Jahren die Existenz der Bundeswehr akzeptiert, sich aber in der neuen Regierung ab 1969 eine Reform der Bundeswehr, vor allem der Offiziersausbildung, vorgenommen mit dem Ziel einer weiteren Öffnung des Militärs zur zivilen Gesellschaft – ein Programm, das auf der Agenda der CDU/CSU nicht zu finden war (vgl. Schlotter 1990: 114ff.). Die schwarz-gelbe Koalition setzte die Politik der „Nachrüstung“ fort, die Kanzler Schmidt eingeleitet hatte und für die er innerparteilich immer mehr unter Druck gekommen war; sie betonte aber zunächst sehr viel weniger den Rüstungskontrollaspekt, der von Helmut Schmidt mit der Androhung der Stationierung von nuklearen Mittelstreckenraketen verbunden gewesen war. Flankiert wurde die Zustimmung der Regierung Kohl/Genscher zur „Nachrüstung“ durch die Fortführung der Entspannungspolitik mit dem Osten, insbesondere mit der DDR, welche die CDU/CSU noch in den 1970er Jahren bekämpft hatte. Die Akzentsetzungen der rot-grünen Regierung nach 1998 betrafen vor allem den Ausbau einer institutionellen Infrastruktur für die zivile Konfliktbearbeitung, die allerdings nicht mehr zur Sicherheits- und Verteidigungspolitik im engeren Sinne zählt (Finke/Hatakoy 2004).

[18] Laut einer Umfrage des Sozialwissenschaftlichen Instituts der Bundeswehr sind 43% der Bevölkerung dafür, die Bundesrepublik solle sich aus äußeren Konflikten heraushalten, und fast zwei Drittel weisen die Auffassung zurück, militärische Stärke sei der beste Weg der Friedenssicherung bzw. Krieg sei unter bestimmten Umständen notwendig. Damit nimmt Deutschland im internationalen Vergleich eine Sonderstellung ein. In den Niederlanden beispielsweise ist die Zustimmung zu dem Satz: „Krieg ist manchmal notwendig“ mit 60% doppelt so hoch wie in der Bundesrepublik, in Großbritannien erreicht sie fast 80% und in den USA knapp 90% (SOWI 2005).

Im Vergleich zu den innenpolitischen Reformen fällt auf, dass im Bereich der Sicherheits- und Verteidigungspolitik die jeweiligen Veränderungen nicht nennenswert durch die bundesstaatlichen Konsensbildungserfordernisse verkompliziert oder behindert wurden. Bundesländer und Bundesrat spielen in der Sicherheits- und Verteidigungspolitik keine erkennbare Rolle. Allein das Bundesverfassungsgericht könnte ein Gegenspieler sein; es hat aber mit seinem Urteil von 1994 den Kurswechsel bei der Beteiligung der Bundeswehr an Militäraktionen außerhalb des Bündnisgebietes eher beschleunigt.

Die deutsche Sicherheits- und Verteidigungspolitik ist ein eindrucksvoller Beleg für die Prägekraft politischer Grundentscheidungen, die im ersten Jahrzehnt nach 1945 gefallen sind. Der seitdem gewachsene Konsens darüber, dass den sicherheitspolitischen Interessen Deutschlands am besten mit einem dichten Netz internationaler Institutionen und der eigenen Zurückhaltung beim Einsatz militärischer Gewalt gedient ist, hätte eine schnellere Transformation der Bundeswehr kaum möglich gemacht. Gelungen ist sie vor allem deshalb, weil sich der Wandlungsprozess in enger internationaler Abstimmung vollzogen hat und somit der Multilateralismus als zweites tragendes Element der politischen Kultur weiter Bestand hatte. Die im internationalen Vergleich starke, aber keineswegs einmalige Stellung des Bundestages bei Entscheidungen über Bundeswehreinsätze und das Festhalten an der Wehrpflicht machen zudem deutlich, dass die Sicherheits- und Verteidigungspolitik der Bundesrepublik auch fünfzehn Jahre nach der Vereinigung weiterhin von den Weichenstellungen nach dem Ende des Zweiten Weltkrieges geprägt ist.

4 Literatur

Anderson, Jeffrey/Goodman, John, 1993: Mars or Minerva? A United Germany in a Post-Cold War Europe, in: Robert O. Keohane/Joseph S. Nye/Stanley Hoffmann (Hrsg.): After the Cold War. International Institutions and State Strategies in Europe, 1989-1991. Cambridge, MA, 23-62.

Bald, Detlef, 2005: Die Bundeswehr. Eine kritische Geschichte 1955 – 2005. München.

Banchoff, Thomas, 1999: The German Problem Transformed. Institutions, Politics and Foreign Policy 1945-1995. Ann Arbor.

Baumann, Rainer, 2001: Security Policy within NATO, in: Volker Rittberger (Hrsg.): German Foreign Policy since Unification. An Analysis of Foreign Policy Continuity and Change. Manchester, 141-184.

Baumann, Rainer/Rittberger, Volker/Wagner, Wolfgang, 1999: Macht und Machtpolitik. Neorealistische Außenpolitiktheorie und Prognosen über die deutsche Außenpolitik nach der Vereinigung, in: Zeitschrift für Internationale Beziehungen 6: 245-286.

Berger, Thomas U., 1996: Norms, Identity, and National Security in Germany and Japan, in: Peter J. Katzenstein (Hrsg.): The Culture of National Security. Norms and Identity in World Politics. New York, 317-56.

Berger, Thomas U., 1998: Cultures of Antimilitarism: National Security in Germany and Japan. Baltimore.

Biermann, Rafael, 2004: Der Bundestag und die Auslandseinsätze der Bundeswehr. Zur Gratwanderung zwischen exekutiver Prärogative und legislativer Mitwirkung, in: Zeitschrift für Parlamentsfragen 34: 607-626.

Bundesministerium der Verteidigung, 2003: Verteidigungspolitische Richtlinien. Berlin.

CDU/CSU, 2005: Deutschlands Chancen nutzen. Wachstum. Arbeit. Sicherheit. Regierungsprogramm 2005-2009. o.O.

Duffield, John, 1998: World Power Forsaken. Political Culture, International Institutions, and German Security Policy after Unification. Stanford.

Fincke, Gunilla/Hatakoy, Arzu, 2004: Krisenprävention als neues Leitbild der deutschen Außenpolitik: Friedenspolitik mit zivilen und militärischen Mitteln?, in: Sebastian Harnisch/Christos Katsioulis/Marco Overhaus (Hrsg.): Deutsche Sicherheitspolitik. Eine Bilanz der Regierung Schröder. Baden-Baden.

Forsberg, Tuomas, 2005: German Foreign Policy and the War on Iraq: Anti-Americanism, Pacifism or Emancipation?, in: Security Dialogue 26: 213-231.

Geis, Anna, 2005: Die Zivilmacht Deutschland und die Enttabuisierung des Militärischen. Frankfurt a.M. (= Hessische Stiftung Friedens- und Konfliktforschung. Standpunkte. Beiträge zum demokratischen Frieden Nr. 2/2005).

Gnesotto, Nicole (Hrsg.), 2004: Die Sicherheits- und Verteidigungspolitik der EU. Die ersten fünf Jahre (1999-2004). Paris.

Haftendorn, Helga, [2]1986: Sicherheit und Entspannung. Zur Außenpolitik der Bundesrepublik Deutschland 1955-1982. Baden-Baden.

Haftendorn, Helga, 2001: Deutsche Außenpolitik zwischen Selbstbeschränkung und Selbstbehauptung: 1945-2000. Stuttgart/München.

Haftendorn, Helga, 2003: Die Krise der transatlantischen Beziehungen und die Transformation der NATO, in: Bernd W. Kubbig (Hrsg.): Brandherd Irak. US-Hegemonieanspruch, die UNO und die Rolle Europas. Frankfurt a.M., 217-223.

Harnisch, Sebastian/Maull, Hanns W. (Hrsg.), 2001: Germany as a Civilian Power? The Foreign Policy of the Berlin Republic. Manchester.

Hedstück, Michael/Hellmann, Gunther, 2003: „Wir machen einen deutschen Weg". Irakabenteuer, das transatlantische Verhältnis und die deutsche Außenpolitik, in: Bernd W. Kubbig (Hrsg.): Brandherd Irak. US-Hegemonieanspruch, die UNO und die Rolle Europas. Frankfurt a.M., 224-234.

Hellmann, Gunther/Baumann, Rainer/Bösche, Monika/Herborth, Benjamin//Wagner, Wolfgang, 2005: De-Europeanization by Default? Germany's EU Policy in Defense and Asylum, in: Foreign Policy Analysis 1: 143-164.

Howorth, Jolyon, 2001: European Defense and the Changing Politics of the European Union: Hanging Together or Hanging Separately, in: Journal of Common Market Studies 39: 765-789.

Knapp, Manfred, [4]2004: Die Außenpolitik der Bundesrepublik Deutschland, in: Manfred Knapp/Gert Krell (Hrsg.): Einführung in die Internationale Politik. München, 135-200.

Kirste, Knut/Maull, Hanns W., 1996: Zivilmacht und Rollentheorie, in: Zeitschrift für Internationale Beziehungen 3: 283-312.

Longhurst, Kerry, 2004: Germany and the Use of Force, Manchester.

Maull, Hanns, 1990: Germany and Japan: The New Civilian Powers, in: Foreign Affairs 69: 5, 91-106.

Maull, Hanns, 1992: Zivilmacht Deutschland: Vierzehn Thesen für eine neue deutsche Außenpolitik, in: Europa-Archiv 43: 1245-1256.

Meiers, Franz-Josef, 2005: Zur Transformation der Bundeswehr, in: Aus Politik und Zeitgeschichte 21/2005: 15-22.

Meyer, Berthold, 2004: Von der Entscheidungsmündigkeit zur Entscheidungsmüdigkeit. Nach zehn Jahren Parlamentsvorbehalt für Bundeswehreinsätze naht ein Beteiligungsgesetz. Frankfurt a.M. (= Hessische Stiftung Friedens- und Konfliktforschung Report 4/2004).

Miskimmon, Alister/Paterson, William, 2003: Foreign and Security Policy: On the Cusp Between Transformation and Accomodation, in: Kenneth Dyson/Klaus Goetz (Hrsg.): Germany, Europe and the Politics of Constraint. Oxford, 325-345.

Overhaus, Marco, 2004: Deutschland und die Europäische Sicherheits- und Verteidigungspolitik 1998-2003: Gewollte Ambivalenz oder fehlende Strategie?, in: Sebastian Harnisch/Christos

Katsioulis/Marco Overhaus (Hrsg.): Deutsche Sicherheitspolitik. Eine Bilanz der Regierung Schröder. Baden-Baden, 37-57.

Philippi, Nina, 1997: Bundeswehr-Auslandseinsätze als außen- und sicherheitspolitisches Problem des geeinten Deutschlands. Frankfurt a.M..

Rupp, Hans Karl, [3]2000: Politische Geschichte der Bundesrepublik Deutschland. München.

Sarotte, Mary Elise, 2001: German Military Reform and European Security, Oxford.

Sauder, Axel, 1995: Souveränität und Integration. Deutsche und französische Konzeptionen europäischer Sicherheit nach dem Ende des Kalten Krieges. Baden-Baden.

Schlotter, Peter, 1990: Militärpolitik und äußere Sicherheit, in: Klaus von Beyme/Manfred G. Schmidt (Hrsg.): Politik in der Bundesrepublik Deutschland. Opladen, 99-123.

Schlotter, Peter (Hrsg.), 2003: Europa – Macht – Frieden? Zur Politik der „Zivilmacht Europa". Baden-Baden.

Schlotter, Peter/Schmidt, Manfred G., 1976: Staatsintervention und Legitimitätsdefizite. Das Beispiel der Militärpolitik in der Bundesrepublik, in: Rolf Ebbighausen (Hrsg.): Bürgerlicher Staat und politische Legitimation. Frankfurt a.M., 309-338.

Sozialwissenschaftliches Institut der Bundeswehr, 2005: Bevölkerungsumfrage 2005. Repräsentative Befragung zum sicherheits- und verteidigungspolitischen Meinungsbild in Deutschland. Ergebnisbericht. Strausberg.

Varwick, Johannes, 2004: Die NATO-Politik der rot-grünen Bundesregierung 1998-2003, in: Zeitschrift für Politikwissenschaft 14: 93-121.

Wagener, Martin, 2004: Auf dem Weg zu einer „normalen" Macht? Die Entsendung deutscher Streitkräfte in der Ära Schröder, in: Sebastian Harnisch/Christos Katsioulis/Marco Overhaus (Hrsg.): Deutsche Sicherheitspolitik. Eine Bilanz der Regierung Schröder. Baden-Baden, 89-118.

Wagner, Wolfgang, 2002: Die Konstruktion einer europäischen Außenpolitik. Deutsche, französische und britische Ansätze im Vergleich. Frankfurt a.M.

Wagner, Wolfgang, 2006a: Missing in Action. Germany's Bumpy Road from Institution-Building to Substance in European Security and Defense Policy, in: Gunther Hellmann (Hrsg.): Germany's EU Policy on Asylum and Defense. De-Europeanization by Default? Basingstoke, 91-155.

Wagner, Wolfgang, 2006b: Öffentliche Meinung und Außenpolitik, in: Gunther Hellmann (unter Mitarbeit von Rainer Baumann und Wolfgang Wagner): Deutsche Außenpolitik. Ein Lehrbuch. Wiesbaden, 174-187.

21. Europapolitik als Staatsraison

Gisela Müller-Brandeck-Bocquet

1 Einführung

Bereits in den 50er Jahren des 20. Jahrhunderts ist die europäische Einigung zur Staatsraison der Bundesrepublik Deutschland geworden. Denn zum einen glaubten die westlichen Nachbarn, Frieden mit und Sicherheit vor Deutschland nur durch die dauerhafte Ein- und Westbindung der Bundesrepublik erreichen zu können. Zum anderen war der erste Bundeskanzler der Auffassung, dass das vorrangige Ziel der Wiedervereinigung sich allein aus einer Position der Stärke heraus verwirklichen ließe. Diese Stärke aber war für die junge Bundesrepublik nicht anders als durch eine tiefe, dauerhafte und unverbrüchliche Westbindung sowie ihre Integration in ein vereintes Europa zu erreichen.

Indem sie Europa zur Staatsraison erhob, ließ sich die junge Bundesrepublik auf eine Dialektik des Gebens und Nehmens ein. Europa erfordert(e) von den Deutschen zahlreiche Zugeständnisse und Vorleistungen. In der Tat hat Deutschland viel für die europäische Integration geleistet – sei es durch seine ausgeprägte Kompromissbereitschaft bei politischen und institutionellen Grundsatzfragen, sei es durch weitreichende finanzielle Zugeständnisse, die über Jahrzehnte hin als Schmiermittel der gemeinsamen Politik wirkten. Doch diese Vorleistungen brachten reiche Ernte ein, so dass sich die Entscheidung, Europa zur Staatsraison zu erklären, als äußerst geglückt erwies: Ohne das unverbrüchliche und verlässliche Eintreten Deutschlands für die europäische Einigung wäre der lange Weg von der bedingungslosen Kapitulation, von Zerstörung, Ächtung, Besetzung und Teilung bis hin zur Position einer wohlhabenden, einflussreichen, angesehenen und wiedervereinten europäischen Zentralmacht (Schwarz 1999), einer Mitführungsmacht (Haftendorn 1995: 150), undenkbar gewesen.

Da die westdeutsche Europapolitik von 1950 bis 1990 zu einem Gutteil der Friedenssicherung in Europa, der Wiedererlangung der Gleichberechtigung und der Verwirklichung der nationalen Einheit diente, kann nicht verwundern, dass nach der Zeitenwende von 1989/90 allenthalben die Frage nach Kontinuität oder Wandel der Außen- und Europapolitik des neuen Deutschlands gestellt wurde (Kaiser/Maull 1995). Würde das wiedervereinigte Deutschland zu einer traditionellen, „realistischen" Politik der nationalen Interessenmaximierung zurückkehren und damit sein Europa-Engagement substantiell zurücknehmen oder würde es als dem Multilateralismus verpflichtete Zivilmacht seinen äußerst europafreundlichen, kompromissbereiten Kurs beibehalten? Der Regierungswechsel von 1998, der mit der rot-grünen Koalition nicht nur eine bislang unbekannte parteipolitische Konstellation, sondern auch eine neue Generation an die Schaltstellen der Macht brachte, fachte diese Diskussion erneut an. Um das neue, selbstbewusstere und nationale Interessen unbekümmerter artikulierende Auftreten Deutschlands zu fassen, wurde der Begriff der „Pragmatisierung" deutscher Europapolitik eingeführt. Damit wird die These vertreten, dass Deutschland einen dritten Weg zwischen Kontinuität – verstanden als europafreundliche Grundorientierung – und Wandel – verstanden als Übergang zu nationaler Interessenmaximierung – eingeschlagen habe (Schmalz 2001: 62 ff.).

Doch gravierende Veränderungen im internationalen Umfeld, substantielle Weiterentwicklungen in der Europäischen Union (EU) sowie deutlich modifizierte Gegebenheiten in Deutschland selbst lassen solcherlei Pfadbeschreibungen zunehmend ins Leere laufen. Denn angesichts des tiefgreifenden Wandels der Rahmenbedingungen schied die Option des simplen Festhaltens an der herkömmlichen deutschen Europa-Orthodoxie sukzessive aus. Vielmehr musste die Bundesrepublik zahlreiche Anpassungen ihrer europapolitischen Leitkonzepte und einen behutsamen, aber doch deutlichen Rollenwandel vornehmen sowie schließlich ein neues Selbstverständnis ihrer Machtentfaltung entwickeln, um die zentrale Konstante deutscher Europapolitik garantieren zu können: das intensive Engagement für das Zusammenwachsen des Kontinents, das allein Frieden, Sicherheit und Wohlstand dauerhaft gewährleisten kann. Kontinuität zeigt sich dabei in der Bewahrung der übergeordneten Zielsetzung: „Die Verbindlichkeit der europäischen Integration als historisch gewachsene Staatsraison wird [...] nicht in Frage gestellt" (Schmalz 2001: 68). Wandel hingegen ist bei Handlungsspielraum und -repertoire zu beobachten (Jopp 2001: 826). Folglich gibt es keinen dritten Weg; vielmehr wurde eine den veränderten Gegebenheiten angepasste Neujustierung der deutschen Europapolitik vorgenommen. Kontinuität im Wandel lautet mithin die These zur aktuellen deutschen Europapolitik. Mit Blick auf die deutsche Außenpolitik im Allgemeinen spricht Werner Link (2004: 4) von „Kontinuität mit Ausweitung". Auf die Europapolitik bezogen bedeutet dies, dass an der Integration als Staatsraison festgehalten wird, gleichzeitig und fortlaufend aber weit reichende Veränderungen an der operativen Europapolitik vorgenommen werden. Dies gilt auch für die seit November 2005 amtierende Große Koalition. So verteidigt Bundeskanzlerin Merkel vehement die integrationsfreundlichen Innovationen des Europäischen Verfassungsvertrags und weitet Deutschlands Engagement in Europas neuer Sicherheitspolitik kontinuierlich aus.

Die nachfolgenden Ausführungen sollen aufzeigen, wie die Bundesrepublik im Zeitverlauf und angesichts wechselnder Rahmenbedingungen ihre übergeordneten europapolitischen Zielsetzungen zu erreichen suchte und welche Beiträge sie dabei zu leisten bereit gewesen ist. Dabei kann die Bilanz der deutschen Europapolitik im Bereich der *constitutional politics* durchaus anders als im Bereich der niederrangigeren *regulative politics* ausfallen. Ob Deutschland den richtigen Ansatz für den Politikprozess im Rahmen der seit Mai 2004 auf 25 Mitgliedstaaten erweiterten EU bereits gefunden hat, wird abschließend zu erörtern sein.

2 Souveränität durch Integration – Europapolitik als die Zauberformel Konrad Adenauers

Der integrationsbedingte Gewinn lässt sich für die Anfangsjahre der Bundesrepublik besonders deutlich aufzeigen. Auf die schwierige Lage im Nachkriegseuropa und auf die Bedrohung, die von der expansiven Sowjetunion ausging, reagierte Konrad Adenauer mit seinem Konzept der doppelten Westbindung. Während die transatlantische Verankerung den übergeordneten Rahmen der Existenzfähigkeit und Sicherheit der Bundesrepublik (und des freien Europas) gewährleisten sollte, verlangten nach seiner Auffassung alle konkreten

Probleme Nachkriegsdeutschlands und insgesamt des alten Kontinents nach einer europäischen Lösung. So war der Kanzler davon überzeugt, dass die „europäischen Schwierigkeiten sich nur durch die Neuordnung des alten europäischen Staatensystems überwinden ließen. Der übersteigerte Nationalismus, die Wurzel allen Übels, die Europa letztlich in die Katastrophe geführt hatte, mußte beseitigt werden“ (Schukraft 2002: 13).

Daher nahm in Adenauers Europapolitik die Aussöhnung mit Frankreich einen herausragenden Stellenwert ein, war sie doch die Voraussetzung für das Gelingen westeuropäischer Integrationsanstrengungen. Auch wenn die Saarfrage noch bis 1955 die deutsch-französischen Beziehungen schwer belasteten, konnte bereits im April 1951 der Vertrag über die Europäische Gemeinschaft für Kohle und Stahl (EGKS) unterzeichnet werden und zum 23.7.1952 in Kraft treten. Damit war ein erster entscheidender Schritt zur Integration in der damals so herausragend wichtigen Montanindustrie getan, der zugleich auch das bis dahin für Zwist in den deutsch-französischen Beziehungen sorgende Ruhrproblem löste. Es ist daher zutreffend, wenn Ziebura Adenauers Europa-Engagement als die Zauberformel seiner Außenpolitik bezeichnet (Ziebura 1982: 140).

Der außenpolitische Nutzen dieses Engagements stand auch nach dem Scheitern der langwierigen Verhandlungen zur Europäischen Verteidigungsgemeinschaft (EVG) und zur Europäischen Politischen Gemeinschaft (EPG) außer Zweifel: Denn parallel zu EVG und EPG wurde ab 1951 der sog. Deutschlandvertrag verhandelt, der eine weitgehende Revision des am 21.9.1949 in Kraft getretenen und bereits im März 1951 erstmals gelockerten Besatzungsstatuts vorbereitete. Der Deutschlandvertrag war durch ein Junktim mit der EVG verknüpft und sollte zeitgleich die Wiederbewaffnung der Bundesrepublik im europäischen Rahmen und die Wiedererlangung der westdeutschen Souveränität bringen. Als EVG und EPG im August 1954 am negativen Votum der französischen Nationalversammlung endgültig scheiterten, wurde der Deutschlandvertrag in veränderter Fassung als Pariser Verträge in Kraft gesetzt und Westdeutschland in die NATO aufgenommen.[1] Damit hatte die Bundesrepublik zum 5.5.1955 ihre Souveränität – mit der bis 1990 gültigen Einschränkung in Bezug auf Berlin und Deutschland als Ganzes – zurückerhalten und war gleichberechtigtes Mitglied in der Nordatlantischen Allianz geworden. Dies war ein immenser Erfolg für Adenauer und die junge Bundesrepublik, der letztlich nur durch die glaubwürdige Integrationsbereitschaft erreicht werden konnte.

Die Römischen Verträge, die nach dem Scheitern der EVG vor allem von den Benelux-Staaten vorbereitet und vorangetrieben wurden, setzte Adenauer gegen Widerstände aus seinem Kabinett[2] durch und beförderte sie durch zahlreiche Zugeständnisse insbesondere an Frankreich, das seine – damals noch gewaltig großen – überseeischen Gebiete in den Gemeinsamen Markt einbezogen wissen wollte. Doch entsprach dieses EWG-Europa Adenauers europapolitischen Überzeugungen noch nicht zur Gänze; denn es grenzte das vorrangige Ziel der Schaffung einer politischen Union, die dem integrierten Europa zu einer gemeinsamen Außenpolitik verhelfen könnte, aus. Nach Adenauers Auffassung aber verlangte die internationale Lage, d.h. die sich Mitte der 1950er Jahre erstmals abzeichnende Entspan-

---

[1] In diesem Kontext hatte die Bundesrepublik einen Verzicht auf ABC-Waffen zu leisten.

[2] Insbesondere die Minister Erhard und Strauß opponierten gegen eine EWG und EURATOM mit nur sechs Mitgliedstaaten. Für den einen machte ein so kleiner, Großbritannien ausschließender Gemeinsamer Markt keinen Sinn, der andere befürchtete eine französische Dominanz über die noch sehr junge Atomindustrie der Bundesrepublik.

nung zwischen den Supermächten USA und UdSSR, nach einer nicht nur wirtschaftlichen, sondern auch politischen Einigung Europas; andernfalls, so befürchtete er, bestünde die Gefahr der Marginalisierung Europas, weil die Supermächte über die Köpfe der Europäer hinweg Weltpolitik betreiben könnten – seit Suez der europäische Alptraum.

Doch ließ sich eine gemeinsame Außenpolitik in den Verhandlungen, die im Mai 1956 aufgenommen wurden, ebenso wenig durchsetzen wie eine starke supranationale Ausrichtung der Institutionen der künftigen Europäischen Wirtschafts- und Atomgemeinschaft (EWG und EAG). Kanzler Adenauer akzeptierte dies mit großem Pragmatismus, angesichts der französischen Widerstände stellte die Supranationalität für ihn kein Dogma dar. Ob Föderation oder nur Konföderation, ob umfassende oder nur sektorale Integration – Adenauer war auf keine Integrationsmethode festgelegt, sondern unterstützte mit großer Flexibilität jeden Schritt in Richtung europäischer Einigung.

Doch als der 1958 an die Macht zurückgekehrte General Charles de Gaulle in den Jahren 1961/62 mit den Fouchet-Plänen die Schaffung einer „unauflöslichen Union der europäischen Staaten“ vorschlug, die sicherheitspolitisch als Konkurrenz zur Nato und integrationspolitisch als Konkurrenz zur jungen EWG konzipiert war, verweigerte sich letztlich auch die Bundesrepublik. Sie wollte und konnte weder die Gefährdung des gemeinsamen Marktes noch die Infragestellung der amerikanischen Schutzfunktion in Europa hinnehmen. So scheiterten die Fouchet-Pläne im April 1962 endgültig.

Da Adenauer jedoch an verstärkter außenpolitischer Zusammenarbeit – und sei es nur im bilateralen Rahmen – durchaus interessiert war, willigte er in die Offerte de Gaulles ein, einen deutsch-französischen Freundschaftsvertrag zu schließen, der auch in der Außen-, Sicherheits- und Verteidigungspolitik umfangreiche Konsultationsmechanismen vorsah. Doch stieß diese sehr enge Anbindung an Frankreich in der Bundesrepublik, besonders in den Kreisen um Erhard, auch auf Widerstand. So entstand die berühmte Präambel des Deutschen Bundestages zum Elysée-Vertrag, in welcher die Bundesrepublik sich zu ihren multilateralen Verpflichtungen und zur Offenheit des europäischen Integrationsprozesses bekennt. Zwar hatte der Elysée-Vertrag damit für de Gaulle jeglichen Wert verloren, doch für Adenauer war das Ziel der Aussöhnung mit Frankreich erreicht. In der Tat entwickelte sich zwischen den beiden vormals verfeindeten Staaten eine beispiellose Freundschaft.

Für Konrad Adenauer, so ist zusammenzufassen, waren deutsche Einheit und europäische Einigung die zwei Seiten derselben Medaille. Deshalb avancierte bereits in der Ära Adenauer die europäische Integration zu einem wesentlichen Bestandteil westdeutscher Staatsraison. Diese Staatsraison verlangte der jungen Bundesrepublik Zugeständnisse an die Partnerstaaten ab, wie insbesondere Abstriche an der eigentlich favorisierten, eher supranational ausgerichteten Europavision. Doch diese Posten auf der Gebens-Seite zahlten sich als gewinnbringende Investitionen aus, denn die Bundesrepublik wurde schnell zu einem gleichberechtigten Partner im sich vereinigenden Europa. Allerdings konnte dieses europäische Aufbauwerk unter Adenauers Nachfolgern Erhard und Kiesinger kaum vorangebracht werden; die Verantwortung für die ausgeprägte Stagnation jener Jahre ist jedoch in erster Linie der bremsenden bis destruktiven Europapolitik de Gaulles zuzuweisen (Müller-Brandeck-Bocquet 2004: 23-27).

3 Ergänzung der Westbindung durch die Öffnung zum Osten: Die Europapolitik Willy Brandts

Der sozial-liberalen Koalition unter Kanzler Willy Brandt gelang es, erneut einen substantiellen Beitrag zur Vertiefung der Integration zu leisten. Für Brandt war die feste Einbindung der Bundesrepublik in die europäische Integrationsgemeinschaft *conditio sine qua non* seiner Ostpolitik. Nur auf der Grundlage dieser verlässlichen Verankerung konnte er seine Ostpolitik wagen und zum Erfolg führen. „Erfolgreiche Westpolitik ermöglicht es erst, diese Ostpolitik zu führen; umgekehrt gehört zu einer erfolgreichen Ostpolitik eine beständige Weiterverfolgung der Westpolitik" (Brandt zitiert in Leuchtweis 2002: 67).

Die Ostpolitik, die die kontraproduktive Hallstein-Doktrin aufgab und stattdessen die Normalisierung der Beziehungen zu den Ostblockstaaten, inklusive UdSSR und DDR[3] einleitete, stieß insbesondere in Frankreich auf große Vorbehalte. Denn Pompidou, de Gaulles Nachfolger im Amt des Staatspräsidenten, fürchtete den damit verknüpften Machtzuwachs der Bundesrepublik und eine Beschneidung der Rolle Frankreichs als dritte Kraft zwischen den Blöcken sowie als Führungsmacht Europas. Nur ein klares glaubhaftes deutsches Bekenntnis zu Westbindung und europäischer Integration, das Brandt im Dezember 1969 in Den Haag ablegte, sowie eine weitere Selbsteinbindung durch die Unterzeichnung des Atomwaffensperrvertrags, konnte dies Unbehagen, das auch die USA teilten,[4] überwinden. Damit galt für die Ostpolitik wie für alle großen Weichenstellungen deutscher Nachkriegsaußenpolitik, dass jedes Stückbreit wiedererlangter deutscher außenpolitischer Handlungsfähigkeit mit vermehrter Selbsteinbindung einhergehen musste.

Brandt vertiefte die Selbsteinbindung der Bundesrepublik, indem er das Projekt einer Wirtschafts- und Währungsunion (WWU) aktiv unterstützte und der Integration neue Impulse verlieh. So trat er für den EG-Beitritt Großbritanniens ein und regte eine vertiefte außenpolitische Zusammenarbeit an. Diese Vorschläge wurden auf dem Den Haager Gipfeltreffen 1969 aufgegriffen: Die Europäische Politische Zusammenarbeit (EPZ) wurde auf den Weg gebracht, die sog. Werner-Kommission mit der Ausarbeitung eines Stufenplans zur WWU beauftragt und die Aufnahme von Beitrittsverhandlungen mit Dänemark, Großbritannien, Irland und Norwegen beschlossen. Brandts weit reichende institutionelle Vorschläge wie die Direktwahl des Europäischen Parlaments (EP), die Anwendung des Mehrheitsprinzips im Ministerrat, die Stärkung der Kommission sowie die Errichtung eines EPZ-Sekretariats ließen sich wegen französischer Widerstände nicht verwirklichen. Pompidous Europapolitik blieb restriktiv; dem EG-Beitritt Großbritanniens stimmte er vor allem deshalb zu, weil er künftig im Schulterschluss mit den Briten die von den Deutschen geforderten institutionellen Reformen in der EG abwehren und die deutsche Rolle in Europa begrenzt halten wollte.

Auch wenn Brandts institutionelle Visionen sich nicht realisieren ließen und der 1970 vorgelegte Wernerplan angesichts der Turbulenzen im internationalen Währungssystem ad

[3] Der Grundlagenvertrag zwischen der Bundesrepublik Deutschland und der Deutschen Demokratischen Republik vom 21.12.1972 bedeutete aber keine völkerrechtliche Anerkennung der DDR; insofern war die Normalisierung der Beziehungen zur DDR nur partiell.

[4] Henry Kissinger befürchtete, hinter der deutsch-deutschen Annäherung stünde ein „nationalistisches und neutralistisches Programm" (Schöllgen 1999: 10). Außerdem störte ihn die deutsche Eigenmächtigkeit; so äußerte er sich einem deutschen Staatssekretär gegenüber folgendermaßen: „Eines will ich Ihnen sagen, wenn schon Entspannungspolitik mit der Sowjetunion gemacht wird, dann machen wir sie" (Haftendorn 2001: 217).

acta gelegt werden musste, so wurde doch mit der EPZ ein – wenn auch zaghafter und selektiver, weil die sicherheits- und verteidigungspolitische Dimension ausschließender – Anfang zur Koordination westeuropäischer Außenpolitik gemacht. Brandt gelang es folglich erstmals, einen Zuwachs deutscher außenpolitischer Handlungsfähigkeit in einen Mehrwert für Europa umzuwandeln. Eine auch politisch sich integrierende EG bot der Bundesrepublik zugleich die Chance, die eigenen Anliegen auf europäischer, ja internationaler Ebene besser zu Gehör zu bringen. Denn deutsche Alleingänge waren nach wie vor undenkbar.

4 Weichenstellungen unter Helmut Schmidt

Die Europapolitik Helmut Schmidts stand im Zeichen der Wirtschafts- und Währungskrisen, die in Folge des Vietnam-Krieges und der beiden Ölkrisen die Welt erschütterten. Nach den Jahrzehnten des Wirtschaftswunders, des Aufstiegs der Bundesrepublik zu einer der drei international führenden Volkswirtschaften, zu Wohlstand und entsprechendem Einfluss war Schmidt – wie seine europäischen Partner auch – mit steigender Arbeitslosigkeit und Inflation konfrontiert. Folglich galt es vorrangig, die wirtschaftliche Stärke der Bundesrepublik und ihre internationale Rolle als eine Handelsmacht *par excellence* zu erhalten. Dies führte zu Ernüchterung und einem ausgeprägten Pragmatismus in der Europapolitik.

Doch trotz der problembehafteten Rahmenbedingungen seiner Kanzlerschaft bot sich Helmut Schmidt die Chance, den Fortgang der europäischen Integration sehr wesentlich zu prägen. Dies konnte allerdings nur in engstem Schulterschluss mit Frankreich gelingen. Die Wahl Giscard d'Estaings zum ersten nicht-gaullistischen Staatspräsidenten der V. Republik bescherte ihm einen linksrheinischen Partner, mit dem ihn nicht nur eine tiefe Freundschaft, sondern auch eine weitgehend gleichlautende Analyse der politischen Erfordernisse verband. Angesichts des *American decline* jener Jahre wollten beide Politiker der Vakanz Europas in der Welt ein Ende setzen. Beide Staatsmänner konnten sich diese neue, größere Rolle für Europa nur unter deutsch-französischer Führung vorstellen. Unter dieser Prämisse trieben sie den europäischen Einigungsprozess erfolgreich voran. Das Prädikat „Motor für Europa" – der Begriff wurde von Robert Picht und Wolfgang Wessels geprägt – haben sich die deutsch-französischen Beziehungen somit in der Ära Schmidt-Giscard d'Estaing erworben.

Schmidt ergriff allerdings nicht selbst die Initiativen, um die erforderliche europapolitische Relance zu erreichen, vielmehr ließ er Giscard den Vortritt. Auf dem Pariser Gipfel vom Dezember 1974 einigte man sich auf substantielle Reformen: Zum einen wurde die Institutionalisierung der seit 1969 informell und unregelmäßig abgehaltenen Gipfeltreffen der Staats- und Regierungschefs, zum anderen die Direktwahl des EP beschlossen, die von integrationswilligen Staaten wie der Bundesrepublik seit langem gefordert wurde. Die Bedeutung dieser Beschlüsse für das politische System der EG kann nicht hoch genug veranschlagt werden. Zwar wurde mit der Direktwahl des EP das supranationale Element in der EG deutlich aufgewertet, zugleich aber durch das intergouvernemental angelegte neue Organ, den Europäischen Rat (ER), wieder ausbalanciert. Die Schaffung des Europäischen Rates war für die Konsolidierung und Stärkung der EG, wie Schmidt und Giscard sie beabsichtigten, ein Meilenstein: Denn das mit der geballten Autorität aller Staats- und Regierungschefs ausgestattete Gremium sollte von nun an einstimmig die Leitlinien der gemeinsamen Politik festhalten und die Richtung der zukünftigen Integrationsprojekte und -schwerpunkte vorgeben. Dort würde sich stets zeigen, was in Europa konsensfähig ist – und was nicht.

Eine weitere europapolitische Leistung erbrachten Schmidt und Giscard gemeinsam, als sie 1978 in weitgehend geheimgehaltenen bilateralen Verhandlungen zur Schaffung des Europäischen Währungssystems (EWS) eintraten, das als Vorstufe des Euro zu werten ist. Die bereits 1972 geschaffene europäische Währungsschlange hatte sich angesichts der weltweiten, von den USA ausgelösten Währungsturbulenzen als unzureichend erwiesen. Mit der Deutschen Mark, der europäischen Leitwährung, im Rücken, verhandelte Schmidt aus einer Position der Stärke heraus. Einer künftigen Währungsunion wollte er nur unter der Voraussetzung zustimmen, dass die wirtschaftspolitischen Grundsatzentscheidungen und Rahmenbedingungen der Teilnehmerstaaten einander angepasst würden. Die Partnerstaaten erkannten die europaweite Führungsrolle der stabilitätsorientierten deutschen Wirtschafts- und Währungspolitik an.

Wenn Schmidt in dieser Frage auch sehr hart deutsche Interessen verteidigte, so zeigte er sich – ebenso wie alle seine Vorgänger – insbesondere bei Finanzierungsfragen überaus kompromissbereit. Trotz Bedenken willigte er sowohl bei den Regionalfonds als auch beim aberwitzig kostspieligen gemeinsamen Agrarmarkt in weitreichende finanzielle Zugeständnisse ein. Ebenso wie zuvor Brandt verzichtete auch Schmidt auf entschlossene Schritte zu einer Agrarreform. Hier dürfte Rücksichtnahme auf Frankreich die ausschlaggebende Rolle gespielt haben, hatte Schmidt sich doch das Diktum Wehners zu eigen gemacht: Ohne Frankreich ist alles nichts.

Im Bereich der gemeinsamen Außenpolitik konnten unter Schmidt nur wenige institutionelle Fortschritte erzielt werden, allerdings verlieh der 1974 geschaffene ER der EPZ mehr Gewicht. Während die EPZ sich im Rahmen der KSZE bewährte und den Europäern zu einer koordinierten und kohärenten Position verhalf, erwies sie sich im Nahostkonflikt und bei der Lösung der Ölkrise als ungenügend. Darauf reagierte man 1980 mit dem Londoner Bericht, der die Konsultationsverpflichtungen verstärkte und Sicherheitsfragen in den Zuständigkeitsbereich der EPZ einband (Regelsberger et al. 1997; Leuchtweis 2002: 104-105). Ein substantieller Durchbruch zu einer verlässlichen gemeinsamen außenpolitischen Handlungsfähigkeit war damit aber noch nicht erreicht.

5 Der europapolitische Mehrwert der deutschen Einheit: Kohls Verdienste um Europa

Die herausragende europapolitische Leistung Helmut Kohls bestand in der Verknüpfung des Vollzugs der deutschen Einheit mit einer substantiellen Vertiefung der europäischen Integration. Hierin drückte sich nicht nur Kohls tiefe, von Adenauer übernommene Überzeugung aus, dass die deutsche Einheit und die Vereinigung Europas die zwei Seiten derselben Medaille seien. Vielmehr ist diese Verknüpfung ein weiterer, besonders markanter Beleg für das ungeschriebene Gesetz, dass wesentliche Verbesserungen des internationalen Status' Deutschlands von einer vermehrten Einbindung seiner Potenziale begleitet sein müssen, um für die Partner akzeptabel zu sein. Gleichzeitig konnte Helmut Kohl erneut deutsche außenpolitische Gewinne in Fortschritte für die gesamte Integrationsgemeinschaft ummünzen.

5.1 Die Überwindung der Eurosklerose

Doch bis zum Maastrichter Vertrag, der diese Integrationsdurchbrüche realisierte, war es bei Kohls Amtsantritt 1982 noch ein weiter Weg. „‚Das Projekt Europa' schien institutionell wie ideell ausgelaugt" (Keßler 2002: 117). Es grassierte die sog. Eurosklerose, d.h. eine Lähmung der EG, ausgelöst durch zahlreiche Probleme, wie insbesondere die Frage des britischen Finanzbeitrags.[5] Kohl, seit Jugendtagen ein überzeugter Europäer, wollte neue Wege zur Einigung Europas weisen. Sein Ziel war die Schaffung einer Politischen Union, die seit Beginn der Wirtschaftsintegration zwar schon mehrfach angedacht, nie aber verwirklicht werden konnte. Dazu musste – nicht zuletzt auch wegen der inzwischen angestiegenen Mitgliederzahl – die Handlungsfähigkeit der europäischen Institutionen verbessert werden. Dies wiederum verlangte nach der Rückkehr zu den in den Römischen Verträgen ursprünglich vorgesehenen, durch den Luxemburger Kompromiss von 1966 aber ausgehebelten Mehrheitsentscheidungen. Auf Kohls Reformagenda stand auch die Stärkung des seit 1979 direkt gewählten, gleichwohl weitgehend machtlosen EP. Als Grundlage dieser aus Kohls Sicht notwendigen Weiterentwicklung der Gemeinschaft sollte ein deutsch-italienischer Vorschlag für eine Europäische Akte dienen, die sog. Genscher-Colombo-Initiative.

Am 13.10.1981, noch zu Amtszeiten von Kanzler Schmidt, hatte der deutsche Außenminister Hans-Dietrich Genscher zusammen mit seinem italienischen Kollegen Emilio Colombo einen gemeinsamen Plan zur Schaffung der Europäischen Union und zur Stärkung der EPZ vorgelegt, der de facto einen regelrechten Vertragsentwurf zur Gründung der Politischen Union enthielt. Wichtigstes Ziel der Initiative war, die EG und die seit 1969 außervertraglich praktizierte EPZ unter dem Dach des Europäischen Rates zusammenzuführen und somit die wirtschaftliche Integration um eine politische und außenpolitische Dimension zu ergänzen, um Europa zu einem kohärenten internationalen Akteur aufzubauen. Zusätzlich wollte der Genscher-Colombo-Plan die Entscheidungsfähigkeit des Rats durch vermehrte Mehrheitsentscheide, eine Begründungspflicht des einzelstaatlichen Vetorechts sowie die Möglichkeit der Stimmenthaltung stärken.

Während der deutschen Ratspräsidentschaft im ersten Halbjahr 1983 griff Kohl den Genscher-Colombo-Plan auf und machte ihn zur Verhandlungsgrundlage der „Feierlichen Deklaration zur Europäischen Union", die der Europäische Rat von Stuttgart im Juni 1983 abgab. Obwohl in der Erklärung erhebliche Abstriche an der Genscher-Colombo-Vorlage vorgenommen wurden, darf sie als Anfang vom Ende der „Eurosklerose" gelten. Doch noch stand die Regelung des leidigen Problems der britischen Beitragszahlungen an. Dies konnte 1984 in Fontainebleau gemeinsam von Mitterrand und Kohl gelöst werden, letztlich deshalb, weil der Kanzler – trotz Widerstands seines Finanzministers – weitreichende fi-

[5] Mit dem Motto: „I want my money back" kämpfte Margaret Thatcher mit großer Hartnäckigkeit für eine spürbare Senkung des britischen EG-Beitrags. Thatchers Forderung war deshalb berechtigt, weil Großbritannien nur über geringe landwirtschaftliche Produktionskapazitäten verfügt, der Rückfluss der EG-Gelder an die Mitgliedstaaten aber weitestgehend – damals in noch sehr viel stärkerem Maße als heute – über Agrarsubventionen erfolgte.

nanzielle Zugeständnisse machte (Wagner 2001: 215). Nachdem auch dieser Kompromiss mit deutschem Geld erkauft wurde, war der Durchbruch erzielt: Nach intensiver Vorbereitung wurde 1985 die erste Regierungskonferenz zur Änderung der Römischen Verträge eingesetzt, die 1986 in der Verabschiedung der Einheitlichen Europäischen Akte (EEA) mündete. Mit der EEA wurde durch die breite Einführung des qualifizierten Mehrheitsentscheids als Entscheidungsregel des Ministerrats, eine beachtliche Stärkung der Mitentscheidungsrechte des EP und eine beträchtliche Kompetenzerweiterung der EG, insbesondere in der Umwelt-, Forschungs- und Technologiepolitik, eine äußerst bedeutsame Vertiefung der Integration erzielt. In der EPZ jedoch ließ sich lediglich die vertragliche Fixierung des seit 1970 Praktizierten sowie – endlich – die Schaffung eines EPZ-Sekretariats durchsetzen. Dennoch bleibt es Kohls und Mitterrands gemeinsames Verdienst, der EG zu neuer Dynamik verholfen zu haben, die im Verein mit dem Delors-Weißbuch zur Verwirklichung des Binnenmarktes zum 1.1.1993 und der Reform des Agrarmarktes gegen Ende der 1980er Jahre zu einer regelrechten Europa-Euphorie führte.

5.2 Die deutsche Einheit als Katalysator für die weitere Vertiefung der Integration

Nach dem Fall der Berliner Mauer legte Kohl bereits am 28.11.1989 das berühmte „10-Punkte-Programm zur Überwindung der Teilung Deutschlands und Europas“ vor, das deshalb für deutliche Irritationen im europäischen Ausland sorgte, weil der Kanzler auf jegliche Konsultation der Partner verzichtet hatte. In Großbritannien und Frankreich formierte sich vorübergehend Widerstand gegen eine rasche Wiedervereinigung. Durch gewisse Vorleistungen gelang es Kohl jedoch, diesen zu überwinden. So stimmte er auf dem Straßburger Gipfeltreffen vom 8./9.12.1989 der Einsetzung einer Regierungskonferenz über die WWU zu. Noch wenige Monate zuvor hatte er dies mit Blick auf die ersten gesamtdeutschen Wahlen und den anhaltenden Widerstand der Bundesbank abgelehnt. Nun aber kam er insbesondere Mitterrand entgegen, der die WWU seit langem anstrebte, sollte sie doch das langjährige „Diktat der Bundesbank“ über Europas Geld- und Währungspolitik beenden. Im Gegenzug verknüpfte die Bundesregierung ihre Zustimmung mit gewissen Bedingungen wie der Unabhängigkeit der künftigen Europäischen Zentralbank und strengen Konvergenzkriterien (Maurer/Grunert 1998: 235). Weitere Vorleistungen erbrachte Kohl im finanziellen Bereich gemäß seinem Versprechen, die deutsche Einheit werde unter keinen Umständen zu Lasten der ärmeren Mitgliedstaaten vonstatten gehen (Wagner 2001: 216 f.). Hier scheint das dialektische Muster des Gebens und Nehmens in der deutschen Europapolitik wieder sehr deutlich auf: Einheit gegen finanzielle Großzügigkeit. Als angesichts der ungünstigen gesamtdeutschen Wirtschaftsentwicklung in Bund und Ländern die Forderung nach einer Senkung des EU-Beitrags aufkam, waren Deutschland in dieser Frage aber zunehmend engere Grenzen gesetzt.

Da das wiedervereinte Deutschland auch in der *constitutional policy* seinen ungebrochenen Integrationswillen als Garant deutscher Vertrauenswürdigkeit kundtun wollte, setzte Kohl sich intensiv für die Verwirklichung der politischen Einigung Europas ein (Karama 2001: 199). In seiner Regierungserklärung vom 22.11.1990 bekannte Kohl: „Unser Kernziel ist und bleibt die politische Union Europas. So wichtig die Verwirklichung der Wirtschafts- und Währungsunion ist, sie bliebe aus meiner Sicht nur Stückwerk, wenn wir nicht gleichzeitig die politische Union verwirklichten; beide Ziele gehören unauflöslich zusammen."

Obgleich Mitterrand dieses ehrgeizige Projekt nur halbherzig mittrug, ergriffen beide Staatsmänner gemeinsam die Initiative und erzielten die Einsetzung einer zweiten Regierungskonferenz zur Vorbereitung der Politischen Union. Bekanntlich hat sich Kohls Vision einer Politischen Union mit deutlich supranationalen Zügen in Maastricht nicht verwirklichen lassen. Großbritannien und Dänemark verwehrten sich gegen eine „Union with a federal goal" – so der Luxemburger Vertragsentwurf vom 12.4.1991. Frankreich wiederum drang darauf, dass die neuen außen- und sicherheitspolitischen Kooperationsbereiche (GASP) und Justiz/Inneres nicht in das bestehende Vertragswerk mit seinen supranational angelegten Entscheidungsregeln integriert, sondern als eigenständige Säulen mit großen Entscheidungsbefugnissen der Mitgliedstaaten in den neuen Unionsvertrag eingebaut wurden. Obwohl Deutschland ursprünglich eine weitgehende Vergemeinschaftung der GASP angestrebt hatte, ordnete es sich schließlich den französischen Vorstellungen unter (Regelsberger 2002: 32).

Trotz dieser Rückschläge konnte in Maastricht die demokratische Legitimation der neuen Union durch die Einführung des Mitentscheidungsverfahrens, das das EP beträchtlich aufwertete, gestärkt und ihre Effizienz durch die Ausweitung des qualifizierten Mehrheitsentscheids erhöht werden. Insbesondere die zentralen Innovationen des Maastrichter Vertrages, d.h. die weitreichenden Beschlüsse zur WWU, die Schaffung der Unionsbürgerschaft, der Ausbau der EPZ zur GASP sowie der Einstieg in die Zusammenarbeit in den Bereichen Justiz und Inneres brachten einen beachtlichen Integrationsschub, der in großem Maße die Handschrift Deutschlands trug. Deutschland hat somit dafür gesorgt, dass der Vollzug der deutschen Einheit sich letztlich in einem Gewinn, einem Mehrwert für Europa niederschlug.

Angesichts wachsender Europaskepsis im In- und Ausland rückte Helmut Kohl jedoch von der lange Zeit verfolgten Zielvorstellung eines europäischen Bundesstaates, den Vereinigten Staaten von Europa, ab. Im Kontext des Bundesverfassungsgerichtsverfahrens um den Maastrichter Vertrag wurde dieser Finalitätsvorstellung erstmals eine klare Absage erteilt: „Der Vertrag von Maastricht schafft keinen europäischen Bundesstaat [...] Die Europäische Union bleibt eine Staatenverbindung auf völkervertraglicher Grundlage [...] Auf absehbare Zeit ist die Schaffung eines europäischen Bundesstaates keine konsensfähige Zielvorstellung" (Stellungnahme der Bundesregierung zu den Klageschriften, zitiert nach Maurer/Grunert 1998: 243). Das sog. Schäuble-Lamers-Papier zu „Kerneuropa" vom September 1994, das einen engen Zusammenschluss besonders integrationswilliger Mitgliedstaaten anregte – aber den Fehler beging, in diskriminierender Weise manche Partner auszuschließen – ist als die Eröffnung einer möglichen Alternative zum unrealisierbaren Bundesstaats-Ziel zu interpretieren.

5.3 Das Europa der verschiedenen Geschwindigkeiten als neue Vision?

Im Rahmen der sog. Post-Maastricht-Debatte machte sich Europaskepsis breit. Allenthalben entstand Furcht vor zuviel Integration, man geißelte die angebliche „Brüsseler Regulierungs- und Interventionswut", und die Perspektive der Osterweiterung, für die Helmut Kohl besonders engagiert eintrat, beunruhigte die Menschen. Dieser negativen Grundstimmung musste Helmut Kohl Tribut zollen, so dass in den letzten Jahren seiner langen Kanzlerschaft die deutsche Europapolitik weniger zupackend und Ton angebend auftrat – Keßler spricht gar von einer „deutschen Europapolitik mit angezogener Handbremse" (Keßler 2002: 162). Neben der atmosphärischen Verschlechterung lassen sich hierfür zwei weitere Gründe nennen. So musste Kohl ab 1994 auf seine engagiertesten Mitstreiter in Sachen Europa verzichten: Sowohl Jacques Delors als auch François Mitterrand und Felipe Gonzales schieden sukzessive aus ihren Ämtern aus. Zweitens legten die seit 1992 in ihren Mitspracherechten am europäischen Politikprozess deutlich gestärkten Bundesländer[6] im Vorfeld der Regierungskonferenz 1996 der Kohl'schen Europapolitik merkliche Fesseln an: Die Bundesländer wollten im neuen EU-Vertrag u.a. das Subsidiaritätsprinzip präzisiert und den in Maastricht geschaffenen Ausschuss der Regionen (AdR) aufgewertet sehen. Außerdem forderten sie die Erstellung eines Kompetenzkatalogs, der die Zuständigkeiten im europäischen Mehrebenensystem klar abgrenzen sollte. Da Kohl bei den Verhandlungen zum Amsterdamer Vertrag diesen Forderungen verpflichtet war und die Präzisierung des Subsidiaritätsprinzips sowie eine Aufwertung des AdR auch durchsetzen konnte, musste er in anderen Bereichen den Partnerstaaten entgegenkommen.

Unmut gegen die Deutschen besonders in Frankreich löste auch der Stabilitäts- und Wachstumspakt aus, den Finanzminister Theo Waigel Ende 1995 vorschlug und der die Einhaltung der Maastricht-Kriterien auch nach Einführung des Euro gewährleisten sollte. Dies war die Reaktion des Finanzministers auf die weitverbreiteten Ängste der Deutschen, die – gewohnt an die Erfolgsgeschichte der DM – die Stabilität der geplanten Gemeinschaftswährung anzweifelten. Als Preis für die Akzeptanz des die einzelstaatlichen Handlungsspielräume beschränkenden Paktes verlangte der französische Premierminister Lionel Jospin den Einstieg der EU in eine gemeinsame Beschäftigungspolitik – ein Schritt, der Kohl gar nicht behagte, in den er aber einwilligen musste (Müller-Brandeck-Bocquet 2004: 186 ff.)

Allerdings gelang es Kohl dennoch, der EU ein zukunftsweisendes Vermächtnis zu hinterlassen. Angesichts der absehbaren Osterweiterung[7] und der mangelnden Integrationsfähigkeit bzw. -willigkeit mancher Mitgliedstaaten schlug er gemeinsam mit Frankreichs neuem Staatspräsidenten Jacques Chirac den Partnern die Flexibilisierung der Integration vor. Beide regten in einem gemeinsamen Brief vom 6.12.1995 an, „in den Vertrag eine allgemeine Klausel einzufügen, die Staaten, die dies wünschen und dazu in der Lage sind, die Möglichkeit eröffnet, unter Wahrung des einheitlichen institutionellen Rahmens der Union eine verstärkte Zusammenarbeit zu entwickeln" (abgedruckt in Woyke 2005a: 226-228). Dieser Vorschlag, der sich sowohl aus dem Schäuble-Lamers-Papier als auch aus dem französischen Konzept der konzentrischen Kreise speiste, fand unter der Bezeichnung „verstärkte Zusammenarbeit" letztlich seinen Niederschlag im Amsterdamer Vertrag. Auch eine weitere gemeinsame Initiative von Kohl und Chirac fand Eingang in den Amsterdamer Vertrag. Um die Sichtbarkeit Europas in der Welt zu steigern, hatten die beiden Staatsmän-

---

[6] Bei der Neuformulierung des Art. 23 GG, die nach dem Vollzug der deutschen Einheit notwendig geworden war, erhielten die Bundesländer das Zustimmungsrecht zu allen Übertragungen von Hoheitsrechten auf die EU.

[7] Ende 1997 beschloss der Europäische Rat, mit fünf mittel- und osteuropäischen Staaten sowie mit Zypern Beitrittsverhandlungen aufzunehmen.

ner in ihrem Brief vom 9.12.1996 die Ernennung „einer Persönlichkeit für die GASP" vorgeschlagen. Daraufhin schuf man in Amsterdam die Position des Hohen Vertreters für die GASP.

Damit hat Kohl zum Ende seiner Kanzlerschaft entscheidende Impulse für die beiden Entwicklungslinien in der EU gegeben, die die Zukunft der Union prägen werden: die Möglichkeit zur abgestuften Integration sowie das ehrgeizige Projekt, die EU zu einem vollwertigen internationalen Akteur auszubauen.

6 Kontinuität im Wandel – die Europapolitik unter Rot-Grün

Nachdem es unter Kohl nach 1990 lediglich zu einem „partiellen Anpassungsprozess" der deutschen Außen- und Europapolitik an die neuen Gegebenheiten gekommen war (Seidelmann 1999: 203f.), hat sich hier im Verlauf der rot-grünen Ära ein weiterreichender Wandel eingestellt. Deutschland hat sich ein neues, ehrgeiziges und selbstbewusstes Rollenkonzept zu Eigen gemacht, das auch vor der Übernahme internationaler Verantwortung in Form von militärischen Beiträgen nicht länger zurückschreckt. Gleichwohl ist die Zentralmacht Europas nicht auf einen Kurs der nationalen Interessen- und Machtmaximierung eingeschwenkt (Risse 2004: 24). Vielmehr stellt die europäische Integration noch immer „einen wesentlichen Bestandteil der Staatsraison" Deutschlands dar (Schmalz 2001: 51). Diese Kontinuität wird von deutlichen Elementen des Wandels begleitet: Denn die deutschen Handlungsoptionen haben sich erweitert und werden mit neuem Selbstbewusstsein zum Einsatz gebracht. Somit fällt die vorläufige Bilanz nach sieben Jahren Rot-Grün differenziert aus: Vor allem in der *constitutional policy* hat die Bundesregierung eindeutig am äußerst integrationsfreundlichen Kurs all ihrer Vorgängerinnen festgehalten. Zugleich ist es zu einem spürbaren Wandel nicht nur in Rhetorik, Stil und Habitus, sondern auch in Strategie, Vorgehen und Handlungsrepertoire gekommen. Letzteres aber ist in erheblichem Maße den Rahmenbedingungen auf europäischer und internationaler Ebene geschuldet, die mit den transatlantischen Auseinandersetzungen um den Irak-Krieg und dem Vollzug der Osterweiterung ein spannungsreiches Umfeld darstellen.

6.1 Deutsche Leadership bei der Gestaltung der Zukunft Europas

Als im September 1998 erstmals in der Geschichte der Bundesrepublik eine rot-grüne Koalition den Wahlsieg errang, wurden an den Machtwechsel zahlreiche und tiefreichende Reformerwartungen im Inneren geknüpft. Im Bereich der Außen- und Europapolitik hingegen betonte die neue Regierung „geradezu gebetsmühlenhaft" die Kontinuität zu den Vorgängerregierungen (Regelsberger 2002: 35). Rot-Grün verwies im Koalitionsvertrag vom 20.10.1998 auf die „zentrale Bedeutung" der EU für die deutsche Politik, rief zu deren Weiterentwicklung zu einer „Politischen Union sowie zu einer Sozial- und Umweltunion" auf und bekannte sich zum Euro, zur Stärkung der Demokratie in der Union und zur Osterweiterung.

Dennoch wurde ab Herbst 1998 schnell klar, dass in der deutschen Europapolitik künftig ein neuer, ein selbstbewussterer Ton herrschen würde. So betonte Schröder, dass die

Zeiten, in welchen „die notwendigen Kompromisse zustande kamen, weil die Deutschen sie bezahlt haben“ definitiv „an ihr Ende gekommen“ seien. Schröder sah das Ende der Scheckbuch-Diplomatie gekommen und bezeichnete die ungeschminkte Artikulation nationaler Interessen mehrfach als Selbstverständlichkeit (Schröder, zitiert nach Müller-Brandeck-Bocquet 2002: 171). Mit dieser neuen Rhetorik wollte Schröder signalisieren, dass mit dem Generationswechsel an Deutschlands politischer Spitze die „Zeit der Komplexe vorbei“ war (Vernet 1999: 16). Diplomatischer vorgehend, betonte Außenminister Fischer die historische Verpflichtung Deutschlands zur Integration und setzte weiterhin auf die Selbstbeschränkung deutscher Macht. Als programmatisch für die Europapolitik der gesamten rot-grünen Ära kann seine Rede vor dem EP zu Beginn der deutschen Ratspräsidentschaft am 12.1.1999 gelten: „Allein das Europa der Integration ist zukunftsfähig und allein dieses Europa wird die Widersprüche unseres Kontinents friedlich lösen und die EU zugleich in einer dramatisch sich verändernden Welt zum politisch gestaltenden Subjekt machen können“. Trotz aller Europa-Verpflichtetheit sprach auch hieraus ein neues Selbstbewusstsein, nämlich der Wille Deutschlands, auf der Grundlage des eigenen gewachsenen internationalen Status' die EU zu einem wichtigen Akteur der Weltpolitik zu machen.

Nachdem die rot-grüne Bundesregierung schon während der äußerst schwierigen Berliner Verhandlungen zum EU-Finanzrahmen 2000-2006 (Agenda 2000) ihre Kompromissbereitschaft unter Beweis und das europäische Wohl über nationale Interessen gestellt hatte,[8] setzte sie ihr europapolitisches Engagement vor allem in Initiativen für die Vertiefung und Weiterentwicklung der Integration um. So trat sie dezidiert für die Schaffung einer europäischen Grundrechtscharta ein, die sie als Nukleus einer künftigen EU-Verfassung betrachtete. Der Europäische Rat von Köln beschloss daraufhin die Erarbeitung solch eines Dokuments.

Als verlässliche Unterstützerin der EU-Osterweiterung – auch hier liegt Kontinuität zur Kohl-Ära vor – setzte sich die Bundesregierung während ihrer Ratspräsidentschaft in Köln vehement für die Verabschiedung eines Erfolg versprechenden, d.h. engen Mandats für die auf das Jahr 2000 anberaumte Regierungskonferenz ein. In der Tat harrten seit der Amsterdamer Vertragsrevision gravierende institutionelle Probleme ihrer Lösung: Im Interesse der Handlungsfähigkeit einer um die MOE-Staaten vergrößerten Union musste auf die sog. Amsterdamer Leftover (Struktur und Größe der Kommission, Stimmneuwägung im Rat, Ausweitung des qualifizierten Mehrheitsentscheids) dringend eine Antwort gefunden werden. Nun ist hinlänglich bekannt, dass der von einem vielfach kritisierten französischen Ratspräsidenten veranstaltete Reformgipfel von Nizza im Dezember 2000 nur suboptimale Ergebnisse erbrachte (Weidenfeld 2002). Bei der besonders umstrittenen Stimmneuwägung im Rat stimmte Deutschland der Aufrechterhaltung der sog. Parität zu den anderen großen Mitgliedstaaten (Großbritannien, Frankreich, Italien) letztlich zu, obgleich das Demokratieprinzip eine Aufstockung der deutschen Ratsstimmen nahegelegt hätte. Frankreichs Staats-

[8] Obwohl Kanzler Schröder im Vorfeld des Gipfels vehement auf eine Senkung der deutschen Zahlungen gedrängt hatte, ließ sich der deutsche Nettobeitrag durch vermehrte Rückflüsse aus den Strukturfonds nur geringfügig reduzieren. 2002 fiel ein deutscher Bruttobeitrag von 22,6 Mrd. € an, das waren 23,7% des gesamten EU-Budgets, nach 27,5% in 1999 (Jessen 1999: 173f.). 2002 waren dies 2% des Bundeshaushaltes bzw. 0,42% des deutschen BIP. Die von Deutschland vorgeschlagene sog. Ko-Finanzierung, die 25% der Agrarkosten auf die Mitgliedstaaten rückverlagert und somit den deutschen Beitrag merklich reduziert hätte, wurde vor allem von Chirac kategorisch mit der Begründung abgelehnt, dies käme einer inakzeptablen Renationalisierung eines Kernbereichs der Integration gleich.

präsident Chirac jedoch verweigerte sich solch einem Ansinnen strikt. Auch in dieser wichtigen Frage war die Bundesregierung folglich bereit zurückzustecken.[9] Allerdings setzte man in Berlin auf eine baldige Korrektur der Nizzaer Beschlüsse: So wertete der Kanzler die Verabschiedung der Erklärung 23 „zur Zukunft der Europäischen Union" als einen großen deutschen Erfolg. Denn auf diese deutsch-italienische Initiative hin war es in der Tat gelungen, die EU auf die unmittelbare Fortsetzung ihres Reformprozesses zu verpflichten. Bei den vier großen Agendapunkten der Erklärung (Vereinfachung der Verträge, Abgrenzung der Zuständigkeiten von EU und Mitgliedstaaten, künftiger Status der Grundrechtscharta, Klärung der europapolitischen Rolle der nationalen Parlamente) handelte es sich – wie Schröder in seiner Regierungserklärung vom 19.1.2001 treffend anmerkte – um „europäische Verfassungsfragen". Mit der Erklärung 23 vermochte der Kanzler es auch, die Bundesländer, die immer kompromissloser auf klare Kompetenzabgrenzungen im EU-Mehrebenensystem pochten, zufrieden zu stellen (Müller-Brandeck-Bocquet 2002: 184f.).

Folglich hat Deutschland entscheidend zur Initiierung des vorläufig letzten wichtigen Schritts der europäischen *constitutional politics* beigetragen, nämlich zur Einleitung des europäischen Verfassungsgebungsprozesses, der mit der Einsetzung des Verfassungskonvents durch den Europäischen Rat von Laeken im Dezember 2001 offiziell eingeleitet wurde. In diesem europäischen Verfassungsgebungsprozess übernahm die rot-grüne Bundesregierung in vielfacher Weise die Führungsrolle; dies muss als der stichhaltigste Beweis ihrer inhaltlichen Kontinuitätslinie zum klassisch deutschen Europa-Engagement gelten, das auf Vertiefung, Supranationalität, bisweilen nur auf Souveränitätsteilung abhebt. Wichtige Akzente bei der Übernahme dieser *leadership*-Rolle setzte dabei Außenminister Fischer mit seiner Humboldt-Rede zur europäischen Finalität vom 12.5.2000. Zwar weist Fischer die „bisherige Vorstellung eines europäischen Bundesstaates [...] als ein synthetisches Konstrukt jenseits der gewachsenen europäischen Realitäten" zurück und postuliert: „Die Vollendung der europäischen Integration lässt sich erfolgreich nur denken, wenn dies auf der Grundlage einer Souveränitätsteilung von Europa und Nationalstaat geschieht". Zugleich aber gibt er die zukunftsweisende Leitlinie vor: „Die Souveränitätsteilung von Föderation und Nationalstaaten setzt einen Verfassungsvertrag voraus, der festlegt, was europäisch und was national geregelt werden soll". Obgleich oder gerade weil Fischers institutionelle Überlegungen und Vorschläge weder widerspruchsfrei noch hinreichend konkret ausfielen, stieß seine Rede europaweit auf große Aufmerksamkeit und löste in nahezu allen europäischen Hauptstädten Reaktionen aus. Auch Bundespräsident, Bundeskanzler sowie etliche Ministerpräsidenten meldeten sich mit konzeptionellen Entwürfen zur Zukunft Europas zu Wort. Mit den Antworten, die Chirac, Jospin, Blair u.a. auf die deutschen Vorstöße hin gaben, war der europäische Verfassungsgebungsprozess bereits in vollem Gange.

Mit der Konstituierung des Europäischen Verfassungskonvents zum 28.2.2002 verlagerten sich die Beratungen über die Zukunft Europas in dieses Gremium, das bis Juni 2003 unter dem gestrengen Vorsitz von Giscard d'Estaing den „Entwurf eines Vertrags für eine

[9] Ab 2005 kann jeder Mitgliedstaat überprüfen lassen, ob ein Mehrheitsbeschluss auch 62% der EU-Bevölkerung hinter sich hat. Somit kann Deutschland in Zukunft mit nur zwei anderen großen Mitgliedstaaten das Blockierungsquorum von 38% der EU-Bevölkerung erreichen. „Ohne Arroganz, mit größter Feinfühligkeit für die Partner-Gegner hat Berlin faktisch die Ketten der historischen Parität mit Frankreich durchschlagen", kommentierte daraufhin *La Repubblica* (nach FAZ vom 12.12.2000).

Verfassung für Europa“ ausarbeitete. Auch in dieser Phase übte Deutschland herausragenden Einfluss auf den Verfassungsgebungsprozess aus. Allerdings geschah diese Impulsgebung mittels des bewährten „deutsch-französischen Motors für die Integration“, also auf bilaterale Weise.

6.2 Die Relance des deutsch-französischen Motors

Im Verlauf der 1990er Jahre hatten die deutsch-französischen Beziehungen viel von ihrem Glanz und ihrer Kraft verloren. „Mit der Verwirklichung der WWU kam Deutschland und Frankreich das gemeinsame Projekt abhanden [...] Für die Politische Union, die in Maastricht nur am Rande behandelt worden war, gab und gibt es kein überzeugendes bilaterales Konzept – weder in Amsterdam noch in Nizza. Die Folge war ein Leerlauf in den deutsch-französischen Beziehungen“ (Guérot 2003: 15). Die bilateralen Beziehungen verschlechterten sich nach den Machtwechseln in beiden Ländern 1995 und 1998 zusätzlich; mit Nizza Ende 2000 war ohne Zweifel ein Tiefstand erreicht. Hans Stark spricht hier von der „wohl tiefsten Vertrauenskrise zwischen Deutschland und Frankreich seit 1974“ (Stark 2001: 289). Das Ende des Ost-West-Konflikts, der Vollzug der deutschen Einheit und die dadurch notwendig gewordene Neujustierung des eigenen internationalen Rangs führten die beiden Länder in die von europapolitischer Ideenlosigkeit begleitete Vertrauenskrise. Dies hatte sich im Vorfeld des Amsterdamer Gipfels angekündigt und in Nizza vollauf bestätigt.

Doch dann entfaltete das europäische Verfassungsgebungsprojekt in Kombination mit der Vorbereitung der für den 40. Jahrestag des Elysée-Vertrags anstehenden Feierlichkeiten eine ungeahnte Dynamik. Nachdem beide Staaten dem Europäischen Rat vom Oktober 2002 einen tragfähigen deutsch-französischen Kompromiss für die heiklen Fragen der Finanzierung der Osterweiterung unterbreitet hatten, der auch verabschiedet wurde,[10] war der Weg für eine nachhaltige Verbesserung der deutsch-französischen Beziehungen freigeräumt. So kam es zum Jahreswechsel 2002/2003 zu einer regelrechten deutsch-französischen „Initiativenflut“ (Koopmann 2003: 30); diese bestand konkret aus fünf gemeinsamen Vorschlägen, mit welchen die beiden Staaten ihre privilegierten Beziehungen ausbauen und vor allem den „Konvent zur Zukunft der Europäischen Union“ bei seiner ehrgeizigen Arbeit unterstützen wollten.[11] All diese Vorschläge sind weitgehend unverändert sowohl in den Entwurf als auch in den von den Europäischen Staats- und Regierungschefs am 17./18. Juni 2004 angenommenen Verfassungsvertrag eingegangen und lieferten somit das Gros der Innovationen: das Amt eines gewählten EU-Präsidenten, das Amt des Europäischen Außenministers, die verschiedenen Möglichkeiten zur flexiblen bzw. strukturierten Zusammenarbeit, die Ausweitung des qualifizierten Mehrheitsentscheids und vieles

[10] Während Paris sich mit der Forderung durchsetzte, dass bis 2006 alles beim Alten bleibt und somit eine substantielle Agrarreform erneut vertagt wurde, erreichte Berlin die langfristige Deckelung der Agrarausgaben auf dem Niveau von 2006.

[11] Konkret handelt es sich um „Gemeinsame deutsch-französische Vorschläge zum Bereich Europäische Sicherheits- und Verteidigungspolitik“ der Außenminister Fischer und de Villepin vom 22.11.2002, „Gemeinsame deutsch-französische Vorschläge zum Raum der Freiheit, der Sicherheit und des Rechts“ vom 28.11.2002, den deutsch-französischen „Beitrag zur „Stärkung der wirtschaftspolitischen Zusammenarbeit“ vom 20.12.2002, den deutsch-französischen „Beitrag zum institutionellen Aufbau der Union“ vom 15.1.2003 sowie die „Gemeinsame Erklärung zum 40. Jahrestag des Elysée-Vertrags“ vom 22.1.2003.

mehr (Integration 4/03; Müller-Brandeck-Bocquet 2004: 248ff.; Weidenfeld 2005). In weiser Zurückhaltung unterließen die beiden Staaten es jedoch, eine Alternative zur verunglückten Stimmwägung des Nizzaer Vertrags zu entwickeln; daher sind die Regeln zur Ausgestaltung des qualifizierten Mehrheitsentscheids nach dem Prinzip der doppelten Mehrheit vom Konventspräsidium in den Beratungsprozess eingespeist worden. Manchem Kritiker des engen deutsch-französischen Schulterschlusses muss bitter aufstoßen, dass es exakt diese 50-60 Regel[12] war, die im Dezember 2003 den Verfassungsvertrag zunächst zu Fall brachte; erst die Erhöhung der Quoren auf 55 bzw. 65 % machte den Weg zur Annahme des Dokuments durch den Europäischen Rat im Juni 2004 frei.

Doch die Kritik am jüngsten, äußerst engen deutsch-französischen Schulterschluss entzündete sich ja nicht an den Inhalten und Verhandlungsmodalitäten des Verfassungsvertrags, sondern am deutsch-französischen Nein zum Irak-Krieg. Die allzu große Annäherung an Paris habe Schröder die Maxime bisheriger deutscher Außenpolitik vergessen lassen, nämlich „sich nicht zwischen Paris und Washington entscheiden zu müssen und jede derartige Situation nach Kräften zu vermeiden" (Maull et al. 2003: 10). Auch wenn mancher der Schritte, mit welchen Kanzler Schröder Deutschland als entschiedenen Gegner des Irak-Kriegs positionierte, provokant und undiplomatisch war, so übersehen des Kanzlers Kritiker doch, dass das deutsche Nein einem eindeutig völkerrechtswidrigen Krieg galt.

Es kann jedoch kein Zweifel daran bestehen, dass die klare deutsche Ablehnung des Irak-Kriegs und damit die Brüskierung der USA nicht nur ein absolutes Novum in der bundesrepublikanischen Außenpolitik darstellte, sondern auch zur abgrundtiefen Spaltung Europas in dieser Frage beitrug. Diese erreichte mit der Veröffentlichung des inzwischen berühmt-berüchtigten Briefs der Acht vom 30.1.2003[13] und dem sog. Pralinengipfel vom 29.4.2003 einen Höhepunkt, als Deutschland, Frankreich, Belgien und Luxemburg im Alleingang Vorschläge zu einer europäischen Sicherheits- und Verteidigungsunion berieten. Auch wenn dieser Vorstoß in mancherlei Hinsicht als Katalysator für die ESVP wirkte – so z.B. für die Verabschiedung der Europäischen Sicherheitsstrategie, die Annahme des sog. battle-group-Konzepts und die Beschlüsse zur Einrichtung einer zivil-militärischen Planungszelle im EU-Militärstab (Müller-Brandeck-Bocquet 2006) –, so hat doch das Irak-Drama ein Schlaglicht auf die schwierige Zukunft geworfen, die der erweiterten Union bevorsteht.

6.3 Deutschland als Promotor der europäischen Außen-, Sicherheits- und Verteidigungspolitik

Die markantesten Weiterentwicklungen der Europapolitik unter Rot-Grün haben sich zweifelsfrei in Folge der veränderten internationalen Rolle Deutschlands ergeben. In der Außenpolitik wurden Anspruch und Interessen lauter und ehrgeiziger formuliert, vermehrte Mitspracherechte eingefordert bis hin zu einem ständigen Sitz im UN-Sicherheitsrat. Dieses

[12] Nach dem Konventsentwurf kommt ein qualifizierter Mehrheitsentscheid dann zustande, wenn 50% der EU-Mitgliedstaaten, die 60% der EU-Bevölkerung repräsentieren, zustimmen.

[13] In diesem Brief formulierten die EU-Mitgliedstaaten Großbritannien, Italien, Spanien, Portugal und Dänemark und die Kandidatenstaaten Polen, Tschechien und Ungarn eine Solidaritätsadresse an die USA, die insofern Konsequenzen hatte, als all diese Staaten zumindest vorübergehend mit Soldaten am Irak-Konflikt beteiligt waren bzw. sind.

neue Profil der deutschen Außenpolitik beruht weitgehend auf der Tatsache, dass Deutschland unter Schröder und Fischer in hohem, bisher unbekanntem Maße internationale Verantwortung übernommen hat – im Kosovo, in Afghanistan und anderswo. Mit der Beteiligung am Nato-Luftkrieg gegen Serbien 1999 hat Rot-Grün „einen entscheidenden Schritt über sämtliche Vorgängerregierungen“ hinaus getan und „erstmals seit mehr als einem halben Jahrhundert wieder deutsche Soldaten in den Krieg“ geschickt. „‚Nie wieder Auschwitz' heißt heute: ‚Wehret den Anfängen', begründete der Außenminister im Frühjahr 1999 seine Zustimmung zum Militärschlag gegen Serbien“ (Schöllgen 2005: 3-4).[14]

Der Kanzler gab der neuen deutschen Außenpolitik, ihren Leistungen und Ansprüchen, mehrfach Ausdruck, so in einer Regierungserklärung vom 10.11.2001 nach dem Beginn des internationalen Afghanistan-Einsatzes mit deutscher Beteiligung.

> Noch vor zehn Jahren hätte niemand von uns erwartet, dass Deutschland sich anders als durch so etwas wie ‚sekundäre Hilfsleistungen'[...] an internationalen Bemühungen zur Sicherung von Freiheit, Gerechtigkeit und Stabilität beteiligt [...] Diese Etappe der deutschen Nachkriegspolitik [...] ist unwiederbringlich vorbei [...] Die Bereitschaft, auch militärisch für Sicherheit zu sorgen, ist ein wichtiges Bekenntnis zu Deutschlands Allianzen und Partnerschaften. Aber nicht nur das: Die Bereitschaft, unserer größer gewordenen Verantwortung für die internationale Sicherheit gerecht zu werden, bedeutet auch ein weiter entwickeltes Selbstverständnis deutscher Außenpolitik.

Und in seiner viel beachteten Rede vor der Münchner Sicherheitskonferenz 2005 sprach er erneut die neue deutsche Rolle an: „[...] mein Land hat das Verständnis seiner internationalen Rolle verändert“. Er bettete diese aber zugleich in den europäischen Kontext ein: „Deutschland sieht sich heute im europäischen Verbund als mitverantwortlich für internationale Ordnung und Stabilität“ (Rede vom 12.2.2005).

Diese neue internationale Rolle, die zumindest bis zu den Belastungen der transatlantischen Beziehungen in Folge des Irak-Krieges allenthalben begrüßt wurde (Schöllgen 2004; Böckenförde 2005), schlug sich auch in einem dezidierten Eintreten zugunsten einer Europäischen Sicherheits- und Verteidigungspolitik (ESVP) nieder. Nachdem Deutschland noch unter Kohl sich einen europäischen sicherheits- und verteidigungspolitischen Beitrag allenfalls als europäischen Pfeiler der NATO vorzustellen vermocht hatte, strebte Rot-Grün eine größere Eigenständigkeit Europas an. Der Kontinent – so Fischer – werde „immer fremdbestimmt“ bleiben, wenn die Europäer nicht zu einer gemeinsamen Sicherheits- und Verteidigungspolitik fänden (Maurer 2000: 22). Nachdem die Briten 1998 in St. Malo den Weg zur ESVP freigemacht hatten, arbeitete die deutsche Ratspräsidentschaft erfolgreich darauf hin, die bilaterale britisch-französische Vereinbarung auf die europäische Ebene zu übertragen. Mit der Erklärung des Europäischen Rats „über die Stärkung der gemeinsamen europäischen Sicherheits- und Verteidigungspolitik“, die auf dem Kölner Gipfel vom Juni 1999 verabschiedet wurde, war die ESVP geboren. Im Dezember 1999 konnte der Europäische Rat in Helsinki einen weiteren Durchbruch erzielen: Denn nun beschloss man, bis zum Jahr 2003 Krisenreaktionskräfte mit einem Umfang von 60.000 Soldaten aufzustellen. Die neu-

[14] Zwar wurde Deutschlands Beteiligung an internationalen friedenssichernden Einsätzen bereits unter Kohl eingeleitet und von Kinkel auch schon die Forderung nach einem ständigen Sitz im UN-Sicherheitsrat gestellt; aber erst dieser „entscheidende(n) Schritt über sämtliche Vorgängerregierungen hinaus“ verlieh den deutschen Positionen die nötige Glaubwürdigkeit.

en Strukturen für militärisches und ziviles Krisenmanagement wurden vom Europäischen Rat in Nizza im Dezember 2000 beschlossen und definitiv eingesetzt. Deutschland gestaltete all diese Beschlüsse aktiv mit. Es stellt 20% der Sollstärke der Krisenreaktionskräfte und bemüht sich gemeinsam mit den Partnerstaaten, die 2004 im sog. *headline goal 2010* identifizierten Schwachstellen der europäischen Militärkapazitäten zu schließen, wobei Kritiker jedoch regelmäßig auf die Unterfinanzierung des Verteidigungsressorts hinweisen.

Nach den kleinen Einsätzen in Mazedonien und im Kongo hat die EU Anfang 2005 mit der EUFOR-Mission in Bosnien-Herzegowina in erheblichem Maße internationale Verantwortung übernommen; dies gilt auch für die zivilen EU-Missionen auf dem Balkan. Deutschland ist an all diesen Einsätzen beteiligt und trägt auch den weiteren Ausbau der ESVP-Kapazitäten mit, so das im November 2004 beschlossene *battle group*-Konzept. All dies veranschaulicht, dass Deutschland unter Rot-Grün sich das vor allem von Frankreich verfolgte Projekt eines außen-, sicherheits- und verteidigungspolitisch handlungsfähigen Europas, einer *Europe puissance* „vollinhaltlich zu eigen gemacht" hat (Link 2002: 318).

6.4 Deutschlands Anteil an der aktuellen EU-Krise

Neben zahlreichen positiven Ergebnissen der rot-grünen Europapolitik sind jedoch auch etliche negative Aspekte zu verzeichnen. So hat Kanzler Schröder, der sich ab Ende 2000 vermehrt in die Europapolitik einschaltete, mehrfach Vorhaben der Kommission torpediert und damit diese zentrale EU-Institution brüskiert. Bei der Altauto-, der Übernahme-, der Chemikalien-Richtlinie etc. vertrat der Kanzler sehr ungeniert deutsche Industrieinteressen, aber auch Brüsseler Vorhaben zur Liberalisierung, z.B. der Daseinsfürsorge, wurden von Schröder barsch zurückgewiesen. Dass die Bundesregierung nur mittels solcher Nacht- und Nebelaktionen ihre Positionen und Interessen verdeutlichen konnte, führen manche Beobachter auf strategische und operationale Defizite deutscher Europapolitik zurück, die allerdings nicht erst seit Rot-Grün auftreten (Schneider/Bailer 2002; Dyson/Goetz 2003); diese Schwächen in der regulativen Politik kontrastieren deutlich mit Deutschlands Macht und Einfluss in der *constitutional policy*.

Auch der Umgang mit dem Stabilitäts- und Wachstumspakt bis hin zu seiner Lockerung im Frühjahr 2005 gehört zu den Schwachstellen der rot-grünen Europapolitik. Hier wie bei dem Widerstand gegen die Dienstleistungs-Richtlinie (sog. Bolkestein-Richtlinie) taten sich Schröder und Chirac zum Zwecke „negativer Integration" (Woyke 2005b: 205), d.h. zur Aushebelung gemeinschaftlicher Politik, zusammen und verärgerten die Partner durch ihr selbstherrliches, zu sehr an nationalen Interessen und innenpolitischen Erfordernissen orientiertes Auftreten. Die Quittung erhielten beide, als sie ihren Wunschkandidaten für das Amt des Kommissionspräsidenten, Guy Verhofstadt, nicht durchsetzen konnten und den nur bedingt geschätzten Kompromisskandidaten José M. Barroso akzeptieren mussten.

Der gewichtigste Kritikpunkt an der rot-grünen Europapolitik ist somit mit Sicherheit, dass Schröder sich zu sehr an seine Kollegen aus den großen Mitgliedstaaten, allen voran Frankreich, gehalten und die kleineren Mitgliedstaaten vernachlässigt hat; hierdurch wurde die für erfolgreiche deutsche Europapolitik so wichtige Maxime missachtet, die kleinen Mitgliedstaaten stets zu umwerben und einzubinden. Diese Kritik ist berechtigt und wird von vielen geteilt; besonders drastisch formuliert Christian Hacke: Deutschland könne

„nicht mehr zwischen Paris und London, zwischen Ost- und Westeuropa, zwischen arm und reich vermitteln [...] Deutschland hat mittlerweile seine Fähigkeit zu ausgleichender Diplomatie eingebüßt" (Hacke 2005: 13). Allerdings darf nicht übersehen werden, dass die letzten beiden Erweiterungen um fast ausnahmslos kleine Staaten formal das relative Gewicht der Großen der EU, besonders Deutschlands, empfindlich geschmälert haben. Dies erklärt zum Teil das mitunter barsche und undiplomatische Vorgehen mancher, gefährdet aber in hohem Maße den Zusammenhalt der EU. Einen Ausweg kann hier das Entscheidungssystem der doppelten Mehrheit – wie im Verfassungsvertrag vorgeschrieben – bieten, da es den deutlich unterschiedlichen Bevölkerungsgrößen der EU-Mitgliedstaaten wesentlich besser Rechnung trägt und mithin demokratischer ist als die Nizzaer Stimmwägung. Die doppelte Mehrheit könnte das künftige Miteinander von Klein und Groß auf eine neue, solide, rationale Grundlage stellen und manches Direktoriumsgehabe der Großen überflüssig machen.

Doch der Verfassungsgebungsprozess ist an den Referenden in Frankreich und Holland vorläufig gescheitert und vom Europäischen Rat im Juni 2005 zunächst auf Eis gelegt worden. Für die rot-grüne Bundesregierung war dies ein schwerer Schlag. Schröder war es nicht gelungen, Chirac davon abzuhalten, Europa in die Geiselhaft eines aus innenpolitischem Kalkül heraus angesetzten Referendums zu nehmen. Diese Art Männerfreundschaft, die Schröder mit Chirac verband, ist offenbar von nur zweifelhaftem Wert für Europa.

7 Deutsche Europapolitik – was nun?

Um in Zukunft weiterhin der Vollendung der europäischen Einigung als zentrale treibende Kraft zur Verfügung zu stehen und somit Deutschlands Verantwortung für Europa einlösen zu können, muss die Große Koalition wieder zu belastbaren deutsch-französischen Beziehungen zurückfinden, die in der Lage sind, auch für die anderen Mitgliedstaaten annehmbare Positionen, Kompromisse und Zukunftsperspektiven zu formulieren. Doch die komplexe Geometrie der erweiterten EU bedarf darüber hinaus zusätzlicher Anstrengungen, um neue Antriebskräfte zu mobilisieren, die den deutsch-französischen Motor der Integration verstärken könnten. Hierzu muss die Bundesregierung ihre Vermittlertätigkeiten ausweiten und sich auf europäischer Ebene noch besser vernetzen. Auf jeden Fall müssen Frontenbildungen innerhalb der EU nach dem Muster alt gegen neu, klein gegen groß, arm gegen reich, atlantisch gegen gaullistisch etc. vermieden werden. Dem Leitbild eines auch außen- und sicherheitspolitisch handlungsfähigen Europas, einer starken Friedens- und Weltmacht EU, könnten sich – das zeigen alle jüngeren Umfragen – zahlreiche alte, aber auch neue EU-Mitgliedstaaten anschließen.

Weiterhin muss die Bundesregierung unter Angela Merkel in einen ernsthaften und ehrlichen Kommunikationsprozess mit den Bürgern eintreten, um die Bedeutung der unverzichtbaren europäischen Integration für Deutschlands Sicherheit, Status und Wohlstand verständlich zu machen. Dazu hat der scheidende Kanzler Schröder mit seinen als Vermächtnis bezeichneten Auslassungen zu Europa einen wichtigen Beitrag geleistet (Die Zeit, 20.10.2005). Auch seine Nachfolgerin muss die Ängste und Sorgen der Bürger ernst nehmen – dazu gehören auch jene vor einer Überdehnung der EU. Erst wenn die momentan grassierende Europamüdigkeit und Europaskepsis überwunden ist, lässt sich zu neuen europapolitischen Horizonten aufbrechen. Deutschland ist es seiner Staatsraison und seinen wohlverstandenen Interessen schuldig, weiterhin die Weichen Richtung Vollendung der Integration zu stellen. Kanzlerin Merkel und Außenminister Steinmeier haben während der deutschen Ratspräsidentschaft im ersten Halbjahr 2007 Gelegenheit, in diesem Sinne konkrete, innovative und ehrgeizige Schritte zu unternehmen.

8 Interne Einflussfaktoren auf die Gestaltung deutscher Europapolitik

Die Europapolitik und Deutschlands kontinuierliches und engagiertes Eintreten für eine Vertiefung der Integration basieren auf einem weitreichenden Konsens in Politik und Öffentlichkeit. Nur auf der Grundlage eines parteien- und großteils auch institutionenübergreifenden Konsenses konnte die Europapolitik zur Staatsraison avancieren.

Besonders deutlich zeigt sich dies an der europapolitischen Programmatik der Parteien. Allenfalls in den Anfangsjahren der Integration kam es zu nennenswerten Meinungsverschiedenheiten in der Europapolitik, und hier auch eher partei-intern als zwischen den Parteien. So vertraten innerhalb der CDU/CSU Anfang bis Mitte der 1960er Jahre die Atlantiker mit ihrem Plädoyer für eine britische EWG-Mitgliedschaft deutlich andere Konzepte als die so genannten Gaullisten mit ihrer starken Anlehnung an Frankreich im Sinne des Elysée-Vertrags. Die Regierungswechsel 1969 und erneut 1982 hingegen erfolgten in geradezu nahtloser europapolitischer Kontinuität und veranschaulichen somit den unverbrüchlichen parteienübergreifenden Konsens. Die Modifizierung der deutschen Europapolitik unter Rot-Grün, die in diesem Beitrag mit Werner Link als „Kontinuität mit Ausweitung“ bezeichnet wurde, verweist nicht auf zwischen-parteiliche Differenzen, sondern ist vielmehr der neuen Rollendefinition und -übernahme geschuldet, die sich in Folge der deutschen Einheit geradezu zwangsläufig einstellen musste. Als Beleg für die große inhaltliche Nähe, die die europapolitische Programmatik der deutschen Parteien noch immer auszeichnet, dürfen die konzeptionellen Beiträge gelten, die sowohl von Seiten der rot-grünen Regierung als auch von Landespolitikern beider Lager im Rahmen der sog. Finalitätsdebatte der Jahre 2000/01 geleistet wurden (Müller-Brandeck-Bocquet 2002: 206-213). Trotz gewisser Vorbehalte, die im Unionslager – und hier besonders in der CSU – existierten, wurde der „Vertrag über eine Verfassung für Europa“ im Bundestag am 12. Mai 2005 mit 569 Ja- gegen 23 Neinstimmen (13 aus der CSU, 7 aus der CDU sowie 3 Fraktionslose) bei zwei Enthaltungen (SPD) angenommen, und der Bundesrat votierte am 27. Mai gar einstimmig dafür – welch schlagender Beweis für die Konsensfähigkeit der Europapolitik in den Parteien.

Die sich ebenfalls aus der Einheit ergebenden Begrenzungen der finanziellen Leistungsfähigkeit Deutschlands gehören mittlerweile ebenfalls zum europapolitischen Konsens zwischen den großen Parteien. So hat Bundeskanzlerin Merkel diese von ihrem Vorgänger deutlich vertretene Position übernommen und insbesondere mit Blick auf den Britenrabatt deutlich gemacht, dass sie nicht an die spendablen Zeiten eines Helmut Kohl wird anknüpfen können. Gleichwohl hat sie um zwei Mrd. Euro erhöhten deutschen Zahlungen zugestimmt; damit konnte sie nicht nur ein glänzendes europapolitisches Debüt hinlegen, sondern auch signalisieren, dass Deutschland im Rahmen seiner Möglichkeiten weiterhin kompromiss- und leistungsbereit ist. Parteispezifische außenpolitische Differenzen lassen sich derzeit lediglich in der Amerika-Politik erkennen; doch ist noch nicht absehbar, inwieweit dies einen europapolitischen Kurswechsel beispielsweise in der europäischen Außen- und Sicherheitspolitik nach sich ziehen könnte.

Unter den wichtigen Institutionen vermochte es allenfalls der Bundesrat, den Kurs der deutschen Europapolitik nennenswert zu beeinflussen. Zwar wurde auch der Bundestag in vielfältiger Weise und im Zeitverlauf deutlich intensiver in die Angelegenheiten der EU einbezogen; doch trotz aller Detailliertheit der sukzessive institutionalisierten Beteiligungsverfahren mit dem Höhepunkt im Jahr 1992, als die Einrichtung eines „Ausschusses für die Angelegenheiten der Europäischen Union" verfassungsrechtlich zwingend vorgeschrieben wurde, vermochte es der Bundestag nicht, sich zu einem „wirklich relevanten Akteur in der europäischen Mehrebenenpolitik" zu entwickeln (Sturm/Pehle 2005: 81). Es bleibt abzuwarten, ob die weitreichenden Bestimmungen, die der Verfassungsvertrag zur besseren Einbeziehung der einzelstaatlichen Parlamente bereithält, an dieser Diagnose etwas zu verändern vermögen.

Im Gegensatz zum Bundestag, dessen Mehrheit nicht daran gelegen sein kann, die Europapolitik der Bundesregierung in Frage zu stellen, hat es sich das Bundesverfassungsgericht (BVerfG) durchaus zur Aufgabe gemacht, die europäische Integration kritisch zu begleiten und sich gegen die Aushöhlung seiner Kompetenzen durch den Europäischen Gerichtshof (EuGH) zu wehren. Diese kritische Begleitung, die zwischen „judicial self-restraint" und „judicial activism" oszillierte, fand im sog. Solange-III-Urteil, dem berühmten Urteil des BVerfG vom 12. Oktober 1993 zum Maastrichter Unionsvertrag, einen Höhepunkt. Denn in diesem komplexen und umstrittenen Urteil maßte sich das BVerfG das Amt eines Wächters der Integration an, indem es beispielsweise Grenzen für die Übertragung von Hoheitsrechten auf die EU formulierte. Nach den darauffolgenden Jahren eines „judicial self-restraint" lassen sich derzeit erneut Konfliktlinien zwischen der höchsten deutschen Gerichtsbarkeit und dem EuGH ausmachen, so im Bereich des Europäischen Haftbefehls (Sturm/Pehle 2005: 149). Gleichwohl wird man kaum behaupten können, dass das BVerfG den Gang der deutschen Europapolitik nachhaltig zu beeinflussen vermochte.

Dies soll nun abschließend kurz für den Bundesrat geprüft werden. Seit jeher stellt die europäische Integration für den deutschen Föderalismus eine immense Herausforderung dar, da sie mit Souveränitätstransfers verknüpft ist, die die Länder teilweise ihrer innerstaatlichen Mitentscheidungsrechte berauben. Angesichts der zunehmenden Vertiefung der Integration hatten die Länder daher im Zeitverlauf immer vehementer Mitspracherechte am europapolitischen Entscheidungsprozess des Bundes eingefordert. Dem war unter Bundeskanzler Schmidt ansatzweise entsprochen worden. Einen substantiellen Durchbruch erzielten die Länder jedoch erst 1992, als im Rahmen der – für die neue Europanorm vorgezogenen – Verfassungsreform alle künftigen Transfers von Hoheitsrechten an die Zustimmung des Bundesrates geknüpft wurden (Art. 23 Abs. 1 GG). Darüber hinaus wurden dem Bundesrat weitreichende Informations- und Beteiligungsrechte eingeräumt (Art. 23 Abs. 4-7 GG) und im „Gesetz über die Zusammenarbeit von Bund und Ländern in Angelegenheiten der EU" präzisiert. Diese Rechte können bis zur Vertretung der Bundesrepublik im Ministerrat durch einen Landespolitiker reichen (Müller-Brandeck-Bocquet 2002: 184-185). Doch die mittels Art. 23 GG erkämpften „Vetopositionen" bleiben „randständig" (Sturm/Pehle 2005: 95). In der Föderalismusreform der Großen Koalition wurde Art. 23 Abs. 4-7 GG bedauerlicherweise nicht verändert. So werden seine komplizierten und schwerfälligen Bestimmungen auch in Zukunft einem geschlossenen Auftreten Deutschlands in der EU im Wege stehen – eine Belastung für die deutsche Durchsetzungsfähigkeit in der EU-25.

Nach diesen ernüchternden Erfahrungen mit den innerstaatlich verbrieften Mitspracherechten am europäischen Politikprozess verlegten sich der Bundesrat bzw. die Landesregierungen unter dem Stichwort der Subsidiarität auf den Kampf um direkte Einflussnahme in Brüssel. So konnten sie in Amsterdam als Erfolg verbuchen, dass der 1993 geschaffene Ausschuss der Regionen beträchtlich aufgewertet, ein „Protokoll über die Anwendung der Grundsätze der Subsidiarität und der Verhältnismäßigkeit" sowie ein zweites „über die Rolle der einzelstaatlichen Parlamente in der EU" angenommen wurden. Im Kontext der Regierungskonferenz 2000 und mehr noch im Rahmen des Konventsprozesses 2002/03 traten die Bundesländer vehement für klare Kompetenzabgrenzungen im EU-Mehrebenensystem ein. Zwar ließen sich ihre Forderungen nach regelrechten Kompetenzkatalogen wegen mangelnder Flexibilität und Praktikabilität nicht verwirklichen; doch die Regelungen, die der Verfassungsvertrag im vollkommen neu gestalteten Subsidiaritätsprotokoll verankert hat, können zur substantiellen Aufwertung der einzelstaatlichen Parlamente – und deren zweite Kammern – beitragen, denn ihnen obliegt künftig die Subsidiaritätskontrolle. Damit wurden unter dem Druck der deutschen Bundesländer und anderer Vertreter regionaler Anliegen nicht nur Instrumente für eine bürgernähere europäische Politikgestaltung bereitgestellt, sondern es wurde auch für eine zusätzliche legitimatorische Unterfütterung des Integrationsprozesses Sorge getragen. Es liegt folglich auch im Interesse von Bundesrat und Ländern, dass der Verfassungsvertrag eines Tages europäische Wirklichkeit wird.

9 Literatur

Böckenförde, Stefan (Hrsg.), 2005: Chancen der deutschen Außenpolitik. Dresden.

Dyson, Kenneth/Goetz, Klaus H. (Hrsg.), 2003: Germany, Europe and the Politics of Constraint. New York.

Guérot, Ulrike, 2003: Die Bedeutung der deutsch-französischen Kooperation für den europäischen Integrationsprozess, in: APuZ B 3-4: 14-20.

Jessen, Christoph, 1999: Agenda 2000: Das Reformpaket von Berlin, ein Erfolg für Gesamteuropa, in: Integration 22: 167-175.

Jopp, Mathias, 2001: Deutsche Europapolitik unter veränderten Rahmenbedingungen, in: Heinrich Schneider/Matthias Jopp/Uwe Schmalz (Hrsg.): Eine neue deutsche Europapolitik? Rahmenbedingungen – Problemfelder – Optionen. Berlin, 813-861.

Haftendorn, Helga, 1995: Gulliver in der Mitte Europas. Internationale Verflechtung und nationale Handlungsmöglichkeiten, in: Karl Kaiser/Hanns W. Maull (Hrsg.): Deutschlands neue Außenpolitik, Bd. 1 Grundlagen. München, 129-152.

Haftendorn, Helga, 2001: Deutsche Außenpolitik zwischen Selbstbeschränkung und Selbstbehauptung. Stuttgart/München.

Hacke, Christian, 2005: Die Außenpolitik der Regierung Schröder/Fischer, in: APuZ B32-33: 9-15.

Kaiser, Karl/Maull, Hanns W. (Hrsg.), 1995: Deutschlands neue Außenpolitik, Bd. 1 Grundlagen. München.

Karama, Miriam, 2001: Struktur und Wandel der Legitimationsideen deutscher Europapolitik. München.

Keßler, Ulrike, 2002: Deutsche Europapolitik unter Helmut Kohl: Europäische Integration als „kategorischer Imperativ"?, in: Gisela Müller-Brandeck-Bocquet et al.: Deutsche Europapolitik von Konrad Adenauer bis Gerhard Schröder. Opladen, 115-166.

Koopmann, Martin, 2003: Leadership oder Krisenmanagement? Kommentar zu den deutsch-französischen Initiativen, in: Dokumente 59 (2): 19-34.

Leuchtweis, Nicole, 2002: Deutsche Europapolitik zwischen Aufbruchsstimmung und Weltwirtschaftskrise: Willy Brandt und Helmut Schmidt, in: Gisela Müller-Brandeck-Bocquet et al.: Deutsche Europapolitik von Konrad Adenauer bis Gerhard Schröder. Opladen, 63-116.

Link, Werner, 2002: Die Rolle des Nationalstaats im zukünftigen Europa, in: Michael Meimeth/ Joachim Schild (Hrsg.): Die Zukunft von Nationalstaaten in der europäischen Integration. Opladen, 311-332.

Link, Werner, 2004: Grundlinien der außenpolitischen Orientierung Deutschlands, in: APuZ B11: 3-8.

Maull, Hanns et al. (Hrsg.), 2003: Deutschland im Abseits? Rot-grüne Außenpolitik 1998-2003. Baden-Baden.

Maurer, Andreas/ Grunert, Thomas, 1998: Der Wandel in der Europapolitik der Mitgliedstaaten, in: Mathias Jopp/Andreas Maurer/Heinrich Schneider (Hrsg.): Europapolitische Grundverständnisse im Wandel. Bonn, 213-300.

Maurer, Victor, 2000: Eine Sicherheits- und Verteidigungspolitik für Europa, in: APuZ B 47: 22-30.

Müller-Brandeck-Bocquet, Gisela, 2002: Deutsche Leadership in der Europäischen Union? Die Europapolitik der rot-grünen Bundesregierung, in: Gisela Müller-Brandeck-Bocquet et al.: Deutsche Europapolitik von Konrad Adenauer bis Gerhard Schröder. Opladen, 167-220.

Müller-Brandeck-Bocquet, Gisela, 2004: Frankreichs Europapolitik. Wiesbaden.

Müller-Brandeck-Bocquet, Gisela, 2006: Die Europäische Außenpolitik: Genese, Entwicklungsstand und Perspektiven, in: Ellen Bos/Jürgen Dieringer (Hrsg.): Die europäische Union nach der Osterweiterung. Die Genese einer Union der 25. Wiesbaden (i.E.).

Regelsberger, Elfriede/de Schoutheete de Tervarent, Philippe/Wessels, Wolfgang (Hrsg.), 1997: Foreign Policy of the European Union. From EPC to CFSP and beyond. London.

Regelsberger, Elfriede, 2002: Deutschland und die GASP – ein Mix aus Vision und Pragmatismus, in: Gisela Müller-Brandeck-Bocquet (Hrsg.): Europäische Außenpolitik. GASP- und ESVP-Konzeptionen ausgewählter EU-Mitgliedstaaten. Baden-Baden, 28-40.

Risse, Thomas, 2004: Kontinuität oder Wandel: eine „neue" deutsche Außenpolitik? in: APuZ B11: 24-31.

Schmalz, Uwe, 2001: Deutsche Europapolitik nach 1989/90: Die Frage von Kontinuität und Wandel, in: Heinrich Schneider/Matthias Jopp/Uwe Schmalz (Hrsg.): Eine neue deutsche Europapolitik? Rahmenbedingungen – Problemfelder – Optionen. Berlin, 15-68.

Schneider, Gerald/Bailer, Stefanie, 2002: Mächtig, aber wenig einflussreich: Ursachen und Konsequenzen des deutschen Integrationsdilemmas, in: Integration 25: 49-60.

Schöllgen, Gregor, 1999: Die Außenpolitik der Bundesrepublik Deutschland. München.

Schöllgen, Gregor, 2004: Der Auftritt. Deutschlands Rückkehr auf die Weltbühne. Berlin.

Schöllgen, Gregor, 2005: Deutsche Außenpolitik in der Ära Schröder, in: APuZ B32-33: 3-8.

Schukraft, Corina, 2002: Die Anfänge deutscher Europapolitik in den 50er und 60er Jahren, in: Gisela Müller-Brandeck-Bocquet et al.: Deutsche Europapolitik von Konrad Adenauer bis Gerhard Schröder. Opladen, 9-62.

Schwarz, Hans-Peter, 1999: Die Zentralmacht auf Kontinuitätskurs, in: Internationale Politik 54 (11): 1-10.

Seidelmann, Reimund, 1999: Kontinuität, Rückbesinnung und Anpassung: Die deutsche Europapolitik der 1990er Jahre, in: Monika Medick-Krakau (Hrsg.): Außenpolitischer Wandel in theoretischer und vergleichender Perspektive: Die USA und die Bundesrepublik Deutschland. Baden-Baden, 203-225.

Stark, Hans, 2001: France-Allemagne: Quel après-Nice? in: Politique étrangère 66: 289-299.

Sturm, Roland/Pehle, Heinrich, [2]2005: Das neue deutsche Regierungssystem. Wiesbaden.

Vernet, Daniel, 1999: Kluge Ausschöpfung begrenzter Souveränität. Die Europapolitik der rot-grünen Koalition, in: Internationale Politik 54 (11): 11-18.

Wagner, Wolfgang, 2001: German EU constitutional policy, in: Volker Rittberger (Hrsg.): German foreign policy since unification. Theories and case studies. Manchester/New York, 185-229.

Weidenfeld, Werner (Hrsg.), [3]2002: Nizza in der Analyse. Gütersloh.

Weidenfeld, Werner (Hrsg.), 2005: Die Europäische Verfassung in der Analyse. Gütersloh.

Woyke, Wichard, 2005a: Deutsch-französische Beziehungen seit der Wiedervereinigung. Das Tandem fasst wieder Tritt. Opladen.

Woyke, Wichard, 2005b: Deutsche Europapolitik zu Beginn des neuen Jahrhunderts, in: Stefan Böckenförde (Hrsg.): Chancen der deutschen Außenpolitik. Dresden, 204-210.

Ziebura, Gilbert, 1982: Europaidee und Supranationalität in der westdeutschen Außenpolitik, in: Helga Haftendorn et al. (Hrsg.): Die Außenpolitik der Bundesrepublik Deutschland. Berlin, 136-151.

22. Europäisierung der deutschen Politik?

Tanja A. Börzel

1 Einleitung[1]

Die Europäisierung zählt neben dem Ausbau des (Sozial-)Staats und der Unitarisierung des Föderalismus zu den Haupttrends, welche die Entwicklung der Politik in der Bundesrepublik Deutschland seit 1949 kennzeichnen (Schmidt 1999: 365). Die zunehmend desolate Lage der öffentlichen Haushalte hat die Möglichkeiten einer Ausdehnung staatlicher Aufgaben sowie einer Zunahme der Staatsquote erheblich eingeschränkt. Das gilt besonders im Bereich der Sozialpolitik. Und unabhängig davon, ob einer Großen Koalition doch noch der Versuch einer umfassenden Reform des deutschen Föderalismus durch Entflechtung der Kompetenzen von Bund und Ländern und mehr Wettbewerb zwischen den Ländern gelingt, hat das Bundesverfassungsgericht mit seiner jüngsten Rechtssprechung zur 6. Novelle des Hochschulrahmengesetzes und zur Einführung von Studiengebühren deutlich gemacht, dass der Unitarisierung im Bundesstaat durchaus Grenzen gesetzt sind. Während zwei der Haupttrends vielleicht nicht umgekehrt, aber doch zumindest aufgehalten worden sind, schreitet die Europäisierung weiterhin voran. Deutsche Politik wird zunehmend von Brüssel bestimmt, auch wenn Berlin natürlich weiterhin ein gewichtiges Wort mitzureden hat. Daran ändert auch die gegenwärtige Krise nichts, in welche die Europäische Integration durch das französische und holländische Nein zum Verfassungsvertrag geraten ist.

Dieser Beitrag zeigt, dass sich der Europäisierungstrend in der deutschen Politik fortsetzt und darüber hinaus die Trendentwicklung der Staatsauf(s)gaben sowie der Unitarisierung maßgeblich beeinflusst. Um zu bestimmen, inwieweit die Europäische Union in die deutsche Politik hineinregiert, untersucht der erste Teil zunächst das Ausmaß der Politikgestaltung auf europäischer Ebene. Es zeigt sich, dass die Europäisierung einzelner Politikbereiche durchaus unterschiedlich ausfällt und ein interessantes Puzzle ergibt, das sich nicht ohne weiteres mit der gängigen Unterscheidung zwischen positiver und negativer Integration lösen lässt. Im zweiten Teil werden dann die Auswirkungen der fortschreitenden Europäisierung auf die deutsche Politik analysiert. Dies kann nur überblickartig geschehen und muss angesichts der Vielschichtigkeit des Untersuchungsgegenstandes unvollständig bleiben. Es lassen sich nichtsdestoweniger einige politikfeldübergreifende Muster erkennen, die wichtige Implikationen für die Entwicklung des deutschen Sozial- und Bundesstaates haben.

[1] Ich danke Thomas Risse für hilfreiche Kritik und Kommentare und Mark Püttcher für die hervorragende redaktionelle Unterstützung.

2 Die Europäisierung deutscher Politik – ein interaktiver Prozess

Der Begriff der Europäisierung wird in der Literatur unterschiedlich verwendet (für einen Überblick vgl. Börzel 2002a; Börzel/Risse 2003). Ursprünglich wurde damit die Entstehung und Entwicklung eigener *Governance*-Strukturen auf der europäischen Ebene bezeichnet, d.h. von politischen, rechtlichen und sozialen Institutionen zur politischen Problemlösung, welche die Interaktionen zwischen den Akteuren formalisieren, und von Politiknetzwerken, die mit der Ausarbeitung durchsetzungsfähiger europäischer Regeln beschäftigt sind (Risse et al. 2001: 3). Da sich der Begriff der Europäisierung so jedoch kaum von dem der Europäischen Integration abgrenzen lässt, hat sich mittlerweile eine andere Definition durchgesetzt, die sich auf die Prozesse und Mechanismen, durch welche die europäischen *Governance*-Strukturen zu innerstaatlichem Wandel führen können, bezieht (Eising 2005b; vgl. bereits Ladrech 1994). Schließlich lässt sich Europäisierung auch als interaktiver Prozess verstehen, der sowohl die Entstehung neuer Institutionen, politischer Prozesse und Politikprogramme auf der europäischen Ebene als auch deren Wirkung auf der mitgliedsstaatlichen Ebene umfasst (Olsen 1996; Olsen 2002; Kohler-Koch 2000). So wird Europäisierung auch in diesem Beitrag verstanden. Es geht also bei der Europäisierung deutscher Politik zum einen um die Frage, inwieweit Kompetenzen zur Politikgestaltung von der Bundesrepublik Deutschland auf die Europäische Union übergegangen sind, und zum anderen, inwieweit diese Kompetenzverlagerung auf Politikprogramme, Verwaltungsstrukturen und den Politikstil der Bundesrepublik Deutschland zurückwirken und diese verändern.

2.1 Der Europäisierungsgrad der Politik

Die zunehmende Übertragung von Kompetenzen zur Politikgestaltung von der nationalen auf die europäische Ebene kann hier nicht im Detail nachgezeichnet werden. Viele Darstellungen beginnen mit den Römischen Verträgen von 1957 und vernachlässigen dabei, dass die Europäisierung von Politik bereits 1951 mit der Gründung der Europäischen Gemeinschaft für Kohle und Stahl (EGKS) begann. Nachdem 1953 die Pläne für eine Europäische Politische Gemeinschaft gescheitert waren, welche die EGKS und die neu zu gründende Europäische Verteidigungsgemeinschaft unter einem gemeinsamen Dach hätte zusammenführen sollen, wurden weitere Europäisierungsversuche in den Bereichen Sicherheit und Herrschaft (*high politics*) erst einmal aufgegeben. Sie konzentrierten sich ausschließlich auf die wirtschaftliche Integration (*low politics*). 1957 wurden die Europäische Atomgemeinschaft und die Europäische Wirtschaftsgemeinschaft gegründet. In den darauf folgenden fünf Jahrzehnten gelang es den Europäischen Gemeinschaften, wie sie seit dem Fusionsvertrag 1968 hießen, ihre Politikkompetenzen im Bereich Wirtschaft und Wohlfahrt sukzessive auszudehnen. Die Einheitlich Europäische Akte von 1986 beschloss die Vollendung des Binnenmarktes, der keine 10 Jahre später mit dem Maastrichter Vertrag, der 1993 in Kraft trat, in einer Wirtschafts- und Währungsunion (WWU) aufgehen sollte. Obwohl die WWU (1. Säule) mit der neu geschaffenen Gemeinsamen Außen- und Sicherheitspolitik (2. Säule) und der Zusammenarbeit in der Justiz- und Innenpolitik (3. Säule) unter dem Dach der Europäischen Union zusammengeführt wurde, hinkt die Europäisierung der Innen- und

Außenpolitik nach wie vor hinterher. Aber auch in den anderen Politikfeldern finden sich erhebliche Unterschiede hinsichtlich des Europäisierungsgrades.

Die fortschreitende, gleichwohl differenzierte Europäisierung der Politik lässt sich mit Hilfe eines ordinalen Indexes nachzeichnen. Studien zur Entwicklung der Zuständigkeiten der EU für Politikgestaltung konzentrieren sich in der Regel auf die Kompetenzverteilung zwischen der EU und den Mitgliedsstaaten. Sie messen, welche Entscheidungen auf welcher Ebene getroffen werden, wobei vorwiegend auf die tatsächlich verabschiedeten Politikprogramme abgehoben wird (Lindberg/Scheingold 1970; Schmitter 1996; Schmidt 2005; Hooghe/Marks 2001). Entsprechende Angaben beruhen meist auf Expertenschätzungen, da geeignete Daten kaum vorhanden sind. Der hier verwendete Index stellt hingegen auf die formalen Entscheidungsverfahren ab, wie sie in den Verträgen festgeschrieben sind (vgl. ausführlich Börzel 2005c). Er unterscheidet zwischen Breite und Tiefe der Europäisierung. Die Breite bezeichnet die Ebene, auf der die Zuständigkeit für Politikgestaltung angesiedelt ist.[2] Gemessen wird die Breite über die Anzahl der Gegenstände in einem Politikfeld, die unter die Gesetzgebungskompetenzen der EU fallen. Die Tiefe der Europäisierung bezieht sich auf die Art und Weise, in der die EU ihre Gesetzgebungskompetenzen ausübt.[3] Die Operationalisierung erfolgt über den Grad der Einbeziehung supranationaler Akteure in den EU-Willensbildungsprozess und über die Abstimmungsregeln im Rat (Abb. 22.1). Sie ist den Arbeiten von Fritz Scharpf zu den institutionellen Entscheidungsverfahren und *Governance*-Modi in der EU entlehnt (Scharpf 2001; Scharpf 2003).

Für jede der beiden Dimensionen wird eine fünfstufige Skala angelegt. Um eine differenziertere Messung zu erreichen, sind auch Halbschritte vorgesehen. Tiefe und Breite sind in Abb. 22.2 getrennt aufgeführt.[4]

Die Darstellung in Abb. 22.2 kommt insgesamt zu ähnlichen Ergebnissen wie vergleichbare Studien (Hix 2004; Hooghe/Marks 2001; Donohue und Pollack 2001; Schmidt 2005; Schmitter 1996; Lindberg/Scheingold 1970). Die Unterscheidung zwischen Tiefe und Breite erlaubt jedoch eine differenziertere Analyse und stellt damit zumindest teilweise die Charakterisierung der EU als „regulative[n] Staat“ (Majone 1994), in dem marktschaffende (negative) über marktkorrigierende (positive) Politik dominiert (Scharpf 1996a; Scharpf 1996b), in Frage.

---

[2] Lindberg/Scheingold (1970) sprechen hier von *level* .

[3] In Hinblick auf die zweite Dimension folgt dieser Beitrag nicht Lindberg und Scheingold. Sie bezeichnen mit *scope* die anfängliche Ausdehnung der EU-Zuständigkeiten auf ein neues Politikfeld. Dieser Aspekt ist in der Dimension der Breite bereits enthalten, da sie bei jeder Vertragsänderung gemessen wird, bei der die Mitgliedsstaaten neue Kompetenzen auf die EU übertragen (Prinzip der begrenzten Einzelermächtigung).

[4] Ich danke Maike Gorsboth für ihren großartigen Einsatz bei der Analyse der diversen Vertragstexte und der Erstellung dieser Graphik.

Abbildung 22.1: Der Europäisierungsgrad der Politik

Breite (Anzahl der Politikgegenstände, die unter die EU-Zuständigkeit fallen)
1 = *ausschließlich nationale Zuständigkeiten* (0% EU)
Kompetenzen für alle Politikgegenstände sind auf der nationalen Ebene angesiedelt
2 = *gemeinsame Zuständigkeiten „leicht"*
Kompetenzen für die meisten Politikgegenstände sind auf der nationalen Ebene angesiedelt
3 = *gemeinsame Zuständigkeiten „mittel"*
Kompetenzen sind zwischen der nationalen und der EU-Ebene aufgeteilt
4 = *gemeinsame Zuständigkeiten „stark"*
Kompetenzen für die meisten Politikgegenstände sind auf der EU-Ebene angesiedelt
5 = *exklusive EU-Kompetenzen* (100% EU)
Kompetenzen für alle Politikgegenstände sind auf der EU-Ebene angesiedelt

Tiefe (Einbeziehung supranationaler Akteure in die Willensbildung und Abstimmungsregeln im Rat)
0 = *keine Koordination auf EU-Ebene*
1 = *Intergovernementale Koordination*
(Europäischer) Rat als ausführendes und gesetzgebendes Organ, entscheidet einstimmig
Kein Initiativrecht für die Europäische Kommission
Keine Beteiligung des Europäischen Parlaments
Keine Rechtsaufsicht durch den Europäischen Gerichtshof
2 = *Intergovernementale Kooperation*
(Europäischer) Rat als ausführendes und gesetzgebendes Organ, entscheidet einstimmig
Initiativrecht für die Europäische Kommission gemeinsam mit dem Rat
Konsultation des Europäischen Parlaments
Begrenzte Rechtsaufsicht durch den Europäischen Gerichtshof
3 = *Gemeinsame Entscheidungsfindung I*
Ausschließliches Initiativrecht für die Europäische Kommission
Gemeinsame Gesetzgebung, bei der der Rat
a) einstimmig entscheidet und das Europäische Parlament konsultiert (3.0)
b) einstimmig entscheidet und das Europäische Parlament mitentscheidet ODER
per Mehrheit entscheidet und das Europäische Parlament konsultiert (3.5) Rechtsaufsicht durch den Europäischen Gerichtshof
4 = *Gemeinsame Entscheidungsfindung II*
Ausschließliches Initiativrecht für die Europäische Kommission
Gemeinsame Gesetzgebung, bei der der Rat per Mehrheit entscheidet und das Europäische Parlament beteiligt ist über
a) das Zusammenarbeitsverfahren (4.0)
b) das Mitentscheidungsverfahren (4.5)
Rechtsaufsicht durch den Europäischen Gerichtshof
5 = *Supranationale Weisung*
Unilaterale Entscheidung der Europäischen Kommission/Europäischen Zentralbank
Keine Beteiligung des (Europäischen) Rats und des Europäischen Parlaments
Rechtsaufsicht durch den Europäischen Gerichtshof

Abbildung 22.2: Tiefe und Breite der Europäisierung der Politik

Politikfeld		1958	1987	1993	1999	2003	VerfV
Auswärtige Beziehungen							
GASP, EVP	*B*	1	1,5	2,5	3	3	3
	T	0	0,5	1,5	1,5	2	2
Außenhandelspolitik	*B*	2	2	3,5	4,5	4,5	4,5
	T	1,5	1,5	3,5	3,5	3,5	3,5
Innen- und Justizpolitik							
Strafsachen/Innere Sicherheit	*B*	1	1	2	2,5	2,5	2,5
	T	0	0	1	2	3	4
Zivilsachen	*B*	1	1	2,5	3	3	3,5
	T	0	0	3	3,5	4	4
Sozio-kulturelle Angelegenheiten							
Umwelt-/Verbraucherschutz	*B*	1	3	4	4	4	4
	T	0	3	3 – 4,5	3 – 4,5	3 – 4,5	3 – 4,5
Gesundheit und Sicherheit am Arbeitsplatz	*B*	1	3	3	4,5	4,5	4,5
	T	0	4	4	4,5	4,5	4,5
Arbeitsbeziehungen	*B*	1	1	2	2	2	2
	T	1	1	3,5	4	4	4
Kultur- und Bildungspolitik	*B*	1	1	1	1	1	2
	T	0	0	1	1	1	4,5
Sozialpolitik	*B*	1	1	1,5	1,5	1,5	1,5
	T	0	0	3	4	4	4
Forschung und Entwicklung	*B*	1	1,5	1,5	1,5	1,5	1,5
	T	0	3-4	3-4	3,5 – 4,5	3,5 -4,5	3,5 – 4,5
Wirtschaft							
Vier Freiheiten	*B*	2	2,5	4,5	4,5	4,5	4,5
	T	2	2,5	3,5	3,5	3,5	3,5
Wettbewerbs- und Industriepolitik	*B*	2,5	3	3	3	3	3
	T	2	2	3	3	4	4
Energie und Verkehr	*B*	1,5	1,5	1,5	1,5	1,5	3,5
	T	2	2	2	2	2	4
Konjunktur- und Beschäftigungspolitik	*B*	1,5	1,5	1,5	2	2	2
	T	1,5	1,5	1,5	3,5	3,5	3,5
Landwirtschaft	*B*	4	4	4	4	4	4
	T	3	3	3	3	3	4,5
Strukturpolitik	*B*	2	2	4	4	4	4
	T	1-2	3	3 – 3,5	3 – 4,5	3,5 – 4,5	3,5 – 4,5
Währungspolitik	*B*	1	1,5	4	5	5	5
	T	0	1	4	5	5	5
Steuerpolitik	*B*	1,5	1,5	1,5	1,5	1,5	1,5
	T	1,5	1,5	1,5	1,5	1,5	1,5

Erstens hat die EU ihre Kompetenzen zur „Gestaltung jenseits der Deregulierung“ (Schmidt 1999: 387) kontinuierlich ausgeweitet. Während die Römischen Verträge mit Ausnahme der Wettbewerbskontrolle keine nennenswerten marktkorrigierenden Kompetenzen für die europäische Ebene vorsahen, erlaubte die dynamische Auslegung der Verträge durch den Europäischen Gerichtshof in den 1960er und 1970er Jahren eine Ausdehnung der regulativen EU-Politik auf Bereiche wie den Umwelt- und Verbraucherschutz oder den Schutz der Gesundheit und Sicherheit am Arbeitsplatz (vgl. Pollack 1994: 122-131; Stone Sweet/ Sandholtz 1997). Den Mitgliedsstaaten blieb lediglich, diesen „schleichenden Prozess der Kompetenzausweitung" (Pollack 1994) in der Einheitlichen Europäischen Akte zu kodifizieren. In den folgenden Vertragsänderungen von Maastricht, Amsterdam und Nizza wurden die marktkorrigierenden Kompetenzen der EU kontinuierlich ausgeweitet. Die Asymmetrie zwischen positiver und negativer Integration trifft – wenn überhaupt – vor allem auf den Bereich der prozessbezogenen Regulierung zu. Aber auch hier finden sich trotz gegensätzlicher Interessen der Mitgliedsstaaten wichtige EU-Politikprogramme, beispielsweise im anlagen- und produktionsbezogenen Umweltschutz.[5]

Zweitens beruht die Politik der EU keineswegs nur auf regulativer Politik. Es ist richtig, dass der Grad der Umverteilung von Wohlstand zwischen den Mitgliedsstaaten wesentlich geringer ausfällt als innerhalb der einzelnen Mitgliedsstaaten mit ihren gewachsenen Sozialsystemen. Trotzdem verteilt die EU erhebliche Ressourcen (um). Die Gemeinsame Agrarpolitik[6] und die Mittel aus den verschiedenen Strukturfonds machen mehr als 75% des EU-Haushaltes aus und tragen bis zu fünf Prozent zum Bruttoinlandsprodukt einiger Mitgliedsstaaten bei (Hix 1998: 42). Mit der Osterweiterung und der Aufwertung der Europäischen Nachbarschaftspolitik zu einem echten Instrument ihrer Außen- und Sicherheitspolitik hat die EU begonnen, erhebliche Ressourcen in so genannte kapazitätsbildende und stabilitätsschaffende Maßnahmen zu investieren, die weit über die ursprünglichen Ziele ihrer Struktur- und Regionalpolitik hinausgehen (vgl. Börzel/Risse i.E.). Schließlich bemühen sich die Mitgliedsstaaten verstärkt um eine Abstimmung ihrer sozialstaatlichen Politiken sowie um eine koordinierte Beschäftigungspolitik, gerade weil die marktkorrigierende Politik der EU die Umverteilungskapazitäten auf nationaler Ebene zunehmend einschränkt (siehe unten). Da die Politikkoordination unterhalb der Schwelle des Kompetenztransfers stattfindet, ist der Europäisierungsgrad nach wie vor beschränkt. Der Lissabon-Prozess zeigt jedoch, dass auch „weiche" Formen der Koordinierung nationale Politik beeinflussen können, obgleich die Wirkung natürlich schwächer ausfällt als in den europäisierten Bereichen (Zohlnhöfer/Ostheim 2005; Urban 2003).

Drittens hinkt die Europäisierung der Innen- und Außenpolitik (mit Ausnahme der Außenhandelspolitik) zwar immer noch den anderen Politikbereichen hinterher, aber das gilt eigentlich nur noch hinsichtlich der Tiefe der Europäisierung und hier wiederum nur für die Außen-, Sicherheits- und Verteidigungspolitik (vgl. ausführlich Börzel 2005c). Bis zum Vertrag von Maastricht war die Zuständigkeit für die äußere und innere Sicherheit, die den Kern staatlicher Souveränität und des legitimen Gewaltmonopols ausmacht, fest in den Händen der Mitgliedsstaaten verblieben. Es gab allerdings außerhalb des institutionellen Rahmens der EU eine ganze Reihe von Koordinations- und Kooperationsmechanismen (z.B. die TREVI-Gruppe, das Schengener Abkommen, die Europäische Politische Zusammenarbeit bis 1986). Im Rahmen der Zweiten und Dritten Säule des Maastrichter Vertrages

[5] Ein prominentes Beispiel ist die europäische Luftreinhaltepolitik, die bis in die 1980er Jahre zurückreicht, vgl. Héritier et al. 1994.

[6] Zur EU-Agrarpolitik als „umfassende[n] und systematische[n] Sozialpolitik" siehe Rieger (1996: 404-405); Sturm/Pehle (2005: 257-274).

erhielt die EU zum ersten Mal Kompetenzen sowohl für die Außen- und Sicherheitspolitik als auch für die Innen- und Justizpolitik. Während die EU-Zuständigkeiten bereits relativ breit angelegt waren, unterlag ihre Ausübung strikt intergouvernementalen Regeln und Verfahren und schloss explizit eine maßgebliche Beteiligung supranationaler Akteure aus. In den darauf folgenden Jahren haben die Verträge von Amsterdam und Nizza die Zuständigkeiten der EU in beiden Bereichen immer wieder verbreitert. So sieht der Amsterdamer Vertrag (Art. 61) die Schaffung eines Raumes der Freiheit, der Sicherheit und des Rechts vor, in dem sich EU-Bürger völlig frei bewegen können. Der Amsterdamer Vertrag übernahm auch die so genannten Petersberger Aufgaben, die der EU zum ersten Mal eine eigenständige Rolle bei der Friedensschaffung und Friedenserhaltung außerhalb ihres Territoriums einräumen. Spätestens seit Nizza deckt die EU mit ihren Zuständigkeiten das Spektrum der inneren und äußeren Sicherheit in seiner Breite ab. Während jedoch die Innen- und Justizpolitik sukzessive „vergemeinschaftet", also supranationalen Entscheidungsprozessen unterworfen worden ist,[7] bleibt die Außen-, Sicherheits- und vor allem die Verteidigungspolitik fest in ihren intergouvernementalen Strukturen verankert. Die unterschiedliche Tiefe der Europäisierung bei vergleichbarer Breite in der Innen- und Außenpolitik gibt der Europaforschung ein Rätsel auf, das sich nicht ohne Weiteres theoretisch auflösen lässt, dem an dieser Stelle jedoch nicht weiter nachgegangen werden kann (vgl. ausführlich die Beiträge in Börzel 2006a).

Zusammenfassend lässt sich festhalten, dass die Europäisierung nahezu das gesamte Spektrum der Politik erfasst hat. Es gibt kaum einen Bereich, in dem die EU von ihren Kompetenzen her nicht gestalterisch tätig werden könnte. Der Europäisierungsgrad variiert jedoch sowohl hinsichtlich der Breite als auch der Tiefe. In einigen – wenigen – Bereichen wie der Steuer-, Kultur- und Bildungspolitik und m.E. auch der Energie- und Verkehrspolitik ist der gesetzgeberische Spielraum der EU äußerst begrenzt und an intergouvernementale Entscheidungsverfahren gebunden (geringe Breite und Tiefe).[8] In der Außen-, Sicherheits- und Verteidigungspolitik sind die EU-Zuständigkeiten mittlerweile recht umfassend, der Souveränitätsverlust der Mitgliedsstaaten ist jedoch dadurch begrenzt, dass die Kompetenzausübung strikt intergouvernementalen Regeln und Verfahren unterworfen ist (beträchtliche Breite bei geringer Tiefe). In den Kernbereichen des Sozialstaates (Teilen der Sozial- und Beschäftigungspolitik, Arbeitsbeziehungen) sowie der Forschungs- und Entwicklungspolitik verhält es sich genau umgekehrt. Hier ist die Breite der Europäisierung begrenzt, aber wenn die EU tätig werden darf, dann im Rahmen ihrer supranationalen Institutionen (geringe Breite bei beträchtlicher Tiefe). In den meisten Bereichen ist die Europäisierung jedoch stark ausgeprägt, sowohl hinsichtlich der Breite als auch der Tiefe. Dies gilt für die gesamte regulative Politik (marktschaffend wie marktkorrigierend), aber auch für den Kern der redistributiven EU-Politik (Landwirtschaft und Strukturpolitik), die drei Vier-

[7] Der Verfassungsvertrag (Kapitel IV) sieht für den Bereich der Innen- und Justizpolitik größtenteils das normale Gesetzgebungsverfahren vor (ehemals Mitentscheidungsverfahren), einschließlich Bereichen der Zusammenarbeit im Strafrecht und im Strafvollzug. Für die Gegenstände, die intergouvernementalen Entscheidungsverfahren unterworfen bleiben, besteht die Möglichkeit der verstärkten Zusammenarbeit.

[8] Für die Kultur- und Bildungspolitik würde sich das mit dem Inkrafttreten des Verfassungsvertrages vor allem hinsichtlich der Tiefe der Europäisierung ändern. In der Steuerpolitik bliebe der Status quo ante erhalten. Allerdings hat der EuGH in den letzten Jahren mit seiner Rechtsprechung wesentliche Teile der Steuergesetzgebung der Mitgliedsstaaten für gemeinschaftsrechtswidrig erklärt, so dass der Druck in Richtung Harmonisierung nationaler Vorschriften auf EU-Ebene zunimmt (O'Brien 2005).

tel des EU-Haushalts ausmacht, sowie in zunehmendem Maße für die Innen- und Justizpolitik. Wie hat sich nun die zunehmende Europäisierung auf die deutsche Politik ausgewirkt?

2.2 *Europäisierung und Wandel der deutschen Politik*

Angesichts der über die letzten 50 Jahre zunehmenden Europäisierung wäre es verwunderlich, wenn Europa keine merklichen Spuren in der deutschen Politik hinterlassen hätte. Diese Spuren lassen sich anhand dreier Dimensionen nachverfolgen (vgl. Börzel 2005b; Börzel/Risse 2003): politische Programme (*policy*), politische Institutionen (*polity*) und politische Prozesse (*politics*). Es würde den Rahmen dieses Beitrages bei Weitem sprengen, die Europäisierung der deutschen Politik entlang aller drei Dimensionen nachzuzeichnen.[9] Dem Schwerpunkt des Sammelbandes folgend wird der Fokus deshalb auf *policy* gelegt, wobei sich die anderen beiden Dimensionen in dem zugrunde gelegten *policy*-Begriff in einigen Aspekten wiederfinden.

Ein eng gefasster *policy*-Begriff konzentriert sich auf die substantiellen Inhalte (Ziele, Standards) und dem für die Umsetzung der Inhalte zugrunde gelegten Problemlösungsansatz, aus dem sich auch die anzuwendenden Politikinstrumente ergeben. In einer weiteren Fassung werden auch die Verwaltungsstrukturen innerhalb des jeweiligen Politikfelds sowie der dominante Regulierungs- oder Politikstil berücksichtigt (Radaelli 2003; Knill 2001).

Es finden sich kaum Studien, die systematisch die Europäisierungswirkung auf die *policies* der Mitgliedsstaaten untersuchen.[10] Die überwiegende Zahl der vorliegenden Arbeiten konzentriert sich auf ein oder maximal zwei Politikfelder in zwei bis vier Mitgliedsstaaten. Dabei haben die Umwelt-, Sozial- und Strukturpolitik überdurchschnittlich viel Aufmerksamkeit auf sich gezogen, und auch das Ländersample bleibt überwiegend auf die „drei Großen" – Deutschland, Frankreich und Großbritannien – beschränkt. Betrachtet man die Vielzahl der Untersuchungen in ihrer Gesamtheit, lässt sich jedoch für Deutschland eine recht deutliche Aussage treffen, die m.E. auch auf die anderen Mitgliedsstaaten übertragbar ist.[11] Den nachhaltigsten Einfluss hat die Europäisierung auf die Politikinhalte, Politikinstrumente und Problemlösungsansätze ausgeübt. Dies gilt insbesondere für die regulative, marktkorrigierende Politik wie den Umweltschutz. Als einer der umweltpolitischen Vorreiter in Europa ist Deutschland weniger stark von der Einführung höherer Standards in den verschiedenen Bereichen der Umweltpolitik betroffen als z.B. die südlichen Mitgliedsstaaten oder Großbritannien, das lange als „*dirty man of Europe*" galt (vgl. Jordan/Liefferink 2004). Trotzdem musste auch die deutsche Umweltgesetzgebung beispielsweise im Wasserbereich oder beim Naturschutz immer wieder nach oben angepasst werden. Die weitestgehenden Veränderungen hat es jedoch im Bereich der Problemlösungsansätze und Politikinstrumente gegeben. Der von der Europäischen Kommission Ende der 1980er Jahre vollzogene Paradigmenwechsel in der Umweltpolitik, weg vom klassischen Modell der hierarchischen Steuerung (Gebote und Verbote) hin zu mehr Kontext- und Anreizsteuerung,

[9] Für einen aktuellen Überblick mit weiterführender Literatur vgl. Anderson 2005, vgl. auch Sturm/Pehle 2005.
[10] Eine Ausnahme für Deutschland ist Sturm/Pehle 2005.
[11] Wobei die Europäisierungswirkung bei den südlichen Mitgliedsländern wesentlich stärker ausfällt, da die Europäisierung mit ihrer politischen und wirtschaftlichen Transformation zusammenfiel.

ging mit der Einführung neuer Politikinstrumente einher (Knill 2003), die kaum mit dem deutschen Problemlösungsansatz der vorbeugenden Regulierung über Gebote und Verbote in Einklang stehen und deshalb auch immer wieder auf den erbitterten Widerstand der deutschen Behörden getroffen sind (vgl. Börzel 2003; Sturm/Pehle 2005: 275-298). Dazu gehören Politiken mit einem integrierten, medienübergreifenden Ansatz wie die Umweltverträglichkeitsprüfung oder die Richtlinie zur Integrierten Vermeidung und Kontrolle von Umweltverschmutzung, sowie partizipative Instrumente wie die Umweltinformationsrichtlinie oder die Eco-Audit-Verordnung, die einen breiten Zugang der Öffentlichkeit zu umweltpolitischen Entscheidungsprozessen vorsehen. Eine ähnliche Entwicklung lässt sich in der regulativen Sozialpolitik beobachten, insbesondere was die Gleichstellung der Geschlechter in der Beschäftigungspolitik betrifft (Liebert 2003a; Liebert 2003b; Falkner et al. 2005). Die Richtlinien zur Gleichbehandlung von Männern und Frauen am Arbeitsplatz, zum gleichen Entgelt oder zum Elternurlaub haben zu weit reichenden Veränderungen in der deutschen Gesetzgebung geführt. Die EU hat beispielsweise das Nachtarbeitsverbot für Frauen gekippt und die Bundeswehr in allen Bereichen für Frauen geöffnet.

Auch im Bereich der marktschaffenden regulativen Politik ist es aufgrund der Europäisierung zu einigen einschneidenden Reformen in Deutschland gekommen. Man denke nur an die Liberalisierung des Telekommunikationswesens, des Flug-, Bahn- und Straßengüterverkehrs, des Versicherungswesens oder der Elektrizitätsnetze (Schmidt 2003; Héritier et al. 2001; Eberlein/Grande 2000, Eising 2000).[12] Die Europäisierung bedeutet hier einen Wandel des Problemlösungsansatzes von der staatlichen Bereitstellung öffentlicher Güter und Dienstleistungen hin zur Privatisierung, die allerdings wiederum staatlich reguliert ist (sog. Re-Regulierung). Anders als bei der marktkorrigierenden Politik macht die EU jedoch den Mitgliedsstaaten keine konkreten Vorgaben hinsichtlich der Re-Regulierung (Héritier und Thatcher 2002), so dass der Einfluss der Europäisierung indirekter ist und nicht die Einführung spezifischer Standards oder Politikinstrumente mit sich bringt.

Im Bereich der (re-)distributiven Politik hat die Europäisierung lange Zeit keine nennenswerten Auswirkungen in Deutschland gehabt. Die Gemeinsame Agrarpolitik hat weitgehend den deutschen Präferenzen für ein protektionistisches System entsprochen, das hohe Preise für landwirtschaftliche Produkte garantiert sowie Strukturhilfen für bäuerliche Kleinbetriebe gewährt. Auch wenn sich die Agrarstruktur im wiedervereinigten Deutschland durch die Zunahme an bäuerlichen Großbetrieben gewandelt hat, ist die Bundesregierung zwar daran interessiert, den deutschen Finanzbeitrag zu reduzieren, sie lehnt aber nach wie vor eine grundlegende Agrarreform vor 2013 ab (Anderson 2005: 92-93). Während die Europäisierungswirkung in der Landwirtschaftspolitik nach wie vor begrenzt ist,[13] hat die Wiedervereinigung in der Strukturpolitik zu einem EU-induzierten innerstaatlichen Wandel geführt. Als Nettozahler hatte Deutschland zwischen 1979 und 1989 nur in begrenztem Maße von den verschiedenen Fonds profitiert. Spannungen ergaben sich vielmehr aus der wettbewerbsrechtlichen Komponente der Strukturpolitik, vor allem seit sich die Europäische Kommission in den 1980er Jahren zunehmend bemüht hat, die Gewährung von Struk-

[12] Bei der Liberalisierung und Deregulierung nationaler Märkte stellt sich allerdings das methodologische Problem, den Einfluss der Europäisierung von dem der Globalisierung zu trennen. Häufig stellt die Europäisierung nur eine Reaktion auf den zunehmenden Globalisierungsdruck dar (vgl. Schneider 2001; Hennis 2001).

[13] Zu einer abweichenden Einschätzung vgl. Sturm/Pehle (2001: 176-187), die jedoch vor allem auf den Souveränitätstransfer abheben und sich auf die Anpassungsprobleme der deutschen Umweltpolitik beziehen.

turhilfe auf Bundes- und Länderebene zu beschränken. Während Deutschland sich bisher – nicht zuletzt mit Verweis auf die verfassungsrechtliche Festlegung der Einheitlichkeit der Lebensverhältnisse (Art. 72 GG) – einem grundsätzlichen Politikwandel widersetzt hat, sind Art und Umfang von Strukturhilfen durch die EU erfolgreich eingeschränkt worden (Wolf 2005). Die Wiedervereinigung brachte hingegen grundlegende Veränderungen, vor allem in der deutschen Regionalpolitik (vgl. ausführlich Wachendorfer-Schmidt 2003: 273-385). Nachdem die Bundesregierung sichergestellt hatte, dass die neuen Bundesländer erhebliche Mittel aus Brüssel erhalten würden, mussten sich diese in das von der Kommission für die südlichen Kohäsionsländer entwickelte Politikprogramm einfügen (Conzelmann 2000; Sturm/Pehle 2005: 317-334), dessen Prinzipien und Instrumente (z.B. Programming; Partnerschaftsprinzip) in den Alten Ländern aufgrund des relativ geringen Aufkommens an EU-Mitteln wenig Spuren hinterlassen haben (Kohler-Koch 1998).

Die Wirtschafts- und Währungsunion (WWU) vereint paradoxerweise die außerordentlich stark europäisierte Währungspolitik, mit der die Mitgliedsstaaten die Möglichkeit einer autonomen Geldpolitik aufgegeben haben, mit der Wirtschaftspolitik, bei der sich die Mitgliedsstaaten bis heute mit jeder Form der Souveränitätsabgabe schwer tun. Die Währungsunion, die seit 1999 in Kraft ist, wurde weitgehend nach dem deutschen Vorbild einer unabhängigen Notenbank und einer an Preisstabilität ausgerichteten Geldpolitik gestaltet. Auch der zur Durchsetzung der Maastrichter Konvergenzkriterien geschaffene Stabilitäts- und Wachstumspakt wurde 1998 auf Drängen der damaligen Bundesregierung, die sich um die Haushaltsdisziplin der anderen Mitglieder sorgte, verabschiedet. Aufgrund der verhältnismäßig großen Passfähigkeit zwischen den Zielen und Instrumenten der WWU einerseits und der deutschen Wirtschafts- und Fiskalpolitik anderseits hätte die Europäisierung keine wesentlichen Änderungen für Deutschland mit sich bringen sollen (vgl. Sturm/Pehle 2005: 233-257). In den letzten vier Jahren hat Deutschland jedoch wiederholt die wirtschaftspolitischen Vorgaben der EU zur Gewährleistung der angestrebten wirtschaftlichen Konvergenz zwischen den Mitgliedsstaaten verletzt. Auch wenn die Bundesregierung dank der von ihr ursprünglich abgelehnten intergouvernementalistischen Entscheidungsverfahren des Stabilitäts- und Wachstumspakts eine Verhängung der dort vorgesehenen Sanktionen bisher verhindern konnte, hat sich mit der Europäisierung der Reformdruck auf den deutschen Sozialstaat erhöht, was mittelfristig zu erheblichem innerstaatlichem Wandel beitragen könnte.

Zusammenfassend lässt sich festhalten, dass die Europäisierung in allen Bereichen der deutschen Politik Spuren hinterlassen hat, das Ausmaß des innerstaatlichen Wandels aber variiert und insgesamt nicht so tief greifend ausfällt wie der verhältnismäßig hohe Europäisierungsgrad vielleicht hätte erwarten lassen. Selbst in stark europäisierten Bereichen wie der Umweltpolitik hat die Europäisierung zwar wichtige Veränderungen hervorgebracht, ohne jedoch einen grundlegenden *policy*-Wandel zu bewirken. EU-*policies* führten vielfach zu einer Anhebung von *policy*-Standards, die häufig auch mit der Einführung neuer Instrumente verbunden war. Traditionelle Problemlösungsansätze und Politikinstrumente wurden dadurch aber nicht verdrängt. Dafür gibt es im Wesentlichen drei Gründe:

Erstens existiert selbst in der marktkorrigierenden regulativen Politik kein einheitliches EU-*Policy* Modell, an das sich die Mitgliedsstaaten anpassen müssten. Die regulative Politik der EU gleicht vielmehr einem „Flickenteppich“ (Héritier 1996), in dem verschiedene Problemlösungsansätze und Politikinstrumente oft in ein und demselben Politikprogramm kombiniert werden. Dies hängt damit zusammen, dass die Mitgliedsstaaten einen starken Anreiz haben, ihre eigenen *policies* auf die europäische Ebene „hoch zu laden". Je mehr eine EU Richtlinie oder Verordnung den nationalen Vorgaben entspricht, desto geringer sind die materiellen und politischen Anpassungskosten bei der Umsetzung. Gleichzeitig lassen sich Wettbewerbsnachteile für die heimische Industrie (vor allem wenn es um Umwelt- und Sozialstandards geht) vermeiden bzw. Wettbewerbsvorteile im Sinne von „*first mover advantages*" sichern (Héritier et al. 1994). Aufgrund der Dynamik und Komplexität von EU-Entscheidungsprozessen ist es jedoch keinem einzelnen Mitgliedsstaat gelungen, sein *Policy*-Modell vollständig und konsistent in den einzelnen Politikbereichen durchzusetzen. Es findet sich vielmehr ein Mix aus verschiedenen nationalen Ansätzen.

Zweitens gehört Deutschland zu den Mitgliedsstaaten, die aufgrund ihrer politischen Macht und administrativen Kapazitäten viele EU-*policies* wesentlich mitbestimmt haben (Anderson 2005). So wurde die EU-Luftreinhalte- und Abfallpolitik in weiten Teilen nach deutschem Vorbild gestaltet (Börzel 2002c). Während sich der deutsche Ansatz in keinem Politikfeld umfassend durchgesetzt hat, ist der deutsche Anteil am *policy*-Flickenteppich der EU wesentlich größer als der anderer Mitgliedsstaaten. Die Rolle Deutschlands als einer der zentralen „*policy shapers*" wird häufig auch auf die institutionelle Passfähigkeit zwischen dem Europäischen Mehrebenensystem und dem deutschen Bundesstaat mit seinen neo-korporatistischen Interessenvermittlungsstrukturen zurückgeführt (Bulmer 1997; Katzenstein 1997; vgl. Bulmer et al. 2000). Es ist sicherlich richtig, dass die außen- wie innenpolitische „Semisouveränität" (Katzenstein 1987) auch nach dem Ende des Kalten Krieges und der deutschen Wiedervereinigung die deutsche Außen- und Europapolitik bestimmt, weshalb sich Deutschland mit der Abgabe von Zuständigkeiten an die EU immer noch sehr viel leichter tut als Frankreich oder Großbritannien. Mit ihrer grundsätzlich integrationsfreundlichen Haltung hat die deutsche Bundesregierung eine weitgehend konstruktive Rolle bei der institutionellen Ausgestaltung und Weiterentwicklung der EU gespielt und immer wieder einen entscheidenden Teil der damit einhergehenden Kosten übernommen. Strukturelle Ähnlichkeiten zwischen dem deutschen Bundesstaat und dem Europäischen Mehrebenensystem lassen sich sicherlich nicht von der Hand weisen (Scharpf 1985; Börzel 2005d). Ob dieser institutionelle Isomorphismus allerdings den deutschen Einfluss im EU-Politikprozess erhöht, ist fraglich. Die deutschen Länder, die jeder Änderung der EU-Verträge im Bundesrat zustimmen müssen, erweisen sich bei den Versuchen der Bundesregierung, eine Vertiefung der Europäisierung voranzutreiben, zunehmend als Bremser. So ist die Ausdehnung qualifizierter Mehrheitsentscheidungen in der Asyl- und Einwanderungspolitik im Amsterdamer Vertrag nicht zuletzt am Widerstand der deutschen Länder gescheitert. Auch in der „Tagespolitik" der EU fällt es Deutschland aufgrund des hohen Abstimmungsbedarfs mit innerstaatlichen Akteuren (Ländern, organisierten Interessen, verschiedenen Fachministerien) nicht immer leicht, eine einheitliche Verhandlungsposition zu entwickeln und frühzeitig in den Entscheidungsprozess einzubringen bzw. flexibel an die Dynamik des EU-Politikprozesses anzupassen (Sturm/Pehle 2005: 43-63). Obwohl die deutsche Außen- und Europapolitik seit den 1990er Jahren den Anspruch erweckt, „nationale Interessen" offensiver zu verfolgen (Janning 1996; Le Gloannec 1998), hat sich dieses neue Selbstbewusstsein kaum in einem gewachsenen Einfluss auf EU-Politikergebnisse niedergeschlagen. Es scheint vielmehr so, dass Deutschland dabei ist, seine einstige Vorreiterrolle in einigen Bereichen einzubüßen, was allerdings weniger auf seine politischen Institutionen als auf seine wirtschaftlichen Probleme zurückzuführen ist (Wurzel 2004; Hellmann et al. 2005).

Drittens setzt Deutschland EU-Politiken, die sich nicht als passfähig erweisen, immer wieder so um, dass der Status quo so weit wie möglich erhalten bleibt. Neue Problemlösungsansätze und Politikinstrumente werden in der Regel auf bestehende *policies* aufgesetzt, anstatt letztere anzupassen bzw. zu ersetzen. Dies beeinträchtigt nicht selten die korrekte Umsetzung und effektive Anwendung von EU-Richtlinien und Verordnungen und erklärt, weshalb Deutschland zu den Mitgliedsstaaten gehört, die sich verhältnismäßig häufig vor dem Europäischen Gerichtshof für Verstöße gegen EU-Recht verantworten müssen (Börzel 2001b).

Alles in allem hat die Europäisierung die deutsche Politik über die Einführung neuer Inhalte, Politikinstrumente und Problemlösungsansätze verändert, aber nicht grundlegend gewandelt. Ähnliches gilt für Verwaltungsstrukturen und Politikstile, die hier nur kurz behandelt werden können. Verwaltungsstrukturen lassen sich anhand der Verteilung von Entscheidungskompetenzen zwischen verschiedenen Regierungsebenen (vertikale Dimension) einerseits und innerhalb einzelner Regierungsebenen (horizontale Dimension) andererseits charakterisieren (Knill 2001). Die deutschen Verwaltungsstrukturen zeichnen sich politikfeldübergreifend durch ein relativ großes Maß an vertikaler und horizontaler Dezentralisierung aus. Deutschland ist zwar ein „unitarischer Bundesstaat“ (Hesse 1962), in dem Gesetzgebungskompetenzen mehrheitlich auf der Bundesebene angesiedelt sind. Die Länder besitzen jedoch wichtige Zuständigkeiten bei der Umsetzung und verfügen über den Bundesrat in vielen Bereichen über ein Mitentscheidungsrecht bei der Bundesgesetzgebung. Die daraus entstandenen Strukturen des kooperativen Föderalismus wurden sukzessive auf die Europapolitik übertragen (Börzel 2002d). Um eine effektive Umsetzung von EU-Politiken zu gewährleisten und die Länder für den Verlust ihrer europäisierten Alleinentscheidungskompetenzen (z.B. in der Kulturpolitik) bzw. ihrer Mitspracherechte bei den auf die EU übertragenen Bundeskompetenzen zu entschädigen, wurde ihnen bei jeder Änderung der EU-Verträge weitergehende Mitwirkungsrechte im innerstaatlichen Willensbildungsprozess zu EU-Angelegenheiten eingeräumt. So sind die Länder vor allem in den stark europäisierten Bereichen an der Formulierung, Entscheidung und Umsetzung von EU-*policies* maßgeblich beteiligt. Die dazu notwendige vertikale Koordination wird über die formalen Gremien und informellen Netzwerke des Bundesrates und der Bund-Länder-Ministerkonferenzen geleistet. Die Europäisierung deutscher Politik hat zwar zu zahlreichen institutionellen Veränderungen, wie z.B. der Einrichtung einer Europa-Kammer des Bundesrates, geführt. Die Strukturen des kooperativen Bundesstaates bleiben davon jedoch grundsätzlich unberührt – im Gegenteil, die Europäisierung hat die Politikverflechtung weiter verfestigt (Börzel 2002b; Börzel 2001a).

Die horizontale Verteilung von Europa-Kompetenzen auf der Bundesebene ist ebenfalls stark dezentralisiert. Das Ressortprinzip, das den Fachministerien eine relativ große Autonomie einräumt, findet auf der EU-Ebene seine Entsprechung in der sektoralen Ausdifferenzierung der EU-Entscheidungsprozesse in die verschiedenen Fachministerräte. Das Kanzleramt und die Bundesministerien haben mittlerweile alle eine Europaabteilung eingerichtet, welche die Vorbereitung, Entscheidung und Umsetzung von EU-*policies* begleitet und überwacht. Trotzdem, oder gerade deswegen, wird die deutsche Europapolitik oft als „sectorally disaggregated, weakly co-ordinated and, at times, highly disorganized“ beschrieben (Hyde-Price/Jeffery 2001: 707; Bulmer/Paterson 1987; Bulmer et al. 2000). Die Bundesregierung unter Bundeskanzler Schröder hat deshalb im Herbst 2000 die Koordination der deutschen Europapolitik stärker zentralisiert und die Europaabteilungen innerhalb der Fachministerien gestärkt. Die Europäisierung hat also zu einer gewissen Zentralisierung geführt. Da EU-*policies* aber weitgehend „domestiziert", d.h. in die bestehenden Verwaltungsstrukturen und -prozesse zur Vorbereitung und Umsetzung nationaler *policies* integriert wurden, ist es zu keinem grundlegenden Wandel gekommen.

Der Politik- oder Regulierungsstil bezieht sich auf die Muster der Interessenvermittlung, die sich in einem Politikfeld zwischen den öffentlichen Entscheidungsträgern und den gesellschaftlichen Zielgruppen herausbilden. Hier wird in der Regel zwischen einem hierarchischen, polarisierenden (*adversarial*) und einem kooperativen, konsensualen Politikstil unterschieden (Richardson 1982;[14] Knill 2001). Der deutsche Politikstil lässt sich grundsätzlich als konsensorientiert beschreiben und trägt in einigen Bereichen korporatistische Züge (Katzenstein 1987; Dyson 2002). Dies schlägt sich ebenso in der öffentlichen Verwaltung nieder, die in der Literatur deshalb auch als „kooperative Verwaltung" bezeichnet wird (Benz 1984). Die Europäisierung eröffnet gesellschaftlichen und wirtschaftlichen Akteuren zusätzliche Möglichkeiten, ihre Interessen über die Europäische Kommission in die Politikformulierung einzuspeisen (Marks/McAdam 1996). Auch können sie auf die Umsetzung von EU-*policies* über den Rechtsweg Einfluss nehmen und Druck auf die Verwaltung ausüben, wenn diese die zur Einhaltung von EU-Recht notwendigen *policy*-Reformen nicht durchführt (Börzel 2006b). Während Unternehmen und organisierte Interessen die EU-Opportunitätsstruktur durchaus nutzen und ihre Organisationsstrukturen entsprechend angepasst haben (z.B. durch die Präsenz in Brüssel), spielen die formalen Konsultationsmechanismen und informellen Politiknetzwerke auf der nationalen Ebene nach wie vor eine wichtige Rolle für die Interessenvertretung, auch und gerade in der Europapolitik (Eising 2005a). Die Strategie der Europäischen Kommission, die Um- und Durchsetzung von EU-*policies* vor allem im regulativen Bereich über breite Informations- und Mitwirkungsrechte für Bürger und Organisationen in administrativen Prozessen zu steigern, stärkt vor allem die Position zivilgesellschaftlicher Interessengruppen, zumal es in Deutschland kein Verbandsklagerecht gibt. Die Akzentuierung von Mechanismen weicher Steuerung und gesellschaftlicher Selbstregulierung, wie sie die Kommission beispielsweise in der Umwelt- und Sozialpolitik verfolgt, dient demselben Ziel. Da die entsprechenden Politikinstrumente jedoch nicht systematisch eingeführt werden und ihre Umsetzung auf den Widerstand der deutschen Verwaltung stößt, haben sie bisher zu keinen nachhaltigen Veränderungen des deutschen Politikstils geführt.

Bei den Verwaltungsstrukturen und dem Politikstil hat die Europäisierung weniger deutliche Spuren hinterlassen als bei Politikinhalten, Politikinstrumenten und Problemlösungsansätzen. Dieser Befund, der m.E. auch für andere Mitgliedsstaaten zutrifft, lässt sich ohne weiteres mit Hilfe institutionalistischer Ansätze erklären. Zum einen geht von der Europäisierung kein unmittelbarer Anpassungsdruck auf nationale Verwaltungsstrukturen und Politikstile aus. Die EU macht ihren Mitgliedsstaaten keine Vorgaben, wie sie ihre Verwaltungen zu organisieren haben. Sie verpflichtet die nationalen Regierungen lediglich zur effektiven Um- und Durchsetzung von EU-*policies*, was in der Tat – gemeinsam mit

[14] Richardson unterscheidet noch eine zweite Dimension – pro-aktiv vs. reaktiv –, die sich aber auch unter den Problemlösungsansatz subsumieren lässt.

der Notwendigkeit zur Formulierung einer kohärenten Verhandlungsposition – zu einer Zentralisierung innerhalb der deutschen Verwaltung geführt hat. Die Einführung von Problemlösungsansätzen und Politikinstrumenten, die auf gesellschaftliche Partizipation und Selbst-Regulierung anstelle hierarchischer Steuerung durch den Staat gerichtet sind, könnte Auswirkungen auf den deutschen Politikstil haben, der zwar konsensorientiert ist, der Verwaltung aber eine beherrschende Position einräumt. Da die EU selbst jedoch nach wie vor überwiegend hierarchisch steuert (Börzel 2005a), ist ein durch die Europäisierung induzierter Wandel in der nächsten Zeit eher unwahrscheinlich. Zum anderen sind Verwaltungsstrukturen und Politikstile sehr viel stärker institutionalisiert als *policy*-Standards, Politikinstrumente und Problemlösungsansätze und deshalb resistenter gegenüber Wandel (Hall 1993). Die Einführung neuer Politikinstrumente und Problemlösungsansätze hat zwar die deutsche Politik erheblich geprägt, ohne sie jedoch in ihrem Kern zu verändern.

3 Europäisierung der deutschen Politik – viel Lärm um nichts?

Der vorliegende Beitrag hat gezeigt, dass die EU mittlerweile so gut wie in alle Bereiche deutscher Politik hineinregiert. Sie hat dort auch zum Teil deutliche Spuren hinterlassen, ohne jedoch die deutsche Politik in ihrem Kern grundlegend zu wandeln. Dies liegt nicht zuletzt daran, dass Deutschland die Europäisierung aktiv mitgestaltet hat. Vieles, was aus Brüssel kam und kommt, wurde nicht nur mit Zustimmung der Bundesregierung verabschiedet, sondern auch von deutscher Politik nachhaltig beeinflusst. Das gilt auch für die Fälle, in denen EU-*policies* erhebliche Veränderungen auf der nationalen Ebene erforderlich machen. Deutsche Minister haben die EU immer wieder strategisch genutzt, um Reformen durchzusetzen, für die es an den innenpolitischen Mehrheiten fehlte (Schmidt 2003; Wachendorfer-Schmidt 1999). Dies mag für die (Input-)Legitimität europäischer Politik problematisch sein. Andererseits hat die Europäisierung aber zu einer Reihe von Innovationen in der deutschen Politik geführt und ihre Problemlösungsfähigkeit in vielen Bereichen erhöht. Es würde zu weit führen, die Kosten (Verlust an demokratischer Legitimität und staatlicher Souveränität) und Nutzen (Gewinn an Effektivität) der Europäisierung zu diskutieren (vgl. Schmidt 1999). Es soll abschließend vielmehr noch kurz auf die Implikationen der fortschreitenden Europäisierung für die anderen beiden Haupttrends in der deutschen Politik eingegangen werden.

Die Europäisierung der deutschen Politik hat zu einer Ausweitung des kooperativen Föderalismus im Bereich der europäischen Angelegenheiten geführt. Damit setzt die Europäisierung innenpolitischen Reformversuchen, die auf ein Zurückschneiden des unitarischen Bundesstaates durch Entflechtung und regionalen Wettbewerb setzen, klare Grenzen. Wenn die Länder in den europäisierten Politikbereichen nicht zu „staatsnotariellen Ratifikationsämtern“ (Lenz 1977) degradiert werden wollen, müssen sie ihre Mitwirkungsrechte im EU-Politikprozess geltend machen, und das geht nur über die Kooperation mit der Bundesregierung innerhalb der von Art. 23 GG vorgesehenen Verfahren. Bund und Länder müssen mit einer Stimme sprechen, wenn sie in einer EU mit 25 und mehr Mitgliedsstaaten Gehör finden wollen. Die innerstaatliche Mitwirkung der Länder in europäischen Angelegenheiten hat sich bisher auch keineswegs als doppelte Politikverflechtungsfalle erwiesen. Während auf der europäischen Ebene Entscheidungsblockaden aufgrund regionaler Vetopositionen nicht aufgetreten sind, trägt die intergouvernementale Zusammenarbeit von Bund und Ländern zu einem effektiveren Vollzug europäischer Entscheidungen auf der innerstaatlichen Ebene bei. Die ‚Kompensation durch Partizipation' hat sich also als institutionelle Lösung für ein Problem der Europäisierung – nämlich die Zentralisierung regionaler Kompetenzen und den mangelnden Vollzug Europäischen Rechts – bewährt. Die Ausdehnung des kooperativen Föderalismus auf die Europapolitik schreibt jedoch die Unitarisierungstendenzen im deutschen Bundesstaat fort.

Das Gegenteil scheint für den Ausbau des Sozialstaates der Fall zu sein. Die Öffnung der nationalen Güter- und Finanzmärkte, die Deregulierungs- und Privatisierungsvorgaben der marktschaffenden regulativen Politik sowie die angebots- und geldwertorientierte Wirtschafts- und Währungsunion beschneiden die Möglichkeiten der Mitgliedsstaaten, eine aktive Wirtschafts-, Beschäftigungs- und Sozialpolitik zu betreiben (Scharpf 1996b; Scharpf 1999; Leibfried 1996). Die Chancen für eine europäische Sozialpolitik, welche die Handlungsverluste der nationalen Wohlfahrtsstaaten kompensieren würde, werden durchaus unterschiedlich bewertet.[15] Aber auch wenn sich die Mitgliedsstaaten bisher einer Europäisierung weitgehend widersetzt haben, wirkt die EU schon längst in diese Bereiche deutscher Politik hinein. Neben der „negativen" Marktdynamik des Systemwettbewerbs und der „positiven", wenn auch weichen Koordinierung auf EU-Ebene hat der Europäische Gerichtshof mit seiner Rechtssprechung zum Verhältnis zwischen deutschem Sozial- und europäischem Marktrecht einige harte Parameter in Richtung Vermarktlichung, Privatisierung und Deregulierung der sozialen Sicherungssysteme gesetzt (Urban 2003). Schließlich verlangen die fiskalpolitischen Vorgaben des Stabilitäts- und Wachstumspaktes zunehmend die Einbeziehung der sozialen Sicherungssysteme in die Bemühungen, die öffentlichen Haushalte zu disziplinieren. Ob dies letztendlich zu einem Abbau des Sozialstaates führt oder zu seinem Funktionswandel in einen „angebotspolitisch ausgerichteten Wettbewerbsstaat" (Urban 2003: 119), bleibt abzuwarten. In jedem Fall setzt die Europäisierung einem weiteren Ausbau des deutschen Sozialstaates klare Grenzen. Dies muss nicht notwendigerweise weniger Staat bedeuten, sondern befördert seine Transformation in einen vorwiegend regulativen Staat (Majone 1996), dessen primäre Aufgabe weniger in der Umverteilung als in der Regulierung liegt (Schmidt 2005).

4 Literatur

Anderson, Jeffrey, 2005: Germany and Europe: Centrality in the EU, in: Simon Bulmer/Christian Lequesne (Hrsg.): The Member States of the European Union. Oxford, 77-96.

Benz, Arthur, 1984: Kooperative Verwaltung. Funktionen, Voraussetzungen und Folgen. Baden-Baden.

Börzel, Tanja A., 2001a: Föderative Staaten in einer entgrenzten Welt: Regionaler Standortwettbewerb oder gemeinsames Regieren jenseits des Nationalstaates?, in: Arthur Benz/Gerhard Lehmbruch (Hrsg.): Föderalismus. Analysen in entwicklungsgeschichtlicher und vergleichender Perspektive (PVS-Sonderheft 32). Opladen, 363-388.

Börzel, Tanja A., 2001b: Non-Compliance in the European Union. Pathology or Statistical Artefact?, in: Journal of European Public Policy 8: 803-824.

[15] So sind Leibfried und Pierson (1998) weitaus optimistischer in ihrer Einschätzung als beispielsweise Scharpf oder Majone (Scharpf 1996b; Majone 1994).

Börzel, Tanja A., 2002a: Demokratien im Wandel der Europäisierung, in: Wolfgang Lamping/Ines Katenhusen (Hrsg.): Demokratien in Europa. Opladen, 181-204.

Börzel, Tanja A., 2002b: Kooperation statt Wettbewerb. Die Regionen vor der Herausforderung der Europäisierung, in: Thomas Conzelmann/Michèle Knodt (Hrsg.): Regionales Europa – Europäisierte Regionen: Eine Bilanz von 15 Jahren Regionenforschung, Mannheimer Jahrbuch für Europäische Sozialforschung 6. Frankfurt a.M. u.a., 123-139.

Börzel, Tanja A., 2002c: Pace-Setting, Foot-Dragging, and Fence-Sitting: Member State Responses to Europeanization, in: Journal of Common Market Studies 40: 193-214.

Börzel, Tanja A., 2002d: States and Regions in the European Union. Institutional Adaptation in Germany and Spain. Cambridge.

Börzel, Tanja A., 2003: Environmental Leaders and Laggards in the European Union. Why There is (Not) a Southern Problem. London.

Börzel, Tanja A., 2005a: European Governance – Markt, Hierarchie oder Netzwerk?, in: Gunnar Folke Schuppert/Ingolf Pernice/Ulrich Haltern (Hrsg.): Europawissenschaft. Baden-Baden, 613-641.

Börzel, Tanja A., 2005b: Europeanization: How the European Union Interacts with its Member States, in: Simon Bulmer/Christian Lequesne (Hrsg.): The Member States of the European Union. Oxford, 45-69.

Börzel, Tanja A., 2005c: Mind the Gap! European Integration between Level and Scope, in: Journal of European Public Policy 12: 1-20.

Börzel, Tanja A., 2005d: What Can Federalism Teach Us About the European Union? The German Experience, in: Regional and Federal Studies 15: 245-257.

Börzel, Tanja A., (Hrsg.), 2006a: The Disparity of European Integration: Revisiting Neo-functionalism in Honour of Ernst Haas. London.

Börzel, Tanja A., 2006b: Participation through Enforcement. The Case of the European Union, in: Comparative Political Studies (i.E.).

Börzel, Tanja A./Risse, Thomas, 2003: Conceptualising the Domestic Impact of Europe, in: Kevin Featherstone/Claudio Radaelli (Hrsg.): The Politics of Europeanisation. Oxford, 55-78.

Börzel, Tanja A./Risse, Thomas, i.E.: One Size Fits All! EU Policies for the Promotion of Human Rights, Democracy, and the Rule of Law, in: Michael McFaul/Amichai Magen (Hrsg.): Democracy Promotion in the US and the EU Compared. Oxford.

Bulmer, Simon, 1997: Shaping the Rules? The Constitutive Politics of the European Union and German Power, in: Peter J. Katzenstein (Hrsg.): Tamed Power: Germany in Europe. Ithaca, NY, 49-79.

Bulmer, Simon/Jeffery, Charlie/Paterson, William, 2000: Germany's European Diplomacy. Shaping the Regional Milieu. Manchester.

Bulmer, Simon/Paterson, William, 1987: The Federal Republic of Germany and the European Community. London.

Conzelmann, Thomas, 2000. Große Räume, kleine Räume. Die Europäisierung der Regionalpolitik in Deutschland, in: Michèle Knodt/Beate Kohler-Koch (Hrsg.): Deutschland zwischen Europäisierung und Selbstbehauptung. Frankfurt a. M., 357-380.

Donohue, J.D./Pollack, Mark A., 2001: Centralization and Its Discontents: The Rhythms of Federalism in the United States and the European Union, in: Kalypso Nicolaidis/Robert Howse (Hrsg.): The Federal Vision: Legitimacy and Levels of Governance in the United States and the European Union. Oxford,

Dyson, Kenneth, (Hrsg.), 2002: The Politics of German Regulation. Aldershot.

Eberlein, Burkhard/Grande, Edgar, 2000: Regulation and Infrastructure Management: German Regulatory Regimes and the EU Framework, in: German Policy Studies/Politikfeldanalyse 1: 39-66.

Eising, Rainer, 2000: Liberalisierung und Europäisierung. Die regulative Reform der Elektrizitätsversorgung in Großbritannien, der Europäischen Gemeinschaft und der Bundesrepublik Deutschland. Opladen.

Eising, Rainer, 2005a: Die Europäisierung deutscher Interessengruppen: Passen die Institutionen und reichen die Kapazitäten? in: Rainer Eising/Beate Kohler-Koch (Hrsg.): Interessenpolitik in Europa. Baden-Baden, 311-339.

Eising, Rainer, 2005b: Integration und Europäisierung, in: Markus Jachtenfuchs/Beate Kohler-Koch (Hrsg.): Europäische Integration (Neuausgabe). Opladen,

Falkner, Gerda/Treib, Oliver/Hartlapp, Miriam/Leiber, Simone, 2005: Complying with Europe. EU Harmonization and Soft Law in the Member States. Cambridge.

Hall, Peter A., 1993: Policy Paradigms, Social Learning, and the State, in: Comparative Politics 25: 275-96.

Hellmann, Gunther/Baumann, Rainer/Bösche, Monika/Herborth, Benjamin, 2005: De-Europeanization by Default? Germany's EU Policy in Defense and Asylum, in: Foreign Policy Analysis 1: 143-164.

Hennis, Marjoleine, 2001: Europeanization and Globalization: The Missing Link, in: Journal of Common Market Studies 39: 829-850.

Héritier, Adrienne, 1996: The Accomodation of Diversity in European Policy-Making and its Outcomes: Regulatory Policy as a Patchwork, in: Journal of European Public Policy 3: 149-167.

Héritier, Adrienne/Kerwer, Dieter/Knill, Christoph/Lehmkuhl, Dirk/Teutsch, Michael/Douillet, Anne-Cécile, 2001: Differential Europe. The European Union Impact on National Policymaking. Lanham, MD.

Héritier, Adrienne/Knill, Christoph/Mingers, Susanne/Becka, Martina, 1994: Die Veränderung von Staatlichkeit in Europa. Ein regulativer Wettbewerb. Deutschland, Großbritannien, Frankreich. Opladen.

Héritier, Adrienne/Thatcher, Mark (Hrsg.), 2002: Regulatory Reform in Europe, Special Issue of the Journal of European Public Policy 9 (6).

Hesse, Konrad, 1962: Der unitarische Bundesstaat. Karlsruhe.

Hix, Simon, 1998: The Study of the European Union II: The 'New Governance' Agenda and its Revival, in: Journal of European Public Policy 5: 38-65.

Hix, Simon, ^{2}2004: The Political System of the European Union. London.

Hooghe, Liesbet/Marks, Gary, 2001: Multi-Level Governance and European Integration. Lanham.

Hyde-Price, Adrian/Jeffery, Charlie, 2001: Germany in the European Union: Constructing Normality, in: Journal of Common Market Studies 39: 689-717.

Janning, Josef, 1996: A German Europe – A European Germany? On the Debate over Germany's Foreign Policy, in: International Affairs 72: 33-41.

Jordan, Andrew/Liefferink, Duncan (Hrsg.), 2004: Environmental Policy in Europe. The Europeanization of National Environmental Policy. London.

Katzenstein, Peter J., 1987: Policy and Politics in West Germany. The Growth of a Semi-Sovereign State. Philadelphia.

Katzenstein, Peter J., 1997: United Germany in an Integrating Europe, in: Peter J. Katzenstein (Hrsg.): Shaping the Rules? The Constitutive Politics of the European Union and German Power. Ithaca, NY, 1-48.

Knill, Christoph, 2001: The Transformation of National Administrations in Europe. Patterns of Change and Persistence. Cambridge.

Knill, Christoph, 2003: Europäische Umweltpolitik. Steuerungsprobleme und Regulierungsmuster im Mehrebenensystem. Opladen.

Kohler-Koch, Beate, 2000: Europäisierung: Plädoyer für eine Horizonterweiterung, in: Michèle Knodt/Beate Kohler-Koch (Hrsg.): Deutschland zwischen Europäisierung und Selbstbehauptung. Mannheimer Jahrbuch für europäische Sozialforschung, Band 5. Frankfurt a.M., New York, 11-31.

Kohler-Koch, Beate et al., 1998: Interaktive Politik in Europa. Regionen im Netzwerk der Integration. Opladen.

Ladrech, Robert, 1994: Europeanization of Domestic Politics and Institutions: The Case of France, in: Journal of Common Market Studies 32: 69-88.

Le Gloannec, Anne-Marie, 1998: Germany and Europe's Foreign and Security Policy: Embracing the 'British' Vision, in: Carl Lankowski (Hrsg.): Break Down or Break In? Germany and the European Union after Amsterdam. Washington, D.C., 21-30.

Leibfried, Stephan, 1996: Wohlfahrtsstaatliche Perspektiven der Europäischen Union: Auf dem Weg zur positiven Souveränitätsverflechtung? in: Markus Jachtenfuchs/Beate Kohler-Koch (Hrsg.): Europäische Integration. Opladen, 455-477.

Leibfried, Stephan/Paul Pierson (Hrsg.), 1998: Standort Europa. Sozialpolitik zwischen Nationalstaat und Europäischer Integration. Frankfurt a/M.

Lenz, Helmut, 1977: Die Landtage als staatsnotarielle Ratifikationsämter, in: Die Öffentliche Verwaltung 30: 157-164.

Liebert, Ulrike, 2003a: Europeanization and the "Needle's Eye": The Transformation of Employment Policy in Germany, in: Review of Policy Research 20: 479-492.

Liebert, Ulrike, (Hrsg.), 2003b: Gendering Europeanisation. Brussels.

Lindberg, L./Scheingold, Stuart A., 1970: Europe's Would-Be Polity: Patterns of Change in the European Community. Englewood Cliffs.

Majone, Giandomenico, 1994: The Rise of the Regulatory State in Europe, in: West European Politics 17: 77-101.

Majone, Giandomenico, (Hrsg.), 1996, Regulating Europe. London/New York.

Marks, Gary/Doug McAdam, 1996: Social Movements and the Changing Structure of Political Opportunity in the European Union, in: Gary Marks/Fritz W. Scharpf/Philippe C. Schmitter/Wolfgang Streeck (Hrsg.), Governance in the European Union, London u.a., 95-120.

O'Brien, Martha, 2005: Taxation, the ECJ and the Implications for Member States, in: European Law Review 30: 209-233.

Olsen, Johan P., 1996: Europeanization and Nation-State Dynamics, in: Sverker Gustavsson/ Leif Lewin (Hrsg.): The Future of the Nation-State. London, 245-285.

Olsen, Johan P., 2002: The Many Faces of Europeanization, in: Journal of Common Market Studies 40: 921-950.

Pollack, Mark A., 1994: Creeping Competence: The Expanding Agenda of the European Community, in: Journal of Public Policy 14: 95-145.

Radaelli, C., 2003: The Europeanization of Public Policy, in: Kevin Featherstone/C. Radaelli (Hrsg.): The Politics of Europeanization. Oxford, 27-56.

Richardson, J.J., (Hrsg.), 1982: Policy-styles in Western Europe. London.

Rieger, Elmar, 1996. Agrarpolitik: Integration durch Gemeinschaftspolitik, in: Markus Jachtenfuchs/Beate Kohler-Koch (Hrsg.): Europäische Integration. Opladen, 401-428.

Risse, Thomas/Green Cowles, Maria/Caporaso, James A., 2001: Europeanization and Domestic Change: Introduction, in: Maria Green Cowles/James A. Caporaso/Thomas Risse (Hrsg.): Transforming Europe. Europeanization and Domestic Change. Ithaca, NY, 1-20.

Scharpf, Fritz W., 1985: Die Politikverflechtungs-Falle: Europäische Integration und deutscher Föderalismus im Vergleich, in: Politische Vierteljahreszeitschrift 26: 323-370.

Scharpf, Fritz W., 1996a: Negative and Positive Integration in the Political Economy of European Welfare States, in: Gary Marks/Fritz W. Scharpf/Philippe C. Schmitter/Wolfgang Streeck (Hrsg.): Governance in the European Union. London u.a., 15-39.

Scharpf, Fritz W., 1996b: Politische Optionen im vollendeten Binnenmarkt, in: Markus Jachtenfuchs/Beate Kohler-Koch (Hrsg.): Europäische Integration. Opladen, 109-140.

Scharpf, Fritz W., 1999: Regieren in Europa. Effektiv und demokratisch? Frankfurt a.M., New York.

Scharpf, Fritz W., 2001: Notes Toward a Theory of Multilevel Governing in Europe, in: Scandinavian Political Studies 24: 1-26.

Scharpf, Fritz W., 2003: Legitimate Diversity: The New Challenge of European Integration, in: Tanja A. Börzel/Rachel Cichowski (Hrsg.): The State of the European Union VI: Law, Politics, and Society. Oxford, 79-104.

Schmidt, Manfred G., 1999: Die Europäisierung der öffentlichen Aufgaben, in: Thomas Ellwein/ Everhard Holtmann (Hrsg.): 50 Jahre Bundesrepublik Deutschland. Rahmenbedingungen – Entwicklungsperspektiven (PVS Sonderheft 30). Opladen, 385-394.

Schmidt, Manfred G., 2005: Aufgabeneuropäisierung, in: Gunnar Folke Schuppert/Ingolf Pernice/Ulrich Haltern (Hrsg.): Europawissenschaft. Baden-Baden, 129-145.

Schmidt, Susanne K., 2003: Die nationale Bedingtheit der Folgen der Europäischen Integration, in: Zeitschrift für Internationale Beziehungen 10: 43-68.

Schmitter, Philippe C., 1996: Imagining the Future of the Euro-Polity with the Help of New Concepts, in: Gary Marks/Fritz W. Scharpf/Philippe C. Schmitter/Wolfgang Streeck (Hrsg.): *Governance in the European Union*. London u.a., 121-150.

Schneider, Volker, 2001: Institutional Reform in Telecommunications: The European Union in Transnational Policy Diffusion, in: Maria Green Cowles/James A. Caporaso/Thomas Risse (Hrsg.): Transforming Europe. Europeanization and Domestic Change. Ithaca, NY, 60-78.

Stone Sweet, Alec/Sandholtz, Wayne, 1997: European Integration and Supranational Governance, in: Journal of European Public Policy 4: 297-317.

Sturm, Roland/Pehle, Heinrich, [2]2005: Das neue deutsche Regierungssystem. Die Europäisierung von Institutionen. Opladen.

Urban, Hans-Jürgen, 2003: Europäisierung der Gesundheitspolitik? Zur Evolution eines Politikfeldes im europäischen Mehrebenen-System. Berlin.

Wachendorfer-Schmidt, Ute, 1999: Der Preis des Föderalismus in Deutschland, in: Politische Vierteljahresschrift 40: 3-39.

Wolf, Dieter, 2005: State Aid Control at the National, European, and International Level, in: Michael Zürn/Christian Joerges (Hrsg.): Law and Governance in Postnational Europe. Compliance beyond the Nation-State. Cambridge, 65-117.

Wurzel, Rüdiger K.W., 2004: The Europeanization of German Environmental Policy: From Environmental Leadership to Partial Mismatch?, in: Andrew Jordan/Duncan Liefferink (Hrsg.): Environmental Policy in Europe. The Europeanization of National Environmental Policy. London, 99-117.

Zohlnhöfer, Reimut/Ostheim, Tobias, 2005: Paving the Way for Employment? The Impact of the Luxembourg Process on German Labour Market Policies, in: European Integration 27: 147-167.

5. Ergebnisse und Schlussfolgerungen

23. Regieren in der Bundesrepublik Deutschland seit 1949 – eine Bilanz

Reimut Zohlnhöfer und Manfred G. Schmidt

1 Einleitung

In diesem Kapitel soll knapp Bilanz gezogen werden – über die in diesem Band versammelten Beiträge und damit gleichzeitig über das innen- und außenpolitische Regieren in der Bundesrepublik Deutschland seit 1949. Was haben die deutschen Regierungen in den letzten knapp 60 Jahren getan, und warum haben sie es getan? Diese Fragen sollten in der einen oder anderen Weise im Zentrum der Beiträge stehen, die hier ausgewertet werden sollen. Insbesondere sollten die Autoren danach fragen, ob und wie die politischen Parteien und die Institutionenstruktur die Willensbildungsprozesse beeinflusst haben und wie das Tun und Lassen von Regierungen durch die Herausforderungen der deutschen Vereinigung und der Europäischen Integration geprägt worden ist. Der Hauptbefund, der sich in praktisch allen Kapiteln des vorliegenden Bandes finden lässt, ist wie folgt zusammenzufassen: Die Fragen nach der Bedeutung von Parteien und Institutionen und nach dem Einfluss von Wiedervereinigung und Europäisierung sind zielführend. Diese vier Faktoren erklären einen erheblichen Teil des Tuns und Lassens der Regierungen hierzulande.

Dieser Hauptbefund soll im Folgenden begründet werden. Dabei gehen wir wie folgt vor: In einem ersten Schritt widmen wir uns den beiden Einflussfaktoren, die erst im Laufe der letzten 15 bis 20 Jahre an Bedeutung gewannen, ja gewinnen konnten, nämlich den Folgen der Wiedervereinigung und der Europäisierung für das Regieren in der Bundesrepublik. Daran anschließend folgt ein Blick auf die Parteien und auf die Institutionen. Abschließend soll die in der Einleitung aufgeworfene Frage diskutiert werden, ob sich aus der Analyse der Politikfelder eine Erfolgsgeschichte der Bundesrepublik ablesen lässt oder ob Deutschland treffender als vom Reformstau geplagtes Land zu charakterisieren ist.

2 Die Folgen der deutschen Einheit

Die deutsche Einheit ist eine der ganz besonders wichtigen Zäsuren in der deutschen Nachkriegsgeschichte, brachte sie doch nicht nur das Ende der DDR, sondern auch das der alten Bundesrepublik, obwohl die politischen Akteure im Jahr 1990 mit dem Konzept des „Institutionentransfers“ (Lehmbruch 1991) von West nach Ost versuchten, das vereinigte Deutschland als vergrößerte alte Bundesrepublik zu konstituieren.

Trotz der hohen institutionellen Kontinuität veränderte die Wiedervereinigung das Regieren in der Bundesrepublik nachhaltig, und zwar durch die Erhöhung der Zahl der wichtigsten Vetospieler, durch die Herausbildung zweier Parteiensysteme sowie durch eine Erhöhung des Problemdrucks. Ein besonders interessantes Beispiel ist die Sozialversicherung, über die bekanntlich ein erheblicher Teil der West-Ost-Transfers zur Finanzierung der deutschen Einheit abgewickelt wurde. Diese Belastung erwies sich für die Sozialversicherungssysteme allerdings als zu groß, mussten doch wegen dieser Transfers die Sozialversicherungsbeiträge deutlich erhöht werden, was wiederum eine massive Verteuerung des Faktors Arbeit und damit eine höhere Arbeitslosigkeit nach sich zog (vgl. Bandelow, sowie Schmid i.d.B.). Dies führte dazu, dass die Stabilisierung und möglichst Senkung der Beitragssätze ab Mitte der 1990er Jahre oberste politische Priorität erlangte, was nicht ohne Leistungskürzungen abging. Daher trug die Finanzierung der deutschen Einheit durch Sozialversicherungsbeiträge über eine Erhöhung des Problemdrucks indirekt zu den Sozialreformen seit den 1990er Jahren bei. Ähnliches gilt für die Verkehrs- und die Telekommunikationspolitik, wo der marode Zustand der ostdeutschen Infrastruktur weit reichende Reformen, nämlich unter anderem die formale oder sogar materielle Privatisierung der Bahn und der Postnachfolgeunternehmen, katalysierte. Diese Reformen veränderten auch den westdeutschen Status quo stark, wären aber ohne die mit der Wiedervereinigung zusammenhängende Verschlechterung der Ausgangslage wohl kaum oder jedenfalls erst erheblich später umgesetzt worden (vgl. z.B. Lehmkuhl sowie Zohlnhöfer i.d.B.).

In den Industriellen Beziehungen funktionierte der Institutionentransfer ebenfalls nicht umstandslos. Zwar wurde die gesamte westdeutsche Gesetzgebung im Osten in Kraft gesetzt, aber insbesondere die Arbeitgeber versuchten, sich den spektakulären Lohnerhöhungen in den neuen Bundesländern am Anfang der 1990er Jahre zu entziehen, indem sie aus den Arbeitgeberverbänden austraten und so die Tarifverträge umgingen. Diese Erosion der traditionellen Arbeitsbeziehungen in Ostdeutschland führte auch im Westteil des Landes zu einer Transformation der Funktionsweise des Politikfeldes, die zwar neuerlich keineswegs allein durch die Wiedervereinigung veranlasst, aber doch von ihr katalysiert wurde (Hassel i.d.B.).

Dagegen führte die Wiedervereinigung nur in einigen wenigen Bereichen zu Politikinnovationen. Beispiele lassen sich etwa in der Bildungspolitik erkennen, so in der Zusammenfassung von Haupt- und Realschulen zu einem neuen Schultyp in einigen ostdeutschen Bundesländern und der späteren Einführung dieser Innovation in einigen westdeutschen Gliedstaaten (Wolf i.d.B.). Es dürfte aber kein Zufall sein, dass sich solche Innovationen in einem Politikfeld finden, das sich ganz überwiegend in Länderzuständigkeit befindet, da hier die ostdeutschen Bundesländer eigene Gestaltungsspielräume hatten, die sie gewissermaßen experimentell nutzen konnten.

Die Wiedervereinigung hatte nicht nur Effekte auf die Innenpolitik, auch die Außenpolitik war von ihr betroffen – ebenso wie von der fundamentalen Verschiebung im internationalen System, die vom Ende des Ost-West-Konflikts ausgelöst worden war. In der Europapolitik etwa war eine gewisse Vorleistung für die Wiedervereinigung in Form der Zustimmung zur Einsetzung einer Regierungskonferenz zur Wirtschafts- und Währungsunion zu erbringen, die letztlich zur Einführung einer gemeinsamen europäischen Währung führte, der die Bundesregierung zunächst durchaus reserviert gegenüber gestanden hatte (Müller-Brandeck-Bocquet i.d.B.). Gravierender waren aber noch die Folgen in der Außen- und Sicherheitspolitik, konnte (und wollte) sich die Bundesrepublik unter den gewandelten Bedingungen des internationalen Systems doch mittelfristig nicht einer aktiveren Rolle in der Weltpolitik, die auch den Einsatz militärischer Gewalt einschloss, entziehen (Maull sowie Wagner/Schlotter i.d.B.).

3 Europäisierung der deutschen Politik

Die Bedeutung der Europäischen Integration für das Regieren in der Bundesrepublik Deutschland hat im Zeitverlauf, und insbesondere in den letzten knapp 20 Jahren, in ganz bemerkenswertem Umfang zugenommen. Kam die Bilanz der ersten rund 40 Jahre der Politik in der Bundesrepublik – gerechtfertigter Weise, wie Tanja Börzels (i.d.B.) Maß der Tiefe und Breite der Europäischen Integration belegt – noch fast ohne Verweis auf die Rolle der Europäischen Gemeinschaft aus (von Beyme/Schmidt 1990), finden sich inzwischen in fast allen Politikfeldern europäische Einflüsse. Diese sind allerdings von Politikfeld zu Politikfeld unterschiedlich stark. Am ausgeprägtesten sind sie in der Geldpolitik, die seit 1999 vollständig vergemeinschaftet ist. Aber auch in vielen anderen Bereichen hat die Europäische Integration Politikwandel initiiert und gestaltet, insbesondere in Folge des Binnenmarktprogramms. Hier gelang zuweilen das Durchbrechen langjähriger Politikblockaden. So spricht Lehmkuhl (i.d.B.) von Europa als „Katalysator" des Wandels in der Verkehrspolitik seit Mitte der 1980er Jahre. Ähnliches lässt sich beispielsweise für den Telekommunikations- und den Energiesektor sagen. Die Entwicklung der deutschen Gleichstellungspolitik wäre ohne die zahlreichen EU-Vorgaben gar überhaupt nicht zu verstehen (Ostner i.d.B.). Und sogar in der Umweltpolitik, in der Deutschland ja ohnehin durchaus eine Vorreiterrolle in Europa einnahm, spielte die EG/EU eine wichtige Rolle (Jänicke i.d.B.).

In Teilen der Sozialpolitik lassen sich ebenfalls EU-Effekte nachweisen. Am deutlichsten ist dies vermutlich in der Gesundheitspolitik, wo seit den 1990er Jahren insbesondere die Rechtsprechung des Europäischen Gerichtshofs zur Dienstleistungsfreiheit Änderungen erzwang (Bandelow i.d.B.). Fast noch stärker, wenn auch nur auf indirektem Wege, wirkten sich die haushaltspolitischen Vorgaben der Maastrichter Konvergenzkriterien sowie des Stabilitäts- und Wachstumspaktes aus, die Obergrenzen für die Neuverschuldung der Mitgliedstaaten setzten (vgl. Wagschal i.d.B.). Auf diese Weise wurde nämlich angesichts der ohnehin vorhandenen erheblichen finanzpolitischen Schwierigkeiten in Deutschland in den 1990er Jahren, die der Finanzierung der deutschen Einheit und dem langsamen Wirtschaftswachstum geschuldet waren, der Konsolidierungsdruck noch erhöht, der vor der Sozialpolitik als dem größten Ausgabenposten nicht Halt machen konnte.

Doch die Europäische Union beschränkt sich in der Sozialpolitik nicht nur auf die Marktschaffung, die Durchsetzung der Dienstleistungsfreiheit und indirekte Effekte wie die der Maastricht-Kriterien. Vielmehr gibt es auch „positive" Sozialpolitik, etwa bei der Gleichstellung der Geschlechter oder dem Arbeitsschutz (Ostner i.d.B. sowie Schmidt i.d.B.). Sogar in der Arbeitsmarkt- und Beschäftigungspolitik regiert die EU seit dem Amsterdamer Vertrag mit, wenngleich nur in sehr weicher Form und mit begrenzten Effekten (Schmid i.d.B.; vgl. auch Zohlnhöfer/Ostheim 2007).

Interessant ist zudem, dass sich Effekte der Europäisierung auch bei den klassischen Staatsaufgaben zumindest in Ansätzen feststellen lassen. Das gilt für die Politik der Inneren Sicherheit schon seit den 1970er Jahren (Lange i.d.B.), aber seit dem Amsterdamer Vertrag auch für die Migrationspolitik, wo etwa das Zuwanderungsgesetz unter der rot-grünen Bundesregierung von europäischen Vorgaben beeinflusst wurde (Green i.d.B.). In begrenztem Umfang gilt diese Aussage sogar für die Außen- und Sicherheitspolitik. In letzterem

Bereich etwa übernahm die EU ab Anfang des 21. Jahrhunderts eine Reihe von Militäreinsätzen in Krisenregionen (Wagner/Schlotter i.d.B.).

Dass diese stetig wachsende und eine immer größere Zahl von Politikfeldern erfassende Beeinflussung der Politik in der Bundesrepublik Deutschland durch die Europäische Integration sich schließlich in der Verfassung niederschlug, wie sich insbesondere an der Neufassung von Artikel 23 GG zeigte (Busch i.d.B.), ist folgerichtig.

4 Die Rolle politischer Parteien

Parteien prägen die politische Willensbildung. Fast alle Beiträge zu diesem Band belegen, dass Parteien bei wichtigen Entscheidungen in den jeweiligen Politikfeldern beteiligt waren und Einfluss ausgeübt haben. Allerdings ist der Parteieneinfluss nicht in allen Politikfeldern und zu allen Zeitpunkten gleich groß gewesen. Zudem ist der Parteieneinfluss weiter danach zu differenzieren, welches Ziel die Parteien jeweils verfolgten: Ging es ihnen bei der Beeinflussung einer Entscheidung darum, ihre programmatischen Vorstellungen durchzusetzen, oder versuchten sie, sich durch diese Politik eine bessere Position im Kampf um Ämter und Wählerstimmen zu sichern?

In den frühen Jahren der Bundesrepublik waren zentrale Richtungsentscheidungen zu treffen, insbesondere in den Außenbeziehungen und der Wirtschaftspolitik. Gerade in dieser Phase machte es in beiden Bereichen einen nennenswerten Unterschied, welche Partei an der Regierung war. Sowohl die vergleichsweise liberale Wirtschaftspolitik, die Ludwig Erhard schon in der Bizone eingeleitet hatte und die sich etwa im Verzicht auf eine Infragestellung der Eigentumsordnung niederschlug (Zohlnhöfer i.d.B.), als auch die auf Westintegration selbst zum Preis eines Verzichts auf die schnelle Herstellung der deutschen Einheit ausgerichtete Außen-, Verteidigungs- und Europapolitik waren zwischen den Parteien heftig umstritten. Der Konflikt zwischen Regierung und Opposition über die Wiederbewaffnung der jungen Bundesrepublik gehörte zu den heftigsten Bewährungsproben des Grundgesetzes; eine vorläufige Lösung in Form des 1. Wehrverfassungsgesetzes vom März 1954 gelang erst, nachdem die Adenauer-Regierung eine verfassungsändernde Mehrheit in beiden Kammern erreicht hatte. Es war das einzige Mal in der Geschichte der Bundesrepublik, dass eine Verfassungsänderung im Bundestag gegen eine der beiden großen Parteien durchgesetzt wurde (Busch i.d.B.). Allerdings ist hinzuzufügen, dass die SPD zwei Jahre später dem 2. Wehrverfassungsgesetz zustimmte.

Auch in der weiteren Geschichte der Bundesrepublik waren es die wirtschafts- und außenpolitischen Fragen, bei denen wenigstens zeitweise die parteipolitischen Unterschiede eine prominente Rolle spielten. In der Außen- und Sicherheitspolitik waren es die Konflikte um die Ostpolitik der sozial-liberalen Koalition und um die Durchsetzung des NATO-Doppelbeschlusses in der ersten Hälfte der 1980er Jahre, in denen die parteipolitische Zusammensetzung der Bundesregierung eine besonders wichtige Rolle spielte (Maull i.d.B.). In der Wirtschaftspolitik traten insbesondere seit dem Beginn der 1980er Jahre mit dem Wechsel von einer eher keynesianisch orientierten zu einer angebotsökonomisch ausgerichteten Wirtschaftspolitik wieder parteipolitische Differenzen hervor, die auch in die Sozialpolitik ausstrahlten, wo die bürgerlichen Parteien eher bereit waren, den Rotstift anzusetzen, als die sozialdemokratische Konkurrenz (Schmidt i.d.B.).

Gleichwohl sollten weder in der Wirtschafts- und Sozialpolitik noch in den Außenbeziehungen die Parteienunterschiede übertrieben werden. In der Außenpolitik beispielsweise wurden von neu an die Regierung gekommenen Parteien die Schlüsselentscheidungen der Vorgängerregierung nie in Frage gestellt. Die SPD hatte sich schon lange vor 1966 mit der Westintegration ausgesöhnt, und die Union ermöglichte ihrerseits trotz Kritik in bestimmten Fragen durch Stimmenthaltung und die Zustimmung einzelner Abgeordneter die parlamentarische Verabschiedung der Verträge mit der Sowjetunion, Polen und der Tschechoslowakei sowie des Grundlagenvertrages mit der DDR (Maull i.d.B.). Dass die Integration in die Europäische Gemeinschaft bzw. die Europäische Union ein Kerninteresse der Bundesrepublik ist, ist gar schon seit der Adenauer-Zeit zwischen den Parteien nicht mehr umstritten, ja, die Europäische Integration ist, wie Gisela Müller-Brandeck-Bocquet (i.d.B.) argumentiert, seit den 1950er Jahren gar zur Staatsraison geworden.

Auch in der Wirtschafts- und Sozialpolitik wurden die Phasen erbitterter Kontroversen von Kooperation und Übereinstimmung abgelöst. Spätestens seit dem Godesberger Programm hatte die SPD ihren Frieden mit der „Sozialen Marktwirtschaft" gemacht, und den Übergang zu einer keynesianischen Wirtschaftspolitik mit dem Stabilitätsgesetz von 1967 gestalteten Union und SPD gemeinsam. Und nach den heftigen wirtschaftspolitischen Debatten in den 1980er und 1990er Jahren ließ sich insbesondere während der zweiten rot-grünen Legislaturperiode wieder eine wirtschaftspolitische Annäherung zwischen den Parteien feststellen (Zohlnhöfer i.d.B.). Auch in der Sozialpolitik dominierte – trotz der Auseinandersetzungen über den Umbau des Wohlfahrtsstaates seit den 1980er Jahren und trotz konzeptioneller Unterschiede hinsichtlich der Struktur des Sozialstaates – der Sozialstaatsparteiencharakter beider großer Volksparteien, dem die FDP und die Grünen nur in begrenztem Umfang etwas entgegenzusetzen hatten, soweit sie ein hohes Niveau an Sozialstaatlichkeit nicht ebenfalls anstrebten und politisch mittrugen (Schmidt i.d.B.).

Andere Bereiche sind dagegen sehr weitgehend von einem vergleichsweise hohen Maß an Übereinstimmung zwischen den Parteien geprägt, wie die Verkehrs-, Wohnungs-, Medien- und Kulturpolitik und die politische Regulierung der Inneren Sicherheit. Ein Grund für die Abwesenheit dauerhafter Parteiendifferenzen dürfte hier darin liegen, dass sich mit diesen Politikfeldern keine Wahlen gewinnen lassen (so Lehmkuhl i.d.B. für den Verkehr), ein anderer darin, dass diese Politikfelder quer zu den wichtigen, parteibildenden gesellschaftlichen Konfliktlinien liegen.

Entsprechend traten in diesen Bereichen Parteieneffekte am ehesten dann auf, wenn Fragen auf der Agenda auftauchten, die insbesondere die wirtschafts- oder gesellschaftspolitischen Grundphilosophien der Parteien tangierten. Als es etwa in der insgesamt konsensuellen Medienpolitik um die Etablierung des privaten Rundfunks und Fernsehens ging, wurde diese auf Landes- wie Bundesebene entsprechend ihrer tendenziell marktfreundlicheren Programmatik, aber auch vor dem Hintergrund machtpolitischer Überlegungen von der Union vorangetrieben, wenngleich auf Bundesebene nur eine indirekte Unterstützung dieses Projektes beispielsweise durch die forcierte Verkabelungspolitik möglich war (Jarren/ Donges i.d.B.). Ähnliches gilt für die Industriellen Beziehungen. Auch hier bestand über weite Strecken ein großer Konsens zwischen den Volksparteien (die FDP hatte dagegen schon 1951 im Bundestag gegen die Einführung der Montanmitbestimmung gestimmt!), der allerdings gelegentlich, etwa anlässlich der Neuregelung der Arbeitslosengeldzahlungen durch die damalige Bundesanstalt für Arbeit bei Arbeitskämpfen (§116 AFG) im Jahr 1986 oder der rot-grünen Reform des Betriebsverfassungsgesetzes 2001, durch heftige parteipolitische Auseinandersetzungen unterbrochen wurde (Hassel i.d.B.). Zudem fällt in diesem Politikfeld der „sozialdemokratische Charakter des Korporatismus" (Weßels 1999: 90) auf – in der Tat gab es den Versuch einer institutionalisierten Makrokonzertierung lediglich bei sozialdemokratischer Regierungsbeteiligung. Schließlich zeigen sich auch in der Wohnungspolitik vornehmlich dann parteipolitische Konflikte, wenn, wie bei der rot-grünen Mietrechtsreform, der Konflikt sich in die Kategorien der klassischen Rechts-Links-Achse übersetzen lässt (Heinelt/Egner i.d.B.).

Auch die Migrations- und die Umweltpolitik waren lange Zeit von erheblichem Konsens getragen, was allerdings neuerlich nicht bedeutete, dass es keinen Einfluss von Parteien auf die Staatstätigkeit gegeben hätte. In der Umweltpolitik waren nämlich Martin Jänicke (i.d.B.) zufolge Regierungswechsel meist mit Innovationsschüben verbunden, die in der Folge aber parteiübergreifend akzeptiert wurden. In der Ausländer- und Migrationspolitik herrschte zwar lange Zeit ein breiter parteipolitischer Konsens vor, der erst in den 1980er Jahren zerfiel (vgl. Green i.d.B.). In der ersten rot-grünen Legislaturperiode wurden in diesem Bereich schließlich die parteipolitischen Unterschiede insbesondere an der Frage der doppelten Staatsbürgerschaft deutlich, die die rot-grüne Koalition einführen wollte und gegen die die Union auf das heftigste opponierte.

Gerade die Reform des Staatsangehörigkeitsrechts macht auch deutlich, welche Mechanismen die häufig durchaus bestehenden parteipolitischen Differenzen klein zu arbeiten helfen. Neben den institutionellen Faktoren, insbesondere der Rolle des Bundesrates, auf die weiter unten noch einzugehen ist, ist hier vor allem der Wettbewerb um Wählerstimmen zu nennen. Gegen die Einführung der doppelten Staatsbürgerschaft initiierte die Union bekanntlich eine Unterschriftenaktion und machte sie mit erheblichem Erfolg zum Thema des hessischen Landtagswahlkampfes 1999. In der Folge des hessischen Machtwechsels änderten sich seinerzeit aber nicht nur die Mehrheitsverhältnisse im Bundesrat; auch führende Vertreter des größeren Koalitionspartners „sprachen sich [nach der hessischen Landtagswahl; d.Verf.] für eine Lösung aus, die eine breite Unterstützung habe" (Busch 2003: 312). Im Klartext fürchtete die SPD also, dass ihr ein Festhalten an diesem offenbar unpopulären Projekt bei zukünftigen Wahlen schaden werde – weshalb sie lieber darauf verzichtete.

In dieser Hinsicht ist das Staatsbürgerschaftsrecht kein Einzelfall – im Gegenteil erschwert es der Dauerwahlkampf in der Bundesrepublik, der durch die Vielzahl von Landtagswahlen während einer Wahlperiode des Bundestages entsteht, die zusätzlich noch Einfluss auf die Zusammensetzung des Bundesrates haben, in besonderem Maße, unpopuläre Vorhaben durchzusetzen. Dies lässt sich an Beispielen aus ganz unterschiedlichen Politikfeldern belegen: Von der Weigerung der CDU/CSU während der Großen Koalition, die D-Mark aufzuwerten, über den Mangel an Konsistenz bei der Reform der Sozialversicherungssysteme und der Konsolidierung des Bundeshaushaltes bis zur kompromisslosen und nicht-konditionalen Ablehnung der Schröder-Regierung, sich an einem Krieg gegen den Irak zu beteiligen.

Auf der anderen Seite zwingt der Parteienwettbewerb in bestimmten Situationen, nämlich wenn eine bestimmte Handlungsweise von einer starken Mehrheit der Wählerschaft stark präferiert wird, wahlorientierte Politiker dazu, Reformen durchzusetzen. Das lässt sich an den Überbietungswettläufen in der Sozialpolitik seit der Rentenreform von 1957 erkennen (Schmidt i.d.B.). Ein einschlägiges Beispiel ist aber auch die Herstellung der deutschen Einheit, insbesondere ihrer wirtschaftspolitischen Aspekte und dabei besonders des Umtauschkurses zwischen D-Mark und Mark der DDR. Obwohl die schließlich gewählte Umtauschrelation ökonomisch unstrittig desaströs wirkte, war sie angesichts des Erwartungsdrucks vor allem in Ostdeutschland politisch kaum zu vermeiden, zumal in einem Wahljahr.

Schließlich kann der Parteienwettbewerb noch auf andere Weise größere Reformen anstoßen, dann nämlich, wenn die Wiederwahl einer Regierung durch ein ungelöstes Problem bedroht ist. In einem solchen Fall sind Regierungen zuweilen bereit gewesen, größere Reformen zu wagen. Beispiele aus der Wirtschafts- und Beschäftigungspolitik sind die vergleichsweise weit reichenden Reformen der letzten Jahre der Ära Kohl sowie die rotgrünen Reformen der Agenda 2010. In beiden Fällen fürchteten die Regierungsparteien, dass die hohe Arbeitslosigkeit zukünftige Wahlerfolge unmöglich machen würde, weshalb sie sich jeweils zu weiter reichenden Maßnahmen durchrangen (Schmid sowie Zohlnhöfer i.d.B.). Auf diese Weise übersetzt der Wettbewerb um Wählerstimmen hohen Problemdruck in Reformtätigkeit.

5 Regieren im Staat der vielen Vetospieler

Der Parteienwettbewerb ist nicht der einzige Faktor, der die Durchsetzung von Politiken erschweren kann. Mindestens ebenso wichtig sind die institutionellen Eigenschaften des deutschen politischen Systems, die ein „Durchregieren" unmöglich machen. Insofern ist Regieren in Deutschland in den meisten Politikfeldern einfach schwieriger als in anderen Industrieländern (Czada 2003: 198), wenngleich hier als Ausnahme zumindest die Verfassungspolitik festzuhalten ist, ist doch das Grundgesetz, wie Andreas Busch (i.d.B.) zeigt, im internationalen Vergleich eine vergleichsweise einfach zu ändernde Verfassung, was sich entsprechend in hohen Änderungsraten niederschlägt. In der Verfassungspolitik wie in fast allen anderen Politikfeldern müssen Bundesregierungen beim Regieren gleichwohl den Einfluss des Bundesrates, des Bundesverfassungsgerichts und des Föderalismus einkalkulieren, um nur die wichtigsten Institutionen zu nennen.

Am geringsten ist der Einfluss dieser institutionellen Gegengewichte noch in den auswärtigen Beziehungen, die traditionell die Domäne der Exekutive sind. Allerdings spielen selbst hier gelegentlich Bundestag, Bundesrat und Verfassungsgericht eine wichtige Rolle. Insbesondere das Bundesverfassungsgericht war immer wieder mit außenpolitischen Fragen befasst, beginnend mit der Frage der Wiederbewaffnung, über die Ostpolitik und den Grundlagenvertrag mit der DDR bis hin zu den Entscheidungen über Fragen der Europäischen Integration (Maastrichter Vertrag) und über Bundeswehreinsätze außerhalb des Bündnisgebietes der NATO. Dabei akzeptierte das Verfassungsgericht zwar in aller Regel die von den Bundesregierungen getroffenen Entscheidungen, beschränkte ihren zukünftigen Handlungsspielraum aber durch verfassungskonforme Interpretationen, etwa zum Grundlagenvertrag mit der DDR oder dem Maastrichter Vertrag (Maull sowie Müller-Brandeck-Bocquet i.d.B.). Auch bei der Erklärung der Verfassungsmäßigkeit von Auslandseinsätzen der Bundeswehr wurde die Bundesregierung insofern eingeschränkt, als solche Einsätze nur mit Zustimmung des Bundestages erfolgen dürfen (Wagner/Schlotter i.d.B.).

Der Bundesrat gewann dagegen vor allem in der Europapolitik eine gewisse Bedeutung, erstritt er sich doch im Rahmen der Verabschiedung des Maastrichter Vertrages unter Androhnung der Verweigerung seiner Zustimmung verfassungsrechtlich abgesicherte Mitwirkungsrechte in der Europapolitik, die bis zur Vertretung der Bundesrepublik im Ministerrat reichen können (Art. 23 GG n.F.). Substantiellen Einfluss auf die deutsche Europapolitik scheint diese Norm bislang allerdings nur in begrenztem Umfang ausgeübt zu haben (Börzel sowie Müller-Brandeck-Boquet i.d.B.).

In der Innenpolitik dagegen ist der Einfluss der institutionellen Begrenzungen wesentlich deutlicher zu spüren. Der Bundesrat etwa spielte in einer Vielzahl von Politikfeldern eine überaus gewichtige Rolle. Das galt insbesondere wenn die parteipolitischen Mehrheitsverhältnisse zwischen Bundestag und Bundesrat differierten. Aber selbst bei gleichgerichteten Mehrheitsverhältnissen kamen Regierungsentwürfe nicht ungeschoren davon, wenn die institutionellen oder finanziellen Eigeninteressen der Landesregierungen betroffen waren. Dies lehrt ein Blick auf die Steuerpolitik, bei der Bund und Länder durch den großen Steuerverbund seit 1969 besonders eng verkoppelt sind. In der Folge kam fast keine Steuerreform so aus dem Bundesrat, wie sie hineingegangen war. Dies hatte nicht zuletzt in den vergangenen 20 Jahren, in denen die Steuerpolitik zu einem Kerninstrument der von Standortkonkurrenz geprägten Wirtschaftspolitik wurde, erhebliche Folgen, da sie dazu führte, dass Deutschland im internationalen Wettbewerb um möglichst niedrige Steuersätze stets deutlich hinterherhinkte, wenngleich die vollständige Blockade sich auf wenige spektakuläre Fälle beschränkte, wie etwa die von der Kohl-Regierung initiierte Steuerreform 1998/99, die im Bundesrat Ende 1997 scheiterte (Wagschal sowie Zohlnhöfer i.d.B.). In anderen Bereichen der Wirtschafts-, Arbeitsmarkt- oder Verkehrspolitik, aber auch in der Sozial- und Gesundheitspolitik sowie in der Rechtspolitik, insbesondere der Migrationspolitik, hatte der Bundesrat ebenfalls mitunter weit reichenden Einfluss, der häufig zu einer Verringerung der Reformreichweite führte, etwa beim Staatsbügerschafts- und beim Zuwanderungsgesetz der rot-grünen Regierung (Green i.d.B.).

Gleichwohl taugt diese Tendenz einer reformbeschränkenden Rolle des Bundesrates nicht zu einer gesetzesförmigen Aussage, denn es lassen sich auch in nennenswertem Umfang Fälle anführen, in denen der Bundesrat dazu beigetragen hat, weiter reichende Reformen durchzusetzen. Das galt etwa für die 2000 beschlossene Senkung des Spitzensteuersatzes auf 42%, die über das hinausging, was die Bundesregierung vorgeschlagen hatte, oder für die von der Hartz-Kommission angestoßenen Arbeitsmarktreformen, etwa die Verschärfung der Zumutbarkeitsregelung.

Auch das Bundesverfassungsgericht schränkte den Handlungsspielraum deutscher Regierungen mitunter erheblich ein. Einige Politikfelder wurden dabei in besonders hohem Maße von Urteilen des Verfassungsgerichts geprägt, darunter das Schwangerschaftsabbruchsrecht, bei dem dem Gesetzgeber letztlich nur noch ein minimaler Handlungskorridor verblieb (Gindulis 2003: 94-127), sowie phasenweise die Medienpolitik (Jarren/Donges i.d.B.). Auch die Steuerpolitik wurde, insbesondere in den 1990er Jahren, fast so sehr von Karlsruhe aus geprägt wie durch Bundestag und Bundesrat, man denke nur an die Abschaffung der Vermögensteuer, die Erhöhung des Grundfreibetrages der Einkommensteuer und viele andere einschlägige Entscheidungen (Wagschal i.d.B.).

Doch eine „Gegenregierung" bildete das Verfassungsgericht nicht. Das zeigen einschlägige Studien (z.B. jüngst Kneip 2007), und das zeigt sich daran, dass ein Großteil der in diesem Band vereinigten Beiträge ganz ohne Verweis auf das Gericht auskommt. Zudem waren es keineswegs immer inhaltliche Gründe, aus denen das Gericht Gesetze verwarf. In nicht wenigen Fällen ging es vielmehr um die Sicherstellung eines ordnungsgemäßen Gesetzgebungsprozesses, wie etwa im Falle des Zuwanderungsgesetzes (Green i.d.B.).

Schließlich ist der Föderalismus als mögliche Einschränkung des Handlungsspielraums von Bundesregierungen zu nennen. Wo der Bund nur begrenzte Kompetenzen besitzt, lassen sich seine Ziele nur begrenzt verwirklichen. Das musste etwa die sozial-liberale Koalition bei der Bekämpfung der Wirtschaftskrisen der 1970er Jahre erfahren, als „eine konjunkturadäquate öffentliche Investitionsdynamik durch die föderative Struktur erschwert, wenn nicht gar unmöglich gemacht" wurde, wie Günther Schmid (i.d.B.) argumentiert. Ganz ähnliche Schwierigkeiten ergaben und ergeben sich bei der Einhaltung der europäischen Stabilitätskriterien, die der Bund gleichfalls nicht allein sicherstellen kann. Auch in anderen Bereichen erschwert der Föderalismus den hier vorgelegten Analysen zufolge das Regieren. Das gilt beispielsweise für die Umweltpolitik: Jänicke (i.d.B.) erklärt nämlich die Tatsache, dass Deutschland häufig ein säumiges EU-Mitglied bei der Umsetzung von europäischem Umweltrecht ist, mit Schwierigkeiten, die im föderalen System angelegt sind. Auch die Präferenzen der Kohl-Regierung für die Etablierung des Privatrundfunks wurden gebremst durch die einschlägigen Länderkompetenzen in diesem Bereich (Jarren/Donges i.d.B.).

Allerdings gelang durch die Kooperation zwischen den Ländern in der Medien- und der Bildungspolitik sowie der Politik der Inneren Sicherheit, also in den Bereichen, in denen die Länder die gewichtigsten eigenen Gesetzgebungskompetenzen haben, eine Einheitlichkeit der Länderpolitik, die, wie Frieder Wolf (i.d.B.) für die Bildungspolitik feststellt, „in mancherlei Hinsicht trotz aller Vielfalt unitarischer als in vielen Zentralstaaten ist". Dies hat allerdings Folgen in Bezug auf die Geschwindigkeit der Problemverarbeitung und die Reichweite von parteipolitischen Richtungsentscheidungen. Wiederum kann die Bildungspolitik als Beispiel dienen: „Die durchaus beträchtlichen weltanschaulichen und kulturellen Differenzen in bildungspolitischen Fragen wurden und werden im deutschen Bildungsföderalismus insgesamt durchaus erfolgreich vermittelt, allerdings um den Preis langsamer Entscheidungsfindung bis hin zu Blockaden in Einzelfragen und einer gewissen Nivellierungstendenz im Ergebnis" (Wolf i.d.B.).

6 Regieren in der Bundesrepublik Deutschland: eine „Erfolgsgeschichte"?

Etliche Beobachter werten das politische System der Bundesrepublik Deutschland als „geglückte Demokratie" (Wolfrum 2006: 13, Wolfrum 2005) und als „Erfolgsgeschichte" (von Beyme 2004: 432; Conradt 2005: xvi). Das leuchtet ein, solange die Bundesrepublik mit allen anderen politischen Regimes in Deutschland verglichen wird: Bei diesem Vergleich schneiden sowohl die politischen Institutionen als auch die politischen Abläufe und die materiellen Politiken der Bundesrepublik besser ab – gemessen an Standardmesslatten politischer Produktivität. Zweifelsohne hat Deutschland Vorteile im Lichte vieler Indikatoren „politischer Effektivität" (Roller 2005). Zu ihnen gehören – Stichworte müssen hier genügen (ausführlicher Schmidt 2007) – eine stabile, verfassungsstaatlich gezügelte Demokratie, die hohe politische Stabilität, die Einbindung der politischen Opposition, das Fehlen nennenswerter Anti-System-Parteien, die Bewältigung von Machtwechseln und die zahlreichen Partizipationschancen in Gestalt konventioneller und unkonventioneller politischer Beteiligung sowie die überaus erfolgreiche Aufteilung und Zügelung politischer Macht. Dem entspricht außenpolitisch eine Politik, die aus der Not eine Tugend machte und mit ihrem Streben nach „Zivilmacht" und „Handelsstaat" anstelle des „Machtstaates" auch international Zeichen setzte. Auch dadurch wirkt die Politik im Deutschland von heute nicht zerstörerisch oder selbstzerstörerisch – im Unterschied zur NS-Diktatur, zum DDR-Sozialismus oder zu Regimes, in denen Regieren hauptsächlich Regieren im Interesse der politischen Klasse heißt.

Passt aber die Lehre von der „Erfolgsgeschichte" auch für die politische Steuerung in der Bundesrepublik vor und seit der Wiedervereinigung?

Zweifel sind angebracht. Gewiss: Es gibt Paradebeispiele gelungener Weichenstellungen und erfolgreicher Staatstätigkeit. Die Außenpolitik hat im Rahmen der ihr vorgegebenen Restriktionen eine insgesamt eindrucksvolle „Zivilmacht-" und „Handelsstaatspolitik" praktiziert (Maull i.d.B., Staack 2000). Auch in innenpolitischen Feldern hat die Staatstätigkeit Erfolge vorzuweisen. In den 1950er und 1960er Jahren konnte man vor allem die Wirtschaftspolitik und ihren Beitrag zur Mehrung des wirtschaftlichen Wohlstands als Beispiel zitieren. Und wem der Sinn nach partizipationsorientierter Steuerung der Arbeitsbeziehungen stand, fand im Auf- und Ausbau der Mitbestimmung in Deutschland so manche wegweisende Weichenstellung. Gleiches gilt für die Anhänger eines in den sozialen Sicherungssystemen starken Staates. Der Auf- und Ausbau der Sozialpolitik und die insgesamt beachtliche bis hohe Leistung, die sie bei der Erreichung ureigener Ziele der sozialen Sicherung unter Beweis stellt, sind zweifelsohne als Erfolge zu verbuchen. Als Erfolg gilt unzweifelhaft auch die „Preisstabilitätspolitik" (Busch 1995), mit der die Inflation in Deutschland stärker als in fast allen anderen Ländern eingedämmt wurde. Dass auch in relativ neuen Politikfeldern Erfolge erzielt werden können, zeigt die Umweltpolitik. Sie ist im internationalen Vergleich ein guter Beleg für die Lehre von der „Erfolgsgeschichte".

Allerdings laboriert die Staatstätigkeit in Deutschland auch an Problemen. Es gibt politikfeldspezifische Problemlagen, wie insbesondere die Beiträge zu diesem Band zeigen, aber auch politikfelderübergreifende. Auffällig große Steuerungsmängel werden mittlerweile vor allem in den Feldern Finanz-, Beschäftigungs-, Wirtschafts- und Sozialpolitik diagnostiziert. Das bestätigen im Großen und Ganzen die entsprechenden Beiträge in diesem Buch. Dass die Finanzpolitik buchstäblich viele ungedeckte Schecks ausgeschrieben hat, wird in Wagschals Beitrag deutlich. Ein mittlerweile hoher und tendenziell zunehmender Schuldenstand, aber auch die beachtlich hohe Nettozinslastquote sind Anzeiger dafür. Und unüberhörbar sind die Warnsignale, die von dem mittlerweile schon jahrelang erfolgenden Überschreiten der Zielwerte des europäischen Stabilitäts- und Wachstumspaktes kommen. Auch die Wirtschaftspolitik ist nicht mehr länger ein Qualitätsausweis der Bundesrepublik. Jedenfalls wird ihre Bilanz in den letzten 15 Jahren insgesamt als „wenig erfreulich" eingestuft – so der Beitrag von Zohlnhöfer, der für viele andere zurückhaltende bis skeptische Bilanzierungen der deutschen Wirtschaftspolitik steht. Auch die Beschäftigungspolitik kann nicht länger den Traum der Vollbeschäftigung träumen – so die Analyse von Günther Schmid. Und wie die Analyse der Sozialpolitik in Deutschland zeigt, sind dort vier gewichtige Ungleichgewichtsprobleme aufgehäuft worden: ein Ungleichgewicht zwischen Wirtschaftskraft und sozialpolitischen Ambitionen, ein beschäftigungspolitisches Ungleichgewicht, ein finanzierungspolitisches und eines, das nach wie vor zu Gunsten der Altersrentner und zu Lasten der jüngeren, insbesondere der Kinder erziehenden Staatsbürger geht (Schmidt i.d.B.). Von vergangenen Erfolgen und ausbleibenden in der Gegenwart zeugt auch im Wesentlichen die politische Steuerung der Arbeitsbeziehungen. Deutlich negativ ist die Bilanz, die am Fall der Medienpolitik gezogen wurde, die einerseits unter zunehmender Ökonomisierung agiert und andererseits stark institutionalisiert und stark fragmentiert ist.

In nicht wenigen Politikfeldern gibt es allerdings neben Schatten auch Licht – das soll nicht verschwiegen werden. Dass die Sozialpolitik neben ihren Ungleichgewichten Erfolge vorweisen kann, insbesondere bei der Erfüllung ureigener Ziele der sozialen Sicherung und bei der Abfederung des harten ökonomischen Übergangs von der Zentralverwaltungs- zur Marktwirtschaft in den neuen Bundesländern nach der Wiedervereinigung, verdient ausdrückliche Erwähnung. Und dass Deutschlands Gesundheitssystem zwar aufwändig und mit Effektivitätsmängeln versehen ist, aber im internationalen Vergleich sich hinsichtlich des Leistungsniveaus, der Leistungsbreite und der Zugangsmöglichkeiten mit vielen anderen Systemen messen kann, sollte ebenfalls nicht übersehen werden. Manche Politikfelder wandelten sich sogar von relativ starrer, kontinuierlicher, pfadtreuer Entwicklung in eine neue Richtung – die Verkehrspolitik beispielsweise durch die Neuordnung des regulativen Rahmens in Richtung auf marktkonforme Koordination und Korrektur von Marktprozessen. Auch die Analyse der Bildungspolitik zeigte Schatten und Licht an. Neben Schwächen, wie sie etwa die PISA-Studien und die Defizite bei der Ausbildung von Kindern aus Migrantenfamilien verdeutlichen, sind Stärken wie Identitätsstiftung und Bildungsexpansion unübersehbar. Die Anpassungsfähigkeit ist eher schwerfällig und träge, wenngleich die ständige Wahrnehmung von Reformbedarf und die Vielzahl von inkrementellen Korrekturen sich durchaus zu einer Wandlungsfähigkeit addieren, die nahe an die These von Katzenstein (1987) kommt, dass sich in Deutschland die vielen inkrementellen Änderungen zu einem beachtlichen Wandel summierten. Auch die politische Steuerung von Migration und Staatsangehörigkeit hat neben ihren Schwächen, insbesondere eine verspätete zuwanderungsfreundliche Regulierung und eine verspätete intelligente Regelung der Zuwanderung, Stärken auf ihrer Seite (vgl. Green i.d.B.). Immerhin hat die Bundesrepublik Deutschland einen ungewöhnlich großen Zuwanderungsstrom aufgenommen und in einem mehr oder minder erfolgreichen Maß einbinden können. Überdies haben die Reform der Zuwanderungsgesetzgebung und Reformen des Staatsangehörigkeitsrechtes die Hürden der Einbürgerung erheblich gesenkt und zwar schon lange vor der rot-grünen Reform der Staatsangehörigkeit. Auch die Wohnungspolitik zeigt Leistungen, die zu Gunsten der Erfolgsgeschichte zu verbuchen sind, wie zum Beispiel die Wohnbauförderungspolitik. Die Beispiele könnten fortgesetzt werden: Die Kulturpolitik zeichnet sich, so der Nachweis von Klaus von Beyme, im internationalen Vergleich noch immer durch eine Spitzenstellung aus, wenngleich mit abnehmendem Vorsprung.

Neben politikfeldspezifischen Erfolgen und Problemlagen gibt es politikfeldübergreifende Probleme. Zu ihnen gehören die hohen Kosten der Willensbildung- und Entscheidungsfindung in Deutschland. Diese reflektieren einen langwierigen, zeitraubenden politischen Prozess, dessen Tempo wesentlich bestimmt wird von der weitgehenden Machtzersplitterung und -fesselung in der deutschen Staatsorganisation, insbesondere infolge des Mit- und Gegeneinanders von Bund und Ländern und der tendenziellen Dauerwahlkampfatmosphäre, die im Lande aufgrund der Vielzahl von Wahlen von bundesweiter Bedeutung herrscht. Die Politik in der Bundesrepublik Deutschland neigt zu langsamer Reaktion. Mitunter erinnert sie an die aus der schweizerischen Verhandlungsdemokratie bekannte „helvetische Verzögerung“. Und im ungünstigsten Fall verstreichen sogar mehrere Jahrzehnte, bis die wichtigsten politischen Akteure Strukturprobleme wie beispielsweise die Alterung der deutschen Gesellschaft wahrnehmen. Auch die Reform des Föderalismus, die 2006 stattfand, hat eine rund 30jährige Vorgeschichte. Und dass die deutschen Hochschulen, insbesondere die der alten Bundesländer, mittlerweile erheblich unterfinanziert sind, ist ebenfalls ein seit Mitte der 1970er Jahre bekannter Sachverhalt. Dass Deutschlands soziale Sicherungssysteme überdies zu einem beträchtlichen Teil zu Dauerbaustellen geworden sind, spricht ebenfalls nicht für das Tempo der Problemlösungen im Lande.

Dass für die Neigung zur verzögerten Problemwahrnehmung und Problembehandlung viele Gründe verantwortlich sind, zeigt jede Politikfeldanalyse, und davon legt auch die Einleitung zu diesem Band Zeugnis ab. Die dort genannten Strukturen und Prozesse wirken häufig nicht als Beschleuniger, sondern als Bremser der politischen Willensbildung und Entscheidungsfindung. Die vielen Mitregenten und Vetospieler beispielsweise, die hohen Kooperationserfordernisse im bundesstaatlichen Beziehungsgeflecht, die Dauerwahlkampfatmosphäre, aber auch die Abneigung der Wähler gegen größere, womöglich in Besitzstände eingreifende Reformen sind massive Restriktionen für jede Reformpolitik, aber im Besonderen auch Hürden für Umbau- und Sanierungsreformen. Allerdings ist Deutschland nicht das Land des Reformstaus – auch wenn es einzelne Fälle gibt, die für diese These sprechen. Die große Zahl der Reformen erster, zweiter und mitunter sogar dritter Ordnung sprechen aber gegen eine generalisierte Reformstauthese. Doch andererseits stützen sie auch nicht in dem erforderlichen Umfang die These von der „Erfolgsgeschichte“.

Angesichts der Schwächen bei der Wahrnehmung und Bewältigung politischer Probleme, das heißt angesichts von Schwächen der politischen Steuerung, ist die These von der „Erfolgsgeschichte“ deshalb zu viel des Lobes. Von einem Misserfolg zu reden, wäre allerdings ebenfalls unangebracht. Und so entpuppen sich das Regieren in der Bundesrepublik Deutschland und die Politikergebnisse im Wesentlichen als eine Kombination von Licht, Schatten und Grautönen.

7 Literatur

Beyme, Klaus von, [10]2004: Das politische System der Bundesrepublik Deutschland. Eine Einführung. Wiesbaden.

Beyme, Klaus von/Schmidt, Manfred G. (Hrsg.), 1990: Politik in der Bundesrepublik Deutschland. Opladen.

Busch, Andreas, 1995: Preisstabilitätspolitik. Politik und Inflationsraten im internationalen Vergleich. Opladen.

Busch, Andreas, 2003: Extensive Politik in den Klippen der Semisouveränität: Die Innen- und Rechtspolitik der rot-grünen Koalition, in: Christoph Egle/Tobias Ostheim/Reimut Zohlnhöfer (Hrsg.): Das rot-grüne Projekt. Eine Bilanz der Regierung Schröder 1998-2002. Wiesbaden, 305-327.

Conradt, David P., [8]2005: The German Polity. New York u.a.

Czada, Roland, 2003: Der Begriff der Verhandlungsdemokratie und die vergleichende Policy-Forschung, in: Renate Mayntz/Wolfgang Streeck (Hrsg.): Die Reformierbarkeit der Demokratie: Innovationen und Blockaden. Frankfurt a.M., 173-203.

Gindulis, Edith, 2003: Der Konflikt um die Abtreibung. Die Bestimmungsfaktoren der Gesetzgebung zum Schwangerschaftsabbruch im OECD-Ländervergleich. Wiesbaden.

Katzenstein, Peter, 1987: Policy and Politics in Germany: The Growth of a Semisovereign State. Philadelphia.

Kneip, Sascha, 2007: Anschieber oder Bremser? Das Bundesverfassungsgericht und die Reformpolitik der rot-grünen Bundesregierung, in: Christoph Egle/Reimut Zohlnhöfer (Hrsg.): Ende der rot-grünen Episode? Eine Bilanz der Regierung Schröder 2002-2005. Wiesbaden (i.E.).

Lehmbruch, Gerhard, 1991: Die deutsche Vereinigung: Strukturen und Strategien, in: PVS 32: 585-604.

Roller, Edeltraud, 2005: The Performance of Democracies. Political Institutions in Public Policy. Oxford.

Schmidt, Manfred G., 2007: Das politische System Deutschlands. München (i.E.).

Staack, Michael, 2000: Handelsstaat Deutschland. Deutschlands Außenpolitik in einem neuen internationalen System. Paderborn u.a.

Weßels, Bernhard, 1999: Die deutsche Variante des Korporatismus, in: Max Kaase/Günther Schmid (Hrsg.): Eine lernende Demokratie. Berlin, 87-113.

Wolfrum, Edgar, 2005: Die Bundesrepublik Deutschland 1949-1990 (Gebhardts Handbuch der deutschen Geschichte, 10. Aufl., Bd. 23). Stuttgart/Berlin/Leipzig.

Wolfrum, Edgar, 2006: Die geglückte Demokratie. Geschichte der Bundesrepublik Deutschland von ihren Anfängen bis zur Gegenwart. Stuttgart.

Zohlnhöfer, Reimut/Ostheim, Tobias, 2007: Policy-Transfer durch die Europäische Beschäftigungspolitik? Methodische Überlegungen und empirische Analyse des Falls Deutschland, in: Katharina Holzinger/Helge Jörgens/Christoph Knill (Hrsg.): Transfer, Diffusion und Konvergenz von Politiken (= PVS-Sonderheft 1/2007). Wiesbaden (i.E.).

Abbildungsverzeichnis

Tabellenverzeichnis

Autorenverzeichnis

PD Dr. Nils C. Bandelow, geb. 1967, ist Hochschuldozent für Politikwissenschaft an der Ruhr-Universität Bochum und Vertreter des Lehrstuhls für Innenpolitik und Politische Theorie an der TU Braunschweig. Seine Forschungsgebiete sind u.a. Politisches Lernen, Politische Steuerung, Politische Ökonomie, Vergleich demokratischer Regierungssysteme, Regieren in Europa. Internet: www.nilsbandelow.de

Dr. Dr. h.c. Klaus von Beyme, geb. 1934, ist em. Professor für Politische Wissenschaft an der Universität Heidelberg. Seine Forschungsschwerpunkte sind die Vergleichende Politikforschung und die Theorie der Politik, seine Spezialgebiete sind Kunst und Politik sowie Kulturpolitik.

Dr. Tanja A. Börzel, geb. 1970, ist Inhaberin des Lehrstuhls für Europäische Integration an der Freien Universität Berlin. Ihre Forschungsinteressen liegen im Bereich der Institutionenforschung, der Europäischen Integration und der vergleichenden Regierungslehre mit Schwerpunkt auf West- und Südeuropa. Internet: www.fu-berlin.de/europa

Dr. Andreas Busch, geb. 1962, ist Reader in European Politics am Department of Politics and International Relations der University of Oxford, Leiter des Masterstudienganges „European Politics and Society" sowie Fellow von Hertford College, Oxford. Seine Hauptarbeitsgebiete sind Vergleichende Staatstätigkeitsforschung, Politische Ökonomie und das Politische System der Bundesrepublik Deutschland. Internet: http://users.ox.ac.uk/~busch/

Dr. Patrick Donges, geb. 1969, ist Oberassistent am Institut für Publizistikwissenschaft und Medienforschung der Universität Zürich. Seine Forschungsschwerpunkte sind Politische Kommunikation, Organisationskommunikation, Medienstrukturen und Medienpolitik im internationalen Vergleich sowie Medien- und Kommunikationstheorien. Internet: www.mediapolicy.unizh.ch

Björn Egner, M.A., geb. 1976, ist Wissenschaftlicher Mitarbeiter am Institut für Politikwissenschaft der Technischen Universität Darmstadt. Seine Forschungsschwerpunkte sind die lokale Politikforschung, Policy-Analyse und empirische Netzwerkanalyse.

Dr. Simon Green, geb. 1971, ist Senior Lecturer im Fach Politikwissenschaft am Institute for German Studies der Universität Birmingham. Seine Forschungsinteressen liegen im Bereich Migrations- und Staatsangehörigkeitspolitik in Deutschland und Europa, sowie in den Bereichen Regierungssystem der Bundesrepublik und Vergleiche zwischen Deutschland und Großbritannien. Internet: www.igs.bham.ac. uk/staff/green.htm

Dr. Anke Hassel ist Professor of Public Policy an der Hertie School of Governance, Berlin. Ihre Forschungsschwerpunkte sind Vergleichende Industrielle Beziehungen, Vergleichende Politikwissenschaft und Politische Ökonomie. Internet: http://www.hertie-school.org/en/7_faculty/Hassel/Downloads/index.html

Dr. Hubert Heinelt, geb. 1952, ist Professor am Institut für Politikwissenschaft der Technischen Universität Darmstadt. Seine Forschungs- und Lehrschwerpunkte sind Staatstätigkeit (public policy), Verwaltungswissenschaft und lokale Politikforschung.

Dr. Martin Jänicke, geb. 1937, ist Leiter der Forschungsstelle für Umweltpolitik an der FU Berlin, Mitglied im Sachverständigenrat für Umweltfragen (seit 1999) und im Kuratorium der Deutschen Bundesstiftung Umwelt (seit 2003). Sein Forschungsschwerpunkt liegt in der vergleichenden Umweltpolitikforschung. Internet: www.fu-berlin.de/ffu

Dr. Otfried Jarren, geb. 1953, ist Ordinarius für Publizistikwissenschaft und Direktor des IPMZ – Institut für Publizistikwissenschaft und Medienforschung der Universität Zürich. Seine Forschungsgebiete sind Politische Kommunikation, Mediensystem- und Medienstrukturforschung, Medienregulierung und Medienpolitik sowie Organisationskommunikation. Internet: www.mediapolicy.unizh.ch

Dr. Hans-Jürgen Lange, geb. 1961, ist apl. Professor für Politikwissenschaft an der Philipps-Universität Marburg und z.Zt. Gastprofessor für Politikwissenschaft und Zeitgeschichte an der Privaten Universität Witten/Herdecke. Seine Forschungsschwerpunkte sind Staats-, Verwaltungs- und Demokratiereformen sowie Sicherheits-, Konflikt- und Polizeistudien. Internet: www.hans-juergen-lange.de

Dr. Dirk Lehmkuhl, geb. 1963, ist Oberassistent am Institut für Politikwissenschaft an der Universität Zürich. Seine Lehr- und Forschungsschwerpunkte umfassen die Bereiche Europäische Integration und Internationale Beziehungen. Dabei beschäftigt er sich insbesondere mit der Rolle nicht-staatlicher Akteure und ihrem Beitrag im internationalen Regieren. Aktuell ist er beteiligt an international vernetzten Forschungsprojekten zu den Außenbeziehungen der Europäischen Union und zu neuen Steuerungsformen in Europa und darüber hinaus.

Dr. Hanns W. Maull, geb. 1947, ist Inhaber des Lehrstuhls für Außenpolitik und Internationale Beziehungen an der Universität Trier. Seine Forschungsschwerpunkte sind Deutsche Außenpolitik, Vergleichende Außenpolitikanalyse, Außenbeziehungen der EU, Internationale Beziehungen in Ostasien sowie die Beziehungen zwischen Europa und Asien. Internet: www.politik.uni-trier.de/mitarbeiter/maull/
index.php

Dr. Gisela Müller-Brandeck-Bocquet, geb. 1956, ist Professorin für Politikwissenschaft an der Universität Würzburg. Ihre Forschungsschwerpunkte sind die Europäische Union, Europäische Außenpolitik, vergleichende Integrationsforschung, Frankreich, Umweltpolitik sowie Fragen von Föderalismus und Dezentralisierung. Internet: www.uni-wuerzburg.de/polwiss/ls-polwiss/

Dr. Ilona Ostner, geb. 1947, ist Professorin für Sozialpolitik an der Georg-August-Universität Göttingen; außerdem ist sie bis 2007 Sprecherin des DFG-Graduiertenkollegs „Die Zukunft des Europäischen Sozialmodells“. Ihre Schwerpunkte der Forschungstätigkeit sind die Vergleichende Wohlfahrtsstaatsforschung, Sozialpolitik als Geschlechterpolitik sowie Familie und Wohlfahrtsstaat. Internet: www.uni-goettingen.de/de/sh/31428.html

PD Dr. Elmar Rieger, geb. 1959, ist Wissenschaftlicher Oberassistent am Zentrum für Sozialpolitik der Universität Bremen. Seine Forschungsschwerpunkte sind der Wohlfahrtsstaatsvergleich und die Soziologie des Völkerrechts.

Dr. Peter Schlotter, geb. 1945, arbeitet an der Hessischen Stiftung Friedens- und Konfliktforschung, Frankfurt/Main. Zurzeit ist er Professor für Internationale Beziehungen am Institut für Politische Wissenschaft an der Ruprecht-Karls-Universität Heidelberg. Seine Forschungsschwerpunkte sind Theorien der internationalen Beziehungen, Internationale Organisationen, deutsche Außenpolitik.

Dr. Günther Schmid, geb. 1942, ist Direktor der Abteilung Arbeitsmarktpolitik und Beschäftigung am Wissenschaftszentrum Berlin für Sozialforschung und Professor für Ökonomische Theorie der Politik an der Freien Universität Berlin. Seine Forschungsschwerpunkte sind Arbeitsmarktpolitik, Analyse und Vergleich von Beschäftigungssystemen, Evaluierung, Theorie sozialer Koordination, Gleichheit, Gerechtigkeit und Effizienz.

Dr. Manfred G. Schmidt, geb. 1948, ist Professor für Politische Wissenschaft an der Universität Heidelberg. Seine Forschungsschwerpunkte umfassen Demokratietheorien, wohlfahrtsstaatliche Politik im internationalen Vergleich sowie Politische Institutionen und Politikfelder in der Bundesrepublik Deutschland.

Dr. Wolfgang Wagner, geb. 1970, ist Wissenschaftlicher Mitarbeiter an der Hessischen Stiftung Friedens- und Konfliktforschung (HSFK). Seine Forschungsschwerpunkte sind die Theorie des Demokratischen Friedens und die deutsche und europäische Außen-, Sicherheits- und Verteidigungspolitik.

Dr. Uwe Wagschal, geb.1966, ist Professor für Politische Wissenschaft an der Ruprecht-Karls-Universität Heidelberg. Seine Forschungsschwerpunkte sind die Politische Ökonomie sowie die Empirische Politik- und Staatstätigkeitsforschung. Internet: www.wagschal.uni-hd.de

Dr. Frieder Wolf, geb. 1978, ist Wissenschaftlicher Mitarbeiter am Institut für Politische Wissenschaft der Universität Heidelberg. Sein Forschungsschwerpunkt ist die vergleichende Staatstätigkeitsforschung, insbesondere die Analyse von Bildungspolitik und Bildungsausgaben.

Dr. Reimut Zohlnhöfer, geb. 1972, ist Wissenschaftlicher Assistent am Institut für Politische Wissenschaft der Universität Heidelberg. Seine Forschungsgebiete sind u.a. die vergleichende Analyse von Willensbildungs- und Entscheidungsprozessen, die Politische Ökonomie, Regieren in der Bundesrepublik Deutschland sowie die beschäftigungspolitische Koordinierung in Europa. Internet: www.rzh.uni-hd.de